옮긴이 **심규호**

한국외국어대학교 중국어과 졸업, 동대학원 중문학 박사. 제주국제대 교수, 중국학연구회, 중국문학이론학회 회장 역임. 현 제주중국학회 회장. 저서로『육조삼가 창작론 연구』,『도표와 사진으로 보는 중국사』,『한자로 세상읽기』,『부운재』(수필집) 등이 있으며, 역서로『중국사상사』,『중국문학비평소사』,『마오쩌둥 평전』,『덩샤오핑과 그의 시대』,『개구리』,『중국문화답사기』,『중국사강요』,『완적집』,『낙타샹즈』 등 70여 권이 있다.

KB115438

전 세계를 휩쓴 역사

마오주의

마오주의 전 세계를 휩쓴 역사

초판 인쇄	2024. 6. 24.
초판 발행	2024. 6. 30.
저자	줄리아 로벨
역자	심규호
발행인	이재희
출판사	유월서가
출판 등록	제251002024000110호(2024. 5. 28.)
팩스	0504-011-3094
전화	070-4900-3094
ISBN	979-11-987943-0-7(03900)
이메일	bitsogul@gmail.com
주소	경기도 고양시 덕양구 꽃마을로 66 한일미디어타워 1430호
SNS 인스타그램	instagram.com/yourseoga
엑스(트위터)	x.com/yourseoga
네이버 블로그	blog.naver.com/yourseoga

전 세계를 휩쓴 역사
마오주의
A global history
MAOISM

줄리아 로벨 지음
심규호 옮김

유월서가

목차

일러두기

- 원서에 실린 전체 도판 중 저작권에 따라 국내 번역본에 실을 수 있는 도판만 선별하여 실었습니다. 도판 저작권자와 연락을 취하기 위해 노력을 기울였지만, 누락된 경우 연락이 닿는 대로 필요한 조치를 취하겠습니다.
- 인명, 작품명, 지명은 국립국어원 외래어표기법을 기준으로 삼되 일부 명칭은 일반적으로 널리 쓰이는 표기를 따랐습니다.
- 단행본을 포함한 엮음 형태의 출판물은 『 』, 기사, 논문, 신문 등은 「 」, 음악, 공연, 그림의 제목은 〈 〉, 영상물의 제목은 《 》로 구분했습니다.
- 각주는 별도의 원주 표기가 없는 한 옮긴이가 작성한 것입니다.
- 미주는 원 저자가 작성한 것입니다.

서문

1936년 가을 베이징, 미국 기자 에드거 스노Edgar Snow와 헬렌Helen이 살고 있는 널찍한 사합원四合院. 20대 후반의 소년같이 호리호리하고 할리우드 배우처럼 잘생긴 외모의 헬렌은 차분하게 아침 글쓰기를 시작했다. 그때 현관문이 열리고 에드거가 들어왔다. 사실 그녀는 남편을 4개월 동안 만나지 못했다. 6월 이후로 그는 서북쪽 중국공산당 본거지로 여행을 떠난 후 거의 연락이 되지 않았다. 헬렌 특유의 예리한 묘사에 따르면, 당시 그는 "희끗희끗한 수염 뒤에서 바보같이 웃고 있는 모습이 마치 카나리아를 삼킨 고양이처럼 보였다"고 한다. 그는 붉은 별이 그려진 퇴색한 회색 모자를 쓴 채로 방 안을 돌아다니며 신나게 춤을 췄고 중국인 요리사에게 계란, 커피, 우유 등이 푸짐한 미국식 아침식사를 주문했다.[1] 그의 가방에는 공책과 사진 필름, 그리고 마오쩌둥과 대담한 내용을 필사한 2만여 자의 기록이 담겨 있었다. 이후로 몇 달 동안 그는 이 자료를 바탕으로 『중국의 붉은 별Red Star Over China』이라고 부르게 될 책을 쓰게 될 것이고, 그 책은 세계적인 베스트셀러가 될 것이다. 『중국의 붉은 별』은 중국 공산혁명의 기록자이자 중국공산당과 세계 독자들 간의 매개체로서 스노의 경력을 결정하게 될 뿐만 아니라 마오쩌둥을 일거에 정치적 유명인사로 만들게 될 것이다. 또한 이 책은 마오쩌둥 사상과 그의 혁명을 인도의 민족주의자, 중국 지식인, 소련의 빨치산, 미국 대통령, 말레이시아의 반군, 반인종차별주의자, 서방의 급진주의자, 네팔의 반군 등을 비롯한 수많은 이들에게 전달하게 될 것이다. 『중국의 붉은 별』은 전 세계 마오주의의 시작인 셈이다.

1940년대 말, 말레이시아 페락Perak의 정글. 영국의 식민지 군인들(영국, 말레이, 오스트레일리아, 네팔의 구루카 포함)이 말레이시아공산당MCP의 버려진 숙영지에서 잔류물을 정리하다 에드거 스노의 『중국의 붉은 별』 중역본 수십 권을 발견했다. 1948년 화인華人들이 장악하고 있던 말레이시아공산당은 영국에 대항하여 반란을 일으켰고, 말레이시아 식민 통치자들은 이를 '비상사태'라고 불렀다. 이는 제2차 세계대전 이후 유럽 제국에 대한 최초의 탈식민지 반란 가운데 하나이다. 마오쩌둥과 그의 혁명은 그들 반란군에게 영감을 주었다. 그것은 장기간에 걸친 유격전에의 헌신, 당과 군대를 확고하게 사상적으로 무장하게 만든 그의 창조력, 그리고 유럽과 미국, 일본 제국주의에 대한 그의 저항 때문이었다.

1950년 11월 워싱턴 D.C. 미국 국무부 청사에 냉전의 불안한 분위기가 팽배했다. 6.25전쟁에 중국공산당이 개입했다는 소식이 확인되면서 전 세계 마오주의자들의 반란에 대한 우려가 커지고 있었다. '중대한 국가 위협자'[2] 조지프 매카시Joseph Raymond McCarthy 연방 상원의원은 공산주의자들이 미국에 침투해 있다는 대중들의 공황상태에 편승하여 두 명의 민주당 상원의원을 '빨갱이'라는 혐의를 뒤집어씌워 축출했다. 미국 지도자들에게 말레이시아의 '비상사태'는 반식민지 투쟁이 아닌 냉전의 일부였다. 그리고 그것의 근본 원인은 중국에 의한 다국적 전복사태이기 때문에 공산주의의 전 세계 승리를 저지하기 위해 반드시 패퇴시켜야만 했다. 만약 미국이 간섭하거나 개입하지 않는다면 동남아 여러 나라들이 하나둘씩 중국 공산주의에 넘어가게 된다는 이른바 '도미노 이론domino theory'이 탄생하게 된 것이다.

그해 겨울 한국전쟁은 중국군이 국경선을 뚫고 인해전술로 서울까지 쳐들어와 7천여 명의 미군을 포로로 잡으면서 악화되기 시작했다. 그 와중에 미국인들은 중국 마오주의자들이 미군 포로들에 대해 심리전을 사용하고 있다는 소식에 사로잡혔다. 에드워드 헌터Edward Hunter라고 불리는 미국 언론인(아마도 때로 CIA 요원 역할도 맡은 듯하다)은 마오쩌둥이 인류에게 가공할 만한 새로운 무기인 '세뇌'를 활용하고 있다는 혐의에 대해 보도했다. 이에 CIA 관리, 언론인, 행동과학자, 소설가, 영화 제작자들은 1950년대 내내 마오쩌둥 사상의 강력한 메커니즘을 상상하기 위해 결탁하게 된다. 이전 소련의 사상 조작에 대한 공포에 덧씌워진 중국의 '세뇌'에 대한 두려움은 미국의 '은밀한 영역covert sphere'을 부풀리면서 국가 내 비밀 국가의 존재와 CIA의 방대한 심리작전 프로그램을 정당화할 것이다. 1950년대와 60년대 일련의 암호화된 프로젝트(예를 들어 파랑새, 아티초크Artichoke, MK-울트라 등)를 통해 CIA는 소련과 중국의 마인드컨트롤 기술을 역설계할 것이다. 결국 이러한 프로젝트는 현재 테러와의 전쟁에서 '강화된 심문'(고문에 가깝다는 뜻)으로 변형되어 미국의 민주주의 토대를 훼손하게 될 것이다.

1969년 뉴욕 브롱크스에서 데니스 오닐Dennis O'Neil이라는 미국의 젊은 급진주의자가 친구와 사소한 논쟁을 하고 있었다. 그는 같은 세대의 많은 이들과 마찬가지로 마오쩌둥과 그의 문화대혁명의 열렬한 숭배자였다. 하지만 그의 친구는 트로츠키를 편애했다. 그들은 누구의 정치적 전략이 우월한지 결정하기 위해 나름의 과학적 실험을 고안해냈다. 매일 정해진 시간에 각기 14층 아파트 발코니에 심어놓은 마리화나 앞에서 각기 자신의 우상이 저술한 작품을 읽어준다는 것이었다. "내가 재배한 것은 잘 자랐지만 그의 것은 시들었다." 나중에 닐은 이렇게 회고했다. 같은 시기 샌프란시스코에서는 '중국 서적과 정기간행물'이라고 불리는, 미국 서부 해안 지역에서 『마오주석 어록毛主席语录』의 중요 판매처인 한 서점에서 더욱 기이한 일이 벌어지고 있었다. 자칭 '일곱 명의 디거스'*라는 이들이 자신을 '극단적 민주주의자'로 자처하면서 가부좌를 틀고 앉아 대마초를 넣은 브라우니로 기운을 지탱하면서 중국혁명과 게릴라전에 관한 마오쩌둥의 저술을 읽고 있었다. 트렌치코트를 입은 한 쌍의 FBI 요원이 상황을 감시하면서 가게 한 쪽에서 중국 우표를 훑어보고 있었다.[3]

미국 중앙정보국CIA이 자체 마인드컨트롤 프로그램을 고안하기 위해 LSD(강력한 환각제)를 이용해 실험을 했고, 이는 1960년대와 70년대 청년

---

* 디거스(Diggers)는 영국의 청교도 혁명 당시 좌익 성향이 가장 강했던 당파를 말한다. 평등주의를 주창했으며, 1649년 4월 윈스턴리(G. Winstanley)의 지도 아래 황무지를 개간하여 토지를 공유하는 공동 사회를 만들고자 했다. 하지만 크롬웰의 탄압으로 인해 해산되고 말았다. 여기서는 평등주의를 주창하는 좌파의 의미인 듯하다.

들이 마약에 힘입어 시위와 저항을 펼치는 데 중요한 역할을 했다. 1969년까지 미국 중앙정보국이 후원한 대학 연구실에서 합성한 다량의 LSD가 학생들에 의해 오락용으로 유출되고 만 것이다.

마약의 급증은 문화대혁명과 동일시되는 시끄러운 시위 문화 촉발에 도움이 되었다. 데니스 오닐의 베란다나 일곱 명의 디거스의 예에서 볼 수 있다시피 마오주의에 물든 히피 왕국hippydom의 출현이라는 결과를 낳았다. 마오쩌둥을 숭배하는 열풍은 서구 전역으로 퍼졌다. 프랑스의 대학 캠퍼스에 '대자보大字報'가 붙었고, 서독 대학생들의 옷깃에 마오의 배지가 꽂혀졌으며, 붉은 소책자(『마오주석 어록』)의 인용구가 이탈리아 강의실 벽에 칠해졌다.

마오주의를 신봉하는 무정부주의자들이 서베를린의 교회 꼭대기로 기어올라 길가 행인들에게 수백 권의 붉은 소책자를 뿌려댔다. 하지만 그들은 괴짜일 뿐만 아니라 과격하기도 했다. 혁명가 지망생들은 중화인민공화국이 설계하고 자금을 지원하는 정치, 군사 훈련을 받기 위해 중국이나 알바니아로 건너갔다. 1968년 이후 문화대혁명을 거치면서 더욱 호전성을 띠게 된 마오주의는 파시즘의 여파로 합법적인 투쟁에 취약한 유럽의 민주주의 국가들을 공격하는 서독의 적군파Red Army Faction와 이탈리아의 붉은 여단Red Brigades의 도시 테러 행위에 영감을 주었다.

1965년 난징, 마오쩌둥의 혁명에 대한 열정이 세계 좌파 정치를 휩쓸고 있는 가운데 페루의 한 철학자가 난징의 군사훈련학교(일종의 사관학교)에 등록했다. 그는 그곳에서 살로스 사르Saloth Sar, 1925~1998, 즉 캄보디아 집단학살의 주범으로 알려진 폴 포트Pol Pot*를 만난 것으로 추측된다. 당시 폴 포트는 각지의 혁명가들을 위해 베이징에 마련한 '아시아, 아프리카, 남미 훈련센터亞非拉培訓中心'(청조 황제의 여름 별장인 원명원圓明園 안에 자리함)에서

---

*   Political Potential의 약자로 정치적 잠재성이라는 뜻.

훈련을 받고 있었다. 페루 군벌이자 '빛나는 길Shining Path'의 지도자인 아비마엘 구스만Abimael Guzmán, 1934~2021은 나중에 폭발물 훈련반을 기억하며 이렇게 말했다.

"우리가 펜을 잡자 그것이 폭발하고 말았다. 그리고 우리가 의자에 앉자 또 폭발했다. 그것은 마치 불꽃놀이를 하는 것과 같았다. …… 완벽하게 계산된 의도대로 우리는 어떻게 할 줄만 안다면 무엇이든 폭발시킬 수 있다는 사실을 알게 되었다. …… 학교는 우리들의 성장에 큰 도움을 주었으며, 이로써 우리는 마오쩌둥 주석을 찬양하게 되었다."[4]

1979년 구스만은 페루공산당의 지파인 '빛나는 길'의 지도자가 되어 마오주의자로서 인민전쟁을 시작했다. 마오주의에 입각한 그의 인민전쟁은 향후 20년간 약 7만여 명의 목숨을 앗아갔으며, 페루는 100억 파운드의 경제적 손실을 입었다. 12년에 걸친 유격전 끝에 최후의 마오주의의 정점으로서 그는 마오쩌둥 탄생 99주년인 1992년 12월 26일을 권력 장악의 최종일로 잡았다.[5] 그는 혁명이 '백만 명의 죽음'을 초래할 것이라고 예측했다.[6] 일부 사람들은 그의 '빛나는 길'이 혁명을 성공할 경우(1990년대 초기 페루의 상황에서는 확실히 가능성이 있었다) 그 여파로 크메르 루주에 의해 자행된 대학살을 야기하게 될 것이라고 전망했다.

구스만은 난징에 있는 동안 폴 포트 외에도 다른 혁명가 지망생을 만났을 수도 있다. 키가 크고 열정적이며 매우 진지한 남로디지아 사람으로 머리를 짧게 자르고 밝은 갈색에 곰보 자국이 있는 얼굴에 푸른색의 깊은 눈을 가진 조시아 통고가라Josiah Tongogara, 1938~1979였다. 그는 언제나 남로디지아가 백인의 지배로부터 해방되는 것에 대해서만 깊이 생각하고 있었고, 스몰토크를 할 상황에 처하면, 자신은 기꺼이 '총알이 관통하여' 죽을 것이라고 말할 뿐이었다(사실 그는 고속도로에서 그릇된 추월 사고로 죽었다). 구스만과 마찬가지로 통고가라 역시 중국에서 체류하면서 헌신적인 마오주의자로 변신했다. 난징 군사학교에서 그는 중국인들을 군사기술과 전략뿐만 아니라 도덕적 멘토로 숭배했다.[7] 1960년대 말 통고가라는 ZANU짐바브웨 아프리카 민족동맹, Zimbabwe African National Union의 무장단체인 ZANLA짐바브웨 아프리카 민족 해방군, Zimbabwean African National Liberation Army가 자리한 남로디지아 변경으로 돌아가서 남로디지아 정권에 대항하는 게릴라전을 준비했다.

그는 ZANLA의 기존 전술, 즉 기습한 후에 신속히 철수하는 방식을 버리고 인내심을 가지고 지구전을 펼치는 마오주의의 노선을 따라 군대를 재구성했다. 그는 마오를 쇼나어Shona로 번역했다. 그의 게릴라부대는 '심바 리호베 리리 뭄부라simba rehove riri mumvura', 즉 물고기는 물이 있어야 살 수 있는 것처럼 인민대중들에게 의지해야만 했다. 한편, 1970년대 후반 5천여 명의 학생들이 '사사 투나말리자Sasa tunamaliza(이제 끝이다. 승리가 눈앞에 있다)'[8]로 불리는 최후의 공세를 위해 중국 교관으로부터 훈련을 받았다. 어린 시절 통고가라는 이안 스미스라는 백인 소년이 치던 테니스공을 줍는 일을 한 적이 있었다. 1979년 ZANLA의 평화회담 대표로서 그는 런던의 랭커스터 하우스에 갔다. 그곳에서 백인이 다수인 남로디지아 정부의 총리, 스미스와 함께 커피를 마셨다.[9]

오늘날 인도 중부 밀림 깊숙한 곳에 올리브색 군복에 밝은색 사리를 걸친 낙살라이트* 게릴라들이 마오 주석의 사진 앞에서 줄지어 춤을 추면서 '제복 입은 무뢰한'들에게 전쟁을 선포했다. 그 무뢰한들은 귀중한 보크사이트(알루미늄과 철광석 공정에서 반드시 필요한 금속) 매장지가 있는 현지인들의 토지를 마구잡이로 몰수하려는 정부에 속했다.

이 아름답고 잔혹한 정글에서 호전적인 인도의 마오주의자들의 운동은

---

*   인도에서 토지 개혁을 주장하는 단체. 1967년 서벵골 주의 낙살바리란 마을의 토지 몰수에 항의하는 농민운동에서 시작되었다. 그들이 살고 있는 지역은 인도 석탄 매장량의 85%를 소유하는 등 천연자원이 풍부한 곳이다.

1967년 문화대혁명에 영감을 받은 조직으로 거슬러 올라간다. 그들의 지도자 역시 구스만, 통고가라와 마찬가지로 중국에 있었다. 2006년 인도의 통치자들은 마오주의자들의 폭동을 '인도의 내부 안보에 가장 큰 위협'으로 간주했다.[10] 뉴델리의 지식인들이 반란군을 두고 상류계급(예를 들어 브라만)의 조종자들이 이끄는 부족 테러분자인지 아니면 분명한 의도를 지닌 절망적인 반도들인지 여부를 놓고 논쟁을 벌이는 사이에 마오주의자들과 경찰은 상호 살인 행각을 벌이고 있었다. 일주일 동안 마오주의자들이 매설한 지뢰로 인해 경찰 12명이 죽었고, 그다음 주에는 경찰이 마오주의자들과 관련이 있다고 추정한 민간인들을 강간하고 살해했다.

네팔의 마오주의자들로 이루어진 반군들이 폭동과 반란을 포기하고 의회민주주의에 참여하기로 결정한 것과 달리 인도의 반란군은 마오주의의 신조를 고수하면서 선거에 참여하기를 거부했다. 낙살라이트는 인도의 유명 작가이자 사회 관심사에 비판을 아끼지 않는 공적 지식인 가운데 한 명인 아룬다티 로이Arundhati Roy, 1961~를 자신들의 비밀 기지로 안내하여 자신들에 관한 이야기를 독점 보도하게 만들었다. 그녀는 문명 도시 델리로 돌아와 낙살라이트 사람들의 소박하고 활기차며 동지적인 연대 문화를 찬양하는 문장을 발표했다.[11]

러시아 출신의 미국 작가 나보코프Vladimir Vladimirovich Nabokov, 1899~1977는 초창기 소련을 동경하는 외국인들을 두고 "흰담비나 농부에 의해 자연스럽게 파멸하는 토끼"에 비유한 바 있다. 만약 낙살라이트가 인도를 장악한다면 로이 또한 파멸의 길로 접어들 수밖에 없을 것이다. 그럼에도 로이는 그런 포악한 혁명적 이상과 사랑에 빠진 낭만적 지식인인가? 아니면 잔혹하고 부패한 정부 외 그 어떤 선택지도 없이 박해받는 최하층 계급에게 무정부주의적인 마오주의식 해방을 절실하게 호소한 것일까?

공식적으로 '중국에서 가장 행복한 도시'로 등재된 양쯔강(창강長江) 기슭의 대도시 충칭에서 수천 명의 시민들이 똑같은 주홍색 셔츠를 입고 광장에 모여 "공산당이 없으면 신중국도 없다." "하늘과 땅이 크다고 해도 당의 은혜만 못하다." "공산당이 좋아라, 공산당이 좋아, 공산당이 좋아!" 등등 마오쩌둥 찬가를 부르며 춤을 추고 있었다.[12]

언론에는 이러한 찬가의 기적적인 치유력에 대한 이야기로 넘쳐났다. 어떤 여인은 마오쩌둥 찬가를 듣고 심각한 우울증을 극복했고, 정신병자들은 혁명합창단에 가입한 후 증상이 "돌연 사라졌다"고 했으며, 죄수들은 '홍가紅歌'를 소리 높여 부른 후에 개과천선했다고 했다.[13] 학생들은 농민들에게 배우기 위해 시골로 떠났고, 엄숙하게 보이는 당 간부들은 볼품없는 푸른색 마오주의자 제복*을 입고 혁명에 대한 '보다 깊은 이해와 경험'을 위해 그리고 자신들의 '붉은 도덕Red Moral'을 향상시키기 위해 중국 동남부의 외떨어지고 고립된 시골로 갔다.[14]

한 인민해방군 원로는 정권에 대한 비판자들이 공산당 감옥으로 흔적도 없이 사라졌지만 "지금도 몇몇 혐오스러운 구역질나는 문인들이 주변에 남아 있다. 그들은 마오 주석을 공격하고 마오쩌둥주의에서 벗어나기 위한 '탈모화脫毛化'를 실행에 옮기고 있으니 반드시 저들의 반동적 역류를 격퇴하기 위해 노력해야 한다"고 주장했다.[15] 또 어떤 젊은이는 '위대한 조타수'를 비판하는 작가들을 기소할 것을 정부에 청원하고, 동네에서 마오 주석에게 불충한 것으로 의심되는 이들을 경찰에 신고할 것을 요구하기도 했다.[16]

이는 마오쩌둥이 문화대혁명을 발동한 1966년의 이야기가 아니다. 중국 도시의 거리마다 홍위병들이 떼거리로 몰려다니며 유토피아적 열기가 고조되던 시기, 수백만 명의 교육받은 도시민들이 외딴 시골로 하방되고 적어도 천오백만 명의 사망자(1960년대 초 인재에 따른 기근으로 인해 사망자가 3천만 명으로 증가했다)가 발생했던 바로 그 시대의 모습이 아니라는 뜻이다. 이는 2011년의 일이다. 그래서 이런 노래들을 카라오케KTV에서도 들

---

* 중산복을 말함.

을 수 있고, 한번에 천삼백만 개의 휴대폰에 『마오주석 어록』에 나온 내용이 담긴 문자 폭탄을 날릴 수 있으며, 고전적인 혁명 영화를 방영하는 텔레비전 방송국에서 마오쩌둥 사상이 일상적으로 관객들을 타깃으로 삼을 수 있다. 또한 정부에서 이른바 21세기 초소형 매체라고 할 수 있는 '홍색 트위터 Red Twitter'를 통해 1960년대 간결한 명구(『마오주석 어록』의 명언이나 명구)를 전달할 수도 있다.[17]

이러한 신新마오주의 부흥의 설계자인 보시라이薄熙來는 부정부패와 그의 처가 해로 스쿨Harrow School(보시라이와 그의 아들 모두 해로 스쿨을 다녔다) 동문인 닐 헤이우드Neil Heywood를 독살했다는 죄목으로 2012년 봄 숙청되었다. 하지만 2012년 11월 당서기가 된 시진핑은 보시라이의 신마오주의를 계승하고 이를 전국적인 범위에서 실행하기에 이른다. 시 주석은 집권 후 처음 몇 달 동안 '군중노선'(마오쩌둥이 가장 좋아했던 구호 가운데 하나이다) 웹사이트를 개설하여 부정부패를 척결하고 공산당과 풀뿌리 기층인민들 사이의 관계를 증진시키며, 아울러 국가 관료체제 전반에 걸쳐 마오쩌둥 방식의 '비판과 자아비판'을 재도입했다. 1976년 마오쩌둥의 사망 이후 처음으로 시진핑은 마오쩌둥 전략을 중국의 국민과 대중문화 전반에 걸쳐 되살렸다.

1930년대부터 현재까지 아시아, 아프리카, 유럽, 아메리카 대륙에 걸쳐 있는 이상 여덟 가지 시나리오는 현대 세계에서 가장 중요하고 복잡한 정치 역량 가운데 하나인 마오주의의 연대기적, 지리적 범위를 시사한다. 건당建黨 기율, 반식민지 폭동, 그리고 '계속혁명'이 강력하게 혼합되어 있고, 소련 마르크스주의의 세속적인 신앙과 접목된 마오주의는 중국 현대사의 빗장을 열었을 뿐만 아니라 지난 80여 년 동안 전 세계의 반란과 불복종, 그리고 불관용에 막대한 영향력을 행사했다. 그러나 중국 이외, 특히 서양의 경우엔 마오쩌둥과 그의 사상이 동시대의 급진주의 역사에서 세계적으로 널리 확산되고 있으며 그만큼 중요하다는 사실이 설사 감지되고 있다고 할지라도 거의 미미한 수준이었다. 냉전의 종말, 신자유주의를 표방하는 자본주의의 명백한 세계적 승리, 그리고 종교적 극단주의의 부활 등으로 인해 마오쩌둥과 그의 사상은 퇴색되었다. 본서는 마오쩌둥과 그의 사상을 그늘 밖으로 드러내고, 20세기와 21세기의 중요한 담론들 가운데 하나로 마오주의를 재구성하는 것을 목표로 한다.

1935년 마오쩌둥은 나름의 책략으로 중국공산당의 지도적 위치에 올랐다. 당시 그의 영도권은 딱히 차지할 만한 가치가 있는 것이라 할 수 없었다. 약 8천여 명의 혁명군은 국민당의 포위와 섬멸 작전으로 인해 장시江西 소비에트를 탈출하여 도피* 끝에 중국 북서부 산 중턱에 자리한 빈곤한 마을 옌안延安에 도달했다. 하지만 홍수와 기근, 그리고 일본 침략 등으로 이어진 10년 동안의 재난 속에서도 중국공산당은 당원이 120만 명으로 급증했고, 군대 또한 90만 명에 이르게 되었다.[18] 4년 후 마오쩌둥이 영도하는 중국공산당은 장제스蔣介石 치하의 국민당을 본토에서 타이완으로 몰아냈다. 중화인민공화국은 1949년 건국한 이래로 거대한 인위적인 기근 사태와 내전(문화대혁명을 지칭함)으로 인해 수천만 명에 달하는 인민들이 목숨을 잃고 막대한 비용을 지불했음에도 불구하고 이전의 그 어떤 혁명 정권보다 더 오랫동안 살아남았다.

오늘날 중화인민공화국은 마오쩌둥의 유산에 의해 유지되고 있다. 비록 중국공산당이 번영과 안정을 중시하는 권위주의적 자본주의를 선호하여 마오쩌둥의 유토피아적 동란을 포기했지만 위대한 조타수는 중국의 정치와 사회에 심각한 흔적을 남겼다. 가로 6미터, 세로 4.5미터에 달하는 그의 초상화는 중국 정치권력의 심장부인 천안문 광장에 지금도 여전히 걸려 있다. 또한 방부 처리된 그의 유체는 광장 한복판에 잠든 미녀처럼 자리에 누워 언젠가 자신을 소생시켜줄 역사의 키스를 기다리고 있다. 최근 어떤 책에서 언

---

* 　중국이 말하는 '대장정'.

급한 바대로 '마오의 보이지 않는 손'은 당국黨國** 국가인 중국의 정치 체계 도처에 자리하고 있다. 사법부의 뿌리 깊은 정치화, 모든 것에 우선하는 일당 체제의 우월성, 반체제적인 목소리에 대한 철저한 무관용 등이 바로 그것이다.[19]

마오주의는 몇 가지 중요한 측면에서 기존의 마르크스주의의 형태와 구별되는 모순적인 사상의 집합체이다. 비서구非西歐, 반식민지 이념을 중심에 둔 마오쩌둥은 개발도상국의 급진주의자들에게 러시아(소련) 스타일의 공산주의를 자신들의 지역과 국가의 상황에 따라 조정해야 하며, 소련 역시 그릇된 길로 갈 수 있다고 분명히 말했다. 스탈린과 달리 그는 혁명가들에게 도시가 아닌 농촌 깊숙이 들어가 투쟁하라고 말했다. 비록 레닌이나 스탈린과 마찬가지로 마오쩌둥 역시 군사 기율에 입각한 일당 독재국가를 건설하기로 결심했지만 한편으론 무정부 상태의 민주주의를 옹호하면서(특히 그의 생애 마지막 10년간) 중국인들에게 "반란에는 이유가 있다造反有理"고 단언했다. "천하가 크게 혼란하면 오히려 형세는 매우 좋다天下大亂, 形勢大好." 그는 이렇듯 중국인 및 필수적인 의지력을 지닌 이들에게 대담한 신념으로 나라를 변혁시킬 수 있다는 자발적인 의지주의 교리를 설파했다. 결정적인 요소는 혁명에 대한 열정이지 무기가 아니라는 뜻이다. 마오쩌둥의 이념 가운데 가장 혁신적인 부분은 역시 "여성이 하늘의 절반을 떠받치고 있다"는 말일 것이다. 비록 그의 여성편력은 멋진 수사적 표현과 전혀 다른 방향으로 흘렀지만 당시 전 세계의 동년배들 가운데 그 누구도 그와 같은 남녀 평등주의의 의제를 제시한 적이 없다.

중국이 국제체계하에서 경멸의 대상이 되던 시대에 태어난 마오쩌둥은 지리멸렬하게 분할되어 이미 실패하여 도무지 제어할 수 없는 제국을 도전적인 세계 강국으로 변화시키기 위해 실용적이고 또한 이론적인 수단을 강구했다. 그는 지식인과 농민, 남자와 여자들이 모두 이해할 수 있는 언어,

---

**   party state. 당 국가. 실질적으로 하나의 당(黨)이 지배하는 국가.

'역사적으로 사람을 조정하기 위한 가장 야심찬 시도' 가운데 하나로 묘사되는 선전 및 사상 통제, 규율이 있는 군대를 창조했다. 그리고 그는 주변에 탁월한 능력을 갖춘 무자비한 동료들을 데리고 있었다. 그의 사상은 비범할 정도로 수많은 이의 열정을 불러일으켰다. 수백만 명의 사람들이 정략결혼을 마다하지 않았고, 또한 혁명적 실험을 위해 스스로 아이들을 버렸다. 그 아이들은 1960년대와 70년대에 위대한 조타수의 이름으로 자신들의 부모를 비난하고 모욕했으며, 극단적인 경우 자신의 부모를 살해하기도 했다.

필자는 본서 첫 장에서 무정부주의에 입각한 대중 민주주의부터 정적에 대한 마키아벨리식의 잔혹성에 이르기까지 다양한 정치적 행동을 표현하기 위해 지난 수십 년 동안 칭찬과 경멸의 용어로 사용되어 온 마오주의의 정의가 무엇인지 살펴보고자 한다.

영어에서 마오주의자Maoist 또는 마오주의Maoism라는 두 용어는 미국에서 냉전시기 중국을 분석하는 데 널리 사용되었는데, 이는 본질적으로 일종의 외부 위협을 의미하는 '붉은 중국'을 유형화하고 정형화하는 것이 목적이었다. 마오쩌둥 사망 이후, 그것은 1949년부터 1976년까지 일원화된 권력에 의한 억압의 광기로 간주되던 모든 것들을 일축하는 포괄적인 단어가 되었다. 그러나 본서는 이처럼 석화된 형태로 이 단어를 해석하지 않을 것이다. 본서에서 말하는 '마오주의'는 지난 80년 이래로 마오쩌둥과 그의 영향력에 기인하는 광범위한 이론과 실천을 모두 포함하는 '엄브랠러 워드umbrella word', 즉 포괄적인 용어이다. 다시 말해 그 용어가 담고 있는 사상과 경험이 살아 있고 또한 끊임없이 변화하고 있으며, 어딘가에서 번역되거나 또는 오역되고 있으며, 마오쩌둥 생전이나 사후에도 여전히 중국 내외에서 유전되고 있다는 사실을 받아들일 때에만 유효하다는 뜻이다.

중화인민공화국이 마오 시대 이후 처음으로 세계적인 야망을 다시 내세우기 시작하자 중국을 결집시키는 정치적 유산을 이해하는 일이 무엇보다 절실해졌다. 그러나 마오쩌둥이 계급투쟁과 게릴라전 이론에 기초한 혁명운동으로 사후에도 영광을 누려온 중국을 벗어나, 다른 지역에서의 마오주의의 역량과 흡인력을 평가할 절실한 필요성도 존재한다.

마오주의는 문화적으로나 지리적으로 중국과 멀리 떨어진 지역에 뿌리 내리고 특별할 정도의 집념과 전파력을 행사할 수 있는 사상을 그 안에 담고 있다. 그래서 북부 인도의 차 농장, 안데스 산맥, 파리 5구*, 탄자니아의 들판, 캄보디아의 논, 그리고 브릭스턴Brixton(런던 한 구역의 명칭)의 테라스에서 마오주의를 발견할 수 있었던 것이다.

이 책은 중국 혁명 운동의 역사이자 그것이 세계에 남긴 유산에 대한 역사로서 마오주의의 모순적인 역사를 분석하고 있다. 또한 권력에 굶주린 몽상가들과 전 세계에서 권리를 박탈당한 반군들이 지속적으로 마오주의에 매료되는 까닭을 분석하고 있다.

이것이 매우 중요함에도 불구하고 여전히 전 세계 마오주의는 20세기와 21세기의 놓쳤거나 또는 오해를 불러일으키는 이야기로 남아 있다. 시중에 나와 있는 히틀러나 스탈린에 관한 수많은 책과 비교하거나 국제적으로 마오주의의 유산을 종합하고 설명하는 연구가 심히 부족한 결과를 따져보면 알 수 있다. 그렇다면 왜 우리는 마오주의를 전 세계적인 사안으로 보지 않는 것일까? 왜 본서와 같은 책이 아직까지 존재하지 않았던 것일까?[20]

1980년대 이래로 국제 출판업에서 주도적인 지위를 차지하고 있는 유럽 언어(특히 영어)의 독자들은 마오 시대 문화대혁명의 희생자들이 쓴 회고록 형태의 수많은 목격담을 읽어볼 수 있다. 이는 주로 마오쩌둥에 대한 개인 숭배의 오용에서 비롯된 폭력과 박해, 그리고 외국에 대한 무분별한 적개 심리 등의 두려운 사실에 관해 설득력 있는 이야기를 담고 있다. 이러한 저작물에서 그려지는, 제대로 기능하지 않으며 참혹한 재앙으로 점철된 마오쩌둥의 중국과 기능이 제대로 작동하는 국가건설과 실용적인 소비주의 국가인

---

*   파리 1대학인 소르본대학 등이 자리한 파리 20구 가운데 하나.

현대 중국의 극적인 대비는 마오주의가 역사의 쓰레기통으로 밀려났음을 시사하는 듯하다. 이외에 키치적인 접근(세속적인 접근)도 무심함에 한 몫 했다. 폭넓은 서구의 독자들은 마오쩌둥의 정책으로 인한 파괴성을 스탈린이나 히틀러의 그것과 동일시하고 있지만, 중국을 방문하는 관광객들은 마오쩌둥 얼굴이 새겨져 있고 한때 그를 찬양하는 국가였던 〈동방홍東方紅〉*이 들리는 라이터나 그의 말을 담은 비닐 커버의 『마오주석 어록』을 냉큼 사든다.

하지만 같은 시기에 독일을 방문한 이들의 경우, 히틀러의 자서전인 『나의 투쟁Mein Kampf』이나 독일 나치 청소년 조직인 히틀러유겐트Hitler Youth 가 나치 방식 경례를 하는 모습이 그려진 신기한 자명종을 산다는 것은 꿈조차 꾸지 않을 것이다. 제멋대로 말장난을 하는 영국 어린아이들을 위한 우스개 책에 보면 이런 내용이 나온다.

질문: 중국에서 가장 힘센 고양이(miáo)는 누구인가?
정답: 먀오(마오毛, máo, 영어로 Miaow)**

다시 말하지만, 스탈린이나 히틀러를 두고 이와 유사한 농담을 한다는 것은 상상조차 할 수 없다.

이것이 시사하는 바는 서구인들이 보기에 마오쩌둥은 이미 안전하게 '과거'로 보내졌으며, 그의 이념이나 후계자가 다시 돌아올 위험성은 전혀 없다는 것이다. 공산주의에 대한 많은 것들, 특히 1960년대와 70년대 마오주의가 정점으로 치닫던 시기의 공산주의는 현재 이질적이고 매우 노후화된 것처럼 보이며, 그의 교리적 어투나 두문자어(당시 서독 마오주의 단체의 명

---

*   1966년부터 1978년까지 사용된 중화인민공화국의 비공식적인 국가. 현재 정식 국가는 '일어나라(起來)'로 시작하는 의용군진행곡(義勇軍進行曲)이다.

**   발음이 비슷하기 때문인데, 사실 유사할 뿐이니 억지로 갖다 붙인 것에 불과하다.

칭만 인용해보면 다음과 같다. MLPD, KBW, KPD/ML, KABD 등)는 더욱 더 그러한 듯하다. 그러나 분명한 진실은 오늘날까지 여전히 진행 중인 아프리카, 아시아, 중남미 및 중동을 괴롭히는 저개발과 분쟁의 비극이 한때 미국과 소련, 그리고 마오쩌둥의 중국이라는 냉전시대 초강대국이 얽혀 있던 갈등과 충돌의 유물이라는 점이다. 그리고 마오주의 이데올로기는 바로 그 지역들에서 냉전을 형성했다.

그러나 전 세계 마오주의를 논외로 취급한 것이 우리 자신의 무관심 때문만은 아니다. 그것은 또한 마오쩌둥 이후의 중국이 과거의 특정한 서사***를 잘 포장하여 알리는 데 성공한 결과이기도 하다. 1978년 마오쩌둥의 후임인 덩샤오핑은 중국이 "절대로 패권을 추구하지 않을 것이다"라고 세계에 공언했으며, 이후 거의 모든 외교 정책 홍보 캠페인을 통해 중국은 국제 정치의 주된 활동 국가나 침략자가 아니라 피해자라는 점을 입증하는 데 전념했다. 지난 10년 동안 중국이 초강대국의 지위에 오르면서 통치자들은 중국의 새로운 역량과 영향력이 호전적인 민족주의보다 국제 화합을 위해 작용할 것이라고 주장하면서 중국의 '화평굴기和平崛起' 이념을 제기했다. 역사 서술은 이러한 서사를 입증하는 중요한 보강 증거가 되었으며, 정부는 중국이 다른 나라의 주권 문제를 간섭한 적이 없다고 반복해서 홍보했다. 그렇기 때문에 중국이 도덕적으로 중립에 서 있다는 이념은 서방의 매파들의 행동과 선명하게 대조적일 수밖에 없었다. 1839년에서 1945년 사이에 제국주의 국가들의 희생양이 된 현대 중국의 역사가 이러한 견해에 대한 동조를 부추겼다.

최근 중국공산당이 전 세계적으로 영향력을 발휘하기 위해 홍보하고 있는 이념은 중국의 꿈, 즉 중국몽中國夢이다. 이는 중국의 위대함과 성공을 국제 시장에 판매하기 위해 고안한 이념이다. 거의 책 한 권 분량의 선언문은 "중국의 전통은 평화와 화합을 소중히 여기며, 결코 다른 사람을 약탈하거나 세력권을 확보한 적이 없다"고 주장하고 있다.[21] 마오쩌둥 이후 중국

***　마오쩌둥과 관련된 특정한 역사의 재구성을 말함.

의 노벨문학상 수상에 대한 강박관념을 추적하는 첫 번째 책을 저술하고 있을 당시, 나는 문서를 찾거나 인터뷰를 진행하면서 중국이 1949년부터 1976년까지 외부세계와 어떤 종류의 접촉을 했었는가에 대한 부정(또는 거부)의 거대한 장벽(만리장성과 같은)에 여러 차례 반복해서 부딪쳐야만 했다.

1990년대와 2000년대의 일반적인 통념에 따르면, 중화인민공화국은 1978년 덩샤오핑이 최고 권력을 잡고서야 국제 사회에 비로소 거창하게 입성했다. 이러한 통념의 역사에 따르면, 마오쩌둥 시대 중국은 외교 정책이 없었고, 국제사회에서 고립되어 있었다.

이런 상황에서 중국은 마오쩌둥 시대에 있었던 세계혁명 리더십을 향한 열망을 조명하고 싶지 않았다. 사실 마오쩌둥 시대에 중국은 수억 부에 달하는 『소홍서小紅書』(『마오주석 어록』, 간칭 『마오어록』)를 해외에 유통시키는 방식으로 이데올로기를 전파했을 뿐만 아니라 혁명을 위해 보다 실질적인 것들, 예를 들어 돈과 무기, 그리고 전 세계의 반란을 지원하기 위한 훈련 등을 특히 개발도상국에 수출했다. 물론 CIA나 KGB가 해외에서 저지른 간섭과 조종은 더더욱 유쾌한 일이 아니지만 적어도 이에 대한 역사는 훨씬 많이 알려져 있다. 중국의 한 고위 외교사학자는 이러한 과거사를 끌어들이는 것이 현시대 통치자에게 당혹감을 줄 수 있을 것이라고 말했다. "오늘날 중국공산당은 사람들에게 당시의 역사에 대해 이야기하기를 원치 않습니다. 당시 외국 여러 나라들에 대한 그들의 간섭은 정말로 과도했으니까요."[22]

현재 중국이 세계적인 영향력을 갈망하는 정도를 생각한다면, 기록된 중국 전체 역사에서 의심할 바 없이 가장 큰 세계적 소프트파워를 누리던 시기의 기억이 정치적 이유로 인해 '소실'될 수밖에 없다는 것은 아이러니한 일이 아닐 수 없다. 이 문제에 대한 당의 처리방식은 오늘날 중국 정치의 모순을 드러내는 전형적인 예이다. 마오쩌둥의 합법성과 정치적 안정에 빚지고 있는 당국인 중국은 국제적인 '체면'을 갈망하고 있다. 그러나 마오쩌둥 시대의 역사와 유산, 특히 문화대혁명(전 세계 마오주의의 주요 동력)은 매우 불안정했고, 당대 중국공산당은 정부의 그 어떤 다른 목표보다 정치, 경제적 안정을 중시했기 때문에 똑같은 당이 지배하는 국가임에도 자신들이 지난 시기(인도나 네팔 등지에서 여전히 진행되고 있는 마오주의 운동을 포함하여)에 뿌린 전 세계적인 영향력의 주인임을 거부하고 있는 것이다.

현대 중국의 입장에서 이는 매우 민감한 문제이기 때문에 관련 사료들은 우리의 손이 닿지 않는 곳에 남아 있다. 중국 외교부MFA는 1949년부터 1965년까지의 기록물을 2003년부터 연구자들에게 공개하기 시작했다. 이는 공산주의 역사상 유례가 없는 기록물 공개였다(그 이전엔 권력을 잡고 있는 공산주의 정부가 관련 부서의 문서를 기밀 해제한 적이 없었다). 그러나 이러한 부분적인 개방은 정작 관건이 되는 문화대혁명 시기 이전에 그쳤고, 대부분의 외교부 문서는 IT '시스템 업그레이드' 기간인 2012~2013년 사이에 재분류되었다.*

중국 혁명 이론과 실천을 수출하는 핵심부서는 중국의 대외연락부 International Liaison Department(간칭 ILD, 중련부中聯部)와 군사정보부이다. 전자는 당 대 당의 관계를 다루기 때문에 버마, 캄보디아, 말레이시아, 프랑스, 서독, 페루 등 야심만만한 공산주의자 단체(본국정부에 대한 그들 각각의 위협 정도는 서로 다르다)들을 다룬다. 이러한 조직은 1950년대부터 1970년대까지 정확한 위치를 알 수 없기에 마치 공공영역에 존재하지 않는 것처럼 비밀스럽다. 하지만 여전히 남아 있다. 굳이 말할 필요도 없이 중국공산당이 권좌에서 물러나지 않는 한 중련부와 군사정보부가 자신들의 기록보관소를 개방할 가능성은 전혀 없다. 그런 까닭에 전 세계 마오주의는 그리 쉬운 연구 대상이 아니다. 이 주제에 대한 통합적인 기록 보관소가 없기 때문에 관련 자료의 주요 출처는 연설문과 전보, 회의록(여전히 대다수가 기밀문서로 남아 있다), 그리고 다양한 언어로 작성된 회고록과 구술사일 수밖에 없다.

제1세대 혁명지도자 가운데 한 명인 시중쉰習仲勳의 아들인 시진핑이 권

---

*   다시 비밀문서로 분류되었다는 뜻.

좌에 오르면서 이러한 의제는 중국 내에서 더욱더 민감한 주제가 되었다. 시 주석이 자신의 정치적 명성의 상당한 부분을 혁명 이미지의 신성함에 기대고 있기 때문에 마오쩌둥 시대의 몇 가지 당혹스러운 역사적 세부 사항, 특히 "중국의 외교 불간섭 원칙"과 모순되는 부분을 묻어두는 것이 이전보다 더 중요해졌다.

마오주의를 중국에서만 관련이 있는 이념과 행동체계로 여기는 인식 또한 그것을 세계사의 변두리에 두는 데 일조했다. 일반적인 냉전사는 소련 공산주의에 대한 진정한 대안으로서, 종종 마오주의 중국이 나서며 전 세계 반군들에게 관련 지식과 실질적인 지원을 제공한 것의 중요성을 과소평가해 왔다. 최근의 학술 연구는 아시아, 특히 중국의 영향에 대해 점차 인정하는 추세이다. 미국 예일대 역사학과 교수인 오드 아르네 베스타Odd Arne Westad는 2005년 이래로 연이어 출간한 두 권의 냉전사*를 통해 이러한 모순에 대한 연구를 세계에 널리 퍼뜨렸다. 중국 내외의 우수한 역사학자들, 예를 들어 천젠陳兼, 리단후이李丹慧, 로렌츠 M. 루티Lorenz M. Lüthi, 캐나다 맥길대학 교수, 세르게이 라드첸코Sergey Radchenko, 카디프대학 국제관계학 교수, 선즈화沈志華, 중국 화동사범대 역사학과 교수, 양쿠이쑹楊奎松, 베이징대 교수, 샤야펑夏亞峰, 뉴욕 롱아일랜드대학 교수 등 일군의 학자들은 2000년대 중국 정부가 기밀문서 해제를 확대했던 기회를 틈타 연구에 활용할 수 있었다. 물론 2011년 들어 다시 기밀문서로 봉인되기 전의 일이다.[23]

그러나 20세기 중국의 세계적 역할에 대한 일반적인 무시(전문가를 제외하고)에서 비롯된 것일 수도 있겠으나 여하간 1960년대와 70년대 급진적인 정치적 고조에 대한 마오주의 중국의 영향력은 당시 영어권에서 교묘하게 소외되고 있었다. 예를 들어 전후 이탈리아나 서독에서 마오주의 이념의 확산이나 영향에 관해 저술한 영문 서적은 찾아볼 수 없다. 또한 아시아, 아프

---

* 　『냉전의 지구사(The Global Cold War)』, 『냉전의 세계사(The Cold War: A World History)』를 지칭한다.

리카, 유럽 및 중동에서 제2차 세계대전 이후 폭발하기 시작한 분쟁과 불안정한 상황에 중국이 광범위하게 관여한 것에 대한 전면적이고 구체적인 역사 기록 역시 찾아볼 수 없다.

존 르 카레(John le Carré**)의 소설에서 흔히 볼 수 있는 모스크바-베를린-프라하-런던-워싱턴을 오가는 오각형 형태를 중심으로 한 줄거리 구성은 영어권 독자들에게 냉전의 가장 큰 위기가 압도적으로 미국과 소련, 그리고 유럽에 있다고 생각하게 만들었다. 하지만 이는 1960년대나 70년대의 모습이 아니다. 호전적인 모반을 촉구하는 중국 공산주의자들의 메시지 앞에서 아시아 전역의 정권이 실각할 것처럼 보였다. 유럽, 미국, 오스트레일리아의 정치가들은 "마오쩌둥 사상으로 세계를 지배하려는 계획"을 지닌 중국이 히틀러의 『나의 투쟁』을 연상시키며, "세계 각지 여러 나라의 체제를 전복시키려는 운동을 펼치고 있고…… 그들의 족적은 라틴아메리카와 아프리카, 아시아 곳곳에 산재하고 있다"고 비난했다. 그 60년대와 70년대에 오스트레일리아의 어느 방송 해설가는 냉정하게 이렇게 말했다.

"오스트레일리아가 함락된다면 역사가들은 중국의 남경男莖. 강력한 권력의 그늘에서 살 수 있을 것이라고 생각했던 한줌도 되지 않는 백인들의 운명을 깊이 반성하는 일을 멈추지 않을 것이다."[24]

중국의 과장된 국제 목소리인 베이징의 잡지 「베이징 주보」는 수십 종의 언어로 번역된 외국어 판본을 통해 "마오 주석은…… 세계 혁명 인민들의 위대한 지도자이며…… 전 세계 혁명 인민의 마음을 환하게 밝히며 혁명을 승리의 길로 이끈다"[25]고 경각심을 부추겼다. 공산당 내부 문서에 따르면, 마오쩌둥은 "중국이 세계 혁명의 정치적 중심일 뿐만 아니라 군사, 기술적인 면에서도 세계 혁명의 중심이어야 할 것이다"라고 선언했다.[26]

핵전쟁 시 가능한 결과에 대한 마오쩌둥의 명쾌한 계산은 서방과 소련 모두를 똑같이 움찔하게 했다.

** 영국 소설가. 이언 플레밍과 더불어 첩보소설로 유명함.

"비록 최악의 상황이 닥쳐 인류의 절반이 죽을지라도 나머지 절반은 살아남을 것이다. 제국주의는 쑥대밭이 될 것이고, 전 세계 인민들은 사회주의자가 될 것이다."[27]

만약 중국이라는 존재를 고려하지 않는다면, 아시아에서의 미국의 행위를 이해하기란 거의 불가능에 가깝다. 미국 대통령은 그곳에서 마오쩌둥을 방해하기 위해 여러 나라를 자신의 영향권 아래 두고 적극 후원했다. 1971년 미국 국방부가 발표한 『펜타곤 문서_Pentagon Papers_』*에서 밝혀진 바에 따르면, 베트남에서 수행한 미국의 전쟁은 "친구(남베트남)를 돕기 위한 것"이 아니라 "중국을 억제하기 위함"이었다.

마오의 중국이 세계에서 어떤 역할을 했는가를 새롭게 살펴보는 일은 냉전시기 아시아의 여러 가지를 규정하는 분석들 가운데 하나, 즉 워싱턴의 '도미노 이론'을 재고하는 데 도움이 된다. 도미노 이론은 동남아시아에 대한 미국의 정치적, 군사적 개입에 영향을 준 이론이다. 분석가들은 나름의 충분한 근거를 바탕으로 적어도 1970년대 이래로 이러한 일련의 가설을 매섭게 비판한 바 있다. 이 이론이 1965년과 1973년 사이에 베트남에서 미군이 저지른 극악무도한 범죄행위와, 신생 독립국가를 불안정하게 만들고 독재정권(예를 들어 인도네시아나 버마, 캄보디아)을 지지하기 위한 공개적 또는 은밀한 작전을 이끌었기 때문이다. 게다가 지적으로도 도미노 이론의 개념은 그다지 만족스럽지 못했다. 여러 동남아시아 국가들이 마오의 중국에 의해 전복되기 전에 이미 속수무책의 수동적인 배우나 다를 바 없는 존재라는 것을 시사하기 때문이었다. 물론 도미노 이론으로 촉발된 미국의 대외 정책에 대한 도덕적 혐오감이나 거부는 능히 이해할 수 있다. 하지만 이런 반발이 냉전 시대 동남아시아에 대한 마오 중국의 영향력 무시(특히 1980년대 이래로)를 조장했다는 것은 분명하다.

본서는 이러한 생각들을 재검토하고 다시 작업하기를 제안한다. 다시 말

---

* 제2차 세계대전 때부터 1968년 5월까지 인도차이나에서 미국의 역할을 기록한 보고서.

해 나는 도미노 이론이 실제로 어느 정도 설득력이 있다고 생각하기 때문이다. 마오쩌둥과 그의 측근 공산주의자들은 동남아시아와 그 밖의 지역에서 자신들이 제작한 혁명의 청사진을 펼치기를 원했다. 동남아시아의 베트남, 필리핀, 인도네시아, 말레이반도/말레이시아, 캄보디아, 버마 등 거의 모든 나라에서 1949년 이후 마오의 중국에 영향을 받거나 물질적으로 후원을 받은 강하고 능력을 갖춘 공산주의 운동(통상 중화인민공화국 성립 이전부터 발생했다)이 벌어졌다. 그들 여러 나라는 식민주의적이고 약탈적인 정권의 손에 오랫동안 시달렸다. 그렇기에 먼저 그랬던 레닌처럼, 제국주의자들에 대해 과격한 공격을 마다하지 않은 마오쩌둥이 동남아시아의 가장 똑똑한 지식인들 일부의 관심을 끌었다는 것은 그리 놀랄 만한 일이 아니다. 영국과 미국이 막대한 군비와 지상군을 투입하지 않았다면 동남아시아에서 공산주의에 반대하는 이들이 과연 자신들만의 방법으로 도처에서 일어나는 폭동과 반란을 견뎌낼 수 있었을지 단정할 수 없다.

마오주의의 세계 여행, 즉 마오주의가 전 세계에 만연했던 사실을 연구하는 일은 우리에게 다음과 같은 의의가 있다. 공산주의 학설이 지배하고 중시되며 수많은 인류를 뒤덮었던 시기의 이념적인 방식대로 현재 시점의 여러 생각들을 재고해야 하며 뿐만 아니라 이것과 매우 다른 지리적으로 유리한 위치에서 우리 나름의 길을 생각해볼 것을 요구한다.

1950년대와 1970년대 사이에 개발도상국에서 자란 많은 사람들에게 마오쩌둥이 정권을 잡았던 시기의 중국은 아무것도 취할 것이 없는 정체된 나라가 아니라(지금도 물론 아니다), 미국이나 소련의 정치 모델을 대체할 수 있는 존경스러우며 독립적인 나라였다.[28] 마오의 중국은 서구와 일본의 팽창주의에 의해 억압받고 있는 빈한한 농업국가들에게 세상에 독립적으로 우뚝 설 수 있다는 예를 제시했다. 오늘날에도 네팔에서는 많은 일반 소비자들이 중국을 경제적 천국으로 이상화하고 있으며, 중국이 그처럼 번영하게 된 것은 무엇보다 마오쩌둥 덕분이라고 믿고 있다. 파리에서 프놈펜, 베이징에서 베를린, 리마Lima, 페루의 수도에서 런던, 다르에스살람Dar es Salaam, 탄자니아의 수도에서 더비Derby, 오스트레일리아의 항구도시에 이르기까지 마오쩌둥은 세계 강대국에 의해 소외되거나 지배받고 있는 가난한 나라들에게 수사적인 저항(저항 이론이 나 발언)뿐만 아니라 실질적인 전략까지 제공했으며, 군사기술이 부족한 농민 반란군들이 국가의 지원을 받는 식민지 군대에 대항할 수 있도록 훈련시켰다.

냉전시기와 그 이후 마오주의는 1949년 이전의 중국과 매우 흡사한 탄자니아, 네팔, 인도, 캄보디아, 인도네시아 등 여러 저개발국이나 식민지국 또는 이제 막 식민지에서 벗어난 나라들에게 특별한 매력으로 다가섰다. 1920 년대와 30년대에 소련이 후원한 코민테른Comintern(국제공산당)이 지출한 예산과 비교한다면 그다지 많지 않은 지원만으로도 중화인민공화국은 그들을 매료시켰다. 또한 마오쩌둥의 사상과 발언은 진정한 게릴라 스타일로 선진국의 젊은이들을 사로잡았다. 프랑스의 중요 아롱디스망arrondissements, 프랑스의 행정구역과 미국 엘리트가 집결한 대학 캠퍼스 곳곳에 스며들었다. 1970년대 하버드대 학생들은 "깊은 동굴을 파고 곡식을 저장하라!"고 외쳤다. 이외에도 마오주의는 페루처럼 혁명 이전 중국과 유사성이 전혀 없는 일부 개발도상국에도 뿌리를 내렸다.

마오주의의 전 지구적인 호소력과 영향력에 대한 제대로 된 이해가 없으면 말레이시아 비상사태, 1965년 인도네시아 대학살, 1968년 서유럽과 미국의 문화혁명, 베트남 전쟁과 크메르 루주 학살, 남로디지아(1923~65년 동안의 짐바브웨의 명칭)에서의 백인 통치의 종말, 그리고 이후에 대통령 로버트 무가베를 낳은 짐바브웨 아프리카 민족동맹Zimbabwe African National Union(약칭 ZANU)의 부상, 페루공산당 '빛나는 길'의 반란, 수백 년에 걸친 군주제를 종식시킨 네팔의 내전, 인도 정글에서 진행 중인 반란 행위 등을 이해하기 어려울 것이다. 마오쩌둥의 영향에 따른 충돌과 위기는 중대한 역사적 사건일 뿐만 아니라 인도, 페루, 네팔, 짐바브웨 등지에서 여전히 진행 중인 사건이기도 하다.

마오쩌둥 자신의 국제주의는 그 자체로 한 권의 책이 될 만한 가치가 있다. 왜냐하면 중국 외교 정책의 동질성이 아니라 다양성에 관해 우리들에게 말해주고 있기 때문이다. 마오쩌둥은 세계 혁명의 몽상을 민족주의적 야망과 중국의 오래된 제국주의와 결합시켰다. 그는 소련의 일부 지역에 대한 주권을 재천명하는 등 전횡적인 소유욕을 드러내기도 하고 다른 한편으로 친중 또는 친모親毛로 인정하는 '형제' 당파에 대해서는 아낌없는 관대함을 보여주기도 했다. 이렇듯 그는 대외정책에서 일관성이 있었다고 말할 수 없다. 예를 들어 그는 경솔하게도 자신의 '혈맹 친구'인 김일성에게 중국과 조선 국경의 일부 지역을 선물로 주었고, 친중국 인사인 인도 공산당원을 만났을 때는 1960년대 인도와 중국 사이에서 유혈 분쟁이 있었던 국경의 모든 영토를 미래의 공산주의 인도 정부에게 넘겨주겠다고 약속하기도 했다.[29]

베트남에 대한 막대한 재정 지원을 아끼지 않은 마오쩌둥의 고결한 사회주의 연대는 사실 패권을 차지하기 위한 제국주의 색채에 물든 것이었다. 그의 사후 2년 만에 중국과 베트남은 국경을 둘러싼 긴장이 고조되면서 끔찍한 싸움에 휘말리게 된다.* 마오쩌둥은 오래된 중원 왕조의 정신세계에 젖어 있었다. 그는 세계 혁명의 리더십을 시도하면서 세계의 중심을 차지하려는 중국의 요구를 재차 강조하고 싶었다.[30] 중국의 전 지구적 사명을 강조한 것은 국내에서도 유용했다. 마오쩌둥은 혁명의 본거지(총부總府)로서 중국은 특히 반동 세계의 공격에 취약하다고 주장했다. 그는 끊임없이 중국이 불안정한 상태에 있다고 들먹이며, 잠재적인 자신의 반대자들을 '간첩'이나 '혁명대중의 적들'로 규정하기 위해 전국적으로 대중 운동을 일으켰다.

전 지구적 마오주의의 실제 결과 가운데 많은 부분은 전혀 의도치 않은

---

*   1979년 2월 17일 국경분쟁을 시작으로 발생한 제3차 인도차이나 전쟁. 중국은 베트남에 대한 자위 반격전, 베트남은 대중국 팽창주의 전쟁이라고 불렀다.

것이었다. 예를 들어 마오가 집권하던 시기에 중국은 아프리카에서 동정표를 얻고 정치적 대의로 전환시키기 위해 많은 자금과 시간, 그리고 전문적인 기술을 쾌척했지만 마오주의자들처럼 보이는 이들이 정권을 장악한 경우는 전혀 없었다. 아프리카의 가장 열광적인 마오주의 광신자들이라고 할 수 있는 탄자니아나 남로디지아 집권자들의 경우에도 마오의 전략이나 이념을 그저 단편적으로 채용했을 따름이었다. 이와 대조적으로 네팔이나 인도, 페루 등지에서 중국 투자는 그다지 시끌벅적하지 않았다. 화려하고 고급스러운 잡지와 번역물, 그리고 현지 라디오 방송 등을 활용하거나 가끔씩 현지 중요 인사를 중국에 초청하는 정도였다. 그런데 오히려 이런 나라들에서 열렬한 마오주의 추종자들을 발견할 수 있다. 그들은 자국의 현대사를 변화시킨 전쟁에서 마오의 전략을 채택한 것이다. 이러한 예에서 볼 수 있다시피 전 세계에 걸친 마오주의에 관한 이야기는 공산주의 중국이 지속적으로 진행한 소프트파워의 예측할 수 없는 과정을 보여주고 있다. 당과 국가가 하나로 일치된 당국이 전 지구적 이미지를 형성하고 통제하고자 제아무리 노력해도 그 계획의 향방은 영원히 예측이나 통제할 수 없는 방향으로 전개된다는 것을 알 수 있다. 이는 마오주의가 중앙집권적인 당과 대중에 의한 영도, 집체적 복종과 반국가적 반란을 동시에 존중하는 불안정한 정치 신조이기 때문이다. 마오주의는 전 세계를 돌아다니며 기존 정부에 대한 의문과 공격에 대한 명분을 제공하는 데 기여했다. 그러나 그러한 명분의 발원지로서 중국은 무소불위의 일당(공산당) 독재체제를 유지했다. 그러나 농민혁명을 찬양하고, 교육을 받은 엘리트들(예를 들어 루이 알튀세르Louis Althusser, 장폴 사르트르Jean Paul Sartre, 미셸 푸코Michel Foucault, 바부람 바타라이Baburam Bhattarai, 네팔 전 총리, 아비마엘 구스만 등) 등 수많은 추종자나 동조자를 확보하게 된 것은 책을 통해 확산된 혁명이었다. 지적인 전 세계의 마오주의자들은 종종 사회 밑바닥에서 고통에 신음하는 사람들에 대한 동정심과 잔인함을 결합하여 자신들의 교조적인 혁명을 위해 이상화한 '군중(민중)'을 총알받이로 삼았다.

냉전이 끝나고 기존 미국과 소련의 각각 동맹 체제가 해체되면서 전 세계에 여행 문화와 전달 체계가 크게 발전하였다. 그런데 이를 통해 오히려 마오쩌둥의 게릴라 전략과 전술 효과는 더욱 강화될 수 있었다.

다에시Daesh, 이슬람 국가 분석가들은 그들 조직이 이미 오래전에 건국하여 확고한 기반을 다진 국가에 대항하는 비대칭전asymmetric warfare*에 대한 마오쩌둥의 생각을 활용하여 권력을 장악할 수 있었다고 주장한다. '인민전쟁'이라는 문화대혁명의 신조에서 중동의 반란에 이르기까지 이어지는 영향 관계에 대한 확실한 문서상의 흔적이 존재한다. 믿을 만한 팔레스타인 방문자의 말을 빌리자면 중국은 팔레스타인해방기구PLO에게 "우리가 요구하는 모든 것"을 주었다. 그래서 몇몇 팔레스타인 급진세력은 1980년대 마오주의에서 지하디즘jihadism, 성전주의으로 전환했다.[31]

이외에도 일단 당신이 20세기 세계사에 마오주의를 집어넣고 서술하고자 한다면, 소련이 냉전 시기에 신자유주의에게 패배했다는 일반적인 이야기, 즉 정사와는 또 다른 이야기를 얻게 될 것이다. 유럽에서 공산주의가 무너지고 소련이 해체된 지 25년이란 세월이 흘렀지만 중국공산당은 여전히 번창하고 있는 듯하다. 중국공산당의 집권 아래, 중국은 세계의 정치 경제 강국이 되었다. 관습적으로도 정통성에 있어서도 여전히 마오쩌둥에 의한 지배를 받는 중국공산당은 본질적으로 비밀적인 레닌주의적 집단으로 남아 있으면서도 예외적인 성공을 통해 시장 경제의 승리자로 탈바꿈할 수 있었다. 중국공산당이 2024년에도 계속 집권한다면 중국 공산주의 혁명은 큰형인 소련의 수명인 74살을 넘어서게 된다. 중국의 지도자들은 이러한 전망에 과민할 정도로 자부심을 느끼고 있다. 1991년 소련 해체의 원인에 대해 과거는 물론이고 현재의 정치국원들 역시 매료되었다고 할 정도로 깊은 관심을 표명했다. 만약 중국공산당이 이 지점을 넘어 계속 살아남는다면 역사가들은

---

* 분쟁 양측의 전투력이 차이가 나는 상황에서 열세에 있는 쪽이 테러와 같은 비재래식 전술을 사용하는 전쟁 양상을 말한다.

지난 세기의 판도를 바꾸는 혁명을 1917년 10월(러시아 10월 혁명)이 아니라 1949년 10월(중화인민공화국 건국월)로 수정할지도 모른다.

전 세계 마오주의의 역사와 그 여파에 대한 연구는 전 세계 각지에서 벌어지고 있는 현재의 도전과 매우 관련이 있는 교훈을 담고 있다. 필자는 본서를 통해 전 세계 마오주의를 탐구하는 일은 중국사뿐만 아니라 세계 각지의 급진 정치, 즉 참정권 박탈이나 불만과 빈곤화의 정치를 이해하는 데 매우 중요하다고 주장하고자 한다.

오늘날 인도에서 마오주의자들인 낙살라이트는 사회의 가장 빈곤한 계층의 사람들을 열심히 모집하고 있다. 마오주의는 탈식민지 시대에 국제적 역량을 갖추었다. 개발도상국에서 제국주의에 반대하자는 저항의 메시지는 경제, 정치, 문화적으로 억압받고 있는 사람들, 산업화된 서구의 생활수준과 국제적인 존엄성을 열망하는 사람들에게 강한 흡인력이 있었다. 비록 냉전은 끝났지만 빈곤과 불평등의 문제는 계속되고 있다. 유럽이 빈곤과 정치적 불안에서 비롯된 이민 문제의 위기와 맞서고 있는 가운데 전 세계 마오주의의 과거와 현재는 물질적이거나 정치적 절망에서 솟구칠 수 있는 급진주의와 그 결과를 다시 돌이켜 보게 한다는 점에서 매우 중요하다.

지난 2년 동안 도널드 트럼프가 미국 대통령에 당선되고, 유럽에서 대중에 영합하는 포퓰리즘이 부상하면서 주권에 대한 문제가 보다 철저한 검토 대상으로 떠올랐다. 예를 들면 이러하다. 영국의 경우 주권은 나이젤 패라지Nigel Paul Farage*와 같은 선동 정치가들이 주장하는 대로 '국민'에게 존재하는가? 아니면 의회에 속하는가? 또한 '민의民意'는 수도에서 법률을 제정하는 (입법기관) 전문가 엘리트와 어떤 관계에 있는가?

이러한 것들은 '민주집중제'(레닌이 숭배했던 무소불위하면서도 대외 비밀인 당黨 중앙), '군중노선'(마오쩌둥은 기층인민의 사상으로 당의 정책을 수립해야 한다고 주장함), 그리고 문화대혁명 시기의 '군중 민주주의'(실제

---

* 2010년 11월부터 2016년 9월까지 영국 독립당 대표를 지냄.

는 당이 마련한 마오쩌둥 숭배에 의해 조종됨) 사이에서 동요하던 당시의 마오주의가 때로 폭력적인 결과를 낳으면서까지 고심하던 문제들이다.

(현실은 매우 달랐지만) 이론적으로 마오쩌둥과 마오주의는 대도시의 과학기술 분야 전문가 엘리트 집단으로 불가피하게 권력이 흐르는 것을 막고 소외된 이들이 목소리를 내도록 선동했다. 흥미롭게도 레닌주의와 마오주의의 반체제적인 레퍼토리는 트럼프 정권의 정책설계자들에게 흥미를 불러일으킨 것처럼 보인다. 예를 들어 스티브 배넌Steve Bannon**은 그 스스로 '선동의 황제'이며 정치체계를 전복시키려고 밀모하는 레닌주의자로 자처했다.[32] 또한 오스트레일리아의 한학자漢學者인 제레미 R. 바메Geremie R. Barmé는 트럼프('파괴자')를 마오쩌둥과 견주었다. 트럼프의 변덕스러운 포퓰리즘, 관료 지배층에 대한 경멸, 간략하고 저속한 형태의 성명聲明 편애(비록 이른 아침에 날리는 트위터는 마오쩌둥의 인용문을 모은 개요서, 『마오어록』과 다르지만), 그리고 미국의 경제적 독립을 입에 달고 다니는 수사적修辭的 강박관념 등이 그러하다는 것이다.[33]

미국의 대안 우파alternative right(약칭 alt-right)***의 정치적 혼란(그리고 마오주의에 대한 유연성)을 상징하는 전형적인 사태가 벌어졌다. 2017년 8월 국가안전보장회의National Security Council 내부의 트럼프 지지자들 사이에 떠도는 과대망상적인 내용을 담은 비망록이 언론에 유출되면서 트럼프 행정부가 한층 더 큰 혼란에 시달리게 되었기 때문이다. 그것은 '마오주의의 내란 모델'의 전략과 전술에 따라 행해지는 대통령에 대한 '딥 스테이트****'의 음모를 묘사하고 있었다.[34]

세계 마오주의의 역사는 현대 사회학의 관심사 가운데 하나인 '급진화'에

관한 중요하지만 오히려 무시되고 있는 사례 연구에 필요하다. 이 주제를 분석하고 있는 문헌은 거의 전적으로 종교(특히 이슬람)에 초점이 맞춰져 있으며, 동남아시아, 서유럽, 라틴아메리카에서 마오주의의 선동에 따른 정치적 폭력과 사상 주입의 예를 간과하는 경향이 우심하다. 최근 영국 사우스런던 브릭스턴에서 1970년대 마오주의 정당의 지도자인 아라빈단 발라크리슈난Aravindan Balakrishnan*이 몇 명의 여성들을 세뇌시켜 수십 년 동안 감금하고 노예로 부려먹었다는 이유로 수감된 일이 있었다.** 이를 통해 우리는 이러한 교조적 세뇌의 효력이 매우 강력하게(또한 우리 집에서 가까운 곳에서) 작용하고 있음을 상기하지 않을 수 없다.

테러와의 전쟁 동안 FBI의 감시 대상이 된 베테랑 급진주의자들 대부분은 1960년대와 70년대에 마오주의에 영향을 받은 집단의 지지자들이었다. 그들이 미국 정부에 반대한 것은 마오주의에 참여하면서 형성되기 시작했다. 지금도 여전히 존재하는 국제적인 반군들은 마오주의 텍스트를 통해 체제전복 수법을 배웠다.[35]

정치적 영역의 다른 한쪽에서, 미 육군은 대게릴라전(또는 내란 기도 진압 활동)에 필요한 매뉴얼에서 다루어야 할, 반란의 교과서적 모델로서 마오주의의 군사전략에 매달리고 있다. 비록 정치적 이데올로기, 특히 공산주의 이데올로기에 의한 과격화(급진화)는 냉전 이후 세계에서 이미 구식이 된 것처럼도 보인다. 하지만 새로운 동조자를 확보하기 위해 긴밀한 관계를 이용하고, 단순하고 확신에 찬 의도나 설명을 주로 사용하며, 사회경제적 위기를 틈탄다는 점에서 종교에 의한 과격화와 그 과정이 유사하다고 할 수 있다.

실제로 중국 내외를 막론하고 전 세계적으로 파급된 마오주의의 전 지구

---

* 영국공산당에서 1974년 축출된 후 창설한 '마르크스-레닌주의-마오쩌둥 사상 노동자 연구소' 대표.

** 이른바 '램버스 노예 사건(Lambeth slavery case)' 또는 '마오주의 컬트(Maoist cult)'라고 부르는 사건.

적 역사는 지도자 숭배라는 종교적 색채로 유명하다. 중국에서 마오쩌둥은 모든 인민을 밝히는 태양으로 묘사되었으며, 인민들은 문화대혁명 시절 천안문 광장에서 충성을 상징하는 '충자무忠字舞'를 추면서 자신들의 숭배 대상에 대한 존경을 표현했다. 페루공산당의 지도자로 페루의 마오쩌둥으로 불리는 구스만(일명 곤살로Gonzalo)은 '빛나는 길'의 해외판 포스터에서 황금빛 광채가 찬란한 모습으로 장식되었으며, 그의 휘하 간부들은 자신들이 통치하는 농민들에게 "오! 지저스Jesus!"가 아니라 "오! 곤살로!"라고 외치도록 강요했다. 전 지구적인 마오주의의 과거와 현재에 진행 중인 이야기들은 오늘날에도 널리 퍼져 있는 과격화 문제에 질문을 제기한다. 과연 어떤 종류의 사회경제적 상황, 신념체계, 그리고 사회구조가 정치적 폭력을 배양하는 것일까? 그들이 권력을 쟁취하고 장악하는 과정에서 어떤 문제가 발생하는 것인가? 반란과 반란에 대항하는 싸움으로 인해 거듭 타격을 입은 사회는 어떻게 스스로 회복할 수 있을 것인가?

본 장을 마무리하면서 마지막으로 취재의 범위에 대해 말하고자 한다. 본서는 마오주의의 전 지구적 역사를 되짚어보는 것을 목표로 삼고 있지만 모든 것을 다 이야기하는 일은 불가능하다. 그러한 예는 매우 많다. 예컨대 카리브해, 아이슬란드, 멕시코, 스위스 등지의 마오주의자들, 필리핀과 버마(미얀마) 공산당원들, 그리고 팔레스타인해방기구의 구성원들이 마오의 중국에 장학생으로 초청받아 현대 중국문학을 학습한 것 등이 그러하다. 또한 이러한 일련의 역사와 관련이 있는 모든 에피소드, 예를 들어 남로디지아 전쟁, 페루 토지개혁, 인도네시아 독립, 제2의 물결 페미니즘, 독일 녹색 운동 등등은 그저 대강만 언급했을 뿐 보다 상세하게 설명할 수 없었다. 필자는 다만 세계적인 마오주의의 궤적과 다양성, 그리고 (필자가 보기에) 가장 중요한 마오쩌둥 사후의 유적에 관한 이야기를 선별하고자 애썼다. 관련 자료를 조사하고 저술하면서 필자는 마오주의의 다양성과 중요성에 대해 통합적으로 느낄 수 있는 역사를 병치하고 있는 책을 찾을 수 없었다. 본서는 바로 이러한 빈 공간을 채우기 위한 시도이다.

전 세계 마오주의에 대한 필자의 이야기는 현대 아시아의 기이한 이야기들과 마찬가지로 헤이방黑幫, 암흑가의 조폭과 혁명가, 지식인, 그리고 사교계의 여인들이 서로 맞물려 있는 1930년대 상하이에서 시작된다. 쑹칭링宋慶齡, 1892~1981은 1936년 중화민국 초대 총통인 쑨원孫文의 아름다운 미망인이자 (중국 좌익의 골칫거리였던) 장제스蔣介石의 처형이었다. 또한 그녀는 공산당의 탁월한 동반자였고 미국 중서부 출신의 야심찬 저널리스트로 세계적인 특종을 찾고 있던 에드거 스노를 공산당 지하조직에게 소개했다. 그 지하조직은 먼지가 풀풀 이는 중국 북서부에 자리한 마오쩌둥의 새로운 총부(옌안)로 스노를 인도하였다. 미국인이 몇 주 동안 중국공산당의 근거지에 머무르는 동안 마오쩌둥과 그의 측근 동지들은 스노에게 세계 유일의 독점 인터뷰 기회를 주는 한편, 폭력과 숙청 사실이 생략된 그들의 과거와 현재를 설명해 주며 그들을 박해받는 애국자이자 민주주의자로 묘사하도록 했다. 북서부에서 체류가 끝나갈 무렵, 스노는 마오쩌둥이 확인하고 수정한 2만여 자의 녹취록을 손에 쥘 수 있었다.

마오쩌둥과 그의 동지들은 확실히 사람을 잘 선택했다. 스노는 흠잡을 데 없는 언론매체와 연줄을 지닌 비공산주의자였으며, 그들의 이야기를 국제사회에 소개할 수 있는 이상적인 대변자였다. 『중국의 붉은 별』은 마오쩌둥을 세계적 명성의 정치지도자로 부상시켰다. 그 책의 중문판은 중국 공산주의가 거의 절멸 직전에 이르렀을 당시 도시에서 교육받은 젊은이들을 마오쩌둥의 혁명으로 끌어들이는 데 도움을 주었다. 1937년 이래로 이 책은 말레이시아의 정글에서 러시아 서부의 얼어붙은 벌판에 이르기까지, 1960년대 서독의 반反문화를 위한 대안적 생활양식에서 네팔의 고급계급(브라만 등 하이 카스트)에 속하는 마오주의자들의 훈련 캠프에 이르기까지 도처에서 반군과 게릴라를 배양해냈다.

필자는 중국과 다른 나라에 마오주의의 신조를 널리 전파하는 인물과 문헌, 그리고 실물, 예를 들어 『중국의 붉은 별』과 거의 수십 개 나라의 언어로 번역된 『마오어록』, 그리고 국가로 활용되었던 〈동방홍〉 등을 통해 국제 마오주의의 정치, 외교, 문화사를 연대기적으로 살펴보고자 한다. 1930년대에서 현대에 이르기까지 본서의 모든 페이지에는 정치가, 교수, 시인, 혁명가, 번역가, 사회 부적응자, 마키아벨리와 같은 권모술수가, 광신자와 괴짜 등이 살고 있다. 그들 중에는 세계에서 가장 크고 막강한 나라를 통치했던 이들도 있다. 공산주의는 스스로를 비인격적인 정치학이라 주장하며 개개인들에게 추상적인 이념형태의 권위에 복종할 것을 요구한다. 하지만 전 지구적인 마오의 세계사는 흥미로운 휴먼드라마로 가득 차 있다. 특히 마오쩌둥보다 사회적으로 관습 등에 순응적이지 않은 인물을 찾는 것이 어렵기 때문에 더욱 그러하다. 예를 들면 이러하다. 자신의 아버지를 극도로 싫어했던 반항아(마오쩌둥)는 서른네 살의 나이에 중국 정부에 전쟁을 선포했고, 천성적으로 바람둥이였으며, 짜깁기한 잠옷을 입고 국가 행사에 참가했으며, 자신을 방문하는 중국인이나 해외 지도자들을 흔히 이른 새벽에 데리고 오도록 했고, 자신과 가장 가까운 동지들 대부분을 숙청했으며, 언제나 양치질을 거부했다.* 마오쩌둥 신봉자들이나 모방자들 중에는 괴짜나 부적응자들과 유사한 이들이 적지 않다. 예를 들면, 인도 뭄바이의 아이스크림 업계의 거물 형제는 인도 정부에 선전포고를 하기 전까지 회계사로 훈련을 받은 인물이고, 탁상공론에 익숙한 콜롬비아의 게릴라는 혁명보다 위스키를 선택했다. 또한 페루의 철학교수는 마오쩌둥과 동시에 베토벤을 흠모했다. 그런가 하면 유럽연합의 관료로 명성을 얻은 미래의 총리도 있다. '지구전持久戰'을 설파하는 마오주의는 이렇듯 그들 스스로 사회와 충돌하고 또한 사회를 통제하고 싶어하는 괴짜들에게 특히 적합한 것처럼 보인다.

　　필자는 1950년 중국과 소련 간의 조약으로 인해 서구 여러 나라의 정부

＊　　주로 찻물로 헹구었다.

관계자들이 등골이 오싹해진 냉전 초기의 종말론적인 공포에 대해 설명할 것이다. 오드 아르네 베스타가 언급한 것처럼 이러한 중소동맹은 "16세기 오스만 제국이 마지막으로 영토를 확장한 이래로 서구 자본에 의한 정치적 패권에 도전하는 가장 큰 세력이다."[36] 그러나 10년이 채 되기도 전에 잠재적으로 소련과 함께 세계를 지배하겠다는 중국과 소련의 우정은 금세 와해되고 말았다. 마오쩌둥과 그의 관료들은 소련을 미국인들을 달래기 위해 유화정책을 쓰는 '수정주의자'라고 비난하면서 공식적으로 소련을 미끄러뜨릴 수 있는 기회를 포착하여 자신들이 세계 혁명의 진정한 지도자라고 단언했다.

마오쩌둥이 세계 공산주의 사회에서 패권을 다투던 시기인 1960년대와 70년대에 마오주의의 세계 편력이 본서의 핵심 내용이다. 필자는 마오주의가 열화가 같이 타오르던 시기의 커다란 불덩이를 추적할 것이다. 중국 국경을 통해 네팔, 인도, 캄보디아로 퍼져나간 마오 배지(마오의 초상화가 그려진 배지)는 카트만두나 캘커타, 프놈펜의 젊은이들 사이에서 급진적인 좌익의 표시로 간주되었다. 「베이징 주보」는 마오쩌둥을 '세계혁명의 위대한 조타수', '영원히 떨어지지 않는 태양'으로 선전했다. 치직거리는 잡음에 비음이 섞인 라디오에서 나오는 목소리가 아프리카 사바나에 울려 퍼졌으며, 마오쩌둥의 중국을 숭배하는 미국인과 유럽인 들(히피, 민권운동가, 철학자, 테러리스트, 여배우 셜리 매클레인Shirley MacLaine 등) 사이에서도 마찬가지였다.[37]

마오주의는 냉전의 격렬한 충돌에서 중요한 위치를 차지하여 인도네시아, 캄보디아, 베트남의 운명을 바꾼 공산주의 운동과 뒤섞였다. 마오주의 중국은 베트남 공산주의자들에게 정신적인 이념 외에도 도로와 탄약, 군복과 간장 심지어 탁구공과 하모니카, 비누 등 물질적 지원을 아끼지 않았다.

마오주의자들은 폴 포트를 교육시키는 한편 10억 달러 이상의 원조와 무상 군사지원 및 건강검진 요원들을 제공했다. 종족 대량학살genocide이 저질러

지기 직전 마오쩌둥의 수영장 안에 느긋하게 앉아 있던 폴 포트는 마오쩌둥에게 자신이 캄보디아 도시 거주민들을 퇴거시켜 농촌의 집단농장과 이른바 킬링필드로 내몰았다고 이야기했다. 당시 거의 빈사 상태에 있었던 마오쩌둥은 그의 말을 듣고 "당신의 경험이 우리들보다 낫다. …… 당신이 기본적으로 옳다"고 칭찬했다.[38]

본서의 마지막 몇 장에서는 페루와 네팔, 그리고 인도 사회의 밑바닥에서 고통받는 이들에 대한 동정과 무자비함이 혼란스럽게 뒤섞여 있는 마오주의의 길고 피비린내 나는 여독餘毒에 대해 서술할 것이다.

1996년 아비마엘 구스만이 리마의 부유한 사람들이 사는 바리오barrio, 스페인 또는 그 식민지 도시의 한 구획에서 혁명을 지휘하다 붙잡힌 지 불과 4년 만에 네팔에서 낙살라이트라고 불리는 마오주의자들(일명 마오주의 반군)이 다시 기승을 부리기 시작하여 네팔 정부에 의해 오랜 기간 조직적으로 홀대받은 대다수 농민들을 위해 싸운다는 이른바 '인민전쟁'을 선포했다. 2006년 양자 간의 충돌이 종결될 때까지 약 만칠천 여 명의 네팔인들이 사망했다. 아이러니컬하게도 네팔인들이 마오쩌둥의 게릴라전 전략을 차용한 것은 인도의 안보에 위협을 주었을 뿐만 아니라 중국의 당시 지도자들에게 극도의 당혹감을 안겨주었다. 실제로 그들은 낙살라이트가 마오쩌둥의 이념을 심각하게 잘못 해석했다고 주장했다. 인도와 네팔의 마오주의는 냉전의 여파라기보다는 당시 전 세계를 휩쓰는 과격화의 염증이 재발한 것으로 보는 것이 타당하다. 남아시아 전역에 걸친 마오주의의 거대한 불덩이는 발전과 사회정의, 환경보호 및 국제적 착취 등에 대해 근본적인 의문을 제기한다.

본서의 결미는 처음 이야기와 마찬가지로 중국에서 끝난다. 중국 정부는 한편으로 마오의 혼란스러운 문화대혁명에 대한 기억을 억누르려고 애쓰고 있으면서, 다른 한편으로 이미 오래전에 공산주의보다 더 자본주의화한 체제를 위해 향수 어린 애정을 불러일으키고자 마오 시대의 노래와 영화, 그리고 언어들을 되살리고 있다. 분노한 젊은이들은 현재 공산당원 일부가 부정부패를 일삼으며 매판자본가처럼 행동하는 것을 비난하며 마오 시대의 급진적 평등주의로 돌아갈 것을 요구하고 있다. 또한 해고된 노동자들은 붉은 소책자(『마오어록』)를 흔들며 자신들의 고용주인 배부른 자본가를 반대하는 시위를 벌이고 있다. 또한 중국의 시골 마을에서는 농부들이 칼과 벽돌, 그리고 몽둥이를 들고 부패한 지방 관리들에게 저항하고 있다. 그들은 모두 마오쩌둥의 기이한 유산인 당의 규율, 정치적 청교도주의(도덕적 정치), 인민전쟁의 계승자들이다.

오늘날에도 여전히 정치적인 관행처럼 형성되어 있는 불안정한 유산을 이해하기 위해 우리는 중국 내에서 마오주의의 역사를 추적해야 할뿐더러 중국 국경 넘어 다른 세계에서 마오주의가 어떻게 활용되고 재해석되었는가를 살펴봐야만 할 것이다.

1장

마오주의란
무엇인가

2016년 1월 첫째 주 중국 중부 허난河南 성 어느 시골 한복판, 회색빛 하늘 아래 얼어붙은 갈색 벌판에 어렴풋이 보이는 거대한 황금빛 마오쩌둥 동상이 모습을 드러냈다. 36m가 넘는 높이의 동상을 세우는 데 들어간 31만 2천 파운드라는 거금은 지역 주민과 사업가들이 지불했다. 48시간 동안 수많은 관광객들은 이 기이하게 생긴 대형 동상과 셀카를 찍기 위해 모여들었다(머리카락을 뒤로 넘겨 빗질한 마오쩌둥의 전형적인 머리 모습을 제외하고 마오와 거의 닮지 않았다). 소문에 의하면 그 동상은 조타수(마오)의 열렬한 광신도인 현지 식품가공업체 사장 쑨칭신孫慶新이 창안한 아이디어였다고 한다.[1] 현지에서 감자를 재배하는 농민은 "그의 공장 안은 곳곳마다 마오쩌둥의 동상들로 가득 차 있다"고 증언했다. 인터넷에 사진이 뜨자 사이버 논객들 사이에서 다양한 반응이 속출했다.

"마오쩌둥이여 영원하라!"

"그는 우리의 전설이자 우리의 신이다. 우리는 그를 숭배해야 한다."

"미쳤어!"

"끌어내려라!"

"전혀 닮지 않았다. …… 마땅히 소파에 앉아 있어야지!"

어떤 이들은 그런 동상을 만드는 대신 도로나 병원을 짓는 데 돈을 쓰라고 주장하기도 했다.[2]

1월 7일 마오쩌둥 동상의 머리 위에 검은 천이 씌워졌고, 공안당국에서 사람들이 나와 동상을 철거하여 잔해와 소문만 무성하게 남았다. 전하는 말에 따르면 토지 계획 관련 규정을 위반했기 때문이라고 했다. 관방 매체인 「인민일보」조차 "철거 사유가 불분명하다"고 솔직히 고백하면서 이번 사건에 대한 곤혹감을 떨치지 못했다.[3] 마오의 동상이 철거되자 이를 바라보던 몇 명의 현지인들이 눈물을 흘렸다. 그들은 아마도 1960년대 마오의 정책*으로 인한 대기근으로 아사한 인민들(전문가의 분석에 따르면, 대략 780만여 명으로 추산된다)의 후손이었을 것이다.[4]

허난의 거대한 마오쩌둥 동상의 미스터리한 건립과 철거는 마오쩌둥과 마오주의의 규정하기 어려운 특질을 다시 한번 환기시킨다. '마오주의Maoism'란 용어는 영미 사람들이 1950년대 새로 등장한 중화인민공화국의 정치사상과 실천 행위 체계를 지칭하기 위해 널리 사용하면서부터 시작했다. 이후로 그것은 제어하기 힘든 역사를 가지게 된다. 하지만 중국공산당 이론가들은 '마오이즘'의 중국어(한어) 역어인 '마오주의毛主義'에 대해 공인한 적이 없다. 그것은 주로 자유주의자들이 현재 중국의 대안 좌파**들의 마오에 대한 숭배열을 묘사하기 위해 사용하거나 관방의 분석가들이 오늘날 인도나 네팔의 '마오주의자' 정당을 표현하거나 공개적으로 부정할 때 사용하는 경멸적인 용어이기 때문일 것이다. 실제로 중국 외교부는 네팔의 공산당(마오주의 정당)이 '마오'라는 꼬리표를 달고 있는 것에 항의하면서 "이 그룹(네팔 마오주의 그룹)은 중국과 무관하며, 우리는 중국 인민의 위대한 지도자 마오쩌둥의 이름을 그들이 찬탈한 것에 대해 분개한다"고 콧방귀를 뀌듯이 말했다.[5] 정통적인 중국 분석가들은 '마오주의'라는 말 대신 '마오쩌둥 사상'이라는 좀 더 이지적인 용어를 사용하고 있다. 이렇듯 '마오주의'라는 용어는 불완전한 것임에 틀림없으나 1930년대부터 오늘날까지 중국공산당이 추진한 성공적인 계획을 지칭하는 가장 일반적인 용어로 쓰였기 때문에 본서는 이를 그대로 사용하고자 한다. 그것은 문맥에 따라 마오주의의 계획이 마오쩌둥 자신의 형식 안에서 확고한 상징적 핵심을 지니고 있음에도 불구하고 수십 년 동안 여러 대륙에서 다양한(때로 모순되는) 형태를 취해왔다는 것을 이해한다는 전제 하에서 타당성을 가진다.

---

*   대약진운동을 지칭함.
**   alt-left, 극좌를 지칭하는 듯하다.

사실 마오주의라는 말은 마오쩌둥의 이전 삶과 사상을 토대로 1940년대 초반에 공식적으로 존재했다. 본 장에서는 마오쩌둥과 그의 후계자들이 1960년대 마오주의에서 흔히 볼 수 있는 배지나 붉은 소책자(『마오어록』)의 형태로 그것을 보고 생각했던 것처럼 일련의 핵심적인 인용어를 통해 마오주의의 중요한 특질을 살펴보고자 한다. 여기서는 마오의 사상을 두 가지로 구분한다. 하나는 일종의 원본으로 원래 개념에 속하고, 다른 하나는 원본에서 나온 일종의 파생본이다. 아울러 그것들이 마오의 소비에트 전임자들과 어떻게 겹치고 또한 다른가를 살펴보고자 한다.[6] 어떤 것들은 본질적으로 차이가 있고 또 어떤 것들은 정도의 차이만 있을 따름이다.

전자의 범주에는 농민을 혁명 세력으로 숭배했던 마오의 모습과 권위에 저항하는 무정부주의적 반란에 대한 평생에 걸친 편애가 존재한다. 그리고 후자의 범주에는 레닌주의-스탈린주의 계획의 핵심 요소였던 정치적 폭력에 대한 숭배, 반식민지적 저항에 대한 옹호, 그리고 사상 통제 기술을 사용하여 기율을 중시하고 점차 억압적인 당과 사회를 만들려는 강제조치 등이 포함된다.[7]

I. "권력은 총구에서 나온다槍杆子裏面出政權."***

1927년 4월 12일 새벽 4시 상하이 프랑스 조계 남쪽 끝에 있는 기제로祁齊路의 국민당 총부에서 사이렌이 울리자 도시 동쪽에 정박해 있던 포함砲艦에서 기적을 울려 응답했다. 상하이에서 가장 막강한 삼합회三合會 '청방靑幇'의 조직원들이 푸른 공장 노동자 복장으로 위장하고 하얀 완장을 찬 채로 도시의 하층민들이 몰려 사는 지역에 흩어져 있는 공산당의 거점으로 몰려들었

*** 1927년 8월 7일 중공중앙이 호북 한구에서 개최한 긴급회의에서 혁명 실패에 대한 원인을 총결하면서 마오쩌둥이 한 말이다. 당시 회의에는 천두슈, 코민테른 대표, 소련 고문들이 국민당, 농민토지, 무장투쟁에서 우경(右傾) 경향을 보인 것에 대한 비판이 있었다.

다. 날이 밝으려면 아직 한 시간 반이나 남았을 때 밤의 장막을 뚫고 기관총이 불을 내뿜기 시작했다. 저항하던 노동자들이 총에 맞아 쓰러졌다. 다른 이들은 포박당한 채로 처형장으로 끌려갔다. 이튿날 총파업이 일어났으나 시위 참가자들은 국민당의 기관총 사격과 총검에 맥없이 쓰러지고 말았다. 시위대는 여성과 아이들을 맨 앞에 배치하면 국민당 군대가 발포하지 않을 것이라고 생각했으나 결과는 달랐다. 목격자들에 따르면, 최소 300명 이상이 사망했고, 그보다 더 많은 이들이 부상을 입었으며, 그들 중 일부는 사망자와 함께 생매장되었을 것이라고 했다.

3주 전만 해도 상하이 공산주의자들의 전망은 전혀 달라 보였다. 3월 하순 상하이 군벌의 우두머리는 젊은 중국공산당원들이 조직한 연합 무장대에 밀려 상하이를 내주고 말았다. 파업 노동자들은 처음에 소총 100정, 권총 250정, 수류탄 200개로 무장하고 여기에 선전 벽보와 전단, 그리고 신문을 살포하면서 조선소와 경찰서, 그리고 철도를 차지하기 위해 싸웠다.[8]

상하이 점령은 1926년에 시작된 이른바 '북벌'이라는 혁명에 결정적인 일이었다. 이는 1911년 신해혁명 이후 15년 만에 일어난 중국의 두 번째 혁명으로 전국에 산재한 지역 군벌에 대항하는 싸움이었다.

1911년 신해혁명은 지난 2천여 년간의 왕조 통치를 종식시켰다. 하지만 5년 만에 중앙권력은 지역의 군사 실권자인 '군벌'의 부상으로 인해 와해되고 말았다. 성립된 지 얼마 되지 않은 신생 공화국의 총통은 여전히 수도 베이징에선 건재했지만 다른 지역에서의 권위는 유명무실했다. 그럼에도 불구하고 중국을 통일해야 한다는 신념만은 오히려 굳건했다. 분열된 군벌의 군사통치로 인한 정치적 마비는 중국을 국내외적으로 취약하게 만들었기 때문에 여러 도시들에서 새로운 상황에 대한 불만을 표출하는 일이 자주 벌어졌다. 1919년 5월 4일 베이징과 상하이 등지에서 일어난 애국시위(5.4 운동)는 중국의 군벌 통치자가 베르사유 회담에서 중국의 동북부 지역(칭다오青島)을 일본에 양도하는 데 동의한 것에 반대하여 일어난 일이다. 1923년 중화민국의 첫 번째 총통인 쑨원은 비록 재임 기간은 짧았지만 중국 통일에 대한 신념이 강했다. 그는 이를 위해 자신의 국민당과 공산당의 동맹관계를 구축했고, 소련과 코민테른이 제공하는 자금으로 군사를 훈련, 무장시켰다. 1925년 쑨원이 사망했으나, 그의 후계자인 장제스는 이듬해 북벌을 발동하여 재차 중국을 통일시키기 위한 군사행동에 돌입했다. 소련의 군사훈련을 받은 중국 군대는 남방에서 치고 올라가 군벌들과 싸우거나 뇌물을 주면서 투항을 유도했다. 북벌군은 보수적인 국민당과 비교적 급진적인 중국공산당의 연합전선이었다. 국민당은 정규 상비군을 보유하고 있었으나 그들이 진격하여 싸우는 곳마다 (공산당에 의해 조직된) 파업노동자들이나 농민 자위대 등이 구정권(군벌정권)의 통신망과 물자 및 권위를 파괴해줬기에 보다 쉽게 임무를 수행할 수 있었다.

그러나 이는 불안한 동맹이었다. 양 당의 목표와 권력 기반이 근본적으로 달랐기 때문이다. 국민당은 줄곧 부유한 자본가 계급의 자금 지원에 의존했으나 공산당은 주로 중국의 도시 노동자들과 빈곤한 농민들의 반란을 조직하는 데 전념했다. 1927년 3월 말, 국민당 지도자 장제스는 상하이로 진군했다. 표면적인 이유는 노동조합과 상하이 외국인들을 안심시키기 위함이라고 했지만 사실은 상하이 청방의 두목인 두웨성杜月笙과 비밀리에 협의하여 상하이에 거점을 두고 있는 공산당을 궤멸시키기 위함이었다. 4월 11일 두웨성은 상하이 총공회總工會의 공산당 지도자인 왕서우화汪壽華를 자신의 프랑스식 별장 만찬에 초청하여 수하 조직원을 시켜 목 졸라 죽였다. 몇 시간 후 중국과 외국 상인들의 자금으로 무장한 두웨성의 폭력배들이 전혀 의심치 않고 무방비 상태에 있던 도시 전역의 공산당 거점을 제거했다.

붉은 상하이 대학살은 증명되거나 또는 의심되는 공산주의 동조자들에 대한 수개월 내지는 수년간에 걸친 참혹한 폭력을 예고했다. 혹자의 추산에 따르면 거의 수백만 명의 사람들이 이로 인해 죽임을 당했다고 한다. 내장이 튀어나오거나 목이 잘린 채 죽은 이들도 있고, 휘발유를 뒤집어 쓴 채로 불에 타거나 뜨거운 쇠꼬챙이를 문질러 죽임을 당한 이들도 있었으며, 나무에 묶인 채 상처에 모래를 문질러 고통을 당한 이들도 있었다. 특히 여성들은 더욱 잔인한 방법으로 죽임을 당했다. 예를 들어 어떤 성에서는 농민 자위대를 진압하던 국민당 군대가 "여성 동지의 유방을 도려내고 몸에 철사를 수직으로 찔러 넣은 다음 벌거벗은 채 조리돌림을 시키기도 했다."[9]

중국공산당이 역사에서 배운 교훈 가운데 1927년 피비린내 나는 봄이 가장 깊은 인상을 남겼다. 그 교훈은 이제 공산당은 생존을 위해 군대가 필요하다는 사실이었다. 1927년 폭력에 찬동한 당의 몇몇 지도자 가운데 한 명인 마오쩌둥은 당시 사건의 교훈을 가장 잘 알려진 격언, 즉 "권력은 총구로부터 나온다"라는 말로 바꾸었으며, 이는 중국의 선전 문구에서 흑표당Black Panther의 전단지로, 파리 대학생이 필사한 형편없는 신문에서 인도의 정글 집회에 이르기까지 널리 퍼졌다. 11년 후 그는 그 격언에 다음과 같은 매우 결정적인 말을 덧붙였다. "우리의 원칙은 당이 총을 지휘하고, 총이 당을 지휘하도록 허용해서는 안 된다는 것이다."[10]

이러한 정치적 폭력에 대한 애착은 향후 반세기 동안 마오쩌둥이 창조하게 될 우상 숭배의 토대가 되었다. 사실 현대 정치 운동의 맥락에서 총의 권력에 대한 존중은 전혀 예외적인 것이 아니다. 실제로 파시즘은 공산주의보다 폭력을 더 열렬히 찬송했다. 하지만 중국 공산주의의 경우 마오쩌둥의 수사적 개입, 즉 그의 발언이 결정적이었다.

그런 일이 벌어졌음에도 불구하고 코민테른은 중국 공산주의자들에게 국민당과 계속 협력해야 하며, 독립적인 군대 창설을 금지할 것을 강요했다. 1927년 참사 이후 이어진 상호 비난 속에서 중국 공산주의자들은 그처럼 여전히 자신들을 통일전선의 종속적인 동반자로 간주하는 코민테른을 강력히 비난했다. 그러나 실제로 공산당 역시 국민당 정규부대를 지원하는 지역 노동자나 농민 민병대 수준을 넘어서는 자신들만의 군대를 창설해야 한다는 생각까지는 하지 못했다. 1920년 코민테른 대표자들이 본격적으로 일을 시작했던 때로부터 7년간 중국 공산주의는 주로 지식인이나 책벌레들에 의해 지배되었다. 그들은 공산주의 이론과 실천에 내재된 폭력에 대해 지속적으로 반대해왔다. 마오쩌둥은 농민 출신으로 폭력을 중시하기는 했으나 또한 책벌레였다. 이는 전 세계 그의 추종자들도 마찬가지였다.

공산주의는 정치적 혼란, 만성적인 빈곤, 불의, 성 불평등 등 중국의 병폐에 대한 정치적 해결책 중 하나로서 1910년대 후반부터 젊은 급진주의자들이 호기심을 갖고 있던 것에 불과했다. 그들은 러시아에서 레닌이 승리할 당시 군사적 잔혹함에 대해서는 거의 관심이 없었으며, 10월 혁명을 잔혹하고 오랫동안 지속된 내전이라는 실체보다 모호하고 낭만적인 민족 혁명으로 선호했다. 코민테른 대표들은 1921년 상하이의 주택가에서 중국공산당 제1차 전국대표대회를 개최하여 서로 이질적이고 반항적인 인물들을 소집했다. 그러나 초기 중국공산당은 촘촘하게 엮인 레닌주의식의 정당 구조가 아니라 진지하지만 가끔은 진부한 이들로 이루어진 느슨한 조직이었다.

당시 스물일곱 살의 나이로 회의에 참가한 마오쩌둥은 아직까지 공산당의 중요 인물 또는 소련에 대한 열렬한 지지자와는 거리가 멀었다. 1920년 12월 그가 처음 공산주의를 접했을 때 그는 이렇게 생각했다. "러시아식의 혁명은 모든 길이 모두 막혔을 때 선택할 최후의 수단이다."[11]

마오쩌둥은 10대와 20대 초반에 걸쳐 농민출신이라는 울타리에서 벗어나기 위해 최선을 다했다. 그는 고향인 후난성의 성도省都인 창사長沙에서 여러 해 동안 광범위하게 공부하고 독서하면서 자신의 철학적 추상 능력을 배양했으며, 친구들과 오랜 시간 사변적인 토론에 몰입했다. 후난에서 마오쩌둥은 그의 친구들과 함께 급진적인 조직인 신민학회新民學會를 창립하고, 과연 학회의 목적이 '세계를 변화시키는 것'인지 아니면 '중국과 세계를 변화시키는 것'인지에 대해 많은 시간을 할애했다. 이후 그와 동료들은 자신들의 목표를 달성하기 위해 무모하게 보이는 몇 가지 조치의 목록을 만들었다. '연구, 선전, 저축모임(저축회貯蓄會), 채소밭.' 몇 가지 중요한 결정이 내려지자 신민학회는 배를 타고 강을 유람하거나 등산, 성묘를 위한 봄나들이, 저녁 회의, 눈싸움 놀이(눈이 올 때를 대비하여) 등등 일련의 중요한 오락 활동에 관심을 돌렸다.[12] 실제로 이런 상황에서 중국의 초기 공산주의자들은 레닌이 『무엇을 할 것인가?*What Is to be Done*』에서 구상한 "모든 성원이 동일한 이념하에서 주의력을 모은 군사조직"에 전념하는 데 큰 어려움을 겪어야만 했다.[13] 그들은 중국과 유럽의 세포조직cell과 연구단체에 흩어져 있었으며, 공산주의를 배반한 무정부주의자들에게 관심을 가졌다. 확실히 그들은 반항적이었다. 1921년부터 1927년까지 중국공산당 제1대 총서기를 역임한 천두슈陳獨秀는 1923년 비탄스러운 어조로 이렇게 말했다. "당원들이 당에 대해 완전한 믿음을 갖지 못하는 경우가 종종 있었다."[14]

1927년 탄압의 공포 이후, 탁월한 지식인 출신의 제1세대 지도자 세대에 속하지 않는 마오쩌둥과 같은 이들이 당내에서 계속 부상했고, 그들은 군대와 폭력의 우위성을 강력히 주장하기 시작했다. 마오쩌둥은 1927년 이런 의제에 간여하기 시작한 이래로 남은 생애 동안 지속적으로 그것에 집착했다. 1930년대에 그는 "오직 총으로만 세계를 변화시킬 수 있다"고 썼다.[15] 1940년대 전쟁은 그를 절대 권력으로 이끌었다. 또한 그는 1950년대 중국 사회와 농업에 군사 규율을 강제하여 단기 집중적인 산업화와 자신의 핵 보유 계획을 위한 자금 조달을 성취했다. 그리고 그는 '반혁명분자'들에 대한 정치적 폭력을 완전히 정상적인 것으로 간주하는 혁명을 이끌었다. 1968년 문화대혁명 초기 1, 2년간 지속된 무정부상태 이후 그는 중국을 군사독재 국가로 만들었다. 바로 이 시점에서 캘리포니아에서 콜카타에 이르기까지 야심 찬 반란군들이 그를 혁명의 군사적 거물로 숭배하기 시작했다.

마오쩌둥의 정치적 폭력에 대한 애착은 그 자체로 세계 공산주의 내에서 독창적인 것은 아니었다. 레닌과 스탈린 역시 정치적 폭력을 숭배했다. 그것은 세계혁명에 대한 마르크스의 격동적인 비전에 사용되었고, 어떤 면에서 소련 정치 지도자 두 명(레닌과 스탈린)의 무자비한 기질에 적합하기도 했다. 그러나 비록 레닌과 스탈린은 폭력의 덕을 보았지만(스탈린이 전선의 지휘자로서 많은 시간을 투여했던 내전은 볼셰비키들의 형성기에 많은 경험을 제공했다), 그들 두 명의 소련 지도자들은 직업적으로 이론가이자 조직가였지 1920년대 말부터 마오쩌둥이 그러했던 것처럼 군사가가 아니었다.

마오쩌둥은 전쟁터 안팎에서 승리한 전략가였다. 당내에서 그의 권력과 명성은 대부분 군대와 전쟁에서 나왔다. 그의 사상이 전 세계로 파급되기 시작한 이후로 정치적 목적을 위한 폭력의 합법화는 마오쩌둥과 밀접하게 연관되었다. 그 가운데 일부는 효과적인 어구를 사용할 줄 아는 마오쩌둥의 탁월한 재능 덕분이고 또 다른 일부는 1960년대와 70년대 중국공산당의 홍보 조작 기술에 힘입었다. 수십 년 동안 마오쩌둥과 그의 참모들은 흐루쇼프와 소련을 자본주의와 타협한 부르주아로 묘사하는 한편 자신들을 세계 인민전쟁의 영웅적인 보병으로 선전했다.

마오쩌둥과 마오주의의 이러한 비전은 대륙을 가로질러 그를 초강대국의 핵무기와 기성 국가의 직업군인들과 맞서 싸우는 저항적이고 지속적인 유격전의 설계자로 변화시켰다. 예를 들어 1960년대 초 남아프리카공화국의 인종차별과 격리에 반대하는 민병대는 자신들을 마오의 유격전을 잘못 로마자화한 '유친찬Yu Chin Chan'이라고 불렀다.[16] 다시 말하지만 마오쩌둥이 자신의 저작에서 우선시했던 전쟁 방식은 소련의 모델과 달랐다. 소련의 경우 제2차 세계대전에서 빨치산이 나치에 저항하는 데 일정한 기여를 했음에도 불구하고 전쟁의 전형적인 도구는 유격대가 아니라 붉은 군대였다(물론 여기서 짚고 넘어가야 할 점이 없는 것은 아니다. 실제로 마오쩌둥의 유격전술은 1930년과 40년대 중국 혁명전쟁에서 제한된 역할만 수행했다. 또한 제2차 세계대전 동안 일본군에 맞서 싸운 것은 주로 국민당 군대였고, 1949년까지 이어진 내전에서 중국공산당이 승리를 거둔 것은 소련이 가르쳐준 야전野戰을 통해 이루어졌다).[17]

Ⅱ. "매우 짧은 시간 안에 중국 중부와 남부, 그리고 북부의 여러 성에서
    수억 명의 농민들이 폭풍이나 소나기처럼 봉기할 것이니 맹렬하고 신
    속하여 그 어떤 막강한 역량으로도 막아낼 수 없을 것이다. …… 혁명
    은 손님을 청해 밥을 먹는 일이 아니다."

　　1925년 5월 이후 중국공산당 조직 업무의 강도가 매일 심해졌다. 그해 여
름 영국군이 6명의 중국인 학생을 체포한 것에 항의하는 군중들을 향해 시
크교도 출신의 순경이 발포하여 11명의 중국인이 사망하고 최소 20여 명이
부상을 당했다. 그러자 도시의 외국인들에게 저항하는 자발적인 시위와 파
업이 잇달았다. 도시의 활동가들은 상하이, 광둥, 홍콩에 연대 파업을 주도
했다. 중국공산당에 입당하는 이들이 급격히 증가했다. 1925년 994명이던
것이 1927년 4월에는 6만 명 바로 아래까지 불어났다.[18] 새로운 당원들이 증
가하면서 노동자 민병대 조직이 생겨나게 되었다. 그들은 1927년 3월 북벌
군을 위해 도시를 마비시킨 주역이었다.

　　한편 마오쩌둥은 농촌에 더 관심이 있었다. 1925년부터 1927년까지 과격
한 봉기가 일어나던 기간 동안 국민당은 보다 많은 대중들을 끌어들이는 데
여념이 없었기 때문에 공산당이 운영하던 농민단체를 용인했고, 이로 인해
그 숫자가 더욱 늘어났다. 북벌군이 진군을 시작하자 공산당 간부들은 농촌
사회를 개조할 기회를 잡았다. 그들은 토지를 재분배하고 부유한 지주들을
모욕하고 내쫓았다. 1927년 1월 마오쩌둥은 후난성으로 돌아와 자신의 보고
서(「후난 농민운동 고찰 보고서湖南農民運動考察報告」)를 완성했다. 당시 후난성
의 농민협회원은 고작 1년 만에 기존 30만 명에서 천만 명으로 폭증했다.[19]
필자는 여기서 그가 작성한 보고서, 나중에 이탈리아 노동자나 인도의 대학
생들에게 인기가 있었던 바로 그 보고서의 일부 내용을 인용할 만한 가치가
있다고 생각한다. 왜냐하면 그 보고서에 나타나는 수사적 풍격이 이후 그를
세계적인 공산주의 유명인으로 만들었다고 생각하기 때문이다.

(농민들은) 자신들을 묶고 있는 모든 그물을 뚫고 해방의 길을 따라 돌진할 것이다. 그들은 결국 모든 제국주의, 군벌, 부패한 관리, 토호土豪와 열신劣紳들을 모조리 무덤으로 보낼 것이다. 모든 혁명 당파와 혁명 동지들이 그들의 전면에서 그들의 점검을 받아들여 취사를 결정할 것이다. 그들의 선두에 서서 그들을 영도할 것인가? 아니면 그들의 뒤편에 서서 손가락질하며 그들을 비판할 것인가? …… (그들에게) 순응하는 자는 살 것이고, 어긋나는 자는 죽을 것이다. …… 혁명은 손님을 청해 밥을 먹는 일이 아니고, 글을 짓는 일도 아니며, 그림을 그리거나 자수를 놓는 것과도 다르다. …… 혁명은 폭동이며 한 계급이 다른 계급을 전복시키는 폭력적인 행동이다. …… 그들은 과거 모든 이들의 아래에 있었지만 지금은 모든 이들의 위에 서 있다.[20]

이는 마오쩌둥의 중국판 공산주의의 분수령이었다. 마르크스는 농민을 비유하면서 '자루 속의 감자'라는 유명한 말을 사용했다. 그는 혁명을 수행할 주체는 농촌이 아닌 도시의 프롤레타리아라고 믿었다. 레닌과 스탈린 역시 그의 견해를 받아들여 농민을 '자본의 원시 축적'의 핵심 원천이자 유럽을 따라잡기 위한 신속한 산업화와 현대화의 도약대로 간주했을 따름이다. 반세기 넘도록 소련공산당에게 농민에 대한 착취는 일반적인 일이었다. 예를 들어 내전 당시 무자비한 물자 징발이나 1920년대 말 스탈린의 잔혹한 농업 집단화(집단농장), 그리고 사유지를 빼앗기 위한 흐루쇼프의 오랜 싸움이 그러했다. 농촌에 가해진 극심한 불평등은 이전까지 집단농장에 묶여 있던 농민들에게 내부 여권(국민여권)을 내주면서 이론적으로 이동의 자유를 얻게 된 1974년까지 끝나지 않았다. 1950년대와 70년대 사이에 마오쩌둥은 중국 농민들에게 비록 소련보다 더 큰 규모는 아닐지라도 그와 유사하게 잔인해질 수 있다는 것을 증명했다. 그가 추구한 공업화가 약 4천만 명의 목숨을 앗아간 기근에 주된 책임이 있었기 때문이다. 그러나 농민에 대한 소련식 불신이 직접적으로 마오주의로 옮겨지지는 않았다. 비록 양국 모두 공산당에 의한 철권통치를 유지하겠다고 결정했지만 마오쩌둥이 영도하는 중국공산당은 소련이 결코 따라올 수 없을 정도로 농촌의 풀뿌리 당원을 강조했고 또한 확보했기 때문이다. 1917년과 1949년에 각기 집권하기 직전까지 볼셰비키와 마오주의 정당의 권력 기반을 비교해보면, 1917년 소련이 권력을 장악하기 전까지 통제했던 농촌 마을은 손가락으로 꼽을 정도였으나, 중국은 1949년 중국공산당이 내전에 승리할 때까지 농민병이 병참의 근간이었다.

물론 마오쩌둥은 농촌 출신으로 그의 말투나 의복, 음식까지 농민과 다를 바 없었으며, 평소 저속하거나 때로 역겨운 비유를 들기도 했다. 그러면서 그는 매끄러운 기성 정치가가 되기를 거절한다고 누누이 강조했다. 장황한 문장은 그에게 '길고 악취가 나는 게으른 아낙네의 발을 감싼 전족纏足 천싸개'를 연상시켰다. 1950년대부터 60년대까지 마오쩌둥에 대한 무오류성을 강조하는 개인 숭배가 이루어졌음에도 불구하고 그는 독학으로 성취한 인물의 솔직함으로 자신의 무지를 드러내는 것을 두려워하지 않았다.

한번은 브라질 대표단을 접견한 자리에서 자신은 브라질이 어디에 있는지 전혀 모른다고 말하기도 했다. 그는 기운 잠옷과 양말(심지어 목욕가운을 입기도 했다)만 걸친 채 세계 지도자들과 회견했고, 무엇보다 후난 스타일의 비계가 많은 돼지고기를 푹 삶은 요리(홍사오러우紅燒肉)에 그릇 가득 담긴 통고추를 함께 먹길 좋아했다. 그리고 식사가 끝나면 한 잔의 차로 입가심을 했다(식후 소화를 위해 잔 바닥에 남아 있는 흠뻑 젖은 찻잎을 질겅질겅 소리를 내며 씹어 먹었다). 마오주의는 1930년대에 시작하여 오늘날에 이르기까지 스스로를 고된 농부를 대표하고 그들을 위해 싸우는 농촌의 종교로 자처했다.

「후난 농민운동 고찰 보고서」에서 마오쩌둥은 특히 농촌의 룸펜 프롤레타리아(유랑민 출신 무산계급)의 현지 지주에 대한 폭력을 찬양했다. "각 현에 많게는 십수 명, 적게는 몇 명에 달하는 반동분자(토호열신)를 진압하는 유일하고 효과적인 방법은 그들 가운데 적어도 몇 명 극악무도한 이들을 처결하는 것이다. …… 솔직히 말해서 모든 농촌에서 당분간 공포 분위기를 조성할 필요가 있다. 그렇지 않으면 농촌에서 반혁명파의 활동을 도저히 진압할 수 없으며, 신사紳士의 권력을 절대로 타도할 수 없다. 잘못을 고치려면 지나치지 않을 수 없고, 지나치지 않으면 잘못을 고칠 수 없다."[21] 보고서의 일부는 목도한 폭력에 대해 거의 황홀해하는 것 같았다. "좋아! 아주 좋아!"[22] 후난성에서 마오쩌둥이 용인하고 조장한 폭력의 정도에 크게 불만을 품은 천두슈를 비롯한 지적인 지도자들은 공포감을 느꼈다. 하지만 마오쩌둥은 군대와 농촌항쟁을 모두 지지했고, 이를 통해 중국공산당의 역사를 바꾸었다.

이후 7년 동안 마오쩌둥은 후난성과 장시성의 경계에 위치한 빈한하고 외딴 산지인 징강산井岡山으로 들어갔다. 그는 그곳에서 유격전술을 위한 자신의 재능을 연마하는 한편 대다수 문맹의 농민군을 위해 16자로 유격전의 원칙을 요약하여 가르쳤다. "적이 진격하면 우리는 후퇴하고, 적이 점령하면 우리는 그 후방을 교란하며, 적이 지치면 우리는 공격하고, 적이 후퇴하면 우리는 추격한다敵進我退, 敵駐我擾, 敵疲我打, 敵退我追."[23] 아울러 군대의 기율에 관한 엄격한 규칙은 "명령에 복종하라." "백성들에게는 고구마 한 알도 빼앗지 말라." "토호들에게 빼앗은 물건은 무엇이든 공동으로 분배하라." 등이었다. 군사적 승리는 농촌의 외딴 지역에서 붉은 근거지를 건설하는 데 도움을 줄 것이 분명했다. 마오쩌둥은 유격전을 수행하면서 단순히 기존 정책을 따르는 것이 아니라 새롭게 정책을 수립하기 시작했다. 1929년 상하이의 중공중앙은 마오쩌둥에게 군대를 해산하라고 명령했다. 하지만 그는 단호하게 거절했다. 명령이 "비현실적"이고 "청산주의淸算主義"라는 것이 이유였다. 중공중앙은 마오쩌둥의 부대가 "토비들처럼 이곳저곳을 돌아다닌다"고 하면서 그를 비난했다. 하지만 상관없었다. 1930년 10월 4일, 마오쩌둥은 장시성에서 세 번째로 큰 도시인 지안吉安을 점령했다.[24]

Ⅲ. "실천은 진리를 검증하는 유일한 표준이다."

1930년 봄 마오쩌둥은 장시 남부 쉰우(심오) 현尋烏縣, 장쑤성 동남부으로 가서 현지 조사를 실시했다. 그곳에서 그는 지주(대, 중, 소), 농민(부농과 빈농) 등 경제 계급(사회계층)과 토지 재분배 상황은 물론이고 교통(수로, 육로), 우정郵政, 우산 제조업의 몰락(업종의 미래가 암담함, 종업원의 노동 강도가 심함, 배우려는 사람이 없음), 미역 교역, 각기 다른 종류의 설탕(백설탕, 황설탕, 빙탕氷糖 등) 판매와 인기 정도, '태국유자(섬라유暹羅柚)'라고 부르는 머리 모양(인근 매현梅縣 사람들이 둥근 머리형태가 태국 과일 포멜로처럼 생겼다고 붙인 별명, 원래 명칭은 원두장圓頭裝)의 유행 등 시시콜콜한 내용까지 상세하게 조사했다. 이는 후난에서 혁명을 주도하며 학살도 마다하지 않았던 혈기등등한 마오쩌둥과 영 다른 모습이었다. 그곳에서 그는 섬세하고 체계적인 분석가이자 혁명의 설계자로서 실증적 관찰에 몰입함으로써 '실천'을 모든 정치 공식 위에 두었다. 전체 100쪽에 달하는 보고서(「심오조사尋烏調査」는 매우 상세하고 복잡했다.[25]

1930년 5월, 마오쩌둥은 「서적주의를 반대하자反對本本主義」*라는 제목의 문장을 발표했는데, 「심오조사」와 상호 보완되는 내용이었다. 문장에서 그는 "어찌 공산당원으로서 눈을 감고 허튼소리만 지껄여서야 되겠는가? 이는 공산당원의 치욕이다"라고 힐책하며 이렇게 말했다.

"문제를 해결할 수 없는가? 그렇다면 당신은 당장 그 문제의 현황과 역사를 조사해야 할 것이다. …… 뜻밖에도 공산당 내에서 문제를 토론할 때에

---

*   '본본(本本)'은 교조(教條)의 뜻이기도 하다. 다만 당시에는 교조주의란 말이 없었기 때문에 서적주의로 대신했다. 같은 해 8월 「조사 공작(調查工作)」이라는 다른 제목으로 출간되었다.

도 툭하면 '책을 가져 오라'고 하는 이들이 있다. …… 물론 우리는 마르크스주의 서적을 학습해야 한다. 하지만 중요한 것은 그의 이론을 반드시 우리의 실정에 결부시켜야 한다는 점이다. 우리는 '서적'이 필요하지만 실정을 떠난 서적주의는 반드시 시정해야 한다."[26]

1930년대 후반까지 실천보다 이론에 지나치게 몰입하는 이들을 다룰 때 그의 수사나 전달하려는 메시지는 매번 똑같았다. "당신의 독단적인 신조는 개똥보다 쓸모가 없다. …… 책은 걸을 수 있는 것이 아니며 언제라도 펼치거나 덮을 수 있다. 이는 세상에서 가장 쉬운 일로 요리사가 음식을 하는 것보다 더 쉽고, 돼지를 잡는 일보다 쉽다. 당신은 돼지를 잡아야 한다. 돼지는 달릴 수 있고, 죽으려고 하면 꽥꽥거리며 소리친다. 책상에 놓인 책은 달려나갈 수도 없고, 소리를 지를 수도 없다. 언제나 당신이 원하는 방식으로 처리할 수 있다. 그러니 이보다 쉬운 일이 세상에 어디에 있겠는가?"[27]

노령의 나이가 되자 마오쩌둥은 점점 더 자신을 세계 혁명의 현자(귀재)로 비추기를 원했지만 사실 수백만에 달하는 비중국계 신봉자들에게 매력으로 다가선 것은 초기의 마오쩌둥, 즉 상식적인 수준의 공산당원의 모습이었다. 1960년대 후반과 1970년대 초반에 수천 명의 교육받은 프랑스 마오주의자들은 마오쩌둥이 가장 좋아했던 "인민을 위해 복무하라爲人民服務"라는 구호에 따라 공장이나 농촌으로 가서 일했다. 또 어떤 이들은 프랑스 무산계급의 상황을 보다 잘 이해하기 위해 '장정'(1934년부터 1935년까지 중국공산당이 북서쪽으로 온갖 설산과 늪지 등 험한 지역을 통과하여 옌안에 이르렀던 장정을 모방한 것이다)을 감행했다. 그들은 "조사調査가 없으면 발언권도 없다"는 마오쩌둥의 말을 마치 주문처럼 반복해서 외쳐댔다. 2008년 프랑스 고등사범학원Ecole Normale Supérieure 출신의 엘리트이자 마오주의자인 티에노 그룸바흐Tiennot Grumbach는 "나는 항상 마오 주석이 했던 말 가운데 하나의 인용구를 마음에 두고 지금도 좋아하며 자주 말하곤 한다"라고 하면서 이렇게 회상했다.

"'누군가는 장미를 보지 못하고 들판을 가로지르고, 누군가는 잠시 말에서 내려 장미를 바라보며, 또 누군가는 말에서 내려 장미의 향기를 맡는다.' 장미의 향기를 맡자. 이것이 우리의 생각이었다. 그리고 그 장미란 바로 노동자들이었다."[28]

　실천을 중시해야 한다는 마오의 주장은 또 다른 측면에서 그의 매력을 설명하는 것이기도 하다. 소련의 공산주의를 중국의 현실에 맞게 운용하자는 것이다. 1930년대 초반에 이미 마오쩌둥은 공산주의를 각 나라의 상황에 따라 유연하게 조정하자는 주장을 널리 알리는 살아 있는 광고가 되었다. 1936년 그는 이렇게 말했다.

　"중국의 혁명전쟁—혁명의 계급전쟁과 혁명의 민족전쟁—은 일반 전쟁의 상황과 성질 외에도 그 나름의 특수한 상황과 성질을 가지고 있다. 그렇기 때문에 일반적인 전쟁의 규율 외에도 특수한 규율이 있다. 이런 특수한 상황과 성질을 모르고 그 나름의 특수한 규율을 모르면 혁명전쟁을 지도할 수 없으며, 혁명전쟁에서 싸워 이길 수 없다. …… 어떤 이들은 일반적인 전쟁의 규율만 연구하면 된다고 말하지만, 이는 틀린 주장이다. 구체적으로 말해서 반동적인 중국 정부나 또는 반동적인 중국 군사학교에서 출판한 군사 조령條令에 따라 움직이면 된다는 것이다. 하지만 이런 조령은 단지 일반적인 전쟁의 규율일 뿐이며 외국의 것을 무조건 베끼는 것일 따름이다. 만약 우리가 그대로 베끼기만 할 뿐 그 형식이나 내용을 전혀 바꾸지 않는다면 그야말로 '신발에 맞춰 발을 자르는 일'이나 다를 바 없으니 싸움에서 질 수밖에 없다. …… 혹자들은 그저 러시아 혁명전쟁의 경험만 연구하면 된다고 말한다. 구체적으로 말해서 소련 내전의 지도 교육과 소련 군사기관에서 반포한 군사 조령에 따라 행하면 된다는 뜻이다. 하지만 그들은 모르고 있다. 소련의 규율과 조령은 소련 내전과 소련 홍군의 특수성을 포함하고 있다. 만약 그대로 베껴 사용한다면 '신발에 맞춰 발을 자르는 일'이나 다를 바 없으니 싸움에서 패배할 수밖에 없다."[29] 농민 출신답게 그는 이렇게 말하기도 했다. "우리는 중국의 몸에 우리의 엉덩이를 붙이고 앉아야 한다."[30]

일본의 잔인무도한 점령 기간 동안, 그는 "우리는 민족해방전선을 형성해야 한다. 승리는 항일의 승리이며 최종적으로 세계의 평화를 의미한다. …… 우리에게 가장 시급한 문제는 민족해방이다. 현재 우리의 목표는 공산주의도 심지어 사회주의도 될 수 없다. 우리가 요구하고 바라는 것은 전체 인민을 위한 민주공화국을 세우는 일이다"[31]라고 말하면서 교묘하게 애국을 전략적 고지高地에 올려놓고 이런 말을 듣고자 했던 이들을 다시 일깨웠다. 그래서 마오쩌둥은 마르크스주의의 '중국화'를 통해 공산주의를 표방한 민족주의Communist nationalism를 창조 또는 최소한 배양했다는 평가를 받곤 한다. 그의 이런 자신감은 소련의 세계혁명에 대한 비전과 결별하게 만들었으며, 1950년대 이후에는 공공연하게 이에 대해 적의를 드러내기도 했다. 하지만 동유럽과 동남아시아에서 공산주의를 표방한 민족주의에 적지 않은 영감을 주었다. 이러한 민족주의는 중국-캄보디아-베트남이 연결되는 인도차이나 삼각지대의 충돌에서 정점에 이르렀다.

Ⅳ. "여성은 하늘의 절반을 떠받칠 수 있다婦女能頂半邊天."

1935년 2월 중국 남서부 구이저우貴州 성, 깎아지른 듯 가파르고 숲이 우거진 산 중턱의 한 초가집에 길고 검은 머리에 잘생긴 한 여성이 누워 있었다. 집 밖에 비가 억수같이 쏟아졌기 때문에 낡은 초가집 안으로 물이 새어들고 있었다. 몇 시간의 산통 끝에 그녀는 네 번째 아이인 딸을 낳았다. 그녀의 해산을 돕던 여동생(허이賀怡)이 그녀에게 갓난아이를 보여주며 뭐라고 부를지 물었다. 하지만 그녀는 고개를 저었다. 이튿날 계속 이동해야 하는 부대에서 그녀를 데리러 왔다. 이제 그녀는 그들과 멀고 험한 여정을 함께해야만 했고, 아이는 그녀와 함께 갈 수 없었다. 아이는 약간의 돈, 아편과 함께 현지 사람에게 맡겨졌다. 그녀의 남편은 인근에 있었지만 다른 볼일이 있어 오지 못했다. 두 달 후 그녀는 적군의 공습으로 인해 두개골과 척추에 파편이 박혔다. 그리고 그녀의 딸아이는 한 달이 지난 후 요절하고 말았다. 아이를 맡은 집안의 부인은 아이에게 줄 젖이 없었다.

아이의 엄마는 허쯔전賀子珍, 마오의 두 번째 아내였다. 이후로 그녀는 마오쩌둥과 사이에서 두 명의 아이를 더 낳았지만 성년이 될 때까지 살아남은 아이는 다섯 번째 아이인 딸 하나뿐이었다. 나머지는 병으로 일찍 죽거나 출생 후 남에게 맡겨져 종적을 알 수 없었다.

"왜 여자들이 출산을 두려워한다고 생각해? 허쯔전을 봐. 아이를 낳는 것이 암탉이 알을 낳는 것처럼 쉽잖아."[32] 마오쩌둥은 다른 여자들에게 이렇게 농담을 하곤 했다. 마오쩌둥이 아이의 생육에 무심했던 것은 공산당 내에서 그리 특별한 일이 아니었다. 1920년대 중국의 여권운동이 이제 막 맹아기에 돌입했을 당시 일부 급진적인 여성들은 자신들의 혁명 참여에 반대가 된다는 이유로 산아제한을 당의 핵심문제로 삼아줄 것과 적어도 생물학적인 이유로 인한 불평등 문제를 해결해 줄 것을 당에 요구했다. 그래야만 여성들이 혁명에 참여하는 데 장애 요인을 제거할 수 있었기 때문이다.

하지만 애석하게도 남성 동지들은 그녀들의 호소에 귀를 기울이지 않았다. 여성들은 남자들이 임신을 시킬 때마다 아이를 낳을 것이고 정치에 최대한의 정력을 투입할 수 있을 것이라고 생각했기 때문이다.[33]

구이저우에서 허쯔전의 출산은 중국공산당의 장정 기간에 일어났다. 지난 해 가을, 공산당 군대(홍군紅軍)는 장시의 남서쪽에서 돌파구를 마련하여 장제스의 공산당 포위섬멸(위초圍剿) 작전을 피해 달아났다. 장정은 거꾸로 된 L자 형태로 시장西藏의 얼어붙은 산봉우리와 북서쪽의 늪지대 등 중국에서 가장 거칠고 험한 지형을 통과하고 산시성陝西省의 황량하고 푸석푸석한 토지를 지나는 힘들고 고통스러운 여정이었다. 게다가 그들을 추격하는 국민당 군대와 끊임없이 전투를 벌여야만 했다. 장정을 시작할 당시 8만 명에 달했던 부대원들은 옌안의 새로운 근거지에 도착하여 장정을 끝냈을 때

겨우 8천 명만 남았다. 하지만 마오쩌둥은 이런 호된 시련 속에서 새롭게 부상했다. 그는 힘들고 어려운 군사적 위기를 겪으면서 군대의 영도권을 확보했다. 이러한 전환은 마오쩌둥이 중국공산당 최고 권력으로 자리매김하는 데 결정적인 역할을 했다. 중국 북서부에 있는 옌안이 이후 12년 동안 중국 공산당의 수도로 활용되던 기간에 마오쩌둥은 군사적 권위와 더불어 최고의 정치적 권위를 확보했다. 그 시기에 중국공산당의 건국 경험은 이후 국가통치에 깊은 영향을 끼쳤다.

1937년 허쯔전이 출산과 총상으로 인한 육체적, 정신적 외상으로 힘들어하고 있었음에도 불구하고 마오쩌둥은 이제 막 옌안에 도착한 매력적인 연극배우 우리리吳莉莉*와 반공개적으로 연애를 하고 있었다. 그녀는 옌안의 여성들 가운데 유일하게 파마머리를 하고 립스틱을 사용했다. 어느 여름날 저녁 마오쩌둥이 리리가 살고 있는 동굴로 들락날락한다는 것을 알게 된 허쯔전은 그곳으로 달려가 리리와 또 한 명의 여성인 아그네스 스메들리Agnes Smedley와 소리를 내지르며 대판 싸움을 벌였다. 아그네스 스메들리는 미국의 좌파 언론인으로 얼마 전에 마오와 리리가 공개적으로 치근대는 댄스파티를 조직했던 당사자였다. 결국 이 사건으로 인해 리리는 옌안을 떠나고 또다시 임신한 허쯔전은 파편 부상을 치료하기 위해 소련으로 가기로 결정했다. 그녀가 떠나고 얼마 되지 않아 마오쩌둥은 배경이 의심스러운 또 한 명의 여배우와 사귀기 시작했다. 그녀는 상하이 B급 영화의 여배우로 예명은 란핑藍蘋이었다. 그녀는 새롭게 자신을 장칭江靑 동지로 변신시켰다(1966년 문화대혁명 시기에 그녀는 사인방四人幇의 우두머리 자리에 올라 보복의 화신이 되었다. 그녀의 말로 표현하자면, "내가 한 일은 모두 마오쩌둥이 시킨 것이다. 나는 그의 개였다. 그가 물라고 해서 나는 물었다." 물론 그녀 자신의 원한을 갚는 일도 했다).

모스크바에 도착한 허쯔전은 6개월 만에 갓난아이를 폐렴으로 저세상에

---

*   본명은 우광웨이(吳光偉, 1911~1975년). 아그네스 스메들리의 통역사이자 연극배우.

보낸 후 신경쇠약에 시달렸다. 하지만 마오쩌둥은 그런 소식을 듣고도 아무런 반응이 없었다. 2년 후 소련 매체에 '마오와 그의 부인'이란 제목의 기사가 실렸다는 소식을 듣고서야 비로소 자신이 약식으로 이혼당하고 장칭이 자신의 자리를 대체했다는 사실을 알게 되었다.[34]

허쯔전에 대한 마오쩌둥의 처리 방식은 자신의 부인에 대해 무책임한 그의 유일한 모습이 아니었다. 그의 첫 번째 부인은 그가 존경하는 은사인 양창지楊昌濟의 딸인 양카이후이楊開慧로, 교육을 받은 정치 운동가였다. 그녀는 마오쩌둥과의 사이에서 세 아들을 낳았다. 1930년 11월 그녀는 마오쩌둥과 관련이 있다는 이유로 후난에서 국민당 간부에게 체포되어 총살당했다. 만약 그녀가 마오와의 관계를 부정했다면 사형을 면했을 수도 있다. 하지만 그녀는 그렇게 하지 않았다. 마오쩌둥은 그녀의 충절에 오히려 불륜으로 답했다. 그녀가 처형되기 2년 전부터 그는 장시에서 허쯔전과 사귀고 있었던 것이다. 양카이후이는 이미 그의 새로운 열애설에 관한 소문을 듣고 괴로워했지만, 마오쩌둥은 그녀에게 말하려고도 하지 않았다.

그럼에도 불구하고 1910년대의 젊은 마오는 수사학적으로 매우 긍정적인 페미니스트였다. 그는 전통적인 중매결혼을 '간접 강간'이라고 비난하고, 가해자인 부모는 감옥에 가야 한다고 단언했다.[35] 그는 여성들이 상점에 들어갈 수도 없고, 여관에 머물 수도 없으며, 장사도 할 수 없다고 하면서 이처럼 사회적으로 공공의 지위를 얻지 못하는 상황에 대해 비난했다. 그는 "부모의 주선을 타파하라", "중매를 타파하라"고 외쳤다.[36] 그리고 한참 후인 1968년에는 "여성은 하늘의 절반을 떠받칠 수 있다." "남자와 여자는 똑같다. 남자가 할 수 있다면 여자도 할 수 있다." 등의 유명한 말을 남겼다.[37] 1950년 새로운 인민공화국에서 시행한 두 번째 법률은 혼인법이었다. 이에 따라 부녀자도 남편과 이혼한 후 토지를 소유할 수 있게 되었다.

페미니즘의 공이 마오쩌둥에게 귀속되면서 그의 사상이 전 세계로 파급되는 데 도움이 되었다. 1960년대 미국에서 주류문화에 반대하는 운동에 열심이었던 급진적인 학생으로 이후 마오주의가 주입된 정치에 평생을 바친 데니스 오닐은 "여성은 하늘의 절반을 떠받칠 수 있다는 관념 역시 마오쩌둥의 영향이었다"고 말했다. "쿠바 혁명은 매우 남성적이었다. …… 하지만 마오주의 혁명은 느낌이 상당히 달랐다. 사회적 관계가 일방적인 명령이 아니라 아래에서 위쪽으로 참여자들 스스로에 의해 근본적으로 변화하고 있다는 느낌이었다. 여성들은 의식을 고양시키는 여러 단체들을 조직했고, 중국의 '소고대회訴苦大會*'에서 낡은 방식을 비난하면서 자신들이 받은 억압에 대해 거침없이 이야기했다."[38]

그러나 1960년대 말까지 마오쩌둥은 자금성 서쪽에 자리한 오래된 왕궁 가운데 하나로 1949년부터 공산당 지도부의 폐쇄적인 거주지로 바뀐 중난하이中南海의 커다란 나무 침대에서 자신에 대한 영웅 숭배를 이용하여 젊고 아름다운 여인들을 탐닉했다. 그의 주치의에 따르면, 마오쩌둥은 "나는 내 여자들의 몸 안에서 나를 씻는다"고 하면서 자신의 애인들을 고의로 성병에 감염시켰다고 한다.[39] 마오쩌둥이 여성들을 대하는 모순적인 모습은 그의 위선과 인격분열, 그리고 말과 행동 사이의 불일치를 말해준다. 좀 더 관대하게 말하자면, 그의 뿌리 깊은 실용주의적인 능력의 발산이다.

이러한 실용주의는 그의 경제 정책에서도 볼 수 있다. 군대는 백성들의 재산을 불법으로 취득해서는 안 된다는 마오쩌둥 자신의 권고에도 불구하고 1929년 2월 자신이 직접 장시성 남쪽에 거주하는 상인들에게 보내는 '모금을 권고하는 서신'을 썼다.

"홍군은 …… 모든 것을 다해 상인들을 보호하기 위해 노력하고 있으며, 엄격한 규율을 시행하여 함부로 침범하지 못하도록 하고 있다. 현재 우리는 양식을 구매할 현금이 부족한 상황이기 때문에 당신들에게 서신을 보내 우호적으로 우리를 위해 병사들에게 지급할 5천 대양大洋과 7천 켤레의 짚신과 양말, 3백 필의 백포白布, 그리고 2백 명의 노동자를 모집해줄 것을 요청한

---

* 사상개조를 위해 마련된 고통을 호소하는 대회.

다. 이러한 물품은 시급하게 필요한 것이니, 오늘 저녁 8시 이전까지 총본부로 운반해주기 바란다. …… 만약 우리의 요청을 무시한다면, 닝두寧都 상인들이 반동파와 결탁하고 있음을 증명하는 것으로 판단할 것이다. …… 그럴 경우 우리는 어쩔 수 없이 당신들의 배반을 경고하는 의미에서 닝두의 모든 반동파 상점을 불태울 것이다. 사전에 경고하지 않았다고 말하지 않기 바란다."[40]

1940년대 초 중국 서북부에 자리한 마오쩌둥 정부는 재차 긴박한 경제적 위기에 봉착했다. 당시 그들이 자리하고 있던 성省의 주요 산업은 아편이었다. 1941년 공산당은 기관지 사설에서 이렇게 매서운 어조로 말했다. "아편이 중국에 들어온 후 이미 중국 인민의 가장 큰 화근이 되었다. 이는 제국주의 침략과 중국을 반식민지로 전락시키는 과정과 불가분의 관계에 놓여 있다. 제국주의는 중국인들을 노예로 만들어 억압하기 위해 아편을 사용했다. 중국인민들은 날로 허약해지고 가난해지면서 아편은 가장 혐오스럽고 악독한 파괴적 역할을 맡았다."[41]

그러나 당시 공산당이 지배하는 국가의 회계장부에는 도처에 '특수품特殊品'에 대한 언급이 산재되어 있다. 그것은 무역적자에 시달리는 공산주의자들을 구해낸 물품으로 1945년까지 국가 재정의 40% 이상을 차지한 아편이었다. 그 '특수품'은 '특수공장'에서 가공되어 남쪽과 서쪽으로 운송되었으며 공산당 군대의 주요 수입 창출 품목이었다. 1945년 미국 대표단이 마오의 왕국을 시찰하러 왔을 때, 그들은 흔들리는 수수밭과 밀밭만 바라보았을 뿐 아무런 논쟁거리도 찾을 수 없었다. 그들이 도착하기에 앞서 아편을 만드는 양귀비를 모두 뽑아버렸기 때문이다. 이는 중국공산당의 전시戰時 이미지를 유지하기에 적절한 시점이었다. 이후 적어도 40여 년 동안 지속되었다.[42]

폭력과 애국심, 그리고 무엇보다 실용주의야말로 왕자의 자리를 차지하려는 야망에 불타는 이의 가장 강력한 도구 상자이다. 그러나 이념적 통제가 없다면, 다시 말해 단일한 권위의 당黨 노선을 집결하여 강력하게 주장할 수 있는 능력이 없다면(설사 과장된 미사여구와 현실 사이에 항시 격차가 있다고 할지라도) 그것들을 한데 묶을 수 없었을 것이다. 그리고 이는 1936년과 1945년 사이에 서북지역에서 마오쩌둥(그리고 그의 대필가)에 의해 조작된 것들이다.

V. "착오를 드러내고 결점을 비판하라."

1942년 초여름 옌안의 중앙연구원에서 중국공산당의 중요 인사들이 모여 '당내 민주와 기율'이라는 제목의 좌담회를 개최했다. 좌담회의 성격은 대규모 집회와 공개심판의 자리를 겸한 것이어서 답답한 실내 회의실이 아니라 운동장에서 개최되었으며, 장장 16일 동안 이어졌다.

운동장에 모인 청중은 30대 중반의 창백한 얼굴의 남자, 왕스웨이王實味*를 처다보고 있었다. 폐결핵을 앓고 있던 그는 너무 허약하여 제대로 일어서지도 못하고 범포帆布로 만든 의자에 파묻혀 있었다. 마오쩌둥의 비서이자 대필자인 천보다陳伯達가 단상으로 올라왔다. 문약한 서생처럼 보이는 그는 뭉글뭉글하게 생긴 얼굴에 안경을 쓰고 있었다. 한때 현저하게 말을 더듬었지만 지금은 언어장애를 극복하고 격렬한 웅변을 할 정도가 되었다. 그가 강개한 어투로 말을 꺼냈다.

"이런 자는 결코 '경골두硬骨頭'가 아니다. 이 자는 물속 말거머리처럼 뼈가 없는 놈이다! 사람을 물려고 몰래 창문 틈으로 날아드는 눈에놀이**처럼 하찮은 놈이니 반드시 막아내야 한다."

천보다는 왕스웨이 이름에 나오는 '스實'자와 똥의 뜻인 '스屎'자가 해음諧音인 것을 이용하여 왕스웨이를 '똥냄새屎味'라고 부르기도 했다. 아이웨이

---

* 『들 백합화(野白合花)』의 저자로 옌안 정풍운동 당시 반당집단, 국민당 간첩이란 죄목으로 처형당했다.
** 백령자(白蛉子), 모기처럼 피를 빠는 곤충. 저자는 모기로 번역했다.

웨이艾未未의 부친으로 20세기 중국의 저명 시인인 아이칭艾青, 1910~1996도 비판 대열에 참가하여 왕스웨이를 "반동적인 입장을 지녔으며, 수단이 악랄하여 이런 사람은 '동지'는커녕 '사람'이란 호칭도 붙일 수 없다"고 비난했다. 좌담회 마지막 날 옌안에서 가장 빛나는 저명 문인 가운데 한 명인 딩링丁玲, 1904~1986도 비판 대열에 합류했다. 그녀는 1920년대 현대 여성의 성적 환상을 대담하게 묘사한 소설로 유명세를 탔던 거침없는 개인주의자였다. 그녀는 왕스웨이란 인물은 문예계에 있어 일종의 '모욕'과 같다고 비판했다.[43]

공개 비판이 끝난 후 왕스웨이는 감옥에서 여생을 보내야만 했다. 1947년 봄 감방에서 끌려나온 그는 산시성의 황갈색 대지에 무릎을 꿇으라는 명령을 들었다. 그리고 한 젊은 공산당원이 도끼로 그의 머리를 잘랐다.

왕스웨이의 공개 비판은 1942년부터 1943년까지 지속된 '정풍整風운동' 가운데 가장 악명 높은 사건 가운데 하나였다. 이는 마오쩌둥의 최초 당내 숙청 작업이 아니었다. 일찍이 1930년대 초반 군사적 실패와 국민당의 당내 잠입 가능성이 있는 상황에서 마오쩌둥은 "장시 서부贛西와 남부贛南 지역 당 지도부는 모든 직급마다 지주와 부농으로 가득 차 있다"고 주장했다. 그리고 스탈린이 대규모 숙청을 단행하기 6년 전 마오쩌둥이 먼저 강력한 탄압에 돌입했다. 이른바 '반볼셰비키'* 음모자들을 색출하기 위한 "가장 잔혹한 고문" 명령이 하달되었다. 향불로 피부를 지지고 뼈가 부러질 때까지 구타하며, 책상에 손을 올려놓고 손바닥에 못을 박거나 손가락과 손톱 사이로 대나무침을 찌르기(일명 타지뇌공打地雷公)를 자행하기도 했다. 특히 혐의자의 부인들은 더욱 참혹한 고문에 시달려야만 했다. 칼로 유방을 자르거나 음부를 불로 지지기도 했다. 일주일 만에 2천 명의 군인이 총살당했다. 1931년 숙청 작업이 더욱 극성을 부리면서 "심지어 꿈결에 당에 대해 비판하는 말을 했거나 볏짚을 나르기를 거절한 이들, 집안일 때문에 대중 집회에 참가

---

*   Anti-Bolshevik(약칭 AB단). 1925년부터 26년까지 지역 국민당원들이 창단하여 반공을 모토로 강서 지역에서 활동하던 단체이다.

하지 못한 이들까지" 모두 대상에 포함되었다. 결국 이로 인해 수많은 이들이 희생되고 말았다. 숙청 작업은 1932년에서 1934년 사이에 점차 가라앉았지만 여전히 매월 1백여 명의 사람들이 총살형을 당했다.[44] 장시의 공산당원은 침통하게 이렇게 말했다. "동지들, 우리 당이 이처럼 영원히 어두운 암흑 속에 있어야 하겠는가?"[45]

그러나 1942년의 '정풍운동'은 마오쩌둥이 1941년 공산당 최고 영도자가 된 이후 처음으로 당내 기율을 확립하기 위한 것이었다. 그렇기 때문에 더욱 신중하고 철저했으며 또한 복잡했다. 공산주의 테러의 체계 내부는 물론이고 외부에도 이러한 정풍운동을 서술하거나 설명하는 다양한 방식이 존재한다. 예를 들어 왕스웨이를 처리하는 방식은 스탈린식의 마녀사냥이라는 고전적 요소가 포함되어 있다. 공격 목표를 고립시키고 왕년의 동료들을 비판 공격에 가담하도록 권유하며, 대중집회(중국의 군사적 용어로 말하자면 비판투쟁대회批鬪大會이다)를 개최하여 공개적으로 '적敵'에게 굴욕을 가함으로써 다른 이들이 이와 유사한 행동을 하지 못하도록 경고하고, 강제적으로 대중의 집단적 조롱을 유도하는 것 등이 그러하다. 이를 통해 '정풍운동'은 "역사상 가장 야심찬 인간조작human manipulation 시도 가운데 하나"로 바뀌었다.[46] 1950년대에 미국은 이런 운동을 '세뇌'라고 불렀고, 중국은 이를 '사상개조'라고 불렀다. 이는 마오쩌둥 정권의 이념적 정당성과 권위에 근거한 조직과 기율을 토대로 삼은 것이었다. 마오주의 공식의 다른 요소들과 마찬가지로 사상개조 역시 그 자체로 독창적인 것은 아니다. 소련과 나치 모두 이와 유사한 기술을 사용했기 때문이다. 하지만 그것의 전면성에 관한 한 논쟁의 여지가 있다. 다시 말해 마오주의가 전 세계에 전파되는 과정에서 '사상개조'의 형식이나 내용이 다양한 방식으로 모방되었다는 뜻이다. 페루의 '빛나는 길'이나 일본의 극좌 연합적군파United Red Army와 혁명좌파Revolutionary Left Faction는 특히 비판, 즉 자아비판에 몰두했다. 1971년부터 1972년 겨울까지 일본 극좌 연합적군파는 중부의 산악지대 은신처에서 훈련하면서 혁명적 자기반성이 불충분하다고 여겨지던 12명의 동지들에게 사적 제재를 가해 죽음에 이르도록 만들었다.

그렇다면 왕스웨이는 과연 어떤 일을 저질렀기에 마오쩌둥이 그처럼 잔혹하게 비판 투쟁을 하도록 만든 것일까? 1942년 2월과 3월, 그는 옌안의 신문에 공산국가의 조직방식을 비판하는 몇 편의 짧은 문장을 발표했다. 옌안의 젊은 공산당원 사이에서 당내 지나친 계층구조(위계질서)에 대한 불평이 존재한다는 내용이었다. 예를 들어 간부는 입만 열면 '계급우애階級友愛*'라고 말하지만 실제는 그저 얼마나 닭고기를 더 많이 먹을 수 있는가에만 관심이 쏠려 있다는 것이었다.

"나는 평균주의자(평등주의자)는 아니지만 의복은 반드시 세 가지 색깔로 나누고, 음식은 다섯 가지 종류로 나누는 방식이 반드시 필요하거나 합리적이라고 생각하지 않는다. …… 만약 한편으로 몸이 아픈 환자임에도 국수 한 그릇조차 먹을 수 없고, 젊은 학생들이 하루에 겨우 두 그릇의 멀건 죽만 얻을 수 있는데(배부르게 먹었냐고 물으면 당원들은 모범적으로 이렇게 답할 것이다. '배부르게 먹었습니다!'), 다른 한편으로 자못 건강한 '대인물大人物(거물)'이 대단히 불필요하고 불합리한 '향수享受'를 누리고 있다면 아랫사람들은 윗사람들에게 저들은 다른 부류라고 생각하고 그들에게 애정을 가질 수 없을뿐더러 약간의 '불안'을 지니지 않을 수 없다고 생각하게 될 것이다."**

그는 솔직하게 "옌안이 '외부'(국민당 통치지구)보다 훨씬 좋기는 하지만 옌안은 더 좋아질 수 있고 또한 반드시 더 좋아져야 한다"[47]고 말했다. 왕스웨이의 주장은 매우 간단하다. 그는 지식인, 작가, 사상가, 예술가 들에게 공산주의 정책에 대한 독립적인 비판의 권리가 있음을 말하고 싶었다. 하지만

---

*   계급 간의 연대와 우정이란 뜻이다.
**   1942년 3월 13일, 23일 옌안 「해방일보」 '문예'부간에 게재되었다. 인용문은 「우리의 생활에 부족한 것은 무엇인가(我們的生活里缺少什麼)」라는 제목의 문장 네 번째 장 「평균주의와 등급제도(平均主義與等級制度)」 말미에 나온다.

이 문장을 읽은 마오쩌둥은 즉시 그를 숙청하기로 결정했다고 한다.

마오쩌둥이 왕스웨이를 숙청하는 방식은 그와 당이 획일적인 사상 통일을 이루기 위해 행사했던 조작과 폭력의 세심한 결합을 잘 보여주고 있다. 1942년 과대평가된 장정의 재난이 끝난 후 중국 내 공산주의 운동이 점차 확산되기 시작했다. 특히 1937년 에드거 스노가 『중국의 붉은 별』에서 묘사한 중국 서북부 공산당 근거지에 대한 열정적 모습에 도취된 이상적이고 교육받은 도시의 젊은이들이 대거 몰려들기 시작했다. 그들은 열정이 충만했으나 거의 대부분 공산주의에 대한 훈련이 전혀 이루어지지 않은 이들이었다. 그들은 5.4 운동 시기의 아이들이었다. 그들은 자유주의 교육을 받았고, 1920년대 초에는 중국의 애국을 외치면서도 세계주의적인 계몽 운동의 가치관에 의문을 제기했으며, 국민당과 군벌의 전횡과 폭력에 혐오감을 느낀 이들이었다.

왕스웨이는 두려움 없는 젊은 공산당원이었던 자신의 첫 번째 연인이 1928년 국민당 군대에 의해 살해되면서 공산당에 가입했다. 왕스웨이 비판 대열에 참가했던 딩링은 1932년 비밀리에 공산당에 가입하고 1933년 국민당에 체포되어 3년 동안 구금되어 있다가 1936년 옌안으로 도망쳤다.*** 그녀가 체포된 까닭은 좌익 작가****로 활동한 데다 급진적인 공산당원인 후예 빈胡也頻, 국민당에 의해 처형됨의 부인이었기 때문이다.

왕스웨이와 딩링 두 사람이 옌안에 도착한 후에도, 그들의 비판적인 사유 능력이 사라진 것은 아니었다. 딩링은 산문과 슬픈 이야기*****를 통해 옌안에 만연한 무능과 편견을 지적했다. 그중에는 자격 미달의 간부들에 의해 인재들이 잘못 쓰이는 것, 전통적인 성차별과 혁명적 성차별이 결합되어 미혼 여성이나 집에서 아이를 돌보는 부녀자들에 대한 공격 등이 포함되었다.[48]

*** 그녀가 난징에 수감되어 있을 당시 쑹칭링, 차이위안페이, 루쉰, 로맹 롤랑(Romain Rolland) 등 국내외 문학가들이 구명운동을 했다.
**** 1930년 좌익작가연맹에 가입해 당 기관지 「북두(北斗)」를 편집하는 등 적극적으로 활동함.
***** 저자는 작품 제목을 구체적으로 밝히지 않았으나 「3.8절 유감」 등의 산문인 듯하다.

마오쩌둥은 왕스웨이에게 맹공을 퍼부을 당시 혁명전쟁에서 문화의 역할을 설명하면서 반대편의 문학 비평가들에게 자신의 관점을 명백하게 제시했다. 작가와 예술가, 즉 문예공작자는 '당의 입장'을 견지해야 한다는 것이었다. 왜냐하면 "우리는 무산계급과 인민대중의 입장에 서 있기 때문이다." "근거지에서 문예작품의 수용자는 노동자, 농민, 군인, 그리고 혁명 간부들이기 때문에" 작가는 반드시 농촌과 공장으로 들어가 농민, 노동자 들과 함께 지내야 한다는 것이 그의 주장이었다.

"비록 노동자와 농민의 손은 더럽고 그들의 발은 소똥이 묻어 있지만 자산계급이나 소자산계급 지식인들보다 훨씬 깨끗하다. …… 이러한 변화와 개조 없이 어떤 것도 제대로 할 수 없을 것이며, 문예공작자들은 전혀 어울리지 못할 것이다."

그는 옌안은 비평과 풍자가 필요하지 않다고 하면서 이렇게 말했다.

"당신이 무산계급 문예가라면 자산계급이 아니라 무산계급과 노동인민을 찬양해야 할 것이다." 작가는 "반드시 새로운 군중과 결합해야 하며" 그렇지 않을 경우 "어려운 일이 발생하게 될 것이다."[49]

정풍운동은 문화와 '사상' 공작의 한계선을 설정한 것 외에도 소규모 모임과 개별 심문 등의 방식을 통해 정통 문장*과 연설, 사상을 학습하고 '토론'할 것을 강력히 요구했다. 마오쩌둥의 노선에서 이탈한 것으로 의심되는 이들은 체포되어 '사제篩除', 즉 걸러내졌다. 사실 1943년 7월 당시 새로 옌안에 들어온 이들의 70%가 신뢰할 수 없는 자들로 간주되었다.[50]

고문과 협박이 일상화되었으며, 풍자는 불법화되었다. 확연하게 눈에 띄는 희생자들의 변화된 모습에서 정풍운동의 효과를 판단할 수 있었다. 예를 들어 왕스웨이는 공개적으로 수모를 당하고 채 1년이 되기도 전에 완전히 다른 사람처럼 바뀌었다. 1943년 늦여름, 마오쩌둥은 중국과 외국 기자들을 옌안으로 초청했다. 그들은 왕스웨이를 볼 수 있냐고 물었고 실제로 그를 만났

---

* 　마오쩌둥의 문장 위주.

다. 한 목격자는 "고목처럼 거의 죽음에 이른 창백한 모습"에 충격을 받았다. 왕스웨이는 반복해서 이렇게 말했다.

"나는 트로츠키파이다. 나는 마오 주석을 공격했으니 처형당해 마땅하다. 백 번 죽어 마땅하나 마오 주석은 관대하시어 내가 죽는 것을 바라지 않으셨다. 주석은 내가 일할 수 있도록 해주셨다. 나는 열심히 일하면서 비로소 노동이 얼마나 신성하고 위대한 것인지 깨달았다. 나는 그의 인자하심을 매우 고맙게 생각한다."[51]

1942년 여름 '당내 민주와 기율 좌담회'가 개최되고 며칠 후 왕스웨이의 옛 동지들(딩링과 아이칭)은 그를 버렸다. 그들은 비굴한 자아비판이 끝난 후 매섭게 왕스웨이가 '트로츠키파'라고 공격하기 시작했다. 문예계의 스타였던 딩링은 예전만 해도 기분 변화가 심한 성격인데다 어깨에 모피를 걸치고 파마머리를 즐겼지만 1942년 5월 사건 이후 스스로 시골로 내려가 민무늬의 헐렁한 솜옷을 입고 공산당 가입을 선전하는 내용이 담긴 새로운 민간 희극을 공연하는 데 전념했다.

정풍운동으로 인해 수백, 어쩌면 수천 명의 사람들이 옌안의 산비탈을 파서 만든 황토 동굴 감옥에 수감되었다. 마오쩌둥은 우선 비판 대상을 고립시키고 모욕을 주는 비판투쟁대회를 개최하고, 반복적으로 자아비판 문장을 작성토록 하며, 침묵이 허락되지 않는 소규모 단위의 토론모임을 진행하고, 자아비판에 정진하도록 만들었다. 이는 그가 이후에 발동한 사상개조 운동의 원형이 되었다. 중국에서 많은 이들이 정풍운동을 문화대혁명의 리허설처럼 생각하고 있는데, 이는 결코 우연한 일이 아니다. 마오쩌둥은 정풍운동의 핵심적인 역할을 '마오쩌둥의 사수'라고 칭해지던 캉성康生에게 맡겼다. 이후 그는 문화대혁명이 발동되었을 때에도 정치무대의 중심에 있었다. 캉성은 마오쩌둥을 호위하는 비밀경찰의 우두머리로 광택이 나는 소련 스타일의 검은색 가죽 재킷에 승마용 바지를 입고 가죽장화를 신었으며, 콧수염을 길렀다. 또한 그는 채찍을 손에 들고 말을 타고 다녔으며, 언제나 독일 셰퍼트를 데리고 다녔다. 그가 사족을 쓰지 못할 정도로 좋아하는 것 두 가지가 있었다. 하나는 송대 도자기이고, 다른 하나는 맛난 음식이었다(옌안에서 그의 개인 요리사는 청조 마지막 황제 푸이溥儀를 위해 요리한 적이 있었다). 이외에도 그는 "권력에 사로잡혀 있었으나 전체적으로 신념이 결핍되어 있었다."

캉성의 공작은 1960년대와 70년대 초반 마오주의의 세계화에 큰 힘이 되었다. 중국공산당 비밀 기관인 중련부의 책임자로 공산주의를 신봉하는 반란군들에게 혁명사상, 전략, 자금, 그리고 무기를 보내는 역할을 맡았기 때문이다. 그는 베이징에서 서방의 중요 마오주의자들을 접견했으며, 캄보디아의 크메르 루주에게 자금과 정보를 제공했다.[52]

만약 당신이 고학력에 자유주의 지식인이며, 절대적인 당의 기율의 필요성에 의문을 제기하는 이라면 확실히 1940년대 중국 서북부 공산당 치하에서 일어난 정풍운동에 대해 상당히 두려움을 느낄 것이다. 하지만 이와 상반되게 만약 당신이 현지의 농민이라면 전혀 다른 생각을 가질 수도 있다. 왜냐하면 정풍운동과 '합작화 운동'이 거의 동시대에 시행되면서 농촌 각지에서 새로운 형태의 사회, 경제적 '평권平權 운동'(일종의 평등화 운동)이 일어났기 때문이다. 농민들은 자신들이 내야 할 토지 임대료가 낮아지고 대출 이자가 인하되었다는 것을 알게 됐다. 또한 농사에 필요한 가축이나 도구, 종자를 공유한다는 계획에 따라 혜택을 보았다. 심지어 어떤 이들은 지방 선거에서 투표를 통해 촌장이 되기도 했다. 수많은 군인들과 공산당 간부들이 농사와 가내수공업을 돕기 위해 달려왔고, 농가의 생산력도 크게 향상되었다. 또한 도시 출신 지식인들이 교육 보급을 위해 마을로 오면서 글을 읽고 쓰는 것을 배울 기회가 생겼다.[53] 옌안의 가난한 집안 출신 공산당 신병이었던 그들은 1980년대에 자신들이 마오쩌둥을 높이 평가하는 이유에 대해 그가 중국 사회를 잘 이해하고 정치활동을 했기 때문이라고 말했다.[54] 정풍운동은 분명 두렵고 참혹한 시련이었으나 또한 마오쩌둥이 기율을 갖춘 정당과 관료체제를 구축하는 과정이기도 했다. 이는 국민당의 부패와 나태함과 매우 대조적인 일이 아닐 수 없다.

1943년 마오쩌둥은 캉성의 도움을 받아 정풍운동을 '창구搶救 운동'(긴급 구출운동)으로 격상시켜 '특무特務'*와 '반도叛徒, 반역자'를 색출하기 위한 작업을 강화했다. 그 결과 체포된 이들이 너무 많아 동굴 감옥이 모자랄 지경이었다. 하지만 나중에 밝혀진 바와 같이 그들 가운데 90% 이상이 아무런 근거 없이 고발당한 이들이었다.[55] 이외에도 마오쩌둥은 또 하나 자신의 핵심적인 정책 이념 가운데 하나인 '군중노선群衆路線'(대중노선)을 제기했다.

> 무릇 정확한 영도력은 군중들에게서 나오며 군중으로 들어가야 한다. 다시 말해 군중의 의견(분산되어 체계가 없는 의견)을 집중시킨다는 뜻이다(학습과 연구를 통해 집중시키고 체계화한 의견). 또한 군중들에게 선전하고 설명하여 군중들의 의견으로 만들어 군중들이 견지하고 행동하며, 군중들이 실천하는 가운데 그 의견의 정확성 여부를 증험한다. 그런 다음에 다시 군중 속에서 의견을 집중시키고 군중들이 견지할 수 있도록 한다. 이처럼 끝없이 순환 반복하면 점점 더 정확해지고 생동감이 넘치며 더욱 풍부해진다.[56]

이러한 정책 이념으로 인해 마오쩌둥 정치체제의 핵심에 독재와 민주 사이의 다루기 힘든 관계가 놓여졌다. 그는 농촌 출신답게 (농촌) 대중들의 생각이 '정확하다'는 이유 하나만으로 그들의 총명과 탁월함을 칭찬했다(이듬해 그는 자신의 추종자들에게 '인민을 위해 복무하라'고 주문했고, 한 걸음 더 나아가 그의 정권이 인민들에게 복락을 줄 것이라고 선양했다. '인민을 위해 복무하라'는 구호는 문화대혁명 시기에 세계 각지로 널리 전파되었다. 특히 아프리카, 아시아계 미국인들 가운데 그의 열렬한 추종자들을 끌어들

---

*   국민당 특무라는 뜻으로 간첩을 말함.

였다).

그러나 오직 그(그리고 당)만이 자신들의 이념의 탁월함을 집중화하고 체계화하며 적용할 수 있었다. 마오쩌둥의 정책(대약진운동으로 인한 기아 饑餓, 문화대혁명 시기의 폭력적 박해)으로 인해 두 번이나 죽을 뻔했으며, 마오쩌둥에 대해 가장 노골적으로 비판하는 인물 가운데 하나인 어느 학자는 이렇게 말했다. "마오쩌둥의 가장 큰 재능은 중국 인민을 노예로 만드는 동시에 인민들이 그를 국가의 주인처럼 느끼게 한 데에 있다. …… 전 세계 독재자들은 모두 마오쩌둥을 연구했다." 정풍운동과 군중노선은 마오쩌둥 정당의 사상 통일과 '사상 공작'의 틀을 제공했다. 또한 이는 대중 동원의 근거가 되었을 뿐만 아니라 공산당이 자신들의 방법을 '민주적'이라고 부를 수 있는 이론적 근거가 되었다. 이후 말레이시아의 정글, 캘리포니아의 흑인 사회, 페루의 산맥, 네팔의 산지 등에 산재한 마오주의자들 역시 이러한 방식을 따랐다.

VI. 동방이 붉어오며 태양이 떠오르니,
중국에서 마오쩌둥이 나타났도다.
그는 인민의 행복을 도모하나니,
그는 인민의 거대한 구원의 별일세.

1940년대 초 옌안에서 마오쩌둥은 중국 공산주의의 철인왕*으로 등극했다. 그리고 그를 찬미하는 송가**가 만들어졌다.[57] 1930년대 후반까지 마오쩌둥은 여전히 군인 신분을 유지했다. 그의 마르크스-레닌주의 정책적 기술에 대한 이해는 당시 모스크바에서 스탈린주의의 사악한 독재 기술the dark arts 을 배우고 돌아온 당원들, 권력 내부 경쟁자들에 비해 훨씬 뒤떨어졌다. 얼

---

*   플라톤이 『국가』에서 묘사한 바 있는 이상적인 통치자로서 철학자이자 군주인 철인왕.

**   중국 산베이(陝北) 지역의 옛 민요에 옌안 농민 리여우위안(李有源)이 가사를 붙였다.

굴이 오동포동한 그들의 지도자 왕밍王明***은 마르크스-레닌주의 이론과 실무에 정통한 인물이었다. 그는 스탈린의 대숙청 기간에 동료 몇 명을 강제노동수용소(굴라크gulag)로 보낸 이력이 있었다. 그와 비교해서 마오쩌둥은 공산주의를 접한 지 이미 20여 년이 되는 1930년대 말에도 여전히 초보적인 마르크스주의자였다.

그는 마르크스주의에 대한 보다 세심한 역사적이고 경제적인 분석을 할 여유가 거의 없었다. 그래서 그는 「공산당선언」의 메시지를 '계급투쟁, 계급투쟁, 계급투쟁!'으로 압축했다.[58] 비교적 마오쩌둥과 가까운 동지들도 그의 연설을 들을 때면 그의 얼토당토않은 소리bêtises나 마르크스 관련 서적의 중국 번역본에서 노골적으로 표절한 내용에 당혹감을 감출 수 없었다. 어쩌면 이런 원인 때문에 마오쩌둥은 지식인들에 대한 열등감을 품어왔으며, 이는 의심할 여지없이 권력 장악 이후 지식인들에 대한 가혹한 태도로 연결되었다.****

그러나 1930년대 후반부터 마오쩌둥은 사상적 독창성과 지도력 숭배에 대한 자신의 주장을 펼치기 시작했다. 1937년 6월 22일 중국공산당의 중요 간행물인 『해방』은 처음으로 마오쩌둥의 초상화를 출간했다. 그의 초상화가 시사하는 메시지는 분명했다. 그림의 배경에 들어가 있는 군대의 행진 모습은 운동과 역동성을 드러내기에 충분했고, 그의 얼굴은 화면 뒤편에서 투사되는 태양광선에 의해 환하게 빛났다. 두상 아래 빈 공간에는 『마오어록』의 한 구절이 적혀 있었다.[59] 마오의 저작과 연설문이 수집되어 경전처럼 받들어졌다. 그의 비서이자 고대사를 전공한 교수였던 천보다는 새로운 중국공산당사를 편집하면서 마오쩌둥의 주요 문장인 「유격전을 논함論遊擊戰」(1937), 「모순론」(1937), 「실천론」(1937), 「지구전을 논함論持久戰」(1938),

---

*** 본명은 천샤오위(陳紹禹), 캉성과 함께 코민테른 집행위원회 중국공산당 대표를 지냈으며, 모스크바에서 공산주의 이론을 배웠다.

**** 이는 저자 개인적인 생각일 따름이다. 프랑스어를 동원하여 '얼토당토않은 소리' 등의 언사를 쓴 것은 마오주의를 비판적 관점에서 보는 저자의 시각이 들어가 있다.

「신민주주의론」(1940) 등을 저술하는 데 도움을 주어 그를 공산당의 천재로 만들었다.[60]

1939년 당 기관지 「해방일보」는 마오쩌둥을 "국내외 대중들이 존경하는 인민의 지도자"라고 칭송했다.[61] 또한 1941년 젊은 이론가는 열정적으로 이렇게 말했다.

"중국 문제를 해결하기 위해 창조적 마르크스주의를 적용하는 데 가장 선도적이고 전형적인 대표자가 바로 우리 당의 영수인 마오쩌둥 동지이다. 그는 위대한 혁명가이며, 천재 이론가이자 전략가이며, 중국에서 가장 창의적인 마르크스-레닌주의자 가운데 한 명이다."[62]

1942년 1월 옌안에서 정풍운동이 발동될 즈음 마오쩌둥의 저작물은 마르크스, 엥겔스, 레닌, 스탈린에 앞서 학습할 문헌으로 추천되었다.[63] 마오주의가 정점에 이르렀던 문화대혁명 초기 해외의 중국인들은 세관에서 자신들에게 부쳐온 『마오주석 어록』을 신고하면서 감정에 북받쳐 세관원 앞에서 눈물을 흘렸다.[64]

1942년부터 1943년까지 마오쩌둥이 주도한 정풍운동은 그의 이론가로서 탁월한 실력에 대해 여전히 회의하는 당내 인사들을 소외시켰다. 당시 마오쩌둥의 가장 강력한 라이벌이었던 왕밍은 마오쩌둥이 정풍운동을 발동한 이유에 대해 이렇게 말했다. "마오쩌둥주의로 레닌주의를 대체하고, 마오쩌둥 개인의 역사로 중국공산당사를 쓰며, 마오쩌둥 개인을 당 중앙(중국공산당 중앙위원회)과 당 전체 위에 올려놓아 당의 영도집단 내에서 중요 영도 지위를 차지하고 당의 모든 권력을 개인의 손에 집중시키기 위함이다."[65]

아이칭은 「마오쩌둥毛澤東」이란 제목의 시를 지어 그를 칭송했고, 당보黨報의 만화가는 마오쩌둥의 그림을 마르크스, 엥겔스, 레닌, 스탈린의 그림과 함께 나열했다.[66] 홍군 창설자이자 한때 당내에서 마오쩌둥과 대등한 위치에 있었던 주더朱德 역시 그를 극찬했다. "우리 당은 이미 가장 영명한 지도자, 마오쩌둥 동지를 가지고 있다. 그는 마르크스-레닌주의 이론에 진정으로 정통할뿐더러 그 이론으로 중국혁명을 단계적인 승리로 이끄는 데 뛰어나다. 그는 우리 전당全黨에서 가장 권위를 지녔을 뿐만 아니라 전체 국민들 사이에서 가장 큰 정치적 신임을 받고 있다. 또한 그의 교육과 육성 아래 당과 혁명은 투쟁 경험이 풍부하고 대중들과 밀접한 연관을 맺고 있으며, 충성스럽고 용감한 당 간부들을 양성했다."[67] 마오쩌둥은 이렇게 교묘한 책략에 능한 군벌에서 혁명 성인으로 점차 변하고 있었다.

마오쩌둥은 스탈린식의 테러 책략(마오쩌둥은 스탈린이 1938년 볼셰비키를 관리하기 위해 쓴 간략한 책자인 『소련 공산당사: 속성 과정History of the Communist Party of the Soviet Union: Short Course』을 매우 좋아했다) 외에도 문화에 대해 각별한 관심을 보였다. 마오쩌둥은 옌안에 도착한 지 얼마 되지 않아 중국의 빈궁하고 외딴 지역을 학교와 대학, 연구기관으로 채우기 시작했다. 루쉰魯迅학원, 항전抗戰학원, 중앙연구원 등이 이렇게 해서 설립되었다. 옌안의 공산당원들은 학습에 몰두했다. 동굴마다 여덟 명의 열성적인 혁명가들이 아침 6시에 기상하여 점심시간까지 강의를 듣고, 이후에는 오후 9시에 취침할 때까지 개인 학습을 하거나 생산 활동에 참가했다. 기본적으로 독서와 토론 등서로 대화하는 것 외에 할 수 있는 일이 거의 없었다. 개인적으로 영사기는 물론이고 라디오도 가지고 있지 않았다. 다만 일요일이 되면 자유롭게 인근하천에서 목욕을 할 수 있는 시간이 허락되었다.[68]

산시陝西의 '동굴 공화국'에서 마오쩌둥은 소크라테스, 플라톤이자 실천적인 낭만주의 시인 바이런으로서 자신이 장악한 군영을 '중국혁명의 밀종密宗 센터'로 변화시켰다.[69] 그곳은 가시밭길을 헤치고 가야만 하는 순례의 성지였다. 사방에 있는 국민당 군대의 포위망을 통과하는 힘들고 위험한 여정을 거쳐야만 했기 때문이다. 혁명 사업은 종교적 열정으로 가득 찼다. 어쩌면 선전 활동의 중심지가 옌안에서 가장 높은 '만불동萬佛洞'에 설치된 것도 결코 우연이 아닐지도 모른다(장정 과정에서 사병들은 인쇄기를 등에 짊어지고 높다란 산을 넘어 이곳에 도착했다). 무수한 불상이 가득 차 있는 그곳은 마오쩌둥의 권위를 알리는 문자 확성기가 되었다.[70] 옌안이 공산당의 근거지가 된 이후로 마오쩌둥과 주더, 류샤오치, 저우언라이 등 당 지도부가 차지하고 있던 동굴이 한데 모여 이념적 공동체의 친밀한 응집력을 물리적으로 구현하고 있었다.

당시 옌안에서 근무했던 노병은 이렇게 회고했다.

"그는 옷차림이 수수하고 농민처럼 말했지만 진정 선생님이었다. 나는 한눈에 그가 범상치 않은 기개와 도량을 지닌 인물로 단순한 교사가 아님을 알 수 있었다."[71] 물론 마오쩌둥은 경험이 풍부한 대필 작가와 비서들의 도움을 받기는 했지만 그가 1930년대와 40년대 초기에 쓴 문장들은 중국의 과거와 현재에 대해 거의 이야기하지 않은 것이 없을 정도로 광범위했다. 확실히 그의 권력은 도도한 그의 웅변에서 비롯된 것이 아니다. 1949년 천안문 광장의 연단에서 중화인민공화국의 건국을 선언했을 때, 그의 목소리는 귀에 거슬리는 고음과 후난 특유의 사투리가 뒤섞여 정확하게 이해하기 어려울 정도였다. 하지만 그의 문장은 엄밀하게 작성된 작품이다. 특히 현대사에 관한 저술에서 그는 지난 세기 혼잡하고 무질서한 무정부상태를, 그 원인과 결과를 설명하는 깔끔한 목적론으로 정리하여 자신의 혁명이 중화민족의 합리적 구원자 역할을 하고 있다는 사실을 인정하도록 만들었다. 그는 19세기 이래로 외국의 적대세력들이 저지른 악의적인 행태를 지적하면서 제국주의자들과 그들의 동맹, 즉 국민당, 자본가, 매판買辦. 외국세력과 결탁하여 이익을 취하는 자들, 지주 및 그들에 동조하는 자들에 대한 폭력 행사를 합법화했다. 마오쩌둥은 "그런 적들 앞에서 중국혁명은 장기적이고 무자비한 것일 수밖에 없다"고 하면서 "그들과 싸우기 위해 중국 혁명의 주요 수단과 형식은 반드시 무장투쟁이어야 한다"고 말했다.[72] 고대와 현대를 포함한 모든 인류의 역사에 대해 설득력 있고 이해하기 쉬운 서사를 창조하는 마오쩌둥의 능력은 전세계 마오주의자들에게 찬사를 받았다. 특히 페루공산당 '빛나는 길'의 창설자인 아비마엘 구스만은 자신의 추종자들에 의해 '샴푸'라는 별명으로 불렸는데, 이는 그가 이해하기 쉬운 철리적 내용으로 상대를 '세뇌'시키는 능력을 갖추고 있었기 때문이다.

마오쩌둥의 이야기는 마르크스주의 관련 소책자보다 훨씬 효과적이었다. 자수성가한 농부의 아들이라는 것을 증명이라도 하려는 듯이 그의 이야기 속에는 남들이 전혀 생각하지 못할 거친 유머와 고전 문헌에서 인용한 내용이 섞여 있었다. 무시무시한 숙청과 사교 의식邪敎 儀式과 유사한 것처럼 알려진 정풍운동은 약 2만여 명의 사람들이 통제받는 작은 그룹으로 나뉘어 똑같은 문장을 학습하고 동일한 문제를 토론하는 것으로 시작했다.[73]

마오쩌둥은 옌안에서 군인 이상의 존재가 되었다. 그는 시인, 이론가, 서예가이자 정치 철학가로서 중국이 지난 세기 동안 경쟁해온 혼란스러운 요소들과 역량, 이념 등을 성공의 청사진 안에 집어넣을 수 있는 인물로 존중받았다.[74] 2014년에 만난 마오쩌둥 기념품 수집가는 필자에게 이렇게 말했다(마오쩌둥에 관한 수천 번의 대화 가운데 필자가 가장 좋아하는 구절이기도 하다). "마오쩌둥은 칭기즈 칸보다 훨씬 낫다. 그는 시인이었기 때문이다." 마오쩌둥이 서독의 대학생부터 인도의 농민들에 이르기까지 수많은 외국인 숭배자들의 마음을 사로잡았던 까닭은 그가 정치가나 군사가로서의 역할 외에도 여러 가지 일을 할 수 있으며 또한 종종 간단하고 쉬운 언어를 사용할 수 있는 확실한 능력 때문이다.

1944년, 수년간의 은둔 끝에 옌안이 다시 외부 기자들에게 문을 열었다. 그들은 그곳의 지적 동질성에 놀랐다. 당시 옌안을 방문한 기자 가운데 한 명은 이렇게 말했다.

"지식인에서 노동자들에 이르기까지 20~30명의 사람들에게 같은 질문을 했는데, 그들의 대답은 거의 같았다. 애정에 관한 질문조차도 회의에서 결정된 관점이 있는 듯했다." "옌안의 (숨 막힐 듯) 불안하고 과민한 분위기로 …… 대부분의 사람들이 매우 진지하고 심각한 표정을 짓고 있었다. 유머감각을 가진 마오쩌둥과 수다를 잘 떠는 저우언라이를 제외한 주요 지도자들은 거의 농담을 하지 않았다."[75]

　같은 해 장제스 국민당의 부패와 검열을 맹렬하게 비판했던 미국 언론인 애널리 제코비Annalee Jacoby와 시어도어 화이트Theodore White는 마오쩌둥의 아랫사람들이 자신들이 경애하는 지도자에게 기이할 정도로 아첨하는 모습을 관찰했다. 두 사람의 말에 따르면, "그들은 마치 지식의 샘에서 물을 마시듯, 마오쩌둥이 자유롭게 하는 이야기를 드러내놓고 적기 바빴다. 몹시 격앙되어 거의 역겹도록 맹종적인 언사로 이루어진, 판에 박힌 표현이 아닌 것이 없었다."[76]

　1940년, 류사오치는 중국 공산주의가 아직 '위대한 저작'을 만들어내지 못했다고 말했다. (마오쩌둥이 상당히 화를 냈을 것이 틀림없다.)[77] 그러나 류사오치는 3년 만에 자신의 생각을 바꿨다. 중국공산당사의 발전은 "마오쩌둥 동지를 중심으로 이루어졌으며 …… 모든 간부와 당원들은 …… 중국혁명과 다른 주제에 관한 마오쩌둥 동지의 학설을 진심으로 학습하고 연구해야 하며 마오쩌둥 동지의 사상으로 자신을 무장해야 한다."[78]

　1943년 7월 6일 발표된 이 문장은 마오주의라는 종교, 즉 마오쩌둥 사상(원래는 '마오쩌둥 동지의 사상'이라고 불렀다)의 탄생을 알리는 종소리였다. 1945년 제7차 당대표대회(마오쩌둥 사상을 신격화하여 중국공산당의 모든 사업의 '지도서'로 받들었다)에서 류사오치는 "우리의 위대한 마오쩌둥 동지는 중국 역사상 가장 위대한 혁명가이자 정치가일 뿐만 아니라 중국 역사상 가장 위대한 이론가이자 과학자이다"[79]라고 말했다. 오류가 있을 수 없는 전제자專制者이자 조타수의 영도에 의한 당의 통제를 신성화하면서, 문화대혁명 시기에 마오쩌둥에 대한 숭배가 정점에 도달하던 모습을 직접 목도한 페루의 아비마엘 구스만을 포함한 또 다른 나라의 '친애하는 영도자'들은 이에 큰 영감을 받았다.

Ⅶ. "제국주의는 종이호랑이다."

1917년 레닌은 제국주의를 '자본주의의 최고 단계'로 규정하고 비유럽의 사회주의자들을 모스크바로 불러오기 시작했다. 2년 후 볼셰비키의 권력이 러시아에서 아직 안착하기도 전에 레닌은 25개국을 대표하는 50여 명의 대표자들이 참석한 가운데 '공산국제(코민테른)' 창립총회를 주최했다. 레닌은 전 세계를 돌아다니며 공산주의의 이념을 전파하여 멕시코공산당(러시아 밖에서 창당한 최초의 공산당 중 하나이다)을 설립하는 데 결정적인 도움을 준 인도 출신의 공산주의자 M. N. 로이M. N. Roy의 사상을 수용했다. 로이는 레닌에게 식민지 체제하의 세계에서 공산주의 정당과 반란군을 후원할 것을 촉구했다. 이에 따라 1920년대 초에 중국과 인도, 인도네시아, 튀르키예, 그리고 이란에 계속해서 공산당이 창설되었다. 1921년 레닌은 이렇게 결론지었다. "현재 서구 문명의 운명은 동방의 대중들을 정치활동에 참여하도록 끌어들이는 데 크게 달려 있다."[80] 코민테른은 고위직을 담당할 젊은이들을 선발하여 그들에게 군사, 정치훈련을 시켰다. 1923년 코민테른의 지시로 설립된 '동방 노력자 공산대학The Communist University for the Toilers of the East'은 중국, 인도, 인도네시아, 한국, 인도차이나 등지에서 온 활동가(호치민胡志明은 그중에서도 가장 빛나는 베트남 출신의 교우校友였다) 및 나중에 요직에 오른 수십 명의 아프리카와 아랍 출신의 인물들을 훈련시켰다. 그중에 비교적 유명한 이들로 남아프리카공화국 공산당 서기장인 알버트 은줄라Albert Nzula, 케냐의 초대 대통령 조모 케냐타Jomo Kenyatta, 그리고 가나 대통령 은크루마Nkrumah의 고문이자 막강한 영향력을 지닌 범아프리카주의자 조지 패드모어George Padmore 등이 있다.[81]

다음 두 가지 이유로 마오쩌둥과 그의 동료들은 소련보다 훨씬 격렬하게 반제국주의 계획을 추진하는 것처럼 보였다.

첫째, 마오쩌둥은 귀에 쏙 들어오는 구호를 창조하는 데 재능이 있었다.

1946년 옌안의 동굴에서 그는 신중하게 선택된 또 다른 미국인 안나 루이스 스트롱Anna Louise Strong을 저녁 식사에 초대했다. 지난 20여 년간 소련과 사랑에 빠졌던 그녀는 이제 소련에 대한 흥취를 잃고 마오쩌둥과 중국공산당의 매력에 빠져들었다. 당시 만남에서 마오쩌둥은 가장 유명한 말(격언)을 만들어냈다. 미국 "반동파들은 종이호랑이다."*[82] 스트롱은 마오쩌둥의 발언에 만족한 것이 분명하다. 왜냐하면 1956년과 1957년 라틴아메리카와 모스크바의 공산주의자들이 함께 몽니 국제 모임에서 연설할 때 그 단어를 "아메리카 양 대륙과 아시아, 아프리카 국가들은 종이호랑이가 비바람에 찢어질 때까지 미국과 끝까지 싸워야 할 것이다"[83]라고 더욱 분명하게 반식민주의의 용어로 거듭 사용했기 때문이다.

둘째, 반제국주의에 대한 마오쩌둥의 열정은 역사적 우연성을 지니고 있다. 중화인민공화국 건립은 제2차 세계대전 이후 아프리카, 아시아, 중동에 걸친 탈식민지화의 세계적인 추세와 동시에 일어났다.

1920년대 소련이 반제국주의의 모험을 감행할 때만 해도 이런 배경은 존재하지 않았다. 예컨대 인도네시아 민족주의자들은 이미 1920년대와 30년대에 강력한 반식민주의 운동을 일으킨 적이 있고, 중국공산당은 1920년대 매년 군사원조와 훈련 외에도 중국 혁명을 위해 수백만 루블을 제공한 소련만큼 전 세계 반식민지 반란에 기여한 바가 없었음에도 불구하고 역사적 기연은 마오쩌둥 치하의 중화인민공화국을 반제국주의의 전 세계 총본부로 자리매김하도록 만들었다. 1950년대 마오쩌둥 치하의 중국은 1954년 후기 식민지 상태에 놓인 캄보디아와 라오스, 베트남에 대해 협의했던 제네바 회의와 1955년 반둥회의에 적극 참여하면서 탈식민지화 세계의 주도권을 쟁취

---

* 1946년 8월 미국 기자 안나 루이스 스트롱과 인터뷰 당시 마오쩌둥이 "모든 반동파는 종이호랑이에 불과하다"고 말했다. 어떤 이유인지는 모르겠지만 마오쩌둥은 '종이호랑이'(紙老虎)라는 표현을 좋아하여 종종 이 말을 사용하곤 했다. 심지어 농담 삼아 장칭을 '종이호랑이'라고 부르기도 했다. 마오쩌둥은 1955년 1월 말 핀란드 대사인 칼 요한 순스트룀(Carl-Johan Sundström)에게도 이런 말을 한 적이 있다.

하려고 했다. 반식민지를 위한 투쟁에서 마오쩌둥의 명성이 최고조에 이른 것은 1965년 당시 국방장관인 린뱌오가 「인민전쟁 승리 만세」라는 글에서 마오주의 혁명을 선양했을 때였다.

> 농촌 혁명 근거지 및 농촌의 도시 포위에 관한 마오쩌둥 동지의 이론은 현재 세계의 모든 피압박 민족과 피압박 인민의 혁명투쟁, 특히 아시아, 아프리카, 라틴아메리카의 피압박 민족과 피압박 인민의 제국주의와 그 주구들에 대항하는 혁명투쟁에 대해 두드러지게 보편적이고 실질적인 중요 의미를 지닌다. …… 만약 북미와 서유럽이 '세계의 도시'라면 아시아, 아프리카, 라틴아메리카는 '세계의 농촌'이다. …… 지금의 세계혁명은 어떤 의미에서 농촌이 도시를 포위하는 형세라고 할 수 있다.[84]

마오쩌둥은 식민주의에 대한 저항 방식으로 '인민전쟁'을 주창했고, 이에 전 세계 많은 이들이 매력을 느꼈다. 1960년대 중국 내외의 치어리더(선전대)들은 마오쩌둥의 이론이 미국 제국주의에 대항하는 성공적인 혁명전쟁을 발동하는 열쇠인 양 홍보하기 시작했다. 서독의 급진주의자들은 주제넘게도 억압받는 '제3세계'와 자신들을 동일시했고, 미국의 베트남 전쟁 반대주의자들은 마오쩌둥이 베트콩(남베트남 민족해방전선의 공산 게릴라 부대)의 독립전쟁 배후의 이론을 제시한 천재라고 찬사를 늘어놓았다. 인도와 라틴아메리카의 반란군은 1930년대 중국을 '반식민지, 반봉건 사회'로 규정한 마오쩌둥의 특징적 분석을 그들 사회에 적용하고, 자신들의 정부와 국민들에 대한 타협 없는 투쟁 태도를 견지했다.

Ⅷ. "반란에는 이유가 있다造反有理."*

마오쩌둥은 베이징에서 물러나 다른 곳(항저우)에서 휴양하며, 한 해 동안 문화대혁명(1966년 여름)을 준비했다. 그는 공산당 역사상 유례 없는(또한 반복할 수 없는) 사건, 즉 최고 영도자가 자신의 정당을 공격하는 일을 계획하고 있었다. 1966년부터 1976년 사망할 때까지 마오쩌둥은 중국공산당 내부에서 일련의 숙청과 의도적인 교리 정화의 물결을 일으켰다. 국제 정치, 특히 소련이 더 이상 폭력 혁명을 고취하지 않게 되면서 그에게 전 세계적으로 타당한 명분을 제공했다. 그러나 마오쩌둥의 직접적인 목표는 자신의 급진적인 정치, 경제 정책을 비판하는 국내의 정치집단, 예를 들어 집단화 해체**를 시작한 류사오치와 덩샤오핑과 같은 인물들을 전복시키는 것이었다.

그는 공산당 당권파當權派에 대한 공격을 계획하면서 자신이 가장 좋아하는 중국 통속소설 가운데 하나인 『서유기西遊記』로 눈을 돌렸다. 『서유기』는 고전 중국문학의 걸작 가운데 하나로 서기 7세기 당나라 승려가 서역에서 불경을 구하러 가면서 겪게 되는 역경을 묘사한 작품이다. 그와 동행한 여러 제자들 가운데 한 명인 손오공은 십팔반무예로 무장한 뛰어난 무공의 소유자로 원숭이 왕으로 칭해졌으며, 세계문학에서 가장 잊지 못할 무뢰한 가운데 한 명이다.

중국의 반항 정신에 일종의 초석이 된 이 소설은 전체 7장으로 첫머리부

---

*   스탈린 60세 생일에 즈음하여, 마오쩌둥이 옌안 시절 행한 연설에서 언급한 유명한 구절에서 따온 말이다. "마르크스주의의 도리는 여러 갈래로 두서를 잡기 힘들지만 결국은 한 마디 말로 요약된다. 즉 반란에는 이유가 있다는 말이다." 칭화대학 부속중학교 홍위병들이 자신들의 대자보에서 "반란에는 이유가 있다"는 말을 사용하자 1966년 6월 5일 「인민일보」가 재인용했고, 이후로 문화대혁명의 중요 구호가 되었다.

** 대약진운동 실패로 인한 경제 악화를 만회하기 위해 덩샤오핑과 류사오치는 토지를 농민들에게 분배하고 생산 책임을 가정에 맡긴다는 '포산도호(包産到戶)', 즉 농가 세대별 생산량 도급 제도를 도입했다. 이는 기존의 인민공사를 중심으로 한 공동생산, 공동분배의 집체화에 위배되는 일이었다.

터 손오공이 인간 세상과 천상의 권위를 무시하고 끊임없는 장난질의 욕구를 분출하는 것에서 시작한다. 옥황대제가 다스리는 천부天府에서 관직을 얻은 후 그는 천도복숭아와 옥액玉液, 선단仙丹 등을 훔쳐 먹고 천궁天宮에서 크게 소란을 피우다가 급기야 옥황대제의 군대와 싸우고 심지어 부처의 손에 소변을 누는 실례를 저지르기도 한다.

시시때때로 대혼란을 초래하는 손오공의 본성은 20대 초반 무정부주의자였던 마오쩌둥에게 평생 영감의 원천이 되었다. 그가 중국의 최고 영도자 자리에 있을 당시 그는 여러 차례 손오공을 언급한 바 있다. 1961년 그는 자신의 시 마지막 구절을 고질적인 말썽꾼인 손오공에게 바쳤다.

금 원숭이 분기탱천 천 근 여의봉을 흔드니 세상 만 리 온갖 먼지 깨끗해졌네.
오늘 손대성(손오공)에게 환호함은 요사스러운 안개가 다시 일어나려 하기 때문일세.***[85]

문화대혁명 초기 마오쩌둥은 홍위병을 선동하여 공산당 당권파를 공격할 때도 재차 손오공을 언급했다. "우리는 천궁을 소란스럽게 만들 더 많은 손오공이 필요하다."[86] 홍위병들은 그 즉시 자신들의 항의 포스터(대자보)를 통해 그의 발언을 전파했다. "혁명가는 손오공과 같아야 한다. 그의 황금 지팡이(여의봉)는 막강하고, 그의 초능력은 천하무적이다. …… 우리는 법력으로 낡은 세계를 전복시키고, 그들을 분쇄하여 먼지로 만들어 혼돈과 대란을 창조할 것이니 혼란은 크면 클수록 더 좋다."[87]

1967년 마오쩌둥은 정치체제에 대한 끊임없는 폭력적 개조를 의미하는

*** 이 시는 1961년 11월 17일 마오쩌둥이 궈모뤄(郭沫若)의 7언 율시「손오공이 백골정을 세 번 치다(孫悟空三打白骨精)」를 읽은 후 시흥이 일어 쓴 시「백골정을 세 번 치다·궈모뤄에 화답하며(三打白骨精·和郭)」이다. 원문은 다음과 같다. "金猴奮起千鈞棒, 玉宇澄淸萬里埃. 今日歡呼孫大聖, 只緣妖霧又重來."

'계속혁명繼續革命'이념을 재차 제기했다. 문화대혁명은 그 시작에 불과했다.[88] 이 개념은 1950년대 후반부터 급진적인 혁명의 혼란보다 경제성장을 우위에 두었던 소련에 대한 멸시와 자신의 동료들이 과거 소련의 추종자였다는 두려움에서 비롯되었다(이러한 편집증은 『서유기』에서 나오는 공포를 조장하는 이야기에 기인한 것일 수도 있다. 책에는 사람을 잡아먹는 요괴 등 온갖 기이한 방해물이 등장하는데, 그들은 때로 선량한 노인이나 아름답고 젊은 여인 또는 귀여운 아이로 위장하고 있다).

마오쩌둥은 당과 군대를 장악한 독재자로 그의 인생 마지막 30년 동안 당과 군대의 권력을 독차지하고 있었지만 자신을 여전히 국외자局外者로 생각했다. 날로 늙어가면서 그는 당의 조직과 동지들로부터 점점 더 자신을 단절시켰다(사실 단절하기보다는 파괴하려고 애썼다). 물론 그와 동시대 사람인 흐루쇼프가 뉴욕의 유엔 총회 석상에서 연설하면서 신발을 휘두르거나, 공개적인 외교 만찬자리에서 술에 만취하여 마오쩌둥을 '찢어진 덧신 장화'라고 부르는 등 전혀 정치가답지 못한 행동을 보여주곤 했지만 관습에서 벗어난 자유로운 행동에 관한 한 마오쩌둥 역시 따라올 자가 없을 정도였다. 그는 자신의 주치의에게 여러 차례 "나는 녹림綠林* 대학 출신이야"[89]라고 말하기도 했으며, 외국 유명 인사들과 대화하면서 자신은 영원한 국외자로 당권파에 저항하는 반골이라고 말하기도 했다. "법도 없고 신도 없으며" "우리는 정말로 소수파이다. …… 우리 중국인은 비판을 두려워하지 않으며 …… 우리 중국인은 한번 맞붙으면 수탉처럼 싸운다. …… 우리 중국인은 호전적인 사람들이며, 나는 특히 더욱 그러하다."[90]

마오쩌둥의 호전성은 나아가 폭력적인 세계혁명에 대한 갈망으로 이어졌다. 1965년 그는 당시 소련 총리인 알렉세이 코시긴Aleksei Kosygin에게 이렇게 말했다.

"우리는 제국주의와 그 추종자 타도를 목표로 삼은 혁명전쟁에 찬성한

---

* 녹림은 옛날 사회에서 조정이나 관청에 저항하는 도적떼나 호걸 등을 지칭하는 말이다.

다. 우리는 반드시 혁명전쟁의 국면을 창조해야 한다. …… 확실하게 말해서 진상眞相은 칼날이 마주치는 곳에서 출현한다."[91]

1970년대 초기 점점 더 특이해지는 두 차례의 교류에서 그는 이후 루마니아 초대 대통령으로 장기 집권하게 되는 독재자 니콜라에 차우셰스쿠Nicolae Ceaușescu, 1918~1989를 고취하는 한편 일본 총리 다나카 가쿠에이田中角榮, 1918~1993와 저우언라이를 맞붙도록 했다.[92] 1966년 문화대혁명을 발동하여 당과 정부 당국을 공격할 당시 이러한 자신의 세계관을 국가정책으로 실현했다. 그러나 그에게는 평생 어떤 것도 고려하지 않고 될 대로 되라는 식의 반골정신이 내재해 있었다. 젊은 시절에는 부친과 싸웠고, 문화대혁명 기간에는 전국적으로 혼란을 야기했다. "사령부를 포격하라! …… 문제를 일으키는 것을 두려워하지 마라. 우리가 야기하는 문제가 크면 클수록 좋다. 천하가 크게 혼란하니 형세가 아주 좋다."[93]

전 세계 반란군과 저항세력은 문혁 기간에 마오쩌둥이 즐겨 말했던 과격한 발언을 학습했다. (이에 반해 베트남이나 북한, 그리고 소련의 집권 세력들은 오히려 이를 두려워했다는 사실을 주목할 필요가 있다.) 1960년대 후반 세계 각지의 반체제적인 학생들은 문화대혁명의 정치 행위를 모방하여 자신들의 국가 체제에 반항했다. 그들은 중국의 대자보 번역본을 복사하여 자신들의 구호를 써넣었다. 대학 건물을 점령하고 문화대혁명의 연설 내용을 낭독했다. 1966년 11월 서독 학생 대표들은 마오쩌둥 배지를 달고 베를린 자유대학Freie Universität 총장실로 쳐들어가 면담하면서 자신들을 홍위병이라고 불렀다.[94] 1967년 서독사회주의학생연합Sozialistischer Deutscher Studentenbund(약칭 SDS)의 회의석상에서 누군가 칠판에 마오주의의 격언 가운데 하나인 "반란에는 이유가 있다"라는 말을 휘갈겨 쓰기도 했다.[95] 문화대혁명 기간에 마오쩌둥은 "전 세계 농민들이" 이미 개발된 국가에 도전하는 것을 옹호하고 젊은이들의 반항을 격려했기 때문에 저항세력과 학생 시위대들은 그를 자신들에게 희망을 불어넣는 혁명의 메시아로 간주했다.

마오쩌둥의 반란에 대한 열애는 의지주의voluntarism에 대한 열정적인 믿음으로 이어졌다. 당신이 무엇인가를 할 수 있다고 믿기만 한다면 아무리 큰 방해물이 있다고 할지라도 그것을 성취할 수 있다. 이런 생각이나 믿음은 그의 저작물이나 정책 곳곳에서 살펴볼 수 있다. 예를 들어 1927년부터 1949년까지 그는 국민당 정부에 대항하여 싸울 때에도 그랬고, 농업과 공업에 있어서 일종의 '스푸트니크(소련이 쏘아올린 인공위성) 목표'를 실현하기 위해 (집에서 요리할 때 사용하는 윅을 녹여 쇠를 만들고, 깨진 유리를 밭에 비료로 주는 식으로) 대약진운동을 대대적으로 일으켜 수많은 중국인민들을 동원하여 밤낮 가릴 것 없이 노동하도록 만든 것도 모두 마오쩌둥 자신의 신념에 따른 것이었다. 전 세계 그의 제자들, 즉 완강한 반골들과 국외자들은 개인이 대담성 또는 의지력만으로 능히 승리를 얻을 수 있다는 마오쩌둥의 메시지를 열렬히 받아들였다. 그의 메시지는 이런 것들이었다.

"한 점의 불꽃이 온 들판을 태울 수 있다星星之火, 可以燎原."(1930년 1월 5일 문장)

"투쟁에 용감해야 승리에 용감할 수 있다敢於鬪爭, 敢於勝利."(『마오어록』)

"몸은 동강이 나도 황제를 말에서 끌어내린다舍得一身剮, 敢把皇帝下馬."(『마오어록』)

"약한 나라가 강한 나라를 쳐부술 수 있으며, 작은 나라가 큰 나라를 싸워이길 수 있다. 작은 나라의 인민이 용감히 일어서 투쟁하고, 과감히 무기를 들고 자기 나라의 운명을 장악하면 반드시 큰 나라의 침략에 맞서 싸워 승리를 쟁취할 수 있다. 이것이 역사의 규율이다."(1970년 5월 20일, 「전 세계 인민이 단결하여 미 제국주의와 그 주구들을 물리치자!全世界人民團結起来, 打敗美帝國主義及其一切走狗」)*

---

* 　전 세계 인민이 단결하자는 말은 중국공산당사에서 80가지 중요 구호 가운데 하나이며, 천안문에 걸려 있는 표어이기도 하다.

1968년 이후 공상 과학소설을 탐닉하던 몇 명이 포함된 노르웨이의 젊은 마오주의자들은 마오쩌둥의 저작을 읽은 후 마치 그가 국가체제에 대항하는 자신들에게 초능력을 부여한 것처럼 상상하기도 했다. 서방 세계에서 가장 막강한 마오주의 운동은 바로 이런 신념을 토대로 1970년대에 크게 발흥했다.

다시 말하지만 이러한 것들은 순수하게 독창적인 내용이 거의 없었다. 예를 들어 스탈린은 1928년부터 1932년까지 진행된 '대전환Great Break' 기간에 자신의 관료체계에 대한 공격을 시작했다. 노동자들이 자신들의 상사에게 반항하도록 고취하는 것 또한 그의 숙청운동의 중요 부분이었다. 마오쩌둥의 정책이 소련의 전례와 다른 점은 자신의 정책을 추구하는 정도와 기간의 차이가 있을 따름이다. 문화대혁명은 마오쩌둥의 인생에서 마지막 정치운동이었기 때문에 그의 정치적 유훈遺訓처럼 되고 말았다. 스탈린의 '공포 정치'에 뒤이어 약 15년간에 걸친 '대후퇴Great Retreat'가 뒤를 이으면서 다시금 '노멘클라투라nomenklatura, 소련 공산당 특권계층에 속하는 관료'가 더욱 공고해졌다. 또한 마오쩌둥은 항상 그랬듯이 일관성이 거의 없었다. 그는 문화대혁명 초기 8개월 동안 폭력과 무질서가 판쳤던 실험적인 정치 모델, 즉 상하이 코뮌Shanghai commune, 상하이 인민공사에서 재빨리 발을 빼고 물러났다. "만약 모두 인민공사로 바뀐다면 당은 뭐가 되는 거지? 당은 어디에 두어야 하냐고? …… 반드시 하나의 핵심이 있어야 해. 그것을 뭐라고 불러도 문제없어. 공산당이라고 불러도 좋고 사회민주당이나 국민당이라고 불러도 좋아. 다만 반드시 정당이 있어야 할 것이야."[96]

Ⅸ. 「모순론: 모순 투쟁은 끝나지 않는다.」

마오쩌둥과 그의 사상을 고찰하면서 우리는 종종 모순되는 상황에 직면하게 된다. 마오쩌둥은 군인이자 최고 자리에 있는 정치 조정자이며, 중앙집권자이기도 하다. 또한 그는 현대 중국에서 개인 숭배의 창시자였고 당의 규율에 지나칠 정도로 집착하는 인물이었다. 그는 대규모 반란을 찬양했지만 오히려 줄곧 국외자를 자처했다. 말로는 페미니스트였으나 두세 명의 여인들을 연달아 임신시키고 결국엔 내버렸으며, 성적으로 학대하고 심지어 성병을 감염시키기도 했다. 옌안 시절부터 마오쩌둥이 사망하기 전까지 사적으로 매우 돈독했던 동료의 아내는 마오쩌둥을 이렇게 기억했다.

"나는 진심으로 그를 존경했다. 그는 매우 총명하고 유머 감각이 뛰어났다. 하지만 나는 그가 무서웠다. 그래서 그를 피했다. 그는 말을 많이 하지 않으면서 오히려 당신의 견해를 물을 것이다. …… 하지만 당신이 그에게 어떻게 생각하냐고 묻는다면 그는 말하지 않을 것이다."

일상적인 대화를 예로 든 이러한 평가는 답변에 대한 분석적인 설득력이 결여되어 있기는 하지만 마오쩌둥의 변화무쌍한 태도, 즉 그의 격식에 얽매이지 않는 성격과 경계심, 타인의 경외심을 일으키는 능력, 그리고 그의 능숙한 조작 능력을 살피기에 충분하다.

1937년 황사가 자욱한 옌안에서 마오쩌둥은 자신이 좋아하는 주제 가운데 하나인 '모순'에 관해 강연했다.* 그는 자신의 언어로 자신의 사상을 언술하는 데 자신감이 넘쳤다. 당시 강연 내용은 15년 후 보다 간결하고 정돈된 내용으로 『마오쩌둥 선집』에 실렸다.[97] 완성본은 공산주의 사상에 흔히 나오는 이름이나 고유명사, 예를 들어 마르크스, 엥겔스, 레닌, 변증법 등이 가득했다. 하지만 그가 전달하고자 했던 결론은 매우 간단했다.

"사물 모순의 법칙, 즉 대립과 통일의 법칙은 자연과 사회의 근본 법칙이다. …… 모순의 투쟁은 끊이지 않는 것으로 그것과 공존할 때나 그것들이 서로 전환할 때를 막론하고 언제나 투쟁이 존재하며 특히 그것들이 상호 전환할 때에는 투쟁이 더 뚜렷하게 나타난다. 이것이 또한 모순의 보편성이자

---

* 1937년 8월 옌안의 항일군사정치大學에서 강연한 내용으로 그의 「실천론」에 뒤이어 중국 공산당 내에 존재하는 교조주의 경향을 극복하기 위한 것으로 알려져 있다.

절대성이다."**[98]

마르크스는 역사가 무쇠처럼 강고한 논리와 방향, 그리고 종착점을 통해 모든 모순을 궁극적으로 지양하게 될 것이라고 단언했다. 한편 마오쩌둥은 모순의 상호 작용에 대한 분석을 통해 보다 큰 불안정성을 도입하고 수용했다. 서로 다른 역량이나 요인이 서로 다른 시대와 환경 안에서 주도적인 역할을 차지하거나 변화시킬 수 있다는 뜻이다. 마오쩌둥은 혼란스러운 모순을 역동성을 정의하는 정치이론(마르크스주의로 겉치장한)으로 만드는 데 천재성을 발휘했다. 이러한 불규칙적임과 변덕스러움이 교리적으로 정당화될 수 있었던 것이 마오쩌둥 사상이 전 세계로 파급될 수 있었던 마지막 요인이다. 그는 변혁을 갈망하는 반란군과 체제전복을 시도하는 이들에게 사상과 행동의 내부 모순은 두려워할 것이 아니라 오히려 에너지의 원천이라고 말했다. 마오쩌둥은 당에서 자신의 절대적인 개인적 권위를 더욱 공고하게 만들기 위해 '군중노선'이라는 책략을 발표했다. 그는 독재자에 대한 개인 숭배를 이용하여 홍위병들에게 조반造反이 옳다고 말했으며, 권위에 대항하는 '계속혁명' 이론으로 전 세계 저항세력을 고무시켰다.

어쩌면 사람을 곤혹스럽게 만들고 때로 일관성 없는 다변성(변덕스러움)으로 보이는 것들이 오히려 사람들로 하여금 그의 정치, 군사적 성공을 기억하게 만들고, 또한 그의 이름이 들어간 정치노선의 효력과 설득력, 그리고 유동성을 확보하게 만든 것인지도 모른다. 그래서 마오주의는 어찌되었든 간에 승자와 내부자, 패자와 국외자, 영도자와 약자, 절대 통치자, 규율을 갖춘 방대한 관료군, 억압받는 대중의 신조가 되었다.

유럽 마오주의 연구의 권위자인 크리스토프 바우실러Christophe Bourseiller는 마오주의의 모순과 정돈된 규율을 진창으로 만든 것에 좌절하여 심지어 이렇게까지 말한 적이 있다.

** 「모순론」의 결론 부분에 나온다.

"마오주의는 존재하지 않으며, 한 번도 그런 적이 없었다. 의심할 여지없이 그것이 바로 마오주의가 성공한 요인이다."[99]

2장

붉은 별
- 혁명의 표본 -

1936년 여름 늦은 밤, 중국 서북부 황토를 파서 만든 동굴 안에서 두 명의 남자가 대화를 나누고 있었다. 한 명은 중국인, 다른 한 명은 미국인이었다. 마르고 검은 머리에 턱수염을 기른 미국인은 걸상에 앉았고, 키 크고 약간 수척하며 부스스한 검은 머리의 중국인은 벽돌을 쌓아 만든 침상에 나른하게 누워 때로 바지를 벗어 몸을 식히거나 가랑이의 이를 잡기도 했다.[1]

마오쩌둥이라는 중국인이 그렇게 자신을 드러내어 의견을 발표하는 것은 상당히 위험한 일이었다. 당시 44세의 마오쩌둥은 중국공산당 내에서 비교적 높은 자리에 오른 지 얼마 되지 않았고, 한편으로 자신보다 막강한 군대를 보유하고 있는 적대세력과 대치하는 상황인데다 다른 한편으로 마르크스주의 경전에 정통한 다수 정적들의 도전에 직면하고 있었기 때문이다.

당시 서북부에 자리한 중국공산당은 공식적으로 중국 정부를 대표하는 국민당에 의해 곧 소멸될 위기에 처해 있었다. 장제스가 마오쩌둥과 그의 동료들을 제거하기 위한 마지막 공격을 준비하는 동안 장제스의 군대는 옌안 주변에 군사 봉쇄망을 구축한 상태였다. 장제스는 휘하 장병들에게 자신 있게 말했다.

"공산당의 잔당들은 이제 일부 소수 지역에 포위된 상태이니 섬멸하는 데 어려움이 없다. 현재 공산주의는 중국에서 더 이상 진정한 위협이 아니다."[2]

군사 봉쇄에 따라 뉴스나 정보도 봉쇄되었다. 공산당의 동태에 관한 소식은 국민당의 검열을 뚫을 수 없었기 때문에 수개월 동안 외부 세계로 전해질 수 없었다. 국민당은 그러한 공백상태를 이용하여 공산당의 우두머리가 1934년부터 1935년까지 중국 동남부에서 서북부로 이동하는 이른바 '장정' 기간에 살해되었다는 소문을 퍼뜨렸다.

그렇기 때문에 미국인 방문자의 존재는 마오쩌둥에게 외부 세계에 자신들의 이야기를 할 수 있는 중요한 기회를 제공한 셈이었다. 그 방문자는 바로 캔자스시티에서 온 젊고 야심찬 기자 에드거 스노였다. 그는 단독 특종을 찾아 자신의 명성을 드높이고 아울러 재정적으로 보탬이 되기를 바라고 있었다. 그는 호의적이기는 하나 그렇다고 공산주의자는 아니었으며, 중국 내외의 언론매체와 두루 접하고 있는 인물이었다. 그래서 공산당 지하공작원들은 마오쩌둥의 이야기를 공산당 근거지 밖으로 전파하여 많은 이들에게 호의를 얻을 수 있는 완벽한 대변자로 그를 세심하게 선발했다. 그래서 마오쩌둥은 가능한 한 호의적이고 친근하다는 인상을 주기 위해 노력했고, 여러 차례 밤늦게까지 지속된 사적인 인터뷰도 받아들였다.[3]

마오쩌둥의 태연한 모습은 오해의 여지가 있다. 사실 스노가 마오쩌둥과 대담하는 동안 또 한 명이 배석하여 통역하면서 대화 내용의 정확한 판본을 만들기 위해 기록했다. 그는 스노가 영어로 대화록을 완성한 것을 다시 중문으로 번역하여 마오쩌둥이 직접 검토하고 수정할 수 있도록 했으며, 이후 영문으로 다시 번역했다.[4]

스노가 서북 지역에서 가져온 2만여 단어의 대화록은 모두 이런 편집 과정을 거쳤다. 스노의 방문에 따른 중국공산당의 계획과 대응 방침에 관한 자세한 내용은 베이징 시 중심에 있는 중국공산당 중앙위원회 기록 보관소(당안관檔案館)에 소장되어 있는데, 인가를 받은 사람을 제외하고 어느 누구도 열람할 수 없다. 하지만 우리는 스노가 서북의 공산당 총본부에 도착하기에 앞서 스노 방문에 따른 마오쩌둥의 네 가지 지시 사항을 통해 그의 무심한 듯한 친근함 뒤편에 상당히 엄격한 준비가 있었음을 미루어 짐작할 수 있다. 그 지시사항은 다음과 같다.

"안전, 보안保密, 떠들썩함熱鬧, 정중함隆重."[5]

노력이 결실을 맺었다. 다음 해 마오쩌둥에 매혹된 스노는 공산당에 대한 그의 인상과 공산당 지도자들과의 인터뷰 내용을 편집하여 『중국의 붉은 별』을 썼다. 책에서 마오쩌둥과 그의 동료들은 이상적인 애국인사이자 유머

감각을 갖추고 인류 평등을 주창하는 민주주의자로 묘사되었다. 스노는 마오쩌둥의 목표에 대해 이렇게 말했다.

"수백만 명의 중국인들의 인권 의식을 환기시키고, 유가와 도가의 소심하고 소극적이며 정태적인 신앙에 대항하여 인민들을 교육하고 설득하여 …… 정의와 평등, 자유, 그리고 존엄성이 있는 삶을 살기 위해 싸운다."[6]

책은 출간된 지 몇 주 만에 영국에서만 10만 부 이상이 팔려나간 의외의 베스트셀러가 되었으며, 독자들의 호평을 받았다. 아마도 당시 중국에 관한 한 미국에서 가장 영향력이 있는 작가였던 펄 벅Pearl S. Buck은 스노의 책이 "대단히 읽을 만한 책으로 …… 보기 드물게 대단하며 …… 책의 한 장 한 장이 모두 중요하다"[7]고 말했다. 하버드대학에서 현대중국연구 분야를 개척한 존 K. 페어뱅크John K. Fairbank는 나중에 이 책에 대해 "현대 중국사에서 일대 사건이다"[8]라고 말한 바 있다.

『중국의 붉은 별』이 공전의 히트를 치면서 스노는 중국 정치의 권위자로 변신했다. 5년 후 루스벨트 대통령이 중국 정책을 마련하면서 그의 조언을 구한 적이 있으며, 1940년대 중반 미국 국무부의 한 관리는 스노가 묘사한 마오주의에 흠뻑 빠져 공산주의 지지자에게 장제스의 작전 계획을 흘린 적도 있었다.

그러나 『중국의 붉은 별』의 영향은 거기서 멈추지 않았다. 중문으로 번역된 그 책은 중국 내륙은 물론이고 해외의 젊고 교육받은 자유주의자나 애국주의자들을 설득하여 자본주의 도시의 안락함을 버리고 서북쪽으로 멀고 긴 여행을 떠나 마오쩌둥의 혁명에 협조하도록 만들었다. 그곳에서 그들은 조직, 관리, 선전 등의 임무를 맡아 혁명을 도왔다. 『중국의 붉은 별』의 중문 번역자이자 편집자는 젊고 탁월한 언어학자인 후위즈胡愈之였다. 그는 2차 세계대전 당시 동남아시아에 파견되어 비밀 첩자로 활동했다. 그가 번역한 책은 향후 말레이시아공산당의 지도자가 된 이들이 읽었다. 근 20여 년에 걸쳐 8천여 명의 말레이시아 사람들과 영국군이 희생된 말레이시아 비상

사태 기간에 공산당 훈련소에서 수백 권의 복사본이 발견되기도 했다.[9]

스노의 중국 유격전에 관한 기록은 전시 러시아의 반反나치 빨치산, 필리핀의 후크 게릴라*, 인도의 반영反英 혁명가 들이 애독하던 지침서가 되었다.[10] 마오쩌둥은 스노가 67세에 췌장암으로 사망할 때까지 국제적인 홍보가 필요할 때마다 그를 활용했다. 이는 마오쩌둥의 정치적 비전에서 국제적 요인의 중요성을 보여주는 첫 번째 전형적인 사례가 되었다.

에드거 스노는 마오주의 역사에 등장하는 첫 번째 주인공이다. 왜냐하면 그가 없었다면 중국 내외의 마오쩌둥에 대한 숭배를 상상하기 힘들기 때문이다. 『중국의 붉은 별』이 시공간을 초월하여 막강한 영향력을 지녔음을 결코 과소평가할 수 없다. 20세기 미국에서 가장 탁월한 신문기자의 보도물 가운데 하나라는 칭송을 받은 이 책은 중국 공산주의 운동과 마오쩌둥을 둘러싼 추종자들과 여러 교조적 원칙을 인간적으로 묘사하기 위해 명목상의 최고 영도자(마오쩌둥)를 창조해냈다.

스노는 마오주의의 가장 흥미로운 부분을 만드는 데 주된 역할을 맡으면서 시작부터 당시 사람들이 가장 중국적이고 또한 향토적인 정치종교로 간주했던 마오주의의 교의를 국경을 넘어 전 세계로 파급될 수 있는 특성을 지닌 것으로 부각시켰다. 스노는 이른 시기부터 중국공산당을 국제적인 홍보의 천재로 조명했고, 마오쩌둥의 사상과 실제 성격과는 다른 그의 페르소나를 묘사하여 국경과 언어, 계층을 넘어 전 세계의 수많은 추종자들을 끌어들이는 데 일조했다. 스노가 이 과정에 참여한 것은 1930년대부터 오늘날까지 마오쩌둥과 그의 동료들이 국제 지원 네트워크를 구축하는 방식을 미리 보여주는 것이기도 하다. 이러한 네트워크는 중국의 내전과 냉전의 진로를 바꾸고, 마오쩌둥 자신의 정치사상과 실천에 영향을 주었다.

미주리 출신의 통통한 소년이 어쩌다 마오주의 신조를 전 세계에 파급시

---

* 항일전쟁 시기에 필리핀 루손지역을 중심으로 공산주의 이념을 내걸고 농민들을 중심으로 결성한 급진 무장세력.

키는 국제적인 매개자가 되었는지 이해하려면 일단 중국 서북부 황토 먼지 날리는 빈궁한 지역에서 멀리 떨어진 1930년대 상하이와 베이징의 상류사회로 여행해야만 한다.

    스노의 성장 배경에는 마오주의와 같은 세상을 바꾸는 혁명운동에서 그가 중요한 역할을 맡게 될 것임을 암시하는 부분이 거의 없다. 오히려 그는 미국 중서부의 행복하고 안온한 가정에서 성장했고, 기득권층으로서 자신감이 넘쳤다. 매카시즘이 미국에서 그가 전문직 종사자로 성장하기 어렵게 만들기 전까지 그는 행운과 더불어 일반적으로 인정받는 삶을 살 수 있었다. 어린 시절에는 이글 스카우트**로 활약했고, 대학에서는 남학생 사교클럽의 회장을 맡기도 했다. 그는 상냥한 성격과 세련된 외모를 지녔을 뿐만 아니라 특히 이목구비가 번듯하고 숱이 많은 곱슬머리에 언제나 환한 얼굴로 사람을 대했다. 그는 광고계에서 경력을 쌓기 위해 자신의 형인 하워드와 함께 20대 초반 뉴욕으로 이주했다. "내가 뉴욕으로 간 것은 서른이 되기 전에 10만 달러를 벌겠다는 확고한 의도가 있었기 때문이다." 그래야만 "문단 사람들이 기대하고 있는 걸작을 저술할 수 있는" 시간적, 경제적 여유를 가질 수 있기 때문이었다. 스노는 나중에 이렇게 회고했다.[11] 1, 2년 후 한곳에 정착하기에 앞서 세계 일주를 결심했을 때까지 그는 순조롭게 언론계에서 나름의 경력을 쌓았다. 제일 먼저 하와이에 도착한 그는 여행 경비를 마련하기 위해 여행 관련 기사를 써서 신문사에 팔려고 애썼다. 그러고 나서 그는 여객선을 몰래 얻어 타고 일본으로 밀항하는 데 성공했다. 무모한 모험에 대한 유쾌한 기사는 잘 팔렸지만 그를 붙잡지 못한 승무원에게는 그리 상서로운 일이 아니었다. 결국 그 승무원은 항운 회사에서 해고되어 거지가 되고 말았다.[12]

    1928년 스노는 상하이에 도착했다. 이후 13년 동안 그는 일개 지방 신문

**   21개 이상의 공로 기장을 받은 보이 스카우트.

의 광고 책임자에서 완전히 공인된 해외 주재 기자로 탈바꿈하여 기차를 타고 중국 곳곳을 다니면서 총사령관이자 총통인 장제스를 포함한 중국의 새로운 국민당 정부의 고관대작들과 어깨를 나란히 할 기회를 얻었다. 그는 미국으로 돌아간 하워드에게 유쾌한 심정을 담아 이렇게 편지를 썼다. "형, 동생이 극동의 언론계로 진입했어. 만세, 만세!" 1930년대 상하이는 돈 몇 푼 없는 미국인에게 터무니없이 싼 값에도 사치를 누릴 수 있는 곳이었다. 그는 편지에서 이렇게 말했다. "여기서는 아주 적은 돈으로 매우 사치스런 생활을 할 수 있어. 예를 들어 나는 한 달에 24위안元, 미국 돈으로 12달러면 밤낮으로 인력거를 이용할 수 있지. 이게 동방의 매력이야." 그는 한 달에 10달러(뉴욕의 10분의 1 수준)로 실력을 갖춘 요리사 겸 하인을 고용했다.[13]

하지만 그는 여전히 불안하고 초조했다. 그는 지구 반대편에서 프리랜서라는 불안정한 직업에 종사하기 위해 전통적인 성공의 길(그는 뉴욕에 있는 회사에서 동업자로 승진하고 일찍 결혼하여 자식을 낳고 싶었다)을 포기해야만 했다. 중국에서 그는 편집장, 광고 감독, 영사 직원 등 나름 괜찮은 사무직으로 고용하겠다는 요청을 거의 정기적으로 받았지만 여행과 저술의 자유를 위해 모두 거절했다. 1930년 상하이에 도착하고 얼마 되지 않았을 때 그는 자신과 같은 상하이의 동료들을 짜증나게 만드는, 오만하고 자신들만의 울타리에 갇힌 외국인 출신 상하이 거주민들을 풍자하는 신랄한 기사를 썼다. 상하이에 살고 있던 대다수 외국인들은 마멀레이드와 빵을 곁들인 커틀릿으로 매일 맛있는 식사를 하며 생활했지만 중국의 현실에 대해서는 별로 아는 것이 없었다. 하지만 스노는 중국 여러 곳을 여행하면서 지독한 가난과 기근을 목도하면서 몸서리를 쳤다. 물론 그 역시 중국의 거친 황야와 다를 바 없는 시골을 여행한 후 다시 (면도기, 커피와 밀크가 있는) 상하이로 돌아와 문명을 즐길 수 있었다. 하지만 1930년대 초까지 그는 상하이에 살고 있는 외국인이 향유할 수 있는 특권의 세계 이상의 무언가를 갈망했다. 운 좋게도 스노에게 '진실한 중국'을 소개해줄 이상적인 중개자가 바로 그의 집 근처에 살고 있었다. 중국공산당의 가장 탁월하고 매혹적인 동반자, 바로 쑹칭링이었다.

쑹칭링은 특권과 강인함이 교묘하게 결합된 인물이다. 그녀는 찰리 송 Charlie Song, 1863~1918, 쑹자주宋嘉樹의 둘째 딸로 태어났다. 그녀의 부친은 미국 감리교 목사였다가 나중에 상하이의 매판 상인으로 변신하여 서양 상인들에게 물자를 공급하는 사업이 성공하면서 큰돈을 벌었다. 쑹칭링은 부친의 남다른 세계관 덕분에 당시 중국의 부유한 집안의 딸들에게 흔치 않은 풍족하고 자유로운 어린 시절을 보낼 수 있었다. 그녀의 부친은 다른 부유한 집안의 경우와 달리 딸들에게도 아들과 마찬가지로 동등한 교육의 기회를 주었다. 쑹칭링은 처음으로 상하이에서 가장 좋은 외국인 선교사가 운영하는 학교를 다녔으며, 나중에는 미국으로 건너가 조지아 주에 있는 웨슬리언대학에서 공부했다. 그녀는 자신의 두 자매인 아이링愛齡, 메이링美齡과 함께 미국에 유학한 최초의 중국 여성이었다.

쑹씨 집안의 세 자매는 어린 시절부터 권리 의식을 배웠지만 또한 독립성과 자립심도 길렀다. 그들도 향수병을 앓았을지도 모르나 기억 속에선 지워진 상태였으며, 오직 나름의 성취와 즐거움만 남았다. 그들 세 사람은 모두 최고의 성적으로 졸업했을 뿐만 아니라 학생신문사 활동은 물론이고 자정까지 이어지는 댄스파티 등 과외 활동에도 열심이었다. 쑹칭링은 중국의 개혁 필요성에 관한 진지한 수필을 쓰기도 했다(그녀는 "중국 정치는 수백 년 동안 족벌주의와 부정부패로 점철되었다"고 썼다). 나중에 장제스와 결혼한 그녀의 동생 메이링은 학창시절 교내에서 신문을 발간하기도 했다(신문을 발간하여 얻은 돈은 아이스크림과 소금 뿌린 땅콩을 사먹는 데 다 썼다).[14]

쑹칭링이 귀국한 1913년은 2천여 년에 걸친 왕조 역사가 혁명으로 종식된 다음 해였다. 그녀의 집안은 여러 방면에서 혁명의 귀족과 같았다. 쑹자주는 혁명을 이끈 영도자 쑨원의 오랜 후원자였기 때문이다. 1895년부터

1911년까지 쑨원이 거듭되는 혁명 실패로 온갖 환난과 역정 속에서 정치적 망명 생활을 하고 있을 때에도 쑹자주는 여전히 쑨원을 지지하고 후원을 아끼지 않았다. 그는 쑨원의 혁명 조직에 막대한 자금을 쏟아부었고, 쑨원이 혁명당원들의 비밀회의를 주재할 수 있도록 협조하기도 했다. 1912년 혁명이 성공리에 끝나고 민국이 설립되자 쑹칭링은 쑨원의 개인 비서가 되었다. 그리고 상투적인 결말대로 그들 두 사람은 사랑에 빠졌다. 그녀의 부친은 쑨원과의 결혼을 반대했다(당시 쑨원은 그녀보다 26살이나 많았다). 하지만 그녀는 하녀가 놓아둔 사다리를 타고 자신의 방에서 내려와 사랑하는 이를 만나기 위해 도쿄로 향했다. 당시 쑨원은 이미 동향의 여성과 결혼한 지 30년이 되었으며, 슬하에 아들 하나와 딸 둘이 있는 상황이었다. 하지만 그는 대충 법적인 이혼 신고를 한 다음 쑹칭링이 일본에 도착한 그다음 날 그녀와 혼례를 치렀다.

쑹칭링의 결혼은 그녀를 중요한 정치적 인물로 만든 계기가 되었다. 쑨원이 1925년 암으로 사망하기 전까지 그녀는 남편의 대의를 위해 때로 통역가나 비서, 그리고 무엇보다 지칠 줄 모르는 지지자로 최선을 다했다. 그녀는 쑨원을 암살하려는 시도를 피하다가 유산을 한 적도 있다. 미망인이 된 후에도 그녀는 쑨원의 유지를 지켜나가기 위해 헌신했다. 1925년부터 1927년까지 만 2년 동안 그녀는 쑨원의 후계자로 자처하면서 중국공산당과 혁명을 위해 동맹을 맺고 있던 장제스와 함께 일했다. 하지만 1927년 초반 장제스가 공산당원들을 무자비하게 제거하기 시작하자('청당淸黨'이라는 명목하에) 그녀는 확고하게 좌경의 태도를 견지했으며, 얼마 후 모스크바로 떠났다. 1928년 모스크바 생활을 마치고 돌아온 후 그녀는 자신의 능력과 재능, 매력과 미모, 그리고 견고한 정치적 지위를 통해 공산주의 이념을 미화하는 데 앞장섰다. 그녀는 장제스가 감히 위협할 수 없는 소수의 좌파 인물 가운데 한 명이었다. 만약 그녀를 해치고자 한다면, 그의 부인인 메이링이 그를 그냥 놔두지 않을 것이기 때문이다. 쑹칭링은 당시 공산당이 신체적으로나 정신적으로 뛰어난 인재를 흡수하는 데 누구보다 뛰어난 능력을 발휘할 수 있었다는 점에서 살아 움직이는 광고판과 같았다. 실제로 그녀는 새로운 인재를 발탁하는 데 능력이 있었다. 당시 공산당은 보다 발전하기 위해 양호한 교육을 받은 이들이 무엇보다 필요했다. 게다가 국제적인 안목을 지닌 그녀는 보다 영향력이 있고 실질적인 도움을 줄 수 있는 외국인에게 눈을 돌렸다. 에드거 스노는 그녀가 발굴한 이들 가운데 가장 잘 알려진 사람이고, 다른 한 명은 시드니 리턴버그Sidney Rittenberg, 1921~2019. 중국명 리둔바이李敦白. 미국인 최초 중국공산당원이다. 그는 1949년 미군 신분으로 중국에 들어와 30년 동안 살았다. 중국에서 그는 중국공산당의 영어 통역자이자 선전가로 활동했으며, 마오쩌둥의 작품(『마오어록』)을 번역했다. 그런가 하면 전후 6년과 10년 동안 두 번에 걸쳐 독방에 감금되기도 했다. 두 번의 감옥 생활 모두 마오쩌둥의 지시에 따른 것이다. 현재에도 그는 가장 영향력이 있는 중국 옹호자로 남아 있다.*

에드거 스노가 처음 쑹칭링과 만난 것은 1932년 신문사에서 그녀에 관한 탐방기사를 써달라는 부탁을 받았을 때이다. 당시 쑹칭링은 마흔에 가까운 나이였으나 여전히 20대 초반의 아름다운 외모와 몸매를 유지하면서 지적이고 사교적인 모임에서 절정의 시기를 보내고 있었다. 쑹칭링은 젊은 시절 부끄러움을 많이 타는 성격이었으나 쑨원과 결혼하고 10여 년을 보내면

---

* 시드니 리턴버그는 1945년 미군 통역관으로 처음 중국 땅을 밟았다. 국공내전이 한창이던 당시 그는 옌안으로 가서 중국공산당원이 되었으며, 이후 계속 중국에 남아 중국공산당을 대외에 선전하는 역할을 맡았다. 건국 이후 그는 스탈린의 말에 솔깃해진 마오쩌둥에 의해 간첩 혐의로 6년간 가택연금을 당했으나 나중에 오해로 밝혀져 자유의 몸이 되었다. 대약진운동의 참상을 겪으면서도 그는 여전히 공산당원으로 남았고, 문화대혁명 시절에는 '백구은(白求恩)-연안조반단(延安造反團)'을 조직하여 조반파 활동에 적극 참여했다. 그러나 1968년 이번에는 장칭의 명령에 따라 간첩 및 국가전복 혐의로 재차 체포되어 10년 동안 수감되었다. 1980년 중국인 아내 왕위린(王玉琳)과 함께 미국으로 돌아온 그는 개혁개방에 따른 미국기업의 중국 진출에 도움을 주는 등 자본가들을 위해 도움을 주었으나 그렇다고 중국에 대한 애정이 완전히 식은 것은 아니었다. 특히 2016년 미국의 소리(VOA)를 통해 홍콩에 대해 심각하게 우려를 표명한 바 있는데, 실제로 홍콩 사태가 벌어졌다. 2019년 향년 98세로 세상을 떠났다.

서 대범하고 인상적인 사교능력을 지니게 되었다. 그녀는 공산주의 지지자임에도 불구하고 여전히 국제적인 감각에 뒤처지지 않았으며 향락적인 생활을 마다하지 않았다. 그녀가 살고 있는 상하이 조계지租界地에 위치한 프랑스풍의 저택은 먼지 하나 없을 정도로 깔끔했고, 내부는 유화와 두루마리 그림, 그리고 꽃으로 장식되어 있었다. 1949년 정치적으로 정당치 못하다는 판단이 들 때까지 그녀는 중국인 친구들과도 영어로 소통했다. 그녀는 적지 않은 레코드를 수집하고 있었으며(특히 그녀는 유럽 오페라를 좋아했다) 댄스파티의 호스트가 되기도 했다. 그녀는 자신의 본명인 쑹칭링이나 왠지 외경심을 일으키는 쑨 부인이란 호칭보다 대학 시절 친구들이 지어준 별명인 수지Suzy라고 불리길 좋아했다. 그녀의 오찬 또는 만찬 파티에는 중국에서 비교적 좌파에 속하는 지식인들이나 중국을 방문한 외국 인사들이 주로 참가했다. 그중에는 이름을 대면 누구나 알 만한 저명인사들도 있었다. 1933년에 그녀가 주최한 만찬 사진을 보면 그 면면을 확인할 수 있다. 사진 중앙에 긴 소매의 무도복을 입은 그녀가 나오며, 그 주변에 중국 최초의 백화문으로 쓴 현대문학작품 『광인일기』의 작가 루쉰, 중국문학 작품을 번역하여 해외에 널리 알린 린위탕林語堂, 베이징대 총장을 지내고 1910년대 신문화운동을 창도한 교육자 차이위안페이蔡元培, 그리고 상하이를 방문한 조지 버나드 쇼George Bernard Shaw와 좌익 성향의 미국 기자 해럴드 로버트 아이작Harold Robert Isaacs, 급진적인 보헤미안으로 코민테른의 첩자였던 미국 소설가 아그네스 스메들리 등도 보인다. 특히 아그네스 스메들리는 쑹칭링의 영향하에 마오쩌둥이 통치하던 옌안 근거지로 가서 중국공산당의 전기작가傳記作家로 활약했다. 뉴질랜드 출신의 교육가로 1949년 이후 마오쩌둥 치하의 중국을 적극적으로 외국에 알렸던 작가이자 혁명가, 르위 앨리Rewi Alley는 쑹칭링과 만나고 얼마 후 자신의 거처에 비밀리에 무선 수신기를 설치하는 것에 동의했다. 이는 쑹칭링이 필요할 때마다 중국공산당 중앙위원회와 연락하기 위함이었다.[15] 쑹칭링은 분명 세련되고 교양이 넘치는 인물이었으나 그 이면에 냉정하고 단호한 성품을 지니기도 했다. 혹자는 그런 그녀를 공산당에 매수된 스파이라고 비난하기도 했다.

스노와 쑹칭링은 상하이 공동 조계지에서 사람들이 많이 찾는 곳 가운데 하나인 정안사로靜安寺路(지금의 남경서로南京西路) 883호에 위치한 제과점 사리원沙利文에서 만났다. 그곳은 특히 상하이 거주 외국인들이 선호하는 곳이었다. 스노는 그녀와 오찬을 함께하면서 점점 그녀의 매력에 사로잡혔다. 식사를 마친 그들은 차와 케이크를 먹으면서 저녁 시간까지 대화를 나누었다. 스노는 그녀의 '겸손함', '양심', '도덕과 용기', '위선자들을 향한 날카로운 메스', 그리고 그녀의 '젊음과 미모'에 감탄했다.[16] 그는 여동생에게 보낸 편지에서 쑹칭링에 대해 이렇게 말했다.

"그녀는 성격이 쾌활하고 …… 보기 드물게 대단한 여인으로 온화하고 부정할 수 없을 정도로 성실하며, 지적으로 뛰어난 데다 기만과 위선을 증오하지만 간디처럼 관대한 아량을 지니고 있어."[17]

그녀는 이상주의자였으며 또한 재미있는 사람이기도 했다. 그녀는 장제스의 직함인 '군사위원회 위원장Generalissimo'의 영문자를 'Gen-eral-issssimo'라고 우스꽝스럽게 부르기도 했다. 그녀는 중국을 개선하는 데 열정적이었으나 중국 정치가들에 대해서는 솔직히 실망한 것처럼 보였다. 그녀는 이렇게 말했다.

"나는 쑨중산(쑨원) 선생을 제외하고 중국의 어떤 정치가들도 신임한 적이 없어요. …… 난 다른 사람들보다 마오쩌둥을 덜 불신해요."[18]

그녀는 일종의 모성애로 스노를 끌어들였다. 스노는 2년 전에 모친을 잃었기 때문에 더욱더 그러했다. 이후 쑹칭링은 그의 대모이자 정치적 스승이 되었다. 1932년 스노는 아름답고 의욕에 넘치는 젊은 미국인 헬렌 포스터Helen Foster와 결혼하기로 결정하고 제일 먼저 쑹칭링에게 알렸다. 그녀는 부모와 마찬가지로 그들을 위한 혼례를 주관하고 미국산 은색 퍼컬레이터percolator(여과식 커피 끓이개)를 결혼 선물로 주었다(하지만 그들 부부는 끝내 어떻게 사용해야 하는지 몰랐다).

스노는 쑹칭링이 자신에게 "국민당과 쑨중산에 대해, 그리고 그가(쑨중산) 이루지 못한 꿈에 대해" 이야기해주었다고 하면서 "내가 책에서 배우지 못한 또 다른 사실들에 대해서도" 들을 수 있었으며, 이후 몇 년 동안 "그녀는 나에게 역사를 만들어갈 작가와 예술가, 그리고 투사들을 소개해 주었다"고 회고했다.[19] 스노는 그런 이들과 만나면서 마침내 직접적으로 마오쩌둥과 연결되기에 이르렀다.

분명 쑹칭링은 중국공산당 입장에서 가장 큰 자산 가운데 하나였다. 동반자로서 그녀의 가치를 보존하기 위해 중국공산당은 그녀가 임종할 때가 되어서야 비로소 입당을 허락했다. 마치 가톨릭의 종부성사처럼 그녀에게 마지막으로 당원 자격증을 부여한 것이다.

그녀는 자신을 인간적이고 객관적인 민주주의자로 보여주고자 했으며, 이에 깊이 매료되어 그녀가 지지하는 정치 이념이 중국공산당이라고 추정하는 이들이 기꺼이 같은 목표를 옹호하도록 만들었다. 하지만 실제로 그녀는 그렇게 공평한 길을 걷지 않았다. 그녀는 스노에게 마오쩌둥을 포함한 모든 정치가들을 불신한다고 말했지만 1937년 이미 그녀는 마오쩌둥 혁명의 비밀스러운 이해관계자가 되어 자신이 가지고 있던 5만 달러, 지금으로 계산하면 거의 75만 달러에 달하는 자금을 그에게 보냈다.[20]

1933년, 에드거 스노는 발리 등지로 신혼여행을 다녀온 후 상하이를 떠나 베이징에서 신혼생활을 시작했다. 그들이 베이징에 도착했을 때는 미국 대공황의 여파로 최악의 경제 상황의 연속이었지만 그들은 부르주아 보헤미안의 드문 호사를 즐기며 급진적인 좌파 성향을 지닌 이들의 삶을 이어갔다. 그들은 거의 모든 것이 완비된 작은 삼합원三合院을 빌렸다. "진짜 붉은 대문(전통적인 붉은 대문을 뜻하는 듯하다)에 월문月門, 높다란 담장이 사방을 에워싸고 있으며 …… 작은 정원에는 꽃이 만발하고 과수나무에도 꽃이

피어 있었다."[21] 그 안에는 매달 전체 40달러를 지급하는 세 명의 하인들을 위한 방도 있었다. 헬렌은 다코타 주 출신의 유명 디자이너이자 의류와 보석류를 판매하는 상점의 주인인 헬렌 버턴Helen Burton과 친구가 되었다. 그녀는 시간 외로 버턴의 모피와 무도회 가운, 보석류의 모델로 일하면서 나름 자신의 사치스러운 욕구를 충족할 수 있었다. 그녀는 빈Wien의 음악 선율에 맞춰(그녀의 말에 따르면 자신이 나타나면 오케스트라가 항상 비엔나왈츠를 연주했다고 한다) 베이징의 무도회장을 빙빙 돌면서 부러워하는 구경꾼들이 자신과 비슷한 무도회 가운을 주문하도록 유도했다. 그리고 그녀 역시 몇 벌의 옷을 구입하지 않을 수 없었다. 한 벌은 표범 가죽으로 만든 코트였고, 다른 한 벌은 담비의 복부 가죽으로 만든 섬세한 망토였다. 훗날 그녀가 후회하며 회상한 것처럼, 1930년대 베이징에서 왈츠를 가장 잘 춘(가장 매력적인 인물이기도 한) 두 사람은 이탈리아 파시스트와 귀족 출신의 나치였다. 헬렌은 선택의 여지 없이 자신의 정치적 원칙을 잠시 유보할 수밖에 없었다. "비엔나왈츠의 선율이 울려 퍼지면 정치와 무관한 다리가 놓여지고, 우리는 음악이 끝날 때까지 침묵의 휴전을 유지했다."[22]

스노 부부의 애견은 흰색의 그레이하운드로 이름은 고비였는데, 또 다른 나치 동조자인 스웨덴 출신의 탐험가 스벤 헤딘Sven Hedin, 1865~1952이 그들에게 준 선물이었다(에드거는 정치적으로 나치와 파시스트를 반대하는 입장이었다). 기분 전환을 위해 그들 부부는 '날렵하고 윤기 나는 몽골 경주마'를 구입했고, 베이징 경마장의 단골손님이 되었다. 시간이 날 때마다 그들은 사교 티파티나 저녁 파티, 폴로 등을 돌아가며 즐겼다. 베이징이 너무 덥거나 먼지가 많이 날릴 때면 주말을 이용하여 좀 더 시원한 서쪽 언덕의 구릉 지역에 있는 사찰을 방문하곤 했다(지금도 그곳은 샴페인에 흠뻑 젖은 외국인 거주자들이 주말마다 피크닉을 가는 장소로 선호되고 있다).*[23]

이와 동시에 스노 부부는 대담하게 좌파 정치에 뛰어들었고(때로 활동에

---

*　　아마도 베이징 서쪽 근교에 있는 향산(香山)을 말하는 듯하다.

필요한 자금의 일부는 경마장에서 번 돈으로 충당했다), 그들의 작은 삼합원은 급진적인 예술가들이나 스노가 언론학을 가르쳤던 인근의 옌징대학에서 시위하던 학생들의 피난처가 되었다.

스노 부부는 그들 가운데 몇 명이 정식 당원증을 지닌 공산주의자들이라는 사실을 전혀 알지 못했다. 그들은 스노 부부가 자신들을 1935년 말 애국적 학생운동이 고조될 당시 열정적으로 지지한 미국인이라고 믿게 만들었다. 그들 가운데 한 명인 25세 정체불명의 인물은 데이비드 위(위치웨이俞啓威)였다. 그는 1936년 베이징을 떠나 에드거 스노처럼 영국식 트위드 정장을 입고 신분을 가장한 채 중국 북동부에서 지하 활동을 계속했다고 한다. 이는 자신의 신분이 드러나는 것을 피하기 위함이었다고 하는데, 약간 의심스러운 부분이 없지 않다.[24] 데이비드 위는 중국 공산혁명에서 예기치 않게 오랜 세월 영향을 끼치게 된다. 그의 첫 번째 부인은 도서관(산동 청도 도서관) 직원이었던 리윈허李雲鶴, 아명이다. 두 사람의 관계는 1년 또는 2년이 되기도 전에 정리되었다. 하지만 리윈허가 그에게 적지 않은 영향을 받은 것은 분명하다. 그녀는 상하이에서 잠시 연예계에 들어가 란핑藍蘋이란 예명으로 B급 영화의 여배우로 활동하다가 이후 공산당이 차지하고 있던 서북쪽으로 갔는데, 아마도 이는 첫 번째 남편의 영향이었을 것이다. 옌안에서 그녀는 장칭으로 개명하고 마오쩌둥의 네 번째이자 마지막 부인이 되었다. 1966년 그녀는 마오쩌둥의 마지막 대숙청인 문화대혁명을 추진하는 데 도움을 주었다.

스노가 중국 서북부에 있는 새로운 공산주의 국가를 방문하고 싶다는 자신의 소망을 표시하자 데이비드 위와 쑹칭링이 이를 가능하게 만들기 시작했다. 이미 밝혀진 바와 같이 마오쩌둥은 일찍이 상하이 공산당 지부에 국제적인 홍보의 도움을 맡기기 위해 외국인 의사와 우호적인 언론인을 보내 달라는 의사를 표명한 바 있다. 1936년 5월 초 스노가 상하이를 방문했을 때 쑹칭링은 후자의 빈자리에 그를 채우고자 마음먹었다. 그리고 레바논계 미국인 의사인 조지 하템George Hatem, 1910~1988. 중국명 마하이더馬海德과 함께 옌안으로 가도록 했다.[25]

당시 동북 지역 공산당 지하운동을 이끌고 있던 류사오치는 위치웨이의 직속상관으로서 즉각 두 사람의 여행을 승인했다. 류사오치 역시 1940년대 초반 마오쩌둥의 측근으로 마오쩌둥 개인 숭배를 조성하는 데 핵심적인 역할을 맡았다. 베이징의 한 교수(공산당 비밀요원)가 서북으로 가는 통행증과 보이지 않는 잉크로 쓴, 마오쩌둥에게 보내는 소개서를 마련해주었다.[26]

6월 15일, 그는 새로운 모험을 위해 천연두, 장티푸스, 발진티푸스, 콜레라 등의 예방 주사를 맞고 거의 11시간 동안이나 열이 나는 몸으로, 편안한 베이징의 생활을 접고 북서쪽으로 떠났다. 헬렌은 그를 격려하며 작별 인사를 했다. 그녀는 당시 모습을 이렇게 묘사했다.

에드는 뛰어오르는 강아지들을 쓰다듬었다. 우리의 귀여운 몽골 쿨리 첸陳이 짐을 세 번째 인력거에 올려놓고, 고비는 언제나 그랬듯이 나와 함께 자리에 앉았다. …… 하마터면 시안西安으로 가는 기차를 놓칠 뻔했다. 에드가 기차에 오를 때 나는 그의 호주머니에 비강鼻腔을 보호하는 오일을 넣어주었다. 그는 마치 승리를 구가하는 시저처럼 씩 웃으며 경례를 부쳤다. 하일 히틀러![27]

그가 떠난 후 그녀는 거의 소식을 전해 듣지 못했다. 9월이 되어서야 밀크 초콜릿과 커피, 그리고 잡지 「리더스 다이제스트」를 보내달라는 그의 편지를 받았다. 그리고 한 달 후 스노가 집 대문 앞에서 쾌활한 목소리로 말했다. "미세스 리빙스톤, 맞으시죠?"[28]

『중국의 붉은 별』이 성공한 것을 어떻게 해석해야 할까? 첫 번째는 이 책이 전형적인 모험담이라는 점이다. 내용은 주로 두 가지 부분으로 나뉘는

데, 하나는 스노 자신이 위험을 무릅쓰고 공산당의 근거지로 잠입하는 과정이고, 다른 하나는 중국공산당의 생존을 위한 투쟁 이야기이다. 그러나 이책의 탁월한 점은 여기서 그치지 않는다. 무엇보다 이 책에서 중국공산당이보다 인간적인 모습으로 투영되고 있음을 주목할 필요가 있다. 멀게만 느껴지는 혁명가의 모습에 영미권의 독자들에게 환대받을 수 있는 특징들, 예를들어 유머감각, 솔직함, 접근성, 정치적 수완, 애국심 등을 덧씌웠다는 것이다.[29]

책 전체가 환상적인 특종이었다. 에드거 스노는 20세기 아시아에서 확실히 가장 중대한 주제가 될 것이 분명한 중국 공산국가를 직접 방문하여 인터뷰를 진행한 (중국이나 외국을 막론하고) 최초의 언론인이었다. 그는 책의 서두에서 자신의 대담한 행동에 대해 이렇게 말한 바 있다. "이탈리아나독일처럼 언론을 엄격하게 검열하고 통제하는 나라들처럼 오랜 세월 반공反共 선전의 영향력이 막강한 나라의 경우, 그 어떤 나라들보다 붉은 중국Red China에 관한 이야기처럼 불가사의하고 서사적인 내용이 혼동되는 나라는 없을 것이다. …… 중국 공산주의자들은 철옹성처럼 효과적인 뉴스의 봉쇄망에 갇혀 외부와 단절되어 있었다. 수천 명의 적군 부대들이 성벽처럼 그들을계속 에워싸고 있어 붉은 중국은 티베트보다도 더 접근하기가 어려웠다."[30]

그는 편집자 가운데 한 명에게 이렇게 말했다. "나는 현대 언론사에서 그밖의 어떤 곳에서 이런 유형의 일이 발생했는지 모르겠다. 왜냐하면 이런 상황은 매우 특이하여 대응할 만한 정황이 거의 있을 수 없기 때문이다."[31]

여정은 짜릿한 자극과 위험으로 가득했다. '진정한' 붉은 중국에 대한 이야기를 전하기 위해 스노는 홀로 옌안에서 빠져나오며 국민당 정부의 온갖불법적이고 부당한 간섭과 감시를 넘어서야 했다. 또한 여러 가지 위험 속에서 그는 공산당 요원들의 네트워크를 이용했고, 그런 아이러니한 상황에 대한 자의식까지 더해져 만들어진 극적 흥분은 위기를 더욱 고조시켰다.

중국공산당 조직 가운데 가장 막강한 것으로 알려진 상하이 지하당의 활동은 잔인함으로 악명이 높았다. 중국공산당의 암살 소조小組(소그룹)인 '홍대紅隊, 개 잡는 분대라는 뜻에서 타구대打狗隊라고 불렸다'는 이미 수십 명의 '반역자'를 살해하여 상하이 주택가의 쾌적한 잔디밭 아래에 암매장했다.[32] 반면 스노가 만난 공산당 인사들은 상대적으로 활발하고 국제적 감각이 있는 이들이었다. 스노는 북서부에 자리한 시안을 떠나 공산당 지역으로 들어갔다. 시안에서 그가 만난 연락책은 영어 강의를 진행하는 상하이의 명문대, 세인트 존스 대학St John's University 출신의 왕 목사였다. 두 사람은 영문 시가 적힌 카드의 반쪽을 맞추는 방식으로 서로의 신원을 확인했다. 이어서 그는 골프웨어를 즐겨 입는 리우딩劉丁(그는 찰스라고 불리는 것을 좋아했다)이란 지하 공작원을 만났다. 그러던 어느 날 스노는 고대 유적지를 참관하다가 국민당 관리로 위장한 한 남자*를 만났다. "날 보시오! 날 잘 보시오! 내가 누군지 알아보겠소!" 그가 싱긋 웃으면서 이렇게 말했다. 그가 5만 달러의 현상금이 걸린 홍군의 정치보위국 비밀경찰국장인 덩파鄧發라는 사실은 나중에서야 알게 되었다. "그는 뛸 듯이 기뻐하며 …… 어쩔 줄 몰라 했다. …… 거듭 나를 껴안았다." 그는 스노에게 말이든 사진이든 수첩이든 필요한 것이 있다면 무엇이든 다 제공하겠다고 말했다. 심지어 자신의 수첩도 넘겨주겠다고 했다. 그리고 실제로 약속을 지켰다. "이런 중국인이 있다니! 이런 적비赤匪가 있다니!"[33] 스노는 이렇게 중얼거렸다(덩파는 1930년 중국공산당 최초로 당 내부에서 유혈 숙청을 주도한 인물로 유명하다. 당시 숙청으로 인해 수천 명이 '반볼셰비키' 세력으로 몰려 고문을 당하고, 최소 수백 명이 처형되었다).

홍구紅區에 도착하자 마치 달나라에 온 것 같다는 느낌에 스노의 모험심은 더욱 고조되었다. 당시 모습을 그는 이렇게 묘사했다.

"각기 다른 기묘한 형상들이 끝없이 장관을 이루어, 마치 거대한 성 같거나 열을 지은 맘모스 또는 잘 구워진 스콘과 같았으며, 어떤 거대한 손에 의

---

* 중산복을 입었다는 뜻이다.

해 끊어진 산맥에 성난 손가락의 자국을 남기고 있었다. 그 경관은 미쳐버린 신이 만든 세계인 양 환상적이고 믿을 수 없을 정도였으며, 때로 사람의 간담을 서늘케 했다. 그리고 기이한 초현실주의적 아름다움을 지닌 세계인 듯했다."[34]

정치적으로나 지리적으로 스노는 마치 최초의 우주 여행자와 같은 흥분을 느꼈다.

홍구에서 4개월 동안 지내면서 스노는 공산당 지도부와 간부들을 자유롭게 만날 수 있었다. 가장 먼저 그의 눈에 띈 이는 마오쩌둥의 측근이자 영어를 할 줄 아는 저우언라이였다. "순수한 지식인의 모습이었다. …… 서생에서 반란군으로 변신한 인물." 스노는 "소녀처럼 날씬한 몸매", "크고 깊은 눈동자에 열정이 가득했다"라고 저우언라이를 여성적인 외모의 인물로 묘사했지만 그의 온화한 말투는 "냉정하고 논리적이며 실제 경험을 중시한다"는 인상을 주었다. 정치적 광신자의 모습은 전혀 보이지 않았다. 공산당의 고위급 장성 가운데 한 명인 펑더화이彭德懷는 "건강하고 웃음을 좋아하는 쾌활한 사람이었다."(훗날 항미원조抗美援朝를 위해 한국전쟁에 파견된 중국군의 총사령관을 역임했고, 심각한 기근을 초래한 대약진운동을 비판했다는 이유로 1950년대 후반 숙청되었으며, 문화대혁명 기간에 학대받다가 사망했다) 또 다른 장군인 주더는 "탁구를 잘 치고 농구도 좋아하는" 인물이었다. 스노는 교육위원인 쉬터리徐特立에게 '산타클로스'라는 별명을 지어주기도 했다.[35] 스노는 홍군 하급장교들에 대해서도 찬사를 보냈다.

"훌륭했다. …… 나는 중국의 젊은이들에게서 이처럼 충만한 자신감을 본 적이 없다. …… 그들은 명랑하고 활기찼으며, 무엇보다 충성스러웠다. 이는 놀랄 만한 젊은이들의 생기발랄한 정신의 현현이었다."[36] 그들은 엄격한 규율에 따라 훈련받고(스노의 추정에 따르면 홍군의 절반 이상이 아직 총각이었다), 고된 생활 속에서도 근면하고, 자율적이며, 자급자족에 능했다. (스노의 말에 따르면, 현지 홍군은 주로 국민당 군대로부터 노획한 무기를 사용했으며, 그나마 얼마 되지 않았다는 러시아제 소총은 1917년 러시아 혁명 당시에 만들어진 것이었다.)[37] 그런 까닭에 그들은 현지 지역 주민들, 공산당원이 아닌 이들에게도 사랑받았다. 펑더화이는 이렇게 말했다.

"전술도 중요하다. 하지만 대다수 인민이 우리를 지지하지 않는다면 우리는 존재할 수 없다. 우리는 인민의 억압자들을 때리는 인민의 주먹에 불과하다."[38]

스노는 정치 회의에 참가했을 때 몇 명의 홍군에게 들은 홍군의 장점에 대해 이렇게 말했다.

"홍군은 혁명군이다. …… 홍군은 항일 군대이다. …… 홍군은 농민을 돕는다. …… 이곳에서 우리들은 모두 평등하다. 반면에 백군(국민당)에서는 병사 대중들이 억압에 시달린다. …… 홍군에서는 장교와 병사가 전혀 다름없이 생활한다. 반면에 백군에서는 병사들이 노예처럼 학대당한다."[39]

그들은 정규군은 아니지만 자유와 평등 그리고 자결권을 위해 싸우는 청교도적인 애국자들로, 아메리칸 드림의 중국판 화신이었다. 스노의 책에서 가장 핵심적인 부분은 이후 마오주의 운동에서 마오쩌둥의 전기적 서술의 주요 원천이 된 마오쩌둥에 대한 묘사이다. 장제스는 25만 달러의 현상금으로 마오쩌둥을 생포 또는 사살할 것을 지시했지만, 스노가 묘사한 마오쩌둥은 오히려 태평스럽고 쉽게 접근할 수 있는 인물이었다.

그는 링컨과 약간 비슷하게 생겼으며, 겉보기에도 상당히 영민하다는 느낌을 주었다. …… 마오에게는 어떤 운명적인 역량 같은 것이 느껴짐을 부인할 수 없다. …… 일종의 단단하고 본질적인 생명력과 같은 것이다. …… 모든 이들이 그를 알고 존경했지만 그의 주변에서 영웅숭배와 같은 의식은 찾아볼 수 없었다. 나는 '우리의 위대한 지도자'라는 구호를 제멋대로 외치는 중국공산당원을 한 사람도 본 적이 없고, 마오의 이름을 중국 인민의 동의어처럼 사용하는 경우도 들어보지 못했다. …… 그는 중국 농민의 소박하고 꾸밈이 없는 풍모에 유머 감각이 뛰어나며, 시골 사람 특유의 웃음을 거침없이 터뜨리곤 했다. …… 그러나 마오쩌둥은 중국 고전에 정통한 학자이자 닥치는 대로 광범위하게 책을 읽는 독서광이며, 특히 철학과 역사에 깊이 파고드는 학도이자 뛰어난 연설가이고, 기억력과 집중력이 놀라운 비상한 인물이자 유능한 집필가이다. 또한 자신의 습관이나 외모에는 무관심해도 자신이 맡은 직무에 대해서는 세부적인 사항에 이르기까지 놀라울 정도로 세심한 인물이며, 아울러 지칠 줄 모르는 정력의 소유자이자 천부적인 군사, 정치 전략가였다. …… 그에게 무언가 비범한 점이 있다고 느낀다면, 그것은 그가 수백만의 중국인, 특히 농민들의 절실한 요구를 신묘할 정도로 잘 종합하여 드러내는 데 있을 것이다. 수많은 농민들의 '요구'와 그 절박한 요구를 관철시켜 나가는 운동이 중국을 재생시키는 원동력이 된다면, 이러한 심각한 역사적 맥락에서 살펴볼 때 마오쩌둥은 아마도 매우 위대한 인물이 될 수 있을 것이다.[40]

스노는 처음에 마오쩌둥이 무력이나 폭력, '살육의 불가피성'과 같은 문제에 대해 어떤 책임감을 느끼고 있는지 의심스러워했다. 하지만 마오쩌둥을 만난 스노는 그에게 폭력적인 기질이 없으며, 오히려 이성적으로 심사숙고하는 데 능숙하다는 느낌이 들었다.

"마르크스주의가 그의 사상적 핵심이기는 하지만 그에게 계급적 증오는 행동을 이끌어내는 본능적인 자극 요인이기보다 어쩌면 그의 철학을 튼튼하게 지켜 나가는 가운데 지적으로 체득된 하나의 행위 결정 요인으로 추론된다. …… 나는 마오쩌둥이 매우 감정이 풍부한 사람이라는 인상을 받았다. 내가 기억하기로는 마오쩌둥이 목숨을 잃은 동지들을 이야기하거나 어린 시절 고향인 후난성에서 기근과 이로 인한 폭동이 일어나 굶주림을 견디지 못한 농민들이 관아로 몰려가 먹을 것을 요구하다 목이 잘리는 참혹한 일을 회상할 때 한두 차례 그의 눈가에 눈물이 가득 고이는 모습을 본 적이 있다."[41]

그는 스노에게 자신들은 "포로로 잡은 이들은 죽이지 않고, 그들을 교육하여 자신의 잘못을 회개할 기회를 준다"[42]고 말하기도 했다.

스노는 독자들에게 세심하게 마오쩌둥의 사적인 모습도 전달했다. 예를 들면 다음과 같다. 마오쩌둥 부부가 얼마 전에 아이를 얻었다. 그의 유일한 사치품은 저우언라이와 마찬가지로 모기장 하나였으며, 그 외 다른 것에는 별로 관심이 없었다. 고추를 유별나게 좋아할 뿐 음식에는 거의 신경을 쓰지 않았다. 옷차림도 그리 관심을 두지 않았으며, 옷에 담뱃불이 떨어져 구멍이 난 흔적이 적지 않았다.

『중국의 붉은 별』에서 스노는 마오쩌둥이 한 말을 거의 믿었다. "그는 과대망상적인 기미가 전혀 보이지 않았으며, 대신 개인의 존엄성을 깊이 인식하고, 또한 자신이 필요하다고 판단할 때는 냉혹한 결단을 내릴 수 있다는 것을 그가 한 이야기에서 엿볼 수 있었다. …… 그가 나에게 들려준 이야기 속에는 정치적 선전성을 띤 내용이 약간 가미되었지만 백구白區, 국민당 통치지역에서 들은 내용과 비교하면 흥미롭게 느껴졌다." "그는 진지하고 성실하며 솔직했다."[43]

스노는 밤새도록 마오쩌둥의 동굴 의자에 웅크리고 앉아 교육에 대한 갈증, 매력적인 반항심, 체력 단련, 마르크스주의에 대한 창의적인 기여(농민을 혁명 세력으로 인정) 등, 그의 이야기를 차근차근 적어 내려갔다. 마오쩌둥은 자신을 열렬한 애국자("오늘날 중국 인민 앞에 놓인 근본적인 문제는 일본 제국주의와의 투쟁이다")이자 동정적인 국제주의자("중국이 진정으로 독립을 쟁취하면 합법적인 대외 무역으로 통해 여러 나라는 어느 때보다 많은 기회를 누리게 될 것이다")로 묘사했다.[44]

마오쩌둥은 스노에게 1911년 신해혁명, 1919년 5.4 운동, 1921년 공산당 창당, 1927년 백색 테러, 1920년대 후반 공산당 근거지 건설 등 중국과 중국공산당의 역사에 대한 깔끔한 목적론을 전달했다. 또한 이른바 대장정에 대한 이야기도 빼놓을 수 없었다. 특히 대장정 과정에서 사천성의 다두허大渡河를 건널 당시 선발된 홍군 병사들이 적군의 총탄이 빗발치는 가운데 죽음을 무릅쓰고 다리를 건넜으며, 그 가운데 한 명이 적의 보루에 수류탄을 던져 마침내 적을 무찌르고 나머지 부대가 안전하게 다리를 건널 수 있었다는 이야기는 매우 실감나게 독자들에게 전달되었다. 이외에도 장거리 행군에서 홍군 병사들이 겪어야만 했던 스릴 넘치는 이야기도 많았다. 스노는 마오쩌둥의 이야기를 3인칭 시점으로 재구성하여 역사의 권위성과 소설의 색채를 결합시켰다.

"사천성의 백군 병사들은 이전에 이런 전사들을 본 적이 없었다. 홍군 병사들에겐 군대 생활이 단순히 생계유지를 위한 수단이 아니었다. 이들은 승리를 위해서라면 자신의 목숨까지 내놓을 준비가 된 젊은이들이었다. …… 마침내 홍군 하나가 다리의 바닥으로 기어 올라와 정확하게 보루를 겨냥하여 수류탄을 던져 넣었다. …… 갑자기 남쪽 강기슭에서 전우들이 기쁨을 감추지 못하고 외치기 시작했다. '홍군 만세, 혁명 만세! 다두허의 30명의 영웅들 만세!' 적이 혼비백산하여 도주하고 있었던 것이다."[45]

지난 10년간 구전으로 전해진 마오쩌둥/스노의 영웅 중심 서사에 대한 의문이 제기되었지만, 이미 수십 년 동안 중문과 영문으로 널리 전해지면서 대장정은 역경에 맞선 중국공산당의 위대한 승리로 바뀌었다. 스노는 대장정에 관한 기록을 마무리하면서 마오쩌둥을 "이들 십자군을 이끈 풍운아이자 시인이기도 한" 인물로 소개하면서 그의 시를 한 편 번역해서 실었다. 스노는 무자비한 전제주의적 행보를 암묵적으로 무시하면서 이렇게 자문했다. "이런 인물이 어떻게 전쟁을 진지하게 생각할 수 있을까?"[46]

마오쩌둥과 동료들의 능숙한 안내에 따라 스노는 중국공산당을 핍박받는 무고한 이들이자 동정심을 유발하는 약자로 그렸으며, 또한 무엇보다 애국자이며 공산주의자로서 일본과 기꺼이 싸울 의지와 능력이 있음에도 국민당 정부에 의해 제약을 받고 있는 존재로 묘사했다. 스노는 북서부 지역을 여행하는 동안 자신에게 비호의적인 사람은 만난 적이 없었다. 어디를 가든 '환한 미소'와 '친절한 눈빛'이 그를 맞이했다. 홍구는 가장 완벽하게 조화로운 공동체라고 말할 수 있었다. 주민들은 즐겁게 춤추고 노래했으며, 때로 우스꽝스러운 촌극, 예를 들어 혁명에 관한 「붉은 고추紅椒」 등을 연희하기도 했다. "그들은 모든 규율을 스스로 정하고 실천하는 것처럼 보였다." 그가 들은 유일한 불평은 공산당원이자 기술자인 어떤 이가 한 말로 지역 노동자들이 "노래 부르는 데 너무 많은 시간을 허비한다"는 것이었다. 스노는 그들과 함께 있을 때 느꼈던 감정에 대해 이렇게 말했다.

"나는 홍군들과 함께 있을 때면 종종 어떤 이상한 역사의 설계로 인해 다른 나라 젊은이들이 축구 경기나 교과서, 연애, 또는 그 밖의 주요 관심사를 중시하는 것보다 훨씬 중요하게 보이는 폭력적인 삶에 빠져 있는 일군의 학생들 사이에 끼어 있다는 기이한 느낌이 들었다."

"더 나은 세상을 만들 수 있고, 또한 그들만이 이를 실현할 수 있다는 믿음에 크게 고무된 청년들은 그들의 방식(코뮌 건설의 이상)을 인민들에게 들고 가서 찬성과 지지를 구했다. …… 그들의 진지하고 절박한 선전 목표는 중국 농촌의 수백 수천만 명을 흔들어 깨워 그들이 사회적 책임을 깨닫도록 하는 것이었다."[47]

공산당 덕분에 교육, 전기, 세금 환급 등의 혜택을 받게 된 농민들은 이제 "2천여 년의 깊은 잠에서 깨어나 각성하고 점차 똑바로 서게 되었다."[48] 스노는 옌안에서 마오쩌둥이 이끄는 새로운 중국을 보고 싶었고, 실제로 보았다. 한 분석가의 표현에 따르면, 마오쩌둥은 사람들이 파악하기 어려운 공산주의자였다. 그러나 스노의 설명을 통해 그는 "인간적이고" 동시에 "비범한" 존재로 부상했다. 이렇듯 스노의 글은 지도자 숭배를 위한 이상적인 발판이 된 것이다.[49]

스노가 서신에서 마오쩌둥을 부르는 다양한 애칭을 보면 알 수 있다시피 그는 어쩌면 마오쩌둥에 대해 애정을 느꼈을지도 모른다. 마우시, 마우지

Maussy, Mausie, Mauzzie 등 스노는 이런 애칭으로 마오쩌둥을 불렀고, 헬렌은 아예 여성화하여 마오를 마이지Maizi라고 불렀다.[50]

옌안에서 스노는 막바지에 이르러서는 "말을 타거나 목욕을 하고 정구를 치면서 마치 휴일 같은 나날을 보냈다." 특히 염소와 양이 풀을 뜯는 정구장에서 홍군 대학의 교수들과 정구를 치기도 했다. 그 스스로 부정적인 영향을 끼친 일로, 포커를 사람들에게 가르치기도 했다. 우연한 기회에 자신이 가지고 온 카드로 인민위원인 차이수판蔡樹藩에게 러미rummy를 가르쳤는데, 이후 사람들이 몰려들면서 그의 숙소가 마치 상류사회의 사교장처럼 되어버렸다. 공산당은 그에게 밀기울과 밀가루를 섞어 만든 만두를 만들어주었으며, 때로 돼지고기나 양고기 구이를 제공하기도 했다. 중국에서 가장 가난한 지역 가운데 한 곳에서 생활했지만 머무는 동안 그의 체중은 오히려 증가했다.

스노는 결론적으로 홍군에 대해 이렇게 말했다.

"홍군은 직설적이고 솔직하며 단순하고 교활하지 않다. 그리고 과학적인 사고방식을 지니고 있었다. 그들은 중화문명의 토대가 되었던 모든 오래된 중국 철학을 거부했다. 그들과 함께 있으면 대부분의 경우 마치 내 동포들과 함께 있는 것처럼 편안함을 느꼈다." 그러니 스노가 옌안을 떠날 때 울적한 심정으로 "집에 돌아가는 것이 아니라 집을 떠나는 듯한 느낌을 받았다"고 말한 것도 이해할 수 있다.[51]

의심할 여지 없이 스노의 작품은 획기적이었다. 그는 위험을 무릅쓰고 '홍색'의 금구禁區를 여행한 최초의 외국 언론인이었으며, 대외적으로 알려지지 않은 이야기를 세상에 내놓기 위해 많은 시간과 정력을 쏟아부었다. 다른 사람들의 견문도 스노가 그린 마오쩌둥의 초상을 뒷받침한다. 조타수 마오쩌둥은 격식을 차리지 않고 인터뷰에 응하는 것으로 유명했다. 그는 자신을 인터뷰하기 위해 방문한 이를 침대 옆이나 수영장으로 불러 담소를 나누었다. 담뱃불에 탄 흔적이 역력하거나 기운 상의와 바지를 입었고 심지어 파자마나 수영복 차림으로 인터뷰에 임하기도 했다. 마오쩌둥 주석과 저우언라이 총리의 통역을 맡았던 이들은 훗날 두 사람이 통역관의 긴장을 풀어주기 위해 애썼다고 회고했다. 스노는 기자로서 국민당 정부의 부패와 무질서, 그리고 잔인함을 직접 경험했기 때문에 국민당에 대해 반감을 지니고 있었다. 그런 그가 서북 지역의 홍구에서 질서정연한 이상주의적인 모습을 직접 보았으니, 그의 열렬한 반응 또한 이해할 수 있다.

그러나 『중국의 붉은 별』의 신뢰성은 작가와 주인공의 기득권에 의해 훼손되었다. 둘은 서로 다른 이유로 책이 전 세계적으로 반향을 일으키길 원했다. 1936년 당시 스노는 자신의 재정적인 미래를 담보하기 위해 이 책을 썼다. 저작권료를 받아 챙기고 동시에 극동 문제에 관한 한 첨단에 있는 해설가로 명성을 얻고자 했던 것이다. 그렇기 때문에 책의 내용은 보다 감각적이고 남들의 호감을 얻어야만 했다. 그래서 그는 마오쩌둥과 저우언라이 그리고 다른 지도자들이 집필을 엄격하게 통제했다는 사실 등 불편한 세부 사항을 생략했다. 우선 집필 과정을 살펴보자. 스노가 마오쩌둥의 발언을 영어로 기록하면, 이를 중국어로 다시 번역하여 마오쩌둥의 검열을 거치고 또다시 영어로 번역하는 방식이었다. 이후 1936년 겨울 내내 스노가 자신이 기록한 내용을 정리하는 동안, 인터뷰에 참가한 이들은 스노에게 코민테른 정책에 반대하는 흔적을 지우고, 비우호적인 중국 지식인에 대한 찬사를 삭제하며, 동맹으로 전환한 정적에 대한 비판을 줄이고, 반일 애국주의를 강조하라는 등의 수정 사항을 계속 보내왔다.[52]

다른 한편으로 중국공산당은 『중국의 붉은 별』을 통해 국제적인 홍보를 위해 가능한 한 우호적으로 보일 필요가 있었다. 실제로 중국 북서부 홍구에 대한 스노의 서술은 향후 수십 년 동안 국제적으로 전시戰時 공산주의와 마오쩌둥에 대한 우호적인 인식을 형성하는 데 지대한 영향을 끼쳤다. 이처럼 특정한 역사 시기의 공산주의자들에 대한 긍정적인 인상은 마오쩌둥의 혁명과 국가에 대한 장기적인 가설과 합쳐졌다. 스노의 관점은 1970년대 초 미국 좌파 학자인 마크 셀든Mark Selden이 저술한 고전적인 저작물 『혁명 중국에서 옌안의 길The Yenan Way in Revolutionary China』(1971)에 영향을 끼친 것으로 보인다. 이 책은 (베트남과 중국에 대한 미국의 외교정책에 대한 광범위한 혐오감의 맥락에서) 전시 중국공산당 정권이 지녔던 민주적이고 협력적인 자세*가 은 연중에 1949년 마오쩌둥이 수립한 중국으로 이어지고 있음을 강력하게 주장하고 있다.

여기서 한 가지 주목할 점은 1936년 스노의 방문이 중국 공산주의의 '황금기'를 퇴색시킨 사건들이 널리 알려지기 몇 년 전에 이루어졌다는 사실이다. 예를 들면 다음과 같다. 1940년대 초부터 1945년까지 중국공산당이 통치하는 지역에서 비밀리에 아편을 재배, 판매했으며, 이는 전체 수입의 40%를 넘었다. 1942년 마오쩌둥은 '정풍운동'을 빌미로 공개적인 공포와 굴욕의 방식으로 당내 반대자들을 탄압했다. 이는 마오쩌둥이 스탈린식의 당내 투쟁을 조종하는 기술에 숙달했음을 보여주는 예이기도 하다. 또한 스노의 매혹적이고 유쾌한 서술 중에는 과거 중국공산당이 저지른 무자비하고 잔인한 사건에 대한 기록이 보이지 않는다. 마오쩌둥은 자상한 남편이자 부친으로 묘사되었다. 사실 그가 허쯔전과 동거하기 시작한 것은 1928년인데, 당시 첫 번째 부인인 양카이후이와 여전히 법적 혼인관계를 유지하고 있었다. 이외에도 1930년 중국 남동부에서 마오쩌둥이 지휘한 피비린내 나는 '반볼셰비키' 숙청이나 무고한 외국인에 대한 중국공산당의 학대 등에 대해 한마디도 언급하지 않았다. 1932년부터 1936년 사이에 중국공산당에 체포된 최소 3명의 외국인 선교사가 살해되거나 학대 과정에서 사망했으며, 그보다 많은 이들이 체포되어 '코쟁이 제국주의자'로 공개 비판을 당하고 몸값을 요구당했다.[53]

『중국의 붉은 별』은 중국공산당 내에 이른바 '마오주의Maoism(중국은 마오쩌둥 사상이란 말을 선호한다)'라는 것이 존재하기도 전에 마오쩌둥을 전국

---

* 국공합작을 의미하는 듯하다.

적으로뿐만 아니라 전 세계적으로 유명한 정치가로 만드는 데 일조했다. 스노가 옌안을 방문했을 당시만 해도 마오쩌둥은 중국공산당 내에서 중요 지도자로 선임된 지 얼마 되지 않았으며, 최고위급이라고 말할 수도 없었다. 그는 군사 전략 면에서 탁월한 실력을 지닌 인물이었으나 이데올로기 측면에서 본다면 모스크바에서 교육받은 이론가들에 비해 약세였기 때문에 주류라고 할 수 없었다. 스노가 옌안을 방문하고 돌아간 그 이듬해인 1937년 모스크바가 선택한 지도자 왕밍이 옌안에 도착하면서 마오쩌둥의 당권은 강력한 도전을 받게 된다.

1949년부터 1976년 사이에 중국공산당은 엄선된 외국인들을 초빙하는 호화롭고 철저하게 사전 설계한 프로젝트를 시행했다. 이는 당시 중국의 현실에 대한 이목을 분산시키고 부정적인 면을 은폐하기 위한 것으로 외국 방문객이 귀국한 후 공산당과 중국 정부의 미덕을 선전하도록 하기 위함이었다. 이런 프로젝트는 1920년대와 30년대 소련이 실시한 것을 모방한 것이나 보다 정교하고 세심했다. 중국 북서부 홍구의 지도자들은 1949년 이후에나 있을 사치스러운 영접과 접대(공항에서 이루어지는 화려한 영접 행사와 환영 만찬, 천안문 성루의 주석단主席壇 초대, 불꽃놀이, 5성급 호텔 숙식 등)를 제공할 수 없었지만 나름 최선을 다했다. 견고한 성벽으로 둘러싸인 홍구에 도착한 스노는 환영 현수막과 군악대, 최고위 지도자들의 환영을 받으며 거의 국가원수급의 환대를 받았다. "정부 내각 전체가 나를 맞이한 것도 처음이었고, 도시 전체가 나를 환영하기 위해 나온 것도 처음이었다. 나는 큰 감동을 받았다."[54]

스노의 식단은 표준 배급량에 따른 것이었지만 갓 구운 빵과 깨끗한 수건, 뜨거운 물과 비누, 그리고 카페인이 필요할 때면 '진한 갈색 커피와 설탕'을 제공받았다. 스노는 공개적으로 자신을 도와준 모든 이들이 "내 마음을 사로잡았다"라고 말했다.[55] 서북지역에 있을 당시 스노는 굳이 지갑을 들고 다닐 필요가 없었다. 훗날 한 신문사에서 체류 비용에 대해 질문을 받았을 때 그는 4개월 동안 100달러도 채 쓰지 않았다고 말했다.

한번은 어떤 요리사가 스노에게 계란 프라이, 춘권, 기장 밥, 양배추, 구운 돼지고기 등으로 성찬을 마련해주었는데, 스노가 비용을 지불하려고 하자 "당신은 외국인인 데다 마오 주석께서 부른 사람입니다"라고 하면서 극구 사양했다.[56]

게다가 스노의 이번 여행을 주도한 인사들과 1949년 이후 중국에서 외국인을 담당하게 될 인사들 사이에 상당한 연속성이 있었다. 총참모장은 저우언라이였는데, 그는 1930년대를 거치면서 지하당 암살자에서 '통일전선' 공작의 수장으로 이미지 변신에 성공했다. 그는 만나는 거의 모든 사람을 매료시켰다. 예를 들어 헨리 키신저, 리처드 닉슨, 호치민, 캄보디아의 노로돔 시아누크 왕자 등이 모두 그에게 호감을 느꼈다. 특히 국민당 전시 수도 충칭에서 당시 중국공산당 대표였던 저우언라이를 만난 마사 겔혼Martha Gellhorn, 미국 소설가이자 언론인은 "그가 손짓만 했다면 세상 끝까지 따라갔을 것이다"라고 고백했다(그녀의 남편인 어니스트 헤밍웨이는 비교적 회의적인 태도를 보였다. 하지만 그 역시 저우언라이가 여러 방면에서 공산당의 입장을 잘 판매했다고 평했다).

2차 세계대전 말 조지 마셜George C. Marshall 장군이 중국을 방문하여 국민당과 공산당, 그리고 미국 정부 간의 협상을 시도했으나 끝내 실패로 돌아가고 말았다. 협상 당시 미국 대사관에서 개최한 칵테일파티의 주된 손님이던 저우언라이는 미국인들에게 마오쩌둥은 미국식 민주주의를 원하며, 선택권이 주어진다면 모스크바가 아닌 미국에서 휴가를 즐기고 싶어 하는 "그런 사람"이라고 말했다. 그의 매력 공세 덕분인지 마셜 장군은 저우언라이에게 적지 않은 정보를 누설했다. 그중에는 마오쩌둥과 내전을 준비하는 장제스에게 더 이상 자금 지원을 하지 않을 것이라는 내용도 포함되었다.[57]

1955년 획기적인 반둥회의Bandung Conference에 참가한 저우언라이는 점심 휴식 시간에 나름대로 정리한 내용을 아시아, 아프리카, 중동 등지에서 참가한

30여개 나라의 고위급 인사들 앞에서 허심탄회하게 이야기했다. 이는 사전에 준비된 딱딱한 강연 원고보다 훨씬 감동적이었으며, 중국의 제국주의화에 대한 우려를 불식시키는 데 큰 도움이 되었다. 그의 성공적인 연설은 비동맹 운동과 탈식민지주의를 지향하는 여러 나라들 가운데 중국의 위상을 크게 높였다. 1950년대부터 1970년대까지 중국을 방문한 외국 순례자들은 모두 파리에서 교육받은 잘생긴 저우언라이와 만나고 싶어 했다. 닉슨은 저우언라이에게 흠뻑 빠져 자신도 그처럼 되기를 원했다. 그런 까닭인지 1972년 그는 중국과 수교하기 전날 키신저에게 자신과 저우언라이가 놀라울 정도로 닮았다고 말했다. 우리 둘 모두 "강인한 신념을 가지고 역경을 딛고 일어났다. 모두 냉정하고 흔들리지 않는다. …… 강경하고 또한 대담하다. …… 모험을 불사하며 기꺼이 기회를 잡고자 하며, 판단력이 뛰어나다."[58]

이러한 승리의 배경에는 군의 기강처럼 엄격한 행동이 자리했다(군 기강 확립 시스템의 작동 방식은 여전히 불투명하지만, 공산주의 중국에서 가장 신뢰받는 외교관이나 관련 요원 상당수가 군대에서 육성되었다). 저우언라이는 외교적 정확성에 집착했고, 이를 반영하는 다음과 같은 유명한 말을 남기기도 했다. "외교에는 사소한 일이란 없다外交無小事." 그는 외교관들에게 눈과 귀, 입, 손, 발 등 다섯 가지를 부지런히 움직여야 한다는 뜻의 '오성근면五誠勤勉'을 강조했다.

"외국 언론과 우호적인 관계를 맺고, 그들 모두와 친구가 되어 친밀한 우정을 쌓아야 한다. …… 적을 알고 자신을 알고, 순서에 따라 점진적으로 나아가면서 모든 시간과 공간을 활용하라."[59]

이미 1930년대 후반에 저우언라이는 중국과 아시아 전역의 정치 및 문화계에 복잡한 특무요원 네트워크를 운영하고 있었다. 그에게 가장 큰 성공 사례라고 할 수 있는 인물은 후위즈이다. 그는 1937년 가을과 겨울 내내 『중국의 붉은 별』을 중국어로 번역했다. 저우언라이의 지시를 받은 후위즈는 자신이 중국공산당 특무요원이라는 사실을 숨기고 살았는데, 1986년 임종할 때에야 비로소 그 사실이 밝혀졌다. 그는 "무당파無黨派 저명 문인"으로 신분을 위장하고, 자신의 문화 자원을 활용하여 마오쩌둥의 중요 텍스트(『중국의 붉은 별』이외에도 「지구전을 논함(논지구전)」 등)를 당 외부 인사들에게 소개하는 데 주력했다.[60]

이외에도 후위즈(영국 식민지 관원은 그를 마모셋marmoset, 중남미 원숭이의 일종처럼 체구가 작고 반짝이는 눈을 가진 호문쿨루스homunculus, 난쟁이라고 묘사했다)는 저우언라이의 지시를 받고 중국 국민당 선전국宣傳局에 들어가 공산당의 비밀첩보원으로 암약하면서 싱가포르 등지에서 부유하고 나름 영향력을 갖춘 화인들에게 중국공산당의 애국주의를 고취하는 역할을 맡기도 했다. 그가 포섭한 대표적인 인물은 파인애플 거물이라고 불리는 탄카키Tan Kah-kee, 천자겅陳嘉庚[61]인데, 그의 지지와 후원으로 1949년 전후로 공산당은 해외 화교들에게 신뢰도를 크게 높였으며, 실제로 화교들의 국내(중국) 송금 외화도 대폭 증가했다.

스노가 중국공산당의 동조자가 된 것은 쑹칭링뿐만 아니라 옌징燕京대학에 재학 중인 친구 황화黃華와의 우정도 무시할 수 없다. 1930년대 학생운동에 적극 참여하면서 중국공산당 지하 조직원으로 활동하던 황화는 베이징에서 스노 부부와 친분을 쌓았다. 학생 시위를 준비하던 황화는 거사하기 전날 스노의 집을 방문했다. 스노는 초콜릿 한 상자를 그에게 주면서 경찰의 공격으로부터 학생들을 방어하기 위한 최루가스가 안에 있다고 농담을 건넸다.

1936년 쑹칭링이 스노에게 운명적인 서북부 여행을 요청하자 스노는 황화에게 통역으로 동행해줄 것을 부탁했다. 비록 공식적으로 번역자로서 이름이 들어간 것은 아니지만 황화는 『중국의 붉은 별』이 세상에 나오는 데 핵심적인 협력자였다. 옌안에서 활동하던 시절과 이후 수십 년 동안 공개석상에서 찍은 수많은 사진을 보면 그의 환한 미소를 쉽게 알아볼 수 있다. 스노는 천성이 다소 진지한 편이었기 때문에 『중국의 붉은 별』에서 미소를 짓게 만드는 유머는 황화의 통역에서 덧붙여진 것이라는 이야기는 꽤 그럴듯하다. 스노가 편집된 필기본을 들고 상하이로 돌아간 후 황화는 서북부에 남아 중국공산당의 국제 홍보활동에서 없어서는 안 될 존재로 부상했다. 그는 1944년 옌안으로 파견된 군사 참관단뿐만 아니라 언론인, 학자 등 VIPPVery Important Potential Propagandists, 매우 중요한 잠재적 선전가와 지도부의 회동에서 수석 통역을 맡았다. 상냥하고 국제적인 외모를 지닌 강인한 애국자로서 그의 역할은 항상 중국공산당의 이념을 겉으로 드러내지 않고 홍보하는 것이었고, 실제로 그는 이를 충실히 해냈다. 1949년 5월, 그는 중국 역사상 가장 민감한 임무 중 하나인 중화민국(당시 국민당 정권이 지배하던 중국) 미국 대사 존 레이튼 스튜어트John Leighton Stuart와 접촉하여 중공과 미국 간의 관계와 향후 중국 공산주의 국가에 대한 원조 방안을 논의하는 임무를 맡게 되었다. 황화는 스튜어트가 총장으로 재직했던 옌징대학의 동문으로서 자신의 개인적 인맥을 최대한 활용했다(그러나 이 특별한 서곡은 장제스와 그의 국민당 정부를 완전히 포기하라는 마오쩌둥의 요구를 미국이 거부하면서 실패로 돌아갔다).[62] 이후 문화대혁명 기간에 해외 주재 외교관들이 본국으로 송환되었지만 당시 카이로 주재 중국 대사였던 황화만은 유일하게 현지에 남았다. 근 70여 년에 걸친 중국공산당의 격동기를 관통하는 그의 경력의 모든 순간마다 그는 당의 임무에서 벗어나지 않고 일관된 자세로 당의 이념을 지키는 데 충실했다.

이런 점에서 스노는 1936년 공산주의 중국에서 가장 총명하고 결단력 있으며, 필요할 때마다 매력을 선사하는 정치인, 전략가 들을 만난 셈이다. 역사가 증명하다시피 그들은 스노가 상하이 시절에 친분을 쌓았던 국민당 정치인들보다 훨씬 정치적으로 효과적이었다.

당대에 이미 경전이 된 진보적 문학 작품에 심취했던 상하이의 좌파 영화배우 저우수페이周蘇菲는 1938년 상하이를 떠나 옌안으로 갔다. 그녀는 당시 스노가 화보에서 서북부에 관해 쓴 기사 내용을 이미 읽은 적이 있었다. 그녀는 이렇게 말했다.

"동굴과 수업 과정, 학습 등에 대한 스노의 선전 효과는 대단히 강력했다. 나중에야 나는 옌안이 스노의 기사를 통해 예상했던 것보다 훨씬 더 힘든 곳이라는 사실을 알게 되었다. 마오쩌둥은 스노와 조지 하템(그녀는 마오쩌둥과 저우언라이의 강력한 권유로 조지 하템과 결혼했다. 결과적으로 유용한 의사를 곁에 두게 된 셈이다)과 잘 지냈다. 무엇보다 그들이 필요했기 때문이다. 특히 마오쩌둥은 그들이 쑹칭링이 보낸 이들이었기에 신뢰했다."

스노의 책이 지닌 선전적 가치에 대한 저우수페이의 발언은 오히려 그 중요성을 과소평가하고 있다. 중국에는 스노와 같은 '중국의 친구'에 대한 기억을 보존하고 전파시키는 것을 전문으로 하는 일종의 문화유산 산업이 번창했다. 예를 들어 1980년대에는 공산주의 중국을 해외에 널리 알리는 데 큰 업적을 세운 세 명의 미국인, 에드거 스노, 아그네스 스메들리, 안나 루이스 스트롱을 기념하기 위한 '쓰리 에스 연구회thriving heritage industry'가 설립되었다.

오늘날 중국에서 『중국의 붉은 별』은 여전히 매력이 감소되지 않고 있다. 특히 '중국공산당에 대한 국제사회의 인식'을 연구하는 데 이 책은 커다란 영향력을 발휘하고 있다. 2014년 필자가 베이징의 마오쩌둥 시대 기념품을 판매하는 벼룩시장을 방문했을 당시 한 중국 남성이 『중국의 붉은 별』 중역본을 들고 나에게 다가와 중국과 서양의 우의를 상징하기 위해 함께 사진을 찍고 싶다고 말했다. 당시 그 주변에서 유일한 백인 외국인은 필자뿐이었다.

『중국의 붉은 별』이 출간된 후 그 책의 영향력에 관해서는 이론의 여지가 없다. 스노는 이 책을 통해 미국 루스벨트 대통령과 직접 소통할 수 있는 채널을 확보했다(스노는 마오쩌둥과 인터뷰한 내용을 미국 주재 중국 대사에게 보냈으며, 이로 인해 미국 정부의 관심을 끌었다).[63] 1950년대부터 70년대까지 일본과 한국, 인도, 네팔, 서유럽, 미국 등지의 반체제 인사들 사이에서 이 책은 중국과 중국 혁명을 이해하기 위한 중요한 서적으로 남았다.

1960년대와 70년대에 전문적인 중국 연구는 하버드대학 최초의 중국 현대사 교수로 상당한 영향력이 있는 존 페어뱅크John K. Fairbank, 중국명 페이정칭費正淸를 중심으로 한 '기성 학파'와 조나단 미르스키Jonathan Mirsky, 마크 셀든과 같은 젊은 급진주의자들을 중심으로 한 학파로 양극화되어 있다. 특히 후자는 동남아시아와 중국에 대한 미국의 외교 정책을 비난하는 한편 기성학자들이 그 지역에 대한 미국 정부의 가설을 지지하는 바람에 결국 베트남 전쟁과 미국의 중화인민공화국 불인정이라는 결과를 낳았다고 주장하고 있다. 『중국의 붉은 별』은 그들 양극화된 학파가 공히 인정하는 몇 안 되는 서적 가운데 하나이다. 페어뱅크는 이를 '경전經典'이라고 긍정했고, 셀든은 1940년대 옌안을 분석한 자신의 저서 『혁명 중국에서 옌안의 길』에서 스노의 책을 인용했다.[64] 이외에도 1968년 당시 샌프란시스코 차이나타운의 22세 경범죄자이자 가라테 애호가였던 알렉스 힝Alex Hing의 삶을 완전히 뒤바꾼 것도 『중국의 붉은 별』이었다.

통상 미국의 젊은이들은 성숙해지면서 사상이 결핍된 미국의 메마른 문화를 반대하기 시작한다. 하지만 차이나타운의 상황은 다른 곳보다 더 심각했다. 우리는 국민당과 유교가 지배하는 억압적인 분위기에서 성장했기 때문이다. 나는 『맬컴 엑스 자서전The Autobiography of Malcolm X』(1965)과 『중국의 붉은 별』을 연달아 읽었다. …… 책을 다 읽은 후 나는 혁명가로 바뀌었다. …… 보다 나은 사회를 지향하는 사회주의를 믿는 아주 작은 역량들이 마오쩌둥의 영도 아래 어떻게 국민당과 맞서 싸워 무너뜨릴 수 있었는가라는 점이 특히 흥미로웠다. 마오쩌둥은 한 치의 의심도 없이 승리할 것임을 확신했다. 내가 생각하기에 과학적인 방식으로 혁명을 수행하면 조국의 해방뿐만 아니라 전 세계를 미국의 억압으로부터 해방시킬 수 있을 것이라는 생각이 들었다.

싱은 『중국의 붉은 별』을 읽은 후 마오쩌둥의 혁명 이론과 실천을 바탕으로 아시아계 미국인 중심의 급진주의 정당에서 20여 년간 정치적 선동을 지속했다. 현재는 태극권 강사로 활동하는 등 이전의 급진적인 영역에서 벗어나 있기는 하지만 여전히 마오쩌둥 사상을 신봉하고 있다. 2015년 필자가 만났을 때 그는 이렇게 말했다. "1년 전에 콘도로 이사했어요. 이미 관리위원회의 일원이지요. 나는 즉시 모순을 해결할 수 있습니다. 이것이야말로 마오 주석이 나에게 가르쳐준 것입니다."[65]

버마, 말라야, 인도, 러시아, 남아프리카에 이르기까지 반란군, 민족주의자, 혁명가 들은 에드거 스노로부터 당파 전쟁과 애국심에 대한 교훈을 얻었다. 1942년 영국군에 의해 아그라Agra의 감옥에 수감된 인도 공산주의 반군들은 『중국의 붉은 별』 사본을 밀반입하여 매일 윤독하면서 토론회를 개최했다. 거의 반세기가 지난 후 그들 중 한 명이 기억하는 것처럼, 에드거 스노가 묘사한 마오쩌둥은 혈육을 지닌 평범한 인간임과 동시에 "모든 인류 가운데 가장 눈부신 별이었다."[66] 1960년대와 70년대에 걸쳐 스노의 『중국의 붉은 별』은 마오주의 반란에 가담하기 위해 지하로 잠입한 수천 명의 교육받은 인도인들의 핵심 교재였으며, 1970년대와 90년대 네팔에서도 같은 역할을 수행했다. 오늘날 인도와 네팔 좌파의 일부가 여전히 마오쩌둥과 그의 혁명에 대해 본능적으로 반응하는 것은 적어도 부분적으로 스노가 1937년에 쓴 책이 남긴 것이다. 1939년 태국의 한 초등학교 교사는 『중국의 붉은 별』에 고무되어 가족을 버리고 홀로 홍콩을 경유하는 위험한 비밀 루트를 따라 옌안으로 갔다. 그리고 여생을 중국 혁명을 위해 헌신했다. 그는 "『중국의 붉은 별』이 자신을 옌안으로 이끌었다"고 회상했다.[67]

1943년 소련 서부에서 취재하던 에드거 스노는 아직 10대에 불과한 세명의 여성 빨치산을 만났다. 그는 그들에게 나치와 싸우는 법을 어떻게 배웠는지 물었다. "스몰렌스크Smolensk에서 『중국의 붉은 별』이라는 제목의 책을 샀어요." 그녀들이 대답했다. "우리 분대원 거의 전원이 그 책을 읽었어요."[68] 넬슨 만델라는 1961년 아파르트헤이트apartheid, 인종분리정책에 대항하여 무장투쟁을 준비하면서 스노가 쓴 '훌륭한brilliant' 책 안에 수많은 단상을 기록했으며, 마오쩌둥의 결단력과 비전통적인 사고가 그를 승리로 이끌었다고 결론지었다.[69] 스노의 기록은 조지 하템 외에도 노먼 베순Norman Bethune과 같은 의사들이 중국공산당 통치 지역으로 직접 가서 의료 지원을 하도록 설득하는 데 도움이 되었다. 또한 책의 내용은 옌안에 동조하는 학자와 작가 들, 예를 들어 오웬 래티모어Owen Lattimore, 시모어 토핑Seymour Topping 등을 끌어들였고, 잭 벨든Jack Belden의 『중국, 세계를 뒤흔들다China Shakes the World』를 비롯한 후대의 르포르타주에도 영감을 주었다.[70]

그러나 이 책의 가장 가시적인 영향은 중국 내에서 일어났다. 후위즈는 이 책을 중국어로 출간하기 위해 생명의 위험을 무릅써야만 했다. 일군의 번역가들의 도움을 받으면서 그는 1937년 말 국민당과 일본군이 도시를 장악하기 위해 맞붙었던 전쟁(이후 제2차 세계대전으로 이어졌다)의 불길 속에서 마침내 중역본을 출간했다.[71] 1937년 중역본은 주로 도시의 교육받은 애국 청년들을 독자로 삼았다. 일본군이 상하이를 점령한 위험천만한 정치적 상황에서 이 책의 영향력은 대단했다. 후대의 회고록마다 이 책에 대한 언급이 이어지는 것을 보면 이를 확인할 수 있다. 학생 정치단체는 『중국의 붉은 별』과 저자 에드거 스노에게 매료되었다. 상하이의 여러 대학과 고등학교 등에 비밀리에 배포되면서 상하이에서만 거의 5만 부 넘게 인쇄되었으며, 이외에도 해적판이 중국 및 아시아 여러 화인들에게 널리 퍼졌다. 독자들의 반응이 열화와 같아 일부 사본은 심지어 각 장별로 찢어 나누어 읽기도 했다. 1937년 당시 17세였던 친이밍陳奕明은 상하이 출신의 교육자 집안 출신으로 당시 상황을 이렇게 회고했다. "젊은이들은 홍색 중국의 서적을 좋아했다. 그 책들은 우리를 저항과 혁명의 길로 이끌었다. …… 내 자신의 공산주의에 대한 신념을 더욱 확고하게 만들었다. …… 『중국의 붉은 별』은 지하당원들의 필독서였다."[72]

기자들도 그 영향력을 확대하는 데 한몫했다. 1938년 상하이에서 가장 큰 신문의 편집자는 젊은이들에게 옌안으로 가라고 권유하는 익명의 기사를 썼다. 이어서 그는 여행 중개인으로 변신하여 자신의 호소에 부응하는 이들을 옌안으로 보내는 여행을 알선했다.[73] 작가와 예술가, 언론인, 배우 들도 이 책의 영향에서 벗어나지 않았다. 그들은 특히 유쾌한 유토피아를 생생하게 그려낸 스노의 저작에 매료되어 자신의 작품 모델이나 영감의 원천으로 삼았다. 20세기 중국의 위대한 만화가 가운데 한 명인 화쥔우華君武는 1938년 상하이에서 은행원으로 일하고 있을 당시 친구에게『중국의 붉은 별』중역본을 건네받았다.

"나는 첫 장부터 끝까지 단번에 읽었다. 그 책은 나를 사로잡았다. 서북지역은 내가 증오하던 국민정부 치하의 낡은 사회와 완전히 다른 순수한 땅, 정토淨土였다. 그곳은 공기도 신선하고 사람들 모두 평등하며, 자유롭게 숨 쉴 수 있는 곳이었다. 중국공산당과 홍군은 큰소리로 애국주의와 항일을 외쳤다. …… 상하이가 일본에 점령되었을 때『중국의 붉은 별』은 어둠 속에서 빛나는 횃불이었다. 나는 가족이나 친구 누구에게도 알리지 않고 상하이를 떠나 3개월 여정의 서북 기행을 떠났다. 이는『중국의 붉은 별』이 나에게 준 힘이었다."[74]

옌안에서 화쥔우는 중국공산당 기관지「해방일보」에서 시사만화를 그렸으며, 1949년 이후「인민일보」의 문예부 주임을 맡았다. (문화대혁명 기간에 그는 풍자만화가 너무 온화하다는 이유로 집체 비판투쟁 모임에서 비판을 받았다.) 중국 현대 발레의 창시자 중 한 명인 트리니다드Trinidad, 서인도 제도 최남단의 섬 태생의 중국 무용수 다이아이리안戴愛蓮은 1930년대 후반 런던에 유학하던 중『중국의 붉은 별』을 읽었다. 당시 그녀는 중국어를 전혀 할 줄 몰랐지만 그 책을 통해 그녀는 공산주의 혁명 이후의 중국으로 이주할 것을 결심했다(화쥔우와 마찬가지로 그녀 역시 문화대혁명 시절에 농촌에 하방되어 노동에 시달렸으며, 이로 인해 남편과 이혼하는 등 애국적인 결정에 따른 대가를 치러야만 했다).

『중국의 붉은 별』은 중국 전역에서 중국공산당에 동조하는 이들에게 큰 인기를 얻었다. 그들 가운데 일부는 옌안으로 갔고, 또 다른 일부는 공산당에 가입하여 지하활동을 시작했다. 이 책은 공산당이 민심을 얻는 데 중요한 무기가 되었다. 일부 독자들은 이 책이 마오쩌둥의 저서보다 더 중요하다고 말할 정도였다.[75] 한 열렬한 독자는 이렇게 말했다. "나는 마오 주석과 다른 지도자들의 저서도 읽었지만 『중국의 붉은 별』만큼 중국 혁명을 생생하고 체계적으로 묘사한 책은 본 적이 없다."[76] 1949년 공산당은 정권을 장악한 후 서남부 지역을 공산당의 통제하에 두기 위해 인민해방군을 파견하였다. 그리고 그들의 결의를 다지기 위해 이 책을 활용하기도 했다.[77]

여러 사람들의 회고록에서 스노의 책은 다소 역설적으로 중국공산당의 진면목을 전달하고 있다는 점과 더불어 미래 사회의 이상적인 모델을 보여주고 있다는 점에서 호평을 받았다. 이렇게 『중국의 붉은 별』은 저자 스노의 통제를 벗어나 이상화된 사회주의리얼리즘 작품이 되었다. 한 독자는 이 책에 대해 다음과 같이 말했다.

"열혈 청년 세대에게 영감을 주었다. …… 옌안은 어떤 곳인가? 그곳에는 정말로 새로운 세상이 있는 것일까? 그곳 사람들은 미래 중국을 위해 어떤 계획을 수립하고 무엇을 만들어가고 있는가? 『중국의 붉은 별』이 나오기 전까지 이에 대한 생생하고 구체적인 답안이 없었다. …… 『중국의 붉은 별』은 어둠 속에서 고군분투하는 젊은이들에게 앞으로 나아갈 길을 비춰주는 강렬한 빛이었다."

『중국의 붉은 별』은 마오쩌둥 시대를 넘어 현대까지 영향을 끼치고 있으며, 심지어 자립을 위한 설명서로 사용되기도 했다. 1989년 작가 지망생인 한 청년은 대장암 진단을 받고 『중국의 붉은 별』이 항암 치료에 얼마나 도움이 되었는지에 관한 글을 썼다. 자신이 되고 싶었던 작가의 꿈을 이렇게 실현한 셈이다.[78]

『중국의 붉은 별』에서 묘사된 강인한 여성의 형상은 1930년대 중국 페미니즘의 두 번째 물결에 특별한 영감을 주었다. 젊은 여성들은 전통적인 가사家事를 버리고 서북쪽으로 향했다. 상하이 가부장적인 집안의 한 젊은 여성은 무책임한 남자들에게 버림받은 자신과 자매들이 애국적인 선생님에게 스노의 책을 건네받고 감동한 이야기를 들려주었다.

"책을 몇 번이고 반복해서 읽었지만 도저히 내려놓을 수 없었어요. 그 책은 남자와 여자가 평등하게 살아가는 중국의 소비에트 지역에 대해 알려주었고, 이는 저에게 새로운 지평을 열어준 것이나 다를 바 없었어요. 스노는 외국인 친구이기 때문에 우리는 그의 보도가 진실이라고 믿었지요. 덕분에 저와 제 자매들은 봉건주의라는 감옥에서 벗어날 수 있었어요. 우리는 애국자이자 중국공산당원이 되었습니다."[79]

1949년 이후, 스노의 책이 주려던 메시지는 완전히 실현되었다. 마오쩌둥 자신은 상징적인 발상지 옌안으로 다시 돌아가고 싶다는 의사를 표시한 바 없었다. 하지만 그는 스노가 책에서 묘사한 바대로 모든 이들이 집체적으로 협동하고 자급자족하는 군사노선에 따른 공산주의 유토피아라는 이상적 비전에 매료되었다. 그래서 그는 이러한 모델을 중국 전역에서 확대 실시하기를 강요했다.[80]

원래 중국 공산주의는 뿌리를 내린 각 지역에 맞게 실용적으로 조정할 수 있는 다원적인 현상이었지만 이후로 위험할 정도로 독단적인 형태로 바뀌고 말았다. 1950년대 이후로 대약진운동과 그에 따른 기근, 문화대혁명을 통한 서북부 모델의 부활 등 마오쩌둥이 시도한 여러 가지 일들은 바로 이러한 유연성의 상실, 즉 차이를 인정하지 않는 '일체一體 적용'이라는 획일적 방식이 초래한 비극이었다. 마오쩌둥은 국제적인 홍보에서도 자신과 자신의 정치에 대해 정의했다. 이렇게 마오쩌둥의 혁명은 『중국의 붉은 별』에 의해 마오주의에 설득된 이들, 책에 나오는 민주와 애국주의의 장밋빛 분위기에 매료된 수많은 이들을 먹어치웠다. 그들 대부분은 문화대혁명 기간에 박해와

투옥에서 벗어나지 못했다.[81]

1949년 중화인민공화국 건국 이후 1972년 사망하기 전까지 스노는 주기적으로 중국을 방문했다. 다만 엄격한 관리를 받아야만 했다. 여하간 그는 이를 통해 보다 영향력 있는 저서를 남겼다(그 가운데 하나는 오늘날, 수천만 명이 사망한 것으로 알려진 대기근에 대한 보도를 반박하는 내용이다).[82] 중국공산당의 엄격한 접근 통제로 인해 중국에 대한 외신 보도가 제한적인 상황에서 그가 쓴 글은 편향적일 수밖에 없었다. 1970년 마오쩌둥은 스노를 헨리 키신저와 리처드 닉슨의 중개자로 활용했고, 미중 양국이 핵전쟁의 위험에서 벗어난 지 불과 몇 년 후인 1972년 미중 관계 완화(데탕트)를 도모했다. 적어도 공개적으로 스노는 마오쩌둥 혁명의 장점을 대변해줄 것이라는 기대와 희망으로 중국 정부가 교묘하게 구애한 외국인으로서 전형적인 '중국의 친구'였다. 1972년 2월 15일, 매카시즘으로 인해 미국에서 생계를 유지할 수 없게 된 스노는 스위스로 피난했다. 그리고 그곳에서 췌장암으로 향년 66세에 사망했다. 마오쩌둥과 저우언라이는 스노가 혼수상태에 빠지자 그의 오랜 친구인 황화를 비롯하여 일군의 의사와 관리들로 구성된 대표단을 보내 그가 세상을 떠날 때까지 곁에서 머물도록 했다.

현재 우리가 중국 혁명에 대해 이해하고 있는 점을 고려할 때, 『중국의 붉은 별』은 특정한 역사적 시기에 대한 기록으로서 중대한 의의를 지니고 있다. 하지만 스노와 그의 저작은 지난 수십 년 동안 좀 더 회의적으로 다루어졌어야만 했다. 현대의 시각에서 본다면, 스노는 행복에 겨운 소년 모험가인 동시에 불굴의 혁명가들의 수호자로서 서툴면서도 타협적인 인물이다. 그의 저서인 『중국의 붉은 별』은 간명하면서도 순수한 이상주의의 찬사로 읽혀지기도 하지만 그 안에는 세계적인 히트작을 만들어야 한다는 자신의 욕망과 좌익 성향, 그리고 그를 초청한 이들의 은밀한 야심과 조종 등 보다 어두운 동기가 내재해 있다. 그럼에도 불구하고 에드거 스노는 중국과 서구의 평론가들로부터 20세기 미국 특파원이 쓴 가장 탁월한 기록 문학의 저

자로 찬사를 받고 있다.[83]

『중국의 붉은 별』은 국제적인 마오쩌둥 숭배의 강력한 상징이다. 마오쩌둥과 그의 사상은 중국 내부는 물론이고 주변국, 그리고 중국에서 멀리 떨어진 여러 나라에서 서로 다른 언어로 번역되어 널리 전파되었다. 군사적으로 막강한 적군의 폭력적인 점령으로 고통받는 이들에게(예를 들어 소련의 빨치산이나 제2차 세계대전 당시 말레이계 중국인의 경우) 이 책은 일반 대중에 영합하는 군사 및 정치적 책략을 제공했으며, 또한 자수성가한 인물(마오쩌둥)의 굳건한 의지와 분투 등의 실례를 보여주었다. 1960년대 유럽, 미국, 인도의 젊은 학생들과 체제 전복을 시도하는 이들은 소박하고 시적이며, 정치가의 풍모를 지닌 반항아 마오쩌둥의 매력에 흠뻑 빠졌다. 『중국의 붉은 별』과 그 이후의 발전은 마오주의가 전 세계에 전파한 자체 정의定義를 통해 형성되었음을 증명한다.

3장

세뇌

- 1950년대 중국과 세계 -

1951년 해외 특파원 신분으로 미국 중앙정보부CIA의 특약 통신원 역할을 담당하기도 했던 에드워드 헌터는 『붉은 중국의 세뇌: 인간 정신에 대한 계산된 파괴Brain-washing in Red China: The Calculated Destruction of Men's Minds』라는 책을 출간하게 되었다.[1]

이 책은 "자유세계와 자유라는 개념에 대항하여 벌어지고 있는 심리전의 새롭고 소름 끼치는 극단적 행위"를 폭로할 것을 약속하고 있다. 헌터는 1949년 집권 후 중국공산당이 세상에 내놓은 완전히 새로운 형태의 사상 통제를 발견했다고 주장했다. 그에 따르면 그것은 반미反美를 표방하며 정신 상태의 완전한 변화menticide(정신 살해 또는 두뇌 살해라고 칭해지기도 함)[2]를 위해 극도로 강압적이고 야심차게 행해졌다. 헌터는 중국인들이 "이미 과거 그 어떤 군사가들이 상상했던 것보다 방대한 규모의 심리전을 실현했다"고 선언했다.[3] 1956년에 그는 저작 인세를 벌기 위해 후속작으로 『세뇌: 저항하는 사람의 이야기Brainwashing: The Story of Men Who Defied It』라는 두꺼운 책을 출간했다.

그 목적은 개인의 생각을 철저하게 변화시켜 살아 있는 꼭두각시, 즉 인간 로봇으로 만드는 것이다. 다만 외부에서는 그런 잔혹행위를 전혀 눈치챌 수 없다. 다시 말해 포로의 뇌리에 새로운 신념과 사고 체계를 주입하여 육신을 지닌 기계장치를 만드는 것이 목적이란 뜻이다. 그것은 고대 노예와 달리, 마치 곤충처럼 본능적으로 영원히 반항하지 않으며 언제나 명령에 복종하는 새로운 노예 인종을 찾는 일과 다를 바 없었다.[4]

헌터는 자신의 천직을 찾았다. 권력에 빠진 사람들을 '세뇌'시키기 위해 중국공산당이 세계적 음모를 꾸미고 있다는 자신의 소신을 전파하는 일이었다. 1950년대 내내 그는 책과 강의, 신문기사, 의회 증언 등을 통해 자신의 생각을 재포장했다. 1950년대 말까지 미국 정부와 정보기관은 이러한 마인드컨트롤 기술을 연구하는 한편 미국 군수산업에 활용하기 위해 그것을 리버스-엔지니어링reverse-engineering, 즉 역설계하는 데 수십억 달러와 수많은 시간을 투자했을 것이다.

외견상 헌터는 미국 언론계에서 성공적인 경력을 누렸다. 하지만 뒤늦게 깨달은 일이지만 그의 일생에 걸친 업적은 거의 재앙에 가까운 실패였다. 긴장되고 불안한 미국에서 비전문가의 무지가 냉전 상태에서 최고 수준의 정책 결정자들에게 영향을 끼쳤기 때문이다. 헌터는 정신과 의사나 심리학자도 아니고, 중국어 회화를 하기는커녕 독해조차 하지 못했다. 그는 그저 기자 겸 첩자로서, 좀 더 부드럽게 말하자면 약간의 윤리적인 문제를 제기했을 뿐이다.

그러나 불과 몇 년 만에, '중국'에 관한 그의 견해와 "중국이 자유세계를 향해 심리전을 벌이고 있다"는 그의 관점은 사람들이 마오쩌둥 치하의 중국 공산주의가 무자비한 확장주의로 치닫고 있다고 생각하는 데 결정적인 역할을 했다. 정부 관리들이나 몇몇 기회주의적 정신과 의사들, 그리고 유력 언론의 도움을 받아 헌터가 제기한 '세뇌' 이론은 어느새 정통이 되고 말았다. 미국은 적어도 당시에는 최첨단 무기를 소유하고 있었지만 마오쩌둥이 영도하는 중국은 사람의 마음을 조종하여 얌전하게 복종하도록 만드는 능력으로서 더욱 위협적인 무언가를 지니고 있다고 생각하게 된 것이다.

게다가 냉전 초기 두 가지 격렬한 충돌, 즉 한국전쟁과 말라야*의 비상사태에 중국이 끼어들면서 마오의 혁명이 미국 및 영국과 공개적이거나 또는 비공개적인 갈등으로 이어지자 이러한 추측이 매우 타당한 것처럼 보였다.

당혹감, 두려움, 혐오감, 그리고 때로 경외심, 이런 것들이 1950년대 미국에서 공산주의 중국에 대한 감정들이었다. 1940년대 내내 미국 정부는 중국의 국민당 정부에 수십 억 달러를 쏟아부었지만 끝내 정치, 군사적으로 엄

---

* 말레이반도에 있었던 연방 국가로 1963년 말레이시아에 편입.

청난 실패를 맛보고 말았다. 장제스는 국민당 내 악명 높은 부정부패를 먼저 척결하라는 미국의 요구를 거절하고 있었다. 전체 중국 지배에 방해가 되는 일본과 중국공산당, 두 경쟁자를 몰아내는 것이 우선이라는 이유 때문이었다. 국민당과 일본의 싸움은 수년간 지속되었으며, 결국 일본은 1945년 8월 두 발의 원자폭탄 세례를 받고 무조건 항복에 동의했다. 일본은 항복했지만 국민당은 공산주의자들과의 마지막 결전이 남아 있었다. 그러나 내전을 통해 장제스의 지휘관들과 장병들은 군사적 임무에 부적절하다는 것이 판명되었다. 그들은 공산당의 방어 전술에 말려들었고, 막강한 화력에도 불구하고 제대로 된 공격을 하지 못했다. 그럼에도 그들은 내부 논쟁을 그치지 않았으며, 결국 자중지란에 빠지고 말았다. 이와 달리 마오쩌둥 휘하 지휘관들(그들은 1940년대 초 소련 군사학교에서 단기로 교육을 받으면서 유격전에서 정식 야전술까지 배웠다)은 엄격한 기율로 잘 훈련된 병사들을 지휘하여 수세에 몰린 장제스 군대를 맹렬하게 추격했다. 1949년 12월 장제스는 국가를 부르며 탈출용 비행기에 올라타 타이완으로 쫓겨났다.[5]

공산주의자들의 중국 대륙 점령은 냉전 초기 미국인들에게 크나큰 트라우마가 되었다. 1949년 봄 몇 주 동안, 마오쩌둥은 미국과 우호관계 가능성에 머뭇거리는 듯했다. 하지만 같은 해 6월 30일 향후 중화인민공화국의 미래를 제시하는 첫 번째 중요한 문서에서 그는 혁명 중국이 소련에 '편향'될 것임을 분명하게 선언했다.[6] 이는 공식적으로 새로운 중화인민공화국이 소련의 세력 확장 의도에 동의했음을 의미하는 것이자 1946년 소련 주재 미국 외교관인 조지 캐넌George Kennan이 자신의 장문 전보에서 정의한 바와 같이 미국의 외교정책을 소련에 대한 적대적인 봉쇄(억제) 쪽으로 몰고 가도록 만들었다. 중소 양국이 동맹을 맺자 미국은 즉시 이른바 '도미노 이론'이라는 비상단추를 눌렀다. 1950년 아이젠하워는 "우리는 아시아를 잃었다. ……오스트레일리아도 위협에 처했으며, 인도도 안전하지 않다"[7]고 말했다.

한국전쟁이 발발한 첫해는 마오쩌둥이 통치하는 중국이 미국의 이익에 위협이 될 것처럼 보였다. 1950년 6월 25일 한반도를 재통일시키겠다는 야심찬 의도로 북한은 1945년 미국과 소련이 그은 북위 38도선을 넘어 선제공격을 감행했다. 그들의 기습공격에 남한 육군과 미국 점령군은 속수무책이었으며, 북한군은 며칠 만에 서울을 점령하고 남한 정부를 동남쪽 한 구석으로 몰아냈다(불과 며칠 전 만해도 미국의 지원을 받는 남한의 통치자 이승만은 북한을 공격하겠다고 주창했다. 만약 그가 좀 더 일찍 행동에 옮겼다면 한국전쟁은 남한에 의해 시작되었을 것이다).[8] 당시 동아시아에서 유순한 동맹국으로서 일본을 재건하는 데 성공하여 크게 고무된 맥아더 장군은 서울에서 가장 가까운 항구인 인천에서 대담한 재반격을 시도하기로 마음먹었다. 3천여 명의 유엔군(연합군)과 미군은 인천 상륙작전을 성공리에 끝내고 남한의 수도로 진격했다. 작전은 나중에 미국 언론인이자 작가인 데이비드 할버스탐David Halberstam이 "그것은 맥아더가 계획한 것일 뿐만 아니라 그가 꿈꾸던 것이기도 했다"[9]고 말한 바처럼 진행되었다. 유엔군은 38도선 너머로 북한군을 몰아내고, 이전의 상태를 회복했다. 맥아더는 자신이 좀 더 나아가 북한의 공산주의 통치자를 중국과 소련의 국경 너머까지 몰아낼 수 있는 권한을 가지고 있다고 생각했다.

11월 말, 추수감사절을 기념하기 위해 수만 마리의 냉동 칠면조가 평양에서 북쪽으로 약 800km 떨어진 유엔군 최전방으로 운송되었다. 추운 날씨에 땅까지 꽁꽁 얼어붙은 그곳에서 해동된 칠면조가 알맞게 구워져 장병들에게 제공되었다. 그 전날 맥아더는 "연말이면 전쟁이 끝날 것이다"[10]라고 호언장담했다. 하지만 72시간이 지난 후인 11월 24일 40여만 명에 달하는 중국 인민지원군이 국경을 넘어 공격하면서 맥아더의 승리는 참담한 패배로 바뀌고 말았다. 1951년 1월 4일, 서울은 또다시 공산당의 손에 들어갔다.

중공군의 공격은 엄청난 충격이었다. 공세 과정에서 중국 군대는 약 7천여 명의 미군을 포로로 잡았다. 포로로 잡힌 첫 달은 잔인할 정도로 힘들었다. 1950년에서 그다음 해로 넘어가는 겨울은 예년에 없던 기록적인 한파가 몰아닥쳤다. 혹독한 추위 속에서 최소한의 음식과 의복, 침구만 제공받은 포로들은 부상자를 위한 약도 없는 상태에서 포로수용소로 가는 긴 행진을 견뎌내야만 했다. 그러나 미국의 여론은 오히려 전쟁포로들의 신체적 고통보다 심리적 피해를 더 두려워했다. 1953년 7월 휴전 협정이 체결되고 포로 송환에 대한 합의가 이루어지기 전까지, 일련의 언론 보도는 일부 전쟁포로들이 적군의 포로로 있으면서 '개조'되었음을 시사했다. 《세균전에 반대한다》라는 제목의 중국 관영방송은 6명의 미국 공군 포로들이 북한에서 세균전을 일으켰다고 증언하는 모습을 방영했다. (미국은 줄곧 부인했다.) 그 가운데 한 비행조종사는 이렇게 고백했다. "나는 자발적으로 내 역할을 인정했다. 어느 순간에도 나는 부당한 대우를 받은 적이 없다."[11] 그러나 미국으로 돌아가면 상황이 달랐다. 국내 대중영합주의자들이나 전문가들은 거부할 수 없는 공산주의 중국인들의 세뇌, 사람의 뇌리에서 생각을 빼내고 다시 집어넣는 그림을 그리는 데 열중했다.

휴전 협상이 마침내 진전을 이루어 1953년 봄 149명의 미국인 포로들이 선발대로 석방되었으나 그들 가운데 20명은 캘리포니아에 격리되었다. 당시 미국 잡지 「라이프Life」는 '미군 병사, 세뇌의 시련을 이야기하다GIs Tell of Their Brainwashing Ordeal'라는 제목으로 중국이 "미군 포로들의 마음을 사로잡아 공산주의 교리를 전파하도록 돌려보냈다"[12]는 내용을 상세하게 보도했다. 1953년 여름, 또 다른 3,597명의 전쟁포로가 석방되었다. 이번에는 협의에 따라 포로들이 공산주의 중국과 비공산권 국가(중화인민공화국과 중화민국, 또는 제3국) 및 북한과 남한을 선택할 수 있도록 했다. 협상대표자들은 의심할 바 없이 동아시아 전쟁포로들만 이런 선택을 할 것이라고 예상했지만(중공군 가운데 2만 2천여 명이 자국 송환을 거부했다) 놀랍게도 23명의 미국인들이 중화인민공화국을 선택하면서 미국 여론에 충격을 주었다. 이 스캔들로 인해 23명의 마음을 바꾸도록 설득하는 전국적인 캠페인이 벌어졌으며, 수만 명의 미국 학생들이 동원되어 그들에게 고국으로 돌아오라고 간청하는 편지를 써보냈다. 하지만 최종적으로 마음을 바꿔 미국으로 돌아온 이는 두 명에 불과했다.

중국이 운영하는 포로수용소에서 거의 3년을 보낸 후 자국 귀환을 선택한 대부분의 미군 포로들은 즉각 가족들에게 송환되지 않았다. 그들은 굳이 배를 타고 2주일 후에야 미국에 도착했다. 정부는 공식적으로 미군에서 그들에게 "좋은 음식과 충분한 휴식"을 제공하기를 희망했기 때문이라고 말했지만 사실 워싱턴의 장군들은 그 기간 동안 공산주의자들이 시행한 세뇌의 흔적을 탐지하기 위한 집중적인 심리분석을 원했다. 정신과 의사, 스파이, 형사 들이 전쟁포로들 주위로 몰려들어 그들 얼굴에 설문지가 담긴 책자를 들이밀었다. 한 번에 8시간이나 지속될 수 있는 심문은 집으로 돌아가는 배 안에서 끝나지 않았다. 그들이 함께 작성한 2피트(대략 60cm)에 달하는 관련 기록에 만족하지 못한 FBI 요원들은 수년간 이른바 RECAP-K Returned and Exchanged Captured American Personnel in Korea(한국전쟁에서 포로가 되어 귀환 및 교환된 미국인)들을 방문하고 또 방문했다.[13]

미국에서 중국인들의 세뇌에 관해 암시적인 분위기를 조성한 것은 미군들이 한국전쟁에서 포로로 잡혀 있던 기간에 발표한 에드워드 헌터의 저작물에 상당 부분 기인한다. 헌터는 자신의 생각을 한국전쟁 당시 중국의 위협에 국한시키지 않았다. 그가 진단한 중국의 위협은 세계적인 범위까지 확대되었다.

『붉은 중국의 세뇌』는 그가 말한 중국의 영향력과 세뇌의 '궤적'을 따라 전후 말라야 정글과 베트남의 반식민지 갈등까지 깊이 파고들었다. 헌터의 입장에서 볼 때, 1948년 영국의 통치에 대항하여 말라야공산당MCP이 시작한 '말라야 비상사태'는 독립을 위한 반식민지 투쟁이 아니라 사실은 "중국공산당의 한국전쟁 참여가 실제로는 침략인 것과 마찬가지로 일종의 침략이다. …… 말라야 게릴라전을 이끄는 대부분의 지휘관들은 영국과 미국이 제2차 세계대전 당시 중국에서 데리고 들어온 이들로 거의 모두 마오쩌둥의 지지자들이다. 실제로 동남아시아 여러 국가들 가운데 화교 인구가 많은 나라들은 '중국 공산 제국주의Chinese Communist imperialism'에 취약했다."[14] 우리는 미국 행정부의 도미노 이론을 주로 베트남의 경우와 연관시켜 생각한다. 하지만 한 지역에서 한 나라가 공산당의 수중에 넘어가면 다른 나라들도 곧 무너지게 될 것이라는 도미노 이론은 사실 1948년 말라야 비상사태에서 이미 시작되었다. 1949년 딘 애치슨Dean Acheson 국무장관은 만약에 공산주의가 말라야 등 동남아시아를 석권하게 된다면 "우리는 심각한 정치적 궤멸에 직면하게 될 것이며, 그 영향은 세계 다른 지역까지 파급될 것이다"[15]라고 말했다.

헌터는 중국 공산주의의 팽창에 대해 대중들이 느끼는 극도의 불안감을 이용했다. 초기 비상사태 기간에 말라야, 싱가포르 주재 영국, 미국 관리들이나 본토 관리들은 말라야공산당의 행동에 중국공산당이 개입하고 있다고 성급한 결론을 내렸다. 그러나 당시 문건에는 '중국 개입'에 대한 추측만 무성할 뿐 확실한 증거는 거의 보이지 않는다. 당시 문건에서 가장 많이 사용된 어휘는 'may', 'suggest', 'appear' 등 추론과 암시 또는 그런 것처럼 보인다는 뜻의 단어이다.[16] 1950년대 영국 정부 문서를 보면, '해외 화인'은 어느 정도 안보에 명백히 위해를 끼치는 이들을 대표하는 것으로 나온다. 영국 내각은 그들이 "대단히 호전적인 무장 세력이며 …… 중국정부에 충성하는 것만큼이나 중국정부의 보호를 받기를 기대한다. 그들은 해당국 정부의 영향력이 지배적인 지역에서 거의 자동적으로 베이징 정부의 대변인 역할을 하고 있다"[17]고 생각했다. 또한 영국 정보부는 "동남아시아 모든 나라에 흩어져 사는 대다수의 중국인들은 시암Siam, 태국의 옛 명칭이나 말라야의 경우처럼 공산당이 활발하게 활동하는 지역에서 매우 위험한 제5열을 형성하고 있다"[18]고 생각했다.

세뇌에 대한 헌터의 주장은 날이 갈수록 더욱 이상해졌다. 그는 1956년 같은 주제를 재차 언급하면서 중국인의 마인드컨트롤, 즉 세뇌를 "주문과 최면술, 독약과 물약을 이용하여 과학적으로 기묘한 재간을 부리면서 턱시도를 입은 악마 댄서처럼 춤을 추며 시험관에 든 마법의 물약을 옮기는 사악한 마술"[19]에 비유했다.

1958년 그는 의회의 반미활동위원회에서 3시간 30분 동안 증언하면서 언론의 주목을 받았다.

말라야 정글에서 나는 살해된 중국 게릴라 전사들의 시체에서 우연히 일기를 발견했다. 나는 내용을 일부 번역했다. 놀랍게도 중국에서 도망친 이들에게 들었던 내용을 정확히 읽을 수 있었다. …… 세뇌는 모든 초기 설득과정에서 만들어진 새로운 절차였다. …… 그것은 공산주의로 세계를 정복하기 위한 전략이었다.[20]*

한국전쟁이 끝날 무렵 포로로 잡혀 세뇌된 적이 있던 미군들은 전국에 다음과 같은 내용을 방송했다. "미국인 당신들은 침략에 반대한다. 이것이 대세이다."[21]

세뇌의 망령이 미국 사회에 긴 그림자를 드리웠다. 헌터와 같은 이들은 냉전 초기 스탈린주의의 세뇌에 대한 공포를 토대로 소련식 사고 통제보다 훨씬 더 강력한 중국식 세뇌 방식의 윤곽을 그려냈다. 1956년 한국전쟁 당시 포로가 된 미군들의 군사 파일에 접근할 수 있는 특권을 부여받은 심리학자들은 관련 연구를 통해 전쟁 당시 세뇌가 존재하지 않았으며, 적어도 미군 포로들이 겪은 사상개조에 특별히 새로운 것은 없다고 결론지었다. 다만 극심한 육체적 억압 아래 반복적인 설득과 강요가 진행되었을 뿐이며, 이외에 "세뇌 과정에서 발생되는 성격 변화에 신비로운 것은 없었고 …… 포로

---

*   Un-American Activities. 미국 하원 비미(非美) 활동 조사 위원회(약칭 HUAC). 1940~50년대의 '빨갱이 사냥'으로 유명하다. 1969년 국내 치안 위원회(Internal Security Committee)로 개칭했다.

들의 자백에 사용된 기술은 경찰국가에서 주로 사용하고 있는 방식으로 이미 수 세기에 걸쳐 시행된 것들"[22]이라는 것이 그들의 결론이었다. 그럼에도 불구하고 미국 정보당국은 1950년대와 60년대 CIA의 대규모 심리전 프로그램인 MK-울트라를 구실로 세뇌의 유령을 다시 채용하기로 결정했다. 고문을 연구하는 역사학자들은 헌터의 '세뇌'에 대한 청사진과 미국을 위해 그 과정을 역설계하려는 CIA의 시도, 그리고 조지 W. 부시의 테러와의 전쟁 중에 시작된 '강화된 심문' 기법 사이에 직접적인 연관성이 있다고 생각하고 있다.[23]

MK-울트라는 공산주의자들의 심문을 이해하고 반박하는 방법을 찾기 위해 진실을 말하도록 하는 약물(대부분 LSD이지만, 독극물로 추측되기도 하는 탕가니아 악어의 담즙도 포함된다), 최면술, 두뇌 충격, 독순술讀脣術, 무선전파로 원숭이의 뇌를 진동시키는 방법, 고양이 원격조종하는 방법 등을 실험했다.[24] 미국의 세뇌 테러에 대해 가장 예리하게 논구한 바 있는 두 명의 역사학자에 따르면, 그 기간에 '이루 헤아릴 수 없을 정도로 막대한' 자금이 '검은 정신의학black psychiatry'에 투여되었다.[25]

1950년대 초, CIA는 임상실험을 시행하기 위해 전 세계의 LSD를 사들였으며 다양한 인종과 비인간(동물)을 대상으로 약물이 끼치는 영향에 대한 연구를 시작했다. 당시 약물은 일류 대학 부속병원에 비축했는데, 실험에 대한 소문이 퍼지자 많은 학생들이 무리지어 찾아와 모르모트 역할을 자청했다. 연구원들은 약물을 암시장에서 자신의 친구들에게 팔기 위해 집으로 가져갔다. 마약에 대한 CIA의 방임적인 태도는 이후 더욱 비극적인 결과를 가져왔다. 1953년 11월 말, CIA의 미생물학자인 프랭크 올슨은 그의 상사가 몰래 LSD를 탄 쿠앵트로cointreau, 오렌지 풍미가 감도는 무색의 리큐어를 마시고 정신착란과 신경쇠약에 시달리다 결국 10일 만에 죽고 말았다.[26]

이 모든 것은 정보 전문가들에게 뿌리박힌 세뇌, 즉 전반적인 마인드컨트롤이 가능하다는 확신이 없었다면 불가능했을 것이다. 1950년대를 통해 CIA는 맥길대학의 스코틀랜드계 캐나다인 정신과 의사 이언 캐머런Ewen Cameron 박사의 연구에 자금을 지원했다. 그는 환자의 두뇌에 충격을 가해 생각을 완전히 없애버린 후 백지상태에서 새로운 생각을 주입하는 급진적인 방법을 고안했다. 캐머런의 조교가 회고한 바에 따르면, 당시 캐머런은 "한국전쟁에 참여했던 병사들의 세뇌 상황을 연구하면서 일련의 세뇌 기술을 사용했다." 그중에서 실험용 모르모트로 선발된 1백여 명에 대해 매일 12번의 전기 충격을 가해 장장 86일간 혼수상태에 빠지게 만들었으며, 그런 상태에서 한 번에 15시간씩 그들의 성격에 관한 부정적 또는 긍정적인 메시지를 듣게 했다. 한 여성은 실험이 끝난 후 자신의 세 아이를 기억하지 못하는 상태가 되고 말았다.[27] 중년의 우울증 환자는 실험 이후 우유만 마실 뿐 말하는 법을 잊어버리고 말았다. 1955년 캐머런은 의기양양하게 이렇게 외쳤다. "지난 2년 동안 100명 이상의 사람들을 캐나다 방법으로 세뇌시키는 데 성공했다."

CIA는 이에 매혹되었고, 도덕적으로 의심의 여지가 있는 실험을 위해 '인류생태조사협회Society for the Investigation of Human Ecology'라는 위장 조직을 만들어 막대한 돈을 쏟아 부었다.[28]

일련의 연구에서 얻은 지식은 군대의 심문 방어 프로그램에 응용되었다. 그 안에는 한국전쟁에서 포로가 되었다가 귀환한 미군들을 면밀히 분석한 정신과 의사들이 고안한 미군의 "생존, 회피, 저항, 탈출Survival, Evasion, Resistance, Escape"의 머리글자를 딴 'SERE'도 포함되었다.

그 계획은 격리, 스트레스 자세(육체적 스트레스를 주는 자세), 오노 요코小野 洋子, 비틀즈 멤버의 부인의 노래 녹음을 듣는 등 정신적·육체적 고문에 노출시킴으로써 그들을 강화시켜 공산주의자들의 '세뇌'에 대처하기 위한 것이었다.[29] 9.11 테러 공격 이후 CIA는 SERE를 공격형 무기로 만들고 노출치료법을 심문 기술로 바꿔 고문을 적극 활용했다. 이는 분명 고문을 "개인에게 고의로 심각한 신체적·정신적 고통을 가하는 행위"로 정의한 바 있는 제네바 협약과 미국이 승인하고 비준한 1984년 「고문방지협약(고문 및 그 밖의 잔혹한, 비인도적인 또는 굴욕적인 대우나 처벌의 방지에 관한 협약)」을 명백히 위반하는 것이다.[30] 어느 CIA 심리학자가 테러와의 전쟁에서 "특별한 장소에서 특별한 사람들에게 특별한 일을 하는 것"이라고 완곡하게 묘사한 '강화된 심문'은 SERE에서 비롯되었고, SERE는 1950년대 세뇌 실험에서 시작했다.[31]

미국인들은 중국의 '사상개조'가 위협을 가져올 것이라고 인식했기 때문에 이러한 생각이 결국 전후 미국 정부와 사회에서 가장 강력하고 또한 반민주적인 기관 가운데 하나(정보국)에 크나큰 힘을 실어주는 꼴이 되고 말았다. 2010년대까지 미국의 비밀 관방 조직을 운영하는 데 사용한 비용 750억 달러는 '예외 상태', 즉 "민주주의를 구한다는 미명하에 역설적으로 민주주의를 중단하는" 16개 정보기관에 두루 투입되었다.[32]

영미권 인사들은 마오쩌둥으로부터 영감받은 세뇌가 공산주의의 세계 지배 계획의 일환이라 생각했다. 이런 집착은 주로 중화인민공화국이 세계에 끼친 영향력을 두고 신뢰할 수 없는 증인들이 행한 특수한 해독解讀에 따른 것이다. 그들 중에는 에드워드 헌터처럼 확실한 냉전주의자뿐만 아니라 일반인들보다 더 정확한 정보를 입수할 수 있는 전문적인 외교관들도 포함되어 있었다. 말라야 비상사태가 '베이징의 음모'라는 주장이 나온 것은 영국 외교관들이나 정객들이 공산주의 혁명을 저지하기 위함이 아니라 반식민지 반란을 진압하는 싸움에서 미국의 지지를 간절히 원했기 때문이다.

1948년 2월 새로 출범한 영국령 말라야 연방의 정치 구성에서 말라야계가 다수를 점하도록 하기 위해 중국계 화인들의 선거권이 박탈됐다. 이로 인해 친중국 성향의 말라야공산당을 밀어낼 수 있었다. 하지만 일반 대중들은 이런 사실을 쉽게 잊었다. 영국은 미국 정책 입안자들에게 자신들의 메시지를 전달하는 데 성공했다. 그래서 딘 애치슨은 "현재 영국 통치를 대체할 만한 유일한 대안은 중국의 지배인데, 이는 말라야뿐만 아니라 우리도 용납할 수 없는 것이다"라고 선언했다. 1951년 미 국무부 최고 책임자는 중국을 동남아시아에 대한 다방면에 걸친 위협으로 묘사했다. "중국이 인도차이나와 태국을 소화했다고 느낄 때면 언제든지 말라야를 침략할 가능성이 크다."[33] 그래서 미국은 영국 동맹국들에게 좋은 결과를 가져왔다. 비록 미국 정부는 말라야에 군대를 보내지 않기로 결정했지만 '기술지원, 정보 서비스, 교육 교류' 등을 위해 150만 달러를 지불했다.[34]

전능한 중국의 '세뇌' 이미지를 만들어내기 위해 진지한 정치 분석가로 가장한 선전, 선동 전문가들은 중국에서 한국과 말라야에 이르는 마오쩌둥주의의 이념적 통일전선을 상정했다. 그러나 최근에 기밀 해제된 문건은 마오쩌둥의 국제적 야심, 중국공산당과 말라야 및 북한공산당의 관계, 동남아시아에 산재하고 있는 수많은 화인들과 중공 자체의 '세뇌' 계획에 대한 관점에 대해 상당히 미묘한 내용을 제공한다.

마오쩌둥은 언제나 세계 혁명에서 주도적인 역할을 하기를 갈망했다. 마오쩌둥은 자신이 대륙에 대한 지배권을 공고히 하기 1년 전인 1949년 초반 중국에서 아시아의 혁명을 지휘하기 위해 '아시아 코민포름Asian Cominform, 공산당 정보국'을 만들고 싶어 했다. 1949년 7월 말(중화인민공화국 건국 3개월 전) 마오쩌둥은 마르크스-레닌주의 학원을 개설하여 아시아 공산주의 영도자들을 초청하여 1년짜리 마오쩌둥 혁명과정에 참가하도록 했다. 그 과정은 주더朱德, 덩샤오핑 및 옌안 시절 마오쩌둥의 비서였던 천보다 등 베테랑 공산주의자들이 맡았다. 1949년 11월, 스탈린에 고무된 부사령관 류사오치는 무장투쟁이 "마오쩌둥의 길이자 식민지와 반식민지 국가의 인민들을 해방시키기 위해 반드시 거쳐야 할 길이다"라고 선언했다. 이듬해 류사오치는 거듭 분명하게 다음과 같이 단언했다.

혁명 승리 이후, 중국공산당은 모든 수단을 동원하여 아시아의 억압받는 공산당과 인민들이 해방을 위해 투쟁하는 것을 도울 것이다. …… 세계적으로 중국 혁명의 승리를 공고히 하기 위해 우리는 공산당원들과 혁명가들에게 우호적인 도움과 열정적인 환대를 제공하고자 한다. …… 그들에게 중국 혁명의 경험을 상세하게 소개하고 그들의 질문에 자세하게 답할 것이다.[35]

1950년, 약 400명의 훈련생들이 베이징에 있는 학원에 집결하여 자국 내 혁명을 이끌기 위한 일종의 반란 견습 과정을 마친 후 다시 자국으로 돌아갔다. 그해 중국공산당은 다른 나라 공산당과 상호 작용을 조정하기 위한 조직으로 중련부를 설치함으로써 세계 혁명 조직을 위한 또 하나의 중요한 단계를 밟았다.[36] 중련부는 국제 공산주의 반군과의 관계 관리, 아비마엘 구스만과 같은 라틴아메리카 혁명가들을 위한 폭발물 훈련, 폴 포트의 치과 예약 등 광범위한 업무를 관장했다.

첫 번째 훈련생 집단은 베트남, 태국, 필리핀, 인도네시아, 버마, 말라야, 인도에서 왔다. 그들 중 한 명은 이후 수십 년 동안 인도공산당의 핵심적인 지도자가 될 모히트 센Mohit Sen이었다. 그의 집안 배경에 관한 이야기는 인도 최상위 브라만 계층에 속하면서도 공산주의자를 길러낸, 문화적 특권 유형의 특이한 사례이다. 그의 부친은 중견 판사이면서 뛰어난 플루트 연주자이자 권투 선수였으며, 그의 어머니는 유명 가수이자 피아니스트 겸 첼리스트였다. 콜카타에 자리한 그들의 가정은 매우 영국적이었다. 부모가 집안에서 영어로만 말하도록 가르쳤기 때문에 센은 집이 아닌 다른 곳에서 뱅갈어를 배워야만 했다. 그는 예수회 소속 칼리지에서 양호한 교육을 받았으며, 성공한 자신의 형과 마찬가지로 케임브리지대학에 진학하기 위해 유학의 길을 떠났다. "나는 직업 가질 생각을 해본 적이 없다." 그는 이렇게 회상했다.[37] 센은 바흐와 베토벤의 음악에 심취하고, 영어와 러시아 문학에도 관심이 많았으며, 《전함 포템킨》, 《분노의 포도》, 《밀회》, 《바람과 함께 사라지다》 등의 영화에도 매료되었다. 케임브리지에서 그는 영국 소설가 에드워드 모건

포스터E. M. Forster와 함께 머핀을 먹고, 인도공산당에 가입했으며, 뛰어난 수학자이자 동지인 여성과 사랑에 빠졌다. 1950년, 그는 프라하에서 열린 국제학생연맹세계대회(1950년대와 60년대 국제 공산주의 여행 일정의 수많은 절점節點 가운데 하나이다)에서 발행한 초청장을 통해 중국으로 가는 길을 찾았다.

약혼자가 못내 그리웠던 그는 시베리아 횡단 열차에 올라탔다. 국경으로 넘어 중국으로 들어간 그는 뜻밖에도 중국에서 마오쩌둥 개인 숭배의 현장과 마주쳤다. "동녘이 붉어오며 태양이 떠오르네. 중국에 마오쩌둥이 나타났네." 이렇게 시작되는 노래 〈동방홍〉 가극을 보면서 그는 "모든 것이 압도적이었다"고 말했다. 베이징에 도착했을 때 그는 마오쩌둥을 직접 볼 수 있었다. "그는 내가 생각했던 것보다 키가 크고 몸집도 컸다. 나에게 그의 이미지는 에드거 스노의 『중국의 붉은 별』에 나오는, 한 곳에 시선을 집중하고 있는 수척한 혁명가의 모습이었다." 하지만 셴은 그에게서 '올림포스산의 신'처럼 위풍당당한 모습을 보았다. "매번 그가 연설할 때면 귀청이 찢어질 듯한 박수소리가 울려 퍼졌다. …… 중국인민이 일어났다! …… 수백만 명의 사람들이 국민으로서 자유를 느끼고 있었다." 2개월 후 마오쩌둥은 그를 중국공산당 혁명 학교인 마르크스-레닌주의 학원으로 초청하여 수업에 참가하도록 했다.[38]

학원은 마르크스, 레닌의 이름이 붙기는 했지만 학과목은 대부분 마오쩌둥과 관련된 것이었다. 한어 속성반 과정을 끝낸 후 연수생들은 마오쩌둥의 저술 문건을 교재 삼아 학습했다. 셴은 중국공산당 간부들이 입는 남색 제복을 입고 2백여 명의 급우들(절반은 베트남, 나머지 절반은 필리핀, 오스트레일리아, 일본, 태국, 버마 등에서 왔다)과 함께 남쪽 광둥성으로 파견되어 토지개혁의 현장을 견학했다.

토지개혁은 1950년대 초 중국공산당이 농촌에서 가장 중점적으로 시행한 운동이다. 전체 토지의 43%를 농민 인구 60%에게 재분배했지만 상당한

인적 손실이 있었다(최소한 백만 명에 달하는 지주들이 살해된 것으로 알려졌다).[39] 센은 나중에 이렇게 회고했다. "전체 과정 내내 그들은 끊임없이 중국공산당과 마오 주석의 권력과 영광을 찬양했다." 과정이 끝나고 마지막에 거행된 '공로 축하연慶功會'은 마오쩌둥의 거대한 초상화를 배경으로 영원히 마오 주석에게 충성을 다하겠다는 다짐의 목소리와 〈동방홍〉의 음악이 연주되는 가운데 거행되었다. 식이 끝나고 새롭게 마오쩌둥의 신도가 된 이들은 베이징대학 교정으로 돌아왔다. "그곳은 몇 주 만에 세워진 높다란 담과 기숙사, 강의실, 영화관, 댄스홀로 이루어진 복합건물이었다." 이외에 수영장이 한창 건설 중이었는데, 훈련 중인 혁명가들은 땅을 파는 작업을 돕겠다고 자원했다. 하지만 얼마 후 건설 노동자들은 친절히 '외국학생 동지'들에게 자신들의 직분(학습)에 충실할 것을 요청하면서 자신들도 자신들이 맡은 일(수영장 건설)을 하겠다고 말했다. 낙성식 때 귀빈으로 참석한 마오쩌둥은 연수생들에게 "더 훌륭한 혁명가가 되라"고 당부했다.[40]

2003년 당시를 돌이켜보면서 센은 여전히 중국 혁명과 '마오쩌둥의 용기와 독창성'을 배울 때의 흥분을 기억했다. 학교는 그들에게 마오쩌둥의 세 가지 법보法寶, 즉 "무장투쟁, 통일전선, 공산당"에 대해 가르쳤고, 아울러 자아비판을 진행했다. 자아비판은 몇 주 동안 이어졌으며, 두 명의 베트남 동지가 자살을 하는 일이 벌어졌다. 당은 또한 "봉건시대 남녀 간의 상호 억압을 극복한다"는 이유로 그들에게 사교춤을 적극 권장했다.

마오쩌둥은 주로 토요일 저녁 무도회에 모습을 드러냈다. "그는 미소를 띤 얼굴로 천천히 움직였다. …… 수많은 여성 간부들이 그와 함께 춤을 추고 싶어 했다."[41] (몇 년 후 마오쩌둥의 주치의는 마오 주석이 무도회장 옆 침실에서 자신의 댄스 파트너와 함께 휴식을 취했다고 말했다.) 2년 후 센은 졸업과 동시에 전문적인 경력을 쌓은 공산주의자가 되어 인도로 돌아갔다.

말라야 공산주의 반군들도 마오쩌둥의 아시아 코민포름의 지도를 받기 위해 중국을 방문했다. 일찌감치 마오주의자로 개종한 친펭Chin Peng, 중국명 천핑陳平은 이후 말라야공산당 서기장으로 말라야 비상사태를 설계한 인물이다. 1930년대 후반 10대 청소년이었던 그는 우연한 기회에 학교 도서관 책꽂이에서 중문판 『중국의 붉은 별』을 발견했다. 그는 1938년 여름 내내 마오쩌둥의 저술을 읽으며 보냈다. "『지구전을 논함』은 …… 일본과의 전쟁에서 어떻게 하면 승리할 것인가에 대한 안내서였다. 글에서 마오쩌둥은 인민을 동원하여 게릴라 전술을 채택할 것을 요구했다."[42] "마오와 합류하기 위해" 중국으로 여행을 떠나려고 할 때쯤 그는 말라야공산당에 참가했다. 당은 1930년 상하이 코민테른 원동국Far East Bureau of the Comintern의 지시로 설립되었으며, 중국 난양(남해) 임시위원회 산하에 있었다.[43]

일본의 중국 침략으로 옌안으로의 순례길이 막혔기 때문에 친펭은 제2차 세계대전 기간에 마오주의 게릴라 사령관이 되어 마오쩌둥 저서를 정글 은신처에서 또 다른 정글 은신처로 옮겨가며 마치 '움직이는 도서관'처럼 활용했다. 그는 중국공산당의 주도하에 동남아시아 공산당 지하조직에 몸을 던져 베트남, 미얀마, 태국의 동지들과 비밀리에 접촉하고 이중, 삼중 공작원으로서 지속적으로 반란을 모의했다.

이후 그는 마오쩌둥의 반식민주의에 환호하는 한편 특히 "제국주의는 종이호랑이에 불과하다"라는 마오쩌둥의 말에 깊이 동감했다. 이는 일본 침략자들과 "아시아인은 누구도 사교 모임에 참가할 수 없다는 태도로 일관하는" 말라야의 영국 통치자들에 대한 그의 증오와 부합했기 때문이었다.[44] 일본이 말라야를 점령하고 있던 기간 동안 그는 영국군과 합세하여 말라야인 민항일군Malayan People's Anti-Japanese Army을 이끌었다. 이에 영국 정부는 그에게 대영제국 훈장을 수여했다. 그러나 1945년 8월 일본이 항복하자 그는 마오쩌둥의 게릴라전 전술을 말라야 독립 투쟁에 적용하기로 결심했다. "이제 일본이 패배했으니 다음은 영국 차례가 되었다."[45]

대영제국 4등 훈장 수훈자OBE인 친펭(얼마 후 그는 말라야 정부의 공적 1호가 되었다)과 말라야공산당은 전쟁이 끝난 후 일본 점령으로 인한 경제

위기를 해결하지 못한 영국 통치자에 대항하여 수백 회의 파업을 이끌었다. 1948년 6월 18일 말라야공산당이 백인 농장 관리자 3명을 살해하자 영국은 비상사태를 선포했다.

말라야의 정글에 기반을 둔 말라야공산당은 암살과 매복으로 4만여 명의 영국군을 살상했다. 1951년 영국 고등판무관 헨리 거니Henry Gurney가 말라야공산당의 공격으로 사망했다. 한편, 새로 부임한 말라야 주재 영국 식민지 총독은 시민들이 식량이나 정보를 게릴라들에게 전달하는 것을 감시하고 막을 수 있도록 철조망으로 둘러싸인 요새화된 정착촌 '뉴 빌리지'를 건설하여 반란군을 굴복시키려 했다. 1955년까지 영국군은 게릴라들과 싸워 퇴각시켰다(그들의 전략은 서구권의 반란 진압 성공의 모델이 되었다. 미국은 베트남에서 이런 방식을 모방했다. 21세기 초 인도 정부가 동부 밀림지대에서 준동하고 있던 마오주의 반란군에게 타격을 입힌 것도 이와 유사한 방식이다).

이듬해 친펭은 평화협상을 하기 위해 밀림에서 나와 영국 관계자 및 이후 말레이시아 초대 총리가 되는 툰쿠 압둘 라만Tunku Abdul Rahman과 발링Baling 북부 마을에서 만났다. 그러나 친펭은 압둘 라만과 영국의 무조건 항복 요구를 거절하고 다시 종적 없이 사라졌다.

그러나 1957년 말라야가 독립하자(국명을 말레이시아로 바꿨다) 비상사태의 근거도 더 이상 존재할 수 없게 됐다. 말레이시아 내에서 영국의 통치를 종식시키는 데 말라야공산당의 역할에 대한 논쟁이 격렬하게 진행되었다. 공산당 지지자들은 말라야공산당이 영국인들이 손을 떼고 떠나는 데 한몫했다고 주장했으나 그들의 적들은 말라야공산당의 행위는 시민들에게 불필요한 고통을 야기한 테러리스트의 폭력일 뿐이라고 비난했다.

대다수의 지역 공산당 지도자들처럼, 친펭 역시 외국의 꼭두각시가 되지 않기 위해 중국의 원조에 대해 떠벌리지 않았다. 그는 중국으로부터 "총알 하나 받지 않았다"고 주장했다.[46] "만약 1948년 이래로 말라야공산당이

…… 무기, 장비, 자금, 정치 방향 면에서 베이징의 직접적인 원조를 받았다면, 10년에 걸친 무장투쟁이 끝내 엉망으로 끝나고 말았겠는가?"[47] 그는 이렇게 말했지만 사실 쌍방의 관계는 매우 밀접했고, 말라야공산당은 중국에서 적지 않은 도움을 받았다. 1948년 말 중국에서 내전이 한창이던 시절에도 결핵으로 고생하는 말라야공산당 간부들은 중국으로 후송되어 치료를 받았다.[48] 1950년 말라야공산당원들은 중국에서 보내는 소식을 듣기 위해 라디오 근처로 모여들었으며, 밀림에서 아사 지경에 이르렀을 때는 고무나무 씨앗을 먹을 수 있는 방법을 베이징에 묻기도 했다.[49] 또한 암호 송수신에 대한 중국공산당의 교육이 없었다면 말라야공산당의 통신원들은 자신들의 통신을 암호화하는 방법을 알지 못했을 것이다.

1951년, 말라야공산당은 공산주의 혁명에 대한 마오쩌둥의 독특한 이론적 공헌을 강조하는 선전을 시작했다. "우리는 엄숙한 태도로 마오쩌둥 이데올로기를 연구해야 한다. 왜냐하면 그것이 현재 우리의 혁명투쟁과 매우 밀접한 관련이 있는 마르크스-레닌주의 이론이기 때문이다."(어떤 성격 급한 식민지 관리는 압수한 선전물 사본 여백에 이렇게 갈겨썼다. "공산주의자들이 이처럼 따분한 문건을 읽으려면 꽤나 지루할 것이다. …… 나는 우리가 이런 녀석들의 마음을 사로잡는 기술을 가지고 있다는 것을 정말 믿을 수 없다.")[50] 문건을 보면 마오쩌둥의 이름이 스탈린의 이름보다 눈에 띄게 많이 인용되었음을 알 수 있다. 그중에는 "두뇌를 잘 이용하는 것이 중요하다"는 등의 내용도 포함되어 있다.[51] 말라야공산당원이나 지지자들은 교묘하고 은밀한 방식으로 마오쩌둥의 사진을 가지고 다녔다. 여자들은 브로치 안에 숨겨놓기도 했는데, 안전한 곳에서 동지들과 만날 때면 단추를 눌러 마오쩌둥의 사진을 꺼내볼 수도 있었다. 1950년대 중반까지 영국 식민지 첩보원들은 말라야공산당과 중국공산당의 연락선을 차단했다. 이는 말라야와 중국공산당의 접촉이 상당히 광범위했음을 보여주는 예이다. 말라야공산당의 정치국원 두 사람이 중국에 주재하면서 중국공산당의 지시를 말라야로 보내느라 바빴다. 보도에 따르면, 중국은 수천 명까지는 아니더라도 수백 명에 달하는 말라야 혁명가들을 위한 훈련 사절을 제공했으며, 중국공산당이 훈련시킨 말라야 화인들을 아편을 수송하는 선박에 태워 말라야로 밀입국하는 계획을 세웠다.[52] 말라야공산당이 무장투쟁을 중지하고 발링으로 가서 영국과 담판을 벌인 것도 중국 측에서 "기를 내리고 북소리를 그치라偃旗息鼓"는 지시를 받았기 때문이다.[53]

1961년 6월, 친펭은 검은 안경과 가짜 콧수염으로 변장한 채 중국으로 망명했다. 비행기를 타고 베이징 공항에 도착한 그는 류닝이劉寧— 중련부 부부장의 환영을 받았다. 그는 이렇게 회고했다.

나는 베이징의 비밀 기관인 중련부와 이웃하고 있는 단층집에 머물게 되었다. 당시 중련부의 운영은 극비에 가려져 있었으며, 아무런 표시도 없이 높은 담장에 둘러싸여 있었다. 중련부의 앞마당에는 별도의 소형 주택단지가 조성되어 있었는데, 부서에서 일하는 직원 가족들이 머무는 곳이었다. 직원 외에 가족들은 사무실 출입이 엄격하게 금지되었다. 중련부의 모든 사무는 예약제로 처리되었다. 내가 묵는 단층집은 베이징에서 활동하는 형제국 공산당 간부들을 수용하기 위해 마련된 거주지역의 일부였다. 그곳은 중국의 수도인 베이징 중심부에 있는 천안문 광장으로 통하는 넓은 대로에 위치했다.

그의 이웃들은 세계 곳곳에서 파견된 이들로 "버마, 시암, 라오스, 캄보디아, 인도네시아 등에서 온 동지들이었다. …… 그들을 위해 중국에 중요한 교육훈련시설을 유지한 것이다."[54] 이는 볼셰비키가 1920년대와 30년대에 걸쳐 외국의 혁명가들(그들 가운데 많은 이들이 스탈린에 의해 숙청되었다)이 숙박했던 쥐떼가 득실거리는, 예전엔 호텔 프랑스라 불렸던, 기이한 이름의 모스크바의 호텔 럭스Hotel Lux의 중국판이었다.

중국공산당과 말라야공산당의 교류를 전문으로 담당하는 내부자는 아청 阿成이란 인물이었다. 그는 친펭의 가장 가까운 동지이기도 했다. 말라야의 1세대 중국인 이민자이자 혁명가인 아청은 1919년 광둥성 농촌에서 태어나 1930년대에 말라야로 유학했으며, 1938년 말라야공산당에 가입했다. 1948년 그는 당의 고위간부로 결핵 치료를 위해 중국으로 파견되어 중국공산당과 말라야공산당의 연락책 역할을 맡았다. 그는 1960년경 말레이시아로 돌아왔고, 친펭이 그의 자리를 맡게 되었다. 아청은 1965년에 두 번째 공식적으로 중국을 방문하여 1972년까지 머물렀다.

그가 자신의 인생과 시대를 담은 다섯 권의 회고록을 출간한 덕분에 우리는 1940년대 후반부터 1970년대 초반까지 중국공산당과 말라야공산당의 관계를 살필 수 있는 중요한 자료를 확보한 셈이다. 회고록은 중국공산당이 말레이시아와 그 밖의 다른 동남아시아 혁명가들에게 자신들의 혁명 모델을 전파하기 위해 노력했던 방식과 쌍방간의 상호작용의 성격을 밝혔다. 흥미로운 점은 중국공산당에 대한 아청의 감정이 마오쩌둥의 혁명 경험에 대한 존경과 더불어 마오쩌둥의 실정을 목격하면서 느꼈던 환멸감이 혼합되어 있다는 것이다. 영국 정부의 문건은 1940년대 후반부터 말라야공산당과 중국공산당 사이에 은밀한 협조 움직임을 암시하고 있지만 회고록에서 아청이 말한 내용은 오히려 혼란스러운 이야기를 전하고 있다. 중련부가 그와 접촉하기 위해 파견한 인물은 차오관화喬冠華(이후 중국의 첫 번째 유엔 대사를 지냈으며, 마오쩌둥의 영어교사와 결혼했다. 중국의 신임받는 외교관들은 외국 공산당과 관련한, 보다 비밀스럽고 민감한 업무를 겸업했다)였다. 그러나 당시 홍콩 주룽九龍의 음침한 골목에서 신분 확인이 힘들었기 때문에 끝내 만나지 못하고 말았다. 아청은 홍콩에서 몇 달을 지내면서 중련부 측과 접선하고자 했으나 모두 실패했다. 결국 그는 혼자 힘만으로 베이징에 도착하는 수밖에 없었다. 베이징에서 그는 30여 명의 동남아시아 혁명가들과 함께 엘리트 '학습 소조'에 참가했다. 그곳은 청조 시절 황실에서 사용하다

1949년 이후 중국공산당 지도자들의 거주지역으로 활용하고 있는 중난하이
中南海에 있었다. 그는 최고급 대우를 받으며 고위직 관료들과 접촉할 수 있
었으며, 독일에서 유학한 의사가 상주하여 언제라도 치료받을 수 있었을 뿐
만 아니라 당 지도자들의 식단에 상응하는 식사를 대접받았다. 또한 지금은
익숙한 마오쩌둥 과정을 이수했다. 아청의 회고에 따르면, 그와 그의 동료들
은 중국 내전 관련 역사 수업을 받으면서 마치 아이들처럼 마오쩌둥에 대해
영웅 숭배의 감정을 지니게 되었다. 덩샤오핑이 내전 과정에서 중국공산당
이 창장 강長江을 건너는 대목을 이야기하자 너나할 것 없이 이렇게 외쳤다.
"정말 대단합니다!"[55]

그러나 그들의 관계에 균열이 생겼다. 중국공산당은 1950년대에 말라야
동지들에게 이론적 지원을 아끼지 않았다. 하지만 아청에 따르면, 지원은 그
뿐이었다. 제1차 비상사태 당시 영국의 탄압이 절정에 이르렀을 때 아청은
중국공산당에게 물자 지원을 요청했다. 이에 대해 중국공산당 관계자는 "형
제국 동지들에 대한 우리의 도움은 주로 정치적이거나 도덕적인 것이다"라
고 단호하게 대답했다. 이에 불만을 품은 아청은 당시 중국공산당이 북한과
호치민의 베트남 민주공화국의 통일전쟁에 막대한 물질적 지원을 아끼지 않
았다고 직설적으로 지적했다.[56]

말라야공산당을 지원하는 문제에서, 중국은 늘 혁명 이론보다는 자국의
이익과 편의를 앞세웠다. 마오쩌둥과 저우언라이는 1956년 말라야공산당에
게 영국 당국과 협상할 것을 촉구했다. 이는 국제간 화합을 방해하는 일에
간여하지 않겠다는 중화인민공화국의 새로운 외교정책에 부합하기 위함이
었다. 이를 통해 중국은 아시아와 아프리카, 그리고 비동맹운동에서 영도자
의 영예를 얻고자 했다. 1956년 초 아청은 마오쩌둥, 저우언라이, 류사오치,
주더, 덩샤오핑, 그리고 중련부 주임인 왕자샹王稼祥 등 좁은 소파에 함께 앉
은 중국공산당 지도부와 회담을 가졌다. 마오쩌둥은 말라야공산당이 쿤쿠
압둘 라만의 투항 요구를 단호하게 거절한 것을 칭찬하면서 "우리는 차라리

마지막 병사 한 명이 남더라도 투쟁을 택하겠다"고 하며 친펭을 '영웅'이라고 추켜세웠다. 이어서 그는 "투항이란 단어는 우리 공산주의자들의 사전에는 존재하지 않는다"고 말했다. 하지만 잠시 후 저우언라이가 입을 열면서 화제가 바뀌었다. 그는 어려움을 겪고 있는 말라야공산당을 위해 깜짝 놀랄만한 제안을 했다. 그것은 전혀 공산주의적인 내용이 아니었다. "우리는 당신들이 사업을 하도록 도울 것입니다. 당신네 간부들이 말라야에서 상점을 개설하면 우리가 당신들이 팔 물건을 보낼 것입니다." 회담은 아청에게 혼란과 실망만 남겼다. 분명 중국공산당은 자신들이 혁명을 고무하고 심지어 설계했지만, 더 이상 그것이 지정학적 야망에 부합하지 않자 출구전략을 이야기하고 있었다.[57] 1961년 7월 중국공산당은 소련의 '평화공존'을 뿌리치고 세계 혁명의 주도권을 쟁취하기 위해 전 세계 무장투쟁을 주장하기 시작했다. 그러면서 이야기가 다시 뒤바뀌었다.

덩샤오핑은 이미 혁명의 현장에서 벗어난 친펭을 소환하여 만약 그와 말라야공산당이 말레이시아에서 무장투쟁을 재개한다면 넉넉한 지원을 아끼지 않겠다고 약속했다. 순종적인 제자인 친펭은 그의 말에 따랐다. 1960년대와 80년대 사이, 태국과의 국경선 인근 밀림지역에 근거지를 둔 말라야공산당과 그들을 따르는 수천 명의 반란자들은 밀림 전투와 체제전복, 방화와 암살 등을 통해 독립을 얻은 말레이시아와 싱가포르에 대항하여 제2차 비상사태를 일으켰다.

19년 후인 1980년 덩샤오핑은 또 한 번 고압적인 회담에 친펭을 소환했다. 이번에는 중국이 말레이시아와 싱가포르 정부와 외교관계를 개선하려 하니 말라야공산당의 활동을 멈추라는 지시였다.[58] 덩샤오핑은 단지 마오쩌둥이 말라야공산당과 날로 거리를 두기 시작한 것의 연장선상에 있었을 따름이다. 왜냐하면 이미 1974년부터 그런 조짐이 있었기 때문이다. 그해 중국과 말레이시아의 외교 관계를 재정립하기 위한 회담에서 말레이시아 총리 툰 압둘 라작은 양국 사이에 가장 민감한 문제를 제기하면서 태국 국경에 근거지를 둔 말라야공산당의 반란을 종식시키는 데 마오쩌둥이 영향력을 발휘해줄 것을 요청했다. 마오쩌둥이 대답했다.

"이게 좀 까다롭습니다. 우리는 수년간 그들과 어떤 접촉도 하지 않았어요. 어쨌든 그들은 우리의 말을 듣지 않습니다만 너무 걱정하지 마세요. 그들은 결코 당신들을 이길 수 없을 것입니다."[59]

중국의 지원이 사라지고 소련 연방이 붕괴하면서 말라야공산당은 마침내 1989년 12월 말레이시아 정부와 평화협정을 체결했다.

필자가 말라야공산당과 마오쩌둥의 중국공산당의 관계사에 대해 언급한 것은 양당의 관계가 마오쩌둥의 냉전 시기 전 세계적 야심을 서술하는 데 필수적인 부분이었기 때문이다. 같은 이유로 필자는 버마공산당Burmese Communist Party, BCP에 대한 중국공산당의 지원에 초점을 맞춰보고자 한다. 중국공산당은 수십 년 동안 버마공산당 지도자들을 훈련시켰고 아름다운 중국 여성들을 속여 그들과 결혼하도록 했다. 1960년대 중반 중국공산당은 거의 강제수용소나 다를 바 없는 상태에 놓여 있던 버마 혁명 난민들을 의도적으로 끌어들여 버마공산당 반란을 활성화시키기 위해 자국으로 송환시켰다(원래 중국공산당은 그들을 중국 서남부에 자리한 수은 생산 공장으로 보낼 생각이었다). 또한 중국공산당은 중국 남부 변경 인근에 자리한 버마공산당 근거지에 전기와 식량, 의복, 무기 등을 제공했다. '안부와 감사를 전하는 소조'(실제로는 군사 고문)라는 완곡한 이름이 붙여진 이들을 파견하여 전투 지휘를 맡도록 했다. 문화대혁명 시절에는 중국 남부와 서남부의 열혈 홍위병들이 버마로 건너가 공산당 봉기에 참여했으며, 적지 않은 이들이 희생되었다.

버마공산당은 거의 노예나 다를 바 없는 헌신적인 자세로 그 빚을 갚았다. 아침과 저녁마다 당원들은 마오쩌둥의 초상화에 절을 했고, 마오쩌둥의 저작물은 아침식사를 하기 전에 반드시 낭독해야 하는 필독서였다. 당 회의에서 당원들은 자신들의 당의 영속을 기원하기 앞서 마오쩌둥의 영원한 삶을 기원했다. 그들은 자신들의 맥락에서 중국과 다른 의견을 가졌다고 의심하는 이들을 죽음으로 몰았다. 문화대혁명 시절의 피비린내 나는 지도부 숙청을 재현한 것으로, 옛 동지를 처형하는 집회에서 그들은 마오쩌둥 찬가를 불렀다. 중국이 버마공산당을 적극 선동하면서 버마는 내전에 빠져들고 말았다. 1970년 교육 전람회에 참가한 당시 버마의 국가원수 네윈은 전시된 지도에서 중국의 위치를 찾더니 그 위에 구멍을 내버렸다. 자신의 불만을 표시한 셈이다.[60]

한국인은 확실히 마오쩌둥의 혁명학원에 참가한 적이 없다. 아마도 이는 스탈린이 그들을 자신의 것이라고 주장했다는 신호였을 것이다. 그럼에도 불구하고 조선노동당Korean Workers' Party, KWP의 역사는 중국공산당의 영향력에 젖어 있었다. 1920년대와 30년대 한국 공산주의자들은 일본 점령지에서 끊임없이 탄압을 받았기 때문에 이를 피하기 위해 중국으로 건너왔다. 많은 이들이 중국공산당에 가입했고, 중국과 한반도의 변경 지역을 책임지면서 신뢰할 만한 세력을 형성했다. 조선독립동맹, 화북조선청년연합회, 조선지원군화북분회 등 다양한 급진적인 조직이 중국공산당과 군대의 후원하에 설립되었으며, 이후 조선노동당에 편입되었다. 조선독립동맹은 옌안에 총부를 두었기 때문에 해방 이후 북한으로 돌아갔을 당시 연안파라고 불렀다. 연안파의 지도부는 1950년대 김일성에 의해 숙청되었다. 제2차 세계대전이 끝나고 한국으로 돌아오기 전까지 김일성은 중국공산당원으로 중국에서 어설프게 받은 중문 교육과 공산당원 생활이 경력의 대부분이었다. 1935년 그는 김일성金日成이라는 가명을 사용하기 시작했다(한자로 '日成'은 태양이 된다는 뜻이다). 그러나 1940년대 김일성은 소련으로 피신하여 러시아어와 소련 군사 연구에 능통하게 되었고, 라브렌티 베리야Lavrenty Pavlovich Beria, 소련비밀경찰의 책임자로 스탈린 정적 제거에 앞장섰다, 더 나아가 스탈린의 신임을 얻었다. 1945년 스탈린이 뽑은 자로 북한에 돌아왔을 당시 그의 한국어는 형편없었다.

중국공산당과 국민당의 내전이 한창이던 몇 년 동안 수많은 한국 출신 전사들이 중국에 머물고 있었다. 거의 3만 5천여 명에 이르는 연변의 한인들은 중국공산당을 위해 싸웠고, 10만 명 이상이 민병대와 경찰부대에 합류했다. 만약 평양에 보급사무실(보급판공실)이 없었다면(중국공산당에서 파견한 대표자는 그곳에서 김일성의 술친구가 되었다) 마오쩌둥은 매우 중요한 동북지역의 전쟁에서 군대를 운영하는 데 큰 어려움을 겪었을 것이다. 그 대가로 김일성은 제2차 세계대전 당시 중국에서 치열한 전투를 벌였으며 잘 훈련되고 경험이 풍부한 8백여 명의 군사학교 졸업생이 포함된 조선인민군을 건설하는 데 중국공산당의 도움을 받을 수 있었다. 조선인민군 2개 연대는 귀국하기에 앞서 마오쩌둥에게 상세한 내용의 전보를 보냈다. 그들은 중국 혁명이 "동방의 피압박 민중들을 위한 최고의 본보기"이며 "조선 혁명의 승리를 위한 확고한 토대"라고 찬사를 늘어놓았다. 1950년 여름, 5만여 명의 한인으로 구성된 조선인민해방군 군관과 병사들이 국경을 넘어 북한으로 들어갔다. 이는 김일성이 냉전 이후 첫 번째 격렬한 충돌을 시작할 수 있는 군사력의 증강을 의미했다.[61]

그러나 마오쩌둥의 군사지원은 무조건적인 것이 아니었다. 1949년 마오쩌둥은 이승만과 남한 정부가 38도선을 넘어 공격할 경우 기꺼이 김일성을 도울 준비가 되어 있었다. 아마도 그 즉시 실행에 옮겼을 것이다. 그러나 마오쩌둥은 실제로 새로운 국제적 충돌을 일으킬 생각은 없었다. 왜냐하면 그는 여전히 국내의 안정을 도모하고 티벳과 타이완의 '해방'이라는 야심 찬 계획에 몰두하고 있었기 때문이다. 만약 김일성이 독자적으로 전쟁을 일으키고 중국이 그를 지지해야 한다면, 이전 중화제국의 거대한 영토를 통일시키겠다는, 분명 곧 이루게 될 마오쩌둥의 야심 찬 계획에 심각한 영향을 줄 것이 분명했다. 공산주의 세계의 동향에 주목하던 미국의 관찰자들은 한국전쟁이 중국과 소련, 그리고 북한 삼자가 연맹하여 발동할 것이라고 생각했다. 입술과 이빨처럼 서로 가까울뿐더러 의지할 수밖에 없는 이른바 '순치상의脣齒相依'의 관계이기 때문에 그들이 서로 협력하여 자유세계의 전복을 꿈꾸고 있을 것이라는 뜻이다. 미국 영화 《만추리안 켄디데이트*The Manchurian Candidate*》(존 프랑켄하이머 감독이 1962년 제작한 스릴러 영화로 프랭크 시나트라가 주인공을 나온다. 한국전쟁 참전군인인 레이번드 셔Raymond Shaw 가 포로가 되어 만주로 끌려간 후 러시아와 중국공산당원들에게 세뇌를 받아 무의식중에 살인을 저지르며, 이후 미국 대통령 후보를 암살하라는 지시를 받는다는 등의 내용이다. 만추리안은 원래 '만주의', '만주 사람'이라는 뜻이다)를 보면 삼국의 동맹군이 중국 북동부 모처에 자리한 세뇌 총부에 모여 포로로 잡은 미군을 세뇌시킨다는 등의 내용이 잘 묘사되어 있다. 하지만 '친형제'나 다름없는 관계(중국과 북한의 관계는 지금도 여전히 그러하지만)란 실제 상황에서 상당히 까다로운 문제가 잔존하기 마련이다.

1949년 미국이 한국에서 철수하자 김일성은 그 즉시 남침을 위한 계획에 돌입했다. 처음에는 소련이나 중국의 공산당 지도자들은 미국이 한반도로 다시 돌아올 수 있는 빌미를 제공할 생각이 없었다. 하지만 스탈린이 먼저 동요하기 시작했다. 소련의 첫 번째 핵폭탄 실험이 성공리에 끝나고, 중국공산당이 장제스 정권을 몰아냈으며, 무엇보다 1950년 1월 미국의 국무장관 딘 애치슨이 "한국은 미국의 극동 '방어선'에 포함되지 않는다"는 이른바 애치슨 라인을 선언한 것에 고무된 데다 "3일 안에 전쟁에서 승리할 것이다"라는 김일성의 확신이 있었기 때문이다.[62] 소련의 지도자들은 한국전쟁이 유럽에 대한 미국의 관심을 분산시킬 수 있는 비교적 위험도가 낮은 방법이라고 생각하고 자신들의 목표를 실현하기 위한 행동에 돌입했다. 1949년부터 1950년 겨울까지 자신의 첫 해외여행으로 모스크바에 체류하고 있던 마오쩌둥은 중국 내전을 마무리하기 위해 스탈린의 도움을 요청했다. 하지만 스탈린은 소련군의 파견을 거절했다. 그러는 와중에 스탈린은 마오쩌둥이 전혀 눈치채지 못하는 상황에서 동아시아의 고위급 손님, 김일성을 접견하고 있었다. 김일성은 자신이 남한을 공격할 경우 비밀리에 지원하겠다는 스탈린의 확답을 받았다. 그러나 스탈린은 자신을 보호하기 위해 김일성에게 중국의 지지를 먼저 받을 것을 전제 조건으로 삼았다.

1950년 5월 13일, 김일성은 마지못해 베이징으로 향했다. 당시 회의록이 지금까지 공개되지 않는 것으로 보아 회담은 그다지 순조롭게 진행된 것 같지 않다. 현재 우리가 알고 있는 사실은 회담이 늦게까지 진행되다 자정 직전에 저우언라이가 소련 대사관을 직접 방문하여 스탈린에게 비밀리에 긴급 전보를 보내달라는 요청을 하면서 끝났다는 정도이다. "마오쩌둥 동지는 그것에 대한 필리포프 동지(스탈린)의 개인적인 설명에 즉각 감사할 것이다."[63]

마오쩌둥이 한반도에서의 위험한 충돌에 대해 그다지 흥취를 지니지 않은 것은 충분히 이해할 수 있다. 당시 중국공산당의 군사력은 타이완 침공을 위해 동남해안에 집중되어 있었다. 만약 동북방에서 냉전의 전화가 일어난다면 중국은 타이완 진격군대를 나라의 최남단에서 최북단으로 이동시킬 수밖에 없었다. 전쟁 기록보관소의 전보와 대화록을 보면 마오쩌둥이 북한 원조를 거의 거절할 뻔했다는 사실을 확인할 수 있다. 1950년 가을, 중국 주재 소련 대사는, 중국 재건이 급선무이기 때문에 마오쩌둥은 한국전쟁에 간여하기를 원치 않는다고 보고하면서 "북한이 설사 실패하더라도 그들은 유격전의 형태로 전환하게 될 것이다"[64]라는 그의 말을 첨부했다. 마오쩌둥은 중화인민공화국 건국 1주년이 되는 10월 1일에야 중공중앙 정치국원들이 모인 가운데 철야회의를 하며 다른 정치국원들을 설득하여 다음과 같은 자신의 견해에 동의하도록 만들었다. 마오쩌둥은 자신을 아시아 혁명의 영수로 자처했기 때문에 중국이 출병하여 북한을 원조하는 것은 곧 자신의 의무라고 생각했던 것이다.[65]

중국의 참전이 처음부터 순조로웠던 것은 아니다. 마오쩌둥이 1948년 중국공산당이 동북에서 승리하는 데 결정적인 역할을 했던 린뱌오林彪에게 한국전쟁의 지휘봉을 맡겼는데, 그가 거절했기 때문이다. 다른 어려움도 있었다. 마오쩌둥은 자신의 군대가 훈련이 부족하고 장비가 열악했기 때문에 소련의 공중지원에 의존하려고 했다. 그런데 스탈린은 뜻밖에도 이를 거절했다. '소련의 전쟁 개입'을 부인할 수 있는 그럴듯한 핑계를 대기 위함이었다. 다만 이후 그의 태도가 약간 완화되어 중국 동북지역에 대한 제한적인 공중엄호를 약속했다. 수년 후, 마오쩌둥은 전시 통신을 통해 소련 지도자가 중국(한국전쟁 당시 중국인은 수십만 명이 전사했다)에게 원조할 의도가 전혀 없었다는 사실이 명백하게 확인되자 이러한 문제들에 대한 스탈린의 약삭빠른 외교를 원망했다. 전쟁이 끝난 후 소련은 자신들이 제공한 군사 물자 계산서를 중국에 전달했다.

따라서 마오쩌둥이 한국전쟁에 참전한 것은 장기적인 음모로서가 아니라 아시아 혁명의 지도자가 되려는 열망에 사로잡힌 마오쩌둥의 의식을 이용하려는 스탈린의 이기적 충동과 본능에 기인한 것이라고 할 수 있다. 마오쩌둥과 그의 직속 부관들이 베이징의 군사훈련 과정을 통해 이미 세계혁명을 이끌겠다고 공개적으로 약속한 바 있기 때문에 그들이 한국전쟁에 참전하지 않았다면 아시아의 억압을 당하는 민중들과 함께하겠다는 그들의 선언은 산산조각이 나고 말았을 것이다. 간단히 말해서, 스탈린과 김일성은 중국의 가장 민감하고 복잡한 국경, 즉 북한과 소련, 중국이 맞붙어 있는 곳에 영향을 끼칠 뿐만 아니라 마오쩌둥의 자기 이미지에도 영향을 줄 수 있는 충돌을 만들어냈다. 그래서 중국인들은 전쟁이 북한에 불리하게 돌아가자 김일성을 구원하지 않을 수 없었다.

이런 점에서 볼 때 마오쩌둥과 스탈린, 그리고 김일성 사이의 동맹은 긴밀하기는커녕 오히려 그들 관계의 단층선을 강조했을 따름이다. 김일성은 마오쩌둥이 한국의 통일을 돕지 않는 것에 대해 분개했다. 중국은 이미 혁명을 완수했는데, 한국은 왜 기다려야만 하는가? 하지만 마오쩌둥의 생각은 또 달랐다. 중국의 혁명은 타이완이 대륙에 회귀하여 통제를 받기 전까지 완성된 것이 아니다. 김일성은 왜 그때까지 기다려주지 않는가?

"그들은 우리의 이웃나라이다. 하지만 그들은 전쟁을 시작하기 전에 우리와 한마디 상의조차 하지 않았다." 마오쩌둥은 이렇게 투덜거렸다. 한국전쟁에서 중국은 엄청난 비용을 지불했다. 우선 36만여 명에 달하는 중국군인이 전사하거나 다쳤으며, 장비 면에서도 큰 손실을 입었다. 결국 중국공산당은 타이완을 수복하기 위한 작전을 포기해야만 했다. 당시에는 일시적인 연기로 비춰졌으나 타이완 침공을 위한 진지한 군사 준비는 이후 재개되지 않았다. 그럼에도 김일성은 자신을 구원해준 마오쩌둥에게 특별히 고마움을 표한 적이 없다. 그는 "중국 혁명을 위해 희생한" 수천 명의 한인들이 한국전쟁에 투입된 수십만 명의 중국의용군과 상응한다고 생각했다.[66]

한국전쟁의 경험은 1953년 유엔과 북한, 그리고 중국이 '최종적인 평화협정'으로 대체된 적이 없는 일시적인 휴전협정을 체결하면서 이후 중국과 북한 관계의 패턴을 정착시켰다. 평화협정이 아닌 휴전협정으로 인해 한국전쟁은 세계에서 가장 길고 지속적인 냉전 분쟁이 되고 말았다. 이후 70여 년 동안 규모가 작고 변덕스러우며 무례한 북한은 그들보다 더 크고, 더 강하며 훨씬 부유한 이웃나라(중국)를 지원의 생명줄로 조정해왔다. 이러한 역학적 관계가 한반도를 수시로 폭발 가능성이 농후한 지정학적 정치 위기 상황으로 몰아가고 있다.

김일성은 자급자족을 표방하는 주체사상으로 북한과 전 세계에 자국이 자신의 길을 가고 있다고 말했다. "소련에서 돌아온 이들은 소련 방식을 옹호하고 중국에서 돌아온 이들은 중국 방식을 옹호한다. 이는 전혀 의미 없는 논쟁을 유발할 따름이다. …… 우리는 지금 조선 혁명을 수행하고 있다."[67]

김일성은 두 가지 방식을 교묘하게 활용했다. 북한에서 주체사상을 설파하는 한편 모스크바와 베이징의 원조를 빨아들였다. 1953년 이후 120만여 명의 '중국인민지원군'은 북한에 계속 남아 황폐해진 나라에서 가옥과 댐, 다리, 운하 등을 재건했다(전쟁이 끝났을 때 평양에 온전하게 남아 있던 건물은 일제 시절에 지은 은행 한 곳뿐이었다). 김일성은 의도적으로 평양에서 수마일 떨어진 열악한 지역에 그들을 거주하게 했으며, 수도의 전쟁박물관에 그들의 공헌에 대해 간략하게 언급했을 뿐이다.[68] 이와 대조적으로 마오쩌둥은 아시아에서 혁명의 지도자로서의 위상을 열망했다. 비록 중국은 북한이 한반도 역사에 있어 왔던 중국의 간섭을 의심하고 있다는 것을 인지하고 있었다. 허나 미국이 후원하는 동남아시아와 일본을 견제할 필요가 있었기 때문에 북한과 우호 동맹을 맺기로 결정했다. 당시 중국 역시 경제적으로 절박한 상황이기는 했으나 마오쩌둥은 북한의 재건을 위해 소련보다 더 많은 양의 물자를 북한에 제공했다. 그 안에는 8천8백만 미터에 달하는 면직물과 60만 켤레의 신발이 포함되었다. 아울러 무역수지 적자로 인한 북한의 채무도 탕감해주었다.[69] 이외에도 중국은 북한과의 국경 설정에도 관대한 태도를 취했다. 1962년 비밀 협상에서 중국은 한국인들에게 예로부터 신성시되는 곳이자 김정일의 출생지로 알려진(사실은 소련에서 태어남) 백두산(중국에서는 창바이산長白山이라고 부름)을 포함한 산맥을 경계로 삼겠다는 김일성의 요구에 굴복했다.[70],

북한이 주체사상을 강조했음에도 불구하고 중국은 김일성의 혁명에 여전히 큰 영향을 끼쳤다. 예를 들어 김일성은 마오쩌둥의 정풍운동과 개인 숭배에 감탄했으며, 이를 조선노동당의 내부를 정돈하고 이의를 제기하는 이들을 침묵시키는 데 활용했다. 또한 그가 주창한 천리마운동은 의심할 바 없이 인민의 자발적인 참여를 조장하는 중국의 대약진운동을 모방한 것이다. 1958년 김일성은 북한대표단을 중국에 보내 "중국의 경험을 충분히 학습하고 연구하고 그 결과물을 가지고 귀국하라"고 지시했다. 1958년부터 시작된 천리마운동은 고속 경제발전을 추구한 마오쩌둥의 대약진운동과 마찬가지로 대규모 인민의 '자원自願' 노동, 광신적인 공업발전, 계획목표 압축, 일본의 경제력을 앞질러 보편적 번영을 달성할 수 있다는 열렬한 낙관주의, 그리고 그 어떤 실패도 '파괴분자'나 '적대세력' 탓으로 돌렸다는 점에서 동일한 특징을 지녔다.

북한사람들은 거미, 파리, 쥐(유용한 작물을 파괴하는 주범으로 간주됨)를 의무적으로 잡아 죽였고, 산등성이에 고무나무를 심었다. 또한 김일성은 북한을 외부의 공격으로부터 자체 방어하는 데 집착했기에 요새국가를 만들며 '모든 인민'의 군사화를 위해 노력했다. 1960년대 말에 이미 북한의 군대는 소련의 군대보다 인구 대비 4배가 되었다.[71] 이처럼 장기간에 걸친 군사적 보편화 중독을 이해하지 않고서는 현대 북한의 핵 프로그램에 대한 애착과 적어도 전체 국가 예산의 20%를 군비 지출에 사용하는 이유를 이해하기 어렵다. 군비 지출의 비율은 미국이 자국의 군대를 양성하기 위한 군사비 지출보다 더 높다. 물론 미국은 절대적인 통화량 기준으로 훨씬 더 많은 군비를 지출하고 있지만(북한보다 경제 규모가 몇 배나 더 크기 때문이다) 군사 예산은 GDP의 3.5%에 불과하다.

저우언라이는 중국과 북한이 추진하는 집체 운동의 유사성에 대해 이렇게 강조한 바 있다.

"우리는 대약진을 이룩했고, 당신들은 하늘을 나는 천리마에 올라탔다."[72]

정치적 의지를 관철함으로써 물질적 장애를 극복하겠다는 천리마운동은 북한의 현정권에서도 여전히 진행 중이다. 어떤 건설이든 반드시 현기증이 날 정도의 속도로 진행되어야만 한다. 조선민주주의인민공화국DPRK은 거의 6개월마다 혁명 건설을 위한 새로운 속도를 제시하는 것 같다. 예를 들어 천리마 속도는 물론이고 이외에도 마식령 속도, 평양 속도, 그리고 최근에는 김정은이 제기한 만리마萬里馬(천리마보다 10배나 빠른) 속도가 있다.

북한은 중국에서 흔히 사용하는 '군중노선'이란 한자어를 그대로 쓰고 있다. 북한이 가장 중시하는 말 가운데 하나인 '자력갱생'의 원칙 역시 중국에서 온 말이다(옌안 시절의 핵심 구호였으며, 대약진과 문화대혁명 시절에 다시 부활했다). 김일성은 북한이 중국과 다른 독창성과 독립성을 지니고 있음을 강조하면서 중국에 종속적인 '사대주의'에 반대하는 운동을 벌였다. 하지만 역설적이게도 북한의 공식 국가 이념이자 김일성주의의 핵심인 '주

체사상'의 초석이 된 것은 바로 마오쩌둥 방식의 '자력갱생'이다.[73]

김일성이 북한에서 시행한 문화정책 가운데 하나는 한자 사용 금지이다. 1947년부터 북한의 모든 정부 문서는 한글로 작성되었다. 반공주의를 표방한 남한 정부는 교육 시스템에서 한자를 몰아내는 데 20년이 걸렸다.

무엇보다도 김일성이 마오쩌둥을 모방한 중요한 부분은 영도자에 대한 일종의 우상 숭배를 조성한 일이다. 처음에는 단순히 마오쩌둥의 영도자 숭배를 모방한 것이었으나 나중에는 오히려 마오쩌둥 숭배가 초라해질 정도가 되었다. 김일성은 "비할 바 없는 애국자, 민족 영웅, 불패의 철의 의지를 지닌 영명한 지휘관, 세계 공산주의 운동의 탁월한 영도자, 민족의 태양, 천재 사상가, 억압받는 세계 인민의 붉은 태양, 우리 시대 가장 위대한 영수"가 되었다. 마오쩌둥에 대한 숭배가 절정에 달하던 1960년대 문화대혁명 시절 후반부터 김일성 숭배(최고 지도자라는 뜻으로 수령이라고 불렀다)가 시작된 것은 우연이 아닐 수 있다. 1972년 4월 김일성 주석이 환갑을 맞이하자 북한 정부는 평양이 내려다보이는 곳에 24만 평방미터 규모의 기념 건축물을 건설하고, 청동과 금으로 만든 위대한 지도자의 동상을 세웠다.[74]

1970년 김일성은 직접적으로 마오쩌둥과 세계 혁명 최고 지도자의 위치를 경쟁하기 시작했다. 그를 선전하는 문건에 따르면, "김일성은 조선민주주의인민공화국의 위대한 영도자로 전 세계를 영도할 수 있는 인물이다."[75] 1970년대와 80년대에 김일성은 특히 아프리카에서 국제적 영향력 확보에 나섰다. 그는 앙골라 반구네게 자금을 지원하고, 마다가스카르에 체육관을 지어주고 토고 공화국의 지도자를 초청하여 인삼 사우나를 즐기도록 해주었다. 그는 특히 자신을 '제3세계 지도자'로 치켜세웠던 짐바브웨의 로버트 무가베Robert Mugabe에게 총을 선물로 주는 등 각별한 관계를 유지했다. 1980년대 초, 무가베는 자신의 제5여단을 정예부대로 만들기 위해 북한에 훈련을 맡겼다. 훈련을 받은 제5여단은 짐바브웨의 적을 격파하기 위해 배치되었다. 오늘날 북한의 예술은 국제사회에서 기이할 정도로 높은 인지도를 유지하고 있다. 1970년대 이후 김일성을 신격화하기 위해 설립된 북한 선전부 산하 만수대萬壽臺 창작사는 아프리카에서 수익성 높은 국가 기념물 제작 의뢰를 받아 에티오피아의 티글라친 기념비, 세네갈의 아프리카 르네상스, 짐바브웨의 영웅상, 나미비아의 무명용사상 등 사회주의리얼리즘의 형식에 맞춰 울퉁불퉁한 근육과 영웅적인 형상을 잘 묘사한 동상을 제작했다.[76] 일련의 프로젝트 가운데 일부는 수천만 달러의 외화를 벌어들여 북한의 핵 프로그램에 필요한 자금으로 사용되었을 가능성이 크다.

비록 술을 입에도 대지 않는 무슬림 지도자에게 뱀술을 선물하는 등 외교적 결례가 있기는 했으나 김일성의 세계 지배 야망은 일부 사람들에게 그럴 듯하게 보였다.[77] 예를 들어 베트남의 외교관은 이렇게 말했다.

"마오쩌둥의 세계 지도자로서의 역할은 거의 끝나가고 있다. 김일성은 비교적 젊고 개성이 강하다. 북한 지도부는 김일성을 아시아 인민의 지도자로 선전하기 위한 장기적인 전략을 추구하고 있다."

그러나 김일성은 세계 혁명의 지도자 자리를 놓고 경쟁하면서 마오쩌둥에게 빚진 부분을 드러냈을 뿐이다. 세계 김일성주의는 세계 마오주의의 기법을 주로 채택했기 때문이다. 그럼에도 김일성의 주체사상을 논의하는 국제 '연구 집단'과 출판에 적지 않은 돈을 쏟아부었고, 연구자들은 전액 국비로 북한을 방문하고 국가 고위급 인사로 대우받았다.[78]

마오쩌둥은 스탈린과 흐루쇼프 정권 시절 국내외 무역을 담당했던 미코얀 아나스타스Mikoyan Anastas에게 김일성에 대한 자신의 견해를 짤막하게 언급한 바 있다.

"당신들은 김일성을 선발했다. 당신들이 그를 작은 나무처럼 심은 셈이다. 그런데 미국이 그것을 뽑아버렸다. 이에 우리는 같은 장소에 다시 심었다. 지금은 매우 무성해졌다."

마오쩌둥은 습관적으로 김일성을 '샤오진小金'*이라고 불렀는데, 김일성

---

* 연장자가 아랫사람을 부를 때 주로 성 앞에 '소(小)'자를 붙인다.

은 이를 못마땅하게 생각했다.[79] 1950년대에 김일성은 친중 경향의 '연안파'를 제거하기 위한 공작을 시작했다. 결국 연안파는 한국전쟁의 군사적 실패에 대한 책임을 지고 하나둘씩 해직, 체포, 추방 또는 처형당하고 말았다. 1960년 김일성은 마오쩌둥이 "북한을 중국의 식민지로 만들려는 음모를 꾸미고 있다"며 "다시는 중국인을 믿지도, 중국을 방문하지도 않을 것이다"라고 말했다.[80] 하지만 중국이 대약진운동 시절 몇 년 동안 이어진 대기근이라는 최악의 상황이었음에도 불구하고, 중국으로부터 23만 톤의 식량을 포함하여 적지 않은 원조금을 받아냈다.[81]

북한과 중국 사이의 균열은 중국이 문화대혁명으로 크게 혼란에 빠진 시기(1966~1969년)에 가장 고조되었다. 김일성은 소련 지도자 레오니트 브레즈네프에게 마오쩌둥이 홍위병을 제멋대로 하도록 방임한 것은 "매우 어리석은 짓"이며 "중국의 사악함"을 보여주는 사례라고 말했다.[82] 또한 어떤 북한 외교관은 동독인과 대화에서 마오쩌둥은 노쇠해져 고려인삼이 필요한지도 모르겠다고 말하기도 했다. 이에 마오쩌둥의 홍위병들은 자신들의 신문을 통해 반격을 가하기 시작했다. 그들은 김일성이 "'조선의 수정주의자 파벌'의 '뚱뚱한 수정주의자'이자 백만장자이고 귀족으로 대표적인 자산계급 분자이다"라고 주장했다.[83] 중국의 과격한 급진주의자들은 자신들의 주장이 제대로 전달되지 않았을까 봐 조-중 국경 지역에 확성기를 설치하여 북한의 '경애하는 수령'에 대해 12시간마다 한 번씩 반복적으로 모욕을 퍼부었다. 중국발 북한행 화물 열차가 들어가는 국경 인근 연변에서는, 문화대혁명 당시 대격전에 희생된 조선족의 시신이 열차 가득 채워지는 끔찍한 사건이 벌어졌다. 시신 위에는 "하찮은 수정주의자들, 너희 운명도 이렇게 될 것이다!"라는 낙서가 적혀 있었다.[84] 그럼에도 불구하고 중국의 원조는 계속되었다. 1976년 설탕 4만 톤이 북한으로 들어갔고, 1968년부터 1973년까지 중국은 베이징 지하철 건설을 연기하는 대신 평양에서 지하철을 건설했다.[85]

중국과 북한의 갈등은 기층인민들까지 이어졌다. 1950년대와 60년대에 걸쳐 수천 명의 북한인들이 공장에서 산업기술을 연수하기 위해 중국으로 건너갔다. 당시 산업의 중심지였던 상하이의 기록보관소(당안관檔案館) 문서에는 당시 연수 책임자들이 연수 프로그램에 참가한 북한인과 중국인의 불화에 관한 보고서가 적지 않게 들어 있다. 특히 북한인들은 자신들에게 마오쩌둥 사상을 주입하려는 관리자들의 시도에 몹시 분개했고, 마오쩌둥에 대한 찬송을 김일성에 대한 찬사로 맞받아쳤다. 문화대혁명이 막 시작되었을 때 상하이의 관리자들은 마오쩌둥 사상을 전파하기 위한 노력을 배가했지만 북한인들은 마오쩌둥의 배지를 받자마자 내버리거나 거리를 도배한 마오쩌둥의 초상화를 보고 비웃는 등의 방식으로 대응했다. 중국의 첫 번째 핵실험이 성공했다는 소식에도 북한인들은 전혀 무관심한 반응을 보였다. "20년쯤 후면 우리 북한도 이 정도는 할 수 있을 것이다." (중국 정탐은 한 보고서에서 '나는 저들이 무슨 근거로 그렇게 말하는지 모르겠다'고 짜증을 냈다.)[86]

세뇌에 대한 전설에 따르면, 중국공산당은 전쟁을 통해 국가 전체를 전복시키고 정서적으로 취약한 미국인들을 무너뜨리는 것 외에도 동남아시아에 거주하는 중국 이주민과 그들 후손의 충성도를 의심할 여지 없이 통제하고 있다고 했다. 워싱턴과 런던의 소식통에 의하면, 중국 본토는 히틀러의 독일만큼이나 팽창주의적이어서 레벤스라움Lebensraum*, 즉 생활권을 찾아 이웃나라를 탐욕스럽게 주시하고 있다고 했다.

그래서 1949년 이후 영미 보안당국의 경우 화교는 냉전의 최전선에서 안보에 위협이 되는 존재로 간주되었다. 화교에 대한 이러한 가정은 도미노 이론의 핵심 요소가 되었을 뿐 아니라 미국의 정치, 군사적 지원이 타이완에 집중되도록 만들었다. 화교들이 중국 대신 타이완을 충성할 본국으로 삼도록 하기 위함이었다. 이러한 정책은 오늘날 동아시아에서 계속 유지되고 있

---

*   1890년대부터 1940년대까지 독일 내에 존재했던 농본주의와 연관된 식민 이주 정책의 개념과 정책 자체를 의미한다. 국가사회주의 독일 노동자당과 나치 독일은 이를 변형시켜 동유럽을 향한 영토확장 정책으로 바꾸었다. 원래 뜻은 서식지이나 생활권의 의미로 풀이한다.

다.[87] 그러나 1950년대 대부분 동안 마오쩌둥을 포함한 중국 지도부의 눈에 화교는 '혁명의 종자'라기보다 본토에 살고 있는 친척에게 송금하여 국가 유지에 도움을 주는 황금 알을 낳는 거위에 가까웠다. 1950년부터 1957년까지 화교들의 송금액은 대략 11억 7천만 달러에 달했으며, 이는 같은 기간 중국의 무역 적자(13억 8천만 달러)를 거의 상쇄할 정도였다.[88]

중국 은행(중국인민은행)은 이러한 송금을 극대화하기 위해 지점 내에 별도의 '국局'을 개설하여 본토에 사는 중국인이 해외 친척에게 송금을 요청하는 편지를 쓸 수 있도록 했다. 그 가운데 일부는 몸값을 요구하는 내용이었다. 북미의 화교들 중에는 토지개혁으로 수감된 친척을 살려주는 대신 돈을 보내라는 편지를 받고 자살한 이들도 있었다. 샌프란시스코의 한 중국계 이민자는 본토에 있는 81세 모친을 위해 4천 달러를 기부했지만 사형 집행에서 끝내 모친을 구할 수 없자 스스로 목숨을 끊고 말았다. 1951년 미국 정부는 "미국 내 화교들이 홍콩을 통해 중공에 보낸 몸값만 해도 홍콩 인구를 1년 동안 부양할 수 있는 금액"이라고 추산했다.[89]

화교와 본토 사이의 갈등은 금전적인 문제부터 남녀의 문제까지 매우 다양했다. 초기 갈등의 원인 가운데 하나는 중국에서 제정된 비교적 개화된 하나의 법안, 즉 1950년에 제정된 혼인법에서 비롯되었다. 이 법안은 남성과 여성 모두에게 이혼소송을 제기할 수 있는 동등한 권리를 부여했다. 수많은 해외 화교들은 중국을 떠나면서 본처를 그대로 두고 온 경우가 많았다. 이제 중국에 방치되었던 여성들이 이혼소송을 제기할 수 있는 방안이 마련되었고, 실제로 많은 이들이 이혼소송을 제기했다.

중국정부의 화교사무국은 송금을 보호한다는 명목으로 이러한 소송에서 남편의 손을 들어주는 경향이 있었지만 동시에 남겨진 아내의 간통을 암묵적으로 인정했다. 더 심각한 일은 일부 간부들이 이런 아내들과 불륜을 저질렀다는 사실이다. 현지 보고서에 따르면, 한 간부는 본토에 남아 있는 화교 배우자 '10명 이상'과 함께 시간을 보냈다고 한다.[90]

해외 화교는 진정한 혁명의 신자라기보다 혁명의 희생자였다. 토지개혁이 전국으로 확산되면서 화교 가족이나 친척들이 동남부 해안가를 따라 지은 도리아식의 기둥이 아름다운 유럽식 저택이 중요 표적이 되었다. 그곳에 거주하는 이들이 저택을 빼앗기거나 처형당하자 해외에 있는 친척들은 송금을 중단했다. 해외에서 들어오는 돈이 급감하자 공산당은 혁명적 열정을 잠시 약화시켰다. 예를 들어 토지개혁 과정에서 중국 최초의 백화점 체인인 '영안백화永安百貨'를 운영하던 오스트레일리아 국적의 화교인 곽씨郭氏 형제의 호화스러운 사당이 폭력적으로 몰수되었다. 하지만 5년 후 중국 당국은 그들의 사당을 돌려주고 그들 가문의 '지주' 신분을 취소했으며, 곽씨 집성촌에 살고 있는 친척들에게 본토의 삶이 얼마나 행복한지 곽씨 형제들에게 편지를 써서 '설득'하도록 했다. 그러나 중국공산당은 이러한 '사적인 서신'을 좌파 성향의 홍콩 신문에 실어 해외에 거주하는 화교들의 의혹을 해소하기는커녕 그들의 의심을 부추기는 역효과를 낳고 말았다.[91] 이어서 공산당은 화교들을 위해 다른 곳에서는 거의 판매되지 않는 음식이나 상품을 구매할 수 있는 '화교 전용' 상점을 개설했으며, 심지어 중국 대부분의 지역에서 근절된 자산계급의 생활양식을 누릴 수 있는 화교만의 새로운 마을, 즉 '화교신촌華僑新村'을 조성하는 등 화교를 '우대'하는 방안을 마련했다.[92]

하지만 1956년 이후 집체화가 가속화되고, 대약진운동이 본격적으로 가동되면서 이러한 이중잣대는 취소되고 말았다. 남녀노소를 막론하고 전국의 모든 인민들이 동원되어 24시간 내내 노동에 투입되었으며, 관개시설과 농지 마련을 위해 조상의 무덤을 파헤치는 일도 벌어졌다. 1956년 초반 해외 화교와 연고가 있는 이들 가운데 약 1천5백여 명이 하이난다오海南島에서 도망쳤다.[93] 1959년부터 1961년까지 대기근이 절정에 이르렀을 당시 중국공산당은 인도네시아에서 넘어온 13만 명의 화교를 공개적으로 환영하며 그들의 "고통과 시련"을 인지하고 있으며 그들이 더 이상 "해외의 고아"가 되지 않도록 하겠다고 선언했다.[94] 하지만 막상 중국으로 돌아온 그들의 실제 삶은 말과 영 달랐다. 그들은 중국 남부와 남동부의 차밭에서 고된 육체노동을 감내해야만 했다.

1950년대 영국에 의해 중국 본토로 추방된 말라야공산당 소속의 중국인들은 반우파 투쟁(1957)과 문화대혁명 기간 동안 비난과 숙청의 대상이 되었으며, 복권을 위해 수십 년을 기다려야만 했다. 또한 중국혁명으로 인해 자신들의 자식들은 물론이고 친척의 아이들까지 희생당하는 일이 비일비재했다. 1989년 친펭이 말레이시아 정부와 항복 협상을 벌였을 때(비상사태가 시작된 지 40여 년이 지난 후의 일이다) 중국으로 망명한 수많은 공산주의자들이 중국에 잔존하는 대신 말레이시아로 돌아가기를 선택한 것은 그리 놀랄 만한 일이 아니다. 말레이시아공산당의 역사를 기록하는 데 자신의 생애를 다 바친 말레이시아의 중국계 화교 작가인 천젠陳劍. C. C. Chin은 그들 망명자들에 대해 이렇게 말했다.

"(그들은) 영국 제국주의자들과 싸울 때는 자신만만하여 언제나 가슴을 펴고 고개를 높이 든 채로 당당했다. 하지만 반우파 투쟁과 문화대혁명의 투쟁 대회에서는 …… 어떻게 감당해야 할지 알지 못했다. …… 심리적 압박이 감금이나 신체적 고문보다 더 고통스러웠다. 끝내 견뎌내지 못한 이들은 정신적으로 허물어지거나 자살로 삶을 마감했다." 생존자 가운데 한 명은 마오주의자들이 즐겨 쓰는 말처럼 "물을 떠난 물고기 신세가 되고 말았다"[95]고 했다. 역설적이게도 외국과의 연관성이 의심의 근거가 되고 종종 직접적인 기소로 이어지던 문화대혁명 기간 동안 본토에 있는 화교의 친척들은 자본주의의 '제5열'이라는 이유로 박해를 받았고, 동남아시아의 화교들은 중국 본토 공산당의 '제5열'로 의심받아 현지 보안당국의 감시와 미행에 시달려야 했다. (실제로 버마 양곤에서 프놈펜, 싱가포르에 이르기까지 수많은 중국 청년들이 문화대혁명 시절의 마오쩌둥 숭배를 열렬히 선전하면서 현지인들에게 붉은 색 『마오주석 어록』과 마오쩌둥의 얼굴이 담긴 배지를 강매했다.)[96]

마오쩌둥의 중국은 직업 혁명가조차 회의론자로 만들었다. 1960년대 중반 중국으로 돌아온 아청은 문화대혁명의 교조주의(그의 이름에 정치적으로 불길한 글자가 포함되어 있기 때문에 만약 중국공산당원이었다면 숙청당했을 것이라는 말을 듣기도 했다), 홍위병의 폭력과 박해, 직계 가족들이 겪어야만 했던 정치적, 경제적 어려움(그의 부친과 장인은 1949년 이후로 중국에 남아 있었다) 등으로 인해 처음에는 혼란에 빠졌으며, 나중에는 경악을 금치 못했다.

그는 광둥성에 있는 부친을 사적으로 방문했을 때 1960년대 초반의 대기근이 국가의 과도한 착취로 인해 발생했으며, 공사(인민공사)가 오히려 인민들을 더욱 빈곤으로 빠지게 만들었다는 생각이 들었다. "말레이시아 경제는 절대로 이렇게 운영되어서는 안 되겠다고 생각했다. …… 왜 모든 이들이 가난해져야만 하는가?" 그는 문화대혁명을 이해하기 위해 더욱더 마오쩌둥의 저작에 얼굴을 파묻었다. 하지만 그에게 남은 것은 '불안과 우울'뿐이었다. 그럼에도 그의 동료들은 자신들의 정적을 제거하는 데 문화대혁명의 미사여구를 악용하고 있었다.[97]

태국 국경의 숙영지에서 말라야공산당 게릴라들은 비상사태를 함께 겪은 원로 당원들을 '간첩'이란 명목으로 숙청하고 심지어 처형하기도 했다.[98] 하지만 아청은 여전히 감정적으로 마오쩌둥주의자였다. 그에게 마오쩌둥은 혁명의 원로이자 말라야공산당의 은인이었다. 마오쩌둥은 말라야공산당에게 라디오 방송('혁명의 소리')을 송출할 수 있는 후난의 방송국을 별것 아니라는 듯이 선물로 주었다. 숙영지 안에 있는 기숙사와 상점, 진료소, 탁구대, 농구 및 배드민턴 코트, 수영장, 전화 교환기, 미용실, 목욕탕 등은 모두 대나무로 둘러싸여 있었는데, 이는 앞으로 있을지 모를 소련의 핵공격에 대비한 것이라고 했다. 방송국에서 방송되는 내용의 기조는 당연히 마오쩌둥 사상이었다. "마오쩌둥이 없었다면 라디오 방송국도 없었을 것이다." 아청은 이 점을 인정했다. 그러나 그는 또한 마오쩌둥이 집권하면서 중국 인민들이

막대한 대가를 치르고 있다는 사실도 알고 있었다.[99]

1950년대는 미국의 정신과 의사들에게 풍요로운 시기였다. '세뇌당한 포로'에 대한 보도를 배경으로 '극단적인 역사적 상황'이라는 인식이 형성되면서(심지어 팩트 체크 전문지인 「뉴요커」는 중국과 북한의 미군 포로들에게 끼친 영향을 '지금까지 역사상 없던 사안'이라고 말하기도 했다) 워싱턴에서는 중국의 새로운 심리적 무기를 우려하는 심포지엄이 연이어 개최되었다.[100] 그러나 그 와중에 '세뇌'에 대한 중요한 관점 하나가 간과되었다. 중국인들은 스스로 자신들이 무엇을 하고 있다고 생각했는가? 바로 이것이었다. 만약 당파를 초월하여 관련 전문가들이 이 문제를 연구했다면, 그들은 분명 세계를 '세뇌'하려는 마오주의의 음모에 대한 미국인의 예측을 상당히 복잡하게 만드는 답안을 찾았을 것이다.

미국 정보기관은 중국에 관한 믿을 만한 정보를 쉽게 접할 수 없었다. 1949년 중국공산당의 승리가 예견되자 미국은 낭패가 아닐 수 없었다. 이에 미국 정부가 중국 내전 기간 동안 정책 수립을 의존했던 국무부 내부의 '중국통China Hands'에 대한 마녀사냥이 시작되었다. 에드거 스노의 동정 어린 설명에 따르면, 적어도 부분적으로 옌안과 중국공산당으로 관심을 끌었던 존 서비스John Service와 오웬 래티모어를 포함한 거의 한 세대의 영향력이 있고 존경받던 이들이 자리에서 물러나고 말았다. 1949년 이전 미국의 대중국 정책 결정에 중심에 있던 몇몇 핵심 인물들은 '충성심'을 의심받아 정부 소위원회에 끌려 나갔다. 비록 감옥에 수감된 이들은 없었지만 적지 않은 이들이 지식인 사회나 정치계에서 쫓겨나 유배되는 아픔을 겪어야만 했다. 미국 내 중국통은 이처럼 충격적인 단계를 경험하면서 적어도 수십 년 동안 미국의 분석과 정책 결정에 불균형을 가져왔으며, 오늘날까지 그 후유증에서 벗어나지 못하고 있다.

1950년대에는 중국어에 대한 전문지식이 있거나 중국과 접촉한 인물들은 국무부에서 소외되었고, 심지어 국가 반역자로 취급받기도 했다.

1950년대 이른바 제3세대 모태 빨갱이(공산당원의 집안에서 태어난 빨간 기저귀 아기red diaper baby)로 태어나 1960년대 급진적인 학생운동가로 활동했다고 고백한 에단 영Ethan Young은 이렇게 말했다.

"중국과 관련된다는 것은 미국에서 중국에 관해 가장 건전하고 명료한 지식을 지닌 이들조차 공직에서 쫓겨날 정도로 두려운 일이었다. 그것은 거의 아동포르노 수준이었다. 중국에서 나온 자료는 어느 것이든 정부의 도장이 찍혀 있었다. 도장은 마치 '당신이 읽는 자료는 적국에서 온 것이니 주의하시오'라고 말하는 듯했다."[101]

오웬 래티모어는 미국을 떠나 영국의 리즈대학으로 자리를 옮겨 최고의 동아시아학과를 창설했고, 존 서비스는 국무부에서 한 번도 승진하지 못하다가 결국 버클리대학에서 도서관 사서로 생활했다.

그 결과 1950년대 마오주의자들의 전 세계 정복 야심을 단정 짓는 개념인 '세뇌'에 대한 정보를 수집하고 분석하기 위해 소집된 이들은 동아시아에 관한 전문지식이 부족하거나 전무했으며, 무엇보다 동아시아 언어를 전혀 구사하지 못했다. 그들 대부분은 에드워드 헌터처럼 남의 영향을 잘 받거나 기회주의적인 냉전주의자들이었다. 이와 대조적으로 북한과 중국에서 미군 포로들을 다루었던 심문관들은 영어에 능통하고, 일부는 미국에서 유학한 경험이 있는 뛰어난 이들이었다. 당시 포로로 심문당한 적 있는 이는 중국 심문 담당자들이 "교수이거나 신문 편집자, 또는 다양한 기관의 고위 관리들이었으며 …… 친절하고 품위가 있었다"고 말했다.[102] 이런 점에서 당시 미국인들은 중국 공산주의자들이 스스로 무엇을 하고 있다고 생각하는지에 대해 거의 알지 못했다.

전후 미국의 역사가들은 심리 전문가와 미국의 '군산복합체'의 결탁에 대해 당연히 비판적이었고, 그런 까닭에 '세뇌'라는 용어에 대해서도 회의적이었다. 분석가들은 '세뇌'라는 용어가 에드워드 헌터와 같은 사기꾼들이 적대적인 공산주의자들에 대한 공포심을 조장하고 미국인의 삶의 영역에서 '예측할 수 없는 위협'에 맞서 방어 또는 공격의 수단을 사용할 수 있는 권한을 부여받은 '은밀한 영역'의 무분별한 확장을 정당화하기 위해 부정적으로 사용된 용어라고 단정했다.

그러나 다른 의견도 있다. 역사학자 아민다 스미스Aminda Smith는 마오 시대의 '사상개조'에 대한 그녀의 연구를 통해 1950년대 중국 문서에서 '세뇌'라는 용어를 찾지 못했지만, 이 용어가 헌터의 냉소적인 발상에서 기인한 것이 아니라 중국 본토에서 비공식적으로 유통되던 개념이었다는 정황 증거가 충분하다고 말했다. 왜냐하면 이는 문화적으로 심오하며(고대 도가 사상에 나오는 '세심洗心'에 연원을 두고 있다), 정치적으로 천박한(마오주의 사상개조 운동에서 흔히 쓰였다) 언어적 뿌리를 지니고 있기 때문이다. 게다가 사상개조는 대상이 누구든지 간에 목적은 동일하다는 보편화된 열망을 가진 프로젝트였기 때문에 중국 국내와 미국 포로(북한에 수감된)들에게 사용된 언어와 기법은 놀라울 정도로 유사했다. 다만 개인에 대한 이러한 정치적 개조가 때로 잔인하고 교묘하긴 했으나 미국의 냉전주의자들이 상상하는 것처럼 모든 것을 가능하게 만드는 과정은 아니었다.

재교육은 중국 공산주의 혁명의 기본 요소이다. 자신들이 제안하는 급진적인 변화가 삶을 더 나은 방향으로 변화시킬 것이라고 설득하는 능력이 없었다면 중국공산당은 대중의 지지를 이끌어낼 수 없었을 것이다. 중국 사회의 가장 밑바닥에 있는 사람들은 자신의 끔찍한 생활 환경을 '명命(운명)'으로 돌리는 운명론적 사고방식에서 벗어나 '의식 함양啓發覺悟'을 통해 억압자들에게 불만을 표출해야만 했다(이후 이는 미국과 서유럽에서 기성 체제에 대항하는 1960년대 제2의 물결, 페미니스트 등 반문화 운동가들의 핵심 도구가 되었다).[103] 마오쩌둥이 중국 사회에 대한 계급분석을 시도한 유명한 문장 서두에서 말했다시피 "누가 우리의 적인가? 누가 우리의 친구인가?"의 문제를 해결해야만 했던 것이다.[104] 1949년 이후 사상개조는 옌안의 정풍운동 기간에 연마한 기법, 즉 소조 토론과 비판, 자아비판, 개별심문, 자술서, 자백서 작성 및 재작성 등을 통해 전국적인 규모로 시행되었다.

세뇌 공포는 미국으로 하여금 중국 세뇌 요원들로 구성된 무적의 부대를 상상하게 만들었다. 그러나 실제 경험은 사실 상상한 것과 크게 달라 상당히 혼란스러웠다. 중국공산당이 베이징을 점령했을 때 당은 간부들을 엄격한 이념적 통제하에 두는 데에도 어려움을 겪었다. 북한의 정치조직도 마찬가지로 전혀 준비가 되어 있지 않은 것처럼 보였다. 한 미국인 포로는 이렇게 회상했다. "중공군이 처음 우리를 포로로 잡았을 때는 우리를 가둘 곳도 없었고, 줄 양식도 없었다."[105] 중국 죄수나 외국인 포로를 막론하고 규율이 그리 엄격한 것도 아니었다.

1954년 베이징의 하층민 사상개조에 관한 보고서에 따르면, "수감자들은 정기적으로 병원에 갈 때나 물을 긷고 음식을 구하러 갈 때를 도망칠 기회로 삼았다." 재교육에 참가한 이들은 당국에 맞서 저항했다. 한 매춘부는 자신의 육체를 노출시켜 교도관의 주의를 분산시켜 동료가 탈출하는 데 도움을 주었으며, 일부는 도망치면서 교도관에게 주먹을 날리기도 했다. 어떤 이들은 노동이나 학습을 거부하고 "하루 종일 잠만 자거나 소설을 읽었다." "간부들은 이에 대해 아무것도 할 수 없었다." 보고서에는 이렇게 적혀 있었다.[106]

미국과 다른 서방 국가들에서 중국의 '세뇌' 사건이 일종의 공황상태를 만들었고 이로 인해 미군 포로들에게 실시된 사상개조 프로그램의 결함에 관한 내용은 너무 쉽게 간과되었다. 수용소 내 중국인 정치위원들은 오히려 미국 포로들을 지루하게 만들었다. 어떤 포로는 자신과 동료들이 수용소에서 '정치에 관한 헛소리'를 듣는 동안 밀려드는 졸음과 싸우느라 힘이 들 정도로 그들의 강의에 "완전히 질려버렸다"고 말했다. 그들은 어떻게 해서든 중국인들의 사상개조에 빨려 들어가지 않도록 하품을 하고 농담을 주고받았으며, 심지어 노래 〈동방홍〉에 나오는 가사를 "누가 마오쩌둥에게 똥을 던졌

나"라는 식으로 바꾸기도 했다.[107]

그런데 사실 포로들이 중국 측에 협조하게 된 것은 '세뇌'를 통한 정신적 고통이 아니라 대부분 엄동설한에 이루어진 죽음의 행군, 부상에 대한 치료 부족, 불충분한 식량 등 육체적 고통 때문이었다. 1953년 중국을 선택한 포로들 가운데 한 명인 제임스 베네리스James Veneris는 중국 방송국의 탐방 프로그램에 나와 자신이 중국군에게 투항한 계기가 된 것은 포로로 잡혔을 때 자신에게 건네 준 담배 한 개비 때문이었다고 회상했다. 베네리스는 중국공산당에 입당하여 중국 시민이 되기를 원했다. 그가 죽은 후 그의 미망인과 딸은 "중국인들이 그의 목숨을 구해주었고 …… 그는 그것을 결코 잊지 않았기 때문이다"라고 눈물로 회상했다.[108]

에드워드 헌터는 중국의 사상개조 기술자들이 심리를 농간하는 마법을 부렸다고 비난했다. 반면에 중국인들은 미군 포로들이 지금까지 계속 당하고 있던 자본주의 세뇌를 깨끗이 청소하는 일종의 '역세뇌un-brainwashing'를 하고 있다고 생각했다. 북한의 재교육 담당자들은 미군 포로들이 미국 사회의 최하층 빈민 출신으로 통치자의 꼭두각시이자 희생자라고 여겼다. 한 포로 심문관은 수감자에게 이렇게 말했다. "우리는 당신들이 거대한 자본주의 장기판에서 하찮은 졸※에 불과하다는 것을 알고 있다. 그래서 당신들에게 재교육의 기회를 주려고 한다."[109]

또 다른 재교육 담당자는 이렇게 말했다.

"아주 간단했다. 당시 서방 국가, 특히 미국은 징병으로 끌려온 사병처럼 아무것도 없는 평범한 노동자들에겐 정말 끔찍한 곳이었다. 우린 굳이 특별한 방법을 사용할 필요가 없었다. 대부분의 포로들은 군인이 될 수밖에 없는 가난한 사람들이었고, 지금은 가족과 멀리 떨어진 곳에서 갇혀 있는 신세였다. 그들에게 부당한 대우를 받고 있다는 사실을 설득하는 일이 그리 어렵지 않았다. 그들이 자신들과 싸운 북한군이나 중공군 역시 나쁜 대우를 받고 있음을 믿게 하는 것 역시 어렵지 않았다. 우리는 그들에게 또 다른 세상, 자본주의와는 다른 체계가 있다는 것을 보여주려고 애썼다. 이것이 우리의 주요 목표였다."[110]

1960년대의 대규모 사회, 문화적 반란에서 마오주의와 마오주의 중국의 막대한 역할을 보면 이런 분석이 정확하다는 것을 알 수 있다. 이는 흑인 미군 클래런스 애덤스Clarence Adams에게도 마찬가지였다.

1950년 11월 24일, 당시 북한 지역까지 진격했던 수천 명의 다른 미군들처럼 클래런스 애덤스도 추수감사절 칠면조 요리를 배불리 먹었다. "이후 제대로 된 식사를 하게 된 것은 3년이란 긴 세월이 흐른 뒤였다. 물론 수많은 전우들에게는 추수감사절의 저녁 식사가 마지막 만찬이었다."

다음 날 갑자기 "산꼭대기, 언덕, 계곡 등 우리 주변 곳곳에 중공군이 포진하고 있다는 사실을 알았다. 우리 수천 명의 미군이 포위된 것이었다." 그는 이렇게 회상했다. 그의 연대가 퇴로를 찾아 후퇴하는 동안 그는 며칠 내내 잠도 한숨 자지 못하고 제대로 먹지도 못한 채로 얼어붙은 논에서 또 다른 빙설에 파묻힌 논밭으로 발걸음을 옮겨야만 했다. 당시 그가 속한 중대는 전원이 흑인 병사들이었다. 나흘 후 그는 자신의 중화기 중대가 백인들로만 이루어진 경화기 중대의 탈출을 돕는 데 동원되었다는 사실을 알게 되었다. 며칠 후 그는 중공군에게 포로로 잡히고 말았다. 포로로 잡힌 후 처음 두 번의 접촉은 대체로 긍정적이었다. 중공군 병사 한 명이 그에게 곡식을 한 줌 건네주었다. 며칠 만에 처음으로 먹는 음식이었다. 또 다른 중국인 통역관은 그에게 이렇게 말했다. "당신들은 착취자가 아닙니다. 오히려 당신은 착취를 당하고 있습니다."[111]

애덤스는 북한에서 포로로 잡혀 있을 당시 하마터면 목숨을 잃을 뻔했다. 돼지 몸에 빌붙어 사는 대두만 한 이風에게 물려 발이 썩어들어 갔기 때문이다. 결국 그는 썩은 발가락을 잘라야만 했다.[112]

"나는 끊임없이 자문했다. 도대체 누가 이 전쟁의 수혜자란 말인가? 무기 제조업자들인가? 중국인들은 '부자들의 전쟁에 동원된 가난한 이들의 싸움'

이라고 주장했다. 흑인 청년으로서 내 삶을 돌이켜보면, 민주주의와 자유가 과연 나에게 무엇을 해주었는지 알기 힘들었다."

1930년대와 40년대 멤피스에서 나고 자란 애덤스는 경찰의 불심검문과 인종차별, 백인의 폭력에 익숙했다. 애덤스가 군대에 자원입대한 것도 경찰의 폭력을 피하기 위함이었다.

"왜 부자는 계속 부유하고, 가난한 사람은 여지없이 가난해야만 하는가?"

그는 스스로 묻지 않을 수 없었다. "왜 흑인들은 항상 짐승처럼 쫓겨 다녀야만 하는 걸까? …… 이런 문제를 생각하면 할수록 중국인들의 말이 나름 이치에 맞는다는 생각이 들었다. 나중에 사람들은 이를 '세뇌'라고 불렀지만 이미 그것이 진리라는 사실을 알고 있는 사람에게 누군가 그 사실을 알려주는 것이 어찌 세뇌가 될 수 있겠는가?"[113]

1953년 애덤스는 중국을 선택한 21명의 참전 용사 가운데 한 명으로 중국 여성과 결혼하고 두 아이를 낳았다. "중국인들은 나를 세뇌시키지 않았다." 애덤스는 나중에 이렇게 항의했다.

"중국인들은 나를 세뇌시킨 적이 없다. 그들은 오히려 세뇌에서 벗어나도록 도와주었다. …… 내가 중국을 선택한 것은 자유를 찾고 가난에서 벗어날 길을 찾으며, 비인간적인 존재가 아닌 인간으로서 대접받고 싶었기 때문이다. 나는 공산당에 가입한 적도 없고, 중국 시민이 된 적도 없으며, 결코 조국을 배신하지 않았다."[114]

그는 단호하게 말했다.

"나의 결정에 영향을 준 것은 중국의 선전보다 조국의 인종차별이었다."[115]

애덤스가 1966년 미국으로 귀국하기로 결정할 때도 동일한 의문을 가졌다. 비록 마오쩌둥의 중국이 그에게 대학 진학과 여행의 기회를 주고 번역가로서 일자리를 마련해주었지만 자신의 직업 선택에 한계가 있다는 것을 절감하지 않을 수 없었다. 게다가 고향의 가족이 그리웠으며, 중국의 지인들이 개인주의가 부족하고 집단주의에 매몰된 것도 싫었다. 1957년 미국으로 돌아가기 전까지 중국에서 대학교육을 받고 트럭을 운전했던 또 다른 미군 포로 출신의 데이비드 호킨스David Hawkins도 비슷한 지적을 했다.

"중국에는 '세 번 생각한 후에야 행동에 옮긴다三思而後行'는 속담이 있다. 나도 이에 습관이 들어 나에게 누군가 한 말에 의문을 품고 어떤 말도 액면 그대로 받아들이지 않았다. …… 나는 더 나은 미국인이 되는 법을 배웠다."[116]

4장

세계혁명

1966년 봄, 문화대혁명이 시작되면서 베이징 지도地圖 출판사는 신판 세계지도를 발행했다. 지도의 중앙에 중국이 연분홍색으로 그려져 있고, 맨 위에 "사회주의 체제는 결국 자본주의 체제를 대체할 것이며, 이는 인간의 의지와 무관한 객관적인 법칙이다. 반동들이 역사의 수레바퀴를 아무리 막으려 해도 결국 혁명은 일어나고 필연적으로 승리할 것이다"라는 마오쩌둥의 명구가 적혀 있었다. 마오쩌둥은 1963년 시「만강홍 – 궈모뤄에 화답하며萬江紅 – 和郭沫若」에서 이렇게 읊었다.

사대양 뒤집히고 성난 파도 치솟으며
오대주 뒤흔들며 바람 일고 우레 친다
四海翻騰雲水怒 五洲震蕩風雷激.*

지도는 마오쩌둥의 혁명이 최고조로 확장되던 단계에 이르렀을 때 전 세계의 희망을 시각화했다. 다른 출판물도 이와 비슷한 국제적 메시지를 전달했다. 예를 들어 1960년대까지 마오주의 정치의 글로벌 대변지로 인기를 누렸던「베이징 주보」는 전 세계 모든 대륙에 마오쩌둥과 그의 혁명에 대한 숭배 열기를 보도했다. 기사 중에는 말리Mali의 한 장인의 발언이 인용되었다. "마오 주석은 중국뿐 아니라 전 세계에 속한다. 태양과 같이 그는 모든 인류에 속한 인물이다." 마오쩌둥 숭배의 초상은 거의 변함없이 성자의 후광이 빛났다. 1969년에 제작된 한 포스터에는 마오쩌둥의 빛나는 얼굴이 여러 민족의 열광적인 군중들을 내려다보는 모습이 묘사됐다. 아프리카, 튀르키예, 아랍, 그리고 백인들에 이르기까지 모든 이들이 그를 우러러보는 모습이었

---

* 이어지는 마지막 구절은 다음과 같다. "인류에게 해 끼치는 벌레 물리치나니 대적할 자 없도다(要掃除一切害人蟲 全無敵)."

다.[1] 1950년대 후반부터 문화대혁명 전반(1966~71년)까지 절정에 이른 중국의 대외 선전에서 마오쩌둥은 서구 제국주의자, 배신한 소련 수정주의자, 그리고 당 내부에서 자본주의로 향하는 변절자(이른바 주자파走資派) 들과 투쟁하는 세계 혁명의 천재적인 구세주로 그려졌다.

이는 이론적으로는 세계적 보편성을 표방하지만 실제로는 지역적 편협성을 띠는 독특한 형태의 국제화 형식인데, 필자를 이를 '고등 마오주의High Maoism'라고 부르고자 한다. 이는 소련과 사소한 사상 논쟁을 벌이면서 마오주의의 세계적 타당성에 대한 유토피아적 사례를 만들었다. 예를 들어 세계에서 중국의 역할을 찾으려고 애쓰면서도 거의 세계 모든 나라와 외교 관계를 파괴했고, 전 세계의 보편적 연대를 외치면서도 전 세계 지도자로서 마오쩌둥의 위상을 선전하기에 바빴다. 또한 국제적 현실 정치보다는 국내에서의 자부심 고양에 더 많은 관심을 기울였다.

하지만 이런 모순에도 불구하고 '고등 마오주의'는 역사적으로 나름의 생산성을 발휘했다. 중국 내에서 1960년대와 1970년대에 걸쳐 공산당이 의도적으로 서로 분열시킨 독특한 사례인 문화대혁명을 지속할 수 있는 에너지와 감동을 만들어냈기 때문이다. 그리고 그것은 마오쩌둥에 대한 전 세계적인 숭배의 원동력이기도 했다. 중국은 휘황찬란한 잡지와 총천연색 포스터, 그리고 다큐멘터리 기록물을 통해 마오쩌둥을 세계 혁명의 천재로 소개함으로써 아프리카, 아시아, 라틴아메리카 전역에 반란의 씨앗을 뿌리고 수십억 달러의 원조물품을 그곳에 쏟아부었다. 또한 서유럽과 미국 전역에 반문화 운동을 불러일으키고, 그 과정에서 자유연애와 마약 문화가 결합했다. 또한 이는 인도차이나 전역에 혁명전쟁을 불러일으켰고, 이후 1970년대 후반 민족주의 분쟁으로 발전했다. 좀 더 장기적인 관점에서 본다면, 마오쩌둥의 세계 혁명 계획은 소련과의 격렬한 경쟁으로 인해(때로 의아하기도 하지만) 냉전의 종식을 앞당겼다.

1960년대와 70년대 세계 혁명의 주도권을 놓고 마오쩌둥과 소련이 벌인

다툼은 이데올로기적인 것과 유치한 행태 사이를 기이하게 넘나들며 건조하고 과열된 것처럼 보이는데, 요즘의 관점에서 보면 중소 분열이 마치 서로 다른 문화가 뒤섞인 디저트(서로 다른 문화 충돌의 결과)처럼 들릴 수 있다(논쟁의 중심에 있던 소련의 지도자 니키타 흐루쇼프조차도 종종 이를 이해하지 못했다). 하지만 반세기 이전 그들은 세계 역사를 바꾸어 놓았다. 소련은 개발도상국에서의 영향력을 놓고 중국과 경쟁하면서, 그 갈등으로 인해 제국주의적 과잉 개입으로 치달았다. 이로 인해 국제 사회주의 동맹이 무너졌고, 1972년 닉슨이 중국과 극적으로 화해할 수 있는 계기가 되었으며, 공산권 전역, 특히 캄보디아와 베트남에서 성질 고약하고 반항적인 민족주의를 부추겼다. 이는 냉전 종식의 시작이었으며, 오늘날까지 이어지고 있는 전세계적인 반란의 도화선이 되었다.

이러한 이야기의 빗장을 풀려면 대약진운동과 문화대혁명, 그리고 이 두 가지 획기적인 사건을 추동한 소련과의 결별 등 마오주의가 절정에 달했던 시대로 깊이 들어가야 한다.

1957년 11월 18일은 리웨란李越然에게 정신적 압박이 엄청난 날이었다. 전 세계 64개 공산당 지도자들이 모스크바에 모인, 전례 없이 성대한 대회를 여는 날이었기 때문이다. 중국어와 러시아어 통역에 능통한 리웨란은 마오쩌둥의 연설을 회의에 참석한 대표들에게 상세하게 통역하기 위해 파견되었다. 당시 회의는 마오쩌둥과 중국공산당이 소련이라는 큰 형과 어깨를 나란히 하는 최초의 국제모임이라는 점에서 대단히 획기적이었다. 소련은 마오쩌둥에 대한 특별한 존중의 표시로 마오쩌둥에게만 사전에 연설문을 제출할 것을 요구하지 않았다.

마오쩌둥이 입을 열자마자 뭔가 문제를 일으킬 것 같다는 느낌이 들었다. 마오쩌둥은 대표단에게 자신이 '중풍'으로 인해 서서 연설하기가 힘들어 앉아서 이야기하겠다고 말했다. 오만한 몸짓에 대한 변명이었다. 하지만 이듬해 5월 무더위가 시작될 무렵 그는 베이징 북쪽의 한 제방 공사에 참여하여 자신의 건재함을 보여주었으며, 10년 후에는 천안문 광장 주석단에서 광신도나 다름 없는 수백만 명의 홍위병을 사열했다. 마오쩌둥은 전투적인 분위기를 연출할 때, 특히 소련을 상대할 때는 종종 병을 가장하여 적의 무장을 해제하는 방식을 활용했다. 1963년 그는 소련대사를 초치한 후 "종종 감기가 걸리는데 거의 죽을 지경이기 때문에 오늘은 침대에 누워 당신을 맞이할 수밖에 없다"고 말했다.[2] 마오쩌둥은 그런 상태로 2시간 반 동안 토론을 이어갔다.

모스크바에서 마오쩌둥은 통역사를 전혀 배려하지 않았다. 마오쩌둥의 연설에는 중국어의 관용구, 고대 역사 전고典故, 그리고 주제와 빗나간 철학적 이야기 사이를 오갔다. 마오쩌둥은 중국 특유의 혁명 언어에 대한 여러 나라 공산당 대표들의 존중을 기대하고 또한 요구했다.

중국 속담에 "뱀은 머리가 없으면 앞으로 나아갈 수 없다"는 말이 있습니다. …… 또 다른 중국 속담에 "연꽃은 아름답지만 푸른 잎이 있어야 빛을 발할 수 있다"는 말도 있지요. 흐루쇼프 동지, 당신이 아무리 아름다운 연꽃이라 할지라도 당신을 돋보이게 하려면 잎사귀가 필요합니다. …… 중국에는 또 이런 속담도 있습니다. "구두수선공이 세 명이면 제갈량보다 낫다."

연설의 내용은 공격적이었다. 회의가 열리기 몇 달 전부터 마오쩌둥은 자신을 공산주의 세계의 큰 형으로 내세우며, 누가 먼저 서방의 경제 강대국을 추월할 것인지에 대해 흐루쇼프와 과시 경쟁을 벌여왔다. "소련의 우회로를 피하고 더 빠르고 더 잘할 수는 없을까?" 마오쩌둥은 모스크바에 오기 전 당내 회의에서 이렇게 물었다.[3] 모스크바에서 마오쩌둥은 중국이 15년 안에 영국의 산업을 추월할 것이라고 과시했다. 바로 그때 마오쩌둥은 사적인 대화에서 시사한 바 있는 자신의 관점을 공표하기로 결정했다. 피할 수 없는 제3차 세계 핵전쟁에서 국제 권력의 평형에 관한 것이었다.

오늘날 세상에는 동풍과 서풍이라는 두 가지 바람이 있습니다. 중국에는 "동풍이 서풍을 이기거나 서풍이 동풍을 이긴다"는 속담이 있지요. 나는 현재 형세의 특징은 동풍이 서풍을 압도하는 것이라고 생각합니다. …… 핵전쟁이 발발하면 얼마나 많은 사람들이 죽게 될지 상상해 봅시다. 세계 인구 27억 명 가운데 3분의 1, 더 많으면 절반이 사라질 수 있습니다. …… 최악의 상황이 닥쳐 인류의 절반이 죽고 나머지 절반만 살아남는다면, 제국주의는 초토화되고 전 세계가 사회주의화될 것이며, 수년 안에 다시 27억 명이 될 것입니다.[4]

흐루쇼프는 나중에 마오쩌둥이 한 시간 남짓 연설을 한 후 "청중들이 죽은 듯이 고요했다"고 회고했다(그는 또한 핵전쟁 이후 중국의 급속한 번영에 대한 마오쩌둥의 '짜릿한' 언급에 대해 쑹칭링이 비웃었다는 말도 했다). 스탈린 시절부터 중국에 특사로 파견되었던 미코얀은 마오 주석의 방식에 어느 정도 익숙했으나 그 발언에 충격을 받아 벌떡 자리에서 일어나 한참 동안 마오쩌둥을 바라보았다.[5] 폴란드와 체코공산당 지도자들은, 핵 공격을 받아도 살아남을 만큼 중국은 인구가 많지만 폴란드와 체코슬로바키아는 전멸할 것이라고 반대했다.[6] 이탈리아공산당 지도자 팔미로 톨리아티Palmiro Togliatti가 이탈리아에 대해 비슷한 우려를 표명하자 마오는 이렇게 대꾸했다. "하지만 누가 이탈리아가 반드시 살아남아야 한다고 말했습니까? 중국인이 3억 명 남을 것이고, 그 정도면 인류가 존속하기에 충분할 것입니다."[7] 마오쩌둥의 주치의는 훗날 마오쩌둥이 "모스크바 회의 결과에 진심으로 만족했다"고 회고했다.[8]

마오쩌둥의 모스크바 공연은 소련에게 적대감을 불러일으키도록 기획한 것이다. 마오쩌둥은 방문 기간 내내 주최 측의 관대함에도 불구하고 최악의 행동을 보였다. 소련은 두 대의 비행기를 보내 대표단에게 편의를 제공하고, 캐비어, 피시 앤 칩스, 샌드위치, 보드카 등으로 특별대우를 했으나 마오쩌둥의 반응은 영 신통치 않았다. "소련 음식은 먹을 만한 것이 없네. 무슨 맛인지 모르겠어." 소련에 있는 동안 마오쩌둥은 중국에서 대동한 요리사가 만든 후난 음식만 먹었다. 흐루쇼프는 마오쩌둥을 예카테리나 황후의 옛 궁전 최고급 방에 묵게 했다. 그 방은 호화롭기 이를 데 없고 수많은 회랑과 최고급 샹들리에가 걸려 있는 응접실이 미로처럼 연결되어 있었다. 하지만 마오쩌둥은 그 방에 마련된 실내 욕실은 거들떠보지도 않고 중국에서 가져온 요강을 사용했다. 마오쩌둥 주치의의 말에 따르면, 흐루쇼프가 마오쩌둥을 〈백조의 호수〉 공연에 초대했을 때(소련 지도자들의 전용 관람실에서 관람함) 마오쩌둥은 제2막이 끝난 후 자리에서 일어나며 이렇게 투덜댔다고 한다. "발끝으로 걸어가는 모습이 영 불편해. 춤추는 방식을 바꿀 수 없나?"[9]

1957년 마오쩌둥이 받은 대접과 대응은 1949~50년의 소련 방문 경험과 극명한 대조를 이룬다. 첫 번째 방문에서 스탈린은 그를 무시하고 시간을 끌다가 협상 테이블에서도 자신에게 이로운 방향으로 협상을 이끌었다. 이에 마오쩌둥은 공개적으로 불쾌한 반응을 보였다. 두 번째 방문에서 마오쩌둥은 흐루쇼프의 환대에 경멸로 화답했다. 마오쩌둥은 자신이 흐루쇼프보다 뛰어나다고 느꼈던 것이 분명하다. 안하무인의 무례한 태도, 흐루쇼프보다 한 등급 높다는 자세, 의도적인 중국 중심주의 발언 등 마오쩌둥은 소련 방문 내내 자신이 생각하는, 혁명과 지위에 대한 새로운 시대의 개막을 알렸다. 마오쩌둥은 당시 대회에 참석한 63명의 공산당 대표들에게 '내가 세계 혁명을 주도하며, 나는 내가 하고 싶은 말을 하겠다'라고 분명히 밝힌 셈이다.

중국과 소련 사이의 균열에는 개인적이고 사소한 일부터 지정학적, 역사적 요인까지 다양한 원인이 있다.[10] 앞서 살펴본 바와 같이 마오쩌둥은 러시아의 음식과 화장실까지 혐오했다. 심지어 소련인과 말다툼을 하면서 19세기 차르가 강탈한 중국 땅을 돌려받을 계획이 있다고 말하기도 했다. 중국은 중소 관계에 심각한 불평등 현상에 분개하고 있었다. 예를 들어 빈곤한 중국을 포함해, 사회주의권 전역의 소련 고문단은 현지인들보다 훨씬 풍족한 생활을 영위했고 많은 이들이 주인으로서의 우월성을 이용했다. 중국의 경우도 마찬가지여서 중국에 파견된 소련 고문들은 중국 현지 기준으로 천문학적 액수의 생활비와 급여를 받으며 아무런 걱정 없이 생활했으며, 모든 경비는 중국이 부담했다. 1950년대에 중국공산당은 베이징 서부의 한적한 교외, 도시와 대학이 밀집한 곳 사이에 '우의빈관友誼賓館, 우정 호텔'을 지었다. 그곳에는 소련인들을 위해 흰 사슴이 풀을 뜯는 푸른 잔디밭과 수영장, 고급 가구로 치장한 넓은 아파트 등이 자리했다. 호텔의 '우의궁友誼宮'에서는 아침 식사를 제공했으며, 당구를 칠 수도 있었다. 반면에 소련은 자국의 중국 유학생들에게 과도한 수업료를 징수하면서도 학업 과정은 수준 이하였고, 생활 조건도 열악했다.

그러나 무엇보다도 이 두 세력을 갈라놓은 것은 이데올로기였다.[11] 문제는 1956년 2월 제20차 소련공산당 대회에서 시작되었다. 당시 대회에서 흐루쇼프는 스탈린의 폭정을 비난했을 뿐만 아니라 미국 및 다른 자본주의 국가들과 '평화 공존'이라는 새로운 외교 정책 방향을 제시했다. 두 달 후 코민포름*이 해체되었다. '평화 공존'은 공산주의 진영이 폭력 혁명을 통해 자본주의와 필연적으로 투쟁해야 하는 운명이 아니라 성공적인 사례를 통해 다른 국가들을 설득할 수 있다고 주장함으로써 소련의 과거와 결별함을 의미했다.

마오쩌둥은 오랜 세월 스탈린에게 냉대를 받았지만 1956년 흐루쇼프가 스탈린 격하 운동(탈스탈린화)을 시작하자 이에 정면으로 맞섰다. 그는 스탈린이 엄중한 착오, 특히 중국과 관련하여 큰 실수를 저질렀다는 사실을 인

---

* 1947년 반소, 반공 공세에 대항할 목적으로 소련 주도로 설립한 국제공산당 정보기관.

정했다(항일전쟁과 내전 기간 동안 마오쩌둥에 대한 스탈린의 지지는 일관되지 않고 변덕스러웠다. 1944년 미국 외교관과 만난 자리에서 스탈린은 마오쩌둥 치하의 중국공산당을 '마가린'(가짜) 공산주의자라고 말한 적이 있다). 그러나 마오는 스탈린주의 프로젝트의 또 다른 측면에 중독되어 있었다. 명백한 이유로 그는 개인 숭배의 필요성을 옹호하려 했다. 1930년대 마오쩌둥은 자신에게 큰 영향을 준『소련 공산당사: 속성 과정』을 읽은 후에 1920년대 인민, 특히 농민을 선동하고 필요에 따라 핍박하여 급속한 산업발전, 무엇보다 군사발전을 가속화하는 데 필요한 잉여 농산물을 생산하도록 한다는 '혁명적 스탈린주의' 교리를 맹신했다. 마오쩌둥은 흐루쇼프에 대해 무장투쟁을 통한 혁명에 등 돌린 관료일 뿐이라고 생각했다. 1956년 11월, 흐루쇼프의 제20차 당 대회 비밀 연설이 있은 지 약 9개월 후, 마오쩌둥은 소련과의 분열, 문화대혁명의 내부 숙청, 마오주의의 자신감 있는 세계적 확장을 차례로 이끌게 될 문구를 처음으로 만들었다. "탈스탈린화는 …… 수정주의이다."[12] 흐루쇼프는 제3차 세계대전을 피하기 위해 최선을 다하겠다고 약속했지만 마오 진영은 '제국주의'와의 전쟁이 불가피하며 이와 다른 견해는 혁명을 배신하는 것이라고 선언했다.

1958년 내내 마오쩌둥은 '평화 공존'에 도전하면서 자신을 혁명 투쟁의 세계적 지도자로 내세우기 위해 의도적으로 국제 분쟁을 조작했다. 그해 중국공산당 중앙위원회는 지칠 줄 모르는 마오쩌둥의 혁명과 정체된 소련의 혁명을 구별하기 위해 '계속혁명'이라는 구호를 내걸었다. 1950년대 후반에는 "정치와 대중이 모든 것을 결정한다."(전문가와 기획자가 아니라), "정치 투쟁은 반드시 군사화가 필요하다."(전국민의 무장화를 실현하기 위해 모든 이들이 총을 갖고 민병대를 조직해야 한다), "물질적 현실(중국의 극심한 빈곤)은 장애물이 될 수 없으며, 중요한 것은 '공산주의 정신'이다." 등 '고등 마오주의'를 정의하는 대부분의 사상이 전파를 타고 세상에 알려졌다. 동시에 "집단은 반드시 지도자를 숭배해야 한다"라고 주장하며 마오쩌둥에 대한

광적인 숭배를 선동했다.[13]

그 기간에 정서적으로 불안한 천재 군사가 린뱌오가 1959년 마오쩌둥을 비판했다가 실각한 펑더화이를 대신하여 국방부 장관으로 임명되면서 새롭게 부상했다(마오쩌둥의 주치의에 따르면, 린뱌오는 바람과 빛, 그리고 물을 두려워했기 때문에 수분을 취하기 위해 부인이 물에 적신 만두를 먹도록 했다고 한다).[14] 린뱌오는 마오쩌둥의 군사사상을 인민해방군의 핵심 교재로 삼자는 제안을 통해 마오쩌둥의 총애를 받았다. 그의 선전 활동은 '고등 마오주의'의 토대가 되었다. 마오쩌둥의 자신감 고조와 그의 혁명에 대한 무한한 가능성은 1950년대와 60년대 마오쩌둥의 두 가지 대표적 운동, 즉 대약진운동과 문화대혁명의 토대가 되었다.

마오쩌둥은 해외 혁명이 국내 혁명을 촉발할 수 있다는 생각으로 대외 정책과 국내 정책을 혼동했다. 마오쩌둥은 국내에서 국제적 위상을 높이기 위해 급진화했고(중국이 곧 영국을 추월하고 미국을 따라잡을 수 있다는 뜻의 '초영간미超英趕美'를 말함), 외교 정책에서는 중국을 영구적인 군사 준비 태세에 놓기 위해 급진화했다. 이는 경제발전과 정치적 안정을 달성하기 위해서는 평화로운 환경이 필요하다는 기존의 정치적 통념을 무시한 것이다. 마오쩌둥은 정반대의 관점을 취했다.

1958년 7월과 8월 사이 마오쩌둥은 소련과 미국과의 갈등을 일으키기 위해 최선을 다했다. 7월 말, 흐루쇼프는 마오쩌둥이 제안한 잠수함 합동 함대를 둘러싸고 벌어진 갈등을 수습하기 위해 중국으로 급히 달려갔다. 언제나 다른 나라 공산당 지도자들에게 모스크바로 달려오라고 요구했던 강철의 사나이 스탈린의 시대였다면 결코 상상할 수 없는 일이었다. 마오쩌둥은 방문 내내 흐루쇼프의 화를 돋우는 데 전력을 기울였다. 우선 흐루쇼프를 모기가 들끓고 에어컨조차 없는 교외의 초대소에 묵도록 했다. 다음으로 흐루쇼프에게 중난하이(중남해)의 수영장에서 만나자고 요구했다. 마오쩌둥은 수영에 능했지만 흐루쇼프는 공기 튜브를 차야만 겨우 뜰 수 있는 정도였다. 몇 마디 한담이 오간 후 마오쩌둥은 욕의를 벗더니 물속에 들어가 현재의 정치 상황에 대한 대화를 계속하자고 제안했다. 마오쩌둥이 물속으로 들어가자 수영모에 견직물로 만든 수영복 바지를 입고 튜브에 몸을 의지한 흐루쇼프는 물속에서 허우적거리며 따라갔다. 통역사는 세계 공산주의의 강대국 두 지도자 사이를 세심하게 오갔다. 마오쩌둥은 복잡한 질문을 던지는 것을 즐겼고, 흐루쇼프는 대답하기에 급하여 몇 번이고 수영장 물을 마셔야만 했다. 소련의 한 목격자는 "결코 잊을 수 없는 장면이었다"라고 회상했다.[15]

흐루쇼프와 회담을 끝낸 후 마오쩌둥은 8월 23일 본토와 타이완 사이에 국민당 정권이 장악하고 있는 진먼다오金門島를 향해 수십만 발의 포격을 명령하면서 미국과 국제적 긴장을 고조시켰다. 1958년 9월 초 아이젠하워 대통령의 국무장관 존 포스터 덜레스는 위기 해결을 위해 핵무기를 배치할 수 있음을 암시했다. 이에 소련은 중국과 전략적 동맹 관계였기 때문에 동일한 대응을 준비해야만 했다. 하지만 마오쩌둥은 실제로 진먼다오를 탈환하는 데 관심이 없었다. 마오쩌둥에게 쿠바 미사일 위기만큼이나 심각할 수 있는 이 대결은 단지 파워 게임, 즉 그의 표현을 빌리자면 미국인들의 목에 '올가미'를 씌우는 선제공격에 불과했다.[16] 이는 동시에 마오쩌둥이 중국 인민을 대약진이라는 경제적 급진주의로 몰고 가는 데 합리적 이유를 부여했다. 대량의 철강을 생산하고 허둥지둥 졸속으로 공사(인민공사)를 조직할 수 있는 동력은 모두 중국 인민들에게 군사적 규율을 시행하는 데 달려 있었으며, 이는 조작된 국제적 위기감에 의해 보증되었다. 브레즈네프가 나중에 말했듯이, 마오쩌둥의 목표는 중국이 '수난에 처한 요새'라는 인식을 중국 인민들에게 심어 "노동자들을 초인적인 수준의 근면성으로 조종하기 위해 극단적인 도덕적, 물리적 조치를 사용하는 것을 합리화할 수 있도록 외부조건을" 만들기 위함이었다.[17] 이러한 목표를 실현하기 위해 취약한 국제 상황에서 마오쩌둥이 기꺼이 세계 핵전쟁이라는 위험을 감수한 것은 참으로 기이한 일이 아닐 수 없다.[18] 마오쩌둥은 자신의 주치의에게 자신이 인류의 결말과 관계없이 대규모 국제 전쟁을 갈망하고 있다고 솔직히 말했다. "미국이 끼어들면 푸젠성福建省에 원자폭탄 한 발을 투하할지도 모르지. 아마 그러면 천만에서 이천만 명이 죽게 될지도 몰라."[19]

대약진운동을 연구한 역사가들은 확연한 이유로 중국 내에서 대약진운동이 초래한 끔찍한 인적 비용을 강조해왔다. 이는 개인이 가족의 식사를 준비하고, 자신의 토지와 농산물을 관리하며, 휴식을 취할 권리를 국가가 박탈했으며, 심지어 일부 여성의 경우 노동하는 동안 옷을 갈아입을 권리까지 박탈하는 등 사생활 파괴에서부터 시작되었다. 1959년, 국가는 농촌 주민들이 신체 기능의 가장 기본적인 것, 식사를 수행하는 것조차 허용하지 않을 것이 분명해졌다. 관료들이 막대한 곡물을 수확했다는 허구적인 통계를 발표하자 국가는 이 환상적인 수확량에서 정해진 할당량을 추출하여 도시에 공급하고 해외에 판매하여 산업발전을 위한 수입으로 충당했다. 그러나 실제 생산량은 통계치를 훨씬 밑돌았기 때문에 농민들은 거의 아무것도 남지 않았다.

중국 내외의 역사학자들은 기아와 영양실조로 인한 질병, 농민들이 '비축한' 식량을 빼내려는 국가 폭도들의 구타 등으로 수천만 명이 죽은, 끔찍한 결과를 추적했다.

물론 우리는 대약진운동 및 이로 인해 야기된 기근으로 조성된 국내의 공포와 참혹한 현실에 주목해야 한다. 하지만 대약진을 이끈 전 세계적 야심을 설명하지 않으면 이 거대한 사건을 이해하는 것이 불가능하다. 마오쩌둥은 1920년대 후반 '대전환'에서 소련의 집체화(콜호스, 집단농장)를 장엄하게 묘사한 데서 영감을 받았지만 실은 소련과 서방을 뛰어넘어 중국의 세계 패권을 주장하고 싶었다. 이는 마오쩌둥의 발언에서도 분명하게 드러난다.

그는 소련보다 먼저 완전한 공산주의 사회를 실현하여 경제적으로 영국, 프랑스, 미국을 추월하겠다는 데 집착했다. 1957년 그는 향후 중국이 곡물 생산량 69%, 면화 생산량 100%를 증가시킬 것이라고 예측하면서 "우리는 전 세계 위원회를 설립하고 전 세계를 통일하는 계획을 세울 것이다"라고 예단했다.[20] 1959년 국경절, 마오의 최측근인 천이陳毅는 상상 속의 대약진 성공에 환호작약하면서 중국의 성과에 대해 이렇게 말했다.

"해방을 위해 싸우는 세계의 모든 억압받는 국가와 인민들에게 엄청난 격려이다. 그들은 중국인에게서 자신들의 미래를 보았다. 그들은 중국인들이 성취한 모든 것을 자신들도 이룰 수 있을 것이라고 생각한다. 그들은 중국 인민의 승리에 무한한 자신감과 용기를 얻는다. 중국 인민은 억압받는 모든 나라에서 자신의 어제를 본다."[21]

세계의 곡창지대라는 중국의 새로운 자화상은 대대적인 국제 원조 정책으로 이어졌다. 장제스 치하의 중화민국은 항상 외부 원조를 받아왔으며, 특히 미국의 원조가 가장 많았다. 마오쩌둥은 국내외에 자신의 성공을 홍보하기 위해 설사 요구사항이 허황된 것일지라도 관대하게 받아들이기로 마음먹었다. 1960~61년 기근이 최악으로 치달았을 때도 마오쩌둥은 전혀 개의치 않고 관대한 태도를 유지했다. 그 기간 동안 대외 원조는 50% 이상 증가했다. 1960년에는 아프리카에 대한 중국의 원조가 급격히 증가했는데, 알제리의 경우만 해도 전년도 60만 위안에서 5060만 위안으로 늘어났다.[22] 1961년에는 6억 6천만 위안이 대외 원조비로 배정되었는데, 이는 이전 10년간의 연평균보다 2억 6천만 위안이 더 많은 액수이다. 그중에서도 알바니아는 특별한 수혜국이었다. 중국은 두 차례에 걸쳐 알바니아에 필요한 전체 곡물의 5분의 1을 제공했다. 한 알바니아 외교관은 "중국은 우리에게 모든 것을 주었다"고 회상했다. 베이징에 있는 외국인이었던 그조차 기근이 명백하다는 사실을 알고 있었다(당시 대도시는 최악의 상태를 면했으며, 중국 당국은 외국인들에게 기근을 숨기기 위해 최선을 다했다). 그는 계속해서 이렇게 말했다. "우리들에게 필요한 것이 있으면 중국에 요구하기만 했다. …… 나는 부끄러움을 느껴야만 했다."[23] 그렇다고 부탁을 멈출 정도로 부끄러운 것은 아니었다. 1950년대와 60년대를 거치면서 알바니아 사람들은 소련과 중국 모두에게 구걸하는 나라라는 오명을 얻었다.[24]

1960년, 소련의 통치자는 중국공산당의 한 간부가 보낸 편지 한 통을 받았다. "세계 혁명의 중심은 이미 중국으로 이동했으며 마오쩌둥은 현대 최고의 마르크스주의자이다"라는 직설적인 내용이었다.[25] 그해 초 마오쩌둥은 5명의 이데올로기 전문가로 위원회를 조직하여 중국이 세계 혁명을 주도할 것을 주창하는 선언문을 발표하도록 했다. 「레닌주의 만세」라는 제목이 붙은 장문의 선언문이 1960년 4월에 반포되었다. "아시아, 아프리카, 라틴아메리카에서 미 제국주의"에 대항하는 전 세계 계급투쟁과 마오쩌둥의 '지구전' 전략에 대한 종잡을 수 없는 찬가로 이루어졌으며, 미국과 '평화공존'을 제시한 소련의 계획을 공개적으로 비난했다.

선언문에 따르면, "현대 수정주의자들은 작금의 세계 정세에 대해 터무니없는 주장을 하고 있으며 '마르크스-레닌주의 이론은 이미 시대에 뒤처진 진부한 이론'이라는 황당한 논리에서 출발하여 폭력, 전쟁, 평화공존 등 일련의 질문에 대한 마르크스-레닌주의의 기본 이론을 완전히 뒤엎으려고 시도하고 있다." 이에 반해 중국공산당 중앙위원회는 "레닌의 원칙에 따라 중국의 상황에 비추어 중국 인민을 위해 사회주의 건설을 위한 총노선, 대약진, 인민공사라는 정확한 원칙을 창조적으로 제시했으며, 이는 전국 대중의 주동적인 혁명정신을 고취시켜 날마다 우리나라(중국)의 면모를 변화시키고 있다."

이후 중국공산당은 1963년부터 그 이듬해까지 전체 9차례나 추가 논쟁을 이어갔다.[26] 배포 속도도 빨라 알제리의 독자들도 베이징에서 반포된 공산주의식 스콜라철학을 단 5일 만에 접할 수 있었다.[27] 부분적으로 중국의 거만한 호언장담에 대응하기 위해 흐루쇼프는 1960년 7월 중국에 주재하고 있던 모든 소련 고문단을 철수시켰다. 국제적인 '체면'에 집착하던 마오쩌둥은 소련에 미지급한 채무를 5년 내에 신속하게 상환하자고 주장했다. "매우 곤궁하던 옌안 시절에도 우리는 고추만 먹고 살아남았다. 지금은 그때보다 낫다. 허리띠를 졸라매고 5년 내 채무 상환을 쟁취하자." 그는 입심 좋게 이렇

게 말했다.[28]

중소 논쟁은 전혀 중요치 않은 욕설로 이어졌다. 마오쩌둥과 측근들은 소련이 미국을 달래려는 '수정주의자'라고 공개적으로 헐뜯으며 중국만이 세계 혁명의 진정한 지도자 역할을 할 수 있다고 주장했다. "쾅 하고 내리치기, 남의 의견 짓밟기, 입 다물게 하기, 소리치기"가 국제공산당대회의 표준 사운드트랙이 되었다. 베트남의 선전부장을 역임한 쑤언 부Xuan Vu는 "1960년 북방 사람(북베트남 사람)들은 길거리 라디오 스피커에 들려오는 시끄러운 소리를 통해 중국과 소련의 차이점에 대해 배우기 시작했다. 매일 밤 8시부터 8시 30분까지 확성기는 베이징의 라디오 방송국을 직접 연결하여 방송했고, 8시 30분부터 9시까지는 모스크바 방송을 그대로 전했다. 두 곳의 방송국은 서로 비방하느라 열을 올렸다. 중국은 흐루쇼프를 모욕하고, 소련은 마오쩌둥을 모욕했다."[29] 소련 관리들과 볼썽사나운 싸움을 하기 위해 선발된 중국 관리들은 영웅 대접을 받았다. 한번은 귀국하던 대표단을 베이징 공항에서 5천 명이 넘는 간부들 외에도 마오쩌둥과 저우언라이까지 직접 나와 영접했다.[30] 그러나 동구권에 속하는 대부분의 나라는 여전히 소련에 충성을 다했다. 예를 들어, 루마니아는 1962년 부다페스트에서 열린 공산당 회의에 중국 대표단의 참석을 막기 위해 부쿠레슈티Bucharest, 루마니아의 수도와 헝가리 수도를 오가는 모든 항공편이 만석이라고 거짓말을 했다. 동베를린에서 열린 또 다른 회의에서 독일공산당은 중국 대표단의 마이크를 꺼서 그들의 욕설을 말 그대로 묵음으로 만들었다.[31]

흐루쇼프는 마오쩌둥을 '낡은 부츠'라는 말로 비유하길 좋아했다(특히 보드카를 많이 마신 날의 경우).[32] 반면 마오쩌둥은 소련의 정책 프로그램이 "냄새 나고 장황하다"는 말로 응수했다. 중소관계가 호전될 기미가 보일 때마다 마오쩌둥은 고의적으로 신중하게 방해공작을 펼쳤다. 예를 들어 1964년 중소 국경 분쟁에 관한 협상이 순조롭게 진행되자 마오쩌둥은 중국을 방문한 일본 사회당 대표단에게 1세기 전 러시아가 중국 영토를 점령한 것에 대해 소련과 '결산'하고 싶다고 하면서 중국이 외몽골을 되찾는 문제를 제기했다. 당시 중국공산당 지도부가 주로 찾던 해변 휴양지 베이다이허北戴河에서 회담을 진행하던 소련 대표단은 휴식 중 이 소식을 듣고 격노하여 협상을 중지하고 귀국했다. 1965년 소련 총리 알렉세이 코시긴이 마오쩌둥에게 중소 화해를 고려할 수 있는지 물었을 때 마오쩌둥은 자신이 이미 1만 년 동안 소련을 비난하겠다고 작정했노라고 하면서 특별히 양보한다면 그 기간을 천 년 정도 줄일 수 있겠지만 더 이상은 줄일 수 없다고 말했다.

1960년 6월 저우언라이는 정치국에 "흉작으로 인한 2년간의 기근"이 국내 정치의 전망을 "대단히 위험하게" 만들 것이라고 보고했다.[33] 이듬해 류사오치와 덩샤오핑은 대약진을 포기했다. 1962년 1월 마오쩌둥은 자신의 권위에 대한 도전에 직면했다. 류사오치는 베이징에서 열린 회의에서 7천여 명의 간부들에게 중국 경제가 처한 대재난에 대해 3시간에 걸쳐 이야기했다. 중국은 '인간이 만든 재앙(인화)'의 한가운데 처해 있고, 중앙지도부는 그 책임을 져야 했다. 류사오치는 사적으로 마오쩌둥을 찾아가 말했다(그곳 역시 수영장이었다). "너무 많은 사람들이 굶주림으로 죽었습니다. 역사가 주석과 저에 대해 기록할 것이고 사람들이 서로 잡아먹었다는 말도 기록할 것입니다."[34] 마오쩌둥은 자신과 비교적 친근한 동지들이 인민공사를 해체하고 일부 토지사유제를 도입하자 일시적으로 자리에서 물러났다. 국내 경제 정책의 온건화는 외교 정책에도 영향을 끼쳤다. 당시에 주장했던 이른바 '삼화일감三和一減'은 미국, 소련, 인도와 화해하고 혁명 원조를 삭감하는 것이었다.

1962년 중국공산당, 특히 마오쩌둥은 국내적으로 전례 없는 정통성 위기에 직면했다. 마오쩌둥은 이 위기를 슬기롭게 극복하고 그해 9월 대국민 연설을 통해 정치 중심부로 복귀하는 데 성공했다. 그는 계급투쟁의 영원한 필요성과 특히 아시아, 아프리카, 라틴아메리카에서 제국주의와 수정주의에 대항하는 세계 혁명을 이끌 자신과 중국의 영도력에 대해 설교했다.[35] 마오쩌둥은 새로운 구호, 반수방수反修防修*를 통해 국외에서는 소련의 수정주의에 반대하고, 국내에서는 수정주의를 방어해야 한다고 하면서 이는 서로 다른 투쟁지역에서 일어나는 일이지만 혁명을 수호하기 위한 동일한 투쟁이라고 주장했다. 이어진 선전 운동에서 그는 중국 인민, 특히 도시 대중들에게 혁명은 중국인의 책임이자 전 세계의 책임이라고 말했다. 따라서 중국 혁명을 반대하는 범죄는 곧 세계 혁명을 반대하는 범죄가 되었다. 또한 중국을 '수정주의'의 위협에서 구하는 것은 곧 세계를 구하는 일과 다를 바 없었다.

1965년 린뱌오 국방부 장관은 「인민전쟁 승리 만세」라는 아부성이 다분한 글에서 마오주의 혁명의 세계 수출을 적극 고취하면서 이렇게 말했다.

"마오쩌둥의 사상은 전 세계 혁명 인민의 공동 재부이다. 이것이 바로 마오쩌둥 사상의 위대한 국제적 의의이다. …… 인민 전쟁의 정의로운 깃발을 높이 들자! …… 승리는 반드시 세계 인민에게 돌아갈 것이다."[36]

1966년 린뱌오의 아부성 발언은 한 걸음 더 나아갔다. 그는 1966년부터 1971년까지 수십 개 언어로 10억 부 이상 인쇄된 마오쩌둥의 발언을 담은 『마오어록』을 "비할 바 없는 위력을 지닌 정신의 원자탄"이라고 표현했다.[37] 1960년대 내내 마오쩌둥을 도와 문화대혁명을 기획하고 조율했던 핵심 측근들은 마오쩌둥의 이론이 해외(특히 개발도상국과 식민지, 탈식민지 세계)에서 성공적으로 혁명 전쟁을 수행하기 위한 핵심 요소라고 명쾌히 선전했다. 마오쩌둥은 문화대혁명의 초기 단계에서 "천하가 크게 혼란하니 형세가 아주 좋다"고 말함으로써 자신을 세계 혁명의 주체로 내세웠다. 그의 동지들은 이에 동조하며 아부 대열에 가담했다. 1966년 예젠잉葉劍英 원수는 "마오쩌둥의 지도력 아래 중국을 해방하는 데 불과 22년이 걸렸다"고 하면서 "향후 마오쩌둥의 영도하에 25년 내에 우리는 전 세계를 해방시킬 것이다"라고 말했다.[38] 중국이 완전히 전 세계 군사문화의 본거지였던 셈이다.

마오쩌둥은 공개석상에서 자신을 미국과 소련 제국주의 억압에 고통받

---

*   수정주의를 반대하고 방지함.

는 대중의 친구로 묘사하기를 즐겼다. 미국 흑인의 친구, 베트콩의 친구, 전 세계 곳곳에서 투쟁하는 공산주의 반군의 친구라는 뜻이다. 마오쩌둥이 영도하는 중국이 '반란의 세계 총본부'로 자처하자(반미, 반식민지, 심지어 모든 것을 반대하는) 소련 고문단이 묵었던 우의빈관은 전 세계 떠돌이 혁명가들의 중심지가 되었다. 그중에는 칠레의 우울한 볼레로 가수, 콜롬비아 배우, 이론에만 밝은 베네수엘라 게릴라, 1967년 홍위병이 영국대사관을 불태우자 그 폐허에서 환희에 겨운 춤을 추었다는 영국의 마오주의자 엘시 페어팩스-콜멜리Elsie Fairfax-Cholmeley(베이징에 거주하던 그녀와 동향인 영국인이 말했다. "그녀의 이름을 통해 그녀의 집안을 알 수 있다. 그녀는 영국의 유명 작가인 우드하우스P. G. Wodehouse의 이모이다. …… 만약 그녀가 거미라면 남편을 아침 식사로 잡아먹었을 것이다.") 등이 있었다. 또한 니제르의 아마두 Amadou라는 온화하고 독실한 무슬림 민족주의 혁명가도 있었는데, 그는 흰옷을 휘날리며 성수가 담긴 은색 주전자를 손에 들고 우의빈관 식당을 돌아다니며 식사를 하는 손님들에게 '봉주르, 봉주르'를 연발하곤 했다. 아마두는 공산주의 이념에 특별한 관심이 없었지만 그에게 중국은 또 다른 매력이 있는 곳이었다. 중국에 도착한 후 그는 국영 방송국 국장을 찾아가 자신들의 경전인『코란』은 네 명의 아내를 두는 것을 허용하고 있다고 말했다. 연이어 그는 이미 아프리카에 세 명의 아내를 두었지만 중국인 배우자를 위한 한 자리가 남았으니 중국에서 남은 한 명을 구입하고 싶다고 말했다. 국장이 불가능하다고 대답하자 흥분한 아마두는 여자를 그냥 달라는 것이 아니라 돈을 주고 사겠다는 뜻이라고 항의조로 말했다. 결국 구입에 실패하여 실망을 감출 수 없었던 그는 이후 몇 년 동안 중국에서 아프리카 언어를 가르치다 귀국하여 운송 사업을 시작했다. 그 후 그는 공개적인 행사 현장에서 국왕을 암살하려다 붙잡혀 처형당했다.[39]

1960년대 중국의 국내 선전 매체에는 세계 혁명에 대한 언급으로 넘쳐났다. 영화와 다큐멘터리, 심지어 음악과 수학 교과서, 연극과 보드게임에 이르기까지 중국의 지도자가 세계 혁명의 공동체를 영도하는 형상으로 가득 찼다. 1960년대 중반에 성인이 된 세대는 특히 이러한 선전을 잘 받아들였다.

중국 신문 및 방송 매체는 도처에서 그들 부모 세대가 참전하여 누렸던 영광스러운 군사적 희생(제2차 세계대전, 국공내전, 한국전쟁)을 그들도 놓칠 이유가 없으며 세계 무장투쟁의 혁명가가 될 수 있다고 끊임없이 말했다. 중국 냉전의 가장 예리한 문헌사학자 가운데 한 명인 천젠陳兼은 전 세계에 대한 마오쩌둥의 발언에는 민족주의와 보편주의가 동시에 존재한다고 말하면서 중국공산당은 인민에게 세계의 이익과 중국의 영광을 위해 혁명에 헌신할 것을 권고했다고 오래전부터 주장했다. 당의 선전은 세계 혁명을 중국화했고, 이는 소학교(초등학교) 학생부터 수출입 기업의 직원에 이르기까지 중국인 모두에게 세계 혁명이 자국의 혁명만큼이나 자신들과 가까운 관련이 있다고 여기도록 만들었다는 뜻이다. 중국 중부의 한 철도 물류 부서의 고위급 관계자는 화물 물동량을 늘리는 것이 "세계 혁명에 도움이 된다"고 직원들에게 훈시했다.[40]

세계 혁명이 중국의 일상생활과 즉각적으로 연관되어 있다는 이러한 메시지를 상기시키는 예는 도처에서 확인할 수 있다. 예를 들어 벽보와 현수막은 물론이고 온갖 강연과 스포츠 경기, 심지어 초등학교 군사캠프에 이르기까지 중국 도시 곳곳에서 찾아볼 수 있었기 때문이다. 어린 학생들은 "베트남을 침략하는 미 제국주의에 반대한다" "어깨를 나란히 하고 전진하다" 등 중국과 베트남의 연대를 내용으로 하는 노래를 합창했다.[41] 수학 교사들은 혁명 산수로 시험 문제를 내기도 했는데 예를 들면 다음과 같다.

"마오 주석이 폭정에 반대하는 미국 흑인들을 지지한다는 성명서를 발표하자, 영원히 충성을 다하는 붉은 중국의 혁명 소학생들과 교사들로 구성된 7개 소대가 즉각 항의 시위를 벌이며 마오 주석의 강대한 성명을 단호하게 지지했다. 각 소대는 평균 45명이다. 그렇다면 전체 항의 활동에 참가한 학생은 몇 명인가?"[42]

또한 학생들은 베트남에서 베트콩이 매복한 채 부비트랩을 설치하여 미군을 격퇴한 후 재빨리 지하터널을 통해 무사히 빠져나오는 방식을 본 딴 게릴라전의 원리를 바탕으로 만든 보드게임을 즐기며 쉬는 시간을 보냈다.[43]

전쟁에서 그들이 어떤 직능을 발휘할지 전혀 무관하게 사회의 모든 부문의 사람들이 참여했다. 한 공장의 포스터에는 "중국과 베트남의 전선電線 노동자들이 어깨를 나란히 하고 싸운다!"는 문구가 적혀 있었다.[44] 콩고, 도미니카공화국, 파나마 등 일반 중국인들에게 잘 알려지지 않은 나라에서 벌어지는 혁명 투쟁에 대한 언급도 많았다. 청중들은 가난과 낙후는 전혀 중요치 않다는 말을 반복해서 들었다. "혁명전쟁에서 …… 역사를 전진시키는" 관건은 "인간의 의지"라는 말이었다.[45]

당시는 의식을 중시하던 시절이라 외국의 봉기와 혁명을 기념하는 축하 행사가 수없이 많았다. 중국 정부는 국경절에 개발도상국의 대표단을 초청하여 자국의 혁명이 국제 사회로부터 존중받고 있다는 것을 국민들이 느낄 수 있도록 했다.

마오쩌둥은 1964년 미국과 벨기에가 콩고 분쟁에 개입하자 게릴라 반군에게 "모든 중국 인민은 당신들과 함께한다"고 안심시켰다.[46] 미국의 외교 정책이 발표될 때마다 중국 도시 곳곳에서 미국 제국주의에게 고통받는 자들을 위한 6억 5천만 중국인의 지지를 외치는 집회가 열려 수백만 명이 모였다. 신문 부간副刊(주로 문학이나 학술 문장을 게재함)과 선전 포스터는 "우리는 전 세계 각지에 친구가 있다"고 선언했고, 라디오는 연일 "아시아, 아프리카, 라틴아메리카 인민은 해방을 원한다"는 노래를 생중계했다.[47]

그러나 이는 전혀 사심 없는 국제적 연대를 위함이 아니라 세계가 중국을 얼마나 중시하는지에 대한 나르시시즘적 관심에서 비롯된 편협한 국제주의 풍격이었다. 중국은 스스로 세계 혁명 가족의 가부장 역할을 자처했다. 중국 공산당은 전 세계, 특히 미국과 소련의 영향력이 충돌하는 핵심 격전지 개발도상국을 대변하는 습관을 갖게 되었다. 중국의 핵폭탄은 "아시아-아프리카의 폭탄"이었고, 유엔에서 새롭게 자리를 차지하게 된 후에 중국이 내미는 거부권은 "제3세계의 거부권"이었다.[48]

집회가 끝난 후에도 관련 다큐멘터리와 연극이 세계 혁명과 중국의 핵심 지위를 선전하는 소음이 계속 이어졌다. 1964년 대중적으로 배포된 영화 《세계 인민의 공적公敵》은 관중들에게 이렇게 외쳤다.

"인도차이나 반도에서 콩고 정글까지, 카리브해에서 키프로스까지, 태평양의 일본에서 인도양 끝자락 잔지바르까지, 전 세계 민중의 반미 투쟁이 격렬한 파도처럼 솟구쳐 미 제국주의를 향해 밀려드니 저들은 점점 더 깊이 가라앉으며 사면초가四面楚歌에 처하고 있다."[49]

1963년부터 64년까지 저우언라이 총리가 아프리카 군중들에게 열렬한 환대를 받는 외교적 돌풍의 모습은 중국 전역에 방영되었으며, 이를 통해 중국 혁명이 아프리카 대륙 인민의 사랑과 존경을 받고 있음을 알렸다. 일부 시청자들은 감동한 나머지 혈서를 쓰는 등 지지를 위한 서약서를 남겼고, 베트남 전쟁에 자원하겠다는 지원서를 쓰기도 했다.[50] 당시 국제주의를 선전하던 가극 가운데 일부는 시간, 장소, 행동 등이 전혀 통일되지 않았음에도 불구하고 뻔뻔하리만치 야심만만했다. 예를 들어 어떤 가극은 아시아, 중동, 아프리카, 라틴아메리카, 백악관 등을 넘나들다가 결말은 언제나 천안문 광장의 대규모 집회에서 "세계 인민의 혁명적 의지를 하나로 모으고, 세계 인민의 혁명적 투쟁을 격려한다는 마오쩌둥의 명언"으로 끝났다.[51]

이러한 '반란 문화'는 혁명을 평범한 일반 대중들의 삶 속에 주입하고, 모든 인민들이 마오쩌둥의 전 세계적 영도 지위를 확신하도록 만들기 위함이었다. 베트남을 소재로 삼은 중국의 한 연극은 마오쩌둥의 구호를 입에 달고 사는 베트남 사람을 전면에 내세워 그들이 바로 마오쩌둥주의의 신도임을 자랑스럽게 선전했다. 중국 연기자들은 콩고 내전에서 벨기에에 대항하여 싸우는 게릴라들에 대한 연대와 더불어 은연중에 중국의 영도적 지위를 표현하기 위해 흑인처럼 온몸을 검은 색으로 분장하고 연기하고 가무를 선보였다. "동풍이 전고戰鼓를 울린다"라는 노래가 흘러나오면서 게릴라로 분장한 연기자가 마오쩌둥이 「지구전을 논함」에서 언급한 내용대로 미국과 벨기에의 억압에 맞서 싸운다. 그러면서 『마오쩌둥 선집』에 나오는 문장을 낭독하기도 했다.[52]

"오늘날 우리의 투쟁이 백인에 대한 흑인의 투쟁이라고 생각하십니까?"

검은 얼굴의 중국 연기자가 관중들을 향해 이렇게 묻고 이내 답했다.

"틀렸습니다. 인종과 피부색에 관계없이 세상의 모든 억압받는 이들은 모두 우리의 형제들입니다. 태양은 이미 동방에서 떠올랐습니다. 아프리카 인민들은 어떻게 미래를 맞이해야 하는지 알고 있습니다."[53]

1966년 마오쩌둥은 '수정주의'에 대한 국내외 투쟁을 통해 문화대혁명을 야기하여 국내의 정적, 특히 1962년 대약진이라는 급진적 비전을 끌어내린 류사오치와 덩샤오핑을 공격하는 데 활용할 수 있었다. 마오쩌둥은 소련에서 훈련받았거나 소련의 영향을 받은 중국 관료 집단이 중국 혁명과 세계 혁명 모두에 내부 이데올로기적 위험을 초래한다고 믿었거나 적어도 그럴 것이라고 주장했다. 만약 국내 수정주의자들과 국외 수정주의자들이 결탁하여 우위를 점한다면 중국 정부를 잠식하여 적지 않은 이들이 중국 인민과 국외의 혁명에 등을 돌릴 수 있다는 것이다. 이것이 바로 마오쩌둥과 그의 전 세계 신도들이 애용했던 이른바 '두 노선의 투쟁兩個路線鬪爭' 이론, 즉 마오쩌둥의 지속적인 프롤레타리아 혁명과 수정주의자들의 부르주아 반동 노선 사이의 투쟁이다. 마오쩌둥은 중국에서 소련의 영향력을 근절시키기 위해 신속히 문화대혁명을 개시했다. 소련의 영향을 받은 수정주의자들이 득세할 것이라는 두려움은 외국(소련이나 서방)과 연계되었다고 의심되는 사람에 대한 폭력과 중국 사회의 군사화에 정당성을 부여했다. 마오쩌둥은 이렇게 추측했다.

"만약 흐루쇼프가 중국에 존재한다면 우리는 어떻게 해야 하는가? ……

모든 성의 당 위원회는 즉각 (중국의 흐루쇼프에게) 저항해야 한다. ……
그들에겐 총이 필요하다."[54]

문화대혁명에서 관건이 되는 모순은 바로 여기에 있다. 문화대혁명은 전
세계의 연대와 해방을 열망하면서도 오히려 무자비한 외국인 혐오증과 권위
주의를 불러일으키는 사건이었다. 1966년부터 1969년 사이, 부르주아 제국
주의에 대항하는 계속혁명의 명분으로 마오쩌둥의 홍위병(중학생이나 대학
생)들은 '노구老舊'와 '서방西方'이라는 패찰을 붙일 수 있는 모든 것에 대한
투쟁을 선포했다. 1969년 제9차 당대회가 열렸던 바로 그해(문화대혁명 초
기 파벌 투쟁에서 승리한 세력의 권력을 명문화했다) 중국은 내전 직전까지
이르는 불안정한 상태에서 군사 독재체제로 굳어졌다. 최소 300만 명이 당
조직에서 숙청되었고, 그보다 훨씬 더 많은 사람들이 박해를 받았으며 그중
일부는(약 50만 명으로 추산) 죽음을 맞이했다. 학교와 대학은 문을 닫았고
400만 명의 학생이 농촌에서 재교육을 받기 위해 시골로 하방되었다. 비록
형식적인 면에서 강도는 덜했지만 문화대혁명 시절 '순수 평등주의'에 대한
집착은 1976년 마오쩌둥이 사망할 때까지 대중들의 생활에서 지속되었다.[55]

문화대혁명 기간에 마오쩌둥은 전 세계의 반란을 추동하는 운동을 통해
큰 수확을 거두었다. 중국에서 일어나고 있는 사건이 전 세계 혁명가들에게
영감을 주고 있다고 생각하는 외국인들의 긍정적인 시선은 혁명을 추진하는
이에게 매우 중요했다. 중국 언론은 마오쩌둥과 문화대혁명에 대한 외국의
찬사를 담은 기사와 사진을 끊임없이 게재했다. 탄자니아, 기니, 알바니아,
에콰도르, 알제리 등지에서 『마오어록』을 읽고 연구하는 마오주의자들, 마
오쩌둥의 생가와 옌안의 혁명 성지를 참배하는 여러 나라의 정치 순례자들
이 끊임없이 등장했다. 중국 각지의 항공기 안에서는 여러 나라의 대표단이
마오쩌둥을 찬양하는 송가를 경쟁적으로 부르며 마오쩌둥에 대한 경의를 표
했다.[56] 팔레스타인의 한 시인은 중국어로 이렇게 찬사를 늘어놓았다.

"마오쩌둥! 동방의 태양! / 온 세상에 희망을 준 당신 / 우리가 전진할 방

향을 알려주는 당신 / 우리는 마오쩌둥의 혁명을 따라 / 동시에 한마음으로 해충들을 쓸어버리세!"[57]

이러한 선전 가운데 가장 뜨거운 인기를 얻은 것은 마오주의로 개종한 외국의 불교도나 무슬림, 기독교인들에 관한 내용이었다. 한 나이 많은 무슬림은 파키스탄 주재 중국대사관으로 직접 찾아가 이렇게 말했다고 한다.

"나는 한때 이미 참된 신을 섬기고 있다고 믿었다. 나는 이미 늙었다. 이제야 진정한 신은 다른 곳이 아닌 중국 베이징에 있다는 것을 알게 되었기에 중국에 가고 싶다. 우리 도시의 인민들을 대표하여 마오 주석에게 경배하러 가고 싶다."[58]

중국과 해외 화인의 관계를 담당하면서 여러 언어에 능통한 랴오청즈廖承志와 같은 이들은 이렇게 말했다. "아프리카 사람들이 나보다 오히려 마오쩌둥의 작품을 더 많이 외우고 있다. 이제 마오쩌둥의 사상은 세계 인민의 붉은 태양이다."[59] 당연히 중국의 대외 원조는 또다시 급증하고 있었다. 1970년부터 1977년까지 아프리카에 지원된 금액은 18억 8200만 달러로 1954년부터 1966년까지 4억 2800만 달러에 비해 크게 증가했다.[60]

이러한 국제주의적 선전 내용은 1966년 이후 홍위병과 다른 문화혁명 세력의 광신적 열광을 부분적으로 설명하는 데 도움이 된다. 홍위병의 간행물은 마오쩌둥과 홍위병의 세계적 영향력에 대한 언급과 이미지로 가득 찼다. 그러나 그들은 이에서 멈추지 않고 마오쩌둥을 비방하는 이들의 이야기에 집착했다. 그들은 자신들의 신성한 세계 혁명이 억압받는 대중들의 갈채를 받고 있기는 하지만 바로 그 세계적인 영향력으로 인해 곳곳에서 질투심에 타오르는 수정주의자와 제국주의자들의 공격을 받고 있다고 믿었다. 1969년 문화대혁명에서 희생된 최고위급인 류사오치가 '중국의 흐루쇼프'라는 오명을 쓴 채 죽음에 이른 것도 국제 반역자라는 죄목 때문이었다. 홍위병들은 또한 소련을 향해 잔인한 욕설을 퍼붓기를 주저하지 않았다. 1966년 그들은 중국 주재 소련대사관 담벼락에 이런 내용의 대자보를 써붙였다.

"네놈들의 피부를 벗기고 힘줄을 뽑아내며 시체를 불에 태워 그 재를 바람에 날려 보낼 것이다."[61]

이러한 국제적인 편집증*이 급증하면서 오랫동안 중국에 거주하면서 자신의 조국과 단절할 정도로 중국 혁명을 응원했던 이들조차 체포되거나 감금당했다. 예를 들어 엘시 페어팩스-콜멜리와 그녀의 남편 이스라엘 엡슈타인Israel Epstein, 옥스퍼드 졸업생으로 1949년부터 중국공산당이 정치적으로 문제가 없다고 판명한 문학 경전 작품을 번역하여 중국의 국제적 이미지 제고를 위해 노력한 글래디스 양Gladys Yang 등이 그러했다. 이외에도 열렬한 마오쩌둥 지지자로 자원하여 중년의 홍위병이 된 시드니 리턴버그는 문화대혁명 기간에 9년간이나 감옥생활을 했다. 이후 중국을 떠나 귀국한 그는 중국과 미국의 무역 컨설턴트로 변신했다.

중화인민공화국의 해외 선전 활동은 전 세계적으로 폭발했다.

몽골, 캄보디아, 버마, 네팔에서 중국 관리들은 현지 주민들 앞에서 작은 붉은 책, 즉 『마오어록』을 흔들었고, 심지어 몽골의 중국대사관에 고용된 현지 미장공들까지 한데 모여 5시간 동안 마오쩌둥의 작품을 학습해야만 했다. 홍콩에서 중국공산당은 지하조직을 통해 영국 제국주의에 반대하는 대규모 집회를 개최하고, 이에 반대한 방송 진행자를 산 채로 불에 태워 죽이는 잔혹한 짓을 자행했다. 1967년 홍위병은 베이징 주재 영국대사관을 쑥대밭으로 만들고 외교관을 폭행하고 성폭력을 저질렀다. 또한 대사 한 명만 남겨놓고 나머지 외교관들은 모두 중국 농촌 오지로 호송되어 정치 재교육을 받았다.

1960년대 중국의 왜곡된 국제주의는 중국을 정신적으로뿐 아니라 물리적으로 변화시켰다. 1964년 마오쩌둥은 중국을 향한 전 세계 적들의 다자간 공격이 임박했다고 주장하기 시작했다. 중국 동부 옌안의 산업 중심지에 있는 공장들은 인민전쟁에 대비하여 빈곤한 서부지역으로 이주하라는 지시를

---

* 외국에 대한 일종의 피해망상.

받았다. 마오쩌둥은 서부에 제철소를 건설하지 않으니 "밤에 잠을 이룰 수 없다"고 불만을 토로하면서 이렇게 말했다. "당나귀라도 타고 가서 회의를 해야겠어. 자금이 부족하다면 내 책의 인세로라도 충당해야지."[62]

마오쩌둥이 적극 주창한 '삼선건설三線建設'은 중요 공장이나 제철소, 광업소 등을 중요 산맥 경계선 뒤편으로 옮기는 것이 핵심 사업이었다. 북쪽 베이징에서 남쪽 하이난에 이르기까지 삼선건설이 택한 지역은 중국에서 인구가 밀집되고 경제가 발전한 동부와 비교적 고립되고 경제가 낙후한 서부를 구분하는 경계선에 위치했다. 이처럼 의도적으로 외딴 곳을 선택한 이유는 중요 공장과 작업장을 적의 폭격으로부터 보호하기 위함이었다.

1966년부터 1975년까지 '삼선건설'은 국가 투자의 거의 절반을 집어삼켰다.[63] 1954년부터 1980년까지 약 550만 명의 남녀가 8천km에 달하는 새로운 철로를 건설하기 위해 동원되었다. 건설 현장에 도착하기 위해 며칠 동안 수백km를 걸어야만 했던 이들은 작업도구를 들기도 전에 탈진하여 쓰러졌다.[64] 철도를 건설하다 언덕이 나오면 민병대를 보내 제거하도록 했다. 청두成都와 쿤밍昆明을 잇는 철로를 건설하면서 대략 1km에 2명씩 인명 손실이 발생했다. 노동자들은 식량이 부족했고 과로에 시달렸다. 게다가 식수원이 마땅치 않은 데다 수질 또한 좋지 않아 이질로 고생하기도 했다.[65] 외딴 산악 지형에서 작업해야만 했기 때문에 비용이 기하급수적으로 늘어났다. 청두에서 쿤밍을 잇는 철도 건설은 1950년대 다른 지역의 철도 건설에 비해 5~6배에 달하는 비용이 들었고, 1980년대까지 시설을 수선하는 데 수천만 위안이 더 필요했다.[66] 당시에 이미 절반쯤 짓다가 중지하거나 아예 폐기된 공장, 발전소, 기숙사 건물 등은 중국 서부의 습한 기후에 녹이 슬거나 곰팡이로 가득했다. 만약 '삼선건설'이 없었다면 중국 경제는 1980년대 또 다른 모습으로 등장했을 가능성이 높다. 한 경제사학자는 1988년 중국의 산업 생산량이 만약 다른 곳에 투자를 돌렸을 때 얻게 되었을 생산량과 비교하면 10~15% 정도 낮았다고 추정했다.[67]

1969년 2월, 중화인민공화국에서 가장 사람이 살기 힘든 황량한 변경 가운데 한 곳에서 충돌이 발생하여 마오쩌둥의 도발적인 외교 정책이 위기에 봉착했다. 중국군이 우수리Ussuri, 烏蘇里 강 한가운데 있는 다만스키 섬Damansky Island(중국명 전바오다오珍寶島)에 주둔하고 있던 소련군을 공격했기 때문이다. 당시 그곳은 중국과 소련의 국경 분쟁 지역이었다. 양국 간의 충돌로 인해 소련군 31명과 중국군 수백 명이 목숨을 잃었다. 사후 협상은 난항을 거듭했다. 소련에서 코시긴이 마오쩌둥에게 전화를 걸려고 하자 중국 측 교환원은 '수정주의자'라고 욕설을 퍼부으며 전화를 끊었다.[68] 그해 모스크바는 선제 핵공격으로 현대판 투기주의자를 제거하여 중국의 위협에서 벗어나려는 계획을 고려했지만 동맹국들은 이를 지지하지 않았다.[69] "우리는 이제 고립되었다. 아무도 우리와 친구가 되고 싶어 하지 않는다."[70] 마오쩌둥은 다소 하소연하듯이 말했다.

얼마 지나지 않아 적어도 또 한 명의 중국 공민의 인생이 나락으로 떨어졌다. 1970년 창사長沙 출신으로 열여섯 살인 '지청知靑(지식청년)' 한사오궁韓少功은 농민들에게 재교육을 받기 위해 후난의 한 시골로 보내졌다. 모든 것이 그에겐 고전분투의 대상이었다. 지속적인 굶주림, 온통 뒤죽박죽인 마을 사람들의 사투리(심지어 중국 표준말인 보통화普通話와 정반대의 뜻으로 해석되는 말도 있었다), 혁명 가극에 대한 혐오감, 성적 자유주의, 마오쩌둥의 초상화를 마통馬桶, 변기통에다 갖다 붙이는 불경스러운 습관 등등.

아마도 가장 최악은 역시 농촌에서 등골 빠지게 일해야 하는 현실이었을 것이다. 1970년 마오쩌둥의 반복무상한 외교정책은 또다시 더 큰 곤경에 처했다. 소련으로 인한 위기에 대응하기 위해 모든 이들이 당시 전쟁에 대비하는 동굴이란 뜻에서 '비전동備戰洞'이라고 부르던 방공호를 파는 데 동원되었다.

"북쪽에서는 소련이, 남쪽에서는 미국이, 동쪽에서는 타이완이 쳐들어올지 모른다고 말했다. 모든 방공호를 12월 이전에 완공하라는 명령이 떨어졌

다. 또한 소련에서 어마어마하게 큰 폭탄을 이미 떨어뜨렸는데 우리 전투기
가 그 폭탄을 파괴하지 못하면 며칠 후 우리가 사는 이곳에 떨어질지도 모
른다고 했다. …… 우리는 제국주의자, 수정주의자, 반혁명분자의 폭탄이
떨어지기 전에 굴을 모두 파내야만 했다. 그 기간에 나는 적어도 대여섯 개
의 삽이 모조리 닳아 없어지도록 땅을 팠던 것 같다."

방공호의 내부 상황은 더욱 열악했다. 겨우 두 사람이 누울 수 있을 정도
의 좁은 공간에 작은 등불 하나에 의지해야만 했다.

"희미하게 흔들리는 불빛이 코앞을 가로막은 흙벽, 영원히 도망갈 수 없
을 것 같은 막다른 공간, 흙벽에 가득 찬 삽 자국을 비추고 있었다. 그중 몇
줄기 누렇고 희미한 빛이 반사되기도 했다. 지옥에 대한 옛 사람들의 묘사가
생각났다. …… 나는 마치 개처럼 …… 시시때때로 바닥에 꿇어앉아 온몸
이 흙과 땀으로 범벅이 되어 햇빛도 비치지 않는 땅굴 속에서 숨을 몰아쉬
며 몸부림쳤다. 당시 내 얼굴에서 알아볼 수 있던 것은 덩그런 두 눈뿐. 온
통 흙먼지로 뒤덮이고 콧구멍 주위에는 그을음이 엉겨 붙어 있었다."

이후 도시로 돌아온 한사오궁은 저명한 작가가 되었다. 몇 년 후 그는 자
신이 예전에 팠던 동굴을 다시 찾아갔다.

"세계대전은 일어나지 않았다. 우리가 판 방공호는 이미 고구마 종자 저
장고가 되어 있었다. 축축한 탓에 방공호 벽에 푸른 이끼가 끼고 그 안에서
퀴퀴하게 고구마 썩은 냄새가 풍겼다."[71]

중국과 소련 간의 종파적 갈등은 사소한 것이었지만 사람들에게는 큰 의
미가 있었다. 특히 마오주의의 늑대 젖을 먹고 자란 중국인들이나 국내외에
서 폭력 혁명의 필연성을 세뇌당한 사람들에게는 더욱더 그러했다. 국내외
혁명에 반하는 범죄를 저질렀다는 죄목으로 박해받은 수백만 명의 중국인들
에게 종파 갈등은 곧 폭력을, 심지어 죽음을 의미했다. 1967년 2월 베이징
대사관에 수감된 소련 외교관들에게도 이는 심각한 의미를 지녔다. 베이징

거리에서 소련 총리의 초상화가 불에 태워졌다.[72] 소련 정부는 모스크바 주재 중국 대사를 불러 억류된 외교관 석방 협상을 시도했다. 하지만 중국 측 대변인은 『마오어록』에서 인용한 글귀로 대응할 따름이었다.[73] 1963년 9월, 흐루쇼프는 소련의 가장 중요한 정치기구인 소련 최고평의회 상임위원회에 중국의 언어 도발에 대응하는 것이 '제1의 과제'라고 말했다.[74] 소련 정보기관의 보고서에 따르면, 중국은 아시아, 아프리카, 라틴아메리카에서 "엄청난 자금과 시간을 투여했을 뿐 아니라 협박, 아부, 뇌물수수, 분열분자와 배신자를 이용한 공작 등 가장 비열한 수단을 가리지 않았다. 또한 부룬디의 여왕에게 6만 달러를 뇌물로 주었고, 알제리의 수도 알제에서 대량의 전단을 살포하기도 했다.[75] 마오쩌둥 시대의 중국은 끊임없이 전고를 두드리며 반제국주의 혁명을 주장하고, 소련이 백인들의 선진국에게 제3세계를 팔아넘겼다고 비난했다.

중국은 소련을 공격하는 한편 1960년대 내내 개발도상국의 마음을 사로잡기 위한 공세를 늦추지 않았다. 그들은 계속 유입되는 제3세계 방문객들을 열렬히 환영했으며, 아시아, 아프리카, 라틴아메리카에서 현지 방송과 신문, 잡지 등을 통한 선전에 치중하는 한편 당시 중국 내부의 기아 상황이 심각한 수준에 이르렀음에도 불구하고 너그러운 원조를 약속했다.

이를 통해 중국은 패권적 강대국에 대항하는 약소국의 수호자로 자신을 알리는 데 성공했다. 아프리카 사람들은 소련에 대해 이렇게 말했다. "당신들은 백인이지만 중국인은 황인종으로 우리들과 좀 더 가깝다."[76] 중국은 1960년대와 70년대 친중 경향의 마르크스-레닌 정당을 설립하려는 서구의 마오주의자들에게도 손을 뻗었다. 중련부는 문화대혁명을 지지하는 대가로 그들 정치집단에게 수만 권의 간행물을 구독할 수 있도록 하는 한편 알바니아를 통해 수십만 달러를 지원했다.[77] 이처럼 스스로 마오주의자를 표방함으로써 중국의 신뢰를 얻는 것이 용이해지자 네덜란드 비밀정보국은 중국에 관한 정보 수집을 위해 수학교사가 이끄는 친중 성향의 정당을 설립했다. 그

들의 계략은 1989년 네덜란드 정부가 조직을 해체할 때까지 발각되지 않았다.[78]

소련도 가만있지 않았다. 그들의 반격 역시 강력했다. 소련은 중공의 '비방 공격'을 반박하는 공개서한을 35개 언어로 320만 부 인쇄하여 85개국에 배포했다.[79] 또한 전 세계 지역활동가들의 반중 문건 작성, 반중 영화 상영, 반중 강연 개최 등을 후원하는 데 심적, 물적 지원을 아끼지 않았다. 1962년 말 양국 관계가 극도로 악화되자 「뉴욕타임스」는 흐루쇼프가 "소련과 미국의 대중국 동맹"을 원한다는 추측성 보도를 하기도 했다.[80] 소련은 이후 30년이 지난 후에야 붕괴되었지만 중국과의 갈등으로 인한 공산주의 단결의 균열은 이미 이때부터 시작되었다.

해외에서 중국의 무력 위협이 지속되자 소련도 심각한 강경 외교 정책 조정에 나섰다. 소련은 알제리와 이집트에 대한 원조를 강화하고 콩고와 팔레스타인에 무기를 보냈다. 1976년까지 소련은 "식민지 억압 체제의 모든 잔재"를 청산하겠다고 약속하며 개발도상국의 후원자로 자리매김했다.[81] 소련은 북베트남을 중국으로부터 떼어내기 위해 말뿐이 아니라 물질적 지원도 아낌없이 쏟아 부었다. 따라서 1960년대와 1970년대 사이 베트남, 아프리카, 중동에서 있었던 냉전의 뜨거운 갈등은 소련과 미국 간의 긴장뿐만 아니라 중국과 소련의 영향력 경쟁에 의해 주도되었다. 아프리카 순방에서의 소련과 중국 지도자들은 마치 어린아이들이 서로 팔꿈치로 밀치며 지나가는 것과 같았다. 1963년부터 이듬해까지 저우언라이는 채 두 달도 되지 않은 기간에 아프리카 10개국을 방문했다. 4개월 후 흐루쇼프는 소련이 자금을 지원한 아스완 하이 댐Aswan High Dam 1단계 공사 착공을 기념하기 위해 처음으로 아프리카를 방문했다. 당 기관지 「이스베스티야Isvestiya」는, 흐루쇼프가 열렬하게 환대를 받았으며 이에 반해 중국 지도자들에 대한 반응은 '썰렁했다'고 보도했다.[82] 1969년 호치민 장례식에 참석한 소련과 중국 지도자들이 같은 연단에 섰을 때 중국 대표단은 소련 대표단을 무시하고 말을 걸지 말라는 엄격한 지시를 받았다고 한다. 그런 까닭인지 당시 중국 대표단은 소련인이 말을 걸려고 하면 의도적으로 딴 방향을 쳐다보았다.

1960년대 후반까지 소련은 개발도상국, 특히 아프리카와 라틴아메리카에서 혁명을 일으키기 위해 구두로 또는 재정적으로 과도한 투자를 아끼지 않았다. 1976년 마오쩌둥이 사망한 후 중국이 소련과의 실질적 경쟁에서 물러나 국내 경제 재건에 집중하면서 소련은 제3세계의 지배적인 공산주의 강국으로 남게 되었다. 그러나 이는 피상적인 승리였다. 표면적으로 볼 때, 1970년대 후반은 앙골라, 에티오피아, 아프가니스탄에서 소련의 지원을 받는 정권이 집권하면서 냉전 시기 소련 외교 정책의 정점을 찍었던 시기와 비슷했다. 하지만 소련의 호전적인 언사와 이로 인한 팔레스타인해방기구PLO와 같은 전투적 동맹국들 사이에서 형성된 기대는 서방 국가들과의 데탕트를 위태롭게 만들었고, 실제로 소련은 실질적으로 과도하게 팽창된 상태였다.

1979년 소련은 아프가니스탄을 침공했다. 10년간에 걸친 재앙은 결국 1989년 치욕적인 철군으로 끝나고 말았다. 1980년대 소련의 군비 지출은 전체 국가 예산의 3분의 1에 달했으며, 심각한 경제적 부담을 가져왔다. 소련이 이집트 대통령 나세르에게 구애하던 1965년 당시 카이로 주재 모스크바 방송국의 한 관계자는 이집트 동료 방송인에게 이렇게 말했다. "당신들을 구원하기 위한 식량은 소련 국민의 입에서 빼앗은 것이다."[83]

모스크바 시민들이 생필품을 사기 위해 줄을 서야 하는 동안 아프카니스탄은 소련 정권의 대외관계의 재앙이자 관방의 오판과 무익함의 상징이 되었다. 1981년 소련 국가계획위원장은 동독이 연료 공급을 요청하자 이렇게 대꾸했다.

"폴란드에 대한 석유 공급을 줄여야 할까요? 베트남은 지금 굶주리고 있는데…… 아예 동남아시아를 그냥 포기하고 내줄까요? …… 앙골라, 모잠비크, 에티오피아, 예멘 등등…… 이런 나라들이 모두 우리에게 도와달라고 손을 내밀고 있습니다. 하지만 지금 우리의 생활수준은 매우 열악합니다."[84]

중국의 글로벌 군사력 강화와 소련과의 갈등은 전 세계 분쟁의 지형도를 변화시켰다. 소련이 중국과 전 세계에 대한 영향력 경쟁을 위해 당시 반제국주의로 돌아선 아랍연합공화국(이집트)과 팔레스타인의 이익을 옹호하지 않았다면 과연 나세르가 1967년 6월 6일, 이른바 '6일 전쟁'*에 참가할 만큼 자신감을 가졌을지 의심스럽다.[85] 전 세계 마오주의와 투쟁하면서 소련은 실용적인 경제 개발노선을 포기하고 이데올로기 투쟁으로 전환했다. 같은 해 소련 집단은 '중국 문제'를 대응하는 데 초점을 맞춘 새로운 실무 그룹 인터키트InterKit, 중국문제기구를 설립했다.[86] 또한 중소 분열과 중국, 소련의 원조 경쟁이 없었다면 베트남 전쟁의 격화도 상상하기 어려웠을 것이다. 중소 간의 경쟁이 베트남 전쟁을 세계 냉전의 가장 뜨거운 분쟁으로 만들었다. 처음 북베트남이 미국과 대결하도록 부추긴 것은 중국의 지원이다. 하지만 자신들의 반제국주의 논조에 발이 묶인 소련은 (속으로는 우려하면서도) 미국과의 관계 회복 정책에 반하면서까지 공개적으로 베트남공산당을 직접 군사 지원했다. 북베트남이 미국과 대결하도록 부추긴 것은 중국의 지원이었지만, 소련은 반제국주의라는 논조에 갇혀 사적인 우려가 있었음에도 불구하고 베트남과 미국의 화해에 직접적으로 영향을 끼쳐 반대하도록 만드는 방식으로 베트남공산당을 공개적으로 지원했다. 이외에도 1980년대 라틴아메리카, 아프리카, 아프가니스탄에서 '레이건 독트린'을 밀어붙인 것도 소련이 전 세계에 걸쳐 개입하고 있다는 미국의 인식에서 비롯된 것이다. 이에 미국은 소련의 영향력에 맞서 싸우겠다고 약속하는 제3세계 동맹국(아프카니스탄의 지하디스트, 무자헤딘을 포함하여) 거의 모두에게 막강한 자금 지원을 허락했다. 이러한 전략의 영향은 오늘날에도 여전히 우리를 괴롭히고 있다.

그러나 중소 분열과 문화대혁명의 결과는 중국 국내의 혼란이나 소련의 방어적 대응을 훨씬 뛰어넘었다. 1966년부터 1968년 사이에 중국의 외교 정

---

* 1967년 6월 5일부터 1967년 6월 10일까지 일어난 전쟁. 이스라엘이 이집트, 요르단, 시리아를 상대로 선제공격을 감행, 단 6일 만에 대승을 거두어 엄청난 영토를 획득했다.

책 기구가 기이하고 이간질을 하는 방식으로 행동하면서 심지어 전 세계 정부와 충돌했지만 그 기간에도 수백만 명의 반도와 반군이 생겨났다. 국내외에서 그처럼 자멸적인 방식으로 행동하는 국가는 어떤 은밀한 민족주의적 동기를 가질 수 없었기 때문에 끊임없이 찬양하는 선전 활동으로 세계 혁명을 지지해야만 했다.

1968년 마오쩌둥은 해외에서 마오쩌둥 배지 배포를 금지하고(그의 표현으로 말하자면, '내 비행기를 돌려달라.') 외교 문서에서 '마오쩌둥 사상'이라는 문구를 금지하는 등 문화대혁명의 수사적 과잉에서 한 걸음 물러났다.[87] 1976년 9월 마오쩌둥이 사망하고, 문화대혁명의 꼭두각시인 '사인방'(마오쩌둥의 가공할 만한 부인 장칭, 무자비한 이론가 야오원위안姚文元과 장춘차오張春橋, 외모는 그럴 듯하지만 뭔가 어두운 공장 노동자 왕훙원王洪文)이 체포되었다. 국내 경제 실용주의가 이미 세계 혁명의 추상적인 꿈을 밀어내고 있었다. 만약 인도네시아의 잔혹한 내전, 아프리카의 탈식민지화와 개발을 위한 투쟁, 베트남과 캄보디아의 분열, 서유럽과 미국에서 발생한 1968년의 충격과 여파(이례적으로 「베이징 리뷰」와 같은 중국의 관방 대외 선전물이 국제 뉴스의 권위 있는 출처가 되었다), 인도, 라틴아메리카, 네팔의 게릴라 전쟁 등 전 세계에 여전히 그 여파가 지속되지 않았다면 1960년대의 마오주의는 일찌감치 역사의 뒤안길로 사라져 소멸되었을 것이다. 하지만 특히 남아시아와 페루 등지에서 마오주의는 마오쩌둥이 사망한 후에도 수십 년 동안 지속되었다. 마오주의는 마치 사람 몸속에서 휴면하고 있는 바이러스처럼 끈질기게 전 세계로 퍼져나가는 재능을 지녔다. 이제 우리가 세계 각지에서 추적하려는 내용은 바로 그런 역사, 바로 그런 특징에 관한 것이다.

5장

위기의 시절
- 인도네시아와의 관련성 -

2012년 수마트라 섬 북부 아체에서 아디Adi라는 현지 안경사가 지역 사회 지도자의 집을 방문했다. 이농Inong은 무슬림들이 주로 기도할 때 쓰는 카키색 모자를 쓴 70대 초반의 키가 크고 마른 남자였다. 이농은 돋보기안경이 필요했다. 이농의 집 안마당에서 시력을 측정했다. 아디는 주홍색 테두리의 시험용 렌즈를 이농의 눈에 조심스럽게 올려놓았다. "어때요? 선명한가요? 좀 더 선명해졌어요?"

상담이 진행되면서 아디의 화제는 점차 평범치 않은 문제로 옮겨갔다. 그는 지난 역사에 대해 몇 가지 의문이 있었다. 1965년부터 그 이듬해까지 공산주의자(사실은 공산주의자로 의심되는 이들)에 대한 대규모 폭력사태가 발생했다. 이농은 당시 농촌 마을 암살단 조직의 수장으로 수천 건의 살인을 주도했다. 폭력사태는 전국적으로 발생했으며, 사망자 수는 최소 50만 명에 달했다. 그전까지만 해도 세계에서 세 번째로 규모가 컸던 인도네시아공산당은 당시 사태로 인해 궤멸되었으며, 공산당 지도자들은 즉결 처형당했다.

이농은 지역 사회가 지켜보는 가운데 이틀에 걸쳐 아디의 형 람리Ramli를 잔인하게 살해했다. 사건이 발생하고 45년이 지난 후 아디는 이농을 다시 만나게 되었다. 이번 만남은 미국의 영화 제작자 조슈아 오펜하이머Joshua Oppenheimer가 당시 충격적인 사건에 대한 인도네시아 사람들의 기억을 되살리기 위해 10년에 걸친 프로젝트(두 편의 다큐멘터리)를 진행하면서 두 사람을 참여시켰기 때문이다. 이농의 잔혹한 행위는 아디의 가족을 파괴했다. 부친은 심신이 모두 황폐해졌고, 모친은 삶의 의욕을 상실하고 말았다. 이처럼 참혹하고 고통스러운 트라우마에도 불구하고 아디의 어조는 인터뷰 내내 차분했다. 이곳이 바로 인도네시아였기 때문이다. 부패한 독재자이자 1965년 대학살의 설계자였던 수하르토 정권을 무너뜨린 1998년의 개혁운동, 르포르마시Reformasi, 인도네시아어로 '개혁'가 발생한 지 이미 14년이 지났다. 하지만 전국 각지의 인민대표자들에서 이농과 같은 마을 촌장에 이르기까지 수백만 명에 달하는 토호 권력은 오히려 정치, 경제적 영향력을 향유하게 되었다. 수하르토가 자신과 군부에 저항하는 정적 대부분을 몰살시키며 공포에 떨게 한 대학살에 참여하거나 적어도 협조한 덕분이었다. 오늘날까지도 대학살의 가해자와 수혜자들은 여전히 자신들을 인도네시아에서 공산주의 반도를 몰아낸 영웅으로 소개하고 있다. 반면에 피해자와 그 가족들은 질시와 차별의 고통에서 헤매고 있으며, 정부 또한 대학살에 대한 공식적인 인정과 사과를 거부하고 있다. 심지어 당시 사건에 대한 군부의 서술에 의문을 제기할 경우 또다시 폭력이 발생할 수 있다는 위협에 시달리는 실정이었다. 그렇기 때문에 아디 역시 조심하지 않을 수 없었다.

"이웃들이 당신을 두려워하나요?" 아디는 티 나지 않게 하던 일을 잠시 멈추고 물었다.

"물론이지." 이농이 대답했다. "그들은 자기들이 내 앞에서 무력하다는 걸 잘 알고 있어."

고령의 나이에도 불구하고 이농에게선 여전히 표독스러운 기운이 느껴졌다. 그의 대답에 담긴 자신감은 1965년 당시 가해자들이 여전히 면책 특권을 누리고 있다는 사실을 잘 말해주었다. 그는 대량학살에 가담한 것을 전혀 부끄럽게 느끼지 않았다. 결국 오펜하이머가 학살에 관한 첫 번째 영화《액트 오브 킬링*The Act of Killing*》을 준비할 때 자신의 오랜 동지들과 함께 기꺼이 촬영에 응하겠다고 말했다. 그들은 대학살의 주요 현장인 수마트라 북부, 스네이크 강 유역 덩굴이 우거진 강둑을 다시 찾아갔다. 그들은 군대가 호위하는 트럭에서 속옷을 제외한 모든 옷을 벗은 상태의 희생자들을 내려 강둑으로 끌고 갔다. 그리고 일부는 목을 베고, 일부는 복부를 가르며, 또 일부는 칼로 찌르거나 생식기를 자른 다음 강물에 내던지는 과정을 세세하게 재연했다. 아디의 형은 참수 외 다른 모든 만행을 당했다.

2012년 이농은 아디가 보는 앞에서 자신의 옛 기억을 자유롭게 공유하고 있었다. 다음은 질의 없이 거의 독백에 가까운 이농의 발언이다.

사람의 피를 마시지 않으면 우린 미칠 것만 같았어. …… 실제로 어떤 이는 너무 사람을 많이 죽여서 미쳐버리고 말았지. 어떤 남자는 매일 아침이면 야자나무에 올라가 기도를 드렸어. 너무 많은 사람을 죽였거든. 미치지 않는 방법은 희생자의 피를 마시거나 자신이 그냥 미쳐버리는 것밖에 없었어. 하지만 피를 마시면 무엇이든 할 수 있었지. 사람의 피는 말이야. 짠맛이 나기는 하지만 그 안에 단맛도 들어 있어. 난 경험을 해봤기 때문에 알아. 여자의 가슴을 자르면 코코넛처럼 거름망 같은 것이 보여. 구멍이 가득하다고. 어떤 공산주의자 여자애가 있었어. 오빠랑 같이 살았는데, 오빠는 공산주의자가 아니야. 그 오빠가 차마 자기가 동생을 직접 죽일 수 없다고 해서 나에게 보냈더라고. …… 나쁜 놈들은 난도질해도 돼! …… 인도네시아공산당은…… 신앙이며 종교가 없어. 그놈들은 글쎄 서로 아내를 바꿔가며 관계를 맺었다는 거야. 사람들이 말했어, 아니 그건 그냥 그들이 직접 말한 거야. 우리가 그들을 심문할 때는…… 무함마드는 아무도 죽인 적이 없어. 그 분은 살인을 반대했지. 하지만 적은 죽일 수 있는 거야.

카메라는 촬영 내내 이농의 눈과 입에 초점을 맞췄다. 가끔씩 얼굴을 씰룩거리고 혀를 날름거리며 입술 가장자리에 침을 묻혔다. 두개골 위로 훤하게 벗겨진 이마의 반투명한 피부가 강조된 영상은 홀쭉한 정글 개구리를 연상시켰다. 아디가 이농이 구술하는 내용 가운데 몇 가지 명백히 모순되는 점을 지적하자 개가 으르렁거리는 것처럼 성질을 부렸다.

"난 너무 깊이 들어간 질문은 좋아하지 않아. …… 난 모스크로 갈 거야. …… 과거는 그저 과거일 뿐이야. 다행히 나는 피를 마셨어."

촬영 과정에서 아디는 형의 죽음에 연루된 여러 가해자들을 만났다. 그들과의 만남 역시 이농의 경우처럼 팽팽한 긴장감이 감돌았다. 가장 노골적인 위협을 마다하지 않은 이는 현지 입법기관의 의장인 바스룬M. Y. Basrun이었다. 그는 자신이 1971년 이후 계속 의장에 선출된 것이 협박에 의한 것이라는 사실을 부인한 후 이렇게 말했다.

"희생자 가족들은 또다시 살인이 일어나길 바라는가요? 바라지 않겠지? 그럼 생각을 바꿔야지! 과거를 계속 문제 삼는다면 분명히 학살이 다시 일어날 거요."

오펜하이머는 "팽팽한 긴장감이 감돌았다"고 하면서 계속해서 이렇게 말했다.

"아디는 차근차근 지금까지 금기로 여겨오던 이야기를 꺼냈다. 관중들은 대학살의 생존자 신분으로 산다는 것이 어떤 것이고, 공포로 인한 억압적인 침묵이 무엇인지 느낄 수 있게 되었다."

오펜하이머와 그의 동료들은 이러한 참담한 사건을 기억하지 않고서는 오늘날 인도네시아의 지역과 국가의 권력구조, 즉 정치적 폭력에 대한 면책 문화, 다국적 기업과 사업을 하고 있는 인도네시아 군부의 도둑정치kleptocracy, 권력자가 막대한 부를 독점하는 정치체제를 훼손하는 모든 사회적 또는 정치적 세력을 억압하는 데 미국과 오스트레일리아, 영국 등이 공모하는 상황을 이해할 수 없다고 주장했다.

아디가 인터뷰했던 인물 가운데 한 명은 이렇게 말했다.

"과거는 잊어버리자! 군부 독재자가 우리에게 가르친 대로 그냥 모두 잘 지내도록 하자!"[1] 수십 년 동안 식민지 이후 인도네시아의 발전 과정에 큰 영향을 끼친 1965년 사건을 규명하려는 시도는 주로 영미의 개입이나 인도네시아 내부의 권력 투쟁(특히 군부 내)에 초점이 맞춰졌다. 여기에는 그럴 만한 역사적 이유가 있다. 특히 미국과 영국이 사악한 역할을 자임했기 때문이다. 그들은 공산주의 동조자 명단을 인도네시아 군부에 넘겼으며, 준군사조직인 암살단에 자금을 지원하고, 싱가포르에서 인도네시아로 선전 방송을 송출하여 인도네시아 공산주의에 대한 공포와 혐오를 확산시켰다. 미국과 영국, 오스트레일리아 언론은 인도네시아 국내 학살에 관한 보도를 의도적으로 은폐하거나 피에 굶주린 공산주의자들에 대한 자발적인 정당방위 행위로 왜곡했다. 군대는 계산된 잔인함으로 위기를 관리했으며, 종교적 편협함과 지역적 원한에 따른 복수로 촉발된 폭도들의 폭력을 조율했다.

그러나 필자는 마오쩌둥과 그의 사상 역시 당시 비극에 영향을 끼쳤다고 생각한다. 인도네시아는 중국이 탈소련 시대(소련과 결별한 이후의 시대)에 외교 정책의 시금석으로 삼은 나라였다. 마오주의 모델의 지혜와 우월성을 수출하기 위해 중국이 인도네시아를 핵심 전략적 목표로 삼았기 때문이다. 1960년대 초 인도네시아공산당 지도자들은 마오쩌둥 혁명의 호전적인 수사에 취해 있었다. 마오주의는 그들에게 인도네시아 군부에 맞서도록 격려하고 영감을 주었으며, 이는 결국 1965년의 끔찍한 사태를 촉발하는 구실을 제공했다. 마오주의가 없었다면 1965년 인도네시아의 재앙은 상상하기 어려웠을 것이다.

인도네시아는 1945년 8월 격렬한 모순 속에서 독립했다. 네덜란드 식민주의는 수많은 상호 이질적인 섬들로 이루어진 인도네시아에 정치적 일체감을 심어주었지만, 이 지역의 천연자원을 수탈하여 멀리 떨어진 유럽 강대국을 더욱 부유하게 하는 인종차별적 경제 모델을 남겼다. 20세기 초부터 네덜란드에 대항하면서 크게 발흥한 인도네시아 민족주의는 특히 제2차 세계대전 기간에 군사적 권위주의와 공포에 기반한 일본의 점령에 의해 더욱 부추겨졌다. 인도네시아의 지도자이자 1945년부터 1965년까지 초기 인도네시아 독립의 영웅이었던 수카르노는 민족주의, 사회주의, 이슬람교, 토착 신앙(많은 사람들은 그가 마술 지팡이를 소지한 덕분에 일곱 차례의 암살 시도에서 살아남았다고 믿었다)을 혼합하여 현대 인도네시아의 비전을 창조한, 위엄이 넘치는 달변인 동시에 또한 여색에 심취한 인물이었다.[2] 초조하고 불안정하며 변덕이 심하고 또한 여색에 도취된 그의 모습에서 마오쩌둥의 그림자를 엿보는 것은 그리 어려운 일이 아니다. 일본 제국주의자들은 추악한 억압으로 인도네시아를 강점했지만 다른 한편으로 수카르노와 같은 인물에게 일종의 발판을 마련해준 셈이 되었다. 수카르노는 일제 치하에서 인도네시아 시골을 돌아다니며, 네덜란드 당국에 의해 1930년대 내내 국내 유형자 신세로 지내게 된 근본 원인인 민족주의 사상을 전파하느라 애썼다. 1943년 수카르노가 행한 연설은 그의 협력 논리를 설명하고 그의 웅변술의 묘미를 잘 드러내고 있다.

15년 전 우리는 인도네시아 민족주의가 국제적인 아시아주의의 일부로서 민족주의처럼 광범위한 방향을 견지해야 한다고 반복해서 강조한 바 있습니다. 당시 우리는 중국의 용龍이 시암의 흰 코끼리, 인도의 신성한 소, 이집트의 스핑크스, 인도네시아의 물소와 합작할 때, 그리고 이러한 발전 방향에 일본의 태양이 진일보 무장할 때 제국주의는 아시아 전역에서 소멸될 것이라는 신념을 가졌습니다. 따라서 알라의 뜻과 일본의 지혜를 통해 모든 아시아 세력이 협력한다는 것이 실제로 사실이 되었습니다. 일본의 방어 사슬은 북쪽으로 만주국에서 남쪽의 인도네시아, 서쪽의 버마, 동쪽으로 필리핀에 이르기까지 하나의 거대한 보루가 되었습니다. 친애하는 형제 여러분, 우리 인도네시아인들이 그 사슬의 한 고리를 이루고 있음을 잊지 마십시오.[3]

훗날 네덜란드에 맞서 독립투쟁하게 될 인도네시아 민병대는 원래 연합군의 침략에 저항하도록 일본군에 의해 훈련받았다. 수카르노는 일본 제국주의에 대한 지지 덕분에 전쟁에서 비교적 무사히 살아남았다. 1945년 여름 일본의 군사 작전이 실패하자 그는 일본의 후원을 끊고 급진 민족주의자들의 압력을 받아 일본의 무조건 항복 이틀 후인 1945년 8월 17일 인도네시아가 자유 독립 국가임을 선포했다. 하지만 다른 인도네시아 사람들은 운이 좋지 않았다. 일본이 전시의 생산량을 늘리기 위해 노역에 동원한 노동자인 '노무자勞務者'들은 고된 강제노동으로 수없이 죽어갔다.[4] 당시 인도네시아 군도의 중심지인 자바 섬에서만 부적절한 식량 분배와 부패, 일제 치하 전시 경제의 긴급 상황, 그리고 무역의 붕괴로 인해 거의 240여만 명에 달하는 이들이 굶어 죽었다.[5]

참혹한 역사를 딛고 독립한 인도네시아는 불행하게도 폭력에 익숙해 있었다. 1945년부터 1949년까지 네덜란드를 상대로 독립운동을 벌이면서 4만 5천에서 10만여 명의 인도네시아인이 사망하고, 수백만 명의 난민이 발생했다. 동시에 군대 세력의 영향력이 강화되었다.[6]

1949년 네덜란드가 인도네시아에 대한 영유권을 포기할 때까지 거의 10년간의 점령과 전쟁으로 인도네시아는 자국 경제가 약화되고, 인명이 살상되었으며, 인프라가 파괴되었다. 인도네시아의 새로운 정부는 공산주의, 이슬람주의, 자유주의, 민족주의 등 각기 지지하는 여러 세력이 조합된 형태였으며 이러한 분열로 인해 명확한 정치적 청사진도 갖추지 못했다(1945년 6월 수카르노는 이러한 모호한 상태를 이렇게 변명했다. "만약 아주 세세한 부분까지 계획을 세운다면 나는 영원히 자유 인도네시아를 보지 못할 것이다").[7] 수카르노는 일당 국가를 원했지만 동시대에 또 한 명의 영향력을 갖춘 인물인 수탄 샤리르Sutan Sjahrir는 "민주주의에 최우선 순위를 부여해야 한다"며 군부 지도자는 정치 지도자 반열에서 배제되어야 한다고 주장했다.[8] 1949년부터 1957년까지 인도네시아는 민주주의에 대한 강한 의지를 표방했지만 독립 쟁취를 위한 투쟁의 격동적인 역사로 인해 샤리르의 제안은 실현되기 어려웠다. 기대치는 높았지만 당시 인도네시아의 정치 및 행정 역량은 이를 따라가지 못했다. 선거 간섭, 반정부 반군 지원과 미국을 비롯한 외세의 간섭에 시달려야만 했다. 게다가 1948년 동부 자바의 마디운Madiun에서 권력을 장악하려던 공산주의자들의 시도가 인도네시아 군대에 의해 잔인하게 진압되면서 고위 지도부를 포함한 2만 4천여 명이 사망하는 참혹한 결과를

낳았다. 이는 1965년의 폭력 투쟁을 예고하는 것이었다.[9]

여러 정당이 권력을 다투는 인도네시아 민주주의는 연정 체계가 자주 교체된다는 점이 특징이다. 1950년부터 1957년까지 내각의 평균 수명은 1년을 채 넘지 못했다. 정치와 관료제는 극심한 파벌, 부정부패와 연고주의가 만연한 정경유착 관계에 기반을 두고 있었다. 정치적 마비와 함께 경제 침체와 급격한 인플레이션이 발생했다. 특히 1953년 고무 가격이 폭락하고 악천후가 닥친 후에 더욱 심해졌다.[10] 인도네시아 공화국 초기의 상황을 잘 묘사한 소설 가운데 하나인 목타르 루비스Mochtar Lubis, 1922~2004의 『자카르타의 황혼Twilight in Jakarta』은 쌀밥이나 고깃국물 한 그릇조차 살 수 없는 가난, 온갖 쓰레기로 오염돼 더러운 곳에서 생활하는 '쓰레기 쿨리', 부정한 사업으로 배를 불리며 수입산 고급 승용차를 타고 도시 곳곳을 누비는 도적들이 공존하는 도시의 기이할 정도로 대조적인 상황을 잘 묘사하고 있다.[11]

1956년, 수카르노는 수년간의 명목상의 대통령직을 마친 후 권력 핵심으로 다시 돌아와 정당 중심의 의회제도를 공격했다. "저들을 매장시키자! 매장시키자! 매장시키자!" 이듬해 지역에서 일어난 반란 사태로 인해 계엄령이 실시되자 수카르노는 이를 기회로 삼아 군부와 손을 잡고 정당제도하의 행정 권력을 빼앗아 대통령으로서 실질적인 권력을 장악했다. 수카르노는 완곡한 표현으로 '지도식指導式 민주주의'라고 부르는 강권 통치 방식을 확립하고 정부에 저항하는 반란을 지원했다는 이유로 주요 정당 두 개의 정치활동을 금지시켰다.[12]

1957년부터 1965년까지 분열된 나라를 '지도식 민주주의'로 통합한 것은 마치 부적을 쓰듯 신비한 역량을 발휘한 수카르노였다. 수카르노는 지치지도 않고 인도네시아의 여러 섬들을 직접 방문하면서 연설을 통해 국민 통합을 주창하고 격려하는 데 최선을 다했다. 그러나 진보 발전, 특히 경제적 발전은 아직 요원하기만 했다. 1955년부터 1965년 내내 생활수준은 하강 곡선을 그렸으며, 특히 1965년 이전 2년 사이에 큰 폭으로 하락했다.[13]

1950년대 말, 불안정한 정치 상황에서 두 개의 대립적인 권력 중심 기관이 부상했다. 수카르노는 군대를 동원하고 인도네시아를 통치하기 위해 그리고 무엇보다 상호 견제를 위해 두 기관이 모두 필요했으며, 또한 적극적으로 활용했다. 첫 번째는 인도네시아공산당PKI이었다. 1920년 코민테른의 도움으로 창당된 인도네시아공산당은 구 러시아 제국을 제외하고 아시아 최초로 탄생한 공산당으로 중국공산당보다 1년 앞서 창설되었다. 인도네시아공산당은 1927년 네덜란드에 대항하는 반란이 실패로 돌아가면서 지하로 숨어들었다. 1948년 마디운 봉기가 군대에 의해 진압되면서 최고 지도자를 잃은 인도네시아공산당은 1950년 이후 노동조합, 부녀 단체, 농민 협회, 연극이나 가극단체 등과 협력 체계를 조직하면서 영향력을 확대하고 통일전선을 수립하여 재기에 성공했다.

두 번째는 군대였다. 인도네시아는 실질적인 물리적 범위를 둘러싸고 분쟁이 그치지 않았다. 수카르노는 네덜란드가 지배하고 있던 서뉴기니를 되찾고자 했으며, 보르네오를 포함하는 '대大 인도네시아'를 건설하려는 열망에 사로잡혔다. 또한 인도네시아 여러 섬 지역에서 반란이 일어나자 계엄령을 선포하여 국가 비상사태를 지속시켰다. 이는 군대를 강화하고 의회 민주주의를 약화시키는 데 결정적인 역할을 했다. 그 결과 군부 내 고위급 장교들은 지방 및 중앙 정부에서 행정 경험을 쌓으며 돈과 권력, 그리고 사회경제적 현상 유지에 따른 지분을 얻었다. 다른 한편 미국 중앙정보국은 수카르노에 대항하는 보루로서 군대를 선호했다. 왜냐하면 수카르노가 사회주의에 대한 열정적인(다소 모호하기는 하지만) 연설을 자주하고 지나치게 과시적으로 반식민주의를 주장하여 자신들의 입맛에 맞지 않았기 때문이다. 미국인들은 인도네시아에 우익 군사주의 정권이 들어설 수 있는 기회를 끊임없이 엿보고 있었다.[14]

수카르노는 군부의 권력에 대한 유일한 제동장치로 인도네시아공산당을 지지했지만, 둘 사이의 긴장은 자주 불안정해졌다. 인도네시아공산당에 대한 군부의 혐오는 1948년 마디운에서 발생한 공산주의 반란으로 거슬러 올라가는데, 군부는 당시 반란을 네덜란드와의 전쟁 중에 공산주의자들이 "뒤통수를 친 것"으로 여겼다.[15] 군부는 자신들을 분열되고 사욕만 채우는 정당에 맞서 공화국을 방어하는 주체로 간주했다. 군부는 인도네시아공산당을 강력히 비난했다. 공산당이 1948년 신생 인도네시아를 분열시키려 했을 뿐만 아니라 무신론을 주장하고 외국의 이데올로기와 외세(소련과 중국)의 지원을 받고 있으며, 혁명 이후 권력 엘리트들에게 도전했다는 이유 때문이었다. 또한 무엇보다도 인도네시아공산당이 조직과 규율 면에서 군대에 버금가는 위협적인 존재였기 때문에 미움의 대상이었다.

계엄령이 계속 유지되는 상황에서 수카르노는 인도네시아공산당을 군부가 제자리에 있도록 하는 도구로 여겼지만 인도네시아 공산주의자들의 미래는 확신할 수 있는 것이 거의 없었다. 인도네시아공산당은 '마을의 악마(일종의 토호세력)'와 '자본주의 관료'를 반대한다는 혁명적인 구호로 선동하며 대중여론을 주도했다. 하지만 인도네시아에서 공산당은 비교적 약세였으며, 장관급의 실권이 있는 것도 아니고, 또한 무장세력을 갖춘 것도 아니었다(1960년대 초까지 인도네시아공산당은 "권력은 총구에서 나온다"는 마오쩌둥의 주장에 거의 주의를 기울이지 않았으며, 비폭력 의회 투쟁을 옹호했다). 특히 '지도식 민주주의' 기간에 군부는 인도네시아공산당이 불복종 혐의가 있다는 이유로 간부들을 연행하여 심문했다. 인도네시아공산당은 수카르노가 "자신들에 대한 사형 선고를 주머니에 넣고 다닌다"는 사실을 알고 있었다.[16]

수카르노와 그의 동반자인 인도네시아 민족주의자들이 자결권과 근대화를 향한 성공적인 길을 모색할 때, 세계에서 특히 한 나라가 그들의 관심을 끌었다. 바로 중화인민공화국이었다. 양국 간의 유사점은 너무나도 확연했다. 인도네시아와 중국 모두 식민지 열강의 침략과 싸워 몰아냈기 때문이다.

1950년(양국이 국교를 수립한 해)부터 1965년까지 정치가(수카르노 포함), 작가, 예술가, 공산당원과 군인 등 정치, 사회 각계각층의 인사들이 중국에 열광했다(『중국의 붉은 별』을 중국어로 번역한 후위즈는 제2차 세계대전 기간에 인도네시아에서 생활하며 다시 한번 기반을 닦을 준비를 했다).

열광은 고위층부터 시작했다. 자카르타 주재 중국대사관은 수카르노의 마음을 사로잡고 그의 배를 채워주기 위해 마오쩌둥의 작품과 개인 요리사가 만든 정교한 딤섬(수카르노가 특히 좋아했다고 한다)을 정기적으로 대통령궁으로 배달했다. 베이징은 수카르노의 허영심을 만족시켜주기 위해 6권으로 된 『수카르노 박사 회화작품집』을 출간했다. 수카르노의 작품 중에는 에로틱한 작품도 있었는데, 이는 보수적인 중국공산당의 출판 지침에 어긋나는 것이었다.[17]

1956년 수카르노의 첫 중국 방문을 위해 중국 정부는 성대한 환영행사를 준비했다. 공항에서 그를 영접하기 위해 거의 모든 중국 정부 인사들이 참가했고, 30여만 명의 환영인파가 인도네시아 국기를 흔들며 환호하는 가운데 화려한 꽃으로 장식한 기마대가 선도하면서 베이징 시내로 들어갔다. 당시 그의 보좌관은 이렇게 회상했다.

"중국에 도착하자마자 수카르노는 마오쩌둥 주석이 직접 이끄는 거대한 붉은 인간 카펫에 뒤덮였다. 그들은 '히둡 붕 카르노Hidup Bung Karno(수카르노 만세)'라고 외치며 환호했다."

수카르노는 감격에 겨워 눈물을 흘리며 마오쩌둥과 오랜 친구처럼 서로 껴안았다(사실 두 사람은 이전에 만난 적이 없었다). 마오쩌둥은 수카르노에게 마치 세레나데를 부르는 듯했다.

"인도네시아 인민의 이상은 무엇입니까? 독립, 평화, 새로운 세상. 이러한 것들은 중국 인민의 이상과 정확히 일치합니다."

중국인들은 "우리의 형제이자 전우입니다. …… 중국의 승리는 인도네시아의 승리입니다. 그리고 인도네시아의 승리는 곧 중국의 승리입니다."[18] 수카르노가 응답했다. 이후에도 중국은 수카르노가 방문할 때마다 예상치 못한 환대를 하여 그를 황홀하게 만들었다. 1964년 수카르노가 상하이를 잠시 방문했을 당시 중국은 수천 명의 아동들을 동원하여 공항과 시내 도로 양쪽에 배치하고, 수카르노가 탄 차량이 지나갈 때 인도네시아에서 유행하는 사랑 노래를 부르도록 했다. 물론 원래 가사에 나오는 상대의 이름은 수카르노로 바꾸었다.[19]

수카르노는 마오쩌둥을 '형제'라고 불렀지만, 소련 지도자 흐루쇼프에게는 그다지 호의적이지 않았다. 한 독일 기자의 회고에 따르면, 흐루쇼프가 인도네시아의 전통 공예품에 대해 모욕적인 발언을 한 후 수카르노는 반둥에서 열린 회의에서 자바어로 흐루쇼프에 대해 "꼴사나운 뚱보"라고 말했다고 한다.[20]

수카르노는 규율이 엄격하고 절제된 중국의 정치적 지도력과 대중의 열정에 깊은 인상을 받았고, 국가 건설을 위한 중요한 문제들, 예를 들어 경제 발전, 정치와 군부 간의 적절한 관계 등에 대해 정중히 중국의 지도를 요청했다. 마오쩌둥 휘하의 원수이자 외교부 수장을 맡고 있던 천이는 그에게 이렇게 말했다. "마오 주석께서 가장 좋은 영도 방법을 제정했습니다."[21]

1956년 10월 중국을 방문하고 돌아온 수카르노는 자신의 귀환을 선언하면서 이렇게 말했다.

"1945년 우리는 여러 정당을 설립하도록 촉구하는 큰 실수를 범하고 말았다."[22] 그는 인도네시아 사람들에게 "중국의 방식을 취할 것"을 호소하며 이렇게 덧붙였다. 이번 중국 방문은 "경이로웠다. …… 나는 국민 지도자들과 협상하여 모든 정당을 매장할 것을 제안한다."[23]

이듬해 그는 이른바 '지도적 민주주의'를 채택하면서 인도네시아의 통치체제를 중국에 더 가깝게 만들었다. 그리고 이를 통해 자신에게 최고 지도자의 권한을 부여했다. 수카르노의 독재체제는 행정 공백을 초래하고 군대를 강화했으며, 이후 40년 동안 민주주의를 보류시켰다.[24] 마오쩌둥 시대의 중국과 수카르노가 통치하던 인도네시아 사이에는 공통점이 적지 않다. 예를 들어 위생과 소박한 생활을 중시하고 자아비판을 강요하는 사회적 규율이나 '정신노동자'를 농촌으로 강제로 이주시켜 농민들과 함께 노동하도록 한 것 등이 그러하다.[25] 수카르노는 신뢰의 상징으로 중국공산당에서 파견한 의사를 자신의 침실에 들여보내는 것을 허용하기도 했다. 그는 1964년부터 심장과 신장 문제로 인해 건강에 이상이 생겼다. 빈에서 온 의사들이 그에게 수술을 권함과 동시에 언론에 진단 관련 소식을 유출했다. 이에 수카르노는 그들을 해고하고 보다 신중하고 정확한 진단을 위해 중국 의사들로 대체했다.[26] 수카르노는 중국에 대한 자신의 애정을 합리적인 혜택이란 말로 정당화했다. "중국인들은 언제나 수카르노를 칭찬했다. 그들은 세계 어느 곳에서든 나를 곤란스럽게 하지 않았으며, 공개된 장소에서 마치 좋은 아이가 아니면 더 이상 사탕을 줄 수 없다는 식으로 나를 버릇없는 아이처럼 대하지도 않았다. …… 그러니 어찌 '동방에서 온 이들(중국인)이 항상 나에게 우정을 보여주고, 한 번도 나를 해친 적이 없음에 감사한다'고 말하는 것을 비난할 수 있겠는가?"[27]

수카르노 아래 인도네시아의 여론 주도층도 마오쩌둥을 위엄 있고 자비로우며 시대를 초월한 혁명의 '아버지pater familias'로 존경했다. 1955년 알리 사스트로아미조조Ali Sastroamidjojo 총리는 마오쩌둥을 이렇게 비유했다. "인도네시아 도시나 향촌의 화인(중국인) 거주지에서 흔히 만나는 중국인 대가정의 가장처럼, 자녀와 손자들뿐만 아니라 현지 중국인들에게도 예지와 지성을 겸비한 장로로 존경받는 인물이다."

수카르노 정부의 신문부 장관 아놀드 모노누투Arnold Mononutu는 마오쩌둥과 첫 만남을 회상하며 이렇게 말했다. "마오쩌둥은 큰 덩치에 조용하고 인자하여 마치 신과 같았다."[28] 「인민화보」와 「인민재건」 등 중국의 대표적인 대외 선전물들은 인도네시아 전역의 서점, 도서관, 학교에서 무료로 제공되었다. 1954년에는 베이징 라디오 방송이 1주일에 116시간이나 인도네시아어로 방송되었다.[29] 총천연색으로 눈부시게 찬란한 마오쩌둥 치하 중국에 관한 설명에 매료된 인도네시아 사람들은 중국에 대해 깊은 인상을 받았다. 1950년대와 60년대 중국을 동경하면서 그들은 인도네시아도 그렇게 될 수 있으며, 마땅히 중국을 본받아야 한다고 생각했다. 특히 공산당 지지자들은 보다 쉽게 그런 갈망에 빠져들었다. 영화 《자카르타의 황혼》에서 좌파 인물을 맡은 연기자는 이런 대사를 읊었다. "보라 중화인민공화국을! 마오쩌둥이 모든 영역에서 창조한 진보가 얼마나 거대한지. …… 그곳에서 될 수 있었다면 여기서는 왜 안 되겠는가?"[30] 인도네시아의 좌파 작가 가운데 한 명인 아마르잔 하미드Amarzan Hamid는 "불과 15년 만에 중국에서 새로운 인류가 탄생했다. 그들은 새로운 창의성, 새로운 자주성, 새로운 사고, 새로운 감정을 지닌 새로운 인간이다"[31]라고 주장했다.

그러나 마오쩌둥의 유격전술은 파업과 노사분규가 없는 중국을 중시하는 열렬한 반공주의자들에게도 박수를 받았다. 압둘 하리스 나수티온Abdul Haris Nasution(구 동인도군 파벌 지도자로 1965년 가을 대학살 사건 당시 인도네시아공산당이 그를 납치하여 살해하려고 했다)은 자신의 수첩에 게릴라 전술에 관해 이렇게 적었다.

"우리 지도자들은 항상 마오쩌둥의 가르침을 예로 들면서 유격대는 물고기, 인민은 물에 비유했다. 중국 지도자의 해석에 따르면, '물'은 그 안에서 '헤엄치는' 유격대원들이 제대로 성장할 수 있도록, 자연스러운 정치·사회·경제적 환경에서 자양분을 얻도록 해야 한다. 따라서 유격대원들에게는…… 주민들과 호의적인 분위기를 유지하는 것이 무엇보다 중요하다."[32]

인도네시아 국회의원들은 중국 국민들의 단결력과 긍정성에 감탄했다. 1956년 자카르타 부시장은 "중국 전체가 하나의 거미줄처럼 모두 행동에 대해 논의하고, 모든 이들이 열심히 일하고 있으며 …… 모든 이들이 시간에 맞춰 달려가며, 모든 이들이 하나로 단결되어 있다"[33]고 극찬했다. 이러한 행복한 근면성에 대한 인식은 인도네시아 전역에 빠르게 번지고 있는 환멸과 대조를 이루었다. 잠시 인도네시아 총리를 역임한 모하마드 낫시르 Mohammad Natsir는 1951년 독립기념일에 이렇게 탄식했다.

"우리는 주변을 돌아봐도 기쁜 표정을 거의 찾아볼 수 없다. 마치 우리가 얻은 독립이 가져다준 혜택이 거의 없는 것 같고, 사람들의 기대는 거의 실현되지 않았다. 나라는 독립했지만 뭔가를 잃은 듯한 느낌으로 …… 일종의 실망감만 가득하다. 이상은 사라지고, 도처에 불만과 좌절감, 그리고 절망감만 만연해 있다."[34]

인도네시아의 마오쩌둥 추종자들은 좌파와 우파를 막론하고 중국으로부터 취할 것에 관한 한 놀라울 정도로 선택적이었다. 그들은 '인민의 적'을 몰살시킨 교조적 무자비함보다는 '사회적 조화', '대중 민주주의', 그리고 실천 가능한 애국심을 강조했다. 한 인도네시아 학생은 "바다를 항해하는 것은 조타수에 달렸다"(바다를 항해하는 것은 조타수에게 달려 있다 / 모든 것의 성장은 태양에 달려 있다 / 식물은 이슬에 달려 있다 / 혁명은 마오쩌둥 사상에 달려 있다)라는 노래의 유기적 비유에 매료되었다. 1967년 5월 중국 남부로 항해했을 때, 그녀는 류사오치와 덩샤오핑을 비방하는 현수막과 문화대혁명의 정치와 숙청에 대한 6일간의 세뇌 교육에 충격을 받았다.[35]

마오쩌둥은 또 다른 영향력 있는 경로, 즉 인도네시아의 공산당인 PKI를 통해 독립 인도네시아로 진출했다.

1948년 마디운 봉기가 붕괴된 후 수만 명의 당원이 죽거나 투옥된 후, 당시 비교적 젊었으나(나이가 든 고위 당 간부들은 거의 사망한 상태였다) 곧 당의 영도자 반열에 오를 디파 누산타라 아이디트Dipa Nusantara Aidit는 아마도 중국으로 도피했을 것이다[36](다만 정치적으로 은폐된 역사의 경우처럼 확증이 없기 때문에 논란의 여지가 있다). 1949년 류사오치가 아시아에서 중국이 혁명의 지도자 역할을 맡을 것을 선언하고 인도네시아를 영향권에 포함시켰을 때 그는 그곳에 있었다. 그러나 1950년대에 인도네시아공산당은 러시아와 중국 공산주의 사이에서 신중한 행보를 보였다.

1951년, 스물여덟 살에 인도네시아공산당에 가입한 아이디트는 불과 4년 만에 비서장의 자리에 올랐다. 그는 자신의 선출 과정을 '킨더스펠kinderspel, 아이들 놀이'이라는 네덜란드 말로 표현했다. 젊은 시절부터 직업 정치인으로 활동했던 그는 정치 외에 다른 관심사가 거의 없었다. 그의 이념적 성향은 자신이 태어난 배경인 부유한 상류층 관료 출신을 벗어났고, 오히려 본능적으로 평범한 노동자들에게 동질감을 느꼈다. 하지만 노동자 계층의 동료들과 있으면 "긴장하고 비우호적"으로 보였다. 그는 막내 동생(아이디트는 6남매 중 장남이었다)에게 그들 사이의 유일한 연결고리는 "부모가 같다는 것뿐"이라고 솔직하게 말한 적이 있다.[37] 마디운 사태 이후 1950년대 초기에 아이디트가 수립한 공산당의 새로운 강령은 어떤 면에서 마오주의자들의 혁명에 편향되기는 했으나 스탈린의 승인과 지도하에 제정되었다(스탈린은 인도네시아공산당의 새로운 강령 초안을 철저하게 확인하면서 중국 모델을 모방하는 내용을 삭제했다).[38] 소련의 한 소식통에 따르면, 스탈린은 1953년 1월 모스크바에서 열린 야간 기밀회의에서 아이디트와 류사오치를 한 조로 묶는 한편 중국공산당이 인도네시아공산당을 '접수'하도록 했다. 아이디트는 한밤중에 밖에 나가 서로 눈싸움을 하면서 합의를 축하했다고 한다.[39] 스탈린이 인도네시아공산당의 강령을 수정한 후 인도네시아는 마오주의자들이 말하는 '반식민, 반봉건' 사회로 정의되었다. 아이디트의 저서 가운데 일부는 마오쩌둥의 문장을 인도네시아어로 번역한 것이다(아이디트는 마오쩌둥에게 그의 저작은 편집이나 수정이 필요 없다고 아부했다).[40] 그러나 근 10년 동안 아이디트의 전략은 마오쩌둥의 그것과 다른 방향으로 흘렀다. 그는 무장봉기를 통한 국가 전복보다는 기존 국가 내의 공산당 활동을 선호했고, 공개적인 장소에서 인도네시아와 중국 혁명의 공통점에 대해 함구했다.[41]

1950년대는 인도네시아공산당이 극적으로 성장한 시기로 마오주의자들의 전략이 도움이 되었다. 인도네시아공산당은 마오주의적 접근방식을 모방하여 기층민 교육에 관심을 기울였다. 자신들과 직간접적으로 연결된 지원조직(이른바 '통일전선')을 구축하여 정통성과 지원을 받는 '군중 작업mass work'이 바로 그것이다. 아이디트는 마오쩌둥처럼 농민을 중시하고, 당의 사업을 농민과 농촌에 집중했다. 1954년 공산당 대표대회에서 아이디트는 인도네시아 혁명은 토지 혁명이라고 규정했다.[42] 1950년대 초까지 당은 전국 최대 규모의 노동조합 연합회뿐만 아니라 인도네시아 최대 규모의 전국 농민 단체인 바리산 타니 인도네시아Barisan Tani Indonesia(인도네시아 농민전선)를 장악했다. 인도네시아공산당은 농촌 노동자(소작농)를 조직하여 조세 인하를 요구하고 토비土匪들에게 대항하도록 했으며 종자와 농기구, 비료, 어란(물고기 알)을 배급하고 우물과 학교를 건설했으며, 수십만 마리의 들쥐를 잡아 죽이기도 했다. 공산당 선거 캠페인에서 문화예술은 중요한 역할을 했다. 노래와 춤, 권투 등으로 청중을 모으고, 정치 선전을 슬쩍 끼워 넣었다. 당은 전국적으로 학교를 운영하고 토론회와 회의를 개최했다. 이러한 노력 덕분에 인도네시아공산당은 1955년 전국 선거에서 16%의 득표율을 얻었고, 1957년 지방 선거에서는 기존보다 100만 표 이상을 더 얻을 수 있었다.[43] 1958년 인도네시아공산당 중앙위원회는 고위 간부들이 최소 한 번씩 최장 6개월 동안 농촌에 내려가 농민들과 생활하는 '하향' 운동에 착수했다.[44] 인도네시아 사회는 공산당의 선전으로 가득 찼다. 신문들의 평균 발행부수가 1만 부도 안 되던 시절에 인도네시아공산당 기관지 「인민일보」는 거의 6만 부 이상이나 팔렸다. 당 기관지는 1956년에만 70만 부 인쇄되었다. 1965년 인도네시아공산당의 당원은 약 350만 명에 이르렀고, '통일전선' 조직까지 합치면 인도네시아 전체 인구의 5분의 1에 해당하는 2천만 명에 달했다.[45]

이러한 활동과 5천여 명에 달하는 전임 당직자의 급여를 지급하려면 막대한 자금이 필요했다. 1960년대 초까지 공산당은 인도네시아에서 가장 부유한 정당이었다.[46] 수입의 일부는 당비에서 나왔지만 말 그대로 '풀뿌리 수입'(기층 사회에서 얻은 수입)을 긁어모으는 데도 기발했다. 1950년대에 있었던 최소 두 차례 선거 활동의 자금은 공산당 내 소조를 조직하여 청개구리를 잡거나 바나나 잎을 채취하여 얻은 수익으로 마련했다. 이를 통해 얻은 수입은 인도네시아공산당을 운영하는 데 필요한 자금으로도 활용했다.[47] 중국 자금도 도움이 되었을 것이다. 당시 화교 사회에서는 인도네시아공산당에 '기부'하면 중국은행이 대출해준다는 소문이 돌았다.[48]

1960년대까지 인도네시아공산당은 아이디트의 영도하에 비약적인 확장을 거듭했다. 인도네시아공산당을 오랫동안 관찰해 온 도널드 힌들리Donald Hindley는 1965년 유혈 사태가 일어나기 전날 당에 대해 이렇게 평가했다.

대부분의 당원들은 문맹 또는 반半문맹이었으며, 정치의식이 거의 없는 상태로 입당했다. 거의 모든 당원들이 기본적인 정치 교육을 받았고…… 인도네시아에서 가장 크고 가장 규율이 잘 잡혀 있으며, 가장 효율적인 정당이다. …… 이와 달리 다른 정당의 지도자들은 선거 등 부득이한 상황에서 전통적인 문관과 종교의 권위를 이용하여 대중들의 지지를 얻고자 할 때를 제외하고는 일반적으로 대중들에게 관심이 없었다. …… 그런 정당들은 모두 빈껍데기였다.[49]

아이디트가 수천만 명의 인도네시아인을 동원하는 데 성공하자 1965년 이전까지 인도네시아 정계에서 '국가 그림자극의 대사大師'로 일컬어졌던 수카르노와 공산당의 연정이 성사되었다.[50] "전국 인구의 20%에 달하는 1600만 명의 공산주의자들을 쥐구멍으로 몰아넣으면서 동시에 국민 통합을 이룰 수 있겠는가?"[51] 수카르노는 공산주의자들과 연립내각을 구성하는 데 반대하는 이들을 격렬하게 질책했다. "저들은 내가 말에 올라타기를 원하면서도 먼저 말의 한쪽 발을 잘라야 한다고 주장하고 있다. 나는 발이 세 개뿐인 말을 탈 수도 없고 탈 생각도 없다."[52]

인도네시아공산당은 특히 1950년대 후반부터 수카르노의 공개적인 지지를 통해 더욱 큰 힘을 얻었다. 현명하게도 아이디트의 사업계획과 성명서에는 수카르노의 어록에서 인용한 내용이 적지 않게 들어찼다.

그러나 1949년 중화인민공화국 성립 전후로 중국인들의 희망과 두려움을 잘 서술한 르포르타주 작품인『공산당 점령 전야의 중국China on the Eve of Communist Takeover』(1955)을 쓴 미국 작가 도크 바넷Doak Barnett은 자카르타의 인도네시아공산당 사무실을 방문했을 때 공산당 핵심에 뭔가 이해하기 힘든 모순이 존재한다는 것에 주목했다. 그는 당사에 전시된 유일한 읽을거리가 "인도네시아어로 번역된 중국공산당 화보 한 권"이 전부였다고 지적했다. 바넷에게 아이디트는 젊고 온화한 느낌을 주었다. "그의 온화한 태도 속에 강인함이 숨겨져 있다는 느낌이 들었다." 그는 이렇게 말했다.

아이디트는 바넷에게 급진적인 토지개혁, 기업의 국유화, 토지혁명(가급적이면 집단화)을 통한 급속한 산업화 등 자신의 정치 계획에 대해 설명했다. 바넷은 "매우 익숙한 이야기라는 느낌이 들었다."

민족주의와 반제국주의 정서, 농민들의 불만 등에 호소할 것을 강조하는 2단계 혁명 구상과 네 계급의 연립 정부를 제안하고, 농민을 무산계급이 영도하는 혁명의 '주체 세력'으로 묘사하며, 궁극적으로 집체화와 공업화에 대해 열망하는 내용 등은 대체적으로 마오쩌둥과 중국공산당이 추구하는 사상적 총노선과 일치했다. 만약 인도네시아공산당이 중국의 경험에 따른 영향력을 배제한 채로(당시 중국은 중국 모델이 아시아 여러 나라의 '모범'이라고 주장했다) 자기 나름의 계획을 수립했다면 그들의 계획 역시 다소 달라졌을 것이라는 의문이 들지 않을 수 없었다.

아이디트는 "중국공산당이 이룩한 일은 인도네시아에서 공산당이 하고자 하는 일의 모델이다"라고 단언했다. 바넷은 인터뷰를 마치면서 1949년 당시 인도네시아공산당과 중국공산당의 가장 큰 차이점에 대해 지적했는데, 바로 군대의 존재 여부였다.[53] 이후 10년 동안 인도네시아공산당은 마오쩌둥의 정치를 답습했지만 오히려 마오쩌둥이 1927년 이래로 줄곧 견지한 바대로 군사적 뒷받침이 있어야 한다는 주장은 채용하지 않았다. 결국 이는 치명적인 결과를 초래했다.

중소 분열이 시작되면서 아이디트는 더욱 눈에 띄게 친중 성향을 띠었다. 중국공산당은 노골적으로 자신들이 반제국주의의 세계 본부라고 선전했는데, 이는 1920년대부터 '유색인종과 백인 간의' 세계대전을 예측하고 있던 인도네시아 우익과 좌익 민족주의자들에게 매우 중요한 주제였다. 특히 수카르노는 인도네시아에서 서유럽과 영미권의 영향력에 대해 혐오감을 숨기지 않았다. 이는 결코 이해하기 어려운 일이 아니다. 수카르노는 1942년 일본이 침공하기 전까지 네덜란드 감옥과 국내 망명 생활을 한 적이 있다. 1945년 영국군은 네덜란드가 인도네시아로 다시 돌아오는 것을 도왔고, 인도네시아는 이전 식민지 세력에 맞서 참혹한 독립 전쟁을 시작했다. 1950년대 서방 강대국들, 특히 미국은 인도네시아의 민주 선거에 간섭하고 인도네시아의 분열을 초래하는 국내 반란세력을 지원했다. "베트남, 한국, 과테말라 등 전 세계의 모든 문제는 미국의 '보이지 않는 정부'에 의해 야기되었다." 수카르노는 바로 이런 세력에 의해 자신이 무시당하고 기반이 약화되었다고 느꼈다.[54]

특히 1962년 이후 수카르노와 인도네시아공산당, 그리고 중국은 한 목소리로 '신식민주의와 제국주의' 반대를 외쳤다. 수카르노는 네콜림nekolim이라는 용어를 썼는데, 이는 네덜란드의 서뉴기니 점령과 미국 외교정책의 후안무치한 행위를 모두 포괄했다. 수카르노는 1963년 동아시아 사람들에게 이렇게 말했다. "식민주의와 제국주의는 지금도 우리 세계에 존재하는 현실이다." 그들은 "우리 여러 나라들이 그들의 이기적인 이익에 영원히 종속되도록 정세를 조작하고 있다."[55] (인도네시아의 화장실은 검사에 합격할 수 없을 것이라고 확신했던) 인도 총리 네루를 놀라게 할 정도로 수카르노는 1955년 반둥회의를 성공적으로 개최하고 나아가 탈식민지화 세계의 지도자로서 자신의 명성을 떨쳤다. 수카르노는 '혁명 외교'를 위한 활발한 세계 순방을 통해 인도네시아가 "국제 관계의 주요 문제"인 식민주의-제국주의에 대항하는 아프리카-아시아 연대의 중심이 될 것을 촉구했다.[56] 그는 정의 가능하고 이해할 수 있는 다양한 축약어를 특히 좋아했다. 예를 들어 나사콤 Nasakom은 민족주의, 종교, 공산주의의 혼합체를 의미했고, 마필린도MaPhilIndo는 말레이시아, 필리핀, 그리고 인도네시아의 전략적 동맹을 뜻했으며, 올데포 OLDEFO는 '낡은 기존 세력the old established forces', 네포NEFO는 '신흥세력the new emerging forces'을 의미했다.

1962년 수카르노의 주장에 동의한 아이디트는 인도네시아에 의해 전형화된 새로운 국가, 탈식민지화와 비동맹을 중심으로 새롭게 등장한 네포의 적은 "모든 제국주의 국가와 모든 형태의 식민주의와 신식민주의, 세계의 모든 반동세력이다"라고 규정했다.[57] 이러한 선언은 제국주의와의 무력 충돌이 불가피하다는 베이징에서 흘러나오는 호전적인 목소리와 조화를 이루었다.

마오쩌둥과 수카르노 두 사람 모두 자신의 정치적 목표를 추진하기 위해 이웃 나라와 갈등을 조장하여 국가를 비상사태로 만드는 것을 좋아했다. 수카르노는 스스로 "혁명의 리듬에 심취했다"고 인정했다. 그는 인도네시아의 제도적, 물질적 문제를 해결하기 위해서는 제도나 물질적 해결책이 아니라 정신과 활력, 그리고 대담성이 필요하다고 믿었다. 이는 의심할 바 없이 마오쩌둥의 '의지론'에 부합한다.

1963년에서 1966년까지 인도네시아-말레이시아 군사적 대립Konfrontasi은 수카르노의 호전성이 최고조에 달했던 시기로 마오쩌둥의 도발적인 호전성과 맥락을 같이 한다. 인도네시아-말레이시아 군사적 대립의 발단은 브루나이를 말레이시아에 합병하는 것과 관련된 논쟁(수카르노는 영국이 설계한 새로운 말레이시아는 신식민주의라고 비난했다), 브루나이 반란 진압에 영국군이 개입한 것, "새로운 말레이시아가 영국의 신식민지가 되는 것"에 대한 근본적인 반대 등이었다. 수카르노는 말레이시아와의 군사적 긴장을 급속히 고조시켰고(인도네시아 군대와 영국-말레이시아 연합군이 보르네오에서 충돌했다), 이를 발판으로 삼아 네콜림 세력과 투쟁을 강화하기 위해 "말레이시아를 분쇄하라!"고 외쳤다.

콘프론타시, 즉 인도네시아-말레이시아 군사적 대립은 1960년대 마오주의의 "반제국주의, 반서구주의" 주장에 공명하는 것뿐만 아니라 대중 동원과 군사화 추진에 도움을 주었다. 1965년 초, 수카르노는 유엔을 탈퇴하고 당시 미국 대통령이던 린든 존슨에게 "당신네 원조를 가지고 지옥에나 가라"고 말했다. 중국은 당연히 환호했다. "미 제국주의가 감히 인도네시아에 침략을 감행한다면 중국 인민은 온 힘을 다해 인도네시아 인민을 지지할 것이다." 베이징 「인민일보」는 이렇게 호언장담했다.[58] 1971년까지 타이완의 중화민국이 유엔에서 중국 대표 자리를 차지하고 있었기 때문에 중국은 소련과 달리 유엔을 비난해도 잃을 것이 없었다.

인도네시아공산당은 군사력이 없었음에도 불구하고 마오쩌둥의 무장항쟁 노선에 따라 적과의 무력투쟁을 촉구하는 방향으로 움직였다. "모든 영역에서 반드시 대항이 있어야 한다. …… 한 손에 총을 들고 다른 한 손에 쟁기를 들고 …… 제국주의자들은 오직 힘만 알 뿐이다. …… 인민은 반드시 무장해야 한다."[59] 아이디트는 마오쩌둥의 중국과 정서적으로 가까워지는 듯했다. 대약진운동과 이에 따른 기근이 한창이던 1959년과 1961년, 아이디트는 중국의 모범적인 공사(코뮌)를 두 차례 방문했다. 중국공산당은 그의 방문을 대대적으로 선전하고, 그가 대약진운동과 공사가 경제적 기적을 이루었다고 느끼게 만들었다. 아이디트를 접대한 중국 측 수행원들은 공포와 기아, 사람이 사람을 잡아먹는 참상 등 공사 체제의 실체를 교묘하게 숨겨 마오주의식 실험에 대한 인도네시아 사람들의 열정을 강화했다.

1961년 아이디트의 중국 방문에 대한 중국 내부 보고서엔 이렇게 나와 있다. "아이디트는 매우 만족했다." 그는 이렇게 말했다. "지난 2년 동안 이곳의 변화가 엄청나다는 것을 알 수 있었습니다. …… 나는 매우 기쁩니다. …… 앞으로 더 큰 성공을 기원합니다."[60] 아이디트가 1963년 인도네시아공산당 신문에 대약진운동의 업적을 열렬히 옹호하는 글을 기고하면서 중국은 아이디트를 환대한 것에 대해 나름의 수확을 거두었다. 시 창작은 아이디트의 몇 안 되는 과외 활동 가운데 하나였는데, 마오쩌둥을 모방하기 위해 시작한 것으로 알려져 있다. 하지만 작품이 형편없어 아이디트 자신이 주관하던 인도네시아공산당 기관지마저 게재를 거부할 정도였다. 그는 또한 1956년 마오쩌둥이 양쯔강을 수영하던 것을 흉내 내어 자카르타의 강에서 수영하기도 했다. 어렸을 때부터 배영을 잘 했다는 아이디트는 그저 둥둥 떠내려가기만 했던 마오쩌둥보다 수영 솜씨가 괜찮았다고 한다.[61] 그는 또한 자바의 농촌으로 내려가 "독재적인 지주, 관료 자본가, 부패한 지방 관리" 등을 비난하고, 인도네시아 청년들에게 "농촌과 산촌으로 떠나라(하향상산下鄕上山)"고 적극 격려했다. 아마도 이는 1927년 후난성 농민봉기에 대한 마오쩌둥의 조사 보고서를 모방한 것일 수도 있다. 마오쩌둥은 이러한 아이디트의 찬동에 대한 보답으로 인도네시아공산당에 대해 이렇게 찬사를 보냈다. "동양 혁명사의 찬란한 한 페이지이다."[62]

아이디트는 대약진운동의 자발주의 풍격을 본받아 1950년대까지 진행되었던 신중하고 인내심 있는 동원을 피하고, 마오주의의 "정신, 결심, 열정"을 강조하는 발언을 선호하기 시작했다. 예를 들어 그는 이런 성명서를 발표했다. "우리는 반드시 실사구시에 입각하여 기존의 8개년 계획을 '급진적인 새로운 행동 계획'으로 대체해야 한다."[63] 1963년 중국의 외문外文출판사는 아이디트의 소책자 『대담하라, 대담하라, 다시 대담하라Dare, Dare and Dare Again』*(중문 제목은 『방담행동放膽行動』)를 출간했다.[64] 제목에서 알 수 있다시

---

* 이 말은 프랑스혁명 시기 공안위원회 초대 위원장이었던 조르주 자크 당통(Georges

피 민족주의와 대담성이 지정학적, 경제적, 사회적 모든 문제에 대한 해답이라는 뜻이다. 이렇듯 아이디트는 중국에 경도되면서 인도네시아공산당은 계급투쟁을 선동하는 토지개혁을 통해 인도네시아 농민들을 동원하는 방식에 집중했다. 이에 따라 그들은 "경작자에게 토지를!耕者有田"운동에 몰입했다.[65] 1963년 3주간의 중국 방문을 마치고 귀국한 아이디트는 "두려움 없는 대담한 정신을 불러일으켜 인민들이 지니도록 하면 모든 장애물을 쓸어버릴 수 있을 것이다"라는 마오주의적 세계관을 발표했다. 대담한 혁명 의지가 없는 혁명가는 "더 이상 혁명가가 아니다." "우리 당과 대중 조직은 이미 극도의 열정으로 앞으로 전진하면서 두 팔을 휘두르며 인민의 적을 향해 주먹을 내지르고 있다. …… 한 손에 총, 다른 한 손에 곡괭이를 들고 나아간다." 아이디트는 "정치 추세가 점점 좌경화되고 있다. …… 급진적 토지개혁을 실행할 용기가 없다는 것은…… 근본적으로 말도 안 되며…… 인민을 기만하는 것이다"라고 자신감에 넘쳐 예언했다. 또한 그는 혁명 선언문에서 "세계 반동의 중심이자 제국주의의 중추이며…… 세계 인민에게 가장 범죄적이고 가장 위험한 공동의 적"인 미국과 어떤 종류의 타협도 거부한다고 단언하는 한편 미국과 거래하는 소련은 근본적으로 연약하고 무능한 나라라고 비난했다.[66]

아이디트는 '고등 마오주의'를 형성하는 데도 나름의 역할을 맡았다. "농촌이 도시를 포위한다農村包圍城市"는 마오쩌둥의 전략을 처음으로 세계화한 것은 바로 인도네시아 사람들이었다(이는 무장혁명을 추진하지 못한 소련을 암묵적으로 비난한 것이다). 아이디트는 "아시아, 아프리카, 라틴아메리카에서 무르익어가는 혁명적 상황이 끊임없이 솟구치고 있다. …… 아시아, 아프리카, 라틴아메리카는 세계의 농촌이며, 유럽과 북미는 세계의 도시이

Jacques Danton, 1759~1794)의 말에서 유래한다. "대담하라, 더 대담하라, 항상 대담하라!"(1792년: De l'audace, encore de l'audace, toujours de l'audace!) 레닌이 1917년 러시아 혁명 당시 이 표현을 사용하면서 전 세계 혁명가들이 즐겨 인용했다.

다"라고 단언했다. 이에 마오쩌둥과 린뱌오는 아이디트의 감탄을 자아낼 만한 표현을 빌려 전 세계의 무장혁명을 촉구하는 "인민전쟁 승리 만세!"라는 글로벌 구호를 만들었고, 이는 이후 전 세계 비대칭 전쟁의 기본 텍스트가 되었다.[67]

중국공산당은 아이디트에게 당시 정치적 상황에 대처하는 방식을 강요하기도 했다. 1963년 9월, 아이디트는 동남아시아 혁명의 미래 지도자를 위한 특별 훈련 과정에 초청받았다. 저우언라이는 그와 동남아시아 전역의 동지들에게 이렇게 지도했다. "농촌으로 깊이 들어가 무장투쟁을 준비하고 근거지(베이스캠프)를 건설하십시오. …… 중국은 동남아시아의 반제국주의 투쟁을 전적으로 지원할 책임이 있습니다."[68] 마오쩌둥과 그의 측근 동지들은 아이디트가 "뛰어난 마르크스, 레닌주의 이론가"라고 찬사를 보냈으며, 인도네시아공산당은 "성대한 성과와 풍부한 경험"이 "자본주의 세계, 특히 아시아, 아프리카, 라틴아메리카 여러 나라의 공산주의자들과 혁명적 인민들에게 점점 더 큰 매력을 발산하고 있다"고 말했다.[69]

마오쩌둥은 수카르노의 언어 표현에도 깊은 흔적을 남겼다. 수카르노는 1965년 독립기념일 연설에서 "인도네시아 군대가 물속의 물고기처럼 국민과 단결한다면 무적의 힘을 지닐 수 있을 것입니다. 물은 물고기가 없어도 존재할 수 있지만 물고기는 물 없이 존재할 수 없음을 명심하기 바랍니다."[70] 중국은 수카르노에 대해 호의를 보이기 위해 1964년 3월 인도네시아의 중요 후원기관인 중국은행 인도네시아 지점의 자산을 수카르노와 그의 정부에게 이전했다. 1965년 2월, 동남아시아에 대한 미국의 개입이 강화되자 중국 정부 소식통은 베이징이 이미 베트남까지 확대한 것처럼 인도네시아 역시 전략적 동맹에 포함되었다고 하면서 "영국과 미국 제국주의자들이 감히 인도네시아 인민에게 전쟁을 일으킨다면 중국 인민은 절대로 가만히 있지 않을 것이다"라고 '정중하게' 선포했다.[71]

이 무렵 인도네시아 경제는 심각한 압박을 받고 있었다. 수카르노가 영국과 네덜란드의 투자를 국유화하면서 외국 자금이 공포에 질려 빠져나갔고, 국가 예산도 국방비 지출 증가로 인해 날로 늘어나기만 했다. 그러나 1960년대 인위적으로 조성한 국가적 비상사태로 인해 일상생활이 군사적 가치로 채워지는 동안 군대는 상대적으로 번영을 누렸다. 계엄령과 해외 원조는 군의 정치적, 기술적 역량을 강화하는 좋은 계기가 되었다. 동시에 군대는 국유화된 많은 외국 재산을 담당했다. 1960년대 초 육군 사령부는 조직적으로 중앙 및 지역의 전투부대에 대한 통제를 강화하여 1965년 전국적인 숙청 시기에 신속하게 동원할 수 있는 태세를 갖추었다.[72]

인도네시아와 말레이시아의 군사적 대립이 격렬하던 시기에 수카르노는 저우언라이가 자신에게 '제5세력'을 만들라고 말했다고 주장했다. 이는 잘 훈련되고 무장한 2100만 명의 민병대로 인도네시아의 여러 섬을 효과적으로 군사화할 수 있는 조직이었다(표면적으로는 말레이시아와의 분쟁에 대처하기 위함이었으나 실제로는 군대의 폭력 독점에 도전하기 위함이었다). 중국공산당은 이를 마오쩌둥의 유격대 전술을 그대로 답습한 것으로 보고 적극 찬성했다. "군사화된 대중은 무적입니다. 나는 여러분들과 우리의 경험을 공유하고자 합니다." 저우언라이의 발언에서 당시 중국의 인도네시아에 대한 정책이 중대한 전환을 맞이하고 있음을 알 수 있다. 그 원인은 "당시 중국과 소련이 격렬한 경쟁 상태였다"는 사실을 통해서만 설명할 수 있다. 1960년부터 1963년 사이에 중국 외교부는 "인도네시아의 원조 요청 대부분을 거절했다"고 인정했다. 하지만 1965년 마오쩌둥과 그의 동지들은 인도네시아에 대한 군사원조를 흔쾌하게 약속했다. "소형 무기가 필요하다면 우리가 협조할 수 있다. 만약 해군과 공군에 필요한 부품이 있다면 언제든지 관계자를 중국으로 파견하여 살펴보도록 하라."[73] 중국은 총 10만 대의 소형 무기를 무상으로 제공하기로 약속했는데, 수카르노는 이 무기가 군대의 손에 들어가지 않도록 음모를 꾸민 것으로 보인다.[74]

1964년 절충주의자였던 수카르노는 연례행사인 독립기념일 연설에서 무솔리니가 했던 말, "위험하게 살아라live dangerously"를 차용했다. 또한 마오쩌둥의 언사를 빌려 동남아시아가 "세계 모순의 중심이다"라고 말했다.[75]

1년이 조금 지난 후 그의 무모한 외침은 비극적 예언이 되고 만다. 수카르노와 마오쩌둥 쌍방의 대립적 시너지 효과에 고무된 인도네시아공산당은 수카르노의 전폭적인 지지 속에서 제5세력을 조직하면서 정치적으로 더욱 급진적으로 변화했다.[76] 만약 그들의 계획이 성공한다면 노동자, 농민으로 구성된 인도네시아공산당 민병대는 중국공산당의 정권 창출 토대가 되었던 군대가 될 것이다. "야생 들소의 기상을 불태우자!" 아이디트는 1965년 봄 중앙위원회에서 이렇게 외쳤다.[77] 동시에 군부에 대한 수카르노와 인도네시아공산당의 언사가 날로 거칠어졌다. 그들은 심지어 군대를 통틀어 "장군 제복을 입은 바보"라고 지칭했다.[78]

1965년 여름, 인도네시아의 권력을 삼분하고 있던 세 세력은 극심한 양극화 분위기 속에서 서로 의심스러운 눈초리로 바라보았다. 먼저 수카르노는 개인적 명성과 반서방 정서를 이용하여 인도네시아를 미국에서 벗어나 친중국으로 전환하겠다는 실제와 부합하지 않는 낭만적이고 이기적인 태도를 보였다. 그는 우파 군부, 특히 신비한 '장군위원회'가 자신을 하야시킬지도 모른다고 불안해했다. 두 번째 세력은 군부였다. 그들은 미국과 소련 양쪽에서 상당한 훈련을 받았고, 무력 면에서 수카르노보다 우세했으나 명성이나 정당성에서는 그를 능가하지 못했다. 인도네시아공산당에 대해서는 적대적이었다. 자카르타 주재 영국 대사관의 한 장교는 수카르노와 군부의 대립 상황을 "일본 스모 선수가 서로 엉겨 붙어 힘겨루기를 하고 있는 상황이다. 수카르노는 계속 밀어붙이고 있지만 장군들은 꿈쩍조차 하지 않고 있다"라고 비유했다. 그렇다면 누구에게 비스킷을 던져야할까? 런던에 문의하자 이런 대답이 돌아왔다. "관중들은 그저 비스킷을 먹으며 구경만 하면 될 것이다."[79]

마지막 세 번째 세력은 당연히 인도네시아공산당이다. 1950년대 세력 확장에 성공한 공산당은 정권 장악에 더욱 가까워지려는 야심에 차 있었다. 중국의 '인민전쟁' 책략을 감정적으로 받아들인 그들은 민간 세력을 동원하여 군부에 대항할 수 있을 것이라고 생각했다. 농촌에서 급진적인 토지개혁을 실시하여 약 70만 헥타르의 토지를 85만 명의 농민에게 재분배했다. 공산당은 또한 정치적 폭력도 마다하지 않았다. 공산당에 반감을 품은 한 학생은 "대학 캠퍼스에서 공포 분위기가 만연했으며, 심지어 내 남동생까지 테러를 당할 것 같다는 느낌이 들었다. 언제라도 내가 죽거나 누군가를 죽일 것 같은 상황에 처한 것 같았다"[80]라고 회상했다. 실례도 있다. 발리 서부 젬브라나에 사는 공산당 민병대는 뒤에 히비스커스 꽃을 꽂고 허리춤에 칼을 차고 다니면서 사람들에게 뱀을 던지거나 괜한 시비를 걸었으며, 야자수 잎으로 엮은 마을 집 담벼락에 칼을 꽂으며 공산당 회의에 참석하라고 겁을 주곤 했다.[81] 이처럼 고위층의 분열은 기층인민들의 삶까지 분열시키고 말았다. 1965년 9월 대학살 전야에 인도네시아 사회는 극도로 분열된 상태였다. 한쪽에는 지역 엘리트들과 지주, 무슬림 지도자들이 포진하고 다른 한쪽에는 공산당 조직과 긴밀하거나 또는 느슨하게 연결된 사람들이 자리했다. 군부와 인도네시아공산당 사이의 권력 양극화로 인해 민간인들은 목숨을 보전하기 위해 둘 중 하나를 선택해야만 했으며, 이로 인해 발생하는 균열(적어도 사람들의 마음속에 느껴지는 균열)은 이후 1965년부터 그 이듬해까지 이어진 폭력을 더욱 극성스럽게 만들었다. 아이디트는 당원들에게 이렇게 말했다. "국가는 지금 끓어오르고 있다. 그러니 모든 방면에서 혁명 투쟁을 더욱 극렬하게 전개해야 할 것이다."[82]

　1965년 5월, 인도네시아 외무장관 수반드리오Subandrio는 영국 대사 앤드류 길크리스트Andrew Gilchrist가 작성한 것으로 추정되는 전보 초안을 입수했다. 초안은 서부 자바에 있는 비에 젖은 도시 보고르Bogor에 사는 미국인 영화 판매업자 빌 팔머Bill Palmer의 방갈로에서 발견되었다고 한다. 전직 특수작전집행국SOE, Special Operations Executive 출신인 길크리스트는 수카르노의 반영, 반미 태도에 혐오감을 숨기지 않았다(1963년 가을 인도네시아 시위대가 영국대사관에 돌을 던지기 전 그는 킬트 차림의 보좌관 장교에게 백파이프를 연주하며 대사관 주변을 행진하도록 하는 권한을 부여받았다고 한다). 그는 전보 초안에서 영국과 미국이 "현지에 있는 우리 군대 친구들"의 협조하에 인도네시아를 공격할 계획임을 암시했다. 영국과 미국 관리들은 전보 초안이 위조된 것이라고 발표했지만 그럼에도 불구하고 수카르노와 아이디트의 진영에서는 이 전보가 대통령에 대한 쿠데타를 모의하고 정권을 장악하려는 '장군 위원회'의 밀모 증거물로 인용되었다. 1965년 5월 26일, 수반드리오는 인도네시아공산당 창립 45주년 기념 대규모 집회 연설에서 수카르노에 대한 반혁명이 임박했다는 '문건 증거'가 있다고 주장했다.[83]

1965년 8월 5일, 인도네시아 정계의 핵심 인물인 수카르노는 세 번이나 혼절하고 구토를 심하게 했다.[84] 당시 베이징에 있던 아이디트는 인도네시아 군부로부터의 공격을 방어해줄 인물이 사망하거나 능력을 상실할 가능성에 심히 우려를 표했다. 그는 무언가 조치를 취해야겠다는 생각이 들었다.

1965년 10월 1일, 잠에서 깨어난 인도네시아 국민들은 10분 동안에 걸친 불안한 내용의 방송을 들었다. 방송은 3인칭 시점으로 '9.30 사건September 30th Movement'의 돌발 행동에 대해 언급했다. 정체불명의 조직이 10월 5일 국군의 날을 맞아 미국 CIA가 후원하는 '반혁명 정변'을 계획하던 '다수의 장군'을 체포했다는 내용이었다. 예방 조치의 일환으로 정체불명의 조직은 전국의 '혁명위원회'를 통해 인도네시아 정부를 근본적으로 개편할 것이라고 하면서 모든 "정당, 대중조직, 신문 및 정기간행물"은 반드시 혁명위원회에 충성을 맹세해야 한다고 덧붙였다.[85] 그날 아침 자카르타 시민들은 대통령궁과 육군본부 및 국방부가 자리하고 있는 메르데카 광장Merdeka Square, 독립광장을 지나면서 특이한 군사 훈련을 목도했다. 수천 명에 달하는 군인들이 75헥타르의 광장 중앙에 있는 137미터의 기념탑(수카르노의 미완성 유작이다. 1970년대에 완공된 후에도 누수가 발생했다) 주위에 모여 있었다.

하지만 그날 가장 중대한 사건은 이미 새벽에 발생했다. 7개 조로 나뉜 병사들이 집 안에서 취침 중인 7명의 장군을 납치하여 고무나무 숲에 있는 오래된 우물, 일명 루방 부아야Lubang Buaya, 악어 구멍로 데려가기 위해 출동했기 때문이다. 7개 조 가운데 6개 조는 임무를 완수했으나 나머지 한 조는 대상을 오인하여 국방부 장관인 나수티온Nasution이 아닌 그의 부관을 체포하는 데 그쳤다. 음모에 가담한 장교 일부는 수카르노를 체포하기 위해 출동했으나 그들 역시 추적에 실패하고 말았다. 당시 수카르노는 부인이 여러 명이었기 때문에 그가 어느 부인의 집에서 밤을 보내는지 알기 어려웠기 때문이다.

그날 밤의 극적인 사건을 알게 된 수카르노는 루방 부아야에서 얼마 떨어지지 않은 할림Halim 공군기지로 도피했다. 그러자 납치를 기획한 이들도 그곳으로 몰려들었다. 그 시각 병사들에게 납치되어 루방 부아야의 폐우물에 끌려온 7명은 총에 맞거나 총검에 찔려 사망한 채로 폐우물에 던져지거나 진흙, 돌, 잡풀 아래 은닉되었다. 이후 군부는 살인 사건의 진실을 은폐하기 위해 장군들의 시신이 훼손되었으며, 공산당 부녀자들이 나체로 시체 주변을 돌며 춤을 추었다는 황당한 소문을 퍼뜨렸다.[86]

할림 공군 기지에는 정변을 주도한 장교들, 수카르노와 그의 측근들, 아이디트와 그의 보좌관 등 이번 사건과 관련된 세 그룹의 중요 인물들이 서로 수백 미터 떨어진 흰색 방갈로 세 곳에 모여 있었다. 오전 10시 수카르노는 9월 30일 정변을 주도한 베일에 싸인 핵심인물을 직접 만나 더 이상의 소란을 멈출 것을 단호하게 요구했다. 하지만 수카르노는 사망한 장군들에 대해선 별다른 유감을 표명하지는 않았다. 대신 그는 이렇게 말했다. "그런 일은 혁명 과정에서 흔히 일어날 수 있는 일이다."[87] 그러나 사건은 이미 다른 국면으로 접어들고 있었다.

3시간 전 구사일생으로 죽음을 면한 육군 최고 지휘관 가운데 한 명인 수하르토 장군은 자카르타의 육군 전략 예비사령부Kostrad로 향했다. 당시 9.30 정변을 도모한 자들은 미흡한 사전 계획과 소통 부재로 인해 대단히 혼란스러운 상황이었다. 이에 수하르토는 신속하게 상황을 파악하고 스스로 육군 최고 사령관을 맡아 수카르노를 물러나도록 했다. 그는 12시간 만에 독립광장에 모여 있던 반란군을 소탕한 후 나머지 반란군을 제거하기 위해 할림 공군기지로 향했다. 10월 2일 새벽, 정변을 주도한 지도자들과 전체 4천여 명에 달하는 병력은 이미 사방팔방으로 흩어진 상태였다.[88] 수하르토는 자신의 충성스러운 군인들에게 그들을 추적하도록 하는 한편 실패한 정변을 빌미 삼아 공산당원과 '공산주의' 동조자로 의심되는 이들에 대한 대대적인 숙청을 명령했다. 인도네시아공산당은 이로 인해 '분쇄', '매장', '섬멸', '전멸', '근절', '철저한 훼멸'이라는 참혹한 종말을 맞이했다.[89]

1년 동안 군대와 민병대의 폭력으로 인해 최소 50여만 명이 사망했다. 일부는 군대의 총에 맞아 사망했지만(예를 들어 발리에서만 3일 동안 6,000명이 사망했다), 더 많은 이들이 마체테나 창, 칼과 같은 원시적인 무기로 무장한 민간인들에게 살해당했다. 군대는 인도네시아공산당을 반대하는 반공 정당이나 종교 단체의 청년들을 동원하여 단체를 조직했다. 군대의 동의와 지휘하에 수십만에 달하는 조직원들이 인도네시아공산당과 관련된 사람들을 구금하고 살해했으며, 가옥을 불태웠다.[90] 미국 언론들은 "서방에서 수년 만에 가장 좋은 소식." "아시아에 한줄기 빛." 등으로 대서특필하면서 인도네시아공산당의 파멸을 대대적으로 보도하고 환호했다.[91]

유혈 사태는 정당 간의 정치적 증오와 경쟁, 경제적 분쟁, 무슬림 지도자와 인도네시아공산당 간 여러 계층의 오랜 불화 등 다양한 원인으로 인해 발생했다. 하지만 그처럼 참혹한 유혈사태가 일어난 근본 원인은 군대가 살인자들에게 면죄부를 부여했기 때문이다. 폭력에는 나름의 패턴과 방법이 있었다. 군대의 대규모 체포로 인해 구치소는 용의자들로 가득 찼다. 밤이 되면 수감자들 가운데 일부는 트럭에 실려 마을 밖 외딴 곳으로 이송되었다. 그곳에서 그들은 사형 집행자들에게 넘겨졌다. 사형 집행자들은 끌려온 이들을 총살하거나 목을 졸라 죽인 후 구덩이에 집단으로 매장하거나 강에 버렸다. 당시 사형 집행을 담당했던 어떤 이는 2000년대에 들어와 조슈아 오펜하이머에게 "우리 사형 집행 단원들은 물고기를 먹지 않았어요. 강에 사는 물고기들이 인육을 먹었기 때문이지요"라고 말했다.[92] 살해 외에도 구타, 고문, 평생 차별 등 또 다른 형태의 참혹한 폭행이 이루어졌다. 대략 100만 명이 수용소에 구금되었고, 최소 1만 명 이상의 수감자들이 10년간의 징역형에 처해졌다. 그들은 정글에서 벌목하는 데 사용하는 중국제 마체테만 가지고 경작지를 만드는 등 힘든 노역을 감내해야만 했다. 정치범의 경우 석방된 후에도 자신은 물론이고 가족(태아 포함)들까지 '부정한 자'라는 낙인이 찍혔다.[93]

혼란스럽고 수수께끼처럼 풀기 힘든 당시 사건은 오랜 세월 분명한 설명을 거부해왔다. 비극의 주인공들은 이미 죽어 사라지거나 진술을 기피했고, 오직 부도덕하고 잔혹한 조직인 인도네시아 군부에서 진행한 심문과 재판 과정에 관한 기록만 남아 있기 때문이다. 1965년 11월, 아이디트는 자바 섬 중부의 한 방갈로 벽 사이에 사제의 비밀 은신처priest's hole(과거 영국에서 가톨릭이 불법이던 시절 가정집에 있던 사제의 비밀 은신처)처럼 생긴 공간에 숨어 있다가 군인들에게 발각되고 말았다. 그는 즉결처분에 따라 사형에 처해지게 되었다. 그를 체포한 소장이 그에게 "유언이 있으면 말하라!"고 지시했다. 그가 "불같은 연설"을 시작하자 당황한 장교가 그 즉시 총을 쏴서 그를 침묵시켰다.

수하르토에 의해 격리된 후 가택 연금에 처해진 수카르노는 1970년 신부 전으로 사망했다. 지병에 따른 사망이기는 하나 적절한 치료 없이 방치된 상태로 인해 악화되었을 가능성이 크다. 생애 마지막 몇 년 동안 그는 "천 개의 언어로 침묵한다(전면적인 침묵)"고 원망 섞인 말을 전했다.[94] 9.30 사건의 정치, 군사적 수혜자인 수하르토는 정변 이후에 이어진 대규모 폭력사태에 대해 "개인의 자주적인 행동이자 다년간에 걸친 매우 편협한 정치 관행으로 인한 사회 집단 간의 심각한 편견 때문"이라고 말했다.[95]

군부는 정변 진압 초기에 대부분 신문의 관련 보도를 금지시키는 한편 정변은 인도네시아공산당이 지원하는 폭력 사건이라는 군부 자체 보도로 뉴스의 공백을 메웠다. 1965년 10월 이후 수하르토가 절대적인 정치 통제권을 장악하고 있었기 때문에 전국에 걸쳐 벌어지고 있는 폭력이 육군사령부의 세심한 조율에 의한 것이 아니라 전적으로 인도네시아공산당이나 폭도들의 탓으로 돌릴 수 있었다. 1984년부터 1998년 수하르토가 권좌에서 물러날 때까지 매년 9월 30일이 되면 인도네시아공산당이 저지른 잔혹한 장면으로 가득 찬 선전 영화《인도네시아공산당의 배반, 9.30 사건*Treachery of G30S/PKI*》이 상영되었다.

1990년 이 역사의 판본은 루방 부아야의 폐우물 근처에 세워진 단층 건물인 인도네시아공산당 반역 박물관에 진열되었다. 마치 피를 갈망하는 듯한 분위기를 연출하는 인도네시아공산당원의 모형이 학생들의 눈높이에 맞춰 세워져 있다.[96]

1965년 사건의 승리자들은 조지 오웰의 방식대로 대중들의 기억을 통제하는 성공했다. 수십 년 동안 많은 이들은 그저 "1965년 이전 수년 동안 일어난 일들을 증오하던 이들이 결국 불의를 저지른 이들을 학살하는 기회를 놓치지 않았다"고 믿었으며, "특정 개인이나 기관(군부 등)에 대한 책임은 묻지도 않았다."[97] 신이 난 미국 언론도 도움의 손길을 내밀었다. 1960년대 후반 NBC 방송은 현지 관리와의 인터뷰 기사를 내보냈다. 후안무치하기 이를 데 없는 현지 관리는 미국 기자에게 폭력 사태가 일어나기 전날 인도네시아공산당원이 자발적으로 자수하고 자신의 죄를 고백했으며, 스스로 "죽여 달라고 요청했다"고 말했다.[98] 그러나 냉전 시기에 인도네시아가 공산당을 격퇴한 것에 대해 환호하기를 거부한 일부 외신 기자들은 1966년까지 인도네시아 기층민들과 접촉하는 데 어려움을 겪어야만 했다. 서방 국가들은 동양 사회에 대한 편견이나 고정관념, 즉 오리엔탈리즘의 관점에서 대학살 사건을 '주술', '집단 히스테리', '아시아적 폭력' 등으로 해석하기도 했다. 또한 「뉴욕타임스」의 한 사설은 "이는 기이한 말레이인 기질의 일종이다. 내면화한 광란적인 피의 욕망은 말레이어 단어 가운데 하나인 '아목amok'이란 단어에서 잘 표현된다"고 적었다.[99] 하지만 최근 10여 년 동안 기록보관소 자료와 구술사 분야에서 헌신적으로 연구한 역사학자들과 일부 살인자들이 자랑 삼아 내뱉은 당시 사건에 대한 이야기 덕분에 대학살에서 주도적이고 핵심적인 역할을 맡은 것이 바로 군부였다는 사실이 밝혀졌다.

인도네시아 군대와 미 국무부는 탄압의 잔혹함을 정당화하기 위해 9.30 사건이 중국의 음모라고 주장했다. 딘 러스크Dean Rusk 국무장관은 "아이디트와 인도네시아공산당은 아시아에서 중국공산당의 이익을 위한 즉각적인 승리를 쟁취하라는 차이콤Chicoms, 중국공산당의 거대한 압력을 받았다"고 결론지었다. 당시 인도네시아 주재 미국 대사였던 마셜 그린Marshall Green은 정변이 일어난 날짜를 통해 중국의 영향력을 확인할 수 있다고 주장했다. 9월 30일에 정변이 일어난 것은 중국의 국경일인 10월 1일과 겹치지 않기 위함이라는 것이었다. 하지만 이는 거짓말이다. 인도네시아에서 실제로 사건이 발생한 것은 9월 30일이 아니라 10월 1일이었기 때문이다. 그린은 또한 인도네시아공산당과 관련된 단체들이 "2천 정의 중국산 무기로 무장했다"는 소문이 사실이라고 말했다(이후 부인했다).

그린이 이러한 결론을 내린 사심 섞인 동기는 10월 19일 워싱턴으로 보낸 비망록에서 잘 드러나고 있다. "우리는 인도네시아에서 일어난 재앙적인 사건에 대해 중국공산당이 공모했음을 은밀한 선전을 통해 퍼뜨릴 수 있는 엄청난 기회를 얻었다."[100] 수십 년이 지난 지금도 그는 "세계에서 네 번째로 큰 국가가…… 공산화되거나 거의 그럴 뻔한 상황이었다"라고 공개적으로 주장했다[101](최근 기밀 해제된 미국 국가안전위원회의 문건에 따르면,

미국 CIA는 중국이 정변에 직접 개입했을 가능성이 낮다고 판단했다. 하지만 그럼에도 불구하고 인도네시아공산당을 중국공산당의 음모에 꼭두각시 노릇을 한 악마처럼 묘사할 기회를 놓치지 않았다). 그린과 CIA 인도네시아 지부의 직원들은 자금과 이동식 무선 장비, 좌파 용의자 명단을 군부의 암살 소조에게 건넸다.[102]

인도네시아공산당의 적대세력도 중국 음모론에 사로잡혔다. 10월 5일 중국계 인구가 많은 메단Medan에서 수마트라의 고위급 육군 사령관 가운데 한 명이 9.30 사건을 "외국, 즉 중국의 도구"라고 공개적으로 발언했으며, 현지 주 정부 역시 "외국을 위해 체제 전복을 꾀하는 자들이다"라고 주장했다.[103] 10월 7일, 북부 수마트라에 중국과 연계된 인도네시아공산당을 악마로 묘사한 선동 포스터가 등장했다. "인도네시아공산당이 중국의 선언에 따라 1965년 8월 17일(인도네시아 독립기념일)을 바꾸려고 한다. 아이디트는 중국의 꼭두각시이다. 납치는 납치로, 토막살해는 토막살해로 대응해야 한다. 공산당을 파괴하자! 알라는 위대하다!"[104]

체포 후 즉결 처형되기 전 아이디트가 작성했다는 자백서(원본은 현지 군 사령관이 불태웠다고 한다)에는 중국이 정변에 개입했음을 암시하는 내용이 적혀 있다. 아이디트는 베이징에서 중국공산당 지도자들과 수카르노의 건강에 대해 논의한 후 계획한 행동이었다고 적었다. 만약 성공하면 인도네시아는 중국의 경제 모델을 따랐을 것이라고도 했다. 심지어 아이디트가 살해된 것이 아니라 중국 잠수함을 타고 탈출했다는 소문까지 돌았다.[105]

수하르토의 '신질서New Order' 정부는 여러 세대의 학생들에게 이념을 주입하기 위해 만든 선전 영화를 제작했다. 영화에서 수카르노의 중국인 의사와 침술사들의 불온한 의도를 보여주면서 그들이 간첩요원으로 활동한 것처럼 선전했으며, 푸만추傅滿洲*처럼 침을 놓는다고 하면서 전기충격을 가하는 것처럼 묘사했다. 영화는 중국 의사들이 아이디트에게 수카르노의 죽음

---

*   영국의 소설가 색스 로머(Sax Rohmer, 1883~1959)의 작품에 등장하는 동양인 악당.

이 임박했다는 소식을 전하자, 아이디트가 공포에 사로잡혀 중국의 이익을 위해 정변을 일으키는 것으로 나온다. 하지만 실제는 이와 달랐다. 수카르노가 처방한 약을 복용하지 않고 업무량이나 성행위를 줄이라는 중국인 의사들의 권유를 받아들이지 않자 중국 의료진은 1965년 8월에 이미 전원 귀국했다.[106]

1965년 인도네시아의 유혈 사태와 미국의 개입에 경악을 금치 못한 일부 서방 학자들은 사건에 대해 또 다른 극단적인 해석을 내놓았다. 당대 가장 저명한 인도네시아 학자인 베네딕트 앤더슨Benedict Anderson과 루스 맥베이Ruth McVey가 1966년에 작성한 한 권 분량의 기밀 보고서는 정변과 이에 따른 결과가 전적으로 군대의 책임이며 인도네시아공산당은 물론이고 중국공산당 또한 전혀 개입하지 않았다고 주장하고 있다.[107] 그렇다면 인도네시아공산당 역사에서 가장 결정적인 순간이자 냉전의 전환점이 된 9.30 사건의 배후와 진상은 과연 무엇일까?

미국의 인도네시아 학자 존 루사John Roosa는 2006년 자신의 저서 『대학살의 핑계Pretext for Mass Murder』에서 1965년 사건에 대해 현재까지 가장 설득력 있는 설명을 제공했다. 그는 9월 30일 사건 자체가 이후의 보복으로 인한 유혈 사태를 정당화할 수 없다고 하면서, 이는 대학살에 대한 편리한 핑계일 뿐이며, 결코 받아들일 수 없는 원인이라고 주장했다. 오랫동안 인도네시아공산당 분쇄를 갈망했던 군부 장교들이 이 사건을 악용하여 치명적인 결과를 가져왔다는 뜻이다. 그러나 루사는 비록 대학살의 희생자들에 대해 동정을 보냈지만 공산주의자들이 전혀 책임이 없다고 말하지는 않았다. 그는 당시 사건의 일부 책임을 마오주의에 열광하던 공산당 내 비밀스러운 지도자 그룹에게 돌렸다. 특히 그가 지목한 인물은 아이디트와 카마루자만 샴Kamaruzaman Sjam이었다. 샴은 인도네시아 군부에 침투하기 위해 만든 공산당 내부 조직인 이른바 특근국特勤局의 책임자로, 전혀 알려지지 않은 비밀스러운 인물이었다.[108]

1965년 8월 5일 마오쩌둥과 아이디트가 나눈 대화 내용이 공개되면서 당시 사건에서 중국 개입 문제가 해결되었다. 다만 그들이 정확하게 어떤 이야기를 나누었는지 전체 내용을 알 수는 없다. 왜냐하면 냉전 시기 다른 나라에 대한 중국의 간섭과 관련하여 중국공산당에게 매우 민감한 주제이기 때문에 일부만 공개되었기 때문이다. 싱가포르의 한 신문은 신뢰할 수 없는 인도네시아 군부가 제공한 발췌문을 게재했고, 한 학자는 중국의 관방 기록의 일부 자료를 통해 대화 내용에 접근했다. 양쪽에서 일치하는 내용은 아이디트가 수카르노의 건강을 걱정하는 부분이다. 일단 군부에서 제공한 내용을 살펴보면 다음과 같다.

마오(마오쩌둥): 서둘러 행동해야 합니다.

아이디트: 군대가 걸림돌이 될까 걱정입니다.

마오: 그럼, 내 충고대로 반동적인 장군들과 장교들을 일거에 제거하시오. 그러면 군부는 머리 없는 용이 되어 당신을 따를 것입니다.

아이디트: 그렇다면 수백 명의 장교를 죽여야 할 텐데요.

마오: 산베이(섬북陝北)에서 나는 한 번에 2만여 명의 간부들을 죽였소.[109]

중국 관방의 발췌 문건은 더욱 더 수수께끼처럼 애매모호하다.

마오: 인도네시아 우파가 정권을 탈취하기로 결심한 것 같은데, 당신도 결정했습니까?

아이디트: (고개를 끄덕임) 수카르노가 죽으면 누가 우위를 점하느냐가 관건이 될 것입니다.

마오: 자주 해외에 나가지 않는 것이 좋겠소.[110]

9월 30일 밤, 스물여섯 번째 국경절을 맞이하여 중국공산당은 전야제 행사로 베이징에서 대규모 연회를 개최했다. 당시 인도네시아인 수백 명이 자리를 함께했다. 당시 참석자에 따르면, 저우언라이가 "인도네시아가 우리의 국경절에 큰 선물을 가져다줄 것이다"라고 말했다고 한다.[111]

이 증거는 암시적이지만 관건이 되는 물증이라고 단언할 수 없다. 정치적 민감성과 편견(무엇보다 수하르토 정권은 인도네시아공산당과 중국공산당이 연합하여 악마적 음모를 꾸몄다고 선전했다)으로 인해 중국의 직접적인 개입에 관한 기록이 파편화하고 왜곡되었기 때문이다. 다만 이번 사건에서 마오주의자들이 받은 가장 큰 영향은 그 방법 또는 방법의 부재였을 것이다. 1950년 후반과 60년대까지 고등 마오주의는 아이디트와 수카르노에게 큰 호소력을 발휘했다. 전 세계적인 흡인력은 대부분 낭만적인 혁명에 대한 열의에서 비롯되었다. 아이디트의 표현을 빌리자면, "대담하라, 대담하라, 다시 대담하라"가 바로 그러했다. 마오쩌둥은 경제 건설이든 혁명전쟁이든 승리를 믿는다면 성공이 당신의 무릎 아래로 떨어질 것이라고 단언했다. 1965년, 인도네시아 인민해방군 지도부의 일부는 인도네시아 군대를 공격할 계획을 세우면서 마오쩌둥의 희망에 찬 말을 내면화했다. 그 결과 공격 작전의 효율성에 대한 가장 기본적인 기준조차 무시되었다. 수카르노는 1967년 명목상의 대통령으로서 마지막 국회 연설에서 자신의 정치 인생이 갑작스럽게 끝나게 된 것에 대해 언급하며 1965년의 인도네시아공산당 지도부는 줄곧 정신이 혼미한 케블링거keblinger* 상태에 처해 있었다고 정곡을 찔렀다. 이 말은 1960년대 고등 마오주의 시기 당시 극도의 흥분된 상태에서 뭐든지 할 수 있다고 믿는 과감성을 상기시킨다.[112]

1965년 8월 초 수카르노의 건강이 악화되자 아이디트는 친미, 반공 성향의 군부 장성들에 대한 선제공격을 결정한 것으로 보인다. 아이디트는 선제공격을 '혁명위원회'가 책임지기로 결정하고, 자신의 친구인 41세의 샴에게

---

*   인도네시아어로 어긋남, 잘못됨의 뜻이다. 저자는 이를 'dizzy'(어지러움, 아찔함)로 풀이했다.

준비 작업을 맡겼다. 1967년 샴은 이렇게 회고했다.

"8월이 지나고 아이디트 동지로부터 상황이 막바지에 이르렀다는 소식을 접수했다. 모든 징후는 장군위원회가 국가 권력을 장악하기 위한 최종 준비에 돌입했음을 가리키고 있었다. 나는 군대 내에서 공산당을 지지하는 고급 장교들과 회의를 하면서 선제공격할 것인가 공격받을 것인가, 성패는 여기에 달려 있다고 말했다."[113]

샴은 평생 제대로 주변 정황을 파악하며 대의를 위해 살아본 적이 없는 사람이었다. 그가 18세 때인 1942년, 일본이 자바를 침공하면서 다니던 농업학교가 문을 닫았다. 이후 그는 상업학교로 전학했으나 학업을 마치기도 전에 혁명에 참가했다. 그는 자신이 1949년에 공산당에 가입했다고 주장했으나 이후 승진을 거듭하여 고위급 간부가 된 것은 철저한 훈련과 기율에 따른 것이라기보다 아이디트와의 개인적인 친분 관계 덕분이라고 보는 것이 합당하다. 1965년 아이디트는 그에게 가장 민감한 군사 임무를 맡겼다. 하지만 샴은 1945년 이후로 전투에 참가한 적이 없을 정도로 군사 경험이 전무했다.[114] 1964년 샴은 군대 내에서 인도네시아공산당과 비밀리에 연계하는 작업을 전담하는 특근국 책임자로 임명되었다. 그의 조직과 권위는 매우 개인적인 성향을 드러냈다. 군부에 체포되고 4개월이 지난 1967년 7월 심문을 받으면서 그는 "(자신은 오로지) 당의 지도자, 아이디트에게만" 책임을 진다고 말했다.

체포된 이후 그의 행동은 당의 조직과 규율보다는 자신을 변호하는 쪽으로 흘렀다. 그는 구차하게 자신의 목숨을 구하기 위해 심문자들 앞에서 거듭 조직의 비밀을 폭로하며 알랑거렸다(이러한 역사의 진흙탕 속에서 인도네시아 사람들은 샴이 9.30 사건 이전에 이미 군부와 결탁했다고 믿게 되었다). 그는 내심 이렇게 생각했다.

"사형 선고를 받은 사람으로서 나는 사형 집행을 연기하고, 가능하면 사형 선고를 취소하고 싶었다. 형이 곧 집행될 것 같은 생각이 들면 또 다른 문제를 제기하여 또 한 번의 심문을 받게 될 것이고, 그러면 사형 집행이 또 연기될 것이다." (실제로 그의 전략은 성공했다. 그의 사형집행은 1986년까지 연기되었다.)

샴은 아이디트의 지시에 따라 자신과 친분이 있는 소수의 친공산당 장교들에게 군부에서 수카르노에 대한 정변을 계획하고 있다는 사실을 알림과 동시에 외부에 인도네시아공산당과 수카르노를 지원하는 막대한 세력이 존재하고 있으니 그들이 그저 "도화선에 불을 붙이기만 하면"(마오쩌둥의 '작은 불씨星星之火'를 연상케 한다) 나머지는 자연스럽게 성사될 것이라고 말했다.[115]

수십 년 동안 역사가들은 '9.30 운동'으로 명명된 사건이 왜 10월 1일에 일어났는지에 대해 의아하게 생각했다. 간단히 말하자면, 준비 부족으로 인한 연기 때문이었다. 나중에 샴이 밝힌 바에 따르면, 정변 계획 초안은 실행하기 10일 전에 작성되었으며 거사일 24시간 전에야 마무리되었다. 정변 초안을 기획한 이들은 젊은이들의 반란에 대한 마오쩌둥의 발언을 차용했다. "우리는 젊은 시절에 혁명을 해야 한다. 늙으면 무슨 의미가 있겠는가?" 만일의 사태에 대비한 비상계획의 필요성을 언급하는 것만으로도 일종의 무대공포증에 대한 의혹이 제기되었다. "충분하다! 더 이상 물러날 생각 하지 마라!"[116] 물론 이는 군사적 경험이 부족하고 상황을 제대로 파악하지 못한 샴의 무능력 때문이다. 하지만 다른 한편으로 이는 1960년대 초 인도네시아공산당이 중국의 적극적인 격려와 고취에 힘입어 희망 가득한 마오주의 '의지론'을 적극 수용했기 때문이다.

1950년대와 1960년대 초 인도네시아 사람들이 중국을 동경한 이유 가운데 하나는 당시 유능한 장교였던 무스타파 샤리프 수파르조Mustafa Sjarief Soepardjo*가 정변에 가담했기 때문일 것이다. 그 시기에 중국을 방문한 그는 다른 많은 동료들과 마찬가지로 공산당이 미국의 지원을 받는 상대와의 싸

---

*   1965년 9.30 사건 당시 육군 준장이었다.

움에서 승리하여 정권을 수립했다는 사실과 열정적인 반제국주의적 언론 등에 깊은 감명을 받았다. 9.30 사건 이후 인도네시아공산당이 궤멸된 후 그는 이렇게 회상했다.

"최고 지도층의 구호는 이러했다. '충분하다! 우리가 시작하면 모든 것이 물 흐르듯이 이루어질 것이다.' 마오쩌둥 동지의 영도하에 일개 연대로 시작하여 수십만 명에 달하는 장제스의 군대를 몰아냈으며…… 그 전략이 바로 '도화선에 불을 붙이는 것'이라는 사실을 우리는 알고 있었다. 그렇기 때문에 자카르타에서 도화선에 불을 붙이기만 하면 전국 각지에서 폭죽이 터질 것이라고 확신했다."[117]

그 결과 가장 기본적인 후방 지원 문제가 무시되었다. 또한 샴이 다른 지역의 반란을 촉구하기 위해 밀사를 직접 파견해야 한다고 고집을 부렸기에 지휘부 간의 무선 통신도 준비되지 않았다. 9월 30일의 최종 계획안이 거사 하루 전에야 완성되었기 때문에 수많은 섬으로 이루어진 인도네시아의 전역으로 소식을 전하러 떠난 밀사들은 버스나 기차, 페리에 갇힌 채 시간만 허비하고 있었으며 반란이 끝내 무산되었을 때까지 지역 공산당 지부의 당원들은 무슨 일이 일어났는지, 무엇을 어떻게 대응해야 하는지 전혀 알지 못했다. 그들은 심지어 대통령궁을 경비하기 위해 파견한 병사들에게 먹일 식량조차 준비하지 않은 상태였다. 결국 며칠을 굶은 병사들은 탈영하고 말았다.

납치 사건(9.30 사건) 당일 밤의 막판 회의는 혼란스럽기 그지없었다. 수파르조는 "의제가 상당히 많아 심야까지 회의가 계속되었다. 하지만 작전 실행과 관련된 암호는 아직 정해지지 않았다"고 말했다. 정변의 군사 지휘관 가운데 한 명인 운퉁Untung 대령은 대통령궁에서 며칠간 야간 근무를 했기 때문에 매우 지친 상태였다. 도화선에 불을 붙이는 '장군 납치'를 위한 예행 연습도 없었고, 행동 조직 내부에 명확한 지휘 체계도 갖추어지지 않았다. 납치 계획에 따르면, 장군들을 생포한 후 수카르노 앞으로 데려가 (대통령에 대한 모반 행위에 대해) 용서를 빌도록 했다. 하지만 가장 중요한 장군 납치 임무를 맡은 이들은 소총 다루는 방법만 겨우 배운 초짜들이었다. 게다가 그들은 어떻게 납치해야 하는지에 관한 명확한 지침도 받은 적이 없었다. 윗사람이 한 말은 "한 명도 도망치지 못하도록 모두 체포하라!"는 것이 전부였다.

모든 것이 곧 엉망이 되고 말았다. 장군들은 수카르노 앞에서 회개할 기회도 없이 살해당했다. 수카르노는 여러 부인들의 거주지 어느 곳에서도 찾을 수 없었고, 정변 사실을 알게 된 후에는 정변에 대한 지지를 거부했다. 하지만 정변을 주도한 이들에겐 별도의 비상 계획이 없었다. 장군들이 피살된 후 피에 젖은 그들의 시신이 루방 부아야에서 발견되자 군부는 인도네시아공산당을 악마와 같은 무리로 단정하고, 그들을 섬멸하는 데 박차를 가했다. 이후 일명 악어 구멍이라고 부르는 루방 부아야에는 기념비가 세워졌고, 그 위에 살해된 장군 7명의 영웅적인 모습의 동상이 우뚝 서 있으며, 부조물에는 장군들을 살해하고 우물 안에 내던지는 모습과 속이 비치는 얇은 옷을 입은 공산당 부녀자들이 환호하면서 춤을 추는 모습이 새겨져 있다. 그리고 그 옆에 평화로운 질서 회복을 명령하는 권위적인 수하르토의 모습이 담긴 부조물이 세워져 있다(부녀자들이 가정으로 돌아가 육아에 전념하는 모습도 묘사되어 있다). 이렇듯 이곳은 오늘날까지도 인도네시아의 군부 통치를 정당화하는 초석으로 남아 있다. 군부의 반격이 점차 세력을 넓혀가자 아이디트는 지방으로 피신했다. 하지만 그곳에는 아무런 준비도 되어 있지 않았으며, 도피의 필요성도 전혀 예견하지 못했다. 수파르조가 나중에 회고한 바에 따르면, 9월 30일 마지막 회의에서 누군가 예기치 못한 사태에 대응할 비상 계획은 없냐고 물었으나 "'무슨 일이 있어도 우리는 돌아갈 수 없다'는 구호에 묻히고 말았다. …… 누군가 제안이나 문제를 제시하면 우유부단하다는 지적이 돌아올 뿐이었다."[118]

아이디트의 사망 소식을 듣고 마오쩌둥은 짧은 시 한 편을 썼다.[119]

산뜻한 매화 가지 차가운 창가에 기대어

온갖 꽃 만발하기 전에 환하게 웃고 있네.

아쉬워라 그 웃음 오래가지 못하여

봄날 그만 시들고 말았구나.

시드는 것은 견딜 수 없다 하나

어찌 애써 슬퍼만 하리오.

꽃이 피고 지는 것은 때가 있나니

내년에는 더 많은 꽃 피겠지.*

1966년 8월 중국 언론은 실패에 굴하지 않고 더욱 투쟁할 것을 강조했다. "인도네시아 혁명의 완전한 승리를 쟁취하기 위해서는 반드시 중국 혁명 노선을 택하여 무장한 농민의 토지 혁명을 주요 투쟁 형식으로 삼아야 한다."[120] 중국은 인도네시아에 살아남은 혁명가들에게 이렇게 전했다. "인도네시아 반동세력의 일시적인 지배에 밀려나면 안 된다. …… 생존을 위해 반드시 투쟁해야 한다. …… 마오쩌둥의 무적 사상에 고무받아 그 어떤 폭력도 두려워 말고 참수조차도 두려워하지 말아야 한다."[121]

인도네시아 역사에서 이 끔찍하고 참혹한 시기에 듣고 보고 맡는 것들, 즉 광경과 소리, 그리고 냄새는 매우 독특했다. 짙은색 안경을 쓰고 몽둥이를 든 군 지휘관들은 종교 단체의 지도자들을 살해하려는 공산주의자들의 음모가 담긴 문건을 발견했다고 주장하면서 반항하는 이들을 즉결 처분하겠다고 위협했다. 고구마밭에서는 고문을 당하는 사람들의 울부짖음이 그치지 않았고,[122] 화교 상인들에게 강탈한 커피 향내가 길가에 퍼졌다.[123] 불타는 집마다 매캐한 냄새가 진동했고, 도망갈 곳 없는 이들을 태우러 온 트럭은 배

---

* 「복산자(卜算子)·국제공산주의 전사 아이디트 동지를 애도하며(悼國際共産主義戰士艾地同志)」, "疏枝立寒窗 , 笑在百花前. 奈何笑容難爲久 , 春來反凋殘. 殘固不堪殘 , 何須自尋煩. 花落自有花開日 , 蓄芳待來年." 시가 아니라 사(詞) 작품이다. 1965년 12월에 지었다.

기통이 망가져 연신 굉음을 토해냈다.[124] 군부의 명령에 따라 중국에 동조하는 것으로 의심되는 화인들의 집 대문에는 붉은 페인트가 칠해졌다. 그것은 군대의 지원을 받는 학생 민병대에게 그들을 공격하라는 일종의 초대장이나 다를 바 없었다.[125] 향기로운 프랜지파니 나무에 숨은 한 아이는 이웃사람이 돌에 맞아 죽는 모습을 지켜봐야만 했다. 머리 잘린 시신들이 고무나무 사이에 흩어져 있었다.[126]

통계자료에 나오는 사상자의 숫자는 끔찍했다. 1965년 크리스마스 이틀 전 오스트레일리아 대사관은 "9월 30일 이후로 하루 평균 1,500명 이상이 암살당했다"고 밝혔다.[127] 이후 6개월 동안 관광지인 발리에서만 약 8만여 명이 살해되었고, 해변가에 집단 무덤이 생겨났다.[128] 육군 특전사령관 사르워 에디 위보워Sarwo Edhie Wibowo는 1989년 사망하기 직전에 간단한 성명서를 냈다. "대략 300만 명이 살해되었으며, 대부분 내 명령에 따른 것이었다."[129] 그가 말한 수치는 과장일 가능성이 크지만(사망자 수는 대략 50만에서 100만 명으로 추산된다) 학살 규모에 대한 군 내부자의 인식을 엿보기에 충분하다.

잔혹한 폭력 사태는 또한 인도네시아에서 대기업 자본에 대한 저항을 종식시켰다. 예를 들어 인도네시아공산당은 인도네시아 노동조합 운동 배후의 핵심적인 조직이었다. 1965년 11월 19일 오스트레일리아의 한 외교관은 이렇게 말했다. "공장이나 기타 작업장에서 군대가 노동자들을 모아놓고 평소처럼 계속 일할 것인지 여부를 묻는 것이 일종의 관행이 되었다. 평소처럼 일할 것을 거부한 이는 재차 질문했으며, 그래도 마음을 바꾸지 않으면 그 즉시 총살시켰다."[130] 군대의 '회유'와 미국을 적대했던 수카르노와 아이디트의 몰락으로 서구와 일본 자본이 인도네시아로 유입되기 시작했다.

미국 NBC 방송사는 대학살의 여파를 다룬 영상에서 인도네시아의 평온한 대지 위에 우뚝 서 있는 미국 자본의 고무 가공 공장에서 '공산당' 죄수들이 오가는 장면을 통해 군대와 냉전, 그리고 세계 경제의 이해관계가 일치

한다는 사실을 잘 보여주었다.[131] 조슈아 오펜하이머의 분석에 따르면, 1965
년부터 그 이듬해까지 지속된 대학살은 수하르토가 통치하는 인도네시아를
군대와 준군사조직이 언제든지 면책권을 행사할 수 있는 공장, 저임금 노동
으로 신음하는 공장으로 만들고 말았다. 오펜하이머는 자신의 다큐멘터리
영상 자료를 수집하러 돌아다니면서 마치 "홀로코스트(독일의 유대인 대학
살)가 일어난 지 40년이 지난 독일에서 여전히 나치가 권력을 장악하고 있
음을 발견한 느낌이었다"고 고백했다.[132]

6장

아프리카에서

하나의 이야기, 두 개의 시대.

1965년 당시 미국 내에서 전국적으로 배포되는 두 개의 일간지 가운데 하나로 대단한 영향력을 가진 「크리스천 사이언스 모니터*Christian Science Monitor*」의 아프리카 특파원 존 쿨리John Cooley는 『아프리카에 부는 동풍*East Wind Over Africa*』이란 제목의 책을 출간했다. 책의 제목은 1957년 마오쩌둥이 모스크바에서 했던 선동적인 연설에 나오는 말이다. 책에서 그는 "카이로에서 케이프타운까지, 인도양 군도에서 높은 산맥과 울창한 밀림을 가로질러 기니만까지"라고 말하면서 공산화된 중국이 아프리카 대륙을 석권하고 있는 모습을 보여주었다.

아프리카 덤불 우거진 어딘가에서 캠우드camwood(붉은 물감을 채취하는 식물 이름)에서 얻은 붉은색을 칠한 부족 남자가 트랜지스터 라디오 앞에서 몸을 구부린 채 방송을 청취하고 있다. 베이징 방송국의 아나운서는 부족 남자의 언어로 나라를 강탈한 백인 식민주의자들을 쫓아내라고 권면하고 있다. 인근 마을의 한 학교 교사는 프랑스어, 영어, 스와힐리어, 링갈러어*로 정치, 경제와 관련된 내용을 주로 이야기하는 방송 프로그램에서 '미국을 정점으로 한' 독점 자본가와 제국주의자들의 지배에서 아프리카 사람들이 어떻게 벗어나야 하는가에 대한 이야기에 귀를 기울였다. 그의 교실에서는 별도의 교재 없이 베이징에서 보내온 책과 잡지로 영어를 가르쳤다. 학생 중 한 명은 중국 대사관에서 베이징행 항공권을 얻어 1년 동안 장학생으로 중국에서 공부할 수 있었다. 또 다른 농촌 지역에서는 트랙터 수리에 관한 소책자 안에 유격대 전술에 관한 내용이 끼어 있는 것을 발견하고 경악했다.

---

* 아프리카 니제르콩고어족에 속하는 언어로 콩고민주공화국과 앙골라와 중앙아프리카 공화국 일부에서 사용하는 언어이다.

카사블랑카에서 케이프타운에 이르기까지 아프리카 전역에서 이러한 장면이 매일 벌어졌다. 베이징은 제2차 세계대전 이후 소련이 동유럽에서 선전활동을 진행했을 때를 제외하고 그 어느 곳에서도 유례가 없는 대규모 선전활동을 아프리카 대륙에서 펼치고 있었다.[1]

존 쿨리는 자신의 논문을 의도적으로 제국주의적 색채로 미화시켰다. "미국을 아프리카에서 완전히 추방함으로써 마오주의 계획가들은 '미국을 세계무대에서 고립시키겠다'는 자신들의 목표를 향해 한 걸음 더 나아갈 수 있었다. 아프리카는 아무것도 정해진 것이 없었다. 그곳은 정확한 국경선도 존재하지 않았으며, 이데올로기나 국가적 충성심도 거의 없는 것이나 다를 바 없었다. 베이징의 계획가들에게 아프리카는 끊임없이 변화하는 새로운 세계, 즉 아프리카-아시아 사회Afro-Asian society였으며, 중국을 중심으로 한 세계 안에서 중요한 혁명 전초기지였다."[2]

이제 시간은 2014년 2월로 건너간다. 존 쿨리의 충격적인 평가가 나온 지 반세기가 지난 지금, 오랫동안 아프리카에서 거주하면서 동물의 권리 보호에 앞장 선 영국의 동물학자이자 환경운동가인 제인 구달Jane Goodall은 「중국은 아프리카의 새로운 식민지 지배자China is Africa's New Colonial Overlord」라는 글을 통해 중국의 아프리카 개입을 비난하고 나섰다. 그녀의 말에 따르면, "아프리카에서 중국은 이전의 식민주의자들이 했던 일을 하고 있을 뿐이다. 그들이 자국의 경제 성장을 위해 원자재를 얻고자 하는 것은 이전 식민주의자들이 아프리카에서 천연자원을 강탈하여 현지인들을 더욱 가난하게 만든 것과 같다."[3] 2007년 「뉴욕타임스」의 두 특파원 하워드 프렌치Howard French와 리디아 폴그린Lydia Polgreen은 잠비아의 수도 루사카Lusaka에서 이와 유사한 내용의 기사를 보도했다. 한때 수백만 미터의 다채로운 면직물을 생산했으나 지금은 적막하기만 한 공장 안에서 현재 상공회의소 회장은 이렇게 말했다. "우리는 다시 원점으로 돌아왔습니다. 원자재를 수출하고 값싼 기성제품을 수입하는 것은 진보가 아니라 식민주의입니다." 그 공장은 중국인의 소유가 되면서 제품 생산이 아니라 아직 가공하지 않은 면화를 중국 공장에 보내는 작업만 이루어졌다. "누가 승자인가?" 현지 정치자는 이렇게 반문했다. "분명 중국이지요. 그들은 우리를 착취하는 데만 몰두하고 있어요. 이전에 이곳에 왔던 이들과 다른 바 없지요. 그들은 서구를 대신하여 아프리카의 신식민주의자들로 온 것일 따름입니다."[4]

아프리카에서 중국에 대해 우려하는 이야기는 근 50여 년 동안 꾸준히 이어져왔다. 사실 중국은 몇십 년 동안 특히 마오쩌둥이 살아있을 당시 정치, 경제혁명을 설파하고, 1980년대에는 아무런 조건 없는 개발 원조를 다짐하면서 아프리카 여러 나라들의 호감을 얻었다. 중국은 과감한 투자와 원조, 값싼 제조업, 의료, 군사, 정치교육, 그리고 대량의 선물과 무기 판매 등을 통해 아프리카에서 제국을 건설했다. 중국 정부 관리들은 당연히 아프리카에서 중국의 존재를 보다 호의적이고 서로 상생하는win-win 의미의 "평화와 발전 촉진"이라는 말로 표현하고 있다.[5] 중국 외교부는 2017년 중국이 건설한 몸바사와 나이로비를 잇는 철도의 완공은 "중국 속도, 중국 품질, 중국 공헌, 중국 정신"의 발현으로 선의의 원칙과 정의, 공동의 이익과 가치를 성실하고 구체적인 행동으로 실천한 것이라고 발표했다.[6]

중국이 1950년대 후반부터 아프리카에 영향력을 행사하기 위해 하드파워(군사력이나 경제력을 통해 상대를 압도하는 힘)와 소프트파워(간접적으로 무형의 영향력을 발휘할 수 있는 힘)를 모두 동원했다는 점은 부인할 수 없는 사실이다. 마오쩌둥 시대에는 막대한 원조 예산을 통해 이루어졌다. 저우언라이의 애매한 언술에 따르면, 1975년까지 중국은 국가 예산의 5% 이상을 해외 원조에 투입했고, 2년 후에는 6.92%에 달했다. 반면 중국보다 부유한 영국의 매년 국제 원조 예산은 전체 국민소득의 0.7%에 불과하다(그마저도 매년 삭감 위협에 처해 있다). 중국은 1950년부터 1978년까지 국제 원조로 240억 달러 이상을 지급한 것으로 추정되는데(이 수치에 약 4.5를 곱하면 현재 달러 가치에 상응한다) 그 가운데 13~15%가 아프리카로 전해졌다. 마오쩌둥 시대에 중국은 무상원조와 무이자 대출에 대한 구분과 상환 일정을 규정하는 데 모호한 태도를 보였기 때문에 실제 수치는 훨씬 더 높을 것이다.[7] 따라서 마오쩌둥 시대의 중국이 미국(1977년 연방 예산의 약 1.5%)이나 소련(1976년 GNP의 0.9%)보다 아프리카를 포함한 해외 원조에 국민총생산 대비 더 많은 비율로 지출한 것이 확실해 보인다.[8] 사실 아프리카는 중국이 당장 개입해야 할 지정학적 압박이 없는 광활하고 이질적인 대륙이다. 이에 대한 원조는 당연히 야심만만한 일이 아닐 수 없다. 이로써 중국은 국제 원조에 의존하는 수혜국에서 기여국으로 탈바꿈했다. 하지만 중국인들은 이를 위해 막대한 대가를 감당해야만 했다. 왜냐하면 외국 원조로 놀랄 만큼 막대한 자금이 유출될 때 중국은 이를 감당할 수 없을 정도로 힘든 시기였기 때문이다. 따라서 만약 마오쩌둥이 통치하던 시기에 국제 원조 기여국으로 전환하고자 했던 근본 원인을 염두에 두지 않는다면, 현재 중국이 전 세계 정치, 경제 강국으로 자신을 투영하는 것을 이해하기 어려울 것이다.

　마오쩌둥 생전이나 사후를 막론하고 아프리카에서의 중국에 관한 이야기는 서구의 냉소주의자들이나 중국의 한없는 낙천주의자들Panglossians이 생각하는 것보다 훨씬 더 복잡하고 흥미롭다. 일부 평론가들은 다른 결점을 제외하고 논의를 지나치게 단순화하기도 하는데, 이는 인종차별의 문제점을 내포한다. 그들은 아프리카인들이 피동적이고 단순한 두뇌를 지녔기 때문에 중국의 '계략'에 쉽게 넘어갔다고 설명한다. 예를 들어 존 쿨리의 분석이 대표적이다. 그는 "아프리카, 특히 흑인들이 통치하는 아프리카는 중국인들의 미묘하고 개인적인 외교에 취약하다"[9]라고 말한 바 있다.

　아프리카 여러 나라가 마오주의를 수용했다는 사실은 탈식민지화 시대, 즉 수많은 신생 국가들이 현대화된 국가로 빠르게 진입할 수 있는 정치·경제 모델을 실무적으로 모색하던 시기에 반식민지, 반서구 등을 주장하던 중국의 메시지가 얼마나 호소력이 있었는지를 말해준다. 하지만 마오쩌둥 시대 중국의 아프리카 지원은 확연한 실패와 오역, 오판의 이야기, 신중한 듯하면서도 무모한 외교와 음모에 대한 이야기로 가득 차 있다. 이런 이야기는 알제리, 가나, 카메룬, 잠비아 및 기타 여러 아프리카 국가와 관련이 있다. 하지만 여기서는 1960년대 후반과 1970년대까지 마오주의 레퍼토리가 다양한 측면에서 활용되거나 적용되었던 두 나라, 탄자니아와 짐바브웨(1980년 이전까지 남로디지아)를 집중적으로 살펴보고자 한다. 그곳에서 행해진 마오주의식 실험은 탄자니아의 기근, 짐바브웨의 일당독재와 경제적 재앙을 몰고 왔다. 결국 그들은 안정적이고 시대에 부합하는 통치제도를 만드는 데 실패함으로써 카리스마 넘치는 마오쩌둥의 반란, 자력갱생이라는 이념과 확연하게 대조를 이룬다.

공산주의 중국은 탈식민지화 초기부터 아프리카에 상징적인 영향력을 행사했다. 케냐의 뛰어난 정치학자 알리 마즈루이Ali Mazrui는 케냐가 영국에서 독립하는 데 결정적인 반란이었던 마우-마우Mau-Mau가 마오쩌둥의 마오毛와 동음이의어처럼 느껴지는 것은 단순히 우연의 일치가 아닌 듯하다고 생각했다. "케냐의 '농민 봉기' 명칭을 마오쩌둥을 기념하기 위해 '마오-마오毛毛'를 약간 변형하여 만든 것일지도 모른다는 뜻이다. 이 명칭(마우-마우)은 중국 내전에서 공산당의 승리가 확실시되기 시작한 1948년부터 통용되기 시작했다. 또한 마우-마우 반란의 지도자 가운데 한 명인 와루히우 이토테Waruhiu Itote는 스스로를 '중국 장군'이라고 불렀는데, 과연 단순한 우연일까?"[10] 아프리카 민족회의African National Congress, 이하 ANC 부의장인 월터 시술루Walter Sisulu, 1912~2003는 1953년 넬슨 만델라Nelson Rolihlahla Mandela, 1918~2013(1950년경 마오쩌둥 전집을 입수했다)로부터 "중국인들과 혁명에 대해 논의하라"는 임무를 부여받고 중국을 방문했다. 중국공산당은 그에게 말했다. "형제! 혁명은 매우 엄중한 일입니다. 아이들의 장난이 아니지요. 반드시 제대로 준비를 잘

해야 합니다. 그렇지 않다면 모험하지 말기 바랍니다." 중국 측의 답변에 낙심하기는 했으나 시술루는 중국에 대해 깊은 인상을 받았다. 다만 "나는 중국 음식을 좋아하지 않았다. …… 차라리 영국 음식을 먹고 싶다"(어떤 이유인지 모르겠으나 중국 측은 그에게 낙타 요리를 제공했다)는 말에서 알수 있다시피 중국 음식에는 별로 흥취가 없었던 것 같다.[11] 나중에 그는 당시 중국 방문이 자신을 공산당원으로 만드는 데 결정적으로 기여했다고 회고했다.[12] 그는 비록 "고무되어 돌아오긴 했으나 총을 가져오지는 못했다."[13]

아프리카에 대한 중국의 실제 개입은 마오쩌둥과 그의 측근들이 아프리카, 아시아, 라틴아메리카의 지도자를 자처한 대약진 기간에 더욱 강화되었다(마오쩌둥은 외국 방문단과 만난 자리에서 스스로 '우리는 제3세계'라고 자랑스럽게 말한 바 있다).[14] 최악의 기근이 닥친 1961년 봄, 예젠잉葉劍英 원수는 이렇게 단언했다. "이 세상에서 우리보다 더 많은 경험을 가진 나라는 없다. …… 이런 경험은 아직 해방되지 않은 다른 국가와 민족에게 도움이 될 것이다. 그들은 제국주의와 봉건주의를 분쇄하고 독립과 민주를 쟁취할수 있는 경험을 절실히 필요로 하고 있다. …… 마오쩌둥 사상이 나침반이다."

1960년대 초에 작성된 인민해방군의 비밀 정책 문서에 따르면, 아프리카는 중국이 과거에 경험했던 것과 비슷한 곤경에 빠져 있으며 도움의 손길이 필요하다고 되어 있다.

아프리카는 마치 전국시대 칠웅七雄(기원전 500년경 전국시대의 7개 패권국)이 활개를 치던 때와 같다. …… 온갖 사상가들이 다투어 외치고, 온갖 꽃들이 만발하니 누구든 꺾어가기만을 기다리는 거대한 정치 전시장과 같다. …… 아프리카는 현재 반식민주의 투쟁의 중심지이자 동서양이 중간 지대를 장악하기 위해 싸우는 중심지이다. …… 1세대 공산당원들의 혁명적 경험에 대해…… 아프리카에서 우리는 누구에게도 해를 끼치지 않고,

어떤 환상도 심어주지 않았다. 왜냐하면 우리가 말한 것이 모두 사실이기 때문이다.[15]

중국은 아프리카 지도자들을 중국으로 초청하여 성대한 연회를 베푸는 등 외교적 공세를 시작했다. 중국의 환대는 특히 아프리카의 인종차별 정권에서 차별을 받던 ANC 대표단의 마음을 녹였다. 중국의 따뜻한 위로와 격려는 방문객들에게 "세상이 자기들 편이라고 느끼도록 만들었다."[16] 화환과 색종이, 타악기 연주, 폭죽, 환호하는 군중, 리무진 퍼레이드, 그리고 무엇보다 중국의 혁명 영웅들과 개인적으로 정담을 나눌 수 있는 기회도 있었다. 1950년대 초에는 아프리카에서 중국을 방문하는 이가 거의 없었다. 1957년부터 1959년까지 벨기에령 콩고*에서 84명의 대표단이 중국을 방문한 것이 전부이다.[17] 하지만 1960년에는 상반기에만 111명의 아프리카 대표가 마오쩌둥과 만났다(이전 10년간 마오쩌둥이 접견한 아프리카 대표는 전체 163명이다).[18] 이와 동시에 미국의 흑인 해방 운동을 적극 지지한 마오쩌둥은 미국과 아프리카 사이의 교량 역할을 하는 범아프리카주의자들의 애정을 한 몸에 받았다. 미국의 저명한 범아프리카주의자인 윌리엄 뒤 부아William Du Bois는 "중국은 당신들의 혈육이다"라고 하면서 중국과 아프리카의 연대를 열정적으로 주장했다. 마오쩌둥 역시 유격대 훈련을 위해 중국을 방문한 연수생들과 함께한 연회 자리에서 중국과 아프리카는 "일체이다"라고 말했다. 어떤 중국 교관은 연수생들에게 "당신들은 우리와 거의 비슷하다. 우리는 진짜 황인종이 아니고 당신들도 진짜 흑인이 아니다"라고 말하기도 했다.[19]

늘 그렇듯이 중국공산당은 초청 인물을 세심하게 선정했다. 초청자 중에서 한 명을 통해 큰 성과를 거두었다. 그는 바로 잔지바르 민족주의당Zanzibar Nationalist Party의 사무총장인 압둘라흐만 모하메드 바부Abdulrahman Mohammed Babu였다. 활기차고 다재다능한 조직가이자 반식민주의자, 마르크스주의자인 그는

---

* 콩고민주공화국의 일부 지역은 1908년부터 1960년까지 벨기에의 식민지였다.

동아프리카 최초로 공식 초청을 받아 중국을 방문한 인물이다. 바부의 추종자는 그를 "사교적인 사회주의자"라고 불렀지만 어떤 영국인은 그를 "첼시*풍의 칵테일파티와 (노동당이) 런던에서 펼치는 식민지 자유 운동의 전문가"라고 신랄하게 비꼬았다. CIA는 아프리카에서 그가 암살당하기를 간절히 원했다.[20]

바부는 오래전부터 마오쩌둥이 통치하는 중국에 호감을 갖고 있었다. 1959년 중국 방문은 중국에 대한 마오주의자들의 숭배를 더욱 강화시켰다. 그는 나중에 이렇게 회고했다.

> 1950년대 젊은 급진주의자들은 거의 모두 중국 혁명과 1949년 성공과 관련된 서적을 가능한 한 많이 읽고자 노력했다. …… 나 역시 서구 모델과 대조적인 중국의 발전 모델에 대해 연구했다. 간단히 말해서 중국은 굴욕을 당하는 가난한 나라에서 스스로의 노력으로 모든 역경을 딛고 세계 지도자의 지위를 놓고 경쟁하는 강국으로 부상한 하나의 상징이다. 이는 여전히 어려운 상황에서 고군분투하고 있는 피압박 민중들에게 기쁨과 희망의 감정을 불러일으켰다. …… 중국 지도자들과의 회동, 반제국주의 투쟁과 관련한 모든 문제에 대해 그들과 밤늦게까지 이어진 토론은 매우 고무적이었고, 나의 세계관을 형성하는 데 큰 도움이 되었다. …… 나는 마오 주석과 저우언라이 총리…… 덩샤오핑 등 많은 지도자들을 만났다. 그들은 매우 강인한 성격을 지닌 이들로 불굴의 의지와 인내력, 자율성으로 인류 전체 인구의 4분의 1에 해당하는 인민들을 억압과 군벌 통치에서 해방시킨 것으로 유명하다.[21]

중국 관방 통신사인 신화사의 동아프리카 및 중앙아프리카 특파원으로 임명된 바부는 이후 마오쩌둥의 무장 혁명 모델을 잔지바르의 젊은 세대 동

---

* 런던의 켄싱턴과 더불어 자유분방한 예술가나 작가들이 거주하던 지역 이름.

조자들에게 소개하는 효과적인 대변인이 되었다. 그중에는 알리 술탄 이사Ali Sultan Issa와 같은 젊은 혁명가도 있었다. 중국 내 기근이 절정에 달했던 1960년에 이사는 중국을 직접 방문하여 장정의 경로를 되짚어보는 여행을 떠났다. 그리고 자신이 직접 본 것들을 꾸밈없는 사실로 받아들였다.

이번 여행에서 공산주의자들이 얼마나 엄청난 희생을 치렀으며, 가는 곳마다 지주의 토지를 몰수하여 수많은 농민들에게 분배해 주었는지 직접 보면서 내 시야가 넓어지고 안목이 커졌다. …… 그들은 나를 여러 도시로 데려갔다. 그곳에선 인도처럼 가난이 눈에 띄지 않았으며, 모든 이들이 입고 먹을 것이 있었다. 나는 중국인만큼 러시아인의 위대함에 대해선 감명을 받지 못했다. 나는 모든 이데올로기를 자유롭게 개발하고 시험해보면서 과연 어떤 것이 가장 실행 가능하고, 우리 잔지바르의 상황에 적합한지 확인할 수 있었다. 그곳에서 나는 중국이라는 광대하고 강력한 국가, 인민들의 희생과 성취에 깊은 감명을 받았기 때문에 잔지바르에 돌아온 후 바부의 중국에 관한 관점, 즉 이것이 우리가 따라야 하는 이념 노선이라는 데에 전적으로 동의했다.[22]

중국은 이사와 같은 이들을 통해 잔지바르 학생들에게 장학금을 전달하고 자국으로 초청했다. 이사는 이렇게 말했다. "일부 학생들은 중국에서 오래 버티지 못했다. 우리 아이들은 음주와 섹스의 자유를 누리고 싶었으나 중국 사람들에게 '왜 이렇게 음란하냐?'는 질문이 돌아왔을 따름이다. 하지만 그들 대부분은 잔지바르로 돌아왔고, 우리가 사는 섬 전체를 정치화할 수 있었다."[23]

1964년 1월, 반란군은 잔지바르의 아랍계 통치자들을 폭력적으로 축출했다(섬에 살던 아랍인들은 대부분 살해되거나 도망쳤다). 온건파와 과격파 사회주의자들로 구성된 느슨한 연합이 '혁명위원회'를 통해 정권을 장악했다. 이후 억압적인 독재 정권의 설계자인 아베이드 카루메Abeid Karume가 초대 대통령에 취임하고, 바부는 외교부 장관이 되었다. 그해 바부는 중국 신화사와 회견하면서 잔지바르를 중국의 전 세계 반란 계획에 교묘하게 끼워 넣었다. "잔지바르의 혁명 승리는 아프리카, 아시아, 라틴아메리카 혁명의 일보—步에 불과하다. 잔지바르 국민들은 마오 주석에게 고마움의 인사를 보낸다. 그의 저작을 통해 많은 것을 배웠기 때문이다."[24] (잔지바르 혁명의 양상은 중국과 놀라울 정도로 유사했다. 전직 정치 엘리트들은 거리 청소부로 전락했고, 독립신문은 폐간되었으며, 개인이 경영하는 상점들은 모두 협동조합의 일종인 부실한 합작사로 바뀌었다. 또한 보안부대가 임의로 투옥과 살인을 자행했다.) 1964년 봄, 잔지바르가 아프리카 본토에서 가장 가까운 탕가니카와의 정치적 연맹을 통해 탄자니아가 탄생했다. 1965년 바부는 탄자니아의 초대 대통령 줄리어스 니에레레Julius Nyerere를 설득하여 중국을 방문하도록 했다. 바부는 그의 방중을 완벽하게 준비하기 위해 미리 중국을 방문했다. 모든 것이 순조롭게 진행되었다. 니에레레는 이렇게 탄식했다. "가능하다면 천만 명에 달하는 탄자니아 국민 모두를 데리고 중국을 방문하여 당신들이 해방 이후에 쌓은 업적을 직접 살펴보도록 하고 싶다."[25] 이후 10년 동안 니에레레는 아프리카에서 중요한 마오주의자가 되었다.

중국은 아프리카에 가장 경험이 많은 외교관들을 배치했다. 문화대혁명 초기, 중국 외교부가 와해되고 전 세계에 파견되었던 중국 외교관들이 국내 농촌에서 재교육을 받기 위해 모두 소환되었지만, 이집트 카이로 주재 대사이자 에드거 스노가 마오쩌둥과 회견할 때 통역을 맡았던 황화만은 제자리를 지킬 수 있었던 것은 우연이 아니다. 그러나 중국의 가장 중요하고 또한 탁월한 외교 무기는 사실 저우언라이 총리였다. 1964~65년 아프리카를 순방하면서 그는 자신이 보고 느낀 것을 이렇게 묘사했다.

"혁명에 매우 유리한 상황이다. …… 강력하고 거대한 급류가 엄청난 추진력으로 제국주의, 식민주의, 신식민주의 통치 기반을 거세게 몰아치고 있다."[26] 그는 마오쩌둥의 시를 낭송하고, 현지 마르크스-레닌주의 정당 지도자들에게 권력 장악을 위한 적당한 시기에 대해 조언했으며, 튀니지가 외교 무대에서 중화인민공화국을 인정하도록 이끌었고, 관현악단이 백조의 호수 서곡을 연주하는 동안 모로코 국왕과 프랑스어로 대화를 나누었다. 냉소적인 서방 기자들조차 저우언라이를 인정했다. "아이를 안아 줄 때는 정치가 같은 느낌이 들지 않았고, 손을 뻗어 흔들 때는 협잡꾼 같은 느낌이 들지 않았다."[27]

본 장의 서두에서 존 쿨리가 언급한 것처럼 아프리카에서 마오주의 전파는 주로 '외부 선전물'로 아프리카 대륙 전체를 도배하다시피 쏟아 붓는 방식이었는데, 이는 위험도는 덜하나 비용이 많이 들었다. 1960년까지 중국은 아프리카에서 매주 15시간씩 선전방송을 내보냈다. 이는 매주 13시간 30분 동안 선전 방송을 하던 소련을 능가했다.[28] 신문 매체는 중국과 아프리카의 합작에 대한 기사나 사진으로 넘쳐났다. 중국 관리와 기술자들이 아프리카 동료들과 악수하며 활짝 웃는 모습, 아프리카에서 도로를 건설하거나 깎아 지른 듯한 절벽에서 구멍을 뚫는 모습도 있었다. 물론 마오쩌둥의 저작을 열심히 읽는 아프리카 흑인의 사진도 실렸다. 당시 마오쩌둥 관련 서적은 전국적으로 배포되었는데, 말리 한 곳만 해도 약 400만 권의 『마오주석 어록』이 배포된 것으로 추정된다. 이는 당시 말리 주민 한 명당 한 권씩 소지할 수 있는 분량이었다.[29]

매력 공세의 대부분을 차지한 것은 중국의 원조와 투자(신용, 대출, 노골적인 뇌물 등)였다. 1964년에 탄자니아에게만 4550만 달러가 원조 명목으로 제공되었다. 이외에 가나, 알제리, 케냐, 말리 및 다른 여러 나라들도 혜택을 받았다.[30] 하지만 1965년 중국이 탄자니아와 잠비아를 잇는 철도 건설에 자금을 지원하겠다는 제안은 이전까지 모든 매력적인 원조를 하찮은 것으로 보이게 만들었다. 잠비아의 구리 광산에서 탄자니아 수도 다르에스살람까지 이어지는 이 철도는 단순히 대규모 인프라 조성 계획만이 아니라 탈식민지화를 위한 투쟁의 필수적인 부분이기도 했다. 계획이 성사되면 잠비아는 기존처럼 포르투갈의 모잠비크 항구에 의존하는 것에서 벗어날 수 있게 된다. 전체 사업비는 중국이 제공하는 4억 1500만 달러 무이자 대출로 충당되었다.[31] 국제사회는 중국의 제안에 경악했다. 심지어 철도가 쇠가 아닌 대나무로 만들어질 것이라는 소문이 돌기도 했다.[32] 1959년 신생 독립국 기니가 절실히 도움을 필요로 하자 중국은 다음 해에 최소 1만 톤의 쌀을 무상으로 제공했다(소련도 기니에 원조를 했으나 수도 코나크리에 잘못 포장된 제설기를 보내는 해프닝이 벌어졌다. 의심할 바 없이 중국은 쾌재를 불렀다).[33] 1960년대 내내 중국의 농업 기술자들은 차, 쌀, 채소, 담배, 설탕을 재배하고 수원을 탐사하는 등 아프리카 대륙 곳곳에 흩어져 활동했다. 가장 성공적인 형태의 중국 봉사 활동은 아프리카의 가장 고립된 지역으로 들어가 열병과 류머티즘을 치료하고 상처를 소독하는 의료팀이었다. 한 남성은 중국인 의사가 아들의 생명을 구하자 아들의 이름을 시누아즈Chinois (불어로 '중국사람' 또는 '중국의'라는 뜻)로 바꿨다. 특히 침술 요법은 현지인들의 신뢰를 얻어 잔지바르에서는 성격 더러운 이웃에게 중국 의사를 찾아가라고 말할 정도였다.[34]

중국이 아프리카에 호의를 보이고(소련과 경쟁하기 위해) 원조 계획을 만든 것은 곧 중국이 전 세계 강대국으로 거듭 나겠다는 의지를 표명한 것이나 다를 바 없다. 1963~64년 아프리카에서 외교 순방을 펼치던 저우언라이는 중국의 대아프리카 원조에 관한 「8대 원칙」을 발표했다. 당시 그는 이렇게 말했다.

"이러한 원조 덕분에 우호관계를 맺은 신흥 독립국가들이 국가 경제를 점진적으로 발전시키고, 식민지 지배에서 벗어나 전 세계 반제국주의 세력을 결집시킬 수 있을 것이다." 그는 여기서 한 걸음 더 나아가 중국 정부는 "어떤 특권도 요구하지 않으며, 어떤 조건도 제시하지 않을 것이다"라고 선언하고 오로지 "원조를 받는 국가들이 자력갱생의 길로 한 걸음 더 나아가 경제적으로 독립 발전하는 길로 나갈 수 있도록 도울 뿐이다"라고 말했다. 이외에도 그는 "중국 정부가 수혜국으로 파견하는 전문가들은 특별한 요구나 혜택을 누릴 수 없으며, 자국의 전문가들과 마찬가지의 물질적 대우를 받을 것이다"[35]라고 단언했다. 특히 마지막에 언급한 원칙은 이전까지 서구나 소련에서 파견된 기술 고문들, 옅은 색 정장에 땀을 삐질삐질 흘리는 백인들이 힘든 일은 나 몰라라 하면서(주로 포터들이 무거운 짐을 대신 들어주었으며, 5성급 호텔에 묵었다) 의자 겸용 사냥 지팡이shooting stick에 의지한 채 현지인들에게 명령을 남발하는 모습에 익숙했던 아프리카 사람들에게 매력적으로 다가왔다.

1960년대 초 기니에 주재한 한 외교관에 따르면, 중국의 원조 팀은 소련이나 유럽 공산주의 원조 단체와 달리 "육체노동을 강조하여 기니 사람들과 마찬가지로 도로 건설 등 가장 힘든 일도 마다하지 않았다. 또한 농업 전문가와 기술자들은 기니 원주민 마을에서 함께 생활했으며…… 기니인보다 더 많이 벌거나 그들보다 좋은 음식을 먹지도 않았다. 그들은 현지인들에게 검소하고 근면하다는 느낌을 주었다."[36]

중국의 접근 방식은 다음 두 가지로 요약할 수 있다. "첫째, 때리지 말고, 둘째, 꾸짖지 말라一不打, 二不罵."[37] 잔지바르의 혁명가 알리 술탄 이사는 나중에 자신이 직접 경험한 중국인과 소련인의 차이에 대해 이렇게 말했다.

"중국은 낙후했지만 그래도 우리에게 도움을 주었고, 러시아는 스푸트니크와 같은 인공위성을 만들 정도로 선진적이었으나 매우 각박하고 오만했다. …… 우리는 중국인의 경험을 배우면서 중국 방식을 통해 해결책을 찾았다."[38]

탄자니아 사람들이 중국군 교관에게 물었다. "당신들은 어떻게 이처럼 근면하고 긍정적이며, 실무적이고 유능합니까?"[39] 교관은 이 기회를 놓치지 않고 정치 교육의 중요성을 강조했다. 훈련 캠프에서 중국 교관들과 함께 생활했던 일부 잠비아 사람들은 중국 군인 조리사가 만드는 음식 솜씨에 감탄하며 '기적'이라고 거듭 찬사를 보냈다.[40] 중국 본토에서는 아프리카 학생들에게 대학을 개방하고 넉넉한 장학금을 제공했다. 그들에게 제공된 급여는 중국인 고급 기술자의 월급과 맞먹었다.[41]

중국은 이외에도 상대적으로 보다 어려운 형태의 원조, 즉 군사훈련을 아프리카에 제공하기도 했다. 마오쩌둥 시대 말기 중국의 대외 원조 계획에서 전체 예산의 20%(아프리카에 대한 정확한 비율은 알 수 없다)가 군사훈련 비용으로 사용되었다.[42] 주된 방식은 다음 두 가지 형태였다. 하나는 탄자니아와 잠비아의 경우처럼 상비군에 대한 교육이고, 다른 하나는 이른바 '자유전사自由戰士', 즉 식민지 또는 반식민지 통치로부터 조국을 해방시키겠다고 맹세한 유격대(카메룬의 경우처럼 자국의 정부가 독립 이후, 식민지 시절의 이권을 뇌물로 받았다고 주장하는 반군 세력)에 대한 군사훈련 교육이다. 아프리카의 독립 운동가들은 베이징 북서쪽에 있는 창핑昌平이나 난징 육군 군사학교에서 유격대 훈련을 받았다. 1964년부터 1985년까지 중국은 최소 19개 아프리카 국가에서 온 약 2만여 명의 전사들을 훈련시키는 데 1억 7천만 달러에서 2억 2천만 달러에 달하는 막대한 비용을 지출했다.[43]

이러한 외국 혁명가들의 훈련에 관한 중국 내부 문건은 거의 알려진 바 없다. 중국 내부에서 여전히 정치적으로 민감한 사안이기 때문이다. 하지만 아프리카의 경우는 그렇지 않다. 알려진 바에 따르면, 당시 중국으로의 여정은 비밀리에 진행되었다. 예를 들어 한 명은 모잠비크, 다른 한 명은 남로디지아에서 각기 별도로 출발하여 우연히 도중에 만나게 되었는데, 각자 비밀을 유지하면서 목적지를 전혀 다른 곳으로 이야기했다. 그러다가 다시 홍콩에서 만난 두 사람은 함께 같은 기차를 타고 중국 난징으로 향했다. 난징의 거주 환경은 그다지 불편하지 않았다. 이전부터 습관이 되었기 때문에 굳이 침대도 필요 없었다. 영어권 아프리카 출신 연수생은 영국 음식을, 불어권 연수생은 프랑스 요리를 먹었다. 그들이 참가한 연수과정의 공식 명칭은 '경제개발'이었으나 바주카포와 기관단총 사용법 실습이 포함되었다. '특수

공정'이라고 부르는 과정은 파인애플처럼 생긴 대인 지뢰를 활용한 파괴활동 학습에 대한 암호였다. 이외에도 전략, 전술에 대한 수업과 지주와 소작농 간의 갈등을 다룬 영화나 연극, 가극 관람 등이 과정에 포함되었다. 교관들은 중국의 이념을 아프리카의 현실에 접목하기 위해 노력했다. 예를 들어 "농촌이 도시를 포위한다"는 마오쩌둥의 전략은 줄루 전쟁Zulu campaigns(1879년 아프리카 원주민 부족인 줄루족과 영국 사이에서 벌어진 전쟁)의 포위작전과 함께 거론되었다. 학생들은 1930년대 마오쩌둥이 그랬던 것처럼 '해방구', 즉 근거지 확보가 중요하다는 교육을 받았다.[44]

넬슨 만델라는 늦어도 1960년부터 이미 마오쩌둥의 군사 전략에 관심을 가지기 시작해, 동지들과 함께 움부보umvubo(옥수수 빵에 요구르트를 넣어 먹는 음식)를 먹으며 토론을 벌였다. 그해 ANC는 원래 아파르트헤이트 정책으로 일관하는 남아프리카공화국 정부에 비폭력 방식으로 대항했다. 그러나 이후 비폭력 저항에서 폭력 항쟁으로 방침을 전환하면서 최소 6명의 ANC 회원이 무기 제작, 치고 빠지는 기습 작전 등 마오쩌둥의 유격전 연구를 위해 중국으로 떠났다. 나중에 넬슨 만델라와 함께 재판에서 종신형을 선고받은 ANC 지도자 레이몬드 므흐라바Raymond Mhlaba는 "매우 흥미있고 유용했다"고 회고했다. 심지어 중국 측은 므흐라바의 이마에 있는 혹을 제거하는 성형수술을 해주기도 했다. 남아공 경찰이 그를 쉽게 알아볼 수 있는 표식이라는 이유 때문이었다. 그는 수술 결과에 만족했다. 그리고 자신의 말대로 "잘 훈련되고 멋지게 생긴 군인"이 되어 중국을 떠났다.[45]

만델라는 ANC가 무장 투쟁으로 전환하자 유격전에 관한 마오쩌둥 저서를 꼼꼼히 읽었고, 중국 혁명에서 마오쩌둥의 이정표와 남아프리카의 유사점을 비교하며 수십 쪽 분량의 메모를 작성했다.[46] ANC의 행동 지침은 만델라가 읽고 느낀 내용과 거의 유사했다. 1962년 만델라가 체포되어 수감되기 직전, ANC는 소련의 지원과 동시에 중국에서도 상당한 자금을 지원받기로 계획되어 있었다.[47]

아프리카 게릴라들은 마오쩌둥의 〈3대 규율과 8가지 주의사항三大規律, 八項注意〉 등을 암송하며 "인민은 물과 같고, 군대는 물고기와 같다"를 서로 상기시켰다.[48] 서남아프리카 인민조직South West African People's Organisation, SWAPO을 창립한 인물 중 한 명은 "우리 모두 마오쩌둥의 저서를 유격전을 위한 실용서로 간주했다"고 솔직히 말했다.[49] 모잠비크 혁명위원회의 위원은 이렇게 말했다.

"중국 군대의 방식이 아프리카에 적합하다고 생각한다. 소련의 방법은 잘못되었다. 그들은 농민들을 두려워했기 때문에 농민을 탄압하고 집단화했다. 이에 반해 중국은 농민들의 견고한 지지를 바탕으로 민족해방군을 건설할 것을 강조했다. 아울러 아프리카 남부의 3천만 아프리카인들을 활용해야 한다고 가르쳤다."[50]

혁명은 대담해야 한다는 마오쩌둥의 주장은 소외된 반군들에게 "대담하게 투쟁하는 자"는 결국 승리할 것이라는 자신감을 심어주었다.[51] 아프리카인들은 마오쩌둥의 도전적인 구호를 자신들의 목적에 맞게 재구성했다. 미국은 종이호랑이라는 마오쩌둥의 발언을 아프리카 사람들은 이렇게 번역하여 활용했다. 아프리카의 적들은 그저 '종이호랑이'가 아니라 "거세된 종이호랑이며…… 분쇄되어 펄프가 되는 것을 피할 수 없을 것이다."[52]

1961년 중국으로 밀입국한 카메룬 유격대원들은 교량, 가옥, 철도, 탱크, 트럭, 발전소, 방송국 등을 폭파하는 방법, 비행장과 통신설비 파괴, 매복과 심리전 방법 등 반란에 필요한 101가지 방법을 배웠다. 훈련의 상당 부분은 정치 교육에 할애되었는데, 농촌에서 공산주의를 어떻게 적용할 것인가에 관한 문제를 포함하여 반제국주의의 필연적인 승리에 대한 강의가 있었다. 카메룬 해방군Armée de Libération Nationale Camerounaise에 입대할 예정인 연수생들은 자신들이 배운 강의 노트, 상세한 정치 프로그램, 쌍안경, 카메라, 트랜지스터 라디오, 제복(검은색 끈으로 발목 부분을 묶을 수 있는 바지, 가죽 바람막이 외투, 중국식 가죽모자 녹색 벨트 등으로 구성됨)이 담긴 가방을 들고 아프리카로 돌아갔다. 아프리카에 도착한 그들은 카메룬으로 가는 도중 체포되고 말았다. 당시 그들의 가방을 들여다볼 기회가 있었던 영국 외교관은 불안한 마음을 숨기지 않았다. "그들은 정기적으로 훈련과정을 개설하여 아프리카 게릴라 지도자들을 지속적으로 배출함으로써 합법적인 정부에 대항하는 반군이자 중국의 무장 간첩으로 이중 역할을 수행하도록 했다. 근본 목적은 냉전을 아프리카로 가져가려는 의도인 것 같다."

당시 카메룬에서 중국을 다녀온 연수생들은 실직한 택시기사, 제빵사, 판매원 등 다양한 직업을 전전하던 떠돌이들이었다. 그 가운데 한 명인 24세의 프랑소아 팔루François Faleu는 이전에 학교에 다닐 때는 "그다지 성적이 좋지 않았"지만, "중국에서 배울 때는 수업에 큰 관심을 갖고 꼼꼼히 필기했으며, 특히 폭파 과정은 이전에 비할 바 없을 정도로 적극적인 열의를 보였다." 유격대 학교에서 그가 전수받은 전술은 냉혹한 마오주의 사상의 연장선상에 있었다. 어떤 연수생은 상하이 '평화위원회'와 대화하면서 공책에 이런 낙서를 남기기도 했다. "테러 활동은 계속되어야 한다." "괴뢰 도당과 반역자들을 모두 죽이고, 농촌까지 투쟁을 확산시켜야 한다. 농촌은 도시가 없어도 살아갈 수 있지만 도시는 농촌이 없으면 존재할 수 없다."

영국 외교관은 이를 통해 다음과 같이 추론했다. "중국 당국의 원조는 민주적으로 구성된 카메룬 정부를 무너뜨리기 위해 반군을 조직하고 훈련시킨 것이나 다를 바 없다. 이렇게 계속된다면, 아프리카 일부 지역에서 중국공산당의 통치가 가능해질 것이라는 점은 의심할 여지가 없다."[53]

중국이 가나와 탄자니아에 설치한 유격훈련소의 교육과정 역시 마오쩌둥 사상이 짙게 배어 있다. 특히 전체 교육과정의 4분의 1에 해당하는 정치 교육에는 인민 전쟁, 근거지 건설, 이데올로기 주입, 유격전술 등이 중시되었으며 이는 중국 인민해방군에서 행해지던 교육 내용을 그대로 답습한 것으로, 당연히 마오쩌둥 사상을 전파할 수 있는 좋은 기회로 활용되었다.[54]

만약 영국 외교관의 이야기가 사실이라면 1960년대 아프리카 카메룬, 기니, 모잠비크부터 앙골라, 남아프리카공화국에 이르기까지 도처에 중국에서 훈련받은 반군들이 가득했다고 할 수 있다. 중앙아프리카공화국의 중국 외교관들은 '유격전술'을 대중화하기 위해 삽화가 있는 전단지를 인쇄하여 배포했다. 레오폴드빌Leopoldville 라디오 보도에 따르면, "1966년 3월 중국에서 훈련을 받은 2,000명의 '르완다 와투시족Rwandan Watutsi(와투시는 르완다와 부룬디의 유목민족이다)' 망명자들이 르완다와 부룬디 국경에 집결하여 르완다를 공격하고 정부를 전복하기 위한 작전 기지 구축을 준비하고 있다. …… 모잠비크 보안군은 최근 테러리스트로부터 자동 권총 10정, 자동 소총 4정, 대인 지뢰 32발, 수류탄 다량을 몰수했는데, 모두 중국산이었다."[55]

자칭 아프리카 해방운동의 중심지인 탄자니아는 아프리카 게릴라들을 위한 훈련 캠프를 운영했는데, 교관 가운데 상당수가 중국인이었다. 가나의 초대 대통령 콰메 은크루마Kwame Nkrumah, 1909~1972(가나의 독립운동을 지휘했으며, 아프리카 통합을 주장하여 아프리카 독립운동의 아버지로 칭해진다)는 기존의 소련 군사고문단 대신 중국 군사교관을 초청했다. 소련 군사고문단 가운데 한 명이 술에 취해 잡역병의 아내를 성추행하려던 좋지 않은 일이 있었기 때문이다. 게다가 소련 군사고문단은 전용차는 물론이고 술을 무제한 제공할 것을 요구했다. 하지만 중국 측이 요구한 것은 기밀 유지와 음식 제공, 그리고 약간의 가구와 요리사뿐이었다. 게다가 그들은 오자마자 곧바로 작업에 착수했다. 폭발물 전문가인 리 선생은 상하이에서 가져온 화학물질로 시범을 보였고, 특공대 교관인 장 선생은 야자수가 우거진 훈련장을 포복하면서 학생들에게 대인 지뢰 매설 기술을 가르쳤다. 은크루마는 유격전술 소책자를 출간했다. 한 독자에 따르면, 소책자에 나오는 '어색한 영어'는 중국 교관들이 가르쳐준 것이다. 초고는 마오쩌둥의 『군사문선軍事文選』의 내용을 토대로 했기 때문에 마오쩌둥이 했던 이야기가 수도 없이 많이 인용되었다.[56] 1968년 잠비아의 케네스 카운다Kenneth Kaunda는 솔직하게 이렇게 말했다.

"아프리카 젊은이들에게 위험한 무기를 다루는 법을 가르칠 수 있는 사람은 동방의 군사 캠프(중국의 군사훈련소) 교관들뿐이었다. 그 젊은이들이 이데올로기(공산주의 이념)를 배우지 않고 어찌 무기 사용법만 배웠겠는가? 그들이 돌아오면 우리 아프리카에서 종족 전쟁뿐만 아니라 이념 전쟁도 폭발하게 될 것이다."[57]

1960년대와 70년대 아프리카는 중국에 대한 호감도가 높았다. 기니 출신의 누군가는 이렇게 말했다. "전체 인구의 90%가 농민들인데, 그들은 모두 마오 주석을 자신들의 아버지라고 부른다. 마오 주석의 사진을 한 번도 본 적이 없는 이들도 많지만 그들 역시 마오 주석이 누구인지 잘 알고 있다." 또한 케냐 출신의 한 사람도 마오 주석에 대한 찬사를 늘어놓았다. "마오 주석은 위인이다. 위대한 마르크스-레닌주의자이며, 제2의 레닌이다. 그는 중국 인민의 지도자일 뿐 아니라 아프리카 인민의 지도자이기도 하다."[58]

카메룬의 한 노동조합원은 마오 주석을 흠모하는 마음을 노래에 실어 표현했다.

희망의 배가 파도를 헤치며 나아가네.

조타실 앞에 한 거인이 서 있네.

마오쩌둥! 마르크스, 레닌, 스탈린의 후계자!

새 시대의 조타수!

누가 민족의 혁명을 이끌 것인가?

······

당신의 제자로 영원히 가르침을 받으며

영원히 당신의 교의에 충성하겠네.

해바라기가 태양을 따라가는 것처럼.

당신은 사상은 우리의 태양

마오쩌둥 주석의 만수무강을 기원하리라.[59]

중국을 향해 아프리카의 대문을 활짝 연 사람은 줄리어스 니에레레이다.[60] 그는 아프리카 해방을 적극 주장한 열렬한 반식민주의자이다. 그는 마오쩌둥 치하의 중국이 반제국주의를 표방하면서 자급자족이 가능한 농업 개발에 성공한 것을 보고 이러한 중국 모델이 탄자니아처럼 가난한 농업 국가에 적합하다고 생각했다. 탕가니카(아프리카 중동부의 공화국이었으나 1964년 잔지바르Zanzibar와 합병하여 탄자니아Tanzania가 되었다)의 탈식민지화는 중재자의 역할을 훌륭히 소화하고 탁월한 연설 능력을 갖춘 니에레레 덕분에 비교적 평온하게 진행되었다. 그는 고등교육을 받고 생물과 영어를 가르치던 교사였다. 영국 에든버러대학에서 경제학과 역사학을 배웠으며, 과외시간에 사회주의를 연구했다. 그러나 1964년 잔지바르의 혁명과 식민지 체제에서 벗어난 지 얼마 되지 않았을 때 발생한 탕가니카 군대 반란을 직접 목격하면서 정치 폭력에 대해 그리 낯설지 않게 되었다. 후자의 위기는 예멘에서 파견된 영국 주둔군과 항공모함의 도움으로 겨우 해결할 수 있었다. 그래서 니에레레 역시 군사적이고 권위주의적인 해결책에 반대했다고 말할 수 없다. 1962년 그는 자신이 조직한 탕가니카 아프리카 민족연합Tanganyika African National Union, TANU을 신생 독립국의 유일한 합법 정당으로 선언했고, 5년마다 치러진 선거에서 다른 정당의 후보자 없이 연임에 성공했다. 그리고 1985년 자신이 선택한 후계자에게 자리를 물려주었다.

마오쩌둥 치하의 중국과 마찬가지로 줄리어스 니에레레의 탄자니아도 국경선 넘어 국외로 시선을 돌렸다. 이 역시 마오쩌둥의 경우처럼 국내의 심각한 경제 문제 때문이었다. 니에레레는 이렇게 선언했다. "탄자니아는 아직 완전한 자유를 얻지 못했다. 이는 아프리카가 아직 완전히 자유롭지 못하기 때문이다."[61] 탕가니카는 1961년 독립했지만 아프리카 대부분의 나라는 여전히 식민주의 체제하에 있었다.[62] 저우언라이는 1967년 콩고 브라자빌Congo-Brazzaville(콩고 공화국) 총리와 만난 자리에서 니에레레의 생각을 반영하여 이렇게 말했다.

"중국 인민은 왜 콩고와 다른 아프리카 친구들에게 이처럼 깊은 우정을 지니고 있을까요? 이는 중국 인민이 과거 아프리카 인민들과 마찬가지로 식민주의 침략과 억압을 받은 경험이 있으며, 지금 제국주의에 맞서 투쟁해야 하는 공동의 과제에 직면하고 있기 때문입니다. 또한 마오쩌둥의 위대한 사상으로 무장한 중국 인민들이 세계의 모든 억압받는 인민과 민족의 해방 없이는 중국 인민들도 완전한 독립을 쟁취할 수 없다는 사실을 잘 알고 있기 때문입니다."[63]

평등주의적 발전과 반식민지 해방이라는 공통의 관심사와 신중하게 조율된 중국의 매력에 흠뻑 빠진 니에레레는 마오주의 중국의 모델을 수입하기로 결정했다. 그는 기회가 있을 때마다 중국 혁명의 상징, 특히 '장정(대장정)'에 대해 언급했다. 니에레레의 반식민주의는 아프리카 대륙이 식민지가 되기 이전의 경제 관계로 돌아가자는 다소 이상적인 관점을 통해 점차 흐릿하게 사회주의로 합쳐졌다.

"우리 아프리카는 외국인의 침략과 지배를 받기 전에는 가난한 나라였습니다. 아프리카에는 부자가 없었습니다. 토지의 소유권을 배타적으로 주장하는 사람이나 집단도 없었습니다. 토지는 모든 이들의 재산이었습니다. …… 생활도 매우 간단했습니다. …… 재산은 가족 전체의 것이었고, 모든 가족 구성원은 가족의 재산을 사용할 권리가 있었습니다. 누구도 다른 사람을 지배할 목적으로 재부를 사용하지 않았습니다. 이것이 우리 국가가 추구하는 생활 방식입니다. 우리는 전 국민이 한 가족처럼 생활할 수 있기를 희망합니다. 이것이 사회주의의 기초입니다."[64]

니에레레는 또한 공산주의의 자급자족 이념에 뿌리를 둔 대약진운동 당시의 '자력갱생'이라는 말에 매료되었다. 이는 에드거 스노의 영향과 무관치 않다[65] (하지만 사실 소련의 정기적인 원조가 없었다면 1930년대와 40년대에 중국공산당은 생존하기 힘들었을 것이다. 중국은 1950년대엔 더욱 소련의 원조에 기대는 의존국이었다). 당시 탄자니아는 냉전체제하에서 강대국의 갈등에 휩쓸리지 않기를 바라고 있었기 때문에 '자력갱생'이란 말이 호소력이 있었다. 니에레레는 "코끼리가 싸울 때 짓밟히는 것은 풀이다"라는 스와힐리어 속담을 인용했다.[66] 1960년부터 이웃 나라인 콩고에서 육군 참모총장 모부투 세세 세코Mobutu Sese Seko가 벨기에와 미국의 은밀한 지원을 받으며 폭도들과 더불어 내전을 일으켜 정권을 전복시키고 총리인 파트리스 루뭄바Patrice Lumumba를 살해하는 일이 발생하자 니에레레는 당황하지 않을 수 없었다.

"콩고에서 일어난 사건은 식민주의 세력들이 앞문을 통해 떠났으나, 뒷문으로 그들과 똑같거나 또는 또 다른 외부 세력이 들어올 수 있다는 것을 보여주었다. …… 우리는 아프리카를 위해 제2차 쟁탈전으로 진입하고 있다."[67]

그는 이렇게 결론지었다. 그는 자신의 글에서 수시로 '자력갱생'이란 말을 사용했다. 1966년 겨울 그는 6주간에 걸쳐 탄자니아 전역을 순방하고(당시 언론은 이를 '대장정'이라고 말했다), '우자마ujamaa'라는 이름으로 사회경제 혁명, 즉 자립적인 노력에 기반한 사회주의식 빈곤과의 전쟁을 시작했다.[68] 중국의 발전 궤적을 충분히 인지한 니에레레에게 아프리카를 위한 웅대한 포부가 펼쳐지기 시작한 것이다.

아프리카는 자유로울 것입니다. …… 중국공산당이 옌안의 동굴에서 오늘날의 중국을 볼 수 없다고 자신들의 목표를 포기하지 않은 것처럼 우리도 미래를 정확히 볼 수 없다는 이유로 우리의 목표를 내버리지 않을 것입니다. …… 당신들이(중국공산당) 우리의 투쟁을 지지하는 것은 우리가 중국 인민들이 자신의 국가를 보위하고, 자신들이 원하는 대로 국가를 건설하는 것을 지지하는 것과 같습니다. …… 신념은 산도 옮길 수 있습니다. …… 당신은 인민의 창조력을 믿고, 당신들의 위대한 지도자 마오 주석을 믿고, 자력갱생과 자아비판의 정신을 믿으며, 세계의 피압박 민족이 일체라는 것

을 믿습니다.[69]

탄자니아 국립중앙도서관이 대량의 『마오주석 어록*Little Red Book*』을 소장하
면서 탄자니아는 물론이고 아프리카 다른 지역에서도 이를 모방하기 시작했
다. 1965년 니에레레의 명언을 모은 『리틀 그린 북*Little green books*』, 잔혹한 부통
령 아베드 카루메*Abeid Karume*의 명언을 모은 『리틀 블루 북*Little blue books*』이 발간
되었고, 가나에서는 『콰메 은크루마의 격언*Axioms of Kwame Nkruma*』이 출간되었다.[70]
1970년대 리비아의 독재자 무아마르 알 카다피*Muammar al Qaddafi*는 "세계에 만
연한 모든 교육방식은 모두 보편적 문화혁명을 통해 파괴해야 한다"는 마오
쩌둥의 주장에 매료되어 정치, 사회, 문화이론에 대한 자신의 주장을 담은
『그린 북*Green Book*』을 발간했다.[71]

탄자니아 사람들은 마오쩌둥을 본받은 니에레레를 모방하여 자신들 나름
의 '장정'을 시작했다.[72] 학생들은 대수학이나 셰익스피어를 배우는 대신 마
오쩌둥 배지를 탐내며 들판으로 나가 일했고, 청소년들은 문화대혁명을 본
받아 서구 문화와 소비주의를 공격했다. 그들은 "「플레이보이」나 비틀즈,
몸에 착 달라붙는 바지와 미니스커트, 화장품과 미녀선발대회 등을 비난했
다." 니에레레는 그런 모습을 보면서 기뻐했다. "당신들은 우리의 녹위병
Green Guards(홍위병을 빗댄 말)이다." 그는 이렇게 말하면서 그들에게 녹색 셔
츠와 배지를 착용하고 전국을 돌아다니라고 외쳤다.[73]

니에레레는 1967년 2월 은행, 산업, 천연자원을 국유화하고, 탄자니아 농
촌을 사회주의 마을로 집단화했다. 또한 탄자니아 젊은이들을 농촌의 노동
교화소로 보내면서 그들에게 "헌신적인 노력과 소비에 대한 회의懷疑, 근검
절약과 자기비판의 미덕"이 필요하다고 주입시켰다.[74] 중국이 집체화 정신
에 기반하여 '자력갱생'을 강조하면서, 그가 주창한 '우자마' 운동은 1970년
대 초부터 점차 자발적인 참여에서 강제적인 동원으로 변하기 시작했다. 그
들은 이러한 집체화와 근검절약을 통한 각고의 노력이 마술처럼 성공을 보

장할 것이라 기대했다. 하지만 중국의 선례와 마찬가지로 '우자마'는 기아와 빈곤을 낳으며 실패로 돌아갔다. (거의 같은 시기인 1972년 봄, 니에레레는 친중 성향 압둘라흐만 모하메드 바부를 부통령 카루메 암살을 계획한 혐의로 체포하여 독방에 수감했으며, 적법할 절차 없이 사형을 선고했다. 이는 니에레레의 또 다른 일면을 보여주는 대목이다. 시노필 바부는 국제사면기구인 앰네스티의 노력 덕분에 석방될 수 있었다.)

스탈린이나 마오쩌둥의 집단농장이나 인민공사처럼 엄격하게 시행되지는 않았지만, 니에레레의 '마을공사화' 역시 강압에 의존했다. 그의 야심 차고 강제적인 주민 동원은 중국의 대약진운동 당시 농민들에 대한 정부의 폭력을 연상시키는 폭력사태로 이어졌다. 니에레레의 청년연맹Youth Leaguers(니에레레에게 충성을 다하는 청년 자위대)는 이주를 거부하는 주민들의 가옥에 불을 질렀다. '우자마'에 반대하는 행위는 곧 징벌이 가능한 범죄로 간주되었다. 1973년 한 탄자니아 청년연맹 회원은 전국 신문에 보낸 편지에서 "탄자니아 청년연맹 회원을 만나게 되면 여지없이 심한 구타를 당하거나 먼 거리를 달리도록 강요받았고, 많은 돈을 강탈당했다"라고 원망을 털어놓았다. 중국의 경우와 마찬가지로 우자마 운동도 여성들의 적극 참여를 고취했다. 결국 여성들은 집안일 외에도 농사에 투입되면서 이중의 부담을 안게 되었다. 한 여성은 우자마 운동을 집행하는 이에게 이렇게 말했다. "우리가 살던 곳은 모두 불타고 말았어요. 만약 우리가 그곳을 떠나지 않고 있었다면 우리도 불태웠을 거예요." 탄자니아 농민들은 공동 경작에 대한 의지가 약했고, 개별적인 농경을 선호했다. 게다가 그들은 농사기구도 변변치 않아 그저 마체테나 호미로 황무지를 개간해야만 했다. 1976년에 작성된 보고서는 우자마의 결과에 대해 비교적 냉철한 판단을 내렸다. "많은 아이들이 제대로 먹지도 못하고, 심지어 성인들조차 하루 종일 아무것도 먹지 못하는 경우가 많았다."[75]

마오쩌둥과 중국공산당은 아프리카에서 무엇을 이루고자 했는가? 영국 외무부는 이렇게 단언했다.

"중국의 정책은 의심할 여지없이 다르에스살람(탄자니아의 수도)과 브라자빌(콩고의 수도)을 이용하여 아프리카의 허리를 관통하는 중부 지역에서 정부 전복 활동을 하는 것이다."[76]

사실 이런 관점이나 주장은 혼동을 야기할 수 있다. 마오쩌둥과 그의 측근들, 중국식 모델을 해외에 보급하기 위해 동원된 인원들, 예를 들어 군사 교관, 원조 담당자, 철도 기술자, 건설 노동자, 의사 등은 아프리카를 수 세기에 걸친 식민지 착취로부터 해방시키는 동시에 마오쩌둥의 위대함을 전파할 수 있는 기회의 땅으로 여겼다. 이런 두 가지 목표는 서로 밀접하게 얽혀 있기 때문에 국제 이상주의와 국가 이익 사이에 모순이 존재한다는 사실을 인정하는 사람은 거의 없었다. 1960년대와 1970년대 초, 마오쩌둥과 그의 최측근인 저우언라이와 린뱌오는 마오쩌둥의 '인민전쟁'의 모델을 따라 아프리카는 혁명적 열기가 최고조에 이른 '혁명 고조기'에 처해 있다고 공개적으로 선언했다. 마오쩌둥 시대 중국의 아프리카 원조와 관련된 일체의 행동은 모두 정치적인 것이었다. 예를 들어 탄자니아와 잠비아를 잇는 철도 건설, 기니의 벼 재배, 중국에서 유학하는 학생들의 교과과정, 의약품 분배 등 모든 물질적 행위는 마오주의 세계관의 우월성을 선전하는 정치적 매개체였다는 뜻이다. 아프리카 사람들은 그들이 환자이든 학생이든 아니면 철도 노동자이든 간에 모두 '혁명의 씨앗'이었다.[77] 아프리카에 의료 활동을 희망하는 지원자들은 "정확한 정치사상, 깨끗한 개인사와 더불어 사회 또는 해외에 복잡한 관계가 없어야 하며, 전문기술이 양호하고, 신체가 건강해야만 했다."[78] 중국 의료진이 진료소에서 만나는 이들은 수가 많을 뿐만 아니라 계층도 다양했다. 진료소 벽에 마오 주석의 사진이 걸려 있기 때문에 마오주의 전파 수단으로 의료팀은 매우 효과적이었다. 의료진들이 현지 언어를 학습하면서 가장 먼저 익히는 문장은 "마오 주석께서 나를 이곳으로 보냈습니다"였다.[79] 안경사들은 『마오주석 어록』의 구절을 이용하여 시력을 검사했다. 또 어떤 의사는 잔지바르 출신 한 남성의 뇌경색을 치료했는데, 환자가 회복하자 그에게 마오 주석 덕분이라는 말을 하는 걸 잊지 않았다. 그 남성은 마오쩌둥의 초상화를 머리 위로 높이 들고 자신을 치료해준 의사와 아들, 손자들과 함께 사진을 찍었다. 자신의 건강 회복이 마오쩌둥 덕분이라는 것을 후세에 남긴 셈이다.[80]

당시 중국의 아프리카 원조 계획은 적어도 진정한 이상주의 색채를 띠고 있었다. 중국은 아프리카 혁명의 전망에 대해 희망에 차 있었다. 1960년대 초에 작성된 한 정책 문서는 "아프리카의 독립국가 중 한두 나라만 진정한 국가 혁명을 완수한다면…… 혁명의 물결이 아프리카 대륙 전체를 집어삼킬 수 있을 것이며, 2억 명 이상의 아프리카인이 세계의 선봉으로 나아갈 것이다"라고 추측했다.[81] 흐루쇼프가 쿠바 혁명에서 그랬듯이 마오쩌둥은 알제리 독립 전쟁에서 감정적 유대감을 느꼈다. 그는 민족해방전선National Liberation Front, FLN 외교관에게 "중국의 원조는 조건 없이 제공될 것이다"라고 약속했고, 실제로 제복, 소형 무기, 탄약 등 중국의 원조 물자가 모로코, 튀니지, 알바니아를 거쳐 아프리카에 도착했다.[82] 마오쩌둥은 1959년 중난하이에서 민족해방전선 참가자들에게 혁명 강의를 하기도 했다.[83]

낯선 땅 아프리카로 파견되어 고생을 마다하지 않은 군대 교관, 건설 노동자, 의료진, 농학자들이 남긴 시가가 적지 않은데, 그 시가에는 순수한 이상주의가 가득하다. 그중에서 창작 경험이 풍부한 어떤 농업 측량기사는 이렇게 읊었다.

"나는 고향에서 그리 멀지 않은 / 그저 3만km밖에 떨어지지 않은 곳에 있다. 작렬하는 날씨에 / 기온은 43도. 하지만 나는 인류의 행복을 추구하나니 / 제아무리 힘든 고난을 겪을지라도 / 달콤한 나날은 여전하리라."[84]

그러나 이러한 이상주의는 민족주의 심지어 제국주의의 목표와도 매끄럽게 결합했다. 마오쩌둥의 발언은 때로 세계혁명과 중국의 영광이 뒤섞였다. "만약 우리가 콩고를 점령할 수 있다면 아프리카를 모두 차지할 수 있다."[85] 그의 발언 속에서 아프리카는 쟁탈전을 벌이는 수동적인 영토가 되었다. 1950년대 마오쩌둥은 카메룬에서 온 방문객에게 「항일 유격전쟁의 전략 문제抗日遊擊戰爭的戰略問題」(1938)라는 군사 논문을 선물로 주면서 앞 페이지에 이렇게 적었다.

"이 책에서 당신은 카메룬에서 발생할 모든 일들에 대해 읽을 수 있을 것입니다."[86] 중국 교관들은 팔레스타인 게릴라들의 뇌리에 인민전쟁 이론을 '처넣었고', 중동으로 돌아간 게릴라들은 나세르에게 마오쩌둥 전략의 미덕에 대해 강의하여 그를 짜증나게 만들었다. 나세르는 "물고기는 물을 얻어야 한다"라는 마오쩌둥 방식은 인구 밀도가 높지 않은 중동에선 적합하지 않으며, 팔레스타인에는 이스라엘의 손이 닿지 않는 근거지로서 안전지대가 없다며 퉁명스럽게 말했다. 상식에 부합하는 나세르의 반박에 중국인들은 짜증을 냈다.[87]

중국이 아프리카에 적극적으로 다가선 것은 분명 자신들의 이익 논리와 관련이 있다. 무엇보다 유엔에 가입하기 위한 전략으로 아프리카 대륙이 매우 중요했기 때문이다. 매년 유엔에서 '두 개의 중국', 즉 중국공산당이 차지하고 있는 중국과 타이완의 중화민국 가운데 어느 쪽이 대표국 자리를 차지할 것인가에 관한 논쟁이 벌어졌다. 결국 균형을 깨고 중국에 유리한 쪽으로 기울어진 것은 아프리카 국가들이었다. 1971년 아프리카 6개국이 중국에 대한 반대를 철회하면서 중국은 중화민국을 밀어내고 유엔 이사국 자리를 획득했다. 중국 본토가 받은 지지표의 3분의 1 이상이, 중국의 이사국 선정이 확정되는 순간 "열렬한 박수 소리가 원형의 대회장을 뒤덮을 때 자리에서 일어나 머리 위로 팔을 치켜들고 펄쩍펄쩍 뛰던" 아프리카 대표들에게서 나왔다.[88] 마오쩌둥은 중국을 인정하는 아프리카 국가들을 위해 원조 방안을 마련했다. 하지만 유격대 투쟁에 대한 그의 열정은 언제나 국가의 이해관계에 따라 좌우되었다. 만약 어떤 정권이 외교적으로 중국공산당 정권을 인정하지 않는다면, 중국은 그 정권에 대항하는 변방의 게릴라 반군들을 지원할 것이고, 만약 중국이 보기에 곧 중국을 인정할 것 같으면(예를 들어 1965년의 카메룬 정권처럼) 반정부 게릴라들에 대한 지원이 점차 사라지게 될 것이기 때문이다.[89] 아프리카 지도자들은 똑같은 유희를 즐겼다. 어디를 지지하느냐를 가지고 중국과 중화민국에게 똑같은 게임을 했기 때문이다. 중국과 중화민국은 행여 자신들에 대한 지지가 철회될 것을 걱정하여 지속적으로 인정받기 위해 충분한 원조를 제공하지 않을 수 없었다.[90]

1962년 3월 어느 날 저녁, 베이징의 화평반점和平飯店, 평화 호텔에서 소동이 벌어졌다. 알리라는 이름의 잔지바르 유학생이 호텔 매점에서 담배를 사려다가 판매를 거절하는(또는 알리가 원하는 수량만큼 팔지 않겠다고 했을 수도 있다) 점원과 말다툼이 붙었다. 그러자 호텔 직원 여러 명이 모여들어 알리를 호텔 밖으로 끌어내 무자비하게 구타했을 뿐만 아니라 이를 말리던 잔지바르 출신의 '라디오 베이징' 진행자였던 여성마저 손잡이가 달린 타구 덮개로 내리쳤다.[91]

이 사건은 베이징의 젊은 가나 출신 의대생 존 헤비John Hevi를 격분시켰다. 그는 이 사건에 항의하기 위해 중국 내 아프리카인들과 함께 단식 투쟁을 했으며, 이후 학업을 중단하고 귀국했다. 그 후 그는 '중국과 아프리카의 우호' 원칙에 숨겨져 있는 위선을 고발하는 책을 집필했다. 1963년 출간된 『중국의 아프리카 학생An African Student in China』이라는 책에서 그는 중국에서 생활하면서 칭찬할 만한 점을 하나도 찾을 수 없었다고 말했다. 숙소는 지저분했고, 사교생활은 '분통이 터질' 정도로 따분했다.[92] 하지만 무엇보다 헤비가 중국을 반대했던 이유는 진정성의 결핍, 즉 불성실이었다. 그가 생각하기에, 중국은 해방과 인종평등에 대해 온갖 미사여구를 붙여가며 주장했지만 오히려 이를 통해 중국의 팽창주의와 최악의 식민지 인종주의를 은폐했다. 그는 이렇게 주장했다. "중국은 근본적으로 나치 독일과 비교할 수밖에 없다. 중국공산당은 나치와 마찬가지로 변경과 인접 지역을 호시탐탐 노리면서 점점 더 많은 레벤스라움(생활권)을 찾으려고 혈안이 되어 있다."[93]

치밀하게 연출되고 추적 감시되는 중국의 환대 시스템은 주로 단기 방문객들 위주로 맞춰져 있었기 때문에 수카르노처럼 예민한 이기주의자나 니에레레와 같은 지지자들에게는 매우 훌륭하게 작동되었지만 몇 년 동안 체류하는 외국인들 모두에게 같은 수준의 강도를 유지할 수는 없었다. 헤비와 같은 아프리카 학생들은 정치적 조종(어학 수업에서 "새로 떠오르는 태양처럼 중국 인민을 위해 진보의 길을 밝히는 인민공사"라는 말이 "한 잔의 물"을 배우는 것보다 우선시되었다), 식량과 소비재 부족, 성관계 기회 부족 등에 실망했다.[94] "신께서는 아프리카를 자유롭게 하기 위해 우리가 해야 할 일이 무엇인지 알고 계신다. 하지만 자국민을 그토록 예속시키는 자들의 손에서 아프리카 사람들이 과연 어떤 자유를 기대할 수 있겠는가?"[95]

마오주의가 아프리카에 전파되는 데는 언어와 문화를 비롯하여 여러 가지 장애물이 있었다. 1967년 5월, 다르에스살람의 한 미국 외교관은 "중국 공산당 대사관 정면에 걸린 현수막"에 적힌 마오쩌둥의 문구 가운데 한 글자(종이호랑이)가 잘못 번역되었다는 것을 발견했다. 원본에 나오는 종이호랑이紙虎 대신 종이표범紙豹이라는 말을 썼기 때문이다. 그 외교관의 눈매가 예리하다는 것은 분명하나 사실 이를 오역이라고 할 수는 없다. "동아프리카에는 호랑이가 없기 때문에 당연히 스와힐리어로 '호랑이'를 뜻하는 단어가 없다. 그래서 중문 아래 쓴 역문은 '제국주의와 진보를 방해하는 모든 적들은 종이표범이다'라고 쓴 것이다.[96] 1972년 시에라리온 수도 프리타운의 중국대사관이 주최한 리셉션에서 진지해야 할 연설 시간에 아프리카 청중들이 연신 웃음을 터뜨리더니 서둘러 퇴장하는 일이 벌어졌다.[97] 아프리카 주재 중국대사관에서 주최하는 영화 상영회는 일반적으로 그다지 환영받지 못했다. 주된 이유는 주류가 제공되지 않았기 때문이다(이와 달리 미국대사관은 훨씬 좋은 주류와 다과를 제공하고 주로 오락영화를 상영하는 데 신경을 썼다).[98] 냉전으로 인한 신경전에 시달리던 서방 매체는 아프리카에서 중국의 영향력을 과대 포장하는 데 열을 올렸다. 「이코노미스트」는 중국 공연단의 순회공연을 보도하면서 "잡기雜技(서커스) 연희자들의 목적은 무엇인가"라고 의문을 제기했다.

1965년 중국이 탄자니아와 잠비아를 잇는 철도를 건설한다고 발표하자 미국 신문매체는 경악했다. 「월스트리트 저널」은 "아프리카로 향하는 홍위병Red Guard Line Chugging into Africa"이라는 표제하에 "그렇지 않아도 혼란스럽고 불안정한 아프리카에 수백, 수천 명의 홍위병이 물밀듯이 들어올 것이라는 전망은 지금의 서방 국가들에게 소름 끼치는 일이다"라고 썼다.[99] 「선데이 텔레그래프」는 영문 대문자로 쓴 표제어에서 자신들이 느끼는 공포를 그대로 표현했다. "중국인이 탄자니아를 군사 무장의 센터로 사용한다CHINESE USE TANZANIA AS ARMS CENTRE."[100] 나이로비를 비롯하여 여러 아프리카 도시에 주재하는 영국대사관은 아프리카에서 중국의 활동에 대한 우려를 담은 보고서를 작성했다. 보고서에는 이런 내용이 담겨 있었다. 수단에는 중국인이 거의 없는데 수도인 하르툼Khartoum 주재 중국대사관 직원들은 왜 그렇게 "눈에 띄게" 대외 활동에 분주할까? 수단으로 휴가를 떠났다는 우간다 사람 모하메드 마긴 바갈알리우Mohammed Magin Bagalalliwo는 왜 모스크바의 베이징 호텔에 묵게 되었을까? "중국으로 가는 길이 아닐까?"[101] 외교관들은 "중국과 어떤 나라의 '관계'"라는 말을 써야 적절함에도 불구하고 굳이 "시에라리온의 '침투'infiltration of Sierra Leone"와 같은 말을 고집했다.[102] 1964년 중국은 잔지바르 혁명을 직접 지원했다는 비난을 받았다. 하지만 이후 밝혀진 바에 따르면, 혁명군을 지원한 것으로 알려진 '중국공산당 부대'는 수십 년 동안 현지에서 일해 온 중국계 해삼 채취업자인 것으로 판명되었다.[103]

줄리어스 니에레레는 영국과 미국으로부터 중국에 대해 노예처럼 충성한다는 비난을 받았다. 그는 이런 지적에 격노했다. 1965년 런던을 방문했을 때 그는 중국과의 관계에 대한 냉전 음모론에 불만을 터뜨렸다.

"탄자니아는 중국 기술자 7명을 초청하여 새롭게 재편한 군대의 병사들에게 중국이 제공한 무기 사용법을 훈련시켰다. …… 중국은 우리에게 100만 파운드의 자금을 원조했으며, 총 천만 파운드 이상의 차관을 제공했다."[104] 니에레레는 중국에서 원조를 받았다는 사실을 솔직하게 인정한 후 다시 이렇게 덧붙였다. "하지만 탄자니아에 있는 중국인은 246명이고, 오히려 영국인이 16,000명으로 더 많다."[105] 7명에 불과한 중국인 교관에 대한 서방의 외교적 공황 상태가 이처럼 크기 때문에 마치 "7만 명을 고용한 것처럼 생각한다"는 뜻이었다. 그는 이렇게 말하기도 했다. "실제 상황을 말하자면, 탄자니아 정부와 기업, 학교 등은 모두 서구화되어 있다."[106] 니에레레는 독립한 탕가니카의 대통령이 된 그다음 해 셰익스피어 희곡 중에서 『줄리어스 시저』를 스와힐리어로 번역해서 출간했고, 1969년에는 『베니스의 상인』을 번역 출간했다.

아프리카의 중국인 노동자들은 검소한 노동 윤리로 깊은 인상을 남겼지만, 정치적 편제로 인해 현지인들과 쉽게 어울리지 못했다. 잔지바르의 한 공무원은 중국인들이 "항상 무리를 지어 돌아다녔다. 혼자 있는 중국인은 거의 찾아볼 수 없었다. …… 그들은 현지인과 왕래하지 않았기 때문에 우리들도 그다지 신경 쓰지 않았다. …… 나는 위대한 마오 주석에 대한 이야기나 그가 썼다는 책(『마오주석 어록』)에 대해 들어본 적이 있지만 실제로 읽은 적은 없다. 당시 중국에 대한 나의 이미지는 품질이 좋지 않은 상품을 우리에게 보내는 나라였다."[107] 1967년 탄자니아의 한 중국인 농업 기술자가 벌에 심하게 쏘였다. 하지만 그의 동지들은 중국인이 아닌 의사에게 치료를 받는 것을 허락하지 않았다. 어렵게 화인 의사를 찾았으나 환자는 이미 사망한 후였다.[108] 1970년대 초 잠비아 주재 중국대사관의 외교관이 통역과 함께 중국의 건설 현장을 방문하던 중 교통사고로 사망했다. 이들의 시신 처리는 심각한 정치적 문제를 야기했다. 중국 철도 노동자들은 주변 사람들에게 문의한 결과 루사카에 있는 유일한 화장터가 인도 사람이 운영하는 곳이라는 사실을 알게 되었다. "우리는 반동적인 인도 세력(중국은 1960년대 초 인도와 국경 전쟁을 벌였다)에 대한 우리의 저항을 보여주기 위해 자체적으로 유해를 화장했다."(군영에서 시신에 휘발유를 뿌려 화장했다.)[109] 중국인들은 때로 다른 구호 활동가들에게 적대적이었다. 탄자니아와 잠비아를 잇는 철도를 건설할 당시 철도와 평행으로 도로를 건설하던 미국인들의 진입을 거부하고, 5시간이나 그들을 포위한 상태에서 구호를 외치고 날카로운 쇠막대기를 휘둘렀다.[110] 중국의 정치교육도 사람들을 멀어지게 한 원인 가운데 하나였다. 코트디부아르의 후푸에-부아니Houphouet-Boigny 대통령은 중국의 야망에 대해 나름 의구심을 품고 있었다. "중국 난징에서 교관들은 아프리카 사람들에게 중국의 위협을 막고자 하는 이들을 암살하는 방법을 가르치며, 중국을 위해 아프리카의 대문을 열어줄 노예처럼 굽실거리는 이들로 대체하려고 하고 있다. …… 인구가 과잉이고 곧 10억에 달하는 이들을 먹여 살려야 하는 중국이 단지 3억 명이 살고 있는 거대한 대륙을 부러워하고 있다는 사실을 깨닫지 못한다면, 우리는 장님일 따름이다. 우리가 조심하지 않는다면 곧 중국인의 밥상에 올라가는 스프가 되고 말 것이다."[111] 다르에스살람의 한 분노한 주민은 중국 의사들이 "아픈 사람들에게 주사를 놓아주고는" 언제나 "작은 붉은 책(『마오주석 어록』)을 건네준다"고 불평을 터뜨렸다.[112] (긍정적인 면이 없는 건 아니다. 중국이 투자하는 건설 현장의 현지 노동자들은 나무 아래에서 『마오주석 어록』을 읽는 척하면서 휴식을 취하는 방법을 터득했다.)

문화대혁명 기간 동안 중국의 대외 선전이 급격히 강화되었다. 1967년 3월, 중국 신화사에서 발행한 것으로 보이는 소책자의 일부 내용이 케냐 신문에 게재되었는데, "새로운 외교관들이 위대한 무산계급 문화혁명을 아프리카로 가져왔다"는 도발적인 제목이 붙었다. 당시 중국은 아프리카 주재 외교관 가운데 한 명을 제외하고 모두 중국으로 소환한 상태였다. 신문 내용에 따르면, 그들은 장차 "새로운 혁명 외교관" 신분으로 "아프리카 주재 중국 대사관으로 복귀할 것이며", "아프리카 혁명을 정화하기 위해 전투적인 현지 홍위병 부대를 조직할 준비를 하게 될 것이다."[113] 중국 관리들은 아프리카-아시아 연대 회의에 참석한 아프리카 참가자들에게 이념적 지지를 요구하는 바람에 그들을 성가시게 만들었다. 당시 회의에 참석한 케냐 대표는 이렇게 불만을 털어놓았다. "샌드위치를 먹을 때도 소련의 입장에 대해 어떻게 생각하느냐 묻고, 차를 마실 때도 중국의 입장에 대한 의견을 물었다. 나는 그저 편안하게 음식을 먹고 싶었을 따름이다."[114] 1967년 다르에스살람에서 열린 중국대사관 초청 리셉션에서 한 중국 외교관은 탄자니아 사람에게 마오쩌둥에 대한 의견을 물었다. "니에레레가 탄자니아 국민의 위대한 지도자인 것처럼 마오쩌둥도 중국 국민의 위대한 지도자입니다." 이 말을 들은 중국 외교관은 즉시 정정해줄 것을 제안했다. "니에레레는 탄자니아의 지도자이지만 마오 주석은 전 세계의 영도자이니 오해가 있어서는 안 됩니다."[115]

그러나 동아프리카는 정치적 혼란이 이미 깊숙이 자리 잡고 있었기 때문에 중국이 바라는 대로 정치적 유일신 숭배는 성공하기 어려웠다. 이는 이사Issa의 예를 들어보면 알 수 있다. 그는 잔지바르의 혁명가이자 바부의 추종자였으나 동시에 자이브(1950년대에 유행한 강한 비트의 빠른 춤곡)를 무척 좋아했고, 마오주의를 따랐으나 또한 바지폭이 좁은 이탈리아 양복을 입는 것을 즐겼다. 앞서 말한 바대로 그는 아프리카 유학생들이 중국에서 제대로 대우받지 못한 것에 대해 불만이었다. 그러나 그는 의심의 여지 없이 강철과 같은 마오주의의 의지를 견지했다. 1964년 잔지바르 혁명을 회상하며(혁명 당시 누군가 섬, 잔지바르에 있는 교도소를 개방하여 일반 범죄자들에게까지 총기를 나누어주었다) 그는 이렇게 말했다. "수천 명이 사망했는데 대부분 아랍인이었다. 얼마나 많은 희생인가, 라고 말할 수 없다. 혁명은 다과회가 아니다. …… (마오쩌둥이 말한 것처럼) 인명 희생은 정당하다. …… 맞다. 나 역시 똑같이 했을 것이다."[116]

하지만 이사는 마오쩌둥식 공산주의자의 자기희생적이고 절제된 모델과 전혀 어울리지 않았다. 13세에 그는 몰래 코코넛 와인을 마셨으며, 밤에 기숙학교를 벗어나 "가능한 한 많은 여자들과 사귀려고 애썼고…… 춤추고 여자를 유혹하는 것이 가장 큰 취미였다." 그는 중학교를 다니다 중도에 그만두었는데, 당시 교장 선생에게 이렇게 말했다고 한다. "저는 일하고 싶어요. 그래야 술도 마시고 여자들과 어울릴 수 있지요."[117] 괴짜였던 이사는 정치적 동지이자 친구인 바부를 자주 실망시켰다. 한번은 그와 바부가 만나기로 약속했는데, 어떤 여자가 자신의 집에서 술을 마시며 즐기자고 하자 바부를 바람맞혔고, 1951년에는 바부와 두 달 후에 런던에서 만나기로 약속하고는 2년 후에야 영국에 도착했다. 그 사이에 그는 남아프리카 매춘부와 결혼하여 그녀를 임신시켰으나 이후 편지로 이혼을 통보했다. 지르박(1940년대에 유행하던 빠른 춤)을 배우느라 정신이 없었으며, 프랭크 시나트라의 성대모사를 즐겼고, 미군에 입대하여 한국전쟁에 참전할 뻔했다.

이사가 첫 번째 부인과 사이에서 낳은 네 자녀의 이름은 라이사(볼쇼이 발레리나의 이름에서 땄다), 피델라(카스트로의 이름), 마오투시Maotushi(마오 주석의 이름에서 땄다), 그리고 스탈린이었다. 그의 아내가 중국에서 스와힐리어를 가르치는 동안 그는 다른 여자들과 바람을 피웠고, 심지어 우간다와 수단을 오가는 비행기 안에서 두 명의 영국 여자와 불륜을 저질렀다.[118] 1960년대 카루메 대통령의 잔지바르 독재 정권에서 장관이 된 그는 탄자니아 젊은이들의 "날로 쇠미해지는 존경심"을 치료하기 위해 시골 수용소로 보내 굶주림에 허덕이도록 만들었다(이사에 따르면, 그 아이디어는 "중국인들로부터 왔다"). 하지만 그는 평소 마리화나를 피우고, 런던의 파티 걸(파티에서 접대하는 여자)과 사귀기 위해 본처와 네 자녀를 버렸다. 그는 파티 걸과 사이에 네 명의 자녀를 두었지만 나중에 그녀를 레포드에 있는 임대 주택으로 내팽개쳤다.[119] 이와 동시에 그는 장관으로 있으면서 동료의 아내가 마음에 들면 그녀와 사통하기 위해 그녀의 남편을 투옥시키기도 했다. 1980년대 잔지바르는 경제 여건이 악화되면서 고통을 겪었다. 하지만 이사는 이탈리아 금융가를 설득하여 잔지바르 최초의 해변 리조트 겸 호텔을 개장했다. 한 방문객은 그가 "어리둥절한 이탈리아 직원들 앞에서 스페인어, 러시아어, 중국어를 섞어가며 혁명가를 부르는 모습"을 목격하기도 했다.[120]

1971년 12월 17일, 난징-상하이 군구軍區의 참모장 마파셴馬法賢은 8일 전에 잠비아로 가서 극비리에 2년 동안 잠비아 군대를 훈련시키는 새로운 임무를 통보받았다. 그의 사령관은 그에게 단호하게 말했다.

"이는 세계 혁명에 이바지할 임무이자 마오 주석의 혁명적 외교를 구체적으로 적용하는 일이다. 우리는 힘들지만 영광스러운 임무를 수행하도록 귀관을 파견하면서 보다 겸손하고 신중하며, 내부 단결을 강화하고, 모든 어려움을 극복하여 부여된 임무를 완수하기를 기대한다."

마파셴에 따르면, 상관은 그에게 "귀관의 관점을 최대한 발표하라"는 다소 납득하기 어려운 요청을 했다.[121] 이에 마파셴은 마오쩌둥의 세계 혁명을 이끈 군부 요원으로는 이례적으로 자신의 삶을 기록에 남기기로 결심했다. 은퇴하고 오랜 세월이 흐른 뒤 그는 중국 최고의 냉전시대 역사학자인 리단후이李丹慧에게 자신의 아프리카 임무와 관련된 이야기를 들려주었다. 그의 이야기 속에는 마오쩌둥의 세계 혁명을 현장에서 실천한 군인의 동기와 임무의 성패가 담겨 있다.

존 쿨리는 중국의 아프리카 공세를 중앙 '통제 작전'이라고 말했다. 이는 대륙 전체를 세뇌시키는 동원된 혁명적 기계인機械人(로봇 같은 사람)에 의해 조직된 엄밀한 작전이라는 것을 암시한다.[122] 그러나 현실은 달랐다. 물론 마파셴은 의심의 여지 없이 유능하고 헌신적인 군인이었다. 아프리카 문제에 대한 배경 지식이나 현지 언어 능력이 전혀 없던 그는 정치·경제적으로 불안정한 잠비아로 건너가 처음으로 군사학교를 조직하고 교육과정을 새롭게 수립해야만 했다. 그는 엄청난 스트레스와 위험을 겪었다. 잠비아 정부는 당시 프로젝트를 일급 기밀로 간주했기 때문에 훈련은 인적이 드문 외딴 산악, 밀림지대에서 진행되었다. 교관과 학생들은 천막에서 생활하며 모닥불을 피워 음식을 조리했다. 음용수 배급도 여의치 않았기 때문에 마파셴은 "우리는 매일 발도 씻을 수 없었어요"[123]라고 말할 정도였다. 당시 중국에서 파견된 이들은 그릇, 젓가락, 가위 등 모든 물건을 자신들이 직접 가져와야만 했다. 30여 년이 지나 자신의 이야기를 들려주면서 마파셴은 여전히 기율에 복종하는 공산당 전사의 모습을 잃지 않았다. "우리의 위대한 이상은 인류 해방이었습니다. 우리는 무산계급 국제주의 임무를 집행하기 위해 잠비아에 갔지요. 마오 주석의 혁명 외교 노선에 따라 우리는 잠비아 군대와 단결하여 우의를 발전시키며…… 제국주의와 식민주의의 멸망을 가속화하고자 노력했습니다. 우리의 구체적인 임무는…… 마오 주석의 군사사상을 적극 선전하는 것이었습니다."[124]

마파셴의 훈련 과정은 마오쩌둥의 군사 전략과 '인민전쟁' 개념을 토대로 진지하게 진행되었다. 훈련 과정 안에 매 20일마다 5일간씩 "중국공산당과 군대, 국가의 잠비아에 대한 영향력을 확대하기 위하여" 마오주의 정치교육이 포함되었다.[125] 이렇게 '우호 증진'에 힘썼기 때문에 그의 학생 중에는 군인뿐 아니라 국방부 장관과 쿤다 대통령의 아들도 포함되어 있었다.[126]

하지만 실제로 그들이 맡은 임무를 수행하기에 인사人事적으로 불완전한 부분이 적지 않았다. 이번 임무를 수행하기 위해 선발된 이들은 군사 전문가(교관) 11명, 통역사 5명, 요리사 1명 등 이질적인 집단이었으며, 게다가 이전까지 서로 전혀 모르는 사이였다. 교관 가운데 한 명은 처음부터 골칫거리였다. 그는 가족 문제로 우울해했는데, 전혀 예측할 수 없는 미래를 위해 11,000km나 떨어진 먼 타향으로 파견된 것에 대해 가족들이 불만을 토로했기 때문이었다.[127] 베이징에서 출발한 선발대가 처음 잠비아 사람들을 만났을 때 양측은 그저 미소를 띠고 바라만 볼 수밖에 없었다. 아직 통역관들이 도착하지 않았기 때문이다. 언어 문제는 이후 "마오 주석의 군사 이념을 통해 세계 혁명을 지원한다"는 중국 교관들의 임무에도 큰 장애물이 되었다. 마파셴이 처음 임명장을 받았을 때는 잠비아에 대해 거의 아는 것이 없었다. 이후 며칠 동안 그가 얻은 유일한 정보는 잠비아를 마르크스주의적 정치에 초점을 맞춰 분석한 정보부의 2시간짜리 브리핑뿐이었다. 다행히 브리핑이 끝나고 질문과 답변 시간에 "잠비아의 날씨는 어떤가?" "잠비아 사람들은 주로 무엇을 먹나?" "중국 교관들이 개별적으로 치약, 차, 속옷 등을 가져가야 하는가?" 등 좀 더 실질적인 질문을 통해 약간의 사전 지식을 얻을 수 있었다.[128]

군사 임무의 기밀성을 고려한다면 마파셴 일행의 출국과 여정은 철저하게 보안을 유지해야만 했다. 하지만 흥미롭게도 수박 겉핥기처럼 대충 넘어가고 말았다. 베이징 공항에는 여러 명의 가족들이 배웅하러 나왔고, 비행기를 갈아타기 위해 상하이에서 5시간 체류할 때도 15명 정도의 친척들이 배웅하기 위해 나왔다. 또 한 번 비행기를 갈아타기 위해 파키스탄의 카라치에 도착했을 때는 공항 내에서 무엇을 해야 하는지, 어디에서 하룻밤을 보내야 하는지도 몰랐다. 아무도 그들에게 지침을 주지 않았기 때문이다. 결국 그들은 대합실에서 기다리며 상황을 지켜보기로 했다. 다행히 중국대사관 직원이 나왔는데, 그들에게 베이징에서 막 도착했느냐고 무심하게 물었다. 전혀 경계하거나 보안을 유지하려는 태도가 아니었다.[129]

잠비아의 수도 루사카(밀림 속에 있는 신병 훈련소에서 군사훈련을 지도할 때를 제외하고 그들이 거주했던 곳)에 도착한 후 그들은 더욱 경계심을 갖고 생활했다. 실제로 보안 조치로 인해 그들이 잠비아 사람들과 어울릴 수 있는 기회는 거의 없었다. 마파셴과 그의 동료들은 가까운 이웃을 포함하여 현지인들과 무단으로 접촉할 수 없었고, 루사카에 있는 집에서 반경 200미터가 넘는 지역까지 나갈 수 없으며, 밤에는 외출할 수 없었다. 루사카에 머물 때는 야간에 돌아가며 불침번을 맡아 서로 감시했다. "우리의 행동은 극도의 비밀을 유지해야만 했기 때문에 모든 이들이 항상 성냥을 들고 다니며 필요할 때마다 개인 서류나 소지품을 태워야 했습니다."[130] 마파셴은 이렇게 회상했다.

마파셴은 잠비아의 안일한 손님맞이에 실망을 금할 수 없었다. 훈련소에서 교관들을 위한 환영회를 거행할 때도 잠비아 사람들은 차나 담배, 음식 등을 준비하지 않았다. 오히려 그들은 기대에 찬 표정으로 중국인들의 주방으로 불쑥 들어갔다. "우리는 아무것도 준비하지 않았어요!" 이미 36년이란 세월이 흘렀지만 이렇게 말하는 마파셴의 얼굴에는 실망과 경악의 심정이 역력하게 드러났다. 잠비아 사람들은 중국인의 가장 기본적인 환대의 법칙을 어긴 셈이다. "우리는 손님이고 그들은 주인이잖아요." 하지만 마파셴은 이를 악물고 그저 자신들에게 다짐하듯이 되뇔 수밖에 없었다. "이건 모두 우의를 위한 것이야. …… 하지만 그들은 우리를 속이고 있어!"[131]

마파셴은 잠비아에 머무는 동안 똑같은 경험이 반복되고 있다는 것을 느꼈다. 잠비아 사람들은 중국인이 특별한 날에만 마시는 탄산음료를 마구 마셔대고, 초청하지 않았는데도 식사 시간에 찾아와 함께 먹었다. 또한 염치없이 그들에게 햇빛을 가리는 모자를 달라고 떼를 쓰기도 했다(중국인들은 그런 식으로 행동하지 않았기 때문에 그에겐 상당한 문화충격이었다. "그들은 철없는 아이들 같았다." 그는 이렇게 말한다).[132] 마파셴 일행은 잠비아 사람들을 능숙하게 조종하기는커녕 오히려 그들의 주인 노릇으로 인해 곤경에 빠지는 일이 허다했다. 예를 들어 이런 일도 있었다. 중국인 교관들은 훈련소에 도착하여 가지고 온 천막과 도구로 거주 공간을 만들었다. 그리고 이어서 수업 중에 앉을 수 있도록 나무를 구해와 아담한 의자를 만들었다. 그러나 잠비아 사람들은 마음에 드는 것이 있으면 무엇이든 달라고 하는 버릇이 있기 때문에 의자를 보자마자 자신들에게 달라고 했다. 결국 중국 교관은 "우의를 위해" 의자를 그들에게 주고 자신들은 수업 시간 내내 서 있을 수밖에 없었다.[133]

탄자니아와 잠비아를 잇는 철도에서 기술자로 일하는 마파셴의 동료는 아프리카 노동자들이 월급을 춤과 술에 모두 탕진하는 것을 보고 이해가 되지 않았다.[134] 마파셴 역시 학생들의 의지 부족에 실망했다. 교육이 시작되고 3주 동안은 모든 학생들이 열의를 보였지만 곧 흥미를 잃고 말았다. 학생들은 3개월의 교육기간이 너무 길다고 하면서 집으로 돌아갈 생각만 했다. "학생들은 칭찬받는 것은 좋아했지만 비판에는 그다지 관심이 없었다." 그들은 장비를 관리하지도 않았고, 배운 것을 복습하지도 않았다. 교육이 시작되고 몇 주 만에 일부는 수업에 늦게 들어오거나 아예 결석했다.[135] 마파셴은 자신이 잠비아 건설 현장의 중국인 감독관에게 들은 이야기를 해주었다. 하루는 중국인 감독관이 일하는 시간에 나무 아래에서 낮잠을 자고 있는 현지 노동자를 발견했다. 감독관이 이를 추궁하자 그 노동자가 전혀 당황하는 기색 없이 이렇게 말했다. "신이 쉬라고 하였어요."[136]

그럼에도 불구하고 마파셴과 그의 사명은 마오주의가 현지에 뿌리를 내리는 데 나름의 결실을 맺었다. 그의 제자 가운데 한 명은 이렇게 말했다. "이전에는 지도자들이 마오쩌둥의 저작을 읽는 것을 허락하지 않았지만 지금은 읽을 수 있습니다. …… 우리 군대의 장비가 모두 중국산이기 때문에 우리는…… 마오쩌둥의 작품을 공부해야 합니다."[137] 마파셴은 학생들이 군사 실무보다 마오쩌둥의 정치, 군사이론에 훨씬 더 관심이 많다는 것에 주목했으며, 그들이 배운 이론을 잠비아의 상황에 재빨리 응용하는 것을 보며 내심 매우 놀랐다.[138] 학생들은 마오주의 내용으로 가득 찬 영화 관람을 즐겼는데, 주로 첨단 무기보다 인민의 힘이 더 중요하다는 메시지를 담고 있었다. 영화가 끝나면 학생들은 박수와 환호 속에서 자리를 지키며 다시 상영해줄 것을 요구했다. 학생들 중에 누군가는 "세계에서 가장 좋은 영화이다"라고 하면서 한 걸음 더 나아가 중국 군대가 세계에서 최고라고 추켜세웠다.[139]

중국에서 온 위문단도 큰 성공을 거두었다. 한번은 중국 마술사가 위문공연차 잠비아에 왔는데, 많은 관중들의 격찬을 받았으나 뜻밖에도 역효과도 있었다. 어느 화창한 봄날, 잠비아 주재 중국대사관에 잠비아 사람이 한 명 찾아왔다. 그는 마술사가 아무것도 없는 빈 공간에서 물고기나 꽃, 오리, 과자 등을 만들어내는 것을 보고 감탄을 금하지 못했다. 그래서 그는 마술사에게 자신이 원하는 일, 즉 아들을 만들어달라고 요청하기 위해 대사관을 찾았다. 외교관들은 마술사가 보여준 것은 모두 속임수라고 설명했지만 그는 믿지 않고 끝까지 자리를 뜨지 않았다. 난처한 입장에 처한 대사관 측은 결국 잠비아 외무부에 연락하여 그를 데려가 달라고 요청하는 수밖에 없었다.[140]

아프리카에서 마오쩌둥의 모험으로 인해 중국은 대가를 치러야만 했다. 마파셴의 회고록에서 볼 수 있다시피, 아프리카 여러 나라들은 원조국에서 최대한의 가치를 끌어내는 데 능숙했다. 중국과 소련, 중국과 타이완의 경쟁은 일부 사람들이 그들을 저울질하도록 만들었다. 따라서 개발도상국이나 고군분투하는 게릴라들이 마오쩌둥에 대해 공개적으로 존경심을 표명하는 것을 액면 그대로 받아들이면 안 된다.

마치 순례자들처럼 중국을 방문하여 마오쩌둥이 세계 혁명의 지도자라고 찬사를 늘어놓는 이들에겐 숨은 동기가 있었다. 1965년 팔레스타인해방기구PLO 대표단은 마오쩌둥 주석을 만나 이렇게 말했다. "우리는 당신의 군사 저작물에 고무받고 영감을 얻었습니다. …… 당신의 수영은 양쯔강만큼이나 영광스럽습니다. 당신은 아시아, 아프리카, 라틴아메리카에서 위대한 해방과 자유의 상징입니다." 이처럼 찬사의 발언을 10여 분 동안 지속하던 그가 드디어 핵심적인 이야기로 넘어갔다. "우리가 이번에 방문한 목적은 지원을 요청하기 위함입니다."[141] 물론 팔레스타인 사람들은 이후 자신들의 목적을 달성했다. 1970년대 PLO 지도부는 이렇게 자랑했다. "중국은 우리가 요구하기만 하면 모두 준다."[142]

마오쩌둥이 살아 있을 당시 중국이 아프리카에 많은 원조를 했다는 것은 분명 사실이나 그 수치를 정확하게 산출하기는 어렵다. 다만 분명한 것은 부실 대출이 너무 많았고 예산을 초과한 특별 지원이 지나치게 많았으며 임무가 종료된 후에도 여전히 아프리카에 남아 있는 기술자나 고문단이 너무 많았다는 점이다. 예를 들어 1972년까지 탄자니아와 잠비아를 잇는 철도 건설에 중국이 투자한 비용은 당초 예상보다 2배나 증가했다.[143] 1970년대 중국에 거주했던 한 영국인은 당시 국내 철도가 부족하여 운행이 줄어들자 이에 대해 정부가 내놓은 공식적인 설명을 기억했다. "열차는 탄자니아와 잠비아로 갔다."[144]

중국이 아프리카 혁명을 위해 지불한 대가는 단지 물품이나 현금만이 아니었다. 마오쩌둥 시대에 145명의 중국인이 아프리카 대륙에서 목숨을 잃었기 때문이다.[145] 목숨을 잃은 것은 중국인만이 아니었다. 중국이 고용한 아프리카 노동자들도 공사 과정에서 적지 않게 목숨을 잃었다. 마오쩌둥은 첨단 무기보다 "기장(곡물)과 소총"이 더 중요하다고 생각했다. 또한 그는 이념적으로 동기부여된 저숙련 노동자가 공업화보다 더 효율적이라고 생각했다. 그들이 "더 많고, 더 빠르며, 더 좋고, 더 싸게" 목표를 달성하는 데 효과적이기 때문이었다. 그러나 속도 추구는 부주의와 품질 관리 미비로 이어졌다. 터널에 물이 새고, 열차가 탈선하는 등 사고가 급증했다. 1971년에만 아프리카에서 최소 1,000건의 사고가 발생하여 870명이 죽거나 다쳤고, 이듬해에는 1,806건의 사고가 발생해 1,703명이 다치고 67명이 사망했다. 중국 기술자들은 자신들이 떠나기 전에 아프리카 동료들에게 사업 관리를 맡기기 어렵다고 생각했다.[146] 실제로 시에라리온에서 진행되던 사업은 중국 전문가들이 떠나고 2년 만에 문을 닫고 말았다.[147]

'세계 혁명'과 '우의'를 위해 많은 노력을 기울인 것에 비해 원조를 받은 수혜국들은 오히려 무심하여 크게 고마움을 느끼지 않는 듯했다. 2년 반이 넘는 기간 잠비아의 학생들에게 자신들이 만든 의자도 주고 탄산음료도 마음대로 먹게 했으며 담배는 물론이고 저녁식사까지 제공했지만 막상 잠비아를 떠날 때 그들을 배웅한 이는 아무도 없었다. 게다가 오랫동안 애를 썼음에도 불구하고 잠비아가 중국의 길을 따르게 된 것도 아니었다. 1974년 쿤다 대통령은 남아프리카공화국 및 남로디지아와의 국경 문제를 무력 투쟁이 아닌 평화적인 협상을 통해 해결하기로 결정했다. 급기야 잠비아 언론에서 반중 여론이 등장하기 시작했다. 마파셴이 느끼기에 중국인 교관과 잠비아 학생들 사이에는 진정한 의미의 의견 일치나 교감이 전혀 없었다. 그는 씁쓸한 마음으로 자본주의 체제하의 인성 문제를 제시하며 이렇게 결론지었다. "그들은 그저 자신이 원하는 대로 남의 것을 빼앗을 줄만 알았지 자신의 몸에 난 털 한 가닥조차 남에게 주려고 하지 않았다."[148]

1973년 1월 외교 및 경제 협력을 위해 중국을 방문한 자이르Zaire의 악명 높은 군사 독재자 모부투가 중국을 방문했다. 마오쩌둥은 그와 대담하면서 중국이 배출한 '자유투사' 대부분이 실망스럽게도 성공하지 못했다고 솔직히 말했다. 마오쩌둥은 "루뭄바는 여기(중국)에 온 적이 없습니다"라고 말문을 열었다. 이에 모부투는 "그는 분명 여기에 온 적이 없지요"라고 동의했다. (루뭄바는 거의 1백 년 동안 콩고를 지배한 벨기에 통치가 종식된 후 최초로 민주적으로 선발된 지도자였다. 하지만 모부투는 그를 폭도들에게 넘겨 고문하고 살해하도록 시켰다. 그는 이런 사실을 전혀 상기시키지 않았다.)

"우리는 그를 비롯해 앙투안 기젠가Antoine Gizenga, 피에르 뮬레Pierre Mulele 등을 지지했지요. 하지만 당신은 아니었어요." 마오쩌둥은 지난 일을 떠올리며 웃었다. "그들에게 돈과 무기를 대주었지만 그들은 싸우는 방법을 몰랐으니 결국 당신을 이길 수 없었지요. …… 나는 그들이 일을 달성할 수 없을 것이라고 생각했어요."

모부투가 대답했다. "그들은 나와 맞섰지만 나는 결연했지요." 마오쩌둥은 모부투의 상징처럼 여겨지는 표범 가죽 모자를 가리키며 "당신이 쓴 모자가 그들을 겁먹게 했어요"라고 웃으며 말했다. 사악한 독재자 모부투는 마오쩌둥의 어설픈 농담을 일축하며 말했다. "아닙니다. 내 권위로 그들을 누른 것이지요."

모부투가 기억하는 마오쩌둥과의 대화 내용은 판이하게 다르다. 하지만 예측 불가능한 마오쩌둥의 대화 스타일과 비슷하여 그럴듯하게 들리기도 한다. 모부투에 따르면, 당시 마오쩌둥은 이렇게 말했다. "정말 당신이 모부투요? 내가 당신을 뒤집어엎기 위해 정말 많은 돈을 썼단 말이오."[149]

아프리카에서 중국의 성공 사례는 거의 없다고 말할 수 있으나 짐바브웨의 게릴라는 예외였다.

1966년 4월 28일, 짐바브웨 아프리카 민족동맹ZANU의 무장 조직인 짐바브웨 아프리카 민족해방군ZANLA 소속 7명의 무장대가 송전탑 폭파를 위해 짐바브웨 북부(옛 로디지아 남부)로 잠입했다. 하지만 큰 피해를 입히기도 전에 로디지아군에게 발각되어 헬리콥터 기총사격으로 7명 전원 몰살하고 말았다. 비록 군사적으로 실패하기는 했으나 그들은 '영웅적 희생'으로 신화화되었고, 이안 스미스Ian Smith의 백인 로디지아 정부에 대항하는 치무렝가 Chimurenga 해방 전쟁의 도화선이 되었다. 어떤 의미에서 보면, 그들은 마오쩌둥이 보낸 이들이라고 할 수 있다. 로디지아 정보국에서 시신을 확인하는 과정에서 한 병사의 수첩을 발견했으며, 그 안에 그들이 1965년 난징 군사학원에서 훈련을 받았다는 내용이 적혀 있었기 때문이다.[150] 당시 7명의 게릴라를 남부 로디지아로 투입하기로 결정한 인물은 ZANU의 지휘관 가운데 한 명인 조셉 쿠말로Joseph Khumalo이다. 그 역시 난징 군사학원을 졸업했다. 그는 나중에 당시 전략을 설명하면서 이렇게 말했다. "마오쩌둥은 '전쟁이 있는 곳에 희생이 있다. …… 싸우고 실패하고 또 싸우고 실패하면서 성공할 때까지 싸워야 한다'라고 말했다."[151]

1960년대에 최소 세 그룹의 ZANU 게릴라가 군사훈련을 위해 중국을 방문했다. 1970년 마파센과 같은 중국 교관들이 탄자니아 남부 이툼비Itumbi로 파견되어 2년간 버려진 농장과 금광 등지에서 ZANU의 훈련생들을 가르쳤고, 이후 난징의 군사학원 졸업생들이 훈련 지도를 이어받았다. 당시 교관 중에는 백인이 통치하던 남로디지아와 싸워 승리하는 데 결정적인 역할을 했던 군사 지도자 조시아 통고가라도 있었다. (그는 전술, 전략 외에도 마오쩌둥의 성의 정치학sexual politics에 따른 이중인격도 배운 것 같다. 그는 자신의 지휘하에 있는 산후 여성들의 복지에 관심을 기울이는 동시에 여성 게릴라들을 성적 노예로 부리면서 피임이나 낙태를 거부했다.)

그들은 첫 달 내내 신병들에게 마오쩌둥의 저서에 나오는 말을 인용하여 정부와 사회가 그들을 억압하는 방식을 분석하고 비판하는 '쓴소리하기speak bitterness'를 가르쳤다. 그런 다음 정찰, 파괴 및 바주카포 사용법 등을 가르치는 단계로 넘어갔다. 이러한 지구전 전략은 그리 순탄치만은 않았다. 나중에 ZANU의 보안 책임자가 된 존 마웨마John Mawema는 제일 먼저 게릴라 훈련에 참가하는 것 자체가 "일종의 모험이었다"고 회상했다.

"우리는 영화에서 게릴라들이 서로 싸우는 것을 보면서 일종의 카우보이가 되고 싶었던 것이지요. 하지만 훈련을 받으러 가면 그들은 당신에게 당의 정치적 노선과 이념, 무장투쟁의 목표 등을 가르칠 것입니다. 그러면서 자신이 생각했던 모든 것이 잘못되었다는 것을 깨닫게 됩니다. …… 9개월 동안 훈련을 받았는데, 마오쩌둥의 게릴라전에 대한 기본 가르침이 위주였습니다. 우리는 군사훈련보다 정치 교육을 더 많이 배웠어요. 왜냐하면 훈련소에 있는 20명의 중국 교관들은 출동하여 총을 쏘기에 앞서 머릿속에 성숙된 정치사상이 먼저 들어가 있어야 한다고 믿었기 때문입니다. …… 중국인들은 그런 면에서 매우 특별했어요."[152]

1968년까지만 해도 ZANU는 "권력은 총구에서 나온다"는 마오쩌둥의 말을 지나치게 문자 그대로 해석했다. ZANU와 소련의 지원을 받는 라이벌 조직인 짐바브웨 아프리카 인민동맹Zimbabwe African People's Union, 이하 ZAPU은 1966년 4월의 실수를 반복하며 잠비아에서 짐바브웨 국경을 넘어 게릴라들을 투입하여 백인 로디지아군과 실패할 수밖에 없는 파멸적인 교전을 벌였다. 1968년 한해에만 160명의 전사자가 발생했다.[153]

ZANU의 정치위원인 메이어 우림보Mayor Urimbo는 이렇게 설명했다.

"우리는 총을 들고 짐바브웨로 가서 싸우는 것이 매우 쉽다고 여겼다. 하지만 1966년 당시 상황으로 보면 매우 어려운 일이었다. 결국 그들은 실패하고 말았다. …… 우리는 항쟁에서 성공하려면 반드시 인민들을 동원해야만 한다는 사실을 깨달았다. 특히 통고가라는 중국에서 그것을 배웠다."[154]

ZANU의 핵심 멤버인 중국계 교육자인 페이 정Fay Chung, 중국명 주후이朱惠은 마오주의 군사전략이 통고가라에게 끼친 영향에 대해 이렇게 말했다.

"그는 말단 병사 시절부터 해방 투쟁에 뛰어들었다. 중국 난징 군사학원에서 군사훈련을 받았으며, 군사기술과 전략뿐만 아니라 도덕적인 면에서 중국인을 영원한 멘토로 삼았다. 그는 마오쩌둥의 사상과 실천을 통해 게릴라가 인민과 융합되어야 한다는 것을 배웠다. 그는 자신의 병사들에게 절대로 농민들을 학대해서는 안 된다고 가르쳤다. …… 적을 섬멸해야 한다는 것도 중국인에게 배웠을 것이다. 그는 문제를 해결할 때 흑백으로 분명하게 구분했다. 그래서 그는 짐바브웨 해방 투쟁에 반대하거나 배신한 사람들은 처형당해 마땅하다고 생각했으며, 사형 집행자로서 역할을 마다하지 않았다."[155]

1979년 짐바브웨가 독립하고 4개월이 지난 어느 날 그는 자신이 타고 가던 차가 트럭과 부딪쳐 사망하고 말았다. 만약 그가 죽지 않았다면 로버트 무가베Robert Mugabe*의 강력한 도전자가 될 수 있었을 것이다.

짐바브웨의 관방 매체는 마오쩌둥 사상이 ZANU가 이안 스미스의 백인 소수 민족 국가인 남로디지아에 대항할 당시 성공의 열쇠였다고 찬사를 보냈다. "유격대는 물고기가 물에서 헤엄치듯 인민 속에서 활동해야 한다." "배의 맛을 알고 싶다면 배를 직접 먹어봐야 한다." 등 마오쩌둥의 전략과 명언이 ZANU의 역사에 관한 기사 곳곳에 인용되었다. 정부 기관지인 「헤럴드(선구일보先驅日報)」는 "인민이 대규모로 동원되지 않았다면 해방 전쟁

---

* 짐바브웨의 제2대 대통령이자 독재자. 독립운동가이면서 초대 총리(1980~1987)이기도 했다.

을 수행하기 어려웠을 것이다. 인민의 지지가 매우 중요하기 때문이다"라고 썼다.[156] 중국의 훈련은 1979년 평화회담 전날까지 계속되었다.[157] 마오주의 전략은 ZANU의 게릴라들에게 대담한 가능성과 짐바브웨 대중들과 연계하는 기술을 제시했다. ZANU 게릴라 사령관 렉스 농고Rex Nhongo는 "소련에 있을 때 교관들은 전쟁의 결정적인 요소가 무기라고 가르쳤지만 내가 이툼비에서 중국 교관들에게 배울 때 그들은 나에게 결정적인 요소가 인민이라고 가르쳤다."[158]

아프리카 대륙의 마오주의자들과 마찬가지로 짐바브웨인들도 정치적 잡식주의자였다. 모든 게릴라들이 각기 가명을 사용했는데, 누구는 영웅처럼 들리는 제카니카*Jekanyika(활동 영역이 전국에 걸쳐 있었다), 교활한 느낌을 주는 1시 무혼도**One o'clock Muhondo(주로 상대가 점심 식사를 할 때 기습했다)라고 불렀다. 뜻밖에도 마거릿 대처(강인하고 결연한 의지를 지닌 여성 게릴라)라는 가명을 사용하기도 했으며, 마오쩌둥이나 저우언라이를 가명으로 사용하는 이들도 적지 않았다.[159]

짐바브웨의 한 마오주의자는 가명이 제임스 본드라는 지휘관 휘하에서 정치위원을 맡았다. 지휘관과 정치위원 두 사람은 1974년 피살되었는데, 동료들은 "그들이 환상적인 팀이었다"고 회상했다.[160] 그들은 또한 영매술도 자유롭게 사용했는데, 대원들 앞에 뱀이 지나가면 길을 돌아서 가라고 했으며, 특정한 음식을 먹지 말 것을 조언하기도 했다. 이처럼 게릴라들은 취향도 다르고 성격도 달랐지만 ZANU의 교과 과정에 따라 마오쩌둥 사상을 배웠다는 점에서 같았다. 마오쩌둥의 행동 강령과 가르침을 담은 노래의 마지막 구절은 다음과 같았다.

"지혜의 말씀 / 혁명의 현자 마오쩌둥이 우리에게 주셨네 / 해방은 '총구'에서 나오리니 / 오로지 총이 답이다."[161]

---

* 짐바브웨 언어인 쇼나어로 '측지학'이란 뜻.

** 쇼나어로 '전투, 전쟁 베테랑'이란 뜻.

통고가라의 마오주의적 접근 방식은 1970년대에 ZANU의 앞길을 변화
시켰다. 마오쩌둥의 대중 동원 및 정치 교육 전략에 따라 ZANU는 농촌의
흑인 다수에게 백인 통치에 대한 불만을 교육하고 투쟁의 필요성을 설득했
으며 로디지아 남부의 외딴 지역에 정치 및 보급망을 구축했다.[162] 1948년
이후 마오주의가 득세한 말레이 비상사태 때 영국군이 그랬던 것처럼, 로디
지아의 정부군은 '보호 마을protected villages'을 만들어 게릴라(물고기)에게 '거점
(물)'을 빼앗는 방식으로 대응했다.[163] '보호 마을'은 열악한 위생과 질병, 그
리고 관리인들의 학대가 만연한 절망적인 곳이었다. 게다가 스미스 정부는
아프리카 흑인의 민주주의를 확대하며 그들의 마음을 얻는 것엔 전혀 관심
이 없었다.

ZANU의 게릴라들이 단순하지만 강도 높은 정치 교육을 받은 것과 대조
적으로, 로디지아 군대는 철저하게 비정치적이고, 딱히 이념이라고 할 만한
것이 없었다. 당시 종군기자였던 폴 무어크로프트Paul Moorcroft는 "로디지아 사
람들의 모호한 보수주의와 구멍 뚫린 인종주의"는 마오쩌둥의 저서를 '성
경'으로 여기는 ZANU의 '사명감'과 경쟁할 수 없었다고 회상했다.[164] ZANU
는 민간인에 대한 일상적인 잔혹 행위와 생화학 무기를 이용한 살상에 대처
하기 위해서라도 더욱더 마오주의식의 규율이 절실히 필요했다. 로디지아
육군의 특수부대 셀루스 스카우트Selous Scouts는 첩자를 고용하여 ZANU 게릴
라들이 입는 군복에 파라티온이라는 독극물을 칠했으며, 콘비프(소금에 절
인 쇠고기)와 잼에 탈륨을 주입하고, 담뱃갑에 독극물을 묻혔다. 독극물에
희생된 게릴라들은 동료들에게 버림받은 채 로디지아 수풀 속에서 고독과
고통 속에서 죽어갔다.[165] 하지만 이처럼 가공할 만한 방법도 항쟁의 결과를
바꾸지는 못했다. 1979년 이안 스미스 정부가 협상에 합의했을 때, ZANU
는 이미 남로디지아 농촌의 3분의 2를 차지한 상태였다. 이른바 농촌으로
도시를 포위한다는 마오주의 전략에 성공한 셈이다. 1980년 선거에서 로버
트 무가베가 집권하게 된 것도 농촌 지역의 득표수가 많았기 때문이다. 그는

2017년까지 집권했다. 그의 후임자인 에머슨 음낭가과Emmerson Mnangagwa 역시 1960년대 중국에서 훈련을 받았으며, 2017년 말 무가베를 축출한 후 시진핑 주석으로부터 '중국 인민의 오랜 친구'라는 찬사를 받았다.

로버트 무가베 치하의 짐바브웨 정치 · 경제 · 사회적 공포에 대해 몇 가지 해석이 가능하다. 우선 남로디지아의 식민지 역사가 남긴 불평등과 인종차별은 지울 수 없는 흔적을 남겼다. 당시 백인들은 흑인들을 '호우티houtie(목두木頭, 즉 나무로 만든 머리라는 뜻)', '산소 낭비자oxygen-wasters'라고 불렀다. 수십 년간의 남로디지아/짐바브웨 역사를 연구하는 페이 정에 따르면, "폭력을 정치적 도구로 사용하는 것이 이미 뿌리 깊게 자리 잡았다. 특히 가난한 사람들 사이에서 부유층에 대한 폭력은 불만을 표출하는 방식이었다. 전쟁 시기에도 폭력이 일상적으로 사용되었다. 식민지 정권을 지지하는 '매국노'는 구타를 당하거나 자유 투사들에 의해 처형을 당하기도 했다."[166]

로버트 무가베의 무자비한 권력에 대한 집착은 그를 몰락 당시 세계에서 가장 오래 재임한 국가 원수로 만들었고, 국가는 그 대가를 치러야만 했다. 그러나 마오주의는 짐바브웨에 도움이 되지 않았다. 1970년대까지 문혁시대의 전략이 ZANU의 정치와 군대를 지배했다. 하지만 그것은 심각한 결함이 있는 정치 모델이었다. 페루나 인도, 네팔의 경우에서 재차 확인할 수 있다시피 '고등 마오주의'는 국가를 전복시키는 데 유효한 군사전략을 제공한다. 하지만 일단 집권한 후에는 매우 문제가 많다. 통고가라 등이 1960년대에 학습한 마오주의는 ZANU에게 당과 당의 최고 지도자가 항상 옳고 당이 '인민의 적'으로 지목한 자들을 절명시킬 수 있으며, 군사적 이익이 무엇보다 중요하다는 음모로 가득 차고 전체주의적인 정치 모델을 남겨주었다.

1970년대 후반, 마오쩌둥이 사망한 후 중국 통치자들은 중국의 빈곤과 마주쳐야 했다. 이는 파멸적일 정도로 관대한 대외 원조와 관련이 깊었다. 그래서 중국은 무기를 무상으로 공급하던 이전과 달리 판매했고, 정치적으로 결정된 보조금이 아닌 상업적 차관을 제공하는 등 아프리카에 대한 접근 방식을 바꿨다. 이를 통해 중국은 1960년대와 70년대에 게릴라 반란을 조장한다는 기억을 묻어버리는 데 성공했다. 다만 짐바브웨의 경우만은 예외였다. 로버트 무가베는 1980년대 중국공산당의 떠오르는 스타였던 자오쯔양趙紫陽에게 "중국보다 ZANU를 더 많이 도와준 나라는 없다"고 고마움을 표시했다.[167] 2015년 짐바브웨를 방문한 시진핑은 중국과 짐바브웨가 공유한 역사를 거론하며 이렇게 말했다.

"중국과 짐바브웨는 수만 리 먼 거리에도 불구하고 깊고 굳건하며 전통적인 우의를 유지하고 있습니다. 짐바브웨에서 민족해방투쟁을 벌이는 동안 양국 인민은 어깨를 나란히 하고 함께 싸우면서 잊지 못할 전우의 우정을 쌓았습니다. 중국과 탄자니아의 나칭웨아 군영Nachingwea camp에서 중국 측으로부터 훈련을 받은 짐바브웨의 자유 투사들이 여전히 〈3대 규율과 8가지 주의사항〉 등과 같은 가곡을 부를 수 있다는 이야기를 듣고 매우 감동했습니다."[168]

실제로 2016년 모처에서 지난 전쟁에 참전한 노병들이 이 노래를 불렀다. 정부와 당 기관지인 「선구보」는 이렇게 보도했다. "일부 동지들은 노래를 들으며 넋을 잃은 듯했다. 아마도 이는 그것이 자신들이 살았던 시절에 하나의 격언이었던 사실을 회상했기 때문일 것이다."[169]

1960년대 마오주의의 유물인 무가베는 중국을 찬양하는 한편 짐바브웨의 모든 경제 문제를 서방의 제재 탓으로 돌렸다. 중국 정부는 하라레Harare, 짐바브웨 수도에 국가 체육관과 군사학교를 건설하여 수도의 경관을 돋보이는 건축물을 세웠다. 또한 이는 대중들을 감시하는 역할도 했다. 중국이 무가베 정권에게 제공한 군사, 정치, 그리고 심리적 지지 속에서 우리는 글로벌 마오주의의 유풍이 여전하다는 것을 살필 수 있다. (1980년부터 2017년까지 짐바브웨는 국민들의 기대 수명이 절반으로 줄어들었다.)

시진핑 주석이 중국과 짐바브웨가 공유했던 역사를 기꺼이 인정한 것은 외교 정책을 포함한 마오쩌둥 시대를 중국의 현대적 자아상으로 복원하려고 시도하는 방식 가운데 하나라는 점을 시사한다. 물론 1960년대 아프리카 국가의 반란과 중국의 연결고리를 염두에 두지 않는다면 현대 중국과 짐바브웨 관계의 긴밀함을 이해하기는 어렵다. 분명 이는 흥미로운 외교 술수이다. 오늘날 아프리카에서 중국의 존재는 1960~70년대 마오쩌둥이 ZANLA를 후원할 당시 중시했던 '혁명적 돌풍'보다는 짐바브웨의 다이아몬드 광산에 대한 막대한 지분을 포함한 안전한 경제적 수익과 정치적 안정에 초점이 맞춰져 있다. 시진핑은 1970년대가 이제 짐바브웨와 중국 간의 '전천후' 우호 관계라는 낙관적 분위기 속에 묻힐 만큼 충분히 먼 옛날이라고 생각하는 것 같다.

1976년 가을, 콩고공화국의 마리앵 응구아비Marien Ngouabi 대통령은 콩고공화국 중심부에 위치한 고향 오완도Owando의 숲에서 자신의 '라오다거老大哥, 큰형님'인 마오쩌둥을 위한 추모식을 개최했다. 당시 중국 본토와 아프리카 주재 중국 외교관들은 마오쩌둥에 대한 숭배에서 벗어나기 시작할 때였는데, 그곳에 참석하게 된 중국 외교관들은 불안감을 감추지 못했다. 문혁시대의 혼란, 특히 그 기간에 강제로 시골로 추방되어 재교육을 받아야만 했던 해외 공관원들은 마오쩌둥에 대해 애써 무관심하거나 원망하는 마음을 가지고 있었다. 그런데 "여기 아프리카의 숲에 전 지도자(마오쩌둥)에 대한 숭배가 남아 있다"는 사실이 불안하고, 심지어 혐오감이 들었다.[170] 1976년 이후로 마오쩌둥 후계자들은 중국 내에서 '고등 마오주의'의 지니를 다시 램프 속에 넣어두려고 애썼다. 그러나 페루, 인도, 네팔에서는 마오쩌둥이 사망한 이후 수십 년 동안 그의 요정이 여전히 자유롭게 떠돌고 있었다.

7장

마오쩌둥의 도미노?
베트남과 캄보디아

1964년, 미국 국방부는 미군들을 상대로 교육용 단편 영화 《붉은 중국의 전투 계획》을 공개했다. 이런 부류의 작품은 일반적으로 예리하고 세심한 분석을 그다지 중시하지 않는데, 이 영화 역시 예외가 아니었다.

해설자는 불길한 심벌즈 소리와 박자에 맞춰 침중한 목소리로 말했다. "붉은 중국의 전투 계획은 세계 혁명…… 분화分化와 포위, 정복과 노예화를 위한 청사진이다." 영상에는 중국에서 아시아, 아프리카, 유럽, 남미, 북미로 이어지는 거대한 화살표가 표시되어 있었으며, 목표에 도달한 화살표는 전 세계를 가로지르며 포효하는 거대한 용으로 바뀌었다.

"마오쩌둥의 세계 정복을 위한 청사진은 계획대로 실현되고 있다. …… 오늘날 중국공산당은 전 세계에 혁명 이념을 전파하고 있다. …… 세계를 노예화하려는 이데올로기의 중심이 되고 있다."

영화는 마오쩌둥의 야망을 전 세계적인 것으로 묘사했지만 이러한 공포는 한 지역을 집중적으로 부각시키고 있었다. 베트남이 바로 전 세계 마오주의 혁명의 전초기지이며, 베트남공산당이 1940년대 마오쩌둥의 게릴라전을 의도적으로 재현하고 있다는 것이다.[1] 영화는 베트남이 무너지면 나머지 세계도 무너질 수 있다는 것을 핵심 주제로 삼았다. 존 F. 케네디 암살 이후 1960년대 내내 미국의 베트남 전쟁 개입을 확대했던 린든 존슨은 1965년 또 다른 '홍보 영상'을 통해 "왜 베트남인가?"라는 질문을 던지며 다시 한번 이를 강조했다.

"중국 공산주의자들이 선언한 교리와 목적은 분명합니다. 모든 동남아시아의 지배…… 지구 반대편에 있는 나라가 우리의 대문이 되었습니다. 미국 가정의 자유가 존속되려면 남베트남과 같은 곳의 자유를 보호해야 합니다. …… 이는 우리의 의지에 달려 있습니다. …… 우리는 반드시 반항할 수 있는 용기를 가져야 합니다(영상에 마오쩌둥이 크게 웃는 사진이 나타난다). 대문의 수문장은 우리가 원하는 일이 아닙니다. 하지만 이러한 중차대한 임무를 맡을 다른 이들이 없습니다. 베트남이 투항한다고 해도 평화가 오는 것이 아닙니다. 왜냐하면 뮌헨(독일)에서 우리는 히틀러를 통해 상대의 목적을 달성시키는 것은 침략의 야욕을 채워주는 일이라는 교훈을 얻었기 때문입니다."[2]

이는 1960년대 '도미노 이론'에 관한 전형적인 발언이다. 1950년대부터 1970년대까지 이는 미국 정치인들에게 지극한 사랑을 받았다. 베트남의 공산화는 중국이 조장한 것이고, 베트남이 공산화되면 '연쇄반응'을 일으켜 "극동과 동남아시아 전역"으로 확대될 것이라는 주장이다.[3] 중국의 마오주의가 전 세계로 확대될 것이라는 우려와 집착은 미국 역사상 최대의 외교 또는 군사 정책의 재앙인 10년간에 걸친 베트남 개입을 낳는 데 기여했다. 베트남 주둔 미군 지원 사령부의 휘장은 칼로 중국의 만리장성을 반으로 쪼개는 모습(또는 구멍에서 나오는 군대를 막는 모습)을 형상화한 것이다. 미군 병사들은 때로 이를 팔뚝에 새겨 넣기도 했다.

특히 존슨이 마오쩌둥, 베트남과 히틀러, 뮌헨을 비교한 것을 주목할 필요가 있다. 베트남에서 행동(전쟁 개입)을 하지 않는 것을 히틀러가 제멋대로 하도록 놔둔 것과 대비시키고 있다. 이는 1960년대 미국의 정치적 정설이었다. 1960년대 국무장관을 역임한 딘 러스크는 중국의 야망을 과소평가하는 것은 '수많은 이들이 히틀러의 야망을 오판했던' 역사를 되풀이하는 것이라고 말했다.[4] 당시 미국 지도층은 린뱌오가 전 세계에 마오주의자들의 혁명을 추진하면서 발표한 「인민전쟁승리만세人民戰爭勝利萬歲」*가 바로 "마오주의자들의 『나의 투쟁*Mein Kampf*』이며, 중국이 취약한 식민지 국가와 신생 독립 국가의 기반을 악화시키겠다는 뜻과 다를 바 없다"고 생각했다. 로버트 맥

---

* 　1965년 9월 3일 항일전쟁 승리 20주년을 기념하면서 린뱌오가 발표한 장편 문장이다.

나마라Robert McNamara 국방장관은 "나를 포함한 존슨 행정부 사람들은 이 연설을 호전적이고 공격적인 것으로 해석했다"고 하면서 "팽창주의 중국이 전세계 '현지' 세력을 지원할 준비가 되어 있다는 신호였다. …… 우리는 린뱌오의 발언이 도미노 이론의 근거를 명확하게 표현한 것이라고 생각했다"[5]라고 회상했다.

전쟁이 끝난 지 한참 후에야 미국의 전쟁 설계자들은 중국의 호전적인 발언 등으로 인해 중국이 과연 미국의 이익을 위협할 정도의 능력을 갖추었는지를 제대로 보지 못했다고 인정했다. 맥나마라는 30년 후 과거를 회상하면서 이렇게 말했다.

"돌이켜보면 1965년 가을의 사건은 중국에게 명백한 좌절로 볼 수 있다고 말할 수 있다.** …… 그러나 우리들 역시 자신이 만든 가설에 눈이 멀어 오로지 당장이라도 폭발할 것만 같은 전쟁만 생각하면서 다른 대부분의 서방 지도자들과 마찬가지로 중국을 동남아시아와 그 밖의 지역에서 가장 심각한 위협으로 간주했다."[6]

자이치앙翟强은 마오쩌둥 시대 중국의 동남아시아 개입에 관한 연구의 선봉에 선 역사학자이다. 그는 미국이 베트남에서의 중국 영향력을 그토록 두려워하지 않았다면 그곳에서 참패당하는 사태를 피할 수 있었을 것이라고 주장했다. "중국의 행동은 워싱턴의 지도자들에게 중국이 국제 정치에서 위험한 도박꾼이며, 중국이 대리인을 통해 전 세계를 전복하려는 음모를 파괴하기 위해 미국이 반드시 베트남에 개입해야 한다는 점을 확신시켰다." 이로 보건대, 냉전의 가장 뜨거운 갈등 가운데 하나는 "공산주의 중국을 봉쇄하고 고립시키려는 욕망"에서 비롯되었음을 알 수 있다.[7] 마오주의 중국의 위협적인 잠재력은 세계를 바꾼 여러 가지 사건들을 만들어냈다. 무엇보다

** 그해 인도네시아 반공 쿠데타와 중국 동맹국 두 곳의 패배, 알제리 벤 벨라 정권 전복, 인도가 카슈미르에서 중국의 동맹국 파키스탄을 패배시킨 사건은 모두 중국의 국제적 영향력 확대에 대한 열망에 악영향을 미쳤다. - 원주

베트남전쟁이 그러하고, 이외에도 그 후과後果라고 할 수 있는 1968년의 전 세계적인 항의 운동, 워터게이트 사건, 1980년대 미국이 양심을 저버리고 망명한 크메르 루주 반군을 지원한 사건 등등이 그러하다. 이러한 사건들로 인해 전 세계에서 미국의 역량과 명성이 크게 약화되었다.

《붉은 중국의 전투 계획》안에 그려진 거대한 용이 대륙을 누비자 미국 정책 입안자들은 제2차 세계대전 이후 베트남, 캄보디아, 라오스로 분열된 옛 인도차이나의 공산당들이 용의 진격에 환호할 것이라고 생각했다. 하지만 결과는 그렇지 않았다. 중국, 베트남, 캄보디아는 도미노 이론에 대해 각기 다른 해석을 내놓았다. 중국 지도자들은 베트남과 인도차이나의 다른 지역을 '세계 혁명'의 도미노로 간주했으며, 종종 이러한 영토를 중국 이익의 자연스러운 확장이라고 독단적으로 말하곤 했다. 베트남인들은 인도차이나가 중국의 도미노가 될 것을 두려워했고, 캄보디아와 중국은 베트남이 인도차이나 반도를 지배하려는 야망을 가지고 있다고 의심했다. 1960년대 서방의 정책 입안자들은 베트남인들이 수천 년은 아닐지라도 적어도 수 세기 동안 중국 제국을 팽창주의 세력으로 간주하고 이에 대해 불만을 갖고 분개했다는 사실을 무시하거나 경시했다.

1975년 봄, 인도차이나의 '도미노'는 모두 공산주의 쪽으로 넘어갔다. 그러나 이는 '자유세계를 반대하는 통일된 조류'가 결코 아니었다. 오히려 중국과 베트남, 베트남과 캄보디아의 오랜 역사적 원한으로 인한 두 차례의 전쟁으로 인해 냉전주의자들이 결코 깨지지 않을 것이라고 생각했던 동맹이 무너지고 말았다. 1972년까지 10년 동안 미국은 "중국이 베트남공산당을 지배한다"는 가설을 바탕으로 수십만 명의 미군과 수십억 달러를 베트남전쟁에 투입했다. 그러나 이후 몇 년 동안 뮤지컬 동맹들musical alliances의 기이한 게임이 이어졌다. 헨리 키신저와 닉슨은 마오쩌둥과 저우언라이의 부패한 매력에 빠져들었고, 마오쩌둥의 가르침을 이른바 '눈부시게 환한 거울'로 삼았던 베트남공산당은 급속도로 마오주의에서 벗어났다. 베트남과 중국은 과거 숙적이었던 미국과 화해하기 위해 분주하게 움직였다('적의 적은 나의 친구'라는 비도덕적인 신조에 따라 미국은 크메르 루주를 유엔에 잔류시켰다. 크메르 루주는 1989년에야 유엔에서 퇴출되었다).* 1980년대 내내 중국과 베트남은 서로 으르렁거리며 싸웠고, 미국과 중국은 베트남을 공격하는 크메르 루주에게 자금을 지원했다. 글로벌 마오주의는 이러한 비극적인 사건에서 중요한 역할을 했다.

베트남전쟁이나 크메르 루주에 대한 연대기적 역사는 다른 곳에서 찾아볼 수 있으니 여기서는 더 이상 다루지 않겠다. 또한 1960년대부터 1980년대까지 인도차이나에서 벌어진 거대한 인간적 비극을 초래한 중국공산당의 음모만 지적할 생각도 없다. 캄보디아와 베트남의 민족주의자, 소련과 미국의 정치인, 프랑스 식민주의의 죄악 등이 모두 그 지역을 황폐화시킨 주범이기 때문이다. 인도차이나에서 벌어진 분쟁은 모든 참여국의 열악한 점을 그대로 반영하고 있어 역사 기록이 대단히 혼란스럽다. 이는 무엇보다도 어느 쪽도 참혹한 사건을 조명하여 진실을 밝히는 데 관심이 없기 때문이기도 하다. 중국의 경우, 소련의 붕괴와 레이건 독트린의 세계 공산주의에 대한 승리, 그리고 1980년대 세계 혁명에서 중국이 자진해서 후퇴한 것 등이 이전의 비극적인 분쟁에서 중국이 중심적인 역할을 했다는 기억을 흐리는 데 도움이 되었다. 하지만 마오쩌둥 시대의 중국의 역할을 역사에 다시 기록할 필요가 있다. 중국이 개발도상국에 대한 자국 모델의 타당성을 다시 한번 강조하고 특히 동남아시아에서 세력 확장을 모색하고 있는 지금이야말로 중국이 이 지역에 개입하던 시대의 역사를 탐색하는 적기라고 생각하기 때문이다.

우리는 마오쩌둥과 소련의 군사적 경쟁이 인도네시아와 아프리카 일부 지역에서 어떻게 반란을 야기했는지 살펴보았다. 인도차이나에서 발생한 사

---

* 캄보디아에 베트남의 괴뢰정권인 캄푸치아 인민공화국이 세워지자 크메르 루주는 망명정부를 건립하여 괴뢰정권에 대항했다. 유엔은 크메르 루주의 정통성을 인정하여 1993년까지 국제연합 의석을 내주었다.

건들 역시 마오쩌둥이 소련과 경쟁하는 과정에서 일어났다. 특히 공산주의 운동 내에서 민족주의를 옹호한 또 다른 결과가 바로 그것이다. 마오쩌둥은 소련을 '열강 쇼비니스트'*로 폄하하고, 마르크스주의에 기여한 중국이 지닌 민족 고유성을 강조했다. 이는 다른 나라 공산당들에게 대담한 본보기가 되었다.[8] 중국, 베트남, 캄보디아에서 마오쩌둥과 마오주의는 유해할뿐더러 경쟁적인 민족주의를 부추겼다. 1950년대부터 70년대까지 미국은 인도차이나를 마오주의자들에 의한 반란의 온상이 될 것이라고 걱정했지만 오히려 인도차이나는 민족주의 전쟁으로 분열되었다. 마오쩌둥의 집권기에는 민족의 이익이 이데올로기를 대체했다.

1954년 아이젠하워 대통령은 이렇게 비유해서 말했다.

"도미노를 한 줄로 세워놓고 첫 번째 도미노를 쓰러뜨리면 마지막 도미노가 쓰러지는 것은 순간일 것입니다. 그래서 일단 붕괴가 시작되면 마지막에는 엄청난 영향을 끼치게 될 것입니다."[9] 비록 지금은 도미노 이론이 더 이상 효력이 없지만 당시 인도차이나 반도에서 중국공산당의 야심을 정확하게 설명하고 있다는 점은 분명하다. 1950년대부터 1970년대까지 중국과 베트남 지도자들 간의 기밀 대화를 살펴보면, 세계 혁명에 대한 총체적 계획이 계속 거론되고 있다. 저우언라이의 말을 빌리자면, 베트남전쟁은 단지 베트남뿐만이 아니라 "세계 혁명을 위해 싸운 것"이기 때문에 참혹한 전쟁일지라도 정당화될 수밖에 없다. 중국이 보기에 베트남은 아시아 전역에 영향을 미칠 핵심 도미노였다.[10] 이런 이유로 중국은 북베트남에 약 200억 달러를 원조하고 수천 명의 학생과 간부를 중국에서 훈련시켰으며 도로, 총알, 군복, 간장, 돼지기름, 탁구공, 하모니카 등 수많은 실용 물품을 공급했다.[11]

마오쩌둥은 베트남 지도자들과 전략을 토론하면서 동남아시아 전역에 대한 주인의식을 자연스럽게 드러냈다. 예를 들어 라오스에서 도로 건설 계획을 논의하는 자리에서 그는 "향후 대규모 전투를 치를 것이기 때문에 태

---

* 쇼비니즘은 '광신적, 폐쇄적 애국주의'를 말한다.

국까지 도로를 건설하면 좋을 것이다"라고 공공연하게 말했다.[12] 나중에 중국의 영향력을 맹렬히 비난했던 레주언Le Duan 등 베트남공산당 지도자들은 1970년대 초 이렇게 단언했다. "우리는 미일美日 동맹은 물론이고 미일과 다른 지역의 부르주아 계급 간의 동맹을 분쇄하고자 한다. 우리는 반드시 세계 전선을 구축해야 할 것이다. 이를 위해 일부 핵심 국가들을 먼저 구축하고, 나중에 아프리카와 라틴아메리카 국가들로 확대할 것이다."[13]

중국은 수 세기 동안 베트남의 정치, 문화뿐만 아니라 언어 등 여러 방면에서 일종의 모델이 되었다. 실제로 베트남 역사에서 상당 기간 동안 베트남의 일부 지역이 중국의 직접적인 통치를 받았고, 설사 관할지역이 아닐지라도 중국의 황제는 전통적으로 그 지역을 '우리 것'으로 간주했다. 이렇듯 중국 통치의 논리적 연장선상에서 베트남공산당은 창당 이래로 북쪽 형제국과 얽혀 있었다. 1924년 모스크바에 있는 코민테른의 동방 노력자 공산대학을 졸업한 호치민중국 이름 胡志明은 당시 중국 공산주의 혁명의 중심지였던 중국 남부의 광저우廣州, 광둥성의 성도로 건너갔다. 중국에 있는 동안 호치민은 프랑스 식민 통치에 맞서 싸우는 베트남혁명당의 작은 조직을 설립했는데, 이것이 훗날 베트남노동당Vietnamese Workers' Party(약칭 VWP)의 전신이다. 중국공산당은 호치민의 정치적 야망을 기꺼이 도왔고, 광저우 공산당 총부에서 멀지 않은 곳에 있는 베트남혁명당 창건을 위한 '특별 정치소'(탈출구가 완비된)에 자금을 지원하기도 했다. 호치민은 처음부터 마오쩌둥과 마찬가지로 농민이 향후 혁명에서 선봉대 역할을 할 것이라고 확신했다. 1938년 가을, 호치민은 옌안에 있는 중국 혁명 총부를 순례하며 중국공산당을 '베트남 인민의 형님'이라고 존칭했다.[14]

호치민은 중국어가 유창하고 고전시를 쓸 수 있을 정도였기 때문에 중국인으로 가장하기도 했다. 한번은 중국인으로 행세하면서 목숨을 구한 적도 있다. 1933년 1월, 호치민은 장제스가 공산주의자들을 잔인하게 숙청한 지 6년이 지난 후 몇 주간 상하이에서 불안한 나날을 보내고 있었다. 당시 상하이에는 베트남 혁명가들을 체포하려는 프랑스의 보안 요원Sûreté agents들이 사방에 포진하고 있었다. 이런 상황에서 호치민은 중국공산당 지하 조직원들의 도움을 받아 부유한 중국 사업가로 위장하여 양쯔강 국제 부두에서 배를 타고 블라디보스토크를 거쳐 모스크바로 도피할 수 있었다. 또한 1940년에는 베트남에서 프랑스 식민 통치를 종식시킬 반란을 계획하면서(프랑스 식민 통치는 1954년 종식되었다) 훗날 그를 세계적으로 알린 후즈밍胡志明이란 중문 이름을 사용하는 중국인 기자로 위장했다.[15]

호치민이 1949년 중화인민공화국 성립 이후 중국 지도층이 된 이들과 우정을 나누게 된 것은 1920년대 그들이 혁명의 출로를 찾고 있던 시절로 거슬러 올라간다. 1920년대 초 그는 파리에서 저우언라이를 처음 만났고, 1920년대 중반 광둥성에서 다시 만났으며, 제2차 세계대전 때도 다시 만나 우정을 이어갔다. 1949년 이후 호치민은 중국을 방문할 때마다 성대한 대접을 받았다. 인민해방군 창설자인 주더는 그를 데리고 영화관에 가서 함께 영화를 보았으며, 마오쩌둥은 관련된 사람들을 만날 때마다 호치민이 자신의 '친척'이라고 말했다.[16]

1945년 베트남 민주공화국DRV이 선포되기 전까지 마오쩌둥과 그의 혁명을 숭배한 베트남 공산주의자는 호치민만이 아니었다. 베트남 최고의 군사 전략가이자 총사령관이었던 보 응우옌 지압Vo Nguyen Giap, 1911~2013도 1930년대 후반 중국의 유격전과 지구전 전략을 활용하기 위해 마오쩌둥의 저서를 탐독했다.[17] 그는 1950년대부터 70년대까지 베트남을 식민 통치한 프랑스군과 싸워 그들의 사기를 떨어뜨렸으며*, 이후 미군과 격전을 벌여 마침내 승리를 거두었다. 또한 1941년부터 인도차이나공산당 총서기를 지낸 당 쑤언 쿠Dang Xuan Khu는 1936년 이후 자신의 이름을 쯔엉찐Truong Chinh(중문으로 장정長征이라는 뜻이다)으로 바꿔 중국공산당에 대한 존경심을 표현했다. 중국인들

---

* 1954년 라오스 접경의 산악 지대 디엔비엔푸에서 1만 6천여 명의 프랑스군을 격파하여 식민 통치를 종식시키는 데 결정적인 역할을 했다.

은 그의 개명을 "매우 만족스럽게 여겼다."[18] 한 내부 인사의 말에 따르면, 베트남공산당 지도자 대부분은 "마오쩌둥의 신도"들이었다.[19]

중국공산군은 국민당과의 내전에서 숨통이 트이자 1946년부터 시작된 베트남 독립 운동에서 프랑스에 대항하는 호치민의 '베트남 독립 동맹회'Viet Minh(약칭 월맹)의 장교들과 정보요원들을 훈련시키는 데 협조했다. 쯔엉찐이 베트남 독립 동맹회를 위해 계획한 전술은 마오쩌둥의 군사 관련 저작물을 남본으로 삼았다. 1950년 류사오치는 베트남에 보내는 특사 뤄구이보羅貴波에게 "베트남의 인민항쟁을 돕는 것은 우리들의 저버릴 수 없는 국제적 책임이다"라고 말했다.[20] 뤄구이보의 보직은 그리 편한 자리가 아니었다. 2주 동안 정글에서 베트남 정치국과 회의를 하는 동안 그는 대나무와 해바라기 잎으로 만든 오두막에서 숙식을 해결해야만 했다. 30년 후 그는 당시를 회고하며 이렇게 말했다.

"열대 지방의 장기瘴氣(독한 기운)는 정말로 견디기 힘들었다. 도처에 쥐들이 들락날락하고 지네가 기어 다녔으며, 독사가 서류 상자와 면 이불 안으로 파고들었다. 밤에는 거대한 나방과 모기가 모기장 주변을 맴돌며 기회가 있을 때마다 내 몸을 물었다."

류사오치는 뤄구이보에게, 베트남인들에게 마오주의 전략을 집중적으로 교육할 것을 주문했다. 중국 군사고문단은 베트남군에게 연대와 대대급에서 필수적인 훈련을 가르쳤다.[21] 중국의 지원이 없었다면 1차 인도차이나 전쟁에서 프랑스군의 패배는 상상조차 할 수 없었을 것이다.

1950년, 중국은 호치민이 선택한 중국 지휘관을 북베트남으로 파견했다. 호치민이 지목한 인물은 천경陳賡이다. 그는 1920년대 이래로 숙청, 장정, 정변, 내전을 모두 겪은 공산당의 산증인으로 선비 같은 외모를 지녔다. 그는 베트남에 파견된 다른 중국 군사고문들과 마찬가지로 마오쩌둥의 '인민전쟁'을 적극 홍보하면서 중국공산당이 국민당과 싸울 때처럼 "병력을 집중하고 적군을 분리시켜 파괴해야 한다"[22]고 가르쳤다. 또한 그는 베트남공산당에게 마오주의의 군사 규율을 준수할 것을 강조했다. 모범 병사를 공개적으로 칭찬하고, 승리와 열사烈士를 기념하며, 당과 군대를 정돈整頓(정풍整風, 즉 내부 숙청)해야 한다는 내용이었다.[23]

지압(한자 이름은 무원갑武元甲)은 "마오쩌둥의 군사 사상이 베트남에 매우 적합하다"[24]고 생각했다. 군사적 위기에 봉착하자 중국은 자국 군인들을 파견하여 베트남 국경을 강화했다. 중국 군사고문들은 현지에서 내린 모든 결정을 그 즉시 중국공산당 지도부에 보고했기 때문에 중국이 알지 못하는 상황에서 발생하는 일이 거의 없는 듯했다. 1950년 중국과 베트남 국경에 자리한 월맹 기지를 확보하기 위한 군사 작전의 경우 마오쩌둥이 막바지 단계에서 직접 지휘하기도 했다. "이 문제만 정확히 해결한다면 승리는 여러분의 것이 될 것이다."[25] 그는 이렇게 고문들에게 전보를 보냈다.

다음으로 거론할 인물은 부이 틴Bui Tin이다. 그는 베트남 인민군 대령 출신으로 퇴역 후 기자가 되었다. 그는 1975년 4월 사이공이 공산군에게 함락될 때 탱크를 몰고 사이공 대통령궁 정문을 박살낸 장본인이다. 그러나 그는 베트남공산당의 부패한 권위주의에 환멸을 느껴 프랑스로 망명했다. 그는 5년 후 출간한 회고록에서 베트남 공산주의 운동에 대한 중국의 영향력을 신랄하게 비판했다.

"1951년 이후 마오주의는 우리의 양지良知를 마비시켰으며, 그 해악은 지금까지도 지속되고 있다. …… 압제를 계몽과 진보로 잘못 이해했다."[26]

그는 부유하고 프랑스와 중국에 친밀감을 지닌 집안에서 태어나 프랑스계 학교에서 공부했다. 망명 기간 동안 그는 자신의 어린 시절을 회고하면서 일요일만 되면 베트남과 전혀 다른 프랑스식 생활을 했다고 썼다. "하루 종일…… 우리는 냅킨이 놓인 식탁에서 나이프와 포크로 프랑스 음식만 먹었다. 밥그릇이나 젓가락은 사용할 수 없었으며, 베트남 옷도 입을 수 없었다. 형과 나는 유럽식 셔츠와 반바지를 입어야만 했다. 아버지는 종종 프랑스어 시를 읽어주시기도 했다."[27] 하지만 그는 개인적인 비극(그의 모친이 자택 주방에서 프랑스군에게 사살되었다)을 겪으면서 젊은 애국자로 변신하여 반식민지를 주장하는 공산주의 저항 운동에 끼어들었다. 부이는 인도차이나 전쟁은 반식민지 투쟁이라고 생각했다. 하지만 1950년 이후 북베트남이 중화인민공화국과 친밀한 관계를 유지하면서 중산복(서구 사람들은 이를 '모장毛裝', 즉 마오쩌둥 복장이라고 부른다)이 일상복으로 보편화되고, 곱슬머리는 부르주아나 제국주의자들의 혐오스러운 상징이 되었다.

"중국의 군사 및 민간 원조가 계속 증가하면서 이로 인해 베트민(월맹)은 입지를 강화할 수 있었다. 그러나…… 긴장된 분위기가 날로 고조되고…… 수많은 중국 고문단이 들어왔다. …… 정통 계급투쟁에 관한 토론이 시작되면서 우호적이고 심지어 화기애애한 분위기가 사라졌다. 마르크스주의는 마오주의를 통해 베트남에 들어왔다. …… 공산당이란 무엇인가? 공산당은 사회 각 분야에서 주도적인 역할을 한다. 공산당은 항구적이고 정확하며 절대적이다. …… 개인은 모래알처럼 쓸모없어 발밑에 깔릴 따름이다. …… 중국어로 된 서적과 영화, 노래는 어디에나 있었다. …… 마오쩌둥 송가 〈동방홍〉이 공식 국가로 자리 잡았다. …… 〈동방홍〉 노래가 끝난 후에야 호치민을 찬양하는 노래와 국제가國際歌가 방송되었다. 이와 동시에 중앙(공산당 중앙위원회)은 일련의 활동을 추진하여 중국어 읽기와 말하기를 장려했으며, 간부들을 베이징, 상하이, 난징, 난닝南寧, 광저우 등지로 보내 훈련을 받도록 했다. 프랑스 노예로 살던 긴 밤에서 겨우 벗어난 우리는 이제 우리의 본보기라고 부르는 중국 혁명의 새로운 빛에 현혹되고 있었다. 우리는 비판은커녕 아무 생각 없이 그저 모든 것을 충동적으로 받아들였다."[28]

1951년 초 베트남 북부에서 개최된 제2차 당 대회에서 마르크스-레닌주의와 스탈린주의, 그리고 마오쩌둥 사상이 '당의 기본 이론'으로 채택되었다.[29] 부이 틴은 "당시 호치민과 그 밖의 지도부는 마오쩌둥 사상이 유일한 길이라고 여겼다"고 회고했다. 한 프랑스 기자가 호치민에게 왜 정치에 관한 글을 쓰지 않느냐고 묻자 그는 이렇게 답했다.

"내가 쓸 게 뭐가 있겠소. 필요한 모든 이론은 이미 마오쩌둥이 정립하고 저술했잖소."[30]

1953년 5월의 어느 화창한 날, 하노이에서 중국과 맞닿는 국경 쪽으로 3분의 1 지점에 있는 소나무 울창한 보이산Mount Voi 기슭에 5천여 명의 군중들이 모였다. 군중들은 햇볕을 가리고 프랑스 폭격기의 폭격을 피하기 위해 나뭇가지로 은폐하거나 위장했다. 하지만 쇠약한 모습의 한 여성은 갈색 민복에 아무런 은폐물도 없이 군중 앞에 무릎을 꿇고 앉아 있었다. 그녀가 꿇어앉은 자리 위에 "악독한 지주 응우옌 티 남Nguyen Thi Nam*을 타도하고 농민을 위해 땅을 되찾자!"라는 글씨가 적힌 붉은 천이 걸려 있었다. 장장 8시간 반 동안 군중들은 응우옌 앞으로 달려가 소리를 지르고 욕설을 퍼부었으며, 침을 뱉고 뺨을 때리며 그녀에 대한 증오를 표출했다. 이번 집회를 계획한 간부가 큰 소리로 외쳤다.

"사악한 지주를 타도하자! 타도! 타도! 타도!" 군중들이 후렴구를 따라 외쳤다. 그녀의 죄목은 프랑스인, 일본인과 결탁하여 저항 운동과 베트민을 배반했으며, 인민을 착취하고 굶주리게 만들었고, 259명을 살해한 혐의 등이 모두 포함되었다. "반동분자, 사악한 지주 응우옌 티 남을 처단하라!" 재판장이 큰 소리로 판결하자 군중들도 따라 소리쳤다. "처단하라! 처단하라!" 6주 후, 그녀는 나무기둥에 묶인 채로 5명의 병사로 구성된 사격대에 의해 총살되고 말았다. 검시에 나선 분대장은 시신에 총알구멍이 네 개 밖에 없자 "한 발이 과녁을 빗나갔나?"라고 중얼거리며 자신의 권총을 꺼내 그녀의 뇌를 날려버렸다.[31]

이것이 바로 북베트남에서 일어난 토지개혁의 서곡이다. 제2차 당 대회

---

* 응우옌은 원나라 시절에 넘어온 완씨(阮氏).

에서 시작한 토지개혁은 중국 마오주의자들의 토지개혁을 그대로 본뜬 것이다. 당시 중국공산당 지도부는 베트남의 토지개혁을 강력히 주장하면서 프랑스에 대한 저항 투쟁을 지원하는 조건으로 내걸었다.[32] 따라서 중국은 베트남공산당에게 막대한 물질적 지원뿐만 아니라 베트남 사회를 자국의 형상에 따라 조직할 수 있는 도구도 제공한 셈이다. 토지개혁을 이끌 마오쩌둥 복장의 지도자들이 중국에서 들여온 지프를 타고 시골 마을로 향했다. 그들은 마을 사람들의 생사를 가를 수 있는 막강한 권력을 지닌 자들이었다. 중국 지프의 시끄러운 엔진 소리는 당시 공포 분위기에 휩싸인 풍경의 일부가 되었다.[33]

1953년 5월 화창했던 그날 군중들은 중국이 넘겨준 대본과 안무를 완벽하게 소화했다. 하지만 아무런 정보도 없었던 그날의 목격자들은 응우옌 티 남 사건이 격렬한 논란을 불러일으킬 것이라는 사실을 전혀 예측하지 못했다. 응우옌 티 남의 사회, 경제적 프로필은 토지개혁을 위해 타도할 대상으로 딱 맞아떨어졌다. 무엇보다 부유한 상인이자 농장 소유주였기 때문이다. 그러나 그녀는 열렬한 애국자로 제2차 세계대전 당시 베트민 지도부를 보호하는 한편 지역사회에서 기근 구호 활동을 펼쳤으며, 특히 1945년 막대한 기부금으로 재정 파탄에 빠진 호치민 정권을 구해냈다. 그녀는 두 아들이 프랑스에 대항하는 전쟁에 참가하지 않도록 할 수도 있었으나 오히려 혁명에 적극 동참하도록 격려했다. 이러함에도 불구하고 뤄구이보는 베트남공산당에게 그녀를 본보기로 삼을 것을 주문했다. 호치민은 "여자는 장미 꽃잎으로라도 때려서는 안 된다"는 프랑스 속담까지 인용하면서 "여성을 총살하면서 이번 운동(토지개혁)을 시작할 수는 없다. 게다가 그녀는 우리 공산당 군대에 자금을 제공했고, 또한 우리 인민군대 군관의 모친이기도 하다"라고 말했다. 그러나 호치민은 뤄구이보의 요구를 끝까지 거절할 수 없었다. 당시 중국 측과 밀접한 관련을 맺고 있던 인물의 회고에 따르면, "호 아저씨Uncle Ho(호치민의 애칭)도 옳지 않다는 것을 알고 있었다. 그러나 그 역시 중국에서 파견된 고문의 요구를 거절할 수 없었다. ······ 그들은 신의 아들天子로 마오쩌둥이 보낸 특사이기 때문이었다."[34] 호치민의 묵인하에 응우옌 티 남이 처형되자 북베트남 공산주의자들은 자신들 멋대로 국가의 적으로 간주한 이들을 몰살시켜도 처벌받지 않게 되었다.

기대했던 대로 토지개혁 운동은 공산당에게 정치, 군사적 이득을 가져다주었다. 1954년 디엔비엔푸 전투에서 프랑스의 베트남 점령 의지를 무너뜨린 전투가 벌어졌을 때, 토지 개혁을 통해 베트남공산당을 추종하게 된 20여만 명의 농민들이 군수물자를 운반하는 등 공산당 군대를 도왔다. 집회와 선전 그리고 정치교육을 통해 수천 명이 전투에 참여했으며, 그들 대부분이 디엔비엔푸 산비탈에서 전사했다.[35] 그러나 토지개혁운동은 대중들의 기억 속에 지나친 가혹함과 광신적인 폭력, 가진 자와 못 가진 자 사이에 메울 수 없는 간격으로 야기된 사회적 양극화 등으로 인해 베트남공산당이 저지른 가장 큰 실수 가운데 하나로 각인되었다. 베트남 경제연구소 등 정부 기구조차도 2002년 "잔혹하고 폭력적인 지주"로 지목된 이들 가운데 80%가 잘못 분류되었다고 밝힌 바 있다. 오늘날에도 토지개혁은 여전히 불안한 주제 가운데 하나이다. 2014년 9월 어느 월요일, 국립역사박물관에서 토지개혁과 관련한 주제로 전시회가 열렸다. 하지만 그 주 금요일 공개토론회에서 토지개혁운동이 수백만 농민들의 삶을 개선했다는 정부의 주장이 반박되면서 전시회가 중단되고 말았다.[36]

40년 후 부이 틴은 이렇게 회고했다.

"우리는 얼마나 큰 잘못을 저지르게 될지 몰랐다. 토지개혁은 수백 명의 중국 고문들이 자국의 경험에 근거하여 우리들에게 토지개혁 과정을 소개한 후에 추진되었다. ······ 모든 것이 이미 확정되어 변경할 수 없었다. 누군가 10평방미터의 작은 토지라도 소유하고 있다면 무조건 지주로 간주되었다. 따라서 그는 무조건 사악하고 탐욕스러운 제국주의의 마수魔手였다. ······ 베트남 북부의 토지 소유권 제도는 중국과 달랐으며, 몇 헥타르 이상을 소유한 사람은 거의 없었다."[37]

토지개혁운동으로 인해 적게는 1만여 명, 많게는 3만여 명이 죽임을 당했다.

"이는 중국 고문단이 자국의 경험을 베트남의 토지에 억지로 적용한 결과이다. …… 호치민에게 책임이 있다. …… 그러나 그가 착수하도록 강요한 것은 마오쩌둥이었다."[38]

토지개혁은 중국에서 벌어진 운동을 맹목적으로 모방하는 선례를 남겼다. 베트남에는 "소련과 중국의 오늘이 베트남의 내일이다"라는 구호가 등장했다.[39] 홍보 영화 제작자들은 영웅을 부각시키는 사회주의리얼리즘의 원칙을 학습하기 위해 중국으로 파견되었다. 베트남 당국이 언론자유를 요구하는 두 군데 정기 간행물을 폐간시킨 것은 1957년 중국의 반우파 투쟁을 연상시키기에 충분했다. 이외에도 호치민과 그의 당은 흐루쇼프의 비밀 연설과 스탈린 격하 운동에 대한 자신들의 대응을 마오쩌둥의 그것과 신중하게 일치시켰다. 부이 틴은 중국의 대약진운동을 모방하여 인민들에게 뒷마당에 용광로를 설치하도록 했고, 목표와 성과를 부풀리는 일이 다반사였다고 회고했다.

"그것은 일종의 삶의 방식으로 바뀌었다. 언론매체는 헥타르당 100톤이 넘는 쌀이 생산되었다고 보도했으며, 나중에는 200톤으로 바뀌었다. 이는 중국이 달성했다고 주장하는 것보다 훨씬 많은 수치였다. 물론 이러한 통계는 두 나라 모두 전혀 비현실적이고 실현 불가능한 것이었지만 베트남의 경우는 이 모든 것이 마오쩌둥 사상에 대한 경쟁적 모방의 일환이었다."[40]

중국의 영향력은 1차 인도차이나 전쟁이 북베트남에 유리하게 돌아가는데 결정적인 역할을 했다. 1953년 5월, 프랑스는 식민지였던 베트남을 탈환하겠다는 새로운 결의로 앙리 나바르Henri Navarre 장군을 신임 사령관으로 임명했다. 그는 냉철하고 계산에 빨라 '에어컨 장군'이라는 별명을 얻은 인물이다.[41] 이전과 마찬가지로 중국공산당 지도부는 이번 전투에서도 주도적인 역할을 맡아 작전을 계획하고 정확한 공격 명령을 내렸다. 중국의 계획은 라오스 국경 근처 북서쪽에서 프랑스군과 대치하는 것이었다. 나바르는 베트민 군대가 어디로 이동하고 있는지 확인한 후 그 지역에서 최후의 결전을 전개하기로 결심하고 산골짜기에 자리한 디엔비엔푸에 병사들을 낙하산으로 투하하기로 결정했다. 프랑스군이 그 마을을 점령하면 베트남 공산군이 북서부를 점령한 후 라오스로 진격하는 것을 막을 수 있다는 계산이 섰기 때문이다. 중국 군사고문들은 베트민 군대에게 마오쩌둥의 전략에 따라 "적을 분리하고 포위하여 조금씩 섬멸하는 데 집중할 것"을 요구했다.[42] 6개월간에 걸친 힘들고 어려운 포위전 끝에 베트민 군대는 프랑스군을 패퇴시키고 1만여 명을 포로로 잡았다.[43]

디엔비엔푸에서 프랑스 군대가 항복한 후 열린 제네바회의는 여러 면에서 중국 외교의 '첫 번째 등장 파티'였다. 저우언라이는 프랑스와 베트남 협상 대표 사이를 오가며 중국이 원하는 결과를 도출해냈다. 이듬해 중국 대표단은 아시아, 아프리카의 단결을 추구하는 반둥회의에서 다시 한번 빛을 발하게 되지만 제네바회의는 서구의 신·구제국주의 열강들에게 눈도장을 찍을 수 있는 좋은 기회였다. 막후에서는 총명하고 충실한 외교부장 황화(에드거 스노의 오랜 친구)가 멋진 플란넬 셔츠에 양복 조끼를 입고 옥스퍼드 가방을 들고 등장하여 기자회견을 하면서 저우언라이의 연설이 각국에 제대로 전달될 수 있도록 국제 홍보에 힘쓰고 있었다. 황화의 지시에 따라 중국 대표단이 빌린 제네바의 넓은 저택은 중국 골동품으로 세심하게 꾸며져 방문객들에게 공산당이 중국의 찬란한 문화 전통을 지키고 있다는 확신을 심어주었다. 이처럼 차분하고 문화적인 환경에서 황화는 자신의 외교적 스승인 저우언라이가 중국의 로미오와 줄리엣이라고 묘사한 새로운 중국 영화, 《양산백과 축영대梁山伯和祝英臺》를 자리를 가득 채운 손님들에게 상영했다. 중국 공산주의자들이 세뇌된 로봇과 같은 이들이 아니라 감정적인 삶을 살고 있다는 사실을 보여주기 위한 숨은 뜻이 담겨 있었다. 훗날 황화는 "현장에는 빈 좌석이 없을 정도여서 늦게 온 이들은 서 있어야만 했다. 초대받지 못한 미국 기자들도 왔다"라고 회상했다. 찰리 채플린(당시 인근 로잔에 거주하고 있었다)은 영화 상영 소식을 듣고 '신중국'을 가보고 싶다는 열망에 빠졌다.[44]

한편 북베트남은 디엔비엔푸에서 프랑스군을 격파한 것을 계기로 '인도차이나 반도 전체'를 통일하길 원했다. 지압은 만약 미국이 분쟁에 개입하지 않았다면 2~3년이면 충분하다고 주장했다.[45] 그러나 결국 늘 그렇듯이 중국이 행동 방침을 제시하고 베트남이 이를 따랐다. 당시 중국은 미국과 구유럽 식민지 세력이 연합전선을 형성하지 않도록 하기 위해 평화협상의 필요성을 강조했다. 결국 제네바협정은 중국의 이해관계가 크게 작용했다. 중국은 서방 국가들(주로 미국과 프랑스)과 4년간 군사적 대치관계를 지속한 상태에서 미국이 인도차이나에 직접적으로 군사 개입하는 것을 꺼렸다. 베트남이 공개적으로 전쟁을 계속 이어간다면 중국도 어쩔 수 없이 베트남을 도울 수밖에 없었기 때문이다. 그래서 마오쩌둥과 그의 측근들은 베트남공산당에게 군사 통일에 대한 야망을 잠시 연기할 것을 요청했다. 1954년 7월, 제네바에서 베트남 대표단은 안남 산맥의 구불구불한 지형을 통과하는 북위 17도선을 경계로 남북으로 분단하는 데 합의했다.

중국의 지원이 없었다면 북베트남은 협상력이 전혀 없었을 것이다. 베트남이 북베트남에서 프랑스군을 축출하는 데 성공한 것과 말라야공산당이 1947년부터 1957년까지 반식민지 투쟁에서 영국을 격퇴하지 못한 것을 비교해보면 중국의 물질적 원조가 결정적인 차별 요인이었음을 알 수 있다. 그러나 중국의 원조는 자신들의 이익에서 나온 것이었다. 이런 점에서 제네바협정의 진정한 승자는 중국이었다. 예컨대, 저우언라이는 온화하고 유능한 국제 외교관으로 자리매김했고, 동남아시아를 공산주의 중국과 서구 세력 사이의 완충지대로 만들었다. 베트남 민주공화국은 라오스와 캄보디아에 공산당이 주도하는 반란군을 파견하여 '인도차이나 연방'을 만들고자 했다. 하지만 저우언라이와 그의 동료 외교관들은 베트남이 주도하는 세 나라 간의 군사동맹을 경계했으며, 이를 저지하기 위해 애썼다.[46] 베트남공산당은 무력에 의한 통일이 머지않았다고 확신하던 시기에 차선책으로 베트남 분할을 받아들이도록 압박한 중국에 대해 분개했다.

제네바합의와 상관없이 베트남 민주공화국(베트콩)은 얼마 후 베트남을 통일하여 공산당이 통치하기 위해 공세를 재개했다. 이에 따라 중국의 원조도 지속되었고, 중국인들은 베트남 '형제'를 위해 적지 않은 희생을 치러야 했다. 중국은 기존의 장기 경제 및 기술 원조에 더해 북베트남에 3억 위안의 신규 차관을 제공했으며, 1967년까지 상환이 유예되었다. 1955년 8억 위안을 지원한 데 이어 1억 위안이 다시 전달되었다.[47] 당시 상황에 대해 부이 틴은 "우리가 가진 장비는 머리에서 발끝까지, 예컨대 차양 모자에서 고무 샌들, 심지어 속바지까지 모두 중국산이었다"고 회상했다.[48] 마오쩌둥의 전폭적인 지지에 화답하기 위해 베트남 지도자들은 마오쩌둥의 '혁명전쟁론'에 경의를 표했으며, 혁명투쟁에서 농민에 대한 중시, 농촌이 도시를 포위해야 한다는 그의 주장을 그대로 받아들였으며, 그가 주장하는 장기적인 무장 투쟁이 "아시아, 아프리카, 라틴아메리카의 수많은 공산주의자들에게 모범이 되는 전략"이라고 찬사를 보냈다.[49] 호치민은 북베트남과 중국의 관계를 입술과 이빨, 즉 순치脣齒처럼 가까운 관계라고 애정 어린 표현을 하면서 "베트남 인민들에게 중국공산당의 승리가 특별한 의미가 있다"고 말했다.[50]

하지만 이처럼 다정한 모습은 1960년대 중반부터 변화하더니 점차 악화되기 시작했다. 사실 양국 간의 긴장관계는 유구한 역사적 연원이 자리하고 있다. 베트남은 줄곧 역대 중화제국의 작은 변방국이었기 때문이다. 비록 1949년 이후로 진보와 평등을 주창하는 세계 혁명의 시대가 지속되었으나 중국 지도자들은 여전히 베트남의 지도자들에 대해 높은 자리에서 낮은 자리로 말을 하달하는 듯한 태도를 취했다. 중국은 소련에 대해서는 '형님'이란 호칭으로 아첨했지만 베트남에 대해서는 자신에게 그런 대접을 해줄 것을 기대했다. 반면 베트남은 여전히 제네바협정 당시 중국의 태도에 대해 불만을 품고 있었다. 당시 타협으로 인해 베트남 남부의 베트남노동당은 당원의 90%를 잃었다. 남베트남의 독재자인 고딘디엠Ngo Dinh Diem, 1901~1963 대통령 치하에서 7만여 명이 살해되고, 100만여 명이 투옥되었다(당시 수감자들 가운데 20여만 명은 잔혹한 고문으로 인해 영구 장애를 입었다). 베트남노동당의 지도자들은 만약 제네바협정이 없었다면 1959년부터 1975년까지 지속된 통일 전쟁으로 인해 수백만 명의 베트남인이 죽음에 이르는 일은 없었을 것이라고 믿었다.[51] 마오쩌둥과 소련의 갈등도 베트남인들을 당혹스럽고 좌절하게 만들었다. 스탈린에게는 프랑스어로, 마오쩌둥에게는 중국어로 애정을 담은 서신을 보냈던 호치민은 양대 사회주의 국가가 결별했다는 사실에 진심으로 분노하고, 양국 간의 화해를 위해 노력했지만 결국 실패하고 말았다. 그의 동료들은 보다 현실적인 이유로 화가 났다. 사회주의 세계가 서로 다투느라 바빠 막강한 미국에 맞서고 있는 베트남에게 지원할 자원이나 에너지 등을 집중할 수 없다는 이유 때문이었다. 1960년대 중반, 미국이 전력을 강화하는 상황에서 중국이 자신들의 철도와 영공을 통해 소련의 원조 물자를 수송하는 것을 차단하기로 하자 분노가 점점 더 심해졌다. 베트남은 중국이 자신들의 전략 목표, 즉 미국을 묶어두기 위해 베트남인들이 계속 죽어 나가도록 내버려두려는 의도로 베트남에서 전쟁이 장기화되기를 원한다고 의심하기 시작했다.

그러나 중국에 대한 베트남인들의 열정을 뒤흔든 것은 마오쩌둥과 그의 정책에 결함이 있다는 인식이 서서히 퍼져나갔기 때문이다. 이미 1959년 북베트남 언론은 마오쩌둥의 대약진이 어떤 실익이 있는지에 대해 의구심을 품었다. 특히 1950년대 후반 중국에서 유학하고 있는 공산당 간부들의 아들과 딸이 집으로 편지를 보내 생필품을 구하기 힘들다고 하며 곡물, 채소, 비누 등을 보내달라고 호소하자 의구심이 더욱 짙어졌다.[52] 문화대혁명 또한 마오주의 모델에 대한 베트남인들의 열정을 식히는 데 일조했다. 세계에서 가장 강력한 국가와 치열한 전쟁을 수행하는 와중에 당원을 정리하고 엄격한 기율을 유도한다면서 정상적으로 작동하는 당 조직을 해체하는 중국을 모방하는 것은 거의 미친 짓이나 다를 바 없었기 때문이다.

중국의 원조에 계속 의존해야 했던 베트남공산당은 자신의 견해를 자유롭게 표현할 수 없었지만 중국 지도자들과 대담할 때는 어정쩡한 태도를 취함으로써 오히려 자신의 의사를 분명하게 표명했다. 1967년 저우언라이가 문화대혁명에 관해 40여 분간 연설한 후 팜반동Pham van Dong 총리와 지압 장군은 별다른 찬사나 동의 없이 그저 짧은 한 가지 질문을 했을 뿐이다.[53] 중국 주재 베트남 외교관인 두옹단디Duong Danh Dy는 이렇게 회고했다.

"거의 모든 베트남인들이 문화대혁명의 결함을 눈치채고 있었다. …… 호 아저씨(호치민)는 당 회의석상에서 사람들에게 물었다. '여기에 앉아 계신 이들 가운에 나보다 중국을 잘 아는 분이 있나요?' 물론 아무도 대답하지 않았다. 그러자 그가 다시 입을 열었다. '나조차 그 문화대혁명이란 것이 도대체 무엇인지 도무지 모르겠습니다.'"[54]

미국과 서구 각지의 대중들은 미국이 베트남전쟁에 참여하는 것에 대해 반감을 품고 있었다. 이는 대학생들이나 급진주의자들이 마오주의 중국을 긍정적으로 받아들이는 데 큰 역할을 했다. 반란에 동조하는 서구의 급진주의자들은 베트남인들이 린뱌오가 「인민전쟁 승리 만세」에서 설명하고 있는 마오주의 혁명이론과 실무, 즉 지구전과 유격전 등 인민전쟁을 계승·전파하고 있다고 생각했다. 이러한 가설은 마오쩌둥과 중국의 이미지를 대폭 향상시켰다. 하지만 1960년대 중반이 되자 베트남공산당은 린뱌오가 제시한 지나치게 이상적인 마오주의 군사 전략의 결함을 스스로 찾아낼 수 있을 정도로 자신감을 가지게 되었다. 그들의 상투적인 문장 속에는 제2차 세계대전에 중국이 참전했을 때 소련과 미국의 원조가 있었다는 언급은 전혀 없었다.[55] 만약 소련이 제공하는 대포가 없었다면 베트남공산당 군대가 어떻게 미군과 미국의 지원을 받는 남베트남군을 상대로 결정적인 승리를 얻을 수 있었겠는가? 구정 공세 이후 북베트남 군대는 도시에 대한 공격을 선호하기 시작했다. 그것은 저우언라이가 소련식 전술이자 농촌에서 도시를 포위한 다는 중국식 지구전 전략에 대한 모독이라고 비난했던 바로 그 전술이었다. 1960년대 후반 냉전의 대전환 가운데 하나로 중국과 베트남이 미국과 대화에 나서기 시작했다. 중국과 베트남은 서로 상대방이 미국과 타협한다고 의심하며 비난했다. 무엇보다도 북베트남은 중국과 미국이 화해하면 미국의 전력 확대에 결정적인 억제력인 중국의 베트남전 개입 위협이 사라지고 말 것이라는 점을 우려했다.

"중국 정부는 미국이 중국을 위협하거나 도발하지 않는다면 미국이 북베 트남을 공격하는 것을 저지하기 위해 아무것도 하지 않을 것이라고 말했다. 이는 중국 변경에 위협이 되지 않는다면 베트남을 마음대로 폭격해도 간여 하지 않겠다는 뜻이었다. …… 우리는 뒤통수를 맞은 기분이었다."[56]

그러나 중국은 베트남과 우의가 깨질 무렵 인도차이나 반도에서 또 하나의 좋은 친구이자 충성스러운 사도인 캄보디아의 크메르 루주를 얻었다.

1975년 여름이 되자 마오쩌둥은 노쇠한 모습이 역력했다. 큰 키 덕분에 여전히 건장한 체격을 유지하고 있는 듯했지만 의복의 옷자락을 자세히 살펴보면 어깨솔기가 거의 채워지지 않은 채 뼈대만 남은 팔만 앙상하게 늘어뜨려져 옷소매조차 지탱하지 못했다. 게다가 루게릭병이 진행되면서 목 근육이 마비되어 그가 무슨 말을 하는지 점차 알아듣기 어려웠다. 오직 두 명의 믿을 만한 젊은 여성, 마오쩌둥 전용 열차의 승무원이었다가 마오쩌둥의 여인으로 변신하면서 전담 간호사가 된 장위펑張玉鳳과 문혁 기간에 그가 가장 신뢰했던 영어 통역사였던 탕원성唐聞生 두 사람만이 그의 후두에서 나오는 숨소리와 웅얼거리는 소리를 해독하여 세상에 전달할 수 있었다. 1976년 4월, 생애 마지막으로 뉴질랜드 총리 로버트 멀든Robert Muldoon과 만났을 때 마오쩌둥의 모습은 거의 식물인간이나 다름없었다. 멀든은 마오쩌둥이 악수를 하기 위해 안락의자에서 일어난 후 "곧바로 무너지는 듯 다시 의자에 주저앉았다"고 하면서 이렇게 회상했다. "마오쩌둥이 뭔가 말하려고 애썼으나 그의 입에서 나오는 것은 끙끙거리는 신음소리뿐이었다. 지적이고 상냥한 통역사 겸 간호사가 그의 후두를 쳐다보며 웅얼거리는 소리를 해독하여 남자 통역사에게 전달했고, 남자 통역사가 다시 구어체 영어로 통역했다."[57]

1975년 6월 21일 외빈 접견 때는 달랐다. 당시 한 시간 동안 진행된 회의에 임하기 전에 날로 쇠미해지는 조타수(마오쩌둥)는 특별한 강장제 주사를 맞고 회견에 임했다. 그가 만난 인물은 캄푸치아공산당Communist Party of Kampuchea, 약칭 CPK(구어체로 크메르 루주라고 부른다)의 총서기인 폴 포트와 외교 최고 책임자인 이엥 사리Ieng Sary, 1925~2013(민주 캄푸치아Democratic Kampuche 부수상, 외교부장)였다. 두 달 전 프놈펜을 함락하고 캄보디아 전체를 점령한 후 첫 외국 방문이었다. 당시 크메르 루주 지휘부는 모든 도시의 주민들을 모두 농촌으로 소개시켰으며(그 과정에서 프놈펜에서만 약 2만여 명을 즉결 처형했으며, 수많은 주민들이 굶주림과 질병으로 사망했다), 혁명 이전에 정부에서 일하던 이들을 모두 청산하고 화폐와 시장을 폐지했으며, 신속하게 집단화를 강제했다.

당시 생생한 현장 사진이 한 장 남아 있다. 세 사람은 모두 중산복(마오복장)을 입고 있으며, 오른쪽에 서 있는 둥근 얼굴에 목살이 늘어진 이엥 사리는 마오쩌둥의 손을 양손으로 잡고 있다. 폴 포트의 모습은 초점이 맞지 않았는지 희미하게 보이는데, 아마도 이는 의도적으로 신비적인 분위기 연출을 좋아하는 폴 포트의 의도와 관련이 있는 듯하다[폴 포트는 1977년 재차 중국을 방문했을 때 주최 측의 압력으로 인해 처음으로 국제사회에 자신이 영도하는 캄푸치아 공산당이 민주 캄푸치아를 통치하고 있음을 공개했다. 그 이전까지는 공식적으로 얼굴 없는 '앙카르Angkar(조직이란 뜻으로 폴 포트의 배후조직을 말한다)'가 통치하는 것으로 알려져 있었다].

하지만 사진에서 진정으로 에너지를 뿜어내는 이는 마오쩌둥이었다. 어딘가를 응시하는 듯한 눈으로 그는 강력하게 제스처를 취하고 있었다. 그가 손가락 두 개를 벌리고 있는 모습은 무언가를 보여주려는 의도인 듯했다(실제로 마오쩌둥은 손가락으로 뭔가를 나타내기를 좋아했다. 스탈린을 가리켜 '세 개의 썩은 손가락'이라고 말하곤 했는데, 이는 스탈린이 70%는 맞고 30%는 틀렸다는 자신의 주장을 표현한 것이다. 또한 유격전 전략을 설명할 때도 적군의 손가락을 깨문다, 물어뜯는다, 부러뜨린다 등으로 비유하기를 좋아했다).

당시 마오쩌둥은 과연 무슨 말을 했을까? 지금은 일부 대화 내용이 이례적으로 공개되어 있지만, 마오주의 중국과 외국 정당의 관계는 매우 민감한 영역인지라 마오쩌둥과 크메르 루주가 대화한 내용은 절대 기밀사항으로 전혀 외부에 공개된 적이 없었다. 그래서 최근까지도 중국 외교부는 폴 포트가 1975년 캄푸치아 민주공화국DRK을 건국한 것과 중국의 연관설을 부인했다. 하지만 중국과 크메르 루주의 관계를 계속 연구해온 앤드류 머사Andrew Mertha 의 말처럼 "만약 중국의 지원이 없었다면 크메르 루주 정권은 일주일도 채 버티지 못했을 것이다."[58] 게다가 중국의 정치기록 보전에 전념하는 중국 역사학자들이 이미 1975년 6월의 대화 내용 일부를 유출시킨 바 있다. 다음은 그중에서 핵심적인 부분이다.

폴 포트(매우 흥분한 상태임): 오늘 위대한 지도자 마오 주석님을 뵙게 되어 매우 기쁩니다!

마오쩌둥: 우리는 당신을 인정합니다! 당신의 경험 중 많은 부분이 우리보다 낫습니다. 중국은 당신을 비판할 자격이 없습니다. …… 당신들은 기본적으로 옳습니다. …… 현재 우리(중국)는 자본가 없는 자본주의 국가입니다.

폴 포트: …… 향후 우리는 마오 주석님의 말대로 행동할 것입니다. 저는 어렸을 때부터 마오 주석님의 저작, 특히 인민전쟁에 관한 작품을 많이 읽었습니다. 마오 주석님의 작품은 우리 당 전체를 영도했습니다.[59]

폴 포트는 중국을 방문하면서 자신의 통역관 두 명을 데리고 왔다. 그 가운데 한 명은 1978년 숙청당해 무덤에 묻혔지만 다른 한 명은 살아남아 1980년대에 프랑스로 망명했다(1979년 1월 초 베트남과 소련의 탱크가 프놈펜으로 몰려오자 크메르 루주는 혼란의 와중에 프놈펜을 떠나면서 마지막으로 중국어 통역사들을 모두 살해했다. 아마도 이는 그들이 일급 기물 논의에 참가한 당사자들이기 때문에 기밀을 유지하기 위함이었을 것이다. 다만 그중에서 한 명만 운 좋게 살아남았다). 살아남은 통역사는 1994년 프랑스 언론과 인터뷰에서 자신이 통역에 참가했을 당시 마오쩌둥이 했던 말을 자세하게 공개했다. 그의 말에 따르면, 확실히 마오쩌둥은 중국 내 '사악한 우파 세력의 방해'에 대해 불만을 토로한 것으로 보인다. 결과적으로 그는 "자신의 야망을 충분히 발휘할 수 없었고, 공산주의의 진전을 가속화할 수 없었다. 다행히 그는 자신의 이상을 캄보디아에서 꽃피울 수 있었다. 그는 크메르 루주가 미래 세계 혁명을 영도하게 될 것이라고 믿었다." 마오쩌둥은 방문객에게 이렇게 말했다. "우리가 하고 싶었지만 하지 못했던 일을 여러분들은 실현시키고 있다."[60] 거의 20여 년간에 걸친 화려한 선전과 막대한 해외 원조 끝에 마침내 그의 혁명이 해외에서 성공을 거두었다. 그러니 마오쩌둥, 그가 얼마나 흥분했는지 능히 짐작할 수 있다.

8개월 후, 폴 포트는 중국 방문의 답례품을 받았다. 마오쩌둥의 문화대혁명을 이끄는 '사인방'의 일원인 장춘차오가 캄보디아를 방문한 것이다. 폴 포트는 여전히 외부에 드러나길 꺼렸으나 장춘차오를 영접하기 위해 신비의 베일을 벗고 공항으로 나갔다. 두 사람이 나오는 영상은 현재까지 남아 있다. 영상을 보면, 두 사람은 기쁨을 감추지 못하고 격하게 서로 껴안았으며, 간부와 군인, 군중 들이 두 줄로 늘어선 사이를 환한 얼굴로 박수를 치며 걸었다. 분명 의전 행사였을 터이다. 이후 그들이 소파에 앉아 다정하게 대화를 나누는 모습이 등장하고, 연이어 잔을 부딪치며 환하게 웃는 모습이 나온다. 장춘차오가 폴 포트에게 옆 사람이 받쳐줘야 할 정도로 크고 무거운 금속 액자를 선물로 건넸다. 지난 여름 폴 포트와 마오쩌둥의 회담 사진이었다. 장춘차오와 폴 포트는 마치 명화를 감상하듯이 사진을 쳐다보았다.[61]

물론 장춘차오와 폴 포트가 어떤 이야기를 나눴는지 정확한 기록이 남아 있지 않다. 다만 장춘차오가 실무적으로 민주 캄푸치아 국민들에게 단 하나의 자유, 즉 노동만을 허여하는 간략한 헌법을 제정하는 데 도움을 주었다는 사실만 알고 있을 따름이다.[62] 그러나 한 중국 역사학자는 장춘차오가 그곳에 간 이유가 캄푸치아의 대약진과 문화대혁명을 위해 중국이 만든 청사진을 직접 전달하기 위함이었다고 주장했다. 실제로 몇 달이 지난 후 폴 포트의 연설 중에는 문화대혁명과 밀접한 관련이 있는 내용이 적지 않았다. 예를 들면 이러하다.

"혁명과 반혁명 사이에는 영원히 그칠 수 없는 투쟁이 지속되고 있다. 우리는 10년, 20년, 30년 후에도 적들이 존재할 것이라는 관점을 견지해야 한다. …… 하지만 우리가 확고한 조치를 취한다면 적들은 사분오열되어 흩어지고 말 것이다."[63]

불과 반년 후, 후원자였던 마오쩌둥이 사망한 직후 장춘차오 자신도 숙청되었으며, 1980년 문화대혁명의 주모자 가운데 한 명으로 종신형을 선고받았다. 몇 가지 예외를 제외하고 장춘차오와 그의 측근들의 정치적 트레이드마크였던 대중 폭력, 군중 운동, 귀청을 때리는 구호, '혁명의 적'에 대한 숙청과 사냥, 인민공사에 대한 집착 등이 중국에서 사라지기 시작했다. 그러나 앞서 언급한 중국 역사학자는 "만약 마오쩌둥 사후 사인방이 숙청되지 않고 그들이 기대한 것처럼 정권을 잡았다면 중국은 아마도 캄푸치아와 같은 길을 걸었을지도 모른다"고 말했다. 그는 잠시 말을 멈춘 후 다시 입을 열었다. "저는 캄푸치아의 킬링필드를 방문한 적이 있습니다. 중국인으로서 책임이 있음을 느낍니다."

1978년 성탄절, 3년간에 걸친 민주 캄푸치아의 선전전과 군사적 침략에 대응하여 베트남 민주공화국은 15만 명의 병력을 동원하여 국경 넘어 캄푸치아로 진격했다. 2주도 채 되지 않아 베트남군은 캄푸치아의 수도 프놈펜을 점령했고, 크메르 루주 지도부는 태국 쪽 밀림으로 도망쳤다. 1979년 상반기에 캄보디아를 점령한 베트남 통치자들은 크메르 루주 지도자들을 결석 재판에 회부했다. 당시 베트남에서 일기 시작한 거센 반중 운동에서 재판 과정은 가장 주목받는 부분이 되었다. 재판부는 민주 캄푸치아에서 일어난 종족 말살을 위한 대학살은 "중국의 팽창주의자들과 폴 포트, 이엥 사리 등 학살 범죄자들의 반동적 본성을 드러낸 사건이다"[64]라고 단언했다. 증언자로 재판에 참석한 이들은 중국이 크메르 루주라는 꼭두각시를 통해 마오주의식 혁명을 수출함으로써 캄보디아 국민을 살해하고 '세계 패권의 꿈'을 실현하기 위해 철두철미하게 꾸민 음모라고 증언했다. 또한 그들은 폴 포트와 이엥 사리의 계획은 "종족 말살을 실시하여…… 중국을 제외하고 캄보디아와 외국의 관계를 단절시키는 것이었다. …… 그들은 중국에서 '문화대혁명'을 수입하여 캄보디아 국민들에게 강제로 시행하려고 했다"고 증언했다.

마을마다 사람들은 폴 포트가 비밀리에 '수백만 명의 중국인들로 캄푸치아 사람들을 대체하기로' 결정했다는 이야기가 돌았다. …… 시체가 사방에 파놓은 도랑에 가득 들어찼다. …… 폴 포트가 말했다. …… 중국에서 가장 고귀한 원조는 바로 마오쩌둥 사상이다. 한마디로 말해서 폴 포트, 이엥 사리 등은 나라 전체를 피와 눈물의 지옥으로 만들었다. …… 중국의 팽창주의와 패권주의의 반동 통치 책략을 강화했다. …… 폴 포트와 이엥 사리가 캄보디아에 세운 사악한 사회 모델은 마오주의의 산물이다.[65]

이 진술은 민주 캄푸치아의 중국인을 왕좌 배후 세력으로 묘사하고 있다. 그러나 재판은 베트남의 캄보디아 점령을 중국 제국주의의 음모를 막아내기 위한 것으로 합리화하려는 목적이 있었기 때문에 그 과정에서 수집한 방대한 자료를 신중하게 다룰 필요가 있다. 그렇다면 역사 기록에서 비교적 논쟁이 적은 부분은 이러한 해석을 뒷받침할 수 있을까?

본명이 살로스 사르인 폴 포트가 마오쩌둥이란 이름을 처음 들은 것은 1950년대 초반이었다. 당시 그는 파리의 무선 전신 학교에 진학하려고 했으나 3년 연속 낙방한 상태였다. 이후 그는 나중에 크메르 루주의 동지가 될 사람들과 더불어 공산주의 서적을 읽으며 급진주의자로 변모했다. 그들 대부분은 이후 10년간에 걸쳐 정부의 장학금을 받아 프랑스로 건너갔다. 1930년대 마오쩌둥이 그랬던 것처럼 살로스 사르 역시 당내 반대파들에 대한 끊임없는 투쟁을 강조한 스탈린의 『소련 공산당사: 속성 과정』에 깊이 심취했다. 또한 그와 동료들은 지식인 혁명가들을 인류의 해방자로 미화하고, 절충주의를 거부한 프랑스 대혁명에 대해서도 매료되었다. 특히 마오쩌둥의 흡인력은 식민지 또는 반식민지 나라의 혁명 전략과 공산당 조직에 대한 변함없는 충성을 요구하는 데 있었다. "공산당에 반대하는 순간 당신은 반역자가 된다. 공산당에 반대하는 이는 누구든지 재가 될 각오를 해야 할 것이다. 재가 되고 싶지 않다면 반대 입장을 포기하는 것이 좋다."[66]

1953년 이후 사르는 프놈펜으로 돌아와 고등학교 교사로 10년이란 세월을 보냈다. 한 학생의 기억에 따르면, 그는 학생들을 격려하고 때로 프랑스 시를 낭송해 주기도 하던 뛰어난 교사였다고 한다. 그는 1950년대에는 크메르 인민혁명당(1960년대에는 캄푸치아노동당, 그리고 1971년에는 캄푸치아 공산당으로 개명했다)에서도 미소 띤 얼굴에 원만한 성격의 인물로 알려졌다. 그는 전혀 급진적인 느낌이 들지 않는 푸크Pouk(매트리스)라는 별명을 사용했는데, 당내에서 비교적 유연한 역할을 수행한다는 느낌을 주었다.[67]

하지만 겉으로 보이는 태도와 달리 사르는 강경한 민족주의자였으며(1950년대 초 파리에서 학생 작가로 활동할 때 '원시(오리지널) 크메르'라는 필명을 사용했다), 특히 캄보디아 공산주의에 대한 베트남의 영향력에 대해 편집증적이었다.[68] 베트남인들은 자신들을 역사적으로 중국 팽창주의의 피해자로 여겼지만, 많은 캄보디아 사람들은 오히려 베트남이 자신들에게 유사한 위협을 가하고 있다고 생각했다. 1953년 사르는 캄보디아 국경에 있는 베트남공산당 군영에서 생활했는데, 나중에 그는 베트남 지휘관들이 "나를 신임하지 않았다. …… 그들은 나에게 어떤 임무도 부여하지 않았다. 내가 할 수 있는 일은 그저 카사바cassava(뿌리를 식용으로 쓰는 나무 이름)를 재배하는 것뿐이었다"[69]라고 불만을 털어놓았다. 당시 캄보디아가 베트남노동당에 분노한 데에는 여러 가지 이유가 있었다. 제일 큰 문제는 베트남이 1954년 제네바협정에서 공산주의 캄보디아 국가 수립을 지지하지 않았으며, 그 대신 캄보디아 공산주의자들에게 무장투쟁을 포기하고 무자비하고 정의롭지 못한 시아누크 왕자를 국가수반으로 추대할 것을 촉구했다는 점이다. 시아누크는 캄보디아 공산주의 운동에 대해 경멸하는 태도를 취했으며(그는 '크메르 루주'라는 말을 경멸적인 표현으로 사용했다), 또한 매우 잔혹했다(1962년 그는 당 지도자 투 사무스Tou Samouth, 1915~1962를 고문하고 살해했다. 그의 죽음으로 인해 사르는 당 총서기로 올라갈 기회를 얻었다). 국내에서 공산당에 대한 탄압이 지속되자 살로스 사로를 포함한 미래의 공산주의 캄보디아의 지도자들은 1963년 이후 캄보디아 정글을 근거지로 투쟁하기 위해 지하로 숨어들었다.

1965년 사르는 북베트남으로 간 후 다시 중국으로 갔다. 양국에서 그를 대하는 태도는 극명하게 대비되었다. 베트남에서는 호치민의 건강이 악화되면서 베트남공산당 최고 권력자로 부상한 레주언을 만났다. 그는 사르에게 군사 투쟁보다 정치 투쟁에 참여하라고 권유했다. 하지만 사르는 그의 말에 거부감을 느꼈다. 또한 캄보디아 투쟁이 베트남과 동일하다는 레주언의 말에 위협을 느꼈으며, 캄보디아의 공산주의자들을 베트남공산당의 하부조직으로 묘사한 베트남노동당 문서에 격분했다.[70]

반면 중국에서 린뱌오의 「인민전쟁 승리 만세」가 출판되는 등 문화대혁명에 대한 찬양과 열정이 넘쳐나는 모습을 목격하면서 사르는 흥분을 감추지 못했다. 그가 마오쩌둥과 만났는지는 알 수 없다. 하지만 마오쩌둥의 측근인 천보다나 문화대혁명의 주역 장춘차오가 마오주의의 기본 이론("정권은 총구에서 나온다." "프롤레타리아 독재" 등)을 그에게 전수하고, 물질적 지원을 제공한 것은 분명하다. 그의 태도는 거의 아첨에 가까웠다(목격자에 따르면, 구토가 날 정도였으나 효과는 좋았다). 베이징 시장은 캄보디아인은 진정한 '마르크스-레닌주의자'라고 추켜세웠고, 살로스 사르는 마오주의를 "우리 시대의 마르크스-레닌주의"라고 찬사를 보냈다.[71] 베이징에 가까워지려는 것은 사르 나름의 전략이었다. "우리가 베트남과 일정한 거리를 유지하려면 중국에 의존할 수밖에 없다. …… 중국 친구들은 우리에게 정신적, 정치적, 전략적 지지를 보내고 있다. …… 우리가 하는 일의 정당성에 대해 더 이상 의심할 이유가 없다."[72] 1966년 사르는 당의 명칭을 베트남식인 캄푸치아노동당에서 중국식인 캄푸치아공산당으로 바꾸었다.

이듬해 사르는 전국적인 규모의 반란을 선언했다. 그는 중국공산당 중앙위원회에 경의를 표하는 서신에서도 이를 밝혔다(당시 서한은 베트남을 경유했기 때문에 하노이에 있는 중국대사관에 도착하기 전에 하노이 당국이 이미 읽었을 것이다). 그는 서신에서 이렇게 썼다.

"1966년 말부터 1967년 중반까지 정치 폭력과 일부 무장 폭력을 사용했던 우리의 과거 경험은 우리 인민들이 조직적으로나 이념적으로 진정한 인민전쟁을 시작할 준비가 되어 있다는 확신을 주었다. …… 우리는 문화대혁명의 매우 소중한 경험을 방심하지 않고 지속적으로 학습해왔고, 지금도 학습하고 있으며, 앞으로도 계속 학습하고자 한다. …… 마오쩌둥은 끊임없이 승리를 가져다주는 위대한 영도자이다."[73]

반란의 첫 번째 봉기는 1968년 1월 18일 북동부에서 시작되었으며, 중국

공산당이 호치민 루트를 통해 보낸 무기로 무장했다.[74] 연말이 되자 내전은 캄보디아 19개 주 가운데 12개 주로 확산되었다.[75]

살로스 사르와 캄보디아 좌파 지식인들의 중국에 대한 열정은 갑자기 생겨난 것이 아니다. 1958년 독립한 캄보디아와 중국이 외교 관계를 수립한 후 프놈펜 주재 중국 대사관은 우호 단체나 지상의 외교 관련 기관은 물론이고, 지하에서 활동하는 공산당과도 연계하는 등 복잡하면서도 효과적인 정보 및 영향관계를 구축했다(프놈펜 중국 대사관에 근무하는 중련부 수석 대표는 완곡하게 '중국 대사관 1등 참사관'으로 불렸다). 여러 기관이나 조직은 각기 분업 형태로 임무를 맡았다. 한 조직은 프놈펜에서 반미 감정을 조장했고, 또 어떤 조직은 캄보디아 젊은이들에게 마오주의 이론의 미덕을 선전하고 주입하는 데 치중했다. 그런가 하면 사자춤을 추는 등 문예 방면에서 협조하는 이들도 있었다.[76] 대학교에서 중국을 선전하는 일은 중국인 유학생들에게 맡겨졌다. 그중에서도 중국계 크메르인으로 수학을 전공한 학생(전국에서 두 번째로 높은 수학 성적을 얻었다) 카잉 구엑 에아브Kang Kek Iew* 가 주도적인 역할을 했다.[77] 그는 살로스 사르가 폴 포트라는 가명을 사용한 1970년에 그와 합류했고, 1975년부터 1979년까지 '두크Deuch'라는 가명으로 크메르 루주의 보안 총부(교도소)인 투올 슬렝Tuol Sleng을 관리했다. 1979년 1월 그가 남은 수감자 대부분을 죽이고 서둘러 떠난 후 베트남 군인들은 그곳에서 크메르어로 된 『마오주석 어록』과 수감자들이 몽둥이 등에 의해 타살되기 전까지 강제로 쓰고 또 써야만 했던 자아비판 원고, 그리고 수천 마리의 파리들이 피 묻은 바닥 위를 날아다니는 모습을 발견했다.[78]

1950년대와 60년대에 중국 정부의 영향력으로 인해 캄보디아의 수도 프놈펜에는 중문을 배우는 수많은 학교가 있었다. 학교마다 마오주의가 팽배하여 학생들은 『마오주석 어록』을 탐독하고 혁명 노래를 불렀다. 1949년 캄

---

* 캄보디아 '킬링필드'의 주범 가운데 한 명으로 1만 4천 명이 죽은 투올 슬렝 교도소 소장이었다. 2014년 종신형을 선고받았으며, 2020년 사망했다.

보디아에 살고 있던 중국 화상華商의 8살짜리 어린아이는 지주였던 삼촌이 처형되는 장면을 목격하고 얼마 되지 않아 부모를 따라 중국 대륙으로 이주했다. 1950년대 말 아이는 굶주림으로 고통을 당해야만 했다. 기근이 절정에 달했던 1961년 여름엔 결국 캄보디아로 돌아갈 수밖에 없었다.

"슬픔과 실망에 빠진 채 캄보디아로 돌아왔을 때…… 나는 캄보디아에 남아 있던 동생들에게 중국에서 일어난 일들에 대해 남김없이 이야기해주었으나 전혀 믿지 않았다. 프놈펜의 거의 모든 화교 학교는 중국공산당이 비밀리에 통제하고 있었다. 그들은 화교 학생들에게 베트남과 캄보디아의 공산당에 가입하도록 독려했다."[79] 1950년대부터 1970년대까지 캄보디아에서 중국공산당에 헌신적인 요원 가운데 한 명에 따르면, 캄보디아의 중국공산당은 "나라 안의 나라"나 다를 바 없었다.[80]

문화대혁명이 절정에 달했을 때 프놈펜의 화교 학교마다 붉은 깃발이 펄럭이고, 학생들은 너나할 것 없이 마오쩌둥 배지를 달고 다녔다. 그들은 『마오주석 어록』에서 가사를 인용한 노래를 합창하고, 구호를 외치며 거리를 행진했으며, 캄보디아 국민들에게 정부에 맞서 투쟁할 것을 촉구했다. 심지어 당시 캄보디아의 통치자인 시아누크의 얼굴이 그려진 포스터를 훼손하거나 짓밟고 불태우기도 했다. 시아누크가 저우언라이에게 이를 중단해 달라고 요청하자 저우언라이는 보기 드물게 졸렬한 방식으로 대꾸했다. "캄보디아에 사는 중국인들이 마오 주석과 중국공산당의 사회주의, 그리고 중화인민공화국을 뜨겁게 사랑할 권리를 허용하기 바란다."[81] 그러나 캄보디아를 마오주의로 이끌기 위한 어설픈 수법은 사실 그다지 핵심적인 것이 아니었다. 진짜 작업은 무대 뒤편에서 이루어졌다. 1967년 살로스 사르의 '인민 전쟁'이 본격적으로 시작되자 중국은 대사관, 학교 등의 정보 요원, 전국에 산재한 중국 원조와 관련된 인원 등을 통해 공산당 반군에게 자동소총, 유탄발사기, 박격포 등을 제공했다.[82]

1950년대 초부터 1970년대 후반까지 캄보디아 주재 중국 대사관의 특무

요원 가운데 한 명인 저우더가오周德高는 탁월한 재능을 지닌 활기찬 인물이 었다. 그는 화교 출신으로 어린 시절 힘들고 어려운 생활 속에서 초등교육을 마친 후 자수성가하여 프놈펜에서 비교적 큰 화문華文 신문사의 편집인이 되었다. 그가 쓴 기사는 캄보디아에서 마오쩌둥을 널리 알리는 데 일조했으며, 기자라는 신분을 이용하여 중국공산당 연락책을 위해 농촌 조사를 진행했으며, 내부자를 통해 정부의 기밀문서를 빼내 중국 대사관에 전달하기도 했다. 중국에 대한 그의 애국심과 충성심은 거의 일편단심으로 본능에 가까웠다. 그런 까닭인지 그의 회고록에는 특별히 설명할 일이 아니라는 듯, 어떻게 자신이 현지 중국공산당 세포 조직에 포섭되었는지, 어디서 마오쩌둥의 저작을 읽고 공산당에 충성하게 되었으며 중국대사관이 신뢰할 수 있는 요원이 될 수 있었는지에 관해 간단한 언급만 있을 뿐이다. 중국 대사관은 그의 노력과 헌신에 단 한 번 비용을 지급했을 뿐이다. 그는 독립 이후 캄보디아의 상황이 위급했음에도 불구하고 자신의 일을 멈추지 않았으며, 외교적으로나 개인적으로 신변 보호를 받은 적이 없었다. 심지어 그는 자신의 가족들까지 끌어들여 크메르 루주와 중국 대사관 사이의 정보를 교환하는 전달책으로 일하도록 했다.[83]

1969년 마오쩌둥의 정보 책임자였던 캉성은 캄보디아에 관한 업무를 직접 맡았다. 이는 캄보디아가 중국에게 얼마나 중요한 국가인지를 보여준다. 캉성의 정보는 항상 남들보다 한 발 앞서 있었다. 그해 그는 캄보디아 총리 론 놀Lon Nol, 1913~1985을 필두로 한 정부 요인들이 이듬해인 1970년 국왕인 노로돔 시아누크를 퇴위시키기 위한 정변을 일으키려고 한다는 정보를 입수했다. 캉성은 저우더가오를 베이징으로 불러들여 향후 정변에 어떻게 대처할 것인지에 대해 간단한 보고를 받았다. 대처 방안 중에는 정글에서 캄푸치아 공산당과 연락할 수 있는 비밀 통신선을 구축하는 내용도 포함되어 있었다. 당시 저우더가오의 중국행 여정은 기밀에 속했기 때문에 혼란의 연속이었다. 베이징 당국은 광둥성 국경 관리들에게 캄보디아의 중요한 요원이 입국

할 것이라는 사실을 알리지 않았다. 결국 밀입국으로 체포된 그는 신발 밑창에 숨겨 놓은 기밀 메모가 발견될 정도로 철저한 수색을 당했고, 베이징 당국이 신원을 확인해줄 때까지 이틀 동안 구금되었다. 마침내 수도 베이징에 도착한 그는 중난하이의 마오쩌둥 관저를 지나면서 감격의 눈물을 흘렸다.[84]

그러나 1975년 이전까지 캄보디아에서 마오쩌둥의 가장 효과적인 도구는 캄푸치아공산당이나 애국적인 화교가 아니었다. 오히려 그 영예는 노로돔 시아누크 왕자가 차지했다(원래 그는 캄보디아 초대 국왕이었으며, 1941년부터 1970년까지 캄보디아의 국가 원수였다).

노로돔 시아누크는 인도차이나에서 프랑스제국의 황혼기에 왕위에 올랐다. 그를 군주로 선택한 프랑스 총독은 사실 그에 대한 기대치가 낮았다. 시아누크의 임무는 그저 왕궁의 금빛 새장 안에서 프랑스의 꼭두각시 노릇을 하는 것뿐이었다(비시 프랑스* 시대 인도차이나 총독의 부인은 십대의 시아누크를 보며 이렇게 말했다. "이 꼬마 정말 귀엽네!Qu'il est mignon, ce petit!"[85]). 어린 군주는 이미 일찍부터 바람둥이 기질이 다분했다. 24세 때 그는 공식적으로 여섯 명의 자녀를 두었으며, 비공식적인 자녀는 그보다 더 많은 것으로 알려져 있다. 하지만 역사의 우연은 시아누크를 또 다른 종류의 통치자로 만들었다. 1945년 이전까지 일본군은 프랑스 비시 정부가 인도차이나를 통치하는 것을 용인했다. 그러나 일본이 패망하면서 캄보디아, 베트남, 라오스에 대한 유럽인들의 지배도 끝이 나고 말았다. 독립의 재미를 맛본 시아누크는 결코 이를 잃을 생각이 없었다. 전후 프랑스 정부는 베트남의 경우와 마찬가지로 캄보디아에서 자국의 식민지 지배권을 회복하려고 시도했으나 이미 이전의 권위는 사라진 지 오래였다. 1954년 제네바에서 베트남이 식민지

---

*   비시 프랑스(Régime de Vichy)는 제2차 세계대전 중에 필리프 페탱 원수를 수반으로 하는 프랑스국의 명칭이다. 일반적으로 나치 독일의 괴뢰정권으로 알려져 있다. 비시 정권은 남부 프랑스를 1940년부터 1944년까지 통치하며 프랑스 본토의 자유 지역과 식민지의 민간 행정을 책임졌다. 파리가 수도였으나 행정부는 파리 남쪽 휴양지인 비시에 설치되었다.

에서 벗어나는 협정이 체결된 후 캄보디아도 독립을 얻었고, 시아누크는 국가 수반이 되었다. 그러나 이듬해 시아누크는 그의 부친에게 왕의 자리를 물려주고, 정치가로 변신하여 대선 경쟁에 뛰어들었다. 이는 정치적 천재의 뛰어난 한 수였다. 이로써 그는 국왕은 국정에 관여해서는 안 된다는 규정에서 벗어날 수 있었으며, 캄보디아의 국민, 특히 교육수준이 낮은 대다수 국민들이 그를 신격화한 "국왕 아버지Monseigneur-Papa"로 숭배하는 가운데 자신의 선거운동을 활발히 펼칠 수 있었다.

시아누크는 미국의 가족 오락용 애니메이션인 《마다가스카르Madagascar》의 우스꽝스러운 줄리안 왕(여우원숭이 우두머리)과 닮았다. 거의 조증에 가까운 자존감, 시시때때로 고음으로 낄낄대는 모습, 자신의 신민(그의 말에 따르면 '작은 사람')을 대하는 가부장적 우월감 등이 그러하다는 뜻이다. 그러나 반대파를 탄압하는 모습은 전혀 터무니없는 것이 아니었다. 시아누크의 방종은 그의 잔혹한 행태와 기괴할 정도로 대조적이었다. 1960년대 마지막 몇 년 동안 국내 반대파, 특히 좌파의 목소리가 날로 커지자 그는 군대를 동원하여 무자비하게 탄압했다. 무장 군인들에게 저항한 이들은 참수되었고, 그들의 목을 실은 트럭이 프놈펜 시내를 순회하며 잠재적인 반란자들에게 공포심을 심어주었다. 그는 체제 전복 혐의로 기소된 교사 40명을 절벽 아래로 내던지라고 명령했다.[86] 시아누크가 좌파 비판자 두 명을 불도저로 갈아 죽이고, 또 다른 비판자는 황산에 녹여 죽였다는 소문이 퍼졌다. 사람들은 사실이 아니었음에도 불구하고 사실로 받아들였다.[87]

그러나 탈식민지화는 시아누크의 정치를 복잡하게 만들었다. 시아누크는 직감적으로 북베트남이 프랑스와 미국의 지원을 받는 남베트남보다 우세할 것이라고 생각했다. 그래서 중국이, 캄보디아로 이어지는 호치민 루트를 이용하여 북베트남을 원조할 수 있도록 허용했으며, 아울러 베트남공산당이 자신들의 근거지를 캄보디아 영토 깊숙한 곳에 자리 잡는 것을 용인했다. 하지만 이로 인해 미국의 캄보디아에 대한 융단폭격이 촉발되어 정세가 불안정해졌고, 결국 크메르 루주의 부상을 촉진했다. 당시 시아누크는 국내에서는 공산주의자로 의심되는 사람들의 목을 잘랐지만 해외에서는 호치민, 김일성, 마오쩌둥, 저우언라이 등을 가장 친한 친구로 여기는 기묘한 정치 행태를 보였다.

중국의 시아누크에 대한 구애는 1955년 반둥회의의 최고 스타였던 저우언라이가 인도네시아의 저우 호텔에서 열린 중국식 오찬에 그를 초대하면서 시작되었다. 당시 찍은 사진을 보면, 수카르노, 시아누크 왕자, 천이(중국 부총리이자 이후 외교부 장관을 맡았다) 등이 광택 나는 커피 테이블을 가운데 두고 안락의자에 앉아 있는 모습이 담겨 있다. 세 사람의 시선은 모두 한 사람, 눈썹이 짙은 중국의 매력적인 외교부 장관 저우언라이에게 쏠려 있다.[88] 이 만남은 시아누크와 저우언라이의 특별한 관계의 시작이었다.

15년 후, 저우언라이는 위기의 순간에 시아누크의 곁을 재빨리 지켰다. 1970년 봄, 시아누크는 비상사태가 고조되는 가운데 캄보디아를 떠났다. 닉슨의 공중 폭격으로 나라가 폐허가 되었다. 전쟁 기간 동안 약 15만 명의 캄보디아인이 사망했고, 프놈펜은 굶주리고 절망에 빠진 난민들로 넘쳐났다. 시아누크는 연례적인 '치료'를 명목으로 프랑스로 간 다음 다시 모스크바와 베이징으로 날아가 캄보디아에서 베트남공산당이 철수하도록 양국 정부에 간청했다. 그래야만 미국이 캄보디아를 폭격하는 구실을 없앨 수 있었기 때문이다. 시아누크가 부재하는 동안 그의 사촌인 시릭 마탁Sirik Matak과 론 놀 총리는 정변으로 시아누크를 전복시켰을 뿐만 아니라 캄보디아 대중들이 공개적으로 시아누크를 비방하는 것을 허용했으며, 궐석재판에서 시아누크에게 사형을 선고했다.

1970년 3월, 원래 일정대로 시아누크가 베이징에 도착하자 영접하기 위해 공항에 나온 저우언라이는 비행기에서 내리는 시아누크를 포옹했다. 저우언라이는 베이징의 외교 사절을 소집하여 공항 영접단을 구성하고, 시아누크를 열렬히 환영했다는 기사를 중국 언론에 대서특필하도록 했다. 저우언라이는 시아누크에게 이렇게 말했다. "당신은 여전히 국가 원수로서 유일한 분입니다. 우리는 다른 사람을 인정하지 않을 것입니다." 마오쩌둥과 베트남공산당은 시아누크를 '전우'로 호칭하며, 그가 다시 정권을 잡도록 지원하겠다고 약속했다.[89]

시아누크는 이후 자신에 대한 중국의 지지가 국익이 아닌 개인적인 우정에서 비롯된, 무조건적이고 이타적인 것이라고 말하곤 했다. 하지만 당시 동남아시아의 지정학적 상황과 저우언라이 총리의 막후 활동을 살펴보면 이러한 주장이 사실과 다름을 알 수 있다. 시아누크가 베이징에 도착했을 때, 저우언라이가 시아누크에게 알리지 않은 캄보디아 출신의 또 다른 인물이 베이징에 있었기 때문이다. 그는 바로 그해에 폴 포트로 개명한 살로스 사르였다. 앞서 살펴본 바와 같이 저우더가오는 중국이 론 놀의 정변에 대한 사전 정보를 확보한 상태에서 폴 포트가 정변 정황을 정확히 알고 있을 것이라고 기대하고 그를 초청한 것이라고 주장했다.[90] 그렇다면 저우언라이와 마오쩌둥의 주요 관심사는 시아누크의 위기를 이용하여 캄푸치아공산당을 키우는 데 있었다고 말할 수 있다. 저우언라이는 시아누크를 염려하는 친구 역할을 맡았고, 마오쩌둥은 시아누크가 프놈펜에 카지노를 설립한 것을 축하하는 등 칭찬을 아끼지 않았다. 다른 한편 저우언라이와 폴 포트는 이 기회를 이용하여 시아누크와 숙적이었던 크메르 루주 사이의 '통일 전선'을 논의했다.[91] 1970년 5월, 크메르 루주는 1914년 레닌이 차르 니콜라이 2세와 손을 잡은 것과 마찬가지로 과거 숙적이었던 시아누크와 손을 잡겠다고 선언했다.

실제로 중국은 캄보디아 망명 정부, 즉 크메르 루주와 시아누크의 연합체인 캄푸치아 왕국 민족단결 정부Gouvernement Royal d'Union Nationale du Kampuchea(조직의 영어 약자인 GRUNK는 이 끔찍한 정치적 얽힘에서의 유일한 의외의 우스꽝스런 요소로 읽힌다)를 성심껏 대접하는 한편 그들에게 막대한 자금을 제공하겠다고 약속했다. 그리고 망명정부는 론 놀과 끝까지 무장 투쟁을 벌이겠다고 공언했다. 당시 시아누크는 정변 소식을 접한 후 나흘 동안 잠을 자지 못할 정도로 정서적으로 극도로 예민해진 상태였기 때문에 합의의 실행 가능성에 대해 진지하게 생각하지 못한 것으로 보인다. 4월 4일 그는 돌연 중국 공중파를 이용하여 '작은 사람'이라고 부르던 자신의 신민들에게 "밀림으로 들어가 저항세력과 합류하라"고 지시했다.[92] 실제로 수만 명이 그의 말에 복종했고, 이들의 합류로 인해 크메르 루주의 전투력이 크게 향상되었다. 이리하여 시아누크의 '왕정' 정부는 역사상 가장 극단적인 공산주의 실험을 위한 트로이의 목마가 되고 말았다.

1975년 프놈펜이 크메르 루주군에게 함락될 때까지 중국 관리들은 적대적인 협력자인 시아누크와 크메르 루주 구국당CPK을 하나로 묶어두기 위해 노력했다. 그들은 무엇보다도 시아누크에게 환대를 아끼지 않았다. 문화대혁명의 공포가 휘몰아치는 동안 시아누크는 천안문 광장 동쪽의 옛 프랑스 공사관 건물에서 우아하게 생활했다. 그곳의 주방장은 시아누크의 흥취에 따라 중국, 캄보디아, 또는 프랑스 요리를 제공했고 내부에는 수영장과 테니스 코트, 영화관, 멋진 와인 저장고도 있었다. 그의 친구인 북한의 김일성은 그의 식탁에 푸아그라를 공급했다. 저우언라이가 예산 책정을 위해 크메르 루주 대표를 불렀다. 그들이 5백만 달러를 요구하자 저우언라이는 고개를 저으며 두 배로 늘리라고 말했다. 절반은 베이징에서 그리고 나머지 절반은 캄푸치아공산당을 위해 쓰자는 뜻이었다.[93]

1970년 5월 16일, 시아누크는 천안문 광장이 내려다보이는 연단에 마오쩌둥과 나란히 서서 대중 집회 연설에 나섰다. 두 사람은 서로에게 열광적인 환호를 보냈다. 마오쩌둥은 "캄보디아 만세! 시아누크 왕자 만세!"를 외쳤고, 시아누크는 자신의 트레이드마크인 고음으로 "마오쩌둥 만세, 마오 주석 만세!"를 중국어로 외쳤다.[94] 그해 여름, 저우언라이와 마오쩌둥은 평양 방문을 마치고 돌아온 시아누크를 환영하기 위해 천안문 광장에 전시된 꽃 피라미드 주변에서 백만 명의 군중을 동원하여 춤과 노래를 공연했다. 같은 날 저녁 저우언라이는 인민대회당에서 수백 명의 손님과 함께 국빈 연회를 주최했다. 시아누크는 그날의 연회가 "황홀했다"고 회상했다. 저우언라이는 "주변의 외교관들이 모두 들을 수 있을 정도로 큰 소리로 내가 작곡한 〈중국에 대한 향수〉를 흥얼거렸다. …… 중국 인민해방군 관현악단이 그 곡을 연주하자 저우언라이가 박수를 치며 일어났고 다른 내빈들도 모두 일어났다. …… 모든 이들이 마오타이주茅台酒를 한 잔씩 들고 나의 건강을 축원했다."[95]

B-52 폭격기로 캄보디아를 초토화시킨 미국과, 론 놀 정부와 국가 대 국가 관계를 유지했던 소련은 시아누크를 대하는 태도가 극명한 대조를 이루었다. 1973년 초, 시아누크는 캄보디아 북부의 크메르 루주 게릴라 근거지를 둘러보기 위해 베이징의 얼어붙은 거리를 떠났다. 여정은 세심하게 안배되어 어느 것 하나 소홀함이 없었다. 시아누크와 그의 아내 모니크Monique는 지프차를 타고 호치민 루트를 따라 이동했다. 100명의 경호원, 하인, 의료진을 동반한 대규모 행렬이었다. 특히 동행한 중국 영화 제작진은 선전용으로 활용하기 위해 시아누크와 크메르 루주의 우정을 매 순간 촬영하는 데 최선을 다했다. 이동 경로마다 수도와 전기 시설이 완비된 새로운 목조 건물이 세워지고, 매 끼니마다 갓 구운 바게트가 제공되었다. 시아누크 부부는 마침내 쿨렌 산Mount Kulen, 중국명 여지산荔枝山의 울창한 밀림에 자리한 근거지에 도착했다. 폭포가 쏟아지는 산비탈 인근에서 시아누크와 모니크는 알프스 샬레Alpine chalet(스위스 산간 지방의 지붕이 뾰족한 목조 주택)를 연상시키는 초콜릿 상자처럼 생긴 크메르 양식의 가옥에 짐을 풀었다. 그곳에는 베란다와 조각된 처마, 그리고 양쪽에 도자기 화분이 놓여 있었다. 모니크는 일기장에 이렇게 적었다. "우리는 해방구의 화이트 하우스(백악관)에 있다!"[96] 중국 사진사들이 찍은 사진은 중국의 '대외선전'을 위한 대표적인 잡지인 「인민화보」 특집호에 실려 통일전선의 정당성을 증명할 것이다. 사진 중에는 크메르 루주 군인들과 포옹하는 시아누크와 해먹에서 휴식을 취하는 모니크의

모습이 담겼다. 이외에도 또 하나 상징적인 장면은 크메르 루주가 시아누크를 데리고 캄보디아의 위대한 역사와 애국심의 상징인 앙코르와트를 방문하여 크메르 루주의 종교적 관용과 과거에 대한 존중을 보여주는 사진이었다. 방문 기간 내내 시아누크는 일반 캄보디아인과의 접촉이 금지되었다. 폴 포트는 이번 방문의 주위 배경일 뿐이었지만 그렇다고 시아누크를 당내 실질적인 권력자로 소개한 적도 없었다.

시아누크가 중국으로 돌아오자 저우언라이는 이전처럼 성대하게 환영했다. 베이징 동부의 황량한 평원 한가운데 있는 비행장에는 소수 민족 의상을 입은 5,000명의 중국인들이 춤추고 노래하고 환호하며 깃발을 흔들었다. 군중 위에는 천안문에서 흔히 볼 수 있는 마오쩌둥의 초상화와 양복과 넥타이를 매고 있는 시아누크의 초상화가 높이 솟아 있고, 그 사이로 붉은색 바탕에 흰 글씨로 "중국과 캄보디아 인민의 위대한 우의 만세!"라는 글이 적혀 있는 현수막이 펼쳐져 있었다. 시아누크는 환송단의 선두에서 손을 흔들고 활짝 웃으며 행진했다. 그 뒤로 저우언라이가 결연한 표정으로 걸음을 옮겼다.[97]

마오쩌둥과 저우언라이는 열정적인 환대 뒤편에서 치밀한 전략을 짜고 있었다. 마오쩌둥과 시아누크가 천안문 광장 연단에서 서로 '만수무강'을 주고받기 불과 6일 전 마오쩌둥은 베트남공산당 최고 권력자인 레주언을 접견했다. 마오쩌둥은 캄보디아에서 시아누크를 추방한 것이 캄보디아 국민의 '반항'의 상징이라는 레주언의 견해에 동의했다. "시아누크는 대하기 어려운 인물이에요. 잘못 건들면 분명 크게 비난할 것입니다. 하지만…… 만약 그가 우리를 떠난다면 그도 끝나고 말 것이에요."[98] 마오쩌둥은 이렇게 부언했다. 시아누크는 현실에 직면했을 때 자신의 역할이 무엇인지 분명히 알고 있었다. 그는 「뉴욕타임스」에 이렇게 말했다. "그들이 승리하면 분명 나를 앵두 씨처럼 내뱉어 버리고 말 것이다."[99] 실제로 크메르 루주는 시아누크를 "절로 떨어질 딱지"라고 묘사했다.[100] 그러나 저우언라이의 매력적인 공세는 너끈히 효과를 발휘하여 시아누크는 동맹 편에서 크메르 루주가 자신을 이용하여 수만 명의 캄보디아인을 모집할 수 있도록 허용했다. 그는 이렇게 단언했다. "중국의 영예를 위해, 그리고 캄보디아와 나를 위해 그토록 애써 준 저우언라이 각하를 위해 내 자신을 희생하지 않을 수 없었다."[101]

시아누크가 문화대혁명 말기 중국에서 호화로운 생활을 하는 동안, 냉철하고 음험한 캄푸치아공산당의 또 한 명의 지도자 이엥 사리는 다른 생각을 하고 있었다. 1975년 봄까지 거의 4년을 중국에서 보낸 그는 정치 연구에 전념했다. 그는 시아누크보다 마오쩌둥을 더 자주 만났고, 파리에서 유학하여 프랑스어에 능통했기 때문에 프랑스어로 된 마오쩌둥 저작을 손때가 묻도록 열심히 읽었다.

그는 중국 각지를 돌아다니면서 군사시설, 인민공사, 5.7 간부학교(노동과 마오쩌둥 사상 학습으로 지식인들을 교화시키기 위한 학교), 대채촌大寨村 (자력갱생의 모델로 알려진 마을. 이후에 밝혀진 바에 따르면, 군대의 노동력과 국가 보조로 유지되었다), 노동개조캠프(노개영勞改營) 등을 참관했다. 그는 마오쩌둥의 사상을 통해 이뤄낸 기적, 예를 들어 학교에서 마오쩌둥의 저작을 학습하고 연구하여 청각 장애를 치료한 사례가 있다는 이야기를 듣고 경탄했다. 1975년 캄보디아로 돌아온 이엥 사리는 크메르 루주가 캄보디아를 재건하기 시작하면서 문화대혁명의 경험을 끊임없이 참고했다.[102]

프놈펜이 크메르 루주에게 함락된 지 두 달 후인 1975년 6월, 폴 포트와 이엥 사리가 중국을 방문했다. 그들은 자신들의 성공에 크게 진작되어 있었다. 승전 후 24시간 만에 급진적 평등주의라는 자신들의 비전을 실현하기 위한 첫 단계로, 아무런 준비도 없이 캄보디아 도시 주민들을 무조건 농촌으로 강제 이주시키는 데 성공했기 때문이다. 마오쩌둥과 저우언라이 역시 그들의 사명 완수를 축하했다. 마오주의가 수출된 것이다!

마오쩌둥은 세상을 뜨기 반년 전인 1976년 봄, 시아누크가 국가 원수에서 '내려오고遜下' 군주제가 해체되었으며, 크메르 루주가 모든 국가 기관을 장악했다는 소식을 들었다. 그해 4월, 민주 캄푸치아 건국 1주년이 되던 날 마오쩌둥은 다음과 같은 내용의 축하 전보를 보냈다. "중국 인민은 캄푸치아에서 일어나고 있는 거대하고 심각한 변화를 보며 매우 기뻐하고 있습니다. 우리는 캄푸치아 혁명 조직의 올바른 영도하에 캄보디아 인민들이 더욱 큰 승리를 거둘 것이라고 확신합니다."[103] 마오쩌둥은 이렇듯 마지막 정치 행위 가운데 하나로 중국보다 더 급진적이었던 캄보디아 문화혁명에 축복을 보냈다.

크메르 루주 이념과 실천에는 분명히 마오주의적인 요소가 다분하다. 가장 먼저 차용한 것은 언어였다. "초급超給 대약진", "동풍이 서풍을 이길 수 있다." "사람은 오직 자신의 역량에만 의지해야 한다." "혁명의 의지가 있다면 무엇이든 할 수 있다." "혁명은 연회가 아니다." 등 여러 가지 구호는 모두 마오쩌둥의 말을 인용한 것들이다.[104] 이외에도 크메르 루주는 마오주의를 응용하기도 했다. 그는 인민들을 노예처럼 노동하도록 강제하여 "크메르인들을 연료를 소비하지 않고 쌀도 많이 소비하지 않는 쌀 생산 기계로 만들겠다"는 야망에 불탔으며, 모든 화폐와 임금 차별을 폐지했다(이는 마오쩌둥이 사망하기 2년 전에 장난삼아 내놓은 아이디어였다).[105] 도시 인구를 소개시킨 것은 중국 문화대혁명 시절 '하향'의 극단적인 판본이고, 공공식당을 설립하여 개별적인 가정 식사를 폐지한 것은 대약진운동 시절의 집단화를 재현한 것이다.[106] 크메르 루주는 전문성보다 정치적 올바름을 선호하는 마오쩌둥의 극단적인 방식을 취해 사상개조를 받은 젊은이들(그들 중 일부는 성을 마오毛로 바꾸었다)을 발탁하고, 교육받은 전문가들은 살해했다.[107] 당시 캄보디아의 캄퐁 솜Kampong Som(캄보디아 남서부에 위치한 해안도시)에 자리한 중요 정유공장의 경우 대부분의 경영진과 노동자들은 8세에서 18세 사이였으며, 중국에서 파견된 30~40대 기술고문들은 '할아버지'라고 불렸다. 이처럼 젊다 못해 어린 아이들까지 존중하자 중국 기술자들은 긴장하지 않을 수 없었다. 어떤 중국 기술자는 비행기를 타고 앙코르와트를 방문하려다가 자신을 위해 파견된 조종사가 17살밖에 되지 않았다는 사실을 알고 포기하고 말았다.[108] "우리는 마오쩌둥 사상을 캄푸치아의 현실에 창의적이고 성공적으로 적용했다. 캄푸치아에서 중국의 가장 중요한 원조는 바로 마오쩌둥 사상이다."[109] 폴 포트는 자랑스럽다는 듯이 이렇게 말했다. 1977년 한 베트남 외교관의 말에 따르면, 폴 포트는 "100% 마오쩌둥을 지지했다."[110] (그러나 중국 문화대혁명의 무정부 상태는 크메르 루주에게도 전혀 쓸 데가 없었으며, 북한과 북베트남도 그렇게 생각했다.)

크메르 루주의 물자와 이데올로기는 모두 중국에서 왔다. 그중에는 무기와 식량, 고위급 영도자들의 봉급, 잠옷처럼 생긴 제복 제작에 필요한 검은색 포목, 제복에 차는 모조 가죽혁대, 크메르 루주 지도자의 개인 숭배를 위한 폴 포트의 초상화 등이 모두 포함되었다. 크메르 루주의 의상에서 유일하게 색조가 들어간 빨간색과 흰색 체크무늬 크롬Krom(남부 크메르인이 즐겨 착용하는 스카프)은 주로 햇볕을 가리거나 가방을 만들고, 심지어 사람을 처형할 때 눈가리개로 사용하기도 했는데, 이 역시 중국에서 만들었다.[111] 1975년 크메르 루주가 캄보디아에서 승리하자 중국 정부는 즉시 단일 원조로는 사상 최대 규모인 2천만 달러를 전액 기부하고 9억 8천만 달러를 무이자로 대출해주었다. 중국은 크메르 루주를 위해 화폐까지 발행했으나 크메르 루주는 사용을 거부했다. 프놈펜 함락 직후 거대한 중국 선박들이 쌀과 무기, 석유와 농기구, 의약품과 재봉틀, 천과 말라리아 예방약, 자전거와 곡괭이 등을 싣고 항구에 정박하여 물자를 하역한 후 빈 배로 돌아갔다.[112] 크메르 루주는 현대화와 외국의 영향력에 대해 의심하고 있었지만, 그 의심이 군사 기술까지 확대되지는 않았다. 군사기술에 관한 한 그들은 자신들의 가장 확고한 우방을 통해 가장 좋은 군사 장비를 제공받기를 원했다.

1977년 10월 5일, 중국 국방부는 민주 캄푸치아에 "무전기부터 제트 전투기"까지 모든 무기를 지원하기로 약속했다.[113] 113명의 캄보디아 조종사와 해군 장병이 중국을 방문했고, 500명의 중국 육군 교관이 캄보디아에 도착했다. 1975년부터 1978년까지 1만 5천 명의 중국인 고문단과 기술자들이 캄보디아 건설 계획에 따라 투입되었다[114](마오쩌둥이 파견한 캄보디아 주재 대표단은 현지에 머무는 동안 수만 마리의 도마뱀을 밀렵했다. '합개蛤蚧'라고 부르는 말린 도마뱀은 중국에서 귀한 최음제로 여겨졌으며, 마오쩌둥이 관심을 갖고 있는 상품이기도 했다). 시아누크의 표현에 따르면 '마오쩌둥 풍격'대로 캄푸치아 민주공화국의 영상을 담기 위해 선전 영화 제작자들이 중국에서 기술을 전수받았다.[115] 고문과 살해로 악명 높은 프놈펜의 투올 슬렝 감옥에서 사형수들의 머그샷을 찍었던 사진사 역시 중국에서 기술을 익혔다.

투올 슬렝으로 보내진 약 2만 명 중 생존자는 7명뿐이었는데, 그들 대부분은 예술가들이었다. 1978년 폴 포트는 개인 숭배를 위해 화가와 조각가들을 선발토록 명령했다. 당시 3명의 조각가가 감옥에 보관된 황금과 백은으로 7m짜리 동상 제작에 착수했다. 생존자의 말에 따르면, "중국의 마오쩌둥 동상과 유사한 작품을 만들 공간을 마련하기 위해" 프놈펜에 있는 탑산사塔山寺, Wat Phnom temple complex를 허물 생각이었다. 하지만 그 계획은 무산되고 말았다.[116]

마오주의 혁명의 자립 · 자강의 민족주의는 크메르 루주의 극단적인 애국주의와 결합하여 외부의 어떤 권위에도 굴복하지 않는 폴 포트 정권의 잔인한 학살을 탄생시켰다(크메르 루주는 의도적으로 고립을 자초하여 프놈펜의 외국 대사관은 단지 9개국뿐이었다). 크메르 루주는 마오쩌둥의 민족 공산주의의 예외적인 신조를 신봉했다(하지만 아이러니하게도 그들은 자신이 외국 모델을 대표하고 있다는 사실을 깨닫지 못했다). 1975년 4월 프놈펜에서 벌어진 마지막 전투에서 폴 포트는 자신의 혁명이 자급자족적이라고 선언했다. 그는 "외국의 개입이나 참여 없이" "완전히 깨끗한 승리"를 거두었다고 선언했다. 하지만 이는 사실이 아니다. 당시 폴 포트의 군대에는 포병대가, 심지어 베트남에서 파견된 사단 전체가 있었으며, 호치민 루트를 따라 끊임없이 중국산 무기가 운송되었다.[117] 이후 베트남과 경쟁하면서 크메르 루주는 1950년대 후반 마오쩌둥이 흐루쇼프와 했던 그대로 허장성세를 늘어놓았다.

"우리는 10년이 걸리지만 베트남은 30년이 걸린다. 그러니 베트남은 우리를 따라잡을 수 없다. …… 우리는 열 가마니의 쌀을 수확할 수 있지만 베트남은 두 가마니밖에 수확하지 못한다. …… 그들은 1년의 속도로 걷지만 우리는 그보다 세 배 빠른 3년의 속도로 걷는다."

정권을 장악한 후 크메르 루주 지도부는 자신들의 정치적 선배까지 무시했다. 1975년 정치회의에서 그들은 "우리 조직이 마오쩌둥을 앞지르고 있다"고 선언했다.[118] 폴 포트의 처제는 한 술 더 떴다. "우리는 중국 형제들조차 능가할 수 있다. 우리는 한 번의 거대한 도약으로 공산주의의 목표를 실현할 수 있을 것이다."

기질적으로 광신에 가까운 민족주의자였던 크메르 루주의 지도자들은 마오쩌둥이 시작한 공산주의 형님(우두머리 수컷alpha-male) 경쟁에 끼어들어 "우리나라의 명칭은 쓸데없는 단계를 거치지 않고 공산화에 성공한 최초의 국가로 세계 역사에 금빛 찬란하게 기록될 것이다"라고 허풍을 떨었다.[119]

이론상으로 볼 때, 중국이 크메르 루주에게 막대한 지원을 했기 때문에 새로운 민주 캄푸치아에 대한 막강한 영향력을 발휘했을 수도 있다. 그렇다면 마오쩌둥은 10억 달러의 차관으로 동남아시아에 정치적 실험실을 매입했다고 생각했을까? 일단 중국의 반응은 표면적으로 매우 호의적이었다. 1976년 말, 중국 기자들은 캄보디아 전역을 돌아다닌 후 귀국하면서 이렇게 말했다. "우리는 좋은 인상을 얻고 돌아간다. …… 사방으로 환하게 빛나는 민주 캄푸치아가 동방에서 굴기하는 모습이 마치 붉은 태양이 떠오르는 듯하다."[120] (이는 마오쩌둥의 개인 숭배 이미지와 거의 비슷하다.) 크메르 루주가 붕괴하기 1년 전쯤 캄푸치아를 방문한 저우언라이의 미망인 덩잉차오鄧穎超는 캄푸치아에 대해 이렇게 찬사의 말을 남겼다. "높은 산봉우리에 군건히

서 있는 소나무는 어떤 힘으로도 꺾을 수 없을 것이다. 캄푸치아공산당의 올바른 영도하에 캄푸치아 인민들은 분명 밝고 영광스러운 미래를 향해 전진해나갈 것이다."[121]

그러나 실제로 중국의 생각은 복잡했다. 처음부터 캄푸치아공산당은 다루기 힘든 동맹국임을 여실히 드러냈다. 1975년 여름 방광암으로 인해 입원 중이던 저우언라이는 여생이 불과 8개월 밖에 남지 않은 상황이었다. 그는 폴 포트와 친한 동지인 키에우 삼판Khieu Samphan을 만난 자리에서 이렇게 말했다.

"사회주의의 길은 그리 평탄하지 않습니다. 중국은 여전히 그 길고 먼 길을 따라 걸어가고 있습니다. …… 우리의 대약진운동의 나쁜 전철을 밟지 마세요. 천천히 가는 것이 좋습니다."

중국공산당은 어쩌면 크메르 루주의 급진적인 야망이 동남아시아에서 안정적인 동맹국을 확보하려는 중국의 희망을 위태롭게 할지도 모른다고 걱정했을지도 모른다. 키에우는 임종을 앞둔 남자, 저우언라이 앞에서 "믿지 못하겠다는 듯 거만한 웃음을 지었다." 사실 저우언라이는 그들과 시아누크를 연결시켜 크메르 루주가 굴기할 수 있는 길을 만들어준 당사자였다.[122] 동맹을 맺기는 했으나 크메르 루주는 자기 편한 대로 시아누크를 대했다. 그를 가택연금하고, 중국을 포함한 외국 방문객과의 접촉을 금지시켰으며, 그의 친척들을 노역으로 몰아 굶어 죽이기까지 했다. 이에 반해 마오쩌둥과 저우언라이는 비록 시아누크를 이용하기는 했으나 여전히 그를 융숭하게 대접했다. 크메르 루주가 유일하게 양보한 것은 시아누크를 인민공사로 보내 죽음에 이르게 하지 않았다는 점이다. 중국 외교관들도 캄보디아에서 격리 생활을 감수해야만 했다. 당시 외교관 가운데 한 명은 이렇게 회상했다. "대사관은 더운 여름철에도 시원했다. 제법 큰 수영장도 있고, 운동을 할 수도 있었다. …… 매주 베이징에서 식료품이 공수되었다. 하지만 우리는 모두 긴장 상태였으며, 무엇보다 지루하기 이를 데 없었다. 캄보디아 정부는 우리들에게 밖에 나가 산책하지 못하도록 했다. 때로 우리가 이를 무시하고 산책을 나가면 한두 명의 군인들이 우리 뒤편 50야드 떨어진 곳에서 감시하듯이 따라왔다. …… 거의 1년 반 동안 우리는 산책하는 캄보디아인을 본 적이 없었다." 1976년 캄보디아 외무부는 내부 문서에서 이렇게 보고했다. "우리는 중국을 조심해야 한다. 중국은 우리를 자신들의 위성국가로 만들고 싶어한다."[123] 1978년 정권의 피해망상증이 절정에 달하면서 "중국과의 합작"이 각 부 장관을 처형하는 빌미가 되었다.[124]

크메르 루주 지도부가 갑자기 도시 사람들을 시골로 내쫓고 도시를 공동화시키고, 화폐를 폐지하기로 결정하자 문화대혁명의 경험은 오히려 온건한 것으로 간주되었다. 폴 포트는 코웃음을 치며 이렇게 말했다. "중국인들은 정말 어떻게 해야 하는지 몰랐던 거야. 마오쩌둥은 자신의 문화대혁명을 중지시켰지만 우리는 매일 문화대혁명을 하고 있지."[125] 크메르 루주의 선전물은 민족주의의 자랑으로 넘쳐났다. "프놈펜 거주자들을 추방한 것은 다른 어떤 나라의 혁명에서도 찾아볼 수 없는 조치이다. …… 세계 혁명가들은 캄푸치아에서 많은 것을 배울 수 있을 것이다. …… 크메르의 혁명은 전례가 없는 것이며, 우리는 역사상 한 번도 해본 적이 없는 일을 행하고 있다."[126]

캄보디아에 살고 있는 중국계 화인들은 다른 어떤 집단과 마찬가지로 취약한 상태였다. 화인들은 자본가 또는 타이완의 간첩으로 의심받았고, 교육을 받았다는 이유로 또는 단순히 캄보디아 사람이 아니라는 이유로 고통을 당해야만 했다. 당시 화인 전체 인구 43만 명 가운데 절반에 해당하는 수십만 명이 사망했다. 1979년 이후 생존자들 가운데 많은 이들이 캄보디아를 떠나면서 1980년대 중반까지 캄보디아에 남은 화인은 6만여 명에 불과했다.[127] 1975년 4월, 화인으로서 수난을 당한 이들의 비율이 특히 높았는데, 이는 대부분의 화인들이 도시에서 장사를 했기 때문에 크메르 루주 정권의 적으로 분류되었기 때문이다.

민주 캄푸치아에 대한 중국의 태도나 행동 역시 민족주의의 영향을 받았다. 마오쩌둥은 마지막 해에 자신의 혁명이 캄보디아에서 활짝 꽃 피었다는 사실에 만족했다. 그러나 1977년이 되자 중국과 민주 캄푸치아 사이의 이데올로기적 유대는 점차 악화되기 시작했다. 마오쩌둥의 후계자로 지명된 화궈펑華國鋒은 마오쩌둥 사후 불과 한 달 만에 사인방을 체포하고 숙청했다. 이에 이엥 사리는 두려움을 느끼기 시작했다.("그들은 좋은 사람들인데!"[128]) 1978년 이후 중국을 이끌게 된 덩샤오핑은 사인방이 극성하던 시대에 크메르 루주가 반혁명분자로 규정한 인물이었다. 1980년대 이후까지 중국이 캄보디아와 동맹을 유지할 수 있었던 것은 국가 이익, 즉 베트남에 대한 적대감을 공유하고 있었기 때문이다.

중국과 베트남, 베트남과 캄보디아의 관계는 미국이 인도차이나를 떠나기도 전에 균열이 생겼다. 1970년대 초, 폴 포트는 베트남에서 훈련받은 캄보디아 공산주의자들을 숙청하거나 살해했다. 1974년에만 중국군과 베트남군 간의 국경 충돌이 100건이나 발생했다. 1975년 4월 베트남과 캄보디아 각각의 내전이 종식되자 양국은 피차간에 유혈사태를 일으켰으며, 중국을 상대로 주권 확보를 위해 싸웠다. 베트남은 스프래틀리 군도Spratly Islands, 남사군도南沙群島를 점령했고(한 중국 관리는 이 소식을 듣고 크게 분노했다고 말했다), 당시 중국이 점령하고 있던 파라셀 군도Paracel Islands, 서사군도西沙群島의 영유권을 주장했다. 캄푸치아공산당 군대는 타이만의 섬에 사는 베트남 주민들을 공격했다. 프놈펜이 크메르 루주에게 함락되자 이엥 사리는 중국에게 베트남을 통해서 군사 지원을 하지 말고 캄보디아의 캄퐁 솜 항구를 통해 전달할 것을 요구했다. 동시에 폴 포트는 캄보디아에 살고 있는 소수의 베트남계 사람들에게 선전포고를 했다. 얼마 후 남베트남의 난민수용소에는 캄보디아에서 넘어온 난민이 15만 명을 헤아렸다.[129]

1975년 봄, 중국은 미국이 남베트남에서 철수하는 것을 초조하게 지켜보면서 그곳에서 베트남과 소련의 영향력이 부활할 것을 두려워했다. 중국 지도자들은 북베트남의 승리는 소련이 제공한 첨단 무기 때문이 아니라 마오쩌둥의 인민전쟁 전략에 기인한 것이라고 주장하거나[130] 베트남인들은 "크메르 루주가 어떻게 혁명을 학습했는지 배워야 한다"고 훈계하기도 했다. 그해 9월 레주언이 베이징을 방문하여 중국의 원조 연장을 요청했다(과거 중국의 지원에 대해 겸손한 마음으로 감사를 표시하는 것은 당연한 일이었다). 그런데 마오쩌둥은 전례 없는 말을 했다. "현재 당신네는 천하에서 가장 가난한 나라가 아니오. 오히려 우리가 가장 가난하오."[131] 하지만 불과 한달 전 중국은 캄보디아에 5년간 10억 달러를 지원하겠다고 공언한 바 있었다. 예상치 못한 거절에 모욕감을 느낀 레주언은 외교적인 절차에 따른 상호 연회를 취소하는 외교적 무례를 범했다. 이에 중국인들은 "우호적인 형제당의 지도자로서 이례적인 행동이다"라고 항의했다.[132]

베트남인들은 캄보디아인들과 마찬가지로 자신들의 역사 기록에서 지난 시절 오랫동안 지속된 중국의 지원과 영향력을 삭제했다. 그들은 "베트남 인민의 획기적인 승리가 세계 세력 균형에 중요한 변화를 가져오는 데 기여했다"라며 자신들이 세계 혁명의 지도자라고 환호했다. 미국을 상대로 승리를 거둔 베트남인들은 14세기 중국인들을 물리친 것을 기념하여 지은 시가를 찾아내어 읊었다. "바다에는 더 이상 상어가 없고, 지상에는 더 이상 야수野獸가 없다."[133]

그들의 공산주의식 민족주의는 오랜 역사적 원한과 마오주의의 우월주의가 복합적으로 작용한 것이라고 할 수 있다. 1950년대 이후 베트남을 초토화시킨 첫 번째 외국은 프랑스였고, 그다음은 미국이었지만 베트남인들의 상상 속 괴물은 여전히 중국인이었다. 1970년대 북베트남에는 중국의 침략에 맞서 싸운 군사 영웅(남녀를 불문하고)을 기리는 사당이 곳곳에 세워졌다. 이런 사실에 불쾌감을 느낀 덩샤오핑은 1975년 베트남에서 온 방문객에게 베트남 교과서에서는 왜 '북방의 위협'을 학습 주제로 삼느냐고 물은 적이 있다.[134] 지금도 베트남의 국립 역사박물관에 가보면, 미국과의 치열한 전쟁보다 중국과의 갈등과 충돌에 더 많은 공간을 할애하고 있다. 천 년이 넘는 기간 동안 중국에 맞서 독립을 쟁취하려던 투쟁이 여전히 중요한 사건으로 간주되고 있는 것이다.

베트남인들은 중국을 탐욕스러운 팽창주의 세력으로 여겼는데, 캄보디아 사람들은 베트남인들에 대해 유사한 원한을 지니고 있었다. 이는 15세기부터 18세기까지 베트남의 통치자들이 베트남 북부의 홍하紅河 삼각주에서 현재 베트남의 최남단 지역까지 영토를 확장했기 때문이다. 캄보디아와 베트남 사이의 상호 불신과 경멸은 언어에서도 그대로 드러난다. 캄보디아인들은 베트남인을 '유온yuon'이라고 부르는데 이는 야만인이라는 뜻이다. 베트남인들은 반대로 캄보디아인들을 '고원의 야만인'이라고 부른다.[135] 서로가 서로를 야만인으로 호칭하는 셈이다. 1975년 이후 중국, 베트남, 캄보디아는 문화적, 정치적 우월성을 자신하며 지역 주도권을 놓고 경쟁을 벌였다. 20세기 초반이나 중반까지만 해도 프랑스 점령에 대항하는 '인도차이나 연대' 이론이 이러한 악성 분열을 덮어왔지만, 1970년대 초 제국주의가 후퇴하면서 오래된 원한이 다시 노출되기 시작했다. 1978년에 이르자 삼국은 서로 다른 나라의 배신을 비난하는 기사를 번역하여 전 세계에 배포했다.

마오쩌둥과 그의 동지들은 형제 공산당 간의 평등이라는 마르크스주의 국제주의 수사법을 교육받은 것으로 알려졌지만, 실제로는 종종 높은 자리에서 아래를 보며 담화하는 듯한 모습을 보였다. 중국이라는 공산주의 국가는 표면적으로 현대화에 적극적인 것처럼 보였지만 여전히 옛 모습에서 벗어나지 못했다. 예를 들어 빈번하게 베이징을 방문한 베트남 대표단은 종종 제국에 조공하는 행렬을 상기시켰다. 이렇듯 베트남에 대한 중국의 태도에는 사회주의적 박애주의와 유교적 제국주의가 섞여 있었다. 중국은 암묵적으로 만약 자신들이 베트남에 제공하는 차관에 대한 상환 논의를 포기한다면, 베트남이 또 다른 방식으로 화답할 것이라 믿었다. 즉 중국의 정치적 우세를 인정하고, 중국의 '세력 범위' 안으로 들어올 것이라고 믿었다는 뜻이다.

이러한 기대는 베트남의 군사 전략에 대한 마오쩌둥의 세심한 관리에서 남김없이 드러난다.(예를 들어 마오쩌둥은 베트남 지도자에게 마치 명령하듯이 이렇게 말했다. "당신은 당신의 전략에 주의를 기울여야 한다. 미국과의 정면대결에 주력군을 투입하여 총력을 기울여서는 안 되며, 주력군을 잘 유지할 수 있어야 한다. 푸른 산이 있는 한 어찌 땔감이 부족하겠는가?")[136]

삼국 관계의 불평등은 몇몇 지도자들이 사용하는 언어에서도 드러난다. 예를 들어 '우리'라는 말이 그러하다. 마오쩌둥, 저우언라이, 덩샤오핑은 베트남인들이 베트남 땅에서 벌인 전쟁에 대해 논의할 때에도 언제나 '우리'라는 말을 공공연하게 사용했다. 또한 베트남 지도자들 역시 캄푸치아공산당이 무엇을 해야 한다고 말할 때에도 같은 말을 썼다. 마오쩌둥은 중국 주재 베트남 외교관들이 모인 자리에서 이렇게 말했다. "우리는 한 가족이다. 북쪽(북베트남), 남쪽(남베트남), 인도지나(인도차이나), 한국(조선) 등등 우리는 모두 한 가족이며 하나의 대가정으로 서로 지지해야 한다."[137] 얼마 후 베트남이 중국에 순종하지 않자 중국 관원들은 혈육 간의 배신감을 느꼈다. 베트남이 "배은망덕의 흑심을 품고", "오만방자하니", 이는 근본적으로 대역부도大逆不道(임금이나 부모를 살해하는 죄), 즉 충효의 규범을 어긴 것이라는 뜻이다.[138]

중국, 베트남, 캄보디아의 관계는 1970년대 후반까지 계속 악화되었다. 1975년 폴 포트는 베트남 대표단에게 새끼 악어 한 마리를 선물했다. 다만 악어를 선물한 까닭을 명확히 밝히지 않았기 때문에 베트남인들이 악어라는 뜻인지, 아니면 악어에게 잡아먹히기를 바란다는 뜻인지 알 수 없었다. 하지만 어떤 기자가 말한 바와 같이 그 선물이 "끔찍하기 이를 데 없는 상징성을 지닌 것"이라는 점은 분명했다. 1977년 3월부터 크메르 루주는 캄보디아에서 베트남계 사람들을 철저하게 숙청하기 시작했다. 그해 가을 베트남인들은 외신 기자들과 함께 캄푸치아 국경 인근의 섬뜩할 정도로 조용한 마을을 참관했다. 그곳에는 베트남계 캄보디아인들의 훼손되거나 부패한 시신이 가득했다. 1977년 마지막 날, 민주 캄푸치아는 베트남과의 관계를 단절했다.[139]

크메르 루주는 베트남을 처음부터 큰 위협으로 여기고 있었다. 이러한 망상은 집권 마지막 1년 내내 더욱 심해졌다. 외부 및 내부의 적에 대한 피해망상증으로 인해 숙청 또한 날로 심각해졌다. 중국은 캄보디아를 베트남을 막는 유용한 보루로 간주했기에 크메르 루주를 온건화하거나 내버리기를 거부했다. 이는 베트남과의 관계를 악화시켰다. 중국과 베트남 국경 분쟁이 격화되면서 베트남이 승리할 때마다 크메르 루주는 국경지역에 반역자가 득실거린다는 의심을 품었다.[140] 한편 베트남 내부의 정치권력 다툼은 수십만 명에 달하는 중국계 베트남 화인들의 삶을 혼란에 빠뜨렸다. 1978년 중국은 베트남의 화인들에게 '소련의 영향'에 저항할 것을 촉구했고, 이에 하노이(베트남) 당국은 주로 식당 등 상업에 종사하는 이들이 대부분인 남부 화인 공동체를 단속하기 시작했다. 결국 수십만 명의 화인들이 중국 남부로 넘어갔다. 1978년 7월 덩샤오핑은 "베트남의 배은망덕하고 오만한 행동에 대해 교훈을 주기로 작심했다." 덩샤오핑이 그런 생각을 하게 된 것은 몇 가지 이유가 있었다. 우선 베트남이 지난 세월 중국의 원조에 대해 공개적으로 감사를 표명하지 않았으며, 오히려 소련과 긴밀한 관계를 유지하고, 화인들을 괴롭혔으며, 중국의 동맹국인 '캄푸치아 민주공화국'에게 저지른 잔혹한 행위 등등이 그것인데, 그는 이에 대해 알기 쉽게 적절한 대응을 하고자 했던 것이다. 그는 싱가포르의 총리인 리콴유李光耀를 만난 자리에서 이렇게 말했다. "배은망덕한 사람들은 반드시 벌을 받아야 합니다. 우리는 그들에게 200억 달러를 원조하고 중국인의 피와 땀을 흘렸는데, 무슨 일이 일어났는지 한번 보시오."[141]

1979년 2월부터 3월까지 중국과 베트남이 전쟁을 벌였다. 중공군이 베트남 북부 국경을 강타했다. 이 전쟁은 중공군이 한국전쟁에서 참혹한 인명피해를 감수하며 사용했던 '인해전술'을 시도한 마지막 전쟁이었다. 3월 중순 전투가 마무리될 때까지 베트남의 국경 지역 대부분이 거의 초토화되었다. 그곳은 중국을 자극하지 않기 위해 미군 폭격기도 공습하지 않은 곳이자 한때 호치민이 중국의 조언을 받아들여 근거지를 마련했던 곳이기도 하다. 전쟁이 끝나고 5개월이 지난 후 그곳을 방문한 기자 나얀 찬다Nayan Chanda는 이렇게 회상했다. "기와지붕이 날아간 중앙 시장은 철제 기둥만 삭막한 하늘을 배경으로 해골처럼 서 있었다. 뒤틀린 소독기, 산소통 잔해, 이동식 침대 바퀴가 부서진 콘크리트와 기와조각 더미에서 삐죽 튀어나와 있는 모습이 한때 이곳이 병원이었음을 보여주고 있었다. 철제 다리는 구부러진 무릎처럼 물속에 그대로 방치되었다. …… 나는 파손되지 않은 벽돌을 찾아 폐허 속에서 삶을 재건하려는 비참하고 가난한 사람들을 보았다."[142]

두 달 전인 1979년 1월 7일, 크메르 루주 정부는 베트남의 침략을 피해 수도에서 철수했다. 그리고 불과 몇 시간 만에 베트남군이 프놈펜에 입성했다.[143] 인류의 활동 시계가 멈춘 것만 같은 도시였다. 콘크리트 기반 시설은 거의 그대로였으나 도로마다 바나나, 코코넛, 파파야 등 온갖 나무가 자라고, 수확하지 않은 과일들이 그대로 떨어져 나뒹구는 등 이미 자연이 도시를 침범한 상태였다. 보도에는 노동자나 물건을 사고파는 이들, 심지어 어슬렁거리는 이들조차 보이지 않고 대신 돼지, 닭, 도마뱀이 자리를 차지했다. 도로는 이미 제 기능을 잃었다. 사람이 살지 않는 빈 집에는 버려진 테이블과 소파, 침대, 텔레비전, 전화기, 옷, 레코드판, 악기, 사집첩 등이 주인을 잃고 방치되었으며, 쥐들이 그 사이에 보금자리를 잡고 이리저리 돌아다녔다. 그모든 것은 1975년 4월 17일[144] 총칼에 쫓겨 일상생활에서 추방된 이들이 남기고 간 흔적들이었다.

폴 포트는 시아누크를 가택연금에서 해제시켰다. 뉴욕의 유엔 본부에서 캄보디아에 대한 베트남의 침략을 규탄하기 위해 그를 이용하기 위함이었다. 시아누크는 즉시 망명을 시도했지만 미국이나 프랑스 모두 그를 원치 않왔다. 1979년 2월 13일, 시아누크는 또다시 중국으로 망명했다. 저우언라이는 이미 죽은 지 3년이 지난 후였다. 그의 아내 덩잉차오가 공항에 마중 나왔다. 그녀가 그를 위로하며 말했다. "우리는 그저 몇 년이 아니라 20년이 넘는 오랜 친구입니다. 중국인은 약속을 잘 지킨다는 말을 믿어주세요. 우리는 언제나 진심으로 친구를 대합니다." 시아누크는 "나는 당신을 전적으로 믿습니다"라는 말 외에 아무 말도 할 수 없었다.[145] 그는 남은 생애 동안 중국의 환대에 의존하며 때로 저항하고 때로는 크메르 루주와 다시 동맹을 맺으라는 압력에 굴복하기도 했다. 폴 포트는 중국의 대대적인 지원을 적극 활용했다. 10억 달러에 달하는 중국 자금은 폴 포트의 군사적, 정치적 야망을 유지시켜 주었고 중국 의사들은 그를 암으로부터 구해 주었다. 태국과 캄보디아 국경에 있는 난초 향기 가득한 벽돌집 테라스에서 폴 포트는 프놈펜에서 베트남의 지원을 받는 정부에 대항하는 반란을 지휘하는 한편, 가족을 꾸리고 「파리 매치*Paris Match*」(프랑스 주간지)를 훑어보며 지냈다. 그의 조직이 완전히 무너지자 그는 1998년, 역사가들이 그에게 민주 캄푸치아와 중국의 관계에 대해 질문하기도 전에 평화롭게 병사했다.[146]

캄보디아에서 활동하던 중국의 첩자 저우더가오는 철저하게 버려졌다. 소외되고 굶주렸으며, 하마터면 크메르 루주에 의해 처형당할 뻔했다. 1977년 그는 중국으로 건너가 캄푸치아공산당에 대해 심각하게 비판하는 보고서를 제출했다. 하지만 베이징의 관리들은 그에게 기강이 해이해졌다고 하면서 중앙위원회의 사업에 간섭하고 인도차이나에서 가장 우호적인 동맹국을 비난했다는 이유로 그를 견책했다. 그는 이로 인해 중국 정부에 대해 환멸을 느끼고, 특히 무례한 관료들의 가혹한 대우에 혐오감을 느꼈다. 결국 그는 중국을 탈출하고 중국공산당 당적을 포기했다. "나는 나라를 사랑하는 바보였다." 그는 자신에 대해 이렇게 말했다.

홍콩에서 허드렛일을 하며 고생한 끝에 그는 미국 이민에 성공했다. 비록 미국에서 자신의 학식과 경험을 활용할 기회를 얻지 못하고 그저 한 학교의 청소부로 일할 수밖에 없었지만 그는 자신의 자서전 말미에서 제2의 고향에서 체험한 '자유와 안전'에 대해 언급하면서 이곳이야말로 '법치에 따른 자유국가'라고 찬사를 보냈다. 그러나 불과 30년 전만 해도 그가 말한 자유국가의 B-52 폭격기가 그의 조국인 캄보디아를 맹폭격했다.[147]

현대 중국은 캄보디아에 미국보다 더 많은 원조를 제공하고, 새로운 의회를 세웠으며, 캄보디아 학생들이 중국에서 공부할 수 있도록 자금을 지원하는 등 캄보디아의 가장 좋은 국제적인 친구가 되려고 노력하고 있다. 캄보디아 주재 중국 대사는 2010년에 "중국 정부는 민주 캄푸치아 정치에 참여하거나 개입한 적이 없다"고 단언했다.[148] 그러나 투올 슬렝을 안내하는 여행 가이드들의 중국 관광객에 대한 태도는 그리 우호적이지 않다. 그들은 크메르 루주 시절 참혹했던 4년의 세월을 이야기하면서 중국공산당 역시 나름의 역할을 했음을 숨기지 않았다. 베트남의 가이드들도 마찬가지로 자신들의 적의를 솔직하게 드러내곤 한다. 마오쩌둥 시절 외무장관을 역임한 천이의 아들은 우연히 베트남의 가이드가 영어로 하는 말을 들었다. "표면적으로 보면 우리가 중국의 좋은 친구라고 여기겠지만 사실 중국은 우리의 가장 큰 적이다."

8장

당신들은 늙었고,
우리는 젊다.
마오쩌둥!

1970년대 중반, 인도 남부 케랄라Kerala 태생의 싱가포르인 아라빈단 발라크리슈난Aravindan Balakrishnan(런던의 마르크스주의-레닌주의-마오쩌둥 사상 노동자 연구소Workers' Institute of Marxism-Leninism-Mao Zedong Thought의 지도자)이 대담한 예측을 했다. 1977년 말 중국인민해방군이 세계를 해방시키기 위해 신속한 움직임을 보일 것이며, 제국주의자들이 미처 깨닫기도 전에 그들이 이미 런던과 워싱턴에 입성할 거라는 내용이었다. 하지만 1977년이 끝나갈 때까지도 별 조짐이 보이지 않자 발라크리슈난은 재빨리 도피구를 찾기 시작했다. 우선 그는 예언의 실현을 1980년으로 연기했다. 이어서 그는 시기는 그렇게 중요하지 않다고 말했다. 왜냐하면 마오쩌둥 치하에서 중국인들이 이처럼 빠르게 진보하여 사람들이 채 깨닫기도 전에 세뇌 등 또 다른 유형의 전쟁을 통해 우리를 해방시킬 것이기 때문이라고 했다.

발라크리슈난의 연구소는 극소수 집단이었다. 1974년, '발라 동지'는 소규모 조직인 잉글랜드공산당(마르크스-레닌주의자)* Communist Party of England(Marxist-Leninist)을 탈퇴하여 자신의 당파를 조직했다.[1] 발라크리슈난에 따르면, 자신이 기존 조직을 탈퇴한 이유는 동지들이 '위대하고 영광스러우며 정확한 중국공산당'에 등을 돌리고 '국제 파시스트 부르주아'를 지지했기 때문이었다.

발라크리슈난의 권위가 최고조에 달했을 때 그는 스물다섯 명의 신도와 함께 런던 브릭스턴에 위치한 에이커 가Acre Lane 140에 있는 마오쩌둥 기념센터에서 인민공사 방식으로 생활했다.[2] 그들은 매우 진지하고 치열하게 생활했다. 매일 회의에 참석하고 시중에 전단을 배포했으며, 언제나 마오쩌둥 배지를 달고 다니며 서점을 돌아보곤 했다. 또한 언제든지 마오주의의 깃발 아래 중국공산당과 세계 혁명의 지도자로서 마오쩌둥 주석의 권위를 옹호하며

---

* 훗날 당원 3~400명 규모의 영국공산당(마르크스-레닌주의자)Communist Party of Britain(Marxist-Leninist)로 확대되었다.

그의 주장을 뒷받침할 준비가 되어 있었다.[3]

구성원들의 모든 수입은 조직에 기부되었다. 조직의 임무는 중국인민해방군이 해방시켜주기를 기다리며, 브릭스턴과 그 인근을 안정적인 혁명기지로 건설하는 것이었다. 당시 그들이 그곳을 택한 이유는 "그 지역이 세계에서 최악의 장소였기 때문이다."[4] 그들 조직은 영국 좌파나 노동조합('파시즘 조직')과 그 어떤 협력도 용인하지 않았으며 조직의 사유방식에 반하는 행위를 저질렀을 경우 그 즉시 제명되었다.[5]

1978년, 경찰이 발라크리슈난의 조직을 급습한 이후 그들은 사람들의 시야에서 사라졌다. 그들에 대한 대중들의 유일한 기억은 1970년대 후반 시트콤 《시민 스미스_Citizen Smith_》 제작에 영감을 주었다는 것뿐이다. 시트콤에서 주인공인 부랑아 울피 스미스_Wolfie Smith_는 아프간 스타일 코트를 입고 국회의사당을 공격하기 위해 스콜피온 장갑차를 훔치려다가 실패하고 결국 난쟁이 동상으로 가득한 교외 정원을 훼손시키는 정도에서 끝을 맺고 만다.* 발라의 조직은 점차 줄어들어 5명으로 축소되었고, 이후 여성 4명만 남았다(한 명은 창문에서 추락하여 의문사했다). 발라의 예언은 끝내 이루어지지 않고 26년이란 세월이 흘렀지만, 그는 계속해서 중국인민해방군에 의한 마오주의 세계 혁명과 해방을 준비했다.

2013년 10월, 강제 결혼으로 고통받는 여성들을 돕는 자선단체 프리덤_Freedom_은 한 여성으로부터 끔찍한 내용을 담은 전화를 받았다. 그녀와 두 명의 다른 여성이 발라크리슈난과 그의 아내에 의해 수십 년 동안 포로로 잡혀있으며 그중 한 명은 당시 서른 살로 구금된 상태에서 태어났다고 했다. 경찰은 발라크리슈난 부부가 집을 비운 사이 세 여성을 안전하게 구출했다. 2년 후 영국 검찰이 발라크리슈난을 기소하면서 강간, 불법 감금, 아동 학대, 16건의 성폭행 및 신체 폭행 혐의 등을 포함한 수십 년에 걸친 그의 학

---

* 《시민 스미스》는 존 설리번(John Sullivan)의 소설을 원작으로 하며, 1977년에서 1980년까지 영국에서 방영된 텔레비전 시트콤이다.

대 전모가 드러났다. 발라 동지가 '부르주아적 성향'을 이유로 여성들에게 가한 비판과 구타의 심리적 압박은 매우 끔찍했다. 한 여성은 자신들에겐 '질문할 권리'가 없었으며 그는 절대적인 권력과 통제 권한을 가지고 있었다고 증언했다. 발라크리슈난은 그녀에게 성관계를 요구한 후, 이에 대해 일기를 쓰도록 강요했으며, 자아비판 회의를 열어 그 일기 내용을 가지고 굴욕감을 주었다.

"그건 마치 철사로 된 솔로 뇌를 훑는 것 같았습니다. 정말 고통스러웠어요. 어떤 비밀도 없었고, 우리에 대해 모르는 것이 없었습니다. 그는 언제든지 그런 것들을 가지고 우리에게 모욕을 주고 비난했어요. …… 그는 지도자로 우리의 몸과 마음, 사상을 장악했어요. 그는 자신이 우리가 숨 쉬는 것까지 좌지우지할 수 있는 권력이 있다고 말했습니다. 언제라도 손가락으로 목을 눌러 죽일 수 있다고 자신 있게 이야기했거든요."[6]

그들은 외출할 때마다 마치 크메르 루주처럼 "좌우조차 살피지 못하고 그저 앞사람 어깨만 보며 걸어야 했다."[7]

이상의 이야기는 유럽과 미국에 전파된 마오주의의 영향력, 종파의 편협성과 공포를 압축적으로 말해준다. 마르크스주의-레닌주의-마오쩌둥 사상 노동자 연구소는 이러한 광경에서 가장 극단적인 예임이 틀림없다. 마오쩌둥과 중국공산당에 대한 과도한 찬사는 사상적 차원을 훨씬 넘어섰다. 발라크리슈난과 그의 추종자들은 중국공산당이 과학 방면에서 거의 신비에 가까운 초자연적인 통제력을 확보하여 적의 핵미사일 발사를 막는 전자 무기('재키Jackie'라고 불렀다)를 개발했으며, 원격으로 미국의 기자회견을 방해할 수 있다고 믿었다. 발라크리슈난은 자신의 딸에게 마오쩌둥이 런던 택시에 달린 미터기(요금계산기)를 통해 죽음의 광선으로 자신을 찌른 적이 있다고 말하기도 했다.[8] 그의 이러한 광기는 마오쩌둥과 중국공산당 정책을 종교와 같은 열정으로 대한 서유럽과 북미의 마오주의 정당의 경우와 정도에서 차이가 나기는 하지만 유형적인 면에서는 결코 다르지 않다.

서유럽의 많은 마오쩌둥 숭배자들과 마찬가지로 발라크리슈난이나 그의 신도들은 교육을 제대로 받지 않은 농민들이나 프롤레타리아가 아니라 최소한 대학 이상의 학력을 지닌 자들이었다. 브릭스턴의 마오주의자들이 보여주다시피 마오주의는 백인 사회의 소수 민족 후예(미국식 표현을 빌리자면 '내부 식민지internal colonies')들에게 특히 매력을 발산했다. 그들 소수 집단의 3분의 2 이상은 유럽인이 아닌 아시아계였다.[9] 예를 들어 발라크리슈난은 중화인민공화국이 건립된 1949년 8살 때 인도에서 싱가포르로 이주한 후 점차 급진적인 정치사상에 물들기 시작했다. 1949년은 중화인민공화국이 성립된 해이자 말레이시아 비상사태Malayan Emergency, 1948~1960 및 말레이시아공산당MCP과 영국 식민 정부 사이의 전투가 고조되던 해였다.

서유럽과 북미의 마오주의 지지자들의 숫자는 오늘날 우리가 보기에 미미할 정도로 매우 적다. 마오주의자가 가장 많은 것으로 알려진 노르웨이의 경우, 현지 보안경찰POT의 집계에 따르면 1990년대 말까지 남은 마오주의 동조자가 대략 2만여 명에 불과하다.[10] 1984년, 프랑스에서 혁명국제주의운동Revolutionary Internationalist Movement(이에 대해서는 후술함)이 성립되기 전까지 소련이 후원하는 코민테른처럼 마오주의자들의 활동을 지원하는 국제 조직은 존재하지 않았으며, 중국도 그런 기관을 설립한 적이 없다. 그러나 1960년대와 그 이후 서유럽과 북미에서 마오주의는 지지자들의 숫자가 보여주는 것보다 더 큰 영향력을 발휘했다. 그 매력의 파급효과는 놀라웠다. 마오주의는 특히 학생, 억압받는 소수 민족(아프리카, 아시아, 히스패닉계 미국인), 도시 테러리스트, 유명 문화인, 철학자들을 끌어들였다. 그중에는 미국 영화배우 셜리 매클레인도 포함되었다. 셜리는 1975년 중국을 6주간 방문하고 돌아와 쓴 찬사의 글을 통해 중국 여행에서 중년의 위기를 벗어날 방법을 찾았다고 말했다.

1960년대와 70년대 중국 문화대혁명의 문화와 정치가 서양 급진주의에 스며들었지만, 획기적이었던 당시 문화대혁명 시기의 실제 상황에 대해 알고 있는 이들은 극히 적었다. 마오쩌둥과 그의 지속적인 농민 혁명 사상은 좌익 반군과 민권 운동가의 관심을 끌었다. 유럽 내에서 마오쩌둥의 문화혁명은 전위적인 학생 사이에 활력을 불어넣었고, 페미니스트와 동성애자 인권 운동을 키웠으며, 도시 게릴라 테러를 정당화하는 데 도움을 주었다. 미국에서는 반인종주의적 민권 운동과 종파적 마르크스-레닌주의 정당 건설을 뒷받침해주는 기능을 하기도 했다. 이러한 마오주의 행동은 대부분 중국으로부터 물질적 원조를 기대해서가 아니라 참가자들의 열정에 의해 이루어졌다. 그들 단체 대부분이 원하는 최대치는 베이징의 어떤 단체가 그들의 잡지를 몇백 부씩 사 주는 것이었다. 당시 잡지 편집자 가운데 한 명은 이렇게 회고했다.

"잡지를 상자에 담아 그쪽으로 보내. 그 사람들이 잡지로 아이들 영어교육을 시킬 수도 있겠지. 불쌍한 것들. 그러면 당신은 현금을 얻어 계속 잡지를 간행할 수 있지 않겠어!"

역사학자 프랭크 디쾨터Frank Dikötter*는 문화대혁명이 초래한 몇몇 결과는 의도하지 않은 것이거나 계획과는 거리가 먼 것이었다고 주장했다(예를 들어 1970년대 초 변덕스러운 중공중앙중국공산당 중앙위원회의 명령에 지친 일부 농촌 관료들은 농민들에게 중앙의 사회주의 계획 방침과 위배되는 자영 경작지를 허용했다).[11] 마찬가지로 문화대혁명이 서유럽과 북미에 확산된 것에 대해서도 이와 유사한 주장을 할 수 있다. 마오쩌둥과 그의 지지자들은 문화대혁명을 '양키 제국주의' 및 미국과 동맹을 맺은 나라를 전복시킬 수 있는 일종의 세계적 풀뿌리 운동으로 생각했다. 그러나 장기적으로 볼 때 문화대혁명에 대한 열정은 급진좌파를 분열시켰으며, 1980년대부터 신자유주의자

---

* 네덜란드 출신 중국현대사 연구자. 새로운 자료를 바탕으로 공산주의가 중국 인민의 삶에 미친 영향을 기록한 『인민 3부작』의 저자로 유명하다.

들이 자신의 세력을 공고히 하는 데 도움을 주었다. 1960년대 후반 미국과 유럽 일부 지역의 정세 불안정으로 인해 사람들은 질서를 유지하는 쪽으로 점차 방향을 바꾸었으며, 우파의 오랜 정권을 옹호하는 쪽으로 공감대를 형성하기 시작했다. 결국 이는 미국의 로널드 레이건과 영국의 마거릿 대처의 정권 장악을 위한 토대가 되었다. 이후로 이러한 추세는 크게 반전되지 않았다.

그러나 우파 정치가 새롭게 부상하여 문화대혁명의 전 세계적인 영향력이나 유산이 완전히 사라졌다고 주장하는 것은 결코 옳지 않다. 현재 인도 중부와 동부에서 다시 부활한 낙살라이트 운동은 1967년부터 시작된 것으로 중국의 문화대혁명에 크게 영향을 받았다. 일부 인사들에 따르면, 현재 정부는 이를 국가의 안전에 가장 위험한 존재로 간주하고 있다(이는 10장에서 구체적으로 다루고자 한다).

필자는 물론 문화대혁명이 전 세계에 몰고 온 비극이나 부조리, 오해 등에 대해 부정할 생각이 없지만 서유럽과 미국의 극좌파 정치가 남긴 일부 긍정적인 유산, 예를 들어 시민운동을 적극 고취시킨 것 등에 대해 좀 더 생각해보고자 한다. 우선 마오주의의 확장은 특히 교육면에서 "인민을 위한 복무", "의식 고양", "문화대혁명" 등의 개념을 전파시켰으며, 나아가 중국 이외 지역의 페미니즘, 동성애자의 권리, 인종 평등, 환경보호와 학술운동에 적지 않은 영향을 끼쳤다. 예를 들어 서독에서는 마오주의 정당에 속한 이전 무장세력들이 1980년대 녹색 운동으로 방향을 전환하면서 이후 수십 년 동안 통일 독일의 정치 구도에 중대한 영향을 주었다.

현대 독일의 일부 역사학자들은 마오주의 사상으로 무장한 도시 테러조직이 그들의 활동에 비해 과도한 관심을 받았다고 주장하면서 서독의 적군파Red Army Faction(바더 마인호프단이라고 칭해지기도 한다)를 예로 들었다. 그들의 주장에 따르면, 정부는 서독 적군파에 대해 지나치게 반응하여 오히려 적군파에 대한 대중들의 인상이 더욱 깊어지게 되었다는 뜻이다. 그러나 보다 큰 그림으로 본다면 이러한 조직을 결코 과소평가할 수 없는 듯하다. 우선 그들은 서구와 미국을 휩쓴 거대한 열정을 가지고 서로 다른 국가와 민족에게 연대와 단결의 토대를 제공했다. 또한 이론적으로나 실질적으로 서방의 반정부주의자들과 세계 각지의 정치투쟁을 연결시켰다. 그들은 아프리카 흑인해방, 인도차이나 전쟁, 중동의 저항, 인도의 농민 투쟁 등과 연대의식을 가졌다. 지금 보면 마치 발라 동지가 만든 조직처럼 냉전의 유물이나 다를 바 없고, 심지어 우스갯소리처럼 느껴지기도 한다.

하지만 이 모든 것을 한데 모아보면 서로 고리처럼 연결된 정치적 현상으로 여러 가지 정보를 우리에게 제공한다. 예를 들어 급진 정치, 제2차 세계대전 이후 통탕거리던 민주주의 역사, 그리고 중국에 대한 세계의 시각과 오해 등등이 그러하다.

1960년대 후반부터 서유럽과 북아메리카의 마오주의 열풍은 그 범위가 가히 놀라울 정도다. 1970년, 방송인이자 작가인 앤드류 마Andrew Marr는 스코틀랜드 국경의 한 사립 예비 학교에서 문화 혁명을 시작하기로 결심했다. 그는 중국대사관에 편지를 보내 자신의 열정을 소개하고 자신의 반 친구들에게 나눠 줄 자료를 대사관 측에 요청했다. 그는 편지에 자신의 이름만 서명했을 뿐, 겨우 열한 살밖에 되지 않았다는 사실은 언급하지 않았다. 중국대사관은 그의 열정과 잠재력을 보고 그에게 작은 붉은 책(『마오주석 어록』) 한 상자를 보냈고, 그는 그것을 자신의 학교 친구들에게 나누어 주었다. 사실, 수많은 예비학교의 학생들도 중국대사관에 작은 붉은 책을 요구하는 편지를 많이 보냈기 때문에 대사관 측은 하는 수 없이 더 이상 책을 요청하지 말라는 서신을 보내는 한편 해당 학교 교장에게 아이들이 모인 자리에서 대신 읽어줄 것을 부탁했다.

뉴욕의 상류층 멋쟁이들은 한 벌에 130달러짜리 중산복을 구매하기도 했다. 그들 중에는 프랑스 영화배우 브리지트 바르도Brigitte Bardot, 1934~, 미국 배우이자 가수인 새미 데이비스 주니어Sammy Davis, Jr 1925~1990도 있었다. 흑표당원Black Panthers*들은 중국 농민 복장으로 뉴욕 시내를 어슬렁거리며 "마오쩌둥처럼 검어야 한다"고 떠들어댔다.[12] 이탈리아 감독 세르조 레오네Sergio Leone, 1929~1989는 1971년 자신이 감독한《석양의 갱들A Fistful of Dynamite》이라는 영화 첫머리를 마오쩌둥의 유명한 말로 시작했다. "혁명은 손님을 청해 밥을 먹는 것이 아니며, 글을 짓거나 그림을 그리고 자수를 놓는 것과 다르다. 그처럼 우아하고 여유롭게 문질빈빈文質彬彬(내용과 형식의 조화로움)하거나 온유하고 겸양할 수 있는 것도 아니다. 혁명은 폭동이며, 한 계급이 다른 계급을 전복시키는 폭력적인 행동이다." 그러나 나중에 이를 불온하게 생각한 헐리우드의 검열관에 의해 삭제되었다.

1972년, 여배우 셜리 매클레인은 가이드를 동반하고 중국을 여행하고 돌아온 후 『당신은 찾아갈 수 있어요You Can Get There From Here』라는 제목의 여행기를 썼다. 그 안에서 그녀는 "현대 중국인들이 바로 마오쩌둥 이론의 가장 좋은 증거이다"라고 하면서 중국인들은 매우 "개방적이고 생기 넘쳤다"고 적었다.

"중국은 식료품 가격이 저렴했고, 거리에서 범죄자나 마약 판매상들을 볼 수 없었다. 마오쩌둥은 진심으로 사랑받는 영도자처럼 보였다. 사람들은 미래에 대한 큰 희망을 가지고 있고, 여성들은 주름장식이 달린 예쁜 옷이나 화장을 할 필요도 없고, 그런 욕망도 거의 없는 것 같았다. 아이들은 일하기를 좋아했다. …… 일부일처제가 국가의 법이기 때문에 거의 탈선하는 이들이 없는 것 같다. …… 나는 점점 더 중국의 길이 우리 미래의 방향이 될지도 모른다는 생각이 들었다."

그녀의 책은 중국 권위주의에 대한 찬가로 끝을 맺었다.

"나는 예술을 갈망하고 개인 지상주의를 추구했다. '개인주의가 가장 중요하다'는 내 관점이 바뀌고 있다. …… 나는 모종의 방식을 통한 인류 개조가 가능하다는 사실을 직접 목격했다. 그들은 권위주의적인 인자함으로 서로 우애하는 집체정신을 배양하고 있었다. …… 어쩌면 개인은 군체보다 그다지 중요하지 않을지도 모른다."

중국에서 돌아온 지 1년 후, 셜리 매클레인은 "인민을 위해 복무하라"는 마오쩌둥의 격언이 "자신을 위해 복무하라"는 개인적인 지시라고 생각했다. 그래서 그녀는 라스베이거스에 여성 전용 하이킥 카바레high-kicking cabaret(물랑루즈의 캉캉춤처럼 다리를 높이 쳐드는 춤을 추는 카바레)를 개장했다. 개장 첫날 그녀는 지르콘(광물의 일종) 단추가 달린, 분홍빛 속이 비치는 옷을 입고 몰려든 기자들에게 이렇게 말했다. "마오쩌둥 덕분에 내가 지금 여기에 있는 것 같아요." 기자들은 영문을 몰라 당혹감을 감추지 못했다.[13]

다른 이들에 비해 마오주의를 대하는 유럽인들의 태도는 그리 엄숙하지 않거나 설사 엄숙하더라도 그리 진지하지 않았다. 1967년 잡지 「루이Lui」(프랑스에서 발행되는 성인잡지 「플레이보이」)에 '리틀 핑크북'이라는 제목의 중국 소개 특별부록이 발행되었는데, 그 책 안에는 마오쩌둥 모습이 인쇄된 자켓을 입은 젊은 여성이 등장한다. 그녀는 문혁 시절 홍위병처럼 『마오주석 어록』을 읽는 자세를 취하고 있다. 또 다른 여성은 몸에 소총을 들었을 뿐 아무것도 걸치지 않은 완전 나체로 거대한 백색 케이크에서 뛰어내리는 모습이다. 그리고 사진 한 구석에 "혁명은 손님을 청해 밥 먹는 것이 아니다"라는 등의 글이 적혀 있다. 『마오주석 어록』은 주로 좌파가 운영하는 서점을 통해 불티나게 팔려나갔다. 1967년 1월에만 파리의 한 서점에서 4,000권이 넘게 팔렸다.[14] 프랑스 대학 캠퍼스 곳곳에 대학 행정과 경찰 폭력을 비난하는 대자보가 붙었다. 1968년 소르본대학을 점거한 학생들은 마오쩌둥의 초상화를 기둥과 창문에 붙였다. 대학의 운동권 학생들은 홍위병을 통해 급진주의를 학습했다. 그런 까닭인지 1975년 맬컴 브래드버리Malcolm Bradbury는 자신이 쓴 학원 소설 『히스토리맨The History Man』에서 어떤 학생이 키우던 작은 개가 반동적인 대학 강사의 발목을 무는 내용을 집어넣기도 했다.

프랑스 마르크스주의 정치의 그늘지고 파벌적인 세계에서 마오주의의 수용은 훨씬 더 거칠었다. 1960년대 프랑스공산당은 흐루쇼프의 '평화적 공존' 개념을 당원들에게 설득시키는 데 실패했다. 결국 일부 지파가 프랑스 공산당과 결별하면서 불법 군사 활동에 나섰다. 이에 주류 공산당은 폭도들을 동원하여 마오주의자 대표를 인질로 잡아 감금하고 구타했다.[15] 프랑스의 젊은 마오주의자들은 자신들의 신념을 위해 프랑스의 엘리트(상당수가 프랑스 최고의 고등 교육 기관인 에콜 노르말 쉬페리외르 출신이다)들이 자연스럽게 밟아가는 출세 코스를 포기하고, 공장이나 시골에서 무산계급 노동자, 농민들과 함께 일하며 자신들의 지성을 억압하는 생활을 감수할 준비가 되어 있었다. 공장이나 시골에서 몇 주 또는 몇 달을 머문 이들도 있고, 6년을 보낸 이들도 있고, 일부 극소수는 평생을 그곳에서 생활하는 등 체류 기간이 서로 달랐다. 하지만 그들 대부분은 또 한 명의 마오주의 동조자로 유명한 장폴 사르트르보다 오랫동안 체류했다. 장폴 사르트르는 한 노동자의 집에서 음식을 먹다가 하마터면 목숨을 잃을 뻔한 일이 있었다. 그 집에서 먹은 토끼 요리가 심각한 천식 발작을 일으켰기 때문이다.[16]

폭력은 마오쩌둥 숭배에서 흔히 볼 수 있는 특징이었다. 이탈리아 북부에서 일부 대학생들이 대학에 저항하는 '대항對抗 대학'을 설립하고 마오쩌둥의 혁명 강의를 개설했으며, 그 가운데 두 명의 지도자는 1970년부터 2003년까지 약 14,000건의 폭력 행위를 저지르고 이로 인해 75명이 죽었다. 서독의 한 영화 제작자는 1967년 독일영화-텔레비전 아카데미German Film and Television Academy에서 첫 번째 폭력에 관한 단편 영화를 만들면서 마오쩌둥의 『마오주석 어록』을 활용했다. 《주석의 말씀The Words of the Chairman》에 보면, 중산복을 입은 여성이 책의 한 페이지를 접어 화살촉을 만든 후 피를 철철 흘리는 이란 국왕을 향해 쏘는 장면이 나온다. 극중에서 해설자는 "우리는 마오쩌둥의 말을 교묘하게 변형해야 한다. 그 말은 우리들의 손에서 무기로 바뀌어야 한다"라고 말한다. 당시 촬영기사였던 홀거 마인스Holger Meins는 이후 바더 마인호프단의 핵심 인물이 되었다. 그는 여성 드레스 안에 숨길 수 있는 폭탄 케이스를 고안하여 여성 요원에게 임신을 가장하여 폭탄을 운반하도록 했다. 1968년 10월 프랑크푸르트에서 열린 첫 재판에서 그들 두 사람은 『마오 주석 어록』을 꺼내 들고 흔들기도 했다. 그들 도시 게릴라들은 1970년대에만 34명을 죽음으로 내몰았고, 1990년대 초반에도 그들의 후계자들이 여전히 암살 등을 자행했다.

도대체 서방의 마오쩌둥 열풍은 어디에서 왔으며, 그 의미는 또 무엇인가?

에비 호프만Abbie Hoffman, 검은색 삐삐머리에 환각제를 애용하며 쇼맨십이 뛰어난 그는 1969년 가을, 1년 전 시카고 민주당 전당대회에서 6명의 동료들(이른바 시카고 7인)과 함께 폭동을 선동한 혐의로 재판을 받으면서 여전히 많은 말과 제스처를 선보였다. 그날 그는 법복처럼 생긴 옷을 입고 증인 선서를 하면서 손가락 하나로 경례를 하고 판사에게 이디시어(유럽 중부와 동부 및 미국의 유대인들이 사용하는 언어)로 "당신은 히틀러를 더 잘 섬겼을 것이다"라고 비난하면서 "플로리다에 아는 마약 판매상이 있는데 소개해주겠다"고 말했다. 물론 이는 호프만에겐 그나마 절제된 쇼일 뿐이었다. 1967년 10월 21일, 그는 '오렌지색 에너지'로 펜타곤을 공중 부양하여 폭파시키겠다고 공개적으로 단언하기도 했다.*

---

* 호프만과 그의 동료들의 계획은 「타임」의 포커페이스 기사에서 다음과 같이 묘사되었다. "건물 주위에 원을 그리며 서서 고대 아람어(Aramaic, 아랍어가 생기기 이전 시리아, 아라비아에서 상용되던 문자)로 된 주문을 읊조리면 건물이 공중으로 솟아오르고, 모든 악령이 사라질 때까지 오렌지색으로 변화시키고 진동하게 만들 수 있었다. (베트남에서) 전쟁은 곧 끝날 것이다." 「항의: 반대의 깃발」, 「타임」, 1967년 10월 27일.

또한 그는 자신과 동료 피고인들에 대해 이야기하면서 예리한 분석을 하기도 했다. "우리는 점심조차 함께하지 않았다." 말인즉 그들은 시위나 투쟁을 할 때는 긴밀한 협력 관계이지만 각자의 의제를 추구할 때는 철저하게 개인주의적이라는 뜻이다. 그의 말은 어느 정도 사실에 가깝다. 1968년 시카고에서 열린 항의 시위는 상징물을 선택하는 과정에서 하마터면 무산될 뻔했다. 청년국제당Youth International Party(당원을 이피스Yippees라고 부른다)은 미스터 피가수스Mr. Pigasus라고 부르는 돼지를 미국 대통령 후보로 추대하기로 했는데, 호프만과 청년국제당의 공동 창립자인 제리 루빈Jerry Rubin이 각기 잘생긴 돼지와 못생긴 돼지를 한 마리씩 선택하는 바람에 후보 지명 문제로 다툼이 일어났기 때문이다. 이렇듯 1960년대 후반의 반란 행위는 국가나 파벌, 이데올로기, 또는 지나친 개인주의로 인해 분열되었지만, 적어도 하나의 공통점은 가지고 있었다. 그것은 바로 미국의 베트남 참전에 대한 분노였다.

1965년 3월, 미시간대학교에서 최초의 베트남전 반대 '성토대회teach-in'가 열렸다. 밤새도록 강연과 토론이 진행되었으며, 최소 2,000명이 참가했다. 그다음 달에는 급진적인 학생 단체인 '민주사회학생연맹Students for a Democratic Society'의 후원으로 최소 15,000명이 워싱턴으로 행진했다. 1966년 12월에는 수천 명이 파리의 바스티유 광장에 모였다. 1967년 미국의 항의 시위에는 10만 명이 넘는 인원이 참가했고, 가톨릭 성당(미사 집전을 중단함)과 병원까지 참여했다. 여성과 남성, 흑인과 백인, 히스패닉과 아시아계 미국인, 학생과 지식인, 참전 용사, 랍비, 연하장 제작자까지 다양한 사람들이 모여들었다. 1967년 2월, 자칭 '분노의 예술Angry Arts'이라는 단체는 그리니치빌리지와 할렘 사이 거리를 순회하면서 '분노의 콜라주collage of indignation'를 선보였다. 또 어떤 발레 무용수는 프랑스 작곡가 마스네Massenet의 명상곡Méditation에 맞춰 항의의 표시로 두 손을 들고 춤을 추었다.[17] 4월 15일, 최소 12만 5천 명(경찰은 40만 명이 모일 것을 예상하고 준비했다)이 "젠장, 노! 우린 안 갈 거아Hell, no, we won't go"라고 외치거나 "꽃의 힘Flower power"이라는 구호를 내지르며 센트럴파크에서 유엔 본부가 있는 곳까지 마틴 루터 킹 목사를 따라 행진했다. 불 붙은 징병카드를 마치 횃불처럼 손에서 손으로 전달한 다음 불타는 커피 캔 속으로 내던졌다. 2년 반 후, 민권 운동과 반전 운동의 두 지도자인 마틴 루터 킹과 로버트 케네디가 암살당했을 때 워싱턴에서 거의 25만여 명에 달하는 시위 참가자들이 세심하게 계획된 "죽음을 반대하는 행진"에 참여했다. 끝없이 이어지는 시위자 행렬이 베트남의 전사자를 대표하여 백악관 앞으로 지나갔다. 파리, 런던, 스톡홀름, 베를린, 도쿄, 멕시코시티 등 여러 나라의 도시에서도 연대 시위가 벌어졌다. 1968년 2월 서베를린의 시위 중심지인 자유대학에서 열린 국제 베트남 대회International Vietnam Congress에는 서유럽에서 온 1만여 명의 시위대가 모였다. 독일 학생 지도자 루디 두치케Rudi Dutschke(이후 녹색당 창당을 주도했다)는 "우리는 베트남 대회를, 포격당하고 고통받는 사람들과 연대하는 국제적 역량으로 변화시킬 것이다"라고 말했다.[18] 1968년 4월 26일 금요일, 세계 각지의 학생들이 반전 시위를 위해 수업을 전폐했다.[19] 스탠포드대학 초빙교수로 미국문학을 가르치던 열렬한 급진주의자 H. 브루스 프랭클린H. Bruce Franklin은 멜빌의 작품보다 마오쩌둥 사상 전수에 더 많은 시간을 할애했다. 그는 강의실이 아닌 학생들이 시위하는 현장에서 강의를 하기도 했다.

1960년대 말과 1970년대 초 미국 신좌파 운동의 참여자이자 관찰자이며, 훗날 역사가가 된 맥스 엘바움Max Elbaum은 미국의 외교 정책에 대한 비난과 마르크스주의의 인기 상승 사이의 직접적인 연관성을 설명한 바 있다.

마르크스주의가 60년대 운동가들 사이에서 널리 퍼진 것은 1968년 이후였다. 미국이 베트남 전쟁을 고집스럽게 지속한 것이 이러한 이데올로기적 전환의 주요 요인이었다. 국내의 대규모 시위, 국제적 고립, 경제적 어려움 가중…… 승리가 불가능하다는 결정적인 증거에도 불구하고 미국은 철수를 거부했다. 그렇다면 하나의 잘못된 정책 이상의 무언가가 작동해야만 했다. 젊은 운동가들은 그 무언가를 전 세계 영향력을 방어하기 위한 제국주의 체제라고 생각했다.[20]

수전 손택Susan Sontag(미국 소설가, 평론가)은 "베트남 전쟁은 미국에 대한 체계적인 비판의 열쇠를 제공했다"고 해석했다. 일부 사람들에게 마오주의는 이러한 비판의 틀을 제공했다. 무엇보다 냉전에 순응하기를 반대하는 것으로 '반란'을 떠받드는 상황에서 공산주의 중국에 대한 동경은 곧 반란자들이 상상할 수 있는 최상의 열정 가운데 하나였다. 이는 미국만이 아니라 언론매체마다 '붉은 중국'에 대한 공포를 노골적으로 드러내는 유럽의 경우도 마찬가지였다. 이러한 중국과의 연대는 '적의 적은 나의 친구'라는 논리를 따른 것이다. 1956년 헝가리 봉기가 진압되고 1968년 체코슬로바키아를 침공한 이후, 소련은 더 이상 억압적인 자본주의 세력에 대한 해방적 대안이 될 수 없었다. 이에 비해 중화인민공화국은 베트남보다 크고 쿠바보다 더 멀리 떨어져 있으며, 무엇보다 그들 두 나라보다 더욱 급진적이었기 때문에 가장 좋은 선택처럼 보였다.

호치민은 베트남에서 미국에 대항하는 지도자로 존경받았다. 그러나 베트남에서 수행하고 있는 '비대칭'적인 게릴라전의 성공적인 모델을 창안한 것으로 여겨진 마오쩌둥의 중국은 더욱 큰 정치적 명성을 누렸다. 맥스 엘바움의 회고에 따르면, 중국은 1960년대 내내 제국주의에 대한 소련의 무성의한 대응을 공개적으로 비난할 수 있는 기회를 잡았다. 또한 이를 통해 자신들을 "세계 혁명 운동의 새로운 중심"으로 선전하면서(쿠바와 베트남의 공산당은 이렇게 하지 않았다) 전 세계 유색인종을 해방시킨 탁월한 모범이자 영도자라고 주장하기에 이르렀다.[21]

특히 미국에서는 또 다른 정치적 요인이 급진주의자들을 마오주의에 동조하도록 만들었다. 그것은 민권운동의 맥락에서 비백인에 대한 백인의 폭력적 억압에 맞선 투쟁이 지역적으로 연관성을 지니고 있었다는 점이다. 이는 베트남전 반대 운동이 격화되기 이전부터 많은 활동가들을 정치적으로 각성시켰다. 스스로 '내부 식민지'라고 부르던 1960년대 후반 미국 내 소수 민족들에게 마오쩌둥의 반제국주의적 입장은 큰 반향을 일으켰다. 시카고의 에단 영(빨간 기저귀를 찬 아이에서 학생운동가로 변신한 인물)이 말한 바와 같이 "흑인, 라틴계, 아시아인 그리고 제3세계의 백인들에게 마오쩌둥은 마르크스, 레닌, 스탈린 같은 백인이 아니었다."[22] 마오주의에 영감을 받아 미국에서 최초로 도시 흑인들의 불안을 혁명적 목적에 이용한 혁명행동운동 Revolutionary Action Movement, RAM의 공동 창립자, 맥스 스탠포드Max Stanford는 마오쩌둥이 혁명운동에서 농민에 주목한 것이 믿을 만하다고 생각했다. "우리가 마오쩌둥에게 배운 것은…… 세계의 농촌 또는 농민들이 먼저 행동하여 세계의 도시를 포위해야 한다는 것이다. 아시아, 아프리카, 라틴아메리가 등 전 세계의 90%를 차지하고 있는 지역이 여기에 해당한다. …… 타협은 없다. 평화로운 공존도 없다. 우리는 스스로 도시를 포위한 농민이며, 계절에 따라 고용되는 흑인 남성이라고 생각한다."[23]

1960년대 후반 과격한 학생운동가로 출발하여 1970년 이후 미국 최대 마오주의 정당인 혁명연맹Revolutionary Union의 창립 멤버 가운데 한 명이 된 데니스 오닐은 민권운동에서 베트남전 반대 활동을 거쳐 마오주의 주창자로 변신한 인물이다. 그의 활동 변천사는 미국의 반란 주도 세력의 진화를 대변한다. 뉴잉글랜드의 작은 마을, 쇠락해가는 중산층 가정에서 더 좋은 미래를 기대하면서 성장한 그는 자신이 살던 지역에 있는 한 사립학교에 진학하여 장학금을 받으며 공부했다. 그런데 그것이 오히려 그를 마르크스주의자로 만들었다.

"나는 그곳에서 이른바 계급에 대해 배웠다. 나는 개자식들하고 함께 학교를 다녔다. 그렇기에 당신은 나에게 이 나라에 지배계급이 없다고 말할 수 없다. 장학금을 받는 학생들은 장학금을 받은 것에 대한 감사의 표시로 오후에 다른 학생들이 모두 보는 가운데 육체 노동을 해야만 했다. 분명 그것은 초탄 이끼보다 아이큐가 높은 사람이라면 절대로 감사하는 마음을 지닐 수 없는 짓거리였다."

1964년, 그는 사회학 수업에서 동남아시아를 공부했다. "매일 우리는 「뉴욕타임즈」, 「월스트리트 저널」, 「크리스천 사이언스 모니터」 등을 읽었다. …… 얼마 후 나는 베트남 남방 민족해방전선(남베트남 공산주의 정치 및 군사조직)이 옳다는 결론에 도달했다. 다시 말해 그곳은 그들의 나라이며, 우리는 그곳에 있을 이유가 없다는 뜻이다. …… 나는 학교에서 더 이상 머물 수 없었다." 1967년, 그는 처음에는 『마오주석 어록』을 읽었으며, 이후 1930년대와 40년대에 발간된 책들(에드거 스노, 잭 벨든, 아그네스 스메들리의 저작물)을 접했다. 그리고 나중에는 미국 대학 곳곳에서 인쇄된 급진적인 내용의 유인물을 닥치는 대로 읽었다.

> 나와 수십만 명의 같은 연령대 사람들은 똑같은 진화를 거쳤다. …… 처음에는 전쟁이 끔찍했기 때문에 전쟁에 반대했고…… 그 전쟁이 체제, 즉 전쟁을 해야만 하는 제국주의 체제이기 때문에 전쟁에 반대했다. 그렇기 때문에 우리는 혁명이 필요했다. 시민권리운동(민권운동)은 일부 승리를 거두었지만 억압으로부터 자유를 얻지는 못했다. 그렇다면 어떤 종류의 혁명인가? 사회주의 혁명이다. 문화대혁명이 바로 그 길로 가는 관문이다. 마오쩌둥은 민중이 역사를 만든다고 말했다. 이는 우리에게 매우 중요한 발언이다. 무엇보다 우리는 민권운동에서 시작했기 때문이다. 이러한 운동은 "평범한 민중들이 끔찍한 공포에 맞서 유권자 등록에 나섰던" 토대 위에 세워진 것이다.[24]

냉전 시기에 검열제도는 오히려 마오주의 사상과 실천의 영향력을 강화했다. 윌리엄 힌튼William Hinton을 예로 들 수 있다. 그는 농민 작가이자 좌파 지식인인데, 그의 여동생 조앤 힐튼Joan Hilton은 맨해튼 프로젝트가 끝난 후에 중국공산당과 접촉한 적이 있다. 윌리엄 힌튼은 1945년부터 1953년까지 중국에서 살면서 중국의 토지개혁에 대해 방대한 기록을 남겼다. 그가 귀국했을 당시 미국사회는 매카시즘 열풍이 한창이었기 때문에 상원 내부 안전위원회는 중국에 관한 그의 기록물은 물론이고 여권마저 모두 압수했다. 미국 정부에 의해 요주의 인물로 간주되어 블랙리스트에 올랐기 때문에 그는 이후 15년 동안 교직은 물론이고 그 어떤 직업도 가질 수 없었다. 결국 그는 농장으로 내려가 농사를 지었다. 10년에 걸친 법적 투쟁 끝에 그는 미국 정부로부터 자신의 기록물을 되찾았다. 그리고 이를 토대로 1966년『번신翻身』(돌아서다)이라는 제목의 책을 출간했다. 중국 농촌에서 일어난 공산주의 혁명에 관해 생생하게 묘사한 그의 책은 10개국 언어로 번역되어 수십만 부가 판매되면서 세계적으로 큰 성공을 거두었다. 이후 그의 책은 미국 내 페미니스트, 마오주의자, 테러리스트 등 과격한 급진주의자들의 필독서가 되었다.

문화대혁명 시절 중국은 세계 반제국주의의 선봉이라고 자칭했다. 1960년대 서독의 신좌파는 중국의 이런 이미지를 적극 수용했다. 루디 두치케(훗날 마오쩌둥의 '베를린 예언자'라는 별명이 붙었다)는 1964년 이렇게 선언했다. "우리의 시대는 아시아, 아프리카, 라틴아메리카 민족 해방의 시대이다. 이런 시대적 특징으로 볼 때 나는 중국인이다."[25]

일찍이 마오주의 정당의 지도자였던 게르트 쾨넨Gerd Koenen은 서독에서 1967년부터 1977년까지 "작은 문화대혁명"이 일어났다고 하면서 이를 바탕으로 풍자성이 강한 회고록을 집필한 바 있다. 그는 혁명적인 제3세계는 1960년대 서독의 시위활동에서 '결정적인 발견'이라고 말했다. 쾨넨은 자국 내 폭력시위와 제3세계 독립투쟁을 동일시했으며, 양자 모두 전 세계 자본주의를 전복하기 위한 보편적인 계획의 일부라고 주장했다. 그는 게릴라전의 모델이 아시아, 아프리카, 라틴아메리카에서와 마찬가지로 서독에서도 적용된다고 믿었다.[26] 1969년 급진적인 일군의 서독 학생들은 "농촌이 도시를 포위한다"는 린뱌오의 이론에 적극 찬동한 나머지 바이에른의 시골에 있는 디스코텍에 간부들을 모집하여 뮌헨 주위의 시골을 정치화하려는 계획을 짜기도 했다.[27]

1960년대 후반 흑인 해방 운동가였던 휴이 뉴턴Huey Newton과 과격 흑인단체 흑표당의 서부 해안 지부 회원인 바비 실Bobby Seale에게 『마오주석 어록』에 담긴 마오쩌둥의 메시지는 맬컴 엑스와 마틴 루터 킹 암살 이후 주목받기 시작한 새로운 흑인 무장 세력의 격동기를 위한 것처럼 보였다. 마오쩌둥의 매력은 반식민지 무장 투쟁을 지지하고 게릴라전을 옹호하며 선봉대를 건설하고 양대 초강대국에 대항할 것을 주장하는 데 있었다. 아파트 벽에 마오쩌둥 포스터를 붙인 이유를 묻는 질문에 흑표당원인 엘드리지 클리버Eldridge Cleaver는 이렇게 말했다. "마오쩌둥이 지구상에 가장 나쁜 개자식motherfucker이니까!"[28]

『마오주석 어록』의 스타일과 디자인도 투쟁이라는 거칠고 험난한 분위기와 잘 어울렸다. 책은 이해하기 쉬웠고(그래서 교육 수준이 낮은 신병들을 가르치기에 적합했다), 작고 가벼울 뿐더러 빨간 비닐로 포장되어 내구성이 괜찮았다. 1967년 초, 휴이 뉴턴과 바비 실은 총기 구입 자금을 마련하기 위해 학생들에게 이 책을 판매했다. 바비 실은 총을 구입한 후 "우리는 더욱 『마오주석 어록』을 선용하는 한편 전체 조직에 전파했다. …… 휴이 뉴턴은 책에 나오는 '중국공산당'은 '흑표당'으로 바꾸고, 중국인을 흑인으로 바꾸자고 말했다."[29] 흑표당 뉴욕 지부가 자리한 브롱크스의 한 주민은 조직원들이 『마오주석 어록』에 나오는 구절(예를 들면 "인민을 위해 복무하라", "권력은 총구에서 나온다." 등)이 적힌 전단을 시내 곳곳에 뿌리면서 뛰어다녔다고 회상했다. 이는 회의에 지각했거나 기타 등등의 이유로 벌칙을 받았을 때 하는 행동이었다.

미국연방수사국FBI은 21세 미만의 흑인들 가운데 거의 절반이 흑표당에 대해 '존경심'을 갖고 있다고 우려했다. 마틴 루터 킹을 비롯한 흑인들을 '명청이burrheads'라고 폄하했던 백인 우월주의자 에드거 후버J. Edgar Hoover는 흑표당에 대해 "의심할 여지 없이 국내 안보에 가장 큰 위협이다. …… 중국공산당 지도자 마오쩌둥의 교육을 받은 자들이다"라고 비난했다.[30]

흑표당은 공개적이고 집단적으로 허세를 드러내는 것으로 유명했다. 어느 날 캘리포니아주 의회에서 그들은 가죽 재킷에 검은색 베레모를 쓰고 총까지 들고 나타났다. 완전히 아프리카계 도시 전사의 모습이었다. 때마침 30여 명의 학생들과 야외에서 오찬을 즐기던 로널드 레이건 주지사는 그들을 보자마자 사무실로 도망쳤다.[31]

그러나 흑인들을 이용하여 도시 폭동을 일으켜 혁명 목적을 달성하고자 시도했으며, 마오쩌둥과 그의 혁명에 보다 밀접했던 최초의 미국 단체는 혁명행동운동이하 RAM이다. RAM은 1960년대 민권 운동에서 흑인 무장투쟁을 옹호했던 로버트 윌리엄스Robert F. Williams의 지도에 따라 마오쩌둥 사상을 접했다. 윌리엄스는 미국 남부 도시 먼로에서 태어났다. 당시 지역 경찰서장은 자신이 직접 주도하여 수천 명의 쿠 클럭스 클랜Ku Klux Klan, KKK 당원들을 광장에 모아놓고 집회를 열곤 했다. 이런 분위기에서 윌리엄스는 인종차별에 반대하는 민권운동에 참여했으며, 아직 청소년이라고 하기도 뭐한 어린 흑인 소년이 백인 소녀와 키스했다는 이유로 투옥되자 그들을 구명하기 위한 캠페인을 조직한 것으로 유명하다. 윌리엄스는 억압받는 흑인들이 실질적으로 자신을 방어하기 위해 구두로 항의하고 시민 불복종 운동에 참여해야 한다고 주장하면서 두각을 나타냈다. 그는 쿠바 혁명을 적극 지지했으며, 1960년 쿠바를 직접 방문하여 카스트로와 친구가 되었다. 1961년 윌리엄스가 납치 누명을 쓰고 FBI가 대대적인 수사에 착수한 상황에서 망명을 모색하던 중 카스트로는 그에게 피난처를 제공했다. 그는 그곳에서 미국 흑인 학대에 반대하는 캠페인을 펼칠 수 있었다.

윌리엄스는 마오쩌둥이 정치적 목적을 달성하기 위해 폭력을 정당화하고, 사회에서 가장 빈한한 집단을 동원할 것을 강조하며, 미국에 맞설 준비가 되어 있다는 점에 매료되었다. 그는 1962년부터 마오 주석과 서신을 주고받기 시작했다. 이듬해 마오쩌둥은 미국 흑인들의 투쟁을 세계 혁명의 일부라고 찬사를 보냈다. 이에 마오는 인종차별적인 미국 정부에 맞서 아프리카계 미국인의 권리를 옹호하는 인물이라는 영예를 얻었다. 윌리엄스와 그의 아내 메이블을 비롯한 흑인 인권 운동가들은 정치 및 법적 제도권으로부터 종종 치명적인 괴롭힘을 당했기 때문에 특히 마오쩌둥과의 연대는 중대한 의미가 있었다.[32] 그래서 맬컴 엑스는 이렇게 말했다. "우리는 혼자가 아닙니다."[33]

1963년 9월 윌리엄스 부부는 처음으로 중국을 방문했다. 그들은 외빈과 동등하게 최상급 대우를 받았다. 한때 낭만주의 시인이었다가 공산당에 가입하여 고위직에 오른 궈모뤄는 "로버트 윌리엄스라는 이름은 중국 어린이들에게도 널리 알려져 있다"고 말했다.[34] 1966년 혁명 쿠바에서 겪은 인종차별에 환멸을 느낀 윌리엄스 부부와 두 아들은 공산주의 세계에서 "흑인에 대한 편견에 반대하는" 유일한 곳이 중국이라고 확신하고, 베이징으로 이주했다. 윌리엄스 부부는 1969년 미국으로 돌아갈 때까지 베이징에 머물면서 마오쩌둥과 문화대혁명, 그리고 문화대혁명과 아프리카계 미국인에 관한 이념의 상관성에 열광했다.

마오쩌둥 주석은 인종차별에 맞서 투쟁하는 아프리카계 미국인을 공개적으로 지지하는 발언을 한 최초의 세계 지도자이다. 1966년 국경절(10월 1일)에 중국은 나에게 아프리카계 미국인 자유 투사의 신분으로 150만 명이 모인 집회에서 연설할 수 있도록 허락했다. 이는 아프리카계 미국인 해방투쟁의 길고 고단한 역사에서 전례가 없는 일이었다. 나는 아무런 사전 검열도 없이 연설할 수 있었다. 이는 이른바 '워싱턴 대행진' 당시 오만한 백인들이 학생 비폭력 조정위원회Student Nonviolent Coordinating Committee의 흑인 지도자 존 루이스John Lewis의 연설을 제멋대로 검열하고 삭제하여 흑인의 기개를 약화시킨 것과 상당히 대조적이다.[35]

윌리엄스는 전 세계에서 다국적으로 활용 가능한 전투 기술을 배우러 온 게릴라 전사들과 함께 국제적 대란의 순간을 만끽하고 있었다. 1968년, 그는 보 응우옌 지압의 구정 공세를 축하하기 위해 하노이를 방문했다. 지압은 곧바로 그의 찬사에 화답했다. 그는 윌리엄스에게 1967년 말 디트로이트에서 발생한 인종 분리와 경찰의 폭력에 항의하는 흑인 폭동을 언급하면서 "우리는 디트로이트에서 도시로 진격하는 법을 배웠다"고 말했다.[36]

미국 언론은 윌리엄스 부부가 중국이 추진하는 "러시아와 미국에 대항하는 인종 운동"을 위해 "중국 홍군(인민해방군)이 선전하는 전면적인 혁명 정책"을 선전하고 있다고 비난했다.[37] 그러나 진상은 전혀 달랐다. 윌리엄스는 중국에서 가나인, 쿠바인, 푸에르토리코인, 미국인, 마다가스카르인, 우간다인, 탄자니아인, 나이지리아인, 일본인, 프랑스인, 이스라엘인(자신을 '마오주의자 마이크'라고 불렀던 인물) 등과 연계하여 서신을 주고받으며 과격한 호전성을 전달하는 한편 마오쩌둥과 문화대혁명에 대한 열정, 그리고 1960년대 전 세계적인 저항 운동이 지닌 이상주의와 편면성 등을 이야기했다. 당시 윌리엄스가 받은 편지 더미에는 집에서 만드는 네이팜탄 제조법에 관한 내용이 있었으며, 냉장고에 붙일 우편엽서를 보내달라는 요청도 있었다.

북미 진보 노동자 운동North American Progressive Workers' Movement의 한 회원은 할렘가의 한 길모퉁이에서 흑인 형제들을 뒤로하고 물러나면서 "멍청한 놈! 난 마오쩌둥을 지지해!"라고 외치는 소리를 들었다고 편지를 보냈다. 14살짜리 '일본 여동생'은 윌리엄스가 아프다는 소식을 들었다고 하면서 안부를 전하는 서신에서 이렇게 말했다. "위대한 마오쩌둥과 나의 황인종 형제들이 최선을 다해 당신을 도와줄 것이라고 확신합니다. …… 나도 중국의 홍위병

형제들처럼 훌륭한 혁명가가 될 것입니다." 불법적인 군사활동에 뜻을 두고 쿠바계 미국인 7명으로 구성된 사회주의 쿠바위원회Socialistic Cuban-American Board라는 단체에 가입한 시모어 파츠Seymour Fartz라는 인물이 보낸 서신에는 자신들이 추구하는 정치 계획보다 기마騎馬바지, 튜닉tunic(경찰관이나 군인이 주로 입는 몸에 달라붙는 재킷), 견장, 18인치 가죽군화 등에 대한 이야기가 더 많았다.[38]

하지만 윌리엄스가 흑인 인권 운동가들과 동조자들에게 마오쩌둥과 그의 혁명을 입증하고 전파한 것은 사실이다. 어떤 기자는 윌리엄스 부부를 통해 "아프리카계 미국인의 95% 이상이 중국을 알고 받아들이게 되었다"고 썼다.[39] 1941년 필라델피아에서 태어난 맥스 스탠포드는 미국에서 윌리엄스의 가장 헌신적인 제자 가운데 한 명이다. 그의 회상에 따르면, 당시 필라델피아는 흑인에 대한 백인들의 편견이 가장 심했던 곳은 아니다. "워싱턴에서는 백인 옆에 앉을 수 없지만 필라델피아는 앉을 수 있었기" 때문이다. 그러나 극장과 같은 오락 장소의 경우는 달랐다. 필라델피아 역시 양자를 구분하여 백인 영화관은 세 곳, 흑인 영화관은 한 곳이었다. 나중에 백인 영화관 가운데 한 곳이 흑인들에게도 개방되었지만 토요일 오후에만 들어갈 수 있었으며 그것도 맨 마지막 열에만 앉을 수 있었다. 맥스와 그의 친구들은 맨 끝 열에 앉아 백인 아이들 머리에 팝콘을 뿌리곤 했다. 인권 운동가였던 그의 부친은 어린 아들에게 미국에서 가장 오래된 아프리카계 미국인 인권단체인 전미 유색인종 지위향상 협회National Association for the Advancement of Colored People(약칭 NAACP)의 평생회원 자격을 선물했다. 부친은 제2차 세계대전 당시 군 복무를 마치고 해충 구제 업무를 재교육 받았다. 어린 맥스는 방학 때마다 일하는 아버지를 따라 다녔다. 그는 어린 시절을 회상하며 이렇게 말했다.

"어느 날 특별한 집에서 아버지가 제 또래의 남자아이 방에 가서 살충제를 뿌리라고 하셨어요. 그런데 그 아이의 방에 1제곱미터 정도의 제대로 된 화학 실험실이 있었지요. 살충제를 뿌린 다음 나는 아버지와 공원에서 점심을 먹었어요. 그때 아버지가 이렇게 말씀하시더군요. '아까 그 애가 뭘 하게 될지는 모르겠다만 네가 그런 일을 하려면 열 배 정도 더 노력을 해야 할 거야.' 그때까지 겨우 낙제를 면할 정도였던 맥스는 크게 깨달아 자신이 나아 갈 길을 찾았다. 이후 1년 먼저 졸업한 그는 더 좋은 상급학교를 거쳐 대학에 진학했으며, 그곳에서 인권 운동 전략에 대해 공부했다. 그는 학우들과 함께 연좌시위에 참가했으며, 마틴 루터 킹 목사의 강연을 듣고 프리덤 라이드freedom rides* 운동에 직접 참여했다. 또한 그는 수요일에만 흑인 출입을 허용하는 볼링장과 흑인 여성에게 드레스 입어보기를 허용하지 않는 상점 앞에서 피켓 시위를 하기도 했다. 그가 혁명적인 행동 운동에 돌입한 것은 1960년대 초반이었다.

스탠포드와 같은 활동가들에게 공산주의 이론과 실천은 영감의 원천임이 틀림없다. 미국에서 흑인 노예제도가 탄생한 까닭이 바로 '세계 자본주의 체제'였기 때문이다. 경험이 많은 노련한 민권 운동가들은 스탠포드와 같은 신입들에게 마오쩌둥의 「문학과 예술을 논함」, 「실천론」, 「모순론」 등을 읽도록 했다.

1964년에 나는 군사 저작물을 읽기 시작했다. 무엇보다 무장 자위의 필요성을 믿었기 때문이다. 인민을 조직하고 인민과 함께 일하며, 군중노선을 구축하기 위해 노력해야 한다. 마오쩌둥이 말했다시피 인민은 물, 당신은 물고기이기 때문에 인민과 함께하지 않을 수 없다. 맬컴 엑스도 마오쩌둥의 영향을 많이 받았다. 우리는 마오쩌둥을 자본주의와 식민주의, 제국주의에 맞서 싸우는 제3세계 유색인종의 영도자로 여겼다.

마오쩌둥의 급진적 호전성은 거부할 수 없는 것이었다. "젊은 시절 우리는 호치민, 마오쩌둥처럼 혁명의 부르주아 단계를 건너뛸 수 있을 것이라고

---

* 미국 남부 지역에서 인종 차별 철폐를 위해 버스나 기차 여행을 하는 것을 말한다.

생각했다." 스탠포드와 그의 동지들은 특히 마오쩌둥의 사상이 '현실적'이라는 점을 좋아했다. "현실에 부합하는 것이 중요하기 때문에 우리는 가능한 한 실제에 맞게 쉽게 설명하려고 노력했다. 레닌은 천재지만 너무 학구적이었다."

1964년, RAM은 로버트 윌리엄스를 따라 백인의 인종차별에 맞서기 위한 비폭력 전략을 채택했다. 윌리엄스를 조직의 명예회장으로 추대하고 마오주의적 '세계 흑인 혁명'을 계획했다. 1963년 여름까지 RAM은 미국 전역에 비밀리에 정치 조직망을 구축했다. 중앙위원회와 청년 조직인 '흑위병 黑衛兵'(중국의 홍위병처럼 마오쩌둥 사상을 연구하고 실천에 옮기는 조직)을 설립했고, 그 뒤를 이어 흑인해방군(인민해방군을 모방한 것이다)을 만들었다. 1963년 필라델피아에서 스탠포드와 14명의 동지들은 단 3일 만에 35,000장의 정치선전을 위한 전단지를 집집마다 배포하고, 건설 현장에서 노조 차별에 항의하며 나팔을 불며 목이 터져라 외치는 등 지역 사회에서 소요를 일으키기 위해 엄청난 노력을 기울였다.[40] 맬컴 엑스는 아프리카에서 간부들을 훈련시킬 장소를 찾는 임무를 맡았고, 로버트 윌리엄스는 "라틴아메리카와 아시아를 돕기 위한" 지지 투쟁에 돌입했다.[41] 스탠포드는 걸핏하면 총질을 해대던 폭력적인 흑표당 캘리포니아 지부(로널드 레이건을 놀라게 했던)에 대해 "그들은 혁명을 마치 거대한 총격전으로 보고 있다"고 불만을 표시했다. 대신 그는 RAM이 마오쩌둥의 사상에 훨씬 더 깊이 몰입해야 한다고 주장했다. "우리 커뮤니티 내에서 중국공산당의 조직 규율을 재현하고자 열망했으며…… 우리는 중국공산당을 정당 건설의 긍정적인 모델로 삼았다." 그는 흑인의 문화대혁명에서 "적은 자본주의 문화이다. 우리는 자본주의로부터의 심리적 단절이라는, 인민으로서 완전한 변신을 겪어야만 한다"라고 주장했다.[42]

스탠포드의 회고에 따르면 흑위병은 중국식 교육을 받았다. "중국인들이 자료를 가지고 있었기 때문에 우리는 정치교육의 일환으로 흑위병들에게 자료를 건네주었고, 흑위병들은 자신들의 언어로 해석했다. 우리는 일주일에 한 번씩 정치교육을 실시했는데, 흑위병들은 교재 내용을 해석하여 적어도 한 페이지 이상을 써내야 하고, 자신들이 배운 것대로 말할 수 있어야 했다. 나는 마오쩌둥의 저작물을 읽으면서 이러한 정치 교육에 대한 아이디어를 발전시켰다."

스탠포드와 흑표당 역시 마오쩌둥의 명언을 자기 식대로 해석하여 투쟁 구호로 삼았다. "인종차별주의자를 위해 죽는 것은 깃털보다 가볍지만 인민을 위해 죽는 것은 태산보다 무겁고 대해보다 깊다."* 그들은 가짜 동지를 '종이 표범'[43]이라고 불렀다. 때로 흑인 권력(블랙 파워)의 말 바꾸기는 임의성이 강했다. 예를 들어 "혁명은 손님을 청해서 밥을 먹는 것이 아니다"라는 말을 "헛소리하지 말고 총이나 들어라"로 바꾸기도 했다.[44]

사실 1960년대 후반의 시위 문화는 온갖 언어의 집결체였다. 체 게바라, 호치민, 아밀카르 카브랄Amilcar Cabral, 헤르베르트 마르쿠제Herbert Marcuse, 빌헬름 라이히Wilhelm Reich(지그문트 프로이트의 제자로 자유연애와 오르가즘을 주창하고 성-정치Sex-Pol 운동을 전개하다 공산당에서 쫓겨났다) 등 온갖 주장이 혼합되었으며, 정치적으로 다원적이었다(예를 들어 섹스에 집착했던 흑표당의 엘드리지 클리버는 "권력은 음부에서 나온다", "성기 안에서 정권이 나온다"라고 말하기도 했다). 그러나 이처럼 잡다하게 차려진 다양한 사상 중에서도 마오주의의 이론과 실천은 특별한 매력을 발산했다. 1960년대 후반 이탈리아 전역에 마오주의 언어가 널리 퍼져 있었다. 신파시스트들이 피렌체의 담벼락에 문화대혁명의 구호를 낙서한 것처럼 좌파 학생들도 밀라노 광장에서 "반란은 이유가 있다造反有理"라든지 "사령부를 폭격하라." 등의 구호를 소리 높여 외쳐댔다.[45]

---

* 「인민을 위해 복무하라」에서 인용된 마오쩌둥의 발언은 다음과 같다. "인민을 위해 죽는 것은 태산보다 무겁지만 파시스트들을 위해 일하고 착취자와 억압자를 위해 죽은 것은 깃털보다 가볍다."

서유럽과 미국 전역에서 문화대혁명의 마오주의는 진지한 반제국주의만이 아니라 젊은이들의 반란을 의미하기도 했다. 마오주의 열풍이 불었던 각 나라에서 젊은이들의 저항 운동은 개인적, 지역적, 국제적 나름의 이유가 있었다. 서유럽의 학생들은 비좁은 고등교육기관과 대학 지도부의 권위주의적 방식에 분개했다. 이탈리아의 경우 60년대까지 학생 수가 두 배 이상 증가했지만 대학 시설은 크게 확충되지 않았다. 학생들은 특히 독단적이고 오만한 교수들을 '남작'이라고 부르며 불만을 표시했다. 한편, 남부에서 북부로 이주해 온 노동자들이 겪어야 했던 열악한 환경은 이탈리아 산업 중심지인 북부를 불만의 불씨로 만들어 1969년 '뜨거운 가을'*의 도화선이 되었다. 1950년에서 1968년까지 서독의 대학생 수는 거의 4배나 증가했다. 학생들 사이에서 기성세대의 나치 전력에 대한 의혹이 커져가면서 그들에 대한 적대감이 고조되었다. 심지어 1959년부터 1969년까지 독일연방공화국(서독)을 이끌었던 하인리히 뤼브케Heinrich Lübke 대통령도 강제수용소 건설에 공모한 혐의로 기소되었다.[46] 이렇듯 문화대혁명은 불만을 품은 이들, 특히 젊은이들에게 "반란에는 이유가 있다.""젊은이들은 활력과 생기가 넘쳐 마치 아침 8시나 9시의 태양과 같다. …… 세상은 당신들의 것이다"라고 부추겼다. 1969년 서베를린에서 열린 사민당 반대 집회에서 학생들은 자신들이 임의로 개사한 구호를 힘차게 외쳤다. "당신들은 늙었고, 우리는 젊다. 마오쩌둥!"[47]

문화대혁명이 많은 미국 학생들에게 영감을 준 것은 그들의 반체제 운동과 맞닿아 있었기 때문이다. 데니스 오닐은 이렇게 회상했다. "1968년 문화대혁명이 일어났을 때 학생들은 전 세계 곳곳에서 이를 입증할 만한 사건을 찾아다녔다. 이전까지 우리는 문화대혁명에 대해 거의 주목하지 않았다."[48] 에단 영은 "문화대혁명은 일종의 권력을 장악하기 위한 학생운동으로 간주

---

* 뜨거운 가을(hot autumn. 이탈리아어는 Autunno caldo), 1969년부터 70년까지 북부 이탈리아 공장과 산업중심지에서 노동자들이 벌인 일련의 대규모 파업을 말한다.

되었다"고 하면서 "파리, 버클리, 서베를린에서 현재 일어나고 있는 운동의 성공적인 버전으로, 세계를 변화시켰다"고 주장했다.[49] 다른 한편으로 좌파 배경을 가진 이들에게 '계속혁명'을 주창하는 중국의 문화대혁명은 정체되고 고루한 소련을 대체할 만한 또 다른 선택지였다. 오닐에 따르면, 이념적 성향이 비교적 덜한 이들에게 문화대혁명이란 사실 "고등학교 선생에게 고깔모자dunce hats(지진아 모자)를 씌우는 것에 불과했다."[50] 이상에서 살펴본 바 유럽과 미국인들은 1968년 문화대혁명의 목표를 자신들의 그것과 동일시했지만 이는 마오쩌둥의 정치 자체에 대한 진정한 이해에서 나온 것이 아니라 마오쩌둥의 정치를 멀리서 지켜본 이들에 대한 이야기가 대부분이라는 사실을 알 수 있다.

서독의 반항적인 학생들은 부르주아 계급을 충격에 빠뜨리겠다는 '선동가Bürgerschreck'의 광범위한 계획의 일부로 문화대혁명의 정치적 행동을 모방했다. 마오주의의 명백한 혼란이 오히려 그들에게 인기를 끈 것은 소련이 공개적인 탄압과 경직된 관료주의로 인해 매력을 상실했기 때문이다. 독일의 역사학자이자 공산당 정치가였던 괴르트 쾨넨은 이렇게 회고했다. "마오 주석의 단추(배지를 말함)를 단다거나 위대한 주석의 어록을 암송하고, 마오 주석이 세계 혁명의 모나리자처럼 미소를 짓고 있는 초상화를 벽에 걸어놓는 것은 '낡은' 부르주아 세계에 대한 가장 급진적이고 가장 선명한 대립을 의미했다."[51] 학생들은 문화대혁명의 수사적 언어와 정치 연극을 흥미롭게도 무정부의적인 다다-마오주의Dada-Maoism(다다이즘과 마오주의의 결합)로 개조했다. 그들은 홍위병의 대자보를 번역하여 배포하기도 했다. "혁명가는 마법을 사용하여 낡은 세계를 뒤집고 산산조각 내어 먼지로 만들며, 혼란과 무질서를 일으켜야 한다. 크면 클수록 좋다!"**[52] 1968년 한 단체는 사전에

** 홍위병 대자보의 원래 내용은 다음과 같다. "혁명가는 손오공이다. 여의봉을 휘두르며 신통한 법력을 사용하여 낡은 세계를 완전히 뒤집어놓아 아수라장을 만든다. 혼란하면 혼란할수록 좋다." – 원주

세심하게 연출된 현장극으로 내무부 장관의 강연을 엉망으로 만들었다. 당시 현장에서 한 여성이 소 방울을 울리자 어떤 학생이 페인트를 칠한 달걀을 던졌고, 두 명의 활동가가 나치 복장으로 무대를 뛰어다녔다. 그리고 아홉 살짜리 어린 소년이 일어나 『마오주석 어록』을 읽기 시작했다.[53]

서독에서 가장 저명한 마오주의 추종자 가운데 한 명인 디터 쿤젤만Dieter Kunzelmann(60년대 초반 국제 상황주의Situationist International 회원으로 활동했던 서독의 좌익 테러리스트)은 문화적 도발을 통해 정치적 반란을 일으키고자 했던 1950년대와 60년대의 두 예술 단체인 프랑스 상황주의자* 및 네덜란드의 프로보 운동가들Provos**과 교류했다.[54] 『마오주석 어록』은 쿤젤만과 라이너 랑한스Rainer Langhans가 1967년에 설립한 서독 최초의 정치 공동체인 코뮌1Kommune1 또는 K1이 수행한 수많은 대중 선전에서 요긴하게 사용되었다. 쿤젤만은 코뮌의 목표를 설명하면서, 마오쩌둥의 지적 권위에 대한 비난인 "독단적 신조는 소똥보다 가치가 없다. 소똥은 그나마 거름으로 쓸 수 있다"[55]는 말을 인용했다. 코뮌1은 문화대혁명을 일종의 즐거운 실험 정도로 유쾌하게 해석했다. 그들은 마오쩌둥의 정치 강령에 찬성하거나 심지어 진지하게 생각해보지도 않고 그저 분노를 일으키기 위해 마오쩌둥을 끌어들였다. 그들은 때로 어린아이 장난과 같은 짓을 벌이기도 했다. 한번은 코뮌1 회원들이 1941년 폭격으로 폐허가 된 서베를린의 카이저 빌헬름 기념교회(폐허가 되기 전 이곳은 독일 통일의 상징이었다) 꼭대기로 올라가 지나가는 행인들에게 수백 권의 『마오주석 어록』을 뿌린 적이 있다(코뮌의 남성 회원들은 성적으로 난잡하여 강제적인 성교를 즐겼으며, '같은 여자와 두 번 자

---

* 상황주의란 일상을 비일상화함으로써 자본주의를 극복하는 새로운 개인과 사회를 만들어보자는 운동을 말한다.
** 프로보는 1960년대 중반 네덜란드의 반문화 운동으로, 비폭력적인 미끼를 사용해 당국의 폭력적인 대응을 유도하는 데 중점을 두었다. 1965년 5월 25일 금연 운동가인 로버트 재스퍼 그루트벨트와 아나키스트인 로엘 반 딘과 롭 스톡에 의해 설립되었으며, 1967년 5월 13일 공식적으로 해체되었다. 네덜란드와 독일 등지의 과격 청년파, 또는 청년 무정부주의자들로 불려지기도 한다.

는 사람은 이미 기득권층에 속한다'고 말하기도 했다.[56] 그 가운데 어떤 이는 자신의 오르가즘이 '베트남보다 더 혁명적인 의미가 있다'고 주장하기도 했다).[57]

프랑스의 마오주의자들은 사람들의 이목을 끄는 것을 좋아했다. 파리의 고급 식품 백화점인 포숑에서 20자루 분량의 캐비어, 푸아그라, 샴페인, 치즈 등을 '해방'시켜 가난한 아프리카 출신자들이 주로 거주하는 지역 사람들에게 나눠준 것도 그 한 예이다. 당시 도로 곳곳에는 "우리는 도둑이 아니라 마오주의자이다"[58]라고 쓴 안내문이 뿌려져 있었다. 믹 재거Mick Jagger가 파리에서 열린 롤링스톤즈의 공연장에 난입하여 공연을 중단시키고, 체포된 강도 1명을 석방시키라고 외치면서 마오주의는 정식으로 일종의 로큰롤이 되었다.[59] 프랑스의 마오주의자들은 중국을 "세계에서 가장 자유로운 나라"라고 생각했으며, 문화대혁명을 드골파 프랑스의 억압에 도전하는 길고 환상적이며, 자유지상주의적인 축제로 여겼다.[60]

이탈리아 신문들은 반체제 학생들에게 가장 큰 영향력을 행사하는 세력을 중국인과 마오주의자Maoisti라고 직설적으로 표현했다. 이는 적어도 부분적으로 시위대를 다른 나라 출신의 종파주의자들로 몰아가기 위함이었다.[61] 1967년 서베를린 시장은 베를린 학생 시위의 중심지 중 하나인 베를린 자유대학교약칭 FU의 반체제 세력을 'FU-Chinese'라고 불렀다.[62] 또한 1968년 2월, 밀라노의 국립대학교 라 스타탈레La Statale가 학생 시위운동의 중심지가 되었다. 국립대와 인근 가톨릭 대학교 학생들이 총장을 감금하고 '반동적인' 강사들을 심판했다.[63] 학생들은 대학 본부 건물을 점거하고 그곳에서 생활하면서 밤마다 즉흥적인 록과 재즈 공연을 벌였다. 그러자 신문들은 마오쩌둥이 이번 소요 사태에 영감을 주었다고 보도하면서 학생들이 밤마다 즐기는 행태를 '마오의 밤Nights of Mao'이라고 썼다.[64] 이렇게 마오쩌둥은 대안적이고 반문화적인 생활양식에 쉽게 징집당했다. 이탈리아의 극좌 성향 신문으로 주류사회에 어느 정도 영향력이 있는 「로타 콘티누아Lotta Continua(지속투쟁이란 뜻)」는 자신들의 목적에 부합하는 마오주의파의 이미지를 만들고, "보다 무정부주의적인 마오주의자, 매도당하는 마오주의자…… 우리의 마오주의자들은 정통파가 아니다"[65]라고 썼다.

미국인인 낸시와 데이비드 밀턴은 문화대혁명 초기에 중국에서 교편을 잡았다. 그들 두 사람의 아들 크리스 밀턴Chris Milton은 1968년 미국으로 돌아와 학생운동에 참가하여 중국의 문화대혁명을 전파하는 역할을 했다. 그는 특히 중국 학생들의 반란(조반造反 행동)에 대한 생생한 증언으로 유명세를 떨쳤다. 인터뷰를 할 때 어떤 기자가 그에게 '문화대혁명'이 미국에서 일어나는 것에 대해 어떻게 생각하는지 묻자 그 즉시 대답했다. "멋진 일이지요 groovy."[66]

미국에서 성년이 된 후 마오주의 조직을 건설하는 데 대부분의 삶을 바친 활동가 데니스 오닐은 이렇게 말했다. "크리스마스가 되면 마오쩌둥 초상화를 구해 카드에 붙이고 약간 가공한 후 탈지면을 붙여 빨간 모자와 수염을 기른 산타로 만들어 트리 위에 올려놓으려고 한다. …… 당신도 재미있는 일을 찾을 수 있을 것이다."[67]

1960년대 후반 이탈리아의 노동 쟁의에서 파업 노동자들은 문화대혁명의 홍위병 사진과 신문 보도 등에서 공개적으로 모욕을 주는 수법을 수집했으며, 그러한 수법과 비교적 오래된 수치심을 유발하는 짓거리*를 결합하여 사용했다. 노동자들이 싫어하는 공장장이나 사장 등은 시위를 할 때나 공장 정문 등지에서 사지가 절단된 채 죽은 동물의 사체로 표현되었으며, 관리자의 사무실이나 문은 분뇨로 얼룩졌다. 파업을 벌이는 노동자들은 인분을 가득 채운 봉지를 들고 다녔다. "혁명은 만찬이 아니다."[68] 마오주의자들의 구호가 약간 수정된 채로 돌아다녔다. 당시 항의 시위는 단순히 임금 등 물질적인 문제가 아니라 공장의 억압적인 상명하복의 조직 체제를 무너뜨리는

---

*   신혼부부를 위해 냄비나 주전자 등을 치며 소란을 피우는 일종의 장난인 샤리바리 (shivaree)를 말한다.

데 초점을 맞추었기 때문이다. 그것은 이탈리아 학생 시위가 대학의 권위주의적 조직 개조를 목표로 했던 것과 같다. 홍위병이 문화대혁명 기간에 '계급의 적'을 폭력적으로 굴복시킨 것이 그들에게 급진적이고 파괴적인 카니발레스크carnivalesque(유머와 공포가 뒤섞인 개념)한 레퍼토리를 제공한 것처럼 보였다.

흑표당 운동에서 마오주의는 때로 교묘하게 성적 해방과 얽혀 있었다. 어느 날 흑표당 본부에서 바비 실은 젊은 흑인 남성들이 『마오주석 어록』을 얻기 위해 줄을 서 있는 모습을 보고 당황하지 않을 수 없었다. 전후 사정을 알고 보니, 흑표당 여성 당원들이 구혼자에게 "나랑 사귀려고 하면서 어떻게 『마오주석 어록』도 읽지 않느냐?"고 말했기 때문이었다. 바비 실은 감탄하며 이렇게 말했다. "자매들이 혁명 이념을 그들에게 심어주었다. 우리는 형제들에게 동기를 부여하기 위해 오랫동안 노력했지만, 우리 자매들이 별로 힘들이지 않고 그들을 데리고 들어올 줄은 전혀 몰랐다." 어느 날 늦은 밤, 고민에 빠진 흑표당 여성 당원이 실에게 자문을 구했다. "만약 형제(남성 동지)가 열 가지 강령이 뭔지도 모른다면 제가 그에게 기회를 줄 수 없는 것 아닌가요? …… 침대에 같이 누워서 그에게 열 가지 강령을 아느냐고 물었지요. 안다고 말하더군요. 그래서 내가 일어나 앉아서 물어보았지요. 그런데 열 개 단어를 빼먹었어요."

한편 남성 당원들은 초조하고 예민해졌다. "당내에서 좋아하는 여성을 찾았어요. 그런데 그녀는 열 가지 강령에 대해 나보다 잘 모르더군요. 그래서 우리는 진정한 평등을 얻었지요." 흑표당 남성들은 여성들에게 정치적으로 올바른 언어를 사용할 수 있게 되었다. 바비 실은 또 이렇게 말하기도 했다. "때로 남성 동지가 여성 동지를 반혁명분자라고 비난할 때도 있는데, 자매들은 그렇게 욕하는 까닭이 자신이 그와 자고 싶은 생각이 없다고 했기 때문이라는 것을 알고 매우 화를 냈다."[69]

유럽과 미국의 마오주의자들은 1920년대 후반 마오쩌둥이 농촌 혁명의 주요 역량으로 삼았던 룸펜 프롤레타리아(하층 무산계급)와 거리가 먼, 교육을 받은 이들이었으며 심지어 특권층에 속하는 이들도 있었다. 프랑스의 주요 마오주의자들은 파리에 기반을 둔 이들이 압도적으로 많았으며, 일부는 프랑스에서 가장 부유한 귀족 가문 출신이었다. 예를 들어 르노 공장에서 노동자로 일했던 샤를 앙리 드 초이슬-프라슬랭 백작Count Charles Henri de Choiseul-Praslin은 마오주의 출판물을 판매한 혐의로 투옥되었다(2019년에 사망한 그는 1968년 프랑스의 엘리트 코스인 국립행정학교L'Ecole Nationale d'Administration 입학을 거부한 것에 대해 후회하지 않는다고 말했다).[70] 또한 이탈리아의 '부자 아빠에게 기대어 사는 아들딸figli di papa, 금수저'은 밍크와 표범 가죽 코트를 입고 마오주의자들의 당 대회와 시위에 참가했다.[71] 일부는 중국 사회주의의 성과를 기념하기 위해 세심하게 통제되고 연출된 계획에 따라 중국을 방문했는데, 히피족들은 국경에서 머리카락을 의무적으로 단정하게 잘라야만 했다. 그들은 자신들이 속한 사회에 대한 비난을 중국에도 똑같이 적용하려는 경향을 전혀 보이지 않았다. 1967년 중국을 방문한 프랑스 학생들은 눈물을 흘리며, "혁명 기간에 중국에 있다는 사실이 너무 아름답다"고 흐느끼며 말했다. 프랑스 파리에서 시위대가 문화대혁명은 카니발레스크의 전형이라고 찬사를 보내는 동안 중국을 여행하던 프랑스 마오주의자들은 마오쩌둥의 잔혹한 비밀경찰의 우두머리인 캉성의 환대를 받으며, '마오의 권총'(캉성의 별명)의 사악한 본업과 그의 과거사에 대해 기꺼이 잊었다.[72]

마오쩌둥에 대한 이러한 열정은 여러 면에서 중국과 무관했다. 그들 급진주의자들 가운데 중국어를 배우거나 중국에서 살아본 적이 있는 이는 거의 없었다. 1960년대 이탈리아 마오주의자의 회고는 이를 증명한다.

마오주의 중국은 우리가 사는 사회에 대한 하나의 도전이었다. 권위적인 교육, 노동자를 억압하는 공장, 회유하며 관료적인 공산주의 등에 대한 도전이었다는 뜻이다. …… 유럽의 신좌파 운동은 문화대혁명을 참고했지만 실제로 문화대혁명이 무엇인지에 대해서는 관심이 없었다. …… 우리는 문화대혁명 초기 단계의 권위주의에 대한 반대, 자유주의적인 성격에 대해 모호하고 막연한 느낌만 지녔을 뿐이다. …… 우리는 문화대혁명이 영도 하는 신비한 중국에서 일어난 폭력에 대해 알아차리지 못했다.[73]

1968년경 피사의 한 학생 단체는 마오쩌둥에 대해 종교에 가까운 신앙심을 보였다. 이는 마오쩌둥의 무정부주의나 무신론에서 완전히 벗어난 일이었다. 그럼에도 그들은 특히 마치 불상을 보고 있는 듯했다. "수염도 없고, 얼굴은 크고 부드러우며, 반쯤 감긴 듯한 눈빛에서…… 인내가 필요한 세상을 생각하게 만들었다. …… 급박하게 돌아가는 운동(사회 운동)에서 반드시 배워야 할 과제가 바로 그것이었다."[74]

한때 마오주의 신봉자였다가 지금은 정신분석학자로 변신한 프랑스의 제라드 밀러Gerard Miller는 비교적 가벼운 관점에서 1960년대 말과 1970년대 초 프랑스 젊은이들이 마오주의에 참여하게 된 이유에 대해 이렇게 말했다. "우리 세대 수천 명의 프랑스 젊은이들이 철권통치를 좋아했을 것이라고 상상한다면, 중국에 대한 우리들의 열렬한 관심을 이해할 수 없을 것이다. 우리가 마오쩌둥에게 매료된 것은 오히려 그의 장난기와 불복종 정신이었다. …… 나에게 마오주의 중국은 (경쟁하고 있는 다른 공산주의 신념보다) 훨씬 더 '올레, 올레olé-olé(좋다, 잘한다)'했다. 솔직히 말해서, 당시 프랑스에서 분노하는 것보다 더 좋은 일은 없었으며, 분노하는 이들에게 마오주의자가 되는 것보다 더 좋은 일은 없었다."[75]

유토피아적이고 정치적으로 혼잡스러웠던 그 시기에 독일, 프랑스, 이탈리아, 노르웨이의 여러 급진적인 학생들은 마오주의의 피상적이고 무정부주의적인 측면에 매료되었으나 다른 측면은 오히려 간과했다. 공정하게 말해서 그들은 자신들의 목적을 위해 중국을 이국정조異國情調의 관점에서 보았던 최초의 서양인이 아니다. 16세기 중국에 선교사를 파견하여 적극적인 선교

활동을 시작한 이래로 서구사회에서 '천조天朝'는 종교인, 상인, 철학자를 포함한 지식인들에게 기독교 선교, 경제적 이익, 치국 경험 등 거의 천당에 가깝게 온갖 기회를 부여하는 강대한 꿈의 나라로 여겨졌다. 이런 점에서 서구의 급진주의자들의 마오주의 수용은 일종의 복고 풍조이자 과거의 반복으로 멀리 떨어지고 이국적인 중국을 정치, 사회, 문화, 경제적 미덕의 보고로 간주한 것일 따름이다. 1960년대와 그 이후의 문화대혁명에 대한 열풍은 서구인들이 현실과 크게 동떨어진 상상의 중국을 창조하는 능력을 재차 드러낸 것이다.

마오쩌둥의 혁명 이론은 농촌을 위주로 하기 때문에 도시화된 서구에는 거의 부합하지 않는다. 하지만 서구사회에서 그 누구도 이를 인정하지 않았다. 프랑스에서 유명한 철학자들 중에서 마오주의의 유행에 몸담은 이들이 적지 않았으나 사실 이는 심사숙고를 통한 결정이 아니었다. 프랑스의 마오주의는 사르트르의 가슴에 뜨거운 피가 솟구치게 만들었다. 그는 마오주의의 구호로 '억압받는 자'의 정치적 폭력을 정당화하고, '부르주아의 정치적 폭력'을 '억압적'이라고 비난했다. 아방가르드 잡지 「텔 켈Tel Quel」*에 투고했던 뛰어난 지성의 작가들은 자신을 주로 중국 정치에 반영하여 보려고 했다. 예를 들어 마오쩌둥의 문화대혁명은 자신들과 같은 시인이자 철학자가 주도한 "우리 시대의 가장 위대한 역사적 사건"으로 "문예공작자가 영도자의 역할을 맡았다"고 생각했다. 1971년 가을 「텔 켈」은 중국의 대중 집회에서 흔히 외치는 구호식 문장을 그대로 사용했다. "교조주의, 경험주의, 기회주의, 수정주의를 타도하자! …… 부패한 부르주아를 타도하자! 더러운 수정주의를 타도하자! 초강대국의 이원대립을 타도하자! 혁명 중국 만세! 마오쩌둥 사상 만세!" 중국의 당파 색채는 일부 의심스러운 지식인들의 입장으로 이어졌다. 잡지 「텔 켈」 창간의 중요 인물인 쥘리아 크리스테바

---

* '있는 그대로', '변화하지 않음'의 뜻이다. 1960년에 창간하여 1982년 폐간했다.

Julia Kristeva, 불가리아 출신의 프랑스 철학자, 여성주의자, 정신분석가, 작가는 중국적인 것에 대한 세계의 오해를 풀기 위해 전족은 여성의 권력 상징이었다고 주장했다. 잡지사의 사무실은 커다란 대자보로 장식되었고, 편집자는 중산복을 착용했다. 1971년 가을호는 평소 발행 부수의 두 배가 넘는 25,000부가 발행되었다.[76]

여기까지는 그래도 좋았다. 하지만 1968년 이후 서유럽과 미국에서 문화대혁명의 마오주의는 권위적인 근원을 찾아냈다. 마오쩌둥은 도발적인 광대에서 강경한 당정黨政 인물로 변신했다. 학생운동이 정부의 탄압으로 인해 동력을 잃거나 와해되자 마오쩌둥과 중국공산당은 공장 또는 농촌에서 기층 혁명 작업을 수행하고, 거리 시위를 조율할 수 있는 엄격하게 훈련되고 군사화한 정당을 창건하기 위한 청사진을 제시했다. 에단 영은 이렇게 말했다. "우리는 정치적 보수주의뿐만 아니라 사회적 보수주의가 뿌리 깊은 나라에 살고 있다는 사실을 깨달았다. 우리는 모반을 실행에 옮기기 위해 노력하면 할수록 사람들을 변화시키는 과정이 더욱 어렵다는 것을 느꼈다. …… 우리가 원하는 변화를 촉진시키기 위해 우리는 도처에서 변화를 가져올 수 있는 수단, 공식, 방법, 그리고 모델을 찾았다. 중국, 특히 문화대혁명 시기의 중국은 특정 시기의 특정 모델을 대표했다."[77] 거의 모든 신생 정당들이 중국 정책에 대한 변함없는 충성을 약속했다. 그들은 1960년대 시위가 폭력적인 정치적 극단주의로 진화하는 과정에서 중간 단계를 구성했으며, 1970년대 좌파가 끊임없이 분열하는 주요 요인이 되었다.

나치 정권이 무너진 지 20년이 넘게 지난 1968년, 서독 정부가 대내외 비상사태 시 민주적 권리를 정지할 수 있도록 허용하는 새로운 국가비상법을 통과시키면서 학생 운동이 시들해졌다. 학생 운동가들은 법안 반대 시위로 노동조합과 동맹을 구축할 수 있기를 희망했지만 법안이 통과되며 동맹을 통한 시위 플랫폼은 사라지고 말았다. 이로 인해 전국적인 노동조합의 조합원들을 동원한 선전·선동을 할 수 없게 된 활동가들은 보다 엄격한 형태의 자신들만의 조직을 만들었다. 명칭만 보면 마치 마르크스-레닌주의 간부 정당처럼 보이는 이른바 '공산주의 그룹K-Gruppen', 예를 들어 서독 공산주의 연맹KBW, 재편된 독일공산당KPD, 독일공산당/마르크스-레닌주의KPD/ML 등이 기존의 코뮌1을 대체했다. '공산주의 그룹' 내에서의 생활은 당의 요구에 절대 복종하고, 지칠 줄 모르는 자아비판 회의 등으로 이루어졌다. 마오쩌둥 사상은 거의 종교에 가까운 색채를 띠고 하나의 완전하고 보다 우월한 세계관을 제공했으며, 자연재해에 대처하거나 생명을 치유하고 부상을 방지하는 것 등을 포함한 모든 것에 대해 해답을 주는 것처럼 보였다. 화장은 금지되었으며, 결혼은 '혁명적 행위'가 되었다. 의복은 불편하고 거친 군용 능직물로 만들었으며, 화장실에는 별도의 문이 없었다. 장난감은 공동 소유였으며, 아이들은 홍위병처럼 계급의 적들을 감시하는 훈련을 받는 등 노는 시간조차 정치적이었다.[78]

이탈리아에서 가장 열렬하고 초현실적인 정당 가운데 하나는 1968년 10월 4일에 창립된 이탈리아 공산주의자 연합(마르크스-레닌주의자)Union of Italian Communists-Marxist-Leninist이다. 정당 추종자들이 "위대하고 정의로운 서기장 동지"로 호칭하는 알도 브란디랄리Aldo Brandirali가 당을 이끌었다. 그는 27년이 지난 후 이렇게 회상했다. "우리는 홍위병이 그랬던 것처럼 문화대혁명에 절대적으로 속해 있었다."[79] 그의 추종자들은 시위를 하면서 "스탈린! 마오쩌둥! 브란디랄리!"라고 외쳤다. 마오쩌둥 숭배에서 자신들의 지도자를 숭배 대상에 첨가한 것이다. 정당 구성원들에게 『마오주석 어록』은 필수 액세서리나 다를 바 없었다. 하지만 유럽 좌파 운동이 이 시점에 이르렀을 때는 이미 『마오주석 어록』으로 골수 좌파와 대안적 생활 방식을 선호하는 이들을 구별하는 것이 충분치 않았다. 이 조직의 마오주의적 분위기는 당 기관지인 「인민을 위해 복무하라」와 당원들의 『마오주석 어록』에 대한 중독성에서 분명하게 드러났다.

1970년대 브란디랄리의 정당이 이탈리아 마오주의자의 주목을 끈 부분은 붉은 스카프*를 목에 두른 '선봉대(당내 청년들로 구성됨)'가 군사 퍼레이드를 펼치면서 거대한 마오쩌둥의 초상화를 높이 들고 행진하는 모습이었다. 주류 언론들은 그들 정당의 마오주의가 종교적 요소를 지녔다고 하면서 (아울러 서독은 『마오주석 어록』을 '마오주석 성경'이라고 부른다고 했다) 그들 선봉대의 청년들을 '마오쩌둥 제단의 복사服事'라고 지칭했으며, 그들의 군사 퍼레이드를 모방한 허장성세를 무솔리니의 파시스트 청년단체를 암시하는 '이 발릴리 디 마오i balilli di Mao'라고 불렀다. 그들 과격분자들은 "마오쩌둥의 명의로" 당을 위해 모든 사치품, 예를 들어 토스터기, 헤어드라이기, 전축, 모페드(전기 자전거), 심지어 부르주아 작가들이 쓴 책 등을 정치 활동을 위한 자금 마련을 위해 모두 내다팔아야만 했다. 유일한 정치적 소비품은 한 손은 주먹을 불끈 쥐고 다른 한 손은 아기를 안고 있는 브란디랄리의 석고 모형이었다. 1973년부터는 "오르가즘은 반드시 동시에 진행되어야 한다"고 규정하고 자위나 항문 또는 구강 성교 등을 "소부르주아 사고방식의 표현"이라며 엄격하게 금지시켰다. 1970년대에 들어서면서 브란디랄리가 다른 당원들이 '기부'한 돈으로 빨간색 알파 로메오(줄리아 모델)**와 고급 빌라를 샀다는 불만 섞인 소문이 돌았다. 모든 당 지부에 녹색 '마오쩌둥 스타일' 제복을 입은 그의 사진을 전시하도록 강요한 것도 그 즈음이었다. 결국 그는 자신의 우상인 마오쩌둥이 사망한 1976년 당에서 제명당했다.[80] 이후 가톨릭으로 개종했으며(예수가 자신을 보고 미소 지었다고 말했다), 실비오 베를루스코니Silvio Berlusconi 정부에서 직책을 맡기도 했다.[81]

프랑스에서도 1968년 이후 수천 명의 젊은 마오주의자들이 자신의 신념을 위해 기존의 생활방식을 포기했다. 1968년 이후 가장 큰 마오주의 정당인 프롤레타리아 좌파Gauche Prolétarienne(약칭 GP)의 군사 지도자인 올리비에 롤랭Olivier Rolin은 에타블뤼세망établissement(스스로 선택한 프롤레타리아 활동)을 일종

---

* 중국 청소년들이 목에 매는 홍링진(紅領巾)을 모방한 것이다.
** 이탈리아 브랜드 피아트 계열의 자동차.

의 도피로 표현했다. "'출애굽기'와 똑같다. …… 이는 지식인의 위기에 대한 매우 급진적인 성찰의 결과이다."[82] 프랑스의 마오주의자들은 자기혐오적이고, 자기 파괴적인 특성이 있었다. 그래서 특히 중국 문화대혁명 초기의 반지식인주의와 무정부주의 정치의 영향을 쉽게 받아들였다. 대다수 프롤레타리아 작업에 참가한 이들은 육체노동에 그다지 익숙하지 않았다. 1960년대 중반, 프랑스공산당 분파의 지도자로 철학자 루이 알튀세르가 가장 아끼는 제자였던 로베르 린하트Robert Linhart는 '고등사범학원의 레닌'이라는 찬사를 받기도 했다. 10년 후 그는 시트로엥 자동차 공장의 조립 라인에서 일하면서 받은 충격과 탈진, 그리고 열악한 환경에 대해 묘사한 감동적인 회고록을 썼다.[83] 육체노동을 하고도 여력이 남은 일부 사람들은 동료 노동자들에게 마오쩌둥 사상을 진지하게 주입하는 데 열을 올렸다. 그런가 하면 어떤 이는 공장에서 소요를 일으킨 후 "우리 조직에 남아 있기를 원하는 노동자는 아무도 없었다"고 곤혹스러웠던 당시의 느낌을 자체 간행물에 기록으로 남겼다.[84]

이러한 정당에 참여한 인원은 그리 많지 않았다. 가장 규모가 컸던 '공산주의 그룹'의 당원은 대략 10만 명에서 15만 명 사이로 추산된다.[85] 1970년대 혁명연맹의 최대 조직원을 800~1,000명으로 추정하는 사람들도 있으며, 현재 그 후신인 혁명공산당에는 150명 정도가 남아 있을 것으로 추정된다. 1970년대 운동이 절정에 달했을 때 프랑스의 마오주의자들은 대략 7,000명 정도였다.[86] 그러나 프랑스에서 마오주의 정당은 자신들의 이념으로 재능 있는 작가와 지식인 등 유명 인사들을 끌어들일 수 있었기 때문에 문화 자본에서 막대한 영향력을 행사할 수 있었다. 호전적인 GP는 장폴 사르트르와 시몬 드 보부아르Simone de Beauvoir의 지지를 받으며 큰 주목을 받았다. 두 사람은 1970년 드골 정부가 마오주의 주요 신문인 「민중의 대의La Cause de Peuple」를 배포 금지시키자 파리 거리에서 직접 판매했다. 경찰이 그들 두 명의 유명 인사에게 접근하자 한 급진주의자가 외쳤다. "노벨상 수상자를 체포할 수는 없다!"[87]

서구의 수많은 마오주의 정당들은 종교적 교조주의로 중국 모델을 해석했기 때문에 극단적인 종파주의로 빠질 수밖에 없었다. 실제로 서유럽과 북미의 거의 모든 마오주의 정당은 영화 《라이프 오브 브라이언*Life of Brian*》에 나오는 유대인 인민전선처럼 공감대 형성에 열성적이었다. 데니스 오닐은 여전히 마오주의자인지 묻는 질문에 긍정적으로 대답했다. "다른 마오주의자들은 나를 마오주의자라고 생각하지 않을지도 모르지. 하지만 엿이나 먹으라고 해!"[88]

1970년대 미국인 에단 영은 미국 내 마오주의 정당에서 벌어지는 파벌투쟁을 직접 목격했다. "내가 일하던 시카고의 사우스사이드 지역 기계공장은 대부분 마오주의자들인 여러 단체의 집결지였다. …… 정당의 명칭이 워낙 여러 가지였기 때문에 나는 제대로 기억조차 못했지만 서로 다른 단체의 각종 행태에 익숙해져야만 했다. 나는 종종 어떤 이가 나에게 '저 명칭이들이 지난주에 뭘 했는지 들었어? 저기 저들이 뿌린 전단지 좀 봐!'라고 하는 말을 듣곤 했다."[89]

1960년대 미국에서 좌파들은 50여 개의 단체로 분열되었다. 그들은 어느 정도 마오주의 사상과 관점에 동의했다. 하지만 그들은 서로 더 많은 조직원을 영입하기 위해 당파 싸움에 몰두하느라 실제 무산계급, 프롤레타리아 계급에 다가서는 데는 실패했다.[90]

문화대혁명에서 영감을 받은 급진주의는 서독의 적군파와 이탈리아의 붉은 여단과 같은 단체의 테러리즘으로 이어졌고, 그들 두 단체가 활동하는 국가에 심각한 위협이 되었다. 실제로 미국과 서유럽의 보안 기관은 모든 형태의 마오주의 정치를 위협으로 간주했다. 프랑스 경찰은 마오주의 단체에 대한 방대한 파일을 보관했고, 미국에서는 연방수사국FBI과 중앙정보국CIA이 악명 높고 때로 위법적인 코인텔프로COINTELPRO와 MH카오스*(MH는 활

---

*   코인텔프로는 '방첩계획(Counter Intelligence Program)'의 약칭이며 미국의 연방수사국이

동범위가 전 세계에 걸쳐 있다는 뜻이다. 미국 국적의 마오주의자 한 명에 관한 파일 두께가 180cm에 달했다)를 통해 1960년대와 70년대에 마오주의 영향을 받은 급진주의자들과 전쟁을 벌였다.[91] 특히 서독과 이탈리아에서는 1970년대 후반에 마오주의에 크게 영감받은 정치적 폭력에 대응하는 국가 안보 조직 강화에 성공했다.

미국에서 가장 악명 높은 좌파 테러 조직 중 하나인 웨더맨Weathermen은 마오쩌둥 사상에 완전히 무릎을 꿇었다. 그들은 선언문에서 자신들의 혁명 조직은 "중국의 홍위병과 마찬가지로 혁명 실천에 대중의 완전한 참여를 토대로 삼고 있으며, 폭력적이고 불법적인 투쟁에 기꺼이 참여하는 운동이다"라고 밝혔다.[92] 1968년 6월 프랑스에서는 내무장관이 국영 텔레비전 황금 시간대에 출연하여 세계 마오주의의 음모에 대해 발표했다.[93] 1960년대 후반 경찰 당국은 프랑스 마오주의자들의 활동에 대해 자세하고 구체적으로 기록한 문서를 보관했다. 문서에 따르면, 중국의 '문화 사절단'은 알바니아에서 "젊은 아프리카계 아시아인, 남아메리카인…… 프랑스인, 이탈리아인, 독일인, 벨기에인, 영국인 등을 대상으로 정치 교육 및 파업 등에 관한 훈련 과정을 운영했다."

그들은 마오쩌둥 초상화가 잔뜩 걸려 있는 버스를 탔다. …… 학생들은 매일 마오주의 사상과 관련된 수업에 참여하여 마오주의 사상에서 제기한 문제를 탐구한다. 이러한 문제 속에는 서유럽과 미국의 생활에 대한 신랄한 비판이 포함되어 있다. 일군의 프랑스 학생들은 이렇게 고백했다. …… 그들이 받은 수업은 자신들의 조국에서 게릴라 활동으로 최대한의 피해를 입히기 위함이었다. 그들은 햇볕 아래에서 몇 시간 동안이나 행군을 했으며,

---

미국 내부의 저항 정치 조직을 조사하여 파괴하려는 목적을 가지고 설립한 프로그램이다. MH카오스는 1960년대부터 70년대까지 미국 중앙정보국이 급진적인 학생운동가, 아프리카계 미국인 및 해외 인사들을 대상으로 진행한 비밀 방첩 프로그램이다.

접근하기 어려운 산악 지역에서 힘든 야간행군을 하기도 했다. 이러한 엄격한 '테러 학교'는 수류탄과 시한폭탄을 제조하거나 권총을 비롯한 소형 무기를 사용하는 방법을 배우는 과정 또한 소홀히 하지 않았다. …… 졸업과 동시에 젊은이들은 체제 전복을 위한 지적인 사명과 대량의 마오주의 선전물을 가지고 각자의 나라로 돌아갔다.

1972년 2월 25일, 프랑스 르노 공장에서 프롤레타리아 좌파GP의 저항 전략에 따른 대치 상황에서 23세의 젊은 노동자 피에르 오베르니Pierre Overney 가 사망하는 사건이 벌어졌다. 이로써 프랑스는 마오주의 폭력의 결정적인 순간을 맞이했다. "고용주를 납치하는 것은 이유가 있다." "혁명은 손님을 청해 밥을 먹는 것이 아니다"라는 등 과격한 구호에도 불구하고 유혈사태를 목격한 지도부는 속이 타들어갔고, 폭동의 지도자인 피에르 빅토르Pierre Victor 는 눈물을 흘리며 르노 공장을 떠났다.[94] 그날의 비극은 프랑스의 급진적 마오주의 종말의 시작이었다.

1960년대 서독 급진주의자들 가운데 마오쩌둥의 신도들 역시 언론과 정부를 불안하게 만들었다. 언론과 정부는 그들의 항의 시위를 비난하고, 그들이 위험을 조장한다고 과장 보도했다. 1969년 독일 연방의회Bundestag에서는 동아시아 세력의 부상과 국내 학생운동이 결합하는 것에 대한 우려를 표명했다. 이에 독일 수상 쿠르트 게오르크 키징거Kurt Georg Kiesinger는 이러한 우려에 대해 간략하게 답변했다. "나는 단지 중국, 중국, 중국이라고 말할 수밖에 없습니다."

1967년 4월, 코뮌1 구성원들이 서독을 방문한 미국 대통령에게 요구르트와 밀가루를 섞어 뿌리려는 이른바 '푸딩 암살Pudding Assassination' 사건을 모의했다. 이에 베를린의 주요 일간지인 「베를린 모겐포스트」는 신문 지면에 "베이징에서 가져온 폭발물로 폭탄을 제조한 자유대학 학생들"이라고 선정적인 헤드라인을 내걸었다.[95]

마오주의와 문화대혁명의 과격한 언사는 폭력적인 지하 혁명을 선택한 서독 학생 운동가들에게 의심할 여지 없이 영향을 끼쳤다. 1968년 학생 시위가 주춤해졌을 때 마오주의의 '계속혁명' 이론은 일부 학생들이 혁명을 지속하기 위해 더욱 극단적인 입장을 추구하도록 만들었다.[96] 어떤 이들은 급진적이고 세련된 '선동가Bürgerschreck'들에게 환호를 보냈지만 또 다른 이들에게 마오주의는 서독의 국가 기관에 대한 폭력적인 반항의 근거가 되었다. 당시 학생들은 국가 기관이 종족 학살을 기도하고(베트남에 대해 미국과 동맹을 맺었기 때문에) 매우 파쇼적이라고(나치와의 연계 및 학생 시위대에 대한 경찰 폭력 때문에) 비난했다.

나중에 테러리스트로 변신한 몇몇 서독인들은 60년대 후반 저항운동을 하면서 마오주의 분위기에 흠뻑 빠져 있었다. 남들의 이목을 끌기 좋아하던 디터 쿤젤만도 그런 이들 가운데 한 명이었다. 그들은 도시 게릴라 전투를 구상하던 초기에 서독 적군파 창립 멤버로 가죽 재킷에 마오쩌둥 배지를 달고 다녔던 안드레아스 바더Andreas Baader와 구드룬 엔슬린Gudrun Ensslin은 보육원에 있던 50여 명의 젊은이들로 무장 단체를 조직하여 『마오주석 어록』을 교육시켰다. 학생운동에 참여했던 일부 학생들은 "끝없는 공포는 끝없는 재미를 가져온다"는 구호를 외치면서 "천하가 크게 혼란하면 형세는 더욱 좋아진다天下大亂. 形勢大好"[97]라는 문화대혁명 초반에 대한 마오쩌둥의 평가에 호응했다.

서독 적군파의 첫 번째 선언문, 「도시 게릴라 개념」은 마오쩌둥의 명언으로 가득 차 있었다. 예를 들면 "제국주의와 일체의 반동파는 종이호랑이이다.", "죽음을 두려워하지 않는 이는 황제를 말에서 끌어낼 수 있다." 등이 있다. 1972년에 나온 또 다른 소책자에서 그들은 서독 적군파의 모든 폭력 행위는 "인민을 위해 복무하는 것이다"라고 주장했다. 마오쩌둥의 저작물은 서독 적군파 초기의 중요 참고 문건이 되었고, 시위에 참가하는 이들을 끌어들이는 데 도움이 되었다. 서독 적군파 소속이었다가 나중에 또 다른 테러 단체인 '6.2 운동2 June Movement'에서 활동한 틸 마이어Till Meyer는 1975년 서베를린 시장 후보였던 피터 로렌츠Peter Lorenz 납치 사건에 가담하여 수감된 서독 적군파 대원들을 석방하는 데 성공했다. 그는 시위에 참여했다가 누군가 건네준 문건(「도시 게릴라 개념」)을 접했을 때 처음 느꼈던 심정에 대해 이렇게 말했다. "소책자의 겉표지에서 『마오주석 어록』의 인용구를 본 즉시 단숨에 전체 내용을 다 읽었다. 매우 흥분하지 않을 수 없었다."[98] 서독 적군파는 국내의 위협 외에도 조직의 국제주의적 색채로 인해 전 세계 국가 안보 기관과 정부를 불안하게 만들었다. 서독 적군파에서 가장 유명한 '독일 도시게릴라 조직'의 경우 어두운 테러리스트의 영역으로 들어가 베네수엘라 게릴라 활동가인 일리치 라미레즈 산체스Ilich Ramirez Sanchez(자칼 카를로스Carlos the Jackal로 더 잘 알려져 있다) 및 팔레스타인 단체와 연계하여 테러를 저질렀다.*[99]

이탈리아의 상황도 비슷했다. 이탈리아 극좌파 테러 집단 가운데 가장 극렬한 붉은 여단은 1970년부터 이탈리아의 정치, 경제, 사법 기관에 전쟁을 선포하고 '보스(사장, 상관)들과 그들의 부하들'을 상대로 '인민 정의'라는 이름으로 '프롤레타리아 폭력'을 행사했다. 붉은 여단의 창시자 가운데 한 명인 레나토 쿠르시오Renato Curcio는 60년대 후반 문화대혁명에 대한 열정에 깊이 심취했다. 붉은 여단에서 절친한 동지였던 알베르토 프란체스키니Alberto Franceschini는 당시 쿠르시오가 마오쩌둥 사진이 그려진 티셔츠를 입고 트렌토 대학 밖에서 『마오주석 어록』을 사람들에게 나눠주곤 했다고 말했다.[100] 그에 따르면, 붉은 여단이 첫 번째 납치 사건의 대상으로 기업 간부를 납치한 후 그의 목에 "살해하고 신속하게 도망쳐라. 한 명이라도 징벌하지 않으면 안 된다. 하나를 징벌하면 백 명에게 경고를 줄 수 있다"라는 통지문을 걸기

---

* 우익의 폭력도 좌익의 그것보다 큰 위협은 아닐지라도 그에 못지않은 위협이라는 것을 기억해야 한다. 1968년, '레드(빨갱이)' 루디 두치케는 자신의 집에 히틀러의 초상화를 걸어놓은 신나치주의자 페인트공에게 머리와 가슴에 총알 세 방을 맞았다. 시위 운동은 또한 끔찍한 국가 폭력을 경험하기도 했다. 1967년 6월 2일 이란 국왕의 베를린 방문에 반대하는 시위에 대해 서독 경찰은 잔혹하게 대응했다. 이는 시위대의 반감을 형성하는 데 결정적이었으며, 또한 악명 높은 순간이기도 했다. - 원주

로 결정했다. 그는 계속해서 이렇게 말했다. "우리는 마오쩌둥에게 '살해하고 신속하게 도망쳐라'라고 배웠다. 그는 유격 전술 원칙에 관한 글에서 적을 죽이고 신속하게 도망치라고 말했다. 우리는 이런 말이 정글을 떠올리게 한다는 점에서 좋았다. 우리는 적들의 뇌리에서 야수의 모습이 떠오를 것이라고 확신했다."[101] 붉은 여단의 호전적인 과격주의자들의 "표어나 구호, 연설문 등은 모두 직간접적으로 위대한 조타수(마오쩌둥)에게 헌정되었다."[102] 1978년 3월, 그들은 알도 모로Aldo Moro 전 총리를 납치했다. 1978년 5월 10일, 이탈리아 정부가 모로 석방 대가로 정치범을 석방하라는 요청을 두 달 넘게 거부하자 테러리스트 중 한 명이 모로에게 10발의 총격을 가하고 시신을 로마 중심가에 주차된 차량에 버렸다.

붉은 여단은 마오쩌둥이 주장한 '자력갱생'을 이탈리아의 일반인들과 다른, 일종의 독립적이고 은밀한 존재의 것으로 해석했다. 그럼에도 그들은 자신들이 '대중의 이름'으로 폭력을 행사하는 군중노선을 지향한다고 믿었다. 그들은 분명 마오주의에 영향받았지만 이에서 그치지 않았다. 그들은 영화 배우 존 웨인처럼 영웅적인 인물에 매료되었다. 그래서 그들은 제2차 세계대전 당시의 빨치산이나 체 게바라, 우루과이 게릴라 투파마로스Tupamaros 등에서 또 다른 영감을 받았다. 프란체스키니는 심지어 붉은 여단이 이스라엘 비밀정보국으로부터 최첨단 무기를 제공받았다고 주장하기도 했다. 그에 따르면, 이스라엘 비밀정보국은 이러한 테러 조직이 번성하면 이탈리아 정부의 주의력이 분산돼 팔레스타인에 대한 지원을 제공할 수 없게 되기를 바랐기 때문이라고 했다.[103]

미래의 폭력적인 혁명에 대한 신념은 1970년대 서유럽과 미국 전역의 마오주의 영향을 받은 많은 정당을 하나로 묶어주는 끈이었다. 비록 이러한 신념이 실제 살육 행위로 옮겨가지는 않았을지라도 그들은 최후의 전투를 위해 준비태세를 갖추었다. 1977년 독일에서 세계 자본주의의 종말이 가까워지고 있다는 확신이 커지자 서독 공산주의 연맹KBW은 "자본주의 체제가 새로운 제국주의 세계대전을 일으키기 전에 자본주의 제도를 타도하기 위한 유일한 길은 결정적인 무장봉기밖에 없다"는 내용의 주장을 전파하기 시작했다. 또한 그들은 "현대식 주방, 청소기구에 익숙한 주부라면 기관총을 사용하는 데 어려움이 없을 것이다"라고 추측했다.[104]

미국에서는 1966년에 이미 급진적인 '흑인 권력 운동'이 호전적인 준비 태세를 갖추기 시작했다. 그해에 RAM은 도처에 종말론적인 '선언문'을 배포했다. 겉표지에는 마오쩌둥의 사진이 들어가 있고, 안에는 마오주의와 관련된 문장이 인용되었다. 그들은 백인 제도권에 대한 전면적인 도시 게릴라전을 고취하며 뉴욕과 워싱턴의 대부분이 "폭파되어 산산조각 날 것이다"라고 단언했다. 이제 곧 다가올 "아마겟돈 전쟁에서…… 알라의 정의로운 힘이 악마의 사악한 세력을 파괴시킬 것이다. …… 전 세계에 '불타라, 베이비, 불타라'라는 외침이 울려 퍼지게 하자."[105] 로버트 윌리엄스가 베이징에서 마오쩌둥에게 이러한 내용의 선언문을 보여주자, 위대한 조타수조차 그들이 "좀 지나친 것 같다"고 생각한 것 같다.

보수적인 지식인들, 특히 지난 20년간의 '문화전쟁'에 참여했던 지식인들은 이렇게 주장하고 싶어 한다. 지난 반세기 동안 정치적으로 올바른 가치관으로 기성세대를 압도하면서, 루디 두치케가 말한 바대로, 1960년대 젊은 좌파 급진주의자들이 "체제에 대항하는 장정"을 성공적으로 수행했다고 말이다. 마오주의는 '반문화' 항쟁의 일부분으로 미국과 서유럽의 사회적, 문화적 보수주의를 결정적으로 약화시켰으며, 이러한 자유해방의 영향이 오늘날 대중들의 삶에 뚜렷하게 드러나고 있는 것은 분명 사실이다.

서구의 마오주의는 여성 및 동성애자 해방 운동, 교육 개혁, 공공 생활에서의 인종 평등에 대한 열망에 영향을 미쳤다. 프랑스 마오주의에서 보다 자유주의적인 분파인 혁명만세Vive la Révolution, 약칭 VLR의 저널, 「전부!*Tout!*」는 여성과 동성애자의 권리 문제에 대한 초기 탐색을 진행했다. 페미니스트들의 남자 동급생, 남자 교사, 남자 친구, 남편, 남자 동료 등 남성들로부터 겪은 차별 문제에 대한 '각성consciousness-raising'은 중국 혁명의 소고대회訴苦大會(고충 호소 대회)를 기반으로 한 것이다. 급진적인 여권단체인 레드 스타킹스Redstockings의 핵심 인물로 "개인적인 것은 정치적인 것이다"라는 구호로 반향을 일으킨 캐럴 하니쉬Carol Hanisch는 이렇게 말했다. "우리는 중국의 혁명 경험에서 말로 표현하기 어려운 무언가를 얻었다. …… 그것은 영감…… 희망…… 혁명 정신이라고 말할 수 있을 것이다."[106] 그러나 미국의 마오주의에도 남성다움을 과시하는 마초가 존재했다. 예를 들어 1963년 RAM이 개최한 '흑인 선봉대 회의'는 "전체 흑인, 전체 남성만 참가하여 전략 초안을 작성하는 비밀 회의"였다.[107]

마오 스타일의 비판, 즉 자아비판은 이후 본질에서 벗어나 점차 치료와 자조自助라는 고백 습관으로 변질되었다. 1960년대와 70년대의 문화혁명에서 영감을 받은 이의 제기와 토론 등은 중·고등 교육 개혁에 기여하여, 교육방법과 내용 및 학사 계획을 보다 참여적이고, 대표적이며, 다양한 커뮤니티에 대한 책임감 있는 교육으로 만들었다. 1972년부터 매사추세츠대학교에 재직한 존 브레이시John Bracey처럼 급진적인 정당에 가입하지 않고 교육계에 머물렀던 아프리카계 또는 중국계 미국인 운동가들은 대학에서 흑인 및 종족 연구를 위한 투쟁에 적지 않게 기여했다.

'문화대혁명에서 영감을 받은 반란'과 '포스트구조주의의 회의적 탐구' 사이에는 또 다른 연관성이 있다. 미셸 푸코는 1970년대 초 마오주의의 세례를 받았으며, 이후 무엇보다 프랑스의 교도소 체계에 대해 반드시 필요하고 또한 엄격한 비난을 가했다.[108] 프랑스 지식인들은 마오쩌둥 자신의 권력 장악의 정점에 있는 문화대혁명을 이상화하여, 이를 체제에 저항하는 대중 민주주의가 발아하는 시기라고 생각했다. 그러나 역설적이게도 이는 나중에 인권에 대한 관심과 국제앰네스티와 같은 인권단체에 대한 지지로 바뀌었다.[109] 마오주의는 후기 식민지 연구와 하층subaltern 연구에도 중요한 역할을 했다. 인도의 낙살라이트 마오주의는 남아시아 지식인들이 '하층'으로 들어가 직접 체험하고 각성하도록 이끌었다. 이러한 관점은 서구의 역사와 문화 서사의 접근방식을 재편했다.[110]

한때 마오주의자였던 일부 인사들은 문화계와 정계의 유명인이 되었다. 급진적인 GP의 전 지도자였던 알랭 제스마르Alain Geismar는 1990년대까지 연이어 사회당 정부에서 중임을 맡았다. 1973년부터 2006년까지 GP를 이끌었던 세르주 쥘리Serge July는 「리베라시옹Libération」을 창간하고 편집을 맡았다. 신문은 마오주의 좌파의 기관지에서 시작했으나 이후 주류 신문으로 발전했다. 역시 GP의 조직원이었던 올리비에 롤랭Olivier Rolin은 나중에 소설가가 되어 문명을 떨쳤다. 그의 일곱 번째 소설인 『종이호랑이Tigre en papier』의 주인공은 지칠 대로 지친 '68운동' 참여자이다. 소설에는 주인공이 이미 고인이 된 동지의 장성한 딸에게 부친의 죽음에 대해 설명하려고 애쓰는 내용이 담겨 있다. 수많은 서독 출신 마오주의자들이 주류 정치계에서 성공적인 경력을 쌓았으며, 대부분 녹색 운동에서 활동했다.[111] 마리오 카판나Mario Capanna(나중에 이탈리아 하원의원을 지냈다)는 "위대한 조타수가 나에게 보여준 매력은 결코 부인할 수 없다. …… 그가 사람을 매혹시키는 요인 가운데 하나는 뛰어난 변증법적 능력과 간결한 언사에 있다. 내가 의회 연설이나 이후 선거 연설에서 얻은 성과는 모두 그에게 공을 돌려야 할 것이다."[112] 배우 셜리 매클레인의 영화 경력은 마오주의와 접촉한 이후에도 변함이 없었다. 1980년 그녀는 《계절의 변화A Change of Seasons》에 주인공으로 출연했다. 영화는 미국 버몬트 주의 스키장 샬레에서 벌어지는 사각 관계에 관한 내용이다. 그녀의 영화 작업은 이후로도 계속 순조롭게 진행되었다. 밀레니엄이 다가올 무렵 그녀는 21세기에 "우리들은 외계의 형제, 자매에 대한 목격담을 좀 더 현실적인 관점에서 다루게 될 것이다"라고 예측했다.

그러나 서구 마오주의의 성공 사례는 대중의 인식 속에 지나치게 많은 부분을 차지하여, 마오주의로 인한 개인적 비극과 정치적 피해를 가리고 있다. 로베르 린하트의 비극적인 이야기가 그 대표적인 예이다. 1968년 5월 시위의 격랑 속에서 그는 신경쇠약으로 인해 몇 달 동안 병원에 입원해야만 했다. 1981년에는 약물을 과다 복용하여 자살을 시도했지만 몇 주 동안 깊은 혼수상태에 빠졌다가 결국 의식을 되찾았다. 이후 그는 거의 말을 하지 않았다.[113] 맥스 엘바움은 현대 미국 좌파의 주변화 현상은 결국 문화대혁명에 대한 열풍 때문이라고 비난하면서 문화대혁명 이론과 중국 국내외 정책의 우여곡절에 대한 교조적 충성심이 바로 "마오주의로 인한 가장 큰 피해이다"라고 말했다. 계속해서 그는 이렇게 말했다.

> "마오주의의 문제점은 '사상적, 정치적 노선의 옳고 그름이 모든 것을 결정한다'는 문화대혁명 시기의 구호에서 그대로 체현되고 있다. 이 구호는 물질적 조건이나 정치적 역량의 균형을 완전히 무시했음에도 불구하고 주요 마오주의 단체들은 끝없이 이를 인용했다. …… 이는 극좌파적 분석과 전술을 조장했을 뿐만 아니라 이론적 순수주의로 이어져 사소한 교리 문제를 가지고 격렬한 대립과 끊임없는 조직 간의 경쟁을 불러일으켰다."[114]

엘바움에 따르면, 수년간의 파벌 투쟁으로 인해 미국의 좌익은 레이건 시대의 보수적 부활, 즉 노동조합에 대한 공격과 제3세계의 사회주의 및 공산주의 정부에 대한 강경 노선 등에 저항하기에 이미 너무 지친 상태였다.

에단 영은 1970년대 미국 마오주의 정당 출신들 사이에 만연했던 심리를 이렇게 회상했다. "파벌주의는 상처를 남긴다. 파벌 싸움을 겪은 사람들은 새로운 정당을 만들자는 제안에 격렬하게 반대한다. 그들은 끝없는 논쟁과 투쟁 속에서 길을 잃고 결국 아무것도 얻지 못했던 기억을 가지고 있다. 어떤 이는 이로 인해 생활이 파탄 나고 조직에서 쫓겨났으며, 심지어 스스로 목숨을 끊은 이들도 있었다. 그리고 분명한 것은 극도로 사기가 저하되고, 환멸과 절망 상태에 빠졌다는 점이다."[115]

알도 브란디랄리의 말에 따르면, 1970년대 이탈리아 마오주의 단체는 "수천 개의 파편으로 흩어진 공산주의 폭발의 산물이었다. …… 그것은 위기였거나 또는 위기의 파편이었다. …… 그것은 종말이었다."[116]

이러한 정당들이 실행하는 정치적 급진주의는 어떤 경우에도 장기적으로 지속 가능하지 않았다. 분열과 시간 소모가 많았고, 풍부한 자금이 있는 것도 아니었다. 1970년대 후반이 되자 1세대 혁명가들은 이미 30세를 넘겨 가족과 직업, 연금 등에 대해 생각하기 시작했다. 좌파 테러리즘의 영향이 심각한 국가의 정부가 관련 단체와 동조자로 간주되는 이들을 강력하게 단속하면서 이러한 활동 대부분이 활기를 잃었다.

1977년 초반부터 이후 9개월 동안 서독 적군파가 모의한 8건의 살인 사건과 1건의 납치 사건(대상은 사업가 한스 마르틴 슐라이어Hanns Martin Schleyer 였다)이 발생했다. 그해 10월 13일 팔레스타인 해방 인민전선Popular Front for the Liberation of Palestine 소속 4명의 테러리스트가 86명을 태운 루프트한자 항공기를 납치한 후 인질을 풀어주는 대신 슈투트가르트의 스탐하임 교도소Stammheim prison에 수감된 적군파 대원 10명의 석방을 요구했다. 당연히 이는 국제적인 관심사로 떠올랐고, 서독 당국은 곤경에 처했다. 서독 정부는 새로 결성한 대테러 부대를 동원하여 모가디슈 공항에서 외과수술처럼 신속 정확한 공격으로 인질 위기를 종식시켰다. 10월 18일 교도소에서 납치 사건이 실패했다는 소식을 전해들은 적군파 지도자 3명(바더와 엔슬린 포함)은 모두 스스로 목숨을 끊었다. 같은 날 적군파 테러리스트들은 인질로 잡은 슐라이어를 처형하고 시신을 차 뒷좌석에 내팽개쳤다.

사실 이전까지 서독 정부는 나치 권위주의의 유령을 불러일으킬 수 있다는 우려로 인해 보안부대 동원을 꺼렸다. 하지만 테러주의 폭력이 날로 기승을 부리자 정부는 보안부대 동원을 결정했다. 그러자 독일 좌파 인사들은 정부를 전체주의적인 적으로 간주하고 게릴라 폭력으로 공격해야 한다는 자신들의 관점을 포기하기에 이르렀다. 그들은 주류의 평화로운 정치(주로 환경문제)에 참여했고, 정부는 모가디슈 공항 사태를 해결하면서 애국심을 불러일으켰다. 서독 정부가 동독과의 신뢰성 경쟁에서 관건이 되는 순간이었다. 이는 1989년 베를린 장벽 붕괴로 서독이 압승함으로써 확인되었다.[117]

국가에 위협이 되는 이들로 간주된 문화대혁명에 광분한 지지자들은 자신들의 헌신으로 인해 참담한 대가를 치러야만 했다. 1956년 설립된 방첩계획(코인텔프로)은 원래 냉전 시대 이데올로기의 충돌이 빈번하던, 당시 친소 간첩 혐의로 기소된 미국 공산당에 대한 감시를 체계화하기 위한 기구였다. 그러나 1965년 베트남전쟁 반대와 흑인 해방 시위가 격화되자 J. 에드거 후버는 기존의 방첩계획을 "보다 강력하고 상상으로 충만한 프로그램으로 확대했다. …… 그것은 인권 및 흑인 해방 단체와 지도부, 대변인은 물론이고 회원이나 지지자들에 이르기까지 그들의 활동을 폭로, 방해, 오도, 비방, 그리고 무력화하기 위한 보다 방대한 프로그램"이었다. 그중에서도 RAM이 주요 표적이었으며, 불법과 무자비함이 그 주요 특징이었다. 1974년 한 요원은 "이 영역에서 성공은 두려움으로 측정하는 것이 아니라 무력화로 측정했다"라고 말했다.[118] FBI의 전략도 다원적이었다. 협박, 도청, 우편물 가로채기, 폭파, 심지어 "가장 최악의 냄새가 나는 화학물질을 흑표당의 인쇄기에 뿌리는 방법"도 사용했다. 또 다른 예도 있다. 시카고의 비폭력적인 조직가 프레드 햄튼Fred Hampton은 잠을 자다 FBI 요원이 쏜 50발의 총탄 세례를 받았다.[119]

한 전직 RAM 활동가는 폭동과 암살 음모 혐의로 미국 보안 당국에 의해 수년간 추적당했다. 1967년 첫 번째 암살 혐의로 체포하기 위해 경찰이 그의 아파트에 들이닥쳤을 때 침실 벽에 마오쩌둥의 포스터가 붙어 있다는 사실만으로도 유죄의 증거가 충분했다. 그는 정치 운동이 자신의 삶에 끼친 영향에 대해 이렇게 회고했다.

"68운동 이후 나는 법적인 구속에서 벗어나는 데 10년이 걸렸다. ……
캘리포니아에서는 거의 의식을 잃을 정도로 폭행을 당하기도 했다. …… 물
론 직장을 구할 수도 없었으며…… 식구들도 거의 미칠 지경이 되었으며,
모두 뿔뿔이 흩어졌다. 큰아들은 교도소에 있다. …… 아이들은 성장하면서
내가 다른 집 아버지들처럼 자신들을 길러주지 않았다고 느끼는 것 같다. 아
내는 마오쩌둥이 추악한 인물이라고 생각한다."

하지만 그는 여전히 마오쩌둥이 오늘날 아프리카계 미국인들의 투쟁에
나름의 의미가 있다고 여겼다. "나이가 들면서 비로소 우리는 장기적인 투
쟁의 본질을 이해하게 되었다. 우리는 평생 그렇게 살아왔다. 장기적인 투쟁
이란 것을 이해하면 전략과 전술이 달라질 수밖에 없다. 당연히 후퇴도 배우
게 된다. 이러한 모든 것이 마오쩌둥의 사상적 원칙에 자리하고 있다. ……
만약 당신의 군중노선이 대중과 합작하고, 아프리카계 미국인들과 그들이
관심을 갖는 것과 함께 나아간다면…… 그것이 그들의 각성을 촉진하고 운
동 역시 지속적으로 성장하게 될 것이다."

2015년 맥스 스탠포드 역시 "새로운 문화적, 정치적, 역사적 재교육 과
정"을 통해 미국 기득권층을 무너뜨릴 것을 촉구했다. "흑인의 생명도 중요
하다! 우리는 승리할 것이다!"[120]

문화대혁명 시절 권위주의에 반대하는 각종 구호나 언사는 중국 밖에서
정치, 문화, 사회적 관습을 겨냥한 반란에 영감을 주었다. 예를 들어 국내외
정책, 식민통치, 선거, 양성관계, 교육, 영화, 문학 등 대단히 광범위하다. 고
유명사로서 문화대혁명은 1960년대 이후 특히 서구의 선진사회에서 사회,
문화, 정치를 변화시킨 다양한 형태의 문화 혁명(통상 자유화라고 칭할 수
있는)에 영향을 끼쳤다. 파시즘 이후 독일과 이탈리아, 인종 간의 분리 정책
이후의 미국, 독립 이후의 인도 등 역사적, 민족적, 사회경제적으로 단층성
이 깊은 국가들의 경우, 정치적 폭력을 정당화하는 문화대혁명이 대초원을
불태우는 작은 불꽃이 되었다. 그 불꽃은 지금도 여전히 타오르고 있다.

문화대혁명 마오주의에서 영감을 받은 아프리카계 미국인의 해방투쟁에 가담한 노련한 운동가들에게 마오주의 이론과 실천에 따른 일부 정치사상은 여전히 유효하다. 미국 정부는 '방첩계획'이란 악독한 방식을 통해 이러한 마오주의 이념과 항쟁을 진압했는데, 결국 이는 이러한 마오주의 관점과 수단의 효능을 인정한 셈이다. 그러나 문화대혁명 정치의 언어적, 실제적 폭력은 중국 밖의 급진주의자들이 종종 사건을 독단적이고 종파적인 방식으로 해석하여 좌절되었으며, 아울러 이러한 사상에 많은 시간과 정력을 바친 개인과 그들의 대의에도 좌절을 안겨주었다.

　　발라 동지의 거점이었던 마오쩌둥 기념센터는 현재 1인분에 15파운드인 가정식 요리와 북아프리카의 맛있는 페이스트리를 제공하는 알제리 레스토랑으로 바뀌었다. 건물의 옛 용도에 대한 존경심 때문인지, 아니면 다른 이유 때문인지 가게 앞 창문에는 천안문 광장에 있는 마오쩌둥의 시신을 덮은 수의처럼 붉은 벨벳 커튼이 드리워져 있다.

9장

페루의 붉은 태양
- 빛나는 길 -

1980년 12월 26일 크리스마스 다음 날, 그날은 마침 마오쩌둥이 태어난 날이기도 하다. 그날 아침에 촬영된 한 장의 사진에는 선글라스를 쓴 리마 Lima(페루의 수도) 경찰이 가로등을 흔들고 있는 모습이 담겨 있었다. 그의 오른쪽에는 체크무늬 양복을 입고 굽 높은 카우보이 부츠를 신은 행인이 당황한 표정으로 그를 바라보고 있었다. 가로등 기둥 위로 2m 정도 되는 곳에 비에 젖은 작은 개 한 마리가 입을 벌린 채 와이어에 매달려 있었다. 이미 사망하여 몸뚱이가 빳빳하게 굳은 상태였다. 개의 목에는 대문자로 'DENG XIAOPING(덩샤오핑)'이란 글자가 적힌 종이 팻말이 걸려 있었다.[1]

그날 이 섬뜩한 모습은 리마 도시 각기 다른 지역 7곳에서 재연되었다. 경찰은 처음에 사체 안에 폭발물이 들어 있을지도 모른다고 우려했지만 다행히 그렇지는 않았다. 혹시라도 모를 가능성을 배제하고 나니 섬뜩한 사체를 제거하는 일만 남았다. 사건은 지역 언론에서 잠깐 주목을 받았지만 리마 시민들은 금세 잊고 일상으로 돌아갔다.

이 기이한 사건은 10년 후 또다시 리마 사람들을 곤혹스럽게 만들었다. 마오쩌둥이 문화대혁명 시절에 주도한 중요 정책(집단화, 군중동원, 계급 격리)을 위배한 덩샤오핑을 타도한다는 의도를 표명하기 위해 의도적으로 떠돌이 개를 살해하는 일이 벌어졌기 때문이다. 이는 철학교수 아비마엘 구스만Abimael Guzmán이 주도하는 페루공산당(이른바 '빛나는 길Shining Path')이 향후 마오주의식 반란을 전개하겠다는 상징적인 신호탄이었다. 1980년대에 걸친 그들의 반란은 페루가 독립한 이후로 가장 파괴적인 전쟁이나 다를 바 없었다. 혁명을 빙자한 폭력과 이에 맞서는 야만적인 정부의 보복으로 인해 농촌은 황폐화되고, 농민들은 죽음으로 몰렸다. 1990년대 초에 이르자 수도 리마까지 공포 분위기에 휩싸였다. 1992년 '빛나는 길'의 무작위 테러 공격으로 리마 시가 마비되었다. 2월에는 빛나는 길의 폭력을 공개적으로 비난했던 아프리카계 페루인인 복지 활동가 마리아 엘레나 모야노Maria Elena Moyano가 피격을 당했으나 다행히 목숨을 건졌다. 하지만 그녀는 이후 리마 남동부의 판자촌 지역에서 열린 기금 마련 바비큐 파티에 참석했다가 두 아들이 보는 앞에서 폭사하고 말았다. 그해 7월 리마의 상업지구에 주차된 차량에서 400kg의 폭발물이 터져 25명이 사망하고 155명이 부상을 입었다.

빛나는 길의 아비마엘 구스만은 1969년 안데스 고원의 빈민촌에서 수십 명의 추종자들과 함께 활동을 시작한 후로 20년만에 수도 리마를 무릎 꿇게 만들었다. 1990년대 초, 라틴아메리카 문학 붐으로 촉발된 마술적 사실주의 magical realism가 페루의 암울한 현실이 되고 말았다. 페루 전역에 콜레라가 창궐했고 통화팽창으로 물가가 12,000% 이상 치솟았다. 그런 와중에 좌파 마오주의가 기승을 부리면서 한 지방 대학의 철학교수가 페루의 '곤잘로 의장 Chairman Gonzalo'이자 현존하는 가장 위대한 마르크스-레닌주의자로 신격화되었다. 1980년부터 1999년까지 그가 이끄는 빛나는 길과 정부군의 내전으로 인해 69,000명이 사망하고, 정치적 안정의 가능성이 완전히 사라졌으며, 깡패나 다를 바 없는 과두정치 지배자들이 민주주의를 불도저로 밀어붙일 구실을 제공했다. 마오주의와 국가 폭력으로 인해 최소 60만 명이 도시 난민 신세가 되고 말았다.

분쟁의 목격자와 피해자들은 그 잔혹성을 설명하기 위해 애썼다. 일부는 페루의 경제 및 사회적 상황, 특히 인구의 3분의 1을 차지하는 원주민을 향한 수 세기 동안의 홀대와 착취 때문이라고 비난했다. 그러나 페루에 오랫동안 거주한 벨기에 출신의 한 신부는 이에 동의하지 않았다. 그는 이렇게 주장했다.

"그처럼 끔찍한 상황은 일반적으로 피해자들에게 반항심을 불러일으키는 것이 아니라 오히려 숙명처럼 피동적으로 받아들이거나 또는 종교에 복종하는 것처럼 체념하게 만든다. …… 하지만 특정한 사회적 여건이 마련되고 여기에 의도적으로 민중들에게 폭력적인 대응을 선동하는 이데올로기가 더해진다면 폭력 충돌을 불러올 수 있다."[2]

그가 말하는 이데올로기가 바로 마오주의이다. 마오쩌둥이 태어난 날에 벌어진 소름 끼치는 개의 사체 시위는 마오쩌둥에 대한 열정적인 충성 선언과 마찬가지였다. 마오쩌둥의 전 세계 사도들에게 덩샤오핑은 문화대혁명에 반대하여 궁정 쿠데타를 일으킨 배신자였고, 마오쩌둥 사후에 일어난 중국 자본주의 부흥의 설계자였다. 개의 사체에 덩샤오핑 이름을 적은 팻말을 매단 것은 마오쩌둥이 자본주의자, 제국주의자, 봉건주의자 등 자신의 정적들을 비난할 때 썼던 주구走狗라는 표현을 그대로 모방한 것이다. 1980년대 내내 센더리스타스senderistas 또는 센데로sendero라고 불리기도 했던 빛나는 길 추종자들은 페루 마오주의 혁명이라는 이름 아래 적극적으로 조직하고, 찬양하며, 고문과 살해를 마다하지 않는 게릴라 투쟁에 나섰다. 그들은 수정주의에 반대하고 시장, 불평등, 종교, 정치적 이견을 청산하는 '두 가지 노선 투쟁'에 돌입했다.

레이건 정부의 신자유주의 표방, 중국의 문화대혁명에 대한 기피 등 1980년대 초기의 역사적 관점에서 볼 때 빛나는 길이 추구하는 계획은 황당하고 시대에 뒤떨어진 것일뿐더러 페루에도 적합지 않았다. 1940년대 중국은 '반半식민, 반봉건'의 상태였으며, 이는 마오쩌둥의 혁명을 위한 전제 조건이었다. 하지만 페루에는 그런 것이 전혀 존재하지 않았다. 1980년대 페루는 민주주의 국가였고, 도시에 거주하는 대다수는 교육을 받은 이들로 문맹률이 낮았다. 또한 싸워야 할 식민지 침략자도 없었고, 사회적 혼란을 야기하는 무장 반란세력도 없었으며, 토지 소유의 불평등도 그다지 심각하지 않았다.

그러나 만약 이를 빛나는 길이 탄생한 1960년대와 70년대의 역사, 정치적 논리의 맥락에서 생각해 본다면, 그 운동의 신조는 그다지 놀라운 것이 아니다. 당시 마오주의 반란에 대한 몽상과 음모가 전 세계 급진 좌파의 혈액 속에 흐르고 있었기 때문이다. 나중에 빛나는 길이 비록 광신도 종교집단처럼 보이기는 했으나 1960년대와 70년대에 이 단체의 이념적 기반 역시 상당히 표준적인 마오주의에 속했다.

계속혁명과 정치투쟁을 강조한 마오쩌둥의 사상은 영국의 유명한 코미디 그룹 몬티 파이선Monty Python의 영화《브라이언의 생애》나 비틀즈의 〈레볼루션Revolution〉에서 풍자될 만큼이나 서구의 주류 대중문화에 깊숙이 스며들어 있었다. 페루에도 거창하게 떠들어대는 마오주의자들이 도처에 널려 있었다. 1970년대에 페루를 방문한 두 명의 네덜란드 농학자들이 말했다시피 이는 "그리 특별한 일이 아니었다."[3] 1980년대에 빛나는 길이 페루를 공포에 떨게 하자 한 언론인은 1975년부터 1980년까지 대통령을 지낸 모랄레스 베르무데즈Morales Bermúdez 장군이 반란을 막지 못했다고 비난했다. 이에 모랄레스 베르무데즈는 "구스만이 무장 투쟁을 획책하고 있다는 정보를 받은 적이 있다"라고 인정하면서도 "하지만 그 당시 70여 개의 정치 단체가 모두 같은 말을 하고 있었다. 그런 상황에서 빛나는 길이 실제로 행동에 나설 것이라고는 전혀 예상할 수 없었다"고 말했다.[4] 1980년대에 중국이 이전의 문화대혁명에 대해 비판적인 어조를 띠기 시작하자 마오주의에 대한 신뢰 역시 세계 여러 나라에서 점차 사라지기 시작했다. 그러나 사회, 경제적으로 심각한 상황에 처하고 정치적 불평등이 심화되고 있던 페루의 경우 일단 불온한 인물들에 의해 잠복되어 있던 마오주의 사상이 또다시 1960년대와 같은 종파적 열정으로 다시 부활할 수 있었다.

마오쩌둥이 살아 있을 당시 수천 명에 달하는 중남미 사람들이 중국을 여행하고 돌아왔다. 그들 중에는 화가, 시인, 철학자, 농학자, 노동운동가 등 다양한 이들이 포함되어 있었다. 구스만은 그들 중에서도 군사훈련과 더불어 극진한 대접을 받은 대략 1천여 명의 사람들 가운데 한 명이었다. 그들은 중국의 '대외 선전'에 열광하며 여행 관련 서적, 소책자, 강연, 독서 모임, 교실, 집회 등을 통해 마오주의 사상을 남미 대륙 전역에 퍼뜨렸다. 대부분의 개발도상국의 경우와 마찬가지로 제2차 세계대전 이후 중남미 여러 나라는 냉전체제하에서 개혁과 혁명, 민주와 독재 사이를 오가며 정치 및 경제 모델을 찾고 있었다. 한편 미국은 공산주의 세력의 확산을 막기 위해 우파 독재자들을 지원하며 중남미에 대한 간섭을 강화했다. 중소 분열 이후 중남미의 공산당은 다른 곳들과 마찬가지로 친중파와 친소파로 분열되기 시작했다. 그러나 페루, 브라질, 콜롬비아, 볼리비아, 파라과이 등 일부 중남미 국가는 다른 나라들과 달리 친중국파의 규모가 친소파의 규모와 거의 대등했다. 이는 중국 혁명이 중남미에 얼마나 강력한 영향력을 행사했는지를 보여주는 한 예이다.

일부 사람들은 개인적인 이유로 마오쩌둥의 중국을 동경했다. 특히 중국의 열렬한 환대는 중국을 방문하는 이방인의 마음을 녹이기에 충분했다. 멕시코 출신의 한 노동 운동가는 눈보라가 몰아치는 기차역에서 자신을 맞이하기 위해 나온 수백 명의 중국인(도자기 인형처럼 생긴 어린 학생들을 포함하여)들을 보고 매우 감동했다.[5] 중남미의 좌파들은 혁명 이전 중국에 대한 마오쩌둥의 분석이 심각한 불평등과 미국의 경제적 지배로 억압받는 중남미 대륙의 대중들에게 공명을 얻을 것이라고 생각했다. 마오쩌둥의 중국은 대약진이라는 경제 기적을 통해 서방 의존에서 벗어나 자급자족을 추구한 국가로 칭송받았다.[6] 중국을 방문한 일부 중남미 사람들은 마오쩌둥의 "높고 빛나는 이마", "누구보다 위대하면서 또한 겸손한 사람, 세상의 모든 인민들이 압제자에게 승리할 것임을 확신하고 모든 인민들이 장애물의 존재를 식별하고 능히 파괴할 수 있을 것이라고 확신하는 인물"이라는 점에 반했다.[7] 볼리비아 출신의 남성은 스타하노프Stakhanovite 운동에 참가한 중국 여성에게 매료되어 "우한武漢의 즐거운 밤 / 나와 함께 춤을 추었네 / 내 팔 사이로 미끄러지던 그녀 / 한 떨기 백합과 같았네"라는 부적절한 사랑시를 써 보내기도 했다.[8]

남미 대륙 전역에서 급진주의자들과 좌파들은 마오쩌둥의 군사적 격언을 받아들였다. 1960년대 마오쩌둥의 '인민전쟁'을 꿈꾸던 인물로 구스만이 유일한 것은 결코 아니었다. 멕시코 게릴라 플로렌시오 메드라노 메데로스 Florencio Medrano Mederos는 농촌에서 토지개혁을 선동하는 등 급진적인 사상을 가진 공산주의자로 항상 마오쩌둥의 저작물을 곁에 두고 탐독했다. 그는 멕시코 남동부에서 지구전을 계획하기도 했다.[9] 1959년 중국공산당은 남미 12개 나라의 공산당 대표단을 대상으로 5개월간의 훈련 과정을 개설하고 농민 조직화, 군중노선, 무장투쟁 등 마오쩌둥의 혁명 원칙을 공개적으로 선전했다. 학과목은 주로 마오쩌둥의 저작물을 이용했으며, 마르크스, 엥겔스, 레닌, 스탈린의 저작물은 어디에도 보이지 않았다. 교실 수업 외에도 전국을 돌아다니는 야외 수업이 함께 진행되었다. 페루에서 온 참가자들 가운데 한 명은 이렇게 회고했다. "대부분의 참가자들은 중국 혁명이 걸어온 길을 남미에서도 그대로 따라야 한다고 확신했다."[10]

그런 까닭에 1960년대와 70년대 남미에는 중국에서 훈련을 받거나 영감을 받은 급진주의자들이 많았다. 그러나 그들이 모두 자신의 나라에서 정치적 안정을 해치는 가시적인 활동을 한 것은 아니었다. 야심찬 혁명가였던 한 사람을 예로 들어보자. 편의상 여기서는 후안이라는 가명을 사용하고자 한다. 1930년대에 유복한 가정에서 태어난 후안은 대학 시절부터 30대에 이르기까지 학생 무장 단체의 리더로 활동했다. 일반적으로 말해서, 1960년대 초반은 전 세계를 돌아다니며 말로만 혁명을 부르짖는 게릴라들이 활동하기 좋은 시절이었다. 회전목마처럼 계속 이어지는 국제 공산당회의는 활기찬 오락(중국과 소련 대표단은 서로를 향해 수정주의자, 모험주의자라고 외쳐대며 비난했다)이었을 뿐만 아니라 공산주의 유토피아로 공짜 여행을 보내주겠다는 중개인들도 적지 않았다. 그들은 이를 통해 자신들의 신도를 확보하려 했다. 후안은 이런 공짜 여행 기회를 얻어 부다페스트, 프라하, 헬싱키, 모스크바, 하노이(그는 이곳에서 호치민을 만났다) 등을 방문할 수 있었다. 하지만 이는 생계를 위한 작업이 아니라 혁명을 위한 것이었다. 그렇기 때문에 그의 아내와 장모는 그를 대신하여 네 명의 아이까지 부양하며 생계를 책임져야 했다. 하지만 후안은 염가 항공권이 없던 시대에 공짜로 세계 일주를 할 수 있는 티켓을 얻은 셈이다.

1964년, 유럽에서 열린 청소년 축제에서 후안은 모든 경비를 부담할 것이니 중국을 방문해 달라는 요청을 받았다. 중국을 방문한 그는 마오쩌둥 주석과 만날 수 있었다. 2년 후 두 번째 중국을 방문한 그는 몇 달 동안 게릴라 훈련 과정에 참가했다. 베이징의 편안한 호텔에서 한 주를 보낸 후 난징 교외로 이송된 그는 중국 측 안내자 겸 통역사와 함께 2개월 반 동안 현지인의 집에서 생활했다. 그곳에서 그는 먹고 자는 시간 외에 마오쩌둥에 관한 수업을 하루에 6시간씩 들었다. 수업은 8명의 유쾌하고 진지하며 또한 인내심이 있는 중국인 교사들이 진행했다. 중국인들은 그를 위해 이미 나름의 계획을 마련한 상태였다. "그들은 내가 귀국한 후 게릴라 부대를 조직하여 모스크바에서 자금을 대고 있는 쿠바의 게릴라들에 대항할 것이라고 생각했다. 그들은 나에게 두 가지 중요한 개념을 주입했다. 하나는 빈곤한 대중들과 융합하라는 것이고 다른 하나는 용맹하게 전투에 임해야 한다는 것이었다."

그러나 그가 할 수 있는 실전 훈련은 소총 사격 몇 번과 수류탄 투척 한두 번에 그쳤다. 그를 초청한 이들은 그가 다른 혁명가들과 교류할 수 있는 기회도 주지 않았다. 그가 라틴아메리카 사람들과 접촉한 것은 우연히 이웃 농가에서 누군가가 말하는 스페인어를 들은 것이 전부였다. 그럼에도 그는 짧은 중국 생활을 통해 평생 마오쩌둥과 중국공산당 신봉자가 되었다. 후안은 중국어를 배우거나 중국의 또 다른 측면을 연구한 적이 없었지만, 그의 아들이 회상하듯이 '마오주의 종파의 목사'가 되었다. 그의 아들은 이렇게 말했다. "아버지는 마오쩌둥 사상과 군사 전략을 이용하여 귀국 후 대통령이 되고 싶어 했습니다."

후안은 귀국 후 게릴라 조직에 합류하여 농촌에서 도시를 포위한다는 마오쩌둥의 전략을 그대로 전파했다. 하지만 그는 나중에 중국에서 배운 전략을 자국에서 그대로 적용한 것이 '근본적인 오류'였다고 고백했다. 그 이유는 "자국의 상황이 중국과 매우 달랐기 때문이다. 우리나라에서 석유가 발견된 후 농민들은 생업을 포기하고 석유 공장이 있는 곳으로 이주했다. 급여나 생활 여건이 자신들이 살던 곳보다 훨씬 좋았기 때문이다." 게다가 그는 다른 게릴라들과도 사이가 좋지 않았다. 대다수 카스트로 추종자들이었던 게릴라들이 마오주의자인 그를 꺼렸기 때문이다. 그들은 후안에게 살고 싶다면 일주일 안에 조직을 떠나라고 말하기도 했다. 결국 후안은 밀림의 게릴라 활동을 3개월 만에 접고 다시 이전처럼 대학 캠퍼스 혁명가로 돌아갔다.

1960년대 중반, 보안부대가 대학을 급습하여 후안을 공산주의자라는 죄목으로 체포했다. 그의 가족은 장관과의 개인적인 친분을 이용하여 외국 망명을 조건으로 그를 석방시킬 수 있었다. 고국을 떠난 후안과 그의 가족은 런던에 정착했다. 10대였던 그의 큰아들은 패션 거리로 유명한 카나비 스트리트Carnaby Street를 돌아다니며 자신만의 시간을 즐겼지만 후안은 그리 행복하지 않았다. 그는 더 이상 정치활동을 할 수 없었으며, 가끔씩 고국의 신문에 칼럼을 기고하는 것으로 생계를 유지해야만 했다. 이후 그는 중국과의 인맥을 활용하여 중국에서 일할 수 있는 기회를 얻었다. 그는 식구들과 함께 다시 이주하기로 결정했다. 중국으로 가는 길은 요즘처럼 쉽지 않았다. 거의 50여 년이 지난 지금도 그의 자녀들 가운데 한 명은, 당시 중국이 얼마나 멀던지, 가고 또 가야만 했다고 말했다. 실제로 그들은 파리로 갔다가 다시 로마, 카이로, 카라치Karachi, 다카Dakha를 거쳐 상하이에 이르는 멀고 먼 여행 끝에 비로소 중국에 도착할 수 있었다. 여러 번 비행기를 갈아타는 동안 기내의 사람들은 점점 줄어들었다. 비행기를 타고 히말라야 산맥을 넘을 때는 아이들이 기내에서 뛰어다닐 수 있을 정도였다. 스위스 외교관 한 명과 중국계 유럽인 한 명을 제외하고 그들 식구밖에 없었기 때문이다. 중국 당국은 중국 방문 증거를 남기지 않도록 하기 위해 여권에 입국 도장을 찍는 대신 별도의 용지에 도장이 찍힌 비자를 그들에게 주었다. (1960년대 초 중국에서 비밀 무선통신 훈련을 받고 런던으로 향하던 남아프리카공화국 출신의 한 남자가 비행기가 이륙하기 전에 중국에서 발급받은 비자를 없애지 못해 당황한 나머지 기내에서 먹어버린 일도 있었다. 물론 옆에 앉아 있던 승객은 황당하기 이를 데 없었다.)[11]

1968년부터 1970년까지 후안과 그의 아내는 중국 정부를 위해 일주일에 6일 동안 대외 선전용 스페인어 문건을 윤문하는 작업을 했다. 당시는 문화대혁명이 절정에 이르던 시기였으나 그들 가족은 철저하게 일반 중국인들과 격리된 상태에 있었기 때문에 함께 일하는 중국인 동료들의 개인 정보조차 알지 못했다. 때로 그들은 모범 농장이나 공장을 견학하기도 했다. 1960년 소련이 떠난 이후 투숙객이 없어 거의 비어 있던 우의빈관은 당시 '외국 전문가'들의 숙소로 사용되었다. 후안의 아이들은 비교적 호화로운 그곳에서 즐거운 시간을 보냈다. 낮에는 마오쩌둥의 명언 위주로 중국어를 배웠고, 방과 후에는 수영장에서 수영을 하거나 트램플린 위에서 뛰어놀고, 자전거를 타고 베이징 시내를 질주했으며, 소련의 핵 공격에 대비하여 베이징 지하에 건설한 방공호에서 첫 키스를 하기도 했다.

그러나 후안은 또다시 불안해졌다. 그의 자녀가 회고한 바에 따르면, 당시 후안에겐 술이 유일한 위안이었다. "우리나라에선 혁명가들이 좋은 와인과 위스키를 마시며 혁명을 이야기하곤 했지요. 아버지는 우리나라 술인 럼주는 입에도 대지 않았어요. 하지만 이곳에선 스카치 위스키나 와인을 구할 수 없었어요. 양주를 구할 수 있는 곳은 외교 구락부(외교클럽)가 유일한데, 우린 외교관이 아니기 때문에 초대를 받지 않는 이상 들어갈 수 없었어요. 외교관이 많은 것도 아니고, 우린 외교관들하고 잘 어울리지 못했지요. 그러다 한 번 초대받은 적이 있었는데, 그곳에서 거의 500g이나 되는 캐비어를 사왔어요. 먹고 또 먹다가 너무 질려서 고양이에게 던져 주었지요. 아버지는 스카치를 샀는데, 그리 오래가지 않아 빈 병이 되고 말았지요."

다행히 1970년, 후안의 옛 스승이었던 이가 대통령에 당선되면서 게릴라와 정치 망명자들에 대한 사면을 선언하자 후안 식구도 귀국할 수 있었다.

후안은 식구들에게 "중국의 혁명은 이미 완성되었다. 이제 우리들이 우리나라에서 혁명을 추진해야 할 것이다"라고 말했다. 귀국 후 후안은 서점을 경영했다. 마오쩌둥 사진으로 도배된 서점에서 그는 중국 정치 선전물을 판매하며 반란에 투신했다. 중국 정부에서 관련 서적을 무료로 보내주었기 때문에 그는 손익분기점을 상회할 정도로 이익을 남겨 임대료를 내기에 충분했다. 사인방이 몰락하고 중국의 정치 노선이 바뀌었다. 중국 정부는 대외적으로 '불간섭'을 표방하고 '지속적인 혁명'에 찬동하지 않았기 때문에 후안의 서점에 선전물이나 서적 등을 보내지 않기로 작정했다. 그들은 교묘하고 간단한 방법, 즉 지금까지 무료로 제공했던 모든 간행물과 서적 등에 대한 청구서를 요청함으로써 그의 서점을 폐쇄시켰다. 하지만 후안은 지금도 여전히 마오쩌둥의 석고 흉상을 자신의 책상 위에 모셔놓고 있다.

후안의 결말은 아비마엘 구스만의 경우와 확연히 다르다. 그 주요 원인은 성격 차이일 것이다. 그러나 양자는 그 시작과 중간이 모두 매우 유사하여 1960년대 라틴아메리카의 극좌파 사이에서 마오주의에 대한 열광의 범위와 강도가 어느 정도였는지 능히 짐작할 수 있다. 후안과 구스만은 중국과 소련이 결별하고 독자적인 길을 가던 시기에 중국을 방문하여 열렬한 마오주의자가 되었다. 그들은 중국공산당과 마오쩌둥의 게릴라 전략을 거의 종교 교리처럼 경건하게 신앙했다. 구스만은 추상적인 능력이 남달랐고, 또한 보다 적극적이었기 때문에 이러한 교리를 실천에 옮겼다. 오늘날 구스만은 정치적 괴짜처럼 보이지만 1960년대 라틴아메리카에서 그는 주류 혁명가의 일부였다.

아비마엘 구스만은 몇 마디 말로 묘사하기 어려운 인물이다. 전형적인 교조적 공산주의자인 그는 자신의 인생 이야기에서 개인적인 감정을 배제하려고 애썼다. 2002년 페루의 '진실과 화해 위원회Commission for Truth and Reconciliation'(빛나는 길과, 빛나는 길의 반란을 종식시켰으나 그 과정에서 페루의 인권을 파괴한 정권이 모두 붕괴된 후에 설립되었다)가 그를 방문하여 인터뷰했을 때 그는 자신의 어린 시절에 대해 이렇게 말했다. "그때는 정치에 관심이 없었다."[12] 그러나 그의 어린 시절은 그리 순탄치 않았다. 그는 1934년 페루 남부 해안 근처 탐보Tambo에서 사생아로 태어났다. 이름이 같은 그의 부친은 바람둥이였으며, 복권 당첨자이기도 했다. 베레니스 레이노소Berenice Reynoso라고 불렸던 모친은 다정하고 교육 수준이 높은 데다 자존심이 강한 여성이었다. 10살부터 12살까지 그는 어머니랑 같이 살다가 삼촌 집으로 이사했고, 다시 아버지와 계모랑 같이 사는 등 이 집 저 집으로 옮겨 다니며 살았다. 가정적으로 불안정하기는 했으나 어른들은 그를 잘 보살폈다. 책에 관심이 많은 그를 위해 후견자들은 충분한 교육을 받을 수 있도록 도왔고, 특히 계모는 그를 아끼고 사랑했다. 구스만은 "언제 어디서나 책을 읽었다." 심지어 친구들과 술래잡기 놀이를 할 때도 손에서 책을 놓지 않았다.[13] 그러나 책벌레로는 이례적으로 어린 시절부터 군인이 되는 것에 관심이 많았다.[14]

페루의 옛 수도였던 아레키파Arequipa에 있는 산 아구스틴 대학교University of San Agustin에 입학한 그는 미구엘 앙헬 로드리게스 리바스Miguel Angel Rodríguez Rivas라는 권위적이고 교리주의적인 철학과 교수의 제자가 되었다. 리바스의 동료 가운데 한 명은 이렇게 회상했다. "그는 매우 총명했지만 미치광이였다. ······ 세계 어디를 간다고 할지라도 그는 자신의 생각을 따를 것이며, 자신이 신성한 이성을 충실히 따르고 있다고 믿을 것이다."[15] 이외에도 학부시절 구스만에게 큰 영향을 준 사람은 카를로스 데 라 리바Carlos de la Riva라는 화가였다. 그는 '분노하는 카를로스Carlos de la rabia'라는 별명을 가지고 있었다. 열정적인 마오주의자였던 그는 1959년 중화인민공화국을 여행한 후 『새벽은 어디에서 오는가Where the Dawn is Born』라는 책을 저술했다. 그의 책은 주로 마오쩌둥에 관한 내용으로 채워져 있으며 나름대로 영향력이 있었다. 구스만은 칸트, 마르크스, 도스토옙스키, 볼테르, 루소 등의 책을 읽고 바흐, 모차르트, 바그너, 브람스의 음악을 듣는 등 유럽의 인문·예술 교육도 철저하게 받았다. 1980년대에 구스만은 자신을 베토벤의 마지막 교향곡(제9번 합창) 4악장에 남성

저음(베이스)으로 부르는 독창자(환희의 송가를 합창하기 전에 부르는 독창)에 비유하기도 했다. 그는 이를 통해 자신에 대한 개인 숭배를 합리화했다. 중소가 결별하기 직전인 1960년 그는 페루공산당에 가입했다. 그해 그는 아레키파 빈민들의 생활에 대한 현지 조사를 진행하면서 농촌의 빈곤을 처음 접했다. 당시 빈민들의 끔찍한 상황을 직접 목도하면서 그는 경악했다. "극히 가난한 두 가정이 작은 개울을 사이에 두고 같은 처마 밑에서 살고 있었다. 개울물은 옆집에서 가죽을 가공하면서 배출하는 폐기물로 악취가 심하게 났다. …… 빈곤에 관해 책을 읽는 것과 직접 보는 것은 전혀 다른 일이었다."[16]

1961년 그는 극도의 절망감과 지적 추상의 세계 사이를 오가며 두 편의 졸업 논문을 완성했다. 하나는 「칸트의 공간이론에 대하여On the Kantian Theory of Space」이고, 다른 하나는 「부르주아 민주 국가The Bourgeois Democratic State」였다.

첫 번째 논문은 칸트의 유심론을 부정하고 마르크스의 유물론을 찬동하는 내용이고, 두 번째 논문은 선거와 부르주아의 자유와 평등에 대한 지지를 비난하면서 이러한 것들이 "곤궁하고 억압받는 대중들에게는 전혀 필요 없는 것이다"라고 주장하는 내용이었다.[17] 특히 두 번째 논문에서 그는 노예제의 공포와 현대 자본주의 간의 평형 문제나 반┼봉건주의, 반┼식민주의 등에 대해 언급하고, 억압받는 사회에는 "양도할 수 없는 반역의 권리"가 있다고 주장하고 있다.[18] 이러한 의제에 대한 집착과 선입견이 결국 그를 마오주의자로 만드는 데 일조했음을 짐작할 수 있다. 훗날 빛나는 길의 이데올로기 기조가 되는 천년왕국, 마오주의적 자발주의가 희미하게 엿보인다는 뜻이다.

"인민의 운명은 인민의 손 안에 있다. …… 신선한 바람이 불어와 결코 무너뜨릴 수 없는 모든 민족의 영혼을 굳건하게 만들고 있다. 인류는 우리의 눈앞에서 흔들리며 보다 나은 시대를 향해 아무도 억제할 수 없고 영원히 패배할 수 없는 자세로 상승하며 새로운 사회의 탄생을 촉진하고 있다."[19]

그의 논문 심사에 구술 심사위원으로 참가했던 이는 당시 심사가 4시간 넘게 진행되었다고 회상하면서, 심사위원들 가운데 칸트에 대한 그의 견해에 동의하는 사람은 한 사람도 없었지만 그의 주제에 대한 지식과 탐구의 깊이로 인해 그의 논문을 만장일치로 통과시켰다고 말했다. 심사위원 모두 훈련된 이데올로그(이론가)의 설득에 넘어간 셈이다.[20]

동학들에 따르면, 젊은 시절의 구스만은 총명하고 신중하며, 자신감 넘치고 카리스마가 돋보이는 학생이었다. 당시 학생의 회고에 따르면, 그는 "때로 수업을 듣지 않고 장황한 철학적 토론을 시작하곤 했다. 처음 그를 만난 이들은 금세 그의 달변과 지식에 매료되어 존경하게 되었다. 내가 기억하기에 그는 마르크스-레닌주의 고전에 해박했으며, 자신보다 더 많이 알고 있다고 여기는 이들을 비웃었다. …… 그는 농담을 좋아하지 않았으며, 때로 다른 사람들의 농담을 이해하지 못했다."[21] 구스만이 어린 시절 자주 찾았던 서점의 주인은 이렇게 말했다. "어떤 책을 살지 선택하기 전에 몇 시간이고 책을 읽은 후에야 비로소 책을 구매했다. 그는 철학과 정치에 관한 책을 좋아했다. …… 내가 생각하기에, 그에게 친구가 별로 많지 않았던 것은 언제나 책에 파묻혀 있었기 때문인 것 같다."[22]

1962년 구스만은 훗날 빛나는 길의 발원지라고 할 수 있는 페루 중남부 도시 아야쿠초Ayacucho(아야쿠초 주의 주도)에 자리한 우아망가 산 크리스토발 국립대학Universidad National de San Cristóbal de Huamanga의 철학과 교수로 채용되었다. 우아망가와 아야쿠초는 1960년대 라틴아메리카에서 두 번째로 가난한 나라였던 페루에서 가장 외지고 빈곤한 지역 가운데 하나였다. 아야쿠초는 현지어인 케추아어로 '죽음의 모퉁이'라는 뜻이다. 그곳은 잉카의 지배자가 스페인 정복자들에 맞서 최후의 항전을 벌였던 곳으로 당시 종말적인 폭력을 기념하기 위해 아야쿠초라고 명명했다. 히스패닉계를 위한 교회가 도처에 들어섰지만 도시를 둘러싼 안데스 산맥에 거주하는 이들의 평균 수명은 1979년 당시 51세로 페루에서 가장 낮았고, 도로와 교통수단도 거의 없었다.[23] 떠날 수 있는 사람은 모두 떠났다. 이렇게 다른 곳으로 이주한 아야쿠초의 원주민들을 '고아 새들orphan birds'이라고 지칭하는 노래도 있었다.[24]

1960년대 후반 군사 정부가 토지 개혁을 시행할 때까지, 그리고 그 이후에도 그곳에선 여전히 불평등과 착취가 공공연하게 자행되었다. 종족 간의 질시와 반목이 지속되면서 피부색이 짙은 원주민에 대한 백인과 메스티소의 인종차별이 만연했다. 현지 토호들인 가모날레gamonales('두목들'이란 뜻으로 대지주, 토호, 대부호 등으로 풀이한다)들은 원주민인 '인디언'들을 "게으르고 비참하며 탐욕스러운" "야만인과 같은 존재"로 간주하고, "우리 스페인 사람들은 저들 인디언을 죽여야 한다"고 단언했다.[25] 유별나게 악명 높은 한 대지주는 수많은 인디언의 땅을 빼앗고, 인디언 여자에게 자신과 결혼하지 않으면 죽여 버리겠다고 협박했다. 그 대지주는, 결혼식에서 주례를 맡은 신부神父가 혼인 서류가 미비되었다고 말하자 신부를 때려 중상을 입혔다. 하지만 그의 악행은 한 번도 법의 심판을 받은 적이 없었다. 1950년대의 한 백인은 자신의 회고록에서 이렇게 말했다.

"모든 힘들고 더러운 일은 인디언 몫이었다. 이는 그들의 천성에 맞는 일이었다. 인디언이 되었다는 것은 짓밟히고 잔인하게 대우받는다는 것을 뜻했다. 인디언은 사람들 발밑에서 자는 등 어떤 일도 할 수 있었다. …… 배고픔과 추위에 죽을 수도 있었다. 인디언은 배고픔에 익숙했기 때문에 하루나 이틀 굶어도 괜찮았다. 그것이 그들의 천성에 부합했기 때문이다. 그들은 다른 인종보다 저열하여 인간이라고 말할 수 없다."[26] 안데스 산맥은 험준하여 접근성이 떨어지기 때문에 국가의 존재감이 약할 수밖에 없었다. 설사 정부에서 파견한 이들이 존재한다고 할지라도 그들은 대부분 부패하고 권력을 남용했다. 이런 상황에서 소외된 이들이 군집하고 있는 아야쿠초는 급진적 평등주의와 폭력적인 사회주의 실현을 강조하는 마오쩌둥의 이데올로기를 전파하는 데 잠재적 지지 기반이 되기에 충분했다.

이론적으로 빈곤과 착취에서 벗어날 수 있는 방법이 전혀 없는 것은 아니었다. 사회적 열세는 피부색과 관련이 있을 뿐만 아니라 교육과도 밀접한 연관이 있었다. 교육을 받을 수 있다는 것은 곧 상류층이라는 의미였다. 문해력은 사회, 경제적 기회를 얻는 열쇠였다. 글을 읽을 줄 아는 인디언은 가모날레가 될 수 있었다. 실제로 1969년 어떤 문화인류학자가 현지 농민 499명을 인터뷰했는데, 주민들 91%가 "교육만 받으면 무엇이든 될 수 있다"고 답했다.[27]

이런 까닭에 1959년 지난 한 세기 동안 문을 닫았던 아야쿠초 대학이 다시 문을 열었을 때, 그 대학이 얼마나 현지 사람들에게 영향력을 끼치고 또한 잠재적인 파괴성을 지니게 될지 능히 짐작할 수 있다. 그것은 빈곤의 사막에서 사회적 유동(예를 들어 신분이나 직업 이동)을 실현할 수 있는 유일한 희망이었다. 학교 당국은 아야쿠초의 대학을 성공 사례로 만들기 위해 페루에서 뛰어난 지성인들 가운데 두 명을 초빙했다. 인류학자 에두아르도 발카르셀Eduardo Valcárcel과 에프라잉 모로테 베스트Efraín Morote Best가 바로 그들이다. 특히 후자의 세 자녀는 모두 빛나는 길에 가입했으며, 아들 오스만은 훗날 대학 부총장이 되었다. 두 사람 외에도 20세기 페루에서 가장 유명한 소설가인 호세 마리아 아르게다스José María Arguedas(그의 아내도 나중에 빛나는 길에 합류했다)도 초빙되어 대학 강단에 섰다.

대학에서 제공하는 강의와 다양한 형태의 집회 및 과외 활동은 오랜 세월 관습처럼 굳어진 사고와 습관에서 벗어나는 데 도움을 주었다. 아야쿠초에서 교육을 받은 지방의 젊은이들은 고향으로 돌아가 낡은 위계질서와 관습에 의문을 제기했다. 대학이 다시 문을 열면서 신분이나 직업 등의 이동이 가능해지면서 많은 이들이 기대감을 갖게 되었다. 소설가로 오랫동안 중국에 관심을 가져온 오스왈도 레이노소Oswaldo Reynoso는 이렇게 회고했다. "경제적으로 빈부 격차가 심한 지역에서 처음으로 지주나 전문직 종사자들의 자녀들과 농민이 교실을 공동으로 사용했으며, 함께 맥주를 마시고 서로 알게 되었어요. 이는 아야쿠초에서 혁명적 열기를 고조시키는 데 일조했지요."[28]

그가 말한 바대로 1960년대와 70년대에 대학은 아야쿠초를 정치적 온상으로 만드는 데 크게 기여했다.

구스만은 대학에 재직하면서 빠르게 지적 영향력을 발휘했다. 1학년 학생들에게 마르크스주의 유물론을 가르치면서 그는 리바스가 아레키파에서 그랬던 것처럼 자신에게 헌신적인 제자들을 빠르게 확보했다. 학생들은 그에게 '샴푸'라는 별명을 붙였다. 당시 한 제자는 이렇게 회고했다. "그는 당신의 머리를 씻겨줄 수 있다. 당신이 혼란스러울 때 그는 생각을 정리해 주고, 문제가 무엇인지 명확히 지적해 줄 것이며, 모든 것에 대해 해답을 제시해 줄 것이다." 또 다른 학생은 이렇게 말했다. "그는 사람들이 자신을 반신반의하도록 만들며 일종의 신비감을 키웠다. 그의 지지자들에겐 그가 무슨 말을 하든 언제나 마지막 결론이나 마찬가지였다. 그는 사람들을 매우 낙관적이고 자신감 넘치도록 만들었다. 그런 자신감을 생각할 때면 훗날 정글로 들어가 싸우다가 군인들에게 살해된 내 친구를 떠올리지 않을 수 없다." 구스만은 이견을 절대로 용납하지 않았으며, "타인을 선동하는 탁월한 능력을 가진 광적인 인물이었다."[29] 정치적 견해가 다른 이들은 단체에서 배척당했다. 구스만의 제자 가운데 한 명은 길 건너편에서 구스만의 정적 두 명과 어울리던 대학 교수가 걸어가는 것을 발견하곤 냅다 달려가서 얼굴에 침을 뱉었다.[30]

1960년대와 70년대에 페루의 젊은이들, 특히 대학에 진학한 제1세대 학생들은 교조주의 영향을 많이 받았다. 그들은 이론에 열광했지만 그것에 대한 비판적인 사고는 부족했다. 새롭게 접한 현대 도시 환경에 불안감을 지닌 그들은 명확한 답안을 찾고자 했다. 마침내 그들은 마르크스-레닌주의 세계관을 가르치는 교과서에서 그 답을 찾았다(스탈린 시대에 출판된 소련 교재로 주로 페루 대학에서 널리 유통되었다). 그들은 혁명을 통한 일당독재체제, 다시 말해 사회를 권위적인 독재체제로 변화시키는 방식을 배웠다. 당시 한 강사는 이러한 책들이 "현대화로 향하는 일종의 지름길이며…… 세계를 실질적이고 긍정적으로 변화시킬 수 있는 열쇠였다"[31]고 회상했다. 또한 인류학과를 졸업한 어떤 이는 당시를 회상하며 이렇게 말했다. "스물다섯 살의 젊은이에게 그것이 어떤 의미인지 상상하실 수 있나요? 그것은 모든 문을 열 수 있는 비밀의 주문, 아브라카다브라abracadabra(고대 아랍어인 아람어로 '말한 대로 이루리라'는 뜻이다)를 배우는 것과 같았습니다." 중국의 선전 기관도 스페인어로 쓴 선전물을 통해 대중들의 호응을 얻었다. 베이징의 대표적인 '대외 선전 기구'인 외문출판사Foreign Languages Press는 마오쩌둥의 저작물과 충천연색 잡지를 페루 전역에 뿌리면서 "농민 위주의 반半봉건국가를 위한 혁명"을 선전했다.[32]

1970년대 아야쿠초 대학에서 자연과학을 가르쳤으며, 한동안 구스만의 최측근으로 활동했던 루이스 가와타 마카베Luis Kawata Makabe(그는 학생들이 마오쩌둥의 네 가지 원칙만 숙지하면 합격할 수 있었다고 말했다)는 구스만의 단체에 합류할 잠재적 신병들을 대상으로 2시간짜리 선전물을 만들었다. 제목은 「물질과 운동」이었으며, 우주의 생성부터 현대 페루 사회에 이르기까지 다양한 주제를 다루었다. 그는 또한 레드 엔젤스라는 밴드의 멤버로서 구스만이 파티를 열 때 그의 등장을 알리는 노래 〈그가 온다. 그가 온다.〉를 연주하는 기타리스트로 활약했다. 파티의 분위기가 무르익으면 밴드는 〈키스해 줘, 키스해 줘. 오늘 밤이 마지막인 것처럼.〉 등과 같은 좀 더 낭만적인 클래식 곡을 연주했다.[33]

구스만이 종교적 광신도나 다를 바 없는 사이비 교수들과 다른 것은 이념과 방법에 대한 타협하지 않는 집착 때문이다. 이는 1960년대 초 마오주의와의 만남에서 비롯되었다. "한 점의 불씨가 평원을 태울 수 있다星星之火. 可以燎原"는 그가 읽었던 첫 번째 마오쩌둥의 문장이었지만 진정으로 마오쩌둥에게 사로잡힌 것은 중-소 분열 당시의 건조한 교조적 논거였다. 구스만은 일찍이 스탈린의 저작을 읽으면서 이미 "전쟁의 변혁적 능력"을 배웠다.[34] 이후 그는 중국공산당이 소련공산당을 향해 내던진 과격한 논쟁에 빠져들면서 전 세계적으로 혁명적 폭력이 필요하다는 확신을 가지게 되었다. 구스만은 "무력에 의한 권력 장악, 전쟁에 의한 문제 해결이 혁명의 중심 과제이자 최고의 형식"이라고 강조했다.[35] 구스만은 라틴아메리카의 혁명가인 체 게바라와 마찬가지로 무장 투쟁을 중시했지만, 그가 "합창단 소녀"[36]라고 무시했던 체 게바라와 달리 무장 투쟁 외에도 (점점 더 추상적인 방식으로) '군중'과 기층 조직(풀뿌리 조직) 활동의 전망을 중시했다.[37] 1964년 페루공산당Peruvian Communist Party(약칭 PCP)이 친소 진영과 친중 진영으로 분열되었을 때 구스만은 친중 진영에 섰고, 당명을 '페루공산당-반데라 로하(붉은 깃발)PCP-Bandera Roja'로 바꾸었다.

1965년 구스만은 "마오 주석의 기반······ 세계 프롤레타리아 혁명의 중심지"를 직접 보기 위해 중국을 방문했다. 그는 후안과 마찬가지로 난징에서 훈련을 받았다. 그들 두 사람은 서로 만나거나 또는 간발의 차이로 엇갈렸을 수도 있다. 하지만 그가 중국에서 받은 대접은 후안에 비해 겨우 별 세 개짜리에 불과했다. 우선 그는 마오쩌둥과 직접 만나지 못했다. 그저 리셉션이나 집회에 참가하여 멀리서 마오쩌둥을 보았을 뿐이다. 하지만 그 영향은 엄청났다. 거의 50여 년이 흐른 뒤 페루의 경비 삼엄한 교도소에 수감되어 있던 구스만은 상당히 낭만적인 어조로 중국 여행의 기억을 되살리며 "내 인생에서 가장 초월적이고 잊을 수 없는 경험 가운데 하나였다"[38]라고 말했다. 구스만의 자서전에도 중국에 관한 부분은 유별나게 감정에 도취된 듯한 분위기가 도드라진다.

"공장, 인민공사, 군영, 쇼핑센터, 대학, 학교, 병원과 진료소, 예술공작실과 공연장, 광장과 거리, 끓어오르는 소란 속에서 넘쳐나는 낙관적인 정서······ 모든 것을 주도하는 정치······ 미래 공산주의에 토대를 만드는 사회주의 신新사회······ 베이징, 유구한 역사에 빛나는 전설적인 천안문 광장, 장엄하고 거대한 짙은 붉은색 대문과 기세 넘치고 인상적인 마오 주석

의 초상화, 혁명박물관, 인민대회당…… 위대한 조타수(마오쩌둥)가 남긴
황금색 글씨…… 인산인해의 대중, 마르크스, 엥겔스, 레닌, 스탈린, 마오
주석이 영도하는 투쟁, 망치와 낫이 그려진 홍기, 온갖 구호가 적힌 현수
막. 노동자, 농민, 병사, 부녀자, 청년, 중국 인민, '외세 타도!'를 외치는 백
만 대중 집회…… 〈동방홍〉, 거대한 혁명 항쟁을 재현하는 가무극…… 30
여 년이 지난 지금 내가 무엇을 더 말하겠는가? 내가 마오 주석과 마오주
의에서 너무도 많은 빚을 졌다는 것뿐이다. …… 나는 이를 영원히 갚을
수 없을 것이다. 그것은 내가 했던 일에 큰 도움을 주었다."[39]

중국은 그에게 "세계 최고 수준의 마르크스주의 학교에서…… 훌륭한
교과과정을 제공"했다. 그 안에는 지하당 조직 활동과 정치와 폭력의 밀접
한 관계에 대한 내용도 있었다. "우리가 민감한 화학물질을 다룰 때마다 그
들은 우리에게 항상 이념을 최우선으로 생각해야만 무엇이든 완수할 수 있
다고 강조했다." 그는 폭발물 과정을 이수할 때 이미 초인적인 능력을 갖추
고 있었다. "그들은 우리에게 어떤 물건도 폭발할 수 있다고 가르쳤다. ……
펜을 집어 들자 펜이 폭발했고, 자리에 앉으려고 하자 자리도 폭발했다.
…… 어떻게 만드는지만 알면 무엇이든 폭발시킬 수 있었다. …… 그 학교
는 나의 성장에 크게 이바지했기 때문에 나 역시 마오쩌둥을 경모하기 시작
했다."[40]

그가 진 빚은 이데올로기만이 아니었다. 1967년까지 마오쩌둥의 중국은
페루공산당-반데라 로하가 페루 각지에서 군사훈련을 받을 수 있도록 자금
과 무기를 제공했다. 당시 중국공산당은 라틴아메리카 좌파들에게 때로 놀
라울 정도로 무분별하게 자금을 지원했다. 한 중국 외교관은 페루 대사관 밖
에서 대사관 앞을 지나던 과격한 좌파 무장집단의 조직원(페루 북부에서 온
인디언)에게 다가가 말을 걸기도 했다. 외교관은 그를 페루의 화인華人으로
잘못 알고 그의 이념을 지지한다고 하면서 수십 명의 무장 세력을 수개월

동안 훈련시킬 수 있는 자금을 지원하겠다고 제안했다. 1965년 그 단체는 정부를 상대로 게릴라 투쟁을 일으켰다.[41]

구스만은 1967년 두 번째로 중국을 방문했다(아마도 그는 1975년에도 다시 중국을 방문하여 폴 포트와 만난 적이 있는 듯하다. 왜냐하면 나중에 폴 포트를 '가짜 마르크스주의자'라고 비판했던 적이 있기 때문이다). 중국 방문의 주요 목적은 반데라 로하에 대한 재정 지원 재개를 중국 정부에 요청하는 일이었다. 비록 소기의 목적을 달성하지는 못했지만 귀국 후 그는 더욱 열심히 마오주의를 선양하기 시작했다. "조사를 하지 않았다면 발언권도 없다." "죽음을 두려워하지 않아야 황제를 말 아래 끌어내릴 수 있다." "정권은 총구에서 나온다." "정치 노선의 정확성 여부가 모든 것을 결정한다." 등 그의 입에서 마오쩌둥이 발언한 내용이 술술 튀어나왔다. 그는 혁명 과정에서 수정주의를 극복하려면 마오쩌둥의 "두 개 노선의 투쟁"이란 개념을 적용해야 하며, 라틴아메리카가 "혁명 폭풍의 지대"라는 점을 강조했다.[42] 무엇보다 그는 "역사상 가장 위대한 대중운동으로서 문화대혁명을 경험했다. …… 그것은 세계 프롤레타리아 혁명의 최고 정점이었으며…… 당대 주자파(자본주의로 달려가는 당파)를 분쇄했다." 중국에서 교육을 받으면서 그의 세계관은 점점 더 이원대립적인 것으로 바뀌었다. 한쪽은 '용감한 군중'이고, 다른 한쪽은 '사악한 제국주의자'와 '하수구의 쥐새끼 같은 수정주의자'였다.[43] 그는 부정확한 서적과 인물에 대한 대규모 숙청을 목격했고, 마오주의를 마르크스주의의 '제3단계'로 받들기 시작했다. 그는 여기서 한 걸음 더 나아가 다음과 같은 결론을 내렸다. 중국에서 "주요 투쟁 형식은 전쟁이고, 주요 조직 형식은 군대이다. …… 인민의 군대가 없으면 인민은 가진 것이 없는 것과 같다."[44]

빛나는 길을 전문적으로 분석하는 이들(스페인어로 센데로 루미노소Sendero Luminoso라고 부른다)은 센더롤로지senderology라는 나름의 학파를 창립했다. 그들 가운데 한 명이 지적한 바에 따르면, 구스만은 문화대혁명의 구성 요소, 특히 정적에 대한 영구적인 혁명 폭력과 모든 정치적 라이벌에 대한 공격 등을 자신의 반란에 그대로 적용했다(비정부 복지단체, 지역 사회 집단농장도 포함된다).[45] 그는 자신을 위해 "사회를 뒤흔들 수 있는 사상 이론, 즉『마오주석 어록』에 나오는 간결한 개념으로 무장하고, 엄격하게 훈련된 젊은 급진주의자들로 구성된 정당을 만들기를 갈망했다."[46] 구스만과 훗날 그의 추종자가 된 이들은 마오쩌둥의 모순론을 "역사는 이분법적으로 대립하는 세력의 갈등과 충돌에 의해 추동된다"는 말로 간략하게 정리하여 자신들의 일상에 대입시켜 그대로 숨 쉬고 생활했다. 그들은 의도적으로 '유물론적 마르크스주의'와 '사이비 기독교의 종교적 열정'을 결합시켰고, '대중에 대한 찬양'과 '대중의 유혈 희생'을 결합시켰으며, '구스만 교수에 대한 우상 숭배'와 '일반인의 개인주의 근절'을 결합시킨 것이다.

구스만은 중국과 접촉하면서 친중 세력 내에서 커다란 명성을 얻었고, 페루의 정계에서 급진 좌파로서 입지를 공고히 할 수 있었다. 1970년, 그는 '페루공산당-빛나는 길'을 창당했다. '빛나는 길'이란 말은 페루공산당의 창시자인 호세 카를로스 마리아테구이José Carlos Mariátegui의 저서 제목에서 따왔지만 중국 문화대혁명 기간에 유행하던 이미지도 반영하고 있다. 구스만은 자신의 이름도 곤잘로Gonzalo라고 바꾸었다. 창당 당시 빛나는 길의 당원은 51명이었으며, 그 가운데 12명이 아야쿠초 출신이었다.[47]

만약 구스만 곤잘로가 지식인 사회에서 유일한 마오주의자였다면, 그의 사상적 영향은 제한적이었을 것이다. 하지만 1970년대 초반부터 그의 동료들 사이에 마오 열풍이 불기 시작했다. 구스만이 재직하고 있던 아야쿠초의 대학교수들 가운데 4분의 1이 이미 중국을 방문한 적이 있었다. 그 가운데 안토니오 디아즈 마르티네즈Antonio Díaz Martínez는 1974년 중국을 방문하고 돌아와 1977년 중국 농업 혁명에 관한 책을 출간했다. 책에서 그는 인민공사와 군중의 영도를 중시하는 문화대혁명을 이상화했다. 그가 강의하는 교과목의 유일한 교재는 바로 『마오주석 어록』이었다.[48] 중국이 마오주의 농업 모델을 포기한 이후에 출판된 그의 책은 오히려 빛나는 길 활동가들이 농민 중심의 지상 낙원("농촌을 중심으로 하고 도시를 보조로 삼는")을 건설하기 위해 정의로운 투쟁을 벌이고 있다는 확신을 심어주었다.[49] 그의 책은 권위 있는 학술서의 외피를 쓰고 지식인 사회에서 마오주의 모델에 대한 공감을 불러일으켰다. 구스만과 그의 동료, 제자들은 「베이징 주보」를 무료로 배포하고, 천안문 광장에서 홍위병들이 집회하는 장면을 담은 필름을 상영하여 많은 이들에게 충격을 주었다.[50] 1970년대 후반 아야쿠초에서 생활했던 두 명의 네덜란드 농학자들은 당시 상황에 곤혹감을 떨칠 수 없었다. 그들은 급성장하는 빛나는 길을 감싸던 기이한 분위기를 기억하고 있었다. 입당하지 않은 교수들이나 학생들은 빛나는 길에 가입한 이들을 비웃었다. 그들은 교조적으로 농촌에서 인민전쟁을 일으켜야 한다고 주장하면서 왜 여태껏 대학에 남아 무엇을 하고 있는 것인가?[51]

근 10년 동안 구스만은 대학을 중심으로 무장투쟁을 계획하고 준비했다. (스페인어로 테러리스트를 뜻하는 'Terroristas'와 대학생이란 뜻의 'Universitarios'라는 말은 나중에 센데리스타스senderistas, 즉 '빛나는 길'의 과격분자를 지칭할 때 흔히 사용되었다.)[52]

페루에서 궁핍한 농촌 지역은 정부가 관심을 두지 않거나 아예 관공서가 없는 곳도 있었다. 구스만은 오히려 이러한 느슨한 통제하에서 각급 교육 체계 내에 자신의 이념을 전파할 수 있는 좋은 기회를 얻었다. 1960년대 그는 대학 학부의 핵심 교과목을 담당했는데, 나중에 『마오주석 어록』이 인류학과와 철학과의 지정 교재가 된 것도 이와 관련이 있는 듯하다.[53] 1963년 그는 농촌 교사 양성을 위한 고등학교를 설립했다. 나중에는 대학 인사 책임자가 되어 자신의 지지자들로 결원을 채우고, 학생 장학금과 지원금을 통제할 수 있었다. 빛나는 길에 동조하는 교수들은 자신들의 조교들에게 「농촌 공동체의 사회정치적 권력 구조」와 같은 논문을 쓰도록 하는 등 마오주의를 위한 두뇌집단으로 활용했다. 논문은 언제나 마오쩌둥 방식대로 '농촌의 지주, 부농, 중농, 빈농'에 관한 분석으로 결론을 맺었다.[54] 구스만은 페루의 병폐에 대해 간단하고 또한 과격한 해결 방안을 제시했다. 이러한 해결 방안은 교육을 받았으나 졸업 후 취직 기회가 적어 좌절하고 있는 젊은이들에게 호소력을 발휘했다. 대학이 다시 문을 열면서 고등교육을 접할 기회가 넓어지기는 했지만 졸업생의 취업 창구는 거의 확대되지 않았다. 지방의 젊은이들은 학위를 받기 위해 최선을 다해 노력했지만 대부분의 경우 재정적 어려움에서 벗어날 수 없었다. 그들이 학위를 받고자 했던 까닭은 자신이 살던 곳에서 벗어나 더 나은 곳에서 살기 위함이었으나 막상 졸업하면 다시 자신이 살던 곳으로 돌아와 학생들을 가르치는 것이 열려 있는 최상의 선택이라는 사실을 깨닫게 되었다. 그리하여 구스만의 제자들은 졸업과 동시에 시에라sierra(험준한 산악지대, 여기서는 산간 마을)로 돌아와 일종의 전파 네트워크를 형성했으며, 외진 마을을 혁명의 발판으로 삼을 계획을 세웠다. 1980년대와 90년대에 빛나는 길에 관한 추적 기사를 보도한 페루의 기자 구스타보 고리티Gustavo Gorriti는 이렇게 적었다.

"그들은 대부분 젊고 체형이 말랐으며, 진지하고 내성적이었다. 대체로 가난한 가정에서 태어났으며, 어려서부터 말 잘 듣고 사랑받았으며, 조용하고 근면한 자녀들이었다. …… 자욱한 폭발 연기 속에서 설명하기 힘든 잔인함에 휩싸인 그들을 보면서 가족들은 경악하지 않을 수 없었다. 하지만 그것은 놀라움의 시작에 불과했다."[55] 구스만의 첫 번째 부인인 아우구스타 라토레Augusta la Torre는 아름답고 열성적인 여성이었다. 그녀는 산간 마을의 젊은이들을 설득하여 조직에 끌어들이는 데 대단한 능력을 지닌 조력자였다.[56] 그녀는 1988년 예기치 못한 죽음을 맞이했다. 아마도 자신이 자발적으로 협조한 혁명에 회의를 품었으나 남편이 자신의 동요에 영향받지 않도록 하기 위해 자살을 선택했을 가능성이 크다.

센데리스타, 즉 빛나는 길에 가입한 고등학교 교사들은 먼저 다른 교사들을 포섭하여 조직에 참여시켰다. 그리고 새로 참여한 이들은 다시 학생들을 조직했다. 고등학교를 갓 졸업한 한 젊은 교사는 1976년 자신이 살고 있는 산간 마을 담벼락에 붉은 글씨로 '베이징 만세!Viva Peking!'라고 썼다.[57] 여러 농촌 지역의 조직망을 통해 여러 지역의 지형, 지역사회의 권력구조, 농민들의 열망, 무장투쟁으로 제거할 토호의 이름과 경력 등 중요한 자료를 수집하여 아야쿠초 시내에 있는 당 중앙에 전달토록 했다. 구스만이 무장투쟁의 첫 번째 지역으로 반권위적이고 전통적인 순종과 거리가 먼 추스치Chuschi를 선택할 수 있었던 것은 그의 제자들이 제공한 지역의 지리와 사회 정보를 사전에 확보할 수 있었기 때문이다.

빛나는 길은 머리가 좋고 실력 있는 인재들을 끌어들이는 능력으로 유명했다. 주목할 만한 초기 인재 가운데 한 명은 엘레나 이파라기레Elena Iparraguirre이다. 1948년 리마 남쪽의 안온하고 사랑이 넘치는 중산층 가정에서 태어난 그녀는 리마와 파리에서 두 개의 석사 학위을 획득하는 등 훌륭한 교육을 받은 재원이었다. 1970년대에 그녀는 화학 관련 기술자와 결혼하여 두 명의 딸을 낳았다. 하지만 그녀의 성격은 극단주의적인 면이 있었다. 그녀의 말에 따르면, 이는 수녀원에서 운용하는 학교에서 주입된 종교적 신념 때문이다. 2012년 그녀는 이렇게 말했다. "기독교 순교자들이 사자에게 잡혀 먹히는 상황에서도 끝내 자신의 신앙을 부인하지 않았다는 사실을 알게 되었다. 내 인생 또한 어느 정도 이런 이미지에서 영감을 받았다. 그런 순교자들을 통해 순수를 지키기 위해 모든 것을 받아들일 수 있게 되었다는 뜻이다." 1970년대에 빛나는 길에 합류한 이파라기레는 1973년 간부학교에서 공산당사 수업을 들으면서 처음 구스만과 만났다. 그녀는 구스만이 자신을 특별한 엘리트의 일원으로 선택했다는 느낌을 주었다고 회고했다. "우리는 주로 소수의 젊은이, 게다가 대부분 젊은 여성들이었지만 그에겐 그것이 그리 중요치 않았다. 만약 파리 소르본대학에 있었다고 할지라도 같은 강의를 했을 것이다. 그는 몇 시간이고 자세하게 설명해 주었다." 이파라기레는 정치적으로 영향을 받았을 뿐만 아니라 육체적으로도 유혹을 받았다(1980년대에 그녀는 구스만의 배우자가 되었다). 그녀는 1970년대 후반에 이미 남편과 자녀들을 버리고 지하활동을 시작했다. 그녀는 조직과 분석에 탁월한 실력을 발휘하여 빠르게 지도자 자리에 오를 수 있었다.[58]

구스만의 눈에 든 또 한 명의 신입 당원은 에두아르도 마타 멘도사Eduardo Mata Mendoza이다. 의사였던 그는 어느 날 모자를 쓰고 라틴아메리카 특유의 판초를 뒤집어쓴 차림에 샌들을 신은 채 안락한 생활을 버리고 사라져버렸다. 그와 그의 아내는 농촌에서 혁명에 헌신하기 위해 생후 몇 개월밖에 안 된 아이를 포기했다. 이러한 몇몇 초기 지원자들의 사회적 지위로 인해 구스만의 활동은 나름 명성을 얻었으며, 생존에도 도움이 되었다. 마타 멘도사가 지하활동을 하다가 체포되자 이전 동료 의사들은 그를 구명하기 위해 동분서주하여 마침내 그를 감옥에서 끄집어냈다.[59] 이외에도 빛나는 길에 가입한 이들은 정치적으로 초보자나 다를 바 없는 시골 출신의 젊은 남녀들이었다. 페루 동부 아야쿠초에 거주하는 한 주민은 구스만이 "학생들을 광신도처럼 열광시켰다"고 회고했다.[60] 고대 잉카인들의 거주지였던 빌카슈아만Vilcashuaman에 사는 한 학교의 교장은 "센데로(빛나는 길)는 학교에서 가장 똑똑한 학생들만 골라 세뇌시켰다"고 하면서 "그 학생들은 반 친구들에게 가장 영향력이 있는 리더들이었다"고 회상했다. 이렇게 의도적으로 선발하여 사상을 주입한 학생들은 농촌에 파견되어 교과목을 장악하고 어린 학생들이 소리 높여 "마오! 마오!"를 외치도록 가르쳤다.[61] 당시 빛나는 길에 가입한 급진주의자 가운데 한 명은 이렇게 말했다.

"그들은 아야쿠초가 1985년까지 해방구가 될 것이라고 말했습니다. …… 독립 공화국이 된다고도 했지요. …… 그것은 젊은이들에게 희망을 심어주는 방식이었지요. 그렇지 않겠어요?"[62] 누군가는 당시에 무기를 구할 수 있다는 것이 좋은 유인책이었다고 말하기도 했다. 실제로 빛나는 길의 급진주의자들은 "기관총과 같은 화기 사용법을 배우고 싶어 하는 청소년들에게 폭약을 사용한다는 것은 상당히 큰일이었다. …… 그들은 그저 폭파를 경험하기 위해 물건을 폭파시켰을 따름이다."[63]

니카리오Nicario의 실례로 보건대, 당시 젊은이들이 빛나는 길에 가입한 것은 우연일 가능성이 크다. 그는 아야쿠초의 외진 마을에서 중학교를 졸업한 후 코카 잎을 가공하는 공장에서 임시로 일했다. 1981년 빛나는 길의 간부 몇 명(전원 학생)이 그가 사는 마을에 도착했으며, 그 가운데 한 명이 그를 모임에 초대했다. "나는 그 즉시 수락했어요. …… 왜냐하면 당시에는…… 빛나는 길의 활약이 대단했거든요. 습격도 잘 하고. …… 우리 젊은이들 사이에서 항상 그들에 대해 이야기하곤 했지요. 우린 오래전부터 참가하고 싶었어요. …… 집회를 주도하는 군 지휘관은 군복과 군화에 기관총을 들고 있었어요. 그는 낮은 목소리로 자기를 소개했지요. '맞소. 동지들'이라고 말이에요. 위엄이 가득했어요. …… 그가 우리에게 어떤 곳으로 가라고 하면서 이렇게 말하더군요. '그곳에서 당신들을 기다리겠소.'"

니카리오가 말한 것처럼 그가 빛나는 길에 가입하게 된 동기는 구체적이지 않다. 그저 기관총과 군화, 그리고 저음의 목소리에 매료되었을 따름이다. 빛나는 길에 가입한 후 그는 '신뢰할 수 있는 친구 한두 명을 데려오라'는 첫 번째 임무를 수행했다. 그리고 이후 당원이 된 그는 실험농장을 파괴하고, '나쁜 말을 하는 사람들'을 처형하는 작전에 전적으로 투입되었다.[64]

1976년 9월 9일, 마오쩌둥이 베이징에서 세상을 떴다. 그달 말 구스만은 리마 주재 중국 대사관에 경건한 심정으로 애도사(「마오 주석에게 영원한 영광을!」)를 보내 자신의 영웅을 기렸다.[65] 이는 그가 16년 만에 공식 석상에 얼굴을 드러낸 마지막 모습이었다. 그는 마오쩌둥의 죽음에 실망하기는커녕 오히려 페루에서 인민전쟁을 일으켜 마오주의의 깃발을 계속 휘날릴 때가 왔다고 확신했다. 훗날 구스만은 이렇게 말했다. "이제 혁명을 수호할 때가 왔다. 혁명을 수호하기 위해 무장투쟁을 시작한다."[66]

1980년 5월 17일 새벽 2시, 복면을 쓴 다섯 명의 남성(학생 네 명과 그들의 지도자인 교사 한 명)이 추스키의 장이 서는 마을에 있는 선거 유권자 등록 사무소에 침입하여 직원을 포박하고 민주주의의 도구인 유권자 등록부와 투표함을 불태웠다. 이는 빛나는 길이 페루에서 발동한 첫 번째 항쟁, '무장 투쟁의 시작'Beginning of the Armed Struggle(간칭 BAS), 스페인어 Iniciación de la Lucha Armada(간칭 ILA)이다.[67]

이미 3개월 이전부터 빛나는 길은 일련의 집중 토론을 연달아 개최하면서 군사 투쟁을 위한 준비에 돌입했다. 집중 토론은 『마오주석 어록』에 따른 엄격한 틀 안에서 '정확한' 정치노선을 확립하고 아울러 구스만에 반대하는 이들을 '정숙整肅', 즉 숙청하기 위함이었다. 물론 구스만의 폭력 혁명에 영향을 준 것은 마오쩌둥 사상만이 아니었다. 거의 강박적이라고 할 만큼 독서광이었던 그는 제자들에게 『줄리어스 시저』와 『맥베스』에 나오는 구절을 읽어주며 음모와 반역에 관한 세세한 요점을 가르쳤다. 또한 그는 사람들이 잘 모르는 워싱턴 어빙의 『마호메트의 생애The Life of Mahomet』라는 책에서 발췌한 내용을 학생들에게 배포하기도 했는데, 이는 이데올로기의 역량을 설명하기 위함이었던 것 같다. 저자는 책에서 무슬림을 "거대한 배와 높은 탑을 무너뜨리는 대지와 바다를 휩쓰는 폭풍우"에 비유했다. 아이스킬로스Aeschylus의 『프로메테우스 바운드Prometheus Bound』는 "불굴의 반역 역량에 따른 성과"에 대한 의미심장한 예로 제시되었다. 이외에도 자못 문학적인 텍스트도 있었다. 예를 들어 1941년 나치가 침공하자 스탈린이 소련 국민들에게 전한 '초토화 전략'에 관한 연설의 경우가 그러하다. 이는 훗날 빛나는 길의 반란과 정부 당국의 잔인한 대응이 페루 사회에 어떤 결과를 초래할지 예감케 하는 내용이었다. 구스만은 대의를 위해 그 어떤 희생도 정당화하는 비타협적인 전쟁 모델을 택했다. 그러나 실제로 마오쩌둥의 전략은 지구전, 농촌에서 도시를 포위하는 것 등을 중시했고, 특히 혁명의 자발주의, 즉 엄격하게 훈련된 마오주의 정당의 영도 아래 대중들이 순수한 의지의 힘으로 국가를 격퇴하는 것을 강조했다. 이런 점에서 구스만의 전략은 마오쩌둥의 전략과 크게 달랐다.

구스만의 피에 젖은 마오주의는 아래의 연설 내용에서 남김없이 드러난
다. 그 내용은 추상적 개념과 감정에 따라 움직이는 본능적인 부분이 결합되
어 있다는 점에서 길게 인용할 가치가 있다.

"우리가 미래를 열자. 행동이 핵심이다. 목표를 향해 달려 나가자. 역사
는 그것을 요구하고, 계급은 그것을 재촉하며, 인민은 준비를 마치고 원하
고 있다. 우리는 의무를 다해야 할 것이고, 마땅히 그럴 것이다. …… 우리
는 세계혁명을 위한 전략적 공세를 시작하며, 향후 50년 내에 제국주의 통
치는 모든 착취자들과 함께 섬멸될 것이다. …… 인민 전쟁은 낡은 질서가
무너질 때까지 매일 확대될 것이다. …… 마오 주석은 말했다. '사해가 용
솟음치고, 비와 구름이 성난 듯 일어나며, 다섯 대륙이 진동하며 폭풍과 우
레가 격렬해질 것이다四海翻騰雲水怒, 五洲震盪風雷激.' …… 혁명의 무적의 불
길이 계속 타올라 우리를 영도하고 우리를 강철로 만들 때까지 커져나갈
것이다. 전쟁의 소음과 꺼지지 않는 불길 속에서 빛이 나올 것이며, 어둠에
서 빛이 퍼져나가 마침내 새로운 세상이 올 것이다. …… 민중은 무장봉기
하여 혁명을 일으켜 제국주의와 반동들의 목에 올가미를 걸고 그들의 먹살
을 잡고 목을 조를 것이다. …… 반동들은 살이 썩어 짓물러질 것이고, 흘
러나오는 검은 오물은 진흙탕에 가라앉을 것이며, 남은 것은 불에 타고 재
가 되어 바람에 흩어질 것이다. …… 우리는 검은 불꽃을 붉게 만들고, 붉
은 불꽃을 밝은 불꽃으로 바꿀 것이다. …… 동지들, 우리는 다시 태어났
다! 우리는 역사와 법률, 모순을 조정하는 법을 배웠다. …… 세계의 진보,
국가의 진보, 당의 진보는 같은 책의 같은 페이지이다. …… 마르크스-레
닌주의, 마오쩌둥 사상, 국제 프롤레타리아, 전 세계 인민, 노동계급, 전국
인민, 당과 위원회, 세포 조직, 지도자를 통해 수세기에 걸친 모든 위대한
행동이 지금 역사적인 순간에 절정에 이르렀다. 약속이 지켜지고, 미래가

펼쳐질 것이다."(BAS 80)

현장에 있던 청중들은 이에 화답하며 소리쳤다. "마르크스-레닌주의, 마오쩌둥 사상에 영광을! …… 곤잘로 동지를 필두로 무장투쟁을 시작하자!"[68]

1980년 크리스마스 이브, 마타 박사가 주도한 공격으로 첫 번째 유혈 사건이 벌어졌다. 아야쿠초의 한 목장에서 60세 농부와 19세 인부가 게릴라들에게 피살되었다. 이제 선전이나 조직 활동 외에 게릴라 테러가 빛나는 길의 전략적 토대가 되면서 폭력에 대한 예찬이 강화되었으며, 살육은 일종의 산업화로 빠르게 진행되었다. 구스만은 마오쩌둥이 이러한 유혈 행동에 영감을 주었다고 말했다. "마르크스-레닌주의, 특히 마오쩌둥이 우리를 무장시켰다. 그들은 우리에게 할당량과 보존을 위한 소멸이 어떤 의미인지 가르쳐주었다."[69]

정부 당국을 자극하여 무차별 보복에 나서게 하고, 나아가 국민들이 정부의 폭력에 반기를 들게 하려는 목표는 지극히 거친 방식이었으나 결과적으로 이처럼 잔인한 수법은 상당히 효과적이었다. 정부의 대응이 과도할수록 페루의 민주주의에 대한 불신과 국민들의 환멸은 더욱 커질 것이 분명했기 때문이다. 구스만은 끔찍한 손실을 감수할 준비가 되어 있었다. "피의 강을 건너야 할지도 모른다." 그는 간부들에게 솔직하게 말했다. "우리 당의 많은 무장 세력이 죽을 것이다. …… 어쩌면 최악의 방식으로 죽을지도 모른다. …… 그들의 가족들도 피해를 입게 될 것이다. …… 페루 역사상 결국은 발발하게 될 폭력에 이처럼 거의 맞설 준비가 되지 않았던 적은 없었다. 결국 수십만 명이 사망하게 될 것이 분명했다."[70] 빛나는 길이 구상한 혁명은 거의 사망 계약이나 다를 바 없었다. 그 속에는 "한 점의 불씨가 평원을 태울 수 있다"는 마오쩌둥의 낙관적인 생각과 피의 강으로 정화한다는 유사 종교와 같은 암흑의 개념이 공존했으며, 이것이 무모한 반항 정신을 키웠다.[71]

1983년 봄, 빛나는 길이 아야쿠초를 장악했다. 청소년들은 학교에서 입당원서를 쓰도록 강요받았으며, 국가 대신 빛나는 길의 당가를 불렀고, 농부들은 게릴라 지도자들에게 출국 비자를 받기 전에는 마을을 떠날 수 없었다. 당은 이전 정부 당국에 협조한 모든 이들을 처형했다. 그중에는 경찰에게 음식을 제공한 이들도 포함되었다.[72] 희생자들은 우체국 직원, 광산 노동자, 요리사, 농부와 그의 가족 등 빛나는 길의 폭력 숭배를 공유하지 않았던 평범한 이들이었다.[73] 당의 징계 또한 잔혹하기 이를 데 없었다. 참치 통조림 한 통, 크래커 세 개를 훔치거나 보초 근무 중에 잠을 자는 등 사소한 잘못만으로도 교살당했다. 어떤 당 간부는 당원들에게 이렇게 말했다. "내가 당신의 어깨를 건드리면 당신은 당 내에 더 이상 남아 있을 수 없어!" 당시 당원이었던 한 사람은 이렇게 회상했다. "용서는 결코 존재하지 않았다. 충성하지 않으면 죽을 것이 뻔했다."[74]

그러나 반군이 뿌리를 내리고 있던 1980년대 전반 페루 정부의 무능한 대응을 고려하지 않고 빛나는 길의 성공을 이해하는 것은 불가능하다. 빛나는 길의 전사들은 전업 군인이 아닌 초보 병사들이었으나 그들이 초반에 성과를 거둘 수 있었던 것은 경찰의 무능과 인권 침해, 부정부패 등 한심한 짓거리 때문이었다. 한 평론가에 따르면, 당시 경찰들은 하도 살이 쪄서 게릴라들을 쫓아 언덕을 오르는 것도 힘들어했다고 한다.[75] 쌍방 교전이 시작된 후 페루 정부는 당연히 대중의 지지를 받았어야만 했다. 1980년, 지난 12년간에 걸친 군사 독재가 종식되고 민주주의가 되살아났다. 하지만 현실은 달랐다. 기본적인 정치와 행정의 실패로 인해 민주주의 발전에 걸림돌이 생겼기 때문이다. 예를 들어 군부 독재에서 민주 정부로 넘어가면서 빛나는 길을 비롯한 반란 단체에 대한 정보가 기이하게도 송두리째 사라지고 말았다. 이후 페루의 민주주의는 내부의 전복 행위를 막지 못한 채 새로운 10년을 맞이했으며, 정보기관은 심각한 인력난에 정보 부족으로 시달려야만 했다(심지어 관용차를 카레이서 지망생이었을 뿐 운전 실력이 형편없던 국장의 아들이 몰다가 사고가 나서 폐차한 경우도 있었다). 육군 정보부는 1980년 무장투쟁을 시작하기 3년 전에 이미 빛나는 길이 반란을 모의하고 있다는 사실을 알고 있었지만 그다지 개의치 않았다. 그런 상황에서 빛나는 길 조직원들은 수도의 북부에 있는 해변 휴양지의 모래 언덕에서 공개적으로 사격 연습을 실시했다.[76]

마침내 위협을 감지한 정부 당국은 경찰과 군대에 만연한 인종차별과 여성 혐오를 부추겨 무분별하고 악의에 찬 대응을 시작했다. 민주주의는 그 즉시 흔들렸다. 1982년 페루 정부는 아야쿠초 일대에 비상 사태를 선포하고, 반군 소탕을 위해 군대의 초토화 작전을 승인했다.[77] 국방부 장관 루이스 시스네로스 비스케라Luis Cisneros Vizquerra는 아르헨티나의 더러운 전쟁Dirty War(1974년부터 1983년까지 9년간 정부가 수만 명을 살해하는 등 정적을 압살하기 위해 벌인 국가 테러)의 전략 가운데 하나를 모방했다. 그는 "만약 1백 명을 죽였는데, 그중에 반란군이 한 명이라도 있다면 가치가 있는 일이다"라고 망언을 늘어놓았다.[78] 산간 마을을 가로지르며 행진하는 병사들은 이렇게 노래했다.

"망할 테러리스트들아! 우리는 네놈들의 작은 집으로 쳐들어가 네놈들의 내장을 먹어치우고, 네놈들의 선혈을 마시며, 네놈들의 머리를 자르고, 눈깔을 후벼 파며, 다리를 절단할 것이다."[79]

추악하기 이를 데 없는 전쟁은 안데스 산맥에서 벌어진 베트남 전쟁과 같았다. 당시 육군의 교육용 영상을 보면, '단검 훈련소'에서 윗도리 없이 위장용 바지만 입은 근육질의 병사가 등장하여 짐승처럼 포효하며 카메라 앞에 있는 구유를 향해 돌진하는 모습이 나온다. 그는 계속 소리를 지르며 마체테로 땅을 친 다음 무릎을 꿇고 여물통에 담긴 끈적끈적한 검붉은 액체를 자신의 몸에 뿌렸다. 당시 장교 후보생들이 정식으로 장교가 되는 훈련 과정에는 자신이 직접 찔러 죽인 개의 피를 몸에 뿌리고, 화약을 섞은 오트밀을 먹는 것도 있었다.[80]

당시 하사관 가운데 한 명은 제멋대로 인디언 트럭 운전사를 고문했는데, 혹시라도 남들에게 발설할 것을 우려하여 나무에 묶은 다음 목을 부러뜨려 죽였다. 그의 동료 가운데 한 명은 당시 상황을 이렇게 회상했다. "그는 여전히 살아 있었어요. 결국 총을 두 발이나 쏘자 촐로cholo(피부색이 어두운 시골 사람을 비하하는 말, 여성형은 촐라)가 숨을 거두었지요. 그럼 어디에 숨겨야 하나? 걱정할 필요 없었어요. 푸나puna(고지대 사막)가 워낙 넓으니까 아무 데나 버리면 되지요."

강간은 어디서든 벌어지는 강력한 무기였다. 한 해군 중사는 이렇게 말했다. "어느 날 그들이 우리에게 촐라 여자를 주면서 마음대로 처리하라고 했다. 좋네! 그럼 어디 가서 할까? 우리는 버려진 집을 발견하고 그녀를 데리고 들어갔다. 모든 편의 시설과 가구, 텔레비전이 그대로 남아 있었다. 우리는 한 명씩 번갈아가며 불쌍한 촐라 위로 올라갔다. …… 그곳(군대)에서 우리는 개떡 같은 놈이 되는 것을 배웠다. …… 남자들은 그녀를 요요yo-yo처럼 데리고 놀며 짓밟다가 마지막에 가서는 죽여 버리고 말았다."[81] 당시에는 케추아어를 말할 줄 아는 이는 모두 테러리스트로 의심받았다. 아야쿠초의 아코마르카Accomarca에서 벌어진 학살 사건에서 71명의 민간인이 사망했는데, 그중에 어린아이가 23명이었다. 1988년부터 1991년까지 페루는 전 세계에서 '실종자'가 가장 많이 발생한 국가였다.[82]

빛나는 길은 자신들의 반역 활동을 신중하게 펼쳐나갔으나 수법의 잔인성은 예전과 똑같았다. 천년왕국을 지향한다는 구스만의 화술의 허무맹랑함에도 불구하고, 실질적인 군사 전략은 전략적으로 매우 신중했다. 그들은 북부, 남부, 중부로부터 조직을 구축하는 데 심혈을 기울였다. 마오쩌둥의 충실한 학생이었던 구스만은 게릴라전의 실용성과 더불어 중국 인민해방군의 "세 가지 기율과 여덟 가지 주의사항" 등에 유념했다.[83] 1980년대 구스만의 사고를 면밀히 살펴본 페루의 기자 고리티는 나름대로 이렇게 분석했다.

"의심할 바 없이 탁월한 도식적인 지적 능력을 갖춘 그는 중간 목표를 정하고, 각각의 목표를 완수하기 위한 세부 노선을 단계별로 결정했다. 게릴라 반란의 역사에서 그처럼 주도면밀한 계획이 뒷받침된 결연한 의지로 중요한 역할을 한 이는 거의 없었다."[84]

빛나는 길은 치밀하게 군사 조직을 구성했다. 기층 조직은 정보를 제공하고 지역사회를 통제할 수 있는 게릴라 부대와 당 위원회이고, 그 위에 여러 지역을 돌아다니며 군사 작전을 감행하는 지역 군사 조직이 있었다. 그리고 그중에서 가장 뛰어난 전사들로 구성된 전국 규모의 반란군 부대가 주로 대규모 군사 작전을 수행했다.[85] 반란군 부대는 급진적인 과격분자를 중심으로 군사 조직화한 것으로 먼저 광산을 습격하여 다이너마이트와 도화선, 뇌관 등을 탈취했다. 모든 과정은 기이할 정도로 평범하게 천천히, 하지만 지속적으로 이루어졌다. 빛나는 길이 처음 반란을 일으켰을 때는 새총에 폭약을 장착하여 쏘는 정도로 유치하기 이를 데 없었지만 원시적이고 미미한 화력이 마오주의자들의 자신감과 결합하면서 페루 정부를 상대로 반란을 일으킬 정도로 놀라운 효과를 발휘했다. 당시 아야쿠초 인근은 교육 문제로 거친 청년들의 시위가 잇따르자 경찰이 철수하였기에 치안 공백 상태에 놓여 있었다.

반란 초기에 미국은 로널드 레이건이 핵 전술을 기반으로 한 '스타워즈 Star Wars'를 꿈꾸고 있었지만 빛나는 길은 "사람이 무기보다 중요하다"는 마오쩌둥의 말을 증명이라도 하듯이 막강한 화력의 정부군보다 훨씬 의지가 강하고 조직력이 뛰어났기 때문에 그들을 상대로 한 싸움에서 승리할 수 있었다.

1981년 10월, 구스만의 고향인 페루 남서부 탐보의 경찰서를 습격한 사건은 빛나는 길의 현지 전략을 잘 보여주었다. 그들은 인력이 부족하고 지역 주민들에게 항상 문이 열려 있는 경찰서의 취약점을 충분히 이용했다. 30여 명의 게릴라들은 4정의 기관총, 몇 자루의 리볼버 권총, 그리고 산성 용액 한 병을 가지고 경찰서를 습격하여 3명의 경찰을 살해하고, 4명의 일반인에게 상해를 입힌 후 어둠 속으로 사라졌다. 게릴라 가운데 단 한 명만 경미한 부상을 입었다. 게릴라들은 경험이 부족하고 무장이 충분치 않았다. 또한 무고한 민간인이 피해를 입었다는 사실에 전혀 개의치 않았다.[86]

정부는 확실히 구스만이 설치한 덫에 걸려들었다. 빛나는 길은 정부를 자극하기 위해 살인도 마다하지 않았다. 잔혹한 보복을 유도하여 오히려 정당성과 동정심을 확보하면 조직원 모집에 유리할 것이라고 생각했기 때문이다. 초기에는 분명 그들의 계산이 옳았다는 것이 증명되었다. 수만 명이 정부에 의해 살해되거나 폭력을 피해 도망쳤다. 그들 중에서 빛나는 길에 합류한 이들도 적지 않았다. 2010년 감옥에 수감 중이던 엘레나 이파라기레는 1986년 6월 빛나는 길 지도부가 리마 교도소에 수감된 이들이 폭동을 일으키도록 결정했으며, 이는 경찰의 폭압적인 진압으로 학살을 이끌어내기 위함이었다고 고백했다.

그들의 전략은 '대량 학살'을 유도하여 좌파 성향의 인기 많은 젊은 대통령 알란 가르시아Alan García의 "두 손을 피로 물들이자"는 것이었다.[87] 도박은 성공했다. 폭동을 일으킨 수감자들과 정부 간의 협상이 실패로 끝나자 가르시아 대통령은 리마에서 사회당 국제대표자 대회가 열리는 기간에 긴급 내각회의를 소집하여 교도소 탈환을 위해 군대를 동원하여 무력으로 진압할 것을 승인했다. 끔찍한 폭력이 이어졌다. 최소 226명의 수감자가 목숨을 잃었고, 그중에 빛나는 길에 속한 이들은 100여 명이었다. 군대는 초법적인 처형 방식으로 그들을 처단했다. 사태가 종식된 후 빛나는 길 진영은 새로 들어온 이들로 북적였다. 그들 가운데 대부분은 교도소 폭동사태로 인해 사망한 이들의 친구나 친척이었다.

이파라기레나 구스만 등은 고통받는 '대중'들에 대해 관심과 배려 넘치는 언사를 늘어놓았지만 빛나는 길의 이데올로그들은 농민들에 대해 이해할 수 없을 정도로 혼란스럽고 전혀 겸손치 않은 태도를 취했다. 그들은 농민들을 백인이 주도하는 국가에 살고 있는 피해자라고 여겼으며, 그들의 공동체는 "식민지 통치하에서 기계화와 실용성만 중시하는 서구 문화"에서 탈피해야 한다고 주장했다. 또한 그들에게 농민은 후진성을 근절시켜야 하는 대상이기도 했다. 이에 반해 빛나는 길의 지도자들 자신은 '프롤레타리아 계급의 식을 지닌 지식인'으로 절대적으로 정확하여 오류가 없다는 점을 강조하면서 그런 까닭에 페루 농촌의 프롤레타리아를 지휘할 권리가 있다고 확신했다.[88] (실제로 빛나는 길 지도부에는 프롤레타리아 계급 출신이 없었다.)[89] 만약 농민들이 빛나는 길, 즉 센데로의 권위를 거부하면 지도부는 즉각 잔인하게 대응했다. 예를 들어 1983년 아야쿠초 중부 우추라까이Uchuraccay에서 농민들이 지역 주민을 살해한 것에 대한 보복으로 7명의 빛나는 길 조직원을 죽이는 일이 발생했다. 이에 빛나는 길 지도부는 즉각 대학살에 돌입하여 전체 마을 주민 470여 명 가운데 135명을 살해했다. 당시 지도부의 한 간부는 이렇게 내뱉었다. "우린 똥만도 못한 추토chutos(멍청이, 음경)를 쓸어버렸다."[90] 이외에도 아야쿠초 중부의 루카나마르카Lucanamarca에서도 80여 명의 농민이 난도질당하고 불태워지거나 총에 맞아 죽는 대학살이 발생했다. 1988년 구스만은 이에 대해 담담한 어조로 이렇게 말했다. "과잉 폭력도 있을 수 있다. …… 가장 중요한 일은 우리가 물렁물렁한 살코기가 아니라 딱딱한 뼈라는 사실을, 그리고 무엇이든 할 준비가 되어 있다는 사실을 그들(농민, 현지 주민)이 분명하게 깨닫도록 만드는 것이다."[91]

따라서 빛나는 길의 투쟁은 평등을 지향하는 농민 전쟁이 아니라 교육받은 도시 지식인이 만든 도식圖式에 따른 것이었다. 자신들이 구상한 지휘 구조의 상부에 올라 앉아, 자신들이 타도하겠다고 다짐했던 인종적, 계급적 위계질서를 재현했다는 뜻이다. 위계질서의 상부는 흰 피부에 스페인어를 사용하고 교육을 받은 엘리트들이 차지하고, 아래층에는 피부색이 어둡고, 케추아어를 사용하는 빈민들이 자리했다. '대중'에 대한 이러한 홀대는 센데로가 폭력을 행사할 때 민중을 연루시키는 방식에서 분명하게 드러난다. 그들은 지역사회와 '어우러지는' 과정에서 오히려 민중을 군대의 징벌적 폭력에 노출시키고 말았다. 그들은 정기적으로 마을 사람들을 유혈사태에 끌어들이기 위해 강제로 '나쁜 놈'들이 처형당하는 모습을 직접 보도록 했으며, 심지어 마을 사람들이 직접 '나쁜 놈'을 고문하거나 처형하도록 시켰다.

"적이 진격하면 우리는 후퇴한다"는 마오주의 전술 원칙에 따라 군대가 접근하면 센데로는 도망쳤다. 그리고 피해는 고스란히 지역 주민들이 떠안아야 했다. 마을 주민들은 당시 상황을 언급하면서 "집 밖에서 햇살에 말리는 빨래처럼 바람이 부는 대로 이리저리 흔들렸으며, 현지 당국이나 경찰의 보호는 전혀 받지 못했다. …… 센데로가 누군가 잡으려고 하면 그는 그것으로 끝난 목숨이나 다를 바 없었다."[92]

센데로의 무자비한 폭력은 빛나는 길이 지역사회에 정착하는 데 도움을 주었지만 이후에는 오히려 지역사회에서 소외되는 요인이 되었다. 누군가는 이렇게 말했다. "센데로는 우리들에게 꿈을 심어주겠다고 했지만 결국에는 악몽을 안겨주었다."[93] 아이들은 게릴라가 되기를 강요당했다. "원하든 원하지 않든 아이들은 자신의 의지와 상관없이 무기와 칼, 창 등을 잡아야 했다. 만약 받아들이지 않는다면 이는 곧 죽겠다고 작정한 것이나 다를 바 없었다."[94]

아이들은 마오쩌둥이 누군지 전혀 알지 못했지만 아침 식사를 하기 전에 무조건 그의 철학 관련 문장을 읽어야만 했다. 처음에 빛나는 길은 마을 축제를 금지하려고 했다. 하지만 마을 사람들이 술에 취하면 아무 생각 없이 밀고자를 발설하는 경우가 있다는 것을 알게 되었다. "사람들이 술에 취하자 자신들이 군대에게 뭐라고 이야기했는지 자진해서 말했다. 우리는 그들을 데리고 가서 더 이상 말할 수 없도록 만들었다. 어두운 밤 깊은 계곡에서 이루어진 일이라 아무도 보지 못했을 것이다."[95]

열두 살이나 열세 살 밖에 되지 않은 어린 소녀들은 징집되어 사실상 위안부나 출산 노예로 전락한 후 임신한 후에야 집으로 돌아왔다. 어머니들은 고통에 몸부림치며 울부짖었다. "(빛나는 길이) 우리를 속였다."[96] 게릴라 군영에는 자원입대한 신병들과 센데로의 공격으로 가족이 몰살당한 후 강제로 징집된 이들이 공존했다.[97] 1989년 11월 아마존 부족 포로 학살 사건에서 탈영병과 반대파는 잔인한 공개 처형을 당했다. 포로 가운데 한 명은 십자가에 못 박힌 채로 참혹하게 공개 처형을 당했다.[98]

또한 빛나는 길은 정치 범죄의 정의를 확대하여 '슬픈 표정'을 지었다는 이유로 처형이 가능하게 만들었다. 노약자와 병자들은 '기생충'이란 비난과 함께 청산 대상으로 분류되었다. 이는 "살려둬도 얻는 것이 없고, 죽여도 손실이 없다"고 말했던 크메르 루주의 발언을 떠올리게 한다. 나중에 군대는 빛나는 길에 의해 희생된 이들이 무더기로 묻힌 무덤을 발견했다. 한 구덩이에 천 개가 넘는 시신이 뒤엉켜 있었다.[99] 1980년대 중반, 안데스 산맥 깊숙한 지역에 살고 있던 주민들은 겁에 질려 빛나는 길 게릴라들을 케추아어로 사람을 잡아먹는 사악한 정령이란 뜻의 '나카ñaqa'라고 불렀다.[100]

1990년대 초, 빛나는 길의 주요 활동 지역 가운데 약 3,500여 개 마을에 게릴라에 대항하는 자위 순찰대(론다스 캄페시나rondas campesinas)가 조직되었다. 정부는 이제 농민들을 빛나는 길의 조력자가 아닌 소중한 동맹으로 간주하겠다는 신호를 보냈다. 1991년 페루군은 분쟁 지역에 거주하는 안데스 농부들에게 "성전聖戰을 위한 것처럼 신부가 축복한" 윈체스터 모델 1300 산탄총 1만 정을 나눠주었다.[101] 페루 정부는 스페인 정복 이후 이어져 온 금기를 깨고, 잉카 정복 이후 지배자들이 소유한 것과 비슷한 군사 장비를 인디언들이 보유하도록 허용했다. 또한 민심을 얻기 위해 "테러리스트! 너를 찾으면 / 네 놈의 대갈통을 먹어버리겠다"는 내용의 군가를 "좋은 날 / 페루 군인이 당신에게 경의를 표하네"라는 내용으로 바꾸었다.[102] 농민들은 마체테와 창, 그리고 분유통과 못으로 만든 수류탄 대신 지급받은 소총으로 무장했다. 1990년 페루 중부의 무장 농민들은 게릴라로 의심되는 13명을 돌로 쳐 죽인 후 자른 머리를 자루에 담아 현지 군대 사령부로 보냈다.[103]

빛나는 길이 사람들에게 인기를 끌었던 주요 요인을 살펴보려면 그들의 활동에서 여성의 역할에 따른 매력을 고려해 봐야 한다. 우선 빛나는 길의 여성 비율이 전 세계 어떤 공산주의 반란의 경우보다 높았을 뿐만 아니라 지위나 역할 또한 상당히 중요했기 때문이다. 1990년부터 정치국위원 5명 가운데 2명, 19명으로 구성된 중앙위원회 중 8명이 여성이었다. 그 아래 계급의 경우도 무장세력의 40%가 여성으로 추정될 정도로 상당히 많았다. 이러한 높은 수준의 여성 참여는 이전까지 마키스모-레닌주의Machismo-Leninismo(남성 위주의 레닌주의) 성향이 강했던 라틴아메리카 좌파 게릴라 단체의 흐름에서 볼 때 특히 눈에 띄는 부분이었다. 지역 경찰의 훈련 지침서에 보면, 게릴라 여성들이 교전 상황에서 치명적인 일격을 가할 수 있음을 경계해야 한다고 적혀 있다. "그들은 남자들보다 더 단호하고, 위험하며, 그들의 행동은 절대적이다. 그들은 자신들이 어떤 임무도 수행할 수 있다고 여기고 있으며…… 매우 가혹하고…… 상대를 이용하고 조종하는 데 능하다. …… 그들은 충동적이고 모험을 감수한다."[104] 1960년대와 70년대 외국인 방문객들은 "여성이 하늘의 절반을 지탱하고 있다"는 마오쩌둥의 발언에 매료되어 중국을 사회주의 페미니즘의 빛나는 사례라고 찬사를 보냈다. 그렇다면 페루의 마오주의자들 역시 여권 신장에 적극 나섰기 때문에 그토록 많은 여성들이 빛나는 길에 참여하게 된 것일까?

시에라의 사회적 불평등으로 인해 빛나는 길의 신병 모집이 촉진되었다면, 여성은 그 지역에서 가장 소외된 집단 가운데 하나였으며, 교육을 받거나 기회를 얻는 데 접근성이 가장 떨어지는 가장 낮은 계층이었다. 1950년대 아야쿠초에 거주하던 한 여성은 손녀에게 이렇게 말했다. "우리가 기르는 양과 소가 너보다 더 값이 나가!"[105] 특히 인종적으로 소외된 배경을 지닌 여성들은 기존 페루 사회에서보다 더 빨리 승진할 수 있다는 이유로 빛나는 길에 가입했다. 19살 플로르Flor는 미국 석유회사에서 이중 언어를 구사하는 비서로 취직하는 것이 소원이었다. 하지만 피부색이 검다는 이유로 거절당하자 그녀는 빛나는 길에 합류했으며, 1년 만에 간부로 승진했다.[106] 나중에 교도소에 수감된 엘레나 이파라기레가 회고한 바에 따르면, 게릴라 부대는 양성 평등의 피난처였으나 그 안에는 성적 문란도 포함되었다. "여성들은 지휘관을 맡았고, 남성들과 똑같이 행동했다."[107]

그러나 빛나는 길의 페미니즘은 매우 제한적이었다. 여성이 누릴 권한보다 당의 명령에 대한 무조건적인 복종이 더욱 중요했다. 그리고 당의 궁극적인 권위는 당연히 남성이 차지했다. 아비마엘 구스만의 주위에는 그를 돌보고 보호하는 경호대가 마치 돔처럼 에워싸고 있었다. 1990년 보안기관에서 만족할 만한 성과라고 할 만한 일이 벌어졌다. 기관 역사상 최대 규모였다. 빛나는 길의 은닉처를 급습하여 다양한 정보와 자료를 획득했기 때문이다. 당시 획득한 자료 중에는 구스만이 최측근 부하들과 함께 찍은 영상물도 있었다. 영상에는 '곤잘로 대통령'이 여러 명의 여성 부하들과 그리스의 조르바 춤(카잔차키스의 『그리스인 조르바』에서 묘사된 조르바 댄스)을 추면서 사진을 찍고 서로의 팔을 쓰다듬는 모습 등이 담겨 있었다. 구스만 외에 다른 남성들은 긴장한 채로 거리를 두고 멀찌감치 떨어져 있었다. 감옥에 수감된 빛나는 길 소속 고위급 여성들을 방문 면접한 한 역사학자는 그녀들을 이렇게 묘사했다. "매우 강인하고 결단력이 있는 여성들이었다. 구스만에 대한 충성과 존경은 거의 광적인 열정과 같았다." 투옥된 지 20여 년이 지난 뒤에도 일부 센데로 여성들은 변호사를 접견하기 전에 구스만이 좋아하는 요리를 만들어 변호사에게 자신들의 '붉은 신'에게 전달해 달라고 부탁하기도 했다.[108]

빛나는 길의 마오주의에는 일종의 종교적 광신이 존재했다. 이는 마오쩌둥에 대한 숭배가 절정에 이르렀을 때를 제외하고 중국에서는 거의 볼 수 없는 일이었다. 빛나는 길은 문화대혁명의 요소(특히 마오쩌둥의 신격화)를 구스만에게 그대로 적용했다. 포스터에서 구스만은 잘생긴 교수이자 슈퍼히어로(안경을 쓰고 검은 양복 차림)로 등장한다. 근육질의 한 팔은 붉은 깃발을 흔들고, 다른 한쪽 팔은 『마오주석 어록』을 들고 있다. 배경은 짙은 피부색의 안데스 군중들이고, 그의 얼굴 주위는 찬란한 빛이 섬광처럼 사방으로 퍼져나가고 있다.[109] (이와 정반대로 정보기관은 구스만의 외형을 우습게 여겼다. 그래서 은신하는 동안 체리처럼 얼굴이 통통해졌기 때문에 엘 카세톤el Cachetón, 즉 '얼굴이 빵빵한 사람'이란 별명을 붙였다.) 센데로들은 반드시 '곤잘로 대통령'에게 보내는 다음과 같은 「복종서」에 자신의 이름을 적어야만 했다.

"나는 세상에서 가장 위대한 마르크스-레닌주의, 마오주의자이며, 페루 혁명과 세계 프롤레타리아 혁명의 지도자이신 경애하는 곤잘로 대통령에게 인사를 드리며 무조건적인 복종을 표명합니다. …… 나는 프롤레타리아의 과학적 이데올로기에 대한 인사와 무조건적인 복종을 표명합니다. 마르크스-레닌주의, 마오주의와 곤잘로 사상, 특히 곤잘로 사상은 전능하고 오류가 없는 이데올로기로서 우리의 앞길을 밝히고 우리를 무장시키는 이념입니다."[110] 당 조직은 종교적 공동체와 같은 이념적 연대를 유지하기 위해 선택된 소수의 인원만 당증黨證을 소지하도록 했다. 그들 대부분은 과격한 급진주의자들로 아무리 많아도 2,700여 명을 넘지 않았다. 엘레나 이파라기레가 자신들을 박해받았던 초기 기독교인들과 동일시했던 것을 상기해 보면 능히 그들의 생각을 짐작해 볼 수 있다.[111]

구스만은 평소 종교에 관심이 없다고 말했지만 그의 발언 중에는 마오쩌둥뿐만 아니라 성경에서 차용한 내용도 적지 않았다. 구스만이 이끄는 빛나는 길의 역사적 단계는 마오주의가 지배하는 「창세기」의 분위기가 물씬 풍겼다.

"마르크스-레닌주의, 마오쩌둥 사상이라는 강렬한 빛이 우리 인민을 일깨웠다. 끝없는 빛이 우리의 두 눈을 멀게 하고…… 공산주의자들이 일어나자 대지가 진동하고 천지가 요동치니 동지들이 전진했다. …… 그리하여 어두운 그림자가 물러나기 시작하고 더 이상 돌아오지 않게 되었으며, 장벽이 흔들리고 균열이 생기기 시작했다. 그들의 주목으로 여명이 열리고 어둠이 광명으로 바뀌었다. …… 그들의 영혼은 환희에 가득차고 그들의 눈빛은 환하게 빛났다."

구스만은 사이비 과학처럼 전혀 믿을 수 없는 공산주의 예언을 좋아했다.

"그 가운데 한 장章은 이렇게 말할 것이다. 우리는 최대의 노력을 아끼지 않았고, 유혈 희생을 감수했으며, 극도로 어려운 순간에도 우리는 죽은 자를 묻고 흘러내리는 눈물을 닦으며 계속 싸웠다. …… 우리는 공산주의로 향하는 피할 수 없는 길을 걸어 완전하고 절대적인 광명에 도달할 것이니, 이것이 곧 우리의 역사가 된다. 쓰러진 자들의 선혈이 빛, 더 밝은 빛을 소환할 것이니, 이로써 우리는 공산주의에 도달할 것이로다! 이 모든 일을 장차 써내려가 역사에 기록할 것이로다. …… 이제 그 어떤 것도 혁명을 막을 수 없다. 이는 법이고, 또한 운명이다."[112]

빛나는 길의 교리는 마치 기독교의 원죄의식과 마오주의의 자아비판이 교직交織된 것처럼 보인다. 이런 교리에서 구스만을 제외한 그 누구도 정치적 과오에 대한 의혹에서 자유로울 수 없었으며, 당연히 공개적인 굴욕을 피해갈 수 없었다.[113] 빛나는 길의 지도자들은 전 세계 마오주의자들과 마찬가지로 1949년부터 1976년까지 세계 유일의 마오주의 국가였던 '중국'에 대한 심층적 분석을 해본 적이 없으며, 실제 생활 경험도 무시했다. 빛나는 길 지도자 가운데 중국어를 배우거나 선전물에 나오는 것 이외의 중국에 관한 지식을 지닌 이들도 전혀 없었다.

종교적 광신도와 같은 빛나는 길 구성원의 신념은 일개 반란을 막강한 역량으로 전환시킨 그들의 능력을 이해하는 것뿐만 아니라 그들이 행한 반란 행위의 심각한 오류를 이해하는 데도 도움이 된다. 마오쩌둥과 구스만의 분석이 당시 페루와 유사한 점이 거의 없음에도 불구하고, 그 정확성은 의문의 여지가 없다. 빛나는 길의 문건에서 볼 수 있다시피 페루는 반봉건, 반식민지 국가였다. 마오 주석의 말대로 페루 현실에 대한 이데올로기적 독해는 혁명적 폭력이라는 한 가지 대응만을 지시했다. 구스만은 "우리나라는 봉건적 억압이 여전하고, 민주주의가 존재하지 않으며 가용할 만한 의회나 법률 또

한 없기 때문에 무장투쟁과 혁명을 위한 지지 기반 구축"만이 유일한 해결책이라고 선언했다.[114]

따라서 교육받은 센데로들은 수백 년 동안 시에라는 아무것도 변한 것이 없다고 하면서 여전히 그링고gringo(라틴아메리카에서 미국인을 지칭하는 말)나 메스티소 농장주들이 전횡과 억압을 일삼아 수동적인 노예들이 혁명에 의한 해방을 기다리고 있다고 즐겨 말했다. 하지만 실제로 1970년대 산촌 마을은 이러한 고정관념이나 피상적인 인상에서 벗어나 있었다. 1968년 군사 정부가 정권을 잡았을 때, 아직 잠옷 차림이던 대통령을 새벽 2시에 강제로 비행기에 탑승시켜 국외로 내보냈던 그때만 해도 페루 인구 1400만 명 중 2%가 전체 토지의 90%를 소유하고 있었다. 하지만 그해에 정부는 새로 제정된 토지개혁법에 따라 860만 헥타르의 토지를 37만 가구에 재분배했다. 아쉽게도 개혁은 체계가 잡히지 않고 관리가 부실하여 실패했지만 농촌의 토지 소유와 농노제를 변화시킨 것이 분명하다. 1968년 이후 소작제는 대부분 폐지되었다(반면 1949년 이전까지 중국은 토지의 30%가 부재지주 소유였다).[115] 마오주의자들의 표현을 빌리자면, 페루의 토지 개혁은 비록 실패로 끝났지만 개혁이 대초원을 축축하게 침윤시켜 "한 점의 불꽃星星之火"이 더 이상 타오를 수 없게 만들었다.

1980년대 시에라에는 이제 작은 농장주로서 지켜야 할 자산을 지닌 농민들이 적지 않았다. 그들은 여전히 빈곤했고 정부의 방임과 부정부패에 불만이 많았지만 그렇다고 혁명을 일으킬 상황은 아니었다. 대규모 농장은 이미 지난 10년간의 토지 개혁으로 해체되었음에도 불구하고 센데로들은 지역 사회에서 캄페시노campesinos(농부)들에게 개인의 농장을 침탈하라고 꼬드겼다. 실제로 빛나는 길의 첫 번째 희생자는 단지 60에이커의 토지를 소유하고 있던 소규모 농장주였다.[116] 당시 한 여성이 당황한 듯 물었다. "저들(빛나는 길)은 왜 우리가 이웃 정원을 침입하길 바라나요?"[117]

마오쩌둥의 반식민지 진단도 페루에는 적합하지 않았다. 미국의 지속적인 경제적 침탈에도 불구하고 19세기 후반 이후로 페루는 외세의 침략을 겪지 않았다. 1980년대 초의 페루는 1930년대 중국과 확연히 달랐다. 페루는 민주국가였고, 인구의 3분의 2가 도시에 거주했으며, 페루인의 4분의 3이 글을 읽을 수 있었다(1950년대 중국은 도시에 거주하는 식자층이 전체 인구의 10분의 1에 불과했다).[118] 전기 기술자, 농학자, 인류학자, 외국 비정부조직, 시민사회 복지 활동가 등이 페루의 생활 개선을 위해 지속적으로 노력했다. 마오주의의 이념에 따르면, 가장 빈궁한 농민들이 혁명의 중추가 된다고 했지만 페루에서 농민들은 인디언들조차 그들 나름의 권력 구조를 갖추고 있었으며, 그중 일부는 백인이나 메스티소 위주의 센데로의 지배에 격렬하게 저항했다.

빛나는 길은 자급자족을 추구하는 과정에서 지역 사회의 주말 시장 접근을 막으려고 애썼다. "소금과 성냥은 어디에서 구하라는 말인가요?" 현지인은 있는 그대로 묻지 않을 수 없었다.[119] 처음부터 빛나는 길은 군중노선이 아닌 집체화, 하향식 모델을 택했기 때문에 지역 공동체가 이상화理想化되고 지배를 받는 쪽으로 흐를 수밖에 없었다. 바꿔 말하자면, 구스만은 마오쩌둥이 집착했던 것, 즉 아무것도 없는 상태에서 새롭게 써 내려갈 수 있는 '백지'를 갈망했던 것이다.* 하지만 페루 사회는 결코 '백지'가 아니었으며, 그렇게 될 수도 없었다. 결국 좌절된 만남이 빛나는 길의 잔학성을 낳았다. 빛나는 길의 목표는 당을 대신할 모든 대안을 파괴하는 것이었다. 그래서 그들은 시장과 빈민가에서 구제활동에 전념하는 이들을 살해하고, 농촌 개발 프로젝트를 파괴했으며, 적대적인 좌파 조직원을 참수했다. 그들의 당 문서에는 이렇게 적혀 있었다. "핵심은 철저하게 파괴하는 것이다. 철저하게 파괴한다는 것은 아무것도 남기지 않음을 의미한다."[120]

구스만의 대학 동창이자 훗날 페루에서 가장 많은 정보를 지닌 센데올로

---

* 마오쩌둥은 중국인이 '가난하며 백지상태'라고 믿었다. 깨끗한 종이는 얼룩이 없으므로 새롭고 아름다운 글을 쓸 수 있다고 생각했다. – 원주

지스트('빛나는 길' 연구자)가 된 카를로스 데그레고리Carlos Degregori의 말처럼 "1992년은 페루 현대사에서 최악의 해였다." 전국이 격변에 휩싸여 요동쳤다. 인구의 절반, 영토의 3분의 1을 군대가 통제했고, 이미 수만 명이 목숨을 잃었다. 1990년 초 빛나는 길은 이렇게 선언했다. "혁명의 승리를 위해 백만 명의 생명이 희생될 것이다." 리마는 라틴아메리카의 베이루트였다. 곳곳에서 자동차가 폭탄에 파괴되고, 정전으로 모든 지역이 암흑으로 변했으며, 지역사회의 지도자들이 공공연하게 칼에 찔리거나 총에 맞았다.[121]

정부는 도망치는 것처럼 보였다. 1990년 대통령 선거에서 기성 정당 후보였던 마리오 바르가스 요사Mario Vargas Llosa와의 경선에서 깜짝 승리한 알베르토 후지모리Alberto Fujimori는 취임 후 제일 먼저 군 지휘관을 소집하여 빛나는 길이 리마를 점령하기 위해 대대적인 공세를 펼치고 있다고 알려야만 했다.[122] 수도 안팎에서 페루 정부는 점점 패자의 모습을 닮아갔다. 1986년 감옥에서 일어난 대학살 전후로 센데로 수감자들은 도시에 자리한 감옥을 사실상 자치적인 취락지로 만들었다. 그들은 '센데리스타 윙senderista wings(센데리스타 부속건물)'을 차지하고 흠잡을 데 없이 깨끗하고 정돈된 상태로 운영했다. 그들은 직접 음식을 요리하고, 자유롭게 회의를 개최했으며, 진료를 하거나 정치적 내용의 노래를 (중국어나 스페인어로) 불렀으며, 연극(자동차를 폭파할 폭탄 제조법을 설명하는 내용도 있었다)과 문화대혁명 스타일(혁명가극)의 춤을 공연했으며, "제국주의와 반동파는 종이호랑이다"라고 제멋대로 외쳐댔다.

그들은 교도소 담장에 집체화 형식으로 구스만의 모습을 그렸다. 일군의 수감자들은 지상에서 6m 떨어진 높은 담장에 마오쩌둥의 명언들을 써놓았다. 교도소를 방문한 기자가 그들에게 물었다. "저렇게 높은 곳까지 올라가 글씨를 쓸 정도라면 왜 탈옥하지 않습니까?" 그들이 대답했다. "탈출할 생각이 없어요. 우린 우릴 잡은 자들에게 그들이 난쟁이란 사실을 보여주고 싶어요. 우리가 어떻게 그렸는지 안다면 아마 돌아버릴걸요."[123]

1992년, 빛나는 길 여자들이 수감된 여자 교도소에서 영국에서 온 영화 제작자들을 위한 공연이 열렸다. 검은색 바지에 카키색 셔츠를 입고 빨간 스카프를 두르는 등 똑같은 복장을 한 수십 명의 날씬한 여성들이 일제히 행진하며 곤잘로 주석과 마오쩌둥 주석을 찬양하는 노래를 합창했다. "대장정과 문화대혁명을 영도한 위대한 지도자. 동방에 빛나는 마오주의의 빛은 천년의 억압과 착취 끝에 세워졌도다." 이러한 공연은 교도소 안팎에서 엄청난 선전 효과를 발휘했다. 우선 교도소 내에서는 다른 수감자들을 급진주의자로 변화시키는 데 큰 역할을 했다. 아이러니하게도 반란에 동조했다는 입증되지 않은 혐의로 수감된 학생들의 경우 교도소에서 빛나는 길의 세뇌 교육을 접하면서 그들의 마법에 걸려드는 경우도 허다했다. 교도소 밖에서도 그들의 공연에 매료된 이들이 있었다. "그들은 감옥에서도 기율을 잘 준수하고 있으니 어쩌면 그들이 우리를 더 나은 삶으로 이끌 수 있는 이들인지도 모른다."[124] 리마의 목공들은 이렇게 생각했다. 다른 지역의 센데로 조직과 마찬가지로 교도소 내 센데로 조직 역시 정치적 규율이 매우 엄격했다. 배신의 혐의가 있는 자는 정신적, 육체적 폭행을 당했다. 구스만과 사이가 틀어진 전직 지도자는 치욕을 당하고 고립을 견뎌야만 했다. 하지만 석방 후 그는 이미 심신이 모두 피폐해지고 말았다.[125]

페루 정부가 교도소 안팎으로 주도권을 상실하게 된 근본 원인은 내전이라는 긴급 상황으로 인한 전반적인 경제 파탄이었다. 1980년대 후반 센데로 수감자들이 교도소 개별 감방의 자물쇠를 부쉈지만 교도소 당국은 자물쇠를 교체할 비용이 없었다. 결국 그들은 수감자에 대한 통제력을 상실하고 말았다. 1989년 인플레이션은 2,775%에 달했고 1990년에는 7,650%까지 치솟았다.[126] 1992년 미국 언론인이자 인권 운동가인 로빈 커크Robin Kirk가 여자 교도소를 방문했을 때 그곳 보안과장은 그녀를 감방 입구에 세워두고 떠났다. 그는 유쾌한 미소를 지으며 그녀에게 말했다. "들어가신다면 스스로 위험을 감수해야 할 것입니다. 교도관이 따라 들어가거나 나중에 데리고 나오는 일은 없을 것입니다."[127]

1992년 7월 16일 저녁, 번호판이 없는 체리 레드 색상의 닷선Datsun(일본 닛산 자동차 브랜드) 한 대가 리마의 상업 지구인 타라타Tarata의 한 대형 은행 부근 주택가로 들어섰다. 차량은 아파트 단지로 들어간 후 정차했고, 운전자와 승객은 곧바로 내려 근처에 주차된 도요타 차량을 타고 현장을 빠져나갔다. 얼마 지나지 않아 차량 내부의 폭발물이 터져 직경 300m의 거대한 구덩이를 만들었다. 이 폭탄 테러로 25명이 목숨을 잃고 155명이 부상을 입었으며, 300여 가구가 집을 잃고 수백만 달러의 피해를 입었다. 그날 밤의 영상에는 먼지가 하얗게 뒤덮인 시신이 이리저리 나뒹굴고 도처에 피로 붉게 물든 흔적이 역력했다. 속내의만 입은 한 사내는 폭발과 화재로 골격만 남은 아파트를 바라보며 실성한 듯 누군가를 외쳐대고 있었다. 안데스의 시골 주민들이 수년 동안 계속 죽거나 다쳤기 때문에 죽음은 그리 새로운 일이 아니었다. 하지만 타라타의 폭탄 테러는 처음으로 부유한 백인 거주지역에서 발생한 대학살이었기 때문에 리마 사람들에게 큰 충격이 아닐 수 없었다.

빛나는 길의 전략은 확실히 마오주의 노선을 따랐다. 지하로 잠적했던 구스만은 1940년대부터 마오쩌둥이 '국가 탈취'를 위해 제시한 3단계 군사계획을 강조하기 시작했다. '전략적 방어' 이후 반란군은 '전략적 균형'으로 전환했고, 이어서 2단계 이후 임박한 승리의 전단계인 '전략적 진공'을 진행한다는 것이다(이러한 3단계 군사계획은 1996년 네팔 내전에서 마오주의자들이 신봉했던 성경이나 다를 바 없었다). 구스만은 리마에 접근하여 '농촌에서 도시를 포위하라'는 마오의 가르침을 그대로 따르고 있었지만 그 무렵 농촌 민병대는 빛나는 길의 반란군을 아야쿠초에서 쫓아내고 있었다.

구스만은 신출귀몰하여 소재를 파악하기 힘들었다. 그런 까닭에 사람들은 더욱더 두려움을 느꼈다. "그는 없는 곳이 없을 정도로 어디든 나타났지만 그의 종적을 찾을 수 없었다." 리마의 한 경찰관은 이렇게 말했다. "사람들은 구스만을 어디에서 오는 알 수 없는 밤비와 같다고 생각했다. 보이지 않는 곳에서 슬며시 기어다니는 뱀과 같다고 말하는 이들도 있었다."농민들은 "아, 정말 신이로구나"라고 말했다.[128] 그러나 1990년 페루 정부는 반란에 보다 체계적으로 접근하기 시작했다. 경찰 내 대테러 부서인 '특수정보팀GEIN'을 설립하여 살해, 강간, 화형 대신 첩보를 수집하고 분석하는 일을 맡겼다. 베네딕토 히메네스Benedicto Jiménez라는 꼼꼼한 성격의 구닥다리 경찰의 지휘하에 요원들은 센데로로 추정되는 인물을 미행하고 아이스크림 장수로 위장하여 감시했으며, 마오쩌둥의 저작물을 읽기도 했다. 특수정보팀은 구스만이 다른 곳이 아닌 바로 리마에 살고 있다는 결론에 도달했다. 히메네스와 그의 팀원들은 마침내 수도 리마의 중산층 거주지역인 수르키요Surquillo에 있는 황색이 칠해진 반듯한 집 한 채를 찾아냈다(나중에 밝혀진 바에 따르면, 구스만은 육군본부 인근의 중산층 거주 지역을 선호했다고 한다).

그 집은 28세의 발레리나인 마리차 가리도 레카Maritza Garrido Lecca가 임대하여 살고 있었다. 그녀는 대체적으로 평온하고 문화적 수준이 높은 리마의 중산층 집안에서 태어나 페루의 문화예술계로 진출했다. 그녀의 삼촌은 음악가였으며, 저명한 작가인 마리오 바르가스 요사와 친분이 있었다. 하지만 경찰은 마리차의 거주지를 수색하기 앞서, 전직 수녀에서 빛나는 길 재무 담당자로 변신한 그녀의 고모 넬리 에반스Nelly Evans를 1991년 1월에 체포한 후에 마리차를 조사하기 시작했다. 몇 가지 단서가 마리차 가리도 레카의 집이 구스만의 은신처임을 암시했다. 우선 그녀는 남편과 단둘이서 생활하고 있었음에도 두 사람이 필요한 것보다 훨씬 많은 빵과 고기, 주류 등을 구매했다. 또한 집도 두 사람만 살기에 너무 컸다. 결정적인 것은 쓰레기통에서 건선 치료제(구스만은 오랫동안 피부병의 일종인 건선 질환을 가지고 있었다) 빈 봉지와 윈스턴 담배(구스만이 제일 좋아하는 담배 브랜드) 껍데기가 발견되었다는 점이다. 이외에도 레카가 자신의 남편 체격에 맞지 않는 초대형 남성용 속옷을 구매했다는 것도 확실한 증거가 되었다.

1992년 9월 12일, 경찰이 집을 급습했다. 경찰이 집 안으로 들어갔을 때 수염이 덥수룩하고 둥근 얼굴에 두꺼운 안경을 쓴 구스만은 엘레나 이파라기레와 향후 당의 진로에 대해 논의하고 있었다(리마의 언론매체는 그들이 마치 노부부처럼 소파에 앉아 텔레비전을 보고 있었다고 보도했다). 경찰이 구스만에게 달려들자 이파라기레가 막아내며 경찰관을 가격했다. 구스만은 미동도 하지 않고 그대로 앉은 채로 입을 열었다. "진정하고! 당신들 누구야?"

경찰은 총 한 발 쏘지 않고 그들 두 사람을 체포했다. 구스만의 물품을 수색하던 경찰은 마오쩌둥 배지를 발견했다. 구스만은 중국에서 마오쩌둥에게 직접 받은 것이라고 말했지만 확인할 수 없었다. 대테러 책임자를 만난 구스만은 마치 아무 일도 없었다는 듯이 "만나서 반갑습니다"라고 운을 뗀 후 "나는 아비마엘 구스만 레이노소입니다"라고 말했다.

체포된 후 구스만은 더 이상 전 세계 마오주의자들 가운데 신출귀몰하고 뭇 사람들을 두려움에 떨게 만드는 스칼렛 핌퍼넬Scarlet Pimpernel*이 아니었다. 「뉴욕타임즈」의 조롱 섞인 표현을 빌리자면, "건선이 심한 전직 철학교수이다. …… 체 게바라나 젊은 피델 카스트로처럼 늠름한 혁명가 이미지와는 전혀 어울리지 않게 술에 취해 '그리스인 조르바'처럼 춤을 추는 영상이 대중들에게 공개되었다."[129] 체포되어 찍은 첫 번째 사진은 신격화된 그의 모습을 완전히 벗겨냈다. 윗도리를 벗은 채 뚱뚱하고 안경을 쓴 사진 속의 구스만은 그를 상상했던 이들에게 전혀 뜻밖의 모습이었다. 마리차 가리도 레카는 자신은 그저 세입자일 뿐 엘레나 이파라기레는 모르는 사람이라고 딱 잡아뗐다. 하지만 이후 그녀는 빛나는 길의 구호를 외쳤다.[130]

구스만이 체포되면서 빛나는 길은 종이호랑이처럼 무너졌다. 1992년 말

---

* '별봄맞이꽃'을 뜻하는 말로 프랑스 혁명정권에 대항한 영국의 비밀결사대를 조직한 퍼시 경의 가명이다. 그는 단두대에서 무고한 처형자를 구할 때마다 별 모양의 붉은 꽃을 표시로 남겼다.

까지 중앙위원회 위원 22명 중 19명이 감옥에 갇혔고 구스만은 종신형을 선고받았다. 이듬해 그는 무장투쟁을 포기하고 남은 이들에게 정부와 협상에 나서라고 말했다. 전쟁의 신이 돌변한 모습에 놀란 추종자들은 국가가 고문과 세뇌를 자행하고 있다고 비난했다. 하지만 건강이 회복된 구스만은 국영 텔레비전에 나와 두세 번이나 반복해서 정부와 협상할 것을 주문했다. 1986년의 구스만은 센데로 수감자들에게 스스로를 기꺼이 희생하도록 요구했다. 정부의 잔혹한 탄압을 널리 알려 대중들의 동정심을 불러일으키고 보다 많은 신병들을 모집하기 위함이었다. 그런데 이제 자신의 안전이 위태로워지자 조직의 해체를 요구했다. 결국 잔존하던 무장세력들도 실용주의에 굴복하여 일부는 경찰 정보원이 되었고, 또 다른 일부는 소규모 사업을 벌이기도 했다. 그리고 대부분은 다시 옛 공동체로 돌아가 나쁜 기억을 되새겼다. 블랙코미디에 익숙한 버스 운전사들은 행선지마다 각기 다른 이름을 붙여 승객들을 즐겁게 했다.

"아레키파Arequipa(페루 남부의 도시), 쿠바, 페레스트로이카Perestroika(구소련의 개혁정치), 에스탈리니스모Estalinismo(스탈린주의), 마오이스모Maoismo(마오주의), 펜사미엔토 곤잘로Pensamiento Gonzalo(곤잘로의 생각)."[131]

현재 페루에서 빛나는 길은 완전히 사라진 것이 아니라 '사면과 기본권을 위한 운동Movement for Amnesty and Fundamental Rights(약칭 MOVADEF)'이란 이름으로 살아남았고, 별도로 군사투쟁을 이어가는 이들은 '빛나는 길은 끝이 없다Sendero Luminoso Proseguir'라는 이름으로 가끔씩 나타나곤 했다. 그러나 두 번째 그룹의 경우 군사투쟁을 내세우기는 했으나 시대에 따라 이미 많이 바뀐 상태이다. 1980년대 빛나는 길은 자신들의 이념에 불복한다고 의심되는 이들에게 무차별적인 폭력을 행사했다. 하지만 지금의 무장세력은 자신들이 관리하는 정글을 통과하는 불법 코카인 운반책들을 보호하고 그들에게 바나나 등 먹을 것을 제공하는 한편 심지어 같이 축구를 즐기기도 한다. 물론 이는 자신들의 수익 창출을 위한 것이다. 때로 새로운 흐름의 센데로는 새벽 2시에 손

님들을 깨워 한 시간 동안 정치 강의를 하기도 하지만 그들의 이념에 대한 열정은 거기까지였다.[132]

빛나는 길이 후대에 남긴 가장 분명한 유산은 인간의 삶과 정치 과정의 황폐화이다. 마오주의자들의 반란과 이에 대항하는 정부의 반ᄌ반란 활동은 1980년대와 그 이후에도 페루의 민주주의와 국가 기구를 압살했다. 1992년 4월 대통령에 취임한 지 2년 만에 후지모리는 국회, 사법부, 헌법 등의 기능을 폐지하여 제도적 견제와 균형을 무너뜨렸다. 그의 표현에 따르면, "국가를 테러리즘에 내맡긴 셈이다."[133] 그는 모든 입법권을 자신의 수중에 넣었고, 이미 제한하고 있던 사법부의 독립성을 무력화하는 영구 비상 사태를 선포했다. 하지만 실제로 빛나는 길을 타격하는 데 성공할 수 있었던 것은 정보 싸움에서 이긴 것이지 그가 선포한 비상사태와는 전혀 무관하다. 2000년 후지모리는 논쟁의 여지가 있는 선거에서 승리한 후 페루를 떠나 다른 곳으로 도피했다. 최대 40억 달러가 국고에서 사라진 상태에서 그는 부패 혐의와 군대가 저지른 인권 침해 행위로 인해 체포령이 떨어진 상태였다(긴급조치에 따른 입법으로 군대는 면책특권을 가지고 있었다).

구스만과 이파라기레는 감옥에서 (대중과학 서적을 읽거나 클래식 음악을 듣지 않을 때) 여전히 회개하지 않는 마오주의자로 남아 있었다. 하지만 대다수 대중, 특히 페루 사회의 최하층 빈민들이 사는 지역민들, 빛나는 길이 소중히 여기겠다고 약속했던 바로 그 '군중'들은 구스만 등이 주창한 이념으로 인해 심각한 트라우마에 시달렸다. 라틴아메리카의 다른 지역의 경우 최악의 정치적 폭력의 희생자들은 대부분 교육을 받은 중산층에 속한 이들이었다. 반면 페루에서는 빈곤한 농민들이 가장 큰 고통과 폭력에 시달렸다. 반란군과 정부군의 혼전 속에서 사망한 이들의 75%는 케추아어를 모국어로 사용하는 이들이었다(1993년 당시 케추아어를 모국어로 사용하는 인구는 전체 인구의 16%에 불과했다). 또한 사망자의 79%는 도시 이외의 지역(전체 인구의 29%만이 도시 이외 지역에 거주했다) 주민이었다. 만약 페루의 기타 지역이 아야쿠초처럼 심각한 폭력 사태에 시달렸다면, 리마에서 34만 명을 포함하여 전체 120만 명 이상의 사상자가 발생했을 것이다.[134] 2003년 진실과 화해 위원회의 보고서가 발표되기 전까지만 해도 분쟁 기간 동안 2만 5천에서 3만 명 정도가 사망한 것으로 추산했다. 하지만 보고서는 그 두 배 이상인 약 7만여 명이 사망한 것으로 보고했다.

빛나는 길이 일으킨 전쟁과 그 여파는 페루 사회에 깊은 균열을 드러냈다. 도시와 농촌(당시 중산층은 "우리는 알지 못했고, 알고 싶지도 않았다"고 마치 후렴구처럼 반복해서 말하곤 했다), 백인과 메스티소, 그리고 인디언, 케추아어와 스페인어 등등 서로 양립하기 힘든 차별과 갈등이 지속되었다. 진실과 화해 위원회의 보고서에서 가장 충격적인 부분은 페루의 지배층이 전혀 알지 못했던 4만여 명의 사망자가 시에라와 정글에서 발견되었다는 사실이었다. 이러한 균열이 없었다면 농촌 공동체는 안락한 도시 거주자들에게 잊히거나 군대와 경찰에 의해 무참히 파괴되어 지금도 여전히 배상을 기다리고 있지 않았을 것이다. 캄페시노들이 전쟁을 '혼돈과 무질서'라는 뜻의 케추아어인 '차콰chaqwa'의 시기라고 부르는 것은 전혀 이상하지 않다. 한 생존자는 당시 "삶은 아무런 가치가 없었다"고 하면서 "우리는 굴 속의 토끼처럼 살았다. …… 그들은 우리를 동물처럼 사냥했다. 그리고 오늘날까지도 우리는 잊힌 채로 살고 있다"라고 말했다.[135]

2007년, 빛나는 길에서 군인으로 복무하다가 다시 사제로 변신한 루르지오 가빌란Lurgio Gavilán은 자신의 고향인 아야쿠초로 돌아갔다. "(이곳은) 한때 내가 이곳저곳을 거닐면서 우리 지역이 어떻게 변화할 것인가에 관해 고민하고, 유토피아적인 생각으로 머릿속이 가득 찼던 곳이다. …… 20년이 지난 후 나는 다시 그 길을 따라 나 자신을 찾아 나섰다." 루르지오는 슬프지만 또한 절제된 회고록 『비가 홍수가 될 때When Rains Become Floods』에서 자신의 특별한 인생 이야기를 들려주며, 장차 자신의 삶이 어떻게 전개될지에 관해서도 잔잔하게 언급하고 있다.

그는 1980년대 초 자신의 고향 아야쿠초의 "산과 숲, 깊은 협곡" 사이로 새콤달콤한 난초 열매가 줄지어 열려 있는 구불구불한 길을 따라 걸어가는 여정에서부터 시작한다. "이제 막 망고, 오렌지, 귤 등이 익어가면서 아푸리막 강Apurimac River을 따라 짙은 녹색 숲 사이에서 노랗게 빛나기 시작할 때 '빛나는 길'이 나타났다." 그는 처음 반란군이 등장했을 당시를 회고하면서 계속해서 이렇게 말했다. "그들은 남쪽 하늘의 먹구름을 닮았다. 구름이 언제나 단비를 머금고 있는 것은 아니다. 종종 엄청난 호우로 변해 들판을 물로 가득 채우고, 농작물을 모두 삼켜버리기도 한다. 빛나는 길은 처음에는 좋은 비로 위장한 채 우리 마을로 들어왔다."

첫 번째 빗방울은 그들에게 삶에 대한 희망과 사회 정의에 대한 희망을 주었다. 하지만 비는 점점 더 오래 지속되었다. 그리고 결국 빗물이 "오래된 모든 것을" 파괴하고 깨끗이 씻어 내려가기 시작했다. 그들에겐 점점 더 두려움이 생겨났다. 루르지오는 반란의 일상적인 질감, 약속과 공포라는 엇갈리는 감정이 혼합된 상황을 전하고 있다. "가는 곳마다 사람들은 사회 정의를 이야기했다. 라디오에서 젊은이들과 교수들이 인민전쟁에 대해 이야기하는 것을 들었다. 우리 부모님이나 다른 이들이 말했다. '조직이 이미 여기에 있다고 하네.' '그들이 저쪽에서 살인을 저질렀다고 하네.'"[136]

루르지오가 열두 살에 반란에 가담한 이유는 다른 청소년들과 마찬가지로 정치와 상관이 없었다. 그저 자신의 형인 루벤이 이미 빛나는 길에 가입했기 때문에 그도 그냥 따라간 것일 따름이었다. 루벤은 전형적인 빛나는 길의 신병으로 동네 강가에서 낚시를 하며 동생과 체 게바라 등에 대해 이야기하곤 했던 성실한 학생이었다. 그는 동생이 자신과 함께 있기를 원했다. 루르지오는 자신과 자신의 동료들이 빛나는 길에 가입하게 된 동기에 대해 이렇게 말했다.

"우리는 국가가 잊고 있던 사람들이었다. 무언가를 해야만 했다. 하지만 안데스 산맥 깊고 깊은 곳에서 유카yucca*와 말린 감자, 구운 옥수수로 연명해야 했던 아이가 지도자들의 정치에 대해 무엇을 알 수 있었겠는가? …… 아이가 공산주의 정책과 곤잘로의 사상에 대해 무엇을 알 수 있었겠는가? 아무것도 없었다. 우리가 원하는 것은 좀 더 정의롭고 평등한 사회였을 따름이다. 우리 아이들이 우리가 싸웠던 전쟁의 결과에 대해 아는 것이 있겠는가?"[137]

1983년 6월, 루벤 가빌란은 자신의 할당량을 지불했다. 그달 짧은 만남에서 그는 자신의 동생에게 마오쩌둥의 『철학에 관한 다섯 가지 에세이』 한 권을 주었다. 사실 루르지오 가빌란은 문맹이었다. 며칠 후 루벤의 두개골은 페루군이 던진 수류탄에 산산조각 났고, 시신은 무연고 무덤에 묻혔다. 루르지오는 형의 죽음에도 불구하고 운동을 계속했다. 자신들이 강철로 만들어진 것처럼 느껴지는 군가를 부르며 계속 행진했다.

"우리는 인민전쟁의 창도자 / 파견대가 되어 작전을 수행하네 / 곤잘로는 마르크스, 레닌, 마오쩌둥으로부터 빛을 가져왔네 / 그는 가장 순수한 강철을 만들었다네 / …… 낡고 오래된 벽을 허물어 여명이 밝아오니 낙관적으로 나아가세."

하지만 굶어죽을 위기에 처한 루르지오는 결국 체포되어 다시 징집되었다(체포되었을 때 차라리 죽여 달라고 말했지만 정부군이 케추아어를 몰랐기 때문에 오히려 처형을 면할 수 있었다). 1995년, 그는 프란치스코회 사제가 되기 위해 군대를 떠났다. "이는 또 다른 종류의 삶, 즉 평화적인 수단을 통해 평등한 공산주의를 쟁취하는 것이었다."[138]

2007년 어느 날 아침 일찍 버스를 타고 아야쿠초를 떠나면서 루르지오는 버스에 동승한 승객들이 "과거를 기억하기 시작했다"고 회고했다. "그래 여기가 내 동생이 죽은 곳이야. 내 삼촌도 여기에서 죽었어!" 가끔 버스 차장

---

* 용설란아과의 떨기나무.

이 차에서 내려 바위 사이에 꽃을 놓아두기도 했다. "나는 마치 예전에 몰래 숨어 살면서 소총을 들고 다니거나 마오쩌둥의 저작물을 읽을 때 벼룩이나 흰 이가 내 몸에서 피를 뽑아먹던 것처럼 기억이 나의 피를 빨아먹는 듯한 느낌이 들었다."[139] 현지인들은 원래 다른 지역 어느 누구보다 개방적이고 친절했지만 이제는 낯선 사람만 보면 경계하고 의심하기 시작한다. "그들은 마치 적군을 보듯이 위아래로 쳐다본다. …… 그들은 예전과 마찬가지로 여전히 가난하다. …… 만약 빛나는 길의 약속이 실현되었다면, 다시 말해 모든 이들이 평등하여 부자도 가난한 자도 없게 되었다면…… 또는 저들이 대통령 선거 때만 되면 늘 하는 말처럼 농민들에게 좀 더 관심을 가졌다면…… 내가 이런 이야기를 전하기 위해 내 인생을 힘들게 긁어모은 것처럼 더 이상 생존을 위해 저 들판을 힘들게 긁어모으지 않았을 것이다." 머리가 희끗희끗하고 눈가가 촉촉한 한 노인이 다가왔다. 루르지오는 문득 그가 자신의 죽은 형이라는 환상에 빠졌다. 잠시 후 환상이 사라지자 루르지오가 혼잣말을 했다. "어쩌면 저이가 그때 우리에게 먹을 것을 주었을지도 몰라. 분명 빛나는 길의 지지자였을 거야." 루르지오가 노인에게 전쟁의 참상을 직접 보았냐고 물었다. 그러자 노인이 대답했다. "직접 보았지요."[140]

10장

중국의 주석이
우리의 주석이다

- 인도의 마오주의 -

2011년 7월, 필자는 아편전쟁 및 현대 중국과 영국 제국주의 간의 충격적인 충돌에 대해 쓴 책*에 대해 논의하기 위해 처음으로 인도를 방문했다. 벵골의 영국 통치자들은 인도 농민들에게 아편을 재배하고 가공하도록 강요했으며, 이렇게 만든 아편은 중국에 판매되어 영국 제국이 막대한 부를 축적하는 데 크게 기여했다. 그래서 지난 4년간 나는 국제 체제에 의한 중국의 희생에 대한 연구에 몰두했으며, 이번 여행을 통해 인도와 중국의 식민지 트라우마에 대한 공동의 기억을 접하게 될 것이라고 기대했다. 그러나 내가 직접 탐방했던 인도인들은 대부분 중국을 피해 당사자로 보지 않았다. 오히려 그들에게 중국은 위협적인 존재로 여겨지는 듯했다. 나는 19세기 인도가 겪은 고통보다 현대 중국과 인도 관계에 대한 질문이 쏟아져 나와서 당황했다. 중국이 인도의 국경을 위협하는 방식에 대해 어떻게 생각합니까? 중국이 파키스탄의 테러 공격을 어떻게 지원했지요? 주로 이런 질문이었다.

중국에 대한 이러한 두려움은 일종의 불안한 경쟁의식에서 비롯되었다. 중국의 용과 인도의 코끼리를 비교하는 내용의 기사는 국제 언론매체의 단골 소재이다(양국은 아시아의 리더십을 놓고 경쟁하는 영원한 맞수이다).[1] 2011년 인도인들은 경쟁에서 뒤처지고 있다는 느낌을 받았다. 만약 선택할 수 있다면, 인도는 발리우드Bollywood[인도의 영화산업을 일컫는 말. 예전에 봄베이(지금의 뭄바이)를 중심으로 성행했다]와 영어 사용 가능, 그리고 영미권의 고급 문화가 풍부한 소프트파워로 중국이 방대한 제조업과 대량의 미국 채권 매입을 통해 축적한 경제적 하드파워를 기꺼이 교환할 수 있을 것이라는 생각이 팽배했다.

그러나 중국에 대한 인도의 우려에는 냉전의 갈등에 뿌리를 둔 보다 깊은

---

* 　작가의 전작 『The Opium War: Drugs, Dreams, and the Making of Modern China』, 2011, ABRAMS Press.

역사적 연원이 자리하고 있다. 1959년 달라이 라마가 인도로 망명한 이후 중국과 인도 관계는 갑자기 차가워졌고, 1962년 국경 전쟁이 발발하면서 완전히 얼어붙었다. 중국과 인도 군대는 여전히 잠무Jammu와 카슈미르Kashmir에서 변경 침범 문제로 주기적으로 대치하고 있다. 그러나 중국과 인도 관계에서 가장 긴 그림자를 드리운 것은 단연 마오주의다.

남아시아의 마오주의자들의 반란은 1967년에 시작되었다. 이는 중국의 문화대혁명이라는 '정신적 원자폭탄'의 여파였다. 서유럽과 미국의 경우 1980년대에 폭발적으로 확산된 반면, 인도와 네팔에서는 그 유산이 오늘날까지 이어지고 있다. 2005년 이래로 인도 정치인들은 인도 중부에서 발생한 마오주의자들의 반란을 "인도가 직면한 가장 큰 국내 안보 도전"으로 규정했다.[2] 네팔에서는 마오주의파 공산당이 10년에 걸친 내전을 벌인 끝에 2006년 정치 혁명의 정점을 찍었고, 이후 프라찬다Prachanda, 바부람 바타라이 등 마오주의 정당 지도자들이 네팔 정치에서 주도적인 역할을 하고 있다. 인도와 네팔의 반란은 전략적으로 연결되어 있다. 2001년 양국의 마오주의 반군들은 합동회의에서, 네팔에서부터 인도의 비하르Bihar, 차티스가르Chhattisgarh, 자르칸드Jharkhand, 오리사Orissa, 마디아프라데시Madhya Pradesh를 거쳐 중남부 안드라프라데시Andhra Pradesh 주에 이르는 '긴밀한 혁명지대'로서 마오주의 제국을 건설하겠다는 계획을 발표했다. 양국의 반란은 의심할 바 없이 영향을 주고받으며 서로를 고무했다. 정보 분석에 따르면 남아시아의 마오주의 반군은 테러리스트 명단에 들락날락했는데, 2012년 가을이 되어서야 비로소 미국은 네팔의 마오주의 정당을 전 세계 테러리스트 명단에서 삭제했다. 2010년 인도 내무부 장관 치담바람P. Chidambaram은 마오주의자들의 위협이 인도의 가장 큰 외부 위협(파키스탄으로 인한)보다 훨씬 심각하다고 판단한 듯하다. "지하디 테러리즘은 정보를 공유하고 실시간으로 대처하면 능히 반격할 수 있다. 하지만 마오주의는 훨씬 더 심각한 위협이다."[3]

남아시아의 마오주의 현상은 두 가지 중요한 점에서 전 세계 마오주의에 대한 이미지를 보다 분명하게 드러낸다. 우선 그 사상이 국경, 민족, 언어, 사회를 넘어 사방으로 퍼져나가는 놀라운 전파력을 가지고 있다는 점을 상기시킨다. 남아시아에서 문화대혁명의 이론과 실천은 국가와 사회를 지속적으로 변화시켰다. 인도와 네팔의 마오주의파 지도부는 사회적 구성에서 지금은 우리에게 익숙한 패턴을 따랐다. 페루, 캄보디아, 서유럽, 미국에서와 마찬가지로 남아시아 마오주의의 지도부 역시 교육받은 엘리트층에서 나왔다. 그러나 인도(그리고 이후 네팔)의 마오주의는 이러한 정치 계획이 카멜레온처럼 수시로 변화하는 속성을 지녔다는 사실을 우리에게 알려준다. 작가인 판카즈 미슈라Pankaj Mishra가 지적했다시피 남아시아에서 마오주의는 인도 사회의 카스트제도와 인종차별에 적응해야만 했기 때문에 "교과서적인 마르크스주의자들을 절망하게 만들었다."[4] 서독에서와 마찬가지로 마오주의 정치는 사회 저변의 불만과 결합했다. 그러나 인도의 마오주의자들은 탈냉전 시대에 냉전 이데올로기에 기반한 정치운동을 구축하는 데 성공한 것처럼 보였으나 오히려 그들은 이러한 신조의 약점을 드러내고 말았다. 다시 말해 인도 마오주의자들은 자신들이 가난한 농촌을 고통에서 해방시키겠다고 주장했으나 오히려 빈곤한 농촌사회가 더욱 심각한 폭력에 시달리게 만들었다는 뜻이다.

1960년대 인도공산당Communist Party of India, CPI의 조급하고 과격한 분파 투쟁, 독립 이후 20년 동안 이어진 인도의 심각한 사회경제적, 정치적 위기 그리고 마오주의 혁명 전략에 영향을 받은 인도 혁명을 말로만(실제로는 제한된 방식으로) 지원하기에 급급했던 중국공산당의 열망이라는 세 가지 요인이 교차하지 않았다면 인도 중동부에서 마오주의 반란은 일어나지 않았을 것이다.

인도공산당이 인도의 통치자들에 대항하는 폭력적인 농촌 반란으로 방향을 선회한 것은 독립 이전 정치적으로 주도권을 쥐고 있던 인도의회당Congress Party과의 동맹에 대한 불만에서 비롯된 것이다. 1947년 6월, 인도의회당이 영국으로부터 정권을 이양받기 두 달 전 인도공산당 중앙위원회는 "민주적 토대 위에서 인도 공화국을 건설하는 자랑스러운 임무에 국가 지도부와 협력할 것"을 서약했다. 이는 노동자와 농민들의 대규모 항의 시위를 진행하는 대신 정부가 "합법적인 경로를 통해 약속을 이행할 때까지 기다리겠다"는 의미였다. 하지만 당내 급진파에게 전투력을 포기한다는 것은 이후 지속적인 수치심의 원천이 되고 말았다. 그래서 폭력에 집착했던 인도 마오주의의 창시자 차루 마줌다르Charu Mazumdar는 자신의 신봉자들에게 이렇게 말했다. "우리의 과거를 증오하는 법을 배워야 훌륭한 혁명가가 될 수 있다."[5]

독립 후 몇 달 만에 인도공산당 총서기는 자신들의 신조에 근거하여 "영국의 통치는 아직 끝나지 않았다. 다만 통치 형식만 바뀌었을 뿐이다"라고 선언하고 현재의 자산계급(부르주아지)은 "국가 권력의 일부를 획득하여 전국의 민주혁명을 파괴하고 피로 물들이고 있다"[6]고 주장했다. 요컨대 인도의 독립과 민주주의는 일종의 사기극이라는 뜻이다. 이러한 논리는 마오쩌둥의 '신민주주의 혁명'이라는 진정한 프롤레타리아 통치를 확립하기 위해 무장투쟁이 필요하다는 주장을 뒷받침했다.

이러한 분석이 제기된 후 인도공산당은 마오주의 농촌 혁명에 치중했다. 1940년대 후반 중국이 국공내전에서 승리하면서 미안마(버마)나 말레이시아처럼 인도의 일부 지역도 열광에 휩싸였기 때문이다. 중국공산당이 국민당에 군사적 승리를 거두자 전 세계가 크게 놀랐으며, 그 영향력은 결코 과소평가할 수 없었다. 벵골의 노련한 공산당원 가운데 한 명은 직설적으로 이렇게 말했다. "인도 공산주의자들은 혁명의 길을 만들지 못했으나 마오쩌둥은 1949년 이를 해냈다. 그렇기 때문에 마오쩌둥은 우리 공산당(인도공산당)보다 위대하다." 인도공산당 내에서 줄곧 소련을 확고하게 지지하면서 당권파에 이의를 제기했던 파벌 역시 1948년 4월, 이렇게 말했다. "우리의 혁명은…… 고전적인 러시아 혁명과 다르지만 오히려 중국 혁명과는 상당 부분 유사하다. 이러한 관점은 총파업과 무장봉기를 통해 농촌 해방을 촉진하는 것이 아니라 토지혁명의 형식으로 완강한 저항과 지구전을 전개하면서 최종적으로 정권을 탈취하는 것을 의미한다. …… 이러한 노선은 식민지 및 반식민지에서의 막강한 혁명의 실질적, 정치적, 이론적 영도자인 마오쩌둥이 이끄는 중국 해방투쟁의 노선이다."[7] 이 파벌은 지주와 소작농 간의 불평등이 심한 인도 중부의 텔랑가나Telengana에서 이 이론을 적용했다.

첫 번째 봉기는 이후 마오주의 활동의 특징을 잘 보여주고 있다. 당시 봉기를 주도한 인도공산당의 한 파벌은 하이데라바드 주(텔랑가나가 속한 주)의 군대와 경찰의 폭력적인 보복에 맞서 대지주 항쟁, 대규모 토지 재분배, 마을 자치를 조직적으로 진행했다. 한 외국인 관찰자에 따르면, 그들은 마오주의의 모델을 적용하여 텔랑가나의 공산 게릴라들이 인도 농촌의 하층 카스트와 불가촉천민보다 지위가 낮은 소수 민족인 지정 부족scheduled tribes들 사이에서 마치 물고기가 물에서 헤엄치는 것처럼(마오쩌둥의 표현) 활동했다.[8] 1948년 말, 인도 군대가 하이데라바드 주를 침공했다. 이는 하이데라바드의 세습 통치자인 니잠Nizam이 인도 연방 가입을 거부하면서 중앙 정부에서 독립하는 것을 저지하기 위함이었다. 하이데라바드 주를 병합한 인도 중앙정부는 텔랑가나 반란을 강력하게 진압하여 약 10,000명의 공산주의 용의자를 체포하고 4,000명을 사살했다.[9] 말레이 비상사태 때와 마찬가지로 민간인들이 반란군을 돕지 못하도록 수용소에 몰아넣었다. 말레이 비상사태의 경우에도 수용소에 전염병이 돌아 수많은 이들이 목숨을 잃었는데, 60여 년 후 인도에서도 수용소에 전염병이 돌아 질병의 지옥 구덩이로 변하는 경우가 허다했다. 고문과 처형은 흔한 일이었으며, 심지어 군대 내 심문 기법을 이용하여 "피부를 벗겨 낫과 망치(공산당의 상징)를 새겨 넣기도 했다."[10]

정부가 텔랑가나 반란을 진압한 후 인도공산당은 상대적으로 보수적인 노선이 주도권을 잡았다. 1956년 지도부는 '평화적 수단'으로 인도에 사회주의를 도입하겠다고 선언했다.[11] 그러나 당내 급진주의자들은 결코 야심을 멈추지 않았다. 이후 중소 분열은 보다 극단적인 행동을 갈망하는 이들에게 동력을 제공했다. 지리적 여건 또한 중국 모델의 급진적 경향을 선호하는 데 일조했다. 당시 인도공산당의 마오주의파 가운데 한 명은 이렇게 회고했다.

"우리는 마르크스, 엥겔스, 레닌, 스탈린, 마오쩌둥의 저작을 읽었다. 인 도는 중국과 상황이 매우 유사하기 때문에 아무래도 마오쩌둥이 가장 매력 적이었다. 그 까닭은 바로 농민 지향성이었다. 나는 혁명에는 소비에트 유형 과 중국 유형 두 가지가 있다고 분석했다. 소비에트 유형은 좀 더 발전한 유 럽 국가들에게 적합했다. 그래서 우리는 마오쩌둥 사상에서 우리의 노선을 찾으려고 노력했다."

인도의 급진적인 마오주의는 1962년 중국과 인도가 오랫동안 분쟁을 벌 여온 국경선 서쪽과 동쪽에서 국경 전쟁이 벌어지면서 본격적으로 시작했 다. 1959년 티베트 반란에 대한 인도의 지원과 인도군의 적극적인 국경 순 찰로 인해 긴장이 고조되다가 1962년 10월 중국군이 분쟁 중인 국경 양쪽에 서 인도군을 격퇴했다. 그해 인도 정부는 내부 반란을 우려해 인도공산당원 150여 명을 반란을 선동하는 친중 세력으로 간주하고 투옥했다. 하지만 이 는 오히려 역효과를 불러왔다. 인도공산당의 친중파 가운데 상당수가 벵골 인(방글라데시와 인도의 서벵골 주에 사는 주민, 이슬람교도가 많고 벵골어 를 쓴다)이었기 때문에 서벵골 주의 주도인 콜카타의 덤 덤 감옥*에 수감되 었다. 그곳에서 공산당원들은 감옥을 마오주의 토론장으로 만들었다.

1967년부터 2010년 자살로 사망할 때까지 마오주 운동가로 유명했던 카누 산얄Kanu Sanyal, 1932~2010은 이렇게 회고했다. "그처럼 많은 지도자들이 한 지붕 아래 갇혀 있던 덤 덤 감옥은 인도공산당 서벵골 주 위원회의 사실상 본부가 되었다."[12] 수감자 중에 다르질링Darjeeling(서벵골 주의 피서지로 유명 한 곳) 출신의 바짝 마른 공산주의자 차루 마줌다르Charu Mazumdar는 중국에 대 한 열정이 강렬한 시노필리아Sinophilia로 유명했다. 그는 "인도공산당 주州 위 원회는 감옥 안에서 10월 1일을 중국 혁명의 날로 정하자"라고 제안했다.[13]

---

*   Dum Dum jail, 바보 감옥이란 뜻.

그의 동료들은 인도가 현재 중국과 전쟁 중이기 때문에 조금만 신중해달라고 간청했지만, 마줌다르는 당당하게 "자신이 중국공산당의 일원임을 선언했다." 중국의 세계관에 동조하는 이들조차도 "그의 선언이 너무 지나치다고 생각했다."[14]

2년 후인 1964년, 친중국공산당(마르크스주의)pro-China CPI (Marxist)이 인도공산당에서 분리되었다. 인도공산당은 1967년에 다시 분열되었고, 1969년에는 인도공산당(마르크스-레닌주의)CPI(Marxist-Leninist)가 탄생했다. 이는 모든 인도 마오주의 지파의 전신이다. 지파는 1970년대 이후로 끊임없이 강대해졌다.

공산당의 논술은 개인보다는 이론 논쟁이나 집체적 원인과 결과에 초점을 맞추는 경우가 대부분이다(마르크스는 모든 진리는 '계급의 진리'라고 주장했다). 그러나 인도공산당의 가장 영향력 있는 지도자이자 이론가로 그의 추종자나 비방자 모두 '인도의 마오쩌둥'이라고 부르는 차루 마줌다르의 개인적인 경력을 주의 깊게 살펴보지 않으면 인도 마오주의의 격동적인 과정을 이해할 수 없다.

집안 배경이나 신체적 조건으로 볼 때 마줌다르는 공산주의 폭동의 거칠고 험난한 특징과 잘 어울리지 않는다. 그는 1918년 지주 집안에서 태어나 마오쩌둥처럼 키가 크고 건장한 군인이 아니라 왜소한 체구의 책벌레로 성장했다. 학생 시절 포도주를 즐겨 마시고 아편이나 마리화나를 가까이 하면서 마약 중독으로 건강에 영구적인 손상을 입었다.[15] 스무 살 무렵 정규 교육을 중단한 그는 공산주의에 새롭게 흥미를 느꼈으며, 이후 25여 년 동안 농촌에서 인도 정부에 저항하는 세력을 조직하고 활성화시켰다. 1960년대까지 그는 자신과 가족의 물질적 빈곤과 육체적 고난에도 불구하고 헌신적인 혁명가로 활동했다. 그의 아들인 아비짓Abhijit은 이렇게 회상했다.

"부친은 딱히 직업이 없었어요. 돈을 벌지도 않았어요. 어머니가 보험 설계사로 일하면서 모든 일을 맡아 처리했어요. 몰락한 지주 가정을 책임져야만 했지요. …… 집안의 세 자녀들과 아무런 소득도 없는 어른들, 시누이랑 시아버지를 모두 포함해서 모두 어머니가 돌봐야만 했어요. …… 그녀는 정치적인 일도 했어요. 때로 우리를 집에 놔두고 다르질링 산으로 가서 차밭의 여성 노동자들을 조직하는 일을 했거든요."[16]

1960년대 마줌다르는 천식으로 산소호흡기를 달고 매일 약을 먹어야 할 정도로 허약했다. 마줌다르의 숙적이자 훗날 그를 체포한 벵골 경찰서장은 그를 보고 "헐떡이며 숨도 제대로 쉬지 못하는 늙은 반군"이라고 비웃었다.[17] 마줌다르는 시골을 돌아다닐 때 동지들의 등에 업혀야 했으며, 1960년대 후반에는 두 차례나 심장마비를 겪기도 했다. 1967년에 찍은 사진을 보면, 주로 발목을 감싸는 데 사용하는 천인 룽기lungi로 몸을 단단히 감싼 모습이 눈에 띤다. 메마르고 작은 체구가 거의 막대기나 다를 바 없다. 그럼에도 불구하고 그는 추종자들이 말한 바대로 "압도적인 기세"를 지니고 있었다. 훗날 마줌다르의 폭력적인 호전성에 반감을 가졌던 카누 산얄은 그를 고음의 매혹적인 웅변가라고 묘사했다.[18] 또 다른 동지는 이렇게 말했다. "대단한 인물이에요! …… 대화를 나누다보면 당신이 압도당한다는 것을 느낄수 있을 것입니다. 하지만 그의 기분은 예측할 수 없어요."[19] 어떤 이들은 마줌다르의 정치적 극단주의가 자신의 죽음에 대한 예민한 감각 때문이라고 생각했다. 1969년 콜카타의 한 고위급 경찰관은 "그는 자신이 언제라도 죽을 수 있을 것이라는 사실을 알고 있었어요. 아마도 자신에게 시간이 얼마 남지 않았다는 것을 알고 있었기 때문에 '내가 주석이 되어 인도의 마오쩌둥이 되자'라고 생각했을 것입니다. 그는 확실히 과대망상증 환자였어요. 자신의 패권을 위협하는 인물이라는 생각이 들면 여지없이 쫓아냈지요. …… 그가 흥분하면 온몸을 떨기 시작하는데 얼굴 표정이 거의 정상적인 사람처럼 보이지 않고 광인처럼 보였어요."[20]

마줌다르는 국제적인 종파주의자였다. 아들인 아비짓은 자신이 성장하는 과정에서 언제나 마오쩌둥에 대한 이야기를 들었다고 회고했다. "누나는 마치 우리들에게 강의라도 하는 것처럼 마오쩌둥의 책을 큰 소리로 읽어주곤 했어요. …… 주문에 걸린 것 같았다니까요. …… 하지만 아버지는 마오쩌둥의 책 외에 다른 책들도 많이 읽으셨어요. 경제와 정치 관련 서적뿐만 아니라 영국이나 세계문학 작품, 펄프픽션*의 열렬한 독자이기도 했지요. 특히 애거사 크리스티 소설을 좋아했고, 여행 중에도 책을 손에서 놓지 않았지요. 또한 영화《벤허》부터 소피아 로렌의 영화까지 영국이나 헐리우드 영화를 좋아하셨죠. 아버지는 매우 개방적인 분이셨어요. 결코 폭력적인 사람이 아니었습니다."[21] 하지만 다른 이들은 이에 동의하지 않았다. 학창시절 마오주의자에 입문하고, 이후 작가이자 학자가 된 딜립 시메온Dilip Simeon이 보기에 마줌다르는 '살인광'이었다.[22] 1960년대 인도에서 마오주의 열풍이 한창일 당시 콜카타의 경찰국장은 마줌다르에 대해 이렇게 말했다. "그는 죽음의 여신 칼리Kali를 숭배하는 인물이었다."[23]

마줌다르는 일정한 교육을 받았으며, 자신을 주변화시키고, 정신적으로 불안한 상태였다. 오히려 이것이 문화대혁명 시절 마오주의의 반체제적 특질을 받아들이는 데 도움이 되었다. 1965년과 1966년 사이에 마줌다르는 마오쩌둥의 노선을 인도에 적용할 것을 주장하는 「여덟 가지 역사적 문건」을 작성했다(그가 작성한 문건은 덤 덤 감옥으로 밀반입되어 공산주의 지도자들의 필독서가 되었다. 이런 상황은 당시 인도 정부가 공산주의 사상에 대해 얼마나 느슨하게 대처했는가를 잘 보여준다).[24] 그는 문건에서 이렇게 주장했다.

"우리는 마오쩌둥 동지의 가르침을 기억해야 한다. 인도의 마르크스주의자들은 중국의 위대한 영도자 마오쩌둥 동지가 채택한 전략을 받아들여야 한다. …… 마오 주석이 말씀하셨다. …… 마오 주석이 말씀하셨다. …… 마오 주석이 말씀하셨다. …… 자유는 오직 총구에서 나온다고 말씀하셨다." 또한 마줌다르는 '전투부대'를 창설할 것을 촉구하면서 이렇게 주장했다. "'공격은 단지 공격만을 위한 것이 아니라 오직 섬멸을 위한 것이다'라

---

* 저렴한 가격과 자극적인 내용으로 승부하는 소설 부류.

는 마오쩌둥의 가르침을 영원히 기억해야 한다." 그는 비밀리에 무장 반란을 도모한다는 원칙에 따라 엄격하게 훈련받은 간부 집단이 지휘하는 급진적 공산당 조직을 건설할 것을 강조했다. "무장하지 않고 맨손으로 권력을 장악하겠다는 생각은 헛된 꿈에 불과하다." 그의 전략에는 마오주의의 유의지론唯意志論(자발주의)과 더불어 마오쩌둥을 혁명의 구세주로 추앙하는 준準종교적 신념이 짙게 깔려 있었다.

표면적으로 정부는 막강한 것처럼 보일 수 있다. 식량과 무기를 장악하고 있기 때문이다. 반대로 인민은 식량도 없고 무장도 하지 않았다. 그러나 모든 반동의 오만함을 분쇄하고 혁명을 성공으로 이끄는 것은 바로 무장하지 않은 대중의 단결과 굳건한 정신이다. 그래서 마오 주석은 '모든 반동 세력은 종이호랑이에 불과하다'고 말한 것이다. …… 제국주의가 제아무리 두렵고, 수정주의의 함정이 제아무리 추악할지라도 반동 세력의 시대는 얼마 남지 않았으며, 이제 곧 마르크스-레닌주의, 마오쩌둥 사상의 밝은 햇살이 모든 어둠을 쓸어버릴 것이다.

2년이 흐른 뒤 마르크스주의자들이 흔히 말하는 '객관적 조건'이 마줌다르의 관점을 실증했다. 유럽과 미국의 경우, 1968년의 문화, 정치적 위기와 마오주의에 대한 치정에 가까운 미련은 당시 물질적으로 가장 큰 특권을 누렸던 세대, 즉 베이비붐 세대에 의해 밀어붙여졌다. 이에 반해 인도의 경우 1960년대 후반 마줌다르의 마오주의자들이 주도한 반란은 극심한 정치, 경제적, 그리고 세대 간의 위기에서 비롯되었다. 독립한 지 20여 년이 지난 후에도 인도는 1947년에 표방했던 원대한 포부를 실현하는 것이 요원해 보였다. 여러 방면에서 좌절감이 팽배해 있었다. 결정적으로 인도는 심한 기아에 허덕였다. 1967년 극심한 기근으로 인해 정부는 미국으로부터 곡물을 수입할 수밖에 없었다. 인디라 간디Indira Gandhi 총리는 이를 '결핍 상태scarcity conditions'

라고 불렸지만 벵골의 농민들은 그처럼 완곡하게 표현하지 않았다.[25] 콜카타의 신문사에는 농촌의 처참한 현실에 대한 기사가 넘쳐났다. 가족을 먹여 살릴 수 없었던 농부들이 지주에게 빌린 돈을 갚지 못해 처자식을 살해하고 자신도 목숨을 끊기도 했다.(1943년 가장 참혹한 기근이 발생한 해에 벵골에서 태어나 마오주의 반란군에 참가했던 누군가는 1960년 말 이렇게 말했다. "자라면서 언제나 배고팠기 때문에 항상 화가 치밀었다.")

1947년 이후 정부의 토지개혁은 실질적인 대책 없이 무모했기 때문에 결국 실패로 끝났을 뿐만 아니라 일부 지역에서는 오히려 부유층에게 토지가 집중되는 결과를 낳았다. 가난한 농민들은 비료와 관개시설과 같은 농업에 필요한 비용을 대기 위해 토지를 저당 잡혔다가 결국 토지를 빼앗기는 일이 허다했다.

불가촉천민Dalits, 소수 민족, 여성에 대한 인도 카스트제도의 차별은 극빈층의 불행을 더욱 고착화시켰다. 당시 돌아갈 곳 없는 비하르에 대한 묘사를 보면 다음과 같다. "(그들은) 사람 키보다 낮은 움막에서 동물처럼 살면서 하루 3~5루피와 주인이 주는 케사리kesari(곡물의 껍질로 만든 동물 사료로 사람이 먹으면 피부질환이나 관절염을 유발한다)로 연명했다. …… 바니하르banihar(노동자)들은 아무런 대가도 없이 일해야만 했다. 깨끗한 도티dhoti(인도 남자 전통 의상)는 입을 수 없었으며, 자신의 움막에 걸려 있는 흔들침대에 앉아 있다가도 주인이 나타나면 발딱 일어서야만 했다. 또한 당당한 자세로 걷는 것도 금기였다." 카스트제도에서 상층에 속하는 남성이 하층의 여성을 강간하는 것조차 "죄악이긴 하되 사회적으로 용인"되었다.[26]

1967년 5월 말, 마오쩌둥의 표현을 빌리자면 한 점의 불꽃이 초원에 불을 붙였다. 2개월 전 서벵골 북쪽 끝에 위치한 낙살바리Naxalbari 마을에서 지역 농민회에 소속된 가난한 농민들이 법률의 허점을 악용하여 막대한 재산을 축적한 지주들에 맞서 봉기했다. 마줌다르 휘하에서 지역 농민회를 이끌던 카누 산얄은 이렇게 회고했다. "무장집회와 공개회의가 일상이 되었다."[27]

현지에서 가장 큰 차茶 농장의 고용주가 농민들에게 보복하기 위해 농민 출신 일꾼 40여 명을 해고하자 일꾼들이 이에 반항하여 찻잎을 탈취하고 활과 화살로 무장했으며, 반란을 진압하기 위해 파견된 경찰들을 물리쳤다. 두 달 동안 온갖 권세와 재부로 이루어진 낡은 구조는 혼란 속에서 여지없이 무너지고, 지주들은 도망쳤다. 죄를 지은 이들은 공산당 고급 당원들이 감독하는 사설 법정에서 재판을 받았다. 도둑질로 유죄 판결을 받은 이들 가운데 최소 두 명이 재판 당일 처형당했다.[28] 1967년 5월 24일 현지 경찰이 카누 산얄을 체포하려다가 오히려 활로 무장한 농민들에게 포위되었고, 소남 왕디Sonam Wangdi라는 티베트 이름을 가진 경찰관 한 명이 화살에 맞아 사망했다. 다음 날 경찰은 다시 마을로 출동하여 반란군의 근거지에 총격을 가했다. 이로 인해 여성 8명, 어린이 2명, 남성 1명이 총에 맞아 사망했고, 반란군은 11명이 죽었다.[29]

공산당 조직원들이 지하로 숨어들어 비하르 주와 안드라프라데시 주로 퍼져나가는 동안, 벵골 시골의 병상에 누워있던 차루 마줌다르는 마오주의 구호로 더욱 거센 불길을 일으키도록 선동했다. "중국의 주석은 우리의 주석, 중국의 길은 우리의 길"이라는 구호가 벵골 전역의 담벼락에 등장했다. 낙살바리에서 일어난 반란은 도시, 특히 콜카타의 프레지던시 칼리지와 델리대학교 학생들 사이에서 큰 반향을 일으켰다. 인도 유수의 대학생 수천 명이 학업을 포기하고 '혁명 고속도로'(1960~70년대 급진적 인도에 대해 묘사한 딜립 시메온의 풍자적이고 비애로 가득찬 자전적 소설의 제목)를 타고 농촌으로 흩어져 마오주의 혁명을 선전하기 시작했다. 그들은 농촌과 도시의 반란군과 합쳐 '낙살라이트Naxalites'로 불렸다. 시메온은 당시를 회고하며 이렇게 말했다. "우리는 천국을 습격할 준비가 되어 있었다."

1960년대 후반 젊음을 열광케 하는 무언가가 있었다. 전 세계 학생들은 캠퍼스가 아니라 베트남, 쿠바, 남아프리카, 팔레스타인 등 거의 모든 대륙의 공장과 현장에서 일어난 급진주의에 영향을 받았다. …… 이러한 풍조는 당시 인도에서 폭발한 불만 정서와 맞물렸다. 1967년 인도에서는 처음으로 거대 여당인 인도의회당에 반대하는 주 정부가 선거에서 다수 당선되었으며, 공산주의 운동도 더욱 '혁명적'인 접근 방식을 요구하면서 사분오열되었다. …… 어떤 연고인지 알 수 없으나 우리는 선택의 여지가 없는 것처럼 느꼈다. 다시 한번 자유 운동이 흥기한 것처럼 젊고 열성적인 인도인으로서 대다수 동포와 부녀자들이 처한 끔찍한 상황을 바꾸는 데 필요한 일을 하지 않는다면 가장 소중한 삶의 가치를 배신하는 것이라는 생각이 들었다.[30]

마줌다르의 문화대혁명의 수사학(문화대혁명 시절에 주로 사용하던 언어 차용)도 교사나 시험, 서적에 대한 부정과 반역을 부추기는 데 도움을 주었다. "부르주아 교육 제도를 타도하자!" 마줌다르는 1969년 3월 학생들에게 학교를 자퇴하고 시험을 보지 말라고 외쳤다(하지만 인도 국영 라디오방송은 마줌다르의 아내가 세 자녀를 학교에 보냈다는 소식을 하루에도 몇 번씩 청취자들에게 전했다).[31] 1950년대에 태어난 한 다큐멘터리 영화 제작자는 자신의 십 대를 회상하면서 이렇게 말했다. "콜카타의 대학가 벽마다 마오 주석을 그린 판화를 찍으며 '중국의 주석은 우리의 주석이다'라고 외쳤다. 우리는 근본적으로 우리가 도대체 무엇을 외치고, 무엇을 하려고 하는지 전혀 몰랐다. 당시에는 그저 대문만 열면 혁명이 걸어 들어올 것이라고 생각했다."

혼란스러운 행동이 인도 전역에서 벌어지는 가운데 마줌다르와 산얄은 자신들이 이러한 행동을 영도한다고 주장하면서 1969년 명목상으로 마오주의 반란에 협조하는 정당인 인도공산당(마르크스-레닌주의)을 설립했다. 당의 기관지 「해방_Liberation_」은 1970년 당의 강령을 선포하면서 이렇게 말했다. "우리의 혁명은…… 문화대혁명의 일부분이다. …… 우리 당의 출현은…… 인도 혁명 인민의 승리이자 마오 주석의 전능한 사상이 인도 토지 위에서 얻은 승리이다. …… 마오 주석 만세! 마오 주석 만만세!"[32]

마오쩌둥과 린뱌오가 즐겨 사용하던 게릴라전의 폭력적 언사와 "계급의 적을 소멸시키라"는 문화대혁명 시절의 구호가 당시 젊은이들의 반전통 관념과 맞물렸다. 그리고 그 결과 도시와 농촌 모두 공포에 휩싸였다. 벽마다 마오주의 구호가 가득 찼고, 정치인, 판사, 교사, 경찰관 등 이른바 '당권파當權派'는 암살의 위험에 노출되었다. 비번이었던 한 경찰관은 콜카타의 영화관에 갔다가 암표를 구매하면서 직업을 밝히는 바람에 살해당했다.[33] 경찰은 도시 교외에서 폭탄 폭발 사건이 12건 미만인 날은 '평화로운 날'이라고 생각할 정도였다.[34]

1970년 마줌다르는 게릴라전에 관한 문장을 썼다. 널리 유포된 그의 글을 당국은 '살인 수첩'이라고 불렀다.

게릴라 부대를 조직하는 방식은 전적으로 보안을 유지해야 한다. 당내 정치 단위 회의에서도 그 어떤 암시를 주어서는 안 된다. 게릴라전의 모의는 철저하게 개인적으로 이루어져야 한다. 이런 점에서 소부르주아 지식인 동지가 주도적으로 영도하는 것이 좋다. …… 그는 혁명적 잠재력이 가장 많은 빈곤한 농민들에게 주도적으로 접근하여 '이러저러한 지주를 끝장내는 것이 좋은 일이라고 생각하지 않느냐?'고 귀에 속삭여야 한다. …… 이 단계에서는 어떤 종류의 총기도 사용해서는 안 된다. 게릴라 부대는 반드시 작은 도끼, 긴 창, 투창, 낫 등에 전적으로 의존해야 한다. …… 게릴라들은 그저 평범한 사람인 척 가장하고 각기 다른 방향에서 미리 지정된 장소에 집합하여 적을 기다리며, 때가 무르익으면 적에게 달려가 적을 죽이도록 한다. …… 언젠가 우리는 이런 전투 구호를 외치게 될 것이다. "손에 계급의 적이 흘린 피를 묻힌 적이 없는 자는 공산주의자라고 칭할 수 없다."[35]

1970년 도시의 낙살라이트 가운데 한 명이 당시 자신이 직접 목도한 상황을 이렇게 말했다.

"나는 급진적인 동지들이 임무를 집행하는 과정을 본 적이 있다. 일단 그들은 마을에 들어가 지주를 끌어내고, 마을사람들을 소집하여 인민재판을 열었다. 인민들이 압제자를 처형하기로 투표하면 우리 동지들이 그와 그의 가족 모두를 끌어내 인민들에게 넘겼다. 농민 동지들은 그들을 난도질했다. 그러면 우리 동지들이 피가 철철 흐르는 고깃덩어리를 들고 마을 벽에 마오 주석의 사상에 관한 글을 적었다. 처음 그런 모습을 볼 때는 약간 구역질이 났다. 나는 소부르주아 출신이기 때문이었다. 하지만 과격한 동지들은 원래 노동자나 농민 출신이기 때문에 감성적인 양심의 가책 따위는 없었다."[36]

1970년, 마줌다르는 인도를 혁명적으로 정복하기 위해 이른바 '혁명 지침서'를 발간하여 모든 낙살라이트에게 배포했다. "이 운동의 목표는 계급의 적을 섬멸하여 농촌 지역을 해방구로 만드는 것이다. …… 이 운동은 확산되고 강화되어 도시를 포위할 때까지 지속될 것이다. 1974년 우리는 중국 동지들이 그랬던 것처럼 인도 전역을 관통하는 대장정을 시작할 준비가 되어 있을 것이다. 누구도 우리를 막을 수 없을 것이다. …… 우리는 모든 사람들을 해방시킬 것이다."[37]

20세기 초 중국을 대표하는 문인 가운데 한 명인 루쉰은 1900년대 중국 초기 혁명 단계에서 혁명에 실패하여 처형된 이들을 많이 보았다. 그 가운데 루쉰에게 가장 인상적인 인물은 남장 여인인 추진秋瑾이었다. 집안에서 정해 놓은 혼인을 피해 일본으로 건너가 혁명에 투신한 그녀는(중국혁명동지회에 가입했다) 중국으로 돌아와 청나라 관리에게 폭탄을 던졌다가 체포되어

1907년 처형당했다.* 그녀의 죽음에 깊은 슬픔을 느꼈던 루쉰은 무책임하게 그녀를 부추긴 이들을 비난했다. 또한 그는 혁명 동지들이 "짝짝짝짝 박수를 치며 죽을 때까지 후려쳤다劈劈拍拍的拍手拍死"는 말로 그런 상황을 비유했다.**

인도 마오주의자들의 첫 번째 물결도 마찬가지였다. 중국 언론매체의 열광적인 박수갈채는 수천 명의 도시민들에게 낙살바리 사건이 몇 년 안에 인도를 정복할 수 있는 전국적인 혁명의 시작이라고 확신시키는 데 도움을 주었다.

문화대혁명이 발발하기 직전 중국은 카트만두와 델리를 통해 인도공산당 반군에게 정치 선전물인 『마오주석 어록』과 대량의 「베이징 주보」를 보내며 인도 혁명을 고무하기 위해 최선을 다했다(1967년 무렵 후자의 과장된 선전은 인도 급진주의자들이 선호하는 뉴스 채널이 되었다). 중국공산당은 또한 헬리콥터를 티베트와 인도 국경에 파견하여 힌디어, 영어, 벵골어, 네팔어로 된 소책자를 무차별 살포했다.[38] 아비짓 마줌다르는 자신이 어렸을 때 집안에 마오주의를 선전하는 용품들이 가득했었다고 기억하면서 그중에서도 특히 카트만두를 통해 집으로 배달된 중국 노래 음반을 좋아했다고 회고했다. "음반은 분홍빛을 띠었는데 인도에서 나오는 음반처럼 딱딱하지 않고 유연해서 가지고 놀기 좋았다. 우리는 음반을 장난감처럼 가지고 놀기도 하고, 때로 음악을 듣기도 했다. 이제 50대가 된 지금도 여전히 '동방홍, 태양이 떠오르니 중국이 마오쩌둥을 낳았네'라는 가사를 외울 수 있는 것은 바로 당시 음반에 실린 노래 덕분이다. 나와 동생들은 반짝이는 눈빛으로 자랑스러워하며 그 노래를 부르곤 했다. …… 우리는 문화대혁명의 영향을 받았

---

* 추진은 1899년 후난성의 대상인의 장남인 왕정균과 결혼했다가 불화를 겪고 단신 일본으로 유학하여 '중국혁명동지회', '삼합회' 등 반청 혁명단체에 가담했다. 그녀는 때로 남장을 하기도 했다. 안휘성 봉기에 가담한 죄로 체포되었으며, 이틀 후 샤오싱 간팅커우(幹亭口)에서 처형되었다.

** 『이이집(而已集)』에 실린 「통신(通信)」에 나오는 말이다.

다. 하지만 구체적인 정책이 뭔지는 잘 몰랐다. 우리에게 영향을 끼친 것은 그저 포스터에 나타난 이미지, 붉은 깃발(홍기), 자신감 충만한 인민들의 눈빛, 대담함, 그리고 권위에 대한 반항 등이었다."[39]

지금도 중국 외교부는 과거 또는 현재에 중국과 인도의 마오주의 반란의 관련성을 부정하고 있다. 사실 이는 일종의 금기사항이기도 하다. 실제로 중국 외교부 웹사이트에서 관련 단어를 검색해보면, 카툰의 등장인물로 녹색 옷을 입은 관리가 '주의'라는 문구가 쓰인 팻말을 들고 나와 이렇게 경고할 것이다. "잘못 검색했습니다. 검색어에 불법 단어가 포함되어 있습니다."[40] 그러나 영문이나 벵골어로 된 자료나 일부 엄격하게 제한된 중문 자료를 살펴보면, 양자가 직접적으로 연관되어 있다는 분명한 기록이 남아 있다.

차루 마줌다르가 처음으로 중국에 특사로 보낸 이는 인도와 네팔 국경에 거주하는 크리슈나 바크트 포렐Krishna Bhakt Pourel이라는 사람이었다. 그는 농민 출신으로 키가 작고 건장했으며, 공산주의를 신봉했다. 1967년 3월, 마줌다르는 마오주의 혁명에 대한 찬가인 「여덟 가지 역사적 문건」 사본을 중국에 보낼 예정이었다. 마줌다르의 아들인 아비짓은 이렇게 회상했다. "당시 아버지는 물론이고 다른 지도자들 역시 실리구리Siliguri (벵골 북서부)에서 베이징까지 가는 방법을 알지 못했다. 그래서 아버지는 체력도 좋고 산길을 잘 아는 크리슈나에게 도보로 가볼 것을 제안했다."

크리슈나는 낙살바리 시장에서 자신이 타던 중고 자전거를 75루피에 팔고, 그 돈으로 백미를 산 다음 쌀자루 바닥에 마줌다르가 준 문서를 집어넣었다. 출발하고 얼마 동안은 비교적 순조로운 여정이었다. 하지만 네팔과 티베트 국경 근처에서 산적들에게 붙잡히는 바람에 몇 주 동안 감옥에 수감되어 고문을 당하기도 했다. 다행히 도적들에게 풀려나 여행을 재개할 수 있었으나 이번에는 티베트 국경에서 인민해방군에게 붙잡히고 말았다. 그는 티베트어나 중국어로 의사소통이 불가능했기 때문에 영락없이 간첩으로 몰리고 말았다. 사살되기 직전 그는 눈물을 펑펑 쏟으며 중국 군인에게 자신이 지니고 있던 마오쩌둥 사진을 꺼내 보여주었다. 인민해방군은 그를 라싸拉薩에서 베이징까지 호송하여 중국공산당 지도자들과 면담할 수 있도록 해주었다. 그는 마줌다르의 문건을 마오쩌둥의 충실한 비서인 캉성에게 넘긴 후 몇 달 동안 마오쩌둥 사상에 대한 교육을 받은 후 늦가을 인도로 돌아갔다.

마줌다르가 마오주의 원칙을 확신하고 극력 선전하지 않았다면, 중국이 1967년 5월 낙살바리에서 일어난 충돌을 그렇게 빠른 시일 내에 전 세계 마오주의 혁명의 승리로 찬양할 수 있었을까? 실제로 「인민일보」는 사건 발생 5주 만에 낙살바리 봉기는 "인도에서 울려 퍼진 봄의 우레"라고 칭송했고, 베이징 라디오방송은 이를 '혁명의 앞발前爪'이라고 부르면서 마오주의 전략을 인도 혁명에 적용한 것이 정확했음을 보여주는 증거라고 평했다.[41] 1967년 7월 초 「인민일보」는 마오쩌둥이 1927년에 쓴 「후난 농민운동 고찰 보고서」를 표절한 낙살라이트의 문장을 그대로 게재하기도 했다. "지난 몇 개월 동안 다르질링 지역의 농민 대중들이 인도공산당 혁명가들의 지도하에 현대 수정주의의 족쇄를 벗어던지고, 자신들을 속박하던 모든 울타리를 깨부숴 버렸다. 모든 제국주의자, 수정주의자, 부정부패 관리, 토호열신土豪劣紳(지방 토호), 반동 군대와 경찰 등은 혁명 농민들이 보기에 아무것도 아니니 모두 고꾸라뜨려 땅에 패대기쳤다." 아울러 마오주의의 전문 용어를 차용하여 이렇게 진단하는 것을 잊지 않았다. "제국주의, 소비에트 수정주의, 봉건주의, 관료-매판 자본주의라는 몇 개의 거대한 산이 인도 민중의 등을 짓누르고 있다."

다르질링 지역의 혁명적인 농민들이 반란을 일으켜 폭력 혁명을 일으켰다. 이는 인도 전역에 걸쳐 수억 명의 인민들이 참가하는 폭력 혁명의 서막이다. 인도 민중은 반드시 자신들을 억누르는 거대한 산을 밀어내고 완전한 해방을 쟁취할 것이다. 이는 지구상의 어떤 세력도 견제하거나 방해할 수 없는 인도 역사의 일반적인 추세이다. …… 이것은 마오쩌둥의 길, 중국

혁명을 승리로 이끈 길, 모든 억압받는 국가와 인민의 혁명이 승리하는 유일한 길이다. …… 간디주의, 의회의 길 등과 같은 쓰레기는 인도 지배 계급이 인도 국민을 마취시키기 위해 사용하는 아편이다.[42]

1967년 가을, 카누 산얄과 세 명의 동지들은 네팔을 거쳐 이전 크리슈나가 중국으로 향했던 노선을 따라 길을 떠났다. 카트만두에서 네팔 주재 중국 대사가 그들을 따뜻하게 맞이해 주었고, 차와 간식, 그리고 약간의 돈을 제공했으며 무엇보다도 중국으로 가는 길을 안내해 주었다. 그들의 여정은 소련 국제여행사가 외국인 방문객들에게 에어로플로트 항공과 러시아 샴페인을 제공하는 등의 안락함과 거리가 멀었다. 네팔에서 중국이 장악하고 있는 시장西藏으로 넘어가기 위해 벵골에서 온 네 명의 혁명가들은 1km나 되는 낡은 나무다리를 한 시간 반에 걸쳐 조심스럽게 걸어가야만 했다. 나무판자가 썩어 없어진 틈새로 급류가 몰아치는 강물이 보였다. 높다란 산 세 곳을 힘겹게 넘은 그들은 그제야 자신들을 라싸로 데려다 줄 인민해방군 호위대를 만났다. 고산병에 시달리던 일행은 중국에서 돌아오고 있던 크리슈나와 반갑게 재회한 후 비행기를 타고 베이징으로 날아갔다. 당시 그들의 여정은 비밀리에 진행되었다. 그렇기 때문에 라싸로 들어가기 전 그들은 인민해방군의 군복으로 갈아입고 신분을 위장했다.

베이징에서 그들은 도시를 유람하고, 천안문 광장의 주석단 연단에 있는 귀빈석에 초대되었으며, 모범농장을 방문하는 등 외국인 방문객에게 제공되는 열정적인 환대를 받았다. 그들은 마오쩌둥 혁명 이론과 실무를 배우기 위해 1년간 머물 것을 제안받기도 했다. 하지만 인도로 돌아가야만 했던 그들은 3개월만 머물기로 했다. 베이징에서 조금 떨어진 산에 그들만을 위한 캠프가 신설되었고, 매달 20일은 군사 훈련 그리고 나머지는 정치 교육이 실시되었다. 군사 훈련은 하루에 8시간씩 소총, 리볼버, 기관총, 수류탄 사용법을 배웠으며, 자유 시간에는 혁명 여행이나 영화 관람을 했다. 군사 훈련은 육체적으로 힘들었다. 한번은 넓은 들판을 가로질러 달리라는 교관의 명령에 따라 계속 달리다가 카누 산얄이 중간에 의식을 잃고 쓰러지기도 했다. 하지만 그들은 군사 훈련을 통해 나름 많은 것을 배웠다. 인도로 돌아가는 길에 그들은 시장에서 자신들이 직접 만든 사제 폭탄을 시험 삼아 폭발시켰다. 폭탄은 제대로 터졌다(중국 당국은 그들이 베이징에서 라싸까지 사제폭탄을 가지고 민항기를 탈 수 있도록 허락했다).[43]

네 인도인의 중국 방문 중 가장 하이라이트는 마오쩌둥과의 면담이었다. 인도로 돌아가기 직전인 1967년 늦은 어느 날 저녁, 그들은 천안문 광장 서쪽에 자리한 인민대회당의 긴 복도로 안내를 받았다. 복도 끝에 마오쩌둥과 저우언라이가 서 있었다. 두 사람을 본 인도인들은 흥분한 나머지 "마오쩌둥 진다바드zindabad(만세), 저우언라이 진다바드!"를 외치기 시작했다. 그들은 우상 앞으로 다가서면서 저우언라이가 자신들의 구호에 호응하여 벵골어로 마오쩌둥과 그 자신의 장수를 기원하는 구호를 외치고 있음을 알았다. 저우언라이가 마오 주석에게 인도에서 온 낙살라이트라고 그들을 소개했다. 그 순간 "마오쩌둥이 나를 확 껴안았다. …… 나는 뭐라고 말할 수 없을 정도로 감동했다."[44] 산얄은 당시 느낌을 이렇게 표현했다. 겸손과 거리가 먼 마오쩌둥조차도 인도에서 온 혁명가들이 지극한 충성을 보이는 것이 불편했다. 마오쩌둥은 그들에게 "중국의 주석이 곧 우리의 주석이다"라는 인도 공산당의 구호가 성숙되지 않았다고 말했다. 하지만 그는 접견 말미에 그들에게 시가를 한 개씩 선물하며 혁명이 성공하면 중국과 인도 국경 문제에서 가장 큰 골칫거리인 9만㎢ 분쟁 영토를 인도에 넘겨주겠다고 말했다(그는 1959년 이전에 방중한 인도 공산주의자들에게도 이런 제안을 한 적이 있다).[45]

티베트를 거쳐 귀국하는 길에 그들을 호위한 인민해방군은 인도 동지들과 네팔과 부탄 국경을 따라 인도와 중국 사이에 군사 훈련 군영을 구축하는 계획을 논의했다. 군영은 중국이 비용을 댈 뿐만 아니라 군사훈련을 제공하고, 아울러 인도 혁명가들에게 무기를 전달할 수 있는 전초기지 역할도 할 것이라고 했다.*

이별 선물로 중국 인민해방군은 그들에게 카트만두에 있는 중국 대사관에서 1만 루피의 선금을 수령하라고 말했다. 라싸에 중국으로 올 수 있는 비밀 환승 캠프를 설립하기 위한 자금이었다.[46]

중국 당국은 인도의 혁명가들에게 이상과 같은 참관 여행을 지속적으로 시행했다. 이는 인도 혁명가들에게 깊은 인상을 남겼고, 그들은 자신들이 본 것을 액면 그대로 받아들인 듯하다. 중국을 방문한 인도 혁명가들은 마오쩌둥이 직접 병사들을 위해 요리를 했다는 등, 통역사가 말해주는 날조된 중국 혁명 관련 선전을 그대로 받아 삼켰다.

우리는 시대가 지난 쓸모없는 것들은 무엇이든 바꿀 수 있다고 배웠다. …… 그래서 우리는 자연스럽게 문화대혁명의 교훈을 받아들이고 싶다는 충동을 느꼈다. 그들의 성과는 참으로 놀라웠다. …… 우리는 농민 공사(인민공사)와 노동자 공사를 참관했다. 그곳에선 모든 이들이 함께 노동하고, 아이들은 정부가 비용을 지불하는 학교에 다녔다. 부모는 더 이상 그들을 양육할 필요가 없었다. 정부가 모든 것을 보조해 주었기 때문이다. 정말로 고무적이었다. 언젠가 우리나라도 자유를 획득하면 반드시 이런 제도를 실행해야 할 것이라고 결심했다. …… 의사와 간호사는 언제나 아이들을 돌볼 준비가 되어 있었고, 성별 간의 불평등이나 카스트제도도 없었다. …… 인도 농민들은 우리들의 경험담을 들으면서 우리나라에도 이러한 계획(공사 등과 같은)이 시작되어야 한다고 말하곤 했다.

---

* 훈련 군영에 참석한 사실을 인정하는 사람을 찾지는 못했지만, 한 노련한 낙살라이트 혁명가는 마오쩌둥(1949년과 1957년 소련 방문을 위해 평생 단 두 번 중국을 떠났던)을 만났다고 자랑스럽게 말하기 전에 '공식적으로는 중국에 가지 않았으며 그곳에서 군사 훈련을 받지도 않았다'고 웃음 띤 목소리로 말했다. – 원주

마오쩌둥은 인도 혁명가들을 기꺼이 만났고, 인도 혁명가들을 평생에 걸친 감정적 추종자로 만들었다. 어떤 이는 이렇게 회상했다. "마오쩌둥은 우리의 어머니이자 낭만적인 시인이었다. 나는 베이징에서 그를 만났다. 사람들은 그를 폭군처럼 묘사했지만 실제는 전혀 그렇지 않았다. 직접 만난 마오쩌둥은 섬세하고 낭만적인 사람이었다."

중국은 엄선된 외국인 방문객을 세심하게 관리하고 정성껏 환대했다. 이러한 열정이 소기의 결실을 맺었다. 예를 들어 중국공산당은 영국 케임브리지대학의 경제학 교수인 조앤 로빈슨Joan Robinson에게 호의를 베풀었다. 그녀는 1967년 중국을 방문하고 영국으로 돌아가는 도중에 델리에 들러 중국의 문화대혁명의 우수성에 대해 연설했다. 그녀의 강연은 널리 보도되었다. 시메온은 그녀가 행한 연설의 위력에 대해 이렇게 말했다.

케임브리지대학 교수이자 세계적으로 유명한 경제학자가 중국에 갔다가 마오의 모자를 쓰고 돌아왔다. 그녀는 델리 정경대학Delhi School of Economics에서 리틀 레드 북(『마오주석 어록』)을 흔들며 문화대혁명의 미덕에 대해 설교하고, 중국에서 진행 중인 놀라운 일에 대해 이야기했다. 누군가 그녀에게 질문했다. "하지만 문화대혁명 기간에 일어난 독단적인 일들은 어떻게 생각하십니까?" 그러자 그녀는 『마오주석 어록』에 나오는 구절을 인용하여 이렇게 말했다. "마오 주석은 도그마(독단적인 신조)는 소똥보다 더 나쁘다고 말했습니다."[47]

그녀는 이런 설교를 통해 자신의 권위를 문화대혁명에게 빌려주었다. 시메온은 "우리는 그것에서 신념을 얻었다"라고 설명했다. 중국의 선전 활동은 중국 방문이 여의치 않았던 대다수의 낙살라이트 반군에게 놀라운 효과를 발휘했다. 콜카타의 한 혁명가는 이렇게 회상했다. "당시 우리는 라디오 세트를 농촌으로 가지고 가서 힌디어, 우르두어, 벵골어, 텔루구어로 방송되는 라디오 베이징을 틀었다. 농민들은 방송에 따라 결정을 내렸다.”

딜립 시메온의 『혁명 고속도로』를 보면, 중반쯤에 주인공인 학생들이 돌연 대학을 떠나 지하로 잠입하는 부분이 나온다. 새로운 홍위병이라고 할 수 있는 그들은 당에서 제공하는 단기간의 훈련 과정(주로 『마오주석 어록』한 권을 받는 것이었다)을 마친 후 뱅골의 농촌 지역으로 파견되어 마오주의 혁명이 무엇인지 잘 모르는 농민을 대상으로 일종의 포교 활동을 펼쳤다. 하지만 별다른 효과를 보지 못했다. 한 학생은 『마오주석 어록』을 꺼내자마자 나가달라는 말을 들었고, 또 다른 학생은 중국에 관해 횡설수설하다가 현지의 지자智者에게 정신병자라는 말을 들었다. 또 어떤 학생은 논에서 일하는 농민에게 『마오주석 어록』을 읽어주다 그만 발을 헛디뎌 수렁에 빠지고 말았다. 이 소식은 삽시간에 퍼져나갔고, 마을 사람들이 몰려들어 그가 진흙구덩이에 빠져 헤어 나오지 못하는 모습을 바라보았다. 선전의 표적이 된 농민은 “말하는 앵무새가 다가와 말을 걸기라도 한 것” 같은 표정이었다. 잠시 후 한 농민이 “학생에게 장대를 건네주고 필사적으로 당겨 겨우 그를 진흙구덩이에서 빼낼 수 있었다. 그의 두 손은 이미 피멍이 들고, 마오 주석의 사상은 인도의 대지 깊은 곳에 빠진 후였다.”[48]

1972년 인도 마오주의자들 사이에서 첫 번째로 균열이 생겨나기 시작했다. 마줌다르의 날카롭지만 무질서한 권위주의가 그 원인 가운데 하나였다. 훗날 마줌다르의 섬멸 전략을 극력 반대했다고 토로한 산얄은 마줌다르가 공산주의를 신봉하면서도 여전히 “시대의 한 페이지에 자신의 흔적을 남기고 싶어하는” 견고한 개인주의자로 남아 있었다고 비판했다.[49] 1972년 두 사람이 체포되기 전 마지막으로 나눈 정치적 대화 내용 가운데 하나는 당내에서 ‘위대한 영수’로 불리고 싶어하는 마줌다르의 욕망에 초점이 맞춰져 있었다.[50] 1971년 말 마줌다르의 충성파가 당내 다른 정파의 당원 두 명을 암살하는 등, 인도공산당(마르크스-레닌주의) 내부 각기 다른 정파들이 상호 비방은 물론이고 실제로 상대를 저격하기 시작했다.[51] 마줌다르는 오랫동안 합법적인 정치 활동(대중 조직, 공개 집회, 노동조합 등)을 비난하면서 테러 음모에 전략을 집중해왔다. 그 결과 혼란이 거듭되었으며, 심지어 존재하지 않는 정당 구조가 생겨나기도 했다. 딜립 시메온은 지하활동 경험을 회상하면서 이렇게 말했다.

"제멋대로이고 혼란스러웠다. …… 당의 노선은 완전히 음모주의를 따랐고, 그 어떤 공개 활동도 금지되었다. …… 그래서 전통적인 마오주의 방식대로 지명도를 높여 인재를 모집하는 방법은 전혀 채택되지 않았다. 그렇다면 공개적인 활동도 없이 어떻게 사람을 모집할 것인가?"[52]

게다가 1971년 방글라데시 독립 전쟁에 대한 인도공산당(마르크스-레닌주의)의 입장 표명은 당의 도덕적 신뢰성을 떨어뜨렸다. 1971년 봄, 파키스탄은 파키스탄 통치에 반대하는 방글라데시 군중들의 시위를 진압하기 위해 군대를 파견했다. 당시 군중들의 시위는 마오쩌둥과 린뱌오가 정의한 '민족 해방을 위한 투쟁'에 완전히 부합하는 것처럼 보였다. 하지만 중국은 지정학적 이해에 근거하여 파키스탄의 침공을 지지하고, 방글라데시 독립 운동을 위한 인도의 군사 지원에 반대했다. 진압이 거세지면서 단순 시위가 점차 유혈 사태로 치닫고, 방글라데시 난민들이 서벵골로 밀려들고 있음에도 불구하고 인도공산당은 여전히 (중국의 노선을 따라) 파키스탄을 옹호하면서 점점 더 황당해졌다. 이로 인해 수많은 공산당원들이 현장을 떠났다. 딜립 시메온 역시 그 당시 공산주의 운동에서 멀어진 사람 가운데 한 명이다.

"우리는 몹시 역겨웠다. 우리의 편협한 교조적 설명으로는 이 거대한 사건, 파키스탄 군대가 저지른 잔혹한 행위를 감당할 수 없었다. …… 우리는 이번 사태가 파키스탄을 해체시키려는 음모라고 주장하면서 파키스탄 군대를 지원하는 유일한 인도인이었다. …… 나는 도저히 견딜 수 없었다. 난민이 천만 명이 넘어서고, 콜카타와 벵골 전역 길가마다 죽은 이들의 시신이 썩어가는 것을 직접 목도했다. …… 세계 혁명과 고통받는 대중들을 위해 헌신한다는 다짐은 허공 속으로 사라지고 말았다. 중국은 파키스탄 군대에게 총과 폭탄을 공급하고 있었다."[53]

1972년 7월 16일, 차루 마줌다르가 체포되고 수감 12일 후에 사망하면서 사태는 막을 내렸다. 그를 심문한 경찰은 나중에 이렇게 회상했다. "그는 매우 야위어서 한눈에 보기에도 연약한 상태였다. 신체는 인상적인 부분이 없었다. 하지만 그 작은 체구에서 불같이 타오르는 열정이 있다는 점이 특이했다. 특히 정부를 공격하고 자신의 이념을 설파할 때면 온몸이 뜨겁게 용솟음치는 듯했다. 그는 자신의 대의에 대한 확신이 너무 강해서 입만 열면 자신의 신념과 기성 제도에 대한 증오, 제도 개편의 필요성을 역설했다. 과연 이런 노여움과 열기는 어디에서 나오는 것일까?"

하지만 혁명은 그를 지치게 만들었다. 마줌다르가 죽은 후 경찰에서 그를 살해했다는 음모론이 널리 퍼졌다. 하지만 경찰 당국은 이를 부인했다. "그는 각종 주사를 맞아야만 겨우 연명할 수 있을 정도로 병약한 상태였기 때문에 구금 중에 병사했다. 그는 이미 매우 쇠약한 상태였기 때문에 그의 죽음에 대해 어떤 의심도 해서는 안 된다."

이렇게 인도 마오주의의 두 번째 단계가 끝나가고 있었다. 1973년까지 낙살라이트에 가담한 혐의로 기소된 약 32,000명이 인도 감옥에 수감되었고, 일부는 재판 없이 거의 5년 동안 옥살이를 해야만 했다.[54] 국제 앰네스티에 따르면, 인도의 한 감옥은 700명의 수감자가 수돗물 한 개만 사용할 정도로 열악하기 그지없었다.[55] 또한 그들을 대하는 경찰 역시 잔혹하기 이를 데 없었다. 고문과 독방 감금은 물론이고 죄수들에게 쇠사슬을 착용하도록 강요하기도 했다.* 이처럼 잔인한 혹형으로 1970년과 1972년 사이에 88명의 수감자가 이른바 '감옥 사건'으로 사망했다.[56] 잔혹한 고문과 초법적인 살인이 비일비재했다. 경찰은 자신들의 잔혹한 살인 행위를 은폐하기 위해 '우

---

* 벵골 출신의 한 혁명가는 경찰의 구타로 인해 반신불수가 되었다. 그는 한 모임에서 자신의 손가락을 내려다보며 이렇게 말했다. "경찰은 내가 작가라는 사실을 알고 내 손가락을 모두 부러뜨렸다." – 원주

연'하게 경찰과 낙살라이트 사이에 충돌이 벌어져 어쩔 수 없이 자위 차원에서 대응했을 뿐이라고 말했다.

델리의 한학자 스리마티 차크라바티Sreemati Chakrabarti는 낙살라이트의 첫 번째 물결은 '중국의 과다복용overdose of China'이란 말로 풀이했다. 그녀는 당시 벌어진 사태가 '경찰의 잔학 행위'와 '정치적 폭력 행위'란 두 가지 독을 남겼다고 말했다.[57] 이는 지금도 인도에 잔존하고 있다.

1970년대에 접어들면서 차루 마줌다르의 조직은 최소 15개로 쪼개졌다. 하지만 그들 모두는 인도공산당(마르크스-레닌주의)CPI의 명맥을 잇는 단체였다. 중앙소조Central Team, 붉은 별Red Star, 신민주주의New Democracy, 심지어 인도공산당(마르크스-레닌주의) 정당 통합CPI (Marxist-Leninist) Party Unity이란 당파도 있었다. 1990년대 비하르에서 발생한 최악의 낙살라이트 폭력 사태는 낙살라이트와 국가가 아닌 파벌 간의 싸움이었다.[58]

이와 동시에 일부 낙살라이트는 전략을 바꾸었다. 물론 마오주의에 따른 무장투쟁을 통한 정권 탈취는 여전히 그들의 궁극적인 목표였으며, 모든 분파는 낙살라이트의 봉기와 마줌다르를 자신들의 원류로 여겼다. 하지만 이제는 상황이 바뀌어 대중적인 영향력을 갖춘 합법적인 기구가 필요했으며, 무엇보다 1단계 반란에서 생존한 간부들의 경우 인도 정부의 추적에서 벗어날 수 있는 공산당 통제하의 거점, 즉 근거지가 필요했다. 마오주의는 계급투쟁이 가져오는 즉각적인 만족(계급의 적을 섬멸시킴에 따른)을 주장했을 뿐만 아니라 실패한 자들을 위해 장기적인 게릴라전, 즉 유격대의 지구전과 근거지 건설을 설파했다. 따라서 낙살라이트의 전략 변경은 사실 마오주의를 포기한 것이 아니었다.

1967년 낙살라이트의 최초 봉기 이후 활동가들은 우타르프라데시Uttar Pradesh, 펀자브Punjab, 오리사Orissa, 아삼Assam 등지에서 유사한 반란을 일으키기 위해 노력했지만, 성공을 거둔 곳은 비하르와 안드라프라데시였다. 1969년

7월, 중국에서 훈련을 받은 카누 산얄과 수린 보스Sourin Bose가 안드라프라데시의 스리카쿨람Srikakulam에서 혁명을 위한 새로운 근거지를 탐색했다. 그곳에서 마오주의 지도자들은 인도 사회에서 가장 심하게 착취당하고 또한 가장 취약한 집단인 이른바 '부락tribals', 또는 '원주민Adivasis'이라고 부르는 이들을 만났다. 1947년 독립 이후 인도의 새 정부는 천민(달리트)과 원주민이 수천 년 동안 겪은 억압과 고통을 보상하겠다고 약속했지만 실제로 최악의 카스트 폭력과 착취를 줄이기 위한 조치는 거의 이루어지지 않았다.

3주 동안 카누 산얄과 수린 보스는 그들 소외된 집단과 함께하면서 무기 운용과 폭발물 제조에 관한 강의, 마르크스-레닌주의, 마오쩌둥 사상 강의 등 혁명에 필요한 일련의 과정을 전수했다.

일부 분파인 '인도공산당(마르크스-레닌주의) 해방' 같은 단체는 선거에 참여함과 동시에 '무장 혁명을 통해 결정적인 승리를 획득하기 위해' 준비하기로 결정했다.[59] 안드라프라데시에서 활동하던 인민전쟁단The People's War Group(약칭 PWG)은 "무장 토지혁명에 토대를 둔 인민전쟁이 우리나라(인도)에서 인민민주주의를 달성할 수 있는 유일한 길이다"라고 선언했다.[60] 비하르에서는 마오주의 공산당 센터Maoist Communist Centre(약칭 MCC)가 마오쩌둥이 주장한 '장기적인 인민전쟁'을 지지했다. "인도의 구체적인 정치, 경제적 상황은 위대한 지도자이자 스승인 마오쩌둥이 보여준 노선, 즉 중국 혁명노선만이 인도 인민 해방의 유일한 길이라는 결론을 보여준다."[61] 2004년 10월, 인도의 마오주의자들은 마오쩌둥이 가장 좋아했던 책 가운데 하나인 『삼국지연의』의 첫 문장, 즉 "대저 천하의 대세란 오랫동안 나뉘면 반드시 합치고, 오랫동안 합쳐져 있으며 반드시 나뉘게 된다"는 구절을 실제로 증명했다. 네팔 마오주의자들의 중재를 통해 인민전쟁단이 인도공산당(마오주의)과 통합되었기 때문이다. 여러 공산주의 단체가 인도의 서로 다른 지역에서 활동하고 있어 새로운 연합은 이론적으로 인도 전역에 광범위하게 분산되어 있는 것처럼 보였다. 오늘날 인도 정부는 인도의 626개 지역 가운데 225개 지역

(인도 전역의 40%에 해당하며 인구 4억 명이 거주하는 지역이다)에 마오주의자들의 조직이 존재한다고 주장하고 있는데, 이는 아마도 국방 및 안보 예산의 증가를 정당화하기 위한 수치인 듯하다. 그들의 말이 맞다면 수치상 세계에서 가장 큰 규모이며, 역사적으로 가장 오래 지속되고 있는 반란 가운데 하나인 셈이다.[62]

안드라프라데시의 인민전쟁단의 간부들은 정책적으로 인도 마오주의의 부흥을 주도했다. 초기 지도자들 가운데 한 명인 콘다팔리 시타라미아Kondapalli Seetharamiah, 일명 KS는 합법적인 전선前線 조직을 설립했다. 그 가운데 가장 효과적인 조직은 급진학생연합Radical Students' Union, 약칭 RSU으로 재능이 있고, 이상주의적인 졸업생이 주로 가입했다. 그들 가운데 일부는 인도 최고의 명문가 출신이었다.[63] 그중 가장 유명한 인물은 코바드 간디Khobad Ghandy이다. 그는 제약회사 글락소의 고위급 임원의 아들로 뭄바이의 해변가 아파트와 푸네 시 남쪽 언덕에 자리한 넓은 방갈로에서 어린 시절을 보냈으며, 그의 형제들은 뭄바이에서 최초로 진짜 과일이 들어간 아이스크림 브랜드(켄터키스Kentucky's)를 소유하고 있었다. 그는 인도의 이튼스쿨이라고 불리는 더 둔 스쿨the Doon School에서 공부했다. 그와 같은 반 학생 가운데 산지브 간디도 있었다. 이후 그는 런던에서 회계사 과정을 이수했다. 공교롭게도 잔지바르의 혁명가 바부도 같은 시기에 런던으로 와서 동일한 과정에 들어왔으며, 과정 중에 급진 정치에 뛰어들었다. 1970년대 후반 인도로 돌아온 그는 급진학생연합에 가입했으며, 1990년대에 인민전쟁단 지하조직에 합류하여 도시 지역 선전을 담당했다. 2009년 그가 델리에서 체포되자 도시 중산층은 큰 충격을 받았다. 기자 출신으로 수년간에 걸쳐 밀림에 근거지를 둔 마오주의 운동을 연구해온 라훌 판디타Rahul Pandita는 당시 상황을 이렇게 묘사했다.

"돌연 나처럼 도시에 살고 있던 이들이 마오주의에 대해 이야기하기 시작했다. '재는 뭐야? 보아하니 테러 분자는 아닌 것 같고, 그렇다고 우리가 생각하는 마오주의자 같지도 않은데. 바다가 보이는 멋진 별장에서 살고, 부모들은 브리지 게임을 즐겼다고 하던데. …… 맘만 먹으면 어디든 갈 수 있고, 편안한 직업도 가질 수 있는데, 왜 정글을 선택한 걸까?'[64]

당시 운동의 지도자들은 대부분 1970년대부터 80년대까지 안드라 프라데시의 마오주의 조직에서 나왔고, 최고 지도자인 가나파티Ganapathi와 2011년 인도 경찰에 의해 살해될 때까지 게릴라군 수장이었던 키센지Kishenji 등 수많은 이들이 안드라 프라데시 대학에서 처음으로 급진 정치를 접했다.

1980년 이후 호전적인 인민전쟁단은 기존 지역을 벗어나 새로운 곳으로 이주하기 시작했다. 그들의 이주는 지금도 인도 마오주의 운동을 정의하는 데 유효하다. 콘다팔리 시타라미아는 자신들에게 필요한 것은 '인도의 옌안(중국 공산당의 근거지)'이라고 생각했다. 국가의 권력에서 멀리 떨어져 안전을 확보할 수 있으며, 사회경제적 의제가 추진력을 지닐 수 있을 만큼 적당하게 빈곤한 근거지가 필요하다는 뜻이었다. 그는 마침내 차티스가르 남동부 바스타르Bastar에서 이러한 두 가지 조건에 부합하는 지역을 발견했다. 국가 기관의 존재감이 거의 없을 정도로 울창한 밀림 지역으로 외부 도급업자들과 정부 관리들이 천연자원을 마구잡이로 개발하면서 현지 주민들을 악랄하게 착취하는 곳이었다. 라훌 판디타는 이렇게 말했다. "그곳은 안으로 15피트(4.5m)만 들어가도 길을 잃을 수 있었다. 인적이 드물어 몇 마일을 걸어가도 사람을 만날 수 없었다."[65] 현지의 경제상황은 처참할 정도로 가혹했다. 원주민들은 외부 도급업자들이 결정한 임금 요율에 따라 하루에 5파이스 또는 0.06펜스를 받고 독사와 독충에 물릴 위험을 무릅쓰고 담뱃잎을 만드는 데 필요한 텐두 잎tendu leaves, 烏木柿을 채취하는 데 동원되었다. 그들이 채취한 담뱃잎은 수십 억 달러 규모의 담배 산업체에 납품되어 값싼 인도 담배인 비디bidi를 만드는 데 사용되었다. 정부 관리들은 원주민들이 세상 물정을 모른다는 점을 악용하여 착취를 일삼았다. 2001년 현지를 방문한 한 작가는 원주민들의 계산 단위는 20을 넘지 않았다고 말했다.[66] 원주민들은 기아에 허덕이고, 부녀자들은 정부 관리들의 무차별 성폭력에 노출되었다.[67]

라훌 판디타의 지적에 따르면, 그들에 대한 착취와 억압은 "인종차별의 수준을 훨씬 뛰어넘어 아예 인간으로 취급하지도 않았으며, 어떤 여성을 강간하든 전혀 문제가 되지 않았다."[68]

콘다팔리 시타라미아는 바스타르에 새로운 기지를 세우기 위해 몇 개의 분대를 파견했다. 안드라프라데시에서 온 5인 구성의 한 분대는 밀림에서 길을 잃고 굶어 죽을 뻔했다. 정글에서 마주친 원주민들이 낯선 사람이 두려워 도망쳤기 때문이다. 하지만 마오주의자들은 원주민들이 가장 불만으로 생각하는 문제, 즉 경제적 착취와 무차별 폭력에 초점을 맞춰 서서히 발판을 마련할 수 있었다. 그들은 지역 주민들을 조직하여 착취자들에 대항하는 '대중 투쟁'을 벌였다. "낙살라이트들은 여학생들을 착취하던 세금 징수원을 붙잡아 구타한 후 나무에 묶었다. 그런 다음 마을 여성들을 불러모아 그의 얼굴에 침을 뱉으라고 지시했다. 마을 여성들은 돌아가며 그의 얼굴에 침을 뱉었다."[69] 차티스가르 서부의 원주민 여성인 타라카Tarakka는 부친의 식량을 훔치고 친구들을 무자비하게 강간한 산림 경찰에 대한 원한으로 십 대 후반에 마오주의 운동에 합류했다. 2010년 그녀는 처트니(과일과 설탕, 식초, 향신료 등을 넣어 만드는 소스의 일종)를 잘 만들 뿐만 아니라 무기도 능숙하게 다루는 지휘관이 되었다. 그녀는 한 기자에게 이렇게 말했다. "경찰은 여기에 오지 못해요. 오면 죽는다는 것을 알거든요."[70] 마오주의자들은 1985년 한 해 동안 차티스가르 한 지역에서만 2만 에이커의 토지를 압수하여 재분배했다.[71]

안드라프라데시와 차티스가르에서 살아남은 낙살라이트는 1980년대 이후 재결집하면서 마오쩌둥을 본받아 자신들이 전달하려는 메시지를 문화적으로 포장하는 데 주의를 기울였다. 낙살라이트 조직원 가운데 가다르Gaddar(혁명의 의미)라고 불리는 '불가촉천민' 출신의 가수가 있었다. 그는 1985년 지하로 잠입하여 인민전쟁단에 가입했으며, 텔루구어 민요에 마오주의자들의 메시지와 구호로 가사를 바꾸어 노래했다. 예를 들면 이런 내용이었다. "낙살라이트 만세…… 토지혁명이 끝내 승리하리라. …… 그는 우리에게 권력을 행사할 권리가 있는가? …… 홍색 만세!"[72]

그는 인도 주류문화에서 배척당하고 상처 입은 집단인 천민과 여성에게 다가가 마오주의의 메시지를 전달했다. 무대 위에서 그는 우렁찬 목소리와 반짝이는 눈빛, 생생한 표정으로 곱슬머리와 수염을 휘날리며 역동적인 존재감을 드러냈다. 그는 인도 사회에서 가장 빈천한 이들과 함께한다는 뜻에서 구멍이 뚫린 남루한 바지에 거친 담요를 걸치고 노래했다. 정글에서 노래를 할 때면 왼쪽 어깨에 작은 북을 메고, 오른쪽 어깨에는 장전된 소총을 걸고 있었다.[73] 하지만 1995년 한 방문객이 그의 집을 찾아갔을 때 마오쩌둥의 저작물 옆에 필 콜린스Phil Collins와 영국 댄스클럽의 히트곡이 놓여 있는 것을 발견했다. 만약 그가 마오쩌둥이 발동했던 가혹한 문화대혁명 체제하에서 생활했다면 과연 어떻게 되었을까? 물론 단정할 수 없다. 분명한 사실은 1995년 인민전쟁단은 그가 영화 음악 작곡을 위해 공연을 하지 않고 잠시 휴식을 취했다는 이유로 6개월 정직을 명령했다.[74] 2017년 4월 그는 마오주의자들과 결별하고, 인도 정부에 투표권을 신청했다.

인도의 마오주의 반군은 1980년대 후반 타밀일람 해방호랑이Tamil Tigers*가 분열하면서 갈라져 나온 한 분파에게 폭발물, 특히 지뢰를 사용하는 훈련을 받으면서 급격히 군사화하기 시작했다. 그들은 조악하고 원시적인 물건(예를 들어 Y자형 나뭇가지)을 이용하여 지뢰를 만드는 방법에도 능숙해졌다. 그들은 더욱 대담하게 인도 정부를 대변하는 상징적인 인물이나 대표자를 공격 목표로 삼았다. 투항한 마오주의 게릴라는 반군에서 받은 훈련과 인도 군대의 훈련을 비교하면서 이렇게 말했다. "전혀 비교할 수 없는 수준이다. 낙살라이트는 분명한 동기가 있기 때문에 확실한 동력을 가지고 있다. …… 하지만 중앙의 군대(인도 군대)를 한 번 보시라. 폭죽만 터뜨려도 그들은 놀

---

* 타밀족이 독립국인 타밀일람을 만들기 위해 스리랑카 정부에 맞선 반란 세력.

라 자빠지고 내뺄 것이다."[75]

　게릴라와 정부군 모두 '마오바디Maobadi'라는 용어를 사용했다. 마오주의자라는 뜻의 이 용어는 때로 '낙살라이트'와 혼용되기도 했다. 그렇다면 그들의 운동은 자신들이 내건 명칭에 걸맞게 이루어졌을까? 인도공산당(마오주의)의 강령은 분명하게 자신들이 마오주의의 성향을 지녔음을 밝히고 있다. 그들은 인도를 '반半식민지, 반봉건', 즉 제국주의자들, 그들과 협력하는 매판자본가 및 봉건주의자들이 지배하는 국가로 규정했다. 그들은 인도 정부가 이미 정치적 능력을 상실했기 때문에 전면적인 적대적 행동만이 유일한 해답이라고 주장했다. "지속적인 인민전쟁으로 농촌에서 도시를 포위 공격함으로써 최종적으로 정권을 탈취하게 될 것이다. …… 마오쩌둥이 발동하고 영도한 문화대혁명은 위대한 정치 혁명으로 사회주의 체제하에서 무산계급(프롤레타리아)이 자산계급(부르주아)과 모든 착취 계급에 대항하여 프롤레타리아 독재를 더욱 강화함으로써 자본주의의 부활을 저지하기 위한 것이다."[76] 그래서 그들은 당의 강령에서 "우리의 혁명은 중국 혁명의 노선을 따를 것이다"라고 선언했다.[77] 인도 마오주의 공산당의 지도자들은 중국 혁명의 신화를 끌어와 자신들이 주장하는 계급투쟁은 중국 혁명에서 유래한 것이라고 이야기하면서 당원들에게 동기를 부여하고 폭력을 선동했다. "지주에게 학대받은 소작인들은 지주에겐 심장(마음)이 없다고 생각했다. 그래서 지주의 집을 공격할 때면 자신이 직접 지주를 죽이고 가슴 속에 심장이 있는지 살펴보고 싶다고 말했다."[78]

　하지만 라훌 판디타는 일반 당원이나 하급 부대원들에게 유의미한 단 하나의 구호가 "닷 카르 카오, 닷 카르 찰로datt kar khao, datt kar chalo", 즉 '가능한 한 많이 먹고 가능한 한 많이 걷자'라는 사실을 알게 되었다. 10년 넘게 게릴라 활동을 포함한 공산당 활동을 조사하면서 그는 이렇게 썼다.

　"젊은 게릴라들의 마음을 열게 하는 일이 참으로 어렵다. …… 그들에게 '왜 반란에 가담했느냐?'고 묻는 것은 마을 원주민들에게 '어떤 생활을 하고 싫냐?'고 질문하는 것과 마찬가지로 헛된 일이다. …… 그들과 함께 오랜 세월을 보낸 후에야 비로소 제복制服이 그들에게 거대한 집단의 구성원이라는 일종의 귀속감을 주고, 아울러 모종의 사명을 부여하기 때문이라는 사실을 알게 되었다."

다른 사람들은 그저 오가기만 할 뿐 그처럼 장기간에 걸쳐 생활하지 않았다. 그들은 괜한 불만을 터뜨리며 농촌생활을 견디지 못했다. 라훌 판디타에 따르면, 16세의 콜리가 마오주의 공산당에 가입한 것은 우유가 담긴 작은 잔을 실수로 떨어뜨리는 바람에 아버지에게 따귀를 얻어맞았기 때문이었다. 그길로 집을 나온 그가 낙살라이트에 가담한 것은 일종이 청춘기의 반항이자 집안의 통제를 벗어나 다른 세상을 경험하기 위한 하나의 수단이었던 셈이다.[79]

수년간 차티스가르에서 「인도타임스Times of India」 기자로 일했던 수프리야 샤르마Supriya Sharma는 기지에서 생활하는 사람들이 과연 마오쩌둥이나 마오주의에 대해 이념적으로 이해하고 있는지 의심스럽다고 하면서 이렇게 말했다. "나는 풀뿌리 간부(기층 간부)들만 만났다. …… 그 지역에서 마오쩌둥이 누구인지 아는 이를 만난 적이 없었다. 내가 만난 사람들 중에서 마오쩌둥이란 인물이나 그의 역사에 대해 아는 이는 한 사람도 없었다. 그럼에도 자신을 마오주의자라고 부르는 것은 단지 혁명 운동의 일원이 되었다는 뜻일 따름이었다."[80]

이러한 샤르마의 관찰은 오늘날 인도에서 마오주의 운동의 핵심을 꿰뚫고 있다. 현재 인도 마오주의 운동에 참여하거나 지지하는 이들은 자신들이 인도 정부와 실권 세력(지역 토호, 인도 중부 정글에서 광물을 채굴하려는 국가와 다국적 기업)에 의해 잊히거나 희생된 사람들을 대변하고 또한 그들을 동원하여 목소리를 내게 만들고 있다고 주장했다.

인도의 여러 마오주의 단체가 합병하여 인도공산당(마오주의)을 창당하고 4년이 흐른 2008년 인도 정부는 인도 농촌의 빈곤과 분쟁을 연구해온 전문가 그룹에게 마오주의 운동의 정치적 해결책에 대한 지지 여부를 조사하도록 의뢰했다. 연구자 중에는 지난 수십 년 동안 마오주의 영향권 내 지역을 방문하여 조사, 연구한 인류학자 벨라 바티아Bela Bhatia도 포함되었다. 전문가 그룹 역시 현지의 지리적, 사회경제적 복잡성을 인정했다. 하지만 그들은 그 원인에 대해 언급하면서 보다 명확하게 다음과 같이 결론을 내렸다.

"혼란 속의 불안이 그들을 극단적인 노선을 선택하고, 폭력적인 수단으로 문제를 해결하여 국가 권위에 도전하도록 만들었다. 폭력의 격렬한 정도는 오랜 세월 해결되지 않은 상태에서 누적된 사회, 경제적 문제를 반영하는 것이다."[81]

21세기 초부터 인도 경제의 급격한 변화로 인해 이러한 갈등과 충돌이 더욱 첨예해졌다. 1990년대 인도 정부는 경제 자유화의 길로 접어들면서 '허가증 제도licence raj'를 폐지했으며, 기업가들을 위해 규제 완화의 기회를 제공했다. 이는 실질적인 효과를 가져왔다. 무엇보다 인도는 1991년 직면했던 국가 부도 위기에서 벗어났다. 하지만 대기업, 특히 광산업이 부상하면서 1980년대 마오주의 게릴라들이 피난처이자 근거지로 삼았던 광물이 풍부한 정글이 중요 개발지로 부상했다.

많은 이들은 1980년대와 90년대에 차티스가르 지역에서 반란이 일어났을 당시 정부가 경찰이나 군대를 파견하는 등 조치를 취하지 않고 못 본 척 외면함으로써 마오주의자들이 그 지역을 장악하게 된 것이라고 믿고 있었다. 그러나 지금은 상황이 달라졌다. 2000년대 초 정부가 기업들에게 수익성 높은 광산 개발을 허가하자 현지 마오주의자들은 조직적인 저항을 시작했다. 이는 광업으로 막대한 세금을 거두려는 정부에게 위협이 아닐 수 없었다. 하지만 이는 그리 큰 문제가 아니었다. 새로운 밀레니엄이 시작되자 인도 정부는 차티스가르까지 철도와 도로망은 물론이고 파이프라인을 연결하여 보크사이트, 백금, 커런덤corundum(연마제로 사용하는 강도 높은 광물)과 같은 귀중한 광물 채굴을 위한 야심 찬 계획을 실천에 옮기기 시작했다. 정부가 제시한 청사진에 따라 대형 댐이 건설되면서 불가피하게 현지 주민들이 사는 마을이 적지 않게 수몰지구가 되었고, 주민들은 다른 지역으로 이주할 수밖에 없었다.

광산 개발을 위한 일상적인 작업은 민간 기업이 담당했으나 세금이나 부과금, 토지계약 등을 통해 창출된 재부의 많은 부분은 주정부에 귀속되었다(2010년부터 11년까지 개발 지역에서 징수한 세금은 주정부 수입의 거의 20%에 달했다).[82] 또한 주정부의 관리들이나 지역 대표들은 사업 계획이 최대한 원활하게 진행되기를 바라는 민간 기업이나 무역상을 통해 자신의 몫을 챙겼다.

하지만 그 땅에서 오랫동안 거주해온 가난한 원주민들은 기존의 방식 그대로 이득은커녕 여전히 착취에 신음했다. 수백 년 동안 티크_teak(가구목), 타마린드_tamarind(콩과 식물인 열대 과일), 그리고 지금은 광물을 찾아 원주민의 땅에 들어온 외부인들은 원주민을 '설득'하기 위해 국제 시장가의 극히 일부에 불과한 가격으로 귀중한 천연자원을 구매했다. 2001년 차티스가르 남부의 정부 관리들은 원주민들에게 1에이커당 11,000루피에 토지를 팔 것을 강요했다. 만약 거부할 경우 가차없이 몽둥이를 휘둘렀다. 14년 후 토지 개발이 끝나자 그 땅의 가격은 에이커당 300만 루피에 달했다. 2007년 주정부가 적극 간여한 강간과 폭력, 그리고 체포와 구금은 인도 최대 다국적 기업이 원주민들이 사는 지역의 토지를 대규모로 구매하는 데 도움이 되었다.[83] 광산 개발로 원시림은 파괴되고, 붉은 슬러지가 맑게 흐르던 강물을 막았으며, 철광석 제련 공장에서 나오는 검은 연기가 울창한 숲을 덮었다. 광산 개발은 사회경제적 측면만 아니라 환경적 측면에서도 막대한 부작용을 일으켰다. 환경 영향 평가 보고서의 지적에 따르면, 차티스가르의 동일 지역에 일련의 광산 폐기물 하치장 건설 계획은 "계곡 전체의 배수 체계를 무너뜨리고……현지 민족 문화를 소멸시킬 위험성이 농후"했다.[84]

2005년 이래로 인도 정부의 경제발전을 위한 급격한 방향 전환은 차티스가르와 자르칸드 등지의 마오주의 게릴라들과 갈등을 심화시켰다. 같은 해 인도 상공회의소연합Federation of Indian Chambers of Commerce and Industry은 다음과 같이 우려의 발언을 쏟아냈다.

"광물이 풍부한 인도에서 마오주의자들의 반란이 날로 격화하면서 일부 산업 투자 개혁에 지장을 주고 있다. 인도 정부가 성장 동력 확보를 위해 공업화를 강화하고 외국 기업 역시 이에 적극적으로 동참하려는 시기에 낙살라이트는 인도의 장기적인 경제 성장에 필수적인 광업과 제철업 회사들과 충돌하고 있다."

폭력 충돌이 빈번해지자 대기업은 지역 깡패들을 동원하여 주민들의 관자놀이에 권총을 들이대고 '반대하지 않는다'는 내용이 적힌 종이에 서명하도록 강요했다. 그들은 이렇게 철광석 광산 인수를 위한 '동의서'를 확보했다.[85] 인도공산당(마오주의) 및 그 무장 세력인 인민해방 게릴라군은 대기업의 잔혹한 행위에 맞서 싸웠다. 하지만 정부가 광산 계약을 자유화한 후 마오주의자들의 거점이었던 바스타르 지역은 "인도에서 가장 가치 있는 부동산"으로 바뀌었다. 3년이 흐른 2006년 재무장관으로 인도의 자유시장 경제를 총설계한 만모한 싱Manmohan Singh은 놀랍게도 마오주의자들을 "인도 정부의 가장 큰 내부 안보 위협"으로 직접 지목했다.[86]

인도 정부는 마오주의자들을 축출하기 위해 특수 부대를 동원하여 '녹색 사냥Green Hunt', '그레이하운드', '코브라' 등 암호명으로 비밀리에 작전을 시작했다. 사냥이나 동물 이름 등을 암호명으로 정한 것은 목표물을 고의적으로 비인간화한 것이나 다를 바 없었다. 그러나 마오주의자들에 대한 가장 악랄한 공격은 2005년 차티스가르에서 설립한 현지 자위대 '살와 주둠Salwa Judum'이다. 인도 정부는 살와 주둠을 '평화 행진Peace March'으로 번역했지만 현지어인 곤디Gondi 전문가는 오히려 '정화 사냥Purification Hunt'이란 뜻에 더 가깝다고 말했다.

처음에 언론은 그들을 장기간에 걸쳐 고통받아온 부족민들이 마오주의자들에게 대항하는 민간의 자위대라고 소개했다. 또한 정부와 경찰 역시 '민의'의 정당성을 인정하고 지원을 아끼지 않았다. 하지만 사실은 이와 달랐다. 2000년대 초, 정부와 경찰은 지역에서 마오주의자들에게 원한을 품고 있는 이들을 모집하여 마오주의자들과 대항할 수 있는 순찰대를 조직했다. 순찰대는 2005년부터 '살와 주둠'이란 현재의 명칭을 공식적으로 사용하기 시작했다. 그들은 국가안보부의 지원을 받으면서 거의 매일 항의 집회를 열었다. 마을 사람들은 그들의 처벌과 폭력 위협에 시달려 집회에 참가하지 않을 수 없었다. 단체는 8억 6천만 루피의 정부 지원금을 받았으며, 정부에서 지급한 무기로 무장했다.[87]

살와 주둠은 초토화 작전을 금지하는 국제법을 정면으로 위반하면서 마오주의자들을 돕거나 은신처를 제공했다는 혐의를 받는 마을을 약탈하고 완전히 초토화시켰다. 그들은 "마오주의자들이 사는 마을을 정리한다"는 명목하에 마을 주민들에 대한 구타, 강간, 신체 절단, 살해 등 잔혹한 짓을 자행했다. 생존자들은 '구호 캠프'(한 학자는 그곳을 방문하고 '노천 감옥'이라고 표현했다)로 가거나 떠돌이 생활을 택할 수밖에 없었다. 2006년 초부터 마오주의자들의 반격이 거세졌다. 양측의 교전으로 인해 쌍방 모두 수십 명이 사망하는 등 인명 피해가 속출했다. 그중에는 총격전에 휘말린 무고한 마을 주민도 상당수였다. 살와 주둠이 마치 '구운 생선'처럼 까맣게 탄 시체를 남기고, 어린아이, 노인, 병자 등 미처 피하지 못한 이들까지 상해를 입히는 동안 겨우 살아남은 주민들은 밀림 밖에서 활동하는 인사들에게 절망에 빠진 자신들의 상황을 편지로 전했다. "살와 주둠은 사람을 잡으면 죽인 후 사지를 찢고 혀와 심장을 도려냈습니다."[88] 더욱 참혹한 일이 많았지만 차마 말로 표현할 수 없었다. 이러한 인간 비극에서 유일한 승자는 살와 주둠의 '싹쓸이emptying'로 인해 텅 빈 마을에 새로운 공장을 짓는 개발권자들이었다. 국가안전보안대와 그들의 주구들은 자신들이 죽인 이들은 마오주의자들뿐이라고 강변했지만 언론인과 목격자 들은 경찰이 민간인을 학살한 후 그들의 옷을 갈아입히고 교전 중에 죽은 마오주의자로 변신시켰다고 증언했다.

수많은 참상을 목격한 라훌 판디타는 이렇게 회고했다.

살와 주둠 자위대가 저지른 잔학행위로 인해 마오주의 운동이 차티스가르의 한 지역에서 다른 지역으로, 심지어 마오주의자들이 한 번도 가보지 못한 지역까지 퍼져나갔다. 사람들은 자신들이 희생당한 것에 대해 분노했다. 어떤 마을 사람들은 마오주의자들의 주장이나 혁명이론에 대해 전혀 관심이 없었기 때문에 마오주의자들이 마을에 들어오는 것을 거부했으며, 실제로 마오주의자가 한 사람도 없었다. 그런데 뜻밖에도 어느 날 자위대가 마을로 들이닥쳐 제멋대로 약탈, 강간, 살인을 자행하고 마치 아무 일도 없었다는 듯이 사라졌다. 그날 저녁 마오주의 게릴라들이 마을로 들어왔다. 그들이 말했다. "보시오! 우리가 계속 당신들에게 이야기했잖소. 어떻게 하실 것이오. 몇 년이라도 존엄한 삶을 살고 싶습니까? 아니면 10년 동안 개처럼 비참하게 살고 싶습니까?" 마을에서 열댓 명의 젊은이들이 마오주의에 동참했다. 이렇게 차티스가르 남부에서 북부로 마오주의 운동이 들불처럼 번져갔다. 정말로 끔찍한 시절이었다.[89]

2010년 초, 맨부커상 수상자인 소설가 아룬다티 로이가 호텔에 묵고 있을 때 문틈으로 타이핑된 글자가 적힌 쪽지가 밀려 들어왔다. 그녀와 '인도에서 가장 심각하게 국가 안보를 위협하는 존재'(그녀의 비꼬는 표현에 따름)와의 만남을 확인하기 위함이었다. 쪽지에는 "작가는 카메라와 티카, 그리고 코코넛을 휴대하시기 바랍니다. 만나는 사람(접선자)은 모자를 쓰고 힌디어 잡지 「전망_Outlook_」과 바나나를 가지고 갈 것입니다"라고 적혀 있었다. 로이는 지정한 물건을 소지하고 약속 시간에 정확하게 만남 장소에 도착했다.

몇 분 후에 한 소년이 나에게 다가왔다. 모자를 쓰고 책가방을 메고 있었다. 손톱에는 빨간 매니큐어를 칠했는데, 힌디어 잡지 「전망」이 보이지 않았으며, 바나나도 없었다. "당신이 들어갈 사람인가요?" 그가 물었다. …… 나는 뭐라고 대답해야 할지 몰랐다. 그가 주머니에서 축축하게 젖은 쪽지를 꺼내더니 나에게 보여주었다. 'Outlook nahin mila', 잡지 「전망」을 찾을 수 없었다는 뜻이었다.

"그럼 바나나는?"

"먹었어요. 너무 배가 고파서."

그럼에도 그는 여전히 안보에 위협이 되는 인물이었다.[90]

로이는 인도공산당(마오주의)의 근거지로 들어가 열흘 동안 함께 지냈던 경험을 담은 장편 에세이 『동지들과 함께 걷다 *Walking with the Comrades*』의 서두를 이렇게 시작했다. 그녀는 열정 넘치는 자신의 글에서 인도에서 가장 가난하고 제대로 목소리를 낼 수 없는 이들, 대기업의 개발과 환경파괴, 녹색 사냥 작전으로 끊임없이 공격받고 있는 원주민 공동체를 지지했다. 로이는 신자유주의를 표방하는 인도 정부를 억압적이고 비열하며 탐욕스러운 기계나 다를 바 없다고 비판했다. 아울러 약간의 의구심에도 불구하고, 마오주의자들을 인도 정부를 대체할 수 있는 신뢰할 만한 대안으로 묘사했다.[91]

다른 민권 운동가들도 정부의 강력한 탄압에도 불구하고, 그녀의 견해에 대해 동정적이었다. 역대로 인도 정부는 마오주의 대의에 동조하거나 동조할 조짐을 보일 경우 그 즉시 악마화하거나 심지어 범법 행위로 몰아붙였다. 2018년 6월부터 8월까지 최소 10명의 좌파 활동가들이 "마오주의자들과 연계되었다"는 혐의로 체포되었는데, 그들 대부분 정부의 시민사회 공격을 비난하는 이들이었다. 시민활동 경력이 풍부한 익명의 운동가는 마오주의가 현대 인도의 특정한 형태의 정황을 대변한다고 말했다. "마오주의자들은 자신들의 혁명, 즉 인도의 사회적 권력의 변혁을 달성하기 위해 밀림에 살고 있는 원주민들의 권리를 되찾기 위한 투쟁을 벌이고 있다."

정부의 허가를 받고 마오주의자들의 근거지를 방문하여 활동하다가 2018년 8월에 체포된 또 다른 활동가 가우탐 나블라카Gautam Navlakha는 인도 정부의 권력구조 안에 심각한 구조적 폭력과 위선이 존재한다고 규탄했다. 나블라카는 "사람들은 폭력을 한탄하지만 우리는 지구상에서 가장 폭력적인 사회에 살고 있다"라고 말했다. 로이 역시 폭력은 인도 정부의 진압 과정에 만연되어 있으며, 인도 정부가 문제를 해결하는 유일한 방법이라고 생각하면서 인도의 공화국 체제는 이미 "붕괴되었다"고 주장했다. 나블라카는 이렇게 사람들에게 질문했다. "당신은 어떤 방법으로 인도 정부에 대항할 것인가? 당신이 모든 것이 잘 될 것이라고 믿는다면 모를까, 그렇지 않다면 지금 이곳의 상황은 사람들을 폭력으로 내몰고 있다."(하지만 그 역시 마오주의자들의 정적에 대한 잔인한 사적 보복 행위를 비난했다.)

수십 년, 수백 년 동안 억압받아온 사람들에 대한 동정심은 충분히 이해할 수 있다. 게다가 마오주의자나 민권 운동가들에 대한 정부의 탄압과 부정적인 선전활동이 워낙 강했기 때문에 아룬다티 로이와 같은 유명 지식인들이 차티스가르에서 자행하고 있는 정부의 폭력행위에 대해 반격에 나선 것도 쉽게 이해할 수 있다(2009년부터 2012년까지 인도 영자 신문의 기사 출처의 91%가 정부나 경찰이 제공한 것이다).[92]

아룬다티 로이가 자신의 경험을 바탕으로 쓴 장편 에세이는 인도의 정글 마오주의자들이 자신들의 투쟁과 마오주의의 이미지를 어떻게 결합시켰는가를 잘 보여준다. 그들은 마오쩌둥의 모호한 이미지와 명성을 '비전'을 가진 반군의 '영수'의 모습으로 부각시켰고, 이를 통해 빈곤층을 대변하여 열악한 환경을 야기한 정부와 기업에 대항하는 자신들의 투쟁에 원주민들이 호응하도록 유도했다.[93] 그들은 마오쩌둥의 무장투쟁에 관한 중요 발언을 인용하여 오로지 폭력적인 봉기만이 인도 정부의 약탈에 대항할 수 있는 무기라고 주장했다. 왜냐하면 인도 정부는 다국적 기업과 동맹을 맺은 가짜 민주주의에 불과하기 때문이다. "문제는 순종하며 노예의 굴욕적인 삶을 영위하다 굶어죽을 것인가? 아니면 무장봉기를 통해 온갖 진압과 억압의 뿌리를 근절할 것인가에 있다." 인도공산당(마오주의)의 현임 지도자 가나파티는 이렇게 말했다.[94]

마오주의자들이 차티스가르에 도착했을 때 현지 원주민들의 언어인 곤디로 쓴 『마오주석 어록』이 없었기 때문에 곤디어 번역본을 만드는 데 치중했다. 새로 가입한 병사들은 곤디어로 번역한 『마오주석 어록』을 읽음으로써 입대 후 1년 만에 글을 읽을 수 있었다. 원주민은 설사 등 일반적인 질병만으로도 사망에 이르는 경우가 허다했기 때문에 마오주의자들은 문화대혁명 기간에 기초적인 의무 훈련만 받고 지역을 돌아다니며 의료 행위를 했던 '맨발의 의사'처럼 이동 의무대를 조직하여 마을 사람들에게 의료 서비스를 제공했다. 마오주의에 비판적인 사람들조차 마오주의자들이 교육과 의료에 미친 영향에 주목했다. 바스타르의 마오주의자들은 특히 원주민들의 의식 고양에 신경을 썼다(이를 '각성覺醒'이라고 불렀다). 지금까지 멸시와 억압만 받던 원주민들이 당당하게 다른 이들의 시선을 마주하게 되었다. 마오주의자들의 반란으로 촉발된 논란은 적어도 원주민들의 고통을 국가적 관심사로 끌어올리는 데 결정적인 역할을 했다.

로이는 공정한 시각으로 중국이 한때 반정부군의 메카였다가 지금은 신자유주의를 표방하는 인도 정부의 경제적 아이콘으로 변신했으며, 무엇보다 차티스가르의 광물을 탐욕스럽게 소비하는 국가로 변모했다는 아이러니한 역사적 사실에 대해서도 지적했다.

그러나 그녀의 글은 마오주의자들의 이데올로기적 경직성과 그들이 영감을 얻은 공산주의의 유산이 거대하다는 사실을 간과했다[마오쩌둥은 서구 사회에서 이미 정치적 권위를 상실했지만 인도의 일부 좌파 지식인들은 여전히 그에 대한 정치적 존경심을 지니고 있었다. 아마도 이는 마오주의에 대한 역사와 실제 경험이 충분치 못했기 때문일 것이다. 인도에서는 마오쩌둥의 정치적 박해에 관한 책이나 그의 주치의가 폭로한 사생활에 관한 책(마오쩌둥을 냉소적이고 과대망상적인 인물이자 섹스중독자로 묘사했다) 등이 서구 영어권의 독자들에게 영향을 준 것과 달리 거의 읽히지 않았다].

이외에도 로이가 밀림으로 깊이 잠입하여 마오주의자들과 인터뷰한 내용은 세계적으로 마오주의를 전파하던 초기의 방식, 예를 들어 에드거 스노의 『중국의 붉은 별』과 유사하다. 그들의 서사 방식은 사람들을 무장해제시키는 유머와 젊은이들만의 모험심 등을 부각하면서 마오주의자들의 위험이나 위협에 대한 우려를 일소시키는 데 일조했다. 반란군을 잘 웃고 시를 사랑하며, 언제나 미소를 지으며 선량한 마음을 지닌 이상주의적인 반항아로 묘사하여 인도의 또 다른 유형의 반정부주의자들과 다를 바 없다고 여기게 만들었기 때문이다. 2009년 라훌 판디타는 은둔 지도자로 알려진 마오주의자들의 총사령관 가나파티와의 인터뷰를 최초로 성사시켰다. 세상과 격절한 채 좀처럼 드러나지 않는 신비한 인물을 방문하게 된 것은 언론가로서 대단한 성과였다. 하지만 시간이 지나면서 그는 에드거 스노와 마오쩌둥의 관계처럼 자신과 가나파티의 관계가 불안정하다는 느낌을 받았다.

2006년쯤 『중국의 붉은 별』을 읽었다. 스노가 방문했을 때 마오쩌둥이 갑자기 나타났다가 사라지고, 담배를 피우며 다시 나타나더니 또다시 사라졌다는 대목이 나오는데, 가나파티도 그러했다. 그는 자신이 마오쩌둥과 유사한 인물이라는 인상을 주었다. 우리들의 대화는 마치 『중국의 붉은 별』에 나오는 한 장면처럼 보였다. 양자의 역학관계가 우리 두 사람 모두에게 영향을 주는 듯했고, 마치 내가 마오쩌둥을 만난 것 같다는 느낌이 들었다. 가나파티의 일상적인 습관이나 혁명을 이끄는 방식에 대한 내용 등 모든 것들이 이런 착각이 들도록 만들었다. …… 나는 의도적으로 이런 상황에서 벗어날 필요가 있었다. …… 현명한 사람이라면 누구나 중국, 스탈린 치하의 소련, 또는 그 어떤 권위주의적인 정권에서 어떤 일이 벌어졌는지 알고 있

을 것이다.[95]

물론 로이의 글에는 확실히 받아들일 만한 비판적 양면성이 있다. 그녀는 한 게릴라와의 대화를 통해 그들이 자신의 글을 얼마나 면밀하게 검토했는지에 대해 언급했다. 또한 만약 마오주의자들이 정말로 집권하게 된다면 제일 먼저 교수형에 처할 사람이 바로 자신일 것이라고 말하기도 했다.[96] 그러나 그녀는 반군을 분명한 명분을 지닌 이들로 묘사하면서 오히려 불편한 사실을 은폐하는 경향이 있다. 예컨대 마오주의 지도자들은 지금의 인도가 1930년대 중국과 매우 유사하다는 인식하에 자신들이 지지한다고 공언한 소외된 집단과 적敵을 융통성 없이 경직된 궤도 안에 끼워맞추는 편협하고 전체주의적인 이데올로기를 신봉했다. 그래서 그녀는 반란을 '빈곤한 부족' 대 '약탈적이고 환경을 오염하는 정부'의 대결 구도로 간주하여 사회, 정치적으로 매우 복잡한 문제를 단순화시켰다. 또한 그녀는 자신의 방문 기행이 인도공산당의 관리, 중재, 조율에 의해 이루어졌다는 사실을 거의 인정하지 않았다. 그녀는 인도 정치가들의 거짓말과 조작을 비난하면서도 인도공산당이 밀림에서 그녀에게 보여준 이미지가 과연 진실인지 여부를 의심하지 않았다. 대신 그녀는 공산당의 하부 당원들이 당에 대해 얼마나 충성스럽고, 희망과 애정을 가지고 있는지 열정적으로 묘사했으며, "그들은 분명 인민의 군대이다"라고 결론 내렸다.[97]

인류학자 알파 샤Alpa Shah는 인도 중부의 마오주의 운동과 그 맥락을 연구하는 데 10년 이상의 세월을 보냈다. 그 기간에 그는 마오주의자들이 통제하는 지역의 원주민 공동체에서 18개월 동안 참여자이자 관찰자로 생활하기도 했다. 그녀는 그 기간의 경험을 '친밀한 반란intimate insurgency'이라는 말로 표현했다. 마오주의자들은 일부 지역에서 20년, 많게는 30년 동안 거주하며 생활해왔기 때문에 현지인들은 그들을 자신들을 착취하는 정부보다 훨씬 더 신뢰했다. 샤도 아룬다티 로이처럼 원주민들의 이익과 권리를 지지하며 밀림에서 "동지들과 동행했다."

그녀는 마오주의 운동의 평등주의적 이상, 특히 불가촉천민들과 함께 음식을 나누는 등 일상생활에서 카스트제도의 흔적을 지우려는 상류계급 출신의 마오주의자들에 대해 호의적으로 글을 썼다. 그러나 2010년까지 자르칸드에서 활동하며, 카스트제도와 종족 위계에서 가장 밑바탕에 자리한 이들을 옹호하는 자유 투사들에 대한 그녀의 묘사는 점점 복잡하고 혼란스러워졌다. 알파 샤는 마오주의자들이 카스트제도와 종족 간의 차별을 해소하기 위해 애쓰기는 했으나 전체 마오주의자들을 지도하고 이끄는 이들은 여전히 상류 계급 출신의 남성들이라는 사실을 발견했다. 그들 역시 인도 사회에 내재된 불평등을 그대로 재현하고 있었다. 이는 원주민 사회의 긍정적인 특성, 즉 상대적 성 평등주의, 생분해성(미생물에 의해 환경 친화적으로 분해함) 생활 방식을 무시하고, 현대화를 통해 이러한 생존 방식이 필연적으로 사라질 것이라고 믿는 것이나 다를 바 없었다.[98] 또한 마오주의자들은 자신들이 품고 있는 이상주의를 선전했지만 그들의 정치적 신조는 폭력을 미화함으로써 게릴라들의 반란으로 도전하기 힘든 강력한 인도 정부의 진압과 보복이라는 악순환을 초래했다.

델리의 사회개발학과 교수인 아디트야 니감Aditya Nigam은 마오주의자들과 그들의 상류층 편향에 대해 비판을 아끼지 않았다.

"원주민들은 그들 스스로 대표할 수 없기 때문에 반드시 대변인이 필요하다. …… 결국 그들은 국가 대리인이나 혁명가들이 그들을 대변하게 되는데, 혁명가들의 목소리는 거의 브라만이나 상위 계급의 것이다. …… 그래서 우리는 마오주의에 동조하는 지식인들이 원주민의 삶을 통해 자신들의 혁명적 환상을 간접적으로 실현하는 모습을 목도하고 있다. 하지만 실제로 전투에서 죽어가는 이들은 거의 모두 원주민들이다."[99]

인도공산당의 일반 당원들이 최고 지도자이자 총사령관인 가나파티를 '지피(가나파티의 약자) 나리'라고 부르는 것에서 그 일단을 엿볼 수 있다.[100]

마오주의 간부들의 부패와 갈취(규모를 막론하고)에 대한 비난도 만연했다. 2000년부터 2010년 사이에 일부 광산 회사는 마오주의자들과 협상을 통해 차티스가르와 자르칸드에서 생산성을 두 배로 늘렸다. 한 광산업자는 2010년에 자르칸드의 마오주의 단체가 광산업자들이 지불하는 보호비 명목으로 연간 5억 달러를 벌어들였을 것이라고 추정했다. 그는 이렇게 말했다. "그냥 세금이나 같아요. 또 다른 사업비용인 셈이지요. 일단 지불하면 모든 것이 원활하게 돌아갑니다."[101] 위키리크스Wikileaks는 바스타르에서 대규모 철광석 채굴 사업을 운영하는 에사르Essar(인도의 정유업체)가 마오주의자들에게 '상당한 거금'을 지불했다고 폭로했다.[102]

라훌 판디타는 "자금 갈취는 거대한 시스템의 일부였으며 자금을 거두어 전쟁 비용으로 사용했다. …… 인민해방 게릴라군은 대략 1만 2천여 명이었는데, 이런 규모의 조직을 운용하려면 탄약과 폭발물 구매 등 적지 않은 돈이 필요했다. 또한 일부 자금은 개인 금고로 들어갔다. 하지만 원주민의 삶은 개선되지 않았다. 기반 시설은 물론이고 교육, 수도 등 개선된 것이 전혀 없었다."[103] 마오주의자들이 통제하는 바스타르의 지역 주민들은 마을을 벗어나려면 사전에 허가를 받아야만 했다. 자르칸드의 여성들은 집안에 급한 일이 생기거나 가고 싶지 않더라도 공산당이 개최하는 축제에 참가해야만 했고, 만약 이에 복종하지 않을 경우 폭력을 감수해야만 했다. 이렇듯 마오주의 내부에도 권위주의가 존재했다.

1960년대와 70년대에 딜립 시메온은 학생 낙살라이트 운동의 선봉에 섰지만, 방글라데시 전쟁으로 인한 난민 사태와 중국이 자국의 이익에 따라 파키스탄을 지원함으로써 300만 명에 달하는 방글라데시인들이 살해되는 사태(약 40만 명의 방글라데시 여성이 강간당했다)를 목격하면서 그간의 신념이 무너져 내리기 시작했다. 학계로 돌아온 그는 좌파에 대한 지지를 노동사 연구로 전향했다. 동시에 그는 정치적 폭력의 극단을 양쪽에서 모두 경험했기 때문에 정치적 폭력에 대해 격렬한 비판자가 되었다. 1980년대에 그는 대학 내 고용 분쟁에 연루되었다는 이유로 우익 자경단 청년 6명에게 잔인하게 구타당해 왼쪽 다리가 두 군데 부러지고 치아 5개를 잃었으며 턱이 영구적으로 손상되는 등 중상을 입고 9주 동안 재활치료를 받아야만 했다.[104] 그가 보기에, 그저 말로만 인도 중부 지역에서 반란을 부추기고 있는 마오주의자들의 이데올로기, "인도가 1930년대 중국과 같다는 생각, 인도의 민주주의가 수백만 명의 일반 대중들에게는 아무런 의미도 없는 사기이자 음모라는 주장, 중국 혁명의 노선을 따라 무장투쟁을 하는 것이 가능하다는 신념, 농촌에서 폭력 혁명을 일으켜 나라의 정권을 탈취할 수 있다는 주장 등은 근본적으로 모두 키메라chimera(망상)에 불과했다."[105]

그는 인도 당국에 의한 끔찍한 폭력이 존재한다는 것을 인정하면서도 마오주의자들이 이원대립적인 관점에서 이러한 폭력에 대응하는 것도 아울러 비판했다. "인도의 현재 상황에서 폭력성은 폭력 외에 아무것도 없다고 말하는 이데올로기에 힘을 실어주고 있다. …… 만약 당신이 민주주의에 결함이 있기 때문에 민주주의를 전복시켜야만 해결될 수 있다고 말한다면, 이는 결국 (진정한 민주주의의) 퇴행 과정을 돕는 것이나 다를 바 없다. …… 당신은 폭력적인 혁명으로 헌법을 뒤바꾸는 것이 아니라 비폭력적인 군중 운동을 통해 헌법을 수호해야만 한다." 시메온은 식민지 말기의 정치적 테러, 마줌다르의 '살인 수첩', 그리고 현재 마오주의자들이 자행하고 있는 '역사적 살인'(미래를 위한다는 명분에 따른 살인) 사이에 직선을 그어 명확하게 구분했다.[106]

인도에서 지역의 복잡성을 반영하는 장기적인 민족지학적 작업을 수행하는 일은 매우 어렵고 위험하다. 그렇기 때문에 만약 마오주의자들이 반란에 성공할 경우 국가 통치를 위한 정확한 계획을 마련하기가 상당히 어렵다. 전 세계 마오주의자들의 스타일로 보건대, 감정적으로 반란을 호소하는 일에는 능하지만 국가 내부의 심각한 병폐를 해결할 수 있는 구조 개선에는 취약하다. 예를 들어 재정 투명성을 어떻게 할 것인가? 정부 권력과 기업 간에 어떤 견제와 균형이 있어야 하는가? 1947년 이래로 지속되고 실제로 증가하고 있는 경제적 불평등을 줄이기 위한 경제 계획은 무엇인가? 등이 그러하다. 한 고위 경찰관은 마오주의자들과 평화협상을 하면서 그들이 협상을 진전시키기 위한 실질적인 요구 사항을 제출하지 않았기 때문에 좌절을 느끼곤 했다고 말한 바 있다. 라훌 판디타도 이런 생각에 동의했다.

"마오주의자들은 국가 건설에 필요한 청사진이 매우 모호하다. 토지는 균등하게 분배되어야 하고, 모든 이들이 사회 복지를 위해 열심히 일해야 한다는 것은 맞는 말이다. …… 하지만 이 나라를 어떻게 운영할 것인가에 대해서는 아예 그런 관념 자체가 없다. 언젠가 고위급 마오주의 이론가를 만나 이런 문제를 질문한 적이 있었다. 그는 이렇게 답했다. '현재 수많은 가난한 이들이 입을 사리가 충분치 않습니다. 따라서 우리가 정권을 잡으면 사리를 만드는 공장을 세워 생산을 늘릴 것이며, 그렇게 함으로써 더 많은 여성들이 부족함 없이 사리를 입을 수 있을 것입니다. 이것이 우리가 전체 생산 운동을 시작하고 마오주의 국가가 되는 방법입니다.'"[107]

딜립 시메온과 마찬가지로 알파 샤와 난디니 순다르Nandini Sundar도 인도가 처한 공포에 대한 장기적 해결책은 단 한 가지, 즉 국민이라면 누구도 벗어날 수 없는 곤경이자 약속인 입헌 민주주의를 제대로 실현하는 것이라고 믿고 있다.[108] 그러나 순다르 자신도 살와 주둠 및 차티스가르 주를 상대로 제기한 수년간에 걸친 공익 소송으로 쓰라린 경험을 하면서 인도 민주주의 제도의 한계를 절실히 느꼈다. 2011년 7월, 판사는 순다르와 그녀의 동료 활동가들 손을 들어주면서 격앙된 목소리로 차티스가르 주에서 국가 기관이 저지른 엄청난 만행을 조지프 콘래드의 『어둠의 심연』에 묘사된 식민지 시대의 공포와 비교했다. 그럼에도 불구하고 이후 차티스가르에서 강간, 살인, 약탈을 저지른 살와 주둠 가해자 중에서 법의 심판을 받은 사람은 거의 없었다. 자위단의 설계자는 말할 것도 없었다. 또한 피해자들은 어느 누구도 피해보상을 받지 못했으며, 마오주의자들은 여전히 경찰이나 국가안보국 사람들과 '충돌'로 살해당했다.[109] 라훌 판디타는 "원주민의 삶은 전혀 호전의 기미가 보이지 않았다"라고 분노를 터뜨렸다.[110]

순다르는 자신들이 처한 곤경을 이렇게 요약했다.

"활동가들은 마오주의의 '근본 원인'에 대해 논의해야 한다고 주장하지만 국가 안보 전문가들은 '근본 원인'에 대한 언급은 아예 무시하고 '마오주의자들의 폭력'에 대해서만 이야기해야 한다고 고집한다. 학계는 폭력의 의미가 무엇인지에 대해 쟁론을 벌이고, 기자들은 대형 뉴스거리에만 관심 있다. 그리고 끝없이 이어지는 세미나와 점심 식사, 분쟁에 관한 논문만 쓰여질 따름이다. 결국 우리는 밀림 속의 아이는 볼 수 없었다."[111]

11장

네팔
- 권력을 장악한 마오주의자 -

2016년 8월 3일 오후, 푸시파 카말 다할Pushpa Kamal Dahal, 1954~은 네팔 의회의 자리에 앉아 국회의장의 총리 임명 발표를 차분히 경청하고 있었다. 발표가 끝나자 푸시파 카말 다할 주변은 축하 인사를 건네려는 동료 의원들로 가득 찼다. 대부분 중년 이상의 남성으로 서양식 정장에 옷깃이 열린 셔츠를 입은 의원들은 새로 임명된 총리에게 빨강, 주황, 노랑, 연두색 스카프와 풍성한 금잔화 목걸이를 걸어주었다. 금세 비단 스카프와 화환이 푸시파 카말 다할의 어깨부터 귀까지 가득 찼다. 전통적으로 축하 행사에 사용하며, 행운을 가져오는 것으로 알려진 주홍색 가루로 만든 화려한 반점斑點 모양의 티카가 그의 이마 중앙 3분의 1을 차지했다.

지금까지 화해 분위기와 전혀 어울리지 않았던 공간에서 이는 상당이 점잖은 취임식이었다. 불과 18개월 전만 해도 국회의사당은 의원들이 의자를 던지고 테이블을 넘어뜨리며, 연설자에게 마이크를 내던지는 등 소란스럽기이를 데 없었고, 심지어 격렬한 난투극이 벌어져 심각한 중상자가 발생하기도 했다.[1] 그러나 이처럼 차분한 분위기는 오히려 이러한 정치적 결과가 얼마나 엉뚱한 것인지를 감춰주었다. 푸시파 카말 다할은 1996년부터 2006년까지 네팔 왕정과 정부에 대항하는 마오주의 반란을 이끌었다. 당시 그는 프라찬다Prachanda라는 별명으로 더 잘 알려져 있었는데, 이는 '지독한 자' 또는 '위풍당당한 자'라는 뜻이다. 프라찬다는 10년이 넘는 기간 동안 의회제도와 싸우는 데 자신의 모든 정력과 능력을 쏟아부었다. 그는 마오주의가 절정에 이르렀을 때의 스타일 그대로 의회제도를 무장혁명을 통해 소멸시켜야 할 '사기극'이라고 비난했다.

네팔의 마오주의자들은 마오쩌둥의 전략에 따라 국가 권력을 획득한 중국 외의 유일한 집단이기 때문에 프라찬다의 총리 임명(2008년에 이어 두 번째 총리직 수행)은 전 세계 마오주의자들의 특별한 승리를 의미하는 것처럼 보인다. 하지만 현실은 훨씬 더 복잡하다. 프라찬다는 불안정한 정치적 유산과 불확실한 미래에 맞서 싸워야 하기 때문이다. 네팔은 여전히 10년간 의 분열적 폭력을 극복하는 과정에 놓여 있으며, 마오주의 정치인들은 제대로 기능하지 못하는 내재적 보수주의, 카스트제도가 지배하는 의회제도 안에서 자신들의 강령에서 정의한 급진적 비전을 수용해야만 한다. 혹자는 네팔의 마오주의에 대해 사회적 불의에 도전하고 보다 포용적인 노선을 따라 정치를 개혁했다고 평가한다. 하지만 다른 한편으로 마오주의의 이론과 실천에 실패했으며, 위선을 드러냈을 따름이라고 평가하는 이들도 있다. 어느쪽이든 네팔 마오주의의 발전 궤적은 현대사에서 가장 흥미롭고 또한 당혹스러운 정치 실험 가운데 하나이다. 다른 나라, 다른 시대의 이데올로기가 어떻게 네팔에서 뿌리를 내렸을 뿐만 아니라 그토록 눈부신 성공을 거둘 수있었을까?

가장 명료한 연대기 작가 가운데 한 명인 아디트야 아디카리Aditya Adhikari의 발언을 빌리자면, 네팔 마오주의는 "1989년 신자유주의가 무너뜨렸어야 할마르크스주의 변종에 힘입어 영성靈性의 진부함과 관련이 있는 산악 왕국에서 일어난 '이국적이고 시대착오적인 반란'이다."[2] 그렇다면 네팔의 마오주의는 얼마나 강한 적응력을 지녔으며, 그러한 적응력이 과연 네팔의 마오주의를 근본적으로 더 이상 마오주의가 아닌 것으로 바꾼 것은 아닐까? 또한이는 네팔의 미래에 어떤 역할을 하게 될 것인가? 본 장에서는 이에 대해 살펴보고자 한다.

마오주의자들의 반란은 1996년 2월 12일 밤 10시, 새로 결성된 네팔공산당(마오주의)Communist Party of Nepal-Maoist(약칭 CPNM) 대원 36명이 네팔 북서부 롤파Rolpa에 있는 경찰서를 습격하면서 시작되었다. 그들은 정예부대라고 말하기도 쑥스러운 이들이었다. 각양각색의 사제 총기류를 제외하고 그나마 총이라고 할 수 있는 것은 1980년대에 제작된 녹슨 소총 한 자루가 전부였다. 공격은 오후 8시로 예정되었지만 어둠 속에서 울창한 숲을 가로지르다 그만

길을 잃고 말았다. 게다가 경찰들은 금세 투항할 것이라는 게릴라의 예상과 달리 총격전을 벌이며 몇 시간 동안이나 버텼다. 결국 게릴라들은 약간의 폭발물을 탈취한 후 다시 어둠 속으로 사라졌다.[3]

10년 후, 마오주의자들은 결정적인 정치권력을 획득했다. 1만여 명에 달하는 인민해방군은 네팔 경찰과 군대의 화력을 제압하기에 충분했다. 그들은 곧 네팔 영토의 80%에 해당하는 지역의 통제권을 확보했다. 2006년 이후 네팔 왕정이 무너지고, 연방 공화국이 수립된 것은 그들의 무장반란이 주요 원인이었다. 2006년부터 2016년까지 네팔공산당(마오주의) 지도자 두 명이 네팔 총리를 세 차례 역임했으며, 이외에도 당내 고위급 인사들이 정부 요직을 맡았다. 비록 중국공산당이 달성한 것처럼 국가를 장악하여 무소불위의 권력을 휘두르겠다는 원래의 야망은 이루지 못했지만, 네팔은 이제 세계에서 유일하게 '자칭 마오주의자'가 집권한 국가가 되었다.

본서의 많은 이야기와 마찬가지로 네팔 마오주의의 급진적 비전은 20세기 두 가지 우연한 사건에서 기인한다. 그 하나는 1940년대에서 1950년에 이르기까지의 급격한 전환(예를 들어 남아시아의 탈식민지화, 중국의 공산주의 혁명, 네팔 라나Rana 왕조의 종말 등)이고, 다른 하나는 1960년대 후반에 시작된 문화대혁명과 그 여파이다. 이러한 일련의 사건이 야기한 장기적 영향을 이해하지 못하면, 프랜시스 후쿠야마Francis Fukuyama가 공산주의에 대한 자본주의의 결정적인 승리로 인류가 '역사의 종말'에 이르렀다고 선언한 지 7년 만인 1996년 역설적으로 마오주의 반란이 분출한 것을 이해할 수 없다.

1951년 네팔의 농촌에 거주하는 불만 세력과 인도로 망명한 네팔인들이 연합하여 군사 정변을 일으켰다. 그들은 한 세기 동안 카스트제도에 기반한 사리사욕에 착취를 일삼던 과두 정권을 앞세워 국가를 통치한 라나 왕조를 권좌에서 몰아냈다. 이후 네팔은 9년 동안 정당 통치와 부분적인 민주주의를 실행했으나, 1960년 샤Shah 왕조가 부활하면서 모든 정당 활동을 금지하고 선출직 지방의회 제도인 판차야트panchayat를 통해 30년간 통치했다. 그러나 현실적으로 최종적인 권력은 여전히 국왕이 차지하고 있었다. 1991년 민중 시위로 의회민주주의가 다시 도입될 때까지 네팔은 왕정 독재체제가 그대로 유지되었으며, 경제발전 또한 정체된 상태였다. 토지개혁을 위한 다양한 시도에도 불구하고 1990년 네팔인의 5%가 전체 토지의 40%를 소유했다.[4] 가난한 농부들은 자신의 토지를 소유하고 있다고 할지라도 너무 작았기 때문에 1년 수입으로 가족을 부양할 수 없었다. 그런 까닭에 국외로 빠져나가는 노동력이 날로 심각한 상황이었다. 예를 들어 1961년 약 32만 8천여 명이 다른 나라(특히 인도)로 이주했으나 1991년에는 이주 인구가 거의 66만 명으로 증가했다(이외에도 국내에서 이주하는 이들도 많았다).[5] 이후에는 이민자가 더욱 폭증하여 2000년에는 전체 인구의 약 14%인 320만 명에 달했다.[6]

교육은 1951년부터 1991년까지 네팔 정부의 가장 성공적인 치적이었다. 인도차이나를 식민지로 삼은 프랑스와 마찬가지로 라나 왕조는 네팔인들이 국내 상황에 대한 의문을 제기하는 것을 통제하기 위해 일반 대중들의 교육을 엄격히 제한했다. 1950년 네팔에는 학교가 330개도 채 되지 않았고 전체 인구의 95%가 문맹이었다. 1991년에는 300만 명의 어린이가 초등학교를 다니고, 문맹률 또한 60%로 하락했다.[7] 그러나 1960~1980년대 페루의 경우와 마찬가지로 네팔 민중들이 정치, 사회, 경제에 실망하고 교육률이 상승하면서 좌파의 굴기를 촉진했다.

네팔 공산주의 운동은 1949년 네팔공산당CPN 창당 이후 30년 동안 최소 7번 이상 분열되었고, 각 분파가 각기 진정한 계승자라고 주장하는 등 혼란을 거듭하면서 날로 약화되었다. 다른 한편으로 네팔공산당은 정치적 목표로 평등, 토지개혁, 도시와 농촌 간의 격차 해소 등을 제시하면서 일반 대중들의 지지를 얻었지만 자신들의 목표를 어떻게 제도화할 것인가에 대해 정확히 알고 실천할 수 있는 정치가나 개인은 거의 없었다. 특히 빈곤한 서부의 시골 마을에서는 공산주의 세력이 환대받았다. 네팔의 저명한 정치학자

가운데 한 명인 크리슈나 하체투Krishna Hachhethu는 이렇게 설명했다.

"네팔에서 공산주의라는 표식은 큰 호소력을 지니고 있다. 유권자의 50% 이상이 공산주의 꼬리표가 붙은 정당에 투표한다. 설문조사에 따르면, 대중들은 자유보다 경제적 평등을 중시하는 쪽에 투표하는 것으로 나타났다."[8] 이러한 목표에 대한 공감은 네팔 정치의 핵심부에서도 지배적이었다. 1950년대부터 1980년대까지 네팔의회당Nepali Congress Party은 "국가 전체가 '한 가족 같은' 사회주의를 주창하기도 했다."[9]

이처럼 비교적 수월하게 영향력을 행사할 수 있는 환경에서 중국의 화려한 대외 선전이 수입되었다. 1949년 중국공산당의 승리는 마오주의 모델의 성공에 설득력을 더했다. 1939년생으로 1950년대부터 극좌 정치가로 활동한 로히트 동지Comrade Rohit는 어린 시절을 회상하며 이렇게 말했다. "어렸을 때 고향 박타푸르Bhaktapur의 한 도서관을 찾아가 사서에게 용감한 이야기에 관심이 많다고 말하자, 그가 『마오쩌둥의 생애』라는 책을 찾아주었다. 나는 그 책을 통해 마오쩌둥의 인민에 대한 사랑과 애국심, 그리고 그가 중국을 발전시킨 방식에 대해 알게 되었다."[10] 네팔의 독자들은 1930년대 중국을 반봉건, 반식민지 사회로 진단한 마오쩌둥의 말에 공감했다. 그들에게 카스트제도에 기반한 농경사회는 반봉건주의였고, 인도는 식민지화하려는 위협으로 간주되었기 때문이다. 1949년 네팔공산당을 창립한 푸슈파 랄 슈레스타Pushpa Lal Shrestha는 이러한 분석을 채택하고 지지했다.

아직 출판시장이 활성화되지 않은 상태에서 중국에서 보낸 선전물은 큰 영향력을 발휘했다. 네팔 사회와 정치에 관해 예리한 관찰을 지속해온 언론인 가운데 한 명인 C. K. 랄C. K. Lal은 1960년대 자신의 학창 시절에 사회 전반에 만연했던 순진함에 대해 이렇게 말했다. "새롭게 글을 깨우친 이들은 무엇이든 읽고 또한 믿었다. 중국과 소련은 무료로 자료를 배포했는데, 당시 학교에는 중국에서 온 「인민화보」가 있었다. 네팔 남부 가장자리에 있는 테라이Terai에서 학교에 다닐 때 어린이 도서관을 만들어 카트만두에 있는 여러 나라 대사관에 자료를 요청하는 편지를 보낸 적이 있었다. 그때 중국과 소련 대사관만이 「인민화보」와 「소련화보」 등 월간 잡지를 보내주었다. 우리 도서관에서 겉표지가 빨간색인 새 책은 중국과 소련에서 보내온 책뿐이었다. 비록 영어로 되어 있어 읽을 수 없었지만 가장 좋은 자리에 보관했다."[11]

중국에서 문화대혁명이 한창이던 1960년대에 학교를 다녔던 네팔공산당의 미래 지도자들은 문화대혁명에 관한 다국어 선전물을 통해 급진적으로 변화했다. 마오주의 내전 참전용사이자 부부인 바부람 바타라이와 히실라 야미Hisila Yami는 인도를 통해 마오주의와 관련한 힌디어 논문이 네팔로 들어왔다고 회상했다.[12] 네팔의 공산당원들은 인도공산당원들과 물자나 지식을 공유하는 등 상당히 밀접한 관계를 유지했다. 네팔공산당이 창당된 것은 1949년 인도 콜카타였고, 인도공산당 동지들에게서 이데올로기 교육을 받기도 했다.

중국과 소련의 관계가 악화일로에 놓이자 네팔의 젊은 좌파들은 본능적으로 마오쩌둥 편에 섰다. 프라찬다는 훗날 1960년대 말기에 어떤 친구가 마오 주석의 초상화를 보면서 했던 말을 기억했다. "이 사람은 중국 최고 지도자이다. 중국에는 빈부의 격차가 없으며, 약자와 강자의 차별도 없다. 그곳에선 사람들 모두 평등하다."[13]

수십 년 동안 영어를 네팔어로 번역한 카겐드라 상그룰라Khagendra Sangroula는 마오쩌둥의 저서를 국내 시장에 번역 소개하는 일을 계속했다. 그는 1965년 무렵 "마오쩌둥의 저작은 카트만두 어디에서든지 흔히 볼 수 있었으며, 친구들 대부분이 중국 편에 섰다"고 말했다.[14] 카트만두에서 중국 관련 서적을 가장 많이 구비하고 있던 서점은 프라가티 프라카샨Pragati Prakashan이란 곳인데, 구두쇠로 유명한 니란잔 바이디야Niranjan Baidya라는 사람이 운영하는 곳이었다. 그는 정치 서적을 네팔어로 번역하는 일을 맡기면서 번역가에게 번역료를 형편없이 주는 것으로 악명이 높았다.[15] 서점의 서가에는 마오쩌둥의 산문과 시가, 『마오주석 어록』 및 「베이징 주보」 등 각종 중국 선전물이 진열되어 있었다. 이외에도 1949년 이전의 좌파 문학작품, 예를 들어 저명한 작가이자 중국공산당이 찬양했던 루쉰의 소설과 산문도 있었으며, 1949년 이후에 나온 양모楊沫의 『청춘의 노래靑春之歌』, 리신톈李心田의 중편소설 『반짝이는 붉은 별閃閃的紅星』 등 사회주의리얼리즘 계열의 작품들도 서가에 진열되어 있었다. 특히 양모와 리신톈의 소설은 네팔의 젊은 문학청년들에게 마오주의의 급진적인 운동과 이상주의에 대한 매력적인 비전을 제시했다. 상그룰라는 당시 상황에 대해 이렇게 말했다.

"당시 그 서점은 일종의 선전 기계나 다를 바 없었다. 『마오주석 어록』, 「인민을 위해 복무하라」, 「우공이산愚公移山」, 「사람의 정확한 사상은 어디에서 오는가」, 「후난 농민운동 고찰 보고」 등이 가장 많이 읽히고 토론하는 작품이었다. …… 마오쩌둥은 매우 복잡한 내용을 평범한 농민들도 이해할 수 있도록 아주 쉽게 쓸 수 있는 유일한 사람이었다."[16] 독자들에게 "마오쩌둥은 신과 같았으며, 반면에 흐루쇼프는 악마와 같았다. 중국에서 출판된 모든 서적은 성경이나 코란과 같았고, 소련에서 출판된 것은 모두 나쁜 것이었다."[17]

네팔 정부는 마오쩌둥 열풍에 특이하게도 관대했을 뿐만 아니라 심지어 적극적으로 장려했다. 1960년 마헨드라Mahendra 국왕은 다당제가 부정부패와 무정부 상태를 초래한다는 이유로 의회를 폐쇄하고 정당을 불법화하고 정권을 장악했다. 이러한 상황에서 정당 정치에 대한 공개적인 토론과 공개적인 참여는 사실상 불가능해졌다(공개적으로 정당활동을 하던 기존의 지도자들은 모두 투옥되었다). 하지만 마헨드라가 네팔공산당을 1960년 이전 최대 정당인 네팔의회당의 대항마로 키우고자 했기 때문에 마오쩌둥의 저서는 여전히 판매되고 있었다. 상그룰라에 따르면, "국왕이나 판차야트(지방의회)를 직접적으로 비판하지 않는 한 어떤 내용이든 출판할 수 있었다. 마오쩌둥의 작품도 도처에서 볼 수 있었다."[18] 국내 정치에 관한 토론을 통제했기 때문에 1960년대와 70년대에 성장한 세대는 오히려 외교나 외국의 상황에 대해 더 많은 것을 알고 있었다. 1950년대와 60년대에 걸쳐 마헨드라 국왕은 인도의 영향을 막기 위해 친중국 노선을 택하면서 중국에 대해 상당히 우호적이었다. 이에 화답하기 위해 중국은 자국 언론을 통해 마헨드라 국왕을 '진보적인 국왕'으로 묘사했으며, 공산주의자들에 대한 감금 등 억압 상황에 대해서는 눈을 감았다. 1960년대 초 중국은 카트만두와 티베트 사이의 도로 건설을 위해 천만 달러 넘게 투자했고, 문화대혁명 직전에는 중국 대외 원조의 16.8%가 네팔에 지원되었다.[19] 인도는 자국과 주변 지역에서 중국의 영향력이 확대되는 것을 경계했다. 특히 1962년 중국-인도 국경 전쟁의 여파로 중국에 대해 불안감을 감추지 못하던 인도는 중국의 원조가 네팔이 마오주의자들의 공산주의를 보다 쉽게 수용하도록 만들고 있다고 항의했다. 그러나 마헨드라 국왕은 "공산주의는 택시를 타고 이동하는 것이 아니다"라고 자신 있게 대답했다. 1967년 네팔에 파견된 중국의 기술자들은 네팔 노동자들에게 마오쩌둥 배지와 『마오주석 어록』 등을 나눠주기 시작했다. 노동자들은 먼저 "마오쩌둥 초상화에 경례하고, 그를 찬양하는 구호를 외쳐야만" 비로소 임금을 수령할 수 있었다.[20]

문화대혁명으로 인한 소동과 마오주의에 영감을 받은 인도 변경의 낙살라이트 운동(1971년부터 72년까지 네팔 급진주의자들은 낙살바리에서 서쪽으로 조금 떨어진 자파Jhapa에서 이를 모방하여 활동을 전개했다)에도 불구하고 군주제하의 네팔 정권은 네팔의 지식 청년들에게 '마을로 돌아가기 운동 Back to the Villages'(일종의 하방下放 활동)을 적극 고무했다. 이는 지식인들을 농촌으로 내려보내 재교육시키려는 문화대혁명 기간의 중요 사업을 모델로 삼은 사업이었다. 이 사업의 설계자인 카말 라지 레그미Khamal Raj Regmi는 마오쩌둥의 열렬한 독자였으며, 사업 책임자인 비슈와 반두 타파Vishwa Bandhu Thapa는 중국을 방문하여 주더, 저우언라이 초청 연회에 참석한 적이 있다(「베이징 주보」에 상세하게 보도되었다).[21] 대학생들은 졸업하기 전에 최소 1년간 농촌 지역에서 일(주로 가르치는 일)을 해야만 했다. 당시 사업을 주관하던 이들의 지론은 매우 간단했다. 이 사업을 통해 국가를 통합하고 도시와 농촌 간의 격차를 줄이며, 네팔에서 가장 학력이 높은 이들이 농촌 발전에 기여한다는 것이었다.[22]

하지만 사정은 생각했던 것보다 잘 풀리지 않았다. 1968년 당시 영문학과 학생이었던 상그룰라는 향후 10년 안에 혁명이 일어날 것이며, 그때가 되면 자신이 받은 부르주아 교육은 무용지물이 될 것이라고 생각했다. 그래서 그는 십여 명의 동지들과 '마을로 돌아가기' 운동에 참여하기로 결심했다. 도시를 떠나 서쪽으로 향하던 날을 기억하며 그는 이렇게 회상했다.

내 가방에는 백여 권의 『마오주석 어록』이 들어 있었고, 머릿속에는 꿈이 가득했다. 저녁과 이른 아침에는 소년들에게 『마오주석 어록』을 읽도록 하는 한편 마오쩌둥 저서에서 여성, 아동, 혁명, 유격전, 지구전 등과 관련된 내용에 대해 가르쳤다. 이외에도 마오쩌둥이 말한 "혁명은 손님을 청해 식사하는 것이 아니다"라든지 "정권은 총구에서 나온다." 등도 알려주었다. 대부분의 소년들은 다 쓰러져가는 허름한 집에 살면서 척박한 땅을 개간하며 가난하고 힘든 삶을 살았다. …… 그들이 장래에 무엇을 할 것인가에 대해 나는 구체적인 생각이 없었다. 나는 낭만적인 혁명가였다. 나는 그들이 내가 선전하는 내용에 감동받아 혁명의 길을 걷기를 희망했다. …… 문화대혁명이 나에게 큰 영감을 주었다. 교사나 교수들이 시골로 내려가 개조됨으로써 이론과 실천 사이의 괴리가 없도록 해야 한다는 뜻이었다. 어린 소년들은 매우 수줍어했는데, 선생님이 무슨 말씀을 하든 무조건 다 믿었다.[23]

상그룰라와 그의 동료들이 '마을로 돌아가기' 활동에 끼어든 것은 체제 전복을 위한 계획의 일환이었다(그런 까닭에 상그룰라는 여러 차례 체포되어 심문을 받았다). 그럼에도 불구하고 정부는 1979년에서야 비로소 사업을 폐지했다.

지속적인 정부의 탄압에 낙담한 상그룰라는 카트만두로 돌아와 결혼하고 아이까지 두었다. 이후 그는 마오쩌둥의 작품집(제2권, 3권, 4권)과 양모의 『청춘의 노래』를 포함한 약간의 중국 소설을 네팔어로 번역해 달라는 니란잔 바이디야의 부탁을 받았다. 당시 바이디야는 네팔에서 번역 사업을 한다는 이유로 중국 정부로부터 정기적으로 자금을 받고 있었지만 상그룰라가 번역비로 받은 액수는 6천 루피(한국 돈으로 채 10만 원이 되지 않는 금액)에 불과했다. 아마도 나머지는 모두 니란잔 바이디야가 챙겼을 것이다.[24]

그가 번역한 책은 1996년부터 2006년까지 마오주의 내전에서 핵심적인 교재로 활용되었다. 또한 『청춘의 노래』는 공산당에 가입한 마오주의자들의 핵심 텍스트가 되었다. 프라찬다는 상그룰라에게 "우리는 당신이 번역한 작품을 읽고 자랐다"고 찬사를 보냈으며, 지금도 마오주의자들은 번역가 상그룰라를 문화대사文化大師로 추앙하고 있다.[25] 네팔의 마오주의는 어떤 면에서 문학 현상이라고 말할 수 있다. 주로 문학작품이나 문건을 통한 이른바 책에 의한 혁명이기 때문이다.[26] 그들은 젊은 독자들을 상상 속의 정치적 공약의 세계로 안내했다.[27] 물론 문맹인 수많은 젊은이들이 오로지 사회 변화에 대한 약속으로 인해 혁명에 동참하고 서부 거점 지역으로 몰려들었지만, 혁명의 핵심 세력은 교육을 받은 엘리트들로 이루어졌다. 당시 마오주의자 단체의 정보부를 맡았으며, 네팔 동부의 베테랑 게릴라 사령관 출신인 수렌드라 쿠마르 카르키Surendra Kumar Karki는 2016년 자신이 마오주의를 습득하게 된 과정을 이렇게 말했다.

"나는 중국에 관한 서양인들의 글을 통해 문화대혁명에 대해 배웠다. 그중에는 아그네스 스메들리, 에드거 스노, 윌리엄 힌튼, 한수인韓素音 등의 책도 포함되어 있다. 나는 서양인이 쓴 중국에 관한 책을 거의 모두 섭렵했다."[28] 네팔 마오주의자들 가운데 가장 고위급 여성 지도자에 속하는 히실라 야미는 자신이 진정한 의미에서 정치적으로 각성한 것은 1990년대 초 뉴캐

슬에서 석사과정을 밟던 시절이라고 하면서 당시 『중국의 붉은 별』을 비롯하여 중국에 관한 많은 책들을 읽었으며, 네팔 국내에 있는 젊은 마오주의 당원들을 위해 사본을 가지고 돌아왔다고 했다.[29]

마오주의자들 가운데 최고 지도자들은 대부분 카스트제도 상위에 속하는 이들이었다. 그중에서도 최고 학력 소지자이자 혁명 운동의 핵심 브레인은 바부람 바타라이였다. 1954년 네팔 중부의 시골 마을 고르카Gorkha에서 태어난 바타라이는 네팔인들이 교육을 받을 기회를 얻게 된 개혁의 수혜자였다. 세계의 다른 나라들처럼 네팔의 1960년대는 가능성과 의문으로 가득 찬 시기였다.

수많은 젊은이들이 대학과 학교에서 세계 곳곳의 민주주의와 혁명에 관한 이야기를 접하면서 왜 네팔은 여전히 독재 군주제가 지속되고 있는지 의문을 품었다. 바타라이는 1970년 졸업시험에서 전국 수석을 하면서 전국적으로 화제가 되었다. 탁월한 성적으로 인해 그는 카트만두와 인도에서 계속 공부할 수 있는 기회를 얻었다. 어린 시절 학교에 가기 위해 멀고 먼 길을 걸어가야만 했고, 수업이 끝나고 집에 돌아오면 밭에 나가 일손을 도와야 했던 소년에게 대학 교육은 삶의 가능성을 변화시켰다. 교육의 마지막 단계에서 그는 「네팔의 저개발과 지역 구조의 본질-마르크스적 분석」이라는 제목의 박사논문을 제출했다. 그는 이를 통해 마오주의 투쟁의 이념적 정당성을 개발할 수 있었다.

그러나 네팔의 마오주의자들은 중국과 지역적, 이념적, 문학적 친밀감에도 불구하고, 중국 생활에 대한 비매체적 정보 채널을 구축하는 데 거의 관심을 두지 않았다. 마오쩌둥이나 루쉰의 작품이나 양모의 작품 또한 네팔어로 번역된 대부분의 중국 문학작품의 원본은 영문 번역본이었다. 중국어를 배울 기회도 거의 없었다. 1960년대와 70년대 네팔 외무부에서 중국 문제 전문가는커녕 중국어를 구사할 수 있는 사람이 단 두 명뿐이었다. 이웃 국가인 인도와 마찬가지로 중국 이데올로기에 대한 열광은 넘쳐났지만 중국 마오주의의 실체를 탐구하는 데는 거의 관심이 없었다. 카겐드라 상그룰라는 이렇게 말했다. "중국에 가본 적도 없고, 심지어 중국 대사관에도 가본 적이 없다. 마오쩌둥과 중국, 그리고 중국 혁명을 좋아하지만 그곳에 직접 가는 데는 별 관심이 없었다."[30]

경험적이라기보다 문학적인 관계라고 할 수 있는 네팔의 마오주의 접촉은 특별한 흔적을 남겼다. 마오쩌둥 사후 중국이 마오주의식의 실험에 대한 신뢰를 공개적으로 상실하고, 문화대혁명의 참상과 마오쩌둥의 무자비한 행태에 대한 회고록이 1980년대에 들어와 널리 유포되기 시작하자 마오주의에 대한 젊은 서방 급진주의자들의 열정도 따라서 사그라졌다. 그러나 이와 달리 네팔의 마오주의자들은 오히려 문학적, 이념적 텍스트에 대한 열정이 강해졌다. 심지어 카트만두 계곡에 자리한 티베트 난민수용소 등 마오쩌둥 통치의 영향을 그대로 보여주는 증거가 바로 코앞에 있었음에 불구하고 마오주의자들은 마오쩌둥 정책에 대한 생생하고 구체적인 경험보다는 추상과 이상에 집착하는 행태를 보였다.

네팔에는 중국과 소련의 냉전시대 이데올로기가 여전히 중요한 이슈로 남아 있었다. 모한 비크람 싱Mohan Bikram Singh은 1953년 18세의 나이로 네팔공산당에 입당한 후 독립적인 공산당과 조직을 건설하기 위해 네팔 서부로 떠났다. 그곳에서 그는 마오주의 '인민전쟁'의 미래 지도자를 양성하는 훈련장을 건설했다. 같은 세대나 이후 세대의 대다수 네팔 좌익 인사들과 마찬가지로 그 역시 마오쩌둥의 혁명 모델을 선호하여, 농촌 지역에서 대중들을 조직화하여 무장 투쟁을 준비함으로써 최종적으로 정권을 탈취하는 방식을 택했다. 그는 네팔 서부 퓨탄Pyuthan에 있는 자신의 거점을 네팔의 옌안으로 생각하고 만들었다. 그의 문제점(어쩌면 그가 다른 이들을 앞서는 부분일 수도 있다)은 네팔이 무장 혁명을 일으킬 준비가 되어 있지 않다고 생각했다는 것이다. 그는 이렇듯 오랜 세월이 흐르는 동안 한 번도 혁명을 해보지 않았지만 수십 년 동안 신봉해온 이데올로기적 처방의 정확성에 대해서는 여전히 확신하며 전혀 의심치 않았다. 이미 80세가 넘은 나이에도 불구하고 그는 여전히 충실한 마오주의자를 자처하고 있다. 마오주의를 처음 접한 것이 언제냐는 질문에 그는 1960년대 중소 분열을 떠올리며 눈을 반짝이며 그것은 '위대한 논쟁'이었다고 말했다.[31]

1984년, 전 세계에 흩어져 있던 마오주의 정당들은 1970년대의 분열과 중국 내부의 문화대혁명에 대한 부정 등을 거치면서 새롭게 '혁명 국제주의 운동Revolutionary Internationalist Movement(약칭 RIM)'에 가입하기 시작했다. 혁명 국제주의 운동은 튀르키예, 방글라데시, 아이티 등의 혁명 단체와 페루의 빛나는 길, 영국의 노팅엄Nottingham과 스톡포트Stockport 등 공산주의 조직과 연합했다. 조직의 추진력은 밥 아바키안Bob Avakian이 영도하는 미국 혁명공산당에서 나왔다. 은둔형 외톨이처럼 공식석상에 나오기를 꺼려하던 그는 주로 공식 대변인을 통해 교조적인 발언을 일삼았으며, 150명에 달하는 당원들을 숙청하기도 했다. 그는 마오 스타일을 본받아 개인 숭배를 조장했고, 자신의 카리스마를 위해 『마오주석 어록』을 모방한 자신만의 '회색 어록집Little Grey Book'을 만들어 『탄환Bullets』이라고 불렀다. 아바키안과 혁명 국제주의 운동 회원들은 마오주의에 대한 복음주의적 열정을 지니고 있었으며, 1960년대 「베이징 주보」에서 전파하던 유토피아식 상상과 절대적 확실성으로 회귀했다. 모한 비크람 싱은 혁명 국제주의 운동의 창립 회원이었다. 훗날 그는 이렇게 회고했다. "덩샤오핑의 등장은 전 세계 공산주의자들을 불안하게 만들었다. 우리 혁명 국제주의 운동 회원들이 반드시 마오주의를 구해내야 한다고 믿었다."[32]

혁명 국제주의 운동은 창립 초기부터 1980년대에 성행하던 소비주의, 레이건주의자들의 비전과 차원이 다른 혁명적 이념에 대해 진지하면서도 격렬한 논쟁을 벌였다. 서구에서 아바키안과 그의 헌신적인 제자들은 제명된 동료의 표현대로 '속 빈 강정'nothing-burgers으로 쉽게 무시당할 수 있었다. 그러나 마오주의와 긴밀한 텍스트적 관계를 맺고 있던 네팔의 잠재적 혁명가들은 이 조직을 통해 무장혁명에 대한 국제적 검증을 받음으로써 내전을 향한 동력을 얻게 되었다. 싱은 약간 불만스러운 어투로 이렇게 말했다. "아바키안이 주도하는 혁명 국제주의 운동의 노선은 마르크스-레닌주의보다 더 무정부주의적이었다. 그들은 굳이 특정 상황을 분석할 필요 없이 언제라도 무장 투쟁에 돌입할 수 있다고 생각했다. 그래서 그들은 항상 바로 지금이 네팔에서 무장 혁명을 시작하기에 가장 좋은 시기라고 말하며 무장 투쟁이 스스로 조건을 만들어낼 것이라고 주장했다." 혁명 국제주의 운동에서 빛나는 길은 마땅히 본받아야 할 훌륭한 사례였다.

인내심이 강한 싱은 혁명 국제주의 운동에 회의를 거듭하다가 결국 결별하고 말았다. 하지만 네팔 서부에 있던 싱의 부하들은 상대적으로 우둔하여 혁명 국제주의 운동의 미끼를 물고 말았다. 싱은 나중에 "혁명 국제주의 운동이 무장 운동 배후의 주요 선동자였다"라고 말했다.[33] 키란 동지Comrade Kiran라는 가명을 사용하던 모한 바이디야Mohan Baidya는 부친이 교사이자 공산주의자였다. 그는 1985년 네팔공산당 내부에 자신만의 계파를 결성했다(공식적인 이유는 싱이 '자본계급'과 사통하여 더 이상 혁명 선봉대에 속하지 않기 때문이라는 것이었다).[34]

1980년대 후반 무장 반란 시도가 실패하자 그는 모한 비크람 싱의 제자였던 프라찬다에게 영도권을 넘겼다. 1991년 네팔이 다당제 민주주의라는 새로운 실험을 시작하고 대중의 정치 활동이 다시 가능해지자, 이 계파는 (자칭 '통일 센터') "네팔에 새로운 민주 혁명을 가져올 인민전쟁"을 시작하기로 결정했다. 그들은 1994년 전쟁을 준비하기 위해 지하로 잠적했고, 이듬해에 네팔공산당(마오주의)을 결성했다.[35] "혁명 국제주의 운동은 우리에게 아무런 물질적 지원도 제공하지 않았다. 단지 이론적인 지원만 했을 뿐이다."[36] 하지만 네팔의 상황에서는 그것만으로도 초원을 불태울 수 있는 한 점의 불꽃이 되기에 충분했다.

C. K. 랄은 전업 정치평론가가 되기 전까지 토목 기사로 일했다. "사람들

은 날 보고 뛰어난 토목기사라고 말하곤 했다." 그는 자조 섞인 미소를 지으며 말했다. "전쟁이 한창일 당시 나는 마오주의자들을 가장 맹렬하게 비판하던 이들 가운데 한 명으로 여겨졌다. 하지만 마오주의자들의 거점 가운데 한 곳인 네팔 서부 끝과 네팔의 다른 지역을 연결하는 카르날리 다리Karnali Bridge를 건설하는 일을 돕기도 했기 때문에 마오주의자들과 무슨 적대감 같은 것은 없었다. 그 다리는 그들과 외부 세계를 연결하는 주요 통로였다." 네팔기술자협회의 집행위원으로 활동하던 랄은 그해 카트만두에서 열린 세계기술교육대회World Congress of Engineering Education를 공동으로 조직했다. 여러 사람들이 모여 기획 회의를 하다가 잠시 차와 비스킷을 먹으며 한담을 나눌 때 간혹 화제가 엉뚱한 곳으로 흘렀다.

"한 동료가 말했다. '농촌 지역의 파출소를 외양간 위에다 세웠더군요. 그런 곳에선 경찰을 제압하여 무장 해제시키는 것이 정말 쉬울 거예요. 은행 경비원들은 총을 한 정씩 가지고 있기는 한데 장전하는 데 15분이나 걸리는데다 그마저도 발사를 보장할 수 없어요. 조금 머리를 쓸 줄 알면 막대기만 가지고 은행을 털 수 있다니까요.' 당시 나는 그런 이야기에 별 다른 생각을 하지 않았다."

그러나 랄은 당시 사람들이 주고받던 이야기나 화제가 네팔의 마오주의에 어떤 의미가 있었는지 가끔씩 되새겨 보곤 했다.

당시 동료들 가운데 적지 않은 이들이 마오주의 운동의 활동가나 지도자가 되었다. 1990년대 중반 마오주의 운동에 처음 참여한 이들은 거의 모두 학사 학위를 가진 중산층 전문직 종사자였다. 농학자이자 교사였던 프라찬다는 미국이 자금을 지원하는 프로젝트의 컨설턴트로 한동안 일했다. 바부람 바타라이는 도시설계가로 정치경제학 박사 학위를 가지고 있었다. 군대를 이끄는 바달Badal은 러시아에서 농학을 전공했으며, 키란은 산스크리트어 교육을 받은 문학 평론가이다. 이외에도 교사들도 많았는데, 그들은 대부분 중산층의 전문가들로 대학 이상의 학위를 가졌으며, 네팔의 평민들을 선두에 서서 이끌어야 한다고 생각했다. 다시 말해 고전적인 마르크스 체제였다는 뜻이다.

그는 당시 운동에 회의적이었다.

"어쩌면 진정한 혁명이라기보다는 권력을 획득하기 위해 지름길을 택한 교육받은 중산층 운동이었을 것이다. …… 그들은 '마오주의'라는 거창한 이름을 붙인 매우 영리한 정치 사업가들이었다."[37]

마오주의 지도자들은 대부분 힌두교 경전에 따르면 '지상의 신'인 브라만 출신이었으며, 의식적으로 '마오주의 브라만 전사의 왕'으로 자신을 포장하기 위해 노력했다.[38] 이에 반해 카스트의 하위 계층은 주로 평범한 활동가나 군인이 되었다. 프라찬다, 바타라이, 야미 등 여러 지도자들은 전쟁 기간에 인도 내 네팔인 거주지에 살면서 전투에는 참여하지 않고 지켜보기만 했다. 1970년대 내내 프라찬다의 정치적 스승이었던 모한 비크람 싱은 "프라찬다는 야심만만한 기회주의자였다. 그에게 혁명은 개인적인 야망일 뿐 사상이나 이데올로기와 무관했다."[39]

그러나 엘리트 기회주의자들만으로는 1996년 무장 투쟁을 시작한 마오주의 운동의 성공을 설명하기에 충분치 않다. 당시 급진적 변혁을 요구하는 언론이 이 비옥한 땅에 떨어져 뿌리를 내렸다. 1990년 이후 신생 민주국가인 네팔에 비정부기구NGO의 해외 원조가 쏟아져 들어왔다. 하지만 분배는 불공평했고, 게다가 부정부패가 만연했다. 지역의 토호들은 원조금을 자신들에게 이익이 되는 사업에 전용하는 데 익숙했다. 민주주의가 도래하면서 일반인들의 기대 또한 덩달아 높아졌지만 1990년 이후의 경제 성장은 실망스러웠다. 농민들의 식량 생산은 겨우 몇 달 동안 자신과 가족을 먹여 살릴 수 있을 정도였고, 식량이 부족하자 착취적인 노동 조건을 받아들이지 않을 수 없었으며, 식량 외에 생활에 필요한 물건을 사기 위해 고리대금이나 다를 바 없는 높은 이율의 대출에 의존할 수밖에 없었다. 이러한 불평등은 네팔 사회 내부의 권력 계층화로 인해 더욱 심화되었다. 특히 여성 노동력 착취, 상위 카스트의 하위 카스트 및 불가촉천민에 대한 경제, 사회적 억압과 소수 민족의 주변화를 초래했다. 통계에 따르면, 2001년 네팔의 평균 기대 수명은 59세였지만, 궁핍한 서부의 경우 42세에 불과했다.[40] 그런 까닭에 수많은 네팔인들이 고향을 떠나 다른 지역 또는 나라로 이주했다. 1997년에 노동 인구의 10% 이상이 인도, 페르시아만 여러 나라, 말레이시아 및 기타 아시아 지역으로 이주했으며, 이들이 보낸 송금액이 네팔 GDP의 4분의 1에 달했다. 이 비율은 향후 20년 동안 더욱 증가할 것이었다.[41]

네팔 정부는 이러한 상황을 보고도 못 본 척했다. 여전히 국민은 착취당하고 민간의 삶은 더욱 궁핍해졌다. 카트만두의 정치권력을 장악한 이들은 국민의 사회경제적, 인종적 다양성을 정책에 거의 반영하지 않았으며, 전국에서 거두어들인 세금은 농촌이 아닌 도시 지역 개발에 사용되었다. 게다가 네팔의 민주주의는 제 기능을 상실하여 역대 행정부가 네팔에 필요한 일관된 사회경제적 개혁 프로그램을 추진하지 못했다(이는 지금도 여전하다). 1990년 다당제 정치가 복원된 후 민주적인 선거를 통해 만들어진 정부는 대부분 불안정한 연립정부였다. 1994년부터 1999년까지 네팔에는 부정부패 스캔들, 냉소적인 당파주의, 불신임 투표 등으로 인해 적어도 세 차례나 정권이 교체되었다(집계방식에 따라 다를 수 있다). 프라찬다, 바타라이 그리고 다른 급진주의자들은 1960년대 이후 네팔을 가난하고 불평등하게 만든 판차야트 제도 정권의 꼭두각시들이 새로운 '민주주의'를 통해 권력에 순조롭게 진입하여 자리 잡았다고 설득력 있게 주장했다. 다시 말해 낡은 기득권 세력이 포용적이고 자유로운 정치 체제를 가장하여 오래된 불평등이 재생산되고 있다는 뜻이다. 예를 들어 1995년부터 2001년까지 보다 진보적인 토지 개혁은 계속 무산되었으며, 그 결과 네팔 토지의 0.425%만 재분배되었다.[42]

그런 와중에 경찰과 사법부는 네팔 일반인들에게 실망만 안겨주었다.

2000년 네팔 서부 둘루Dullu에서 발생한 사건은 그 한 예이다. 보도에 따르면, 현지 경찰국의 경찰관 한 명이 현지 여성을 꼬드겨 함께 달아나다가 중도에 여자를 인근 마을에 내버렸다. 이에 분노한 마을 주민들은 경찰서로 달려가 불을 질렀고, 경찰은 제대로 대처하지 못하다 결국 마을에서 쫓겨나고 말았다. 현지의 권력 공백은 마오주의자들에 의해 재빠르게 채워졌다.[43]

반란의 중심지는 중앙 정부로부터 장기간 방치된 네팔 중서부 롤파와 루쿰Rukum 지역이다. 네팔의 자나자티janajati(부족 원주민) 가운데 하나인 캄 마가르Kham Magar족이 거주하고 있다. 농사를 지을 수 있는 땅이 전체 면적의 10%에 불과할 정도여서 1년 중에 겨우 6개월치 식량만 생산할 수 있을 정도로 가난하고 척박한 곳이었다.[44] 또한 비크람 싱 등 네팔 공산주의자들은 1950년대부터 그곳 공동체에서 생활하며 학생들을 가르치고 함께 일해왔다. 초기 활동가들은 마을마다 돌아다니며 카스트나 정치 성향과 관계없이 현지인들과 관계를 맺고 가사와 농사를 돕는 등 '인민을 위해 복무한다'는 마오주의 정신을 실천한 것으로 보인다. 일부 활동가들은 지역 토호들의 얼굴에 그을음을 묻히거나 목에 신발을 매달아 굴욕을 주는 등 비교적 급진적인 마오주의 방식을 사용하기도 했다.[45]

1991년 프라찬다의 '통일 센터'는 "마오 주석이 설계한 방법에 따라" "농촌에서 도시를 포위하는 전략을 착실히 운용하여 인민전쟁의 길로 나아갈 것이다"라고 선언했다.[46] 1995년 '통일 센터'의 선봉대가 네팔공산당(마오주의)으로 변신한 후 바타라이와 프라찬다는 '인민전쟁'에 돌입했다. 중앙위원회 제1차 회의에서 다음과 같은 내용이 선포되었다.

"서부 고산 지대, 특히 롤파와 루쿰 현에서 정치적으로 각성한 농민들이 발동한 계급투쟁은 반봉건, 반제국주의를 대표하는 혁명 항쟁으로 네팔의 공산주의 운동에 새로운 요소를 가져왔으며, 우리들이 날로 엄숙하게 무장투쟁을 수행하도록 격려한다."

신당파는 한편으로 게릴라전을 준비하고, 다른 한편으로 군중집회, 가무

歌舞 등의 형식으로 선전, 정치교육을 강화하여 간부와 지지자들이 "반동적인 국가 권력에 폭력으로 대항하도록 유도"했다. 이는 마오주의의 두 가지 선명한 군중노선을 따른 것이다.[47]

1995년 11월, 정부는 마오주의자들을 상대로 로미오 작전Operation Romeo을 시작했다. 약 2,200명의 경찰이 롤파와 루쿰에 투입되어 약탈, 강간, 고문을 자행했다. 결국 6,000명 이상의 사람들이 고향을 떠나고 말았다.[48] 지역 사회는 마오주의 급진주의 세력과 정부의 잔혹한 대응 폭력 사이에서 점점 더 양극화되었으며, 많은 이들이 국가가 사회의 가장 취약한 지역을 대상으로 전쟁을 일으키고 있다고 느꼈다. '인민전쟁'이 본격적으로 진행되던 1998년 네팔의 정권을 차지하고 있던 네팔의회당은 '킬로 시에라 2 작전Operation Kilo Sierra Two'(일명 수색 및 사살 작전)을 발동했다. "마오주의자들이 헌법을 존중하지 않는다면, 우리도 헌법을 준수할 필요 없다." 그들은 이런 표어를 내걸었다. 광범위하고 무차별적인 경찰의 폭력으로 인해 수많은 이들이 마오주의파 쪽으로 넘어갔다.[49] 2001년 전투에 참여한 네팔 황군Royal Nepalese Army(약칭 RNA)은 더욱 무자비하게 행동했다.[50]

1996년 2월 4일, 마오주의자들은 네팔 총리에게 군주제와 카스트제도의 실질적 폐지, 여성과 소수 민족에 대한 차별 철폐, 제헌의회 구성, 급진적 토지 개혁 등 40가지 요구사항을 제시하고, 만약 정부가 2주 안에 동의하지 않을 경우 장기전에 돌입하겠다는 최후통첩을 보냈다. 정부가 아무런 응답도 하지 않자, 채 2주가 지나지 않은 9일 만에 네팔공산당(마오주의)은 '인민전쟁'을 시작했다. 공산당 게릴라 부대는 루쿰과 롤파의 경찰 초소를 공격하고 은행을 털었다. 그들은 은행에서 대출 계약서를 찾아내 불태우고, 지역 주민들을 대상으로 마오주의 신민주주의 혁명에 대해 장황하게 강연한 후 다시 숲속으로 사라졌다.[51]

2016년 12월의 맑고 화창한 어느 날 아침, 먼지 자욱한 카트만두 길가의 한 찻집에서 내전 당시 마오주의 공산당의 사령관이었고 전후 제헌의회에서 장관을 지낸 카말라 동지Comrade Kamala를 만났다. 30대 후반의 건장한 체격, 빛나는 긴 머리카락을 느슨하게 풀어헤친 그녀는 강렬한 존재감을 드러냈다. 그녀는 힘찬 목소리로 표현력 있는 제스처를 곁들여 말했고, 새하얀 치아를 드러내며 자주 웃었다. 필자가 사진을 찍어도 되냐고 묻자 쾌히 허락했다. 그녀는 잠시 포즈를 취한 뒤 자신 있는 얼굴로 카메라를 응시했다. 그녀는 아주 특별한 사연을 지니고 있었다.

카말라는 마오주의 반란의 본거지가 된 루쿰의 외딴 마을 마가르족 가정에서 태어났다. 그녀의 집안은 한 가족이 충분히 먹고살 수 있을 정도로 여유가 있었지만 부모, 특히 모친이 여아를 천시하는 사회적 전통에 집착하는 바람에 그녀의 어린 시절은 고통의 연속이었다. 오빠가 학교를 다니는 동안 그녀는 가축들을 방목하고 돌봐야만 했다. 이는 한 번 집을 떠나면 며칠이고 목초지에서 가축들과 함께 지내야만 한다는 것을 의미했다. 오빠가 학교를 졸업하고 대학에 진학하던 1990년, 그녀가 열한 살이 되었을 때 부모님은 그녀의 혼사를 서둘렀다.

"약혼식 전날 밤 나는 집을 뛰쳐나와 커다란 바위 뒤편에 숨었어요. 거기서 밤새도록 울었지요. 결국 어머니가 결혼식을 연기하겠다고 달래서 집으로 돌아왔지요. '만약 나를 결혼시키면 자살할 거예요.' 나는 이렇게 말했지요. 그것이 내 인생에서 첫 번째 반항이었어요."

그해에 일군의 젊고 급진적인 공산당원들이 마을에 들어왔다. 그들은 1995년 네팔공산당(마오주의)의 일원이 될 젊은이들이었다. 그들은 주민들에게 현 정부 체제가 "가짜 다당제 민주주의를 표방하고 있다"고 하면서 "우리의 혁명이 승리하면 부녀자들도 힘을 얻고 학교에도 갈 수 있을 것"이라고 말했다. 카말라는 그들의 발언에 감동과 영감을 받았다. 당시 그녀는 줄곧 학교에 다니고 싶었지만 간신히 이름 석 자만 쓸 수 있을 따름이었다. 하지만 새로 구성된 여성위원회의 지원으로 그녀는 방목하는 동안 밤을 새워가며 공부하여 단 두 달 만에 읽고 쓸 수 있게 되었다. 그녀는 도시에서 공부하는 오빠에게 생애 첫 번째 편지를 썼다. "인생은 왜 이렇게 불공평한가요? 왜 오빠만 학교에 갈 수 있고, 나는 안 되지요? 우리는 같은 어머니 배에서 태어나지 않았나요?" 그녀는 편지에서 이렇게 단도직입적으로 물었다. 카말라는 학교 등록금과 책, 교복 값을 마련하기 위해 부모 몰래 돌을 나르는 등 고된 노동을 했다. 결국 이런 사실이 밝혀지자 어머니는 막대기가 세 개나 부러질 정도로 그녀를 심하게 때렸다. "한 번도 울지 않았어요. 학교에 가고 싶다는 생각이 너무나 간절했거든요." 카말라는 이렇게 말했다. 1994년, 어머니가 마흔 살의 나이로 뇌졸중으로 사망하자 아버지는 더 이상 딸의 포부를 막을 수 없다고 여기고 그녀를 학교에 다니게 했다. 학교에 들어온 후 그녀는 곧 전교 1등의 탁월한 실력을 발휘했다. 또한 마오주의 청년단인 '투사단闘土團'에 가입하여 적극적으로 활동했다. 투사단은 그녀가 10대 중반에 또다시 가족들이 결혼을 강요하는 것을 막아내는 데 결정적인 도움을 주었다.

1996년 2월 13일, 카말라는 '인민전쟁'에서 첫 번째 공격에 참여한 세 명의 여성 게릴라 중 한 명으로 역사에 이름을 남겼다. "산속은 매우 추웠고, 게다가 폭설까지 내렸어요. 우리는 3조로 나뉘어 밤낮을 가리지 않고 이틀을 꼬박 걸었지요." 신체적으로 힘들고 어려웠지만 그들의 공격은 순조롭게 진행되었다. "우리 조는 루쿰의 한 경찰서를 공격했어요. 자정에 도착했는데, 건물 2층에는 수십 명의 경찰이 잠을 자고 있었고, 아래층에는 온통 산양과 젖소가 가득했지요. 총을 들고 보초를 서던 경찰이 때마침 현장에 없었기 때문에 나머지 경찰들은 완전히 비무장 상태였어요. 우리를 보고 깜짝 놀란 경찰들은 겁에 질려 그 즉시 항복했습니다."

당시 네팔 농촌에서는 전통적으로 집 안팎의 일을 죄다 여성들에게 부담시켰으며, 내전 시기에는 여성들에 대한 폭력을 당연한 것으로 받아들였다. 이런 상황에서 카말라는 마오주의자들의 업적을 선전하는 걸어다니는 광고판 역할을 했다. 20세기 후반의 한 연구에 따르면, 법원 판사의 57%가 남편이 "부인의 태도를 교정하기 위해" 폭력을 행사할 수 있다고 믿었다.[52] 오늘날까지도 네팔 서부의 외진 시골 마을에서는 월경하는 여성을 '불결하다'고 여겨 집 밖 춥고 비위생적인 외양간으로 추방하는 일이 비일비재하다. 이로 인해 매년 숫자를 알 수 없는 여성들이 죽음으로 몰리고 있다. 카말라는 네팔에서 가장 낙후한 지역 출신으로 성별, 인종, 사회 계층 면에서 가장 취약한 집단에 속했다. 그런 그녀가 자아실현을 위한 투쟁에 나설 수 있었던 것은 마오주의 운동의 조직적이고 이념적이며, 물심양면에 걸친 지지와 도움이 있었기 때문이다. 그녀는 2005년 여단장으로 승진했고, 2006년 평화 협정이 체결된 후에는 카트만두로 초청되어 임시 입법부의 일원으로 활동했다. 새로 선출된 첫 번째 의회(2008년~2012년 네팔의 정치 체제를 진전시킨 정부)에서는 전체 국회의원 가운데 절반을 비례대표 의원으로 할당한다는 선거법 개정안을 통해 국회의원으로 선출되었다. 그리고 2011년부터 2013년까지 장관으로 재직했다.

분명 마오주의 반란이 이러한 성과를 가능하게 했을 것이다. 카말라는 필자에게 이렇게 말했다.

"나는 매우 행복합니다. 이제는 상황이 많이 나아졌어요. 사람들은 반항하는 법을 배웠지요. 마오주의 운동에 참여한 이들 가운데 30%가 여성이었어요. 여성 대통령, 여성 의장도 선출했지요. 지금은 내 고향에서도 많은 여성들이 학교에 다니고 있어요. 이 모든 것이 바로 이 운동 덕분입니다."

'인민전쟁'은 그녀에게 사랑도 가져다주었다. 열다섯에서 열여섯 살 때 그녀는 자신을 정치적으로 각성하게 만들어준 활동가 한 명과 사랑에 빠졌다. "그는 나에게 가장 필요할 때 교육을 받게 해주었어요. 그가 나에게 새로운 삶을 준 것이지요. 나는 그를 구세주라고 생각해요. 그 역시 내가 지닌 반항심에 깊은 인상을 받았다고 하지요. 우리 두 사람은 1997년 당내에서 결혼식을 했습니다. 우리는 '개인의 이익보다 당의 이익을 우선시하고, 당을 배신하지 않겠다고 맹세'했지요."

그녀의 이야기를 들으면서 필자는 설사 마오주의자들이 그녀가 사는 마을에 들어오지 않았더라도 그녀는 또 다른 반란의 깃발을 들었을 것이라는 생각이 들었다. 그녀는 온몸으로 정신적, 육체적 강인함을 발산했다. "내가 쓰는 일기에는 불가능이란 개념은 존재하지 않아요." 그녀가 이렇게 입을 열었다. 2002년 첫 아이를 임신하고 8개월 반이 지났을 때 그녀는 최전방에서 주요 공격 준비를 담당하고 있었다. 인도와 네팔 국경 인근에서 부상당한 전우들을 안전지대로 후송한 후 그녀는 분만이 시작된다는 느낌이 들었다. 18시간의 진통 끝에 아이가 태어났으나, 태반이 완전히 배출되지 않은 상태였기 때문에 서둘러 수술하기 위해 인도의 병원으로 후송되었다. 수술 다음 날 그녀는 "아기를 안고 다시 국경을 넘어 네팔로 들어온 후 일주일 내내 걸어 롤파로 돌아왔다." 그녀는 아들의 이름을 아자드Azaad, 즉 '자유'라고 지었다(그녀는 이런 이야기를 하면서 때로 웃기도 했다). 2006년 평화 협정이 체결된 후, 그녀는 고등학교 졸업 자격을 얻기 위해 다시 모교로 돌아갔다. 당 동지들은 이를 반대했다. 그들은 내전 기간에 젊은이들의 입대를 종용하기 위해 '부르주아 교육'은 아무 데도 쓸모가 없다고 가르쳤다. 하지만 카말라는 그들의 반대를 무시했다. "10년이란 세월이 흐르는 동안 나는 수많은 적군을 죽이기도 했어요. 하지만 지금 나는 시험을 통과했지요. 많은 신문에서 이런 소식을 보도했어요. 온통 기분 좋은 이야기로 도배되었지요. 나는 지금도 당시 기사를 오려놓은 것을 가지고 있어요. 지금은 학사 학위 과정을 밟고 있습니다."

네팔공산당(마오주의)은 그녀에게 역할과 경력을 부여했고, 무엇보다 혁명과 그 안에서 자신의 역할을 이해할 수 있는 명확한 이념을 심어주었다. 그녀의 훈련 과정에서 마오주의는 언제나 함께했다. "교재 곳곳에 마오쩌둥의 발언이 인용되었습니다." 그녀는 마오쩌둥의 전기를 배웠다고 말했는데, 아마도 『중국의 붉은 별』에서 발췌한 내용이었을 것이다. 기층에 뿌리를 둔 운동도 마오주의와 맥을 같이하여 마오쩌둥이 영도하는 중국공산당의 문화와 전략에 깊이 닿아 있었다. 지금도 여전히 신병들은 마오쩌둥의 어록을 암송하고 있다. 천민 계층에 속하는 한 여성은 이전에 암송했던 구절을 지금도 기억하고 있었다. "정치적, 이념적 노선의 옳고 그름이 모든 것을 결정한다." 그런가 하면 가무단의 한 단원은 당시를 기억하며 이렇게 말했다. "권력은 총구에서 나온다. …… 정치는 유혈이 없는 전쟁이고, 전쟁은 유혈의 정치이다. 무장투쟁의 필요성을 증명하기 위해 우리는 이런 말을 여러 차례 반복했다. …… 우리는 중국식 오페라 가극인 〈양판희樣板戱〉를 공연했다. 간부들이 줄거리와 배경에 대해 알려주면 우리는 우리가 좋아하는 곡조로 각색했다."[53]

마오주의 운동의 영도력에 대한 회의적인 시각에도 불구하고 C. K. 랄은 마오주의가 농촌의 의식 변화에 끼친 영향에 찬사를 보냈다. "마오주의 전쟁이 시작되자 민중들은 더 이상 경찰을 두려워하지 않게 되었다. 총이 전쟁을 공평하게 만들었기 때문이다. 진짜 총을 잡아본 적이 없는 천민의 입장에서 한번 생각해 보시라. 아니면 그들보다 더 소외되었던 이들, 예컨대 천민 출신 여성들의 경우는 어떠했겠는가? 그녀들은 총을 쏠 필요조차 없었다. 그녀가 이전에 고개를 숙이고 걸어야만 했던 마을로 들어가면, 이른바 상위 계층에 속하는 이들은 그녀를 보자마자 고개를 숙이거나 아니면 가던 길을 돌렸다. 그럴 때 그녀들이 느끼는 자신감, 그 힘을 능히 상상할 수 있을 것이다."[54]

내전 기간에 마오주의자들은 그들 나름의 '문화대혁명'을 계획했다. 그들은 음주와 '낡은' 관념(종교에서 카스트 차별에 이르기까지)에 반대하는 청교도적인 문화 운동을 시작한 것이다. 그 안에는 수 세기 동안 천민 계급을 억압하던 끔찍한 차별과 편견을 폐지하는 내용도 포함되었다. 마오주의자들은 권력 장악을 위해 누구보다 불가촉천민과 소수 민족을 동원하여 지역 토호들에 대한 폭력적 반란을 일으킬 필요가 있었다. 마오주의자들이 마을에 들어왔을 때 천민 출신의 한 사람이 이렇게 물었다.

당신들은 원하는 것이 무엇이오? …… 우리의 마음은 그들에게로 향했다. …… 왜냐하면 그들은 불가촉천민이라는 계급차별을 아예 없애버리겠다고 말했기 때문이다. …… 그래서 우리는 마오주의에 마음이 끌렸다. 우리의 생각도 호전적으로 바뀌었다. …… 나는 더 이상 누군가 나를 억압한다고 해서 굴복하지 않을 것이다. …… 나는 부자들을 찾아가 한두 대 갈겨 때려눕히고, 그들의 재산을 빼앗고 싶었다. 나는 '그들을 세 번 갈았고(고문했다는 뜻)', '세 번 못 나오게 했다(구금시켰다는 뜻).[55]

여성들은 종종 쉽게 포섭되는 대상이 되었다. 네팔 서부의 한 지역에서 마오주의자들은 그녀들에게 이렇게 말하면서 공산당 가입을 독려했다. "남편을 직접 선택할 수 있어요. …… 원한다면 언제라도 춤추고 노래할 수 있으며…… 전국을 여행할 수도 있고, 몸을 씻을 수 있는 비누도 얻을 수 있어요. …… 가장 중요한 것은 총을 소지할 수 있으며, 어디를 가든 무료로 밥을 먹을 수 있다는 점이에요."[56] 하지만 현실은 그다지 장밋빛이 아니었다. 양성 평등에 대한 이론과 실천 사이에는 필연적으로 괴리가 존재했기 때문인데, 일부 소녀들은 강제로 징집되거나 납치되었고, 많은 지역에서 소녀들은 여전히 가사 노동을 전담해야만 했다. 마오주의자인 한 남성 관리는 "계급 투쟁이 성공한 후에야 남녀 간의 완전한 평등을 기대할 수 있다"고 말했다.[57]

2005년 6월 6일, 나마 기미레Nama Ghimire의 가족 6명(아들, 딸, 사위, 처제, 손자 2명)은 카트만두에서 남쪽으로 약 200km 떨어진 깊은 계곡에 있는 마디Madi 마을에서 버스를 타고 바라트푸르Bharatpur의 시장으로 향했다. 차 안에는 약 100명의 사람들이 가득 차 있었고, 몇몇은 염소 두 마리와 함께 차 지붕 위에 올라탔다. 오전 8시, 누런 돌가루로 뒤덮인 도로를 따라 가던 중 갑지가 버스가 '쾅' 하는 소리와 함께 10m 공중으로 솟구치더니 이내 땅으로 떨어지면서 두동강나고 말았다. 마오주의 특공대가 버스가 지나는 길에 매설한 5kg의 폭탄을 터뜨렸기 때문이다. 이번 폭발로 기미레의 가족 6명을 포함하여 최소 32명(어린이 4명 포함. 국영 언론은 사상자를 53명으로 집계했다)이 사망했다.

공중으로 솟구쳤다가 다시 땅으로 떨어지면서 버스가 두동강나고 금속 파편이 사방으로 튀었지만 지붕에 묶인 염소들만은 기이하게도 무사했다. 기미레의 남은 다른 가족들은 정신적으로 큰 충격을 받았다. 10년이 지난 후 그는 비통한 마음으로 이렇게 말했다. "안사람은 아직도 집으로 돌아오지 않고 있어요. 집에 오면 그들이 생각난다고 해서."[58]

당시 마오주의자들의 공격 목표는 버스에 타고 있는 네팔 황군이었지만 그들은 그저 몇 명일 뿐 사상자의 대부분은 민간인이었다. 프라찬다는 이번 공격은 '착오'였다고 말하며 신속하게 사과했다. 그럼에도 불구하고 당시 폭탄 테러 사건은 네팔 마오주의자들의 무모한 폭력과 무분별한 군사적 수단 사용의 상징처럼 여겨지고 있다. 네팔공산당(마오주의)이 네팔 사회의 일부 구성원들을 대상으로 자신들의 대의명분의 정당성을 설득하는 데 성공한 것은 사실이지만 강압적인 협박 행위 또한 자행했기 때문이었다. 1949년 중국 공산당의 승리는 도덕적 명령에 의한 대중 설득의 승리라기보다는 군사적 승리였다. 2006년까지 네팔의 여러 농촌 지역에서 네팔공산당(마오주의)이 득세한 것도 이와 비슷한 방식이었다.

네팔공산당(마오주의) 지도부는 문화 단체를 신중하게 활용하여 정치적 메시지를 '분식粉飾'한다거나 서민들에게 영합할 수 있도록 마오쩌둥의 어록(『인민을 위해 복무하라』, 『우공이산』 등)을 배포하는 등, 마오쩌둥의 정치 수법을 활용하기도 했지만 네팔의 '인민전쟁'에서 마오쩌둥의 가장 큰 영향은 군사적인 것이었다. 마오주의자들은 네팔이 다당제 민주주의라는 외관을 뒤집어 쓰고 있기는 하나 여전히 '반봉건, 반식민지' 상태이며, 진정한 의미의 민주주의를 가져오려면 무엇보다 무장 투쟁이 필요하다고 주장했다. 이러한 나름의 분석을 바탕으로 네팔공산당은 군사전략으로서 마오쩌둥의 '지구전' 사상을 받아들였다. 프라찬다와 그의 동지들은 "전략적 방어에서 전략적 대치, 그리고 전략적 공격"이라는 마오쩌둥의 가르침을 경건하게 받아들였다.[59] 네팔공산당(마오주의)은 문서를 통해 공개적으로 군대와 전쟁을 미화하는 마오주의 슬로건을 내걸고, 이것이 새로운 국가의 이데올로기적 토대라고 선언했다. "인민의 군대가 없으면 인민의 모든 것이 없다." "국가의 주요 수단은 군대이다." "신민주주의 혁명에서 주요 조직 형태는 군대이고, 주요 투쟁 형식은 전쟁이다."[60]

처음에 인민전쟁은 소박하게 시작되었다. 1996년 프라찬다는 롤파에서 북동쪽인 시장西藏(티베트) 국경 인근에 이르러 처음으로 소총 두 자루를 구했다.[61] 두 자루 모두 냉전 시대의 유물로 1961년 미 중앙정보국이 중국의 무력 점령에 대항하는 티베트 반군을 지원하기 위해 공중에서 투하한 무기 가운데 일부였다. 그중에 하나는 아예 작동조차 하지 않았다. 냉전의 또 다른 유령은 그들에게 군사 훈련을 제공했다. 인도 비하르와 안드라프라데시에서 온 낙살라이트 게릴라들은 네팔 동지들이 전투 준비를 하도록 도왔다. 전쟁이 진전되면서 네팔의 마오주의자들은 총기 숭배에 빠져들었다. "동지들은 자신들이 피로 탈취한 무기를 얼마나 애지중지하는지 잘 보여주었다." 전투 상황을 보도하는 문장에 나오는 말이다.[62] 한 사병은 4천여 명의 군사들이 종대로 행군하는 모습을 보면서 이렇게 감탄하기도 했다. "이 얼마나 아름다운 전사들의 대오인가! 예전 마오쩌둥 동지가 영도하던 중국 혁명의 대장정과 무엇이 다르겠는가?"[63]

만약 강압이 없었다면 마오주의 세력의 확장은 상상할 수 없을 것이다. 카트만두 북서쪽 데우랄리Deurali 마을 주민들은 1990년대 후반에 처음 마을에 진입한 마오주의자들을 공격적인 외부인으로 기억하고 있다. 그곳에서 재봉사로 일하고 있는 한 주민은 당시를 이렇게 회상했다. "우리는 매우 두려웠다. 그들은 10명이나 12명씩 마을로 들어왔는데, 나는 그들을 먹여야만 했다. 자의가 아니라 강요에 의한 것이었다." 마을 주민들은 자신의 의지와 상관없이 회의에 참석해야 했다. "참석하지 않으면 다리를 부러뜨릴 거야. 한밤중에 아무도 모르게 두들겨 팰 거야." 그들은 이렇게 협박했다. 또 다른 마을 사람은 이렇게 덧붙였다. "어쩔 수 없이 그들을 집에 데리고 와서 밥을 먹여야 했어요. 때로 우리들도 먹을 밥이 없을 때가 있었는데 말이에요. 그러니 누가 기꺼이 그들과 함께하겠어요?"[64]

북서부의 줌라Jumla에 사는 한 노파는 지역 마오주의자들이 집에 찾아와 고기나 쌀, 유제품 등 좋은 음식만 요구하자 홧김에 "경찰은 그래도 돈이라도 지불하고 가져가는데 당신들은 왜 공짜로 먹으려고 하느냐?"고 말했다가 그 즉시 구타를 당하고 말았다.[65] 어떤 경우에는 마오주의자들이 원시 무기(예를 들어 마체테처럼 생긴 칼)나 망치 등 잔인한 무기를 이용하여 일반인들을 난도질하기도 했다. 한 찻집 주인은 경찰을 도왔다는 이유만으로 눈을 가린 채 수개월 동안 정기적으로 구타를 당해야만 했다.[66] 네팔 중부의 한 주민은 이렇게 말했다. "그들은 우리가 다른 정당에 관한 사정을 알지 못하도록 했다. 그들은 다른 정당은 회의를 개최할 수 없다고 말했다. …… 우리가 어떤 정당이든 회의를 개최할 권리가 있다고 말하자 당신만 그렇게 할 권리가 있는 것이 아니라고 답했다." 일반 민중들이 공산당에 참가하게 된 배후에는 이처럼 무력을 통한 위협이 자리하고 있었다. "그들은 항상 이렇게 말했다. '당신이 가지 않겠다면 우리가 가서 죽여 버릴 것이다.' …… 이렇게 해서 그들의 지위는 날로 높아졌다. …… 그리고 우리는 어쩔 수 없이 따라야만 했다."[67]

마오주의자들은 세금으로 현금과 강제 노역을 강요했다. 마을 주민들은 네팔 서부의 마을을 연결하는 전체 길이 91km의 이른바 '순교자의 길'을 건설하는 데 동원되었다. 그 도로는 마오주의자들이 자신들을 "새것으로 낡은 것을 파괴하는 자"로 묘사하는 데 중요한 선전 무기가 되었다. 동원된 주민들은 하루 8시간씩 열흘 동안 계속 일했으며, 도로변 텐트에서 잠을 잤다.

"산모는 아이를 낳기 위해 산고를 치르기 마련이다. 아이가 태어난 후의 기쁨을 어찌 미리 알겠는가?" 감독을 맡은 마오주의자는 이렇게 자신들을 합리화했다.[68] 2004년부터 2006년까지 내전이 막바지에 접어들면서 네팔공산당(마오주의)은 정부에 대한 '대중 무장봉기'를 명분으로 "전 인민을 군사화하고, 저항 정신을 고취하는 것"을 목표로 삼았다. 남성과 여성, 어린이 등 지역 주민은 물론이고 가축들까지 군대 보급품을 운반하는 구불구불한 대열에 참여하기 위해 징집되었다.[69] "모든 인민이 군인이다"라는 대약진운동의 정신이 여기에서 재현되었다. 비록 중국의 상황까지 진전된 것은 아니나 형식적인 면에서는 거의 동일했다.

청소년들은 강제로 징집되었다. 2003년 마오주의자들은 "한 집안에 한 명의 마오주의자"라는 구호를 내걸고 대대적인 징병 운동을 벌였다.[70] 그 가운데 한 소녀의 이야기는 그나마 행복하게 결말이 끝나는 편이다. 그녀는 군대에 징집되어 예술가가 되었고, 네팔 인민해방군 병사와 사랑의 결실을 맺으며 행복하게 살았기 때문이다. 그러나 그 과정이 마냥 행복했던 것만은 아니다. 처음에 그녀는 마오주의자들에게 납치되어 군대로 들어왔다. 이를 말리던 그녀의 아버지는 심하게 구타당해 거의 청각을 잃고 말았다.[71] 만약 군대에 끌려온 청소년이 탈영을 할 경우 가족이 그 대가를 치러야만 했다. 한주민은 자신이 겪은 일에 대해 이렇게 말했다. "내 딸이 집을 나가 도망쳤는데, 우리가 뭘 할 수 있겠어요. 그런데 그들이 '만약 오늘 딸을 데리고 오지 않는다면 방문을 잠그고 당신 딸을 보자마자 죽여버릴 거야'라고 말하더군요." 마오주의의 권위에 위배되는 행위를 하면 처벌을 받았다. 예를 들어 간통죄는 다리를 잘랐다.[72] 한 노인이 명절날 술을 마셨는데, 금주령을 어겼다는 이유로 집 주변에 폭탄을 터뜨렸다.[73] 집안 가장들은 아이들이 무분별한 행동을 할까 봐 침묵을 강요했다. "무서웠어요. 우린 그저 두렵기만 했어요. 정말 무서웠어요. 마음속에는 두려움밖에 없었어요. 언제나 우리는 두려움에 떨었어요."[74] 마을의 한 부녀자는 이렇게 고백했다.

징집된 소년병들은 군대 내 갈등과 충돌로 인해 깊은 상처를 입었다. 이야기를 나눈 민족지학자가 트리샤Trisha라는 이름을 붙인 한 소녀 역시 강제로 징집되었다. 그녀는 10년이 지난 후에도 여전히 폭력이 습관처럼 굳어져 일상생활을 하기가 힘들었다. 1990년대 후반 겨우 7살이던 그녀는 다른 청소년 250여 명과 함께 강제로 끌려가 동굴에 갇히고 말았다. 그곳에서 그녀는 음식과 물도 제대로 제공받지 못했다. 보초를 서는 시간이면 무기 훈련을 받아야만 했다. "명령을 제대로 수행하지 못하면 때로 뺨을 맞기도 했어요. 지휘관들은 범죄자들을 데리고 와서 이슬람식으로 목을 자르거나 더욱 잔인한 방법을 사용하기도 했지요. …… 칼로 시신을 자르기도 하고, 상처에 소금이나 고춧가루를 뿌리는 등 끔찍한 고문을 하기도 했어요. …… 이런 일들이 바로 내 눈앞에서 일어났어요. 지휘관들은 우리를 더욱 강인하게 훈련시킨다고 직접 보도록 했거든요." 그녀는 울 때마다 벌을 받았고, 심지어 학대를 받기도 했다. 나중에 그녀의 부모들이 가까스로 그녀를 구출했다. 하지만 그녀는 자신이 온갖 잔인한 경험을 하면서 정상적인 가정 생활로 돌아가기 힘들게 되었다는 사실을 깨달았다. 결국 그녀는 집에서 몰래 보석을 훔쳐 여행 경비를 마련하고, 다시 마오주의 군대에 합류했다. 다시 들어간 군대에서 그녀는 기관단총을 비롯한 무기를 다루는 법을 배웠다. 실패는 또다시 구타로 이어졌지만 그래도 "앞으로 많은 이들을 때려눕힐 수 있는 능력이 생길 것이라는 생각에 매우 흥분"했다. 훗날 마오주의 운동에서 벗어나 일상생활로 돌아왔지만 그녀는 여전히 총알로 장신구를 만드는 등 총에 대한 애착을 잃지 않았다. 그녀는 사제 수류탄(그녀는 '사과'라고 불렀다)을 만들던 일을 그리워하며 이렇게 말했다. "손가락에 묻은 젤라틴 냄새가 아직도 생생해요."[75]

마오주의자들이 이처럼 광범위하게 테러 전술을 사용했음에도 불구하고 2006년 국왕이 권력을 내놓은 후 실시된 2008년의 총선에서 승리한 것을 어떻게 이해해야 할까? 적어도 일부 지역 주민들은 조용한 삶을 영위하기 위해 그들을 선택한 듯하다. 데우랄리에 사는 한 여성은 총선 이전 경선 기간부터 그들이 거의 매일 찾아왔다고 증언했다. "그들은 매일 찾아와 우리를 위협했다. '우리에게 표를 주시오. 그렇지 않으면 징벌을 받을 거요. 징벌!'" 그녀와 이웃 주민들은 만약 마오주의자들이 선거에서 승리하지 못한다면 마을 주민을 학살할 것이라고 생각했다. 마오주의자들이 승리하자 무슨 이념적인 기쁨보다는 안도감이 먼저 들었다. "좋은 일이지요. 그들은 자신들이 원하는 것을 쉽게 얻었지요. …… 자연스럽게 우리도 평화와 안정을 얻은 셈이지요."[76] 마오주의자들은 자신들이 선거에서 승리한 것이 민중들의 지지 때문이라고 주장했지만 사실 그들은 테러 수단을 이용하여 그들을 정치적으로 순종하게 만든 것에 불과했다. 2005년 지역의 정부 관리는 "누구도 자신이 원해서 마오주의자가 된 이는 없다"고 주장했다.[77]

내전으로 인해 쌍방이 모두 가공할 만한 폭력을 저질렀다. 2001년 네팔 황군은 내전에 끼어들기 전까지만 해도 국제적으로 엄격한 규율로 명성이 높았지만 반란군을 제압하는 과정에서 이러한 명성이 물거품이 되고 말았다. 때로 황군은 주민들을 유인하기 위해 마오주의 깃발을 흔들고 마오주의를 찬양하는 노래를 불렀다. 주민 가운데 이에 호응하여 찬사를 보내거나 또는 마오주의 보복이 두려워 환대하는 이들이 발견되면 그 즉시 총살했다. 특히 강간은 전쟁 무기였다. 이는 주민들을 공포에 떨게 했으며, 마오주의자로 의심되는 부녀자에게 정보를 빼내는 주요 수단으로 활용되었다.[78] 게릴라 반란에 직면한 전 세계 정규군이 그런 것과 마찬가지로 황군 역시 거의 모든 민간인을 잠재적 반란분자로 간주했다. 그래서 마을 사람들을 모아놓고 만약 마오주의자들을 도울 경우 마을 전체를 몰살시키겠다고 협박하기도 했다.[79] 군대와 민간인 사이의 신뢰와 소통이 부족하다는 사실을 단적으로 보여주는 사례가 있다. 2004년 3월, 네팔 중부 황군과 정부군 사령부가 자리한 베니Beni에서 도보로 몇 시간 정도 걸리는 지역이었다. 그곳에서 4천여 명의 마오주의 부대가 진영을 꾸리고 대규모 공격을 계획하고 있었다. 하지만 황군과 정부군은 이런 사실을 전혀 눈치채지 못하고 있었다.[80] 군대와 민간인들의 소통이 이처럼 전혀 이루어지지 않고 있었던 것이다.

군대가 분쟁에 개입했음에도 불구하고 네팔 정부는 2002년부터 점점 더 무능해지고, 활동 범위 또한 카트만두에 국한되고 말았다. 위스키와 마약에 취해 정신착란을 일으킨 디펜드라Dipendra 왕세자가 당시 국왕인 부친과 그 밖의 왕실 가족 8명에게 총을 난사해 죽인 후 2001년 비교적 대중들의 인기를 얻고 있던, 국왕의 동생 비렌드라Birendra가 국왕 자리에 올랐다. 마오주의자들의 반란이라는 위기에 대응하여 그는 의회제도를 이용하여 자신의 권력을 강화했다. 한편으로 자신의 정치적 대변자인 셰르 바하두르 데우바Sher Bahadur Deuba*를 총리로 임명했으며, 다른 한편으로 반군을 소탕하기 위해 네팔 황실의 군대인 황군을 파견하고, 헌법상의 권리를 대폭 제한하는 전국 비상사태를 선포했다. 2005년 2월 1일, 국왕은 총리를 해임하고 공식적으로 정부에 대한 행정권을 행사하기 시작했다. 정당 지도자들과 시민 운동가들이 체포되었으며, 황군이 의회와 언론을 장악했다. 인터넷은 일주일 동안 중단되었고, 인신보호법도 유명무실해졌다.

그러나 1990년 이후로 15년간 민주주의가 뿌리를 내리면서 네팔의 대도시, 특히 카트만두는 이러한 억압을 용인할 수 없었다. 2005년 내내 수도 카트만두에서 반反 군주제 정서가 고조되었고, 2006년 4월 6일 총파업을 통한 제2차 '인민 운동People's Movement'이 폭발했다. 정부는 통행금지를 시행했으나 군경과 시위대의 충돌은 점점 더 격화되고 있었다. 경찰의 폭력은 오히려 민중들의 정서를 자극하여 더욱 과격하게 이끌 뿐이었다. 총파업 18일 만에 국왕은 의회를 복원해야만 했다. 이는 네팔의 평화 정착 과정의 시작이었다.

국내의 위기 상황은 네팔공산당(마오주의)이 전 세계 마오주의 역사에서 새로운 장을 쓸 수 있는 기회를 제공했다. 2000년대 초반부터 마오주의 지

---

*   1995년부터 간헐적으로 5차례나 총리를 지냈다.

도자들은 군사 수단만으로 자신들의 궁극적인 목표인 국가 정권 탈취를 달성할 수 없다는 사실을 깨닫기 시작했다(물론 당내 과격파는 이를 받아들이지 않았다).

실용주의자인 프라찬다는 국왕(봉건주의의 대표)과 협상할 생각이 있었지만 당내 최고 이론가인 바부람 바타라이는 왕정의 위기를 이용하여, 다른 정당과 협상을 통해 왕정에 반대하는 동맹을 결성해야 한다고 주장했다. 전 세계 대부분의 마오주의자들은 마오쩌둥의 사상이 중국에서 역사적으로 어떻게 적용되었는가의 문제와 별개로 마오쩌둥 사상 그 자체에 집착하거나 마오 시대의 선전 문구를 있는 그대로 받아들였다. 그들은 마오쩌둥의 저술이 엄격하게 준수해야 할 이론과 실천의 완결판이라고 확신했다. 하지만 바타라이는 매우 이례적으로 마오주의 이데올로기뿐만 아니라 마오주의의 역사 과정도 고려했다. 그에게 일당 독재국가가 폭압적인 한 개인의 독재국가로 변질된 것은 20세기 공산주의가 후세에 남겨준 중요한 교훈이었다. 그는 새 천 년의 마르크스주의자들은 과거로부터 교훈을 얻고 민주주의를 수용해야 한다고 생각했다. 바타라이는 새로운 민선 제헌의회를 성립하고, 제헌의회가 국왕의 권력을 제한하거나 폐지해야 하며 시민이 군대를 통제할 수 있어야 한다고 주장했다.[81]

바타라이의 통찰은 많은 논란을 불러일으켰다. 다른 정당의 지도자들은 내전에서 승리할 가능성이 희박함에도 불구하고, 여전히 폭력적인 국가 전복에 집착하고, 마오주의 모델의 무오류성을 믿고 있었다. 2000년대 초반부터 군사적으로 교착 상태에 들어가는 한편 국제 환경이 마오주의자들에게 매우 불리하게 전개되었다. 9.11 테러 이후 미국은 황군이 마오주의자들을 제압하는 데 필요한 비용으로 2200만 달러를 지원했다. 콜린 파월**은 2002년 1월 네팔 황군 본부를 방문한 자리에서 이렇게 말했다. "네팔에는 정부를 전복시키려는 마오주의 반군 조직이 있다. 그들이 바로 우리가 세계 각

** 조지 W. 부시 재임 시절 미 국무장관.

지에서 싸우고 있는 자들이다."[82] 2003년부터 2012년까지 미국 정부는 네팔 마오주의자들을 국제 테러 단체 목록에 계속 올려놓았다. 한편 인도는 수년 동안 바타라이, 야미, 키란 등 고위급 마오주의자들이 인도 경내 네팔 이주민 사회에 잠복하고 있다는 사실을 알고도 눈감아 주었다. 하지만 2004년 초부터 인도 정부는 기존의 정책을 바꾸어 숨어 있는 네팔공산당(마오주의) 지도자들을 체포하기 시작했다. 인도 정부는 자국 내에서 또다시 준동하기 시작한 마오주의 반란에 대처해야 하는 상황이었기 때문에 마오주의자들이 득세하는 것을 그냥 바라볼 수 없었다. 한 관리가 이렇게 말했다. "마오주의 독재 정권이 5천 마일 떨어진 먼 곳에 자리하고 있다면 공존할 수도 있겠지만, 개방된 국경 너머 한쪽에 자리하고 있다면 우리는 이런 위험을 감수할 수 없다."[83]

프라찬다는 자신에 대해 스탈린의 독재자 리더십과 같다는 바타라이의 비판에 강하게 반발했다. 2004년 중반 인도 북부에서 네팔로 돌아왔을 때 두 사람은 서로 거의 말을 섞지 않았다. 2005년 1월, 일주일간 열린 정치국 회의에서 프라찬다는 바타라이가 권력 추구, 부르주아 계급적 관점, 인도의 팽창주의와 결탁 등 당에 불리한 여러 가지 범죄를 저질렀다고 비난했다. 결국 바타라이와 그의 아내 히실라 야미는 지도부에서 쫓겨나 수개월 동안 가택연금 상태에 놓였다.[84] 바타라이는 이제 자신의 모든 지적 에너지를 쏟아부으며 지지했던 무장혁명이 스탈린식 숙청으로 자신을 집어삼킬 수 있다는 현실적인 가능성에 직면했다. "프라찬다가 나를 죽일 수도 있을 것이다. 사실 우리는 이미 이런 상황에 대비하고 있었다. …… 나중에 그는 나를 생매장시키고 싶어 하는 이들이 있었다고 알려주었다."

바타라이가 물러난 후 프라찬다는 군사적 승리를 위해 마지막 필사적인 시도를 했다. 하지만 네팔 서부 깊숙한 곳에 위치한 군사 기지 카라Khara를 향한 대규모 공격은 심각한 오판이었다. 직업군인 출신의 군사 분석가 샘 코완Sam Cowan은 이렇게 결론지었다. "대규모 학살이라는 말이 아마도 가장 적절한 용어일 것이다. 기관총이 불을 뿜자 마오주의자들이 줄줄이 쓰러졌다.”[85]

패배를 겪으면서 자신의 잘못을 알게 된 프라찬다는 네팔공산당(마오주의)의 무력을 통한 승리가 불가능하다는 사실을 공개적으로 인정했다. 바타라이는 가택연금에서 풀려나 인도로 건너가 네팔공산당(마오주의)과 다른 정당 간의 담판을 주선했다. 2005년 11월 22일, 델리에서 마오주의자들은 민주적 통치를 약속하는 한편 다른 당파와 합작하는 데 동의하고, 향후 6개월 내에 하야할 국왕의 독재에 맞서기 위해 초당적인 협력에 합의하는 등 전체 12개 항목에 관한 합의에 이르렀다. 2008년 새롭게 제헌의회가 소집되면서 240년에 걸친 왕조 정치가 막을 내렸다.

2008년 선거에서 마오주의자들은 총 575석 가운데 221석을 확보했다. 마오주의자들이 내전과 민주주의에 건 도박에서 승리한 것처럼 보였다. 네팔공산당(마오주의)은 농촌에서 봉기하여 도시를 포위한 셈이다.

그러나 이후 마오주의자들이 집권하든 아니면 실각하든 간에 비교적 안정적인 궤적을 따라간 것만은 아니었다. 그들은 대표제, 연방제, 투명도, 군부의 역할, 정치적 일관성 등 여러 가지 문제에 부딪혔다.

집권 이후에도 그들은 마오주의 이념을 그대로 유지해올 수 있었을까? 만약 그렇다면 이런 형태의 마오주의는 네팔의 정치를 어떻게 변화시켰으며, 전 세계 마오주의의 잠재력에 대해 우리에게 무엇을 말해주고 있는 것일까?

카트만두의 여러 정치 파벌 가운데 마오주의자들에 대해 격렬하게 비판하는 이들도 마오주의자들이 네팔의 다양한 이들에게 정치적 대표성을 부여하는 보다 포용적인 정체성 정치identity politics*를 가속화하고 이를 중심에 두

---

* 개인의 주요 관심과 협력관계는 인종, 민족, 종교, 성을 토대로 만들어진다는 정치학 개념.

고 있다는 사실을 인정하고 있다. 1998년 이후 네팔공산당(마오주의)은 다양한 민족 집단 간에 정치적 전선을 조직하여 사람들의 권리의식을 일깨웠다. 다만 이를 통해 소외된 집단이 권리를 획득하여 소정의 목표를 일관되게 실천할 수 있을지 여부는 또 다른 문제이다. 마오주의 반란은 카스트제도의 핵심적인 정치적 지지 기반인 군주제 붕괴를 가속화했다. 2006년 4월 '인민 운동' 이후에 벌어진 평화협상에서 마오주의자들은 2008년 선거에서 비례대표의 의석 할당제를 도입하는 데 성공했다. 이는 제헌의회 의석의 거의 절반(204석)을 여성, 마데시족Madhesis(인도와 국경을 접한 곳에 살고 있는 인도인 후예), 달리트(천민), 자나자티(원주민), 저개발 지역 주민 등 기존 정치권에서 소외된 특정 집단의 대표에게 할당하는 것을 의미했다. 이러한 비례대표 의석 할당제를 통해 카말라와 같은 여성이 정부에 진출할 수 있었다. 이렇게 만들어진 결과는 중요한 상징적 의미를 지녔지만 효과가 그리 좋은 것만은 아니었다(선거구 획정안을 작성할 당시 서로 다른 종족의 백분율의 총합이 116.2%에 달했기 때문에 원활한 시행이 어려웠다).[86] 예를 들어 2008년 제헌의회에서 달리트는 의석의 8%를 차지했지만(1994년과 1999년 선거 이후로 달리트는 대표를 선출하지 못했다) 이 수치는 네팔 전체 인구에서 달리트가 차지하는 비율(약 13%)보다 훨씬 낮은 수준이다.[87] 정치권에서 달리트의 존재감이 이전보다 크게 증가했다는 사실은 당연히 인정하고 축하할 일이지만 2008년 이후에도 여전히 정부나 의회 내에서 억압받는 계급이나 종족의 후예들의 대표성이 부족한 것 또한 현실이다.

오늘날 네팔에는 프라찬다와 그의 동지들이—이미 여러 정부를 물러나게 했던—새로운 헌법을 위한 장기간의 협상 과정에서, 예전에 소수 민족을 지지한다고 했던 자신들의 입장을 배반했다고 생각하는 이들이 적지 않다. 헌법은 2008년부터 논의를 시작하여 2015년 9월에 마침내 완성되었지만 오히려 큰 논란을 불러일으켰다. 2015년 9월 헌법이 완성되기 이전 6주 동안에만 약 45명의 네팔인이 폭력 시위로 인해 사망했다.[88] 2013년에는 전통적인 집권당인 네팔의회당과 민족주의를 표방하는 정당인 네팔공산당(통합 마르크스-레닌주의)이 다시 과반수 의석을 차지했고, 마오주의자들은 80석으로 밀려났다. 그 결과, 2013년부터 2015년까지 새 헌법에 대한 주요 결정은 주로 남성 정치인인 카스트 상위 계층이 독점했다(그들은 공교롭게도 마오주의 정당의 지도부를 장악하고 있기도 하다). 2015년 헌법에서 결정된 7개의 새로운 지역 간의 지리적 경계도 격렬한 논란의 대상이 되었다. 약세의 소외 계층은 가난한 소수 민족이 밀집한 지역이 분할됨으로써 집단이 사분오열되어 상위 카스트 집단의 정치적 영향력에 도전할 수 없게 될 것을 우려했다. 이외에도 헌법은 여성의 시민권과 가족 내 자결권을 차별했다. 예를 들어 남편이 외국인이거나 부재중인 네팔인 여성(많은 남성이 해외로 일하러 나가기 때문에 상당수에 이른다)은 외국인 남편이 네팔인으로 국적을 바꾸거나 남편이 귀국하기 전까지 네팔 국적을 자녀들에게 물려줄 수 없었다. 이러한 제한은 네팔 남성에게는 적용되지 않았다. 프라찬다는 "수천 명에 달하는 순교자들과 실종된 전사들의 꿈이 실현되었다"[89]라고 말했다. 하지만 다른 이들은 이런 규정을 '차선책' 또는 '보수파의 역습'이라고 규정했다.[90]

헌법에서 '인민 전쟁'의 약속을 이행하지 못한 것에 대해 일부 사람들은 프라찬다와 네팔공산당(마오주의) 동지들을 비난했다. 하지만 이러한 비난은 공평치 않다. 1990년 이후 네팔의 정치문화는 정치인들이 심각한 사회경제적 박탈 문제를 해결하기보다는 권력 유지에 치중하면서 이미 병든 상태였기 때문이다. 2002년 네팔 주재 미국 대사관은 "네팔은 불이 난 집과 같은데 정치인들은 여전히 누가 안방을 차지할 것인가를 놓고 다투고 있다"고 직격탄을 날렸다.[91] 네팔의 정치는 2008년 이후 회복 상태에 이르렀다고 말할 수 있다. 마오주의자들 역시 카트만두의 정치활동에서 흔히 볼 수 있는 정치 거래에 빨려 들어가기는 했지만 그렇다고 이것이 모두 그들의 잘못만은 아니다.

정권을 잡은 마오주의자들에게 또 하나의 큰 문제는 지정학적인 제약이다. 인도는 네팔 정부의 마오주의화를 반대하는 한편 평화 정착 과정에서 인도의 이익을 지지하는 카트만두의 정치인들을 후원하는 등 집요한 간섭을 지속해왔다. 프라찬다는 공화국 체제에서 첫 번째 총리가 되었지만 이듬해 조기에 임기를 마감하고 말았다. 이는 인도가 네팔의 기타 정당을 조종하여 내전 당시 마오주의자들이 적수였던 카타왈Katawal 육군 참모총장을 하야시키고 보다 온건한 인물로 대체하려는 프라찬다의 시도를 막았기 때문이다. 중국은 시장(티베트) 통치를 둘러싼 긴장 국면을 염려하고 있었기 때문에 네팔의 연방제 채택과 소수 민족 권리 옹호에 제동을 걸려고 시도했다.[92]

그러나 마오주의자들이 자신들의 비전을 실현하기 위해 무장 투쟁의 필요성을 주장함으로써 약 1만 7천 네팔인이 목숨을 잃었다. 그렇기 때문에 이에 대한 엄중한 책임을 지지 않을 수 없다. 평화 정착 과정이 완료된 지 10여 년이 지난 지금 마오주의의 정치적 다원화 프로그램은 심각하게 훼손되었고, 그 어느 때보다 더 많은 네팔인들이 경제 침체와 빈곤을 피해 아시아 다른 나라로 이주하고 있다. 해외에서 험한 일을 하면서 차별과 착취에 직면한 이들은 "지난 10년간의 싸움이 지금의 이 모습을 위한 것인가?"라는 질문을 던질 수밖에 없는 상황이다.[93]

2011년 9월 1일, 카트만두 중심가 나야 바자르Naya Bazaar에 있는 프라찬다의 개인 저택에서 마오주의 지도자는 최고위급 군사 지휘관에게 네팔에서 가장 중요한 열쇠를 독립 감시위원회에 넘기라고 지시했다. 그 열쇠는 유엔의 검사를 받은 회색 컨테이너를 여는 데 필요한 것이었다. 2007년부터 네팔 인민해방군NPLA은 자신들이 소유한 3,500여 정의 총기를 그곳에 보관했으며, 유엔의 감시하에 자물쇠를 채워놓았다. 이로써 프라찬다는 무명의 시골 학교 과학교사에서 출발하여 정권을 장악한 최고 책임자가 되어 자신의 무장세력을 해체하기에 이르렀다. 이러한 조치는 내전에서 가장 논란이 많았던 두 기관, 즉 네팔 인민해방군과 네팔 황실 육군, 즉 황군(군주제 폐지 이후 네팔군Nepalese Army, 약칭 NA로 개칭했다)의 운명을 놓고 5년 동안 이어진 협상의 결과였다. 양측이 군사 자치권 포기에 대해 논쟁을 벌이는 동안 마오주의 지도부가 국가 정치에 영향력을 발휘할 수 있도록 군사적 승리를 거둔 네팔 인민해방군의 일반 사병들은 잠시 자신들의 생활을 접고 2006년 평화협정 이후 설치된 숙영지에 갇혀 있었다. 2011년 마침내 협상이 끝나고 네팔 인민해방군은 해체되었다. 전체 병력 19,602명 가운데 일부(1,500명 미만)만이 네팔군에 통합되었다. 그 과정에서 이미 20여 년 동안 함께 해온 정당도 분열되었다.

프라찬다와 바부람 바타라이가 네팔 의회의 정당과 협상을 벌이는 동안 네팔 마오주의자 가운데 적지 않은 지도급 인사나 당원들은 계속 싸우기를 원했다. 한 여단장은 2005~2006년 사이에 날로 전투 의식이 높아졌다고 회상했다.

"평화 협상이 체결되기 직전이 오히려 가장 격렬한 시기였다. 우리는 적군을 골수에 사무치도록 증오했다. 적군의 등 뒤에서 머리통을 날려버리고 싶다는 이야기가 나올 정도였다. …… 그들이 12가지 항목에 대한 협의를 시작했을 때 우리는 신병 모집을 준비하고 있었다. 우리는 정말로 자신감이 넘쳤다. …… 우리는 왜 군사적으로 물러났는지 이해할 수 없었다. 나중에 들은 이야기이지만, 이는 적대 행위의 중단이 아니라 유예라고 했다. 당시 우리는 전략적으로 어떻게 하면 도시로 전세를 확대할 것인가를 고민하고 있었다." 2006년 4월 카트만두에서 반군주제 시위가 벌어졌을 때 내무부 장관은 마오주의자들이 시위에 침투하여 폭력을 행사했다고 주장했다. 하지만 시위자들은 장관의 주장을 격렬하게 반박했다. 그러나 당시 마오주의 군대는 수도 카트만두 주변에 주둔하고 있었으며, 네팔공산당(마오주의)은 수천 명의 간부를 도시로 보내 항쟁을 유발하고 갈등을 고조시켰다. 프라찬다와 가까운 한 정보요원은 이렇게 회상했다.

"시위가 약해지면 우리가 더 강하게 만들 수 있었다. 필요하다면 시위 활동을 폭력적으로 변질시킬 수도 있었다. 우리는 협조할 준비가 잘 되어 있었으며, 조별로 2, 300여 명이 구성되었다. 당의 지시는 카트만두를 접수하기 위해 역량을 키우라는 것이었다. 카트만두 외곽에 주요 군대가 주둔했다. 최소 500에서 1,000명의 당원들이 소형 무기를 소지한 채로 군중들 사이에 흩어져 있었다."

하지만 월말에 의회를 복원하겠다는 국왕의 약속이 있은 후 시위는 소강 상태에 접어들었고, 정권 탈취를 눈앞에 둔 네팔공산당(마오주의)은 실망감을 감추지 못했다. 한 간부는 후회 섞인 발언을 했다. "만약 우리가 카트만두에서 권력을 장악했다면 이어지는 모든 것이 역사가 되었을 것이다. 당시 민심은 이미 한쪽으로 기울었고, 모든 이들이 변화를 간절히 원했다. 우리가 계속 견지해 나갔다면 국제사회도 우리를 막을 수 없었을 것이다. …… 내가 생각하기에 유혈 사태도 그리 심각하지 않았을 것이다."

하지만 카트만두의 주민들은 확신하지 못했다. 마오주의자들이 군대를 끌고 수도로 접근하고 있다는 소식을 접하자 일부 사람들은 짐을 싸고 도시를 떠날 준비를 했다. 무엇보다 크메르 루주가 했던 것처럼 엄청난 파괴와 학살이 있을 것이라고 생각했기 때문이다(2016년 고위급 마오주의자는 크메르 루주가 정직하고 성실한 사람이라고 하면서 캄보디아 킬링필드에 해골이 나뒹군다는 말은 공산주의를 음해하기 위해 서방 언론이 날조한 것이라고 주장했다).[94]

실제로 당시 도시 주민들은 마오주의자들의 위협을 실감하고 있었다. 상인이나 교사 등 비교적 안정적인 직업을 가진 사람이라면 누구나 마오주의자들이 돈을 빌려줄 것을 요구하는 전화에 익숙해 있었다. 그들이 요구하는 대출금(상환할 의도가 없는)은 보통 50달러에서 500달러까지 다양했는데, 대략 월급의 4분의 1에 해당하는 금액이었다. 전화를 건 사람은 "돈을 주지 않으면 당신은 끝이야!"라고 말했다.

네팔공산당(마오주의) 지도부는 평화와 전쟁의 문제를 놓고 의견이 분분했다. 프라찬다가 바타라이의 협상 계획에 동의했을 때, 지속적인 무장 투쟁을 강력하게 지지했던 키란 동지는 인도 감옥에 갇혀 있었다. 평화 협정에 따라 석방되어 네팔로 돌아왔을 때 키란은 마오주의자들이 의회 정치에서 '혁명적 우위'를 잃게 될 것이라고 우려했다.[95] 프라찬다는 미국 관리들과 대화를 나누고, 인도 정부 관계자와 점심을 먹었지만, 당의 강경파에겐 자신이 여전히 혁명을 통해 정권을 탈취할 생각이라고 단언했다.

2007년에 프라찬다는 네팔 인민해방군을 군영에만 주둔토록 하는 데 동의했고, 동시에 그들을 네팔 군대로 통합하는 계획을 수립했다. 2012년 인민해방군의 군영이 최종적으로 해산될 때 인민해방군이 충성을 다했던 정당, 네팔공산당(마오주의)은 이미 지리멸렬 분열된 상태였다. 프라찬다는 2009년 자신의 정당을 소규모 단체와 합병한 후 네팔연합공산당(마오주의자)으로 당명을 변경했다. 2012년에는 여전히 무장투쟁의 필요성을 주장하는 키란이 독립하여 네팔공산당(마오주의)을 설립했다. 또 다른 네팔공산당은 2014년 '인민전쟁'의 영웅 비블랍 동지Comrade Biplab가 이끄는 단체가 독립하면서 분열되었다. 양대 파벌의 공통된 신념은 2005년에 국가 정권을 탈취하는 것이 가능했으며, 무장투쟁으로의 복귀가 불가피하다는 것이었다[하지만 그들의 싸움은 네팔공산당(마오주의)과 네팔공산당-마오주의의 구별과 마찬가지로 그저 괄호와 하이픈을 둘러싼 다툼에 불과했다]. 2007년 마오주의자들의 무기를 유엔의 감독하에 컨테이너에 보관할 당시 비블랍이 훗날의 전투를 대비하기 위해 전체 무기의 3분의 1을 몰래 숨겼다는 사실 외에 그 모든 것이 마치 몬티 파이튼Monty Python(영국의 희극단체)의 희극을 모방한 소극笑劇에 지나지 않았다. 카트만두에서 활동하는 작가 수디르 샤르마Sudheer Sharma의 말에 따르면, "그는 마오주의의 실패를 인정하지 않았다. 그는 오로지 그것을 완성해야 한다고 생각할 뿐이었다. 1905년 러시아 혁명이 실패했다가 1917년에 성공했던 것처럼."[96]

네팔공산당(마오주의)과 이후의 파벌들이 무장투쟁에 집착하는 것은 네팔 국내의 안정에만 위협되는 것이 아니었다. 내전 기간 군사 문제에 집착하면서 정치적으로 관심을 집중해야 할 문제들은 오히려 도외시되었다. 네팔 사회와 경제 변화를 촉진하기 위해서는 무엇보다 신중한 체제 개혁이 필요했으나 군사 분야에 과도하게 신경을 쓰느라 오히려 체제 개혁의 과제를 놓치고 말았다는 뜻이다. 이러한 부주의 또는 소홀함은 마오주의자들이 중국과 마오쩌둥의 유산을 비판적으로 깊이 생각한 것이 아님을 보여준다. 프라찬다와 밀접한 관련을 맺고 있는 간부들은 2006년 4월 도시에서 발생한 시위에서 수백 명의 마오주의자들을 동원하고, 네팔 왕실의 군대와 치명적인 교전을 하기로 결정하는 등 상당한 수준의 전투력과 역량을 지닌 이들이었다. 하지만 그들은 중국공산당의 통치 기록은 물론이고 마오주의 국가로서 네팔의 향후 모습, 민주적 견제와 균형의 복잡성 등에 대해 매우 초보적인 인식만 지녔을 따름이었다. 한 당 간부가 말했다. "네팔은 향후 마오쩌둥 시대의 중국처럼 보일 것이다. 우리는 진정한 마오주의자들이기 때문에 우리가 건립한 국가 역시 마오쩌둥의 문화대혁명 전후에 건설된 국가와 비슷할 것이다. …… 우리는 다른 정당도 인민을 위한 친민親民의 정당이라면 경쟁에 참여시킬 수 있을 것이다." 필자는 그에게 과연 무엇이 '친민의 정당'인지 누가 정의내릴 수 있느냐고 물었다. 그러자 그가 답했다. "마오주의 정당이다. …… 우리는 문화대혁명 기간에 일어난 나쁜 일은 피하고, 좋은 일만 할 수 있을 것이다." 그의 이야기를 들으면서 필자는 그의 서가에 꽂혀 있는 책들을 살펴보았다. 네팔 마오주의자들의 회고록 몇 권과 중국 마르크스주의와 관련이 있는 책 한 권 외에 특히 노먼 빈센트 필Norman Vincent Peale의 『긍정적 사고의 힘The Power of Positive Thinking』이란 자기계발서가 눈에 띄었다.

마오주의 사상이 네팔의 지도자들에게 끼친 영향력을 과대평가해서는 안된다. 네팔에서 가장 영향력이 있는 마오주의자들은 좋은 의미이든 아니면 나쁜 의미이든 간에 모두 실용주의자들이기 때문이다. 2016년 바부람 바타라이는 더 이상 자신을 마오주의자라고 칭하지 않았으며, 마오주의 이후의 경제개혁과 민주주의를 결합한 새로운 정당을 설립했다. 관찰자들은 프라찬다의 태도가 표변하는 것에 주목하고 그가 이념을 초월한 실용주의자라는 결론을 (안도의 숨을 쉬면서) 내렸다. 크리슈나 하체투의 말에서도 이를 확인할 수 있다. "2001년부터 마오주의자들과 정기적으로 만났다. 나는 그들이 어떤 사람인지 알고 있었으며, 그들을 두려워할 필요가 없다는 것도 알았다. 매번 만날 때마다 프라찬다는 이데올로기의 짐을 내던지곤 했다."[97] 경제적 청교도와 거리가 먼 변덕스러운 프라찬다(현금 마오주의cash Maoists 지도자)는 사치와 횡령, 정실 자본주의(정경유착의 경제 체제)와 관련된 수많은 추문과 연루되었다. 그는 중국산 침대를 구입하기 위해 10만 루피라는 거금을 사용한 것으로 알려졌으며, 그의 아들이 에베레스트산 등반 자금을 마련하기 위해 정부 자금을 빼돌렸다는 의혹도 제기되었다. 제도적인 책임 부재로 인해 우리는 그 절반도 알 수 없을 것이다. 또한 프라찬다 정부는 네팔인민해방군이 주둔지에 갇혀 있을 당시 5년간의 급여 일부를 알 수 없는 목적에 사용하기 위해 빼돌린 것으로 보인다.

어쩌면 이런 이들은 그저 표면적으로 마오주의를 표방하는 이들인지도 모른다. 그들을 경멸하는 어투로 비꼬았던 C. K. 랄의 말이 떠오른다. 그는 자칭 마오주의자들을 최상위 카스트의 '정치 사업가'라고 조롱했다. 그가 생각하기에, 그들이 이데올로기에 흥미를 가진 것은 추상적인 이상을 실현하기 위함이 아니라 정권 탈취의 수단으로 보았기 때문이다. "그들은 기회만 있으면 즉각 잡았다. 그래서 그들이 권력을 잡으면 여느 정객이나 다를 바 없이 행동하니 크메르 루주가 한 일을 반복할 위험이 전혀 없다. 그들은 결코 이데올로그가 아니다. …… 그들은 매우 계산적이기 때문에 언제나 비용 대비 손익을 따진다."[98] 2017년 의회 내의 마오주의 정당[현재 명칭은 네팔공산당(마오주의 중심)CPN-Maoist Centre이다]은 네팔의 중도 우파, 민족주의자, 반反인도를 표방한 네팔공산당(연합 마르크스-레닌주의)CPN-Unified Marxist-Leninist을 모두 아우르는 통합당이다. 아디트야 아디카리는 "미래의 마오주의자들은 신분에 토대를 둔 운동(신분차별 철폐 등), 지방 자치와 분권 등에 대한 지지를 철회할 것"이라고 예측하면서 새로 합병된 정당이 선거에서 승리를 얻을 경우 "그들의 손에 권력이 집중되고, 사회 각 분야를 농단하게 될 것이다. 더 이상 시민사회는 존재하지 않으며, 집권 여당과 직접 연계된 단체들만 남게 될 것이다. 민주주의에 대한 모든 침해는 '반反인도 민족주의'라는 근거에 따라 정당화될 것이다. 이러한 경향은 네팔에서 '공산주의'의 전형적인 특징이 될 것"이라고 말했다.[99]

현재 네팔에서는 마오주의자들의 집권에 대한 실망과 허탈감, 분노가 복합적으로 작용하고 있다. 카말라는 입각하여 자신의 자리를 차지했지만 그 뒤편에는 여전히 수백 명의 마오주의 간부와 군인들이 버려진 상태이다. 네팔 인민해방군 병사들은 지휘관들이 자신들의 월급을 횡령하는 동안 국가가 자신들의 운명을 결정해 주기를 기다리며 주둔지에 갇혀 5년의 세월을 허비했다. 또 어떤 이들은 당의 명령에 따라 혁명 이후 쓸모없는 '부르주아 교육'을 거부하며 학교를 중퇴했다. 30대 후반의 전직 마오주의 문화활동가는 이렇게 탄식했다. "우리 세대는 모두 폐인이 되고 말았습니다. 우리는 교육도 받지 못했고, 정치적 인맥도 없으며, 돈도 없지요. 그저 총을 들고 모든 풍파를 헤쳐왔지만 결국 사회는 아무것도 변하지 않았다는 것을 깨달았어요. 많은 이들이 네팔을 떠나 페르시아 만이나 말레이시아 등지로 일을 하러 떠났어요. 우리가 가장 참기 힘든 것은 평범한 백성들의 부엌은 아무것도 변한 것이 없다는 사실이에요. 우리는 너무도 많은 좌절을 겪었지요. 이 세대는 더 이상 총을 들기에 너무 지쳤습니다. 혹시 다음 세대는 어떨지 모르지요."

마오주의 내전에서 가장 확실한 체제적 승자는 중국의 문화대혁명과 마찬가지로 군대였다. C. K. 랄은 폭력에 대한 자신의 태도가 지난 20년 동안 크게 바뀌었다고 말했다.

"처음에는 폭력에 반대하고 비폭력적인 변화를 지지했다. 하지만 2002년 비상사태가 선포되고 군대가 동원된 이후 네팔에서 총을 들지 않고는 어떤 변화도 일어나지 않을 거라고 생각했다. …… 독재정권은 투표로 쫓겨나지 않기 때문이다. …… 하지만 1, 2년의 세월이 흐른 뒤 총이 그다지 평등한 도구가 아니라는 사실을 깨달았다. 결국 더 큰 총을 가진 이들이 항상 승리하기 때문이다. 사회에서 권세를 지닌 이들일수록 더 많고 더 큰 총을 가질 수 있으며, 더욱 많은 이들이 총기를 조작할 수 있게 되었다. 우리는 다시 네팔의 원래 상태로 되돌아왔다. …… 국가의 총기는 더욱더 많아지고 커지고 있다."[100]

1996년부터 2016년 사이에 군대와 경찰은 두 배로 늘어났다. 오랜 경력의 민주화 운동가는 "우리의 군대는 더욱 성장하고 있다. 만약 지도자가 군대를 만족시키지 못하고, 군대와 협조하지 않는다면 그들의 자리를 위협받을 수 있을 것이다. 군대는 정치가들의 실정으로 오히려 혜택을 받는다. 민주주의가 제대로 운영되지 않는다면 지도자들이 군대를 적절한 범위 내에서 통제할 수 없을 것이라는 생각이 든다."

2016년 12월 필자는 네팔의 대표적인 마오주의자 중 한 명인 키란 동지와 면담을 가졌다. 우리는 중국 관공서 스타일로 꾸며진 회의실에 앉았는데, 벽 한쪽으로 안락의자와 소파가 늘어서 있고 옻칠한 커피 테이블이 놓여져 있었다. 가장 중국적인 느낌을 주는 것은 마오쩌둥의 시 한 구절이 약간 바랜 금색 글씨로 새겨진 화려한 붉은 유리 꽃병 옆의 금빛 마오쩌둥 동상이었다. 꽃병의 바닥에는 먼지가 약간 쌓여 있었고, 안에는 조화인 듯한 분홍색 장미가 가득 들어 있었다. 키란이 애착을 보이는 동상과 꽃병은 2009년 처음으로 중국을 방문했을 때 가져온 기념품이었다. 당시 그의 방문은 낯설고 또한 그리 만족스럽지 못했을 것이다. 왜냐하면 중국공산당 동지들은 '인민전쟁' 내내 네팔의 마오주의자들을 마오쩌둥의 명예를 훼손하는, 정도를 벗어난 이들로 비난했기 때문이다. 중국 당국은 네팔 군주제를 거의 끝까지 지지하는 한편 국내에서는 시장 경제의 심각한 불평등을 받아들이고 있었다. 네팔공산당(마오주의)이 정부를 구성한 후에야 비로소 네팔과 중국의 공산당이 소통을 시작했다. 중국공산당이 가장 먼저 개인적으로 전달한 조언 가운데 하나는 '마오주의'라는 명칭을 빼달라는 것이었다(히실라 야미에 따르면 "그들은 '프라찬다의 길'이라는 말은 괜찮지만 '마오주의'라고 해서는 안 된다며 상당히 당황스러워"했다).[101] 키란은 당시를 회고하며 이렇게 말했다. "물론 우리는 다른 견해를 가지고 있었지요."

공산주의 이데올로기는 이미 키란의 생활 전반, 심지어 그의 인생 선택에 깊숙이 자리하고 있었다. 그는 사람 개인의 충동 표현을 배제하고 모든 결정과 사건을 공산주의 과학적 지혜로 귀속시키려는 열망에 사로잡힌 듯했다. 그렇기 때문에 그와 응접실에서 대화를 나누면서 마치 당의 신조에 나오는 건조한 추상 개념이 주도하는 낯선 나라에 들어온 것 같다는 느낌이 들었다. 내전 이전과 그 과정에서 그가 어떻게 일상적으로 마오주의를 실천했는지 물어보니 그가 이렇게 답했다. "우리는 마오주의 노선을 착실히 따라 이데올로기나 정치적 입장을 발전시키기로 결정했지요. …… 지도 원칙은 마르크스-레닌주의, 마오주의, 그리고 신민주주의입니다." 나는 그에게 가족들에 대해 물었다. "모두 내가 하는 운동에 참여하고 있어요." 그가 대답했다. "무장투쟁을 포기한 프라찬다의 선택을 야속하게 생각하나요?" "개인적으로는 그렇지 않습니다. 다만 그와 그의 조직은 혁명을 배반했지요." 키란은 담담한 어조로 이렇게 대답했다. 필자는 만약 그가 생각하는 마오주의에 따라 건국한다면 어떤 나라가 될지 궁금했다. 그는 이렇게 대답했다.

"우리는 토지개혁을 실시했을 것이고, 관료자본주의를 종식시켰을 것입니다. 모든 이들이 권력을 부여받았겠지요. 우리는 확장주의, 식민지, 봉건적 이해관계에 맞서 싸웠을 것입니다. 우리는 과학적 문화를 가지게 될 것이고요. …… 강력하지만 절대로 나쁜 짓을 하지 않는 정당을 건설할 것입니다."

그는 2005년에 정권 탈취가 가시권에 들어왔으며, 향후 무장투쟁이 재개될 것이라고 믿었다. 그가 계속해서 말했다. "의회주의는 실패했고, 혁명은 불가피합니다." 나는 그에게 직접 전투에 참가한 적이 있느냐고 물었다. "총기를 다루는 훈련은 받았지만 직접 전투에 참가한 적은 없습니다."[102]

키란은 네팔인들을 선량하고 과학적인 공산주의자로 변화시키기 위해 평생을 바쳤다. 하지만 그의 사무실에서 차를 타고 카트만두의 거리를 지나면서 필자가 볼 수 있는 급진적인 변화의 흔적은 길가 양복점의 간판에 적힌 "새로운 사람: 셔츠, 양복, 재봉"이란 글자뿐이었다. 왠지 모르겠으나, 키란이 지난 40여 년 동안 추구해온 사회 변혁은 이런 종류의 것이 아니라는 생각이 들었다.

12장

마오주의자들의 중국

2000년 봄, 싱가포르 친구의 초대로 베이징의 새로운 뮤지컬 〈체 게바라〉를 보러 갔다. 뮤지컬은 아르헨티나 혁명가 체 게바라의 삶을 연상시키는 에피소드와 2000년대 베이징을 배경으로 한 장면이 번갈아 나오며 진행되었는데, 마오 시대의 혁명에 대한 우의寓意와 현대 중국의 정신적 공백을 선명하게 대비시키면서 뮤지컬과 문화대혁명의 이원대립적인 미학으로 공감을 불러일으켰다. 오페라에 나오는 연기자는 좋은 사람(전원 남성 연기자)과 나쁜 사람(전원 여성 연기자)으로 분명하게 나누어졌다. 좋은 사람이 선행을 행할 때, 예를 들어 물에 빠진 아이를 구하려고 할 경우 나쁜 사람이 그를 제지하는 식이었다(어린아이는 경제적 가치가 없기 때문에 있어도 그만 없어도 그만이라는 이유였다).

　"마오쩌둥, 마오쩌둥, 우리는 빗발치는 총탄 속에 당신을 따를 것입니다."

　노래가 흘러나오자 관중들이 환호하며 박수를 쳤다.[1] 뮤지컬이 끝난 후 연기자들의 인터뷰가 있었다. 30대 감독은 자기 자신과 동료들처럼 현대화된 도시 사람들은 "노동 인민과 접촉하는 시간이 너무 적다. 적어도 너무 적다"라고 자책하듯이 말했다.

　애국주의 노래와 구호, 문화대혁명의 분위기가 물씬 풍기는 연출 등에서 느낄 수 있는 신新마오주의 부흥이 특히 인상적이었다. 다만 필자는 당시 또 다른 일에 관심이 쏠리고 있었다. 베이징에서 4개월간 머물면서 나는 왜 중국인들이 노벨문학상에 그토록 집착하는지에 대한 논문을 쓰고 있었다. 노벨문학상에 대한 긍정적 평가는 중국이 포스트마오post-Mao, 이하 '마오 이후'로 씀 시대, 즉 마오쩌둥 이후 시대에 서구 사회가 인정하는 국제적인 '얼굴(체면)'을 얻고자 애쓴다는 것을 상징했다. 중국의 노벨상 콤플렉스는 마치 중국이 마오주의자들의 과거 가치 체계와 철저하게 결별한다는 것을 의미하는 듯했다. 필자는 〈체 게바라〉도 매우 흥미롭기는 했지만 아무래도 일종의 틈새시장niche일 뿐이라는 생각이 들었다. 지난 1백 년 동안 대도시 문인들이 교육받지 못한 중국의 빈곤한 대중에 대해 느끼던 죄책감의 후유증인 셈이다. 그날 밤, 나는 자전거를 타고 베이징 거리를 지나 도시 서쪽에 위치한 대학 기숙사로 돌아가면서 베이징의 가장 번화한 상가인 왕푸징다제王府井大街를 지났다. 그곳에는 서구의 대표적인 브랜드 상점과 중국 민간 경제에서 성과를 내고자 하는 수많은 작은 상점, 이른바 샤오마이부小賣部로 가득했다. 그들은 마오주의의 유풍이 아니라 중국의 필연적인 발전 방향을 보여주는 듯했다.

하지만 그건 내 오판이었다. 18년 후 중국은 마오쩌둥 이후 가장 강력한 마오주의 영도자가 통치하고 있다. 마오쩌둥의 혁명 동지의 아들인 시진핑이 마오주의자들의 정치문화를 정규화하고 있기 때문이다. 자아비판, 마오쩌둥의 '군중노선' 전략, 개인 숭배 등이 그러하다. 2018년 초, 중국공산당 중앙위원회는 1982년 헌법에서 규정하고 있는 국가주석 연임 제한을 폐지했다. 이에 따라 시진핑은 마오쩌둥처럼 종신토록 주석을 맡을 수 있게 되었다. 마오 이후 시대 중국의 외교 업무에 관한 보수적 태도와 전혀 다르게, 시진핑과 그의 측근 인사들은 마오쩌둥 시대 이후 볼 수 없었던 활력과 믿음을 보여주고 있다. 그들은 중국의 전 세계적인 야심과 중요성을 재천명했다(마오쩌둥 시대 중국공산당은 중국의 세계 혁명의 중심이라고 선언했다).

물론 시진핑의 중국은 마오쩌둥 시대와는 전혀 다르다. 현재 중국은 전세계 금융과 연결되어 있고, 정치적 균형과 정당성이 이념적 순수성보다 경제적 성과에 얽매여 있으며, 언론이나 방송 매체가 매우 다양하여 단일한 공식 메시지만으로 전 세계를 여행하고 야심만만하며 무엇보다 납세자인 국민을 설득하기 어렵다.

시진핑 주석이 마오주의의 정치적 수법을 부활시킨 것은 결코 무조건적이지 않다. 그는 위엄과 권위를 지닌 당과 국가의 최고 통치자로서 자신의 권위를 높이고, 자신의 목표(당내 반대 세력을 제거하고 권력을 집중하려는 목표)를 적극적으로 추진하기 위해 "중국공산당과 중화인민공화국의 창시자나 다를 바 없는" 마오쩌둥의 역사적 명성을 기꺼이 끌어들이고 있다. 하지만 그는 문화대혁명 시절의 사회적 대규모 동원에 대한 기억은 묻어버렸다.

그렇다면 마오쩌둥 시대와 완전히 달라진 중국 내에서, 시진핑이 마오주의의 정치 목록을 선택적으로 부활시키는 것은 과연 어떻게 받아들여지고 있는가?

지금 중국에서 위대한 조타수의 영향력은 여러 가지 특이하면서도 불안정적인 방식으로 표현되고 있다. 예를 들면 세계 각지에 영향력을 전파시키는 방식이다. 2016년 초, 마오쩌둥의 거대한 황금빛 조각상이 허난의 황량한 농촌 벌판에 세워졌다. 이는 한 충성스러운 현지 주민이 비밀리에 자금을 조달하여 세운 것인데, 이후 대중들이 항의하는 바람에 하루아침에 철거되고 말았다. 또한 2011년 여름 보시라이가 발동한 신마오주의 부흥운동도 한 예가 될 수 있다. 당시 운동의 목적은 자신이 정치국에 들어가기 위함이었다. 그러나 불과 아홉 달 후, 보시라이는 360만 달러 뇌물 수수의 혐의로 체포되었다(그의 아내 역시 영국 기업가 헤이우드를 살해한 혐의로 구금되었으며 이후 유죄 판결을 받았다. 전하는 바에 따르면, 그녀가 해외로 빼돌린 돈이 12억 달러에 달한다). 이외에 한더창韓德强이란 인물도 있다. 그가 다른 이들과 공동으로 만든 웹사이트 '오유지향烏有之鄕'은 맹목적인 애국주의로 마오쩌둥 사상을 선양하는 전형적인 사이트이다. 2013년 그는 이 공격적인 조직에서 탈퇴하여 허베이 농촌에서 마오쩌둥과 태국 불교운동을 숭배하는 유기농 공사公社(이른바 '정도농장正道農場'이라는 공동체)를 설립했는데, 2012년 반일 시위 도중에 마오쩌둥을 비판하는 한 노인을 주먹으로 때린 일을 자랑스럽게 회상하기도 했다.

마오주의의 부활은 곤혹스러울 정도로 다양하여 마오쩌둥이 중국에 남긴 거의 모든 유산의 복잡성과 위력을 암시하고 있으며, 또한 중국 내에서 의심할 바 없이 확실한 국가의 권위를 지탱하는 한편 이러한 권위에 대한 사람들의 비판(분명하든 아니면 암암리에 풍자하든)을 유발하기도 한다. 체 게바라의 말투를 빌리자면, 중국에서 마오주의는 두 부류나 세 부류, 심지어 더 많은 부류가 있는 듯하다.

1950년대 말부터 마오쩌둥은 천안문 광장 북쪽의 절반을 차지했다. 6미터에 달하는 그의 초상화가 천안문 위에 걸려 그를 숭배하는 사람들을 굽어보며, 인민영웅기념비에 적힌 그의 서체로 조각된 글씨를 응시하고 있다.[2] 마오쩌둥이 사망하자 1977년 오렌지색으로 방부제 처리된 그의 시신은 거대한 능침에 안치되었다. 이후로 마오쩌둥은 천안문 광장의 나머지 절반(남쪽 부분)을 차지했다. 이를 기획, 설계한 당의 책임자의 말에 따르면, 이는 "천안문 광장의 정치적 의미를 한층 더 부각하기 위함"이었다.[3]

그러나 사후 모든 것이 마오쩌둥의 뜻대로 이루어진 것은 아니었다. 1976년 9월 그가 사망하고 채 한 달이 되기도 전에 문화대혁명의 사인방, 즉 그의 부인인 장칭과 왕훙원, 장춘차오, 야오원위안이 체포되었다. 마오쩌둥의 충실한 후계자 화궈펑(후난성 위원회 제1서기)은 마오쩌둥의 지위에 올랐지만 얼마 지나지 않아 세력을 잃고 말았다. 덩샤오핑은 마오쩌둥 혁명 동지들 가운데 가장 강력한 생존자였다. 그는 한창 최고 지도층에 오르기 위해 열중했다. 1980년 덩샤오핑은 당내 엘리트 당원들 사이에서 높은 지지를 얻었고, 화궈펑에게 더 이상 유의미한 권력의 자리를 주지 않았다.

문화, 경제, 외교정책 부분에서 1980년대 가장 중요한 일은 탈脫마오주의이다. 이러한 운동의 첫 번째 조짐은 경제계에서 나타났다. 1970년대 초기, 농촌의 일부 공산당 간부들은 반복적인 중앙당의 지령에 지쳐 있었다. 그들은 지역 농민들이 중앙의 사회주의 계획경제에서 벗어나도 개의치 않았다. 농민들은 마음대로 공사(인민공사)의 토지 일부를 분할받아 암시장에서 특히 호평을 받는 경제성 높은 작물을 재배했다. 부업을 시작한 이들(예를 들어 가축을 키우거나 수공예 제품을 생산하는 이들)도 있었다. 1950년대 중반이라면 '자본가'라는 비판을 받았을 것이다. 하지만 중국 남부에서는 당연히 정부가 독점해야 하는 상품을 개인이 공개적으로 판매하기 시작했다. 계속해서 새로운 창업자들이 생겨났고, 그들은 연해지역을 중심으로 금지품을 거래했다.[4] 덩샤오핑과 자오쯔양 등은 민간의 이러한 흐름을 공식적으로 인정하고 더욱 발전시켰다. 1982년 마오주의 경제와 정치 책략의 토대가 되었던 인민공사가 해체되었다.

문화대혁명 기간에는 마오쩌둥의 저술과 사진이 가장 안전한 선물 품목이었다. 허구에 가까운 소문에 따르면, 한 부부는 결혼 선물로 102권의 마오쩌둥 저서를 받았다고 한다. 당시 만들어진 마오 주석의 초상화는 개인당 평균 세 점을 가지고 있을 정도로 많았다.[5] 『마오주석 어록』은 10억 부가 인쇄되었다.[6] 현재 수십억 권의 마오쩌둥의 저서가 창고에 쌓여 문화대혁명 이후에 출간된 현대화 관련 서적이 필요한 공간을 차지하고 있다. 덩샤오핑은 마오쩌둥 시대 말기, 과학과 기술 분야의 낙후된 현실에 매우 초조하고 불안했다. 또한 8천5백만 위안에 달하는 엄청난 대금*이 회수 불능인 상황인 데다, 특정 부대가 24시간 전천후로 이를 보관하고 지켜야만 했다(그들은 최대한 노력했지만 온도가 일정치 않았기 때문에 보관중인 마오쩌둥 저서 20%가 훼손되거나 곰팡이가 슬었다). 중국공산당은 이를 위해 다소 과격한 해결 방안을 마련했다. 1979년 2월 12일 선전부는 『소홍서』(『마오주석 어론』) 판매 금지 명령을 내리는 한편, 7개월 안에 창고에 있는 재고 가운데 극히 일부만 보존하고 나머지를 폐기 처분하여 종이펄프를 만들도록 했다. 이에 따라 마오쩌둥 시대의 정치 서적 90%가 종이펄프가 되었으며, 여기에는 발행한 지 얼마 안 되는 『마오쩌둥 선집』 제5권도 포함되었다.[7]

이전까지 전 세계에 마오주의를 선전하는 이들도 더 이상 자신들이 전파했던 정보를 믿지 않았다. 1978년 외문출판사의 일부 작가와 편집자 들이

---

* 마오쩌둥 관련 서적을 지칭하는 듯하다.

해외로 파견되어 유학생활을 했다. 자신들이 직접 서방세계를 접할 기회를 갖게 된 것이다. 과거 수십 년 동안 그들은 「베이징 주보」와 기타 「대외선전」 내용을 작성, 편집하면서 중국이 곧 서방세계를 해방시킬 것이라고 믿어 의심치 않았다. 외문출판사의 한 편집자는 혹독한 정치사회적 불안의 역사인 문화대혁명을 몸소 겪은 인물이었다. 그는 오스트레일리아의 작은 마을에서 접한 일상생활에서 큰 충격을 받았다.

나는 중국을 떠나기 전까지 자본주의 국가의 인민들이 얼마나 많은 고통과 압박 속에 살아가고 있는지에 대해 선전해왔다. 자본주의와 관련된 모든 것은 사악하며 사회주의와 관련된 모든 것은 좋은 것이라고 말했다. 그러나 출국한 후 우리는 사실이 이와 같지 않음을 목격했다. 일상적인 문명 수준이나 예절 등 모든 것이 중국과 확연히 달랐다는 점에서 문화적 충격이 대단했다. 매일 아침 부모가 아이들을 학교에 바래다주었고 하루 일과가 끝나면 데리고 집으로 돌아왔다. 나는 내심 그 아이들은 정말 행운아라는 생각이 들었다. 그들을 바라보고 있자니 절로 눈물이 나왔다. 나는 그처럼 오랫동안 중국에서 대외 선전을 해왔는데, 오히려 국외의 생활이 어떤지 전혀 모르고 있었다.

낡은 마오주의 서적이 사라진 창고와 서가에 이제 마오쩌둥 시대를 묘사하는 책들로 채워졌고, 그 내용은 공포와 절망 그리고 멸시였다. 문화의 해방은 다원적인 풍격과 장르를 탄생시켰다. 반半추상적인 시가로부터 판타지 소설, 부조리극不條理劇 등 모든 것이 등장했다. 하지만 대부분 마오쩌둥 시대에 대한 불만을 이야기하고 있었다.

그들은 개인의 훼멸, 마오쩌둥에 대한 개인 숭배의 비인간성, 사회주의의 부패와 생명 낭비의 부조리, 지나친 문화대혁명, 노동개조의 공포에 대해 묘사했다. 1980년대 말기, 탈마오주의는 예술영역에서도 나타났다. 장홍투張宏

圖는 그의 〈물질 마오Material Mao〉 시리즈에서 품위 없는 자세와 변장, 색채 등을 통해 마오쩌둥을 기이한 모습으로 표현했다. 예를 들면 호피 무늬의 마오쩌둥, 스탈린식 가짜 수염을 기른 마오쩌둥, 변발을 한 마오쩌둥, 음흉하게 민주 여신상을 바라보는 마오쩌둥 등이다. 이처럼 불경한 행위는 영화 스크린에서도 등장했다. 이른바 '5세대 감독'들은 중국공산당의 영웅인 마오쩌둥의 판에 박힌 듯한 인상을 깨트렸다. 1988년 이러한 풍조가 텔레비전까지 이어졌다. 당시 인기를 끌었던 TV 다큐멘터리《하상河殤》은 중화인민공화국의 낙후성과 서구 민주주의 문화에 대한 중국의 개방성 부족 등을 언급하면서 마오쩌둥에 대한 개인 숭배가 낙후된 문화의 축소판이라고 풍자했다.[8] 당내 관리들은 덩샤오핑의 '4개 현대화'를 적극 찬양했지만 이는 문화에 전혀 도움이 되지 않았다. 중국공산당의 정통 사상에 대한 반항은 1980년대 가장 두드러진 문화 주제였다.

주원朱文은 발전소(난징발전소) 제어실의 보일러 기술자였다가 이후 작가가 되었다. 그는 마오쩌둥 시대를 경멸한 작품을 쓴 전형적인 작가이다. 그는 문혁 시기에 출생한 인물로 1967년 푸젠福建의 산간 마을에서 태어났다. 교사인 양친은 당시 중국 동남부 농촌으로 하방되었다. 1980년대 주원은 난징에 있는 대학에 합격했다. 당시는 마오주의식 교육제도가 이미 막바지에 접어들었을 때였는데, 학생들은 작문을 할 때마다 첫마디에 반드시 마오쩌둥의 명언을 인용해야 했다.[9]

마오쩌둥 이후 시대 중국의 정치적, 사회적, 문화적 변형을 조롱하는 그의 작품 속 주인공들은 거의 모두 허세 넘치고 부도덕한 젊은 남성으로, 부모가 '군림하는 정치'에 복종하는 것을 동정하고 또한 경멸한다. 또한 그들은 집단 숙소, 답답한 관료주의, 지루한 노역 등 계획경제의 노예가 되는 것을 괴로워하거나 그로부터 도피하는 인물들이다.

천샤오루陳小魯는 중화인민공화국 개국 원수 가운데 한 명인 천이의 아들이다. 그는 마오 이후의 시대 변화를 직접 목격했다. 1966년 외교부장(외교부 장관)이었던 천이는 불행히도 외교부 내 홍위병의 공격을 받았다. 그가 전 세계 무대에서 자산계급에게 투항했다는 혐의였다. 마오쩌둥과 저우언라이가 문화대혁명의 극단적인 최악의 폭력으로부터 보호하고자 했으나 결국 그는 자리에서 쫓겨났으며, 1972년 병으로 사망했다. 천샤오루는 홍위병에 가입하여 자신의 선생님을 비판투쟁하는 데 앞장섰다. 그리고 40년이란 세월이 흐른 후 양심의 가책을 느낀 그는 홍위병 세대로는 드물게 공개 사과를 했다. 외교부에 입사한 그는 덩샤오핑 집권 시대에 탈마오화 작업에 참가하는 한편 1981년 런던으로 파견되었다.

"영국에 도착한 후에 비로소 우리가 고통받은 사람들이라는 사실을 깨달았다. 영국의 생활수준은 우리보다 훨씬 높았다. 우리가 들었던 것과는 다르다는 사실에 큰 충격을 받았다. …… 우리 사회와 가치관에 대해 냉정하게 반성하게 되었다. …… 이제 우리는 이전처럼 계속할 수 없었다."

그렇기는 하지만 그는 2016년 지난 수십 년 동안 일어난 마오주의 열풍이 단점만 있는 것이 아니라고 했다.

사람은 누구나 실수를 하기 마련이다. 국가 역시 마찬가지이다. …… 문화대혁명이 없었다면 우리는 개혁을 이룰 수 없었을 것이다. '사물이 극에 달하면 반드시 되돌아온다'(물극필반)는 말이 있다. 문화대혁명이 없었다면 중국은 소련처럼 되었을 것이다. 개혁이 없었다면 현재의 중국은 없었을 것이다. 그렇지 않다면 어떻게 우리가 가장 선진적인 세계를 좇아갈 수 있었겠는가? …… 문화대혁명의 재난이 없었다면, 당시 모든 이들이 이야기했던 그런 헛말이 없었다면 우리는 공감대를 갖지 못했을 것이고, 그것이 틀렸다는 것을 알지 못했을 것이다.

이와 동시에 마오쩌둥의 혁명 외교 정책은 마치 허물을 벗은 것마냥 버려지고 국가의 이익과 전쟁의 상흔만 남았다. 중국이 외교적 실용주의로 전환한 것은 1970년대 초 마오쩌둥이 외교당국에 미국과의 신중한 화해를 추구하고, 우익에 속하는 개발도상국과 중국의 틈새를 봉합하도록 지시하면서 시작되었다. 그의 지시는 1972년 닉슨의 중국 방문이라는 놀라운 성과를 낳았다. 중국 인민해방군 악대는 한때 '빨갱이' 색출에 혈안이 되어 있던 미국 대통령을 위해 〈언덕 위의 집*Home, Home on the Range*〉을 연주했다. 마오쩌둥이 사망한 후 싱가포르의 현대화 모델을 동경했던 덩샤오핑은 리콴유와 우호 관계를 수립하는 한편, 싱가포르 총리의 호감을 얻기 위해 중국공산당의 오랜 고객인 친펭에게 중국은 더 이상 장기간에 걸친 말레이시아 혁명 전쟁을 위한 자금 지원을 하지 않겠다고 통보했다.[10] 자금 지원과 국제적인 동맹이 부족해진 친펭은 마침내 말레이시아 정부와 평화협정을 맺었다. 팔순이 넘은 나이에 말레이시아와 태국 국경의 정글을 벗어나 쌍방이 지정한 '평화촌'에 정착한 그는 끝내 시들지 않은 혁명 정신으로 고무나무에서 고무액을 짜고 돼지를 기르며 채소를 재배하는 등 '자력갱생'이라는 마오주의 정신을 실천했다.[11] 2013년 방콕에서 병으로 사망할 때까지 말레이시아 정부는 두 차례나 그의 귀국 요청을 거부했다. 또한 그가 사망한 후에도 유골 송환을 금지시켰다.

1980년대 초 버마(현 미얀마)에서 황화는 끈질기게 버마공산당과 군사독재정권 사이의 정전을 촉구했다. 중국은 자신들이 육성한 버마공산당 지도자 세대를 정치적 난민으로 받아들였다. 젊은 세대들이 정치적 교조에 얽매여 변화를 거부하고 아편 재배를 통해 자금을 조달한다는 이유로 기성 세대를 버렸기 때문이다. 10년이 지난 후 왕년의 참전 용사들은 중국 남부와 서부의 도시에서 낡아빠진 마오 시대의 외투와 발가락이 튀어나온 천 신발을 신고 나타났다.[12]

크메르 루주를 지원한 사실을 부인하거나 인도 마오주의에 대한 보도를 차단하는 등, 중국 외교부에게 마오쩌둥 시대의 '혁명 외교'는 대부분 곤혹스러운 기억이 되었으며 오웰 소설의 방식으로 관영 기록에서 삭제되었다. 이는 마치 경제적 '탈마오화'처럼 중국이 문화대혁명의 호전적 성격에서 벗어나 보다 안정적인 치국 책략으로 전환하고 있는 뜻이었다. 사실 이는 마오쩌둥이 사망하기 전에 이미 시작되었다.

1967년 8월, 런던 포틀랜드 플레이스Portland Place의 중국 공사관 직원들이 '자본주의'와 '제국주의'에 대한 문화대혁명의 폭력적 공격에 대한 충성심으로 도끼와 야구 방망이를 들고 건물 밖으로 나와 경찰과 맞붙어 싸웠다(당시 외교관 한 사람은 땅에 떨어진 경찰 헬멧을 밟고 곤봉으로 내리쳐 부숴버렸다). 하지만 1970년대 초 중국과 영국의 관계가 회복되자 영국 주재 중국 대표와 영국 외교부 대표는 애버딘셔에서 마치 친구처럼 다정하게 걸어다녔다.[13]

캄푸치아공산당이 베트남 군대에 의해 프놈펜에서 쫓겨난 후에도 덩샤오핑은 여전히 그를 지지했다. 프놈펜에서 쫓겨난 크메르 루주에 대한 덩샤오핑의 지속적인 지원은 표면적으로 극단적 마오주의 크메르 루주와 이념적 동맹이 지속되고 있다는 인상을 주었다. 하지만 사실 이는 적국인 베트남을 군사적 충돌로 묶어두려는 이기적인 방법이었다. 덩샤오핑과 베트남의 관계는 민족주의를 위해 이념을 포기하고 있음을 분명하게 보여주고 있다. 예를 들어 1973년 미군이 베트남에서 철수하면서 중국 남부 국경에 대한 실존적 위협이 사라지자 베트남은 더 이상 혁명 동지가 아니라 지역 경쟁자로 인식되었다. 베트남과 전쟁을 벌이던 크메르 루주에게 자금을 지원함으로써 중국은 수십 년간의 전쟁을 끝낸 베트남의 경제 재건을 지연시킬 수 있었으며, 베트남의 주요 후원자인 소련의 자금을 고갈시킬 수 있었다. 오랫동안 중국은 소련이 미국보다 자국의 국익에 훨씬 더 큰 위협이라고 여겼다. 중국은 서부 국경에서 아프간 무자헤딘에게 자금을 지원하고 군사훈련을 시켰는데, 진정한 목적은 숙적 소련의 힘을 소진시키는 데 있었다.

그러나 중국 정계는 단 한 번도 마오쩌둥을 숙청하지 않았다. 소련은 스탈린을 버려도 혁명의 창시자인 레닌이 있었지만 중국공산당은 오직 마오쩌둥 하나뿐이었다.

마오쩌둥의 사후 처리를 둘러싼 쟁론은 말만이든 아니면 상징적인 의미이든 간에 그가 사망한 지 몇 시간 후부터 시작되었다. 1956년 마오쩌둥은 화장되기를 원한다고 명확히 밝혔다. 그러나 마오쩌둥의 심복인 화궈펑이 이끄는 정치국은 1976년 9월 9일 아침 아직 충격에서 벗어나지 못한 마오의 주치의에게 마오의 시신을 무기한 보존할 것을 통보했다.[14] 당시 화궈펑은 마오쩌둥이 결정한 정책은 무조건 따라야 하고, 마오쩌둥이 내린 지시나 발언 또한 모두 옳다는 뜻으로 '양개범시両個凡是'를 주장했는데, 혹자는 마오쩌둥처럼 걷고 손을 흔들며 머리 형태까지 마오쩌둥을 흉내 낸다고 비꼬았다. 이에 반해 경제적인 면에서 화궈펑의 계승자이자 또한 축출자이기도 한 덩샤오핑은 마오쩌둥과 뚜렷한 차이를 보였다. 그는 외국의 과학, 기술, 투자가 부패한 부르주아의 영향력을 행사할 것을 두려워하지 않으며, 오히려 숭상했다. 그러나 정략과 신념에 관한 한 덩샤오핑은 정치적으로나 체제적으로 여전히 뿌리 깊은 마오주의자였다.

1980년, 덩샤오핑은 이탈리아 기자 오를리아나 팔라치Orliana Fallaci에게 이렇게 말했다.

"천안문 광장에 남아있는 것은 마오쩌둥의 초상만이 아닙니다. 우리 중국 인민은 영원히 그를 우리 당과 국가의 창설자로 생각합니다. …… 우리는 흐루쇼프가 소련공산당 제20차 전국대표대회에서 스탈린을 대했듯 마오 주석을 대하지 않습니다."[15]

팔라치는 덩샤오핑과 서방을 연결하는 중요 채널 가운데 하나였다. 덩샤오핑이 부상한 후 중국 중앙 접견실에 정치적인 의미의 대청소가 실시되었다. 당내 원로들은 적어도 마오 주석의 초상화는 남겨야 한다고 고집했다. 그들은 "우리 역시 그곳에 있었으니…… 마오 주석이 사라지면 우리의 행위도 의심을 받을 것이다"라고 여겼기 때문이다.

1979년 가을, 덩샤오핑은 당과 혁명에 관한 마오쩌둥의 공헌에 대한 당의 공식 입장을 규정하는 문서를 작성하도록 요구했다. 편집 과정은 길고 까다로웠다. 덩샤오핑은 9차례에 걸쳐 초안을 수정했다. 초안은 너무 비판적이고 지루하며 마오쩌둥에 대한 반감이 지나치게 강했다.[16] 그렇게 1년을 끈 후 덩샤오핑은 문화대혁명 이후 복권되어 공직에 복귀한 간부 5,600명을 소집하여 초안에 대한 의견을 물었다. 회의는 순식간에 하소연이 쏟아져 나오고, 마오쩌둥을 비판하는 성토장으로 발전했다.[17] 하지만 덩샤오핑이 당시 회의를 소집한 이유는 달랐다. 그는 이미 마오쩌둥을 관대하게 대해야 한다고 마음을 굳힌 후였기 때문이다.

"마오쩌둥 동지의 착오에 대해 너무 비판적인 문서를 작성해서는 안 됩니다. 마오쩌둥 동지의 얼굴에 먹칠을 한다면 이는 우리 당과 국가의 체면을 깎는 일입니다."[18]

최종안은 1981년 「중화인민공화국 건국 이후 우리 당의 일부 역사 문제에 대한 결의」라는 제목으로 완성되어 공포되었다. 당시 문서에는 "중국 인민의 존경과 사랑을 받는 위대한 지도자이자 스승"이라는 말처럼 '위대한'이라는 형용사가 언제나 마오쩌둥의 이름에 붙어 다녔다. 수천만 명의 목숨을 앗아간 1959년~1961년의 기근은 완곡하게 '심각한 손실'을 초래했다는 식으로 표현했고, 문화대혁명은 '위대한 무산계급 혁명가'의 판단 착오로 해명했다. 또한 문화대혁명의 폐해는 모두 사인방의 음모 탓으로 돌렸다. 당시 문서는 마지막에 "마르크스-레닌주의, 마오쩌둥 사상의 위대한 기치 아래 공산당과 전체 군대, 전국 각 민족 인민이 당 중앙 주위에 결집하여 지속적으로 우공이산의 정신을 발휘하여 하나의 신념으로 모든 어려움을 극복하고 우리의 국가를 점차 현대화된, 고도의 민주적이며 문명화된 사회주의 강국으로 건설하기 위해 분투노력해야 합니다. 우리는 반드시 목적을 달성할 것입니다"라고 끝을 맺었다.[19]

1993년 덩샤오핑은 결의의 내용 가운데 '사실이 아닌 부분이 있다'는 것을 인정하면서, 마오쩌둥에 대해 더 강경한 노선을 원했던 나이 든 간부들에 대한 오류도 정정되었다고 말했다.[20] 그러나 역사적 정의正義를 세우는 것은 당시 결의안의 목적이 아니었다. 이와 반대로 당시 결의는 엄격한 마오주의 방식에 따라 이루어졌다. 당과 국가 곳곳에 광범위한 반대 의견이 존재함에도 불구하고 최고 지도자(이번에는 덩샤오핑)가 권력을 공고히 하고 경쟁자(화궈펑)의 신용을 떨어뜨리며 제도적 도전을 무시하는 것이었기 때문이다. 1979년, 덩샤오핑은 중국의 미래 발전에 대한 '4대 기본 원칙'을 확립했다. 네 가지는 사회주의 노선, 프롤레타리아 독재정치, 공산당의 영도, 마르크스-레닌주의와 마오쩌둥 사상 견지였다.[21]

비판적인 기자인 류빈옌劉賓雁은 그것이 1980년대 공산당이 반대파를 물리치기 위한 '네 개의 몽둥이'라고 말했다. 이러한 철칙과 비교하면 문화 부분의 탈마오화와 카우보이 모자를 쓰고 텍사스에서 로데오 경기를 관람하며 즐거워하는 덩샤오핑의 모습은 그저 작위적인 행태였을 뿐이다.[22] 소련은 마오 이후의 시대 중국 정부에 대해 "거품은 사라졌지만 맥주는 남아 있다"[23]라고 말한 바 있는데, 매우 적절한 표현이다.

덩샤오핑은 "논쟁을 하지 않는 것은 내 발명품이다"[24]라고 자랑스럽게 말한 적이 있다. 사실 이는 마오쩌둥이 오랫동안 상대를 고취하기 위해 사용했던 수단의 일종이다. 그는 겉으로 토론을 선동했지만 전체적인 비전은 언제나 그가 기준이 되었다. 덩샤오핑은 정식으로 마오쩌둥의 군중 정치 운동을 부정했지만 이런 식의 운동은 1980년대에서 수시로 이루어졌다. 예를 들어 장발을 기르거나 나팔바지를 입은 사람들을 괴롭히고 도둑을 즉결 처형하는 식의 '정신적 오염 방지 운동'과 1985년의 부르주아 자유화 반대 운동 등이 그것이다. 1983년 덩샤오핑의 제2인자 자오쯔양은 "또 한 번의 문화대혁명이 다가오는 것 같다"[25]고 걱정했다.

마오쩌둥은 여전히 중국공산당 경축 행사의 중심에 있다. 마오쩌둥 탄생

90주년인 1983년에는 책, 영화, 우표를 발간하여 기념했으며 '중국 혁명의 노래'라는 제목의 기념 공연에 1,200명의 무용수가 동원되었다.[26] 덩샤오핑은 더 강한 중국을 건설하는 과정에서 때로 개혁파와 보수파 사이에서 흔들렸지만 결국에는 항상 보수파 편에 서서 정치적 통제의 '4대 기본 원칙'으로 회귀했다. 1980년대 후반 중국을 방문한 중국 전문가 오빌 셸Orville Schell은 이렇게 말했다. "(중국은 여전히) 마오쩌둥 주석의 시대에 깊숙이 자리하고 있다. 마치 얼룩덜룩한 여름털이 겨울이 되면 하얗게 변하는 북극 동물들처럼, 중국 역시 갑자기 정치적 면모를 바꾸는 특별한 능력을 가지고 있다. 하지만 실제 변화는 모두가 상상하는 것보다 훨씬 적다."[27]

이에 대한 소름 끼치는 증거는 1989년 6월, 중국공산당과 덩샤오핑의 통치에 대한 의구심을 품고 전국 각지에서 일어난 시위에 대해 덩샤오핑이 내린 조치였다. 당시 자오쯔양은 시위에 대한 당의 대응에서 핵심적인 역할을 했다. 그는 마오주의 유산으로 인해 덩샤오핑이 군대를 동원하여 학생을 비롯한 시위 참가자를 진압했다고 비난했다. 그는 아예 대놓고 "덩샤오핑은 수년간 '계급투쟁이 강령'이었던 사유방식을 가지고 있다"[28]라고 말했다. 5월 23일, 천안문 사건은 정치국을 뛰어넘는, 절대로 침범할 수 없는 마오쩌둥의 지위를 드러냈다. 그날 허난성 출신 청년 세 명이 광장으로 나와 '5천 년 전제(독재)정치를 끝낼 수 있는 시간'이라고 적힌 현수막을 펼치고 마오쩌둥의 초상화를 향해 물감이 가득 담긴 달걀을 던졌다. 몇 분 만에 그들은 반정부 시위에 협조하기 위해 한 달 전에 설립된 학생자치연합회 회원들에게 붙잡혀 기자회견장으로 끌려가 학생 시위와 자신들의 행동이 무관함을 밝힐 것을 강요당했으며 결국 공안국으로 넘겨졌다. 세 사람은 16년형에서 종신형까지 각기 다른 징역형을 선고받았다. 감옥에서 그들은 고문을 당하고 독방에 갇혀 굶주렸으며, 적어도 한 명은 정신이 이상해졌다.

6월 4일 시위에 대한 잔혹한 탄압이 있은 직후 정치적 정통성이 부활하면서 이단적인 사상을 대체했다. 공산당은 1980년대 과감한 질문은 이념적 타락이라고 매도하면서 정치적으로 정확한 이들이 나서서 "사회주의를 반영하고 공산주의 이상과 사회주의 시대의 정신을 체현하는 문화 작품……인민들을 열정으로 충만하게 만들고 대중을 단결시킬 수 있는 문화 작품을 만들어야 한다"고 주장했다. 이에 따라 당의 추종자들은 자유주의를 주장하는 저명인사들에 대한 비난을 쏟아내는 한편 문인들에게 마오쩌둥의 핵심 문화정책으로 마오쩌둥이 1942년에 발표한 「연안 문예 좌담회 강연」(약칭 「연안문예강화」)을 선양하도록 촉구했다.[29] 1989년에는 마오쩌둥의 초상화가 37만 부나 인쇄되었으며, 1991년에는 다시 5천만 장으로 급증했다.[30]

1992년 초, 덩샤오핑은 중국 인민들이 정치적 빙하기를 벗어날 방법을 제시했다. 중국공산당의 생존이 물질적 번영의 확산에 달려 있다고 확신한 그는 경제 자유화의 자본주의적 본질에 대한 이데올로기적 집착에서 벗어날 것을 호소하는 한편 '더 빠르고, 더 좋고, 더 깊은' 경제 성장을 달성하기 위해 시장의 힘을 발휘도록 촉구했다. 덩샤오핑은 당의 통치 유지라는 정치적 목적만 달성된다면 경제적 수단이 자본주의적이든 사회주의적이든 상관없었다. 또한 마오쩌둥의 의의도 이전과 달라졌다. 1990년대 초까지 마오쩌둥에 대한 사람들의 기억은 줄곧 지식인들의 관심사, 당내 고위층들의 논쟁 주제, 또는 「인민일보」의 사설에서 주로 다루는 모순적인 주제와 관련이 있었다. 하지만 덩샤오핑이 앞서 말한 주장을 펼친 이후로 마오쩌둥은 대중의 종교와 대중 소비주의에 스며들기 시작했고, 때로 양자가 서로 결합된 형태로 나타나기도 했다. 택시 기사들은 백미러에 마오쩌둥의 형상이 새겨진 펜던트를 달았는데 그것을 달고 다니는 이들은 교통사고로 인한 부상과 죽음을 피할 수 있다는 소문이 퍼지기도 했다. 1994년 후난성의 한 마을에서는 마오쩌둥을 사당에 모시고 제사를 지냈는데(불교 조각에 능숙한 조각가가 마오쩌둥의 신상을 제작했다) 1995년 여름 '미신 조장'을 이유로 당국에 의해 사원이 폐쇄되기 전까지 매일 4만에서 5만 명의 참배객이 찾았다.[31] 광신도들은 중국의 여러 산에서 마오쩌둥과 유사한 형상을 찾아내기 시작했다.[32]

소비에 굶주렸던 1960년대와 70년대에 이미 마오 숭배는 각양각색의 기이한 '이정移情 대상'(자신의 감정을 주입하는 대상)을 통해 여실히 드러났다. 예를 들어 『마오주석 어록』, 마오쩌둥 배지, 심지어 마오쩌둥이 목마른 홍위병에게 선물했다는 망고를 형상화한 밀랍 복제품 같은 것 등이다. 마오쩌둥 사후 중국이 세계의 공장이 되면서 이러한 물질 숭배의 방식이 배가되었다. 마오쩌둥의 초상은 부적, 펜던트는 물론이고, 1990년대 새롭게 시장 지향적으로 변신한 새로운 중국에서 거의 필수품으로 여겨졌던 호출기(일명 삐삐) 플라스틱 커버에도 새겨졌다.

1990년대 말기, 베이징 같은 대도시에 마오쩌둥의 향수를 불러일으키는 말인 '爲人民服務(인민을 위해 복무하다)' 또는 '吃苦(고생하다)'라는 간판을 내건 음식점이 생겨났다. 필자는 1997년부터 중국을 방문하기 시작했는데 당시 도시의 노점상에서 파는 라이터 오르골 한 쌍을 보고 묘한 느낌을 받았다. 그 가운데 하나는 마오쩌둥의 초상이 새겨져 있고 〈동방홍〉 노래가 흘러나왔으며, 또 다른 하나는 덩샤오핑의 초상이 새겨져 있고 〈엘리제를 위하여〉가 흘러나왔다. 여행객들은 데이비드 탕(중국명 덩융창鄧永鏘)이 창립한 '상하이 탄上海灘' 부티크에 들어가 현대적으로 새로 제작한 문화대혁명 시대의 알람시계를 구입했다. 알람시계의 분침은 『마오주석 어록』을 들고 있는 홍위병이었다. 마오쩌둥의 먼 친척으로 상업적인 두뇌가 뛰어난 탕루이런湯瑞仁은 마오쩌둥의 고택이 있는 샤오산韶山 부근의 작은 언덕에 '모가반점毛家飯店'을 열었다. 이곳에서 식사를 하려면 식당에 들어오자마자 마오쩌둥 배지를 달고 메뉴 중에서 가장 비싼 '마오 주석이 가장 좋아했던 요리'를 주문해야 한다. 이렇게 마오쩌둥은 중요한 사업 아이템이 되었다.[33]

교육받은 도시인들은 1992년 이후 새롭게 시작된 시장 개혁에 적응하면서 마오쩌둥 숭배를 세상 흐름을 좇아갈 수 있는 일종의 위안을 주는 키치kitsch(인기는 있지만 가치는 없는 세속적인 것) 정도로 여겼다. 그러나 중국에는 또한 이처럼 여유로운 접근을 취할 수 없는 수백만 명의 사람들이 있었다. 1998년 총리가 된 후 주룽지朱鎔基는 수억 명 중국 노동자의 '철밥통'이었던 수천 개의 수익성 없는 국유기업을 매각하거나 정리하도록 했다. 1990년대 말과 2000년대 초 극심한 경제적 고통에 허덕이던 노동자들은 마오쩌둥의 평등주의 시절을 회상하며 국영 기업을 솎아내려는 이들의 행태를 규탄했다. 2002년 봄, 여전히 얼어붙은 랴오양遼陽의 거리에서 수만 명의 퇴직, 해고, 무급 휴직 중인 철강 노동자들이 가족을 먹여 살리기 위한 생계비와 난방비를 요구하며(이미 동사 사고가 발생했다) 시위를 벌였다. 그들은 부패한 관리자들이 공장 자금을 사기업으로 빼돌렸다고 비난했다.

랴오양은 한때 마오주의 경제 모델의 북동부 중심지였다. 마오쩌둥의 초상화가 인산인해를 이룬 시위 군중들 틈에서 오르내렸다. 군중 사이에서 한 여성이 울부짖으며 소리쳤다. "마오 주석께서 그렇게 빨리 가시면 안 됐던 거야!"[34]

1955년생으로 베이징대 교수인 장훙량張宏良은 현대 중국 신마오주의자들의 '공격견攻擊犬' 또는 '붉은 탱크 운전병'이란 별칭을 가졌다. 그는 학계로 진출하기 전, 정부의 핵무기 부서에서 근무했다. 그는 1970년대 후반 대학 시절에 유행했던 낙관주의 찬가를 회상했다. "20년 후, 우리는 다시 만날 것이다." 그때는 아름다운 조국이 마오 사후 개혁개방으로 더욱 좋게 변화할 것이라는 믿음이 있었다는 뜻이다. 하지만 그가 생각하기에 전혀 다른 방향으로 흘렀다. "20년이 넘었지만 지금 우리나라는 가사에서 말한 것과 다르다. 산림은 척박해지고 수원은 오염되었으며 자원은 고갈되었다. 우리 사회는 모순과 도둑으로 가득 찼다. 내가 어린 시절에는 집 대문을 잠근 적이 없었다."[35]

2002년 랴오양에서 일어난 시위는 마오주의의 색채를 띤 항의의 새로운 시대를 열었다. 2002년 덩샤오핑의 후계자 장쩌민은 기업인의 당원 가입을 전격적으로 허용하면서 정치와 사회에 대한 극좌 마오주의 논쟁의 최후 보루였던 두 개의 정기간행물을 폐쇄시켰다.[36] 이런 조치는 두 가지 결과를 가져왔다. 첫째, 좌파 인사들은 자신들이 소외되고 있으며 시장화를 주창하는 개혁 세력으로부터 공격을 받고 있다고 생각했으며, 이에 따른 분노가 심화되었다. 둘째, 극좌파의 현실 세계 플랫폼이 침묵하게 된 것은 공교롭게도 중국에서 인터넷 접속과 사용이 폭발적으로 증가하는 시기와 일치했다. 베이징 항공우주대학의 말투가 온화한 경제학 교수이자 '오유지향(유토피아)'의 공동 설립자인 한더창을 비롯한 많은 마오주의자들이 이처럼 새로운 형태의 정보 게릴라전을 적극적으로 수용했다.

인터넷상에서 마오주의자들은 서방세계에 격분하며 반대를 일삼는 반反서구 민족주의로 유명하다. 1989년 사태 이후 중국공산당은 대중의 분노나 항의를 불러일으키는 어떤 명분이나 상황도 경계해왔기 때문에 처음부터 이들에 대해 양면적인 태도를 취했다. 신마오주의파가 동원된 최초의 논점 가운데 하나는 2006년 자유주의파 주간지 「빙점氷點」에 실린 위안웨이스遠偉時라는 철학 교수의 학교 교과서 비판을 둘러싼 소동이었다. 위안웨이스는 교과서에 나오는 의화단 운동의 의미에 대해 의문을 제기했다. 의화단 운동은 의화단이 외국인을 습격하자 서양과 일본의 잔인한 보복이 잇따라 전개되었던 사건으로 중국에서 특히 애국의 문제와 민감하게 관련되어 있다. 위안웨이스는 외국의 잔학 행위에 초점을 맞추는 대신 의화단 반란세력의 아둔한 애국주의를 지적하며 "현대 문명을 적대시하고 맹목적으로 외국인과 외래문화를 배척한 우매한 행위"라고 비난했다. 그는 '국가와 인민에게 막대한 재난을 몰고 온 것'은 의화단이지 제국주의 침략이 아니라고 했다.[37] 이에 사이버 좌파들은 위안웨이스가 중국을 침략한 서방에 면죄부를 주고 있다고 공격했다. 이에 대해 중국 정부는 「빙점」과 아울러 가장 인기 있고 직언을 서슴지 않는 좌파 사이트를 폐쇄하는 조치를 내렸다.[38] 정부는 역사의 자유화를 용납할 수 없었지만 좌파의 자유로운 비판도 받아들일 수 없었던 것이다.[39]

2007년에 이르자 '오유지향'은 이미 중국 내 지명도가 가장 높은 신마오주의 조직이 되었다. 오유지향은 2003년 중국에서 가장 권위 있는 학문의 장이자 중국 국제주의의 본산인 베이징대학교 서문 근처의 작은 서점에서 운영하는 웹사이트였다. 오유지향이 정치권에서 중요하게 여겨지면서 좌파 학자(일부는 당과 밀접한 관계가 있다), 정부 관료, 전업 네티즌, 예술가, 작가, 문화 비평가 들이 모여들기 시작했다. 그 서점에 가면 야심 가득한 부모들이 자녀를 하버드대학에 입학시키는 방법을 안내하는 자기계발서로 가득 찬 시중 서점에서는 쉽게 찾아볼 수 없는 '범汎좌파 서적'을 구매할 수 있었다. 오유지향의 목표는 "공정성을 우선시하는 사회…… 그리고 개방적이고 이상적이며 책임감 있는 대중의 정신적 고향을 추구함으로써 사회의 진보를 촉진할 수 있는 작은 플랫폼을 만드는 것"이었다.[40] 이 웹사이트는 친마오쩌둥 성향의 블로그, 기사, 온라인 토론을 위한 공간을 제공하였다. 예를 들어, 2005년에는 온라인 청원을 통해 중국 북서부에서 온 한 이주 노동자가, 고용주가 아버지의 병원비 마련을 위해 필요한 임금을 지급하지 않자 그를 살해한 사건을 지지하는 여론을 모았다.[41]

오유지향 등 사이트에 모인 그룹과 개인은 스스로를 '마오쩌둥 좌파'(약칭 마오좌파毛左派)라고 불렀다. 이들의 '근거지'는 인터넷이었기 때문에 정확한 수치를 파악하기 어렵지만 2012년 조사에 따르면 표본의 38.1%가 정치적으로 '좌파'였다. 2014년 장홍량은 '사회 하층민 대부분이 마오쩌둥 좌파'라고 추정했다. 2000년대 초반, 이들은 마오쩌둥 이후 시대에 중국의 시장화를 촉발한 개혁개방을 지난 40년 동안 '수정주의자와 자본가'(대부분 중국공산당 소속)가 권력을 '사악하게' 찬탈한 것으로 묘사하며 비난하기 시작했다.[42] 문화대혁명 시절 마오주의의 전성기를 숭배하는 이들은 마오 이후 시대에 개혁개방을 영도한 '수정주의자'들이 외국 제국주의와 손잡은 '중국의 반역자들'이라고 믿었다. 소득 불평등, 부정부패, 환경 파괴 등 현재 중국 사회가 겪고 있는 모든 문제는 마오쩌둥의 분석이 옳았음을 입증하고 있다며 대중이 공산당에 맞서 투쟁하도록 선동함으로써 공산당을 정화하기 위해 지속적인 혁명이 필요하다고 주장했다. 일부 사람들은 이러한 사상을 매우 진지하게 받아들여 중국에 또 다른 문화 혁명이 필요하다고 선언하고, '대중민주주의'라는 이상을 옹호했다. 장훙량은 2012년에 이렇게 썼다.

"우리는 마오쩌둥 사상의 기치를 높이 들어야 한다. 특히 마오쩌둥 사상의 두 가지 핵심은 '인민을 위해 봉사하고, 반란에는 이유가 있다'는 것이다. 인민을 위해 복무하라는 말은 공동의 번영을 위한 것이고, 반란을 일으키는 데는 이유가 있다는 말은 '대중민주주의'를 의미한다."

현대 신마오주의자들이 흔히 하는 말에 따르면, '대중민주주의'는 문화대혁명의 '네 가지 자유四大自由', 즉 '대명大鳴(자유로운 발언), 대방大放(자유로운 조직과 활동), 대변론大辯論(자유토론), 대자보大字報'를 통해 실현할 수 있다. 그들은 이러한 '언론 자유'를 통해 자연스럽게 대중이 여론을 통제하는 것을 촉진할 것이라고 믿었다.[43]

그러나 대중민주주의하에서 언론의 자유는 '사회주의적'이고 '애국적'이어야 한다는 전제 조건이 있었다. 따라서 오유지향의 언론은 거의 모두 필연적으로 민족주의 색채를 띨 수밖에 없었다. 마오쩌둥은 국제적인 문제에서 타협하지 않는 애국 원로로 이상화되었다. 인터넷상에서 마오주의자들은 타이완, 신장, 시짱, 남중국해, 댜오위다오釣魚島 등 중국 국경에서 발생하는 모든 문제를 미국의 간섭에 의한 것으로 간주하고 외교 문제에 대해 급진적인 태도를 취했다. 미국이 중국을 억누르려 한다고 믿었기 때문에 일부 사람들은 중국이 미국에 대한 중동의 저항을 지원해야 한다고 주장했다.[44] 비슷한 이유로 많은 신마오주의자들은 미국과 대치하는 북한에 찬사를 보냈다. 또한 나라를 팔아먹는 '우익 자유주의자'들에 대해 프롤레타리아와 애국 대중의 독재가 실행되어야 한다고 주장했다. 마오쩌둥에 대한 숭배와 관련해서, 신좌파(대부분 학부 교육을 받은 이들)는 지식인이라는 범주에 깊은 의심을 품었다. 그들은 정부 안팎의 '지식 노동자'를 '매판 반역자이자 제국주의의 앞잡이'로 간주했으며, '지식이 많을수록 반동적'이라고 여겼다.[45] 경제 정책에서 신마오주의자들은 집단 공동체 농업으로의 복귀를 지지했고, 마오 시대 경제의 중추였던 국유 기업을 해체하는 것과 민영화, 세계화에 반대했는데, 이 모든 것이 외국인과 부정부패한 이들이 국가의 재부를 도둑질하는 것이라고 여겼기 때문이다.[46]

신마오주의자들은 또한 마오쩌둥의 역사 기록에 대한 양면성을 수정주의 음모론으로 배척했다. 이들은 1957년 반우파 운동을 '스탈린의 숙청보다 훨씬 인도적'이라고 옹호했으며, 대약진운동의 오류로 수천만 명이 사망했다는 주장에 대해서도 격렬하게 반박했다. 또한 문화대혁명 기간 동안 '계급의 적'에 대한 박해는 '전적으로 필요한 일'이라고 주장했다.[47]

베이징대학을 졸업한 한 신마오주의자(나중에 영국 명문대학에서 수학함)는 필자에게 이렇게 말했다. "문화대혁명에 대해 쓴 책은 믿을 수 없다. 문화대혁명 시절에 타도 대상이었던 지식인들이 쓴 것이기 때문이다. 실제로 문화대혁명은 적들을 온화하게 대했으며 아무도 죽이지 않았다. 스스로 목숨을 끊은 이들도 있기는 한데 주로 몇몇 젊은이들로부터 비난을 받았기 때문일 것이다." 그는 스스로 문화대혁명에 관한 회고록 몇 권을 읽었을 뿐 문혁 관련 역사 문헌은 읽은 적이 없다고 인정했다(모두 편향된 관점을 지니고 있기 때문에). 신마오주의자들은 마오 이후 체제는 "천 번을 반복하면 거짓말도 진실이 된다"는 나치의 선전 수법을 이용하여 마오쩌둥 시대에 대한 흑색선전에 열을 올리고 있다고 비난했다.[48] 결국 과거와 현재, 역사, 경제, 사회, 문화에 대한 그들의 주장과 해석은 마오쩌둥과 그의 정책을 공격하는 사람은 중국인의 자존심을 파괴하려는 음모라는 식으로 거의 항상 민족주의로 귀결되었다. 2008년 장훙량은 글로벌 경제 위기의 가장 큰 의미는 '중화민족'을 '세계의 중심'이라는 전통적인 자리로 되돌려 놓는 것이라고 주장했다.[49]

이러한 민족주의는 폭력적인 침략주의로 쉽게 변질되었다. 좌파 웹사이트는 마오주의 방식대로 그들의 정치적 반대자(주로 인권, 시민 사회 및 민주주의 운동가)를 '중국의 반역자'로 비난하는 대규모 비방 운동을 주기적으로 시작했다. 2010년 말, '진보적 사회'라는 좌파 사이트에서는 반체제 인사이자 노벨평화상 수상자인 류샤오보劉曉波, 인권 변호사 텅뱌오滕彪와 쉬즈융許志永, 유명한 중국공산당 비판자인 위제余杰 등 8명을 '서방의 노예'로 규정하고 머그샷을 게재했다. 이들의 얼굴에는 교수형 집행용 올가미가 포토샵으로 그려져 있었다.[50]

2007년 필자는 다시 중국에서 4개월간 더 머물게 되었다. 베이징은 변해 있었다. 체 게바라에 관한 뮤지컬을 본 이듬해인 2001년, 베이징은 2008년 올림픽 개최지로 선정되었다. 2007년에 이르러 올림픽 준비로 인해 해당 지역의 많은 건물들이 철거되었으며, 그 자리에 수많은 인원을 수용할 수 있는 거대한 경기장이 들어서고 있었다. 농촌에서 도시로 이주 노동력이 홍수처럼 밀려들었다. 필자는 거의 매일 온몸에 먼지를 뒤집어쓰며 베이징의 화려한 변신을 위해 노동하는 하층민들을 볼 수 있었다. 그들은 열심히 노력했지만 전혀 혜택을 받지 못하고 주변부로 밀려났다. 필자가 19층 아파트에서 작업을 하고 있을 때 한 노동자가 맞은편에 있는 미완성 건물 꼭대기에서 최소한의 안전 장비만 착용한 채로 밧줄을 타고 아래로 내려오는 모습이 눈에 들어왔다.

중국 동남부에서 온 한 상인은 베이징에 있는 학교로 전학시키지 못해 아들을 거의 볼 수 없었다고 말했다.* 중국의 경제 기적에 따른 환경 문제도 확연했다. 그해 겨울 필자가 세 들어 살던 아파트는 남동쪽에 있고 대학은 북서쪽에 있었기 때문에 주로 자전거를 이용했는데 공기가 나빠 어려운 점이 많았다. 때로 뉴스에서 공기 오염이 심각하다며 베이징 시민들에게 외출을 삼가라는 안내 방송이 흘러나왔다.

중국 경제 개혁에 따른 비용과 분열이 증가하면서 비판의 목소리도 커졌

---

* 대도시 호구(戶口)가 없으면 교육이나 의료보험 등 혜택을 받을 수 없다.

다. 2007년 겨울, 나는 중국의 분노하는 신마오주의자들과 두 번째 만남을 가졌다. 오유지향 베이징 근거지에서 열린 회의에 참석할 수 있는 기회가 있었기 때문이다. 회의에 참석한 이들은 리안李安 감독의 영화《색계色戒》를 비난했다. 이 영화는 2차 세계대전 당시 일본이 점령하고 있던 상하이를 배경으로 노골적인 성애 장면이 들어 있다. 영화에 나오는 애국 여성은 원래 항일 운동가로 매국노 암살을 돕는 일을 하기로 되어 있다. 하지만 그녀는 끝내 남자를 위해 자신을 희생하고 만다. 회의 참석자들은 너나할 것 없이 이 영화가 '중국 인민을 모욕하는' '중국 반역자의 영화', '성병'과 같은 작품이라고 매도하고, 문화대혁명의 용어를 동원하여 '큰 독초大毒草'라고 입을 모았다. 그런데 이처럼 예상 가능한 민족주의적 비난이 끝난 후 토론은 전혀 의외의 방향을 흘러갔다. 그들이 정말로 불만이었던 것은 영화도 영화지만 이 영화에 대한 중국 정부의 무성의한 대응이었다. 중국의 진정한 문제는 외부의 적이 아니라 내부의 반역자, 즉 서구와 일본의 관점에 동조하여 지난 2세기 동안 중국이 식민지였다면 더 잘 살았을 것이라고 생각하는 당, 국가의 핵심에 자리한 '매판 권력 집단'이라는 것이다. 경제, 문화, 정치에 '자본주의의 개'들이 득세하며 중국을 서양 제국주의의 '종속적 존재'로 만들고 있고, 이는 실존적 위협이 아닐 수 없다는 뜻이었다.

2007년까지 베이징의 좌파들은 스스로를 현대 당 체제에 의해 박해받는 반대 세력으로 여겼다. 민족주의적 신마오주의자들은 집권 중국공산당의 골칫거리가 되었다. 중국공산당은 역사적 정당성을 강화하기 위해 마오쩌둥의 이미지를 적극적으로 활용했지만, 마오쩌둥의 실제 정책은 덩샤오핑 등장 이후 중국공산당이 채택한 번영과 안정의 신조와는 거리가 멀었다. 그러나 신마오주의자들은 '반공 선전'을 탐지해오며 마오쩌둥의 유산과 중국공산당의 파수꾼을 자처해왔기 때문에 당국의 정치적 탄압에 쉽게 침묵할 수 없었다.[51] 신마오주의자들에 대한 전면적인 공격은 현 중국공산당이 마오쩌둥을 배신했다는 주장을 유발할 위험이 있었다. 신마오주의 단체가 개최한 회의에 다음과 같은 글귀가 적힌 붉은 현수막이 걸렸다. "중국공산당과 마오쩌둥 주석에게 반대하는 사람은 모두 우리의 적이다."

2011년 중국 서북부에서 마오쩌둥에 대한 자유주의 지식인 비판자들을 비난하기 위해 열린 회의에서 나온 성명서는 신마오주의자들이 마오쩌둥과 중국공산당에 대한 충성 사이에서 얼마나 능숙하게 처신했는지를 보여준다.

"마오쩌둥 주석은 당과 인민의 지도자이며 중화인민공화국과 인민해방군을 창설한 사람이므로 우리는 그의 위엄을 멋대로 왜곡하고 비방하는 행위를 용납할 수 없습니다. 반역자와 협력자의 이익을 위해 당과 인민의 지도자를 공격하는 일은 당이 허용하지 않습니다. 인민이 허용하지 않습니다. 더더욱 인류 역사는 이를 허락하지 않습니다."[52]

베이징에서 중국 극좌파를 관찰한 주드 블란쳇Jude Blanchette은 중국공산당의 딜레마에 대해 이렇게 말했다.

"신마오주의자들을 분쇄하여 당이 사회주의적 동정심을 포기하는 위험을 감수하느냐, 그들이 자유롭게 활동하도록 허용하고 대중영합주의 반란의 위험을 감수하느냐이다."[53]

2008년에 신마오주의자들은 더욱 거침없이 행동하기 시작했다. 그해 여름, 오스트레일리아, 유럽, 미국 등지에서 베이징 올림픽 성화 봉송이 이어지는 동안 서방 언론은 티베트에서 벌어지고 있는 시위를 지지하는 보도를 내보냈다. 이에 중국인들은 서양 매체의 반중 편향성에 대해 광범위하게 분노를 표출하기 시작했다. 대중의 분노는 신마오주의자들의 민족주의와 연결되었다. 2008~2009년 사이 오유지향에 실린 글은 원래 100개도 채 되지 않았으나 84,214개로 급증했다. 그들은 '붉은 여행'(혁명 유적지를 찾아 떠나는 여행)을 조직하여 혁명 유적지를 참관했다.[54] 또한 인터넷을 사용하여 자신의 견해를 전파하고 추종자를 조직하는 데 능숙해지면서 점점 더 대담해졌다. 2011년 봄, 심각한 정면 대치 국면이 벌어졌다. 노련한 자유주의 경제학자 중 한 명인 마오위스茅于軾가 마오쩌둥에 대해 이례적으로 공개적인 비판의 글을 발표했기 때문이다. 그는 마오쩌둥이 기아로 인한 3천만 명 이상의 사망에 책임이 있으며 계급투쟁에 집착하여 중국을 마비시켰다고 비난했다.[55] 마오위스는 마오쩌둥의 파괴적인 정치에 대한 개인적인 경험을 가지고 있었다. 그는 1950년대 후반 반우파 투쟁 당시 북동부 지역으로 쫓겨났는데, 대기근으로 인해 굶어 죽을 지경에 이르러 곤충 등을 잡아먹으며 겨우 목숨을 부지했다. 또한 문화대혁명 시절에는 홍위병들에게 채찍질을 당했고 처형시키겠다는 위협을 받기도 했다.

그럼에도 불구하고 신마오주의 웹사이트는 2011년 여름 '마오쩌둥을 비방하고 공산당을 전복하려 했다'는 이유로 마오위스를 체포하라는 청원서를 게시하고 1만 명이 서명한 청원서를 정부 당국에 제출했다. "온 국민이 마오위스와 마오쩌둥을 비방하는 반마오주의 반동 세력을 섬멸하는 그날을 고대하고 있다."[56] 그들은 이렇게 외쳤다. 또한 마오위스는 시시때때로 걸려오는 엄청난 전화 공세로 인해 휴대폰의 전원을 꺼놓아야 했다. 현수막을 들고 구호를 외치는 좌파들이 그의 집 앞마당을 점거했으나 공안들은 그저 지켜보기만 했다. 자유주의 지식인들은 신마오주의자들의 세력이 날로 창궐한다고 개탄했다.

2012년 2월 6일 새벽, 외모가 심상치 않은 노부인이 중국 서부의 초록빛 논이 펼쳐진 충칭과 청두 간 고속도로를 300㎞나 달려 그날 오후 2시 31분 목적지인 청두 미국 영사관에 도착했다. 외모가 이상했던 건 여장 차림의 인물이 바로 중국에서 가장 악명 높은 공안국장인 52세 남성 왕리쥔王立軍이었기 때문이다. 그는 얼마 전까지 만해도 스모그가 자욱한 거대 도시 충칭에서 당내 법치를 담당하는 핵심인사였다. 그는 사형수들을 직접 부검하고, 사형수들이 살아 있을 때 장기를 적출하는 혁신적인 기술을 개발했다고 주장하는 등 누구나 두려워하는 인물이었다.

그러나 지금 그는 충칭의 당 서기인 보시라이와 사이가 틀어져 변장을 한 채로 미국 영사관으로 도피했다. 그는 미국 영사관 외교관들에게 자신의 상급자에 대해 몇 가지 흥미로운 이야기를 들려주었다. 전 세계적인 규모의 돈세탁과 전화 도청 같은 정치적 부정행위에 대한 폭로는 시작에 불과했다. 곧이어 엄청난 소식이 전해졌다. 보시라이 아내이자 변호사인 구카이라이谷開來가 3개월 전에 닐 헤이우드라는 중년의 영국 사업가를 독살했다는 것이다. 당시 부검 결과 헤이우드는 알코올 중독으로 인한 사망으로 결론이 났으며, 왕리쥔이 직접 서명한 후 곧바로 시신을 화장했다. 그런데 이제 와서 왕리쥔은 미국 측에 헤이우드의 심장에서 채취한 혈액 샘플을 제공하며 헤이우드 체내에 치명적인 독소가 발견되었음을 증명했다.

영사관은 이 뜻밖의 인물을 즉시 베이징 국가 안전부로 보냈다. 하지만 왕리쥔의 망명 시도는 중국 정치를 뒤흔들었다. 그전까지 중국에서 가장 대담하고 무자비한 정치인이었던 보시라이가 이로 인해 몰락했기 때문이다. 정치국의 핵심인 상무위원회에 선출되기 직전, 보시라이는 부패 혐의로 면직됨과 동시에 종신형을 선고받았으며, 그의 아내는 사형에 2년 집행유예, 전직 공안국장인 왕리쥔은 15년형을 선고받았다. 보시라이와 왕리쥔의 몰락은 충칭의 부정부패가 심각한 수준에 이르렀음을 보여준다. 두 사람은 개인적인 용도 또는 인기에 영합하기 위한 호화로운 지역 개발을 위해 자금을 빼돌리고, 제멋대로 사람들을 체포, 구금, 고문하는 등 온갖 악행을 저질렀다. 이 사건은 권력에 심취한 자들이 어떻게 지위를 남용하여 비리를 저지르는지 잘 보여줬다. 또한 이는 문화대혁명의 정치적 숙청에서 횡령, 경찰 폭력, 살인으로 이어지는 난맥상을 통해 홍얼다이紅二代(혁명가의 자식세대)의 부정부패가 얼마나 심각한지를 보여주는 단적인 예였다. 유일하게 변하지 않은 것은 그들이 여전히 특권을 쥐고 있으며, 스스로 비범한 존재라고 느낀다는 점이다.

하지만 보시라이를 실패한 무뢰한이자 중국의 대외 이미지에 걸림돌이 되는 인물 정도로 기억한다면, 이는 중국 정치에 대한 그의 남다른 공헌을 무시하는 행위이다. 그의 공헌은 거금을 세탁했다거나 사법권을 남용하고 여러 차례 불륜을 저질렀으며, 심지어 살인을 교사했다는 것이 아니다. 그 외에도 지난 25년 동안 적지 않은 이들이 그런 짓을 저질렀기 때문이다. 그는 또다시 마오쩌둥을 주류 정치에 부상시켜 이목을 집중하게 만들었다. 이 것이 바로 그의 공헌이다. 2007년 말 충칭에서 보시라이의 임기가 시작될 무렵, 마오쩌둥 시대는 대중의 기억에서 이미 사라진 지 오래였다. 베이징은 2008년 올림픽을 준비하기 위해 세계 저명 건축가에게 문호를 개방하고, 구 시가지를 헐고 새로운 건축물을 짓도록 했다. 정부 당국은 무엇보다 세계 제 일가는 대도시의 이미지를 구축하고 싶었기 때문이다. 2008년 8월 8일 올림 픽이 개막되었을 때, 공자의 『논어』와 형광빛 스판덱스를 입은 곡예사가 등 장하는 개막식에서 마오쩌둥과 그의 시대는 전혀 보이지 않았다.

이러한 눈부신 외관의 이면에, 1992년 이후 중국의 돈 벌기 열풍에서 패 배한 많은 사람들이 무질서한 사회경제적 분위기에 휩싸여 있었다. 그 때문 에 보시라이는 성공적으로 마오쩌둥을 부흥시킬 수 있었다. 보시라이는 충 칭 서기 4년 동안 개혁 시대 다른 중국 지역과는 근본적으로 다른 정치 모델 을 만들었다. 보시라이는 유명한 '창홍타흑唱紅打黑(공산당을 찬양하고 부패 를 척결한다)' 운동을 통해 부패(자신은 제외)와 부유한 기업인을 강력히 단 속하여 몰수한 재부의 일부를 도시와 농촌의 불평등 완화, 사회 주택 및 인 프라 건설, 급여 인상 등에 사용했다.

수만 명의 합창단이 혁명 찬가를 불렀고, 텔레비전엔 마오 시대의 경전적 인 방송 프로그램이 가득 찼다. 보시라이는 공무원들을 농촌으로 하방시켜 농민들에게 배우기를 강요하는 등 마오주의 문화의 부활을 이끌었다.[57] 충칭 의 대학가에는 20미터 높이의 스테인리스로 만든 참신한 마오쩌둥 동상이 세워졌다.[58] 거의 10년 동안 후진타오胡錦濤 총서기가 합의적 리더십을 시행 하는 동안 보시라이는 포퓰리즘 마오주의 정치 가치의 부활을 중심으로 개 인적이고 화려한 마오쩌둥식 리더십을 부활시켰다. 노련한 관찰자들은 보시라이의 전성기에 이미 그것을 간파했다. 당시 중국에서 가장 영향력 있는 탐사보도 잡지였던 「재경財經」의 발행인은 이렇게 말했다.

"그는 문화대혁명 당시 마오쩌둥처럼 사회를 동원하려 한다. 이를 위해서는 먼저 보통 사람들을 세뇌시켜야 한다."[59] 2012년 초에 충칭의 한 시민도 이렇게 말했다. "보시라이를 서구식 정치인으로 묘사하는 것을 봤는데 매우 재미있다고 생각한다. 하지만 보시라이는 그저 순수하고 단순하게 중국 정치 체제의 산물이다. 그가 받은 교육은 마오쩌둥 숭배였다. 그는 이를 뛰어넘지 않았으며 그의 구상은 모두 낡은 각본에서 나왔다."[60]

어떤 면에서 보면 보시라이는 놀라운 인생역정을 겪었다. 문화대혁명 당시 마오쩌둥의 혁명 동지였던 아버지 보이보薄一波는 베이징 최고의 경기장에서 수만 명의 관중이 보는 앞에서 철제 선반에 머리를 박은 채 조리돌림을 당했으며, 이후 투옥되어 고문과 굶주림에 시달렸다. 보시라이의 어머니는 홍위병에게 구금된 상태에서 의문의 죽음을 맞이했다. 사춘기였던 보시라이와 그의 두 형제는 공개적으로 굴욕을 당하고 베이징 북쪽의 사상개조 수용소로 보내졌다. 1960년대를 지나면서 보시라이는 충칭으로 가서 놀라운 정치적 실험을 단행했다. 이는 마치 마오쩌둥이 사망한 지 거의 40년이 지난 지금, 중국공산당에게 마오의 시대는 대중을 끌어들이고 정서에 호소할 수 있는 홍가(공산당 혁명 가요)와 같은 상징을 제공했다고 말해주는 것이나 다를 바 없다. 그들은 마오주의가 빚은 역사적 트라우마를 과거라는 상자에 가두어 두면서 이를 활용할 수 있다는 것을 알려주었다.

2011년 봄이 되자 남녀노소를 불문하고 좌파들은 보시라이를 지지했다. 오유지향은 그의 충칭 실험(이른바 '충칭 모델')을 선전했다. 오유지향에 이런 글을 남긴 자도 있었다. "홍가는 혁명 순교자들의 선홍빛 피로 흠뻑 물들었다. 이는 서양 계급 사회의 독과 정신적 아편에서 벗어날 수 있는 정신의 영약이다."[61]

얼마 후 누군가 새롭게 정치국에 입성할 수 있을 것이라는 예측이 현실화되었다. 한더창이 신이 나서 말했다. "황허강은 30년은 동쪽으로, 또 30년은 서쪽으로 흐른다고 했는데, 이제 다시 황허강이 30년 동안 동쪽으로 흐르는 시대가 되었다. …… 오직 보시라이만이 공산주의와 중국을 구할 수 있다."[62]

하지만 2012년 3월 15일, 왕리쥔 망명의 후폭풍으로 인해 보시라이가 체포되었다. 그의 흥망성쇠는 중국에 심각한 흔적을 남겼다. 그의 구속으로 중국 부패에 대한 외국 언론의 탐사보도가 시작되었고, 그 결과 구카이라이의 친척들이 1억 2600만 달러를 몰래 빼돌렸고, 이 중 27억 달러가 당시 총리인 원자바오溫家寶의 가족에게 흘러들어간 사실이 밝혀졌다.[63] 보시라이 사태 직후 중국 당국은 보시라이의 '충칭 모델'을 열렬히 지지했던 대중 좌파 오유지향을 폐쇄했다(많은 사이트가 몇 달 후 재허가를 받고 다시 개설되었지만 전반적으로 분위기는 매우 저조했다). 그러나 보시라이는 공개적으로 마오주의 가치관에 찬사를 보내는 새로운 공간을 창출한 셈이 되고 말았다. 보시라이가 숙청되고 2012년 11월 그와 마찬가지로 관이대官二代(공산당 고급 관리의 제2세대)인 시진핑이 중국공산당 총서기에 올라 마오주의 가치관을 계승했기 때문이다.

2017년 11월 17일, 중국 최대 국영 텔레비전 방송국인 중국중앙텔레비전CCTV의 저녁 7시 뉴스는 파격적인 편집 결정을 내렸다. 그날 메인 뉴스는 '중국 특색의 사회주의(중국공산당의 핵심 목표)' 건설에 공헌한 사람들을 위한 시상식이었다. 그 자리에 참석한 시진핑 주석이 대표단 맨 앞줄을 지나가면서 사람들과 악수를 하고 감사의 뜻을 표하는 모습은 4분 16초 동안 중국 전역의 가정에 송출되었다.[64]

4분 16초. 마오쩌둥이 천안문 광장에서 수백만 홍위병을 맞이하는 모습을 보여준 1966년 다큐멘터리의 시간과 동일한, 마오쩌둥 주석의 방식임이 확연했다.

한 달 전, 베이징에서 열린 제19차 중국공산당 전국대표대회에서 시 주석에 대한 관영 매체의 찬사가 눈에 띄게 강해졌다. 5년에 한 번 열리는 이 회의는 정책 방향을 설정하고 향후 5년간의 핵심 당 지도부를 확정하는 자리이다. 대회 첫날, 3시간 30분 동안 진행된 연설에서 시 주석은 중국의 비전을 제시했다. 언론은 그를 '핵심 영도자'(마오쩌둥과 덩샤오핑을 지칭하는 용어),[65] '위대한 영수領袖', '새 시대의 길잡이', '조타수'(마오쩌둥에게만 사용하던 표현)로 추켜세웠다. 중국의 관영 국제 통신사인 신화사新華社는 시진핑을 세계적 위상을 지닌 지도자라는 뜻에서 '세계 지도자'라고 칭송했다.[66] '시진핑 사상'은 중국공산당의 지도 아래 국가 부흥을 위한 로드맵으로 헌법에 명시되었는데, 마오쩌둥 이후 당 지도자에게 이러한 칭송이 주어진 것은 처음 있는 일이었다.

이론적으로 제19차 공산당 대표대회(약칭 중공19대)는 시 주석의 리더십 임기가 중간에 이르렀다는 것을 의미했다. 1980년대 덩샤오핑이 후계자 승계 절차를 어느 정도 정례화한 이후, 새로운 당 총서기는 10년(두 번의 임기)을 집권한 후 권력을 이양하는 것이 관례로 자리 잡았다. 이는 1982년 헌법에 국가 주석의 연임 제한을 삽입함으로써 법제화되었으며, 덩샤오핑 이후 지도자들은 당 서기직과 국가 주석직을 겸임했다(후자가 훨씬 더 의미 있는 직책임에도 불구하고). 게다가 2000년대 초반부터 비공식적인 규칙에 따라 당 지도자들은 만 68세에 은퇴하도록 권장되었다. 한동안 많은 사람들은 시진핑이 마오쩌둥과 덩샤오핑처럼 자신의 임기를 20년, 심지어 종신까지 연장하려고 시도할 것이라고 추측했다. 일반적으로 당 위원회 서기가 주관하는 중간 대회에서 후계자가 확정된다. 그런데 주목할 점은 시 주석의 새로운 7인 상무위원회에 5년 후 비공식 은퇴 연령보다 젊은 인사가 없다는 것이다. 불과 4개월 후, 시진핑 주석이 전국인민대표대회를 통해 주석직과 당 지도부에 대한 연임 제한을 폐지하면서 이러한 의혹은 사실로 확인되었다. 당시 개헌으로 시 주석은 종신 집권을 위한 발판을 마련했다.

이는 2012년 11월 시진핑 집권 이후 성장해온 시진핑 숭배의 정점이었다. 마오쩌둥 시절 이후 볼 수 없었던 거의 종교적인 분위기가 시 주석 주변에 형성되었다. 중국 인터넷에는 그를 추앙하는 민요와 중국식 랩이 넘쳐났다.

"중국에 시 다다習大大(시 아저씨)가 나왔어. 아무리 큰 호랑이도 맞서 싸울 수 있지. 하늘도, 땅도 두렵지 않아. 꿈에라도 그를 만날 수 있다면 얼마나 좋을까."[67]

시진핑에 관해 입을 잘못 놀리면 협박을 당하고, 당에서 추방되며 감옥에 갇히는 등 심각한 결과를 초래할 수 있었다. 학자, 작가, 변호사 등은 체제 전복 혐의로 기소될까 봐 그의 이름을 언급하는 것조차 두려워했다. 2016년, 필자는 항상 직언을 서슴지 않는 유명 인사에게 서방 언론이 묘사하는 시 주석의 이미지에 대해 물었다. 그는 얼굴을 붉히며 내게 말했다.

"그에 대해 말할 수 없어요. 이런 질문은 나뿐만 아니라 당신도 곤경에 빠트릴 수 있습니다."

분석가들은 중국에 대한 시 주석의 비전, 특히 국가 부흥과 '중국 특색의 사회주의'에 대한 강조를 구체적으로 이끌어내기 위해 노력해왔다. 시 주석의 계획에는 민간 기업 및 외국인 투자와 정부의 관계, 환경 파괴에 대한 접근 방식, 농촌 경제 활성화 방안 등 자세히 살펴봐야 할 내용이 많이 있다.

하지만 시진핑이 내세우는 접근 방식은 특별히 새로운 것이 거의 없다. 예를 들어 중국공산당은 1990년대부터 공개적으로 민족주의를 홍보해 왔으며, 2007년에는 군사영상박물관에서 《부흥의 길復興之路》이라는 제목으로 인기리에 방영된 CCTV 시리즈와 전시회를 개최한 바 있다. '중국 특색의 사회주의'는 1990년대부터 미용사들조차 '중국 특색을 살린 머리 형태'를 광고할 정도로 정치적 논의의 주류가 되었다.

다만 시 주석은 한 가지 눈에 띄는 혁신을 시행했다. 그는 1976년 마오쩌둥이 사망한 이후 처음으로 보시라이의 마오주의 주제를 본 따 마오주의 정치의 상징과 관행을 중국 국민 생활의 주류에 집어넣었다. 마오쩌둥 이후 약 40년간의 개혁을 통해 중국은 사회적, 경제적, 문화적으로 혼합적인 모습을 유지하고 있지만, 시 주석의 정치 장악 방법은 다시 마오주의적 성향을 띠게 된 것이다.

시 주석은 자신과 독재적인 국가 권력에 대한 언급으로 미디어 매체를 가득 채우고 있다. 시 주석은 자신의 측근에게 새로운 중앙집권적 직책을 맡겨 경제, 정치, 문화, 사회, 군사 개혁은 물론 국가, 인터넷 및 정보 보안 등 모든 것을 지시하고 있다.[68] 시 주석은 초기 마오주의 방식으로 개인 권력을 키우는 동시에 당에 대한 통제를 강화하고 있다. 그는 '중국과 중국 인민, 국익'의 유일한 합법적 지위를 공산당에 부여하였고, 기율이 엄격하고 통일된 체제를 회복시켰다.* 이는 매우 힘들고 거대한 임무였다. 왜냐하면 과두 정치의 위기에 빠진 중국공산당을 구하는 작업이었기 때문이다. 목표 달성을 위해 시 주석은 마오주의의 언어와 수단을 사용했다. 취임 5개월 만에 시 주석은 '군중노선 교육 운동'을 시작했다. 이는 1949년 이전 마오쩌둥이 제안한 개념으로 회귀함을 의미한다. 그는 이를 통해 대중에 관리를 비판하도록 하고 관리는 조사를 기다리는 동안 '단정端正'해야 한다. '단정'은 시 주석이 애용하는 말로 마오쩌둥이 1942년 처음으로 단행한 첫 번째 사상 단속에 대한 강력한 호응의 표시였다. 군중노선과 함께 당의 거의 모든 계층에서 부정부패에 대한 단속이 이루어졌다. 2016년 부패와의 전쟁을 다룬 CCTV의 선전 다큐멘터리《언제나 길 위에서永遠在路上》는 마오쩌둥의 옌안을 정치적 순수성과 근면의 기준점으로 삼았다.[69]

---

*　　당은 이론적, 현실적으로 오랫동안 중국을 지배해 왔지만(현행 헌법 전문 7번째 문단에 명시되어 있다) 사실 70년 중국 역사에서 당의 통제력은 여러 순간 변화를 겪었다. 마오쩌둥 집권기, 특히 1957년 이후 마오쩌둥이 경제 운영에 개입하기 시작한 이후에는 중국 정부가 가장 큰 영향력을 행사했다. 마오쩌둥은 문화대혁명 초기, 중국공산당 기관과 인원이 상당 부분 무너진 후에도 기존 당 관료제를 대체한 기관인 혁명위원회의 지방 통치를 통해 개인적 통제가 가능했다. 1980년대에 개혁파 총리 자오쯔양이 당과 정부의 권력 분리를 진지하게 시도한 적이 없지 않다. 하지만 1989년 봄, 정치적 탄압으로 인해 마오쩌둥식 당의 국가 통제는 더욱 강화되었다. – 원주

시 주석은 마오쩌둥의 말뿐만 아니라 행동도 모방했다. 마오쩌둥 탄생 120주년을 맞아 그는 "마오쩌둥 사상의 깃발을 영원히 높이 들겠다"고 다짐하고 천안문 마오 주석 기념당을 방문하고 마오 주석의 좌상을 향해 세 번 절을 올렸다.[70]

이러한 일련의 행동이나 운동의 궁극적인 목표는 정의나 청렴이 아니라 당의 권위를 강화하기 위한 것이다. 다큐멘터리 《언제나 길 위에서》를 보면 부패 혐의로 유죄 판결을 받고 숙청된 여러 당 지도자들의 인터뷰 장면이 나온다. 그들은 각각 두 가지 핵심 사항을 언급했다. 첫째, 그들이 저지른 잘못은 개인적인 실수이며, 당 권력에 대한 적절한 견제와 균형이 이루어지지 않은 정치 시스템과 아무런 관련이 없다. 둘째, 그들의 주요 범죄는 세금을 납부하는 중국 인민을 기만한 것이 아니라 기율을 지키지 않아 당의 신임을 저버린 데 있다.

시진핑의 반부패 운동은 겉으로 '인민'에 대한 책임이라는 명목을 내세웠지만 실제로는 당의 권력을 우선시했다. 2013년 시 주석의 반부패 운동이 시작되기 전까지 중국은 인터넷을 통한 사회 대중의 상호 작용 및 신세대 변호사와 활동가들의 열정과 용기 덕분에 역동적인 시민사회를 보유하고 있었다. 하지만 시진핑 정부는 이러한 정당 외적 형태의 감시와 사찰을 강력하게 단속했다. 공직사회의 재정 투명성을 높이기 위한 풀뿌리 운동을 이끌었던 변호사 쉬즈융許志永의 투옥은 가장 유명한 사례 중 하나에 불과하다. 반부패 운동은 무엇보다도 당의 자체 조사 기관인 중앙기율검사위원회에 힘을 실어주었는데, 중앙기율검사위원회는 완전히 불투명한 상태에서 국가 법률 체계보다 더 강력한 권한을 가지고 당 규율을 위반한 것으로 간주되는 개인을 체포, 심판, 처벌할 수 있는 절대적인 권한을 갖고 있다. 물론 이를 지휘하는 것은 시진핑 주석이다. 이는 마오쩌둥을 최고 지도자로 하는 당의 정치적, 법적 권력 독점에 대한 명백한 후퇴이다.

동시에 시 주석은 역사에 대한 당의 통제를 강화했다. 공산주의 국가에서는 전례 없이 2000년 들어 마오 시대 중국의 기록 보관소가 개방되었다. 중국인 연구자와 중국인이 아닌 연구자 모두 시, 성, 현 기록보관소의 방대한 정부 문서에 접근할 수 있었으며, 여권이나 신분증만 제시하면 외교부(지금까지 중국 정부 부처 중 최초로 기록보관소를 개방한 부처)의 기밀 해제 자료를 열람하고 사진을 찍을 수 있었다. 비록 마오쩌둥의 시대 중 가장 민감한 외교 정책이 이루어졌던 문화대혁명 직전 시기까지만 열람이 허락되었지만 전에는 폐쇄되었던 많은 영역의 외교 사무 기밀이 해제되었다. 예를 들면 북한 및 베트남과의 관계 같은 것이다. 연구자들은 처음으로 중앙대외연락부(중련부, 극비 기관으로 중국공산당과 외국 공산당 및 혁명당과의 관계를 담당했다)가 외교부에 보낸 문서 사본에 접근할 수 있었다.

후진타오 치하에서 마오를 공개적으로 비판하는 것은 위험했지만(후진타오 집권 시기 '안정 유지 예산'은 연간 국방비 지출보다 50억 달러 많은 1100억 달러로 늘어났다), 암묵적으로 마오주의 역사를 주변화하는 것은 가능했다.[71] 2000년대 초, 상하이 일부 학교 교과서에서 마오쩌둥이 슬그머니 자취를 감춘 소식이 전해지자 소동이 일어났다. 한 정부 관계자는 외국 언론이 이 문제에 주목하여 일부 경력 간부들의 항의를 불러일으키지 않았다면 아무 문제 없이 넘어갔을 거라고 했다. 그는 "중국에서 규제가 완화되길 원한다면 공개하지 말라"고 충고했다. 그러나 시 주석은 지도자가 된 지 몇 주만에 마오 시대에 대한 대중의 양면성을 '역사 허무주의'라고 비난했다. 시 주석의 관점에 따르면, 마오 시대와 마오 이후의 중국은 분리할 수 없는 전체로서 중국공산당의 정통성을 위해 일관된 역사와 상징의 원천이다. 따라서 개혁개방 시기를 마오 시대를 비판하는 데 사용할 수 없고 그 반대의 경우도 마찬가지다.[72] 이는 사실상 1949년 이후의 역사에 대한 엄숙하고 사리에 맞는 공개 토론의 봉쇄를 의미한다. 2013년까지 외교부 기록보관소에 보관되어 있던 자료 중 10%만이 연구자들에게 공개되었다. 심지어 현지 기록보존소에 보관된 문서조차도 무분별한 공개에 과민 반응을 보이는 관리자에 의해 서가에서 철수되기도 했다.

마오쩌둥 열풍에 비하면 시진핑 숭배는 창백하고 설득력이 없다고 해야 할 것이다. 서점에는 시진핑 전집이 가득하지만 판매량은 그다지 많지 않고, 시진핑 숭배를 선전하는 「인민일보」와 CCTV는 오히려 독자나 시청자가 점점 줄어들고 있다. 마오쩌둥 시대와 크게 달라진 중국은 이제 좌파 성향의 미디어에서도 대가를 요구하는 나라로 변모했다. 필자가 방문한 한 마오주의 웹사이트에서 이데올로기에 관한 기사를 읽으려면 마오쩌둥의 이미지가 새겨진 지폐 디자인의 수건을 판매하는 팝업창이 곧바로 뜬다. 2014년 9월에는 천안문 남쪽에서 열린 전국 홍색 수집가 대회에서 마오쩌둥 시대의 잡동사니를 판매하는 노점을 한 시간 동안 둘러봤는데, 한 노점에서는 『마오주석 어록』만 판매하고 있었다. 마오쩌둥의 초상화 옆에 시진핑의 초상화가 새겨진 대형 도자기 접시가 놓여 있는 등 새로운 시진핑 숭배의 징후도 발견되었다. 한 상인은 "역사는 마오쩌둥의 방식만이 옳았다는 것을 증명했다"고 말했다. 당에 대한 의심의 여지 없는 숭배를 제외하고 시진핑은 마오쩌둥과 개인적 공통점이 거의 없는 것 같다. 칭화대학교 공정화학가 출신의 공학도이자 공산당원인 시진핑은 거의 독학으로 자수성가한 마오쩌둥처럼 문학적 소양이 있거나 나름의 철학을 운용하는 것도 아니다. 그는 규칙적인 시간을 준수하고, 결혼은 재혼일 따름이다. 마오쩌둥 이후 모든 지도자들과 마찬가지로 시 주석이 이끄는 중국공산당은 문화대혁명이 일어날 가능성을 두려워하고 있다.

마오쩌둥의 중국과 시진핑의 중국 사이에 이렇게 큰 차이가 있음에도 불구하고, 시진핑은 보시라이처럼 현재와 마오쩌둥의 나쁜 시절의 기억 사이에 시간적 거리가 충분하기 때문에 조타수의 모호한 국부國父로서의 상징을 사용하는 것이 안전하다고 생각한 것 같다. 시 주석은 '중국의 꿈中國夢'이라는 거대한 모토를 내세웠다. 이는 영어로 "중국을 다시 위대하게 만들자"라는 뜻으로 해석할 수 있는데, 19세기 이전의 영광을 되찾자는 의미이다.[73] 마오쩌둥과 마찬가지로 시 주석과 그의 측근들은 중국공산당의 정당성을 강화하기 위해 감정적인 정치적 메시지를 전달하기 위해 애썼다. 또한 그들은 시진핑 정권과 마오 시대, 과거 제국의 위대함에 대한 환상과 중국공산당 통치하에서 중국이 다시 부흥할 것이라는 약속 사이에서 매끄러운 통합을 이루기 위해 노력해왔다.

2007년 오유지향 관계자와 만난 지 7년이 지난 후인 2014년에 또다시 신마오주의자들을 만나면서 이전의 날카로운 반발과 다른 새로운 확신을 느낄 수 있었다. 특히 학계에 있는 이들은 날로 번창하는 것처럼 보였다. 마르크스-레닌주의 연구소 등이 호황기를 맞이했기 때문에 그들은 매우 바빴다. 필자가 만난 대도시의 신마오주의자들은 자신들이 존경해 마지않는 마오쩌둥 스타일의 시진핑에 대해 거의 보편적으로 지지했으며, 국가에 대한 반대 의견은 거의 사라진 상태였다. 그들 가운데 한 명은 이렇게 말했다.

"이제 정부 내에 우리의 관점을 지지하는 사람들이 있습니다. 우리가 옳기 때문이죠. 우리의 행동은 믿음과 신념, 국가를 위한 것이지 서방의 뇌물을 받기 위함이 아닙니다. 홍색 문화는 우리 유전자 속에 있습니다. 우리는 그것을 되찾을 것입니다." 시진핑의 민족 부흥에 관한 발언은 신마오주의자들의 애국심을 자극했다. 장훙량은 마오쩌둥의 사상이 현재 미국 법체계와 서유럽 복지 국가 등 전 세계로 퍼져나가고 있는 성서와 다를 바 없다고 생각했으며, 문화, 금융, 정치적 위기가 복합적으로 작용하고 있는 서방으로부터 중국이 세계 지배의 주도권을 잡을 때가 왔다고 확신했다.

서양에서 행복은 오로지 물질적인 것이지만 동양에서 행복은 정신적인 것으로 모두 동시에 성장한다는 의미이다. 지난 30년 동안 중국 사회가 '서구식' 경쟁에 의존하면서 중국인은 호랑이와 늑대로 변하고 말았다. …… 이제 사람들은 동방으로 눈을 돌리고 있다. 그들은 서양 철학이 잘못되었다는 것을 깨닫고 있다. …… 서양 문명은 지난 500년 동안 발전하면서 결국 종말에 이르고 말았다. 그리고 이제 동양 문화가 이를 대체할 것이다. 동양 문화의 담지자는 인도가 아니라 중국이다. …… 중화민족의 부흥은 사회주의의 부흥에 달려 있다. 사회주의만이 공동 번영을 실현할 수 있고 이것만이 중화민족을 강력하고 통합된 전체로 묶을 수 있기 때문이다. …… 따라서 21세기 사회주의의 부흥은 돌이킬 수 없는 추세이다. 이것이 중국 좌파의 근본적인 신념이다. 우리는 국가의 희망을 대표한다.

장홍량은 이러한 정신적 사회주의 부흥의 과정에 대해 이야기하며 다소 모순적으로 기업이나 기득권층의 용어를 사용한다. 그는 마치 '기업의 컨설턴트가 조언을 하는 것처럼' 일반 대중과 공산당 사이의 중개자 역할을 하겠다고 말했다.

2007년 오유지향의 한더창은 영화 《색계》에 대한 비판 투쟁 회의에 참가하여 애국주의자로서 한탄을 섞어가며 이렇게 말했다. "서방은 일종의 동물 문화이다. 모든 이들을 동물로 만든다. 이는 일종의 야만적인 문명이다. 중국은 문명화했지만 서방은 아직 개화되지 않은 문명이다. 서방은 세계의 다른 지역을 훼멸시키려고 할 뿐이다. 모든 서방의 철학은 매우 유치하다." 그는 오유지향의 대다수 참가자들과 마찬가지로 보시라이가 충칭에서 전개한 운동에 갈채를 보냈고, 2012년 3월 보시라이가 몰락하자 그의 무죄를 주장했다. 2012년 여름과 가을에 걸쳐 좌파 웹사이트가 강제 폐쇄된 기간에도 한더창은 침묵을 지키지 않았다. 2012년 9월 18일 일본의 댜오위다오 영유권 주장에 항의하는 시위에서 누군가 "마오 주석이 그립습니다"라고 적힌 현수막을 들고 있었는데, 이를 보고 80대 노인이 "쓸데없는 짓 하고 있네"라고 비난하자 한더창이 그 노인네의 뺨을 갈기면서 널리 악명을 날렸다.

이듬해, 한더창은 희극적인 생활 방식을 선택했다. 2000년대 이후로 중국은 식품 안전에 관한 추문으로 인해 충격에 휩싸였다. 그는 한편으로 중국의 정신적, 물질적 위기가 날로 커지고 있다는 사실을 걱정하면서 다른 한편으로 시 주석이 정권을 장악하고 있다는 점에서 안심하기도 했다("그는 마오쩌둥의 정책을 집행하고 있다. …… 그는 선과 악 사이의 투쟁을 잘 이끌고 있다. …… 나는 이제 영수領袖가 계속 잘 영도할 수 있으리라 안심하고 내 자신의 일을 하고자 한다"). 그래서 그는 호전적인 좌파의 집요함에서 벗어나 베이징 남쪽 허베이성에 있는 집단 유기농 농장에서 자신만의 유토피아를 만들기로 결심했다. 태국 불교와 마오쩌둥에 대한 숭배의 기묘한 결합이었으나 한더창은 모순적이라고 생각하지 않았다. "마오쩌둥은 부처이다. 부처는 모든 생명체가 고통에서 구제되기를 원했고, 마오쩌둥은 인류를 해방시킬 것을 원했다." 마오쩌둥 주석이 정치적 폭력을 숭배했다는 점에서 필자는 그의 마오쩌둥에 대한 불교적 정의가 궁금했다. 민족주의자다운 대답이 돌아왔다. "마오주의 사상에는 두 개의 다리가 있습니다. 하나는 폭력적인 계급투쟁이고, 다른 하나는 인민을 위해 복무하는 것이지요. …… 계급투쟁은 서구에서 온 것이지만 인민을 위한 복무는 중국 전통에서 비롯된 것입니다." 결국 서방의 나쁜 영향력이 마오쩌둥의 불성을 타락시켰고, 문화대혁명과 같은 잔인함을 초래했다는 뜻이었다. 한더창은 호전적 성향에도 불구하고 시종일관 당과 국가의 열렬한 신봉자를 자처했으며, 1960년대 대중 동원에 눈살을 찌푸렸다. 그는 "정부와 당에 반대하는 지식인, 편집자, 기자 등은 문화대혁명의 반역자 정신을 계승한 이들이다"라고 하면서 못마땅하게 생각했다.

농장과 한더창은 불교보다는 마오주의 쪽에 더 가까워 보였다. 그는 서구의 물질주의에 대해 지속적으로 공격했지만, 그의 책상 위엔 충동 구매한 플라스틱 마오쩌둥 기념품이 나란히 진열되어 있었다. 마오주의자답게 그는 농장에서 자력갱생하기를 원했지만 수제 치약은 실패를 면하지 못했다. 그의 미래 전망에서 농장은 학교이자 기업이었다. 구성원은 주로 격렬한 경쟁에 지친 20대 학생들이었다. 그가 모델로 삼은 것은 마오쩌둥이 제창한 근

공검학勤工儉學이었으며, 사상은 노동을 통해야만 제대로 형성된다는 마오쩌
둥의 신념이었다. 그는 자신이 만든 선언문에서 이렇게 주창했다. "우리는
세 가지 유형의 '밭田(현장)'에서 노동하기를 희망한다. 농장의 좋은 밭農田
에서 유기농 농사를 짓고, 단전丹田에서 중의中醫의 심오한 비밀을 탐색하며,
마음의 밭心田에서 정기를 기르는 새로운 인간을 배양한다."[74] 이런 환경에서
한더창은 조타수와 같은 배역을 연기하는 것처럼 보였다.

그가 여유롭게 뒷짐을 지고 농장을 걸어가면 마주치는 이들마다 그를 '선
생님'이라고 부르며 인사를 했다. 한 젊은 여성은 "마오 주석께서는 돌아가
셨지만 선생님이 우리에게 마오 주석을 더욱 가깝게 느끼도록 해주신다"고
말했다. 우리가 함께 걷는 동안 사진작가가 뒤를 따라왔다. 후대를 위해 자
신의 모든 행동과 모습을 기록하는 것에 익숙한 까닭인지 한더창은 전혀 신
경 쓰지 않았다. 그는 노동자들에게 고전문학을 강의했지만 지식인에 대한
그의 관점은 완전히 마오쩌둥의 것을 따랐다. "나는 작가를 별로 좋아하지
않아요. 나는 어떤 형식이든 전문화나 직업화에 반대합니다." 우리를 따라
오던 사진작가가 필자에게 한더창이 예전에 도시에서 변호사를 했다고 말해
주었다. "하지만 여기서는 이전의 장기를 쓸 기회가 그리 많지 않아요. 우리
에겐 법이 필요하지 않으니까." 한더창이 우리의 대화에 끼어들며 말했다.
나는 문득 농장 주변에 호박이 넘쳐나서 농장 전체가 호박덩굴로 뒤엉켜 있
는 까닭이 그가 전문가를 의심한 결과가 아닌가라는 생각이 들었다. 그 역시
호박이 너무 많다는 것을 인정하고, 호박으로 샴푸를 만드는 방법을 실험하
고 있다고 말했다. 필자가 잎만 보고 밭에서 재배하는 채소가 당근이라는 것
을 알아내자 내심 필자의 능력에 놀라는 듯했다.

필자는 1940년대 옌안의 모습이 어떠했는지 나름 이렇게 상상해본 적이
있다. 지식과 실무, 그리고 이해가 통합된 공동체가 자립, 자강을 통해 혼탁
한 외부 세계에 대항하는 모습이 아니었을까? 농장 노동자는 필자에게 이렇
게 말했다. "이곳은 일종의 새로운 형태의 사회입니다. 우리는 우리의 가치

체계를 바꾸고 있지요. 바깥세상에서는 너나할 것 없이 자신의 감정에 집중하면서 오로지 돈을 벌기 위해 지구를 오염시키고 있습니다. 하지만 여기서는 우리의 생각과 이상이 함께 작용합니다. 우리는 함께 일합니다." 그들에게 마오쩌둥은 거의 신에 가까운 영감의 원천인 듯했다. "우리는 모두 마오 주석의 둥근 휘장을 가지고 있어요. 마오 주석의 정신을 발양하려고 애쓰지요. 너무 피곤하거나 문제가 생기면 마오 주석께서 어떻게 이 땅에 오셨는지 생각하곤 합니다. 그러면 힘이 나요. 〈태양은 붉고 마오 주석은 가장 친하다 太陽最紅, 毛主席最親〉와 같은 노래도 마찬가지예요."

한더창은 자신을 농장의 정신적 지주로 만들기 위해 노력하고 있지만 그의 강렬한 민족주의는 여전히 많이 남아 있었다. 그는 북한에 대해 "북한은 지도자를 신처럼 모신다"고 비판했다. 필자가 그에게 당신도 마오쩌둥을 똑같이 모시는 것 아니냐고 묻자 "그건 다르지요. 마오쩌둥은 신이에요. 그는 천국에 있어요." 그가 근처에 있는 헛간을 가리키며 다시 입을 열었다. "북한의 지도자는 저런 헛간에 있는 수준이지요." 필자는 그에게 몇 년 전 시위 중에 한 노인을 때린 것에 대해 지금은 어떻게 생각하느냐고 물었다. 그가 망설임 없이 대답했다. "기뻤어요. 내가 옳은 일을 했으니까!"

이들 신마오주의자들의 분석과 비유는 놀라울 정도로 단순하다. 한더창과 장훙량 등은 자신들이 얼마나 교육을 받았고, 얼마나 많은 책을 읽었는지, 예를 들어 디킨스, 위고, 발자크, 졸라, 세르반테스, 괴테, 하이네, 그리고 서양 철학의 고전 등을 두루 읽었다고 자랑하곤 했다. 하지만 그들은 정치 폭력이나 단일 정당이나 개인의 통제받지 않는 권력이 사람들 또는 사회에 어떤 영향력을 끼치는지에 대해 상상하지 못하고 있다. 장훙량은 자못 철학적으로 이렇게 말했다.

"어떤 혁명이든 그 과정은 피비린내 나고 혼란스럽기 마련이다. 그러니 그런 속성만으로 혁명을 판단할 수 없다. …… 예를 들어 수술을 할 경우 고통과 더불어 대량 출혈을 감내할 수밖에 없다. 하지만 그 결과는 그만한 가치가 있다. 수술을 받은 후에는 더욱 건강해질 것이기 때문이다. 마찬가지로 아기는 태어날 때 온몸에 오물을 뒤집어쓰고 있지만 그것 때문에 아기를 버리는 어머니는 없다."

오유지향의 마오주의자들은 역설적이게도 혁명 반란에 대한 열애, 국가에 대한 존경, 그리고 국가를 위해 이바지하는 열정 등을 한데 결합시켰다. 하지만 적어도 우리는 장훙량이 생각하는 '대중민주주의' 정부가 상당히 조악하다는 사실을 말하지 않을 수 없다. "마오주의 정부의 구성원은 대중의 생각을 구현하는 기술 인력으로 구성될 것이다. 그들은 환자를 바라보는 의사처럼 우리보다 높은 위치에 있지 않을 것이다. 그들은 대중들의 관점을 하나로 모으는 데 전문성을 발휘할 것이다. 배우, 음악가, 의사, 교사, 축구선수처럼 각기 다른 전문성을 지닌 이들은 또 다른 종류의 직업군이 될 것이다."

시진핑 집권 이후 오유지향의 마오주의자들이 비교적 유순해졌지만 중국 공산당 지도부는 대중적인 마오주의의 열풍에 대한 불안감을 잃지 않고 있다. 오늘날 중국에 마오쩌둥의 지시를 액면 그대로 받아들여 반란을 일으키려는 독립적인 마오주의자들이 여전히 존재하기 때문이다. 1946년 허난성 출신인 위안위화袁庾華는 문화대혁명 당시 노골적인 반체제 인사로 활동했다. 몇 년 전 일본의 기록영화 관계자가 그를 방문했을 때 그는 눈을 반짝이며 이렇게 회고했다.

"수년 동안 당 관리들은 제멋대로 지껄인다고 우리를 징벌하곤 했지. 그런데 갑자기 우리에게 불평하고 항의할 자유가 생겼어." 1976년 마오쩌둥이 사망하고 문화대혁명이 끝난 후 그는 15년 징역형을 선고받았으며, 수감 기간에 독방에 갇히기도 했다. 석방된 후 그는 때마침 일어난 1989년 봄 시위에 참가했다. 1990년대 그는 중국에서 가장 주목할 만한 정치 조직 중 하나인 '사상 살롱'을 고향 정저우鄭州에 설립했다. 그곳에서 그는 거의 20여 년 동안 정치적으로 각기 다른 견해를 지닌 여러 토론자들을 초대하여 마오쩌둥과 그의 유산에 대해 토론했다. 토론 모임에서 하루 14시간 노동으로 200위안을 버는 중년의 민공民工(농민공)은 사람들에게 마오주의 계급 폭력의 시대로 돌아갈 것을 호소했고, 문화대혁명을 겪은 60대 노인은 열세 살 때 두 명의 젊은이가 맞아 죽는 장면을 지켜본 것을 회상했다.[75] 위안위화는 "만약 마오가 지금까지 살아 있다면 내 나름의 반란 풍격을 인정하지 않았을 것이다"라고 솔직하게 말했다.[76] 자칭 마오주의 반체제 인사인 리티에李鐵는 2012년 '국가 정권 전복 혐의'로 10년 징역형을 선고받았는데, 그는 마오쩌둥이 민주주의자라고 주장하며 마오쩌둥의 말을 인용하여 인권을 옹호하는 활동을 해왔다.[77]

오늘날 중국에서 가장 독특한 마오주의자 가운데 한 명인 장청즈張成志, 1948~는 이미 70대를 넘긴 뛰어난 작가이다. 그는 1948년 베이징의 가난한 회족回族 무슬림 가정에서 태어나 마오쩌둥 치하에서 자신의 종교적 정체성을 숨기지 않을 수 없었다. 학생 시절 장청즈는 문화대혁명을 적극적으로 받아들였고, 1966년 홍위병이라는 용어를 직접 만들기도 했다.* 그는 1966년에서 1968년 사이의 폭력 사태에 직접 참여했으며, 중국에서 가장 열악한 지역 가운데 하나인 내몽고로 삽대揷隊**하여 거의 아사 지경에 이를 정도로 고생했다. 베이징으로 돌아온 후 그는 마오쩌둥 이후 문학 해빙의 주역이 되어 몽골 대초원의 삶을 주제로 낭만적인 이야기를 풀어냈다. 그의 문체는 매우 실험적이었다. 1987년, 그는 자신의 무슬림 뿌리를 재발견하면서 중국 이슬람의 한 종파인 자흐리야Jahriyya로 개종했다. 이 종파의 특징은 금욕적이고 타협하지 않는 태도였다. 2년 후, 그는 중국 국가 및 당과의 모든 제도적 관계를 포기하고 중국공산당의 주요 문인 단체인 작가협회에서 사임했다. 이후 그는 문학과 건축, 테러와의 전쟁, 중국 혁명부터 유고슬라비아 해체에

---

*   '홍위병'이란 말은 그의 필명인 '홍위사(紅衛士)'에서 나왔다고 한다.
**   문화대혁명 기간 중에 인민 공사의 생산대에 들어가 노동에 종사하거나 혹은 그곳에 정착해서 사는 것.

이르기까지 다양한 주제를 다루는 논쟁적인 산문가가 되었다. 그는 문화대혁명 마오주의의 열렬한 옹호자이자 신실한 무슬림이며 한족 문화와 미국에 대한 비판자이기도 하다. 그는 여전히 마오쩌둥의 불복종에 대한 열정을 숭배하고 있다. "반항 정신은 마오쩌둥 사상과 혁명의 정수이다." 마오쩌둥과 문화대혁명을 통해 장청즈는 중국 여러 곳을 여행하고, 중국의 복잡성을 경험할 수 있었다. 그는 중국 농촌 변두리의 빈곤한 삶과 소수 민족에 대한 한족 정부의 혐오를 목격했다. 그는 이렇게 썼다. "나는 사회 최하층의 관점에서 세상을 바라볼 수 있는 지식인이 되었다. 나와 같은 젊은이들은 국가가 창도하는 이론에 대한 믿음을 잃었다. …… 홍위병의 반항적이고 상징적인 정신은 사상과 정신의 자유를 추구하는 평범한 일반 대중들의 투쟁과 결합했다.[78]

그는 또한 1960년대 마오주의에서 '제국주의'에 대한 평생에 걸친 증오를 이끌어냈다. 그에게 제국주의란 현대 지정학의 열쇠를 쥐고 있는 키워드이다. 그는 이를 통해 범이슬람주의를 포용하게 되었다. 이라크 전쟁은 베트남 전쟁과 같고, 미국에 대한 이라크의 저항은 2차 세계대전 당시 일본과 싸웠던 중국 공산군과 같으며, 미국과 이스라엘에 대한 전 세계 무슬림의 저항과 반대는 반제국주의적인 '홍위병 정신'이다. 그는 중국의 1960년대 세대답게 현재 미국이 지배하는 세계 질서에 대한 '반란의 상징'으로 마오쩌둥의 이름을 소환했다. "나처럼 지속적으로 신식민주의에 반대해온 중국인들에게 무엇보다 중요한 것은 국제적인 힘의 균형이며, 이로 인해 우리는 그(마오쩌둥)를 인간 존엄성의 보루로 바라볼 필요가 있다."[79] 그가 보기에 마오쩌둥이 건설한 중국은 정치, 문화적으로 제3세계의 정체성을 지녔다는 점에서 세계 이슬람과 공통점을 지닌다. 따라서 "무슬림은 중국 문명과 결합하기 위해 노력해야 한다."[80]

장청즈는 1960년대 맬컴 엑스와 무하마드 알리 등 미국의 국내외 정책에 반대하며 친무슬림 성향을 확연하게 드러냈던 이들에 대한 찬사를 아끼지 않았다. 또한 1971년 일본의 마오주의 도시 게릴라 단체인 적군파에서 분리된 조직인 아랍-일본 적군Arab-Japanese Red Army(약칭 AJRA)에 집착했다.[81] AJRA 의 조직원들은 레바논으로 피신하여 팔레스타인 해방 인민전선에서 자금과 훈련을 지원받으며 팔레스타인 대의를 받아들였다. 1972년에는 푸에르토리코 순례자 17명을 포함하여 26명이 사망하고 80명이 부상당한 로드 공항 테러에 가담했으며, 이외에도 여러 테러 활동으로 서방과 이스라엘, 일본에서 악명을 떨쳤다.[82] 하지만 장청즈에게 AJRA는 국경을 초월하여 문화대혁명의 이상을 발현한 조직, 다시 말해 제3세계의 고통받는 사람들과 전 지구적 연대의 모범을 보여준 이들로 간주되었다. AJRA에 관해 쓴 글에서 그는 그 단체의 군사적 활동에 대한 열렬한 찬사와 문화대혁명 당시 팔레스타인 저항에 동참하기 위해 중동에 가지 않은 것에 대한 죄책감을 토로했다.

장청즈의 정치관은 일관성이 없고 사람들을 불안하게 만드는 부분이 존재한다. 그의 글은 집체주의의 미덕을 찬양하고 있지만 사실 그의 작품은 기이할 정도로 개인주의적이다. 고독하고 반성적이며 핍박받는 반항아로서 그는 자신의 작품에서 고독한 영웅으로 등장한다. 그의 소설은 자전自傳과 다를 바 없으며, 주인공 역시 거의 그의 모습이다. 그는 전혀 거리낌 없이 "나는 위대한 60년대가 낳은 아이로서 그 시대의 정서와 심각성을 짊어지고 있다"라고 하면서 "내 발과 심장은 온통 가시에 찔려 있다"라며 멜로드라마처럼 과장된 표현을 마다하지 않았다.[83]

그는 중국 사회의 가장 밑바닥에 있는 사람들을 옹호하는 것으로 유명하지만, 역사적으로 중국에서 가장 억압받는 집단 중 하나인 여성의 처지에 대해서는 거의 말하지 않았다. 그의 소설에 등장하는 여성은 주로 강한 남성 주인공에게 버림받거나 또는 무시당하는 존재처럼 보인다.[84] 그는 교육의 중요성을 강조하고, 중국에 현대적인 무슬림 교육 시스템을 구축해야 한다고 강력히 주장하지만 중국 무슬림 여성들이 교육받을 기회가 매우 적다는 사실에 대해서는 침묵하고 있다. 오히려 "좋은 남편을 만나는 것이 중요하다"

는 등의 글을 쓰면서 전혀 개의치 않는 것처럼 보인다.[85] '홍위병'이란 용어의 창안자로서 그는 정당한 이유가 있다면 정치 폭력을 사용하는 것에 반대하지 않는다고 했다. "사람을 때리는 원칙은 지나치게 소란을 피워서는 안 된다는 것이다."[86] 그는 이렇게 말했다.

그럼에도 불구하고 지식인들의 이의를 허용하지 않는 중국에서 장청즈는 확실히 논쟁적인 입장을 고수하고 있다. 예를 들어 그가 2007년 출간한 산문집 『다섯 가지 색의 이단五色的異端』은 제목부터 상당히 도발적이다. 책은 다섯 부분으로 나뉘는데, 녹색은 이슬람, 노란색은 몽골, 파란색은 신장, 빨간색은 마오쩌둥의 중국 공산주의를 대표한다. 마지막 색인 검은색은 의미가 명확치 않지만 그의 작품이 의도하는 선동적인 성격을 담고 있는 듯하다. "숨이 남아 있는 한 반격을 그치지 않을 것이다. 내 검은색 문장을 폭탄으로 삼아 이 뻔뻔한 세상을 향해 던질 것이다." 그는 책에서 이렇게 말했다. 이러한 대의에 자신을 동일시한다는 사실만으로도 그는 현대 중국의 지적 변방에 놓이고 만다. 하지만 그는 여기서 한 걸음 더 나아갔다. "이 색깔들이 내 일부이긴 하지만 나는 그 어떤 색깔에도 얽매임을 추구하지 않는다. 대부분의 당 서기들은 나의 붉은색을 불쾌하게 생각할 것이고, 정통 무슬림들은 나의 녹색이 너무 이단적이라고 반감을 가질 것이다."[87]

당연히 중국 주류사회에서 장청즈와 같은 인물을 추종하는 이를 찾아보기는 힘들다. 그의 입장은 논란의 여지가 있는 소수파 입장이기 때문이다. 관료들은 홍위병의 반란을 찬양하는 그를 불쾌하게 여기고, 민족주의자들은 무슬림의 권리와 정체성을 옹호하는 그를 싫어하며, 자유주의자들(이전의 홍위병 출신을 포함하여)은 마오쩌둥에 대한 그의 변함없는 찬양을 거부한다. 장청즈는 막강한 구락부나 체제 밖에서 마치 그루초 막스Groucho Marx(미국의 희극배우로 콧수염이 인상적이다)와 같은 마오주의자이다. 그가 주장하는 마오주의는 필자가 만난 사람들 중에서 그를 가장 당혹스럽고 모순적인 인물로 간주하도록 만들었다. 그의 연이은 새로운 모습들은 사람들이 생존을 위해 여러 인격을 가지고 살도록 강요한 문화대혁명의 또 다른 유산이다.

장청즈는 1960년대 중국을 떠나 세계 혁명에 동참함으로써 "세계를 해방하라"는 마오쩌둥의 권고를 제대로 해석하지 못한 것을 한스럽게 생각했다. 그래서 그는 2011년에 파격적인 출판 계획을 마련했다. 그는 중국의 이슬람 역사를 주제로 한 장편소설 『심령사心靈史』의 출판 20주년 기념 개정판을 1천 부 미만으로 출간하여 한 권당 1,500위안(한화 기준 약 28만 원)에 판매하기로 결정했다.* 그는 "홍위병 시대의 최초 열망에 부응하기 위해 모든 수익을 팔레스타인 난민들에게 기부하겠다"고 약속했다[88](현대 중국문학계에서 많은 작가들이 서구의 작가들보다 인세나 매체의 지명도 등을 따지는 상황에서 이러한 제의는 상당히 독특한 것이 아닐 수 없다). 책 판매 대금이 모이자 장청즈는 팔레스타인 비정부조직과 연락하여 난민캠프를 방문했으며, 수백 명의 팔레스타인 난민 가정에 200달러씩 든 봉투를 선물했다. 그는 이번 자선 기부가 '손에서 손으로 전달되는' 방식이어야 한다고 생각했다. 즉 중국이나 요르단의 정부 기관의 관리와 제재를 받지 않고 민간 차원에서 이루어져야 한다는 것이다. 그의 행동은 급진적이고, 국제적이며, 국가를 초월한 것이기도 하다. 이는 제3세계의 연대를 강조한 마오쩌둥의 이념을 의도적으로 모방한 것이었다.[89]

현대 신마오주의는 서로 다른 다양한 목소리를 내고 있지만 이런 차이점에도 불구하고 하나의 공통점을 지니고 있다. 그것은 중국공산당이 비당파 정치조직이나 정치적 판도 내에서 기타 정치 당파의 행동주의를 절대로 인정하지 않지만 신마오주의의 존재에 대해서는 상대적으로 관용을 베풀고 있다는 점이다. 예컨대 한더창의 농장 실험은 2016년 말에 강제로 중단되었지만 이는 당국의 불허로 인한 것이 아니라 농장에서 노동하는 학생들의 부모

---

*   책에 과격한 종교적 메시지가 담겨 있기에 어떤 출판사도 선뜻 나서지 않았다. – 원주

가 법적으로 압력을 넣었기 때문이다. 당시 부모들은 자식들이 학업과 돈을 벌 수 있는 기회를 포기하고 육체노동을 하는 것을 걱정했다. 이에 장청즈는 불평을 늘어놓았다. 중국에서는 문학에서 혁명, 종교의 자유, 외교 문제에 이르기까지 자신의 견해를 표명할 수 없다는 것이었다. 결국 그는 민감한 작품들을 주로 홍콩에서 출간하거나 일본어로 번역해서 출간했다. 기자들이 그를 '민감한 주제'라고 부를 정도로 그는 강연이나 언론 보도 등 대중적으로 의견을 표출하는 데 제약을 받고 있는 듯하다.

그러나 장청즈의 정치적 성향은 좌파적이기 때문에 지금까지 치명적인 정도로 국가 당국의 비난을 불러일으키지는 않았다. 이는 노벨평화상 수상자인 류샤오보처럼 자유민주주의를 옹호하는 이들에게 가해지는 강경한 비난과는 다르다(자칭 마오주의자인 리티에가 투옥된 것은 그가 '아랍의 봄' 기간 동안 민주주의와 인권을 노골적으로 옹호했기 때문이다). 중국 정부가 마오쩌둥과 마오 시대 역사에 대한 비판을 단속하는 것은 신념의 수호자로 자처하는 신마오주의자들을 진압하는 것보다 훨씬 쉽다. 현재 중국에서는 마오쩌둥과 마오 시대에 대한 공식적인 해독에 이의를 제기하거나 중국공산당의 권위에 도전하는 사람은 누구나 위험에 처할 수 있다. 2017년 1월 마오위스는 가장 최근, 자신이 운영하던 소셜미디어 플랫폼이 폐쇄된 자유주의자이다. 시진핑 체제하에서 시민사회 활동가와 변호사의 초법적 '실종'이 급격히 증가했다.[90] 신마오주의 좌파가 중국공산당 외부에서 조직과 논쟁을 위해 약간 더 허용된 자유를 과연 어떻게 활용할지는 오늘날 중국에서의 정치 참여에 대한 가장 흥미로운 질문 가운데 하나이다.

문화대혁명 50주년이 되던 2016년 이상한 일이 벌어졌다. "역사는 문화대혁명이 이론과 실천면에서 완전히 착오적이라는 사실을 증명하고 있다. …… 문화대혁명의 가치를 완전히 부정하는 것은 당 전체의 이해일 뿐만 아니라 중국 사회 전체의 안정적인 합의이다."[91] 관방 매체가 5월 17일에 발표한 내용은 공식적인 비난임에 틀림없었다. 하지만 관방 매체 이외에 공개적인 토론은 완전히 금지되었다. 문화대혁명 50주년을 맞이하여 국외에서는 토론회, 논문, 관련 서적 등이 쏟아져 나왔지만 국내의 학자들은 수업 시간에 언급하는 것조차 기피했다. 시 주석이 문화대혁명에 대해 반감을 가지고 있다는 것은 그리 놀라운 일이 아니다. 시 주석 자신과 그의 가족 모두 그 시기에 큰 고통을 겪었기 때문이다. 이복 누이는 정치적 박해로 목숨을 잃었고, 부친은 투옥되었으며, 시 주석 자신도 베이징에서 쫓겨나 빈궁한 북서부 지역에서 육체노동에 시달려야만 했다.

같은 해 봄, 정체불명의 인물이 주로 대규모 국가 행사와 장례식 등이 열리는 인민대회당을 예약했다. 마오쩌둥이 문화대혁명을 발동하는 지시(중국 공산당 내 모든 '반혁명 수정주의자'를 색출하라는 내용)를 내렸던 5월 2일에 마오 시대 가곡 위주의 음악회를 개최하기 위함이었다. 이는 마오주의 문화에 대한 공개적인 축하 행사이자 오늘날 마오주의와 중국의 상관성을 긍정하는 행사이기도 했다. 무대 배경으로 마오쩌둥과 현재 중국의 주석인 시진핑의 초상화가 빛나고 있었다. 중국 56개 민족의 단결을 상징하는 아이돌 걸 그룹 '56꽃송이56朵花'가 마오쩌둥 숭배의 대표적인 노래("조타수를 따라 큰 바다로 항해하자…… 혁명에 의지할 것은 마오쩌둥 사상이라네大海航行靠舵手…… 幹革命靠的是毛澤東思想") 등을 노래했으며, 시진핑을 찬양하는 짤막한 노래(시진핑을 고통받는 빈민의 자상한 삼촌으로 묘사하는)가 번갈아 불려졌다.[92]

하지만 콘서트가 끝나자마자 논란이 시작되었다. 1960년대에 숙청된 사람들의 친척을 포함한 여러 사람들이 소셜미디어에서 문화대혁명을 기념하는 이번 행사를 강력하게 비난했다. 공연장으로 사용된 인민대회당이 지닌 정치적 정통성으로 인해 음악회가 어느 정도 관방의 지원을 받았을 것이라는 추측이 난무했다. '56꽃송이' 측은 당과 정부, 군대 관계자들이 관객으로 참석했을 따름이라고 해명했다.[93] 그러나 음악회의 주최자는 여전히 미스터리로 남았다. 조사 결과 관영 매체는 공연장을 대관한 '사회주의 핵심 가치관 선전 교육회'는 존재하지 않는 가짜 단체라고 발표했다. 이 기이한 사건의 진상을 파헤치던 일부 관찰자들은 혹자가 시진핑이 마오쩌둥을 모방하는 것을 조롱할 목적으로 의도적으로 기획한 것이 아닌지 의심했다. 문화적으로 이번 공연은 중국의 대다수 상황과 마찬가지로 여러 가지가 복합적으로 섞여 있는 사건임에 틀림없다.

중국 공산당과 중국을 찬양하기 위해 2015년 조직된 '56꽃송이'는 한국의 엑소(2012년 데뷔), 일본의 AKB48(2006년 데뷔한 다국적 아이돌)처럼 상업적으로 성공한 대형 아이돌 그룹을 모델로 삼았다.[94] 58달러에서 320달러 사이의 입장료 가격은 시장 경제 수준에서 책정되었는데, 이는 화폐 폐지를 원했던 마오쩌둥이 보기에 불만스러웠을 것이다. 음악회가 끝난 후 며칠이 지나자 그날 밤 행사에 대한 홍보 사진, 동영상, 언론 기사가 인터넷에서 완전히 사라졌기 때문에 우리는 더 이상 흥미로운 그날 밤의 진실을 알 수 없게 되었다. 하지만 이 혼란스러운 사건은 오늘날 중국에서 관방의 기회주의와 모순 심리, 상업적 키치화와 아직 성숙되지 못한 기층 정서 사이에 놓인 마오쩌둥의 유산에 대한 논쟁적 지위에 대해 많은 것을 말해주고 있다.

결어

2018년 3월 11일, 중국의 연례 의회인 전국인민대표대회(전인대)는 국가 주석의 임기를 두 번으로 제한하는 헌법 조항을 폐지하는 데 압도적인 찬성 표를 던졌다. 「워싱턴포스트」는 이렇게 보도했다. "64세의 시 주석이 사실상 종신 국가 주석이 되었다. 이는 중국이 마오쩌둥 사후 볼 수 없었던 개인 독재체제로 회귀했음을 의미한다. 시진핑 주석은 마오쩌둥의 실정에서 얻은 교훈을 잊고 21세기형 전체주의 모델을 구축하여 전 세계 다른 지역에 모범을 제시하려 하고 있다."[1]

이런 소식에 많은 중국인들이 당황하기는 했지만 전혀 의외의 결과는 아니었다. 왜냐하면 이미 수개월 내지는 수년 동안 시진핑 주석이 전임자가 재임했던 10년을 넘어 계속 집권할 것이라는 믿을 만한 소문이 널리 떠돌고 있었기 때문이다. 하지만 비전문가들은 이 소식에 갈팡질팡하는 듯했다. 「워싱턴포스트」에 실린 기고문에서 누군가 이렇게 말했다. "미국이 중국에 관여함으로써 공산주의 후진국을 민주적이고 자본주의적인 서구처럼 만들려고 했던 것을 기억합니까?"

수년 동안 공화당과 민주당 행정부 모두 미국이 주도하는 국제기구, 무역 흐름, 심지어 대중문화의 견인력이 점차 미국과 아시아 동맹국들이 편안하게 공존할 수 있는 온건한 신중국을 만들어낼 것이라고 주장했다. …… 우리가 해야 할 일은 인내심을 갖고 영향력을 유지하며 중국이 점점 더 발전하도록 내버려두는 것뿐이다. …… 하지만 시진핑 중국 국가 주석은 종신 주석의 가능성을 설계했다. …… 중국의 집권자들은 미국의 영향을 전혀 받지 않는 자신들만의 의제를 지니고 있는 셈이다.[2]

많은 분석가들은 마오쩌둥 사후 중국이 상업주의와 자본주의로 전환하면서 "우리와 더욱 비슷해질 것이다"라고 예상했다. 마오쩌둥과 중국 공산주의는 역사의 뒤안길로 사라진다는 뜻이었다.[3] 하지만 현실은 정반대로 흘렀다. 마오쩌둥과 그의 전략, 정치 모델은 중국 공산주의 정부의 정당성과 기능의 핵심으로 남아 있다. 수십 년 동안 서구의 분석가들은 현대 중국에서 마오주의 유산의 지속적인 영향력을 간과하거나 무시하는 데 급급해 왔다. 본서에서 필자는 마오주의가 중국뿐만 아니라 전 세계적인 현상임에도 불구하고 과소평가되고 있다고 주장했다. 필자는 마오주의 사상과 경험을 과거와 현재, 그리고 미래의 주요 역량으로 새롭게 자리매김하고 중국뿐만 아니라 전 세계에서 형성되어 있는 주요 세력으로 재조명하고자 시도했다. 세계 각지를 두루 돌아다니고 있는 마오주의를 보면서 우리는 어떤 주제를 발견했는가?

우리는 1949년 마오쩌둥의 혁명이 탈식민지화의 시작과 맞물려 냉전의 양극화된 맥락에서 특별하고 지속적인 호소력을 발휘했음을 보았다. 수십 개의 신생 국가(대부분 저개발 국가이자 농업국가)가 유럽과 일본 제국에서 벗어나 실행 가능한 국가 건설 모델을 모색하는 과정에서 미국의 의도를 의심하고, 또한 소련의 유럽화된 청사진을 수용하기를 꺼려했다. 반면 마오쩌둥의 혁명은 식민주의로 고통받던 가난한 농업 국가에 적합한 대안을 제시했다. 마오쩌둥은 간결한 표현에 능했기 때문에 문맹률이 높은 새로운 나라의 대중들에게 자신의 비전을 좀 더 쉽게 전달할 수 있었다. 중국의 '반봉건, 반식민지' 사회에 대한 그의 비판과 공격에 혁명을 성공적으로 완수한 그 자신의 명성이 덧붙여지면서 탈식민지 및 후식민지 세계에서 엄청난 도덕적 명망을 얻게 되었다. 이외에도 그는 유럽의 제국주의 속성을 이해하지 못하거나 혐오하는 교육받은 계층의 서양인 사이에서도 인기를 끌었다.

마오주의는 식민 지배, 인민에 대한 억압과 방치가 일상적인 국가(또는 이 세 가지가 모두 결합된)에서 감정적으로나 현실적으로 정권 전복을 시도하는 세력들에게 흡인력이 있었다. 페루, 네팔, 인도 일부 지역에서 조직화된 전투력과 희망적 자발주의(물질적 조건은 의지로 초월할 수 있다는 믿음)를 내재하고 있는 마오주의의 신조는 결단력 있고 모험을 두려워하지 않는 이들에게 제대로 기능하지 않고 착취적인 정부를 향해 가공할 만한 도전을 감행하도록 했다.

마오쩌둥의 사상과 실천은 전 세계를 넘나들며 완고성과 융통성이라는 두 가지 방식으로 구현되었다. 1960년대 마오주의는 다루기 힘든 미래 전망으로 가득 찼으며, 음모적이고 권위적인 공산당이 주도하는 계급투쟁을 고취했다. 인도와 페루의 마오주의자들은 이러한 1960년대식 판에 박힌 듯 완고한 미래 전망을 어느 정도 정상적으로 작동하고 있는 민주주의 국가에 덧씌우려고 시도했다. 이에 반해 서구 유럽과 미국에서 마오주의의 발전 궤적은 임의성이 강했다. 그들 나라의 반란자들은 마오주의를 항의의 도구로 삼았다. 중국에서 문화대혁명은 혼란스러운 억압의 형식으로 전개되었지만 미국과 유럽에서는 다양한 반체제 활동으로 발전해 나갔다(일부 활동은 그 자체의 권위적 경향을 띠기도 했다).

마오쩌둥 사상의 일부는 번역 과정에서 노골적으로 왜곡되기도 했다. 그 중에서 하나는 서구와 네팔의 마오주의자들이 마오쩌둥의 사상을 "소외된 소수 민족의 권리를 옹호"하는 것으로 해독하거나 심지어 실천에 옮겼다는 것인데, 이는 상당히 당혹스러운 예가 아닐 수 없다. 마오쩌둥의 대약진운동과 문화대혁명 기간에 시장의 현지인들이 엄청난 고통을 겪은 것을 보아도 중국의 마오주의는 실제로 소수 민족의 권리에 대해 관용적이지 않았다.

마오주의의 전 지구적 여정은 또 다른 부조화를 낳았다. 마오쩌둥은 빈곤한 농촌 대중의 혁명적 잠재력을 지지한 최초의 주요 공산주의 사상가로 평가받고 있다. 하지만 중국뿐만 아니라 전 세계에서 마오쩌둥의 이론과 실천으로 인해 오히려 농촌 빈민층이 가장 큰 고통을 겪었다. 중국의 경우 대약진 이후 수천만 명의 농민이 굶어 죽었고 인도, 네팔, 페루에서는 마오주의 반란으로 인한 희생자의 대다수가 농민들이었다. 역설적이게도 마오쩌둥은 자신이 그토록 의심했던 교육받은 계층 출신의 영도자가 된 셈이다.

사회적 불공정을 제거하려면 폭력적 반란이 불가피하다는 마오쩌둥의 핵심 사상과 이를 달성하기 위한 실질적인 전략(당 건설, 대중 공작, 지속적인 게릴라전)은 수십 년 동안 세계 각지에서 불만을 품은 이들을 끌어 모았다. 일정한 교육 수준을 갖춘 교사자敎唆者들은 이러한 감정적인 생각을 이용하여 반란을 부추겼고, 때로 엄청난 유혈 사태가 발생하기도 했다. 그러나 중국을 제외하고 마오주의 반란은 안정적인 정치권력으로 이어지지 못했다(중국에서도 대약진운동의 재앙적 여파와 문화대혁명 초기 2년 동안 마오주의자들의 대규모 인민 동원에 대한 집착으로 인해 최소 두 차례나 정권이 전복될 뻔했다). 마오쩌둥의 '대중 민주주의' 약속은 실현된 적이 없으며, 실제로는 대부분 가장 큰소리로 외치거나 항쟁에 열심이고 음모를 잘 꾸미는 자들의 승리로 귀결되었다. 베이징의 한 택시 기사는 짧은 대화 가운데 마오주의의 80년에 걸친 정치적 매력과 그 한계에 대해 이렇게 말했다. "마오쩌둥 치하의 중국에서 좋은 점은 모든 사람이 평등했다는 것입니다. 지금처럼 돈 때문에 사기를 치고, 거지들조차 100위안을 줄 때까지 계속 치근대는 일은 없었지요." 그래서 필자는 그에게 시간을 마오 시대로 되돌리고 싶은지 물었다. 그러자 그가 재빨리 대답했다. "아니요! 나는 차라리 교육을 받고 싶어요." 택시 기사의 말을 들으면서, 현재 중국에서 일반 대중들에게는 강제적인 '결과의 평등'보다 '기회의 평등'이 더 매력적인 것처럼 느껴졌다.

마오주의의 전 지구적 여정은 중국이 전 지구적으로 어떻게 개입했는지 그 면모를 드러내고 있다. 이는 중국이 선전해온 정통적인 관념, 즉 마오 시대의 중국은 국경 너머의 세계와 접촉하지 않았다는 역사적 정설(서방에도 이런 관념이 널리 퍼져 있었다)을 무너뜨리기에 충분했다. 필자는 본서를 준비하면서 마오쩌둥 치하의 중국이 해외에서 자국의 이미지와 영향력을 투영하기 위해 얼마나 많은 시간과 정력, 자금을 투자했는지 알 수 있었다. 그 작업은 방대하고 다양했다. 프랑스 작가 시몬 드 보부아르가 중국을 방문했을 때 중국 관계 당국은 그녀를 위해 황동으로 제작한 더블 침대와 붉은색 실크 시트를 제공했다. 그녀가 매료된 것은 물론이다. 주요 동맹국인 캄보디아의 시아누크 왕자가 공식 방문했을 때 공안은 도시 전체 거리를 비우고 평범한 도시인으로 위장한 사복 경찰로 다시 채웠다. 중국공산당은 아프리카 철도와 의료 분야에 수십억 달러를 쏟아 부었고, 전 세계 게릴라 반란에 자금을 지원했다. 마오쩌둥의 중국은 종종 국제 규칙을 따르지 않았지만, 국제적인 업무에는 적극적으로 참여했다.

1949년부터 1976년까지 중국의 불안정한 역사와 정치적 목표를 반영하듯 마오주의의 전 세계적 활동은 예측할 수 없는 결과를 가져왔다. 동남아시아에서는 격렬한 민족주의 전쟁을 불러왔고, 서독에서는 『마오주석 어록』과 자유연애에 열광하는 마오주의 히피족을 양산했으며, 아프리카에서는 마오주의 정치 구현에는 관심이 없는 실용주의적인 국가 건설자들이 중국의 막대한 원조 예산을 기꺼이 받아들였다. 그 효과는 다양했다. 예를 들어 베트남, 캄보디아, 잠비아에 대한 대규모 투자는 정치적 영향력을 거의 또는 전혀 얻지 못했다. 반면 페루와 네팔에서는 선전물을 뿌리고 소수의 강경 좌파를 중국 관광에 초청하는 것만으로도 마오주의 혁명을 위해 수십만 명의 국민을 기꺼이 희생시키려는 마오주의 신봉자들을 확보할 수 있었다. 마오주의 외교 정책 개입의 결과는 오늘날에도 여전히 인도, 네팔, 캄보디아(끔찍한 정치 폭력 전력을 가진 전 크메르 루주 사령관 훈센이 현재 세계 최장수 총리 중 한 명으로 재직 중이다*)의 전 세계 정치에 영향을 주고 있다. 마지막으로, 마오주의 역사와 이념, 즉 한국전쟁에서 중국의 희생에 대한 기억과 양국의 공통된 이념적 연원으로 인해 중국은 지금도 여전히 대북 지원을 유

---

* 　2023년 8월, 수상 자리를 아들 훈 마넷에게 물려주었다. 하지만 여전히 실권을 쥐고 있다고 알려져 있다.

지하고 있다. 만약 중국의 이러한 지원이 없었다면 우리는 현재 북한의 잠재적인 핵 위협과 끔찍한 인권 유린에 직면하지 않았을 것이다.

그렇다면 미래는 어떻게 될 것인가? 중국의 마오주의 과거와 현재의 부분적인 마오주의 부활은 중국과 향후 글로벌 주체로서 중국의 행보에 대해 무엇을 말해줄 것인가? 다시 한번 강조하지만, 마오쩌둥의 중국과 시진핑의 중국 사이에 뚜렷한 연속성이 있음에도 불구하고 현대 중국은 마오쩌둥 시대를 그대로 재현하고 있지 않다. 경제적으로 크게 발전한 중국에서 이것이 가능하다고 해도 시 주석은 그렇게 하지 않을 것이다. 무엇보다 그의 가족이 큰 고통을 겪었던 문화대혁명의 혼란스러운 대중 동원을 비롯하여 마오 시대는 묻어버리고 싶은 것이 적지 않기 때문이다. 그럼에도 불구하고 집권 첫 5년의 대부분을 중국공산당을 통제하고 강화하는 데 헌신한 시 주석은 마오주의의 상징적 의미와 우상 숭배, 군사력 장악에 의존하는 비밀스럽고 불투명한 정당 구조, 정치적 이견에 대한 혐오, 중국을 글로벌 리더로 만들려는 야망 등 마오주의 유산에 깊이 빠져 있다. 2024년이 되면 중화인민공화국은 소련을 제치고 세계 역사상 최장수 공산주의 정권이 될 것이다. 지금의 중국은 2049년 건국 100주년이 될 때까지 '중화민족의 부흥'을 역사에 기록할 것을 다짐하는 당 국가party state이다. 이러한 목표를 실현하기 위해 1949년 '공산주의 통일 중국의 창건자'인 마오쩌둥에 대한 기억은 여전히 뇌리에 남아 있을 것이다. 마오쩌둥은 중국의 근현대사와 세계 속에서 중국이 차지하는 위치를 섞어 감성적인 정치적 호소력을 발휘할 수 있는 탁월한 능력을 갖추었다. 비슷한 맥락에서 시진핑은 위대한 조타수의 수법을 사용하여 지도자의 신화와 신비를 창조하고 마오쩌둥이 물리적으로 사라진 지 40년 만에 중국공산당의 이미지를 새롭게 격상시키고 있다.

시진핑은 마오쩌둥 이후 그 어떤 전임자보다 외교 정책을 강력하게 추진하고 있다. 그는 국내 언론의 대대적인 환호를 받으며 해외 순방을 많이 다닌다. 시 주석과 그의 측근들은 마오쩌둥 이후 중국/중국공산당 모델의 국제적 관련성에 대해 자신 있게 이야기한 최초의 지도자이다.[4] 그리고 그들은 말뿐 아니라 행동으로 옮기고 있다. 중국의 경제, 정치, 군사력이 급증하고 있다는 것은 마오주의 유산을 그대로 계승한 시 주석과 중국공산당의 원대한 계획이 세계 정치와 전 지구 체제에 점점 더 큰 영향을 미칠 것이라는 사실을 의미한다. 시 주석이 통치하는 중국은 점점 더 다양성을 용납하지 않는 나라가 될 것이다. 이러한 불관용은 인권 변호사부터 신장 위구르족에 이르기까지 중국의 체계화에 대한 대안적 비전을 지닌 개인과 단체를 겨냥하고 있다. 그러나 중국 당 국가는 인권 침해에 대한 국가 책임을 묻는 규범을 포함하여 특정 국제 규범을 무시하려는 움직임도 보이고 있다.[5]

도널드 트럼프 전 미국 대통령이 국내로 초점을 옮기면서 글로벌 강대국 공백의 상황이 벌어지자 시진핑 주석은 현대 세계를 재편할 전례 없는 기회와 야망을 가지게 되었다. 일부 자료에 따르면 중국공산당은 해외, 특히 오스트레일리아와 뉴질랜드에서 영향력을 확대하기 위해 마오쩌둥 시절에 개발된 전략, 즉 이른바 '통일전선'을 전개하고 있는 것으로 보인다. 1930년대부터 '중공중앙 통일전선 공작부'는 정치적 중립을 표방하는 것처럼 위장한 개인이나 조직을 통해 중국공산당에 대한 국제사회의 호의를 이끌어내는 데 성공했다. 중화권 전역에 『중국의 붉은 별』을 전파한 후위즈는 그 분야에서 가장 효과적인 요원 가운데 한 명이었다. 오스트레일리아와 뉴질랜드의 분석가들은 중국공산당이 학생 조직을 감시하고 통제하고 있다는 증거와 중국공산당과 공직 후보자 간의 연계 및 자금 지원 의혹으로 인해 불안해하고 있다. 한편 시 주석은 일대일로—帶—路를 창도하여 향후 10년간 아시아, 아프리카, 지중해 전역의 기반 시설에 9천억 달러를 투자할 계획이며, 벨기에까지 철도를 연결할 계획이다. 시 주석의 연설을 들어보면, 마오쩌둥의 국제적 참여에 대한 접근 방식에 호응하고 있다는 생각이 든다. 마오쩌둥은 국제 간 단결을 호소하는 한편 자신과 중국이 세계를 영도해야 한다는 확고한 인식을 결합시켰으며, 양국 간의 결합에서 상호 어떤 갈등이나 충돌을 인정하지 않았다. 시진핑 주석이 항상 일대일로 계획에 참여하는 여러 나라들에게 '윈-윈win-win(쌍방의 승리, 쌍영雙贏)'을 강조하는 것도 그가 창도하는 거대한 계획 '일대일로'가 중국의 국익을 주장하고, 해당 지역에서 경제적 또는 정치적 제국주의를 행사하는 수단으로 활용될 수 있다는 우려를 불식시키기 위함이다.

그러나 현실적으로 중국의 소프트파워 영향력은 하드파워에 비해 훨씬 뒤처져 있다. 마오쩌둥 치하에서 중국공산당은 중국의 혁명과 통치방식을 전 세계에 수출하려고 시도했으나 여러 차례 실패하고 성공을 예측할 수 없는 등 고르지 못한 결과를 낳았다. 이러한 경험은 전 세계적으로 '중국공산당 모델中共模式'을 구축하는 과정에서 직면할 수 있는 도전 과제를 밝히는 데 도움이 되었다. 오늘날 중국은 중국의 정치, 경제, 문화 업적에 대한 국제적 인지도와 인정을 넓히기 위해 여전히 노력하고 있다. 그러나 중국과 같이 정체성이 강하고 국내외에서 자신들의 정체성을 확보하려는 강한 충동을 가진 강대국이 과연 전 세계 사람들에게 자신의 사상을 어느 정도 수출할 수 있을까? 2017년 11월 시진핑의 정치 관련 저서인 『시진핑 국정 운영에 대해 말하다習近平談治國理政』* 제2권이 출간되었다. 하지만 대대적인 홍보에도 불구하고 출간된 지 6개월이 지난 후 영국에서 판매된 부수는 100부 미만이었다.

중국은 중국공산당의 마오주의 유산과 현대 중국의 혼합적이고 세계화된 특성 사이의 대조를 어떻게 극복할까? 중국은 확장된 국제주의적 언론과 편협한 민족주의를 어떻게 조화시킬까? 아마도 현재 중국의 모순을 포용할 수 있는 능력은 모순에 대한 헌신적인 추종자였던 마오쩌둥의 가장 주목할 만한 유산일 것이다. 중국공산당은 20년 동안 인터넷, 비디오 게임 등 한때 권위주의 공산주의 정권이 적대적인 것으로 여겼던 기술을 자신들의 정당성을

---

*　시진핑의 연설과 담화문 모음집.

강화하는 데 능숙하게 활용하고 있다. 마오쩌둥의 사상과 통치는 그의 생애 마지막 10년 동안 점점 더 교조화되었지만, 전쟁을 통해 탄생한 그의 혁명은 중국에 변용된 '게릴라 스타일遊擊化'의 정책 결정 방식을 물려주었다. 따라서 중국공산당은 당분간 '마르크스주의-레닌주의-마오주의'의 전통을 계속 강조하면서 또한 시장 역량의 필요성을 역설할 것이고, 중국이 역사상 그 어느 때보다 복잡하고 다양해진 시기임에도 중국공산당이 '종합적인 계획全面計劃'을 확보하고 있음을 선언할 것이다. 아마도 이것이 집안사람 모두 마오쩌둥의 정책으로 인해 고통을 받았음에도 불구하고 50년 만에 마오주의 전략을 부활시킨 지도자가 나오게 된 이유일 것이다.

어쩌면 우리는 마오주의의 모순에 익숙해져야 할지도 모른다. 앞으로도 이러한 모순적인 현상이 우리와 함께 지속될 것이기 때문이다.

연표

연도	마오쩌둥과 중국 마오주의, 중화인민공화국 역사	전 세계 마오주의
1893	마오쩌둥, 후난성 상탄현湘潭縣에서 출생.	
1918 – 1920	베이징에서 신문화운동을 겪으면서 급진적인 문장을 쓰기 시작함. 상하이에서 중국공산당 첫 번째 영도자(총서기) 천두슈陳獨秀를 알게 되었으며, 그에게 영향을 받음.	
1921	상하이에서 개최된 제1차 중국공산당 성립대회에 13명의 대표자 가운데 한 명으로 참가함.	
1923 – 1927	공산국제Comintern의 주선으로 국민당과 공산당 간의 '통일전선'에 참여하는 한편 공산당 내에서 선전국과 농회農會(농민회) 조직에 참여함. 1927년 3월 「후난 농민운동 고찰 보고서」 작성함.	
1928		에드거 스노 중국에 도착함.
1928 – 1934	장제스가 공산주의자들을 숙청한 후 마오쩌둥은 소규모 군대를 이끌고 장시성으로 피신하고, 군 사령관 주더와 함께 소비에트 정부를 수립함. 마오쩌둥은 1930년 아내 양카이후이가 마오쩌둥을 비난하는 것을 거부했다는 이유로 창사長沙에서 국민당 지휘관에서 총살당함. 얼마 후 마오쩌둥은 새로운 배우자 허쯔전을 맞이함. 장제스는 장시성의 공산세력을 전멸시키려고 포위 공격함. 마오쩌둥은 게릴라 전술(유격전술)로 국민당의 막강한 군사력에 대항함. 당내 정변이 일어나자 마오쩌둥과 그의 지지자들은 '반볼셰비키 연맹'에 대한 숙청 운동에 돌입함.	

연도	마오쩌둥과 중국 마오주의, 중화인민공화국 역사	전 세계 마오주의
1932		스노와 쑹칭링 만남.
1933		스노는 헬렌 포스터(일명 님 웨일즈)와 결혼하고 상하이에서 베이징으로 이사 함.
1934		마오쩌둥, 국민당의 장시성 포위망을 뚫 고 대장정에 참여함. 마오쩌둥은 구이저 우(귀주) 쭌이遵義에서 중국공산당 군사 영도권을 확보함.
1935	대장정의 생존자들이 중국 북서부 산시 성에 도착함. 마오쩌둥은 중국공산당의 정치 주도권을 놓고 다른 정적들과 경쟁 함.	
1936		스노가 중국 서북부 공산당의 근거지를 방문함.
1937	장제스와 중국공산당은 일본에 대항하 기 위해 두 번째 '통일전선'에 합의함. 장제스, 일본에 선전포고. 중국 북부, 동 부, 중부까지 일본군에게 함락됨.	스노는 『중국의 붉은 별』을 완성하여 출 간. 곧 이어 중국어 번역본 출간. 세계 적인 베스트셀러가 됨. 스노와 마오쩌둥 의 통역을 맡았던 황화는 유명 통역사로 부상하여 옌안을 방문하는 외국인들의 통역을 맡음.
1938		훗날 말레이공산당 지도자가 되는 당시 10여 세인 친펭은 『중국의 붉은 별』 중 국어 번역본을 읽고 열렬한 독자가 됨. 호치민이 옌안을 방문함.

연도	마오쩌둥과 중국 마오주의, 중화인민공화국 역사	전 세계 마오주의
1938 | 1941	마오쩌둥은 경쟁자들을 물리치고 중국 공산당의 정치적 통제권을 확보함. 에드거 스노의 『중국의 붉은 별』에 영감을 받은 도시의 젊은이들이 공산당에 가입하기 위해 옌안으로 향함. 1937년 4만 명이었던 중국공산당원이 1940년 약 80만 명으로 증가함.	
1940		『중국의 붉은 별』 편집자이자 공동 번역자인 후위즈가 중국공산당의 지시를 받고 부유하고 영향력이 있는 중국계 말레이시아인들에게 공산주의를 선전하기 위해 싱가포르로 떠남.
1942 | 1943	마오쩌둥이 정풍 운동을 시작함.	
1943		소련의 전쟁 특파원이었던 스노는 세 명의 젊은 여성 빨치산이 나치와 싸우는 방법을 『중국의 붉은 별』을 통해 배웠다는 사실을 알게 됨.
1945	일본 항복. 중국공산당과 국민당 간의 평화 협상이 결렬되고 내전이 시작됨.	
1948		영국 정부는 친펭이 영도하는 말레이시아공산당의 파업과 암살에 대응하여 말레이시아에 비상사태 선포함. 말레이시아공산당은 밀림으로 들어가 영국 식민지 정부를 상대로 게릴라 전쟁을 벌임. 말레이시아공산당 지도자 아청이 중국을 방문함. 인도공산당CPI의 한 분파가 텔랑가나에서 마오주의 전략에 따라 봉기를 주도하지만 인도의 신정부에 의해 유혈 진압됨.

연도	마오쩌둥과 중국 마오주의, 중화인민공화국 역사	전 세계 마오주의
1949	중국공산당이 내전에서 승리하고 국민당 정부는 타이완으로 피신함. 마오쩌둥이 중화인민공화국을 선포하고 소련과 동맹 관계를 맺음.	중국공산당이 정권을 장악한 후 미국에서 "누가 중국을 잃었는가?"에 대한 논쟁이 시작됨. 조지프 매카시가 공산주의 동조자들을 고발하면서 미국 내 중국 전문가들은 비난을 받고 소외됨. 마오쩌둥과 그의 측근들은 베이징에 마르크스-레닌주의 학원을 개설하고 국제 공산주의자(대부분 아시아 출신)를 대상으로 정치 및 군사 훈련을 제공함. 무선 전기를 전공한 폴 포트는 파리 유학 중 마오쩌둥의 작품을 접하게 됨.
1950	마오쩌둥은 한국전쟁에 개입하기로 결정함. 중화인민공화국에서 사상개혁과 토지개혁 등 두 가지 중요 운동이 발동됨.	중국 공산주의 혁명에 참전했던 5만 명의 한인들이 북한으로 귀환함. 한국전쟁에서 약 7,000명의 미국 군인들이 중국 및 북한군에게 포로로 잡힘. 중국공산당은 외국 공산당 및 좌파 반란분자와 연락을 담당하는 중련부를 설립함. 류사오치는 호치민 치하의 공산군을 지원하기 위해 북베트남에 군사 고문을 파견함.
1951		에드워드 헌터가 『붉은 중국의 세뇌: 인간 정신에 대한 계산된 파괴』를 출간함. 말레이시아공산당 내부 문건에서 마오주의 전략의 중요성을 강조함. 호치민 주석의 지도 아래 북베트남에서 중국식 토지개혁이 실시됨.
1953	정전협상으로 한반도에서 적대 행위가 중단됨.	수천 명의 미군 포로들이 석방됨. 그 가운데 21명은 미국 송환 대신 중국행을 선택함. 미국 중앙정보국의 정신 통제 프로그램 프로젝트 'MK-울트라'가 승인됨. 넬슨 만델라의 지시에 따라 남아공 혁명을 위한 물질적 지원 요청을 위해 ANC 사무총장 월터 시술루가 중국을 방문함.

연도	마오쩌둥과 중국 마오주의, 중화인민공화국 역사	전 세계 마오주의
1954		프랑스군이 디엔비엔푸에서 북베트남 공산군에게 군사적 패배를 당함. 저우언라이가 이끄는 제네바 회의의 중국 대표단은 분단된 베트남을 위한 협상을 성공적으로 마무리함. 회의에서 독립된 중립국 캄보디아가 등장하고, 훗날 국왕이 된 노로돔 시아누크가 통치함. 아이젠하워 대통령이 기자회견에서 동남아시아의 '도미노 이론'에 대해 설명함.
1955		저우언라이가 반둥회의에서 '평화 공존 5대 원칙'을 제창함. 시아누크가 캄보디아 왕위에서 물러나고 총리 선거에서 승리함.
1956	중국에서 '백화제방百花齊放' 기간에 잠시 정치적 개방 시기가 열림. 흐루쇼프가 서방과의 '평화 공존'을 주창하면서 소련과 중국공산당 사이에 균열이 생김. 마오쩌둥은 탈脫스탈린화를 '수정주의'라고 지칭함.	중국공산당은 말레이시아공산당에게 발링에서 영국 식민지 정부와 협상할 것을 촉구함. 북베트남은 토지개혁을 완수하고 호치민 정부는 저지른 과오와 지나친 행위에 대해 사과함.
1957	'반우파 투쟁'을 통해 정부에 대한 비난을 단속함.	
1957 │ 1958	중국이 몇 년 안에 서구의 공업국가를 따라잡고 공산주의를 실현하겠다는 유토피아적 계획인 대약진운동 발발. 마오쩌둥은 타이완에 대한 폭격을 명령함.	
1958		김일성, 중국의 대약진운동을 따라 천리마운동을 시작함.
1959		중국에 있는 북베트남 유학생들이 대약진운동으로 인한 고통에 불만을 표시하는 편지를 고향으로 보냄.

연도	마오쩌둥과 중국 마오주의, 중화인민공화국 역사	전 세계 마오주의
1960		마오쩌둥, 중국의 세계 혁명 주도권을 주장하는 선언문 「레닌주의 만세」를 작성하기 위해 위원회를 구성함. 잔지바르의 혁명가 알리 술탄 이사가 정치적인 이유로 중국을 방문함.
1961		친펭이 중국을 방문했을 때 덩샤오핑에게 무장 투쟁을 재개하라는 지시를 받음. 최악의 기근이 닥쳤음에도 불구하고 중국의 대외 원조는 이전 10년의 연평균보다 50% 증가함. 카메룬 게릴라들이 중국에서 군사훈련을 받음.
1959 | 1961	대약진운동과 자연재해로 인한 대기근으로 인해 최초 3천만여 명의 중국인이 사망함.	
1962	류사오치는 '7,000 간부회의七千人大會'에서 대약진운동과 집체화의 역주행을 비판함.	폴 포트가 캄푸치아공산당(당시 캄푸치아노동당)의 당 서기로 선출됨. 맥스 스탠포드가 미국에서 '혁명행동운동'을 공동 창립함. 중국-인도 국경 전쟁으로 인해 인도공산당원들이 투옥됨. 그들은 감옥에서 마오쩌둥의 저작을 연구하고 토론함.
1963		인도네시아공산당PKI의 지도자 D. N. 아이디트가 중국을 방문하고, 세계 혁명에 대한 마오쩌둥의 의지론(자발주의)에 크게 영향을 받은 정치 문건을 집필함. 로버트 F. 윌리엄스가 부인 메이블 윌리엄스와 함께 중국을 방문함. 마오쩌둥은 미국의 흑인 해방 운동이 제국주의에 대항하는 전 세계적 투쟁의 일부라고 선언함.

연도	마오쩌둥과 중국 마오주의, 중화인민공화국 역사	전 세계 마오주의
1964	마오쩌둥은 '삼선건설'을 주창하며 주요 공장을 동부에서 서부로 이전시켰음.	잔지바르에서 혁명이 일어남. 일부 중국에서 유학하고 귀국한 이들에 의해 주도됨. 아프리카를 순방하던 저우언라이는 "전체 아프리카 대륙이 상당히 좋은 혁명 형세이다"라고 발언함. 짐바브웨 반군이 군사 훈련을 위해 중국을 방문함. 미국 정부는 베트남에 지상군을 파견하여 북베트남과 남베트남 간의 전쟁에 더욱 깊이 개입함. 미국의 시민운동가인 맥스 스탠포드가 마오쩌둥의 군사 문헌을 탐독하기 시작함.
1965	중국 국방부 장관 린뱌오가 「인민전쟁 승리 만세」를 발표하며 마오쩌둥 사상이 혁명과 반란에 대한 전 세계적 전략 의의를 지녔다고 선언함.	인도공산당 내 파벌 수장인 아이디트와 이에 동조하는 군 장교들이 모의한 군 지도부에 대한 공격이 실패로 끝남. 수하르토 장군의 통제하에 군부가 국가를 장악하고 좌파 용의자들에 대한 전국적인 학살이 시작됨. 독립 탄자니아의 초대 대통령 줄리어스 니에레레가 중국을 방문함. 중국은 탄자니아와 잠비아를 연결하는 탄-잠 철도 건설에 자금을 지원하겠다고 제안함. 폴 포트는 중국으로 건너가 열렬한 환대를 받으며 문화대혁명이 진행되는 과정을 목격함. 아비마엘 구스만이 새로 결성된 페루공산당 친중파의 일원으로 중국을 방문함. 벵골에서 차루 마줌다르가 마오쩌둥의 영향을 많이 받은 혁명 선언 「역사적인 여덟 가지 문건 *Eight Historic Documents*」을 집필함.

연도	마오쩌둥과 중국 마오주의, 중화인민공화국 역사	전 세계 마오주의
1966	문화대혁명 시작함.	한국전쟁이 끝날 무렵 중국행을 선택한 21명의 미군 중 한 명인 클래런스 애덤스가 미국으로 귀환하기로 결심함. 니에레레는 탄자니아에서 자신만의 '대장정'을 시작함. 짐바브웨 아프리카 민족동맹 ZANU의 지파 무장 조직인 짐바브웨 아프리카 민족해방군ZANLA에 소속된 7명의 전사들이 게릴라 공격을 시작함. 이는 훗날 이안 스미스의 백인 남로디지아 정부를 상대로 시작한 치무렝가 해방 전쟁의 시작으로 알려짐. 로버트 F. 윌리엄스가 중국으로 이주함.
1967	홍위병이 중국 각지에서 권력 쟁취를 위한 조직을 설립함. 2월 '상하이 인민공사'가 설립됨. 홍위병, 당 조직, 군대 사이에서 투쟁이 날로 극심해짐. '중국의 흐루쇼프'로 지목된 류사오치가 자택 감금됨.	소련이 전 세계에 걸친 중국의 영향력에 대응하기 위해 범소련 블록 조직인 인터키트를 설립함. 니에레레가 마오쩌둥의 정책을 모델로 한 집단화, 국유화, 농촌화를 추진하는 우자마 계획을 시행함. 폴 포트가 캄보디아에서 전국적인 공산주의 반란을 선포함. 파리에서 잡지 「루이 ('그'라는 뜻)」의 음란한 내용의 부록에 '작은 분홍 책The Little Pink Book'이란 제목을 붙이고, 마오쩌둥의 어록 일부 내용을 인용함. 아비마엘 구스만은 문화대혁명의 숙청 현장을 목격하기 위해 두 번째로 중국을 방문함. 낙살바리에서 벌어진 경찰의 민간인 시위대 총격 사건으로 낙살라이트 반란이 촉발됨. 카누 산얄과 다른 세 명의 인도인이 중국을 방문해 마오쩌둥을 접견하고 훈련 과정에 참가함. 네팔 정부는 마오쩌둥의 청년 하향 운동에 영향을 받아 시골로 돌아가는 뜻의 '반향返鄉' 운동을 시작함. 수년간 중국에서 유학한 버마공산당 지도자들이 반정부 투쟁에 참가하기 위해 귀국함.

연도	마오쩌둥과 중국 마오주의, 중화인민공화국 역사	전 세계 마오주의
1968	중국 인민해방군이 급진적인 반란을 진압함. 홍위병은 해산되고 '재교육'을 받기 위해 농촌으로 보내짐.	세계 각지에서 약속이나 한 듯이 학생 시위가 발발함. 유럽과 미국의 많은 이들이 문화대혁명에 대한 언설과 행태를 차용함. 루디 두치케가 신나치주의자에게 피살됨.
1969	중국공산당 제9차 전국대표대회에서 새로운 문화대혁명 영도자로 린뱌오가 마오쩌둥을 대신함을 인정함. 류사오치는 비판 투쟁을 통해 '반도叛徒'로 지목되었으며, 옥중에서 사망함.	마오쩌둥의 비준을 받아 중국공산당은 중국 남부 후난성에 말레이시아공산당MCP이 방송국 '혁명의 소리'를 건설하는 것을 허가함. 중국과 소련 군대가 전바오다오(다만스키)에서 충돌하여 수백 명의 중국군이 사망함. 닉슨은 베트남 공산주의 수용소를 용인한 캄보디아에 대한 응징으로 캄보디아 폭격을 명령함. 차루 마줌다르와 카누 산얄이 인도공산당(마르크스-레닌주의)을 창당함. 콜카타에서 낙살라이트 반란을 지지하는 자들에 의한 도시 테러가 증가함.
1970		마오쩌둥은 에드거 스노에게 리처드 닉슨의 중국 방문을 환영한다고 통보함. 시아누크는 론 놀에 의해 축출되고 중국의 마오쩌둥과 저우언라이에게 피난처를 제공받음. 중국공산당은 시아누크와 폴 포트 치하의 캄푸치아공산당 간의 동맹을 중개함. 서독에서 안드레아스 바더, 울리케 마인호프 등이 게릴라 단체인 서독 적군파RAF를 설립함. 이탈리아에서 마라 카골, 레나토 쿠르시오, 알베르토 프란체스키니가 붉은 여단을 창설함. 페루에서 아비마엘 구스만이 '페루공산당-빛나는 길'을 창당함. 그들은 모두 마오쩌둥의 용어와 전략을 차용했음.

연도	마오쩌둥과 중국 마오주의, 중화인민공화국 역사	전 세계 마오주의
1971	린뱌오가 마오쩌둥을 몰아낼 정변을 도모함. 실패로 끝나자 비행기를 타고 도망가다 추락하여 사망함.	이탈리아 영화감독 세르조 레오네는 자신이 감독한 《석양의 갱들》에서 첫머리를 "혁명은 손님을 청해 밥을 먹는 것이 아니다"라는 유명한 말로 시작함. 파키스탄은 중국의 지원을 받아 방글라데시에 군대를 파견하여 반란을 진압함. 네팔의 젊은 급진주의자들이 자파에서 낙살라이트 반란을 재현하려고 시도함.
1972	마오쩌둥, 리처드 닉슨 대통령의 중국 방문을 환영하며 중-미 화해를 공식화함.	에드거 스노, 제네바에서 중국에서 파견한 의료진들이 지켜보는 가운데 췌장암으로 사망. 난징-상하이 군구軍區의 참모장 마파셴이 잠비아 군대를 훈련시키기 위해 현지에 도착함. 셜리 매클레인이 6주간의 중국 여행을 시작함. 차루 마줌다르가 체포되어 포로로 잡힌 지 얼마 지나지 않아 사망함.
1973	저우언라이가 중국공산당 제10차 전국대표대회에서 린뱌오의 마오쩌둥 암살 기도가 있었다고 발표함.	마오쩌둥의 중국이 모부투의 자이르와 국교를 수립하고, 마오쩌둥은 모부투와의 대화에서 자이르의 게릴라 반군에게 수년간 자금을 지원해 왔다고 인정함. 미국과 북베트남이 파리 평화 협정에 서명하고, 마지막 미군이 베트남에서 철수함. 시아누크는 중국공산당의 주선으로 캄보디아 북부의 크메르 루주 게릴라 기지를 공개적으로 방문함.
1974		공산주의 베트남과 중국 간의 국경 충돌 발발함. 아라빈단 발라크리슈난이 마르크스-레닌주의-마오쩌둥 사상 노동자 연구소를 설립함.

연도	마오쩌둥과 중국 마오주의, 중화인민공화국 역사	전 세계 마오주의
1975	장제스 타이완에서 사망.	저우언라이의 추산에 따르면, 중국의 대외원조는 전체 국가 예산의 5% 이상임. 문화대혁명이 공식적으로 막을 내림. 크메르 루주가 프놈펜을 함락함. 크메르 루주는 화폐를 폐지하고 도시 인구를 시골로 추방함. 사이공과 남베트남이 베트남 공산군에게 함락됨. 북베트남의 군사 지원을 받은 베트콩이 라오스를 점령함. 베이징에서 폴 포트와 이엥 사리를 맞이한 마오쩌둥은 크메르 루주 혁명에 열광함. 중국공산당은 신생 민주 캄푸치아에 10억 달러의 원조를 제공했으나 베트남 공산당에 대한 추가 원조는 거부함. 시아누크는 캄보디아로 돌아온 후 가택 연금에 처해짐. 폴 포트는 방문 중인 베트남 대표단에게 어린 악어를 선물함.
1976	1월 저우언라이 사망. 마오쩌둥 베이징에서 사망. 문화대혁명 정책이 공식적으로 끝남. 마오쩌둥의 문화대혁명을 실질적으로 운영한 사인방이 마오쩌둥이 지정한 화궈펑에 의해 체포됨.	문화대혁명의 설계자 중 한 명인 장춘차오는 크메르 루주 캄보디아 헌법 초안 작성에 참여함.
1977		중국을 방문한 폴 포트가 캄보디아의 새 정부가 캄푸치아공산당이며 자신이 그 지도자임을 처음으로 공개 발표함. '독일의 가을', 서독의 '적군파'가 납치와 연쇄 암살을 자행하고, 팔레스타인 단체는 모가디슈 공항에서 적군파 석방을 요구하며 비행기를 납치하려다 실패함. 적군파 지도자들 감옥에서 자살함.

연도	마오쩌둥과 중국 마오주의, 중화인민공화국 역사	전 세계 마오주의
1978	화궈펑이 하야하고 덩샤오핑이 마오쩌둥의 뒤를 이어 정권을 장악함. 덩샤오핑은 신속한 경제 발전을 호소함.	덩샤오핑이 싱가포르에서 리콴유를 만나 말레이시아공산당 지원을 중단하기로 합의함.
1979	중국공산당 선전부는 『마오주석 어록(리틀 레드 북)』 판매를 금지하고 현존하는 모든 판본을 7개월 이내에 소각하도록 명령함.	베트남이 캄보디아를 침공하여 크메르 루주 지도부를 태국의 게릴라 근거지로 추방하고 크메르 루주에 대한 재판을 진행함. 베트남 백서에서 베트남에 대한 중국의 배반을 비난함. 덩샤오핑 치하의 중국은 국경 전쟁을 통해 베트남에 '교훈'을 줌. 시아누크가 중국으로 망명함.
1980	사인방에 대한 재판에서 모두 실형을 선고받음.	로버트 무가베가 영도하는 ZANU가 짐바브웨에서 정권을 잡음. '페루공산당-빛나는 길'이 페루 국가와 덩샤오핑을 향해 전쟁을 선포함. 인도의 인민전쟁단 PWG이 차티스가르에 근거지를 건설함. 중국공산당이 버마 공산주의 반군과 버마 국가 간의 평화 협정을 중개함.
1981	중국공산당이 「중화인민공화국 건국 이후 우리 당의 일부 역사 문제에 대한 결의」를 통해 문화대혁명과 마오쩌둥에 대한 관방의 평가를 공식적으로 발표함. 덩샤오핑은 마오쩌둥 사상을 포함한 '4가지 기본 원칙'을 견지함. 그 안에는 마오쩌둥 사상을 견지한다는 내용도 포함됨.	
1983	'정신 오염 척결 운동清除精神汚染運動'(중국공산당 제12차 전국대표대회 결정) 시작함. 이는 서구의 부정적인 영향을 제거하는 운동임.	

연도	마오쩌둥과 중국 마오주의, 중화인민공화국 역사	전 세계 마오주의
1984		프랑스에서 혁명 국제주의 운동이 설립됨. 목적은 세계 마오주의를 구제하고 지속하기 위함이라고 주장함.
1986		빛나는 길 지도부가 리마 교도소 내 수감자들을 조직하여 반란을 일으킴으로써 대규모 유혈 사태가 발생함.
1989	중국 인민해방군이 민주주의를 지지하는 시위대를 폭력적으로 진압함. 장쩌민이 중화인민공화국 주석직을 승계했으나 최고 권력은 여전히 덩샤오핑이 장악하고 있었음.	말레이시아공산당MCP과 버마공산당BCP이 각기 자국 정부와 평화 협정을 체결함.
1991		30년간 중단되었던 네팔의 민주주의가 재개됨. 네팔공산당의 급진적 마오주의 세력이 '인민전쟁'을 일으킬 것을 결의함.
1992	덩샤오핑이 중국 경제의 빠른 시장 개혁을 촉구함.	리마에서 빛나는 길의 폭력 사태가 날로 극렬해짐. 9월 구스만이 경찰의 급습으로 체포되면서 지도부가 와해되고 운동 또한 쇠락하기 시작함.
1994	중국 최초의 인터넷 네트워크가 구축됨. 후난성 주민들이 마오쩌둥을 개인 사당에 모시는 등 신격화함.	
1995		네팔의 마오주의 세력이 네팔공산당(마오주의)으로 당명을 바꾸고 네팔 서부에서 게릴라전 훈련을 시작함. 네팔 정부는 경찰이 마오주의자로 의심되는 사람들과 동조자들에 대해 폭력을 행사하는 것을 방관하여 지역 사회를 양극화시킴.

연도	마오쩌둥과 중국 마오주의, 중화인민공화국 역사	전 세계 마오주의
1996		네팔공산당(마오주의)CPNM이 정부에 급진적 개혁을 위한 40가지 요구 사항을 제시함. 정부의 응답 시한이 만료되기 전에 CPNM 소속 소규모 단체 몇 개가 '인민전쟁'의 첫 번째 게릴라 습격을 감행함.
1997	덩샤오핑이 사망하고 장쩌민이 최고 권력자 자리를 승계함. 홍콩이 중국으로 귀속됨.	
1999	베오그라드 주재 중국 대사관이 나토의 공습(코소보 전쟁 당시)으로 파괴되자 대규모 반미 시위가 발생함. 중국 정부가 파룬궁法輪功 활동을 금지함.	
2001		네팔의 왕세자 디펜드라가 왕실 가족 9명을 살해하고 자살함. 사망한 국왕의 동생 갸넨드라Gyanendra가 왕위에 오른 후 마오주의 반란에 대응하여 비상 사태를 선포함.
2002	장쩌민은 후계자 후진타오에게 권력을 이양하기 시작하고, 극좌 성향의 잡지 두 개를 폐간시킴. 랴오양瀋陽에서 해고된 노동자 수천 명이 마오쩌둥의 초상화를 들고 경제적 사유화와 부정부패에 항의하며 행진함.	
2003	한더창 등이 신마오주의를 표방하는 웹사이트 '오유지향' 개설함.	인도 정부는 광산 채굴 계약을 완화시킴.

연도	마오쩌둥과 중국 마오주의, 중화인민공화국 역사	전 세계 마오주의
2005	오유지향은 온라인 청원을 통해 임금을 지급하지 않은 고용주를 살해한 중국 북서부 출신 농민공을 지지하는 여론을 형성함.	인도 정부는 차티스가르에서 마오주의의 영향력에 대항하는 지역의 자경단 살와 주둠(평화 행동)을 동원하여 끔찍한 인권 유린을 자행함. 네팔 마오주의 게릴라가 네팔 왕립군 병사를 태운 버스를 폭파해 최소 38명이 사망함. 갸넨드라 국왕은 비상 사태를 선포하고 절대주의 권력을 선포함. 네팔 국민회의와 야당은 국왕의 독재에 맞서 싸우기 위해 협력하기로 합의하고, 마오주의자들은 민주적 통치를 약속함.
2006		인도 총리 만모한 싱이 인도 마오주의 단체를 '인도 정부에 대한 가장 큰 내부 안보 위협'으로 규정함. 몇 주간의 폭력 시위 끝에 네팔 국왕은 네팔 의회를 복원하는 데 동의함. 네팔 정부는 마오주의자들과 '포괄적 평화 협정'에 서명함.
2007	보시라이가 충칭에서 중국공산당 서기로 임명됨.	네팔 의회, 군주제 폐지.
2008	시장에서 폭력 시위 발생. 올림픽 성화 봉송이 친티베트 성향의 시위대에 의해 중단되고, 대도시 중국인들을 중심으로 시장의 소요와 성화 봉송에 대한 서방의 편향된 보도에 대해 분노 표출함. 극좌 사이버 민족주의자들도 시위에 목소리를 더했음. 쓰촨성 지진으로 약 12,000명 사망. 베이징에서 올림픽 개최.	네팔 마오주의자들이 첫 제헌의회 선거에서 압승을 거둠. 네팔공산당(마오주의)CPNM의 지도자 프라찬다가 총리로 선출됨.

연도	마오쩌둥과 중국 마오주의, 중화인민공화국 역사	전 세계 마오주의
2009	신장 지역에서 폭력 시위 발생. 중국 정부는 반체제 인사 류샤오보에게 민주화헌장을 공동 저술한 혐의로 징역 13년형을 선고함.	군대 장악을 둘러싼 충돌로 프라찬다 총리가 임기 전에 하야함.
2010	류샤오보, 노벨평화상 수상. 중국이 일본을 제치고 미국에 이어 세계에서 두 번째로 큰 경제 대국으로 부상함. 중국의 지니계수는 0.61(0.40 이상이면 극심한 소득 불평등을 의미함)에 달해 1980년대 이후 경제적 불평등이 100% 이상 증가했음을 보여줌.	
2011	보시라이의 마오주의 문화 부흥이 절정에 달해 10만 명의 시민이 충칭 경기장에 모여 '홍가'를 합창함. 영국 사업가 닐 헤이우드가 충칭의 한 호텔 방에서 숨진 채 발견됨.	프라찬다는 네팔 인민해방군을 네팔 국군으로 통합하는 데 동의함. 바부람 바타라이 네팔 인민해방군 고위 간부가 총리로 취임.
2012	보시라이 휘하의 공안국장 왕리쥔이 미국 영사관으로 망명을 시도함. 그는 대규모 정치 부정과 돈세탁을 폭로하고 보시라이 아내 구카이라이가 닐 헤이우드를 독살했다고 주장함. 보시라이와 구카이라이 모두 체포되어 종신형을 선고 받음. 시진핑이 중국공산당 총서기로 임명됨. '오유지향'이 폐쇄됨. 한더창이 반일 시위에서 마오쩌둥을 비방하는 노인의 뺨을 때림.	무장 투쟁을 옹호하는 파벌이 프라찬다의 마오주의 정당에서 이탈함.

연도	마오쩌둥과 중국 마오주의, 중화인민공화국 역사	전 세계 마오주의
2013	시진핑이 마오쩌둥 방식의 '군중노선' 웹사이트를 통해 대대적인 반부패 운동을 시작함. 시진핑이 마오쩌둥 탄생 120주년을 맞아 베이징에 있는 마오쩌둥 묘소를 방문함. 한더창은 기존의 활동을 접고 유기농 집체농장을 설립함.	자유자선기구가 아라빈단 발라크리슈난의 학대 속에서 노예와 같은 생활에 허덕이던 세 명의 여성을 지원함. 친펭이 방콕에서 사망했으나 말레이시아 정부는 그의 유골 송환 요청을 거부함.
2014	시진핑 주석이 변호사, 언론 표현의 자유, 학계 등 시민사회에 대한 탄압을 강화함.	
2015		네팔 의회가 헌법을 통과시킴.
2016	마오쩌둥의 문화대혁명 발동 50주년을 맞아 중국 언론은 대부분 침묵함. 아이돌 걸그룹 '56꽃송이'가 인민대회당에서 열린 음악회에서 마오쩌둥과 시진핑을 위한 찬가를 노래함.	프라찬다가 네팔 총리로 두 번째 임기를 시작함.
2017	베이징에서 개최된 제19차 중국공산당 대회 이후 시진핑 사상이 중국 헌법에 명시됨.	중국 매체가 정치 모델로서 중국공산당의 글로벌 관련성을 강조하기 시작함.
2018	시진핑과 그의 지지자들이 주석의 임기를 두 번(10년)으로 제한하는 규정을 삭제함.	

감사의 글

이 책을 집필하는 동안 많은 분들의 도움을 받았다. 먼저 책이 완성되는 것을 보지 못하고 안타깝게도 생을 마감하신 두 분을 언급하고자 한다. 한 분은 필자가 시도하는 모든 일에 무조건적인 격려를 아끼지 않으시고 언어와 역사, 그리고 문학에 대한 열정을 남겨주신 아버지 윌리엄 로벨William Lovell 이다. 그리고 다른 한 분은 많은 생각과 대화를 나누고, 실패 속에서도 끝까지 지지해주었던 에이전트 토비 이다Toby Eady이다. 이 책의 개념에 대한 그의 믿음이 없었다면 아마도 필자는 출판사를 찾지 못했을 것이다. 아버지와 토비 모두 책에서 다루는 시대를 살아오셨기 때문에 필자가 완성한 내용에 대해 두 분의 의견을 듣고 싶었다.

다음으로 필자는 이처럼 호의적이고 전문적인 출판사를 만나게 된 것을 진정 행운으로 생각한다. 보들리 헤드Bodley Head의 책임자인 스튜어트 윌리엄스는 소략한 제안서만으로도 귀한 시간을 내어 필자와 내용에 대해 논의하기를 마다하지 않았다. 책이 출판되기까지 세심하게 안내해 준 스튜어트와 오랫동안 인내심을 발휘한 편집자 요르그 헨스겐에게 감사의 뜻을 전한다. 또한 토비가 세상을 떠난 후 열정적이고 전문적으로 필자의 에이전트를 맡아준 제시카 울라드와 제안 단계에서 책에 대한 귀중한 아이디어와 열정적인 지지를 아끼지 않았던 제이미 콜먼에게도 감사를 표한다. 캐시 프라이Kathy Fry는 예리하고 건설적인 편집자였다.

출처와 해석에 대해 조언해 주신 분들의 명단은 상당히 길다. 혹여 실수로 누락된 분이 있다면 사과드린다. 출판 전에 책의 전체 또는 일부를 기꺼이 읽어주신 분들부터 말씀드리겠다. 세계 냉전사의 대가인 오드 아르네 베스타가 시간을 내어 원고를 검토해 주셨다. 다음 분들이 각 장을 읽어주셨다. 아디트야 아디카리Aditya Adhikari, 톰 벨Tom Bell, 주드 블란쳇Jude Blanchett, 타니아 브래니건Tania Branigan, 케리 브라운Kerry Brown, 티모시 치크Timothy Cheek, 존 시오치아리John Ciorciari, 로버트 크립Robert Cribb, 일라리아 파브레토Ilaria Favretto, 세바스챤 게릭Sebastian Gehrig, 데이비드 겔너David Gellner, 칼 핵Karl Hack, 알렉 홀콤Alec Holcombe, 마시 홈즈Marcie Holmes, 스티븐 로벨Stephen Lovell, 라나 미터Rana Mitter, 세르게이 라드첸코Sergey Radchenko, 제프리 로빈슨Geoffrey Robinson, 조지 로버츠George Roberts, 매튜 로스웰Matthew Rothwell, 힐러리 사파이어Hilary Sapire, 알파 샤Alpa Shah, 스티브 스미스Steve Smith, 오린 스탄Orin Starn, 블레싱 마일스 텐디Blessing-Miles Tendi, 한스 반 데 벤Hans van de Ven, 알렉스 타이 보Alex-Thai Vo, 제프리 와서스트롬Jeffrey Wasserstrom, 로버트 윈스턴리-체스터스Robert Winstanley-Chesters, 야펑 사Yafeng Xia, 타오모 저우Taomo Zhou.

연구 조교들의 전문적인 도움이 없었다면 일부 연구는 불가능했을 것이다. 크리스틴 챈Christine Chan, 스테판 그루버Stephan Grueber, 루시 하Lucy Ha, 텔마 로벨Thelma Lovell, 뒤에서 좀 더 자세히 소개함, 셰르조드 무미노프Sherzod Muminov, 콕 탄 응우엔Quoc-Thanh Nguyen, 아이코 오츠카Aiko Otsuka, 니콜라오스 파파도기아니스Nikolaos Papadogiannis, 나얀 포크렐Nayan Pokhrel, 마이클 스택Michael Stack, 빅토리아 영Victoria Young 등 여러 연구 조교들에게 감사드린다. 패트릭 프렌치Patrick French는 자신의 주소록을 저에게 공개하며 남아시아 구술사 연구의 가능성을 열어주었다. 파리에서 환대해준 바갈리 부부Baggaleys와 인도에서 필요한 모든 정보를 제공해준 도널드 펙과 루시 펙Donald and Lucy Peck 부부에게도 큰 감사를 표한다.

이미 언급된 분들 외에도 다음과 같은 분들이 귀중한 도움과 조언을 주셨다. 제니퍼 알테힝거Jennifer Altechenger, 수닐 암리스Sunil Amrith, 앤드류 아르산Andrew Arsan, 수잔 베일리Susan Bayly, 재스퍼 베커Jasper Becker, 앤-마리 브래디Anne-Marie Brady, 베누아 케일메일Benoit Cailmail, 아담 캐스타트Adam Cathcart, 정창Jung Chang, 천젠Chen Jian, 천융파Chen Yung-fa, 청잉훙Cheng Yinghong, 알렉산더 쿡Alexander Cook, 프랭크 디쾨터Frank Dikötter, 맥스 엘바움Max Elbaum, 존 풋John Foot, 제레미 프리드먼Jeremy Friedman, 존 가넛John Garnaut, 칼 거스Karl Gerth, 로버트 길데아Robert Gildea, 제레미 골드콘Jeremy Goldkorn, 크리스토퍼 고샤Christopher Goscha, 존 할리데이Jon Halliday, 팀 하퍼Tim Harper, 헨리에타 해리슨Henrietta Harrison, 훌리오 젤드레스Julio Jeldres, 프라샨트 야Prashant Jha, 벤 키어넌Ben Kiernan, 모니카 킴Monica Kim, 안드레아스 쿤Andreas Kühn, 바락 구슈너Barak Kushner, 마리 레콤트-틸루인Marie Lecomte-Tilouine, 다니엘 리스Daniel Leese, 레이첼 레오Rachel Leow, 로렌츠 뤼티Lorenz Lüthi, 엘리도르 메힐리Elidor Mehili, 앤드류 메르타Andrew Mertha, 제임스 마일즈James Miles, 팔카즈 미쉬라Pankaj Mishra, 리엔항 응우옌Lien-Hang Nguyen, 안토니오Antonio와 빅터 오초아Victor Ochoa, 나타샤 페로도Natasha Pairaudeau, 다니엘 픽Daniel Pick, 수닐 푸루쇼탐Sunil Purushotham, 제시카 레이니쉬Jessica Reinisch, 루시 리올Lucy Riall, 시드니 리턴버그Sidney Rittenberg, 존 로그리엔Jon Rognlien, 오빌 셸Orville Schell, 마이클 쇼엔할스Michael Schoenhals, 재커리 스칼렛Zachary Scarlett, 데이비드 스콧 파머David Scott Palmer, 마크 셀든Mark Selden, 툴라 심슨Thula Simpson, 크리스토퍼 탕Christopher Tang, 패트리샤 손튼Patricia Thornton, 프랭크 트렌트먼Frank Trentman, 카그다스 웅고르Cagdas Ungor, 리처드 비넨Richard Vinen, 스티븐 베르트하임Stephen Wertheim, 마릴린 영Marilyn Young, 정양원Zheng Yangwen, 창자이Qiang Zhai.

인터뷰에 응해주신 모든 분들에게도 말로 다 표현할 수 없을 정도로 감사한 마음을 전한다. 그 분들 중 상당수는 본서에서 직접 인용했지만, 명백한 이유로 일부 사람들의 이름은 언급하지 않았다. 필자는 냉전 시대 중국 본토 학자들과 만나면서 많은 도움을 받았다. 물론 그들은 누구도 필자의 주장이나 결론에 책임을 지지 않는다.

이 책을 쓰기 위한 작업이 가능했던 것은 두 군데 기관에서 휴직 기간 연장과 연구비를 지원했기 때문이다. 영국의 연구 지원기관인 필립 레버흘름 상Philip Leverhulme Prize은 필자에게 책을 읽고 탐구할 수 있는 귀중한 시간을 주었고, 제한적인 초기 사고의 틀을 넓힐 수 있도록 해주었다. 영국 아카데미의 중견 연구자 지원금British Academy Mid-Career Fellowship에서 2016년부터 17년까지 2년에 걸쳐 시간과 경비를 지원해주어 연구를 위한 마지막 두 차례 현지 여행이 가능했으며, 그간의 연구성과를 한 권의 책으로 발간하는 데 결정적인 도움이 되었다. 영국에서 학술 연구에 중요한 역할을 담당하고 있는 두 기관에 깊은 감사의 뜻을 표한다.

필자는 버크벡대학Birkbeck College에 재직하면서 학술적으로 뛰어나고 관대한 동료들과 함께 연구할 수 있다는 특권을 누릴 수 있었다. 그들 가운데 일부는 앞서 감사를 표한 바 있지만, 특히 2011년 책을 쓰기 시작할 때부터 잠시 휴직을 허락하고 여러 방면으로 지원을 아끼지 않은 여러 주임 교수님들에게 특별한 감사의 뜻을 전하고 싶다. 그 분들은 캐서린 에드워즈Catharine Edwards, 존 아놀드John Arnold, 프레드 앤스콤Fred Anscombe, 얀 뤼거Jan Rüger 등이다. 또한 이해와 격려를 아끼지 않은 미리엄 주카스Miriam Zukas와 매튜 데이비스Matthew Davies 학장님에게도 고마움을 전한다. 또한 「중국계간China Quarterly」 편집부에서 필자가 2016년 9월호와 『붉은 그림자: 중국 문화대혁명의 기억과 유산Red Shadows: Memories and Legacies of the Chinese Cultural Revolution』(캐임브리지대학 출판사, 2016년)에 실린 논문 「국제적 관점에서 본 문화대혁명과 그 유산The Cultural Revolution and Its Legacies in International Perspective」의 일부를 사용할 수 있게 해주신 것에 대해 감사드린다. 아울러 필자가 「아시아 연구 저널Journal of Asian Studies」에 발표한 「베이징에서 팔레스타인까지: 홍위병 급진주의에서 세계 이슬람으로 장청즈의 여정From Beijing to Palestine: Zhang Chengzhi's Journeys from Red Guard Radicalism to Global Islam」을 인용하는 것을 허락해주신 편집부 여러분에게 감사드린다.

필자가 책을 쓰면서 초조하고 때로 좌절할 때마다 남편은 내 이야기를 경청하고 조언하여 교착상태에서 벗어나게 해주었으며, 연구 여행을 떠나 집을 비울 때도 용감하게 우리의 요새(가정)를 지켜주었다. 어머니 텔마 로벨 Thelma Lovell은 따뜻한 격려와 더불어 독일어와 이탈리아어로 쓰인 책을 읽는데 도움을 주었다. 두 분 모두 원고의 초고를 읽고 지혜로운 의견을 제시해 주었기 때문에 대폭적인 개선이 가능했다. 형제자매와 그들의 배우자들 역시 변함없이 애정 어린 마음으로 지원해주었다. 아이들은 가사에 산만한 엄마를 너그럽게 봐주었지만(다섯 살짜리 아이도 학교에서 돌아오면 "오늘은 책 쓰는 건 어땠어요?"라고 묻는 법을 배웠다) 가끔은 엄마가 왜 그렇게 우울한 읽을거리에 둘러싸여 있는지 궁금하게 여겼다. 시부모님은 항상 올바른 질문을 해주시고 아이들을 즐겁게 해주셔서 죄책감 없이 일할 수 있는 시간을 선물해 주셨다. 책을 쓸 수 있고, 책 쓰기의 즐거움을 느끼게 하며, 이 모든 것을 가치 있는 일로 만들어준 것이 바로 가족이다.

역자 후기

어떤 대상이든 사람이 보는 시각에 따라 달리보이기 마련이다. 일정한 문헌자료, 정보, 경험, 심지어 상상을 통해 만들어진 형상은 그저 대상의 일부일 따름이다. 책을 번역하면서 문득 이런 생각이 들었다. 앞서 마오쩌둥에 관한 책 두 권을 번역한 적이 있다. 상당히 두꺼운 책으로 두 권 모두 영어권에서 나름 대표성을 지닌 저작물이었다. 한 권이 끝날 때마다 마오쩌둥에 관해 더 쓸 내용이 있겠는가 싶었다. 물론 오만이거나 무지한 망상이었다.

이 책을 처음 보았을 때 제목이 흥미로웠다. '글로벌 히스토리global history'라니, 외국이라곤 소련에 두 차례 간 것밖에 없는 마오쩌둥에게 무슨 전 세계적 역사가 있겠는가? 공산주의를 표방하면서도 마르크스-레닌보다 중국의 역사와 정치, 그리고 문학에 더 관심이 많고 조예가 깊은 그에게 과연 전 세계를 아우르는 영향력이 존재했던 것인가? 만약 존재했다면 어떤 경로를 통했으며, 어느 정도였을까? 이 책을 읽으면서 내 자신의 무지로 인해 알지 못했던 또 하나의 광활한 세상을 엿볼 수 있었다. 다만 한두 가지 의구심을 떨치지 못해 불편했다.

저자 줄리아 로벨Julia Lovell, 1975~은 런던 대학교(17개 대학교의 총칭) 버크 벡대학에서 중국 현대사 및 문학 전공 교수로 재직하고 있으며, 주로 문화 (문학, 역사, 건축 등)와 중국 국가 건설의 관계에 대해 연구하고 있다. 저 서로『문화 자본의 정치: 중국의 노벨문학상을 향한 탐구The Politics of Cultural Capital: China's Quest for a Nobel Prize in Literature』(University of Hawaii Press, 2006), 『만리장성: 세계 와 맞선 중국, 기원전 1000년부터 서기 2000년까지The Great Wall: China Against the World 1000 BC~AD 2000』(Atlantic Books, 2006), 『아편전쟁: 마약, 꿈, 그리고 중국 만 들기The Opium War: Drugs, Dreams and the Making of China』(Picador, 2011) 등이 있다. 이외에도 그녀는 루쉰, 한사오궁, 장아이링張愛玲, 옌롄커閻連科, 주원 등의 소설을 영역 한 번역가이기도 하다. 특히 주원의「나는 달러를 사랑한다我愛美元」를 포함 한 여러 단편을 모은 소설집I Love Dollars and Other Stories of China을 번역하여 2008년 키 리야마 문학상 최종심에 올랐고, 2010년 해당 분야에서 탁월한 업적을 남긴 젊은 학자들에게 주는 필립 리버흄 상을 받았다. 2012년『아편전쟁』으로 논 픽션 분야에서 처음으로 얀 미칼스키 문학상Jan Michalski Prize for Literature, 2019년에 는 컨딜 역사 상Cundill History Prize을 받고 베일리 기포드 상Baillie Gifford Prize 최종 후 보에 올랐다.

책의 제목은『마오주의: 전 세계를 휩쓴 역사Maoism : A Global History』이다. '마오 주의Maoism'이란 용어는 영미 사람들이 1950년대 새로 등장한 중화인민공화 국의 정치사상과 실천 행위 체계를 지칭하면서 두루 사용되기 시작했다. 그 안에는 마오쩌둥의 사상이란 함의가 포함되기는 하지만 때로 부정적인 뉘앙 스를 풍기기도 한다. 저자의 말에 따르면, "마오주의자나 마오주의는 미국 에서 냉전시기 중국을 분석하는 데 널리 사용되었는데, 이는 본질적으로 일 종의 외부 위협을 의미하는 '붉은 중국'을 유형화하고 정형화하는 것이 목적 이었다. 마오쩌둥 사망 이후, 그것은 1949년부터 1976년까지 일원화된 권력 에 의한 억압의 광기로 간주되던 모든 것들을 일축하는 포괄적인 단어가 되

었다." 다시 말해 저자가 말하는 '마오주의'는 "지난 80년 이래로 마오쩌둥
과 그의 영향력에 기인하는 광범위한 이론과 실천을 모두 포함하는 '엄브랠
라 워드umbrellaword', 즉 포괄적인 용어이다. 그 용어가 담고 있는 사상과 경험
이 살아 있고 또한 끊임없이 변화하고 있으며, 어딘가에서 번역되거나 또는
오역되고 있으며, 마오쩌둥 생전이나 사후에도 여전히 중국 내외에서 유전
되고 있다는 사실을 받아들일 때에만 유효하다는 뜻이다."

이에 반해 중국에서는 마르크스-레닌의 경우 '주의(이즘)'란 말을 쓰지만
마오쩌둥의 경우는 '사상'이란 말을 쓴다. 이는 덩샤오핑의 경우 주의나 사
상이 아니라 이론이라고 쓰며, 이후 주석들은 이름은 빼고 삼개대표론, 과학
적 발전관 등 주요 내용만 이야기한다는 점에서 분명 차이가 있다. 그럼에도
굳이 '주의(이즘)'란 말을 쓴 것은 서구의 일반적인 용어이기도 하지만 약간
의 부정적인 뉘앙스와 더불어 마르크스-레닌과 동렬에 두려는 의도(세계적
영향력으로 인해)가 있는 것은 아닌지 궁금하다.

이 책은 적지 않은 장점과 특징이 있다. 우선 이 책을 저술한 근본 목적
또는 동기가 기존의 책에서 흔히 볼 수 없는 것이라는 점이다. 마오쩌둥 사
상, 즉 마오주의는 과거의 역사적 현상으로 그치는 것이 아니라 그가 세상을
떠난 지 47년이 지난 지금도 여전히 중국과 세계에 영향을 끼치고 있다는
전제하에 중국을 포함한 전 세계적으로 마오주의의 진화와 유산을 재평가하
려는 의도를 지니고 있기 때문이다. 다시 말해 마오쩌둥의 사상은 지금도 중
국의 근본이념으로 자리 잡고 있으며, 오늘날에도 우리와 함께하는 운동(반
체제 등을 포함한)과 반란의 촉매제가 되고 있다는 것인데, 이런 저자의 발
상은 서구 중국학계가 과소평가하거나 그냥 지나쳤을 수 있는 영역에 대한
관심을 유발시킨다.

이런 까닭에 저자는 중국은 물론이고 인도, 인도네시아, 말레이시아, 베
트남, 캄보디아, 네팔, 북조선 등 여러 아시아 국가들과 페루와 미국 등 남미

와 북미, 탄자니아 등 아프리카, 그리고 독일, 이탈리아, 프랑스 등 유럽 여러 나라들에 이르기까지 거의 전 세계에 파급된 마오주의가 누구에 의해, 어떻게 수용되고 전개되었는가를 구체적인 사례를 통해 여실히 보여주고 있다. 중국 정부가 마오주의의 세계적 전파에 대한 발언을 극도로 아끼고 있기는 하지만 마오쩌둥에 대해 "위대한 프롤레타리아 혁명가, 전략가, 이론가"로서 "전 세계 억압받는 민족의 해방과 인류 진보의 대의에 큰 공헌을 했다"고 주장하는 것은 곧 마오주의의 세계화를 뜻하는 것일 수 있다. 다만 여기서 분명히 지적할 부분은 마오쩌둥의 사상이 여러 나라에서 현지화 과정, 즉 세계화 과정을 거치면서 때로 오해를 불러일으키기도 하고, 심지어 의도적으로 왜곡되기도 했다는 점이다. 이는 마오쩌둥 사상의 불완전성, 상대성을 뜻하는 것이자 마오주의 수용자의 처지나 관점을 주목해야 하는 이유이기도 하다.

두 번째로 세계 여러 나라, 또는 사람들이 왜 마오주의에 매료되었는가에 대해 구체적인 사례를 들어 소개하는 데 그치지 않고, 전개 과정과 더불어 그 양면성을 보여주고 있다. 물론 그 양상은 각기 다를 수 있다. 유럽이나 미국의 마오주의에 영향을 받은 이들은 비교적 자생적이었으되 탈식민지, 반제국주의가 급선무였던 제3세계의 나라들은 중국의 직접적인 영향력이나 지원이 있었다는 점에서 크게 다르다. 하지만 동일한 부분이 있다. 어느 지역이나 국가이든 사회나 체제, 계층에 대한 불만, 권위주의에 대한 도전, 인종차별이나 전쟁에 대한 반대, 심지어 개인적 야욕이나 음모 등 나름의 수요가 있었다는 점이 그러하다. 저자는 이 점을 정확하게 지적하고 있다.

한 예를 들어, 저자는 잔지바르 민족주의당의 사무총장인 압둘라흐만 모하메드 바부의 입을 빌려 제3세계 인사들이 마오주의를 받아들인 이유에 대해 이렇게 말하고 있다. "중국은 굴욕을 당하는 가난한 나라에서 스스로의 노력으로 모든 역경을 딛고 세계 지도자의 지위를 놓고 경쟁하는 강국으로 부상한 하나의 상징이다. 이는 여전히 어려운 상황에서 고군분투하고 있는 피압박 민중들에게 기쁨과 희망의 감정을 불러 일으켰다." 말인 즉 제3세계 여러 나라들이 중국에 동병상련의 감정을 가졌고, 그들이 여러 가지 어려움을 극복하고 세계 강국으로 성장한 것에서 미래의 비전, 희망을 보았다는 뜻이다.

다만 여기에 심각한 문제가 도사리고 있으니, 실제로 마오주의의 본향이라 할 수 있는 중국에서 마오쩌둥의 여러 가지 투쟁전략이나 실험 가운데 일부는 성공했으나 다른 일부는 끝내 실패로 끝나고 말았다는 점이다. 예컨대, '자력갱생', '계속혁명', '유격대 투쟁', '인민공사', '대약진', '문화대혁명' 등이 그러하다. 또한 어떤 전략은 기존 체제를 타도하는 데 유효하나 일단 정권을 차지하고 난 뒤에는 더 큰 문제를 야기하기도 했다. 아프리카, 남미, 아시아 등지에서 마오주의의 영향을 받은 반란 행동과 집권 이후의 상황은 결코 장밋빛 미래가 아니었다. 오히려 참혹한 결과를 가져오는 경우가 적지 않았다. 저자는 이런 양면 또는 전후 과정을 비교적 객관적으로 서술하고 있다.

세 번째, 흔히 우리는 '세계화', '세계적'이란 말을 쓰곤 한다. 마치 이 말은 지구에 사는 인류 공동체가 보편적 이념이나 가치로 통합 가능하다는 이야기처럼 들린다. 그것이 패권에 의해 휘둘리지만 않는다면 그랬으면 좋겠다. 이와 같은 맥락에서 마오주의의 '세계화'가 실제로 가능했는지 여부는 차치하고, 그것이 각기 다른 지역의 개별성과 무관하게 이루어졌다고 생각하지 않는다. 이런 점에서 마오주의가 세계에 어떤 영향을 끼쳤는지 살펴보는 일은 그런 상황 또는 역사가 벌어진 복합적 배경에 대한 서술이 필수불가결하다. 한 나라에서 반체제 운동이 벌어지거나 반란 또는 혁명이 일어났다면 그 연유나 동기 등 배경에 대한 설명이 필요하다는 의미이다. 뿐만 아니라 이러한 일련의 사태를 진정시키거나 진압하기 위해 취했던 일련의 조치와 이로 인한 폐해에 대한 서술도 있어야 비교적 객관적인 시각을 유지할 수 있다.

예컨대, 저자는 공산주의 중국이 탄생하면서 동남아시아에 대한 미국의 정치적, 군사적 개입의 근거가 된 '도미노 이론'에 대한 회의懷疑를 재고할 필요가 있다고 하면서 이렇게 말하고 있다. "(도미노 이론이) 1965년과 1973년 사이에 베트남에서 미군이 저지른 극악무도한 범죄 행위와, 신생 독립국가를 불안정하게 만들고 독재정권(예를 들어 인도네시아나 버마, 캄보디아)을 지지하기 위한 공개적이고 은밀한 작전을 이끌었기 때문이다." 도미노 이론이 실제로 미국을 비롯한 반공세력들에게 빌미를 주었다는 뜻이다. 이렇듯 저자는 전쟁 쌍방에게 동시에 죄를 물으면서 일련의 사태로 인해 대치하는 쌍방의 모습을 비교적 사실적으로 서술하고 있다. 이외에도 마오주의의 영향을 받은 여러 나라의 개별적인 상황에 대해 구체적으로 언급하면서 한쪽에 치우치지 않고 비교적 객관성을 유지하고 있다.

네 번째, 1장 '마오주의란 무엇인가'에서 '마오주의'가 지닌 특색에 대해 논구하고 있다. 이는 마오쩌둥의 사상이란 무엇인가라는 문제와 겹친다. 마오쩌둥 사상은 1945년 개최된 중국 공산당 제7차 전국대표대회에서 처음으로 당장黨章(당의 규약)에 들어갔다. 이에 따르면, 마오쩌둥 사상은 "마르크스-레닌주의 이론과 중국 혁명 실천을 통일하는 사상으로 중국적 공산주의, 중국적 마르크스주의이다." 마르크스주의의 중국화를 달성한 것을 가장 중시하는 듯하다. 이외에도 관방이나 학자들에 의해 정의되거나 논술되는 마오쩌둥 사상의 특질은 신민주주의 혁명, 사회주의 혁명과 사회주의 건설, 혁명군대 건설과 군사전략, 군중노선, 실사구시, 독립자주 등등 매우 풍부하고 방대하다. 이에 비해 저자가 제시하는 세계화와 관련된 마오주의의 특징은 "권력은 총구에서 나온다", "혁명은 손님을 청해서 밥을 먹는 것이 아니다", "실천은 진리를 검증하는 유일한 표준이다", "여성은 하늘의 절반을 떠받칠 수 있다", "착오를 드러내고 결점을 비판하라", "동방이 붉어오니 태양이 떠오른다"(마오쩌둥에 대한 개인숭배), "제국주의는 종이호랑이다", "반란에는 이유가 있다", "모순 투쟁은 끝나지 않는다"(계속혁명) 등이다. 주로 마오쩌둥의 어록에 나오는 구절로 이루어져 있는데, 넓게 보면 그의 사상에 포함되기도 하나 저자의 특별한 의도에 따라 제시된 것임에 틀림없다. 만약 저자가 마오주의를 마오의 사상과 동격으로 놓는다면 문제의 소지가 다분하다. 다만 마오주의의 세계화에 결정적인 영향을 끼친 부분을 이렇게 요약한 것은 이 책의 장점임에 틀림없다.

다섯 번째, 저자는 에드거 스노의 『중국의 붉은 별』을 마오주의의 세계화에 결정적인 역할을 한 저서로 보고 있다. 저자는 스노가 "중국과 서구의 평론가들로부터 20세기 미국 특파원이 쓴 가장 탁월한 기록 문학의 저자로 찬사를 받고 있다"고 말했다. 그러나 여기에서 그치지 않고 스노의 『중국의 붉은 별』이 스노 자신의 '욕망'과 그를 초청한 이들의 '은밀한 야심과 조종'이 결합된 '어두운 동기'가 내재되어 있으며, 중국공산당과 마오쩌둥 등에 대한 미화美化의 작업을 거친 의도적인 선전물의 역할을 했다고 단언했다. 일종의 재평가인 셈이다.

그렇다면 출간 이후로 우리를 포함하여 여러 나라 사람들이 비판적인 관점에서 읽지 않는 이상 의도된 허상에 매료되었을 가능성이 농후하다. 스노의 책은 우리나라에서 1985년 번역되어 크게 인기를 끌었다. 인기의 요인 가운데 하나는 아마도 마오쩌둥을 비롯한 중국공산당 주요 인물과 혁명 근거지 옌안의 상황에 대한 궁금증 때문이었을 것이다. 사실 당시 우리는 중국을 중공(중국공산당)이라고 호칭하면서 인해전술, 중공군, 모택동 등을 제일 먼저 떠올릴 뿐 '죽의 장막' 안에서 벌어지는 일들에 대해 그다지 아는 것이 없었다. 그렇기 때문에 별다른 의심 없이 책의 내용 그대로 수용했을 가능성이 크다. 그 이전에는 더욱 그러하다. 1976년 마오쩌둥이 사망하면서 문화대혁명이 끝나고 이후 개혁개방의 시대로 넘어갔지만 우리는 문화대혁명에 관해 무지했으며, 중국에 관한 가장 현실에 근접한 정보로 1977년 리영희 선생의 『8억인과의 대화』에 의지할 뿐이었다. 그렇다면 그 책에 실린 유럽 지식인들의 중국 관찰, 감회는 현실과 어떤 차이가 있는 것이었을까?

사실 아무도 이에 대해 언급한 이가 없었다.

마지막으로 이 책은 중국 국내에서 다루지 못하거나(어떤 이유든지 간에) 발언하지 않는 사안, 그리고 연구가 부족한 부분을 전혀 거리낌 없이 서술하고 있다. 이는 중국의 문화대혁명 이전 공문서가 2000년대에 일시적으로 해제되면서 저자가 새로운 자료를 확보할 수 있었고, 중국 이외의 관련 국가에서 발간된 방대한 자료를 섭렵했기 때문에 가능했을 것이다. 그렇기 때문에 마오주의의 다양성과 중요성에 대해 통합적으로 느낄 수 있는 역사를 병치할 수 있었으며, 기존 연구의 빈 공간을 채울 수 있었다. 이를 통해 우리는 중국과 관련하여 지금까지 잘 모르고 있던 냉전 시기 여러 나라의 상황, 특히 기존 정치체제와 이에 대항하는 반체제 세력 간의 갈등과 투쟁이 왜, 어떤 형태로 진행되었으며, 그 안에서 마오주의는 어떤 영향력을 발휘했는가를 알 수 있다. 아마도 이 책을 통해 국내에 처음 소개되는 내용도 적지 않을 것이다. 예컨대 베트남과 중국의 관계는 우호에서 적대로 급변하여 심지어 전쟁까지 불사하는 상황으로 이어졌는데, 이 책을 읽어보면 그 전후 내막을 살펴볼 수 있을 것이다. 이외에도 더 많은 장점이 있을 수 있다. 이는 독자 여러분들이 일독하면서 느끼시기 바란다.

이처럼 매우 중요한 주제를 다루면서 많은 장점을 가지고 있기는 하지만 두세 가지 문제점을 지적하지 않을 수 없다.

우선 서구의 시각에서 벗어나지 못했다는 점은 이 책이 지닌 태생적 단점이거나 결핍이 아닐 수 없다. 물론 신이 아닌 이상 인간은 편견에서 벗어날 수 없다. 지구 어느 곳에서 태어나 살더라도 그곳의 지역적, 문화적, 역사적 상황에서 벗어나기 힘들기 때문이다. 따라서 어떤 자료나 서적 또는 기타 지식 전달, 매개체든 간에 일정한 거리를 유지하고 보지 않는다면, 다시 말해 편향된 정보만 흡수하게 된다면 오해와 편견을 낳을 수밖에 없다. 저자는 나름 서구의 시각에서 벗어나기 위해 애쓴 부분이 적지 않지만 그럼에도 불구하고 여전히 서구가 바라보는 시선에서 자유롭지 못하다. 이는 책을 번역하면서 발언이 지나치다는 생각이 들었던 까닭이기도 하다.

　두 번째, 마오주의에 대해 논의하면서 마오쩌둥이나 중국공산당에 대한 부정적 선입견에 치우쳐 과도한 비난이나 부정확한 정보를 담은 저서를 인용하거나 일부 사생활에 흥미를 느끼는 듯한 부분이 적지 않다는 점이다. 이는 저자가 굳이 존 할리데이Jon Halliday와 장룽張戎 부부의『마오: 알려지지 않은 이야기Mao: the Unknown Story』(2005)나 마오쩌둥의 주치의였던 리즈수이李志綏의 『마오 주석의 사생활The Private Life of Chairman Mao』 등을 인용한 것에서 확인할 수 있다. 어떤 인물을 이해하고자 한다면 마땅히 그의 사생활을 포함한 삶의 모습이나 인생역정은 물론이고 그의 성격이나 기질에 대해서도 두루 살펴야 할 것이다. 하지만 이 책은 마오주의, 마오쩌둥의 사상에 대해 서술하고 있는 책이다. 자칫 사생활에 대한 편린이 끼어들게 되거나 이를 통해 부정확한 정보를 제공할 경우 본질이 흐려져 이해에 훼방 놓을 수 있으며, 오해를 낳게 될 수도 있다. 앞서 언급한 존 할리데이와 장룽의 말대로 마오쩌둥이 자신의 이익이나 정치적 이득, 성적 만족을 위해 농민을 착취하는 것 외에 농민에 대한 관심이 없는 비열한 독재자라고 한다면, 과연 마오쩌둥을 제대로 이해했다고 말할 수 있을까? 그래서 서구의 역사학자들도 그들의 책이 제대로 연구되지 않은 일종의 마오 혐오 논픽션이라고 비판한 바 있다.

　물론 비판은 당연하다. 하지만 '뒷이야기', '숨겨진 이야기'는 설사 뭔가 대단한 것이 있다고 할지라도 전체 맥락에서 관조하는 것에 그리 도움이 되지 않는다. 마오쩌둥도 예외가 아니다. 1981년 중국 공산당 11기 중앙위원회 제6차 전체회의에서 통과된「중화인민공화국 건국 이후 우리 당의 일부 역사 문제에 대한 결의」라는 장문의 결의문을 살펴보면, 마오쩌둥이 주장한 프롤레타리아 독재하의 계속혁명과 문화대혁명 발동 등을 비롯한 과오에 대해 적시하여 다시는 그런 과오를 되풀이하지 않겠다는 의지 표명을 하고 있다. 마오쩌둥에 대한 비판이다. 하지만 "그가 비록 문화대혁명 기간에 심각한 실수를 저질렀지만 중국 혁명에 대한 그의 공적은 그의 과실보다 훨씬 크다. 그의 공적이 우선이고, 그의 착오는 두 번째이다"라고 하여 마오쩌둥의 위상에 변함이 없음을 밝히고 있다. 이런 점에서 마오쩌둥에 대한 평가에서 마오쩌둥 개인의 좌편향적인 잘못은 "마르크스-레닌주의의 보편적 원칙과 중국 혁명의 구체적인 실천이 결합된 마오쩌둥 사상의 궤도를 분명히 벗어난 것이며, 마오쩌둥 사상과 완전히 구별되어야 한다"라고 말한 것을 이해할 수 있다. 말인 즉 마오쩌둥은 과오를 범했지만 그의 사상은 여전히 존중받아 마땅하다는 뜻이다.

이런 흥미로운 발언에서 우리는 뒷공론으로 인해 어쩌면 마오쩌둥에 대한 평가와 마오쩌둥 사상에 대한 평가를 구분하는 그들의 의도를 제대로 파악하지 못한 것은 아닐까라는 생각이 든다. 왜냐하면 우리는 굳이 양자를 구분하지 않는 경향이 있기 때문이다. 그럴 경우 현대 중국을 이해하는 데 난관에 봉착할 수도 있다.

이외에도 이 책에서 저자는 마오쩌둥에 대해 노골적으로 비판하는 인물의 발언에 대해 언급하면서 구체적으로 누구의 책에서 나온 것인지 밝히지 않는 경우가 있다. 굳이 왜 이런 발언을 주석도 달지 않고 넣었는지? 혹 사족은 아닌지 의구심이 들었다.

중국 베이징 천안문에는 마오쩌둥의 대형 초상화 양옆으로 '중화인민공화국만세', '세계인민대단결만세'라는 구호가 붉은 바탕에 흰 글씨로 적혀 있다. 천안문 광장에 갔을 때 무심코 지나쳤던 '세계인민대단결만세'라는 구호가 새삼스레 뇌리에 떠오른 까닭은 그것이 바로 마오주의의 세계화를 의미했던 것이 아닐까라는 생각이 들었기 때문이다. 처음에는 '중화인민정부만세'였다가 1950년에 그렇게 바뀌었으니 그럴 수도 있지 않을까?

한국인들에게 현대 중국하면 제일 먼저 마오쩌둥, 중공(중국공산당), 한국동란, 인해전술, 대약진과 문화대혁명, 덩샤오핑, 개혁개방, 세계의 공장이자 시장, 중국 제품, 사스, 경제대국, G2가 떠오른다. 한중수교 이후 중국은 우리에게 가장 중요한 무역상대국이자 경제협력국, 그리고 양국 모두 수많은 이들이 오가는 관광 상대국이다. 그러나 어느 때부터인가 양국 사이에 우호적인 관계에서 벗어나 상호 질시와 혐오가 고개를 들기 시작했다. 비록 일부이고 일시적인 현상이라고 할지라도 우려하지 않을 수 없는 까닭은 양국의 오랜 문화적 관련성이 훼손될 수도 있을 것이라는 기우 때문이다. 게다가 지정학적으로 중국의 중요성이 오히려 날로 심화되고 있는 상황에서 상호 존중보다 경시의 태도는 결국 몰이해를 몰고 올 따름이다.

이런 상황에서 한국인들에게 익숙하되 아픈 기억을 떠올리게 만드는 인물, 마오쩌둥의 책을 번역해서 출간한다는 것이 매우 조심스럽다. 그럼에도 불구하고 지금이 오히려 보다 더 깊고 넓게 중국을 공부하고 이해해야 할 시기가 아닌가 싶어 번역을 마다하지 않았다. 힘든 시기에 어려운 책을 소개하고 선뜻 출간을 결심한 유월서가 이재희 대표에게 감사의 뜻을 전한다. 이 책이 마오쩌둥과 마오주의의 세계화에 대한 우리의 시각을 넓히는 데 도움이 되길 바란다. 다만 이 역시 하나의 시각이라는 점을 상기하면서.

소화재에서 역자 심규호

색인

로마자

숫자

미주

주에서 사용된 약어

AMFA   중국 외교부 문서보관소(Archive of the Ministry of Foreign Affairs, PRC)
BMA   베이징 시립 문서보관소(Beijing Municipal Archives)
SMA   상하이 시립 문서보관소(Shanghai Municipal Archives)
UKNA   영국 국립 기록보관소(UK National Archives)

서문

1. S. Bernard Thomas, Season of High Adventure: Edgar Snow in China (Berkeley: University of California Press, 1996), 147.

2. David Halberstam, The Coldest Winter: America and the Korean War (London: Pan Macmillan, 2009), 385.

3. Cagdas Ungor, 'Reaching the Distant Comrade: Chinese Communist Propaganda Abroad (1949 – 1976)', 미발표 박사 논문, Binghamton University, 2009, 250 – 1.

4. Abimael Guzmán, '탐방기록 with Chairman Gonzalo', by Luis Arce Borja and Janet Talavera, A World to Win 18 (1992): 79, at http://bannedthought. net/International/RIM/AWTW/1992 – 18/Gonzalo탐방기록-1988.pdf (accessed on 15 January 2018).

5. David Scott Palmer, 'The Influence of Maoism in Peru', in Alexander C. Cook, ed., The Little Red Book: A Global History (Cambridge: Cambridge University Press, 2014), 140.

6. Carlos Iván Degregori, How Difficult It Is to Be God: Shining Path's Politics of War in Peru, 1980 – 1999, Steve J. Stern ed., Nancy Appelbaum trans. (Madison: University of Wisconsin Press, 2012), 25.

7. Fay Chung, Re-living the Second Chimurenga: Memories from the Liberation Struggle in Zimbabwe (Stockholm: Nordic Africa Institute, 2006), 124.

8. 'Murozvi: Rare Breed of Cadre', Herald (Zimbabwe), 11 April 2017.

9. Simbi Mubako, 'Heroes Special – General Tongogara: The Legend and Role-model', Sunday Mail (Zimbabwe), 10 August 2014. 이 문장은 앞 구절에 나오는 '물고기가 물을 만난 것처럼 (如魚得水)'에 나오는 물고기를 말한다.This article contains 'fish' reference from higher in the paragraph.

10. Nandini Sundar, The Burning Forest: India's War in Bastar (Delhi: Juggernaut, 2016), 13.

11. 재판(再版)은 Broken Republic: Three Essays (London: Hamish Hamilton, 2011).

12. James Miles, China: Rising Power, Anxious State (London: Penguin, 2012); Michael Sheridan, 'China

Struck by Flood of Red Culture', The Times (London), 1 May 2011; Koichi Furuya, 'Mao-era Songs Make Comeback in China', Asahi Shimbun, 1 July 2011; 'Princelings and the Goon State', The Economist, 14 April 2011 참조.

13. Sheridan, 'China Struck by Flood of Red Culture', and 'Red Culture Finds Its Way into Chinese Prisons' at http://chinascope.org/archives/5727/109 (accessed on 19 January 2018).

14. Tania Branigan, 'Red Songs Ring Out in Chinese City's New Cultural Revolution', Guardian, 22 April 2011; 'Chinese city of 30m ordered to sing '"red songs"', Sydney Morning Herald, 20 April 2011.

15. 'Princelings and the Goon State', The Economist, 14 April 2011 (translation slightly adapted).

16. 'A Maoist Utopia Emerges Online', South China Morning Post, 26 June 2011.

17. Guobin Yang, 'Mao Quotations in Factional Battles and Their Afterlives: Episodes from Chongqing', in Cook, The Little Red Book, 73.

18. Jonathan Spence, The Search for Modern China (New York: Norton, 2013), 430.

19. Sebastian Heilmann and Elizabeth Perry, eds., Mao's Invisible Hand: The Political Foundations of Adaptive Governance in China (Cambridge, MA: Harvard University Press, 2011).

20. 마오쩌둥 사상이 전 세계에 미친 영향에 대한 중문 논문집은 청잉훙(程映紅)의 『마오주의 혁명: 20세기 중국과 세계(毛主義革命: 二十世紀的中國與世界)』 참조. 마오주의의 전 세계적 파급, 특히 문화대혁명의 전 세계적 영향은 최근 몇 년 동안 학계에서 주목하는 주제가 되고 있다. 문화대혁명 시절 마오주의가 일부 개별 국가에 미친 영향에 대한 논문은 다음을 참조하시오. 프랑스: Richard Wolin, The Wind from the East: French Intellectuals, the Cultural Revolution and the Legacy of the 1960s (Princeton: Princeton University Press, 2010). 이탈리아: Roberto Niccolai, Cuando la Cina era Vicina (Pisa: Associazione centro de documentazione de Pistoia, 1998).(참고로 이탈리아, 독일, 노르웨이 등 대부분의 서유럽 국가에서 마오주의의 영향에 관해 영문으로 쓴 논문은 아직 없다). 다만 2014-15년에 Alexander C. Cook, The Little Red Book: A Global History (Cambridge: Cambridge University Press, 2014), Comparative Literature Studies 52.1 (2015) 등 세계 마오주의에 관한 두 권의 논문집이 출판되었다. 2000년 이후로 Zheng Yangwen, Anne-Marie Brady, Alexander Cook, Cagdas Ungor and Matthew Johnson 등 중국 역사가와 정치학자들이 초국가적 시각에서 냉전 시기 중국의 문화교류 방식에 관한 연구 영역을 개척하고 있다. The Cold War in Asia: The Battle for Hearts and Minds (Zheng Yangwen, Liu Hong and Michael Szonyi, eds, Brill: Leiden, 2010) 이 논문은 일반적으로 아시아에서 벌어지는 전쟁 무대의 중요성, 특히 마오쩌둥 시대 중국의 냉전 문화와 외교의 영향에 대해 언급하고 있다. 하지만 전 세계적인 마오주의라는 주제는 지리적으로 복잡한 의제이기 때문에 아직까지 비교적이고 종합적인 연구가 미흡한 실정이다. 기존 문헌은 프랑스의 마오주의(Wolin's The Wind from the East 참조), 인도, 서독, 이탈리아 등의 경우와 마찬가지로 개별 국가 사례 연구에 집중하고 있다. 때로 두 가지 사례를 비교 연구하는 경우도 있는데 Belden Fields의 Trotskyism and Maoism: Theory and Practice in France and the United States(New York: Praeger, 1988)이 대표적이다. 하지만 대부분은 국가별 사례 연구가 일반적이다. 전 세계 마오주의를 보다 포괄적으로 다루는 것을 목표로 하는 책으로 다음 두 권을 들 수 있다. Robert J. Alexander의 International Maoism in the Developing World (New York: Praeger, 1999)와 Maoism in the Developed World (New York: Praeger, 2001)이 그것인데, 각각 몇 페이지 분량으

로 개별 국가의 사례를 연구하고 있다. 유용한 정보를 담고 있지만, 이 책의 형식은 신중한 다국적 분석에 적합하지 않다.

21. Ren Xiaosi, The Chinese Dream: What It Means for China and the Rest of the World, 'Foreword' (no page number) (Beijing: New World Press, 2013).

22. 개인적인 통신에 의거함

23. Odd Arne Westad, The Global Cold War: Third World Interventions and the Making of Our Times (Cambridge: Cambridge University Press, 2005) and The Cold War: A World History (London: Allen Lane, 2017); 언급하고 있는 다른 역사학자의 저작이 너무 많아 전체를 열거할 수 없다. 다만 영문 저작만 제시하면 다음과 같다. Chen Jian, Mao's China and the Cold War (Chapel Hill: University of North Carolina Press, 2001); Lorenz Lüthi, The Sino-Soviet Split: Cold War in the Communist World (Princeton: Princeton University Press, 2010); Sergey Radchenko, Two Suns in the Heavens: The Sino-Soviet Struggle for Supremacy, 1962–1967 (Washington: Woodrow Wilson Center, 2009); Shen Zhihua(沈志華) and Xia Yafeng(夏亞峰), A Misunderstood Friendship: Mao Zedong, Kim Il-sung and Sino-North Korean Relations, 1949–1976 (New York: Columbia University Press, 2018); Li Danhui(李丹慧) and Xia Yafeng, Mao and the Sino-Soviet Split (forth-coming). 유감스럽게도 楊奎松의 우수한 저작물 가운데 영문으로 번역된 책이 거의 없다. 번역된 논문은 'Mao Zedong and the Indochina Wars', in Priscilla Roberts, ed., Behind the Bamboo Curtain: China, Vietnam, and the World Beyond Asia (Stanford: Stanford University Press, 2006), 55–96 참조. 그의 중문 서적은 본서 뒤편에 나오는 참고서적 참조.

24. David Scott, China Stands Up: The PRC and the International World (London: Routledge, 2007), 53, 54, 56.

25. Peking Review(北京週報), 24 June 1966, 11–12.

26. Scott, China Stands Up, 58.

27. Peking Review, 6 September 1963, 10.

28. Jeremy Friedman, Shadow Cold War: The Sino-Soviet Competition for the Third World (Chapel Hill: University of North Carolina Press, 2015); Gregg Brazinsky, Winning the Third World: Sino-American Rivalry During the Cold War (Chapel Hill: University of North Carolina Press, 2017) 참조.

29. Shen Zhihua and Julia Lovell, 'Undesired Outcomes: China's Approach to Border Disputes during the Early Cold War', in Cold War History 15.1 (2015): 89–111 참조.

30. 관련 개념에 관한 상세한 설명은 다음 참조. Chen Jian, Mao, China and the Cold War.

31. James R. Holmes, 'In Iraq, ISIS Channels Mao', The Diplomat, 24 June 2014. Lillian Craig Harris, 'China's Relations with the PLO', Journal of Palestine Studies 7.1 (Autumn 1977): 137. Manfred Sing, 'From Maoism to Jihadism: Some Fatah Militants' Trajectory from the Mid 1970s to the Mid 1980s', in Rüdiger Lohlker and Tamara Abu-Hamdeh, eds, Jihadi Thought and Ideology (Berlin: Logos Verlag, 2014), 55–82 참조.

32. Profile, BBC Radio 4, 19 November 2016; Victor Sebestyen, 'Bannon Says He's a Leninist: That Could Explain the White House's New Tactics', Guardian, 6 February 2017.

33. Geremie R. Barmé, 'A Monkey King's Journey to the East', China Heritage, 1 January 2017, at http://chinaheritage.net/journal/a-monkey-kings- journey-to-the-east/ (accessed on 19 January 2018).

34. David Smith, 'How Trump's Paranoid White House Sees "Deep State" Enemies on All Sides', Guardian, 13 August 2017.

35. Dan Berger, 'Rescuing Civil Rights from Black Power: Collective Memory and Saving the State in Twenty-First-Century Prosecutions of 1960s-Era Cases', Journal for the Study of Radicalism 3.1 (2009): 1-27 참조.

36. Odd Arne Westad ed., Brothers in Arms: The Rise and Fall of the Sino-Soviet Alliance, 1945-1963 (Stanford: Stanford University Press, 2000), 2.

37. 'The Brilliance of Mao Tse-tung's Thought Illuminates the Whole World', Peking Review, 24 June 1966, 11.

38. Philip Short, Pol Pot: The History of a Nightmare (London: John Murray, 2004), 299-300.

1장

1. Didi Kirsten Tatlow, 'Golden Mao Statue in China, Nearly Finished, Is Brought Down by Criticism', New York Times, 8 January 2016.

2. http://www.weibo.com/1618051664/DbADXazPf?type=comment#_rnd1506690880942; http://www.weibo.com/1699540307/DbAMMsFI5?type=comment#_rnd1506690915924; http://pinglun.sohu.com/s9000706448.html.

3. 허난 농촌의 금색 마오쩌둥 동상은 이미 철거되었다. http://society.people.com.cn/n1/2016/0108/c1008-28030829.html (accessed on 21 January 2018).

4. Jasper Becker, Hungry Ghosts: China's Secret Famine (London: John Murray, 1996), 272.

5. B. Raman, 'India & China: As Seen by Maoists', at http://www.orfon-line.org/research/india-china-as-seen-by-maoists-part-ii/ (accessed on 2 January 2017) 참조.

6. Lucien Bianco, La Récidive: Révolution Russe, Révolution Chinoise (Paris: Gallimard, 2014), 이런 의제에 대해 상세하게 다루고 있다. S. A. Smith's thoughtful review in Cahiers du Monde Russe 55.3-4 (2014) 참조. http://journals.openedition.org/monderusse/8063 (accessed on 2 January 2017).

7. 마오쩌둥 사상에 대해 보다 상세하게 이해하고자 한다면, 관련 문헌이 상당히 방대하기 때문에 Stuart Schram의 저작과 관련 문장을 기점으로 삼으면 좋을 듯하다. 또한 Benjamin Schwartz의 Chinese Communism and the Rise of Mao (Cambridge, MA: Harvard University Press, 1951)도 유용하며, Franz Schurmann이 마오쩌둥 통치 하의 중국 공산당에 대해 저술한 책 Ideology and Organization in Communist China (Berkeley: University of California Press, 1968), Timothy Cheek이 편집한 A Critical Introduction to Mao (Cambridge: Cambridge University Press, 2010) 등도 최근의 관점과 시각에서 저술한 책들이다.

8. S. A. Smith, A Road Is Made: Communism in Shanghai, 1920-1927 (Hawai'i: University of Hawai'i Press, 2000), 168-89 참조. 무기 통계 수치는 173쪽.

9. Christina Gilmartin, Engendering the Chinese Revolution: Radical Women, Communist Politics, and Mass Movements in the 1920s (Berkeley: University of California Press, 1995), 199.

10. Mao Zedong, 'Problems of War and Strategy', 6 November 1938, in Mao's Road to Power:

Revolutionary Writings 1912‒1949 (New York: Armonk, 1992‒), Volume 6, 552.

11. Mao, 'Letter to Xiao Xudong, Cai Linbin, and the Other Members in France', 1 December 1920, in 같은 책, Volume 2, 9.

12. Mao, 'Report on the Affairs of the New People's Study Society (No. 2)', summer 1921, in 같은 책, 66‒75.

13. Hans van de Ven, From Friend to Comrade: The Founding of the Chinese Communist Party, 1920‒1927 (Berkeley: University of California Press, 1991), 37.

14. 같은 책, 99.

15. Mao, 'Problems of War and Strategy', 553.

16. Anthony Sampson, Mandela: The Authorised Biography (London: Harper Collins, 1999), 149.

17. Andrew Walder, China Under Mao: A Revolution Derailed (Cambridge, MA: Harvard University Press, 2015) 참조.

18. van de Ven, From Friend to Comrade, 162.

19. Mao, 'Report on the Peasant Movement in Hunan', February 1927, Mao's Road to Power: Revolutionary Writings 1912‒1949, Volume 2, 430.

20. 같은 책, 430‒1, 434, 436.

21. 같은 책, 447, 435.

22. 같은 책, 435, 432.

23. Philip Short, Mao: A Life (London: John Murray, 2004), 222.

24. 같은 책, 222, 237, 249, 252.

25. Mao Zedong, Report from Xunwu, Roger R. Thompson trans. and ed. (Stanford: Stanford University Press, 1990).

26. Mao, 'Oppose Bookism', May 1930, Mao's Road to Power: Revolutionary Writings 1912‒1949, Volume 3, 419.

27. Short, Mao, 381.

28. 탐방기록 by Robert Gildea with Tiennot Grumbach, Paris, 18 May 2008.

29. Mao, 'Problems of Strategy in China's Revolutionary War', December 1936, translation slightly altered from Mao's Road to Power: Revolutionary Writings 1912‒1949, Volume 5, 466‒7.

30. Mao, 'How to Study the History of the Chinese Communist Party', 30 March 1942, in 같은 책, Volume 8, 68.

31. Mao, '탐방기록 with Edgar Snow on the United Front', 23 September 1936, and '탐방기록 with Edgar Snow on Japanese Imperialism', 16 July 1936, in 같은 책, Volume 5, 372, 272.

32. Jung Chang and Jon Halliday, Mao: The Unknown Story (London: Jonathan Cape, 2005), 154.

33. Gilmartin, Engendering, 57‒59.

34. Chang and Halliday, Mao: The Unknown Story, 203.

35. Mao, 'The Question of Miss Zhao's Personality', 18 November 1919, Mao's Road to Power: Revolutionary Writings 1912‒1949, Volume 1, 423‒4.

36. Mao, 'The Question of Love ‒ Young People and Old People', 25 November 1919, and 'Smash the Matchmaker System', 27 November 1919, in 같은 책, 439‒44.

37. Delia Davin, 'Gendered Mao: Mao, Maoism and Women', in Timothy Cheek, ed., A Critical

Introduction to Mao (Cambridge: Cambridge University Press 2010), 210.

38. Dennis O'Neil, 탐방기록, 23 March 2015, New York.

39. Zhisui Li, The Private Life of Chairman Mao: The Memoirs of Mao's Personal Physician, Tai Hung-chao trans. (London: Arrow Books, 1996), 364.

40. 'An Official Fund-Raising Letter', 13 February 1929, Mao's Road to Power: Revolutionary Writings 1912–1949, Volume 3, 139.

41. 馬模貞, 『中國禁毒史資料』(天津, 天津人民出版社, 1998), 1611.

42. Chen Yung-fa, 'The Blooming Poppy under the Red Sun: The Yan'an Way and the Opium Trade', in Tony Saich and Hans van de Ven, eds, New Perspectives on the Chinese Communist Revolution (New York: M. E. Sharpe, 1995), 263–98.

43. Dai Qing, Wang Shiwei and 'Wild Lilies': Rectification and Purges in the Chinese Communist Party, 1942–1944, in David E. Apter and Timothy Cheek, eds (New York: Armonk, 1994), 110, 111, xxiv; Timothy Cheek, 'The Fading of Wild Lilies: Wang Shiwei and Mao Zedong's Yan'an Talks in the First CPC Rectification Movement', Australian Journal of Chinese Affairs 11 (January 1984): 46.

44. Short, Mao, 266–80.

45. Chang and Halliday, Mao, 100.

46. Merle Goldman, 'The Party and the Intellectuals', in Roderick MacFarquhar and John K. Fairbank, eds., The Cambridge History of China, Volume 14, The People's Republic, Part 1: The Emergence of Revolutionary China, 1949–1965 (Cambridge: Cambridge University Press, 1987), 223.

47. Dai, Wang Shiwei, 20, 8.

48. 丁玲과 그의 작품에 관한 상세한 소개는 Tani Barlow and Gary Bjorge, eds., I Myself Am a Woman: Selected Writings of Ding Ling (Boston: Beacon Press, 1989) 참조.

49. Mao Zedong, 'Talks at the Yan'an Forum on Literature and Art'(「연안문예강화」), in Kirk A. Denton, ed., Modern Chinese Literary Thought: Writings on Literature, 1893–1945 (Stanford: Stanford University Press, 1996), 458–84.

50. Short, Mao, 388.

51. Dai, Wang Shiwei, 65.

52. 康生에 관한 자료는 David E. Apter and Tony Saich, Revolutionary Discourse in Mao's Republic (Cambridge, MA: Harvard University Press, 1994), 290.　　　Dai, Wang Shiwei, 13; and Roger Faligot and Remi Kauffer, The Chinese Secret Service, trans. Christine Donougher (London: Headline, 1989) 참조.

53. Raymond Wylie, The Emergence of Maoism: Mao Tse-tung, Ch'en Po-ta, and the Search for Chinese Theory, 1935–1945 (Stanford: Stanford University Press, 1980), 163. 이외에 Mark Selden, China in Revolution: The Yenan Way Revisited (New York: Armonk, 1995), and Pauline B. Keating, Two Revolutions: Village Reconstruction and the Cooperative Movement in Northern Shaanxi, 1934–1945 (Stanford: Stanford University Press, 1997) 참조.

54. Apter and Saich, Revolutionary Discourse, 164–5. 55

55. 같은 책, 166,292.

56. Mao, 'Resolution of the Central Committee of the Chinese Communist Party Regarding Methods of

Leadership', 1 June 1943, Mao's Road to Power: Revolutionary Writings 1912–1949, Volume 8, 362.

57. 1949년 이후 개인 숭배에 관한 내용은 Daniel Leese, Mao Cult: Rhetoric and Ritual in China's Cultural Revolution (Cambridge: Cambridge University Press, 2011) 참조.

58. Mao, Mao's Road to Power: Revolutionary Writings 1912–1949, Volume 1, xvii.

59. Wylie, The Emergence of Maoism, 41.

60. 같은 책, 75.

61. 같은 책, 125.

62. 같은 책, 155.

63. 같은 책, 169.

64. Ministry of Foreign Affairs Archive, Mongolian People's Republic, 5-2-360, 'Note of Examined Parcels Addressed to the Chinese Embassy', 11 March 1967 (obtained and translated by Onon Perenlei).

65. Wylie, The Emergence of Maoism, 162.

66. 같은 책, 191–2.

67. 같은 책, 192.

68. Apter and Saich, Revolutionary Discourse, 150.

69. 같은 책, 33. 그리스철학가와 마오쩌둥을 비교한 내용 참조. 이 책은 흥미롭게도 1980년대 옌안의 노병과 생존자들에 대한 탐방 내용을 토대로 하고 있다. 필자는 마오쩌둥의 철학적 권위에 대해 언급한 바 있는데, 이는 이 책과 앞서 인용한 Wylie의 책에 근거했다.

70. 같은 책, 146.

71. 같은 책, 86.

72. Mao, 'The Chinese Revolution and the Chinese Communist Party', 15 December 1939, in Mao's Road to Power: Revolutionary Writings 1912–1949, Volume 7, 290–1. 이 개념의 발전에 관해서는 Apter and Saich, Revolutionary Discourse, 73 참조.

73. Apter and Saich, Revolutionary Discourse, 283. 74

74. 같은 책, 307.

75. Chang and Halliday, Mao, 256.

76. Wylie, The Emergence of Maoism, 215–16.

77. 같은 책, 159.

78. 같은 책, 206–8.

79. 같은 책, 274–6.

80. Odd Arne Westad, The Global Cold War: Third World Interventions and the Making of Our Times (Cambridge: Cambridge University Press, 2007), 51.

81. S. A. Smith, 'Issues in Comintern Historiography', in The Oxford Handbook of the History of Communism (Oxford: Oxford University Press, 2014), 199.

82. Mao Zedong, 'Talk with the American Correspondent Anna Louise Strong', August 1946, https://www.marxists.org/reference/archive/mao/ selected-works/volume-4/mswv4_13.htm (accessed on 27 August 2018).

83. Mao Zedong, 'U.S. Imperialism is a Paper Tiger', 14 July 1956, https:// www.marxists.org/

reference/archive/mao/selected-works/volume-5/ mswv5_52.htm; 'All Reactionaries are Paper Tigers', 18 November 1957, https://www.marxists.org/reference/archive/mao/selected-works/volume-5/mswv5_70.htm (both accessed on 27 August 2018).

84. Lin Biao(林彪), 'Long Live the Victory of People's War!(人民戰爭萬歲)', 1965, https://www.marxists.org/reference/archive/lin-biao/1965/09/peoples_war/index.htm (accessed on 13 May 2015).

85. Mao Zedong, 'Reply to Comrade Guo Moruo', 17 November 1961, at https://www.marxists.org/reference/archive/mao/selected-works/ poems/poems31.htm (accessed on 27 August 2018).

86. Shaorong Huang, To Rebel Is Justified: A Rhetorical Study of China's Cultural Revolution Movement, 1966-1969 (Lanham: University Press of America, 1996), 88.

87. Quinn Slobodian, Foreign Front: Third World Politics in Sixties West Germany(Durham, NC: Duke University Press, 2012), 176.

88. John Bryan Starr, 'Conceptual Foundations of Mao Tse-Tung's Theory of Continuous Revolution', Asian Survey 11.6 (June 1971): 610-28.

89. Li, The Private Life, 120.

90. 마오쩌둥과 체르보넨코(S. V. Chervonenko) 회담, 北京, 1963년 2월 23일.(개인 소장)

91. 마오쩌둥과 알렉세이 코시킨(Aleksei Kosygin) 회담, 北京, 1965년 2월 11일.(개인 소장)

92. 마오쩌둥과 니콜라에 차우셰스쿠(Nicolae Ceauşescu) 회담, 北京, 1971년 6월 3일. http://digitalarchive.wilsoncenter.org/document/117763 (accessed on 23 January 2018). 일본 도쿄 주재 미국 대사관에서 보낸 전보 10353호에 마오쩌둥과 다나카가 회담했다는 내용이 실려 있다. 1972년 9월 28일.http://digitalarchive.wilson- center.org/document/134380 (accessed on 23 January 2018).

93. People's Daily, 5 August 1966; Harry Harding, 'The Chinese State in Crisis', in Roderick MacFarquhar, ed., The Politics of China: The Eras of Mao and Deng (Cambridge: Cambridge University Press, 1997), 221. 명확한 문건 자료가 존재하는 것은 아니지만 일반적으로 이 말은 마오쩌둥이 했다고 알려져 있다. 문화대혁명을 시작하면서 했던 다른 말들을 참고해보면 그의 발언일 가능성이 크다. Roderick MacFarquhar and Michael Schoenhals, Mao's Last Revolution (Cambridge, MA: Harvard University Press, 2009), 52 참조.

94. Slobodian, Foreign Front, 177-8.

95. Sebastian Gehrig, '(Re-)configuring Mao: Trajectories of a Culturo-political Trend in West Germany', Transcultural Studies 2 (2011): 203.

96. Harding, 'The Chinese State in Crisis', 223.

97. Stuart Schram, 'Mao Tsetung's Thought to 1949', in John K. Fairbank, ed., The Cambridge History of China, Volume 13, Republican China 1912-1949, Part 2 (Cambridge: Cambridge University Press, 1986), 838.

98. Mao Zedong, 'On Contradiction'(「矛盾論」), August 1937, at https://www.marxists. org/reference/archive/mao/selected-works/volume-1/mswv1_17.htm (accessed on 27 August 2018). 마오쩌둥이 모순과 충돌에 대해 관심을 가진 것은 특별한 것도 아니고 그가 처음인 것도 아니다. 그리스 철학자 헤라클리투스(Heraclitus) 이래로 인류는 이 개념에 대해 주목해왔다. 이에 관해서는 G. S. Kirk and J. E. Raven, The Presocratic Philosophers: A Critical History with a Selection of Texts (Cambridge: Cambridge University Press, 1964), 195-6 참조.

99. Christophe Bourseiller, Les Maoïstes: La Folle Histoire des Gardes Rouges Français (Paris: Plon, 1996), 300.

2장

1. These details from Edgar Snow, Red Star Over China (New York: Random House, 1938), 73.

2. Jay Taylor, The Generalissimo: Chiang Kai-shek and the Struggle for Modern China (Cambridge, MA: Harvard University Press, 2009), 120.

3. Snow, Red Star Over China, 66.

4. S. Bernard Thomas, Season of High Adventure: Edgar Snow in China (Berkeley: University of California Press, 1996), 138.

5. Jung Chang and Jon Halliday, Mao: The Unknown Story (London: Jonathan Cape, 2005), 199.

6. Snow, Red Star Over China, 106..

7. Thomas, Season of High Adventure, 170-2.

8. John Maxwell Hamilton, Edgar Snow: A Biography (Bloomington: Indiana University Press, 1998), 94.

9. 사망자 통계는 https://www.nam.ac.uk/explore/malayan-emergency 참조. 군영에서 발견된 책의 수량은 Karl Hack and Jian Chen, eds, Dialogues with Chin Peng: New Light on the Malayan Communist Party (Singapore: Singapore University Press, 2004), 66 참조.

10. Huk guerrillas에 관해서는 Colleen Lye, America's Asia: Racial Form and American Literature, 1893-1945 (Princeton: Princeton University Press, 2009), 224 참조. 다른 참고 자료는 아래 토론과 중국 스메들리-스트롱-스노(3S) 연구회에서 편집한 『西行漫記和我』(北京, 國際文化出版公司, 1999) 참조.

11. Thomas, Season of High Adventure, 29.

12. Robert M. Farnsworth, From Vagabond to Journalist: Edgar Snow in Asia, 1928-1941 (Missouri: University of Missouri Press, 1996), 20.

13. Thomas, Season of High Adventure, 48-9, 57.

14. Emily Hahn, The Soong Sisters (London: Robert Hale Limited, 1942), 47.

15. 陳冠任, 『宋慶齡大傳』(北京, 團結出版社, 2003), 227.

16. Edgar Snow, Journey to the Beginning (London: Victor Gollancz, 1960), 82.

17. Farnsworth, From Vagabond to Journalist, 131.

18. Snow, Journey to the Beginning, 85, 95.

19. 같은 책, 84.

20. Taylor, The Generalissimo, 122

21. Farnsworth, From Vagabond to Journalist, 154.

22. Helen Foster Snow, My China Years: A Memoir (London: Harrap, 1984), 86, 152.

23. Farnsworth, From Vagabond to Journalist, 154

24. 같은 책, 201-2.

25. See Ruth Price, The Lives of Agnes Smedley (Oxford: Oxford University Press, 2005), 274-6, for

more details.

26. Thomas, Season of High Adventure, 131.

27. Foster Snow, My China Years, 181-2.

28. Ibid, 197-8.

29. 이 책의 탁월한 해석은 Nicholas R. Clifford, 'White China, Red China: Lighting out for the Territory with Edgar Snow', New England Review 18.2 (Spring 1997): 103-1 참조.

30. Snow, Red Star Over China, 7, 3.

31. Thomas, Season of High Adventure, 133.

32. Frederic Wakeman, Policing Shanghai, 1927-1937 (Berkeley: University of California Press, 1996), 154-9.

33. Snow, Red Star Over China, 23-4.

34. 같은 책, 26.

35. 같은 책, 45-8, 263-5, 355, 61.

36. 같은 책, 43.

37. 같은 책, 258-60.

38. 같은 책, 279.

39. 같은 책, 291.

40. 같은 책, 66-9.

41. 같은 책, 72-3.

42. 같은 책, 363.

43. 같은 책, 71, 73.

44. 같은 책, 80, 82.

45. 같은 책, 187-8.

46. 같은 책, 196, 93. 헬렌 스노는 자신의 옌안 생활을 묘사하는 글에서 마오쩌둥이 장미향을 맡는 것에 대해 상세하게 기록했다. Nym Wales [Helen Foster Snow], My Yenan Notebooks (Madison: Connecticut, 1961), 63.

47. Snow, Red Star Over China, 60, 252, 106-7.

48. 같은 책, 106.

49. David E. Apter and Tony Saich, Revolutionary Discourse in Mao's Republic(Cambridge, MA: Harvard University Press, 1994), 90.

50. Wales, My Yenan Notebooks, 165, 167, 170, 26, 168.

51. Snow, Red Star Over China, 365-7, 373, 390.

52. Anne-Marie Brady, Making the Foreign Serve China (Lanham: Rowman & Littlefield, 2003), 47.

53. 같은 책, 40-1.

54. Thomas, Season of High Adventure, 137.

55. Snow, Red Star Over China, 247.

56. Thomas, Season of High Adventure, 133; Snow, Red Star Over China, 31.

57. Taylor, The Generalissimo, 333-64, 359, 375; Chang and Halliday, Mao: The Unknown Story, 305, 242.

58. 'Memorandum from President Nixon to his Assistant for National Security Affairs (Kissinger)', 19 July

1971, https://history.state.gov/historicaldocu- ments/frus1969-76v17/d147 (accessed on 29 January 2018).

59. Brady, Making the Foreign Serve China, 52. 이외에 Julia Lovell, 'The Uses of Foreigners in Mao-Era China: "Techniques of Hospitality" and International Image-Building in the People's Republic, 1949-1976', Transactions of the Royal Historical Society, 25: 135-58 참조.

60. 于友, 『胡愈之』, (北京, 群言出版社, 2011), 241, 214.

61. 같은 책, 214, 240-1, 275-6; Christopher Bayly and Tim Harper, Forgotten Wars: The End of Britain's Asian Empire (London: Penguin Books, 2008), 198-9.

62. Chen Jian, Mao's China and the Cold War (Chapel Hill: University of North Carolina Press, 2001), 42.

63. Thomas, Season of High Adventure, 152.

64. John K. Fairbank, China: The People's Middle Kingdom and the USA (Cambridge, MA: Harvard University Press, 1967), 83; Mark Selden, The Yenan Way in Revolutionary China (Cambridge, MA: Harvard University Press, 1971).

65. Alex Hing, 탐방기록, 26 March 2015, New York.

66. 중국 스메들리-스트롱-스노(3S) 연구회에서 편집한 『西行漫記和我』, 147-50.

67. 같은 책, 122.

68. 같은 책, 35.

69. Nelson Mandela, Long Walk to Freedom (London: Little, Brown, 2010), 260-1.

70. 중국 스메들리-스트롱-스노(3S) 연구회에서 편집한 『西行漫記和我』, 33-5, 95; Robert P. Newman, Owen Lattimore and the 'Loss' of China (Berkeley: University of California Press, 1992), 31-2; Jack Belden, China Shakes the World (New York: Harper, 1949).

71. 胡愈之, 『我的回憶』 (江蘇, 江蘇人民出版社, 1990), 184-5.

72. 「중국 스메들리-스트롱-스노(3S) 연구회」에서 편집한 『西行漫記和我』, 90, 28-9.

73. 같은 책, 165.

74. 같은 책, 105-6.

75. 같은 책, 124.

76. 같은 책.

77. 같은 책, 181.

78. 같은 책, 194, 112-13, 171-2.

79. 같은 책, 202-5.

80. Lorenz M. Lüthi, The Sino-Soviet Split: Cold War in the Communist World (Princeton: Princeton University Press, 2008), 25-6 참조.

81. 「중국 스메들리-스트롱-스노(3S) 연구회」에서 편집한 『西行漫記和我』 참조.

82. Edgar Snow, The Other Side of the River: Red China Today (London: Victor Gollancz, 1963).

83. Hamilton, Edgar Snow, 90 주석 참조; Clifford, 'White China, Red China', 103; 중국 스메들리-스트롱-스노(3S) 연구회에서 편집한 『西行漫記和我』, 37.

3장

1. Marcie Holmes, ʻEdward Hunter and the Origins of ʻBrainwashing ʼ, at http://www.bbk.ac.uk/ hiddenpersuaders/blog/hunter- origins-of-brainwashing/ (accessed on 5 March 2018) 참조.

2. 이 용어에 대한 토론은 David Seed, Brainwashing: The Fictions of Mind Control – A Study of Novels and Films (Kent, OH: Kent State University Press, 2004), 33 참조.

3. Edward Hunter, Brain-washing in Red China: The Calculated Destruction of Menʼs Minds (New York: The Vanguard Press, 1951), cover and 302.

4. Edward Hunter, Brainwashing: The Story of Men Who Defied It (New York: Farrar, Straus, and Cudahy, 1956), 309.

5. Hans van de Ven, China at War: Triumph and Tragedy in the Emergence of the New China (London: Profile, 2017), 221-55 참조.

6. Mao Zedong, ʻOn the Peopleʼs Democratic Dictatorshipʼ, 30 June 1949, at https://www.marxists. org/reference/archive/mao/selected-works/ volume-4/mswv4_65.htm (accessed on 4 September 2018). Chen Jian, Maoʼs China and the Cold War (Chapel Hill: University of North Carolina Press, 2001), 38-48 참조.

7. Odd Arne Westad, The Cold War: A World History (London: Allen Lane, 2017), 157-8에서 인용.

8. Bruce Cumings, The Korean War: A History (New York: Modern Library, 2011) 참조.

9. David Halberstam, The Coldest Winter (London: Pan Macmillan, 2011), 306.

10. Sheila Miyoshi Jager, Brothers at War: The Unending Conflict in Korea (London: Profile Books, 2013), 130에서 인용. 이 책은 한국전쟁의 국제사(國際史, international history)에 대해 상세하게 기록하고 있다.

11. ʻOppose Bacteriological Warfare!ʼ, at https://www.youtube.com/ watch?v=Yb3x864MmXI (accessed on 30 January 2018). 이외에 Mary Augusta Brazelton, ʻBeyond Brainwashing: Propaganda, Public Health, and Chinese Allegations of Germ Warfare in Manchuriaʼ, http://www.bbk. ac.uk/ hiddenpersuaders/blog/beyond-brainwashing/ (accessed on 30 January 2018) 참조.

12. William Brinkley, ʻValley Forge GIs Tell of Their Brainwashing Ordealʼ, Life magazine, 25 May 1953, 107-8.

13. Charles S. Young, Name, Rank and Serial Number: Exploiting Korean War POWs at Home and Abroad (Oxford: Oxford University Press, 2014), 2, 143; Susan Carruthers, Cold War Captives: Imprisonment, Escape and Brainwashing (Berkeley: University of California Press, 2009), 302-3.

14. Hunter, Brain-washing (1951), 162-3.

15. ʻA Report to the National Security Council by the Secretary of State on US Policy Towards Southeast Asiaʼ (NSC 51), 1 July 1949, Digital National Security Archive (hereafter DNSA), www.nsarchive. chadwyck.com/nsa/ documents/PD/00145/all.pdf, Andrew Mumford, Counterinsurgency Wars and the Anglo-American Alliance: The Special Relationship on the Rocks (Washington: Georgetown University Press, 2017), 64-5에서 인용.

16. ʻRelations between the Malayan Communist Party and the Chinese Communist Partyʼ, UKNA FO 371 84479; ʻCommunism: Federation of Malaya and Singaporeʼ, UKNA CO 537 4246 참조.

17. ʻThe Cold War in the Far Eastʼ, in ʻOfficial Committee on Communism (Overseas)ʼ, UKNA CAB

134/3.

18. 'Singapore: Chinese Communist Party aims in South East Asia: Joint Intelligence Committee Papers', UKNA FCO 141/14420.

19. Hunter, Brainwashing (1956), 3–4.

20. 'Communist Psychological Warfare (Brainwashing): Consultation with Edward Hunter', Committee on Un-American Activities, 13 March 1958, http://www.crossroad.to/Quotes/globalism/Congress.htm (accessed on 30 January 2018).

21. Nasheed Qamar Faruqi, Marcie Holmes and Daniel Pick, David Hawkins: A Battle of the Mind (documentary).

22. Timothy Melley, The Covert Sphere: Secrecy, Fiction and the National Security State (Ithaca: Cornell University Press, 2012), 237. 'Memorandum: Brainwashing from a Psychological Viewpoint', 25 April 1956 참조. https:// www.cia.gov/library/readingroom/docs/DOC_0000886487.pdf (accessed on 1 April 2018).

23. Alfred McCoy, A Question of Torture: CIA Interrogation, from the Cold War to the War on Terror (New York: Henry Holt & Co., 2006); Timothy Melley, 'Brain Warfare: The Covert Sphere, Terrorism, and the Legacy of the Cold War', Grey Room 45 (Fall 2011): 18–41; Jane Mayer, The Dark Side: The Inside Story of how the War on Terror Turned into a War on American Ideals (New York: Anchor Books, 2009) 참조.

24. 이에 대한 보다 자세한 내용은 다음을 참고하시오. Rebecca Lemov, The World as Laboratory: Mice, Mazes and Men (New York: Hill and Wang, 2005), 219; Dominic Streatfeild, Brainwash: The Secret History of Mind Control (London: Hodder & Stoughton, 2006); John Marks, The Search for the 'Manchurian Candidate': The CIA and Mind Control (London: Allen Lane, 1979).

25. Lemov, The World as Laboratory, 245; Melley, 'Brain Warfare', 28.

26. Marks, The Search for the 'Manchurian Candidate', 73–86.

27. Lemov, The World as Laboratory, 215–16.

28. Streatfeild, Brainwash, 228, 241.

29. Mayer, The Dark Side, 170.

30. 같은 책, 150.

31. Michael Welch, 'Doing Special Things to Special People in Special Places: Psychologists in the CIA Torture Program', The Prison Journal 97.6 (December 2017): 729–49.

32. Melley, 'Brain Warfare', 21; Melley, The Covert Sphere, 5.

33. Both cited in Mumford, Counterinsurgency Wars, 71.

34. 같은 책, 76에서 인용.

35. Zhihua Shen and Yafeng Xia, 'Leadership Transfer in the Asian Revolution: Mao Zedong and the Asian Cominform', Cold War History 14.2 (2014): 202–03, 208.

36. 같은 책, 205–6.

37. Mohit Sen, A Traveller and the Road: The Journey of an Indian Communist (New Delhi: Rupa & Co., 2003), 43.

38. 같은 책, 83–5, 88.

39. Frederick C. Teiwes, 'The Establishment and Consolidation of the New Regime, 1949–57',

in Roderick MacFarquhar, ed., The Politics of China: The Eras of Mao and Deng (Cambridge: Cambridge University Press, 1997), 36.

40. Sen, A Traveller and the Road, 99, 103.

41. 같은 책, 106-7.

42. Chin Peng, Alias Chin Peng - My Side of History: Recollections of a Revolutionary Leader (Singapore: Media Masters, 2003), 47.

43. 같은 책, 57.

44. 같은 책, 48.

45. 같은 책, 133.

46. C. C. Chin and Karl A. Hack, eds, Dialogues with Chin Peng: New Light on the Malayan Communist Party (Singapore: National University of Singapore Press, 2004), 150.

47. Chin, Alias Chin Peng, 405.

48. 같은 책, 254.

49. 같은 책, 270, 278.

50. 'Functions and Activities of the Malayan Communist Party (MCP)', UKNA CO 1022/187; 'Recovered Documents of the Malayan Communist Party', UKNA CO 1022/46.

51. 'Malayan Communist Party', UKNA CO 1030/306.

52. 'Periodic Reports of Malayan Holding Centre: Interception of Post', UKNA CO 1035/7.

53. Chin, Alias Chin Peng, 367.

54. 같은 책, 426-8.

55. 阿成, 『我肩負的使命: 馬共中央政治局委員阿成回顧錄之四』 (kuala Lumpur, 21世紀出版社, 2007).

56. 같은 책, 82-3.

57. 같은 책, 105-8.

58. Chin, Alias Chin Peng, 429, 457.

59. 비공개 통신과 대화 내용은 楊奎松, 「中美和解過程中的中方變奏: 毛澤東'三個世界'理論提出的背景分析」, 『冷戰國際史研究』, 4(2007년 봄호) 23.

60. 楊美紅, 『罌粟花紅: 我在緬共十五年』(香港, 天地圖書有限公司, 2009). 이외에 Maung Aung Myoe, In the Name of Pauk-Phaw: Myanmar's China Policy Since 1948 (Singapore: Institute of Southeast Asian Studies, 2011), 79-83 참조.

61. Zhihua Shen and Yafeng Xia, A Misunderstood Friendship: Mao Zedong, Kim Il-sung and Sino-North Korean Relations, 1949-1976 (New York: Columbia University Press, 2018) (manuscript), 32-51.

62. Miyoshi Jager, Brothers at War, 62.

63. Shen and Xia, A Misunderstood Friendship, 55. 북한, 중국, 소련 사이에 오간 대화에 대한 보다 많은 정보는 아래 사이트 참조. https://digitalarchive.wilsoncenter.org/collections/4?mode=list.

64. Zhihua Shen, Mao, Stalin and the Korean War: Trilateral Communist Relations in the 1950s, Neil Diamond trans. (London: Routledge, 2012), 152.

65. Shen and Xia, A Misunderstood Friendship, 69.

66. 같은 책, 57, 113-14.

67. 같은 책, 127.

68. 같은 책, 167-8, 131.

69. 같은 책, 124-5.

70. Shen Zhihua and Julia Lovell, 'Undesired Outcomes: China's Approach to Border Disputes during the Early Cold War', Cold War History, 15.1 (2015): 89-111 참조.

71. Shen and Xia, A Misunderstood Friendship, 134, 189-90; Charles Armstrong, The Tyranny of the Weak: North Korea and the World 1950-1992 (Ithaca: Cornell University Press, 2013), 103-34.

72. Shen and Xia, A Misunderstood Friendship, 200.

73. Armstrong, The Tyranny of the Weak, 55, 110, 122.

74. 서대숙(Dae-Sook Suh), Kim Il-Sung: The North Korean Leader (New York: Columbia University Press, 1988), 316.

75. Shen and Xia, A Misunderstood Friendship, 348.

76. Julia Lovell, 'Soviets on Safari', 1843 magazine, 23 February 2016 참조. https://www.1843magazine.com/culture/the-daily/soviets-on-safari (accessed on 30 January 2018).

77. Suh, Kim Il-Sung, 266.

78. Bernd Schaefer, 'North Korean "Adventurism" and China's Long Shadow, 1966-1972', Woodrow Wilson Center Working Paper 44, https://www.wilsoncenter.org/sites/default/files/Working_Paper_442.pdf (accessed on 30 January 2018), 11, 13.

79. Shen and Xia, A Misunderstood Friendship, 156; Armstrong, The Tyranny of the Weak, 19.

80. Shen and Xia, A Misunderstood Friendship, 207-8.

81. 같은 책, 210.

82. Schaefer, 'North Korean "Adventurism"', 9.

83. Robert A. Scalapino and 김정식(Chong-sik Lee), Communism in Korea, Volume 1 (Berkeley: University of California Press, 1972), 641. Robert Scalapino의 연구는 냉전 문제에 있어 약간의 논쟁거리가 있다. 하지만 두 권의 책이 매우 상세하고 취재원이 풍부한 학술연구서라는 점은 이의가 없다.

84. Schaefer, 'North Korean "Adventurism"', 10.

85. Shen and Xia, A Misunderstood Friendship, 290-1.

86. 「朝鮮實習生情況簡報」, 24 November 1966, SMA B103 3 730. 이외에도 「接待朝鮮實習生總組長梁在宜和八名實習生的工作計劃」, SMA B103-3-729 참조.

87. 보다 분명한 논의는 Glen Peterson, Overseas Chinese in the People's Republic of China (London: Routledge, 2013), 5 참조.

88. Jin Li Lim, 'New China and its Qiaowu: The Political Economy of Overseas Chinese Policy in the People's Republic of China, 1949-1959', 미출간 박사논문, London School of Economics 2016, 273.

89. Peterson, Overseas Chinese, 32-6.

90. 관련 논의는 같은 책, 36-43, and Lim, 'New China', 113 참조.

91. Peterson, Overseas Chinese, 59-60.

92. 같은 책, 119, and Lim, 'New China' 참조.

93. Lim, 'New China', 185.

94. 같은 책, 260.

95. 『激情歲月』(香港, 見證出版社, 2005), xi ; 『漫林海路』(香港, 見證出版社, 2003), 47.

96. 버마(Burma, 미얀마)에 관해서는 Hongwei Fan, 'China‐Burma Geopolitical Relations in the Cold War', Journal of Current Southeast Asian Affairs 31.1 (2012) : 7‐27. 캄보디아 상황은 제7장 참조.

97. 阿成, 『一路艱辛向前走‐我肩負的使命』(Johor : Hasanah Sin Bt. Abdullah, 2009), 97, 68, 87.

98. Chin, Alias Chin Peng, 467‐9.

99. 阿成, 『一路艱辛向前走‐我肩負的使命』, 138‐44, 154, 158.

100. Eugene Kinkead, 'A Reporter at Large : A Study of Something New in History', New Yorker, 26 October 1957, 102‐53.

101. Ethan Young, 탐방기록, 24 March 2015, New York.

102. Clarence Adams, An American Dream : The Life of an African American Soldier and POW Who Spent Twelve Years in Communist China (Amherst : University of Massachusetts Press, 2007), 56.

103. Aminda Smith, Thought Reform and China's Dangerous Classes : Reeducation, Resistance and the People (Lanham : Rowman & Littlefield, 2013), 96.

104. Mao Zedong, 'Analysis of the Classes in Chinese Society', March 1926. https://www.marxists.org/reference/archive/mao/selected‐works/volume‐1/mswv1_1.htm (accessed on 4 September 2018).

105. Shuibo Wang, They Chose China (documentary).

106. Smith, Thought Reform, 146, 92, 158.

107. Young, Name, Rank and Serial Number, 80, 84.

108. Wang, They Chose China.

109. Mike Dorner, Max Whitby and Phillip Whitehead, Korea : the Unknown War (miniseries).

110. Aminda Smith가 제공한 탐방 내용에서 인용.

111. Adams, An American Dream, 34‐40.

112. 같은 책, 47, 51.

113. 같은 책, 54.

114. Adam Zweiback, 'The 21 "Turncoat GIs" : Non‐repatriations and the polit‐ ical culture of the Korean War', The Historian 60:2 (Winter 1998) : 358‐9 ; Lewis Carlson, 'Preface', in Adams, An American Dream, xi.

115. Adams, An American Dream, 2.

116. Faruqi, Holmes and Pick, David Hawkins : A Battle of the Mind, and Chloe Hadjimatheou and Daniel Nasaw, 'The American POW who Chose China', 27 October 2011.　http://www.bbc.co.uk/news/magazine‐15453730 (accessed on 31 January 2018).

4장

1. https://i.pinimg.com/originals/28/34/6c/28346cf211a8177cfc2cc03334c8c645.jpg. 참조.

2. Sergey Radchenko, Two Suns in the Heavens : The Sino‐Soviet Struggle for Supremacy, 1962‐1967

(Washington: Woodrow Wilson Center, 2009), 212.

3. Lorenz Lüthi, The Sino-Soviet Split: Cold War in the Communist World (Princeton: Princeton University Press, 2010), 73.

4. 연설 전문은 http://digitalarchive.wilsoncenter.org/document/121559, 참조. (accessed on 9 February 2018).

5. Nikita Khrushchev, Khrushchev Remembers: The Last Testament, Volume 2, Strobe Talbott trans. (London: Deutsch, 1974), 255; Zhihua Shen and Yafeng Xia, Mao and the Sino-Soviet Partnership, 1945-1959: A New History (Lanham: Lexington Books, 2015), 265-6.

6. Shen and Xia, Mao and the Sino-Soviet Partnership, 267.

7. Martin McCauley, The Khrushchev Era 1953-1964 (London: Routledge, 2014), 108.

8. Zhisui Li, The Private Life of Chairman Mao: The Memoirs of Mao's Personal Physician, Tai Hung-chao trans. (London: Arrow Books, 1996), 224.

9. 같은 책, 220-2.

10. 중소관계에 관한 탁월한 분석은 다음을 참조하시오. Lüthi, The Sino- Soviet Split; Li Mingjiang, Mao's China and the Sino-Soviet Split: Ideological Dilemma (London: Routledge, 2012); Radchenko, Two Suns in the Heavens; Shen and Xia, Mao and the Sino-Soviet Partnership; Odd Arne Westad, ed., Brothers in Arms: The Rise and Fall of the Sino-Soviet Alliance, 1945-1963 (Washington: Woodrow Wilson Center Press, 1998). 동맹의 사회, 경제적 불평등에 관한 내용은 다음을 참조하시오. Austin Jersild, The Sino-Soviet Alliance: An International History (Chapel Hill: University of North Carolina Press, 2014).

11. 필자는 이 문제에 관한 한 Lüthi의 The Sino-Soviet Split 가 비교적 설득력이 있다고 생각한다.

12. 같은 책, 63.

13. 같은 책, 82, 85, 87, 89, 83.

14. Li, The Private Life, 453-4.

15. 같은 책, 94.

16. Chen Jian, Mao's China and the Cold War (Chapel Hill: University of North Carolina Press, 2001), 186, 189.

17. Lüthi, The Sino-Soviet Split, 100.

18. Chen, Mao's China, 185-189.

19. Li, The Private Life, 262.

20. Lüthi, The Sino-Soviet Split, 88.

21. Hong Liu, China and the Shaping of Indonesia, 1949-1965 (Singapore: NUS Press, 2011), 186.

22. 蔣華傑, 『冷戰時期中國對非洲國家的援助研究(1960-1978)』, 미출간 박사논문, 華東師範大學, 2014, 34.

23. Frank Dikötter, Mao's Great Famine: The History of China's Most Devastating Catastrophe, 1958-1962 (London: Bloomsbury, 2010), 113.

24. Elidor Mehili, From Stalin to Mao: Albania and the Socialist World (Ithaca: Cornell University Press, 2018) 참조.

25. 張帆, 『關於中國社會問題致蘇共中央的一封信』, 宋永毅 主編, 『中國文化大革命文庫』 (香港, 香港中文大學 出版部, 2013).

26. "Long Live Leninism!(레닌주의 만세)" https://www.marxists.org/history/international/ comintern/ sino-soviet-split/cpc/leninism.htm (accessed on 29 August 2018); Lüthi, The Sino-Soviet Split, 163, 274.

27. Jeremy Friedman, Shadow Cold War: The Sino-Soviet Competition for the Third World (Chapel Hill: University of North Carolina Press, 2015), 96.

28. Lüthi, The Sino-Soviet Split, 178.

29. Ang Cheng Guan, Vietnamese Communists' Relations with China and the Second Indochina Conflict, 1956-1962 (London: McFarland, 1997), 162.

30. Lüthi, The Sino-Soviet Split, 269.

31. 같은 책, 229-30, 235.

32. 같은 책, 149, 162.

33. 같은 책, 159.

34. Dikötter, Mao's Great Famine, 335-7.

35. Christopher Tang, 'Homeland in the Heart, Eyes on the World: Domestic Internationalism, Popular Mobilization, and the Making of China's Cultural Revolution, 1962-68', 미출간 박사논문, Cornell University 2016, 53-7.

36. 林彪, 「人民戰爭勝利萬歲」, https://www.marxists.org/reference/archive/lin-biao/1965/09/ peoples_war/index.htm (accessed on 13 May 2015).

37. 林彪, 「毛語錄再版前言」, https://www.marxists.org/reference/archive/lin- biao/1966/12/16.htm (accessed on 13 May 2015).

38. 1966年北京化工學院紅色宣傳員戰鬪組, 北京經濟學院無産階級革命團, 北京市東方紅印刷廠革命造反聯絡處, 化工部化學工業出版社印刷廠 聯合彙編, 『無産階級文化大革命資料(二)』, 「葉劍英在全軍院校文化大革命動員會上的講話」, 1966년 10월 宋英毅 주편 『中國文化大革命文庫』에 게재됨.

39. Sidney Rittenberg and Amanda Bennett, The Man Who Stayed Behind (Durham, NC: Duke University Press, 2001), 277. 이외에 2013년 2월 26일 Skype의 탐방 기사.

40. 관련 논의는 Tang, 'Homeland in the Heart', 北京地質學院東方紅編輯部와 武漢銅二司編輯部, 「中央首長在武漢革命派組織的座談會上的談話紀要」, 宋永毅 主編, 『中國文化大革命文庫』 참조.

41. 「堅決戰勝美帝國主義: 支持越南人民抗美救國正義鬪爭歌曲選集」 (北京, 音樂出版社, 1965) 참조.

43. Tang, 'Homeland in the Heart', 70.

43. 같은 책, 69.

44. 같은 책, 71.

45. 같은 책, 73.

46. 같은 책, 125.

47. 같은 책, 96-7.

48. Friedman, Shadow Cold War, 198.

49. Tang, 'Homeland in the Heart', 142.

50. 같은 책, 171; 후자의 현상에 관해서는 Zachary A. Scarlett, 'China after the Sino-Soviet

Split: Maoist Politics, Global Narratives, and the Imagination of the World', 미발간 박사논문, Northeastern University 2013, 115-21 참조.

51. Tang, 'Homeland in the Heart', 192.

52. 같은 책, 183, and Alexander C. Cook, 'Chinese Uhuru: Maoism and the Congo Crisis', 미발표 논문.

53. Cook, 'Chinese Uhuru', 15, 17.

54. Li Xiangqian, 'The Economic and Political Impact of the Vietnam War on China in 1964', in Priscilla Roberts, ed., Behind the Bamboo Curtain: China, Vietnam and the World beyond Asia (Stanford: Stanford University Press, 2006), 186.

55. Jonathan Spence, The Search for Modern China (New York: Norton, 2013), 546.

56. Tang, 'Homeland in the Heart', 254, 267.

57. 같은 책, 258.

58. 같은 책, 277.

59. 一院大字報選編小組, 「廖承志在北京大學做關於國際形勢的報告」, 1966年 12月. 宋永毅 主編, 『中國文化大革命文庫』.

60. Friedman, Shadow Cold War, 198-9.

61. Radchenko, Two Suns in the Heavens, 178.

62. Li, 'The Economic and Political Impact', 178.

63. Barry Naughton, 'The Third Front: Defence Industrialization in the Chinese Interior', China Quarterly 115 (September 1988): 365.

64. Covell Meyskens, 'Third Front Railroads and Industrial Modernity in Late Maoist China', Twentieth-Century China 40.3 (October 2015): 240-1, 253.

65. 같은 책, 251, 256.

66. Naughton, 'The Third Front', 376.

67. 같은 책, 379.

68. Lüthi, The Sino-Soviet Split, 341-2.

69. Andrew Osborn and Peter Foster, 'USSR Planned Nuclear Attack on China in 1969', Daily Telegraph, 13 May 2010. http://www.telegraph.co.uk/news/ worldnews/asia/china/7720461/USSR-planned-nuclear-attack-on-China-in-1969.html (accessed on 10 February 2018).

70. Lüthi, The Sino-Soviet Split, 341.

71. Han Shaogong, A Dictionary of Maqiao, Julia Lovell trans. (New York: Columbia University Press, 2003), 301-6.

72. James Hershberg, Sergey Radchenko, Peter Vamos and David Wolff, 'The Interkit Story: A Window into the Final Decades of the Sino-Soviet Relationship', Cold War International History Project Working Paper, February 2011, 11. https://www.wilsoncenter.org/sites/default/files/ Working_Paper_63.pdf (accessed on 8 January 2018).

73. Radchenko, Two Suns in the Heavens, 193.

74. Friedman, Shadow Cold War, 105.

75. Radchenko, Two Suns in the Heavens, 83.

76. Friedman, Shadow Cold War, 197.

77. Christophe Bourseiller, Les Maoïstes: La Folle Histoire des Gardes Rouges Français (Paris: Plon,

1996), 70-1.

78. Jon Henley, 'Mr Chips Turns out to be 007', Guardian, 4 December 2004.

79. Friedman, Shadow Cold War, 102, 105.

80. Lüthi, The Sino-Soviet Split, 232.

81. Friedman, Shadow Cold War, 211.

82. 같은 책, 112.

83. 같은 책, 133.

84. 같은 책, 218-19.

85. 같은 책, 158.

86. Hershberg et al., 'The Interkit Story' 참조.

87. Frank Dikötter, The Cultural Revolution: A People's History, 1962-1976 (London: Bloomsbury, 2016), 100; Friedman, Shadow Cold War, 176.

5장

1. Joshua Oppenheimer, The Look of Silence (film).

2. Adrian Vickers, A History of Modern Indonesia (Cambridge: Cambridge University Press, 2013), 144.

3. Bob Hering, Soekarno: Founding Father of Indonesia, 1901-1945 (Leiden: KITLV Press, 2002), 303.

4. 같은 책, 314-15.

5. Vickers, A History of Modern Indonesia, 95.

6. 같은 책, 105.

7. Hering, Soekarno, 352.

8. Vickers, A History of Modern Indonesia, 111.

9. 같은 책, 114.

10. 같은 책, 127, 138.

11. Mochtar Lubis, Twilight in Djakarta, Claire Holt trans. (London: Hutchinson, 1963).

12. Robert Cribb and Colin Brown, Modern Indonesia: A History Since 1945 (London: Longman, 1995), 74-81 참조.

13. Hong Liu, China and the Shaping of Indonesia, 1949-1965 (Singapore: NUS Press, 2011), 131.

14. 보다 풍부한 논의는 Audrey Kahin and George Kahin, Subversion as Foreign Policy: The Secret Eisenhower and Dulles Debacle in Indonesia (Seattle: University of Washington Press, 1997), and Bradley R. Simpson, Economists with Guns: Authoritarian Development and U.S.-Indonesian Relations, 1960-1968 (Stanford: Stanford University Press, 2008) 참조.

15. Cribb and Brown, Modern Indonesia, 55.

16. David Mozingo, Chinese Policy Toward Indonesia, 1949-1967 (Ithaca: Cornell University Press, 1976), 148.

17. Liu, China and the Shaping of Indonesia, 211.

18. 같은 책, 217-18.

19. Antonie C. A. Dake, In the Spirit of the Red Banteng: Indonesian Communists between Moscow and Peking, 1959-1965 (The Hague: Mouton, 1973), 299.

20. 같은 책, 78.

21. Liu, China and the Shaping of Indonesia, 221.

22. 같은 책, 223.

23. 같은 책, 223-224.

24. Vickers, A History of Modern Indonesia, 148.

25. Liu, China and the Shaping of Indonesia, 229-30.

26. Taomo Zhou, 'China and the Thirtieth of September Movement', Indonesia 98 (October 2014): 47.

27. Sukarno, Sukarno: An Autobiography, as Told to Cindy Adams (Hong Kong: Gunung Agong, 1965), 5.

28. Liu, China and the Shaping of Indonesia, 75.

29. Hong Liu, 'The Historicity of China's Soft Power: The PRC and the Cultural Politics of Indonesia, 1945-1965', in Yangwen Zheng et al. eds, The Cold War in Asia: The Battle for Hearts and Minds (Leiden: Brill, 2010), 162.

30. Lubis, Twilight in Djakarta, 57.

31. Liu, China and the Shaping of Indonesia, 86-7.

32. Abdul Haris Nasution, Fundamentals of Guerrilla Warfare (London: Pall Mall Press, 1965), 26-7.

33. Liu, China and the Shaping of Indonesia, 86.

34. 같은 책, 134.

35. Ruth T. McVey, 'Indonesian Communism and China', in Tang Tsou, ed., China in Crisis Volume 2: China's Policies in Asia and America's Alternatives (Chicago: University of Chicago Press, 1968), 367.

36. 생평 부분은 Tempo Magazine Special Issue: Aidit and the G30S, October 2007, 15, 24 참조.

37. Larisa M. Efimova, 'Stalin and the New Program for the Communist Party of Indonesia', Indonesia 91 (April 2011): 131-63 참조.

38. Jung Chang and Jon Halliday, Mao: The Unknown Story (London: Jonathan Cape, 2005), 389.

39. Donald Hindley, The Communist Party of Indonesia, 1951-1963 (Berkeley: University of California Press, 1964), 32, 42.

40. Robert Cribb, 'Indonesian Marxism', in Colin Mackerras and Nick Knight, eds, Marxism in Asia (Sydney: Croome Helm, 1985), 251-72 참조.

41. Hindley, The Communist Party of Indonesia, 162.

42. John Roosa, 'Indonesian Communism: The Perils of the Parliamentary Path', in Norman Naimark, Silvio Pons and Sophie Quinn-Judge, eds, The Cambridge History of Communism, Volume 2 (Cambridge: Cambridge University Press, 2017), 476.

43. Hindley, The Communist Party of Indonesia, 90.

44. 같은 책, 90-4; for numbers, see Vickers, A History, 158, and Rex Mortimer, Indonesian Communism Under Sukarno: Ideology and Politics, 1959-1965 (Ithaca: Cornell University Press, 1974), 366-367.

45. Hindley, The Communist Party of Indonesia, 110.

46. 같은 책, 113.

47. Mozingo, Chinese Policy, 209.

48. Hindley, The Communist Party of Indonesia, 100−1.

49. Vickers, A History of Modern Indonesia, 156.

50. Hindley, The Communist Party of Indonesia, 259.

51. 같은 책, 262.

52. Doak Barnett, 'Echoes of Mao Tse-tung in Djakarta', 21 May 1955.   http://www.icwa.org/wp-content/uploads/2015/08/ADB-79.pdf (accessed on 1 February 2018).

53. Sukarno, Sukarno: An Autobiography, 267, 271.

54. J. D. Legge, Sukarno, a Political Biography (London: Allen Lane, 1972), 344.

55. Mortimer, Indonesian Communism, 179.

56. 같은 책, 186.

57. Mozingo, Chinese Policy, 203.

58. Mortimer, Indonesian Communism, 197−8.

59. 「重點外賓在京參觀」, 1961, BMA 1961 102−001−00190; D. N. Aidit, 'People's Republic of China Achieves Super-Abundance in People's Commune Production', Harian Rakjat, 1 October 1963, in Joint Publications Research Service, Translations on South and East Asia: No. 43.

60. Tempo Magazine Special Issue: Aidit and the G30S, 15−18.

61. Sheldon W. Simon, The Broken Triangle: Peking, Djakarta, and the PKI (Baltimore: Johns Hopkins Press, 1969), 85, 101−2.

62. 'Intensify the Revolutionary Offensive on All Fronts', Harian Rakjat, 15 May 1965, in Joint Publications Research Service, Translations on South and East Asia: No. 91.

63. Mortimer, Indonesian Communism, 202, and D. N. Aidit, Dare, Dare and Dare Again! (Beijing: Foreign Languages Press, 1963).

64. Mortimer, Indonesian Communism, 276.

65. D. N. Aidit, Set Afire the Banteng Spirit: Ever Forward, No Retreat! (Beijing: Foreign Languages Press, 1964), 1−2, 4, 13, 29, 64, 102.

66. 같은 책, 78, 87, 98.

67. Zhou, 'Diaspora and Diplomacy', 191.

68. Mozingo, Chinese Policy, 217−18.

69. Mortimer, Indonesian Communism, 383−4.

70. Mozingo, Chinese Policy, 209, 212.

71. Ruth McVey, 'The Post-Revolutionary Transformation of the Indonesian Army: Part II', Indonesia 13 (April 1972): 176−7; Geoffrey Robinson, The Killing Season: A History of the Indonesian Massacres, 1965−66 (Princeton: Princeton University Press, 2018), 45−7.   See also Ulf Sundhaussen, The Road to Power: Indonesian Military Politics 1945−1967 (Oxford: Oxford University Press, 1982).

72. Zhou, 'China', 33−7; Zhou, 'Diaspora and Diplomacy', 194.

73. Zhou, 'China', 38−9.

74. 'Southeast Asia: A World Center of Contradictions', Harian Rakjat, 26 September 1964, in Joint Publications Research Service, Translations on South and East Asia, No. 66.

75. Mortimer, Indonesian Communism, 381.

76. 'Intensify the Revolutionary Offensive on All Fronts', Harian Rakjat, 15 May 1965, in Joint Publications Research Service, Translations on South and East Asia, No. 91.

77. Simon, The Broken Triangle, 109.

78. 'Internal Political Situation: Attempted Coup Against Sukarno', 1965, UKNA FO 371/180324.

79. Vickers, A History of Modern Indonesia, 158.

80. Mary Ida Bagus, 'West Bali: Experiences and Legacies of the 1965–66 Violence', in Douglas Kammen and Katharine McGregor, eds, The Contours of Mass Violence in Indonesia, 1965–68 (Copenhagen: NIAS Press, 2012), 213.

81. Dake, In the Spirit of the Red Banteng, 364.

82. Victor Fic, Anatomy of the Jakarta Coup, 1 October, 1965: The Collusion with China which Destroyed the Army Command, President Sukarno and the Communist Party of Indonesia (New Delhi: Abhinav Publications, 2004), 86–9.

83. Vickers, A History of Modern Indonesia, 156.

84. John Roosa, Pretext for Mass Murder: The September 30th Movement and Suharto's Coup d'Etat in Indonesia (Wisconsin: University of Wisconsin Press, 2006), 34–5; also John Hughes, The End of Sukarno: A Coup that Misfired, a Purge that Ran Wild (London: Angus & Robertson, 1968), 61.

85. Benedict R. Anderson, 'How Did the Generals Die?', Indonesia 43 (April 1987): 109–34.

86. Roosa, Pretext for Mass Murder, 51.

87. 같은 책, 46.

88. Geoffrey Robinson, '"Down to the Very Roots": The Indonesian Army's Role in the Mass Killings of 1965–6', Journal of Genocide Research 19.4 (2017): 475.

89. 이 사건의 역사에 관해서는 앞의 저널 참조(같은 호에 살육에 관한 다른 논문도 실려 있다). Robinson, The Killing Season; Robert Cribb, ed., The Indonesian Killings 1965–1966: Studies from Java and Bali (Clayton: Monash University, 1990); Kammen and McGregor, The Contours; Jess Melvin, The Army and the Indonesian Genocide: Mechanics of Mass Murder (Abingdon: Routledge, 2018).

90. Robinson, The Killing Season, 10에서 인용.

91. Oppenheimer, The Look of Silence.

92. Taufi k Ahmad, 'South Sulawesi: The Military, Prison Camps and Forced Labour', in Kammen and McGregor, The Contours, 180, 176.

93. Legge, Sukarno, 404.

94. Roosa, Pretext for Mass Murder, 24에서 인용.

95. 같은 책, 10.

96. 같은 책, 24.

97. Oppenheimer, The Look of Silence.

98. Roosa, Pretext for Mass Murder, 27.

99. Jess Melvin, 'Why Not Genocide? Anti-Chinese Violence in Aceh, 1965–1966', Journal of Current

Southeast Asian Affairs 32.3 (2013): 71.

100. Roosa, Pretext for Mass Murder, 13.

101. 같은 책, 195; Robinson, The Killing Season, 177 – 207; and https://nsarchive2.   g w u . edu/NSAEBB/NSAEBB52/.

102. Melvin, 'Why Not Genocide?': 72.

103. 같은 책, 74.

104. Simon, The Broken Triangle, 154; Hughes, The End of Sukarno, 168 – 9.

105. Zhou, 'China', 49.

106. Benedict R. Anderson and Ruth T. McVey, A Preliminary Analysis of the October 1, 1965 Coup in Indonesia (Ithaca: Modern Indonesia Project, 1971).

107. Roosa, Pretext for Mass Murder.

108. Fic, Anatomy of the Jakarta Coup, 96.

109. Zhou, 'China', 50 – 1.

110. Dake, In the Spirit of the Red Banteng, 407.

111. Roosa, Pretext for Mass Murder, 159.

112. 같은 책, 144, 250.

113. 같은 책, 122, 259.

114. 같은 책, 247, 137, 211.

115. 같은 책, 251, 229, 95.

116. 같은 책, 232 – 3, 96.

117. 같은 책, 229, 217.

118. Zhou, 'China', 55.

119. Dake, In the Spirit of the Red Banteng, 438.

120. Simon, The Broken Triangle, 141.

121. David Jenkins and Douglas Kammen, 'The Army Para-commando Regiment and the Reign of Terror in Central Java and Bali', 86, 88, and Vannessa Hearman, 'South Blitar and the PKI Bases: Refuge, Resistance and Repression,' 199, both in Kammen and McGregor, The Contours.

122. Cribb, The Indonesian Killings, 257.

123. Jenkins and Kammen, 'The Army Para-commando', 89, 93, and Bagus, 'West Bali', 217.

124. Melvin, 'Why Not Genocide?' 82.

125. Bagus, 'West Bali', 219, and Yen-ling Tsai and Douglas Kammen, 'Anti- communist Violence and the Ethnic Chinese in Medan, North Sumatra', in Kammen and McGregor, The Contours, 146.

126. Jenkins and Kammen, 'The Army Para-commando', 95.

127. 같은 책, 99, and Bagus, 'West Bali', 227.

128. Douglas Kammen and Katharine McGregor, 'Introduction: The Contours of Mass Violence in Indonesia, 1965 – 68', in Kammen and McGregor, The Contours, 9.

129. Jenkins and Kammen, 'The Army Para-commando', 85.

130. Oppenheimer, The Look of Silence.

131. Adam Shatz, 'Joshua Oppenheimer Won't Go Back to Indonesia', New York Times, 9 July 2015.

6장

1. John Cooley, East Wind Over Africa: Red China's African Offensive (New York: Walker & Company, 1965), 193.

2. 같은 책, 7.

3. Kathleen Caulderwood, 'China is Africa's New Colonial Overlord, Says Famed Primate Researcher Jane Goodall', International Business Times, http://www.ibtimes.com/china-africas-new-colonial-overlord-says-famed- primate-researcher-jane-goodall-1556312 (accessed on 2 February 2018).

4. Lydia Polgreen and Howard W. French, 'China's Trade in Africa Carries a Price Tag', New York Times, 21 August 2007, http://www.nytimes. com/2007/08/21/world/africa/21zambia.html (accessed on 2 February 2018).

5. http://www.fmprc.gov.cn/mfa_eng/xwfw_665399/s2510_665401/ t1386961.shtml

6. http://www.fmprc.gov.cn/mfa_eng/xwfw_665399/s2510_665401/ t1467100.shtml

7. 蔣華傑은 마오쩌둥 시대의 인민폐와 미국 달러의 교환 비율을 2:1로 보았다.(「冷戰時期中國對非洲國家的援助研究(1960-1978)」), 미출간 박사논문, 華東師範大學, 2014, 19. http://www.usinflationcalculator.com holds that one dollar in 1975 was worth $4.56 in 2017.

8. 중국의 숫자에 관해서는 蔣華傑의 앞의 글 18-20 참조. 미국 숫자는 http://archive.nytimes.com/www.nytimes.com/interac tive/2011/10/04/us/politics/us-foreign-aid-since-1977.html (accessed on 29 April 2018) 참조. 소련의 숫자는 Quintin V. S. Bach, 'A Note on Soviet Statistics on Their Economic Aid', Soviet Studies 37.2 (April 1985): 269 참조.

9. Cooley, East Wind Over Africa, 5.

10. Ali Mazrui 'Preface', in Robert Buijtenhuijs, Mau Mau Twenty Years After: The Myth and the Survivors (The Hague: Mouton, 1973), 7-13. See John Lonsdale's rebuttal in 'Mau Maus of the Mind: Making Mau Mau and Remaking Kenya', Journal of African History 31.3 (1990): 393.
이외에 마우마우 반란에 관한 최근 저서는 다음과 같다. E. S. Atieno Odhiambo and John Lonsdale, eds, Mau Mau and Nationhood: Arms, Authority and Narration (Oxford: James Currey, 2003); S. M. Shamsul Alam, Rethinking Mau Mau in Colonial Kenya (Basingstoke: Palgrave Macmillan, 2007); David M. Anderson, Histories of the Hanged: Britain's Dirty War in Kenya and the End of Empire (London: Weidenfeld & Nicolson, 2005).

11. Elinor Sisulu, Walter and Albertina Sisulu: In Our Lifetime (London: Abacus, 2003), 166.

12. Walter Sisulu, I Will Go Singing, http://www.sahistory.org.za/sites/ default/files/Sisulu%20bio%2C%20I%20will%20Go%20Singing%2C%20 by%20George%20Houser%20and%20Herbert%20Shore.pdf (accessed on 29 March 2018), 90-3.

13. Nelson Mandela, Long Walk to Freedom (London: Little, Brown, 2010), 148. 만델라가 마오쩌둥의 저작을 취득한 경위에 대한 정보는 같은 책, 112 참조.

14. 金沖及과 逢先知, 『毛澤東傳, 1949-1976』제2권(北京, 中央文藝出版社, 2003)에서 인용. 마오쩌둥은 1974년에도 잠비아 초대 대통령 Kenneth Kaunda에게 똑같은 말을 한 것 같다. 이에 관해서는 Philip Snow, The Star Raft: China's Encounter with Africa (London: Weidenfeld Nicolson, 1988), 141 참조.

15. J. C. Cheng, ed., The Politics of the Chinese Red Army: A Translation of the Bulletin of Activities of the People's Liberation Army (Stanford: Hoover Institution, 1966), 315-17, 484-87.　보　고　서는 마지막 단락에서 이렇게 결론을 맺었다. "이 자료는 연대급 이상의 간부들이 연구하고 참고하기 위한 것이다. 내용을 외부에 누출시키거나 공개적으로 인용 또는 복사하는 것은 허가되지 않았다. 어떤 경우에도 분실되거나 잘못 보관할 수 없다."

16. Snow, The Star Raft, 73.

17. 같은 책, 73-4.

18. 蔣華傑, 「冷戰時期中國對非洲國家的援助研究(1960-1978)」, 34.

19. Snow, The Star Raft, 74, 106, 120.

20. Cooley, East Wind Over Africa, 40.

21. G. Thomas Burgess, 'Mao in Zanzibar: Nationalism, Discipline, and the (De)Construction of Afro-Asian Solidarities', in Christopher J. Lee, ed., Making a World After Empire: The Bandung Moment and Its Political Afterlives (Athens: Ohio University Press, 2010), 207.

22. G. Thomas Burgess, Ali Sultan Issa and Seif Sharif Hamad, Race, Revolution and the Struggle for Human Rights in Zanzibar: The Memoirs of Sultan Issa and Seif Sharif Hamad (Athens: Ohio University Press, 2009), 60-1.

23. 같은 책, 66.

24. Cooley, East Wind Over Africa, 41.

25. Burgess, 'Mao in Zanzibar', 224.

26. Alan Hutchison, China's African Revolution (London: Hutchinson, 1975), 95.

27. 같은 책, 95, 62; 蔣華傑, 「冷戰時期中國對非洲國家的援助研究(1960-1978)」, 45-6; Cooley, East Wind Over Africa, 175, 172.

28. 'Kenya: Chinese Communist Activities in the Middle East and Africa', 1959-1962, UKNA FCO 141/7090.

29. Christopher M. Andrew and Vasili Mitrokhin, The Mitrokhin Archive II: The KGB and the World (London: Allen Lane, 2005), 442.

30. Priya Lal, 'Maoism in Tanzania: Material Connections and Shared Imaginaries', in Alexander C. Cook, ed., Mao's Little Red Book: A Global History (Cambridge: Cambridge University Press, 2014), 101.

31. Jamie Monson, Africa's Freedom Railway: How a Chinese Development Project Changed Lives and Livelihoods in Tanzania (Bloomington: Indiana University Press, 2009), 30.

32. 같은 책, 7.

33. Hong Zhou and Hou Xiong, eds, China's Foreign Aid: 60 Years in Retrospect (Singapore: Springer, 2017), 116-17; Hutchison, China's African Revolution, 54.

34. Hutchison, China's African Revolution, 221-2.

35. Cooley, East Wind Over Africa, 224-5.

36. 같은 책, 143에서 인용.

37. Snow, The Star Raft, 160.

38. Burgess et al., Race, 107.

39. 李丹慧, 梁志, 周娜, 「非洲叢林中的新使命: 馬法賢老人訪談錄(二)」, 『冷戰國際史研究』

8(2009), 317.

40. 李丹慧, 陳波, 樊百玉, 「非洲叢林中的新使命: 馬法賢老人訪談錄(三)」, 『冷戰國際史研究』9(2009), 265.

41. 蔣華傑, 「冷戰時期中國對非洲國家的援助研究(1960-1978)」, 42

42. 같은 책, 62.

43. 같은 책, 70-1.

44. Snow, The Star Raft, 79-82.

45. Raymond Mhlaba, Raymond Mhlaba's Personal Memoirs: Reminiscing from Rwanda and Uganda (Johannesburg: HSRC Press, 2001), 112-17.

46. Paul S. Landau, 'The ANC, MK, and "The Turn to Violence" (1960-1962)', South African Historical Journal 64.3 (2012): 556-7.

47. 같은 책, 560.

48. Snow, The Star Raft, 84-5.

49. Hutchison, China's African Revolution, 230.

50. 같은 책.

51. 같은 책, 243.

52. Snow, The Star Raft, 83.

53. 'Kenya: Chinese Communist Activities in the Middle East and Africa', 1959-1962, UKNA FCO 141/7090.

54. 蔣華傑, 「冷戰時期中國對非洲國家的援助研究(1960-1978)」, 85-6.

55. 'Africa: "Chinese Activities in Africa", Communist Propaganda in Africa and IRD Work in Nigeria, Ghana …', 1966, UKNA FO 1110/2073.

56. Nkrumah's Subversion in Africa: Documentary Evidence of Nkrumah's Interference in the Affairs of Other African States (Ghana: Ministry of Information, 1966), 7, 42.   이외에 여러 곳.

57. Hutchison, China's African Revolution, 248.

58. 蔣華傑, 「冷戰時期中國對非洲國家的援助研究(1960-1978)」, 170.

59. Alaba Ogunsanwo, China's Policy in Africa, 1958-1971 (Cambridge: Cambridge University Press, 1974), 193-4.

60. Ali Mazrui, 'Kenya: Global Africana – Kissinger and Nyerere Belonged to Two Cultures But Why Their Comparison?', The Standard at http://allafrica. com/stories/200709230017.html (accessed on 4 February 2018).

61. Julius K. Nyerere, Freedom and Socialism (Dar es Salaam: Oxford University Press, 1968), 34.

62. South African Democracy Education Trust, The Road to Democracy in South Africa, Volume 5, Part 1 (Cape Town: Zebra Press, 2004), 202.

63. Hutchison, China's African Revolution, 5.

64. Nyerere, Freedom and Socialism, 137.

65. 'The Arusha Declaration', in 같은 책, 246 참조.

66. Priya Lal, African Socialism in Postcolonial Tanzania (Cambridge: Cambridge University Press, 2015), 56.

67. 같은 책, 62.

68. Lal, 'Maoism in Tanzania', 96.

69. Julius K. Nyerere, Freedom and Development (Dar es Salaam: Oxford University Press, 1973), 42-4.

70. Lal, 'Maoism in Tanzania', 108; Snow, The Star Raft, 102.

71. Muammar Gaddafi, 'The Social Basis of the Third International Theory', at https://www.marxists.org/subject/africa/gaddafi/ch03.htm (accessed on 4 February 2018).

72. Lal, 'Maoism in Tanzania', 104.

73. Snow, The Star Raft, 101-2.

74. Burgess, 'Mao in Zanzibar', 224.

75. Lal, African Socialism, 100, 181, 202.

76. 'Chinese Activities in Tanzania', 1964-1966, UKNA DO 213/100.

77. 蔣華傑, 「冷戰時期中國對非洲國家的援助研究(1960-1978)」, 169.

78. 같은 책, 210.

79. 같은 책, 215.

80. 같은 책, 216, 236.

81. Bruce D. Larkin, China and Africa, 1949-1970: The Foreign Policy of the People's Republic of China (Berkeley: University of California Press, 1971), 167-8.

82. Cooley, East Wind Over Africa, 156.

83. 蔣華傑, 「冷戰時期中國對非洲國家的援助研究(1960-1978)」, 30.

84. 같은 책, 158.

85. Hutchison, China's African Revolution, 111.

86. Snow, The Star Raft, 82.

87. Mohamed Heikal, Nasser: The Cairo Documents (London: New English Library, 1972), 285-286.

88. Snow, The Star Raft, 115.

89. 같은 책, 146; Cooley, East Wind Over Africa, 102.

90. Snow, The Star Raft, 114.

91. Emmanuel John Hevi, An African Student in China (London: Pall Mall Press, 1963), 162-3.

92. 같은 책, 48, 127.

93. 같은 책, 204.

94. 같은 책, 119.

95. 같은 책, 34.

96. Lal, 'Maoism in Tanzania', 112.

97. 'Chinese Relations and Activities in Sierra Leone: In Particular Technical Assistance and Military Training', 1972, UKNA FCO 65/1242.

98. Hutchison, China's African Revolution, 99-100.

99. 같은 책, 105; Larkin, China and Africa, 102.

100. 'Chinese Activities', UKNA DO 213/100.

101. 'Kenya: Chinese Communist Activities', UKNA FCO 141/7090.

102. 아래 보도된 표제를 참고하시오. UKNA FCO 65/1242.

103. Snow, The Star Raft, 110.

104. Nyerere, Freedom and Socialism, 51.

105. Hutchison, China's African Revolution, 94–5.

106. 'Chinese Activities', UKNA DO 213/100; Hutchison, China's African Revolution, 94.

107. Burgess, 'Mao in Zanzibar', 221.

108. Hutchison, China's African Revolution, 182–3.

109. 李丹慧, 李秀芳, 游覽, 「非洲叢林中的新使命: 馬法賢老人訪談錄(五)」, 『冷戰國際史研究』11(2011), 180.

110. Snow, The Star Raft, 165.

111. From Cooley, East Wind Over Africa, 181 and Hutchison, China's African Revolution, 272.

112. Lal, 'Maoism in Tanzania', 112.

113. Larkin, China and Africa, 136–7.

114. Snow, The Star Raft, 119.

115. Ogunsanwo, China's Policy in Africa, 193.

116. Burgess et al., Race, 86, 61.   117   같은 책, 39, 41.

118. 같은 책, 76.

119. 같은 책, 119, 115.

120. 같은 책, 11.

121. 李丹慧, 「赴非洲新使命: 馬法賢老人訪談錄」, 『冷戰國際史研究』7 (2008): 253.

122. Cooley, East Wind Over Africa, 195.

123. 李丹慧 等, 「非洲叢林中的新使命: 馬法賢老人訪談錄(三)」, 262–3.

124. 李丹慧 等, 「非洲叢林中的新使命: 馬法賢老人訪談錄(五)」, 171.

125. 李丹慧 等, 「非洲叢林中的新使命: 馬法賢老人訪談錄(三)」, 262; 李丹慧 等, 「非洲叢林中的新使命: 馬法賢老人訪談錄(五)」, 151.

126. 李丹慧 等, 「非洲叢林中的新使命: 馬法賢老人訪談錄(七)」, 232, 235.

127. 李丹慧, 「赴非洲新使命: 馬法賢老人訪談錄」, 『冷戰國際史研究』7, 255.

128. 같은 책, 256–9.

129. 李丹慧 等, 「非洲叢林中的新使命: 馬法賢老人訪談錄(二)」, 305–7.

130. 같은 책, 324–5.

131. 李丹慧, 崔海智, 蔣華傑, 「非洲叢林中的新使命: 馬法賢老人訪談錄(四)」, 『冷戰國際史研究』10 (2010): 379, 381.

132. 李丹慧, 周娜, 崔海智, 「非洲叢林中的新使命: 馬法賢老人訪談錄(六)」, 『冷戰國際史研究』12 (2011): 243–4.

133. 李丹慧 等, 「非洲叢林中的新使命: 馬法賢老人訪談錄(七)」, 266.

134. 蔣華傑, 「冷戰時期中國對非洲國家的援助研究(1960-1978)」, 120.

135. 李丹慧 等, 「非洲叢林中的新使命: 馬法賢老人訪談錄(四)」, 390, 411; 李丹慧 等, 「非洲叢林中的新使命: 馬法賢老人訪談錄(五)」, 168.

136. 李丹慧, 周娜, 崔海智, 「非洲叢林中的新使命: 馬法賢老人訪談錄(八)」, 『冷戰國際史研究』14 (2012): 279.

137. 李丹慧 等, 「非洲叢林中的新使命: 馬法賢老人訪談錄(四)」, 396–7.

138. 같은 책, 402–4.

139. 같은 책, 404-5: 丹慧 等,「非洲叢林中的新使命: 馬法賢老人訪談錄(五)」, 156.

140. 丹慧 等,「非洲叢林中的新使命: 馬法賢老人訪談錄(五)」, 198-9.

141. 마오쩌둥과 팔레스타인해방기구(PLO) 대표단의 회견 내용, 1965년 3월 24일(개인 소장).

142. Lillian Craig Harris, 'China's Relations with the PLO', Journal of Palestine Studies 7.1 (Autumn 1977): 137.

143. 李丹慧 等,「非洲叢林中的新使命: 馬法賢老人訪談錄(三)」, 275-6.

144. 개인 통신.

145. Snow, The Star Raft, 168.

146. 蔣華傑,「冷戰時期中國對非洲國家的援助研究(1960-1978)」, 123.

147. 같은 책, 160.

148. 같은 책, 93-5.

149. 마오쩌둥과 모부투 세세 세코(Mobutu Sese Seko) 회견 내용, 1973년 1월 13일(개인 소장); Jung Chang and John Halliday, Mao: The Unknown Story (London: Jonathan Cape, 2005), 593.

150. David Martin and Phyllis Johnson, The Struggle for Zimbabwe: The Chimurenga War (London: Faber and Faber, 1981), 12.

151. Munyaradzi Huni, 'Chimurenga II Chronicles: Zanu's Uncomfortable Truth', Sunday Mail, 8 May 2016. http://www.sundaymail.co.zw/chimurenga-ii- chronicles-zanus-uncomfortable-truth/ (accessed on 5 February 2018).

152. Martin and Johnson, The Struggle for Zimbabwe, 83-4.

153. Paul Moorcraft and Peter McLaughlin, The Rhodesian War: Fifty Years On (Barnsley: Pen & Sword, 2015), 33.

154. 같은 책, 11.

155. Fay Chung, Re-living the Second Chimurenga: Memories from the Liberation Struggle in Zimbabwe (Stockholm: Nordic Africa Institute, 2006), 130.

156. Hildegarde Manzvanzvike, "Fighting for the people, with the people," The Herald 10 December 2015. http://www.herald.co.zw/fighting-for-the- people-with-the-people/ (accessed on 5 February 2018).

157. 'Murozvi: Rare Breed of Cadre', Herald, 11 April 2017.

158. Moorcraft and McLaughlin, The Rhodesian War, 73-4.

159. Pandya Paresh, Mao Tse-tung and Chimurenga: An Investigaton into ZANU's Strategies (Braamfontein: Skotaville Publishers, 1988), 82-3.

160. Snow, The Star Raft, 84.

161. Paresh, Mao Tse-tung and Chimurenga, 128-9, 136-7.

162. 같은 책, 135.

163. Moorcraft and McLaughlin, The Rhodesian War, 62.

164. 같은 책, 64-75.

165. 같은 책, 106.

166. Chung, Re-living the Second Chimurenga, 264.

167. Snow, The Star Raft, 230.

168. 'Statement by Chinese President Xi Jinping: Let the Sino-Zim Flower Bloom with New Splendour',

Herald 28 November 2015.

169. Christopher Farai Charamba, 'Party Principles Found in Song', Herald, 12 April 2016.

170. Snow, The Star Raft, 136; 張奕, 『破曉時分』 (臺北, 中央日報出版社, 1985), 210-11.

7장

1. Red Chinese Battle Plan 1964, at https://archive.org/details/RedChine1964 (accessed on 23 January 2018).

2. Why Vietnam? 1965, at https://www.youtube.com/watch?v=v1WzxlsOsjw (accessed on 23 January 2018).

3. Fredrik Logevall, 'The Indochina Wars and the Cold War, 1945-1975', in Melvyn P. Leffler and Odd Arne Westad, eds, The Cambridge History of the Cold War: Crises and Détente, Volume 2 (Cambridge: Cambridge University Press, 2010), 288에서 인용.

4. Bruce D. Larkin, China and Africa 1949-1970: The Foreign Policy of the People's Republic of China (Berkeley: University of California Press, 1973), 196.

5. 인용문은 모두 Qiang Zhai, China and the Vietnam War, 1950-1975(Chapel Hill: University of North Carolina Press, 2005), 146에서 인용.

6. 같은 책, 147-8, 201.

7. 베트남과 인도네시아 전쟁에 관한 역사 문헌은 매우 방대하다. 관련 목록은 Mark Bradley, Christopher Goscha, Ben Kiernan and Marilyn Young 등의 저서 및 Lien-Hang T. Nguyen, Hanoi's War: An International History of the War for Peace in Vietnam (Chapel Hill: University of North Carolina Press, 2012); Pierre Asselin, Hanoi's Road to the Vietnam War, 1954-1965 (Berkeley: University of California Press, 2015) 등을 참조하시오.

8. Sergey Radchenko, Two Suns in the Heavens: The Sino-Soviet Struggle for Supremacy (Stanford: Stanford University Press, 2009) 참조.

9. 'Office of the Historian'. https://history.state.gov/historical- documents/frus1952-54v13p1/d716 (accessed on 23 January 2018)에서 인용.

10. Odd Arne Westad, Chen Jian, Stein Tønnesson, Nguyen Vu Tungand and James G. Hershberg, '77 Conversations Between Chinese and Foreign Leaders on the Wars in Indochina, 1964-1977', Woodrow Wilson International Center Working Paper No. 22, 91 and passim.

11. 같은 책, 23, 154; Qiang, China and the Vietnam War, 135; Chen Jian, Mao's China and the Cold War (Chapel Hill: University of North Carolina Press, 2001), 227-229. Westad et al., '77 Conversations', 85.

13. 같은 책, 35.

14. William J. Duiker, Ho Chi Minh: A Life (New York: Hyperion, 2000), see chapters 3-4, and 274, 230.

15. 같은 책, 210, 248-9.

16. Ang Cheng Guan, Vietnamese Communists' Relations with China and the Second Indochina Conflict, 1956-1962 (London: McFarland, 1997), 57, 66.

17. Duiker, Ho Chi Minh, 255.

18. Bui Tin, Following Ho Chi Minh: The Memoirs of a North Vietnamese Colonel (London: Hurst, 1995), 29.

19. Guan, Vietnamese Communists' Relations, 37.

20. 羅貴波,「少奇同志派我出使越南」,『緬懷劉少奇』(北京, 中央文獻出版社, 1988), 234.

21. 같은 책, 237; Qiang, China and the Vietnam War, 18-19.

22. Chen, Mao's China, 125.

23. Qiang, China and the Vietnam War, 35.

24. 같은 책, 33.

25. Chen, Mao's China, 127, 130.

26. Bui, Following Ho Chi Minh, 24.

27. 같은 책, 7-8.

28. 같은 책, 14-16.

29. 같은 책, 16; Hoang Van Hoan, A Drop in the Ocean: Hoang Van Hoan's Revolutionary Reminiscences (Beijing: Foreign Languages Press, 1988), 300.

30. Bui, Following Ho Chi Minh, 16.

31. Alex-Thai D. Vo, 'Nguyen Thi Nam and the Land Reform in North Vietnam', Journal of Vietnamese Studies 10.1 (Winter 2015): 30-9.

32. 이는 아래의 방식을 통해 전파되었다. 같은 책 및 Bui, Following Ho Chi Minh.

33. Bui, Following Ho Chi Minh, 26.

34. Vo, 'Nguyen Thi Nam', 33.

35. Qiang, China and the Vietnam War, 230.

36. Vo, 'Nguyen Thi Nam', 1-2, 36.

37. Bui, Following Ho Chi Minh, 23-4.

38. 같은 책, 28. 사망자의 숫자는 Vo, 'Nguyen Thi Nam', 3-10, and Alec Holcombe, 'Socialist Transformation in the Democratic Republic of Vietnam', 미출간 박사논문, University of California, Berkeley, 2014, 2 참조.

39. Bui, Following Ho Chi Minh, 35.

40. 같은 책, 38.

41. Martin Windrow, The Last Valley: Dien Bien Phu and the French Defeat in Vietnam (London: Cassell, 2005), 205.

42. Chen, Mao's China, 134.

43. Windrow, The Last Valley, 624.

44. Huang Hua, Memoirs (Beijing: Foreign Languages Press, 2008), 149.

45. Qiang, China and the Vietnam War, 58.

46. 같은 책, 61.

47. Guan, Vietnamese Communists' Relations, 102-3.

48. Bui, Following Ho Chi Minh, 52.

49. Qiang, China and the Vietnam War, 125.

50. Cheng Guan, Vietnamese Communists' Relations, 128.

51. The Truth about Vietnam‐China Relations over the Last Thirty Years (Hanoi: Ministry of Foreign Affairs, 1979), passim; Luu Doan Huynh, 'Commentary: A Vietnamese Scholar's Perspective on the Communist Big Powers and Vietnam', in Priscilla Roberts, ed., Behind the Bamboo Curtain: China, Vietnam, and the World Beyond Asia (Stanford: Stanford University Press, 2006), 443.

52. 「越南對我黨八中全會等問題的反應」, 1959년 9월 16일. AMFA 106 00444 04 (1).

53. Westad et al., '77 Conversations', 112‐19.

54.. 2015년 8월 5일 Lucy Ha가 하노이에서 楊名易(Duong Danh Dy)를 탐방한 내용.

55. Nicholas Khoo, Collateral Damage: Sino‐Soviet Rivalry and the Termination of the Sino‐Vietnamese Alliance (New York: Columbia University Press, 2011), 37‐8.

56. Westad et al., '77 Conversations', 63.

57. Sergey Radchenko, 'Mao Unplugged: the 1970s', 미출간 논문.

58. Dan Levin, 'China is Urged to Confront Its Own History', New York Times, 30 March 2015.

59. Dan Tong, 「1960‐70年代的西哈努克(Xihanuke), 波布(BoerBute:Pol Pot)與中國」, 저자가 제공한 원고.

60. 宋征, 「毛澤東主義的興亡 : 中國革命與紅高棉革命的歷史』 (美國, 美國陽光出版社, 2013), 555‐7.

61. Rithy Panh, The Missing Picture (영화 필름).

62. Julio Jeldres, 'A Personal Reflection on Norodom Sihanouk and Zhou Enlai: An Extraordinary Friendship on the Fringes of the Cold War', Cross‐Currents: East Asian History and Culture Review 4 (September 2012): 61.

63. Philip Short, Pol Pot: The History of a Nightmare (London: John Murray, 2004), 357 인용.

64. Howard J. De Nike, John Quigley and Kenneth J. Robinson, eds, Genocide in Cambodia: Documents from the Trial of Pol Pot and Ieng Sary (Philadelphia: University of Pennsylvania Press, 2000), 550.

65. People's Revolutonary Tribunal Held in Phnom Penh for the Trial of the Genocide Crime of the Pol Pot‐Ieng Sary Clique, August 1979: Documents (Phnom Penh: Foreign Languages Publishing House, 1990), 268, 246, 152, 131, 267, 244, 268.

66. Short, Pol Pot, 66‐7, 70‐1.

67. 같은 책, 190.

68. David Chandler, Brother Number One: A Political Biography of Pol Pot(Colorado: Westview, 1999), 37.

69. Short, Pol Pot, 96.

70. 같은 책, 158.

71. 周德高, 『我與中共和柬共 : 赤色華人解祕』 (香港, 田園書屋, 2007), 75.

72. Short, Pol Pot, 159‐61.

73. 같은 책, 170, and 'Lettre du Comité Permanent du CC du CPK au bureau politique du CC du CPC', 6 October 1967, Doc TLM/175 VA (courtesy of Philip Short).

74. Chin Peng(陳平), Alias Chin Peng － My Side of History: Recollections of a Revolutionary Leader (Singapore: Media Masters, 2003), 454. 다만 천평(Chin Peng)의 연표는 다소 애매한 부분이 있다. 같은 책에서 프놈펜 주재 중국 대사관이 시아누크의 사형수 키에우 삼판을 구출하는 데

도움을 준 것에 대한 폴 포트의 흥미로운 발언도 참고하시오.

75. Short, Pol Pot, 177.

76. 宋征,「毛澤東主義的興亡：中國革命與紅高棉革命的歷史」, 129, 199 – 200.

77. 같은 책, 124.

78. David Chandler, Voices from S-21: Terror and History in Pol Pot's Secret Prison (Berkeley: University of California Press, 1999), 4.

79. 宋征,「毛澤東主義的興亡：中國革命與紅高棉革命的歷史」, 199 – 200.

80. 周德高,『我與中共和柬共：赤色華人解祕』, 72.

81. 宋征,「毛澤東主義的興亡：中國革命與紅高棉革命的歷史」, 268.

82. 같은 책, 206 – 7.

83. 周德高,『我與中共和柬共：赤色華人解祕』, 78, 81 – 2, 92, 63.

84. 같은 책, 88 – 9.

85. Nayan Chanda, Brother Enemy: The War after the War (San Diego: Harcourt Brace Jovanovich, 1986), 41.

86. Ben Kiernan, How Pol Pot Came to Power: A History of Communism in Kampuchea, 1930 – 1975 (London: Verso, 1986), 276.

87. Short, Pol Pot, 167 – 8; Milton Osborne, Sihanouk: Prince of Light, Prince of Darkness (Honolulu: University of Hawai'i Press, 1994), 194.

88. See image in Jeldres, 'A Personal Reflection', 55.

89. Norodom Sihanouk and Julio A. Jeldres, Shadow Over Angkor: Volume One, Memoirs of His Majesty King Norodom Sihanouk of Cambodia (Phnom Penh: Monument Books, 2005), 81.

90. 周德高,『我與中共和柬共：赤色華人解祕』, 89-95.

91. Norodom Sihanouk and Wilfred Burchett, My War with the CIA (London: Penguin 1973), 209 – 10.

92. ihanouk and Jeldres, Shadow Over Angkor, 87.

93. Short, Pol Pot, 202.

94. Dan Tong,「1960 – 70年代的西哈努克(Xihanuke), 波布(BoerBute:Pol Pot)與中國」, 4.

95. Sihanouk and Jeldres, Shadow Over Angkor, 155.

96. Short, Pol Pot, 243 – 4.

97.「西哈努克親王視察柬埔寨解放區專報」,『人民畫報』, 1973年 6月.

98. Dan Tong,「1960 – 70年代的西哈努克(Xihanuke), 波布(BoerBute:Pol Pot)與中國」, 5.

99. Short, Pol Pot, 240.

100. 번역에 약간 차이가 있다. Ben Kiernan, The Pol Pot Regime: Race, Power and Genocide in Cambodia under the Khmer Rouge (New Haven: Yale University Press, 2014), 326.

101. Harish C. Mehta, Warrior Prince: Norodom Ranariddh, Son of King Sihanouk of Cambodia (Singapore: Graham Brash, 2001), 54; see a similar version in Sophie Richardson, China, Cambodia and the Five Principles of Peaceful Coexistence (New York: Columbia University Press, 2010), 87 – 8: 1975년 그는 "캄보디아와 나를 위해 많은 일을 해준 중국과 저우언라이 각하를 위해 내 자신의 견해를 희생해야 한다."고 단언했다.

102. 宋征,「毛澤東主義的興亡：中國革命與紅高棉革命的歷史」, 489, 634 참조.

103. Dan Tong, 「1960－70年代的西哈努克(Xihanuke), 波布(BoerBute：Pol Pot)與中國」, 9 참조.

104. Henri Locard, Pol Pot's Little Red Book：The Sayings of Angkar (Chiang Mai：Silkworm, 2004), 72, 69, 78, 97, 156; also see discussion in Ben Kiernan, 'External and Indigenous Sources of Khmer Rouge Ideology', in Odd Arne Westad and Sophie Quinn-Judge, eds, The Third Indochina War：Conflict Between China, Vietnam and Cambodia, 1972－1979 (London：Routledge, 2006), 187－206 참조.

105. De Nike et al., Genocide in Cambodia, 292.

106. Dan Tong, 「1960－70年代的西哈努克(Xihanuke), 波布(BoerBute：Pol Pot)與中國」, 7, 9 참조. 퇴역 군인에서 마오쩌둥 시대를 연구하는 역사가로 변신한 Dan Tong은 이렇게 말했다. "마오쩌둥과 그 외의 중국 지도자들의 승인과 격려를 받은 폴 포트는 중국의 문화대혁명보다 훨씬 급진적인 정책을 펼쳤다. 그는 경제적으로 황폐화된 캄보디아에서 계급 및 도시와 농촌 간의 격차를 없애고, 화폐와 무역도 폐지하며, 평등을 추구하기 위해 도시를 소멸시키고 도시민들을 농촌으로 이주시켜 농사를 하도록 하는 등 과격한 사회주의 노선을 추구했다. 그는 가구, 텔레비전, 냉장고, 자동차 등 모든 '사치품'을 없앴으며, 거리 명칭을 혁명적인 명칭으로 바꾸고, 가족을 해체하고, 노동조직을 설립하여 남녀를 격리 수용했다. 또한 지식인들을 개조하고, 개조되지 않는 이들은 몰살시켰다.……중국 대약진의 비극이 캄보디아에서 재현되었다."

107. Haing Ngor with Roger Warner, Survival in the Killing Fields (London：Robinson, 2003), 3.

108. Andrew Mertha, Brothers in Arms：Chinese Aid to the Khmer Rouge, 1975－1979. (Ithaca：Cornell University Press, 2014), 99.

109. De Nike et al., Genocide in Cambodia, 545.

110. Chanda, Brother Enemy, 85.

111. 宋征,「毛澤東主義的興亡：中國革命與紅高棉革命的歷史」, 481, 483, 551, 699.

112. Kiernan, The Pol Pot Regime, 129－30.

113. Chanda, Brother Enemy, 200.

114. Kiernan, The Pol Pot Regime, 133, 379.

115. Norodom Sihanouk, Prisonnier des Khmers Rouges (Paris：Hachette, 1986), 216.

116. De Nike et al., Genocide in Cambodia, 81.

117. Kiernan, The Pol Pot Regime, 102.

118. 같은 책, 108, 111, 148.

119. Chanda, Brother Enemy, 42, 44.

120. Kiernan, The Pol Pot Regime, 139.

121. 같은 책, 380.

122. Dan Tong, 「1960－70年代的西哈努克(Xihanuke), 波布(BoerBute：Pol Pot)與中國」, 8; Chanda, Brother Enemy, 43; 宋征,「毛澤東主義的興亡：中國革命與紅高棉革命的歷史」, 638; Norodom Sihanouk, War and Hope：The Case for Cambodia, Mary Feeney trans, (London：Sidgwick & Jackson, 1980), 86.

123. Kiernan, The Pol Pot Regime, 135.

124. Mertha, Brothers in Arms, 55.

125. 宋征,「毛澤東主義的興亡：中國革命與紅高棉革命的歷史」, 636, 641. 이외에 Kiernan,

The Pol Pot Regime, 152 – 3 참조.

126. David P. Chandler, The Tragedy of Cambodian History: Politics, War and Revolution Since 1945 (New Haven: Yale University Press, 1991), 240; 徐焰, 「波爾布特: '左禍'的一面鏡子」, 『百年潮』 3 (2001): 69.

127. Kiernan, The Pol Pot Regime, 295; 宋征, 「毛澤東主義的興亡: 中國革命與紅高棉革命的歷史」, 650.

128. Kiernan, The Pol Pot Regime, 155.

129. Chanda, Brother Enemy, 11 – 22.

130. 같은 책, 23, 17.

131. Westad et al., '77 Conversations', 192.

132. Chanda, Brother Enemy, 28.

133. 같은 책, 24.

134. Xiaoming Zhang, Deng Xiaoping's Long War: The Military Conflict between China and Vietnam, 1979 – 1991 (Chapel Hill: University of North Carolina Press, 2015), 36; 동일한 개념을 약간 다르게 번역한 것은 Westad et al., '77 Conversations', 192 참조.

135. Chanda, Brother Enemy, 52 – 3.

136. Westad et al., '77 Conversations', 74.

137. 같은 책, 182.

138. Chanda, Brother Enemy, 134.

139. 같은 책, 34, 86, 194, 207 – 8.

140. 같은 책, 213.

141. 같은 책, 261, 325.

142. 같은 책, 356 – 8, 361.

143. Short, Pol Pot, 396 – 7.

144. Evan Gottesman, Cambodia After the Khmer Rouge: Inside the Politics of Nation Building (New Haven: Yale University Press, 2004), 11, 50 참조.

145. Dan Tong, 「1960 – 70年代的西哈努克(Xihanuke), 波布(BoerBute: Pol Pot)與中國」, 10.

146. Short, Pol Pot, 421 – 3, 435, 442.

147. 周德高, 『我與中共和柬共: 赤色華人解祕』, 216, 229.

148. Mertha, Brothers in Arms, 1에서 인용.

8장

1. Robert J. Alexander, Maoism in the Developed World (London: Praeger, 2001), 94.

2. Stephen Frank Rayner, 'The Classification and Dynamics of Sectarian Forms of Organisation: Grid/Group Perspectives on the Far-left in Britain', 미출간 박사논문, University College London, 1979, 141.

3. Robert Booth, 'Maoist Sect Leader Forced Woman into Sex Acts, Court Hears', Guardian, 16 November 2015.

4. Rayner, 'The Classification', 141 – 3.

5. 같은 책, 143, 145.

6. Booth, 'Maoist Sect Leader Forced Woman into Sex Acts, Court Hears'.

7. Robert Booth, 'Cult Leader Comrade Bala's Daughter: 30 Years as a 'Non-Person', Guardian, 4 December 2015.

8. Robert Booth, 'The Brixton Sect Where Paranoia and Cruelty Reigned', Guardian, 4 December 2015.

9. Rayner, 'The Classification', 170.

10. Hans Petter Sjøli, 'Maoism in Norway: And how the AKP (m-l) made Norway more Norwegian', Scandinavian Journal of History 33.4 (December 2008): 479.

11. Frank Dikötter, The Cultural Revolution: A People's History, 1962 – 1976(London: Bloomsbury, 2016) 참조.

12. Robin D. G Kelley and Betsy Esch, 'Black Like Mao: Red China and Black Revolution', Souls: Critical Journal of Black Politics and Culture 1.4 (Fall 1999): 7.

13. Shirley MacLaine, You Can Get There From Here (London: George Prior, 1975), 206, 213, 183 – 4, 223 – 4, 245, 247 – 8.

14. Christophe Bourseiller, Les Maoïstes: La Folle Histoire des Gardes Rouges Français (Paris: Plon, 1996), 64, 74.

15. 같은 책, 73 – 8.

16. 같은 책, 159.

17. 'Artists to Exhibit as Protest Against War', New York Times, 26 January 1967; Clive Barnes, 'Dance: "Angry Arts" at Hunter College', New York Times, 3 February 1967.

18. Jeremi Suri, 'Ostpolitik as Domestic Containment: The Cultural Contradictions of the Cold War and the West German State Response', in Belinda Davis, Wilfried Mausbach, Martin Klimke and Carlo MacDougall, eds, Changing the World, Changing Oneself: Political Protest and Collective Identities in West Germany and the US in the 1960s and 1970s (Oxford: Berghahn Books, 2013), 141.

19. Mark Kurlansky, 1968: The Year that Rocked the World (London: Jonathan Cape, 2004), 202.

20. Max Elbaum, Revolution in the Air: Sixties Radicals Turn to Lenin, Mao and Che (London: Verso, 2006), 42 – 3.

21. 같은 책, 45.

22. Ethan Young, 탐방 기사, 24 March 2015, New York.

23. Muhammad Ahmad, 탐방 기사, 25 March 2015, Philadelphia.

24. Dennis O'Neil, 탐방 기사, 23 March 2015, New York.

25. Sebastian Gehrig, '(Re-)configuring Mao: Trajectories of a Culturo-political Trend in West Germany', Transcultural Studies 2 (2011): 204; Quinn Slobodian, Foreign Front: Third World Politics in Sixties West Germany (Durham, NC: Duke University Press, 2012), 173.

26. Gerd Koenen, Das Rote Jahrzehnt: Unsere kleine Deutsche Kulturrevolution 1967 – 1977 (Köln: Kiepenheuer & Witsch, 2001), 46 – 7, 49.

27. Slobodian, Foreign Front, 194.

28. Aaron J. Leonard and Conor A. Gallagher, Heavy Radicals: The FBI's Secret War on America's

Maoists: The Revolutionary Union/Revolutionary Communist Party 1968 – 1980 (Winchester: Zero Books, 2014), 25.

29. Bobby Seale, Seize the Time: Story of the Black Panther Party and Huey P. Newton (Baltimore: Black Classic Press, 1991), 82 – 3.

30. Muhammad Ahmad, We Will Return in the Whirlwind: Black Radical Organizations 1960 – 1975 (Chicago: Charles H. Kerr, 2007), 292; see also 'Black Panther Greatest Threat to U.S. Security', Desert Sun, 16 July 1969. https://cdnc.ucr.edu/ cgi-bin/cdnc?a=d&d=DS19690716.2.89 (accessed on 10 May 2018).

31. Joshua Bloom and Waldo E. Martin, Black Against Empire: The History and Politics of the Black Panther Party (Berkeley: University of California Press, 2013), 60.

32. Kelley and Esch, 'Black Like Mao', 6.

33. Robeson Taj Frazier, The East is Black: Cold War China in the Black Radical Imagination (Durham, NC: Duke University Press, 2015), 136.

34. 같은 책, 136.

35. 'The Papers of Robert F. Williams', microfilm edn, University Publication of America, 2002.

36. Maxwell C. Stanford, 'Revolutionary Action Movement (RAM): A Case Study of an Urban Revolutionary Movement in Western Capitalist Society', 미출간 석사 논문, University of Georgia, 1986, 72.

37. Frazier, The East is Black, 146.

38. 'The Papers of Robert F. Williams', 산견되는 부분 참조.

39. Frazier, The East is Black, 183.

40. Stanford, 'Revolutionary Action Movement', 80, 83 – 4.

41. 같은 책, 103.

42. Ahmad, 탐방 기사

43. Huey P. Newton, To Die For the People (San Francisco: City Lights Books, 2009), 234; Seale, Seize the Time, 113.

44. Seale, Seize the Time, 64.

45. Roberto Niccolai, Quando la Cina era vicina: La Rivoluzione Culturale e la sinistra extraparlamentare Italiana negli anni '60 e '70 (Pisa: Associazione centro de documentazione de Pistoia, 1998), 70.

46. Kurlansky, 1968, 145.

47. Koenen, Das Rote Jahrzehnt, 148.

48. O'Neil, 탐방 기사.

49. Ethan Young, 탐방 기사.

50. O'Neil, 탐방 기사.

51. Slobodian, Foreign Front, 178.

52. 같은 책, 176.

53. Quinn Slobodian, 'The Meanings of Western Maoism in the Global 1960s,' in Chen Jian et al. eds., The Routledge Handbook of the Global Sixties (Abingdon: Routledge, 2018), 72.

54. Gehrig, '(Re-)Configuring Mao', 201 – 2, 220.

55. Slobodian, Foreign Front, 176.

56. Uta G. Poiger, 'Generations: The "Revolutions" of the 1960s', in Helmut Walser Smith, ed., The Oxford Handbook of Modern German History (Oxford: Oxford University Press, 2011), 648.

57. Tony Judt, Postwar: A History of Europe Since 1945 (London: Pimlico, 2007), 419.

58. Bourseiller, Les Maoïstes, 126.

59. Richard Wolin, The Wind from the East: French Intellectuals, the Cultural Revolution and the Legacy of the 1960s (Princeton: Princeton University Press, 2010), 4.

60. Bourseiller, Les Maoïstes, 65.

61. Niccolai, Quando la Cina, 146; Robert Lumley, States of Emergency: Cultures of Revolt in Italy from 1968 to 1978 (London: Verso, 1990), 73.

62. Slobodian, Foreign Front, 185-6.

63. Lumley, States of Emergency, 87-8.

64. 같은 책, 88, 121.

65. Niccolai, Quando la Cina, 237.

66. '탐방기록 on the Cultural Revolution with Chris Milton, a Participant'. https://www.marxists.org/history/erol/1960-1970/milton.pdf (accessed on 7 February 2018), 7.

67. O'Neil, 탐방 기사.

68. Ilaria Favretto, 'Rough Music and Factory Protest in Post-1945 Italy', Past and Present 228 (August 2015): 207-47; Ilaria Favretto and Marco Fincardi, 'Carnivalesque and Charivari Repertories in 1960s and 1970s Italian Protest', in Ilaria Favretto and Xabier Itçaina, eds, Protest, Popular Culture and Tradition in Modern and Contemporary Western Europe (London: Palgrave, 2017), 149-84 참조.

69. Seale, Seize the Time, 395-401.

70. Jean Delavaud, 'De Choiseul-Praslin: de l'Ena...À l'usine'. http://www.nantes.maville.com/actu/actudet_-De-Choiseul-Praslin-de-l-Ena...-a-l- usine-_-625516_actu.Htm (accessed on 7 February 2018).

71. Niccolai, Quando la Cina, 237.

72. Bourseiller, Les Maoïstes, 81, 49, 69.

73. Lisa Foa, 'Perché fummo maoisti: la Cina è un giallo', Limes (1995): 237-8. 노르웨이의 마오주의 학자 Jon Rognlien는 2014년 2월 3일 Skype를 탐방하여 이런 관점을 확인했다.

74. Niccolai, Quando la Cina, 150-1.

75. Gerard Miller, Minoritaire (Paris: Seuil, 2001), 76, 80, 97.

76. Wolin, The Wind from the East, 207, 270-2, 274.

77. Young, 탐방기록.

78. Andreas Kühn, Stalins Enkel, Maos Söhne: Die Lebenswelt der K-Gruppen in der Bundesrepublik der 70er Jahre (Frankfurt: Campus Verlag, 2005) 참조.

79. Niccolai, Quando la Cina, 116.

80. 같은 책, 120-5.

81. 'Aldo Brandirali, storia di una conversione'. http://www.genteveneta.it/ public/articolo.php?id=5553 (accessed on 10 May 2018).

82. Donald Reid, 'Etablissement: Working in the Factory to Make Revolution in France', Radical History

Review 88 (2004): 86.

83. 영문 번역본은 Robert Linhart, The Assembly Line, Margaret Crosland trans. (London: Calder, 1981) 참조.

84. 'International Institute for Research and Education Archives', International Institute of Social History, Amsterdam.

85. Gehrig, '(Re-)Configuring Mao', 210.

86. Bourseiller, Les Maoïstes, 18.

87. 같은 책, 154.

88. O'Neil, 탐방기록.

89. Young, 탐방기록.

90. 계파도系派圖는 다음을 참조하시오. http://freedomroad.org/2000/02/family-tree-introduction/ 기본적인 도표와 대형 도표가 모두 실려 있다. 후자로 인해 브라우저에 문제가 있을 수 있다는 경고가 나올 수 있다. 프랑스 버전은 Bourseiller, Les Maoïstes, 331 참조.

91. Leonard and Gallagher, Heavy Radicals, 249.

92. 'You Don't Need a Weatherman to Know Which Way the Wind Blows', 1969, https://archive.org/details/YouDontNeedAWeathermanToKnow WhichWayTheWindBlows_925 (accessed on 7 February 2018), 28.

93. Bourseiller, Les Maoïstes, 99.

94. Wolin, The Wind from the East, 32.

95. Slobodian, Foreign Front, 185−6.

96. Sebastian Gehrig, '"Zwischen uns und dem Feind einen klaren Trennungsstrich ziehen": Linksterroristische Gruppe und maoistische Ideologie in der Bundesrepublik der 1960er und 1970er Jahre', in Sebastian Gehrig, Barbara Mittler and Felix Wemheuer, eds, Kulturrevolution als Vorbild? Maoismen im deutschsprachigen Raum (Frankfurt: Peter Lang, 2008), 156.

97. Koenen, Das Rote Jahrzehnt, 174.

98. J. Smith and André Moncourt, The Red Army Faction, a Documentary History: Volume 1, Projectiles for the People (Oakland: PM Press, 2009) 83−105, 122−59; Gehrig, '"Zwischen uns und dem Feind einen klaren Trennungsstrich ziehen"', 158.

99. Koenen, Das Rote Jahrzehnt, 367.

100. Alberto Franceschini, Mara Renato e Io: Storia des Fondatori delle BR (Milan: Arnoldo Mondadori, 1988), 19.

101. 같은 책, 62−3.

102. Niccolai, Quando la Cina, 68.

103. Franceschini, Mara Renato e Io, 74−5.

104. Koenen, Das Rote Jahrzehnt, 453−4.

105. Akbar M. Ahmed, 'The World Black Revolution', 18, 26, https://antiimperi- alism.files.wordpress.com/2012/10/ahmad-s.pdf (accessed on 7 February 2018).

106. Carol Hanish, 'Impact of the Chinese Cultural Revolution on the Women's Liberation Movement', at http://www.carolhanisch.org/Speeches/ ChinaWLMSpeech/ChinaWLspeech.html (accessed on 7 February 2018).

107. Stanford, 'Revolutionary Action Movement', 87; Ahmad, We Will Return, xvii.

108. Wang Ning, 'Introduction: Global Maoism and Cultural Revolutions in the Global Context', Comparative Literature Studies 52.1 (2015), 2–3.

109. Wolin, The Wind from the East, 343, and 288–349 passim, on Foucault and French Maoism.

110. Sanjay Seth, 'From Maoism to postcolonialism? The Indian "Sixties", and beyond', Inter–Asia Cultural Studies 7.4 (2006): 602.

111. Kühn, Stalins Enkel, 288. For details on the overlap between Maoist and environmental movements in Western Europe, see Andrew S. Tompkins, '"BETTER ACTIVE TODAY THAN RADIOACTIVE TOMORROW!" Transnational Opposition to Nuclear Energy in France and West Germany, 1968–1981', unpublished PhD dissertation, University of Oxford, 2013.

112. Niccolai, Quando la Cina, 146.

113. Virginie Linhart, Le jour où mon père s'est tu (Paris: Editions du Seuil, 2008).

114. Elbaum, Revolution in the Air, 321–3.

115. Young, 탐방기록.

116. Niccolai, Quando la Cina, 236.

117. 예를 들어 Karrin Hanshew, Terror and Democracy in West Germany (Cambridge: Cambridge University Press, 2012), 237 참조. Lumley, States of Emergency, 337–8 참조. 이탈리아 사법당국은 좌파의 테러주의에 대해 이와 유사한 발언을 한 바 있다.

118. Ward Churchill, '"To Disrupt, Descredit and Destroy": The FBI's Secret War against the Black Panther Party', in Kathleen Cleaver and George Katsiaficas, eds, Liberation, Imagination and the Black Panther Party: A New Look at the Panthers and their Legacy (New York: Routledge, 2001), 81.

119. 같은 책, 86.

120. Muhammad Ahmad (Max Stanford), 'The Deeper Roots of the Black Activist Tradition "Know Your Local History".' http://black2067.rssing.com/ chan-6349830/all_p89.html (accessed on 7 February 2018).

9장

1. https://www.opensocietyfoundations.org/moving-walls/8/yuyan-apaq-remember. 참조.

2. Carlos Basombrío Iglesias, 'Sendero Luminoso and Human Rights: A Perverse Logic that Captured the Country', in Steve J. Stern, ed., Shining and Other Paths: War and Society in Peru, 1980–1995 (Durham, NC: Duke University Press, 1998), 429.

3. Ton de Wit and Vera Gianotten, 'The Center's Multiple Failures', in David Scott Palmer, ed., The Shining Path of Peru (London: Hurst, 1992), 45.

4. Santiago Roncagliolo, La cuarta espada: la historia de Abimael Guzmán y Sendero Luminoso (Barcelona: Randomhouse Mondadori, 2007), 82.

5. Matthew D. Rothwell, Transpacific Revolutionaries: The Chinese Revolution in Latin America (New York: Routledge, 2013), 30.

6. 같은 책, 76–80 참조. 이는 중국과 라틴 아메리카의 관계에 대한 가장 좋은 영문 저서이다.

7. 같은 책, 32-3.

8. 같은 책, 81.

9. 같은 책, 45.

10. 같은 책, 53; Ernesto Toledo Brückmann,...Y llegó Mao: Síntesis histórica de la llegada del Pensamiento Mao TséTung al Perú (1928-1964) (Lima: Grupo Editorial Arteidea, 2016), 137-8.

11. Nandha Naidoo, 'The "Indian Chap": Recollections of a South African Underground Trainee in Mao's China', South African Historical Journal 64.3: 718.

12. Roncagliolo, La cuarta espada, 17.

13. Abimael Guzmán Reinoso and Elena Iparraguirre, Memorias desde Némesis 1993-2000 (2014), 11, at http://bvk.bnp.gob.pe/admin/files/libros/801_ digitalizacion.pdf (accessed on 14 January 2018); Roncagliolo, La cuarta espada, 33.

14. Guzmán Reinoso and Iparraguirre, Memorias, 17.

15. Gustavo Gorriti, 'Shining Path's Stalin and Trotsky', in Scott Palmer, ed.,The Shining Path of Peru, 152.

16. Simon Strong, Shining Path: The World's Deadliest Revolutionary Force(London: Fontana, 1993), 25-6.

17. 같은 책, 26-7.

18. 같은 책, 26.

19. 같은 책, 27.

20. Gustavo Gorriti, 'Documenting the Peruvian Insurrection', Reel 2 (micro-film collection, Princeton University).

21. 같은 책.

22. 같은 책.

23. Cynthia McClintock, 'Peru's Sendero Luminoso Rebellion: Origins and Trajectory', in Susan Eckstein and Manuel Antonio Garretón Merino, eds, Power and Popular Protest: Latin American Social Movements (Berkeley: University of California Press, 2001), 66.

24. Carlos Iván Degregori, El Surgimiento de Sendero Luminoso: Ayacucho 1969-1979(Lima: Instituto de Estudios Peruanos, 2010), 29, 33.

25. Jaymie Heilman, Before the Shining Path: Politics in Rural Ayacucho, 1895-1980(Stanford: Stanford University Press, 2010), 12.

26. Degregori, El Surgimiento, 34.

27. 같은 책, 36.

28. Roncagliolo, La cuarta espada, 48.

29. Strong, Shining Path, 31.

30. Roncagliolo, La cuarta espada, 56.

31. Carlos Iván Degregori, How Difficult It Is to Be God: Shining Path's Politics of War in Peru, 1980-1999, Steve J. Stern ed., Nancy Appelbaum trans. (Madison: University of Wisconsin Press, 2012), 104, 108, 106.

32. Rothwell, Transpacific Revolutionaries, 27.

33. Gorriti, 'Shining Path's Stalin', 160-1.

34. Strong, Shining Path, 33.

35. reminiscences in Guzmán Reinoso and Iparraguirre, Memorias, 48-50 참조.

36. Strong, Shining Path, 33.

37. Guzmán Reinoso and Iparraguirre, Memorias, 32.

38. 같은 책, 83, 82.

39. 같은 책, 84-5.

40. Abimael Guzmán, '탐방기록 with Chairman Gonzalo', 탐방기록 by Luis Arce Borja and Janet Talavera, A World to Win 18 (1992): 79. http://bannedthought.net/International/RIM/AWTW/1992-18/Gonzalo탐방기록-1988.pdf (accessed on 15 January 2018), 79.

41. Toledo Brückmann,....Y llegó Mao, 153.

42. Guzmán Reinoso and Iparraguirre, Memorias, 258, 220, 209, 193, 90; Antonio Zapata, 'Elena Yparraguirre: La Mirada de la Número Tres', 미발표 논문 given at the conference 'The Shining Path: Maoism and Violence in Peru', Stanford University, February 2016, 7.

43. Miguel La Serna and Orin Starn, The Shining Path: Love, Madness, and Revolution in the Andes (manuscript copy; forthcoming New York: Norton, 2019), 67.

44. Guzmán Reinoso and Iparraguirre, Memorias, 85, 98-9, 177, 169.

45. Michael L. Smith, 'Taking the High Ground: Shining Path and the Andes', in Scott Palmer, ed., The Shining Path of Peru, 27.

46. Zapata, 'Elena Yparraguirre', 10.

47. Degregori, How Difficult It Is to Be God, 22.

48. Rothwell, Transpacific Revolutionaries, 60. 이외에 Colin Harding, 'Antonio Díaz Martínez and the Ideology of Sendero Luminoso', Bulletin of Latin American Research 7.1 (1988): 65-73 참조.

49. La Serna and Starn, The Shining Path, 78.

50. Rothwell, Transpacific Revolutionaries, 61-2.

51. de Wit and Gianotten, 'The Center's Multiple Failures', 45.

52. Ronald H. Berg, 'Peasant Responses to Shining Path in Andahuaylas', in Scott Palmer, ed., The Shining Path of Peru, 98.

53. Rothwell, Transpacific Revolutionaries, 7.

54. de Wit and Gianotten, 'The Center's Multiple Failures', 46.

55. Gustavo Gorriti, The Shining Path: A History of the Millenarian War in Peru, Robin Kirk trans. (Chapel Hill: University of North Carolina Press, 1999), 91.

56. La Serna and Starn, The Shining Path, 71.

57. Heilman, Before the Shining Path, 182.

58. Zapata, 'Elena Yparraguirre', 7, 5 and passim.

59. Gorriti, The Shining Path, 63.

60. Heilman, Before the Shining Path, 180.

61. 같은 책, 184.

62. Degregori, How Difficult It Is to Be God, 116, 136.

63. 같은 책, 116.

64. 같은 책, 125-31.

65. Guzmán Reinoso and Iparraguirre, Memorias, 408−9.

66. Abimael Guzmán Reinoso and Elena Iparraguirre, 탐방기록 with the Commission for Truth and Reconciliation, 29 October 2002 (Cassette BN 29/X/02 − AGR −EI). http://grancomboclub.com/wp-content/ uploads/2012/07/ABIMAEL-GUZMAN-REYNOSO-y-ELENA-IPARRAGUIRRE.pdf (accessed on 15 January 2018).

67. Gorriti, The Shining Path, 17−18, 65.

68. 같은 책, 17−35.

69. 같은 책, 76, 98.

70. 같은 책, 104−5.

71. 같은 책, 106.

72. 같은 책, 223.

73. 같은 책, 250−4.

74. Lurgio Gavilán Sánchez, When Rains Became Floods: A Child Soldier's Story, Margaret Randall trans. (Durham, NC: Duke University Press, 2017), 19−20.

75. Gorriti, The Shining Path, 117.

76. 같은 책, 40−2, 202, 48.

77. Strong, Shining Path, 104.

78. Robin Kirk, Grabado en piedra: las mujeres de Sendero Luminoso, Enrique Bossio trans. (Lima: Instituto de Estudios Peruanos, 1993), 39−40.

79. José Luis Rénique, La Voluntad Encarcelada: Las 'Luminosas trincheras de combate' de Sendero Luminoso del Perú (Lima: Instituto de Estudios Peruanos, 2003), 58.

80. State of Fear: The Truth About Terrorism (documentary). https://www. youtube.com/ watch?v=WC1hAJOi6BE (accessed on 18 January 2018); Gavilán Sánchez, When Rains Became Floods, 55.

81. Orin Starn, Carlos Iván Degregori and Robin Kirk, eds, The Peru Reader: History, Culture, Politics (Durham, NC: Duke University Press, 2009), 358, 361.

82. Orin Starn, 'Villagers at Arms: War and Counterrevolution in the Central− South Andes', in Stern, ed., Shining and Other Paths, 237.

83. Gorriti, The Shining Path, 110.

84. 같은 책, 108.

85. 같은 책, 69.

86. 같은 책, 132−7.

87. Zapata, 'Elena Yparraguirre', 22−3.

88. Marisol de la Cadena, 'From Race to Class: Insurgent Intellectuals de provincia in Peru, 1910−1970', in Stern, ed., Shining and Other Paths, 52−3.

89. La Serna and Starn, The Shining Path, 311.

90. James R. Mensch, 'Violence and Blindness: The Case of Uchuraccay', at https://www.opendemocracy.net/article/violence-and-blindness-the-case- of-uchuraccay (accessed on 18 January 2018); Ponciano del Pino H., 'Family, Culture, and "Revolution": Everyday Life with Sendero Luminoso', in Stern, ed., Shining and Other Paths, 163.

91. Combination of translations from Carlos Iván Degregori, 'Harvesting Storms: Peasant Rondas and the Defeat of Sendero Luminoso in Ayacucho', in Stern, ed., Shining and Other Paths, 143, and Guzmán, '탐방기록 with Chairman Gonzalo', 56.

92. Lewis Taylor, Shining Path: Guerrilla War in Peru's Northern Highlands, 1980‒1997 (Liverpool: Liverpool University Press, 2006), 106.

93. 같은 책, 166.

94. del Pino H., 'Family', 171.

95. Gavilán Sánchez, When Rains Became Floods, 15.

96. del Pino H., 'Family', 181, 171.

97. Edilberto Jiménez Quispe, 'Chungui: Ethnographic Drawings of Violence and Traces of Memory', in Cynthia E. Milton, ed., Art from a Fractured Past: Memory and Truth Telling in post-Shining Path Peru (Durham, NC: Duke University Press, 2014), 87 참조.

98. Nelson Manrique, 'The War for the Central Sierra', in Stern, ed., Shining and Other Paths, 214.

99. del Pino H., 'Family', 186‒7.

100. Billie Jean Isbell, 'Shining Path and Peasant Responses in Rural Ayacucho', in Scott Palmer, ed., The Shining Path of Peru, 74.

101. Starn, 'Villagers at Arms', 232.

102. Gavilán Sánchez, When Rains Became Floods, 61.

103. Starn, 'Villagers at Arms', 244.

104. Kirk, Grabado en piedra, 14, 18.

105. Heilman, Before the Shining Path, 101.

106. Kirk, Grabado en piedra, 70.

107. Zapata, 'Elena Yparraguirre', 21.

108. 같은 책, 20.

109. https://www.google.co.uk/search?hl=en&biw=1275&bih=854&tbm=isch&sa=1&q=sendero+luminoso+poster&oq=sendero+luminos o+poster&gs_l=psy-ab.12...70920.714 18.0.73655.7.6.0.0.0.0.127.406.3j2.5.0...0...1.1.64.psy-ab..2.2.160...0j0i30k1j0i8i30k1. X0WlUH5tTnw#imgrc=Hpeq0YK-AhU17M:

110. Starn et al. eds, The Peru Reader, 351.

111. Degregori, How Difficult It Is to Be God, 22.

112. 같은 책, 77‒81 토론 참조.

113. Gorriti, The Shining Path, 29‒31.

114. 같은 책, 127.

115. Cynthia McClintock, 'Theories of Revolution and the Case of Peru', in Scott Palmer, ed., The Shining Path of Peru, 232.

116. La Serna and Starn, The Shining Path, 92.

117. de Wit and Gianotten, 'The Center's Multiple Failures', 46.

118. McClintock, 'Theories', 232.

119. Isbell, 'Shining Path', 66.

120. Gorriti, The Shining Path, 188.

121. Degregori, How Difficult It Is to Be God, 24-5.

122. State of Fear.

123. Rénique, La Voluntad Encarcelada, 77.

124. https://www.youtube.com/watch?v=-HnH-MguElU (accessed on 19 January 2018) and State of Fear에 나오는 Shining Path 사람들의 모습과 탐방 화면 참조.

125. Gorriti, 'Shining Path's Stalin', 167.

126. Gabriela Tarazana-Sevillano, 'The Organization of Shining Path', in Scott Palmer, ed., The Shining Path of Peru, 179.

127. Kirk, Grabado en piedra, 58.

128. State of Fear.

129. Nathaniel C. Nash, 'Blow to Rebels in Peru: An Elusive Aura is Lost', New York Times, 14 September 1992.

130. 사건에 관한 내용은 Caretas 참조, 17 September 1992.

131. Robin Kirk, The Monkey's Paw: New Chronicles from Peru (Massachusetts: University of Massachusetts Press, 1997), 207.

132. https://www.youtube.com/ watch?v=0eyyENWusv0 (accessed on 19 January 2018)에 나오는 People & Power - The New Shining Path 참조.

133. Paraphrase of Fujimori speech by General Rodolfo Robles, in State of Fear(53 minutes in).

134. Degregori, How Difficult It Is to Be God, 45-6.

135. Jiménez Quispe, 'Chungui', 88-9.

136. Gavilán Sánchez, When Rains Became Floods, 87, 3-6.

137. 같은 책, 18, 119.

138. 같은 책, 18, 36, 26, 39, 67.

139. 같은 책, 88, 90.

140. 같은 책, 93-7.

10장

1. https://www.bricsmagazine.com/en/articles/the- dragon-vs-the-elephant 참조.

2. 'Naxalism biggest threat to internal security: Manmohan', The Hindu, 24 May 2010. http://www.thehindu.com/news/national/ naxalism-biggest-threat-to-internal-security-manmohan/article436781.ece (accessed on 9 January 2018) 참조.

3. 'Indian minister: Maoists are a greater threat than Islamic terrorists', Foreign Policy 12, March 2010. http://foreignpolicy.com/2010/03/12/indian-minister- maoists-are-a-greater-threat-than-islamic-terrorists/ (accessed on 9 January 2018).

4. 개인 통신.

5. Sumanta Banerjee, India's Simmering Revolution: the Naxalite Uprising(London: Zed Books, 1984), 61.

6. 같은 책, 62.

7. Jonathan Kennedy and Sunil Purushotham, 'Beyond Naxalbari: A Comparative Analysis of Maoist Insurgency and Counterinsurgency in Independent India', Comparative Studies in Society and History 54.4 (2012): 835-6.

8. Banerjee, India's Simmering Revolution, 22.

9. 같은 책, 19.

10. 같은 책, 23.

11. 같은 책, 71.

12. Bappaditya Paul, The First Naxal: An Authorised Biography of Kanu Sanyal(Los Angeles: Sage, 2014), 80.

13. 같은 책.

14. 같은 책.

15. Ashoke Kumar Mukhopadhyay, The Naxalites Through the Eyes of the Police: Select Notifications from the Calcutta Police Gazette (1967-1975) (Kolkata: Dey's Publishing, 2007), 175.

16. Abhijit Mazumdar, 탐방 기사, 4 December 2016, Siliguri.

17. Arun Mukherjee, Maoist Spring Thunder: the Naxalite movement 1967-1972(Kolkata: K. P. Bagchi & Co., 2007), 11.

18. Henrike Donner, 'The Significance of Naxalbari: accounts of personal involvement and politics in West Bengal', Occasional Paper, Centre of South Asian Studies, University of Cambridge, 2004, 9; Paul, The First Naxal, 37-8.

19. Alan Truscott, 'The Naxalites, whose extremism knows no extremes, are Indian Revolutionaries with a Chinese Accent', New York Times, 8 November 1970, http://www.nytimes.com/1970/11/08/ archives/the-naxalites- whose-extremism-knows-no-extremes-are-indian-indian.html (accessed on 9 January 2018).

20. 같은 책.

21. Mazumdar, 탐방 기사.

22. Dilip Simeon, 탐방기록, 3 December 2016, Delhi.

23. Truscott, 'The Naxalites'.

24. Charu Mazumdar, 'Eight Historic Documents'. https://ajadhind.word- press.com/historic-documents-charu-mazumdar/ (accessed on 9 January 2018); Paul, The First Naxal, 85.

25. Banerjee, India's Simmering Revolution, 1-2.

26. Bela Bhatia, 'The Naxalite Movement in Central Bihar', 미출간 박사논문, University of Cambridge 2000, 20-2.

27. Paul, The First Naxal, 96.

28. 같은 책, 98.

29. 같은 책, 98-103.

30. Dilip Simeon, 'Rebellion to Reconciliation', in B. G. Verghese, ed., Tomorrow's India: Another Tryst with Destiny (New Delhi: Penguin India, 2006) (manuscript copy obtained from author).

31. Paul, The First Naxal, 144.

32. Liberation, 3.7-9 (May-July 1970), 18, 20, 25. http://www.bannedthought. net/India/ CPI(ML)-Orig/Liberation/1970-MayJul/Liberation-v3n7-9- 70MayJul.pdf (accessed on 9 January

2018).

33. Mukhopadhyay, The Naxalites, 87.

34. Truscott, 'The Naxalites'.

35. Dilip Simeon, 'Permanent Spring,' http://www.india-seminar. com/2010/607/607_dilip_simeon.htm (accessed on 9 January 2018).

36. Truscott, 'The Naxalites'.

37. 같은 책.

38. Sreemati Chakrabarti, China and the Naxalites (London: Sangam, 1990), 61.

39. Mazumdar, 탐방기록.

40. My search was done on 18 January 2017, at http://www.fmprc.gov.cn/wjb/ error.jsp.

41. 'Spring Thunder Over India', Peking Review, 14 July 1967, 22–3.

42. 같은 책.

43. Paul, The First Naxal, 130.

44. 같은 책, 129.

45. Minutes of Mao's conversation with the Indian Communist Party delegation, 13 December 1967, accessed through private archival collection.

46. Paul, The First Naxal, 131.

47. Simeon, 탐방기록.

48. Dilip Simeon, Revolution Highway (New Delhi: Penguin Books India, 2010), 154–60.

49. Paul, The First Naxal, 160.

50. 같은 책, 148.

51. Banerjee, India's Simmering Revolution, 257.

52. Simeon, 탐방기록.

53. 같은 책.

54. Paul, The First Naxal, 161; Amnesty International, Short Report on Detention Conditions in West Bengal Jails, September 1974, 3.

55. Amnesty International, Short Report, 4.

56. 같은 책, 6–7.

57. Chakrabarti, China and the Naxalites, 107.

58. Bidyut Chakravarty and Rajat Kumar Kujur, Maoism in India: Reincarnation of Ultra-Leftwing Extremism in the Twenty-first Century (Abington: Routledge, 2009), 50.

59. 같은 책, 48.

60. 같은 책, 49.

61. 같은 책, 53.

62. Supriya Sharma, 'Guns and Protests: Media coverage of the conflicts in the Indian state of Chhattisgarh', Reuters Institute Fellowship Paper, University of Oxford, 2012, 17. https:// reutersinstitute.politics.ox.ac.uk/ sites/default/files/Guns%20and%20Protests%20Media%20 coverage%20 of%20the%20conflicts%20in%20the%20Indian%20state%20of%20 Chhattisgarh. pdf (accessed on 9 January 2018).

63. Rahul Pandita, Hello Bastar: The Untold Story of India's Maoist Movement(Chennai: Tranquebar,

2011), 39.

64. Rahul Pandita, 탐방기록, 3 December 2016, Delhi.

65. 같은 책.

66. Satnam, Jangalnama: Travels in a Maoist Guerilla Zone, Vishav Bharti trans. (New Delhi: Penguin India, 2010), 93.

67. Pandita, Hello Bastar, 53-6.

68. Pandita, 탐방기록.

69. Pandita, Hello Bastar, 62-4.

70. 'The Lady Naxals'. http://naxalrevolution.blogspot.co.uk/2010/09/ lady-naxals-open-magazine.html (accessed on 9 January 2018).

71. Pandita, Hello Bastar, 67.

72. P. Kesava Kumar, 'Popular Culture and Ideology: The Phenomenon of Gaddar'.http:// untouchablespring.blogspot.co.uk/2006/11/song-of- gaddar.html (accessed on 9 January 2018).

73. Syed Amin Jafri, 'India's Subalterns too have a Poet', 2 September 2005.https://www.countercurrents. org/india-jafri020905.htm (accessed on 9 January 2018).

74. Ajith Pillai, 'Songs of a Revolution', Outlook, 29 November 1995. http:// www.outlookindia.com/ magazine/story/songs-of-a-revolution/200309 (accessed on 9 January 2018).

75. Pandita, Hello Bastar, 127.

76. Constitution of the CPI (Maoist) http://www.bannedthought.net/ India/CPI-Maoist-Docs/#Founding_Documents (accessed on 9 January 2018).

77. Party Programme Central Committee CPI (Maoist), 26. http://www.bannedthought.net/India/CPI-Maoist-Docs/Founding/Programme-pamphlet.pdf (accessed on 9 January 2018).

78. Pandita, Hello Bastar, 134.

79. 같은 책, 123.

80. Supriya Sharma, 탐방기록, 2 December 2016, Delhi.

81. 'Development Challenges in Extremist Affected Areas: Report of an Expert Group to Planning Commission'. http://planningcommission.nic.in/ reports/publications/rep_dce.pdf (accessed on 9 January 2018).

82. Nandini Sundar, The Burning Forest: India's War in Bastar (Delhi: Juggernaut, 2016), 354.

83. 같은 책, 28.

84. 같은 책, 32-3.

85. 같은 책, 33.

86. 같은 책, 13.

87. 같은 책, 102-3.

88. 같은 책, 108-17.

89. Pandita, 탐방기록.

90. Arundhati Roy, The Broken Republic: Three Essays (London: Hamish Hamilton, 2012), 37, 50.

91. 같은 책에 실린 논문 참조.

92. Sundar, The Burning Forest, 303.

93. Roy, The Broken Republic, 134.

94. Ganapathi, ʻOpen Reply to Independent Citizensʼ Initiative on Dantewadaʼ, Economic and Political Weekly 6 January 2007, 71.

95. Pandita, 탐방기록.

96. Roy, The Broken Republic, 208 – 9.

97. 같은 책, 93, 117. 이 주제에 대한 Shah의 다양하고 주목할 만한 저서와 논문은 Nightmarch: Among Indiaʼs Revolutionary Guerrillas (London: Hurst, 2018) 및 참고문헌에 실린 논문과 문장 참조.

99. Aditya Nigam, ʻThe rumour of Maoismʼ, Seminar #607, March 2010.　　　http://www.india-seminar.com/2010/607/607_aditya_nigam.htm (accessed on 9 January 2018).

100. Pandita, Hello Bastar, 115.

101. Jason Miklian and Scott Carney, ʻFire in the Hole: How Indiaʼs Economic Rise Turned an Obscure Communist Revolt into a Raging Resource Warʼ, Foreign Policy, September/October 2010, 110.

102. Sundar, The Burning Forest, 65.

103. Pandita, 탐방기록.

104. Simeon, ʻRebellion to Reconciliationʼ.

105. Simeon, 탐방기록.

106. 같은 책.

107. Pandita, 탐방기록.

108. Sundar, The Burning Forest, 45.

109. 같은 책, 343 참조.

110. Pandita, 탐방기록.

111. Sundar, The Burning Forest, 257.

11장

1. Binaj Gurubacharya, ʻOpposition turns violent inside Nepal parliament, on streetsʼ 참조. https://www.dailystar.com.lb/News/World/2015/Jan-20/ 284700-opposition-turns-violent-inside-nepal-parliament-on-streets.ashx.

2. Aditya Adhikari, The Bullet and the Ballot Box: The Story of Nepalʼs Maoist Revolution (London: Verso, 2014), 91.

3 . 같은 책, 37 – 8.

4. John Whelpton, A History of Nepal (Cambridge: Cambridge University Press, 2005), 142; Laxman Kumar Regmi, ʻAn Overview of Population Growth Trends of Nepalʼ, Journal of Institute of Science and Technology 19.1 (2014): 61.

5. Jeevan Raj Sharma and Sanjay Sharma, ʻEnumerating Migration in Nepal: A Reviewʼ, 32 and 46, at https://www.ceslam.org/files/Eumerating%20 Migration%20in%20Nepal.pdf (accessed on 10 January 2018).

6. ʻLabour Migration for Employment: A Status Report for Nepal, 2014 – 15,ʼ 1. http://www.ilo.org/wcmsp5/groups/public/ – asia/ – ro-bangkok/ – ilo- kathmandu/documents/publication/

wcms_500311.pdf (accessed on 15 May 2018).

7. Whelpton, A History of Nepal, 165, 137.

8. Krishna Hachhethu, 탐방기록, 13 December 2016, Kathmandu.

9. Whelpton, A History of Nepal, 176.

10. Comrade Rohit, 탐방기록, 11 December 2016, Kathmandu.

11. C. K. Lal, 탐방기록, 9 December 2016, Kathmandu.

12. Baburam Bhattarai and Hisila Yami, 탐방기록, 9 December 2016.

13. Adhikari, The Bullet and the Ballot Box, 4−5.

14. Khagendra Sangroula, 탐방기록, 9 December 2016, Kathmandu.

15. Michael Hutt, 'Ganga Bahadur's books: landmark proletarian novels and the Nepali communist movement', Inter−Asia Cultural Studies 17.3 (2016): 365.

16. Sangroula, 탐방기록.

17. Hutt, 'Ganga Bahadur's books', 365.

18. 같은 책, 363.

19. Adhikari, The Bullet and the Ballot Box, 1; Sanjay Upadhya, Nepal and the Geo−strategic Rivalry Between China and India (Abingdon: Routledge, 2012), 87.

20. Adhikari, The Bullet and the Ballot Box, 1.

21. Peking Review, 1 November 1963, 4 참조.

22. Nanda R. Shrestha, Historical Dictionary of Nepal (Lanham: Rowman & Littlefield, 2017), 63.

23. Sangroula, 탐방기록.

24. Hutt, 'Ganga Bahadur's books', 365.

25. Prashant Jha, Battles of the New Republic: A Contemporary History of Nepal(London: Hurst, 2014), 25.

26. Hutt, 'Ganga Bahadur's books'. Gorky의 『어머니(Mother)』에 관한 네팔의 첫 번째 중요 분석에 대해서는 David Gellner and Mrigendra Bahadur Karki, 'The Sociology of Activism in Nepal: Some Preliminary Considerations', in H. Ishii, David Gellner and K. Nawa, eds, Political and Social Transformations in North India and Nepal (Social Dynamics in Northern South Asia, Vol. 2) (Delhi: Manohar, 2007), 361−97 참조.

27. 이런 관점에 대한 설명은 Benedict Anderson, Imagined Communities: Reflections on the Origins and Spread of Nationalism (London: Verso, 1991) 참조. 필자의 관점은 다음 논문에 근거함. Ina Zharkevich, 'Learning in a Guerrilla Community of Practice: Literacy Practices, Situated Learning and Youth in Nepal's Maoist Movement', European Bulletin of Himalayan Research 42 (2013): 116.

28. Surendra Kumar Karki, 탐방기록, 10 December 2016, Nepal.

29. Yami, 탐방기록.

30. Sangroula, 탐방기록.

31. Mohan Bikram Singh, 탐방기록, 12 December 2016, Kathmandu. For an excellent biographical analysis of Mohan Bikram Singh의 생평에 관한 분석은 Benoit Cailmail, 'A History of Nepalese Maoism since its Foundation by Mohan Bikram Singh', European Bulletin of Himalayan Research 33−34 (2008−2009): 11−38; 'Le Mouvement Maoiste au Nepal, 1949−2008: La tentation de la revolution internationale', 미출간 박사논문, University Paris 1−Pantheon Sorbonne, 2015 참조.

32. Singh, 탐방기록.

33. Cailmail, ʻA History of Nepalese Maoism': 30.

34. 같은 책, 25.

35. Deepak Thapa with Bandita Sijapati, A Kingdom Under Siege: Napal's Maoist Insurgency, 1996 to 2003 (London: Zed Books, 2004), 43-5.

36. Kiran, 탐방기록, 13 December 2016, Kathmandu.

37. Lal, 탐방기록.

38. Marie Lecomte-Tilouine, Hindu Kingship, Ethnic Revival and Maoist Rebellion in Nepal (Oxford: Oxford University Press, 2009), 219, 230.

39. Singh, 탐방기록.

40. Thapa and Sijapati, A Kingdom Under Siege, 59.

41. David Seddon, Ganesh Gurung and Jagannath Adhikari, ʻForeign Labour Migration and the Remittance Economy of Nepal', Himalaya, the Journal of the Association for Nepal and Himalayan Studies 18.2 (1998), 5.   http://digitalcommons.macalester.edu/cgi/viewcontent.cgi?article=15 98&context=himalaya (accessed on 10 January 2018).

42. Adhikari, The Bullet and the Ballot Box, 20-1.

43. 같은 책, 141.

44. 같은 책, 29.

45. 같은 책, 32.

46. 같은 책, 33.

47. 같은 책, 34-5.

48. 같은 책, 35.

49. Thapa and Sijapati, A Kingdom Under Siege, 91-2.

50. For just one egregious example, see Amnesty International documentation on the death of Maina Sunuwar, for instance. https://www.amnesty.org. uk/press-releases/nepal-authorities-must-provide- justice-torture- and- murder-15-year-old-girl-maina (accessed on 6 March 2018).

51. Thapa and Sijapati, A Kingdom Under Siege, 49.

52. Mandira Sharma and Dinesh Prasain, ʻGender Dimensions of the People's War: Some Reflections on the Experiences of Rural Women', in Michael Hutt, ed., Himalayan ʻPeople's War': Nepal's Maoist Revolution (London: Hurst, 2004), 157.

53. 탐방기록s, 10-11 December 2016, Kathmandu.

54. Lal, 탐방기록.

55. Marie Lecomte-Tilouine, ʻMaoists Despite Themselves: Amid the People's War in a Maoist Model Village, Northern Gulmi', in Marie Lecomte- Tilouine, ed., Revolution in Nepal: An Anthropological and Historical Approach to the People's War (India: Oxford University Press, 2013), 226.

56. Satya Shrestha-Schipper, ʻWomen's Participation in the People's War in Jumla', European Bulletin of Himalayan Research 33-34 (2008-2009): 108.

57. Sharma and Prasain, ʻGender Dimensions', 163.

58. Michelle J. Lee, ʻNine years later, still in shock,' Nepali Times, 27 June-3 July 2014. http:// nepalitimes.com/article/nation/madi-bus-bomb-blast-nine- years-later,1474(accessed on 12 January

2018).

59. Sudheer Sharma's analysis in 'The Maoist Movement: An Evolutionary Perspective', in Hutt, ed., Himalayan 'People's War', 51 – 3 참조.

60. 'One Year of the People's War in Nepal', in Arjun Karki and David Seddon, eds, The People's War in Nepal: Left Perspectives (Delhi: Adroit Publishers, 2003), 220.

61. Jha, Battles, 27; Thapa and Sijapati, A Kingdom Under Siege, 98.

62. Lecomte-Tilouine, Hindu Kingship, 226.

63. Adhikari, The Bullet and the Ballot Box, 108.

64. Lecomte-Tilouine, 'Maoists Despite Themselves', 224 – 5, 233.

65. Satya Shrestha-Schipper, 'The Political Context and the Influence of the People's War in Jumla', in Lecomte-Tilouine, ed., Revolution in Nepal, 273.

66. Adhikari, The Bullet and the Ballot Box, 43 – 4.

67. Lecomte-Tilouine, 'Maoists Despite Themselves', 232 – 3.

68. Adhikari, The Bullet and the Ballot Box, 126.

69. 같은 책, 106 – 7.

70. Shrestha-Schipper, 'Women's Participation', 107.

71. Lecomte-Tilouine, 'Maoists Despite Themselves', 235 – 6.

72. 같은 책, 236 – 7.

73. Kiyoko Ogura, 'Maoist People's Governments 2001 – 2005: The Power in Wartime', in David N. Gellner and Krishna Hachhethu, eds, Local Democracy in South Asia: Microprocesses of Democratization in Nepal and Its Neighbours Volume 1 (New Delhi: Sage, 2008), 212.

74. Judith Pettigrew, Maoists at the Hearth: Everyday Life in Nepal's Civil War (Philadelphia: University of Pennsylvania Press, 2013), 78, 82.

75. Carine Jaquet, '"One Should Not Cut the Blossom in the Bud": Voices of Nepalese Child Soldiers', European Bulletin of Himalayan Research 33 – 34 (2008 – 2009): 175 – 85.

76. Lecomte-Tilouine, 'Maoists Despite Themselves', 247 – 8.

77. Ogura, 'Maoist People's Governments', 210.

78. Pustak Ghimire, 'The Maoists in Eastern Nepal: The Example of Khotang', in Lecomte-Tilouine, ed., Revolution in Nepal, 125.

79. Adhikari, The Bullet and the Ballot Box, 149.

80. 같은 책, 112.   이외에 Kiyoko Ogura, 'Reality and Images of Nepal's Maoists After the Attack on Beni', European Bulletin of Himalayan Research 27 (September 2004): 67 – 25 참조.

81. Adhikari, The Bullet and the Ballot Box, 73 – 6.

82. 같은 책, 69 – 70.

83. Jha, Battles, 144.

84. Adhikari, The Bullet and the Ballot Box, 168 – 9.

85. Adhikari, The Bullet and the Ballot Box, 175.

86. Kåre Vollan, 'Group Representation and the System of Representation in the Constituent Assembly and Future Parliaments of Nepal'. http://www.follesdal.net/projects/ratify/nepal/Vollan-2011-The-development-of-an-electoral-system.pdf, 8 (accessed on 16 February 2018).

87. Mahendra Lawoti, 'Ethnic Politics and the Building of an Inclusive State', and Catinca Slavu, 'The 2008 Constituent Assembly Election: Social Inclusion for Peace', both in Sebastian von Einsiedel and David M. Malone, eds, Nepal in Transition: From People's War to Fragile Peace (Cambridge: Cambridge University Press, 2012), 139, 244, 249.

88. Human Rights Watch, '"Like We Are Not Nepali": Protest and Police Crackdown in the Terai Region of Nepal'. https://www.hrw.org/ report/2015/10/16/we-are-not-nepali/protest-and-police-crackdown-terai-region-nepal (accessed on 16 February 2018).

89. Charles Haviland, 'Why is Nepal's new constitution controversial?', 19 September 2015. http://www.bbc.co.uk/news/world-asia-34280015 (accessed on 12 January 2018).

90. Bhadra Sharma and Nida Najar, 'Amid Protests, Nepal Adopts Constitution', New York Times, 20 September 2015. https://www.nytimes. com/2015/09/21/world/asia/amid-protests-nepal-adopts-constitution.html?action=click&contentCollection=Asia%20Pacific&module=RelatedCover age&region=EndOfArticle&pgtype=article (accessed on 12 January 2018).

91. Thomas Bell, Kathmandu (London: Haus, 2016), 63.

92. Kamal Dev Bhattarai, 'The Geopolitics of Nepal's Federal Structure', The Diplomat, 27 October 2014 참조. https://thediplomat.com/2014/10/ the-geopolitics-of-nepals-federal-structure/ (accessed on 12 January 2018).

93. Jha, Battles, 277, for a version of this.

94. 개인 통신.

95. Adhikari, The Bullet and the Ballot Box, 229.

96. Sudheer Sharma, 탐방기록, 13 December 2016, Kathmandu.

97. Hachhethu, 탐방기록.

98. Lal, 탐방기록.

99. Aditya Adhikari, 'The Communist Dream', Kathmandu Post, 18 October 2017. http://kathmandupost.ekantipur.com/news/2017-10-18/the-communist-dream.html (accessed on 31 July 2018).

100. Lal, 탐방기록.

101. Yami, 탐방기록.

102. Kiran, 탐방기록.

12장

1. Ruru Li, 'Sino the Times: three spoken drama productions on the Beijing stage', Drama Review 45.2 (Summer 2001): 137-40.

2. Wu Hung, Remaking Beijing: Tiananmen Square and the Creation of a Political Space (Chicago: University of Chicago Press, 2005), 34.

3. 「江蘇學報」 4 (1977), 4.

4. Frank Dikötter, The Cultural Revolution: A People's History 1962-1976(London: Bloomsbury, 2016), 276 참조.

5. Geremie R. Barmé, Shades of Mao: The Posthumous Cult of the Great Leader(New York: M. E. Sharpe, 1996), 5.

6. Alexander C. Cook, ed., Mao's Little Red Book: A Global History (Cambridge: Cambridge University Press, 2014), xiii.

7. Barmé, Shades of Mao, 6-11.

8. Richard Bodman, 'From History to Allegory to Art: A Personal Search for Interpretation', in Deathsong of the River: A Reader's Guide to the Chinese TV Series Heshang(河傷) (Ithaca: Cornell University, 1991), 34.

9. John Pomfret, Chinese Lessons: Five Classmates and the Story of New China(New York: Henry Holt, 2006), 66.

10. conversation in Lee Kuan Yew, From Third World to First: Singapore and the Asian Economic Boom (New York: Harper, 2011), 599-600; Chin Peng, Alias Chin Peng: My Side of History (Singapore: Media Masters, 2003), 458-9 참조.

11. 阿成, 『一路艱辛向前走-我肩負的使命(續)』(Johor: Hasanah Sin Bt. Abdullah, 2009), 300.

12. 楊美紅, 『罌粟花紅: 我在緬共十五年』, 香港, 天地圖書有限公司, 2009), 276-8.

13. 개인 통신.

14. Zhisui Li, The Private Life of Chairman Mao: The Memoirs of Mao's Personal Physician, Tai Hung-chao trans. (London: Arrow Books, 1996), 17.

15. Oriana Fallaci, 'Deng: Cleaning Up Mao's "Feudal Mistakes"', Washington Post, 31 August 1980. Cited in Jude Blanchette, Under the Red Flag: The Battle for the Soul of the Communist Party in a Reforming China (Oxford: Oxford University Press, forthcoming), Chapter One.

16. Blanchette, Under the Red Flag, Chapter One; Robert Suettinger, 'Negotiating History: The Chinese Communist Party's 1981', 11. (http://www.project2049.net/documents/ Negotiating%20History%20CCP_ Suettinger%202049%20Institute.pdf; accessed on 8 January 2018).

17. Suettinger, 'Negotiating History', 13.

18. 같은 책, 13.

19. 'Resolution on certain questions in the history of our party since the founding of the People's Republic of China'. https://www.marxists.org/subject/ china/documents/cpc/history/01.htm (accessed on 8 January 2018).

20. Suettinger, 'Negotiating History,' 17.

21. Blanchette, Under the Red Flag, Chapter One.

22. 같은 책.

23. James Hershberg, Sergey Radchenko, Peter Vamos and David Wolff, 'The Interkit Story: A Window into the Final Decades of the Sino-Soviet Relationship', Cold War International History Project Working Paper, February 2011, 27. https://www.wilsoncenter.org/sites/default/files/ Working_Paper_63.pdf (accessed on 8 January 2018).

24. Barry Naughton, 'Deng Xiaoping: The Economist', China Quarterly, No. 135, pp. 491-514. Cited in Blanchette, Under the Red Flag, Chapter Two.

25. Zhao Ziyang(趙紫陽), Prisoner of the State: The Secret Journal of Chinese Premier Zhao Ziyang

(London: Pocket Books, 2010), 163.

26. Christopher S. Wren, 'China Honors Mao with Selective Fanfare', New York Times, 25 December 1983. http://www.nytimes.com/1983/12/25/world/china-honors-mao-with-selective-fanfare.html (accessed on 8 January 2018). 이외에 Blanchette, Under the Red Flag, Chapter Two, 참조.

27. Orville Schell, Discos and Democracy: China in the Throes of Reform (New York: Pantheon Books, 1988), 14.

28. Zhao, Prisoner of the State, 11.

29. 보다 구체적인 내용은 Geremie R. Barmé, In the Red: On Contemporary Chinese Culture (New York: Columbia University Press, 1997), 20-37 참조.

30. Barmé, Shades of Mao, 9.

31. 같은 책, 23.

32. 같은 책, 25.

33. 같은 책, 37.

34. Ching Kwan Lee, 'What Was Socialism to Chinese Workers? Collective Memories and Labor Politics in an Age of Reform', in Ching Kwan Lee and Guobin Yang, eds, Re-envisioning the Chinese Revolution: The Politics and Poetics of Collective Memories in Reform China (Stanford: Stanford University Press, 2007), 158; Philip Pan, Out of Mao's Shadow: The Struggle for the Soul of a New China (London: Picador, 2008), 120-46.

35. 개인 통신.

36. Blanchette, Under the Red Flag.

37. Andy Yinan Hu, 'Swimming Against the Tide: Tracing and Locating Chinese Leftism Online', unpublished MA dissertation, Simon Fraser University, 2006, 80-1.

38. 같은 책, 81.

39. 2003년 이후 마오주의 유행에 관한 논문은 쉽게 찾아볼 수 없다. 아마도 상당히 민감한 주제이기 때문인 듯하다. 필자가 찾은 관련 논문은 미출간된 석사논문으로 崔金珂, 「當代'毛澤東左派'思想分析-以烏有之鄉網站爲例」(北京大學, 2013)이다. 본 논문을 보내준 Daniel Leese에게 감사의 뜻을 전한다.

40. Hu, 'Swimming Against the Tide', 161.

41. 같은 책, 130.

42. 崔金珂, 「當代'毛澤東左派'思想分析-以烏有之鄉網站爲例」, 11.

43. 같은 책, 13.

44. 같은 책, 14.

45. 같은 책.

46. 같은 책, 15-20.

47. 같은 책, 24, 21.

48. 같은 책, 20.

49. 같은 책, 18.

50. Oiwan Lam, 'China: Hang the Slaves of the West', 30 November 2010. h t t p s : / / globalvoices.org/2010/11/30/china-hang-the-slaves-of-the-west/ (accessed on 8 January 2018).

51. David Bandurski, 'Heckled by the Left, Again', 26 April 2013. http://cmp.hku.hk/2013/04/26/

heckled-by-the-left-again/ (accessed on 8 January 2018).

52. David Bandurski, 'Forum Denounces Economist Mao Yushi', 30 May 2011. http://cmp.hku. hk/2011/05/30/forum-denounces-economist-mao-yushi/ (accessed on 8 January 2018).

53. Jude Blanchette, 'Still Holding High Mao's Banner', China Economic Quarterly, June 2017, 51.

54. 崔金珂,「當代'毛澤東左派'思想分析-以烏有之鄉網站爲例」, 32, 9.

55. David Bandurski, 'Rare Essay Humbles Mao Zedong', 28 April 2011.　　　http://cmp.hku. hk/2011/04/28/chairman-mao-humbled-in-rare-essay/ (accessed on 8 January 2018).

56. 'Boundlessly loyal to the great monster', The Economist, 26 May 2011.http://www.economist.com/ node/18744533?story_id=18744533 (accessed on 8 January 2018).

57. John Garnaut, The Rise and Fall of the House of Bo: How a Murder Exposed the Cracks in China's Leadership (Beijing: Penguin China, 2012), loc 577.

58. 'Biggest Mao Zedong statue unveiled in China: report'. http://www.sinodaily.com/reports/Biggest_ Mao_Zedong_statue_unveiled_in_China_ report_999.html (accessed on 23 July 2018).

59. Garnaut, The Rise and Fall of the House of Bo, loc 602.

60. Xujun Eberlein, 'On Bo Xilai's "Chongqing Model"', 20 March 2012.https://insideoutchina. blogspot.co.uk/2012/03/bo-xilais-chongqing-model. html (accessed on 8 January 2018).

61. Kathrin Hille and Jamil Anderlini, 'China: Mao and the next generation', Financial Times, 7 July 2011.　　　http://www.ftchinese.com/story/001039457/ en?page=2 (accessed on 8 January 2018).

62. John Garnaut, 'Profound Shift as China marches back to Mao', Sydney Morning Herald, 9 October 2011. http://www.smh.com.au/world/profound-shift-as- china-marches-back-to-mao-20111008- 1lewz.html (accessed on 8 January 2018).

63. 'Understanding Chinese President Xi's anti-corruption campaign', The Conversation, 27 October 2017. http://theconversation.com/under- standing-chinese-president-xis-anti-corruption- campaign-86396; 'China Murder Suspect's Sisters Ran $126 million Business Empire', Bloomberg, 14 April 2012.　　https://www.bloomberg.com/news/articles/2012-04-13/ china-murder-suspect- s-sisters-ran-126-million-business-empire (accessed on 8 January 2018).

64. https://www.youtube.com/watch?v=6AcSEaOBrng&t=131s (accessed on 8 January 2018).

65. Tom Phillips, 'Xi Jinping becomes most powerful leader since Mao with China's change to constitution'. https://www.theguardian.com/ world/2017/oct/24/xi-jinping-mao-thought-on- socialism-china-constitution; https://twitter.com/xinwenxiaojie/status/929705310230478848; 'Xi Jinping: Xinshidai de lingluren' (Xi Jinping: pathfinder for the new era). http://www.xinhuanet.com /2017-11/17/c_1121968350.htm (all accessed on 16 May 2018).

66. https://twitter.com/XHNews/status/931333019020951552.

67. Tom Phillips, 'Singing Xi's praises: chorus of Chinese pop songs cele- brate president'. https://www. theguardian.com/world/2016/mar/30/ xi-jinping-chorus-of-chinese-pop-songs-celebrate-president (accessed on 8 January 2018).

68. Sangkuk Li, 'An Institutional Analysis of Xi Jinping's Centralization of Power', Journal of Contemporary China 26.105 (2017): 325-36.

69. 『永遠在路上』at https://www.youtube.com/ watch?v=qbgsWn5gMDs (accessed on 8 January

2018).

70. 'Xi: Holding high banner of Mao "forever"', Xinhua, 26 December 2013, at http://www.china.org. cn/china/2013-12/26/content_31015643.htm (accessed on 29 July 2018).

71. Kerry Brown, The New Emperors: Power and the Princelings in China (London: I. B. Tauris, 2014), 134.

72. David Bandurski, 'China's Political Discourse in 2013', 6 January 2014, at http://chinamediaproject. org/2014/01/06/chinas-political-discourse-in-2013/ (accessed on 8 January 2018).

73. Damien Ma, 'Can China's Xi Pivot From Disrupter-in-Chief to Reformer-in-Chief?', World Politics Review, 15 November 2016, at http://www.world-politicsreview.com/articles/20460/can-china-s-xi-pivot-from-disrupter-in-chief-to-reformer-in-chief (accessed on 8 January 2018).

74. 「韓德强創辦的正道農場正式宣告: 到年底停辦」, 2016年 8月 26日. http:// www.szhgh. com/Article/health/food/2016-08-26/120019.html (accessed on 8 January 2018).

75. https://www.youtube.com/watch?v=cm5w3bCpbQg.

76. 陳宜中, 「永遠的造反派-袁庚華先生訪談錄」, http://www.wengewang.org/read. php?tid=30237 (accessed on 8 January 2018).

77. Kerry Brown and Simone van Nieuwenhuizen, China and the New Maoists (London: Zed Books, 2016), 66.

78. 張承志, 『紅衛兵の時代』, 小島晉治, 田所竹彦 번역.(東京, 岩波新書, 1992), 70, 188, 193.

79. Barmé, Shades of Mao, 274.

80. 張承志, 「伊斯蘭要努力與中國文明結合」, 2005. http://history.sina.com.cn/idea/rw/2014-03-17/104185358.shtml (accessed on 26 January 2016).

81. 張承志, 『五色的異端』(香港, 大風出版社, 2007) 223-30; 張承志, 『敬重與惜別 : 致日本』(上海, 上海文藝出版社, 2015), 107-53.

82. William R. Farrell, Blood and Rage : The Story of the Japanese Red Army (Lexington, MA : Lexington Books, 1990).

83. 海鵬飛, 「張承志 : 走不出烏托邦」, 『南方人物週刊』, 2014年 6月, 30日. http://www. nfpeople.com/story_view.php?id=5532 (accessed on 26 January 2016).

84. 張承志, 『金牧場』(北京, 作家出版社, 1987); 張承志, 『北方的河』(北京, 作家出版社, 2000).

85. 張承志, 『五色的異端』, 53.

86. 張承志, 『紅衛兵の時代』, 102.

87. 張承志, 『五色的異端』, 281-2.

88. 張承志, 「文學與正義 : 在中國人民大學文學院的演講」, 『當代文壇』 6(2013), 6.

89. 상세한 내용은 Julia Lovell, 'From Beijing to Palestine : Zhang Chengzhi's Journeys from Red Guard Radicalism to Global Islam', Journal of Asian Studies 75.4 (November 2016): 891-911 참조.

90. Lucy Hornby and Tom Hancock, 'China cracks down on Mao critics', Financial Times, 22 January 2017; Raymond Li, 'Liberal Economist Mao Yushi Warns of a "Leftist Revival" in China', South China Morning Post, 26 May 2013.

91. Tom Phillips, 'China Breaks official silence on Cultural Revolution's "decade of calamity"', Guardian,

17 May 2016.

92. Nectar Gan, '"Whole world should unite to defeat the American invaders and their lackeys": controversy sparked online by "red songs" at concert in Beijing', South China Morning Post, 6 May 2016. http://www.scmp.com/news/china/policies-politics/article/1941686/whole-world-should-unite-defeat-american-invaders-and (accessed on 9 January 2018).

93. Chun Han Wong, 'Maoist Overtones in Beijing Concert Raise Red Flags', Wall Street Journal, 8 May 2016. https://blogs.wsj.com/chinareal- time/2016/05/08/maoist-overtones-in-beijing-concert-raise-red-flags/ (accessed on 9 January 2018).

94. Zheping Huang, 'Introducing China's totally wholesome 56-member patriotic girl pop group', Quartz, 3 July 2015. https://qz.com/444680/intro- ducing-chinas-totally-wholesome-56-member-patriotic-girl-pop-group/ (accessed on 9 January 2018).

결어

1. 'A New Form of Totalitarianism Takes Root in China', Washington Post, 26 February 2018.

2. Charles Lane, 'We Got China Wrong. Now What?', Washington Post, 28 February 2018.

3. 가장 대표적인 사례는 빌 클린턴(Bill Clinton)이 2000년 중국의 세계무역기구(WTO) 가입에 관한 연설이다. https://archive.nytimes.com/ www.nytimes.com/library/world/asia/030900clinton-china-text. html?mcubz=2 (accessed on 30 July 2018).

4. 王小鴻, 「'2018兩會 - 改革新征程' 新型政黨制度爲世界政黨政治發展貢獻中國智慧」 http://news.cri.cn/20180308/962b9850-3a41-45ac- 57c0-a4afdaa2d9e4.html (accessed on 15 March 2018).

5. https://hrichina.us9.list-manage.com/track/click?u=be7 1fffd3e2fea33689a7d0d8&id=a94125227 e&e=1bd184054a.

참고 문헌

1. 기록보관소

중국

    외교부 기록보관소Archives of the Ministry of Foreign Affairs

    베이징 시 기록보관소Beijing Municipal Archives

    상하이 시 기록보관소Shanghai Municipal Archives

    화동사범대학華東師範大學 당대 문헌사료 중심Contemporary Documentation Centre, East China Normal University

영국

    국가 기록보관소National Archive

    영중 이해 협회Society for Anglo-Chinese Understanding, Oundle

    아시아 아프리카 연구 학회 특집Special Collections, School of Oriental and African Studies

미국

    로버트 윌리엄스 논문, 미시간대학교(마이크로 필름 참고)

    Papers of Robert F. Williams, University of Michigan (microfilm consulted)

    'Documenting the Peruvian Insurrection', 프린스턴 대학Princeton University (마이크로 필름 참고)

    타미먼트 도서관Tamiment Library과 로버트 F. 와그너 문서보관소Robert F. Wagner Archives (뉴욕)

    연합 출판 연구 서비스Joint Publications Research Service Reports (database consulted) Foreign Broadcast Information Service (보관자료 참고)

유럽

    국제사회사연구소International Institute of Social History, Amsterdam

    APO-Archiv, Berlin

    국제 현대 사료 문헌관Bibliothèque de Documentation Internationale Contemporaine, Paris Archives Nationales, Paris

몽골

    외교부 기록보관소Archives of the Ministry of Foreign Affairs

페루

    Defensoría del Pueblo, Lima

2. 참고 문헌

Adams, Clarence, An American Dream: The Life of an African American Soldier and POW Who Spent Twelve Years in Communist China, Amherst: University of Massachusetts Press, 2007.

Adhikari, Aditya, The Bullet and the Ballot Box: The Story of Nepal's Maoist Revolution, London: Verso, 2014.

阿成, 我肩負的使命: 馬共中央政治局委員阿成回顧錄之四, 쿠알라룸푸르Kuala Lumpur: 21세기 출판사, 2007.

阿成, 一路艱辛向前走-我肩負的使命(續), Johor: Hasanah Sin Bt. Abdullah, 2009.

Ahmad, Muhammad, We Will Return in the Whirlwind: Black Radical Organizations 1960–1975, Chicago: Charles H. Kerr, 2007.

Ahmad, Taufi k, 'South Sulawesi: The Military, Prison Camps and Forced Labour', in Douglas Kammen and Katharine McGregor, eds, The Contours of Mass Violence in Indonesia, 1965–68, 156–81, Copenhagen: NIAS Press, 2012.

Aidit, D. N., Dare, Dare and Dare Again!, Beijing: Foreign Languages Press, 1963.

_____, D. N., Set Afire the Banteng Spirit: Ever Forward, No Retreat!, Beijing: Foreign Languages Press, 1964.

Alexander, Robert J., International Maoism in the Developing World, New York: Praeger, 1999.

_____, Maoism in the Developed World, New York: Praeger, 2001. Anderson, Benedict, 'How Did the Generals Die?', Indonesia 43 (April 1987):
109–34.

_____, Imagined Communities: Reflections on the Origins and Spread of Nationalism, London: Verso, 1991.

Anderson, Benedict R., and Ruth T. McVey, A Preliminary Analysis of the October 1, 1965 Coup in Indonesia, Ithaca: Modern Indonesia Project, 1971.

Anderson, David M., Histories of the Hanged: Britain's Dirty War in Kenya and the End of Empire, London: Weidenfeld & Nicolson, 2005.

Andrew, Christopher M., and Vasili Mitrokhin, The Mitrokhin Archive II: The KGB and the World, London: Allen Lane, 2005.

Apter, David E., and Tony Saich, Revolutionary Discourse in Mao's Republic, Cambridge, MA: Harvard University Press, 1994.

Armstrong, Charles, The Tyranny of the Weak: North Korea and the World 1950–1992, Ithaca: Cornell University Press, 2013.

Asselin, Pierre, Hanoi's Road to the Vietnam War, 1954–1965, Berkeley: University of California Press, 2015.

Aust, Stefan, The Baader–Meinhof Complex, Anthea Bell trans., London: Bodley Head, 2008.

Bach, Quintin V. S., 'A Note on Soviet Statistics on Their Economic Aid', Soviet Studies 37.2 (April 1985): 269–75.

Badiou, Alain, 'The Cultural Revolution: The Last Revolution?', positions 13.3 (winter 2005): 481–514.

Bagus, Mary Ida, 'West Bali: Experiences and Legacies of the 1965－66 Violence', in Douglas Kammen and Katharine McGregor, eds, The Contours of Mass Violence in Indonesia, 1965－68, 208－33, Copenhagen: NIAS Press, 2012.

Banerjee, Sumanta, India's Simmering Revolution: the Naxalite Uprising, London: Zed Books, 1984.

Barlow, Tani, and Gary Bjorge, eds, I Myself Am a Woman: 『딩링선집丁玲選集Selected Writings of Ding Ling, Boston: Beacon Press, 1989.

Barmé, Geremie R., Shades of Mao: The Posthumous Cult of the Great Leader, New York: M. E. Sharpe, 1996.

＿＿, In the Red: On Contemporary Chinese Culture, New York: Columbia University Press, 1997.

Basombrío Iglesias, Carlos, 'Sendero Luminoso and Human Rights: A Perverse Logic that Captured the Country', in Steve J. Stern, ed., Shining and Other Paths: War and Society in Peru, 1980－1995, 426－46, Durham, NC: Duke University Press, 1998.

Bayly, Christopher, and Tim Harper, Forgotten Wars: The End of Britain's Asian Empire, London: Penguin Books, 2008.

Becker, Jasper, Hungry Ghosts: China's Secret Famine, London: John Murray, 1996.

＿＿, Rogue Regime: Kim Jong Il(김정일) and the Looming Threat of North Korea, USA: Oxford University Press, 2005.

Belden, Jack, China Shakes the World, New York: Harper, 1949. Bell, Thomas, Kathmandu, London: Haus, 2016.

Berg, Ronald H., 'Peasant Responses to Shining Path in Andahuaylas', in David Scott Palmer, ed., The Shining Path of Peru, 83－104, London: Hurst, 1992.

Berger, Dan, 'Rescuing Civil Rights from Black Power: Collective Memory and Saving the State in Twenty-First-Century Prosecutions of 1960s-Era Cases', Journal for the Study of Radicalism 3.1 (2009): 1－27.

Bhatia, Bela, 'The Naxalite Movement in Central Bihar', 미출간 박사논문unpublished PhD dissertation, University of Cambridge, 2000.

Bianco, Lucien, La Récidive: Révolution Russe, Révolution Chinoise, Paris: Gallimard, 2014.

Bodman, Richard W., and Pin P. Wan, trans. and eds, Deathsong of the River: A Reader's Guide to the Chinese TV Series Heshang, Ithaca: Cornell University, 1991.

Bourseiller, Christophe, Les Maoïstes: La Folle Histoire des Gardes Rouges Français, Paris: Plon, 1996.

Bradley, Mark Philip, Vietnam at War, Oxford: Oxford University Press, 2009.

Brady, Anne-Marie, The Friend of China: The Myth of Rewi Alley, Abingdon: Routledge, 2002.

＿＿, Making the Foreign Serve China: Managing Foreigners in the People's Republic, Lanham: Rowman & Littlefield, 2003.

Brazinsky, Gregg, Winning the Third World: Sino-American Rivalry During the Cold War, Chapel Hill: University of North Carolina Press, 2017.

Brown, Archie, The Rise and Fall of Communism, London: Vintage, 2010.

Brown, Kerry, The New Emperors: Power and the Princelings in China, London: B. Tauris, 2014.

＿＿, CEO China: The Rise of Xi Jinping, London: I. B. Tauris, 2017.

＿＿, The World According to Xi, London: I. B. Tauris, 2018.

_____, and Simone van Nieuwenhuizen, China and the New Maoists, London: Zed Books, 2016.

Buchanan, Tom, East Wind: China and the British Left, 1925 – 1976. Oxford: Oxford University Press, 2012.

Bui, Tin, Following Ho Chi Minh: The Memoirs of a North Vietnamese Colonel, London: Hurst, 1995.

Buijtenhuijs, Robert, Mau Mau Twenty Years After: The Myth and the Survivors, The Hague: Mouton, 1973.

Burgess, G. Thomas, 'Mao in Zanzibar: Nationalism, Discipline, and the (De) Construction of Afro-Asian Solidarities', in Christopher J. Lee, ed., Making a World After Empire: The Bandung Moment and Its Political Afterlives, 263 – 91, Athens: Ohio University Press, 2010.

_____, Ali Sultan Issa and Seif Sharif Hamad, Race, Revolution and the Struggle for Human Rights in Zanzibar: The Memoirs of Sultan Issa and Seif Sharif Hamad, Athens: Ohio University Press, 2009.

Cailmail, Benoit, 'A History of Nepalese Maoism since its Foundation by Mohan Bikram Singh', European Bulletin of Himalayan Research 33 – 34 (2008 – 2009): 11 – 38.

_____, 'Le Mouvement Maoïste au Népal, 1949 – 2008: La tentation de la révolution internationale', unpublished PhD dissertation, University Paris 1-Pantheon Sorbonne, 2015.

Carruthers, Susan, Cold War Captives: Imprisonment, Escape and Brainwashing, Berkeley: University of California Press, 2009.

Chakrabarti, Sreemati, China and the Naxalites, London: Sangam, 1990.

Chakravarty, Bidyut, and Rajat Kumar Kujur, Maoism in India: Reincarnation of Ultra-Leftwing Extremism in the Twenty-first Century, Abington: Routledge, 2009.

Chanda, Nayan, Brother Enemy: The War after the War, San Diego: Harcourt Brace Jovanovich, 1986.

Chandler, David, The Tragedy of Cambodian History: Politics, War and Revolution Since 1945, New Haven: Yale University Press, 1991.

_____, Voices from S-21: Terror and History in Pol Pot's Secret Prison, Berkeley: University of California Press, 1999.

_____, Ben Kiernan and Chanthou Boua, trans. and eds, Pol Pot Plans the Future: Confidential Leadership Documents from Democratic Kampuchea, 1976 – 1977, New Haven: Yale Center for International and Area Studies, 1988.

Chang, Jung and Jon Halliday, Mao: The Unknown Story, London: Jonathan Cape, 2005.

Cheek, Timothy, 'The Fading of Wild Lilies: Wang Shiwei and Mao Zedong's Yan'an Talks in the First CPC Rectification Movement'. The Australian Journal of Chinese Affairs 11 (January 1984): 25 – 58.

_____, The Intellectual in Modern Chinese History, Cambridge: Cambridge University Press, 2015.

_____, ed., A Critical Introduction to Mao, Cambridge: Cambridge University Press, 2010.

陳冠任，『宋慶齡大傳，北京: 團結出版社，2003.

Chen Jian(陳兼), Mao's China and the Cold War, Chapel Hill: University of North Carolina Press, 2001.

_____, et al., eds,, The Routledge Handbook of the Global Sixties, Abingdon: Routledge, 2018.

Chen Yung-fa(陳永發), 'The Blooming Poppy under the Red Sun: The Yan'an Way and the Opium Trade', in Tony Saich and Hans van de Ven, eds, New Perspectives on the Chinese Communist Revolution, 263 – 98, New York: M. E. Sharpe, 1995.

Cheng, J. C., ed., The Politics of the Chinese Red Army: A Translation of the Bulletin of Activities of the People's Liberation Army, Stanford: Hoover Institution, 1966.

程映虹, 『毛主義革命: 20世紀的中國與世界』, 香港: 田園書屋, 2008.

_____, 'Beyond Moscow-Centric Interpretation: An Examination of the China Connection in Eastern Europe and North Vietnam during the Era of De-Stalinization', Journal of World History 15.4 (December 2004): 487–518.

Chin Peng, Alias Chin Peng – My Side of History: Recollections of a Revolutionary Leader, Singapore: Media Masters, 2003.

Chung, Fay, Re-living the Second Chimurenga: Memories from the Liberation Struggle in Zimbabwe, Stockholm: Nordic Africa Institute, 2006.

Churchill, Ward, '"To Disrupt, Descredit and Destroy": The FBI's Secret War against the Black Panther Party', in Kathleen Cleaver and George Katsiaficas, eds, Liberation, Imagination and the Black Panther Party: A New Look at the Panthers and their Legacy, 78–117, New York: Routledge, 2001.

Cleaver, Kathleen, and George Katsiaficas, eds, Liberation, Imagination and the Black Panther Party: A New Look at the Panthers and their Legacy, New York: Routledge, 2001.

Clifford, Nicholas R., 'White China, Red China: Lighting out for the Territory with Edgar Snow', New England Review 18.2 (Spring 1997): 103–11.

Cook, Alexander C., 'Chinese Uhuru: Maoism and the Congo Crisis', unpublished paper.

_____, ed., The Little Red Book(『마오주석 어록』): A Global History, Cambridge: Cambridge University Press, 2014.

Cooley, John, East Wind Over Africa: Red China's African Offensive, New York: Walker & Company, 1965.

Craig Harris, Lilian, 'China's Relations with the PLO', Journal of Palestine Studies 7.1 (Autumn 1977): 123–54.

Cribb, Robert, 'Indonesian Marxism', in Colin Mackerras and Nick Knight, eds, Marxism in Asia, 251–72. Sydney: Croome Helm, 1985.

_____, The Indonesian Killings 1965–1966: Studies from Java and Bali, Clayton: Monash University, 1990.

_____, and Colin Brown, Modern Indonesia: A History Since 1945, London: Longman, 1995.

崔金珂, 「當代'毛澤東左派'思想分析-以烏有之鄉網站爲例」, 미발표 석사논문, 北京大學, 2013.

Cumings, Bruce, The Korean War: A History, New York: Modern Library, 2011.

Dai Qing, Wang Shiwei and 'Wild Lilies': Rectification and Purges in the Chinese Communist Party, 1942–1944, David E. Apter and Timothy Cheek, eds, New York: Armonk, 1994.

Dake, Antonie C. A., In the Spirit of the Red Banteng: Indonesian Communists between Moscow and Peking, 1959–1965, The Hague: Mouton, 1973.

Degregori, Carlos Iván, 'Harvesting Storms: Peasant Rondas and the Defeat of Senderol Luminoso in Ayacucho', in Steve J. Stern, ed., Shining and Other Paths: War and Society in Peru, 1980–1995, 129–57. Durham, NC: Duke University Press, 1998.

_____, El Surgimiento de Sendero Luminoso: Ayacucho 1969–1979, Lima: Instituto de Estudios

Peruanos, 2010.

_____, How Difficult It Is to Be God: Shining Path's Politics of War in Peru, 1980 – 1999, Steve J. Stern, ed., Nancy Appelbaum trans., Madison: University of Wisconsin Press, 2012.

del Pino, Ponciano H., '"Family, Culture and 'Revolution'": Everyday Life with Sendero Luminoso', in Steve J. Stern, ed., Shining and Other Paths: War and Society in Peru, 1980 – 1995, 158 – 92. Durham, NC: Duke University Press, 1998.

De Nike, Howard J., John Quigley and Kenneth J. Robinson, eds, Genocide in Cambodia: Documents from the Trial of Pol Pot and Ieng Sary, Philadelphia: University of Pennsylvania Press, 2000.

Denton, Kirk A., ed., Modern Chinese Literary Thought: Writings on Literature, 1893 – 1945, Stanford: Stanford University Press, 1996.

de Sales, Anne, 'Thabang: The Crucible of Revolution', in Marie Lecomte–Tilouine, ed., Hindu Kingship, Ethnic Revival and Maoist Rebellion in Nepal, 165 – 206. Oxford: Oxford University Press, 2009.

de Wit, Ton, and Vera Gianotten, 'The Center's Multiple Failures', in David Scott Palmer, ed., The Shining Path of Peru, 45 – 57. London: Hurst, 1992.

Dikötter, Frank, Mao's Great Famine: The History of China's Most Devastating Catastrophe, 1958 – 1962, London: Bloomsbury, 2010.

_____, The Cultural Revolution: A People's History, 1962 – 1976, London: Bloomsbury, 2016.

Donner, Henrike, 'The Significance of Naxalbari: accounts of personal involvement and politics in West Bengal', occasional paper, Centre of South Asian Studies, University of Cambridge, 2004.

Duiker, William J., Ho Chi Minh: A Life, New York: Hyperion, 2000.

Efimova, Larisa M., 'Stalin and the New Program for the Communist Party of Indonesia', Indonesia 91 (April 2011): 131 – 63.

Elbaum, Max, Revolution in the Air: Sixties Radicals Turn to Lenin, Mao and Che, London: Verso, 2006.

Fairbank, John K., China: The People's Middle Kingdom and the USA, Cambridge, MA: Harvard University Press, 1967.

Faligot, Roger, and Remi Kauffer, The Chinese Secret Service, Christine Donougher trans., London: Headline, 1989.

Fan, Hongwei, 'China – Burma Geopolitical Relations in the Cold War', Journal of Current Southeast Asian Affairs 31.1 (2012): 7 – 27.

Farnsworth, Robert M., From Vagabond to Journalist: Edgar Snow in Asia, 1928 – 1941, Missouri: University of Missouri Press, 1996.

Farrell, William R., Blood and Rage: The Story of the Japanese Red Army, Lexington, MA: Lexington Books, 1990.

Favretto, Ilaria, 'Rough Music and Factory Protest in Post–1945 Italy', Past and Present 228 (August 2015): 207 – 47.

_____, and Marco Fincardi, 'Carnivalesque and Charivari Repertories in 1960s and 1970s Italian Protest', in Ilaria Favretto and Xabier Itçaina, eds, Protest, Popular Culture and Tradition in Modern and Contemporary Western Europe, 149 – 84. London: Palgrave, 2017.

費孝通, 夏衍 編, 『胡愈之印象記』, 北京, 中國友誼出版社, 1996.

Fic, Victor, Anatomy of the Jakarta Coup, 1 October, 1965: The Collusion with China which Destroyed the Army Command, President Sukarno and the Communist Party of Indonesia, New Delhi: Abhinav Publications, 2004.

Fields, A. Belden, Trotskyism and Maoism: Theory and Practice in France and the United States, New York: Praeger, 1988.

Foster Snow, Helen (see also Nym Wales), My China Years: A Memoir, London: Harrap, 1984.

Franceschini, Alberto, Mara Renato e Io: Storia des Fondatori delle BR, Milan: Arnoldo Mondadori, 1988.

Frazier, Robeson Taj, The East is Black: Cold War China in the Black Radical Imagination, Durham, NC: Duke University Press, 2015.

Friedman, Jeremy, Shadow Cold War: The Sino-Soviet Competition for the Third World, Chapel Hill: University of North Carolina Press, 2015.

Garnaut, John, The Rise and Fall of the House of Bo: How a Murder Exposed the Cracks in China's Leadership, Beijing: Penguin China, 2012.

Garver, John, China's Quest: The History of the Foreign Relations of the People's Republic of China, Oxford: Oxford University Press, 2016.

Gavilán Sánchez, Lurgio, When Rains Became Floods: A Child Soldier's Story, Margaret Randall trans., Durham, NC: Duke University Press, 2017.

Gehrig, Sebastian, '"Zwischen uns und dem Feind einen klaren Trennungsstrich ziehen": Linksterroristische Gruppen und maoistische Ideologie in der Bundesrepublik der 1960er und 1970er Jahre', in Sebastian Gehrig, Barbara Mittler and Felix Wemheuer, eds, Kulturrevolution als Vorbild? Maoismen im deutschsprachigen Raum, 153-77, Frankfurt: Peter Lang, 2008.

_____, '(Re-)Configuring Mao: Trajectories of a Culturo-Political Trend in West Germany', Transcultural Studies 2 (2011): 189-231.

Gellner, David, and Mrigendra Bahadur Karki, 'The Sociology of Activism in Nepal: Some Preliminary Considerations', in H. Ishii, David Gellner and K. Nawa, eds, Political and Social Transformations in North India and Nepal (Social Dynamics in Northern South Asia, Vol. 2), 361-97. Delhi: Manohar, 2007.

Gildea, Robert, James Mark and Anette Warring eds, Europe's 1968: Voices of Revolt, Oxford: Oxford University Press, 2013.

Gilmartin, Christina, Engendering the Chinese Revolution: Radical Women, Communist Politics, and Mass Movements in the 1920s, Berkeley: University of California Press, 1995.

Goldman, Merle, 'The Party and the Intellectuals', in Roderick MacFarquhar and John K. Fairbank, eds, The Cambridge History of China, Volume 14, The People's Republic, Part 1: The Emergence of Revolutionary China, 1949-1965. Cambridge: Cambridge University Press, 1987.

Gorriti, Gustavo, 'Shining Path's Stalin and Trotsky', in David Scott Palmer, ed., The Shining Path of Peru, 149-70, London: Hurst, 1992.

_____, The Shining Path: A History of the Millenarian War in Peru, Robin Kirk trans., Chapel Hill: University of North Carolina Press, 1999.

Goscha, Christopher, The Penguin History of Modern Vietnam, London: Penguin, 2017.

Gottesman, Evan, Cambodia After the Khmer Rouge: Inside the Politics of Nation Building, New Haven: Yale University Press, 2004.

Guan, Ang Cheng, Vietnamese Communists' Relations with China and the Second Indochina Conflict, 1956－1962, London: McFarland, 1997.

Guzmán Reinoso, Abimael, and Elena Iparraguirre, Memorias desde Némesis 1993－2000 (2014), http://bvk.bnp.gob.pe/admin/files/libros/ 801_digitalizacion.pdf.

Hack, Karl, and Jian Chen, eds, Dialogues with Chin Peng: New Light on the Malayan Communist Party, Singapore: Singapore University Press, 2004.

Hahn, Emily, The Soong Sisters, London: Robert Hale Limited, 1942. Halberstam, David, The Coldest Winter: America and the Korean War, London: Pan Macmillan, 2009.

Hamilton, John Maxwell, Edgar Snow: A Biography, Bloomington: Indiana University Press, 1998.

Han Shaogong, A Dictionary of Maqiao, Julia Lovell trans., New York: Columbia University Press, 2003.

Hanshew, Karrin, Terror and Democracy in West Germany, Cambridge: Cambridge University Press, 2012.

何靜修 等 編, 『緬懷劉少奇』, 北京, 中央文藝出版社, 1988.

Hearman, Vanessa, 'South Blitar and the PKI Bases: Refuge, Resistance and Repression', in Douglas Kammen and Katharine McGregor, eds, The Contours of Mass Violence in Indonesia, 1965－68, 182－207. Copenhagen: NIAS Press, 2012.

Heikal, Mohamed, Nasser: The Cairo Documents. London: New English Library, 1972.

Heilman, Jaymie, Before the Shining Path: Politics in Rural Ayacucho, 1895－1980. Stanford: Stanford University Press, 2010.

Heilmann, Sebastian, and Elizabeth Perry, eds, Mao's Invisible Hand: The Political Foundations of Adaptive Governance in China, Cambridge, MA: Harvard University Press, 2011.

Hering, Bob, Soekarno: Founding Father of Indonesia, 1901－1945, Leiden: KITLV Press, 2002.

Hershberg, James, Sergey Radchenko, Peter Vamos and David Wolff, 'The Interkit Story: A Window into the Final Decades of the Sino-Soviet Relationship', Cold War International History Project Working Paper, February 2011.

Hevi, Emmanuel John, An African Student in China, London: Pall Mall Press, 1963.

Hindley, Donald, The Communist Party of Indonesia, 1951－1963, Berkeley: University of California Press, 1964.

Hoang Van Hoan, A Drop in the Ocean: Hoang Van Hoan's Revolutionary Reminiscences, Beijing: Foreign Languages Press, 1988.

Holcombe, Alec, 'Socialist Transformation in the Democratic Republic of Vietnam', unpublished PhD dissertation, University of California, Berkeley, 2014.

Hollander, Paul, Political Pilgrims: Western Intellectuals in Search of the Good Society, Oxford: Oxford University Press, 1981.

Hong Zhou and Hou Xiong, eds, China's Foreign Aid: 60 Years in Retrospect, Singapore: Springer, 2017.

Hu, Andy Yinan, 'Swimming Against the Tide: Tracing and Locating Chinese Leftism Online', unpublished MA dissertation, Simon Fraser University, 2006.

胡愈之, 『我的回憶』, 江蘇, 江蘇人民出版社, 1990.

黃華, Memoirs, Beijing: Foreign Languages Press, 2008.

黃少榮, To Rebel Is Justified: A Rhetorical Study of China's Cultural Revolution Movement, 1966－1969, Lanham: University Press of America, 1996.

Hughes, John, The End of Sukarno: A Coup that Misfired, a Purge that Ran Wild, London: Angus & Robertson, 1968.

Hunter, Edward, Brain-washing in Red China: The Calculated Destruction of Men's Minds, New York: The Vanguard Press, 1951.

_____, Brainwashing: The Story of Men Who Defied It, New York: Farrar, Straus, and Cudahy, 1956.

Hutchison, Alan, China's African Revolution, London: Hutchinson, 1975.

Hutt, Michael, 'Reading Nepali Maoist Memoirs', Studies in Nepali History and Society 17.1 (June 2012): 107-42.

_____, 'Ganga Bahadur's books: landmark proletarian novels and the Nepali communist movement', Inter-Asia Cultural Studies 17.3 (2016): 357-74.

_____, ed., Himalayan 'People's War': Nepal's Maoist Revolution, London: Hurst, 2004.

Isbell, Billie Jean, 'Shining Path and Peasant Responses in Rural Ayacucho', in David Scott Palmer, ed., The Shining Path of Peru, 59-81, London: Hurst, 1992.

Jaquet, Carine, '"One Should Not Cut the Blossom in the Bud": Voices of Nepalese Child Soldiers', European Bulletin of Himalayan Research 33-34 (2008-2009): 171-90.

Jeldres, Julio, 'A Personal Reflection on Norodom Sihanouk and Zhou Enlai: An Extraordinary Friendship on the Fringes of the Cold War', Cross-Currents: East Asian History and Culture Review 4 (September 2012): 52-64.

Jenkins, David, and Douglas Kammen, 'The Army Para-commando Regiment and the Reign of Terror in Central Java and Bali', in Douglas Kammen and Katharine McGregor, eds, The Contours of Mass Violence in Indonesia, 1965-68, 75-103, Copenhagen: NIAS Press, 2012.

Jersild, Austin, The Sino-Soviet Alliance: An International History, Chapel Hill: University of North Carolina Press, 2014.

Jha, Prashant, Battles of the New Republic: A Contemporary History of Nepal, London: Hurst, 2014.

蔣華傑, 『冷戰時期中國對非洲國家的援助研究(1960-1978)』, 미출간 박사논문, 화동사범대학, 2014.

「堅決戰勝美帝國主義: 支持越南人民抗美救國正義鬪爭歌曲選集」, 北京, 音樂出版社, 1965.

Jiménez Quispe, Edilberto, 'Chungui: Ethnographic Drawings of Violence and Traces of Memory', in Cynthia E. Milton, ed., Art from a Fractured Past: Memory and Truth Telling in post-Shining Path Peru, 75-102, Durham, NC: Duke University Press, 2014.

金沖及 主編, 『毛澤東傳(1893-1949)』, 北京, 中共中央文獻研究室, 2004.

金沖及, 逢先知 主編, 『毛澤東傳(1949-1976)』, 北京, 中共中央文獻研究室, 2003.

『激情歲月』, 香港, 見證出版社, 2005.

Johnson, Cecil, Communist China and Latin America 1959-1967, New York: Columbia University Press, 1970.

Johnson, Matthew, 'From Peace to the Panthers: PRC Engagement with African-American Transnational Networks, 1949-1979', Past and Present 218 (special supplement) (January 2013): 233-57.

Joiner, Lynne, Honorable Survivor: Mao's China, McCarthy's America, and the Persecution of John S. Service, Maryland: Naval Institute Press, 2009.

Judt, Tony, Postwar: A History of Europe Since 1945. London: Pimlico, 2007. Kahin, Audrey, and

George Kahin, Subversion as Foreign Policy: The Secret Eisenhower and Dulles Debacle in Indonesia, Seattle: University of Washington Press, 1997.

Kammen, Douglas, and Katharine McGregor, eds, The Contours of Mass Violence in Indonesia, 1965–68, Copenhagen: NIAS Press, 2012.

_____, 'Introduction: The Contours of Mass Violence in Indonesia, 1965–68', in Douglas Kammen and Katharine McGregor, eds, The Contours of Mass Violence in Indonesia, 1965–68, 1–24, Copenhagen: NIAS Press, 2012.

Karki, Arjun, and David Seddon, eds, The People's War in Nepal: Left Perspectives, Delhi: Adroit Publishers, 2003.

Keating, Pauline B., Two Revolutions: Village Reconstruction and the Cooperative Movement in Northern Shaanxi, 1934–1945, Stanford: Stanford University Press, 1997.

Kelley, Robert D. G., and Betsy Esch, 'Black Like Mao: Red China and Black Revolution', Souls: Critical Journal of Black Politics and Culture 1.4 (Fall 1999): 6–41.

Kennedy, Jonathan, and Sunil Purushotham, 'Beyond Naxalbari: A Comparative Analysis of Maoist Insurgency and Counterinsurgency in Independent India', Comparative Studies in Society and History 54.4 (2012): 832–62.

Khoo, Nicholas, Collateral Damage: Sino-Soviet Rivalry and the Termination of the Sino-Vietnamese Alliance, New York: Columbia University Press, 2011. Khrushchev, Nikita, Khrushchev Remembers: The Last Testament, Volume 2, Strobe Talbott trans., London: Deutsch, 1974.

Kiernan, Ben, How Pol Pot Came to Power: A History of Communism in Kampuchea, 1930–1975, London: Verso, 1986.

_____, 'External and Indigenous Sources of Khmer Rouge Ideology', in Odd Arne Westad and Sophie Quinn-Judge, eds, The Third Indochina War: Conflict Between China, Vietnam and Cambodia, 1972–1979, 187–206, London: Routledge, 2006.

_____, The Pol Pot Regime: Race, Power, and Genocide in Cambodia under the Khmer Rouge, 1975–79, New Haven: Yale University Press, 2008.

Kirk, G. S., and J. E. Raven, The Presocratic Philosophers: A Critical History with a Selection of Texts, Cambridge: Cambridge University Press, 1964.

Kirk, Robin, Grabado en piedra: las mujeres de Sendero Luminoso, Enrique Bossio trans., Lima: Instituto de Estudios Peruanos, 1993.

_____, The Monkey's Paw: New Chronicles from Peru. Massachusetts: University of Massachusetts Press, 1997.

Koenen, Gerd, Das Rote Jahrzehnt: Unsere kleine Deutsche Kulturrevolution 1967– 1977, Cologne: Kiepenheuer & Witsch, 2001.

Kühn, Andreas, Stalins Enkel, Maos Söhne: Die Lebenswelt der K-Gruppen in der Bundesrepublik der 70er Jahre, Frankfurt: Campus Verlag, 2005.

Kurlansky, Mark, 1968: The Year that Rocked the World, London: Jonathan Cape, 2004.

Lal, Priya, 'Maoism in Tanzania: Material Connections and Shared Imaginaries', in Alexander C. Cook, ed., Mao's Little Red Book: A Global History, 96–116, Cambridge: Cambridge University Press, 2014.

_____, African Socialism in Postcolonial Tanzania, Cambridge: Cambridge University Press, 2015.

Landau, Paul S., 'The ANC, MK, and "The Turn to Violence" (1960-1962)',
South African Historical Journal 64.3 (2012): 538-63.

Larkin, Bruce D., China and Africa, 1949-1970: The Foreign Policy of the People's Republic of China,
Berkeley: University of California Press, 1971.

La Serna, Miguel, The Corner of the Living: Ayacucho on the Eve of the Shining Path Insurgency, Chapel
Hill: University of North Carolina Press, 2012.

_____, and Orin Starn, The Shining Path: Love, Madness, and Revolution in the Andes (manuscript copy
consulted), New York: Norton, 2019.

Lawoti, Mahendra, 'Ethnic Politics and the Building of an Inclusive State', in Sebastian von Einsiedel
and David M. Malone, eds, Nepal in Transition: From People's War to Fragile Peace, 129-52,
Cambridge: Cambridge University Press, 2012.

Lecomte-Tilouine, Marie, Hindu Kingship, Ethnic Revival and Maoist Rebellion in Nepal, Oxford: Oxford
University Press, 2009.

_____, ed., Revolution in Nepal: An Anthropological and Historical Approach to the People's War, India:
Oxford University Press, 2013.

_____, 'Maoist Despite Themselves: Amid the People's War in a Maoist Model Village, Northern Gulmi',
in Marie Lecomte-Tilouine, ed., Hindu Kingship, Ethnic Revival and Maoist Rebellion in Nepal,
213-53. Oxford: Oxford University Press, 2009.

Lee, Ching Kuan, and Guobin Yang, eds, Re-envisioning the Chinese Revolution: The Politics and Poetics
of Collective Memories in Reform China, Stanford: Stanford University Press, 2007.

Lee Kuan Yew, From Third World to First: Singapore and the Asian Economic Boom, New York: Harper,
2011.

Leese, Daniel, Mao Cult: Rhetoric and Ritual in China's Cultural Revolution, Cambridge: Cambridge
University Press, 2011.

Legge, J. D., Sukarno, a Political Biography, London: Allen Lane, 1972. Lemov, Rebecca, The World as
Laboratory: Mice, Mazes and Men, New York: Hill and Wang, 2005.

Leonard, Aaron J., and Conor A. Gallagher, Heavy Radicals: The FBI's Secret War on America's Maoists:
The Revolutionary Union/Revolutionary Communist Party 1968-1980, Winchester: Zero Books,
2014.

李丹慧,「赴非洲新使命: 馬法賢老人訪談錄」,『冷戰國際史研究』7 (2008).

_____, 梁志, 周娜,「非洲叢林中的新使命: 馬法賢老人訪談錄(二)」,『冷戰國際史研究』8
(2009)

_____, 陳波, 樊百玉,「非洲叢林中的新使命: 馬法賢老人訪談錄(三)」,『冷戰國際史研究』9
(2010)

_____, 崔海智, 蔣華傑,「非洲叢林中的新使命: 馬法賢老人訪談錄(四)」,『冷戰國際史研究』10
(2010)

_____, 李秀芳, 游覽,「非洲叢林中的新使命: 馬法賢老人訪談錄(五)」,『冷戰國際史研究』11
(2011)

_____, 周娜, 崔海志,「非洲叢林中的新使命: 馬法賢老人訪談錄(六)」,『冷戰國際史研究』12

(2011)

_____, 「非洲叢林中的新使命: 馬法賢老人訪談錄(七)」, 『冷戰國際史研究』13 (2012)

_____, 「非洲叢林中的新使命: 馬法賢老人訪談錄(八)」, 『冷戰國際史研究』14 (2012)

Li Ruru, 'Sino the Times: three spoken drama productions on the Beijing stage', Drama Review 45.2 (Summer 2001): 129–44.

Li, Sangkuk, 'An Institutional Analysis of Xi Jinping's Centralization of Power', Journal of Contemporary China 26.105 (2017): 325–36.

Li, Zhisui, The Private Life of Chairman Mao: The Memoirs of Mao's Personal Physician, Tai Hung-chao trans., London: Arrow Books, 1996.

Lim, Jin Li, 'New China and its Qiaowu: The Political Economy of Overseas Chinese Policy in the Peoples Republic of China, 1949–1959', unpublished PhD dissertation, London School of Economics, 2016.

Linhart, Robert, The Assembly Line, Margaret Crosland trans., London: Calder, 1981.

Linhart, Virginie, Le jour où mon père s'est tu, Paris: Editions du Seuil, 2008. Liu, Hong, 'The Historicity of China's Soft Power: The PRC and the Cultural Politics of Indonesia, 1945–1965', in Zheng Yangwen, Hong Liu and Michael Szonyi, eds, The Cold War in Asia: The Battle for Hearts and Minds, 147–82, Brill: Leiden, 2010.

_____, China and the Shaping of Indonesia, 1949–1965, Singapore: NUS Press, 2011.

Locard, Henri, Pol Pot's Little Red Book: The Sayings of Angkar, Chiang Mai: Silkworm, 2004.

Logevall, Fredrik, 'The Indochina Wars and the Cold War, 1945–1975', in Melvyn P. Leffler and Odd Arne Westad, eds, The Cambridge History of the Cold War: Crises and Détente, Volume 2, 281–304, Cambridge: Cambridge University Press, 2010.

Lonsdale, John, 'Mau Maus of the Mind: Making Mau Mau and Remaking Kenya', Journal of African History 31.3 (1990): 393–421.

Lovell, Julia, 'The Uses of Foreigners in Mao-Era China: "Techniques of Hospitality" and International Image-Building in the People's Republic, 1949–1976', Transactions of the Royal Historical Society, 25 (2015): 135–58.

_____, 'The Cultural Revolution and Its Legacies in International Perspective', China Quarterly 227 (September 2016): 632–52.

_____, 'From Beijing to Palestine: Zhang Chengzhi's Journeys from Red Guard Radicalism to Global Islam', Journal of Asian Studies 75.4 (November 2016): 891–911.

Lubis, Mochtar, Twilight in Djakarta, Claire Holt trans., London: Hutchinson, 1963.

Lumley, Robert, States of Emergency: Cultures of Revolt in Italy from 1968 to 1978, London: Verso, 1990.

Lüthi, Lorenz, The Sino-Soviet Split: Cold War in the Communist World, Princeton: Princeton University Press, 2010.

Luu Doan Huynh, 'Commentary: A Vietnamese Scholar's Perspective on the Communist Big Powers and Vietnam', in Priscilla Roberts, ed., Behind the Bamboo Curtain: China, Vietnam, and the World Beyond Asia, 433–49, Stanford: Stanford University Press, 2006.

Lye, Colleen, America's Asia: Racial Form and American Literature, 1893–1945, Princeton: Princeton

University Press, 2009.

馬模貞, 『中國禁毒史資料』, 天津, 天津人民出版社, 1998.

McCauley, Martin, The Khrushchev Era 1953–1964, London: Routledge, 2014. McClintock, Cynthia, 'Theories of Revolution and the Case of Peru', in David Scott Palmer, ed., The Shining Path of Peru, 225–40. London: Hurst, 1992.

_____, Revolutionary Movements in Latin America: El Salvador's FMLN and Peru's Shining Path, Washington: United States Institute of Peace Press, 1998.

_____, 'Peru's Sendero Luminoso Rebellion: Origins and Trajectory', in Susan Eckstein and Manuel Antonio Garretón Merino, eds, Power and Popular Protest: Latin American Social Movements, 61–101. Berkeley: University of California Press, 2001.

McCoy, Alfred, A Question of Torture: CIA Interrogation, from the Cold War to the War on Terror, New York: Henry Holt & Co., 2006.

MacFarquhar, Roderick, ed., The Politics of China: The Eras of Mao and Deng, Cambridge: Cambridge University Press, 1997.

_____, and Michael Schoenhals, Mao's Last Revolution, Cambridge, MA: Harvard University Press, 2009.

MacLaine, Shirley, You Can Get There From Here, London: George Prior, 1975.

McVey, Ruth T., The Rise of Indonesian Communism, Ithaca: Cornell University Press, 1965.

_____, 'Indonesian Communism and China', in Tang Tsou, ed., China in Crisis Volume 2: China's Policies in Asia and America's Alternatives, 357–94. Chicago: University of Chicago Press, 1968.

_____, 'The Post-Revolutionary Transformation of the Indonesian Army: Part II', Indonesia 13 (April 1972): 147–81.

Mandela, Nelson, Long Walk to Freedom, London: Little, Brown, 2010.

『漫漫林海路』, 香港, 見證出版社, 2003.

Manrique, Nelson, 'The War for the Central Sierra', in Steve J. Stern, ed., Shining and Other Paths: War and Society in Peru, 1980–1995, 194–223, Durham, NC: Duke University Press, 1998.

Mao Zedong, Report from Xunwu, Roger R. Thompson trans. and ed., Stanford: Stanford University Press, 1990.

_____, Mao's Road to Power: Revolutionary Writings 1912–1949 (eight volumes), Stephen C. Averill, Timothy Cheek, Nancy Jane Hodes, Stuart Schram and Lyman Van Slyke, eds, New York: Armonk, 1992– .

Marks, John, The Search for the 'Manchurian Candidate': The CIA and Mind Control, London: Allen Lane, 1979.

Martin, David, and Phyllis Johnson, The Struggle for Zimbabwe: The Chimurenga War, London: Faber and Faber, 1981.

Mayer, Jane, The Dark Side: The Inside Story of how the War on Terror Turned into a War on American Ideals, New York: Anchor Books, 2009.

Mehili, Elidor, From Stalin to Mao: Albania and the Socialist World, Ithaca: Cornell University Press, 2018.

Mehta, Harish C. Warrior Prince: Norodom Ranariddh, Son of King Sihanouk of Cambodia, Singapore: Graham Brash, 2001.

Melley, Timothy, 'Brain Warfare: The Covert Sphere, Terrorism, and the Legacy of the Cold War', Grey Room 45 (Fall 2011): 18–41.

_____, The Covert Sphere: Secrecy, Fiction and the National Security State, Ithaca: Cornell University Press, 2012.

Melvin, Jess, 'Why Not Genocide? Anti-Chinese Violence in Aceh, 1965–1966', Journal of Current Southeast Asian Affairs 32.3 (2013): 63–91.

_____, The Army and the Indonesian Genocide: Mechanics of Mass Murder, Abingdon: Routledge, 2018.

Mertha, Andrew, Brothers in Arms: Chinese Aid to the Khmer Rouge, 1975–1979, Ithaca: Cornell University Press, 2014.

Meyskens, Covell, 'Third Front Railroads and Industrial Modernity in Late Maoist China', Twentieth-Century China 40.3 (October 2015): 238–60.

Mhlaba, Raymond, Raymond Mhlaba's Personal Memoirs: Reminiscing from Rwanda and Uganda, Johannesburg: HSRC Press, 2001.

Miles, James, China: Rising Power, Anxious State, London: Penguin, 2012. Miller, Gerard, Minoritaire, Paris: Seuil, 2001.

Milton, Cynthia E., ed., Art from a Fractured Past: Memory and Truth Telling in post-Shining Path Peru, Durham, NC: Duke University Press, 2014.

Miyoshi Jager, Sheila, Brothers at War: The Unending Conflict in Korea, London: Profile Books, 2013.

Monson, Jamie, Africa's Freedom Railway: How a Chinese Development Project Changed Lives and Livelihoods in Tanzania, Bloomington: Indiana University Press, 2009.

Moorcraft, Paul, and Peter McLaughlin, The Rhodesian War: Fifty Years On, Barnsley: Pen & Sword, 2015.

Mortimer, Rex, Indonesian Communism Under Sukarno: Ideology and Politics, 1959–1965, Ithaca: Cornell University Press, 1974.

Mozingo, David, Chinese Policy Toward Indonesia, 1949–1967, Ithaca: Cornell University Press, 1976.

Mukherjee, Arun, Maoist Spring Thunder: the Naxalite movement 1967–1972, Kolkata: K. P. Bagchi & Co., 2007.

Mukhopadhyay, Ashoke Kumar, The Naxalites Through the Eyes of the Police: Select Notifications from the Calcutta Police Gazette (1967–1975), Kolkata: Dey's Publishing, 2007.

Mumford, Andrew, Counterinsurgency Wars and the Anglo-American Alliance: The Special Relationship on the Rocks, Washington: Georgetown University Press, 2017.

Myoe, Maung Aung, In the Name of Pauk-Phaw: Myanmar's China Policy Since 1948, Singapore: Institute of Southeast Asian Studies, 2011.

Naidoo, Nandha, 'The "Indian Chap": Recollections of a South African Underground Trainee in Mao's China', South African Historical Journal 64.3: 707–36.

Naughton, Barry, 'The Third Front: Defence Industrialization in the Chinese Interior', China Quarterly 115 (September 1988): 351–86.

Newman, Robert P., Owen Lattimore and the 'Loss' of China, Berkeley: University of California Press, 1992.

Newton, Huey P., To Die For the People, San Francisco: City Lights Books, 2009.

Ngor, Haing, with Roger Warner, Survival in the Killing Fields, London: Robinson, 2003.

Nguyen, Lien-Hang T., Hanoi's War: An International History of the War for Peace in Vietnam. Chapel Hill: University of North Carolina Press, 2012.

Niccolai, Roberto, Cuando la Cina era Vicina, Pisa: Associazione centro de documentazione de Pistoia, 1998.

Nkrumah's Subversion in Africa: Documentary Evidence of Nkrumah's Interference in the Affairs of Other African States, Ghana: Ministry of Information, 1966. Nyerere, Julius K., Freedom and Socialism, Dar es Salaam: Oxford University Press, 1968.

_____, Freedom and Development, Dar es Salaam: Oxford University Press, 1973.

Odhiambo, E. S. Atieno, and John Lonsdale, eds, Mau Mau and Nationhood: Arms, Authority and Narration, Oxford: James Currey, 2003.

Ogunsanwo, Alaba, China's Policy in Africa, 1958–1971, Cambridge: Cambridge University Press, 1974.

Ogura, Kiyoko, 'Reality and Images of Nepal's Maoists After the Attack on Beni', European Bulletin of Himalayan Research 27 (September 2004): 67–125.

_____, 'Maoist People's Governments 2001–2005: The Power in Wartime', in David N. Gellner and Krishna Hachhethu, eds, Local Democracy in South Asia: Microprocesses of Democratization in Nepal and Its Neighbours, Volume 1, New Delhi: Sage, 2008.

_____, Seeking State Power: The Communist Party of Nepal (Maoist), Berlin: Berghof, 2008.

Osborne, Milton, Sihanouk: Prince of Light, Prince of Darkness, Honolulu: University of Hawai'i Press, 1994.

Pan, Philip, Out of Mao's Shadow: The Struggle for the Soul of a New China, London: Picador, 2008.

Pandita, Rahul, Hello Bastar: The Untold Story of India's Maoist Movement, Chennai: Tranquebar, 2011.

Paresh, Pandya, Mao Tse-tung and Chimurenga: An Investigation into ZANU's Strategies, Braamfontein: Skotaville Publishers, 1988.

Passin, Herbert, China's Cultural Diplomacy, New York: Praeger, 1962.

Paul, Bappaditya, The First Naxal: An Authorised Biography of Kanu Sanyal, Los Angeles: Sage, 2014.

People's Revolutionary Tribunal Held in Phnom Penh for the Trial of the Genocide Crime of the Pol Pot-Ieng Sary Clique, August 1979: Documents, Phnom Penh: Foreign Languages Publishing House, 1990.

Peterson, Glen, Overseas Chinese in the People's Republic of China, London: Routledge, 2013.

Pettigrew, Judith, Maoists at the Hearth: Everyday Life in Nepal's Civil War, Philadelphia: University of Pennsylvania Press, 2013.

Poiger, Uta G., 'Generations: The "Revolutions" of the 1960s', in Helmut Walser Smith, ed., The Oxford Handbook of Modern German History, 640–62, Oxford: Oxford University Press, 2011.

Pomfret, John, Chinese Lessons: Five Classmates and the Story of New China, New York: Henry Holt & Co., 2006.

Price, Ruth, The Lives of Agnes Smedley, Oxford: Oxford University Press, 2005.

Priestland, Robert, The Red Flag: A History of Communism, London: Penguin, 2010.

Radchenko, Sergey, Two Suns in the Heavens: The Sino-Soviet Struggle for Supremacy, 1962–1967, Washington: Woodrow Wilson Center, 2009.

Rayner, Stephen Frank, 'The Classification and Dynamics of Sectarian Forms of Organisation: Grid/Group Perspectives on the Far-left in Britain', unpublished PhD dissertation, University College London, 1979.

Regmi, Laxman Kumar, 'An Overview of Population Growth Trends of Nepal', Journal of Institute of Science and Technology 19.1 (2014): 57–61.

Reid, Donald, 'Etablissement: Working in the Factory to Make Revolution in France', Radical History Review 88 (2004): 83–111.

Ren Xiaosi(任曉駟), The Chinese Dream: What It Means for China and the Rest of the World(『中國夢: 誰的夢), 北京, New World Press(新世界出版社), 2013.

Rénique, José Luis, La Voluntad Encarcelada: Las 'Luminosas trincheras de combate' de Sendero Luminoso del Perú, Lima: Instituto de Estudios Peruanos, 2003.

Richardson, Sophie, China, Cambodia and the Five Principles of Peaceful Coexistence, New York: Columbia University Press, 2010.

Rittenberg, Sidney, and Amanda Bennett, The Man Who Stayed Behind, Durham, NC: Duke University Press, 2001.

Roberts, Priscilla, ed., Behind the Bamboo Curtain: China, Vietnam, and the World Beyond Asia, Stanford: Stanford University Press, 2006.

Robinson, Geoffrey, '"Down to the Very Roots": The Indonesian Army's Role in the Mass Killings of 1965–6', Journal of Genocide Research 19.4 (2017): 465–86.

_____, The Killing Season: A History of the Indonesian Massacres, 1965–66, Princeton: Princeton University Press, 2018.

Roncagliolo, Santiago, La cuarta espada: la historia de Abimael Guzmán y Sendero Luminoso, Barcelona: Randomhouse Mondadori, 2007.

Roosa, John, Pretext for Mass Murder: The September 30th Movement and Suharto's Coup d'Etat in Indonesia, Wisconsin: University of Wisconsin Press, 2006.

_____, 'Indonesian Communism: The Perils of the Parliamentary Path', in Norman Naimark, Silvio Pons and Sophie Quinn-Judge, eds, The Cambridge History of Communism, Volume 2, 441–66, Cambridge: Cambridge University Press, 2017.

Rothwell, Matthew D., Transpacific Revolutionaries: The Chinese Revolution in Latin America, New York: Routledge, 2013.

Roy, Arundati, Broken Republic: Three Essays, London: Hamish Hamilton, 2011.

Sampson, Anthony, Mandela: The Authorised Biography, London: Harper Collins, 1999.

Satnam, Jangalnama: Travels in a Maoist Guerilla Zone, Vishav Bharti trans., New Delhi: Penguin India, 2010.

Scalapino, Robert A., and Chong-sik Lee, Communism in Korea, 2 volumes, Berkeley: University of California Press, 1972.

Scarlett, Zachary A., 'China after the Sino-Soviet Split: Maoist Politics, Global Narratives, and the Imagination of the World', unpublished PhD dissertation, Northeastern University, 2013.

Schell, Orville, Discos and Democracy: China in the Throes of Reform, New York: Pantheon Books, 1988.

Schram, Stuart, The Thought of Mao Tse-Tung, Cambridge: Cambridge University Press, 1989.

Schurmann, Franz, Ideology and Organization in Communist China, Berkeley: University of California Press, 1968.

Schwartz, Benjamin, Chinese Communism and the Rise of Mao, Cambridge, MA: Harvard University Press, 1951.

Scott Palmer, David, ed., The Shining Path of Peru, London: Hurst, 1992.

_____, 'The Influence of Maoism in Peru', in Alexander C. Cook, ed., The Little Red Book: A Global History, 130-46, Cambridge: Cambridge University Press, 2014.

Seale, Bobby, Seize the Time: Story of the Black Panther Party and Huey P. Newton, Baltimore: Black Classic Press, 1991.

Seed, David, Brainwashing: The Fictions of Mind Control - A Study of Novels and Films, Kent, OH: Kent State University Press, 2004.

Selden, Mark, The Yenan Way in Revolutionary China, Cambridge, MA: Harvard University Press, 1971.

_____, China in Revolution: The Yenan Way Revisited, New York: Armonk, 1995.

Sen, Mohit, A Traveller and the Road: The Journey of an Indian Communist, New Delhi: Rupa & Co, 2003.

Service, Robert, Comrades: Communism - A World History, London: Pan, 2008.

Seth, Sanjay, 'From Maoism to postcolonialism? The Indian "Sixties", and beyond', Inter-Asia Cultural Studies 7.4 (2006): 589-605.

Shah, Alpa, In the Shadows of the State: Indigenous Politics, Environmentalism and Insurgency in Jharkhand, India, Durham, NC: Duke University Press, 2010.

_____, 'The Intimacy of Insurgency: Beyond Coercion, Greed, or Grievance in Maoist India', Economy and Society 42.3 (2013): 480-506.

_____, 'The Agrarian Question in a Maoist Guerrilla Zone: Land, Labour and Capital in the Forests and Hills of Jharkhand, India', Journal of Agrarian Change 13.3 (2013): 424-50.

_____, '"The Muck of the Past": revolution, social transformation, and the Maoists in India', Journal of the Royal Anthropological Institute 20 (2014): 337-56.

_____, Nightmarch: Among India's Revolutionary Guerrillas, London: Hurst, 2018.

_____, and Judith Pettigrew, eds, Windows Into a Revolution: Ethnographies of Maoism in India and Nepal, New Delhi: Social Science Press, 2012.

Shamsul Alam, S. M., Rethinking Mau Mau in Colonial Kenya, Basingstoke: Palgrave Macmillan, 2007.

Sharma, Mandira, and Dinesh Prasain, 'Gender Dimensions of the People's War: Some Reflections on the Experiences of Rural Women', in Michael Hutt, ed., Himalayan 'People's War': Nepal's Maoist Revolution, 152-65, London: Hurst, 2004.

Sharma, Sudheer, 'The Maoist Movement: An Evolutionary Perspective', in Michael Hutt, ed., Himalayan 'People's War': Nepal's Maoist Revolution, 38-57, London: Hurst, 2004.

Shen Zhihua(沈志華), Mao, Stalin and the Korean War: Trilateral Communist Relations in the 1950s, Neil Silver trans., Abingdon: Routledge, 2012.

_____, 『蘇聯專家在中國(1948-1960)』, 北京, 社會科學文獻出版社, 2015.

_____, and Danhui Li(李丹慧), After Leaning to One Side: China and Its Allies in the Cold War,

Suri, Jeremi, Power and Protest: Global Revolution and the Rise of Détente, Cambridge, MA: Harvard University Press, 2003.

＿＿＿, 'Ostpolitik as Domestic Containment: The Cultural Contradictions of the Cold War and the West German State Response', in Belinda Davis, Wilfried Mausbach, Martin Klimke and Carlo MacDougall, eds, Changing the World, Changing Oneself: Political Protest and Collective Identities in West Germany and the US in the 1960s and 1970s, 133−52. Oxford: Berghahn Books, 2013.

Tang, Christopher, 'Homeland in the Heart, Eyes on the World: Domestic Internationalism, Popular Mobilization, and the Making of China's Cultural Revolution, 1962−68', unpublished PhD dissertation, Cornell University, 2016.

Tarazona-Sevillano, Gabriela, 'The Organization of Shining Path', in David Scott Palmer, ed., The Shining Path of Peru, 171−90, London: Hurst, 1992.

Taylor, Jay, The Generalissimo: Chiang Kai-shek and the Struggle for Modern China, Cambridge, MA: Harvard University Press, 2009.

Taylor, Lewis, Shining Path: Guerrilla War in Peru's Northern Highlands, 1980−1997, Liverpool: Liverpool University Press, 2006.

Thapa, Deepak, with Bandita Sijapati, A Kingdom Under Siege: Napal's Maoist Insurgency, 1996 to 2003, London: Zed Books, 2004.

Thomas, S. Bernard., Season of High Adventure: Edgar Snow in China. Berkeley: University of California Press, 1996.

Toledo Brückmann, Ernesto,…Y llegó Mao: Síntesis histórica de la llegada del Pensamiento Mao TseTung al Perú (1928−1964), Lima: Grupo Editorial Arteidea, 2016.

Tompkins, Andrew S., '"BETTER ACTIVE TODAY THAN RADIOACTIVE TOMORROW!" Transnational Opposition to Nuclear Energy in France and West Germany, 1968−1981', unpublished PhD dissertation, University of Oxford, 2013.

The Truth about Vietnam−China Relations over the Last Thirty Years, Hanoi: Ministry of Foreign Affairs, 1979.

Tsai, Yen-ling, and Douglas Kammen, 'Anti-communist Violence and the Ethnic Chinese in Medan', in Douglas Kammen and Katharine McGregor, eds, The Contours of Mass Violence in Indonesia, 1965−68, 131−55. Copenhagen: NIAS Press, 2012.

Ungor, Cagdas, 'Reaching the Distant Comrade: Chinese Communist Propaganda Abroad (1949−1976)', unpublished PhD dissertation, Binghamton University, 2009.

Upadhya, Sanjay, Nepal and the Geo-strategic Rivalry Between China and India, Abingdon: Routledge, 2012.

van de Ven, Hans, From Friend to Comrade: The Founding of the Chinese Communist Party, 1920−1927, Berkeley: University of California Press, 1991.

＿＿＿, China at War: Triumph and Tragedy in the Emergence of the New China, London: Profile, 2017.

Van Ness, Peter, Revolution and Chinese Foreign Policy: Peking's Support for Wars of National Liberation, Berkeley: University of California Press, 1970.

Varon, Jeremy, Bringing the War Home: The Weather Underground, the Red Army Faction, and Revolutionary Violence in the Sixties, Berkeley: University of California Press, 2004.

Vickers, Adrian, A History of Modern Indonesia, Cambridge: Cambridge University Press, 2013.

Vo, Alex-Thai D., 'Nguyen Thi Nam and the Land Reform in North Vietnam', Journal of Vietnamese Studies 10.1 (Winter 2015): 1-62.

von Einsiedel, Sebastian, and David M. Malone, eds, Nepal in Transition: From People's War to Fragile Peace, Cambridge: Cambridge University Press, 2012.

Wakeman, Frederic, Policing Shanghai, 1927-1937, Berkeley: University of California Press, 1996.

Walder, Andrew, China Under Mao: A Revolution Derailed, Cambridge, MA: Harvard University Press, 2015.

Wales, Nym (see also Helen Foster Snow), My Yenan Notebooks, Madison: Connecticut, 1961.

王家瑞 編, 『中國共産黨對外交往90年』, 北京, 當代世界出版社, 2013.

Wang Ning, 'Introduction: Global Maoism and Cultural Revolutions in the Global Context', Comparative Literature Studies 52.1 (2015): 1-11.

王之春, 『清朝柔遠記』, 北京, 中華書局, 1989.

Welch, Michael, 'Doing Special Things to Special People in Special Places: Psychologists in the CIA Torture Program', The Prison Journal 97.6 (December 2017): 729-49.

Westad, Odd Arne, The Global Cold War: Third World Interventions and the Making of Our Times, Cambridge: Cambridge University Press, 2005.

_____, The Cold War: A World History, London: Allen Lane, 2017.

_____, ed., Brothers in Arms: The Rise and Fall of the Sino-Soviet Alliance, 1945-1963, Stanford: Stanford University Press, 2000.

_____, Chen Jian, Stein Tønnesson, Nguyen Vu Tungand and James G. Hershberg, '77 Conversations Between Chinese and Foreign Leaders on the Wars in Indochina, 1964-1977', Woodrow Wilson International Center Working Paper No. 22.

_____, and Sophie Quinn-Judge, eds, The Third Indochina War: Conflict Between China, Vietnam and Cambodia, 1972-1979, London: Routledge, 2006.

Whelpton, John, A History of Nepal, Cambridge: Cambridge University Press, 2005.

Windrow, Martin, The Last Valley: Dien Bien Phu and the French Defeat in Vietnam, London: Cassell, 2005.

Wolin, Richard, The Wind from the East: French Intellectuals, the Cultural Revolution and the Legacy of the 1960s, Princeton: Princeton University Press, 2010.

Wu, Hung, Remaking Beijing: Tiananmen Square and the Creation of a Political Space, Chicago: University of Chicago Press, 2005.

Wylie, Raymond, The Emergence of Maoism: Mao Tse-tung, Ch'en Po-ta, and the Search for Chinese Theory, 1935-1945, Stanford: Stanford University Press, 1980.

Yang, Guobin, 'Mao Quotations in Factional Battles and Their Afterlives: Episodes from Chongqing', in Alexander C. Cook, ed., The Little Red Book: A Global History, 61-75, Cambridge: Cambridge University Press, 2014.

楊奎松, 『毛澤東與莫斯科的恩恩怨怨』, 南昌, 江西人民出版社, 2002.

_____, 'Mao Zedong and the Indochina Wars', in Priscilla Roberts, ed., Behind the Bamboo Curtain: China, Vietnam, and the World Beyond Asia, 55-96, Stanford: Stanford University Press, 2006.

_____, 「中美和解過程中的中方變奏: 毛澤東'三個世界'理論提出的背景分析」, 『冷戰國際史研究』, 4(2007년 봄호), 1-24.

_____, 『中華人民共和國建國史研究』, 南昌, 江西人民出版社, 2009.

楊美紅, 『罌粟花紅: 我在緬共十五年』(香港, 天地圖書有限公司, 2009.

Young, Charles S., Name, Rank and Serial Number: Exploiting Korean War POWs at Home and Abroad, Oxford: Oxford University Press, 2014.

Young, Marilyn, The Vietnam Wars, 1945-1990, New York: HarperPerennial, 1991.

于友, 『胡愈之』, 北京, 群言出版社, 2011.

Zapata, Antonio, La Guerra Senderista: Hablan los Enemigos, Lima: Taurus, 2017.

Zhai, Qiang, China and the Vietnam War, 1950-1975, Chapel Hill: University of North Carolina Press, 2005.

_____, 'China and the Cambodian Conflict, 1970-1975', in Priscilla Roberts, ed., Behind the Bamboo Curtain: China, Vietnam, and the World Beyond Asia, 369-404, Stanford: Stanford University Press, 2006.

張承志, 『金牧場』, 北京, 作家出版社, 1987.

_____, 『紅衛兵の時代』, 小島晉治, 田所竹彦 번역, 東京, 岩波新書, 1992.

_____, 『北方的河』, 北京, 作家出版社, 2000.

_____, 『五色的異端』, 香港, 大風出版社, 2007.

_____, 「文學與正義: 在中國人民大學文學院的演講」, 『當代文壇』6(2013): 4-11.

_____, 『敬重與惜別: 致日本』, 上海, 上海文藝出版社, 2015.

Zhang, Xiaoming, Deng Xiaoping's Long War: The Military Conflict between China and Vietnam, 1979-1991, Chapel Hill: University of North Carolina Press, 2015.

張奕, 『破曉時分』, 臺北, 中央日報出版社, 1985.

Zhao Ziyang, Prisoner of the State: The Secret Journal of Chinese Premier Zhao Ziyang, London: Pocket Books, 2010.

Zharkevich, Ina, 'Learning in a Guerrilla Community of Practice: Literacy Practices, Situated Learning and Youth in Nepal's Maoist Movement', European Bulletin of Himalayan Research 42 (2013): 104-32.

Zheng Yangwen, Hong Liu and Michael Szonyi, eds, The Cold War in Asia: The Battle for Hearts and Minds, Brill: Leiden, 2010.

中國 스메들리-스트롱-스노(3S) 연구회 편집, 『西行漫記和我』, 北京, 國際文化出版公司, 1999.

周德高, 『我與中共和柬共: 赤色華人解祕』, 香港, 田園書屋, 2007.

Zhou, Taomo, 'China and the Thirtieth of September Movement', Indonesia 98 (October 2014): 29-58.

_____, 'Diaspora and Diplomacy: China, Indonesia and the Cold War, 1945-1967', unpublished PhD dissertation, Cornell University, 2015.

Zweiback, Adam, 'The 21 "Turncoat GIs": Non-repatriations and the political culture of the Korean War', The Historian 60:2 (Winter 1998): 345-62.

▲ 중국 서북부에 위치한 옌안에서 마오쩌둥과 저우언라이. 1936년 이후로 마오쩌둥은 중국공산당 내에서 저우언라이의 권위를 앞지르기 시작했다.

▲ 마오쩌둥과 그의 세 번째(부모가 정해준 중매결혼을 포함하면 네 번째)이자 마지막 부인인 장칭과 함께 1940년대 초반 옌안에서 찍은 사진.

▲ 1937년 중국공산당 기관지 「해방주보(解放週報)」에 실린 마오쩌둥의 첫 번째 초상화. 마오쩌둥의 얼굴 뒤편으로 태양 광선이 비추고 배경으로 그려진 군대의 행진 모습이 강렬한 운동과 활력의 이미지를 제공한다.

▲ 1933년 버나드 쇼가 중국을 방문했을 당시 쑹칭링과 당시 상하이 문화계 인사 및 저명 문인들이 함께 찍은 사진.
왼쪽부터 아그네스 스메들리, 조지 버나드 쇼, 쑹칭링, 차이위안페이, 헤럴드 아이작, 린위탕, 루쉰.

▲ 헬렌과 에드거 스노가 1930년대 결혼 초기에 찍은 사진.

► 『중국의 붉은 별』 영문판 초판본 표지.

▲ 1936년 중국 서북부 공산주의 국가(옌안 지역)를 첫 번째 방문했을 당시의 에드거 스노와 마오쩌둥. 마오쩌둥은 인터뷰를 위한 충분한 시간을 허락했고, 그의 구술 내용은 스노의 호의적인 글쓰기를 통해 『중국의 붉은 별』에 수록되었다.

◀ 후위즈는 1937년 가을 전쟁의 폐허 속에서 『중국의 붉은 별』을 중문으로 번역하는 일을 총괄했다. 번역본은 엄청난 반향을 일으켰다. 특히 중국과 동남아시아의 중국 청년들이 영향을 받아 옌안으로 가거나 중국공산당 지하활동에 참가했다. 사진은 후위즈가 1937년 중국공산당의 지원하에 '연합전선'을 조직하기 위해 싱가포르로 떠나기 직전에 찍은 사진이다.

▲ 말라야 비상사태 당시 말라야 공산당 지도자였던 친펭(중국명 천핑).
위 사진은 1955년 말레이시아 발링 평화회담에서 찍은 사진이다.
그는 중련부로부터 비밀리에 초청받아 1961년 6월 베이징을 방문하기도 했다. 그는 당시 이렇게 썼다. "베이징에 막
도착하여 새로 마련한 마오쩌둥 복장(중산복)을 차려입고 역사적인 천안문 광장에 섰다." 체류 기간에 중국공산당 지도
부는 그에게 독립 말라야 정부에 대항하는 무력투쟁을 재개하도록 지시했다.

▼ 첫 번째 말라야 비상사태 당시 두 명의 말라야공산당 게릴라.

▲ 마오쩌둥과 김일성.

1953년 한국전쟁이 끝나고 전쟁포로가 석방되었을 당시 중국으로 가기를 원한 21명의 미국 병사 가운데 한 명인 클래런스 아담스 사진. 그는 자신의 결정을 미국과 한국전쟁에서 겪은 인종차별에 대한 혐오와 직접적으로 연결시켰다. 1966년 그는 자신의 가족과 함께 미국으로 되돌아가기로 결정했다. ▶

▼ 에드워드 헌터가 쓴 책 『세뇌』의 표지.

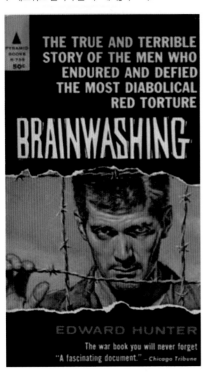

▲ 중국공산당 창건 17주년 기념 선전 포스터이다. 아래에 세계 각지에서 온 인민들이 『마오주석 어록』을 흔들면 환호하는 모습이 그려져 있다. 표어는 "마오 주석은 우리 마음속 붉은 태양이다"라는 내용이다.

▲ 마오쩌둥과 소련공산당 제1서기장 니키타 세르게예비치 흐루쇼프.

▲ "바람을 타고 파도를 헤치며 각자가 신통한 능력을 발휘하자(乘風破浪, 各顯神通)." 당신이 할 수 있다고 믿으면 무엇이든 할 수 있다. 이러한 자발주의에 대한 마오쩌둥의 유토피아적인 신념을 시각화하고 있는 포스터로 1958년 대약진운동이 시작할 때 제작되었다. 뒷배경에 미사일을 타고 책을 읽는 남자가 그려져 있다. 대약진운동의 목적 가운데 하나는 지식인과 전문가, 그리고 육체 노동자 간의 차별을 없애는 것이었다.

▲ "마오쩌둥 사상의 위대한 홍기를 높이 들고 무산계급 문화대혁명을 끝까지 관철하자. - 혁명무죄(革命無罪), 조반유리(造反有理)." 1966년 문화대혁명이 발발하던 해에 제작된 포스터이다. 이는 마오주의의 가장 큰 모순 가운데 하나인 독재(추종 집단을 거느린 지도자에 대한 경외심)와 반란에 대한 마오 자신의 수사적 열정이 혼합된 모습을 잘 보여주고 있다.

▲ 중국을 방문한 인도 초대 대통령 수카르노가 마오쩌둥의 환대에 기뻐하고 있다.

▲ 1965년 8월 중국을 방문한 인도네시아 공산당 지도자 아이디트를 반갑게 맞이하는 마오쩌둥. 1965년 10월 1일, 인도네시아 군부에 대한 PKI 쿠데타(9. 30운동)가 일어나기 두 달 전에 만난 두 사람의 대화 내용은 아직도 밝혀지지 않은 채 추측만 무성할 따름이다.

1965년 탄자니아의 독립운동가이자 초대 대통령인 줄리어스 니에레레와 저우언라이의 만남. 니에레레는 아프리카에서 최초로 중국을 향해 대문을 연 인물이다. ▼

▲ 남로디지아의 이안 스미스의 백인 정권에 대항하여 승리를 거둔 짐바브웨 아프리카 민족동맹(ZANU)의 군사 지도자 조시아 통고가라. ZANU의 핵심 인물이자 교육자인 페이 정은 통고가라에 대해 이렇게 회상했다. "중국 난징 군사학원에서 군사훈련을 받았으며, 군사기술과 전략뿐만 아니라 도덕적인 면에서 중국인을 영원한 멘토로 삼았다."

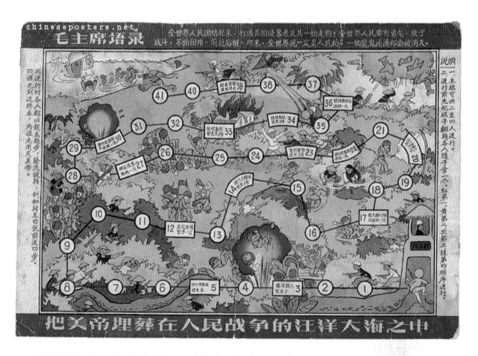

▲ 1960년대 말 중국 어린이를 위해 만든 보드 게임. 베트남에서의 미국 참전을 반대하는 내용이다. 최종 목적지인 41번에 도착하려면 제일 먼저 미국 제국주의자들을 파멸시켜야만 한다. 예를 들어 23번에는 "미국 제국주의자들을 가차 없이 섬멸하고 계속해서 26번으로 가시오"라고 적혀 있다. 이 기간 동안 베트남 공산주의자들에 대한 연대의 표현이 중국 청년 문화를 가득 채웠다.

▲ 인도 남부 케랄라 태생의 싱가포르인 아라빈단 발라크리슈난. 그는 런던에서 마르크스-레닌주의-마오쩌둥 사상 노동자 연구소를 설립했다. 2015년 그는 몇 명의 여성들을 세뇌시켜 수십 년 동안 감금하고 노예로 부려먹었으며, 납치, 어린아이 학대 등의 이유로 16년 유죄판결을 받고 수감되었다.

◀ 페루 공산당(일명 '빛나는 길')의 지도자 아비마엘 구스만. 그는 1962년 훗날 빛나는 길의 발원지라고 할 수 있는 페루 중남부 도시 아야쿠초에 자리한 우아망가 산 크리스토발 국립대학 철학과 교수로 재직하면서 자신의 제자와 동료를 추종자로 삼아 페루공산당을 이끌었다.